제10판

글로벌 마케팅

Mark C. Green, Warren J. Keegan 지음

김보영 · 박설우 · 변선영 · 양오석 옮김

Σ 시그마프레스

글로벌 마케팅 제10판

발행일 2021년 8월 25일 1쇄 발행

저　자　Mark C. Green, Warren J. Keegan
역　자　김보영, 박설우, 변선영, 양오석
발행인　강학경
발행처　㈜ 시그마프레스
디자인　우주연
편　집　류미숙

등록번호　제10-2642호
주소　서울특별시 영등포구 양평로 22길 21 선유노고오둥니시럴나워 A401~402호
전자우편　sigma@spress.co.kr
홈페이지　http://www.sigmapress.co.kr
전화　(02)323-4845, (02)2062-5184~8
팩스　(02)323-4197

ISBN　979-11-6226-346-4

GLOBAL MARKETING, 10th Edition

역자 서문

4차 산업혁명으로 인한 사회경제 구조의 대격변과 기후변화, 코로나 전염병으로 인한 환경 리스크가 심화되어 세계 글로벌 시장에 미래 불확실성이 급증하고 있다. 또한 고령화, 기술 융복합화, 에너지자원의 고갈, 글로벌 중산층과 빈곤층 확대 및 디지털 기술혁명은 소비자 기호 다양성 및 소비자 행위의 극적인 변화를 일으키고 있다. 급격한 사회 환경의 변화와 시장 환경의 근본적이고 장기적인 변화는 세계 각국에서 미래 환경 예측에 커다란 도전이 되고 있으며, 환경의 불확실성에 대한 예측과 대응이라는 새로운 시대적 과제를 제시하고 있다. 이에 맞는 새로운 글로벌 마케팅 전략의 도출은 반드시 필요하다고 할 수 있다.

시장의 세계화, 사회구조적 변화, 기술혁명, 환경 리스크의 심화는 통합적인 상호작용으로 나타나고 있으며, 이와 같은 메가트렌드가 시장, 기업 및 소비자에 미치는 영향을 다루는 강의, 토론, 사례연구는 중요하다고 할 수 있다. 글로벌 마케팅 제10판은 국제경영, 마케팅원론/관리론, 경영전략, 경영학원론과 중복되지 않으면서 이에 맞는 적합한 양과 깊이를 다루고 있다. 특히 4차 산업혁명 기술의 발전에 따라 간단한 상품 서비스의 거래 중개가 아닌 생산과 소비에 대한 정보를 바탕으로 가치를 창출하는 마케팅 4.0 시대로의 진입 중에 있는 글로벌 시장을 보다 심층적으로 분석하는 사례들이 충분히 포함되어 있다.

세상은 시장의 세계화, 디지털 전자상거래의 폭발적 확산으로 인해 초경쟁적인 글로벌 비즈니스 환경에 진입하였으며, 대한민국의 차세대 마케터들은 이러한 글로벌 경쟁의 가속화에 맞는 전략적인 사고와 혁신적인 솔루션 제고를 할 수 있는 역량을 갖춰야 할 필연성이 있다. 대학 3~4학년이나 대학원생을 대상으로 강의함에 있어 이 책의 내용에 아쉬움이 있다면 글로벌 4차 마케팅에 관한 천착(穿鑿)이 부족하다는 점이다. 글로벌 4차 산업은 산업내/산업간 융합에 따른 업태간 경계의 붕괴 및 기술혁신에 따른 가치창출의 근본적 전환이 있으며, 국경간 장벽의 완화로 인한 국내외 시장 통합으로의 가속화가 이루어지고 있다. 이런 시장의 변화에 대한 별도의 장을 만들었더라면 학생들로 하여금 국경을 초월하여 글로벌 마케팅에 관한 이해 → 설명 → 예측 → 통제의 과학철학적 지평이 대폭 개선되었을 것이다. 대한민국의 글로벌 마케터들은 이 분야에 대한 학문적 통찰력을 집중해야 할 것이다.

역자들이 이 책의 번역에 몰두하면서 일관되게 추구해 온 원칙은 원문의 내용에 충실하면서도 한국의 대학생과 대학원생에게 글로벌 마케팅을 어떻게 설명하고 이해시키는 것이 최선인가를 최우선적으로 고려하자는 점이었다. 한편 번역하는 동안 번역은 또 하나의 저술이라는 격언이 틀림없음을 절감했다. 아무쪼록 이 책이 21세기 글로벌 시장을 무대로 활약해야 할 한국의 청년/학부 및 대학원생은 물론 이 시간에도 밤낮 없이 활약 중인 글로벌 마케터와 기업 및 기관 관계자에게 한 알의 밀알이 되기를 간절히 바란다.

이 책의 내용 중에 번역상의 잘못된 부분은 전적으로 역자들의 천학/무지에서 비롯된 것이며 건설적인 비판과 지적은 겸허히 받아들여 향후 개정판에 반영하겠다. 이 책의 간행에 기여한 분들이 많다. 한양대학원 경영학과 송니은 겸임교수와 언초 겸임교수, 김희래, 박재형 조교 및 여러 자문에 자상하게 응해 준 여러분에게도 학운이 함께하기를 기원한다.

끝으로 이 책이 출판되기까지 수고와 인내로 격려해 주신 (주)시그마프레스의 강학경 사장님, 편집부 임직원 여러분에게 마음 깊이 감사의 뜻을 전하는 바이다.

2021년 7월
역자 일동

저자 서문

이번 글로벌 마케팅, 제10판으로 20년 이상의 성공적인 출판을 이루게 되어 자랑스럽게 생각한다. 이번 제10판에서는 이전 판과 마찬가지로 글로벌 비즈니스 환경의 주요 차원을 개략적으로 설명하여 글로벌 마케팅에 환경적이고 전략적인 접근방식을 취하고자 하였다. 또한 학생들이 글로벌 마케팅 관련 분야에서 경력을 쌓을 때 마케팅 도구인 4P(가격, 유통, 제품, 판촉)를 성공적으로 적용할 수 있도록 지원하는 개념 및 분석 도구를 제공하였다.

그동안 학부, 대학원 강의실, 기업 교육 세미나 등에서 교재로 사용한 경험을 바탕으로 이번 신간을 개정하고 수정하고 확장했다. 글로벌 마케팅의 새로운 판을 개정하는 과정에서 당면한 과제 중 하나는 글로벌 비즈니스 환경의 변화 속도였다. 어제의 불가능이 오늘날의 현실이 되고 새로운 기업들이 갑자기 모습을 드러내며 기업의 리더십이 갑자기 바뀌었다. 요컨대어떤 책이든 여러 상황에 따라 빠르게 도태될 수 있다. 그럼에도 불구하고 우리는 글로벌 시대에 마케팅에 내재된 전개되는 드라마를 담아내는 설득력 있는 이야기를 만들어 냈다.

1996년 글로벌 마케팅 원론이 처음 나왔을 때 우리는 미국의 대 베트남 금수 조치의 종료, 유럽의 새로운 단일시장, 다임러 AG의 스마트카, 폭스바겐의 글로벌 야망, 신흥시장에 대한 월풀의 공략 등에 대해 전망하도록 독자들에게 소개하였다. 이번 개정판은 영국의 험난한 브렉시트를 향한 길, 중국의 세계무대에서의 우위, 트럼프 시대의 무역관계 발전, 일론 머스크 같은 기업인의 성과 등 국제무대에서 현재 전개되고 있는 중요한 동향도 조사한다.

우리는 글로벌 마케팅이라는 주제에 대해 열정적이다. 독자들이 우리 글에서 열정을 느꼈다면 우리는 성공한 것이다. 그동안 출판된 10개 판 모두에 대한 우리의 목표는 동일했다. 내용 면에서는 권위가 있지만 문체와 어조 면에서는 편안하고 확신을 주는 책을 쓰는 것이다. 제9판을 사용하는 한 강사는 우리에게 "저는 이 교재가 정말 좋아요. 학생들을 참여시키는 방식이 아주 좋은데, 그건 정말 중요하죠."라고 말했다. 새롭게 개정된 제10판은 글로벌 마케팅 교재 중에서 가장 흥미롭고, 가장 최근에 나온 것이며 관련성이 높고 유용한 교재라고 믿는다.

제10판의 새로운 내용

이전 판과 마찬가지로 제10판은 외부 환경 변화의 복잡성과 미묘한 변화, 그리고 이러한 변화가 글로벌 마케터에게 미치는 영향에 대한 최신의 독창적인 통찰력을 제공한다. 구체적인 수정과 개정 내용은 다음과 같다.

- 각 장의 머리에 나오는 사례와 끝에 나오는 사례의 50% 이상이 새롭게 추가되었다. 이전 판에서 유지된 사례도 새롭게 수정되고 개정되었다.
  - 수정되거나 개정된 사례는 사례 1-2('맥도날드는 현지 입맛에 적응하면서도 세계시장으로 확장한다'), 사례 1-3('애플 대 삼성 : 스마

사례 1-3
애플 대 삼성 : 스마트폰 지배권 쟁탈전 가열되다

20 11년 10월 애플의 스티브 잡스가 별세했을 때 세계는 현대 경영계의 거물 한 명을 잃어 애도(하)였다. 1-14 참조. 잡스가 공동 창업한 애플은 소비재 가전업에서 개척자였으며 핵심상품인 하드 라디 데렉 III(1977), 매킨토시(1984), 아이맥과 아이튠즈(2001), 애플 스토어(2001), 아이폰(2007), 아이패드(2008) 등이 있다. 잡스의 별세 이후 이래기까지 세계 최고 기술슷회사가 되었으며 2012년 9월까지 자가가 한 주당 700달러를 넘어 기록을 수준까지 치솟았다. 그밖만 아니라 1,000억 달러 이상의 현금자산을 보유하게 되었는데, 이는 모두 해외 사업으로 얻은 것이다. 반면에 한때 이동전화의 거인이었던 노키아, 소니, 델, 블랙베리 등은 흔들리고 있다.

2012년 아이폰 5의 강력한 매출신장세에도 불구하고 최초상품의 뜨거운 열기가 사라가는 것 아닌가 하는 전망이 전문가 사이에 나오기 시작했다. 매출시의 명성은 기존시장에 : 음악과 통신산업을 분석하여 기술 및 실제작(과) 이루는 새로운 시장으로 나누는 능력이 탁월하기 때문이다. 그러나 어떤 측면에서는 2012년 아이폰 5의 출시는 혁신적 돌파구(1)보다는 점진적인 것이었다. 실제 많은 소비자들이 아이폰 5를 업그레이드하기(보)다 너린 아이폰 4나 4S 구매를 선택하였다. 많은 사람이 애플의 삼성이지 명품이라고 생각하는 잡스의 부재 이후에 애플의 천성기가 있었는가?

경쟁자 위협

스마트폰의 성장세가 더뎌지기 시작하면서 애플은 여러 경영자로부터 도전장을 받았다. 가장 강력한 기 위협 도전자는 한국 산업계의 거인 삼성 그룹의 제왕사인 삼성전자(다. 구 회사는 인도부분에 가전과 스마트폰에 이르기까지 제품들이 넘다. 삼성 휴대전화의 유명한 갤러시 모딜은 구글이 개발한 운영체제인 안드로이드로 운영된다. 갤럭시 노트패블

짓으(로) 일려져 있(음)을 포함한 어떤 갤럭시 모델은 아이폰보다 화면이 더 큰데, 그 점이 집중판매를 가능하게 해(준)다. 두 경쟁사는 특허권 침해를 이유로 여러 법정 투쟁을 하고 있다.

중국과 유럽은 삼성의 두 핵심시장이다. 2012년에 삼성은 유럽 시장에 갤럭시 S III를 출시하였고, 2013년에는 갤럭시 S4를 출시하기 위해 뉴욕의 라디오 시티 뮤직홀에서 출시행사를 열었다. 왜 변화인가? 삼성 휴대전화 사업부인 신이, K. Shin) 사장은 "스마트폰 시장에서 우리는 글로벌 주자이고 글로벌 회사이다. 미국은 우리에게 중요하며 현재의 미국 시장 점유율에 만족하지 않고 있다."고 실감하였다.

일본 개도국 시장에서 저가 휴대전화의 수요가 크게 강하다. 삼성 통의 안드로이드 기반 모델들은 애플의 가장 싼 모델보다 더 저렴하다. 애플사는 아이폰의 저가판은 내놓지 않고 있다. 미국 시장에서는 버라이존과 AT&T 같은 무선통신사는 다년간의 서비스 계약 고객을 위해 아이폰 구매 시 보조금을 내주고 있다. 미국에 아이폰 단가가 199달러에 팔리는 이유이다. 이와 대조적으로 타국의 소비자들은 전화기를 지불하며 사자만 계약의 구속되는 않는다. 더나가 아이폰 또는 모든 세계시장에서 버전에 갈지않 반대로, 삼성은 지역시장의 욕구를 반영하여 갤럭시 S4의 버전을 서너 개로 내놓고 있다.

중국과 유럽의 성장이 둔화됨에 따라 2위 스마트폰 시장인 인도가 점점 더 중요해지고 있다. 그러나 삼성의 3% 시장 점유율은 스마트폰 시장에서 삼성의 중국 생산업체보다 훨씬 뒤처져 있음을 의미한다. 인도에서 판매되는 3분의 2가 180달러 미만이다. 이와 반대로 소비자들은 애플이 2013년에 출시한 아이폰 5S에 대해 약 300달러를 구매한다. 보급형 구매자를 위해서는 작은 독힐 소매업체에서 주별기기를 팔고, 애플 웹사이트에서 애플 SE와 아이폰 6만을 판매한다. 2017년 5월 애플은 인도에서 SE를 생산하기 시작하여 가격을 약 325달러로 낮췄다. 또한 현지 제조 덕분에 애플은 인도에 자사 플래그십 매장을 열 수 있었다.

유명한 이야기이지만 소비자는 그들이 무엇을 원하는지 이모른다고 하면서 잡스는 공식적 시장조사에 중요성을 그다지 두지 않았다. 이런 종사(부)에서 일치고 있다. 미국, 영국, 인도, 일본, 기타 시장에 여러 명의 직원이 수십 개의 소비자부에서 일하고 있다. 삼성의 디자이너들 심리학, 사회학, 공학 등 다양한 전공자이 있다. 그들은 진속의 내부 디자인(이) 추세를 다양한 반영할 뿐 아니라 애플시보다 광고에 더 많은 예산을 쓰고 있다.

사진 1-14. 애플의 공동창업자 겸 최(사) 잡스가 발명가, 사업가, CEO, 비전을 제시하는 기술(에) 포함하여 전환을 일치하다 산업 분석하다. 삼성과 아이티버지니 마케팅 현지(화)다. 신제품을 출시할 때마다 그의 독습은 전술이 익었으며 그가 소개한 애플의 신제품 애플과 아이폰, 아이팟 등은 한마디로 '최고'라 할 만하다.
출처 : Paul Sakuma/Associated Press.

트폰 지배권 쟁탈전 가열되다'), 사례 4-2('관광은 베니스의 구세주인가 아니면 파괴자 인가'), 사례 10-1('구글'), 사례 16-1('이케아')이다.

- 제10판의 새로운 사례로는 사례 2-1('기로에 선 인도 경제 : 나렌드라 모디 총리는 아 체 딘을 달성할 수 있을까?'), 사례 3-1('이별하는 것은 어렵다 : 영국인 브렉시트를 숙 고하다'), 사례 4-1(스트레인지 브루 : 전 세계의 커피 문화'), 사례 12-1('패스트 패션 세계에 오신 것을 환영합니다'), 사례 15-1('어떤 현실을 좋아하십니까? 가상현실? 증 강현실? 혼합현실?')이 있다.

- 소셜 미디어에 대한 새로운 논의는 제10판에 통합되었다. 제15장('글로벌 마케팅과 디지 털 혁명')은 위치 기반 모바일 플랫폼, 클라우드 컴퓨팅, 태블릿, 웨어러블 기기, 자율주 행차 및 기타 최첨단 주제에 대한 논의를 포함하도록 전면 수정 및 개정되었다.

- 또한 대부분의 장에는 '신흥시장 요약보고서', '혁신, 기업 가정신 그리고 글로벌 창업' 및 '문화탐구'에 대한 글상자 가 포함되어 있다.

- 이러한 글상자에 소개된 기업가 중에는 케빈 시스트롬 (인스타그램), 리드 헤이스팅스(넷플릭스), 다니엘 에 크(스포티파이), 오스카 파리네티(이탈리), 일론 머스크 (테슬라), 마윈(알리바바), 제임스 다이슨 경(다이슨), 브 라이언 체스키와 조 게비아(에어비앤비)가 있다.

- '혁신, 기업가정신 그리고 글로벌 창업' 글상자에는 이 번 제10판에서 금융 기술('핀테크')을 비롯한 디지털 기 업가정신에 대한 확장된 내용도 포함되어 있다.

- 주요 기업, 국가, 산업 관련 자료를 포함한 모든 도표가 개 정되었다. 예를 들어 표 2-3의 '경제자유지수', 표 10-2의 '세계 브랜드의 가치 순위', 표 13-1 '2016년 상위 25위 글 로벌 기업 광고비 지출 순위', 표 13-2 '상위 20위 글로벌 광고 대행사' 등이 최신 내용으로 개정되었다.

- BRICS 국가들의 논의는 중국 성장 둔화의 영향과 상품 가 격의 변동성을 반영하기 위해 개정되었다.

- 제3장의 소득/인구 통계는 명료성, 비교 가능성, 시각적 영향을 개선하기 위해 재구성되 었다.

- 명료성과 시각적 매력을 높이기 위해 더 많은 도표를 첨가함으로써 시각화하였다.

교육 및 학습 과제 해결

오늘날의 밀레니얼 및 Z세대 학생들은 네트워크로 연결되어 있으며 기술 사용에 능숙하다. 이 전 세대보다 더 많은 플랫폼에서 더 많은 콘텐츠에 접근할 수 있다. 또한 많은 사람들이 대학 학위를 취득하면서 상당한 부채 부담을 지고 있다. 이러한 이유와 다르게 학생들에게 '돈을 들 일 가치가 있는' 교과서를 제공하는 것이 중요하고, 이 교재는 보람 있는 경험을 제공하고 그들이 '계속 읽도록' 동기를 부여한다.

　글로벌 마케팅이 필수 교재였던 대학 과정을 통해 혜택을 받은 학생들로부터 긍정적인 피드백을 받게 되어 기쁘게 생각한다. 다음은 학생들의 댓글이다. 글로벌 마케팅이 정확히 다음을 수행할 것을 제안한다.

> "이 교재는 매우 명확하고 이해하기 쉽습니다."
> "실제 사례를 많이 포함한 훌륭한 교과서입니다."
> "저자들은 간단한 언어를 사용하지만 중요한 요점을 분명히 언급합니다."
> "이 교재는 이번 학기 사용한 교재 중 최고입니다."
> "저자들은 쉽게 읽을 수 있는 글을 훌륭하게 썼습니다."

　제10판은 학생들이 문화 간 인식을 발전시키고 지속가능성과 기업의 사회적 책임에 관한 문제에 참여하도록 돕는다. 개정된 교재는 현대의 가장 혁신적인 사상가와 기업가적 리더를 소개한다.

　각 장은 각각의 주제 및 내용과 직접적으로 관련된 기업, 국가, 제품 또는 글로벌 마케팅 문제를 소개하는 간단한 사례연구로 시작한다. 이 사례들은 동일한 목표를 염두에 두고 작성되었다. 학생들의 흥미와 학습을 장려할 문제를 제기하고 학급 토론을 장려하며 학생들이 비판적 사고 기술을 개발하면서 이론과 개념을 적용할 기회를 주고 학생과 강사 모두의 수업 경험을 향상시킬 것이다. 모든 장과 사례는 학부 과정과 대학원 과정 모두에서 강의실 테스트를 거쳤다.

　본문 전반에 걸쳐 글로벌 마케팅 실무자 및 업계 전문가의 인용문뿐만 아니라 글로벌 마케팅의 최신 사례를 추가했다.

　저자들은 독자의 피드백과 의견을 통해 많은 이익을 얻었다. 또한 우리는 세계 주요 지역에서 직접적인 경험을 바탕으로 지속적으로 노력하고 있다. 그 결과 전 세계 모든 지역에서 교수자의 필요와 욕구를 해소할 수 있는 교재가 탄생하였다.

취업 능력 개발

글로벌 기업의 고용주는 고용한 사람들이 세계화의 역동성과 신흥시장의 성장기회와 같은 현대의 문제들에 대해 이해하고 비판적으로 생각할 수 있다는 것을 알고 싶어 한다. 한 경영학석사(MBA) 학생은 2017년 글로벌 마케팅 강좌를 통해 새로운 진로를 개척할 때 경쟁우위를 확보했다고 썼다. 그녀는 "인터뷰 과정 동안 많은 교과서의 이론들을 활용했고, 전 세계 12개 이상에 위치하고 있는 사무실에서 일하면서 매일 배운 교훈을 적용할 수 있었습니다!"라고 말했다.

　제10판에서는 오늘날 전 세계에서 발생하는 경제 혼란과 사회적 혼란 등 현재 세계적인 동향과 문제를 다룬다. 글로벌 시장의 기회와 위협의 변화는 경제적 민족주의와 포퓰리즘의 부상과 마찬가지로 이 개정판의 중요한 주제이다. 긴축, 자본이탈, 환율전쟁, 더블딥(double-dip) 침체, 글로벌 불균형, 글로벌 재조정, 양적완화(QE), 장기 침체, 국가부채 위기, 마이너스 금리와 같은 용어가 비즈니스 뉴스에 자주 등장한다. 세금 역전 같은 새로운 용어도 이제 대화의 일부가 되었다.

최근 연구 결과는 글로벌 마케팅의 각 장에 통합되어 학생들이 이 분야에서 현재 진행 중인 대화에 익숙해지도록 돕는다. 예를 들어 세계화의 이점에 대한 우리의 생각은 리처드 볼드윈의 2016년 저서 *The Great Convergence: Information Technology and New Globalization*의 영향을 받았다. 볼드윈이 지적했듯이 상품, 사람, 아이디어를 이동하는 데 드는 비용에 대한 제약을 제거하는 과정은 19세기 말에 시작되었다. 세계화의 첫 번째 물결은 해상운송(예 : 해상 화물선)과 육상운송(예 : 철도)의 비용 하락에 의해 주도되었다. 경쟁우위 이론에 따르면 제조업 능력이 있는 국가는 주요 생산량이 농산물인 국가와 교역함으로써 이득을 얻는다는 것을 의미한다. 현재의 세계화의 물결은 부분적으로 공급망을 전 세계로 확장할 수 있는 디지털 혁명의 결과다.

요약 차례

차례

제4부 글로벌 마케팅 믹스

제5부 21세기의 전략과 리더십

제10판

글로벌 마케팅

1

글로벌 마케팅의 이해

학습목표

1-1 제품/시장 성장 매트릭스를 사용하여 기업이 전 세계로 확장할 수 있는 다양한 방법을 설명한다.

1-2 글로벌 산업의 기업들이 어떻게 경쟁우위를 추구하는지 설명한다.

1-3 단일국가 마케팅 전략과 글로벌 마케팅 전략을 비교 대조한다.

1-4 글로벌 500대 기업 순위에서 상위권에 있는 기업을 식별한다.

1-5 기업의 경영 중심이 국내나 본국시장중심에서 글로벌이나 세계시장중심으로 발전함에 따라 기업이 겪는 단계를 설명한다.

1-6 오늘날 글로벌 통합에 영향을 미치는 추진력과 억제력에 대해 논의한다.

사례 1-1
글로벌 시장도 현지적이다

"**우**리는 글로벌 시상에서 살아가고 있다."는 명제를 음미해 보라. 에플 이이폰, 버버리 트렌치 코트, 캐터필러 굴착장비, 페이스북, 레고 장난감, 맥도날드 식당, 삼성 HDTV, 스와치 시계는 세계 곳곳에서 볼 수 있다. 글로벌 회사는 여러 핵심시장에서 서로 경쟁관계이다. 예컨대 미국의 자동차 거인 GM과 포드는 토요타, 현대, 기타 아시아의 글로벌 경쟁사는 물론 폭스바겐 같은 유럽 회사와도 고군분투의 와중에 처해 있다. 세계 최대의 반도체 제조업자인 인텔은 한국의 삼성과 경쟁관계에 있으며, 글로벌 휴대전화 시장에서는 미국의 애플, 중국의 모토롤라, 한국의 삼성이 주요 경쟁자들이다. 가전제품 산업의 세계화는 독일의 보쉬, 스웨덴의 일렉트로룩스, 중국의 하이얼 그룹, 한국의 LG 그룹, 미국의 월풀 등과 귀중한 소매점 공간과 소비자 인식 및 선호도를 차지하려고 경쟁 중이다.

이제 두 번째 명제인 "우리는 모든 시장이 현지 특유의 시장인 세계에 살고 있다."를 음미해 보라. 예컨대 중국 시장에서 얌!브랜즈의 이스트 다우닝 패스트푸드 체인점은 뉴아시아 스낵 및 하이디라오 같은 현지 식당과 경쟁 중이다. 이와 유사하게 중국 내 스마트폰 최대 매출 기업은 삼성이나 애플이 아니다. 사실 중국의 상위 4대 스마트폰 브랜드 타웨이, 비보, 오포, 샤오미 모두 국내 제조업체이다.

대만에서 85C는 커피숍 최대 체인인 스타벅스를 추월하고 있다. 인도에서는 현지 체인인 매드 오버도너츠가 던킨 도너츠를 맞대응하고 있다. 폴란드에서는 많은 소비자들이 프랑스 까르푸, 영국 테스코와 같은 대형 마트보다 작고 가족이 운영하는 가게를 자주 이용한다.[1] 동남아시아에서는 우버가 운송 호출 서비스 그랩을 넘보고 있다. 유사하게 나투라 코스메타코스, 오보티카리오 같은 브라질 기업들이 직구 고객들을 두고 에이본과 경쟁하고 있다. 라틴아메리카 전역에서는 전자상거래 대형업체인 이베이와 아마존이 현지 시장 주력업체인 메르카도리브레와 경쟁하고 있다.

'글로벌 시장 대 현지시장의 역설'이 이 책의 핵심 내용이다. 이 책의 후반부에서 현지시장의 특징을 자세히 규

명하겠지만 지금은 이 역설의 전반부에 초점을 맞추고자 한다. 지구촌 시장 어디에서나 볼 수 있는 제품과 브랜드를 잠시 생각해 보라. 이렇게 많은 종류들이 도대체 어디에서 온 것인지 소비자에게 묻는다면 그들은 매우 다양한 대답을 할 것이다. 맥도날드 햄버거, 도세키스, 스와치 시계, 워터포드 크리스털, 페라가모, 폭스바겐, 버버리 코트 같은 브랜드는 특정 국가와 동일시되고 있다. 많은 국가에서 코카콜라와 맥도날드는 미국 브랜드 아이콘으로 인식되고 있다. 마치 페라가모와 베르사체가 고전적 이탈리아 스타일과 동의어인 것처럼(사진 1-1 참조) 말이다.

그러나 반대로 여러 브랜드, 제품 심지어 회사조차도 국가에 대한 정체감은 점차 흐려지고 있다. 어떤 브랜드가 일본이고 미국이며 한국이고 독일 또는 인도인가? 노키아의 본사는 어디이고, 일본산 자동차는 언제 일본산 자동차가 아니게 되는가? 미국 대통령 도널드 트럼프가 2017년 미국에서 판매되는 독일 자동차에 대해 관세를 부과하겠다고 위협했을 때 그는 자동차산업의 글로벌적 속성을 몰랐던 것 같다. 다음 내용을 생각해 보자.

- 2016년 BMW는 사우스캐롤라이나에 있는 공장에서 41만 1,000대의 자동차를 생산했다. 공장 생산량의 3분의 2 이상을 수출함으로써 미국 최대 자동차 수출업체가 되었다.
- 메르세데스-벤츠 앨라배마 공장에서 30만 대의 자동차를 매년 생산한다.
- 수년 동안 최대 매출을 기록한 미국 자동차(미국에서 최소 75%의 현지 부품을 사용하여 조립하는)는 토요타 캠리이다.

이 장의 끝에 계속되는 사례 1-1(계속)을 참조하기 바란다. 그것을 함께 공부함으로써 글로벌 시장에 관한 더 많은 지식을 배우고 글로벌 마케팅과 관련된 최근 이슈의 지식을 시험하는 기회가 될 것이다. 여러분이 배웠던 것에 대해 스스로도 깜짝 놀랄지 모른다.

(1-1) 서론과 개관

◀ 1-1 제품/시장 성장 매트릭스를 사용하여 기업이 전 세계로 확장할 수 있는 다양한 방법을 설명한다.

위의 여러 사례에서 글로벌 시장은 다양하게 표현되고 있다. 어떤 시장은 대단히 예민하고 교묘한데 어떤 시장은 그렇지 않다. 여러분이 선호하는 제품과 브랜드에 여러 가지 언어로 표기된 라벨이 붙어 있는 것을 보았을 것이다. 기회는 2018년 월드컵 축구 챔피언십 TV를 관람한 수백만 명의 사람 중 하나인 당신일지도 모른다. 고속도로에서 당신은 페덱스의 글로벌 공급사슬 서비스 운송단의 소형 트럭을 본 적이 있을 것이다. 또는 당신이 원했건 아니건 U2의 2014년 앨범 'Songs of Innocence'를 무료 다운로드한 수백만 명에 달하는 애플 아이튠즈 고객

중 한 명일지도 모른다. 당신이 선호하는 카페에서 1파운드의 센트럴 아메리칸 커피를 픽업할 때 일부 커피콩은 공정무역 인증 라벨이 붙어 있음을 보게 될 것이다.

글로벌 마케팅의 중요성은 지난 160년간 무수히 많은 국가의 산업과 사람에게 심대한 영향을 끼칠 정도로 엄청난 변화를 야기한 하나의 단면에 불과하다. 국제무역은 수세기 동안 존속해 왔다. 기원전 200년에 시작된 전설적 실크로드는 중국과 지중해연안 유럽을 육로로 연결하였다. 1800년대 중반부터 1920년대 초반까지 막강한 경제력을 가진 대영제국과 더불어 국제무역은 번성하였다. 그러나 제1차 세계대전, 볼셰비키 혁명, 대공황과 같은 일련의 격변이 그 시대를 마무리하고 제2차 세계대전 이후 새시대가 도래하였다. 여태까지는 자국 내의 소비자에게만 판매했던 많은 기업이 글로벌 시장으로 전례 없이 확장해 버린 현상이 새로운 글로벌 시대의 특징이다.

40년 전만 하더라도 글로벌 마케팅이라는 용어조차도 존재하지 않았다. 오늘날 통찰력 있는 사업가라면 그들 회사의 모든 상업적 잠재력을 실현하기 위해 글로벌 마케팅을 활용한다. 여러분이 아시아, 유럽, 북미, 남미 어디에 살든 상관없이 글로벌 브랜드에 친숙한 것도 그런 연유이다. 그러나 기업이 글로벌 마케팅을 심각하게 활용하는 또 다른 이유가 있는데, 바로 생존이다. 글로벌 마케팅의 중요성을 이해하지 못한 경영진은 보다 낮은 원가, 보다 많은 경험, 보다 나은 제품으로 승부하는 경쟁사에게 국내시장을 내주어야 하는 위험을 안고 있다.

그러나 글로벌 마케팅이란 무엇인가? 입문과정에서 배우고 실천하는 '일반' 마케팅과는 어떻게 다른가? **마케팅**(marketing)은 고객, 단골, 파트너 그리고 사회 전반에 걸쳐 가치 있는 것을 창출, 소통, 전달, 교환하는 과정이자 일련의 기관이며 활동이다.[2] 마케팅 활동은 고객의 필요와 욕구를 만족시키는 조직적 노력이며, 그것은 경쟁적 가치를 제공하는 제품과 서비스를 통한 것이어야 한다. **마케팅 믹스**(marketing mix)(제품, 가격, 장소, 판촉)는 오늘날 마케팅 관리자의 일차적 도구이다. 마케팅은 짐바브웨에서나 아르헨티나에서나 동시에 적용 가능한 보편 원칙이다.

이 책은 글로벌 마케팅에 관한 것이다. **글로벌 마케팅**(global marketing)을 수행하는 조직은 자사의 자원과 역량을 글로벌 마케팅 기회 및 위협에 집중한다. '일반' 마케팅과 '글로벌' 마케팅의 기본적 차이는 활동의 범위(scope of activities)에 있다. 글로벌 마케팅에 참여하는 회사는 본국시장 밖에서 중요한 사업을 수행하며 그 범위의 문제는 성장전략의 제품/시장 매트릭스의 관점에서 정립된다(표 1-1). 어떤 회사는 **시장개발** 전략을 추구하거니와 이것은 기존제품이나 서비스를 새로운 지리적 시장이나 새로운 세분시장에 출시함으로써 새로운 고객을 추구하는 것이다. 글로벌 마케팅은 다양화 전략의 형식을 취함으로써 신제품이나 서비스를 창출하여 지리적으로 새로운 세분시장, 새로운 국가, 새로운 지역에 진출할 수 있다.

스타벅스는 표 1-1에 나타난 네 가지 성장전략을 동시에 수행하는 글로벌 마케터의 좋은 사례이다.

시장침투(market penetration) : 전자구매/결제가 가능한 스마트폰 앱을 미국의 소비자에게 제공함으로써 포인트 적립카드(loyalty card)와 보상 프로그램을 구축하고 있다. 앱은 고객이 스캔할 수 있는 바코드를 표시해 준다.

시장개발(market development) : 스타벅스는 밀란에 있는 25,000제곱피트 플래그십 리저브 로스터리를 시작으로 이탈리아에 2018년 진입하였다. 랜드마크인 두오모와 지적 거리를 두

표 1-1 제품시장 성장 매트릭스

		제품 지향성	
		현재 제품	신규 제품
시장 지향성	현재 시장	시장침투 전략	제품개발 전략
	신규 시장	시장개발 전략	다양화 전략

고 로스터리는 현지 베이커리 프린치의 패스트리를 제공하고, 이탈리아 전역에서 인기를 끌고 있는 식욕증진 음료도 제공한다.[3]

제품개발(product development) : 스타벅스는 갈아서 만든 커피가 없는 장소/사무실에서도 커피를 즐길 수 있도록 '비아'라는 인스턴트커피 브랜드를 새로 만들었다. 미국 시장에서 성공한 후 비아를 영국을 비롯한 일본, 한국 등 몇몇 아시아 시장으로 확장하였다. 최근에는 최초 개발했던 커피 짜는 기계도 소개했다. 베르시모사는 스타벅스 고객에게 '집에서도 좋아하는 음료를 즐길 수 있도록' 만들어 주었다.

다양화(diversification) : 2011년 스타벅스는 로고에서 '커피'라는 단어를 버렸다. 최근에는 주스 제조업체인 에볼루션 프레시, 베이 브랜드 베이커리, 차 소매업체 티바나 홀딩스를 인수했다. 이어서 일부 매장을 개조해서 와인 바로 돌려 저녁에도 신규 고객을 불러들일 수 있게 되었다.[4]

표 1-1을 실제 적용하여 다른 글로벌 기업용 제품/시장 성장 매트릭스를 만들어 보라. 이케아, 레고, 월트 디즈니사는 모두 이러한 연습을 수행하기에 적합한 회사들이다.

글로벌 마케팅을 수행하는 기업은 특정 국가나 지역에서 대단히 독특하거나 생소한 현상을 자주 접하게 된다. 예컨대 중국 시장에서는 제품 위조 행위가 만연해서 자사의 지적재산권을 보호하고자 특단의 조치를 취하면서 '복제품(knockoff)'을 처리해야 한다. 또 어떤 곳에서는 뇌물수수와 부패가 습관화되어 있다. 성공한 글로벌 마케터는 세계 도처의 다양한 기업 환경을 깊이 이해하며 그곳만의 특정 개념에 대해서도 정통해 있다. 시장 성공의 가능성을 높이는 그러한 전략이 범세계적인 마케팅 기본 지식과 함께 능숙하게 집행될 때 비로소 성공한다는 사실을 이해해야 한다.

존 켈치와 캐서린 조크스가 주장했듯이 "최선의 글로벌 브랜드는 또한 최선의 지역적 브랜드이다." 다시 말해 글로벌 기업의 경영자는 특정 지역에서의 수월성을 통감하고 있어야 한다.[5] 이 책은 글로벌 마케팅의 주요 차원(변수)에 집중되어 있다. 이제 우리는 독자들이 마케팅 코스의 소개과정을 이미 마쳤거나 그와 동등한 경험을 가지고 있다고 보기 때문에 마케팅의 개관을 제시하고자 한다.

⓵⁻² 마케팅의 원리 : 개관

◀ 1-2 글로벌 산업의 기업들이 어떻게 경쟁우위를 추구하는지 설명한다.

앞서 언급했듯이 마케팅이란 기업기능의 하나이지만 재무관리 및 운영관리와는 확연히 다르다. 마케팅이란 제품 설계, 제조, 운송 등과 더불어 회사의 **가치사슬**(value chain)을 구성하는 여러 과정과 활동의 한 세트로 볼 수 있다. 제품/서비스의 아이디어 창출에서부터 애프터서비스 지원 업무에 이르기까지 각 과정에서의 의사결정에 대한 평가는 고객 가치의 창출 능력으로 결정되어야 한다.

지구촌 어디에 있는 회사이든 마케팅의 본질은 고객이 인식하는 가치, 즉 탁월한 가치명제를 창출하는 경쟁이다. **가치 방정식**(value equation)이 그러한 과업을 잘 안내하고 있다.

$$가치 = 편익/가격(돈, 시간, 노력 등)$$

여기에서 편익이란 제품, 판촉, 유통의 결합을 의미하기 때문에 마케팅 믹스가 위 방정식에서 핵심적 역할을 한다. 고객이 느끼기에 일반적으로 가치는 두 가지 방법으로 증대된다. 시장은 고객에게 개선된 편익 덩어리나 보다 저렴한 가격(또는 두 가지 모두)을 제공한다. 제품 자체를 개선시키기 위해서, 새로운 유통 채널을 설계하기 위해서, 보다 나은 소통전략을 만들기 위해서 또는 위 세 가지의 조합을 위해서 마케팅 관리자는 노력하는 것이다.

또한 그들은 원가와 가격을 낮추는 방법으로 가치를 증대시키려 한다. 화폐로 표시되지 않는 원가도 중요하기 때문에 자사제품의 구매를 위해 고객이 지불해야 하는 시간과 노력을 마케팅 관리자가 줄일 수 있어야 한다.[6] 가격을 경쟁 무기의 하나로 사용하는 회사는 저임금 노동력과 저렴한 원자재를 구매하고자 지구촌을 샅샅이 뒤지고 다닌다. 제조공정의 능률성이나 규모의 경제효과로 원가를 낮출 수 있다면 판매가격도 낮출 수 있다.

"구매 능력과 의지가 있는 사람 또는 조직"이라고 하는 시장의 정의를 상기해 보라. 시장에서 성공하기 위해서 제품이나 브랜드는 수용 가능한 품질의 한계점까지 측정해야 하며 구매자 행동, 기대, 선호 등과 일치해야 한다. 경쟁사에 비해 탁월한 제품, 유통 또는 판촉 혜택과 저렴한 가격의 조합을 회사가 제공할 수 있다면 그 회사는 극적으로 유리한 지위를 누릴 수 있을 것이다. 1980년대 미국의 자동차 시장에서 토요타, 닛산, 기타 일본의 자동차회사는 상당한 이득을 얻은 바 있다. 그들은 GM, 포드, 크라이슬러에 비해 고급이면서도 경제적이며 저렴한 가격의 자동차를 출시했다.

오늘날 자동차산업은 인도, 아프리카 같은 신흥시장으로 관심이 옮겨지고 있다. 르노와 그 경쟁사들은 중산층 소비자에게 새로운 가치명제, 즉 1만 달러 이하의 고품질 승용차를 내놓으려는 경쟁을 하고 있다. 다치아 로간과 르노의 성공에 뒤이어 인도의 타타 모터스는 2,500달러짜리 나노를, 닛산의 다트선은 3,000달러짜리 승용차를 출시하고 있다(사례 11-1 참조).

글로벌 마케팅의 성공은 때때로 끈기와 인내를 요구한다. 제2차 세계대전 이후 일본 자동차의 초기 수출품 가운데 일부는 시장 실패했다. 1960년대 후반 미국의 스바루는 스바루360을 1,297달러에 수입하여 시판하였다. 컨슈머 리포트가 '수용 불가' 판정을 내리자 판매는 곤두박질치고 말았다. 비슷한 경우로 신차 중에 가장 저렴한 3,999달러짜리 차라는 이유로(소비자 잡지로부터 '구매금지' 평가를 받았음에도 불구하고) 1980년대 미국 시장에서 유고자동차는 가장 낮은 수준으로 평가되었다. 저품질이 두 자동차의 시장 실패의 일차 원인이었다.[7] 수십 년에 걸친 품질개선의 노력으로 스바루는 해피엔딩을 맞이하였다. 실제로 **컨슈머 리포트**는 매년 스바루를 렉서스, 마쓰다, 토요타, 아우디 같은 리그에서 최상위에 올렸다.[8] 그러나 역사는 유고사에게 그다지 친절하지 않았다. 타임은 유고를 '역대 최악의 승용차 50대'에 등재하는 것으로 마무리하였다.

세계에서 가장 크고 성공적인 기업의 일부조차 글로벌 기회를 추구하면서 휘청거리기도 한다. 독일 시장에서 최근 월마트가 철수한 것은 독일인들이 알디와 리들 같은 '초저가 매장(hard discounters)'을 선호한 탓뿐만 아니라 '단일 대형 매장(al-in-one store)'의 편리함보다 서너 개의 작은 매장을 돌아다니면서 구매하는 것을 선호했기 때문이다. 마찬가지로 영국의 테스코도 프레시&이지 브랜드의 가게명으로 미국 시장에 진입하려다 실패하였다. 왜냐하면 미국 소비자들이 (테스코라는) 자체개발 상품에 익숙지 않았기 때문이다. 2015년 미국 '칩 시크(cheap chic)' 소매업체 타깃은 입지와 가격 면에서 실패하여 피해를 입은 캐나다 사업부를 철수시켰다. 133개 매장을 폐업하는 데 든 비용은 50억 달러 이상이었다.

경쟁우위, 글로벌화, 글로벌 산업

경쟁사에 비해 더 큰 소비자 가치를 창출하고 있다면 그 회사는 그 산업에서 경쟁우위를 누리고 있다고 말한다. **경쟁우위**(competitive advantage)는 주어진 특정 산업에서 경쟁기업과 비교함으로써 측정된다.[9] 예컨대 여러분 마을의 빨래방(동전세탁기)은 하나의 현지 사업체이며 그 경쟁사 역시 현지 마을에 있다. 전국적 산업이라면 그 경쟁사도 역시 전국적이다. 글로벌 산업이라면 분야가 소비재 전자업, 의류업, 승용차, 철강, 제약, 가구, 기타 어떤 업종이건 경쟁은 마찬가지로 글로벌 차원이다. 어떤 기업이 글로벌 산업에서 경쟁하거나 글로벌화가 진행 중이라면 글로벌 마케팅은 필수적이다.

종전의 현지산업 내지 전국산업이 글로벌 산업으로 전환하는 것은 **글로벌화**의 광범위한 경제과정의 일부이고, 자그디시 바그와티 교수는 글로벌화를 다음과 같이 정의하였다.

> 경제의 글로벌화란 무역, 외국인(외국기업) 직접투자, 단기 자본흐름, 노동자와 인간성의 일반적인 국제적 흐름, 기술의 흐름 등을 통해 국가경제가 국제경제로 통합되는 과정이다.[10]

마케팅 관점에서 본다면 경영진이 자사의 제품/서비스를 어디에 출시하느냐의 여부를 결정하는 것과 같이 글로벌화는 기업에게 절호의 기회이자 도전을 선사하고 있다. 동시에 글로벌화는 기업으로 하여금 스스로를 구조 조정하는 절호의 기회를 제공하고 있다. 존 미클스웨이트와 아드리안 울드리지가 갈파했듯이 이 세계가 제공할 수 있는 최고 제품의 구매를 허용하는 동일한 글로벌 시장은 생산자로 하여금 최선의 파트너를 찾도록 허용하고 있다.[11]

예를 들어 글로벌화는 NBA, NFL, MLS 같은 프로스포츠 구단에게도 중요한 마케팅 기회를 제공하고 있다(사진 1−2 참조). MLS 회장인 돈 가버는 "글로벌 문화 속에서 만국공통어는 축구이다. 최적의 접점이다. 글로벌화로 세계가 이만큼 좁아지지 않았다면 오늘 우리가 누리는 기회는 결코 없었을 것이다."[12]

글로벌 기업에게 '글로벌 경쟁'보다 더 중요한 것이 있겠는가? 결단코 없다. 경영학의 대가 마이클 포터가 정의했듯이 **글로벌 산업**(global industry)이란 기업의 경영을 세계적 규모로 통합하고 역량을 강화함으로써 달성되는 경쟁우위가 생성되는 곳이다. 다시 말하면 한 나라에서 한 기업의 산업적 지위는 다른 나라에서의 지위와 상호 의존적일 정도로 산업은 글로벌한 것이다. 글로벌화의 지표에는 전 세계 생산액 대비 인접국과의 교역비중, 총자본 투자액 대비 인접국 투자비중, 세계 주요 시장에서 경쟁하는 기업별 산업 수익비율 등이 포함된다.[14] 한 산업 부문에서 글로벌화의 정도를 결정하는 방법은 그 산업의 연간 글로벌 무역 가치(생산과정에서의 부품거래액 포함) 대비 연매출액 가치의 비중이다. 이러한 기준으로 보아 가전제품, 의류,

"회사는 한 가지 용어만으로 생각할 수 있다. 여러분이 프리미엄이라면 그것에만 집중해야 한다."[13]
BMW AG 전 회장, 헬무트 판케

자동차, 철강산업 등의 글로벌화 수준이 높다.[15]

글로벌 산업의 경쟁우위를 달성하기 위해서는 경영자가 세련된 전략적 초점을 유지해야 한다. **초점**(focus)은 핵심사업이나 핵심역량에 있어서 관심의 단순한 집중을 의미한다. 글로벌 기업에게 초점의 중요성은 네슬레의 전 사장 헬무트 마우허의 언급에서 분명히 드러난다.

> 네슬레는 초점이 있다. 그것은 식품과 음료이다. 우리는 자전거 매장을 경영하는 것이 아니며 음식도 모든 음식을 다루지는 않는다. 우리가 손대지 않는 특정 분야가 있다. 우리는 경쟁력 관점에서 미국과 유럽 시장에서 비스켓(과자)과 마가린을 당분간 취급하지 않고 있다. 우리는 코카콜라를 사거나 아니면 내버려두겠다고 말했기 때문에 소프트 음료를 취급하지 않는다. 이것이 바로 초점이다.[16]

그러나 전체적인 전략 변화의 일부로서 경영자가 초점의 변화를 시도할 수는 있다. 코카콜라조차도 핵심 음료 브랜드 중에서 초점을 좁히도록 압력을 받고 있다. 2000년과 2001년의 완만한 매출 신장세 속에서 진 회장이자 최고경영자 너글라스 대프트는 커피와 차를 공동개발, 공동판매하는 네슬레와 새로운 제휴협정을 체결하였다. 그뿐만 아니라 자사의 미닛 메이드 부문을 글로벌 사업으로 전환하여 주스 브랜드로 판매하려고 하였다. 대프트 사장의 설명은 다음과 같다.

> 우리는 여러 브랜드와 여러 사업의 네트워크이다. 당신도 우리가 종합(만능) 음료회사가 되기를 원하지 않을 것이다. 브랜드마다 각자의 투자자본수익률(ROI)이 있고 서로 다르게 판매되며, 서로 다른 이유로 마시게 되며, 서로 다른 경영 구조를 갖추고 있다. 그것을 모두 함께 섞게 되면 당신은 초점을 잃게 된다.[17]

글로벌 사업 환경의 변화에 대한 반응으로 초점 문제와 관련된 사례는 대단히 많다. 최근 수

년 동안 베텔스만, 콜게이트, 다농, 일렉트로룩스, 피아트, 포드, 포춘 브랜즈, GM, 할리 데이비슨, 헨켈, 레고, 맥도날드, 로열 필립스, 도시바 등 많은 기업들이 핵심사업에 대한 전략적 초점을 명백히 하고자 노력하고 있다.

제휴 외에도 흡수합병을 포함하여 철수, 타사 부문과의 접목 등 다양한 조치가 있을 수 있다(표 1-2 참조). 로열 필립스의 CEO 프란스 반 하우튼은 TV와 VCR 마케팅 대신에 전자 및 공학 사업부를 정리했다. 오늘날 필립스는 헬스케어, 조명, 소비자 라이프스타일 등 세 가지 부문에 집중하고 있다(사진 1-3 참조). 이와 같은 조직구조 내 주요 변화는 기업 문화의 변화를 동반한다.[18]

가치, 경쟁우위, 초점이란 상호 연관성 면에서 세계 보편적이며 지구촌 어느 시장에서든 마케팅 노력을 선도해야 한다. 지구촌 시장에서의 기회/위협도 추적 관리할 수 있는 정보 시스템의 활용과 지구촌 전체 관점에서의 가치, 경쟁우위, 초점 문제에 대한 관심을 글로벌 마케팅은 요구한다. 이 책의 기본적인 전제도 다음과 같이 요약될 수 있다. 글로벌 마케팅을 이해하고 수행하는 기업은 그렇지 않은 기업에 비해 보다 크고 많은 고객가치를 제공할 수 있다. 이러한 확신은 여러 학자들이 공유하고 있다. 1990년대 중반 사무엘 크레이그와 수잔 더글러스 교수는 다음과 같이 주장한 바 있다.

> 글로벌화란 더 이상 추상적인 것이 아니고 냉엄한 현실이다. 글로벌 시장에 참여하지 않는 것은 대안이 아니다. 조직의 규모와 상관없이 모든 기업은 글로벌 시장의 변화하는 형태를 예측하고 반응하고 적응하기 위해 전 세계시장을 대상으로 다양한 전략을 수립해야 한다.[19]

특정 산업 계열의 기업이 글로벌 마케팅의 메시지를 받고 있다는 증거가 늘고 있다. 예컨대 이탈리아의 세 가구 회사는 이탈리아 밖에 있는 시장을 확대하고 아시아로부터의 증대되는 경쟁을 피하기 위해 서로 제휴하였다. LVMH와 프라다 같은 명품 제조기업은 새로운 사업체의 모델을 제시하고 결국 폴트로나 프라우, 카시나, 카펠리니 세 회사를 통합시켰다.[20] 홍콩의 타이 핑 카펫 인터내셔널도 글로벌화 과정에 있다. 간부급 임직원들이 세계 주요 지역에 산재하여 근무한다. 예컨대 재무 및 기술기능 부서는 여전히 홍콩에 위치하되 마케팅 이사는 뉴욕에, 관리본부는 싱가포르에 배치하고 있다. 회사의 존 잉 이사는 "우리는 미니 다국적 기업을 창

표 1-2 전략 초점

기업/본사	철수/구매자
GE(미국)	기기 부문을 하이얼(중국)에게 54억 달러에 매각(2016년), NBC 유니버설을 300억 달러에 컴캐스트에 매각(2009년)
비방디(프랑스)	액티비전 블리자드 비디오게임 사업부, 82억 달러에 자사주 매수(2013년)
유니레버(영국/네덜란드)	아메리칸 파스타 소스 비즈니스를 21억 5천 달러에 미즈칸 그룹(일본)에 매각(2014년)
IBM(미국)	마이크로일렉트로닉스 사업부를 15억 달러에 글로벌 파운드리에 매각(2014년)

업하려 하고 있다."고 강조하였다.[21]

많은 편익을 글로벌화에서 얻고 있다. 수천만 명의 사람들이 가난에서 벗어나 중산층이 되었다. 글로벌화로 임금이 오른 국가에서는 생활수준이 개선되었다. 대중 정서가 바뀌고 경고문이 법적으로 요구되고 있다. 글로벌화로 인한 편익이 공정하게 분배되지 못하고 있다는 증거도 많다. 부의 불균형적인 흐름이 일어나고 있는데 '많이 가진 자'로부터 '요트를 가진 자'로 흘러간다. '없는 자'에게 충분히 흘러가지 못하고 있는 것이다! 미국 대통령 도널드 트럼프의 '미국 우선주의' 어젠다는 일부 국가들이 보호주의와 고립주의로 퇴각하고 있다는 증거 중 하나일 뿐이다. 일부 산업 관계자들은 '역행하는 글로벌화'의 새로운 시대로 진입하고 있다고 역설한다.

▶ 1-3 단일국가 마케팅 전략과 글로벌 마케팅 전략을 비교 대조한다.

1-3 글로벌 마케팅 : 도대체 무엇인가

마케팅의 원칙은 만국 공통이다. 그러나 세계 각 국가의 사람이 서로 다르듯이 마케팅 관행도 국가마다 다른 것은 대단히 자연스러운 일이다. 한 나라에서 성공했던 마케팅이 다른 나라에서도 반드시 성공한다는 보장이 없다는 것 모두 그런 차이에서 비롯된다. 고객의 기호, 경쟁사, 유통 채널, 소통매체가 국가마다 다를 수 있다. 글로벌 마케팅의 주요 과업은 마케팅 계획과 프로그램이 세계적으로 어디까지 연장 가능하며 어느 정도 현지 적응해야 하는가를 인식하는 학습이다.

이 과업을 이해하는 방법은 **글로벌 마케팅 전략**(global marketing strategy, GMS)을 반영하는 것이다. 단일국 마케팅에서의 전략개발이란 표적시장 선정과 마케팅 믹스 개발이라는 두 가지 기본 문제를 관리하는 것이다. 위의 두 가지 문제가 서로 다른 관점에서 평가되지만(표 1-3 참조), 한 기업의 GMS 핵심에 위의 두 가지 문제가 존재한다. 글로벌 시장 진입이란 하나의 기업이 세계 주요 시장에서 영업활동을 수행하는 정도이다. 표준화 대 현지화란 다양한 국가시장에서 마케팅 믹스의 각 요소가 표준화(같은 방법으로 집행되는 것) 또는 현지화(적응화, 다른 방법으로 집행되는 것)될 수 있는 정도이다. 예컨대 나이키는 최근 범유럽의 여성을 표적으로 하는 의류광고 메시지로 "Here I am"을 채택했다. 기존의 메시지 "Just do it"을 바꾼 이유는 유럽의 여대생들이 남성처럼 스포츠에 대해 경쟁적이지 않다는 연구에 근거하기 때문이다.[22]

GMS는 마케팅 관리와 관련되어 추가로 세 가지 차원을 포함하고 있다. 첫째는 **마케팅 활동의 집중**인데, 이것은 마케팅 믹스(예 : 판촉 캠페인 또는 가격 결정)가 한 나라 또는 서너 국가

표 1-3 단일국 마케팅 전략과 글로벌 마케팅 전략 비교

단일국 마케팅 전략	글로벌 마케팅 전략
목표시장 전략	글로벌 시장 진입
마케팅 믹스 개발	마케팅 믹스 개발
제품	제품 현지화 또는 표준화
가격	가격 현지화 또는 표준화
판촉	판촉 현지화 또는 표준화
유통	유통 현지화 또는 표준화
	마케팅 활동 집중
	마케팅 활동 조정
	경쟁자 동향 통합

에서 수행되는 경우 관련되는 여러 가지 활동의 범위를 의미한다. 두 번째로 마케팅 활동 조정은 마케팅 믹스와 관련된 마케팅 활동이 전 세계시장에서 상호 의존적으로 사전에 계획되고 집행되는 정도이다. 마지막으로 **경쟁자 동향 통합**이란 지구촌의 다양한 시장에서의 경쟁적 마케팅 전술이 상호 의존적인 정도를 의미한다. GMS는 전 세계적 관점에서 기업의 성과를 높여야 한다.[23]

자국 밖의 해외시장 진출을 결정하는 것은 기업의 자원, 기업의 경영 마인드, 위협/기회의 성격 등에 좌우된다. BRICS로 알려진 브라질, 러시아, 인도, 중국, 남아프리카공화국 등 5개국 시장이 괄목할 만한 성장기회를 보이고 있다는 사실에 많은 전문가들이 동의한다. 멕시코, 인도네시아, 나이지리아, 터키(소위 MINT로 불림)도 엄청난 잠재력을 보유하고 있다. 이 책 전체에 걸쳐 이 나라에서의 마케팅 문제는 '신흥시장 요약보고서'에 강조되어 있다.

글로벌 마케팅 전략에서의 사례연구로 버버리 사례를 이용할 수 있다. 영국의 명품 브랜드로서 세계 여러 나라에서 구입할 수 있고 최근의 확장 계획은 서너 개의 지리적 지역을 포함하고 있다(사진 1-5 참조). 첫째, 중산층 소비자 수가 늘어나는 BRICS 국가는 명품 브랜드의 기호를 개발 중이다. 둘째, 미국의 경우 도처에 산재한 쇼핑몰의 가게주인들이 시설비를 공동부담하거나 특정 기간 임대료를 납부하지 않게 해줌으로써 명품 소매업자를 유치하고자 경쟁하고 있다. 버버리사의 마케팅 믹스 전략은 다음과 같다.

제품: 의류보다 순환성(계절성)이 약한 상품, 예컨대 핸드백, 허리끈, 액세서리 등의 매출을 높인다.

가격: 코치보다는 비싸되 프라다보다는 저렴하게, '감당할 만한 명품'이 가치명제의 핵심이다.

유통: 버버리는 LA, 샌프란시스코, 뉴욕을 포함한 주요 미국 도시에 자영 점포를 개점하고 있다. 런던과 홍콩으로도 확대하는 중이다. 이 입지로 기업 수익의 절반 이상을 산출하고 있다.[24]

판촉: 트위터, 인스타그램, 아트오브더트렌치닷컴 등과 같은 소셜 미디어 및 온라인 채널을 통해 자기주장과 공유를 독려하고 있다. www.burberry.com/acoustic을 통해 브랜드 관련성을 강화하고 음악에 재능이 있는 사람들을 위한 노출을 제공하기 위해 버버리 어쿠스틱을 출범했다.

'1-2-3-4~' 펑크 록의 40년(1976~2016)사

록 음악은 종종 젊은이들의 문화적 표현으로 사용되었다. 1960년대 '스윙 잉 런던', 예를 들면 비틀즈, 롤링 스톤스 및 기타 영국 인기 밴드들은 사운드와 스타일의 새로운 트렌드를 보여주었다. 대서양 반대편, 미국 록 그룹 그레이트풀 데드와 제퍼슨 에어플레인은 '사랑의 여름'(1967년 여름 시작된 사회적 현상) 동안 정치적, 사회적 혼란에 대한 목소리를 보여주었다.

1976년 새로운 사운드가 나왔다. 펑크 록은 음악 운동이자 문화 운동이었다. 음악적 측면에서 그것은 시대의 유행하는 음악 스타일과 취향에 대한 반응과 거부였다. 제네시스, 핑크 플로이드, 예스 등 영국 프로그레시브 록 밴드의 거대한 스타디움 콘서트는 어마어마한 광경이었다. 이글스, 린다 론스태드와 싱어송 라이터 잭슨 브라운이 대중화시킨 남부 캘리포니아 소프트 록은 펑크족들에게는 마찬가지로 별로였다.

펑크는 또한 박탈당한 젊은이들의 목소리를 위한 출구와 기성세대에 반항하는 기회를 제공했다. 경제 침체기였던 1970년대 중반 영국 젊은이들은 일자리 기회가 거의 없었다. 심지어 장년층조차도 그랬다! 석탄 공급을 절약하기 위한 정부의 결정은 전력 부족과 주 3일 근무 의무화로 이어졌다. 같은 기간 뉴욕시는 사회적, 경제적 쇠퇴를 겪고 있었다. 1976년 여름, 샘의 아들로 불리던 연쇄 살인범은 그 지역을 공포에 떨게 만들었다. 미국 전역의 에너지 위기는 휘발유 가격 상승과 부족을 의미했다.

이러한 음악적, 경제적 맥락에서 젊은이들은 미국과 영국 모두 2~3개의 기타 코드를 연주하는 법을 배우기가 비교적 쉽다는 사실을 깨닫게 되었다. 더 좋은 점은 펑크의 'DIY' 정신은 음악성은 요점 밖의 얘기라고 말한다는 것이다. 기술이 무슨 소용이냐! 누기 음표를 신경 쓰나?

미국에서는 두 해안에서 펑크 음악 무대가 생겨났다. 뉴욕의 포레스트 힐즈는 라몬즈의 탄생지였다. 밴드와 계약을 맺은 사이어 레코드 책임자인 시모어 스타인은 "뉴욕시는 주입이 필요하다."라고 간단히 말했다. 뉴욕 이스트 빌리지에 있는 전설적인 뉴욕의 CBGB(Country Bluegrass Blues) 음악 클럽에서 라몬즈는 토킹 헤즈, 블론디, 그리고 다른 현지 아트 록 음악 무대를 꾸미던 신규 밴드들과 합동 공연을 벌였다.

라몬즈 사운드의 핵심은 간결한 팝이었다. 많은 노래들이 2분(또는 그 이하)에서 3분 미만의 길이로 구성되어 있었다. 외모도 중요했다. 밴드 멤버들은 블랙 가죽 바이커 재킷과 찢어진 청바지를 입고 추방자의 이미지를 조심스럽게 키워 나갔다. 네 명 중 어느 누구도 실제로 라몬이라는 이름이 붙지 않았다. 비록 그렇다 하더라도 밴드는 종종 "Da Brudders"라고 불렸다.

미국 서부 해안에서는 X와 블랙 플래그와 같은 밴드들이 LA에서 결성되었다. X의 베이시스트이자 보컬리스트인 존 도는 이렇게 회상한다. "로큰롤로 머리를 한 대 맞은 거 같았다". 주류 록 세계에서는 잊혀졌지만 펑크는 LA에 있는 더 마스크와 같은 클럽의 소수 운동으로 번성했다.

영국에서는 섹스 피스톨즈가 1976년 음악 무대를 장악했다. 더 클래시, X-레이 스펙스 및 기타 다수가 빠르게 명성과 악명을 모두 얻었다(사진 1-4 참조). 1976년 7월, 라몬즈는 런던의 라운드하우스에서 획기적인 쇼를 펼쳤다. 이를 관계자들은 영국 펑크 운동의 시발점으로 인정한다. 1976년 11월 섹스 피스톨즈는 데뷔 EMI 싱글 'Anarchy in the UK'를 발표했다.

12월 섹스 피스톨즈는 템스 텔레비전의 빌 그룬디와의 라이브 인터뷰에서 카메라에 맹세를 한 것이 국민적 분노를 일으켰다. 그룬디가 기타리스트 스티브 존스에게 EMI로부터 받은 4만 파운드의 선수금으로 무엇을 했냐고 물었을 때 "빌어먹을 다 썼지, 그렇지?"라고 답을 했다. 다음날 데일리 미러지의 헤드라인은 "더러움과 분노!"라고 나팔을 불었고, 그룬디는 해고되었다(전체 장면은 유튜브에서 볼 수 있다).

영국 주간 음악 신문 사운즈지에서 펑크를 담당하던 전 편집장인 비비안 골드만은 펑크의 관련성과 영향은 오늘날에도 계속된다며 "인도네시아, 러시아, 남아프리카 및 기타 지역에서 사람들은 시스템에 분노하기 위해 펑크를 이용한다."고 최근 말했다. 또한 "펑크의 반항적인 의식은 새로운 사고방식을 위한 깃발"이라고도 하였다.

출처 : Peter Aspden, "Infamy in the UK," *Financial Times* (June 11 – 12, 2016), p. 14; Anna Russell, "Punk Takes London by Storm, Again," *The Wall Street Journal* (March 25, 2016), p. D6; "Musical Milestones: Celebrating 40 Years of the Ramones," Conference Presentation, SXSW Music, Film, and Interactive, March 17, 2016; "No Future: 1976 and the Birth of Punk in the UK," Conference Presentation, SXSW Music, Film, and Interactive, March 16, 2016; Mikal Gilmore, "The Curse of the Ramones: How a Band of Misfits Launched Punk Rock," *Rolling Stone* (April 21, 2016), pp. 42 – 48+; Tom DeSavia and John Doe, *Under the Big Black Sun: A Personal History of L.A. Punk* (Boston, MA: Da Capo Press, 2016); Tim Jackson, *Virgin King: Inside Richard Branson's Business Empire* (London, UK: Harper Collins Publishers, 1995), Chapter 3, "Broken Bottles."

사진 1-4 펑크의 긍정적, 사회적 효과 중에는 여성의 권한 부여가 있었다. 예를 들면 엑센 세벤카는 LA 펑크밴드 X를 이끌었고, 폴리 스티린(사진)은 X-레이 스펙스의 가수였다.

출처 : Pictorial Press Ltd/Alamy Stock Photo.

사진 1-5 토머스 버버리는 1850년대 개버딘 직물 고안으로 신용을 얻었다. 이는 트렌치 코트 창조의 길을 열어주었다. 영국 버버리 그룹은 2016년 160주년을 맞았다. 버버리의 상표는 90개국 이상에 등록되어 있다.
출처 : Oli Scarff/Getty Images.

표 1-3에서처럼 GMS의 나머지 부분은 시장활동에의 집중과 조정이다. 버버리는 우연한 성장이 개별적 운영의 연합을 선도한 셈이다. 세계시장 가운데 어떤 지역의 지사에서는 서로 전혀 소통이 없었을 뿐 아니라 상호 적대적으로 경쟁하기도 했다. 어떤 때는 자사만의 시장 전용 상품을 기획하거나 사내 다른 부서와 아이디어 공유도 없었다. 이 문제를 해결하고자 CEO 안젤라 아렌츠는 버버리 프랜차이즈를 강력히 주장하였다. CEO의 소신은 '한 회사에 한 브랜드'가 원칙이었다.[25]

크리스토퍼 베일리가 2014년 CEO가 되었을 때 아렌츠의 전략을 '브랜드 고취시키기'라고 자신이 부른 접근법으로 개선 및 갱신하였다. 베일리는 지속적인 브랜드 목소리를 투영하려는 목적으로 버버리의 강력한 디지털 입점과 전 세계 일반상점 네트워크로부터 획득한 소비자 통찰(consumer insights)을 활용하기 위해 데이터분석을 사용했다.[26] 음악인들과의 협업도 베일리의 전략에 포함되었다. 그는 심지어 글로벌 슈퍼스타 아델이 2016년 월드 투어 당시에 입었던 금속 가운을 디자인했다. 베일리는 또한 모바일 마케팅을 현존하는 도소매 채널 믹스에 첨부하는 방식으로 다채널 마케팅을 수용했다.

이탈리아 사업가 마르코 고베티는 2017년 버버리 CEO가 되었다. 그는 글로벌 마케팅 전략에 대한 새로운 도전, 즉 미국 내 백화점 쇼핑의 감소와 중국 내 고가품 매출의 감소 등에 직면하게 되었다.[27]

글로벌 마케팅에서 표준화 대 현지화의 문제는 학자와 실무자 간에 오랫동안 논쟁의 중심에 있었다. 논쟁의 대부분은 하버드 비즈니스 리뷰에 개재된 테오도르 레빗 교수의 논문(1983) '시장의 글로벌화(*The Globalization of Markets*)'로 거슬러 올라간다. 마케팅 관리자들이 '동질적 지구촌(homogeneous global village)'과 직면해 있다고 레빗 교수는 주장한 바 있다. 표준화된 고급 글로벌 제품을 개발하여 글로벌 시장에 표준화된 광고, 가격, 유통을 통해 판매할 것을 레빗 교수는 조언하였다. 그의 조언을 따르고자 했던 파커 펜과 기타 많은 회사들이 실패함으로써 그의 조언에 의문을 품게 되었다. 비즈니스 매체들은 레빗 교수의 입장을 비판했던 산업 분석가의 기사를 자주 인용하였다. BSBW(Backer Spielvogel Bates Worldwide) 광고 대행사의 회장 겸 CEO 칼 스피엘보겔도 1980년대 후반 월스트리트 저널에 기고한 바 있다. "세계가 동질화되고 있다는 레빗 교수의 언급은 허구이다. 글로벌 마케팅에 몰두하게 된 것은 두 제품 탓으로 그중 하나가 코카콜라이다."[28]

코카콜라는 글로벌 마케팅을 구사함으로써 세계적 성공을 거두었다. 그러나 그 성공은 마케팅 믹스 요소의 완전 표준화에 근거한 것은 아니었다. 예컨대 일본 시장에서 코카콜라가 성공한 것은 내부자(insider)가 되고자 엄청난 시간과 돈을 들였기 때문이다. 다시 말해 코카콜라사는 자사의 판매원 및 자판기 등 완벽한 현지 인프라를 구축한 것이다. 일본에서 코카콜라의 성공은 글로벌 현지화를 달성하기 위한 능력을 보여준 것으로서 그것은 코카콜라사가 현지 회사와 같은 내부자이면서 동시에 세계시장에서의 경영활동으로부터 수익을 내는 기업으로서의 능력이다. 코카콜라는 최근 일본 시장에서 매출이 감소하고 있지만 일본은 여전히 세계 총수익의 20%를 점유하는 핵심시장이다.[29]

글로벌 현지화(global localization)의 진정한 의미는 무엇인가? 한마디로 말하면 성공한 글로벌 마케터란 "세계적으로 생각하고 지역적으로 행동하라!"는 철학을 갖추어야 한다. 켄이치 오마에 교수는 이러한 역설을 다음과 같이 요약했다.

> 글로벌 기업이 되는 핵심은 모든 일을 다 완수하면서 조직 내에서 일종의 긴장을 유지하는 것이다. 새로운 세계는 어디에서든 '만능 사이즈'를 요구한다고 생각하는 기업이 있는가 하면 반대로 지역마다 특별한 제품, 즉 무한 맞춤을 요구한다고 생각하는 기업도 있다. 최고의 글로벌 기업은 둘 다 아니기도 하고 둘 다 맞기도 한다고 이해하고 있다. 글로벌 기업은 두 가지 관점을 동시에 유지하고 있다.[30]

"더 많은 것이 세계화될수록 더 많은 사람이 지역적인 모든 것과 제휴하기를 원한다. 이것은 믿을 수 없는 분열로 이어졌다."[31]

유니레버 CTO, 피터 테르 쿨베

이 책에서 여러 차례 등장하겠지만 글로벌 마케팅은 표준적 접근법(예 : 실제의 제품 자체)과 비표준적 접근법(예 : 유통 또는 포장)을 포함하는 개념이다. 글로벌 제품이란 세계 모든 곳에서 같은 제품이면서도 약간씩 다른 그런 것일 수 있다. 글로벌 마케팅은 마케팅 관리자로 하여금 세계시장에서 유사성과 차별성에 반응함으로써 글로벌하면서도 동시에 현지적인 방식으로 행동할 것을 요구한다.

그러나 글로벌 현지화는 양방향 도로이며 "세계적으로 생각하고 지역적으로 행동하라!"는 취지보다 훨씬 중요한 의미가 있다는 사실을 명심해야 한다. 지역적으로 생각하고 세계적으로 행동하는 것도 마찬가지로 중요하다는 것을 많은 기업이 배우고 있다. 이것은 본사로부터 멀리 떨어진 지사가 혁신의 가치를 느끼고 그것을 본사로 되가져 온다는 의미이다. 예컨대 프랑스의 맥도날드 식당은 다른 어느 도시의 식당과는 다르게 보인다. 실내 채색은 약하지만 황금색 아치는 정교하게 배치되어 있다. 프랑스에서의 매출이 증가했다는 사실에 상당수의 미국 내 식당이 유사한 실내장식을 시도해 보았다. 버거 비즈니스의 편집장 스콧 흄은 "맥도날드의 재미있는 아이디어가 대부분 미국 밖의 매장에서 나오고 있다. 맥도날드는 미국 내의 매장과 더불어 유럽을 체인점화하고 있다."[32](사례 1-2 참조)

"가장 중요한 교훈 중 하나는 인도에서 현지시장 맞춤차를 중국보다 훨씬 더 많이 주문했다는 것이다."[33]

아마존 CEO, 제프 베이조스

혁신의 이러한 역류현상은 서구와 북미 같은 선진국 시장에서만 발생하는 것은 아니다. 중국, 인도 기타 신흥시장의 경제력 점증은 그곳에서도 상당한 혁신이 일어나고 있다는 뜻이다 (표 1-4 참조). 가령 네슬레, P&G, 유니레버 등 소비재 회사들은 저소득 소비자용 저가/저포

표 1-4 **지역적으로 생각하고 세계적으로 행동하라**	
기업/본사 국가	**제품**
시나본/미국	중앙아메리카와 남부아메리카 고객은 둘세데레체를 선호한다. 이들 지역을 위해 개발된 제품은 히스패닉 인구가 핵심 시장인 미국에 도입되고 있다.[35]
스타벅스/미국	스타벅스는 암스테르담에 실험적 매장을 개장했다. 이 매장은 현지에서 조달하고 재활용된 건축 자재와 같은 새로운 디자인 콘셉트의 시험장 역할을 한다. 최고의 콘셉트는 유럽 다른 지역으로도 확장될 것이다. 퍼스트 컴퍼니라는 잡지는 '2013년 최고 창조적 인물' 순위에 스타벅스의 창조적 크리에이티브 디렉터 리츠 뮐러를 포함시켰다.
크래프트 푸즈/미국	분말음료 탕이 라틴아메리카와 중동에서 지역 관리자로서 10억 달러 브랜드가 되었다. 이는 망고와 파인애플과 같은 현지 인기 종목에 오렌지(최고 판매)를 뛰어넘은 것이다. 크래프트는 해외에서 배운 교훈을 이용하여 미국 시장에서 탕을 재시동할 계획이다.[36]

장 상품이 스페인과 그리스에서 가격에 예민한 소비자에게 인기가 높다는 사실을 배우고 있다(사진 1-6 참조).[34]

세계적이면서도 현지적인 마케팅 믹스 요소와 함께 코카콜라사는 코크, 환타, 파워에이드 등의 브랜드를 지원하고 있다. 수십 개의 다른 기업 또한 강력한 글로벌 브랜드를 만들어 냄으로써 글로벌 마케팅을 성공적으로 추구하고 그것은 다양한 방법으로 성취되어 왔다. 가전제품 업계에서 애플은 하드웨어와 소프트웨어의 통합, 사용의 용이성, 예리한 혁신, 첨단기술설계 등과 동의어이다. 가전제품업계에서 제조와 엔지니어링의 수월성에 관한 독일의 명성은 보쉬사의 경쟁우위의 한 원천이다(사진 1-7 참조). 이탈리아의 베네통 브랜드는 최신의 패션을 전세계의 자사 매장망에 빨리 전달하고자 상당히 정교한 유통 시스템을 활용하고 있다. 캐터필러사의 글로벌 성공의 핵심요인은 전 세계 어디에서나 '24시간 부품과 서비스 제공'의 약속을

사진 1-6 네슬레사의 타이, 스리랑카, 말리 같은 신흥시장으로 확대하는 핵심요소는 혁신이다. 소비재 거인의 본사는 스위스이지만 연구개발본부의 3분의 1은 신흥시장에 위치한다. 네슬레사는 최근에 네스카페 브랜드 커피를 한 잔씩 판매하는 자판기 대신 이동식 커피카트를 도입했다. 이러한 혁신사례가 유럽 등 기타 고소득 시장으로 전파되고 있다.

출처 : adrian arbib/Alamy.

사진 1-7 이탈리아 밀라노, 2012년
4월 : 2012 밀라노 국제가구박람회,
보쉬 가구 전시장
출처 : A. Astes/Alamy Stock Photo.

지원하는 유통업자 네트워크에 있다. 이러한 사례에서 보듯이 글로벌 시장에서의 성공방법은 다양하고도 많다. 이 책에서 우리는 글로벌 마케팅이 전 세계적으로 완전히 표준화된 마케팅을 부과하기 위한 반사적 시도가 되어야 한다고 생각하지는 않는다. 글로벌 마케팅 개념이 특정 제품, 특정 사업, 특정 시장에 부합하기 위해서는 그것을 어떻게 재단하느냐 하는 것이 글로벌 마케팅의 핵심쟁점이다.[37]

　표 1-5에 나타난 바와 같이 맥도날드의 글로벌 마케팅 전략은 글로벌 마케팅 믹스 요소와 로컬 마케팅 믹스 요소의 결합에 기초하고 있다. 예컨대 맥도날드 사업 모델의 핵심요소는 전 세계 어디에서든 실제로 개업할 수 있는 식당 시스템이다. 맥도날드는 햄버거, 프렌치프라이, 소프트 음료 등 핵심 메뉴 품목을 대부분의 국가시장에 공급할 뿐 아니라 현지시장의 식사 습관에 맞추어 메뉴를 제공한다. 미국 시장에서 빅맥의 평균가격은 5달러 28센트이지만 중국 시장에서는 3달러 17센트에 팔리고 있다. 절대적으로 보아 중국의 빅맥은 미국의 빅맥보다 저렴

표 1-5 효과적인 글로벌 마케팅 사례 : 맥도날드

마케팅 믹스 구성 요소	표준화	현지화
제품	빅맥	McAloo Tikka 감자버거, Maharaja 치킨버거(인도), Rye McFeast(핀란드), Adagio(이탈리아)
판촉	브랜드명	속어 별명, 예를 들어 Micky D's(미국, 캐나다), Macky D's(영국, 아일랜드), Macca's(호주), Mäkkäri(핀란드), MakDo(필리핀), McDo(프랑스)
	광고 슬로건 'I'm loving it'	"지금 그대로 오세요(Venez comme vous êtes)" 프랑스의 TV 광고 캠페인. 소비자의 서로 다른 개성을 표현하면서 다양한 광고 수단을 동원한다. 아빠와 같이 식사하는 소년의 모습을 보여준다. 광고의 창의적 전략은 성적 자유와 반항에 초점을 맞춘다. 아버지는 자기 아들이 성소수자임을 모르고 있다.
유통	번화한 공공장소의 독립건물 식당	스위스 국영철도에 맥도날드 스위스가 테마 식당칸을 설치 운영함, 헬싱키에서 오슬로까지의 스테나 라인 여객선에 맥도날드 개점, 가정집 배달 판매(인도)
가격	빅맥의 평균가격 5.28달러(미국)	5.91달러(노르웨이), 3.17달러(중국)

하지만 그러나 그것이 공정한 비교일까? 1인당 소득이 국가마다 다르듯 부동산 가격도 국가마다 다르다.

기업이 글로벌 마케팅 활동을 채택하는 특별한 접근방법은 기업이 속한 산업의 여러 조건과 비교우위의 원천에 따라 좌우된다. 예를 들면 다음과 같다.

할리 데이비슨은 미국인의 국민 모터사이클로 전 세계에 인식되어 있다. 이 회사는 타이 같은 저임금국으로 제조 기지를 옮겨야 하는 것 아닐까?

세계시장에서 혼다와 토요타의 성공은 일본 공장으로부터의 수출에서 비롯된 것이었다. 지금 두 회사는 미국, 아시아, 유럽 등지의 제조 및 조립공장에 투자하고 있다. 두 회사는 조립공장이 있는 현지시장의 소비자에게 공급할 뿐 아니라 나머지 전 세계시장에 수출하고 있다. 예를 들어 혼다는 매년 수만 대의 어코드와 시빅을 미국 공장에서 조립하여 일본을 비롯한 수십 개국 시장으로 수출한다. 유럽의 소비자들은 미국에서 수출된 혼다 차를 계속 구입할 것인가? 미국의 소비자들은 미국산 토요타를 계속 애용해 줄 것인가?

일본의 패스트 리테일링사의 유니클로는 일본에 850개, 해외 12개국에 300개의 매장을 운영하고 있다. 의류의 90%를 중국에서 조달하고 있다. 최근에 미국 시장에 6개의 매장을 개설하고 2020년까지 모두 200개를 운영할 계획이다. 유니클로는 2020년까지 500억 달러 매출목표를 이루어 의류소매업 세계 1위 자리에 오를 수 있을까?

위의 질문에 대한 답은 "사정 여하에 달려 있다."이다. 왜냐하면 할리 데이비슨의 경쟁우위는 부분적으로 미국산(made in USA)이라는 포지셔닝 탓이며 따라서 제조 기지를 미국 밖으로 이전하는 것은 바람직하지 않다. 수입 모터사이클에 대한 인도의 100% 관세는 할리 데이비슨이 2011년 하리아나주에서 생산을 시작하도록 만들었다. 아시아에서의 시장기회를 포착하고 60%에 달하는 수입관세를 회피하기 위해 기업은 타이에서 제조설비를 최근 개설하였다.[38] 미국 시장에서 토요타 자동차의 성공은 세계 수준급 제조기술, 소위 '토요타 방식'을 미국에

이전한 능력에서 기인한다. 동시에 토요타는 미국산 부품으로 미국인 근로자들이 아발론, 캠리, 툰드라 모델을 조립했다는 사실을 예비고객들에게 강조하는 광고를 활용하고 있다. 토요타사 이윤의 약 3분의 2가 미국 시장에서 발생한다. 그러나 세계 최고의 자동차회사가 되는 과정에서 편협한 기업문화와 원가절감에 대한 집중이 전반적인 고품질을 조화롭게 창출한 것이다. 아키오 토요타의 리더십 아래 기업은 반등하였다. 2016년 천만 대가 넘는 자동차를 판매하였고 기록적인 수익을 남겼다. 'New Global Architecture'라는 별명이 붙은 혁신 생산체제가 전 세계 어디에서도 시장변화에 빠르게 반응할 수 있도록 고안되었다.[39]

이미 언급한 대로 1,200개의 유니클로 매장의 4분의 1가량이 일본 밖에 위치해 있고 핵심시장국은 미국, 중국, 러시아, 싱가포르, 한국 등이다. 고객들은 유니클로의 다양한 디자인과 고급 서비스 수준에 호의적 반응을 보였는데, 그것은 일본 소매업자들 특유의 덕목이다. A.T.커니의 2016년도 의류 분야 글로벌 리테일 개발지수(Global Retail Development Index)에 따르면 의류제품의 신흥시장 기회로 중국이 1위에 올라 있다. 중국에서 유니클로의 경영진은 베이징과 상하이처럼 인구밀도가 높은 곳을 선정한다(사진 1-8 참조).[40]

▶ **1-4** 글로벌 500대 기업 순위에서 상위권에 있는 기업을 식별한다.

1-4 글로벌 마케팅의 중요성

국민소득의 관점에서 보아 세계 최대의 단일시장은 모든 제품과 서비스의 세계시장에서 약 25%를 점유하고 있는 미국이다. 세계시장 잠재력의 75%가 미국 밖에 존재하기 때문에 잠재적 최대 성장을 이루고자 하는 미국 기업들이라면 글로벌화해야 한다. 코카콜라사의 경영진은 그 점을 잘 이해하고 있다. 영업소득의 약 75%와 영업수익의 3분의 2를 북미 밖의 시장에서 얻고 있다.

비미국계 기업은 자국의 국경을 초월하여 시장기회를 추구하고자 하는 훨씬 강력한 동기를 가지고 있다. 그 회사들은 3억 2,500만 인구의 미국 시장을 포함하는 기회를 갖는다. 일본 기업에 있어서 본국시장의 달러화 가치는 미국, 중국 다음으로 세계 3위이지만 일본 밖의 시장이 세계 잠재력의 약 90%를 점한다. 유럽 시장에서의 상황은 더 극적이다. 유럽에서는 독일이 최대 단일시장이라고 하지만 독일 기업에 있어서 세계시장 잠재력의 약 94%가 독일 밖에 존재한다.

많은 기업이 자국 밖에서의 기업활동의 중요성을 알고 있다. 불과 수년 전만 해도 범위에 있어서는 분명히 국내산업이었던 것이 이제는 소수의 글로벌 기업에 의해 지배되고 있다. 대부분의 산업에서 21세기에 살아남아 번영을 이룰 회사는 글로벌 기업일 것이다. 글로벌화라는 기회와 도전에 적절히 반응하지 못한 기업들은 더 역동적이고 비전 있는 기업에 흡수될 것이다. 나머지 기업들도 왜곡된 전환과정을 거칠 것이며 설사 노력이 성공하더라도 엄청나게 달라진 모습으로 변화할 것이다. 어떤 기업들은 간단히 사라져 버릴 것이다.

해마다 **포춘지**는 수익률 세계 랭킹 500대 제조업 및 서비스업체를 발표한다.[41] 월마트는 2016 글로벌 500대 기업 순위에 들었고 4,860억 달러라는 수익을 기록했다. 현재 미국 밖에서 발생하는 수익의 3분의 1에 해당된다. 그러나 월마트의 성장전략에 있어서 글로벌 확장은 핵심이다. 상위 10대 기업 중 5개가 에너지 부문에서 경쟁하고 있다. 토요타와 폭스바겐은 상위 10대 기업에서 유일한 글로벌 자동차 생산업체이고, 이들은 독일 기업들이 디젤 엔진과 관련

사진 1-8 일본의 패스트 리테일링은 스페인의 인디텍스, 스웨덴의 H&M, 미국의 GAP 등과 경쟁 중이다. 유니클로 체인을 만들고자 공격적으로 해외시장 확대를 추구하면서 창업자인 타다시 야나이는 2020년까지 세계 최대의 의류소매업을 목표하고 있다.

출처 : August_0802/ Shutterstock.

된 스캔들에서 회복되면서 경쟁적인 사투를 벌이고 있다.

개별제품시장의 규모를 연매출액 관점에서 살펴보면 글로벌 마케팅의 중요성이 더욱 분명해진다. 포춘지의 순위에서 살펴본 대부분의 회사가 글로벌 시장에서 핵심역할자들이다.

(1-5) 경영 지향성

◀ **1-5** 기업의 경영 중심이 국내나 본국시장중심에서 글로벌이나 세계시장중심으로 발전함에 따라 기업이 겪는 단계를 설명한다.

글로벌 시장기회에 대해 기업이 어떻게 반응하는가 하는 형식과 내용은 의식적, 무의식적으로 경영자의 세계관에 관한 가정이나 신념에 크게 좌우된다. 기업 경영자의 세계관은 본국시장중심, 현지시장중심, 지역시장중심, 세계시장중심 지향으로 설명될 수 있으며, EPRG 모델로 알려져 있다.[42] 예를 들어 본국시장중심 지향인 경영자는 의식적으로 세계시장중심 지향으로 이동하기 위한 의사결정을 내릴 수 있다.

본국시장중심 지향성

자국이 타국과 비교하여 월등히 우수하다고 가정하는 사람에게 **본국시장중심 지향성**(ethnocentric orientation)이 있다고 한다. 이것이 어떤 때는 국가적 자만심이나 국가적 수월성에 대한 가정과 연관되어 있기 때문에 본국 밖의 마케팅 기회에 대한 무관심을 조장할 수도 있다. 이러한 성향을 가진 기업체 간부는 여러 시장에서 본국 상품과의 유사점만 보고 본국에서 성공했던 제품과 관행은 세계 어느 곳에서도 성공할 것으로 가정한다.

어떤 회사에서 본국시장중심 지향성은 본국 밖의 여러 기회를 경시하거나 무시한다는 의미로 쓰이기도 하는데, 그러한 회사는 국내기업이라고 불린다. 본국 밖에서 활동하는 본국시장중심적 기업도 국제기업이라고 서술할 수 있는데 그들은 본국시장에서 성공하는 제품이 우수한 것이라는 생각에 집착한다. 그러한 집착에 근거한 견해가 현지시장에 대한 별다른 수정 없이도 어디에서나 팔릴 수 있다는 전제에 근거한 **표준화**(standardized) 또는 **연장전략**(extension approach)을 선도하고 있다.

아래 예에서처럼 본국시장중심 지향성은 여러 가지 형태로 나타난다.

미국 시장에 승용차와 트럭을 처음 수출했던 닛산 자동차는 일본의 온화한 겨울기후에 맞게 설계되었기 때문에 미국의 추운 겨울 동안 도처에서 시동이 쉽게 걸리지 않았다. 북부 일본의 추운 지방에서는 차 주인들이 대부분 엔진덮개 위에 담요를 덮어 방한한다. 따라서 미국인도 그럴 것이라고 가정했지만 사실과 달랐다. "우리는 일본에서 오랫동안 자동차를 설계했으며 그것을 미국 소비자에게 밀어붙였지만 잘 먹혀들지 않았다."고 닛산의 대변인은 언급한 바 있다.[43]

1980년대까지 일라이 릴리사는 본국시장중심 지향성 기업을 운영하면서 미국 밖에서의 활동은 본사가 엄격히 규제하고 처음부터 미국 내 시장에 맞추어 개발된 제품의 판매에만 집중하였다.[44]

캘리포니아의 로버트 몬다비사의 간부들은 오랫동안 본국시장중심적인 국제기업을 경영하였다. 전임사장인 마이클 몬다비는 이렇게 설명하고 있다. "로버트 몬다비는 현지적으로 생각하고 재배하며 제조하고 세계시장에 판매하던 지방 양조장이었다. (중략) 진정한 글로벌 기업이 되기 위해서는 국가나 국경을 초월하여 세계 최적의 재배지역에서 세계 최고의 포도를 재배하여 반드시 최고의 포도주를 만들어야 한다."[45]

도시바, 샤프, 기타 일본 전자회사의 휴대전화 사업부는 국내시장에 집중한 결과 번영하였다. 수년 전 휴대전화의 일본 시장 매출이 감소했을 때 일본 기업은 노키아, 모토로라, 삼성 등이 주요 세계시장을 지배한다는 사실을 깨달았다. 도시바의 아츠토시 니시다 사장은 "우리는 일본 시장만 생각했다. 참으로 좋은 기회를 잃었다."고 아쉬워했다.[46]

본국시장중심 지향적 국제기업의 경우 해외영업이나 시장은 국내영업에 비해 2차적이거나 종속적인 개념으로 이해하고 있다(여기에서 '국내'라는 의미는 그 회사의 본사 소재지를 의미함). 이들은 본사의 실사구시적 지적 능력이 세계 어떤 시장에서도 적용할 수 있다는 가정하에 활동한다. 이러한 가정이 때로는 한 회사의 장점으로 작용하지만 현지시장에 대한 경영상의 귀중한 지식과 경험의 기회를 놓칠 수도 있다. 소비자의 욕구와 필요가 본국과 다르더라도 그러한 차이는 본사에서 무시해 버린다.

미국처럼 큰 나라에 위치한 대부분의 기업은 60년 전만 하더라도 본국시장중심 기업으로 사업을 상당히 성공적으로 경영할 수 있었다. 그러나 오늘날 효과적인 글로벌 경쟁사로 탈바꿈하려면 내부 약점 중의 하나인 본국시장중심주의(자민족중심주의)를 극복해야 한다.

현지시장중심 지향성

현지시장중심 지향성(polycentric orientation)은 본국시장중심 지향성의 대립개념으로서 기업활동을 수행하는 현지 시장마다 독특하다고 보는 경영진의 신념이나 가정을 의미한다. 이러한 가정은 모든 현지 자회사로 하여금 현지시장에서의 성공을 위해 자사만의 독특한 사업과 독특한 마케팅전략을 개발해야 하는 근본 배경을 제공한다. 다국적 기업(multinational company)이라는 용어가 이 개념의 설명을 위해 종종 사용되고 있다. 이러한 견해는 **현지화 접근**(localized approach) 또는 **적응화 접근**(adaptation approach), 즉 모든 제품은 상이한 시장 여건에 따라 수정/적응되어야 한다는 가정을 선도한다. 현지시장중심 지향성을 가진 기업의 예는 다음과 같다.

P&G에서 팸퍼스는 1990년대 많은 문제 중 하나로 다양한 지역 그룹과 80개 이상의 국가 팀이 독립적으로 활동한다는 것이었다. P&G 이사들은 팸퍼스의 큰 조직인 팸퍼스 유럽(오스트리아인이 운영), 팸퍼스 북아메리카(미국인이 운영)에서 사안을 다룬 바 있다. 이 두 명의 이사는 서로 협력하지 않고 있었다. 따라서 연구개발, 디자인, 제조, 마케팅 등에서 직면하고 있는 잠정적인 글로벌 도전 이슈들을 해결하는 데 협력하지 못했다.[48]

영국/네덜란드 합작 소비재회사인 유니레버는 한때 현지시장중심주의를 채택하였다. 예컨대 이 회사의 렉소나라는 탈취제 브랜드는 포장설계가 30개에 용도가 48개로 다양했다. 물론 광고는 현지시장에 맞게 내보낸다. 사장은 본사의 권한은 집중시키고 현지 경영자의 권한은 감소시키는 방향으로 조직을 개편함으로써 유니레버의 전략 중심을 바꾸는 데 최근 10년의 시간을 보냈다.[49]

지역시장중심 지향성

지역시장중심 지향성(regiocentric orientation) 조직에 있어서 하나의 지역은 관련된 지리적 단위가 되는데 집행부의 목표는 하나의 통합된 지역전략을 개발하는 것이다. 지역이란 무슨 의미인가? 예를 들어 북미자유무역협정(NAFTA)에 가입한 미국, 캐나다, 멕시코 시장에 집중하는 미국의 기업이 있다면 그 회사는 지역시장중심 지향성을 띠고 있는 것이다. 마찬가지로 유럽 시장에 관심을 집중하고 있는 유럽의 회사는 지역시장중심 지향적이다. 어떤 회사는 세계시장을 대상으로 하지만 또 어떤 회사는 하나의 지역을 중심으로 경영활동을 수행한다. 그런 회사는 전술했던 다국적 기업의 변형으로 볼 수 있다.

지난 수십 년간 GM에서 유행했던 지역시장중심주의적 임원들은 아시아-태평양 지역시장이건 유럽 시장이건 전 세계 어디에서도 현지 환경에 적합한 자동차 설계를 하도록 상당한 자율권이 허용되었다. 예를 들어 오스트레일리아에 근무하는 GM 기사는 현지시장에서 판매할 모델을 개발한다. 이러한 전략의 한 결과로서 바로 전 세계 GM 차량에 설치된 라디오 종류가 무려 270종이라는 사실이다. GM의 부회장 로버트 러츠는 2004년의 한 인터뷰에서 "GM의 글로벌 제품계획은 4대 지역 계획으로 고정된 경우가 많았다."고 언급한 바 있다.[50]

세계시장중심 지향성

세계시장중심 지향성(geocentric orientation)을 추구하는 기업은 전 세계를 동일한 잠재시장으로 보면서 통합 글로벌 전략을 개발하려고 노력한다. 경영자가 이러한 사고를 갖고 있는 기업은 **글로벌 기업**(global company) 또는 **초국적 기업**(transnational company)으로 알려져 있다.[51] 최근 수년 동안 GM의 관행화된 지역시장중심 지향 정책은 세계시장중심 지향 전략으로 대체되었다. GM사의 여러 변화 가운데 새로운 정책은 세계적 기준에 맞는 엔지니어링 업무를 요구하며 디트로이트 본사의 글로벌 위원회는 연간 제품개발 예산으로 70억 달러 책정을 결정하였다. 세계시장중심주의 전략의 한 가지 목표는 총 50종의 라디오를 사용함으로써 라디오 제조 원가의 40%를 절감하는 것이다.

수많은 회사의 경영자들이 세계시장중심주의를 채택할 필요성을 절실히 느끼고 있다는 점

"요즈음 중서부지역에서는 누구나 혼다가 자기 지역으로 들어오기를 간청하고 있다. 혼다는 더 이상 일본 회사가 아니고 일자리를 넘치도록 제공하는 친미 근로자 회사이다."[52]

툴레인대학교 역사학과 교수, 더글러스 브린클리

은 긍정적 신호이다. 그러나 새로운 구조/조직으로의 전환이 열매를 맺기에는 상당한 시간을 요구한다. 새로운 글로벌 경쟁사가 등장하면서 GM처럼 전통산업의 거물기업의 경우라 하더라도 조직구조 전환이라는 도전에 대처해야 한다. 10여 년 전, GM의 이사인 루이스 R. 휴스는 "우리는 초국적 기업이 되어 가는 과정에 있다."고 말한 바 있다. GM 아르헨티나의 전 사장 바실 드로소스도 동료의 말을 다음과 같이 되풀이하였다. "우리는 다국적 기업과는 반대되는 글로벌 기업으로 변신하는 것에 대해 이야기하고 있다. 다시 말하면 전문성의 중심지는 그것이 최적의 장소라면 어디에라도 위치할 수 있다."[53] 총수입의 관점에서는 GM이 아직도 당분간 자동차 제조업계 1위이지만 2008년에는 세계시장에서 처음으로 GM보다 토요타가 더 많은 차를 판매하였다. 2009년 GM이 부도 위기에서 겨우 벗어났을 때 GM은 조직규모를 줄여 구조조정을 단행했다.

글로벌 기업은 한 국가시장으로부터 세계시장을 커버하는 전략을 추구하거나 아니면 특정 국가시장에 집중하기 위해 글로벌 주문을 수행하는 존재로 설명될 수 있다. 그뿐만 아니라 글로벌 기업은 제휴/거래기업을 특정 본사국과 연결시켜 놓으려는 경향이 있다. 할리 데이비슨 사는 미국에서 제조하여 전 세계시장으로 출시하고 있다. 명품 마케터 토즈의 생산시설은 이탈리아에 있다.

반대로 유니클로는 의류를 저임금국으로부터 조달받고 있다. 정교한 공급사슬로 전 세계 매장의 네트워크에 적시 조달하는 것이다. 베네통은 저임금국으로부터 약간의 의류와 이탈리아로부터 다량을 조달하는 혼합정책을 추구한다. 할리 데이비슨, 토즈, 유니클로, 베네통은 모두 글로벌 기업으로 간주될 수 있다.

초국적 기업은 글로벌 시장에 제품을 판매하기도 하고 글로벌 공급사슬을 이용하여 원재료를 구매하기도 한다. 그것이 때로는 국가의 정체성을 애매하게 만들고 있다. 진정한 초국적이란 무국가(stateless)의 특징을 갖는다. 초국적성의 특징을 과시하고 있는 좋은 사례가 토요타와 혼다이다. 글로벌/초국적 기업의 경우 경영진은 마케팅 프로그램으로 표준화(연장)와 현지화(수정/적응) 요소를 조합하여 사용한다. 글로벌/초국적 기업을 국제/다국적 기업과 구분하는 한 가지 핵심요소는 **경영 마인드**인데, 글로벌/초국적 기업의 경우 연장이냐 적응이냐에 관한 결정은 여러 가정보다는 오히려 시장의 필요와 욕구에 대한 지속적인 조사를 근거로 결정되어야 한다.

기업의 '초국적성의 정도'를 결정하는 한 가지 방법으로는 (1) 전 매출액에 대한 본국 밖 시장에서의 매출액, (2) 전 자산에 대한 본국 밖의 자산, (3) 전 직원 수에 대한 본국 밖의 직원 수에 대한 수치의 평균값을 계산하는 것이다. 이러한 관점에서 살펴보면 네슬레, 유니레버, 로열 필립스 전자, 글락소스미스클라인, 뉴스 코퍼레이션 등이 모두 초국적 기업으로 분류될 수 있다. 이들의 본사는 상대적으로 작은 본국시장에 있는데, 매출액과 이윤의 성장을 달성하기 위해서 경영자로 하여금 지역시장중심 지향성 또는 세계시장중심 지향성을 채택하도록 강제해 왔다.

세계시장중심 지향성은 본국시장중심주의와 현지시장중심주의의 결합을 의미한다. 다시 말하면 여러 시장과 여러 국가 간의 유사점/차이점을 바라보는 세계관이자 현지시장의 필요/욕구를 충분히 반영하는 글로벌 전략을 창출하려는 것이다. 지역시장중심 지향성 경영자는 지역 차원의 세계관을 갖는 것으로 알려져 있는데, 그들에게 관심지역 밖의 세계는 본국시장중심적 또는 현지시장중심적이거나 아니면 그 둘의 결합이다. 그러나 연구결과에 의하면 많은

혁신, 기업가정신 그리고 글로벌 창업

케빈 시스트롬과 마이크 크리거의 인스타그램

케빈 시스트롬과 마이크 크리거는 진취적 기업가이다. 그들은 혁신적인 제품을 개발했고, 브랜드를 창출했으며 회사를 공동설립했다. 현대 마케팅의 기본 도구와 원칙을 적용함으로써 두 명의 스탠퍼드대학교 졸업생은 괄목할 만한 성공을 거두었다.

많은 기업가들이 그렇듯이 시스트롬의 아이디어는 해결해야 할 문제와 자신의 필요에 대한 인식에 기반했다. 시스트롬은 사진에 대한 열정이 있었고 소셜 미디어의 잠재력을 알아보았다. 그는 그가 버번이라고 이름 붙인 위치기반 사진 공유 앱(그가 가장 좋아하는 정신)에 대한 아이디어를 떠올렸다. 그런 다음 미보라고 불리는 자신의 앱에서 작업하는 크리거를 채용했다. 크리거는 시스트롬의 아이디어를 좋아했지만 이들 두 사람은 버번이 기능에 과부하가 걸렸음에 동의했다. "더 나은 것이 있어야 한다."는 생각에 이들 둘은 사진 공유 기능을 제외한 모든 것을 제거한 후 이를 '즉석 전보(instant telegram)'로 개념화했다(사진 1-9 참조).

2010년 10월 시스트롬과 크리거는 애플의 앱스토어에 인스타그램을 출범시켰다. 2년 이내에 사진 필터링 및 사진 공유 앱의 사용자는 3천만 명이 되었다. 얼마 지나지 않아 플랫폼이 안드로이드 및 윈도우폰 플랫폼에서도 출시되었다.

시스트롬의 통찰력은 선사시대에도 사람들이 시각적으로 소통했다는 것이었다. 오늘날 인스타그램은 시각적 정보에 접근할 수 있도록 한다. 구텐베르크의 인쇄기가 인쇄된 단어에 더 쉽게 접근할 수 있도록 만든 것처럼 말이다. 인스타그램의 인기는 부분적으로는 사용자가 사진에 적용할 수 있는 수십 개의 필터 때문이다(필터 아이디어는 시스트롬의 여자 친구 니콜에게서 나왔다).

2012년 페이스북은 인스타그램을 10억 달러에 인수했다. 오늘날 인스타그램은 약 6억 명 이상의 사용자가 매일 1억 장의 사진과 동영상을 업로드한다. 미국 내 단지 20% 사용자이다. 2016년 인스타그램은 모바일 광고 수익이 15억 달러를 상회했다.

명품산업의 소셜 미디어에 정통한 기업들은 인스타그램을 빠르게 수용했다. 제품의 높은 가격을 정당화하기 위해 명품 브랜드 관리자는 소비자가 브랜드 스토리에 필수적인 장인 정신과 유산을 이해하도록 도울 필요가 있다. 사진 이미지와 동영상을 사용하여, 기업은 소비자들을 '무대 뒤'로 데려가서 숙련된 장인에 의해 명품이 만들어지는 과정을 보여준다.

인스타그램 사용자의 약 3분의 2가 앱을 사용하여 제품 및 브랜드를 학습한다. 기업은 다양한 세그먼트(현 명품 고객과 잠정 고객)에 도달하기 위해 목표 광고나 사진기반 광고를 각각의 인스타그램 데이터 포맷에 삽입함으로써 모기업 페이스북의 강력한 데이터와 온라인 광고 도구를 활용할 수 있다. 그러한 세그먼트 중 하나로 '헨리'로 알려진 것이 있는데 이것은 '아직 부자가 아닌 고소득'으로 묘사되는 젊은 백만장자들을 의미한다.

음식은 인스타그램의 인기를 높이는 또 다른 카테고리이다. 현재까지 사용자들은 'IG-ed'(즉, 인스타그램 게시물)된 2억개 이상의 해시태그 '#food'가 있는 게시물을 올리고 있다. 이러한 추세에 대응하여 소셜 미디어에 민감한 런던, 뉴욕 및 기타 음식 중심 도시들이 레스토랑의 인테리어 디자인, 메뉴, 요리들이 인스타그램 게시물에 적합하도록 조치를 취하고 있다. 이는 고급스러운 미슐랭 승인 레스토랑에서부터 브랜드 포일로 싼 부리또를 파는 멕시코를 테마로 한 체인에 이르기까지 다양하다. 가장 인기 있는 색상은? '밀레니얼 핑크.' 최근 유행하는 음식 항목에는 '프레이크셰이크' 및 '유니콘 라테'가 포함된다.

2016년 8월에 두 가지 새로운 인스타그램 기능인 스토리즈 및 라이브가 출시되었다. 사용자가 짧은 동영상 클립, 라이브 피드를 업로드할 수 있고, 사진은 24시간 이내에 사라진다. 기능이 꽤 매력적인 것으로 입증되었고, 모회사 페이스북이 유사한 기능을 와츠앱, 메신저 및 페이스북에 추가하였다. 일부 비평가들은 스토리즈에서 인스타그램이 단순히 스냅챗을 복사했다고 말한다. 시스트롬은 동의하지 않는다. 그에게 실행은 독창성보다 우선한다. 스토리즈는 "분명히 다른 곳에서는 얻지 못하는 것을 사람들에게 고유한 가치를 부여한다."라고 말한다.

음악산업의 인스타그램 및 스토리즈 수용은 시스트롬의 요점을 서술해 준다. 전 세계 모든 유형의 뮤지션 및 밴드들은—아델 및 비욘세와 같은 슈퍼스타에서부터 돌파구를 원하는 인디 아티스트에 이르기까지—플랫폼을 사용하여 유기적인 방법으로 팬들과 연결되고 있다. 닐슨에 따르면 인스타그램 사용자는 음악을 듣는 데 더 많은 시간을 할애하고, 비사용자보다 음악 스트리밍 서비스 비용을 지불할 가능성이 크다. 아티스트는 스토리즈 및 라이브를 이용하여 신곡 출시 및 투어를 발표하고, 창작 과정에 대한 비하인드 스토리를 제공한다. 인기 있는 게시물이 빠르게 퍼지게 되면 음반회사와 아티스트는 음악 판매에 미치는 영향을 확인할 수 있다.

출처 : John Paul Titlow, "How Instagram Became the Music Industry's Secret Weapon," Fast Company (September 29, 2017); Deepa Seetharaman, "A Copycat? No, Call It Competition," The Wall Street Journal (May 31, 2017), p. B5; Deepa Seetharaman, "'Efficiency Guru' Sharpens Instagram," The Wall Street Journal (April 14, 2017), p. B4; Deepa Seetharaman Natalie Whittle, "A Square Meal: How Restaurants Are Courting the Instagram Crowd," FT Magazine (April 7, 2017); Alexandra Wolfe, "Weekend Confidential: Kevin Systrom," The Wall Street Journal (July 2-3, 2016), p. C11; Hannah Kuchler, "Snap Happy: Instagram Rolls out Carpet for Fashion Brands," Financial Times—FT Special Report: The Business of Luxury (May 23, 2016), p. 2; Murad Ahmed, "The Camera-Shy Half of Instagram's Founding Duo," Financial Times (November 24, 2015), p. 10.

사진 1-9 스탠퍼드대학교를 졸업한 케빈 시스트롬과 마이크 크리거는 인스타그램의 공동설립자이다.
출처 : CHRISTIE HEMM KLOK/The New York Times/Redux.

기업들이 경쟁적 환경하에서의 변화에 대해 글로벌적으로 반응하기 위해 직접 움직이기보다는 자사의 지역경쟁력을 강화하고자 노력하고 있다.[54]

본국시장중심 지향적 기업은 마케팅관리에 집중되어 있고, 현지시장중심 지향적 기업은 분권화되어 있으며, 지역시장중심 지향적 기업은 지역 차원으로, 세계시장중심 지향적 기업은 글로벌 차원으로 통합되어 있다. 각 지향성 간의 결정적 차이는 그 저변적 가정에 있다. 본국시장중심 지향성은 본국 우월성의 신념에 근거를 두며 현지시장중심 지향성은 지구상의 문화적, 경제적, 마케팅 여건에 차이점이 너무 커서 국경을 초월하여 경험을 이전하려는 시도가 헛된 것이라는 가정에 근거를 두고 있다. 오늘날 기업의 경영자가 직면하고 있는 중요한 도전은 본국시장중심 지향적, 현지시장중심 지향적, 지역시장중심 지향적 성향을 초월하여 세계시장중심 지향적으로 이전하려는 기업의 진화를 최적으로 관리하는 일이다. 글로벌 경영에 관한 유명한 책에서 언급했듯이 "글로벌 전략을 집행하는 과정에서 조직의 수많은 장애물을 무시할 뿐 아니라 글로벌 경쟁의 충격을 과소평가함으로써 다국적 해법은 오히려 많은 문제에 부딪히고 있다."[55]

▶ 1-6 오늘날 글로벌 통합에 영향을 미치는 추진력과 억제력에 대해 논의한다.

(1-6) 글로벌 마케팅과 글로벌 통합에 영향을 미치는 요인

지난 65년간 글로벌 경제의 현저한 성장은 다양한 추진력과 억제력의 역동적 상호작용으로 형성된 것이다. 그러한 수십 년에 걸쳐 세계 각지의 다양한 기업이 다양한 산업에서 국제적, 다국적 또는 글로벌 전략을 추구함으로써 위대한 성공을 거두었다. 1990년대에 들어 기업환경의 다양한 변화는 다양한 기존 기업경영 방식에 수많은 도전을 선물하였다. 억제력보다는 구동력이 훨씬 더 많은 관성을 갖기 때문에 글로벌 경제위기의 극복을 위한 보호무역주의의 대두에도 불구하고 글로벌 마케팅의 중요성은 계속 증대되고 있다. 글로벌 통합에 영향을 미치는 요인이 그림 1-1에 나타나 있다.

구동력

지역경제협정, 시장욕구와 필요의 융합, 기술의 진보, 원가절감과 품질개선의 압력, 의사소통과 통신기술의 개선, 글로벌 경제성장, 레버리지의 기회, 혁신과 진취적 기업가정신, 이런 요소가 모두 구동 요인이며, 이 요인과 관련된 어떤 산업이든 글로벌화의 후보가 된다.

다자간 무역협정 수많은 다자간 무역협정이 글로벌 통합을 가속화시켜 왔다. NAFTA는 미국, 캐나다, 멕시코 간 무역을 확대하고 있으며, 1994년 120개국 이상이 비준한 GATT는 WTO의 모체가 되었고 자유무역을 보호·촉진하고 있다. 유럽에서는 EU 회원국이 증가함으로써 역내 무역장벽이 현저히 낮춰지고 있다. 단일통화지역의 생성과 유로화의 도입은 21세기 유럽

그림 1-1 글로벌 통합에 영향을 미치는 구동력과 억제력

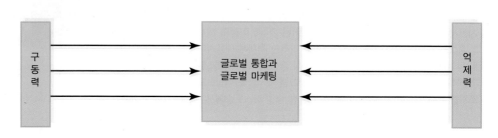

내에서의 무역확대를 선도하고 있다.

시장의 필요 및 욕구와 정보혁명의 융합　세계시장을 연구하는 사람이라면 누구나 문화적 보편성뿐 아니라 차이점도 발견할 것이다. 인간성에 공통된 여러 요소는 글로벌 시장을 창출하고 그곳에 봉사하기 위한 기회의 기본적 기준을 제공하고 있다. '창조한다'는 단어는 사려 깊은 표현이다. 대부분의 글로벌 시장은 본래 존재하지 않기 때문에 마케팅 노력으로 창조해야 한다. 예를 들어 청량음료를 원하는 자는 없으나 오늘날 어떤 시장에서 1인당 청량음료의 소비는 물 소비를 능가하고 있다. 마케팅이 이러한 행동의 변화를 촉진해 왔고 오늘날 청량음료산업은 참다운 글로벌 산업이 되어 있다. 전 세계적으로 소비자의 필요와 욕구는 오늘날 전례 없이 융합되고 있다는 증거가 많다. 이것이 글로벌 마케팅 기회를 창출하고 있다. 제품의 수정(적응) 전략을 추구하는 다국적 기업들은 글로벌 고객에게 봉사하는 기회를 알고 있는 글로벌 경쟁자에게 실패할 위험을 안고 있다.

정보의 민주화로 표현되기도 하는 정보혁명은 융합 추세의 한 배경이 되어 있다. CNN과 MTV 같은 전 세계적 TV 네트워크와 광역 인터넷, 페이스북, 트위터, 유튜브, 기타 소셜 미디어에 대한 광범위한 접근을 포함하여 다양한 기술, 제품, 서비스, 위성방송수신 안테나 등에 의해 정보혁명은 가속화되었다. 이러한 소통도구를 활용하여 지구촌의 아주 오지에 사는 사람들의 라이프스타일과 생활 수준을 타국 사람들의 그것과 비교할 수 있게 되었다. 유럽과 아시아 같은 지역시장에서 국경을 초월하여 전개되는 중복광고, 소비자의 빈번한 이동/여행이 마케팅 관리자로 하여금 범지역적 제품 포지셔닝을 추구하게 한다. 인터넷이 이를 더욱 강력하게 추진시키고 있는데, 기업이 인터넷에 홈페이지를 개설하면 그 회사는 그 순간 자동적으로 글로벌화되는 것이다. 그뿐만 아니라 인터넷은 세계 어느 지역민에게도 사실상 무제한적 종류의 제품과 서비스를 매매할 수 있게 한다.

운송과 소통의 개선　지난 100년간 거리와 관련된 시간과 비용의 장벽은 현저히 감소되었다. 제트기로 지구촌을 48시간 이내에 한 바퀴 도는 여행도 가능해지면서 소통에 대변혁을 일으키고 있다. 관광여행을 하면서 사람들은 해외시장에서 팔리는 최신 제품을 보고 사고 경험할 수 있게 되었다. 1970년에 7,500만 명이 국제여행을 했지만 국제항공운송협회의 보관자료에 의하면 2016년에는 38억 명으로 그 숫자가 늘었다.

효과적인 글로벌 경영의 한 가지 필수적 특징은 근로자 간 대면소통과 기업과 소비자 간 소통이다. 오늘날 제트기 여행이 그러한 의사소통을 가능하게 하였다. 오늘날의 정보기술은 예컨대 유나이티드사와 루프트한자사 간의 상호 간 비행 좌석을 판매하는 항공사 제휴를 가능하게 하여 여행자로 하여금 지구촌 어디에든 쉽게 다녀올 수 있게 하였다. 한편 지난 몇십 년간 국제자료, 음성, 영상통신 요금도 극적으로 떨어졌다. 오늘날 스카이프와 페이스타임은 강력한 새로운 소통 경로이다. 이메일, 팩스, 화상회의, 와이파이(Wi-Fi), 광역 인터넷 같은 새로운 혁신 시리즈의 출현은 경영자와 고객이 여행을 하지 않고도 사실상 지구 어느 곳에서든 전자적으로 연결될 수 있다는 의미이다.

또 하나의 비슷한 혁명이 운송기술 분야에서 일어나고 있다. 시간과 돈이라는 두 가지 관점에서 물적 유통과 연관된 비용문제가 현저히 줄어들었다. 특별히 설계된 자동차 전용선박으로 일본과 한국에서 미국까지의 대당 운임은 디트로이트에서 미국의 양 해안까지의 육상운임보

표 1-6 지역별 세계 제약시장

구분	2012	2007~2012	2012~2017
	시장 규모(10억 달러)	CAGR*(%)	CAGR 추정(%)
북아메리카	348.7	3.0	0.7~3.7
유럽	222.8	2.4	−0.4~2.6
아시아/아프리카/오스트레일리아	168.3	15.0	11.4~14.4
일본	112.1	3.0	1.7~4.7
라틴아메리카	72.5	12.0	10~13
전 세계	962.1	5.3	5.3

*복합 연간 성장률
출처 : IMS Health Market Prognosis. Courtesy of IMS Health.

다 저렴하다. 또 하나의 핵심적 혁신은 트럭으로부터 기차에 실어 선박에 환적할 수 있는 20피트 및 40피트짜리 금속컨테이너의 활용이 현저히 증가하고 있다는 점이다.

제품개발비용 신제품이 상당한 투자와 장기간의 개발시간을 요구하는 경우 글로벌화의 압력은 거세기 마련이다. 제약산업은 이러한 추진력을 놀랍도록 실증적으로 보여준다. 의약연구/제조 업협회에 따르면 1976년 신약의 개발비용은 5,400만 달러에 불과하였지만 오늘날 신약의 개발과 시장규제승인을 확보하는 과정에는 총 14년이 소요되며 신약을 시장에 출시하기까지의 평균 총비용은 4억 달러를 초과하는 것으로 추정된다.[56] 그러한 비용은 어떤 단일국가시장도 그 정도 규모의 투자를 지원할 정도로 크지가 않기 때문에 글로벌 시장에서 회수되어야 한다.

따라서 화이자, 머크, 글락소스미스클라인, 노바티스, 브리스톨마이어스 스큅, 사노피 아벤티스를 위시한 선도적 제약회사가 글로벌 마케팅 활동을 수행할 수밖에 없는 것이다. 그러나 전술했듯이 글로벌 마케팅은 어디에서나 반드시 수행되는 것을 의미하지는 않는다. 예컨대 제약산업에서는 7개국만이 전체 매출액의 75%를 점유한다. 표 1-6에서 보듯 아시아 시장에서 의약품의 수요는 향후 수년간 두 자리 숫자로 성장할 것이다. 그 시장에 진입하여 개발비용을 줄이고자 노바티스와 그 경쟁사는 중국에 연구개발 센터를 설립 중이다.[57]

품질 글로벌 마케팅 전략은 보다 많은 수익과 영업이익을 창출할 수 있고 그 결과 설계와 제조공정을 지원하고 개선시킨다. 글로벌 기업과 국내기업은 매출액의 5%를 R&D 예산으로 집행하겠지만 글로벌 기업은 세계시장을 상대하기 때문에 국내기업의 총수익보다 몇 배나 더 많이 창출할 것이다. 존 디어, 닛산, 마츠시타, 캐터필러, 기타 글로벌 기업들이 어떻게 세계적 수준의 품질을 달성하였는지 이해하기는 어렵지 않다(사진 1-10 참조). 글로벌 기업은 하나의 산업에서 모든 경쟁사의 수준을 끌어올린다.

한 글로벌 기업이 한 제품/서비스의 품질기준을 설정하면 경쟁사는 신속하게 자사만의 개선목표를 정하고 그 수준에 도달해야 한다. 예를 들어 1960년대 시작한 미국 자동차 제조업체들은 일본 제조업체가 제품 품질과 내구성에 기반하여 명성을 얻기 시작하면서 자신들의 시장점유율이 하락하는 것을 지켜보았다. 미국 기업들이 품질면에서 우수했을지라도 디트로이트는 미국 기업들로부터 새로운 위협에 현재 직면해 있다. 테슬라의 전기차는 몇 년 동안 품질과

안전성 면에서 빈번하게 상위를 차지하고 있다.

세계경제의 추세   2008년에 시작된 글로벌 경제위기 이전부터 경제성장은 세 가지 이유로 국제경제의 확장과 글로벌 마케팅의 성장에 추진력으로 작용해 왔다. 첫째는 주요 개발도상국의 경제성장이 시장기회를 창출하였고, 그 시장기회가 기업의 글로벌 확장의 주요 동기를 제공하였다. 인도, 중국 등에서 1인당 소득의 증가 덕분에 중간계층 소비자의 구매력은 과거 어느 때보다 개선되었다. 동시에 선진국의 더딘 성장은 경영자로 하여금 해외 고성장지역이나 고성장시장을 추구하게 하였다.

두 번째로 경제성장은 외국기업이 국내시장에 진출하는 반응으로 나타날 수 있는 저항을 줄였다는 점이다. 중국이 급속한 경제성장을 경험하고 있을 때 많은 정책 입안자들은 아웃사이더를 더 호의적으로 평가하는 경향이 있었다. 성장국가란 성장시장이라는 의미이다. 누구에게나 상당한 기회는 가끔 있기 마련이다. 국내시장에 외국기업이 진입하여 현지기업의 존재를 위협하지 않고 기업을 창업하는 것도 가능하다. 현지기업은 새로운 경쟁 환경에 따라 더욱 강력해질 수 있다. 그러나 경제성장이 없었다면 글로벌 기업들은 해외시장으로 멀리 나갔을 것이다. 시장이 성장하지 않는다면 국내기업은 자사의 시장 지위를 보호하고자 정부의 개입을 더욱 추구할 것이다. 예측하건대 최근의 경제불황은 신흥시장에 대한 외국기업의 접근을 제한하는 압력으로 작용할 것이다.

자유시장, 규제철폐, 민영화를 추구하는 세계적 움직임이 세 번째 구동력이다. 민영화 추세는 이전까지 폐쇄된 시장을 개방하고 있는데, 결과적으로 엄청난 기회를 창출하게 되었다. 자신들의 책에서 저자 다니엘 예긴과 조셉 스타니슬라브는 이러한 추세를 다음과 같이 기술하였다.

이것은 세계사에서 최대의 매출이다. 각국 정부는 수조 달러의 자산을 처분함으로써 여러 사업에서 손을 떼고 있다. 제철소, 전화회사, 전력회사에서 항공사까지, 철도회사에서 호텔, 식당, 나이트클럽까지 모든 것이 변해 가고 있다. 구소련, 동유럽, 중국뿐 아니라 서유럽, 아시아, 남미, 아프리카 그리고 미국에서조차 그런 일이 일어나고 있다.[58]

예를 들어 어떤 국가의 전화회사가 국가 독점사업이라면 정부는 국영기업으로부터 시설 및 서비스를 구매할 수 있다. 주주 가치를 극대화하려는 독립적 민영회사는 공급자의 국적에 상관하지 않고 최선의 종합적 가치를 가진 구매제의를 찾으려 할 것이다. 전 세계적으로 전화 시스템의 민영화는 스웨덴의 에릭슨, 알카텔-루슨트(미국-프랑스 합작기업), 노텔 네트워크(캐나다) 같은 전화소통시설 납품회사에 있어서는 엄청난 기회를 창출하고 있다. 수년간 성장하다가 글로벌 불황에 직면하여 고객의 수요가 감소하면 많은 납품업체는 성장둔화를 경험한다. 2009년 노텔 네트워크는 파산 위기에 직면하여 애플과 마이크로소프트 같은 제휴회사에 수천 개의 특허를 입찰 처분하였다.

레버리지 레버리지를 개발하고자 글로벌 기업은 독특한 기회를 노리기 마련이다. 글로벌 마케팅의 배경에서 보면 **레버리지**(leverage)란 하나의 기업이 두 나라 이상의 지역에서 경험을 갖고 있다는 사실 때문에 누리는 여러 가지 우위 형태를 의미한다. 레버리지를 보유함으로써 기업은 새로운 시장에서 기회를 추구할 때 여러 자원을 보존하게 된다. 다시 말하면 레버리지는 기업으로 하여금 시간, 노력, 돈을 절약하게 하며, 레버리지 형태로는 경험의 이전, 규모의 경제, 자원 활용, 글로벌 전략이라는 모두 네 가지 종류가 있다.

경험의 이전 글로벌 기업은 세계 어느 시장에서라도 자사의 경험을 활용할 수 있다. 경영 실무, 전략, 상품, 광고의 소구, 또는 어느 한 국가나 지역의 시장에서 시도된 적이 있는 판매 및 촉진 아이디어를 이용하고 그것을 비슷한 여타 시장에 적용할 수 있다. 예를 들어 월풀은 로우스 및 베스트바이 같은 강력한 소매 구매자와 미국에서 거래하던 상당한 경험을 축적하고 있다. 유럽 다수의 가전제품 소매상은 그들 나름대로 국경을 초월하여 '영향력 있는' 소매 시스템을 정착시키기 위한 계획을 가지고 있다. 월풀의 전직 CEO인 데이비드 위트웸은 "강한 소매상들이 유럽을 장악할 경우 우리는 그것에 대비하고 있을 것이다. 우리가 여기서 개발해 온 기술은 곧바로 이전이 가능하다."고 설명한다.[60]

셰브론은 경험 이전을 통해 레버리지를 얻은 글로벌 기업의 또 다른 예이다. 셰브론의 쿠웨이트 사무소 총괄이사 H. F. 이스칸데르는 다음과 같이 설명한다.

셰브론은 전 세계 여러 다른 위치에서 원유를 퍼올리고 있다. 어느 곳에서든지 우리가 접해 보지 않고 해결 못한 문제는 없었다. 우리가 뚫지 못했던 바위도 없다. 우리는 본사에 있는 모든 지식을 집중시키고, 분석하고, 분류해 낸다. 그럼으로써 어느 곳에서든지 원유 시추 문제를 해결할 수 있게 한다. 개발도상국에서는 20년 동안 자국의 원유를 퍼올리는 국영석유회사가 있을 수 있다. 그러나 우리는 그들에게 이렇게 말한다. "이봐, 당신들은 20년 동안의 경험이 있지만 다양성이 없어. 그것은 단지 1년의 지식을 20번에 걸쳐 시행하는 것에 불과해." 셰브론 같이 여러 국가에서 작업을 하는 사람들은 무수히 많은 문제에 봉착하고 셀 수 없는 해결책을 제시해야 한다. 그렇지 않으면 더 이상 사업을 할 수 없다. 그런 모든 해결책은 셰브론 그룹의 메모리에 보관된다. 현재 이 사업의 핵심은 그 정보를 활용하고 중국이나 쿠웨이트에서 겪는 똑같은 문제를 해결하기 위해 나이지리아에서 문제를 해결하는 데 사용했던 해결책을 가져오는 것이다.[61]

규모의 경제 글로벌 기업은 한 공장 내에서 전통적인 규모의 우위를 얻기 위해 보다 많은 생산량의 우위를 이용할 수 있다. 또한 효율적 규모의 해외 여러 공장에서 제작된 부품을 조립하여 완제품을 생산할 수 있다. 일본의 거인 마쓰시타 전기회사는 글로벌 마케팅의 고전적인 예이며 일본에 있는 세계적 규모의 공장에서 전 세계로 VCR, TV, 기타 가전제품을 수출함으로써 규모의 경제를 달성하였다. 기업이 유연한 생산기술을 실행하고 본국 밖의 다른 공장에 투자함으로써 제조 규모의 중요성은 약간 줄어들었지만 규모의 경제는 1970년대와 1980년대의 일본적 성공의 초석이었다.

규모의 경제로부터 얻는 레버리지는 제조 영역에 한정되지 않는다. 합병 후 중복된 자리를 제거함으로써 국내기업이 경제성을 달성할 수 있듯이, 글로벌 기업도 기능적 업무에 집중함으로서 글로벌 규모에서와 같은 경제성을 얻을 수 있다. 규모가 큰 글로벌 기업은 기업 임직원의 역량과 품질향상의 기회까지 만들어 낸다.

자원 활용 글로벌 기업의 한 가지 중요한 장점은 세계시장에서 효과적으로 경쟁하는 것을 가능케 하는 인적 자원, 자본, 원자재를 조사 · 규명하고자 전 세계를 살펴보는 능력이 있다는 점이다. 글로벌 기업에게는 본국 통화라는 것이 실제로 존재하지 않기 때문에 '국내' 통화의 가치가 급격히 상승하거나 하락한다 해도 문제가 되지 않는다. 통화는 전 세계에 널려 있고, 글로벌 기업은 가장 유리한 조건으로 재무 자원을 찾아낸다. 그 후 이익을 얻는 기회가 가장 큰 분야에서 그 자원을 활용한다.

글로벌 전략 글로벌 기업의 가장 큰 단일 우위 요소는 글로벌 전략일 수 있다. 글로벌 전략은 기회, 추세, 위협, 자원 등을 탐색할 세계적 사업 환경을 검색하는 정보 시스템으로 수립된다. 기회를 포착하면 글로벌 기업은 세 가지 원칙을 고수한다. 기술을 활용하고 지각된 우월적 가치를 고객으로부터 창출하기 위해 자원을 집중시키며 경쟁우위를 달성해 낸다. 글로벌 전략은 글로벌 규모에서의 **승부제품**을 만들기 위한 설계이다. 글로벌 전략을 얻기 위해 엄청난 훈련, 풍부한 창의성, 끊임없는 노력이 필요하다. 그 보상은 단순히 성공하는 것이 아니라 생존하는 것이다.

예를 들면 프랑스의 자동차회사인 르노는 여러 해 동안 단순한 지역기업으로 활동하였다. 그 동안에 프랑스 자동차산업에서의 우위를 차지하기 위해 푸조 시트로엥과 전면적으로 대립하였지만 토요타나 다른 글로벌 경쟁자가 지배한 산업에서 루이스 슈바이처 회장에게는 글로벌 전략을 수립하는 길 외에는 다른 방법이 없었다. 닛산 자동차와 루마니아의 다치아에서 많은 자원을 획득하는 것이 당면 과제에 포함되었다. 슈바이처 회장은 또한 브라질 공장에 10억 달러를 투자했고 수억 달러를 한국에 소비하였다.[62]

주의사항은 다음과 같다. 글로벌 전략이라고 해서 조직의 지속적 성공을 보장해 주지 않는다. 일관성 있는 글로벌 전략을 성공적으로 수행하지 못하는 회사는 독립성을 상실할 수도 있다. 2008년 말 앤호이저부시를 흡수한 인베브 사례가 대표적인 예이다. 글로벌화 전략이 기대만큼의 성과를 내지 못한 경우도 많다. 다임러크라이슬러의 합병, 미국 내 택배시장에 진출하려다 실패했던 도이치 포스트의 DHL 부서 사례가 대표적인 예이다.

21세기 초반의 사업 환경에서 가혹한 경기침체로 전략 계획이 무용지물이 된 것이다. 이것은 세계 무대에서 명성을 얻은 지 얼마 안 되는 신흥시장국의 신생 기업이나 기존 글로벌 기업에 있어서도 마찬가지이다. 예컨대 스위스의 ABB, 멕시코의 시멕스, 영국의 슈퍼체인 테스코 등의 최고경영자의 야심찬 글로벌 비전은 값비싼 전략적 승부에 의해 보상도 없이 훼손되고 말았다.[63] 세 회사가 모두 살아남기는 했지만 규모도 작아지고 과거에 비해 초점이 더 분명해졌다.

혁신과 기업가정신　전 세계 신생 기업들이 탄생하고 있다. 인도, 멕시코, 스페인, 베트남 그리고 다른 많은 국가에서 기업가정신이 번성하고 있다. 기업가란 무엇인가? 경영학 전문가 피터 드러커는 혁신을 도입한 사람으로 묘사한다. 정의에 따르면 기업가는 신제품과 서비스를 도입하는 데 늘 앞장선다. 드러커에 따르면 다음과 같다.

> 기업가는 다른 사람들은 인지하지 못하는 기회를 포착하는 특별한 능력을 지닌 사람이다. 또는 자신의 상상력을 통해 기회를 창조하는 사람이다. (중략) 혁신은 기업가정신의 특별한 도구이다. 혁신은 부를 창조하는 새로운 능력을 자원에 부여하는 행동이다. (중략) 혁신을 통해 기업가는 새로운 만족이나 새로운 고객 수요를 창조한다.[64]

이탈리아의 에밀리아로마냐주는 뛰어난 기업가정신의 기록을 지닌 장소로서 좋은 예가 된다. 여기는 세계에서 가장 유명한 브랜드인 페라리, 육스, 데이터로직, 테크노짐 등을 배출한 곳이다.[65] 이러한 맥락에서 우리는 글로벌 기업가정신의 가장 동태적인 발전을 조사할 것이다. 이로써 독자들이 혁신적인 리더십과 창조적인 생각의 중요성을 더 잘 이해할 수 있게 될 것이다.

억제력

지금까지 규명된 구동력에도 불구하고 몇 가지 억제력이 글로벌 마케팅에 진출하려는 기업의 노력을 늦출 수도 있다. 앞부분에서 논의된 시장의 이질성과 더불어 주요 억제력은 경영진의 근시안, 조직문화, 중앙정부의 통제, 글로벌화에 대한 저항 등이 있다. 그러나 우리가 관찰하였듯이 오늘날 전 세계적으로 구동력이 억제력보다 압도적으로 우세하다. 그것이야말로 글로벌 마케팅의 중요성이 꾸준히 증가하는 이유이다.

경영진의 근시안과 조직문화　많은 경우 경영진은 글로벌 마케팅을 추구하는 기회를 무시해 버린다. '근시안적'이고 본국시장중심 지향적 기업은 지리적으로 시장을 확장하지 않을 것이다. 버드와이저 맥주의 계열사 앤호이저부시는 다년간 미국 내 시장에만 집중한 나머지 독립성을 잃고 있다. 귀 기울여야 할 시점에 본사에서 오히려 지시만 한다면 근시안적 경영은 시장 실패의 원인으로 작용한다. 글로벌 마케팅은 현지시장 상황 정보를 제공해 주는 강력한 현지 조직 없이는 작동할 수 없다.

자회사 경영진이 '모든 것을 알고 있는' 회사에서는 최고위층부터의 비전이 개입될 만한 여지가 없다. 또 본사의 경영진이 모든 것을 알고 있는 경우 현지의 욕구와 상황에 대한 깊이 있는 지식이나 현지기업의 선도정신은 찾아볼 수 없다. 성공적인 글로벌 기업의 경영진은 글로벌 기업 비전 및 전망을 현지시장의 특징 및 투입 요소와 통합하는 것을 배워 알고 있다. 성공을 거둔 글로벌 기업의 경영진 및 저자와의 인터뷰 도중에 놀라운 주제가 하나 나타났다. 그 주제는 바로 현지기업가나 투입 요소에 대한 본사 경영진의 존경심과 현지 경영진에 의한 본사의 비전의 상응하는 존경심이다.

중앙정부의 통제　모든 국가는 첨단기술 산업 분야와 저기술 산업 분야에 있어서 공히 시장 접근과 진입에 대한 통제를 유지함으로써 자국 현지기업의 상업적 이익을 보호한다. 그러한 통제는 담배시장에서의 독점적인 통제적 접근에서부터 방송, 장비, 자료전송시장에서의 국가적 통제에 걸쳐 광범위하게 존재한다. 오늘날 WTO, GATT, NAFTA, 기타 경제협정 덕택에 고소득 국가에서의 관세장벽은 대부분 해소되었다.

그럼에도 불구하고 **비관세장벽**(nontariff barriers, NTB)이 아직도 강하게 존재한다. 비관세장벽은 무역거래에 있어서 비화폐적 제한조치인데, 미국 정부의 경제적 격려 패키지, 식품안전 규정, 기타 관료적 장벽이 그 예이다. 예를 들어 유럽연합은 이탈리아 치즈 생산업체들을 보호하기 위한 유제품 수입에서 '파르메산'과 같은 유전자 물질의 사용을 금하고 있다. 또한 비관세장벽은 개별국가 및 지역시장에 진입하는 것을 어렵게 하는 잠재력을 갖고 있다.

글로벌화에 대한 저항　전 세계 많은 사람에게 글로벌화와 글로벌 마케팅은 하나의 위협을 의미한다. 글로벌 공포증(globalphobia)이라는 단어는 종종 무역협정, 글로벌 브랜드 혹은 기업정책에 대한 적대적 태도를 기술할 때 사용되는데, 왜냐하면 그것들이 몇몇 기업이나 국가에게 고난을 안겨 주는 데 반해 다른 이들에게는 이로움을 가져다주는 것처럼 보이기 때문이다. 글로벌 공포증은 정치인 또는 유명한 글로벌 기업을 향한 항의 및 폭력을 포함하여 다양한 모습으로 나타난다(사진 1-11 참조). 글로벌화에 반대하는 이들로서 노조, 대학생, 국내외 비정부

사진 1-11 미국 패션계의 우상 랄프 로렌은 2012년 북경 올림픽에서 미국 대표팀이 입었던 공식 제복을 창안하였다. 군청색 재킷, 흰색 바지와 스커트 제복이 미국제가 아니라 중국제라고 알려지자 논란이 분출되었다. 비판은 미국 내의 일자리를 잠식한다는 데까지 확대되어 외주문제로 연결되었다. 그에 따라 랄프로렌의 대변인은 2014년 올림픽에는 반드시 미국산 제복을 사용하겠다고 약속하였다. 아직도 몇몇 전문가들은 미국의 경쟁력이 저가제조보다는 혁신, 설계, 마케팅 등에 있다고 믿고 있다. 이러한 견해로 미국 경제는 외주로부터 혜택을 보고 있다. 여러분 생각은 어떠한가?
출처 : Leonard Zhukovsky/Shutterstock.

기구 등이 있다. **충격의 교훈**(*Shock Doctrine*)의 저자 나오미 클레인은 글로벌화에 관한 유명한 비판론자였다.

이러한 억제력 중 두 가지 주요 예를 들자면 미국 도널드 트럼프의 선거와 영국 브렉시트 투표이다. 45번째 미국 대통령으로 선출이 되자마자 트럼프는 TTIP(범대서양 무역투자동반자 협정)와 TPP(환태평양 경제동반자협정)에서 탈퇴하였다. 그는 또한 NAFTA에서 탈퇴하거나 개선할 것을 촉구하기도 했다. 반면 영국 수상 테리사 메이는 영국의 유럽연합 탈퇴를 위한 '결별' 협정을 마무리짓고자 노력했다.

미국에서는 글로벌화로 인하여 미국인 근로자의 임금이 감소하였고 공장 노동자 및 관리직원이 모두 손해를 보게 되었다고 믿고 있으며, 이 믿음은 트럼트가 2016년 대통령 선거에서 이길 수 있게 도와주었다. 심지어 선거 이전에도 세계 선진국들이 미국을 시작으로 자유무역에 따른 보상을 불균형적으로 획득하고 있다는 의심들이 확대되었다. 볼리비아의 실직한 한 광부는 다음과 같이 말했다. "세계화는 복종과 지배의 다른 이름에 불과하다. 여기서 500년 동안 참고 살았지만, 이제는 우리 스스로 주체적으로 살고 싶다."[66]

(1-7) 이 책의 개요

이 책은 글로벌 마케팅에 관심 있는 학생과 사업가를 위해 쓰였다. 이 책을 통해 우리는 글로벌 마케팅에 특별히 적용할 수 있는 중요한 개념과 도구를 보여주고 토론한다.

이 책은 다섯 부분으로 나누어진다. 제1부는 제1장으로 이루어지는데 글로벌 마케팅의 전반적 개요와 기초 이론으로 구성되어 있다. 제2장부터 제5장까지 제2부를 구성하며 글로벌 마케팅의 환경을 다룬다. 제2장과 제3장에서는 소득과 인구의 위치, 무역의 형태와 투자, 시장 개발 단계 등을 포함한 시장의 경제적 · 지역적 특징을 다룬다. 제4장에서는 사회적 · 문화적 요소를 살펴보고, 제5장에서는 법적 · 정치적 · 규제적 차원을 제시한다.

제3부에서는 글로벌 시장에 진출할 때 반드시 고려해야 할 주제를 담았다. 제6장에서는 마케팅 정보 시스템과 시장조사를 다루고 있다. 제7장에서는 시장 세분화, 목표시장, 포지셔닝을 논의한다. 제8장에서는 수입, 수출, 외주의 기초를 다룬다. 제9장에서는 시장진입과 확장을 위한 대안적 전략을 포함하여 다양한 측면의 글로벌 전략을 다룬다.

제4부에서는 마케팅 믹스에 관한 글로벌 고려사항을 언급한다. 제10장부터 제14장에 이르기까지 글로벌 시장의 기회와 위협에 대응하여 상품, 가격, 경로, 마케팅 의사결정의 가이드라인을 상세히 알아본다. 제15장은 인터넷, 전자상거래, 디지털혁명의 또 다른 측면이 글로벌 마케터에게 새로운 기회와 도전을 창출하는 방법을 탐색한다.

제5부의 2개장은 21세기 기업전략과 리더십에 관한 쟁점을 다룬다. 제16장에서는 전략과 경쟁우위를 개관하며, 제17장에서는 글로벌 기업의 최고경영자가 직면하는 리더십 관련 몇 가지 과제를 언급하며, 그 외에 글로벌 마케팅 프로그램 통제 및 조직을 살펴보고 마지막으로 기업의 사회적 책임문제도 검토한다.

요약

마케팅이란 조직과 그 이해관계자에게 유익한 방향으로 고객관계를 관리하고 고객가치를 창출, 소통, 전달하는 일련의 과정이며 기능이다. 글로벌 마케팅에 종사하는 기업은 글로벌 시장기회와 위협에 기업의 자원을 집중시킨다. 네슬레, 코카콜라와 혼다처럼 성공한 글로벌 마케터는 익숙한 **마케팅 믹스(4P)**를 사용하여 글로벌 마케팅 프로그램을 창출해 나간다. 마케팅, R&D, 제조, 기타 활동은 모두 한 기업의 가치사슬을 구성한다. 기업들은 글로벌 관점에서 우수한 고객가치를 창출하기 위해 이러한 활동을 적절히 배치한다. 가치 방정식($V=B/P$)은 가치와 마케팅 믹스 간의 관계를 나타낸다.

글로벌 기업은 냉정하게 **경쟁우위**를 추구하면서도 전략적 초점을 유지한다. 어느 한 기업이 국내에서만 사업을 경영하든, 세계 여러 곳에서 시장을 형성하든 마케팅 믹스, 가치사슬, 경쟁우위, 초점 등은 만국 공통적으로 적용된다. 그러나 **글로벌 산업**에서는 글로벌 기회를 추구하는 데 실패한 기업이 더 강한 글로벌 경쟁자에 의해 밀려날 위험을 감수한다.

한 기업의 **글로벌 마케팅 전략(GMS)**은 그 회사의 전 세계적 성과를 증진할 수 있다. GMS는 몇 가지 문제를 제시한다. 첫 번째 문제는 마케팅 믹스 요소에 대한 **표준화(연장)** 접근방식과 국가별 혹은 지역별 차이에 반응하는 **현지화(적응)** 접근방식 간의 균형이라는 마케팅 프로그램의 본질이다. 두 번째 문제는 소수 몇몇 국가에서만 **마케팅 활동**이 집중되어 있거나 혹은 그런 활동이 너무 많은 국가에 분산되어 있는 것이다. 글로벌 마케팅에 종사하는 기업은 마케팅 활동의 조정에도 참여할 수 있다. 마지막으로 기업의 GMS는 글로벌 시장 진입의 문제를 제기한다.

오늘날 글로벌 마케팅의 중요성은 월스트리트 저널, 포춘, 파이낸셜 타임스, 기타 간행물에 축적된 기업의 순위에서 찾을 수 있다. 총수입 혹은 다른 측정에 의해 순위가 정해지더라도 대다수 세계적 주요 기업들은 지역적 혹은 국제적으로 대단히 적극적이다. 개별산업이나 제품별 글로벌 시장 규모는 기업들이 '세계로 나아가는' 이유를 설명해 준다. 어떤 제품 종류의 글로벌 시장은 수천억 달러에 달하는 연매출액을 기록한 반면 다른 시장은 매우 적은 액수를 기록한다. 기회의 규모에 상관없이 상업계의 성공적인 경쟁자들은 본사국을 넘어선 시장을 찾는 것이 총수입이나 이윤을 늘리는 길이라 믿고 있다.

세계시장을 향한 지향성(**본국시장중심 지향성, 현지시장중심 지향성, 지역시장중심 지향성, 세계시장중심 지향성**)에 따라 기업경영을 분류할 수 있다. 이런 용어들은 개발이나 진화의 점진적인 단계를 반영한다. 본국시장중심 지향성은 **국내기업**과 **국제기업**으로 특징을 이룬다. 국제기업은 마케팅 믹스의 다양한 요소를 확대해 가면서 국내시장 이외의 영역에서 마케팅 기회를 찾으려고 한다. 현지시장중심 지향성은 자율적인 각국의 경영자들이 마케팅 믹스를 변형하는 **다국적 기업**에서 자주 찾아볼 수 있다. 경영진이 지역적 기준에 근거해 활동을 통합하고 조정해 가려고 할 때 그러한 결정은 지역시장중심주의 경향을 반영한다. 글로벌 기업 혹은 **초국적 기업**의 경영자는 세계시장중심 지향성을 지니며 글로벌 시장에서 **연장전략**과 **적응전략**을 동시에 추구한다.

몇몇 구동력과 억제력의 왕성한 상호작용은 글로벌 마케팅의 중요성을 형성한다. 구동력에는 시장의 필요와 욕구, 기술, 교통과 통신의 개선, 제품원가, 품질, 세계경제 추세, 글로벌 경영에서 레버리지를 개발하기 위한 기회의 인식 등이 포함된다. 억제력에는 시장의 차이, 경영진의 근시안, 조직문화, 비관세장벽과 같은 중앙정부의 통제 등이 있다.

토론문제

1-1. 마케팅의 기본 목표는 무엇인가? 그러한 목표는 글로벌 마케팅과 관련이 있는가?

1-2. '글로벌 현지화'는 무엇을 의미하는가? 코카콜라는 글로벌 제품인가? 설명해 보라.

1-3. 글로벌 마케팅 전략은 중요한 경쟁도구인데, 기업이 사용할 수 있는 몇 가지 글로벌 마케팅 전략을 기술하라. 다른 전략을 사용하는 기업의 예를 들어 보라.

1-4. 영국에 본사가 있는 버버리는 남녀를 불문하고 모든 연령층을 대상으로 하는 명품 브랜드이다. 명품시장에서의 경쟁력을 높이기 위해 CEO 마르코 고베티는 전임자가 수립한 마케팅 프로그램을 업데이트해야 한다. 그 전략이란 버버리가 참여할 뿐 아니라 마케팅 활동의 조정과 통합까지 수행하는 핵심시장을 커버하는 것이다. 버버리사에 관한 최근의 논문을 찾아본 후 그 회사의 GMS에 대해 토론하라.

1-5. 할리 데이비슨과 토요타의 GMS는 어떻게 다른가?

1-6. 본국시장중심 지향성, 현지시장중심 지향성, 지역시장중심 지향성, 세계시장중심 지향성의 차이점을 설명해 보라.

1-7. 글로벌 통합을 증진하고 글로벌 마케팅의 중요성을 향상시키는 몇 가지 요소를 규명하고 간략히 설명하라.

1-8. '레버리지'를 정의하고 글로벌 기업이 활용 가능한 레버리지의 유형을 설명하라.

1-9. **포춘지**는 매년 7월이면 글로벌 500대 기업을 조사·발표한다. 온라인상의 순위와 인쇄본상의 순위를 비교해 볼 수 있을 것이다. 그 목록을 훑어보면서 가장 관심 있는 회사를 하나 골라 그 회사의 2017년 순위와 최근 순위를 비교하라. 그 회사의 순위는 어떻게 변해 왔는가? 순위의 등락에 영향을 미친 변수와 영향력을 더 잘 이해하기 위해 추가 정보(잡지 기사, 연례 보고서, 그 회사의 웹사이트)를 살펴보고 여러분이 발견한 사실을 간략히 요약하라.

1-10. "성공은 더 큰 성공을 낳는다."는 기업계의 격언이 있다. 갭사를 예로 들어 보자. 흰 티셔츠와 중국식 간편복(중저가 의류의 상징)의 원료를 납품했던 대표적 패션소매업자가 하루아침에 마케팅 강점을 상실할 수 있는가? 모토로라도 자사의 성공 희생양이 되었었고 자사의 라즈(Razr) 휴대전화는 크게 성공했지만 그 성공을 활용하고자 고군분투하고 있다. 구글이 모토로라 모빌리티를 인수한 것처럼 스타벅스의 사장 하워드 슐츠는 자사 및 그 브랜드가 중저가 상품으로 전락할 위험이 있다고 최근 경고하고 있다. 사례 1-3에 소개된 것처럼 애플은 '자사의 강점을 잃어'가고 있다. 위 회사의 경영진에게 개별적인 권고를 한다면 여러분은 어떻게 말하겠는가?

사례 1-1 (계속)
글로벌 시장도 현지적이다

이제 글로벌 마케팅에 대한 개요를 살펴보았으니 글로벌 시사문제에 대한 지식을 테스트해 보자. 일부 유명 기업 및 브랜드가 왼쪽 열에 나열되어 있다. 질문 "모회사는 어느 나라에 있습니까?" 가능한 답변은 오른쪽 열에 나열되어 있다. 제공된 여백에 해당하는 국가에 편지를 써 보자. 각 국가는 두 번 이상 사용할 수 있다.

1. 파이어스톤 타이어&러버	a. 독일
2. 레이밴	b. 프랑스
3. 롤스로이스	c. 일본
4. RCA	d. 영국
5. 버드와이저	e. 미국
6. 벤&제리 홈메이드	f. 스위스
7. 거버	g. 이탈리아
8. 밀러 맥주	h. 스웨덴
9. 롤러 블레이드	i. 핀란드
10. CNH	j. 중국
11. 위드 이터	k. 네덜란드
12. 홀리데이 인	l. 벨기에
13. 와일드 터키 버번	m. 인도
14. 싱크패드	n. 브라질
15. 윌슨 스포츠용품	o. 대한민국
16. 라이트 가드	p. 타이
17. BF굿리치	
18. 재규어	
19. 버거킹	
20. 제니 크레이그	
21. 더바디샵	
22. 타이틀리스트	
23. 스위프트	
24. 가찌아	
25. 처치스 잉글리시 신발	
26. 아메리칸 스탠다드	
27. 치킨 오브 더 시 튜나	

답
1. 일본(브리지스톤) 2. 이탈리아(룩소티카) 3. 독일(폭스바겐) 4. 중국(TTE) 5. 벨기에(앤호이저부시 인베브) 6. 영국/네덜란드(유니레버) 7. 스위스(네슬레) 8. 영국(SAB 밀러) 9. 이탈리아(베네통) 10. 이탈리아(피아트) 11. 스웨덴(AB 일렉트로로룩스) 12. 영국(인터컨티넨탈 호텔 그룹 PLC) 13. 이탈리아(캄파리) 14. 중국(레노버) 15. 핀란드(아머 그룹) 16.

독일(헨켈) 17. 프랑스(미쉐린) 18. 인도(타타 자동차) 19. 브라질(3G 캐피털) 20. 스위스(네슬레) 21. 프랑스(로레알) 22. 대한민국(필라 그룹) 23. 브라질(JBS) 24. 네덜란드(필립스) 25. 이탈리아(프라다) 26. 일본(릭실 그룹) 27. 타이(타이 유니온 그룹 PCL)

토론문제

1-11. '미국인의 우상'으로 기술되어 온 앤호이저부시(A-B)는 벨기에에 본사를 둔 회사의 지배하에 놓여 있다. 그 M&A 거래에 반대하기 위해 일부 소비자들이 불매운동 을 계획한다는 보고에 응답하면서 한 전문가는 이렇게 언급했다. "브랜드의 국적은 그것이 어디 태생인가를 나타낼 뿐 아니라 맥주의 주요 성분이자 제조비법이다. 기본적으로 회사를 누가 소유하고 있는가는 상관이 없다. 우리는 지금 글로벌 세계에 살고 있다." 귀하는 이러한 생각에 동의하는가?

1-12. 앤호이저부시(A-B)는 근무하기 좋은 직장의 명성을 오랫동안 누리고 있다. 간부들은 회사전용 제트기를 타고 설비가 잘된 스위트룸을 제공받고 있다. 대부분의 간부들은 비서진은 물론 실무보좌단을 거느리고 있다. 그들이 출장 갈 때는 1등석을 이용한다. 대부분의 직원들은 맥주를 무료로 지급 받으며, 지역사회 행사 때는 맥주를 기부한다. 카디널스(버드와이저 맥주공장이 있는 세인트루이스의 프로 야구팀)의 홈게임 입장권은 마케팅 도구로 사용되고 있거니와 A-B사는 엄청난 광고와 판촉활동을 수행한다. 매년 100개 정도의 새로운 광고가 여러 광고회사에서 만들어진다. 이러한 사실로 미루어 보아 A-B사의 새 소유주는 어떤 변화를 시도할 것으로 기대하는가? 그 이유는 무엇인가?

1-13. 이탈리아의 피아트는 2009년에 미국의 상징기업의 하나인 크라이슬러의 지분 20%를 매입하였다. 여러분은 피아트라는 이름이 익숙한가? CEO인 세르지오 마르치오네는 이 거래를 완수하고자 하는데 여러분의 생각은 어떠한가? 크라이슬러는 이 제휴로 얼마나 이익을 내고 있는가?

1-14. 벤앤제리 홈메이드는 버몬트주의 벌링턴에 본사가 있는 아주 기발한 아이스크림 회사이다. 창업자인 벤 코헨과 제리 그린필드는 사명문을 셋(제품사명, 금융사명, 사회적 사명)으로 구분한 새로운 기업실무를 도입한 전설적인 인물이다. 이 회사가 소비자 제품업계의 거물인 유니레버에 흡수되었을 때 아이스크림 브랜드에 충성스러운 소비자들은 걱정하며 놀랐다. 그들이 무엇을 걱정했다고 생각하는가?

사례 1-2
맥도날드는 현지 입맛에 적응하면서도 세계시장으로 확장한다

맥도날드사는 118개 국가에서 37,000개 이상의 유명한 금빛 아치를 볼 수 있는 패스트푸드 업계의 전설적인 존재이다. 이 회사는 버거킹 총수익의 2배 이상을 벌어들이며 서비스업계의 신속 서비스 레스토랑(QSR) 부문에서 이론의 여지가 없는 선두기업이다. 맥도날드는 세 가지를 고객에게 약속하고 전달함으로써 명성을 얻었다. 즉, 점포의 입지와 상관없이 일관된 맛의 저렴한 음식, 신속한 서비스, 청결/친숙한 환경이다.

이 회사는 드라이브스루 주문창구와 실내 어린이 놀이터 같은 편의시설을 선구적으로 개발하기도 했다. 오래도록 기억되는 광고문구와 집중적인 판촉에 힘입어 맥도날드는 오늘날 세계 최고의 브랜드 중 하나가 되었다. 2017년 인터브랜드는 맥도날드를 세계 12위의 브랜드로 선정하였다(애플이 수년 동안 1위를 지켰다). 금빛 아치는 올림픽 동그라미 다음으로 세계에서 두 번째로 잘 알려진 상징이다. 2014년 맥도날드는 칸 국제광고제에서 올해의 창의적 마케터로 선정되었다.

그러나 오늘날 몇 가지 관점에서 경쟁적 공격에 직면해 있다. 1990년대에 이 분야에 대단히 광범위한 식품 및 음료 공급업자들이 진입하였다. 예를 들어 소비자들이 라테를 비롯한 커피 관련 전문 음료를 자유롭게 즐기는 스타벅스에 몰려들기 시작한 것이다. 바하 프레시, 치폴게 멕시칸 그릴, 파네라 브레드, 코시 같은 외식업계의 패스트 캐주얼(중저가이면서 신속한 서비스 음식) 부문이 보다 편안한 분위기에서 고급 메뉴를 추구하는 고객들을 끌어가고 있다. 특히 밀레니얼 세대는 맥도날드를 꺼리기 시작했고, 현지 조달 감자로 만든 신선한 튀김을 제공하는 '더 나은 버거' 체인으로 파이브 가이즈처럼 패스트 식당 옵션을 대안으로 추구하고 있다.

한편 서브웨이가 미국에서 가장 많은 소매점을 가신 식냥제인 맥도날드를 따라 잡고 있다. 식품의 출시와 마케팅이라는 두 가지 관점에서 맥도날드는 현대 미국인의 라이프스타일에 대한 감각을 잃어 가는 중이라고 일부 전문가들은 지적한다.

그러한 현상은 최근까지 미국 밖의 해외시장에서 더 분명히 나타나고 있다. 세계적으로 라이프스타일이 변하기 때문에 보다 많은 소비자가 서양식 패스트푸드 문화를 수용하고 있다(사진 1-12 참조). 맥도날드는 새로운 매장의 개설비율을 높이면서 그러한 기회에 잘 부응하고 있거니와 맥도날드는 세계시장을 유럽, 아시아-태평양 · 중동 및 아프리카(APMEA), 기타 지역 등 3대 지역으로 구분한 바 있다. 2005년에는 유럽과 아시아의 본부국 사무소를 각 현지로 옮겨서 이제는 APMEA 본부는 홍콩에 위치한다. 그러한 변화를 비판하면서 세계 식당혁신담당의 켄 코지올 부사장은 다음과 같이 설명한다. "우리가 전 세계 어디에서나 주문했던 핵심 메뉴에 대한 강력한 기반 위에 맥도날드가 세워졌지만 이제 우리는 훨씬 더 현지시장과 관련되어 있음을 알아야 한다. 맛의 개념과 욕구가 변하고 있다."

아시아 · 태평양 지역

인도 시장은 맥도날드의 엄청난 잠재력을 보유하고 있다. 맥도날드는 1996년 인도 파트너 비크람 박시와 합작투자하여 가을 뉴델리와 봄베이

사진 1-12
출처 : Hasan Jamali/AP Wide World Photos.

에 처음 식당을 개설하였으며, 델리에서 금빛 아치는 수십 개의 매장을 가진 신속 서비스 식당체인 니룰라와 경쟁상태인데, 인도 전역에는 수백 개의 현지 소형체인이 있었다. 미국에 본사가 있는 서브웨이 체인은 2001년에 인도에 첫 지점을 열었고, 그 뒤로 피자헛, KFC, 도미노 피자 등이 진출하였다.

주요 식품체인에 의한 인도의 식사 수요는 두 자릿수 비율로 증가하면서 연매출액이 10억 달러를 상회하였다. 그러한 추세를 염두에 두고 맥도날드는 봄베이 근교 반드라의 상점가처럼 보행인이 많은 곳을 전략 매장으로 설정하였다. 그 외에도 빌라 파를의 대학 근처 부지와 안데리 기차역 건너편에 식당을 개설하였다. 맥도날드 인도는 2017년 말 400개 이상의 매장을 운영하였다.

힌두 지역은 소고기가 금식이기 때문에 맥도날드는 'Maharaja' 치킨 버거를 특별히 개발하였다. 몇몇 힌두 민족주의단체로부터 항의가 있었지만 빅토리아 철도역 부근의 매장에는 거대한 인파가 몰려들었다. 고객 중에는 외국인 여행자는 물론이고 출퇴근 중인 현지인도 많았다.

그 이후 맥도날드는 인도 고객의 입맛과 전통에 민감하다는 사실을 입증하고자 꾸준히 노력하였다. 전 세계적으로 마찬가지지만 맥도날드는 식품재료의 대부분(95% 이상)이 현지 조달된 것임을 강조하고 있다. 이뿐만 아니라 채식주의자를 위해 모든 식당이 독립된 두 종류의 주방을 두고 있다. 초록색 주방에서는 양념을 넣은 McAloo Tikka 감자버거, Pizza McPuff, Paneer Salsa McWrap 같은 채식주의자 식단을 준비한다. 나머지 식단은 붉은색 공간에서 준비하는데 마요네즈조차 달걀을 넣지 않고 만든다. 인도 고객을 위해 개발된 새로운 식단 가운데는 유럽

과 미국 시장에 소개되는 것도 있다.

맥도날드와 다른 패스트푸드 운영자들은 인도 여성들에게 고용의 기회를 제공하는 데 있어서 매우 도움이 된다. 글로벌 차원에서 여성의 노동 참여는 불균형적으로 낮은 편이다. 인도 여성 노동 인력의 3분의 2가 농업에 종사한다. 패스트푸드 부문 고용주들은 여성 고용자들이 친절하고 충성도가 높다는 것을 알게 되었다. 이는 신속 서비스 레스토랑에 있어서 중요한 사항이다. 보수적인 부모들을 안심시키기 위해 맥도날드는 부모들을 초청하여 자신의 딸들이 여성을 존중하는 안전한 환경 속에서 일하는 모습을 지켜보도록 했다.

최근 중국은 맥도날드의 세계 최대 시장의 본거지로 부상했다. 또한 신설 매장 수에서 가장 고속 성장한 국가시장이 되었다. 첫 매장으로 천안문광장에서 몇 블록 떨어지지 않은 베이징 중심부에 1992년 중반에 개설되었다. 2016년까지 맥도날드는 중국에서 2,700개 이상의 매장을 운영했다. 그 식당은 상추를 비롯한 식자재의 95% 이상을 현지에서 조달하고 있다.

2016년 이전에는 모기업이 중국 맥도날드 매장의 3분의 2를 소유했다. 그러나 식품안전 위협이 단기 매출과 수익 하락을 야기했다. 개선된 수익성과 유연성을 좇아 맥도날드는 중국 최대 도시 밖으로 확장하고자 하는 청사진으로서 '비전 2020'으로 불리는 이니셔티브를 출범시켰다. 핵심 전략으로서 CEO 스티브 이스터브룩은 2,700개 중국 매장의 지배적 지분을 국영기업인 시틱과 미국 사모펀드 그룹에게 매각했다. 이것으로 맥도날드가 중국에서는 프랜차이즈 사업으로 전환하게 되었다. 거래의 일환으로 새로운 파트너들이 1,000개 이상의 신규 맥도날드 매장을 개설할 것이다.

서유럽

금빛 아치는 서유럽 특히 영국, 프랑스, 독일에서는 대단히 친숙한 광경이며 스위스의 취리히에는 별 4개급의 금빛 아치호텔이 있을 정도이다. 전체적으로 유럽 시장은 맥도날드 총수익과 영업이익의 약 40%를 점함으로써 세계적 핵심시장 역할을 하고 있다.

프랑스 요리의 우수한 전통은 유럽 시장에서 특별한 사례에 속한다. 별 3개짜리의 전통적인 미슐랭 레스토랑에서 동네의 소박한 작은 식당에 이르기까지 프랑스인의 식당 선택폭은 다양하다. 1972년 프랑스에 첫 매장을 개설할 때부터 미디어전문가 및 정책가들은 프랑스 문화에 대한 패스트푸드의 영향력에 대해 우려의 목소리가 컸다. 그럼에도 불구하고 오늘날 거의 1,400여 개의 매장이 들어서면서 맥도날드는 세계에서 두 번째 큰 시장으로 성장하였다(독일 시장이 1위).

논쟁에도 불구하고 맥도날드는 대중의 눈에 들어오기 시작했다. 예컨대 1998년 프랑스 월드컵 결승전 때의 공식음식이 맥도날드인 것에 일부 프랑스인들이 반대한 바 있다. 1999년 8월 조제 보베라는 양떼목장주가 미요 마을 부근에 들어서는 851번째 맥도날드 식당의 설립에 대한 항의 시위를 주도하였다. 시위대는 부분적으로 완성된 구조물을 해체하기 위해 건설장비를 사용하였다. 보베 씨는 언론에서 맥도날드는 미국의 상징이며 글로벌화를 촉진하고 공업생산식량을 조장할 뿐만 아니라 농민들을 부당하게 처벌하는 기업이라고 비난했다. 10년 전에는 맥도날드 프랑스 지사의 경영진들이 팜므 악튀엘(Femme Actuelle)이라는 잡지에 어린이는 매주 한 끼만 맥도날드에서 외식을 해야 한다는 광고를 냈다.

맥도날드의 프랑스 지사 점포는 미국 내 지사들이 직면하고 있는 것과 같은 경쟁력 압력을 경험하고 있지만 핵심적 차이가 있다. 예컨대 프랑스인은 빵에 집착하는 것에 착안하여 현지의 동네 맥도날드 식당 경영자는 햄과 브리치즈를 넣은 막 구운 바게트빵을 출시하고 신속한 서비스와 저가라는 맥도날드의 장점을 효과적으로 중립화함으로써 큰 성공을 거두었다. 이에 맥도날드는 샤롤레종 소고기로 만들고 프랑스 치즈와 겨자를 얹은 'McBaguette'를 출시했다.

게다가 경영진은 새로운 식당 설계와 프랑스식 경영을 다시 창출하기 위해 필요한 건축회사를 고용하였다. 모두 8가지 테마의 매장이 개발되었다. 재설계된 매장은 단단한 목재로 마루를 마감하고 벽은 벽돌로 마무리하였다. 간판은 붉은색과 노란색의 맥도날드 테마보다 더 약한 색으로 하고 금빛 아치는 더 정교하게 전개시켰다. 전체적으로 그 매장들은 다른 지역의 매장과는 달라 보였다.

재설계된 첫 번째 매장은 전에 버커킹 매장이 있었던 부지의 샹젤리제에 위치하고 있으며 '음악'이라고 불리는 그 매장은 손님들에게 아이팟의 음악과 TV 모니터로 뮤직 비디오 시청이 가능한 시설을 제공한다. 어떤 매장에서는 연둣빛의 덴마크식 안락의자가 기존 플라스틱 의자를 대신하고 있다. 이렇듯 프랑스의 맥도날드 매장들이 스타일 개혁을 겪고 있을 때 어떤 매장의 매출은 10~20% 증가하였다. 이러한 결과에 고무되어 맥도날드는 각국에 산재한 수천 개의 매장을 일신하기 위한 야심찬 계획에 착수하였다.

중부 및 동부 유럽

2015년 1월 31일은 소련에 맥도날드가 진출한 지 25주년이 되는 기념일이었다. 최초의 모스크바 매장은 크렘린 궁전에서 불과 몇 블록 떨어진 주요 지하철역 부근에 있는 푸시킨광장에 문을 열었다. 그곳은 700개의 실내좌석과 200개의 실외좌석이 있다. 800명의 종업원이 있고, 수납처가 27개이며, 카운터 길이는 70피트인데, 보통 햄버거식당 20개를 하나로 연결한 것과 같은 크기이다. 창업 20주년 기념으로 푸시킨광장점은 고객들에게 "하나를 사고 또 하나는 무료로 얻어 가세요!"라는 판촉광고를 보내며 아코디언 연주 음악까지 제공하였다.

캄자트 카즈블라토프가 첫 번째 식당의 관리자로 선정되었으며 그는 지금 러시아 맥도날드 CEO이다. 현재 러시아에 모두 600개의 매장이 있으며 총 35,000명을 고용하고 있다. 맥도날드는 양질의 식재를 안정적으로 공급하고자 모스크바 근교에 5,000만 달러의 거대한 가공시설인 McComplex를 지었을 뿐 아니라 식재의 생산량과 질을 높이기 위해 현지 농민들과 긴밀히 협조하여 지금은 러시아에서 사용되는 원재료의 80%를 조달받고 있다. 그 시설은 지금은 민간이 운영하게 되었다. 예를 들어 윔빌댄 식품은 맥도날드에 낙농품을 납품하며 2002년에는 러시아 기업으로는 처음으로 뉴욕증권시장에 상장되었다. 총 10만 명가량이 맥도날드 공급사슬 내의 기업에 고용되어 있다.

우크라이나와 벨라루스는 새로이 점포를 개설한 식당을 보유한 동부 유럽 국가에 포함된다. 우크라이나 최초의 맥도날드는 1997년 키예프에

> "도시에 거주하면서도 경제적 지위가 높아진 인도인들의 입맛은 진화하고 있으며 많은 인도인이 외식과 실험을 추구하고 있다. 맥도날드나 서브웨이에 대한 인도 고객의 잠재적 기반은 선진국 전체의 기반보다 더 크다."
>
> 인도 라오뱅크의 식품분석가, 사프나 나약

모스크바
맥도날드

소비자
감시원

@ BANXcartoons

"우리는 당신의 멍청한 장난감만큼도
생각을 안 해."

출처 : Jeremy Banx/Banx Cartoons.

개점하였고 2007년까지 16개 도시에 57개 매장으로 확장되었다. 계획대로라면 총 1억 2,000만 달러의 투자에 100개의 신규 체인점을 개설하는 것이었다.

지역 내 마케팅 환경은 2014년 현저하게 복잡해졌다. 러시아 대통령 블라디미르 푸틴은 우크라이나의 크림지역을 합병했다. 이는 맥도날드가 그곳에 3개의 레스토랑을 문닫게 만들었다. 모스크바의 지지를 받는 반군이 2014년 우크라이나에서 군사행동을 시작한 이후 미국, 독일, 다른 서구 세계가 러시아에 대한 무역제재를 부과했다. 그 보복으로 러시아 소비자 안전망 공무원들이 많은 맥도날드 입지를 트집 잡으면서 식품안전, 위생, 금융 위법 혐의 등에 연루시켰다. 이들 이슈는 결국 해결되었고 최근 몇 년 동안 맥도날드는 시베리아와 같은 새로운 러시아 영토로 확장하였다.

맥도날드는 시야를 중부 유럽으로 돌려 크로아티아, 슬로바키아, 루마니아, 기타 국가에 수백 개의 새 매장을 개설할 계획이다. 2010년 체코공화국의 맥도날드 식당은 전설적인 '뉴욕을 사랑해(I ♡ NY)' 로고를 사용하여 광고한 뉴욕 주제의 샌드위치를 메뉴에 포함시켰다. 광고는 '매주 다른 버거'라고 약속한다. 거기에는 월스트리트 비프(바비큐 소스를 바른 구운 소고기, 치즈, 바삭한 베이컨, 신선한 양상추 및 양파와 참깨를 얹은 타원형 번)와 브로드웨이 치킨이 포함된다.

다시 미국 시장에 집중

짐 캔탈루포가 2002년 맥도날드의 CEO가 되었을 때, 그는 기업의 10대 최대 국제시장을 대표하는 14개 광고 대행사로부터 창조적인 시니어 인력의 총회를 소집하는 독특한 조치를 취했다. 그중 가장 중요한 대행사는 뉴욕에 본사를 둔 DDB 월드와이드이며 오스트레일리아, 미국, 독일 등 수십 개국의 광고를 담당하는 맥도날드의 주요 대행사이다. 그뿐만 아니라 레오 버넷은 아동대상광고의 책임자였다. 주요 국가시장으로부터 맥도날드의 마케팅 및 광고경영진이 일리노이 오크브룩에 있는 본사 회의에 소집되었다. 맥도날드의 당시 글로벌 최고마케팅책임자(CMO)인 래리 라이트는 다음과 같이 지적하였다. "독창적인 재능은 귀한 재주이지만 독창적인 사람은 브라질, 프랑스 또는 오스트레일리아 같은 지역지리에 속하지 않는다. 지역지리의 정보를 공유하는 개방된 자세를 갖기 위해 우리 대행사들이 도전해야 한다."

찰리 벨이라는 맥도날드 유럽지사의 전 임원은 최고운영책임자(COO)로 승진한 사람인데 자사의 광고에 대해 "세계 최고 브랜드 중 하나를 지향하면서 우리는 특색을 잃어가고 있다."고 총회 전에 완곡하게 언급하였다. 2002년 6월에 맥도날드는 자사의 새로운 글로벌 마케팅 테마로 'I'm Lovin' it'을 채택한다고 발표하였다. 이 아이디어는 독일의 DDB 월드와이드 사업부인 헤예&파트너가 제의한 것이었다.

짐 스키너가 2004년 CEO로 임명된 이후 맥도날드의 성장기회를 확대시키기 위한 '승리 계획' 이니셔티브를 도입했다. 핵심 아이디어는 맥도날드를 '단지 큰 것만이 아니라 더 맛있게' 만드는 것이었다. 스키너는 맥도날드의 5대 동력원으로 사람, 제품, 장소, 가격, 판촉에 대해 규명하였다. 이니셔티브의 결과는 매우 긍정적이었다. 예를 들어 컨슈머 리포트지가 맥도날드의 커피 프로그램을 개선하기 위한 노력을 칭찬한 것이다. 소비자들이 샐러드와 샌드위치처럼 몸에 좋은 메뉴를 받아들인 것이다. 맥도날드는 또한 플라스틱 포장 사용을 줄이고 재활용은 늘림으로써 보다 친환경적 의식을 추구하는 방법을 찾고자 노력하였다. 데니스 헤네킨 유럽 사업부 사장은 맥도날드의 이미지를 재정립하기 위한 그의 계획의 성과를 보고 만족하였다. "나는 이야기를 바꾸고 있습니다. 우리의 뿌리에 충실해야 하고 저렴해야 하며, 편리해야 합니다. (중략) 하지만 몇 가지 새로운 차원을 추가해야 합니다."

경제환경의 도전에도 불구하고 2007~2009년 3년간 다우존스 산업평균지수를 구성하는 30개사 중 맥도날드의 총 주식회수율이 가장 높았다. 맥도날드의 강력한 재무성과는 미국 내 식당으로 하여금 구조조정

> "시장 선도자로서 맥도날드는 상당히 기본적인 방법으로 대단히 공격적이었지만 동시에 맥도날드의 핵심을 유지해 왔다."
>
> 다트머스 터크경영대학 마케팅 교수, 케빈 레인 켈러

을 선도적으로 추진할 자원을 제공한 것이다. 판매가격만 무려 10억 달러였다! 개조작업은 부분적으로 유럽 시장의 개조로부터 얻은 긍정적 결과 덕분이다. 구조조정은 애플, 스타벅스, 기타 추세 선도기업들이 사용한 소매조직의 설계원칙을 잘 지킨 덕분이다. 2015년까지 14,350개의 미국 맥도날드 식당은 개조될 것이다.

맥도날드 경영진은 식당 내부를 현대적이고 능률적인 환경으로 만들어 고객이 더 오래 머물고 더 많이 소비하도록 의도하고 있다. 그중에 어떤 변화는 아주 극적이다. 상징이던 어릿광대 로널드 맥도날드를 연상하는 붉은 지붕과 화려한 금빛 장식은 모두 제거했다. 새 색깔 조합은

주황, 노랑, 초록이 미묘한 음영이 포함되어 있다. 또 항시 사용 가능한 부드러운 조명과 편리하고 멋진 가구를 배치했다. 미국 부사장 짐 카라스는 "맥도날드는 시대와 더불어 변화해야 한다. 우리가 전에 변화했던 것보다 훨씬 빨리 변화해야 한다."고 지적했다.

새로운 보스를 위한 본국에서의 새로운 도전

마케팅 창의성과 업그레이드에 상당한 액수를 투자하여 찬사를 받았음에도 불구하고 맥도날드는 국내 시장에서 몇 가지 도전에 직면했다. 2012년 CEO 자리를 물려받은 돈 톰슨은 공중보건 활동가들로부터 끊임없는 압력을 받았다. 이들은 맥도날드가 미국을 강타한 비만의 주요 원인이라고 주장했다. 또한 동물 권리 운동가들은 계속 맥도날드 공급업체의 동물 취급에 항의했다. 또한 임금 불평등 문제와 최저 임금 이슈가 미국에서 표면화되었다. 미국의 현재 최저 임금은 시간당 7.25달러 이다. 맥도날드는 자신들이 많은 미국인들에게 매우 중요한 '첫 번째 직업'을 제공한다고 응답했다.

똑같이 걱정스러운 일은 10년 넘게 최악인 판매 부진이다. 이는 소비자의 취향이 미국에서 변화하고 있음을 나타낸다. 맥도날드는 '고객의 말을 경청'할 것이라고 다짐하며 톰슨은 "당신의 맛을 창조하라(Create Your Taste)"라는 메뉴 혁신에 대해 신속한 출시를 승인했다. 이 시스템을 통해 고객은 주문창구를 건너뛰고 바로 키오스크로 이동하여 태블릿으로 햄버거나 치킨 샌드위치를 맞춤 주문할 수 있게 되었다. 경영진은 새로운 플랫폼이 고객 경험에서 '신속하게' 벗어나게 할 것이라 인지했다. 이것은 드라이브스루에서는 사용할 수 없고, 맞춤형 샌드위치는 전통적인 메뉴보다 더 비싸다. 그러나 속도와 편의성에 주목한 맥도날드는 또 다른 혁신을 선보였다. 고객이 스마트폰으로 구매할 수 있도록 애플 페이를 채택한 것이다.

자신의 이니셔티브 이후 2015년 퇴임한 돈 톰슨은 매출을 재점화시키지는 못했다. 그가 떠나자 스티브 이스터브룩이 CEO로 취임했다. 그는 맥도날드가 '현대적이고 진보적인 햄버거 회사'로 전환하도록 진두지휘했다. 영국인 이스터브룩은 맥도날드 영국 사업부의 호전을 설계하는 데 수년을 보냈다. 무엇보다도 그는 'McJob'을 '단조롭고, 임금이 낮은 저임금 직업'으로 정의한 유서 깊은 옥스퍼드 영어 사전에 반대했다.

이스터브룩의 CEO로서의 첫 번째 행보 중 하나는 맥도날드가 어디에서 잘못되었는지 확인하는 것이었다. 연구결과 맥도날드의 핵심 고객이 라이벌 버거 체인인 웬디스나 버거킹으로 탈출한 것으로 나타났다. 매력의 일부는 '4달러에 다섯 가지 항목'과 같은 가치 지향적인 홍보(특

판) 가격이었다. 이스터브룩은 맥도날드의 커피 가격을 낮추고 청량음료와 '종일 조식'을 출시했다. 햄버거가 "신선하고 절대 냉동되지 않는다."는 웬디스의 브랜드 약속에 대한 대응으로 맥도날드는 쿼터 파운더 샌드위치의 냉동 쇠고기 패티를 신선한 것으로 교체했다. 또한 미국뿐만 아니라 프랑스, 독일, 그리고 다른 주요 국가시장에 있는 매장 점검에 10억 달러 이상을 지출하고 있다.

토론문제

1-15. 맥도날드의 글로벌 마케팅 전략에서 핵심요소를 규명하라. 특히 맥도날드는 어떻게 표준화 문제에 접근하고 있는가? 맥도날드는 세계적으로 생각하고 지역적으로 행동하는가? 이 회사는 또한 지역적으로 생각하고 세계적으로 행동하는가?

1-16. 러시아, 중국, 인도 같은 개도국의 관료는 맥도날드를 환영할 것으로 보는가? 위 국가의 소비자들은 맥도날드를 환영할 것인가? 환영한다면, 혹은 안 한다면 그 이유는 무엇인가?

1-17. 맥도날드 또는 어떤 유명한 회사가 가끔의 실수도 없이 또는 논쟁도 없이 글로벌 확장이 가능하다고 기대할 수 있는가? 지구촌의 반세계화 시위자들, 또 때로는 관료들은 왜 자주 맥도날드를 표적으로 삼는가?

1-18. 맥도날드가 미국과 전 세계에서 자사의 마케팅 전략을 변화시킨 것에 대해 평가해 보라.

출처 : Anna Nicolaou, "Flipping the Fortunes of Burgers," *Financial Times-FT Big Read: US Food* and Beverage (November 27, 2017), p. 11; Preetika Rana, "Fast-Food Jobs Attract Women in India," The Wall Street Journal (December 27, 2016), p. B3; Julie Jargon, "McDonald's Is Losing the Burger War," *The Wall Street Journal* (October 7, 2016), pp. A1, A10; Wayne Ma, Rick Carew, and Kane Wu, "McDonald's Hunts for a Partner in China," *The Wall Street Journal* (October 4, 2016), pp. B1, B6; Julie Jargon, "From the Grill: Ways to Rescue McDonald's," *The Wall Street Journal* (December 24, 2014), p. B8; James Marson and Julie Jargon, "Moscow Advances on McDonald's," The Wall Street Journal (August 21, 2014), pp. B1, B2; Maureen Morrison, "Is McDonald's Losing That Lovin' Feeling?" Advertising Age (February 20, 2012), pp. 1, 20; Marion Issard, "To Tailor Burgers for France, McDonald's Enlists Baguette," The Wall Street Journal (February 24, 2012), p. B4; Bruce Horovitz, "McDonald's Revamps Stores to Look More Upscale," USA Today (May 8, 2011), pp. 1B, 2B; Andrew E. Kramer, "Russia's Evolution, as Seen Through the Golden Arches," *The New York Times* (February 2, 2010), p. B3; Janet Adamy, "As Burgers Boom in Russia, McDonald's Touts Discipline," *The Wall Street Journal* (October 16, 2007), pp. A1, A17; Jenny Wiggins, "Burger, Fries, and a Shake-Up," *Financial Times* (January 27, 2007), p. 7; Steven Gray, "Beyond Burgers: McDonald's Menu Upgrade Boosts Meal Prices and Results," *The Wall Street Journal* (February 18–19, 2006), pp. A1, A7; Jeremy Grant, "Golden Arches Bridge Local Tastes," *Financial Times* (February 9, 2006), p. 10.

사례 1-3
애플 대 삼성 : 스마트폰 지배권 쟁탈전 가열되다

20 11년 10월 애플사의 스티브 잡스가 별세했을 때 세계는 현대 경영계의 거물 한 명을 잃었다(사진 1-14 참조). 잡스가 공동 창업한 애플사는 소비재 가전업계에서 개척자였으며 핵심상품만 하더라도 애플 II(1977), 매킨토시(1984), 아이팟과 아이튠즈(2001), 애플 스토어(2001), 아이폰(2007), 아이패드(2009) 등이 있다. 잡스의 별세 이후 애플사는 세계 최고의 기술중심회사가 되었으며 2012년 9월까지 주가가 한 주당 700달러를 넘어 기록적 수준까지 치솟았다. 그뿐만 아니라 1,000억 달러 이상의 현금자산을 보유하게 되었는데, 이는 모두 해외 사업으로 얻은 것이다. 반면에 한때 이 분야의 거인이었던 노키아, 소니, 델, 블랙베리 등은 흔들리고 있다.

2012년 아이폰 5의 강력한 매출신장세에도 불구하고 히트상품의 뜨거운 열기가 식어가는 것 아닌가 하는 전망이 전문가들 사이에 나오기 시작했다. 애플사의 명성은 기존시장(예 : 음악과 통신산업)을 분해하여 기술 및 설계혁신을 이루는 새로운 시장으로 나누는 능력이 탁월하기 때문이다. 그러나 어떤 측면에서는 2012년 아이폰 5의 출시는 혁신적 돌파라기보다는 점진적인 것이었다. 실제 많은 소비자들이 아이폰 5를 업그레이드하기보다 느린 아이폰 4나 4S 구매를 선택하였다. 많은 사람이 애플의 상징이자 영혼이라고 생각하는 잡스의 부재 이후에 애플의 전성기가 있었는가?

경쟁자 위협
스마트폰의 성장세가 더뎌지기 시작하면서 애플은 여러 경쟁사로부터 도전받게 되었다. 가장 강력한 첫 번째 도전자는 한국 산업계의 거인 삼성그룹의 계열사인 삼성전자이며, 그 회사는 반도체부터 가전과 스마트폰에 이르기까지 제품범위가 넓다. 삼성 휴대전화의 유명한 갤럭시 모델은 구글이 개발한 운영체계인 안드로이드로 운영된다. 갤럭시 노트(패블

사진 1-14 애플의 공동창업자 스티브 잡스는 발명가, 사업가, CEO, 비전을 제시하는 기술자를 포함하여 찬란한 경력을 발휘하여 많은 감투를 썼다. 또한 탁월한 쇼맨이자 이야기꾼이자 마케팅 천재였다. 신제품을 출시할 때의 그의 모습은 전설이 되었으며 그가 소개한 애플의 신제품 예컨대 아이패드, 아이폰, 아이팟 등은 한마디로 '최고품'의 전형이었다.
출처 : Paul Sakuma/Associated Press.

릿으로도 알려져 있음)를 포함한 어떤 갤럭시 모델은 아이폰보다 화면이 더 큰데, 그 점이 집중판매를 가능하게 하였다. 두 경쟁사는 특허권 침해를 이유로 상호 법정 다툼을 하고 있다.

중국과 유럽은 삼성의 두 핵심시장이다. 2012년에 삼성은 유럽 시장에 갤럭시 SIII를 출시하였고, 2013년에는 갤럭시 S4를 출시하기 위해 뉴욕의 라디오 시티 뮤직홀에서 성대한 행사를 열었다. 왜 변화인가? 삼성 휴대전화 사업부의 신(J. K. Shin) 사장은 "스마트폰 시장에서 우리는 글로벌 주자이고 글로벌 회사이다. 미국은 우리에게 중요하며 현재의 미국 시장 점유율에 만족하지 않고 있다."고 일갈하였다.

많은 개도국 시장에서 저가 휴대전화의 수요가 강하다. 삼성 등의 안드로이드 기반 모델은 애플의 가장 싼 모델보다 더 저렴하다. 애플사는 아이폰의 저가판은 내놓지 않고 있다. 미국 시장에서 버라이즌과 AT&T 같은 무선통신사는 다년간의 서비스 계약 고객을 위해 아이폰 구매 시 보조금을 내주고 있다. 미국의 아이폰 5가 199달러에 팔리는 이유이다. 이와 대조적으로 타국의 소비자들은 전액을 지불하며 사지만 계약에 구속되지는 않는다. 더구나 아이폰 5는 모든 세계시장에서 버전이 같지만 반대로 삼성은 지역시장의 욕구를 반영하여 갤럭시 S4의 버전을 서너 개 내놓고 있다.

스마트폰 제조사가 중국, 인도, 기타 신흥시장에서 자사만의 전망을 갖추고 있음은 놀랄 일이 아니다. 예컨대 홍콩과 대만을 포함한 중국은 현재 애플의 세계 두 번째로 큰 시장이다. 2013년 쿡은 지역에서 가장 큰 이동통신 사업자이자 세계에서 가장 큰 이동통신인 차이나 모바일이 아이폰을 팔기 시작할 것이라고 발표했다. 애플은 오포, 샤오미와 같은 현지 경쟁사들과의 첨예한 경쟁에 직면했다. 오포의 R9은 2016년 아이폰 6를 앞지르고 최대 판매 스마트폰이 되었다. 유통은 매우 중요하므로 쿡은 아이폰을 판매하는 수많은 아웃렛을 중국에서 공격적으로 확장해 나갔다.

중국과 유럽의 성장이 둔화됨에 따라 2위 스마트폰 시장인 인도가 점점 더 중요해지고 있다. 그러나 애플의 3% 시장 점유율은 스마트폰 시장에서 삼성과 중국 생산업체보다 훨씬 뒤처져 있음을 의미한다. 인도에서 판매되는 3분의 2가 180달러 미만이다. 이와 반대로 소비자들은 애플이 2013년에 출시한 구형 모델인 아이폰 5S에 대해 약 300달러로 구매한다. 보급형 구매자를 위해서는 작은 독립 소매업체에서 주변기기를 팔고, 애플 웹사이트에서는 아이폰 SE와 아이폰 6만을 판매한다. 2017년 5월 애플은 인도에서 SE를 생산하기 시작하여 가격을 약 325달러로 낮추었다. 또한 현지 제조 덕분에 애플은 인도에 자사 플래그십 매장을 열 수 있었다.

유명한 이야기이지만 소비자는 그들이 무엇을 원하고 있는지 모른다고 하면서 잡스는 공식적 시장조사의 중요성을 그다지 중시하지 않은 반면 삼성전자는 시장조사에 과도하게 의존한 바 중국, 영국, 인도, 일본, 미국, 기타 시장에 6만 명의 직원이 수십 개의 조사본부에서 일하고 있다. 삼성의 디자이너들은 심리학, 사회학, 공학 등 다양한 분야의 전공자들이다. 그들은 패션과 내부 디자인에서 추세를 반영할 뿐 아니라 애플사보다 판촉과 광고에서 더 많은 예산을 쓰고 있다.

포스트 잡 시대가 시작되다

잡스가 사망한 후 몇 달 동안 쿡은 여러 가지 주요 전략적 결정을 내렸다. 예를 들어 그는 잡스가 반대했던 아이패드 미니 도입을 승인했다. 이 제품은 빠르게 베스트셀러가 되었다. 2013년 가을 아이폰 5s 및 iOS 7 출시와 함께 오랫동안 소문이 무성했던 저가 아이폰 모델이 공개되었다. 아이폰 5c는 플라스틱 케이스를 특징으로 하며 여러 색상으로 제공되었다. 가격은 새로운 아이폰 5s보다 약 100달러 낮았다. 5c는 특히 최고급 스마트폰을 살 여유가 없는 신흥시장의 소비자에게 어필하도록 설계되었다.

중국은 다음과 같은 중요한 기회를 제공했다. 샤오미와 같은 중국 제조업체의 저비용 핸드셋의 급속한 출현으로 시장의 잠재력이 약화되었다. 쿡은 블룸버그 비즈니스위크와의 인터뷰에서 다음과 같이 언급했다. "우리는 저렴한 전화를 판매한다는 목표가 없었습니다. 우리의 주요 목표는 훌륭한 휴대전화와 좋은 경험을 판매하고 더 낮은 비용으로 이를 수행할 수 있는 방법을 찾는 것이었습니다."

쿡은 중요한 인사 결정도 내렸다. iOS 모바일 소프트웨어 담당 임원인 스콧 포스톨이 해고되었다. 그의 자리에 쿡은 수석 디자이너 조너선 아이브 및 소프트웨어 책임자 크레이그 페더리기를 임명했다. 앞으로는 산업디자인 부사장이었던 아이브가 아이폰과 아이패드의 '룩 앤드 필', 즉 사용자 인터페이스에 대한 책임을 진다. 쿡, 아이브, 페더리기는 2013년 가을 블룸버그 비즈니스위크 표지에 함께 실렸다. 해설자들은 스티브 잡스가 이런 식으로 스포트라이트를 공유한 적이 없다고 말했다. 또 다른 중요한 자리 임명에서는, 높은 평가를 받고 있는 버버리 PLC의 CEO인 안젤라 아렌츠가 애플의 소매사업 담당자로 고용되었다.

애플의 마케팅 커뮤니케이션 문제

쿡과 그의 팀은 애플의 마케팅 커뮤니케이션 문제도 해결했다. 애플의 글로벌 마케팅 부사장인 필 실러가 애플의 광고가 우위를 잃었다고 말한 보고서는 널리 알려져 있다. 애플은 원래 매킨토시를 출시한 전설적인 '1984' TV 광고를 만든 로스앤젤레스에 본사를 둔 'Chiat/Day'라는 단일 대행사와 오랜 관계를 유지해 왔다. 1990년대 현재 'TBWA/Chiat/Day'로 알려진 이 대행사는 상징적인 '다르게 생각하라' 캠페인을 창조했다. 그러나 'Genius Bar' 캠페인은 2012년 올림픽과 일치하는 시점에 이루어지면서 실패한 것으로 간주되었다. 이후 TBWA에 이메일을 보낸 실러는 라이벌 삼성의 2013 슈퍼볼 광고에 감명받았다고 인정했다. 대조적으로 그는 애플은 "아이폰에서 매력적인 [창의적인] 브리핑을 만들기 위해 고군분투하고 있었다."고 지적했다.

마케팅 문제는 2014년 봄 아카데미 시상식 방송에서 최전선으로 밀려났다. 오스카 진행자 앨런 드제네러스가 삼성 갤럭시 폰으로 톱스타(브래들리 쿠퍼, 제니퍼 로렌스, 브래드 피트 등)와 찍은 셀피 사진을 트위터에 게시했다. 이 게시물은 350만 번 이상 트윗공유된 후 소셜 미디어 역사를 만들었다. 결국 드제네러스는 아이폰을 사용하고 있는 것으로 밝혀졌다. 그러나 삼성은 방송을 후원하기 위해 2천만 달러를 지불했다. 홍보가 창출한 금전적 가치에 대해 업계 내부자들 사이에서는 약간의 의견 차이가 있었지만 삼성이 애플을 이겼다는 사실에는 대체로 동의했다. 마크 버겐은 애드버타이징 에이지에 기고하면서 "삼성은 마케팅에 있어서는 경쟁업체보다 혁신적이다."라고 말함으로써 상황을 직설적으로 요약했다.

행동에 박차를 가한 쿡과 실러는 애플의 사내 광고 대행사 설립을 승인했다. 이 회사는 광고업계 최고 대행사의 인재를 채용하였다. 사내 팀은 새 광고를 만드는 일을 맡았다. 이 팀은 '창의적인 총격전'으로 알려진 과정에서 TBWA/미디어 아츠 랩(TBWA로 알려진)과 경쟁했다. 실러는 또한 디지털 마케팅을 전문으로 하는 대행사의 애플 명단을 강화했다.

CEO 팀 쿡의 자기 주장

2014년 중반까지 CEO 팀 쿡은 확실히 자신의 전설적인 전임자의 그림자에서 벗어나고 있었다. 애플의 보통주를 투자자들이 손쉽게 접근할 수 있도록 쿡은 7 대 1 주식 분할을 승인했다. 간단히 말해서 투자자가 주식 50주를 분할 전에는 주당 500달러의 가격으로 보유했다면, 분할 후에는 주식 350주를 주당 71.43달러에 갖게 된다.

2014년 5월 쿡은 애플이 비츠 일렉트로닉스를 30억 달러에 인수한다고 발표했다. 이 거래는 두 명의 핵심 인력, 즉 힙합 스타 닥터 드레와 음악계 거물 지미 아이오빈을 애플로 데려왔다. 두 사람은 2006년 프리미엄 헤드폰을 판매하기 위해 비츠를 설립했다. 당시 거래가 2014년 5월 발표되었을 때 이 두 사람은 또한 온라인 음악 스트리밍 서비스인 비츠 라디오를 출범시켰다. 드레와 아이오빈은 모두 애플 경영진 명단에 추가되었으며, 이들과 음악산업과의 긴밀한 관계는 자산이 되었다. 게다가 이번 거래는 웨어러블 기술의 중요성이 커지고 있음을 반영했다. 많은 사람들은 비츠의 399달러 헤드폰과 같은 '패션 전자' 제품이 폭발적인 성장을 보일 것이라 믿었다.

2014년 9월 CEO 쿡과 그의 팀은 아이폰 6 및 아이폰 6+ (둘 다 이전보다 더 큰 화면을 제공함)를 소개했다. 새로운 기기의 핵심 기능인 애플 페이는 안전한 모바일 결제를 위한 새로운 시대를 열었다. 쿡은 또한 2015년 새로운 웨어러블 기기인 애플 워치 출시를 앞두고 있었다.

2016년에는 아이폰 7과 더 큰 아이폰 7+가 판매되었다. 이번 출시는 삼성 갤럭시 노트 7 리콜과 동시에 이루어졌다. 이 상황은 애플에게 판매 및 수익을 창출하는 데 도움이 되었다. 비록 그렇다 하더라도 문제점은 분명했다. 예를 들어 중국에서는 애플의 핸드셋이 화웨이, 오포, 비보 등 현지 브랜드에게 입지를 잃고 있었다.

아이폰이 계속해서 상당한 수익을 창출했지만 쿡은 앱 스토어와 애플 뮤직을 포함한 애플의 서비스 사업 수익을 2020년까지 500억 달러로 두 배로 늘리는 전략적 목표를 설정했다. 이러한 목표를 달성하기 위해 애플은 독창적인 비디오 프로그래밍으로 실험을 시작했다. 애플 뮤직 수석 지미 아이오빈은 말했다. "음악 서비스는 많은 노래와 몇 개의 재생 목록 이상이어야 합니다. 나는 애플 뮤직이 대중문화의 전반적인 운동이 되도록 돕고 있습니다." 프로젝트에는 토크쇼 진행자 제임스 코든의 인기에 기반하는 카풀 가라오케와 윌.아이.엠의 '플래닛 오브 더 앱스'가 있다.

애플과 자율주행차

2014년 애플이 차세대 자동차를 위한 자율주행 기술을 개발하고 있다는 소문이 돌기 시작했다. 이니셔티브가 알려진 대로 프로젝트 '타이탄'은 기계학습, 인공지능(AI) 및 기타 고급 기술이 사용된다. 포드와 GM을 포함한 기존 자동차 제조업체들도 업계 개척자인 테슬라를 잡기 위해 이 분야에서 개발 노력을 가속화하고 있었다. 예를 들어 GM은 자율주행차인 크루즈 오토메이션을 인수했다. GM은 또한 300대 이상의 쉐보레 볼트 EV를 활용했다. 포드는 아르고 AI에 10억 달러를 투자했다. 한편 다른 기술회사들이 싸움에 뛰어들었다. 구글의 한 부서인 웨이모는 2009년부터 무인 자동차 기술에 대해 연구를 진행해 왔다. 2016년에 웨이모는 피아트 크라이슬러 오토모빌스(FCA)와의 파트너십을 출범시켰다. 승차공유 선구자인 우버 또한 프로젝트를 개발 중이다.

아이폰 10주년

2017년에는 애플의 상징적인 아이폰이 10주년 기념 에디션에 대한 기대가 높아졌다. 2017년 6월 세계개발자회의에서 애플은 기술 플랫폼인 ARKit를 출시했다. 개발자들은 이를 사용하여 차세대 iOS 11용 새 앱을 만들 수 있다. 레고와 이케아는 증강현실(AR) 앱을 개발한 최초의 두 회사이다. 예를 들어 이케아 앱은 가구 쇼핑객에게 아이폰의 카메라를 사용하여 이케아 가구의 3D 이미지를 집과 아파트의 각 방에 겹쳐놓는 시각화 방법을 실현시킨다. 일부 업계 관측통들은 또한 애플은 사용자가 AR 기능을 활용하기 위해 휴대전화에 액세스할 필요가 없도록 AR 기술과 센서를 안경에 구축할 것으로 기대하고 있다. 2017년 9월 말 iOS 11이 출시되었다.

분석가들은 '슈퍼 사이클'의 엄청난 업그레이드를 예측했다. 이 예측은 부분적으로는 최첨단 OLED(유기 발광 다이오드) 화면과 같은 주요 폼-팩터 변경에 관한 소문에 의해 가열되었다. 새 전화는 증강현실 및 가상현실 기술과 인공지능을 모두 지원하도록 설계되었다. 2017년 9월 12일 CEO 쿡은 새로운 전화 라인을 출시하기 위해 회사의 새로운 50억 달러 캠퍼스인 애플 파크에 있는 스티브 잡스 극장에 올랐다. 이 장치에는 아이폰 8(699달러)과 아이폰 8+(799달러)가 포함되었다. 999달러로 시작하는 스페셜 에디션 아이폰 X는 스마트폰 카테고리가 제품수명주기의 성숙 단계에 들어가면서 가장 충성도가 높은 애플의 고객에게 하드웨어 업그레이드를 위한 프리미엄 가격을 부과한다는 전략을 반영했다.

2018년 회사는 349달러의 가정용 스피커인 홈팟을 출시했다. 이 제품은 애플의 시리 음성 도우미가 제공된다. 기술산업 내에서 일부는 홈팟을 아마존의 매우 인기 있는 에코 디지털 비서에 대한 애플의 '최후의' 응답으로 보았다. 에코의 인공지능 기능을 사용하면 음성 프롬프트 '알렉사'와 구두 명령이나 질문에 응답할 수 있다. 아마존이 시장의 약 70%를 차지하고 있음에도 불구하고, 애플 CEO 쿡은 홈팟의 성공의 열쇠는 에코에 없는 고품질 음악 재생 기능일 것이라고 주장한다. "우리는

사람들이 기뻐할 무언가를 찾고 있다. 그것은 사람들의 기분을 좋게 해줄 것이다. 집을 들썩거리게 만들 것이다."라고 쿡은 말한다.

토론문제

1-19. 당신은 iOS 사용자인가 안드로이드 사용자인가? 당신이 구매한 스마트폰 브랜드는 무엇인가? 왜 그것을 구매했는가?

1-20. 애플사는 아이팟, 아이폰, 아이패드 출시 때처럼 새로운 시장을 창출하는 결정적 상품을 개발함으로써 성장을 계속할 수 있다고 보는가?

1-21. 삼성의 글로벌 마케팅 전략은 어떻게 그렇게 효과적으로 애플사와 경쟁할 수 있었는가?

1-22. 홈팟의 글로벌 성공을 위한 전망을 평가해 보라.

1-23. 애플이 자율주행차(하드웨어)를 개발해야 하는가, 아니면 자율주행 시스템(소프트웨어)에 집중해야 하는가?

1-24. 인공지능이 가능한 아이폰은 어떤 쓸모가 있을까?

1-25. 13억 이상의 애플 디바이스가 전 세계적으로 사용되고 있다. 기업의 목표는 2020년까지 100% 재생가능한 에너지를 달성하고 4기가와트의 신규 청정 에너지를 생산하는 것이다. 더 깊이 들여다보자. 이 이니셔티브는 최근 어떻게 업데이트되고 있는지 탐색적 연구를 진행해 보라. 그리고 짧은 에세이를 작성해 보거나 발견한 사실에 대해 간략히 보고서를 작성하여 발표를 해보자. 명심할 것은 자신만의 출처 자료를 활용하도록 하라.

출처 : Saritha Rai, "Finally, a Cheap(ish) iPhone," *Bloomberg Businessweek* (June 19, 2017), pp. 30 – 32; Megan Murphy, "Tim Cook on Apple's Future—And His Legacy," *Bloomberg Businessweek* (June 19, 2017), p. 54; Lucas Shaw and Alex Webb, "A Star Is Born," *Bloomberg Businessweek* (May 1 – 7, 2017), pp. 22 – 24; Tim Bradshaw, "Apple Grapples with iPhone Retreat in China," Financial Times (February 2, 2017), p. 13; Ann–Christine Diaz and Maureen Morrison, "For Apple, Marketing Is a Whole New Game," *Advertising Age* (June 9, 2014), pp. 12 – 14+; Sam Grobart, "What, Us Worry?", *Bloomberg Businessweek* (September 19 – 25, 2013); Sam Grobart, "Think Colossal: How Samsung Became the World's No. 1 Smartphone Maker," Bloomberg Businessweek (April 1 – 7, 2013), pp. 58 – 64; Yun–Hee Kim, "Samsung Targets Apple's Home Turf," *The Wall Street Journal* (March 15, 2013), pp. B1, B4; Dhanya Ann Thoppil, "In India, iPhone Lags Far Behind," *The Wall Street Journal* (February 27, 2013), pp. B1, B4; Brian X. Chen, "Challenging Apple's Cool," The New York Times (February 11, 2013), pp. B1, B6; Anton Troianovski, "Fight to Unseat iPhone Intensifies," The Wall Street Journal (January 25, 2013), pp. B1, B6; Rolfe Winkler, "Apple's Power Within," The Wall Street Journal (December 7, 2013), p. C1; Josh Tyrangiel, "Tim Cook's Freshman Year," Cover Story, *Bloomberg Businessweek*(September 10 – 26, 2012), pp. 62 – 75.

에세이 과제

1-26. 할리 데이비슨과 토요타의 글로벌 마케팅 전략의 차이에 대해 토론해 보라.

1-27. 영국 버버리는 젠더와 모든 연령층에게 어필되는 명품 패션 브랜드이다. 명품시장에서 버버리의 경쟁력을 개선시키기 위해 CEO 마르코 고베티는 최근 자신의 전임자가 추진한 마케팅 프로그램을 업데이트했다. 이 전략은 버버리가 참여하는 주요 시장을 다룰 뿐만 아니라 마케팅 활동의 통합과 조정도 다룬다. 버버리에 대한 최근 기사를 찾아보고 버버리의 글로벌 마케팅 전략을 토론해 보라.

참고문헌

[1]Jan Cienski, "The Man Who Bet on Tradition," *Financial Times* (January 14, 2015), p. 12.

[2]American Marketing Association. www.ama.org/AboutAMA/Pages/Definition-of-Marketing.aspx. Accessed June 19, 2015.

[3]Rachel Sanderson, "Starbucks's Shot at Selling Espresso to the Italians," *Financial Times* (February 28, 2017), p. B8.

[4]Bruce Horovitz, "Starbucks Remakes Its Future with an Eye on Wine and Beer," *USA Today* (October 22, 2010), p. 1B.

[5]Quelch, John A., and Katherine E. Jocz. *All Business is Local: Why Place Matters More Than Ever in a Global, Virtual World.* New York: Portfolio/Penguin, 2012.

[6]With certain categories of differentiated goods, including designer clothing and other luxury products, higher price is often associated with increased value.

[7]The history of the Subaru 360 is documented in Randall Rothman, *Where the Suckers Moon: The Life and Death of an Advertising Campaign* (New York, NY: Vintage Books, 1994), p. 4.

[8]"Best and Worst Car Brands," *Consumer Reports* (April 2018), p. 12.

[9]Jay Barney notes that "a firm is said to have a competitive advantage when it is implementing a value-creating strategy not simultaneously being implemented by any current or potential competitors." See Jay Barney, "Firm Resources and Sustained Competitive Advantage," *Journal of Management* 17, no. 1 (1991), p. 102.

[10]Jagdish Bhagwati, *In Defense of Globalization* (New York, NY: Oxford University Press, 2004), p. 3.

[11]John Micklethwait and Adrian Wooldridge, *A Future Perfect: The Challenge and Hidden Promise of Globalization* (New York, NY: Crown Publishers, 2000), p. xxvii.

[12]Grant Wahl, "Football vs. Fútbol," *Sports Illustrated* (July 5, 2004), pp. 68–72.

[13]Scott Miller, "BMW Bucks Diversification to Focus on Luxury Models," *The Wall Street Journal* (March 20, 2002), p. B4.

[14]Vijay Govindarajan and Anil Gupta, "Setting a Course for the New Global Landscape," *Financial Times—Mastering Global Business*, part I (1998), p. 3.

[15]Diana Farrell, "Assessing Your Company's Global Potential," *Harvard Business Review* 82, no. 12 (December 2004), p. 85.

[16]Elizabeth Ashcroft, "Nestlé and the Twenty-First Century," Harvard Business School Case 9-595-074, 1995. See also Ernest Beck, "Nestlé Feels Little Pressure to Make Big Acquisitions," *The Wall Street Journal* (June 22, 2000), p. B4.

[17]Betsy McKay, "Coke's 'Think Local' Strategy Has Yet to Prove Itself," *The Wall Street Journal* (March 1, 2001), p. B6.

[18]Tony Barber, "Culture Change Is Pivotal as Philips Sheds Its Old Skin," *Financial Times* (July 5, 2013), p. 14.

[19]C. Samuel Craig and Susan P. Douglas, "Responding to the Challenges of Global Markets: Change, Complexity, Competition, and Conscience," *Columbia Journal of World Business* 31, no. 4 (Winter 1996), pp. 6–18.

[20]Gabriel Kahn, "Three Italian Furniture Makers Hope to Create a Global Luxury Powerhouse," *The Wall Street Journal* (October 31, 2006), p. B1.

[21]Phred Dvorak, "Big Changes Drive Small Carpet Firm," *The Wall Street Journal* (October 30, 2006), p. B3.

[22]Aaron O. Patrick, "Softer Nike Pitch Woos Europe's Women," *The Wall Street Journal* (September 11, 2008), p. B6.

[23]Shaoming Zou and S. Tamer Cavusgil, "The GMS: A Broad Conceptualization of Global Marketing Strategy and Its Effect on Performance," *Journal of Marketing* 66, no. 4 (October 2002), pp. 40–56.

[24]Paul Sonne and Kathy Gordon, "Burberry Refocusing on World's Big Cities," *The Wall Street Journal* (November 8, 2012), p. B9.

[25]Angela Ahrendts, "Burberry's CEO on Turning an Aging British Icon into a Global Luxury Brand," *Harvard Business Review* 91, no. 1/2 (January–February 2013), pp. 39–42.

[26]Vanessa Friedman, "Christopher Bailey Reveals His Plan for Burberry," *The New York Times* (November 13, 2014).

[27]Mark Vandevelde, "Burberry at Creative Crossroads as Bailey Quits," *Financial Times* (November 1, 2017), p. 17.

[28]Joanne Lipman, "Ad Fad: Marketers Turn Sour on Global Sales Pitch Harvard Guru Makes," *The Wall Street Journal* (May 12, 1988), p. 1.

[29]Chad Terhune, "Coke Tries to Pop Back in Vital Japan Market," *The Wall Street Journal* (July 11, 2006), pp. C1, C3.

[30]William C. Taylor and Alan M. Webber, *Going Global: Four Entrepreneurs Map the New World Marketplace* (New York, NY: Penguin Books USA, 1996), pp. 48, 49.

[31]Saabira Chaudhuri, "Nipped by Upstarts, Unilever Decides to Imitate Them," *The Wall Street Journal* (January 3, 2018), p. A8.

[32]Greg Farrell, "McDonald's Relies on Europe for Growth," *Financial Times* (April 20, 2010).

[33]Simon Mundy, "Amazon to Deliver $3 bn Investment in India," *Financial Times* (June 8, 2016), p. 10.

[34]Louise Lucas, "New Accent on Consumer Tastes," *Financial Times* (December 14, 2010), p. 14.

[35]Leslie Kwoh, "Cinnabon Finds Sweet Success in Russia, Mideast," *The Wall Street Journal* (December 26, 2012), p. B5.

[36]E. J. Schultz, "To the Moon and Back: How Tang Grew to Be a Billion-Dollar Global Brand," *Advertising Age* (June 16, 2011), p. 13.

[37]John A. Quelch and Edward J. Hoff, "Customizing Global Marketing," *Harvard Business Review* 64, no. 3 (May–June 1986), p. 59.

[38]Neil Gough, "An Overseas Kick-Start," *The New York Times* (May 24, 2017), pp. B1, B4.

[39]Kana Inagaki, "Rebirth of a Brand," *Financial Times* (June 5, 2015), p. 5.

[40]Mayumi Negishi, Dana Mattioli, and Ryan Dezember, "Japan's Uniqlo Sets Goal: No. 1 in the U.S.," *The Wall Street Journal* (April 12, 2013), p. B7. See also Hiroyuki Kachi and Kenneth Maxwell, "Uniqlo Woos the World But Falters at Home," *The Wall Street Journal* (October 12, 2012), p. B8.

[41]The complete list can be found online at www.fortune.com/global500/.

[42]Adapted from Howard Perlmutter, "The Tortuous Evolution of the Multinational Corporation," *Columbia Journal of World Business* (January–February 1969).

[43]Norihiko Shirouzu, "Tailoring World's Cars to U.S. Tastes," *The Wall Street Journal* (January 1, 2001), pp. B1, B6.

[44]T. W. Malnight, "Globalization of an Ethnocentric Firm: An Evolutionary Perspective," *Strategic Management Journal* 16, no. 2 (February 1995), p. 125.

[45]Robert Mondavi, *Harvests of Joy: My Passion for Excellence* (New York, NY: Harcourt Brace & Company, 1998), p. 333.

[46]Martin Fackler, "A Second Chance for Japanese Cell Phone Makers," *The New York Times* (November 17, 2005), p. C1.

[47]Franck Riboud, "Think Global, Act Local," *Outlook* no. 3 (2003), p. 8.

[48]Jim Stengel, *Grow: How Ideals Power Growth and Profit at the World's Greatest Companies* (New York, NY: Crown Business, 2011), p. 167.

[49]Deborah Ball, "Too Many Cooks: Despite Revamp, Unwieldy Unilever Falls Behind Rivals," *The Wall Street Journal* (January 3, 2005), pp. A1, A5.

[50]Lee Hawkins, Jr., "New Driver: Reversing 80 Years of History, GM Is Reining in Global Fiefs," *The Wall Street Journal* (October 6, 2004), pp. A1, A14.

[51]Although the definitions provided here are important, to avoid confusion we will use the term *global marketing* when describing the general activities of global companies. Another note of caution is in order: Usage of the terms *international, multinational,* and *global* varies widely. Alert readers of the business press are likely to recognize inconsistencies; usage does not always reflect the definitions provided here. In particular, companies that are (in the view of the authors as well as numerous other academics) global are often described as *multinational enterprises* (MNEs) or *multinational corporations* (MNCs). The United Nations prefers the term *transnational company* rather than *global company.* When we refer to an "international company" or a "multinational," we will do so in a way that maintains the distinctions described in the text.

[52]Douglas Brinkley, "Hoosier Honda," *The Wall Street Journal* (July 18, 2006), p. A14.

[53]Rebecca Blumenstein, "To Cut Costs, GM Is Adding Four Near-Identical Facilities," *The Wall Street Journal* (August 4, 1997).

[54]Allan J. Morrison, David A. Ricks, and Kendall Roth, "Globalization versus Regionalization: Which Way for the Multinational?" *Organizational Dynamics* (Winter 1991), p. 18.

[55]Michael A. Yoshino and U. Srinivasa Rangan, *Strategic Alliances: An Entrepreneurial Approach to Globalization* (Boston, MA: Harvard Business School Press, 1995), p. 64.

[56]Joseph A. DiMasi, Ronald W. Hansen, and Henry G. Grabowski, "The Price of Innovation: New Estimates of Drug Development Costs," *Journal of Health Economics* 22, no. 2 (March 2003), p. 151.

[57]Nicholas Zamiska, "Novartis to Establish Drug R&D Center in China," *The Wall Street Journal* (November 11, 2006), p. A3.

[58]Daniel Yergin and Joseph Stanislaw, *The Commanding Heights* (New York, NY: Simon & Schuster, 1998), p. 13.

[59]Bill Vlasic, "Ford's Bet: It's a Small World after All," *The New York Times* (January 9, 2010), p. B1.

[60]William C. Taylor and Alan M. Webber, *Going Global: Four Entrepreneurs Map the New World Marketplace* (New York, NY: Penguin USA, 1996), p. 18.

[61]Thomas L. Friedman, *The Lexus and the Olive Tree* (New York, NY: Anchor Books, 2000), pp. 221–222.

[62]John Tagliabue, "Renault Pins Its Survival on a Global Gamble," *The New York Times* (July 2, 2000), Section 3, pp. 1, 6; Don Kirk and Peter S. Green, "Renault Rolls the Dice on Two Auto Projects Abroad," *The New York Times* (August 29, 2002), pp. W1, W7.

[63]Joel Millman, "The Fallen: Lorenzo Zambrano; Hard Times for Cement Man," *The Wall Street Journal* (December 11, 2008), p. A1.

[64]Peter F. Drucker, *Innovation and Entrepreneurship* (New York, NY: Harper & Row, 1985), p. 19.

[65]Rachel Sanderson, "Bologna's Creative Hub Powers Revival," *Financial Times* (December 13, 2017), p. 8.

[66]Larry Rohter, "Bolivia's Poor Proclaim Abiding Distrust of Globalization," *The New York Times* (October 17, 2003), p. A3

2 글로벌 경제환경

학습목표

2-1 지난 100년 동안 세계경제의 주요 변화를 파악하고 간략하게 설명한다.

2-2 세계의 다른 지역에서 발견되는 주요 경제 시스템의 유형을 비교 대조한다.

2-3 세계은행이 사용하는 경제개발 범주를 설명하고, 각 개발 단계에서 주요 신흥시장을 파악한다.

2-4 세계 주요국들의 국제수지 통계의 중요성에 대해 논의한다.

2-5 상품 및 서비스 무역 분야의 세계 선두기업들을 식별하고, 환율이 세계 각지에서 기업의 기회에 어떻게 영향을 미치는지 설명한다.

사례 2-1
기로에 선 인도 경제 : 나렌드라 모디 총리는 아체 딘*을 달성할 수 있을까?

2008년부터 2012년까지의 글로벌 경기침체 위기 동안 인도 경제는 암울한 상태였다. 연평균 경제성장은 약 4%로 정체되었고, 인플레이션은 두 자릿수로 뛰고 있었고, 외국 기업들은 상당한 세금 청구서를 눈 감아 주고 있었다. 만모한 싱 총리와 프라나브 무케르지 재무장관은 인플레이션 잡기, 절실한 인프라 개선을 위한 재원 확보, 인도 빈민들에게 밀과 쌀을 전달할 능력이 부족했다. 한마디로 집권당인 의회당의 경제정책은 실효성이 없었다.

오늘날 인도 경제는 좋은 소식과 나쁜 소식이 결합된 것이다. 좋은 소식은 몇 년 동안 인도는 세계에서 가장 빠르게 성장하는 경제 대국으로서 연간 국내총생산(GDP) 증가율이 7%에서 8%에 이른다는 것이다. 그러나 2017년 인도가 영국으로부터 독립 70주년을 기념하면서 성장이 둔화되었다. 한편 다른 거시경제적 이슈는 계속해서 크게 부각되고 있다. 우선 첫째로 인도 경제는 매달 구직시장에 진입하는 백만 명의 인도인들을 흡수할 충분한 일자리를 창출하지 못하고 있다. 게다가 자본 지출이 감소함에 따라 소비자 신뢰도 하락했다.

2014년 인민당(BJP) 나렌드라 모디 후보가 총리로 선출됐다. 그는 즉시 'Make in India'를 포함한 많은 현대화 이니셔티브를 시작했다. 모디는 재임 첫 2년 동안 투자 규제를 완화하고 해외 투자자들에게 손을 내밀기 위해 세계 홍보 투어를 시작했다. 그의 노력은 보상 받았다. 2015년 3월 31일과 2016년 3월 31일 사이에 인도에 대한 외국인직접투자(FDI)는 2014년 3월 31일에 종료된 해에 비해 29% 증가한 총 400억 달러였다. 이런 진전에도 불구하고 모디 총리는 경제개혁 시도를 저지하고 있는 야당 정치인들과 협력해야 하는 벅찬 과제에 직면해 있다. 예를 들어 모디는 기업들이 그린필드 투자를 위한 토지를 쉽게 취득할 수 있도록 하는 주요 법안을 철회해야만 했다.

---

* 아체 딘 : '좋은 날이 머지않았다'는 의미 – 역주

사진 2-1 2014년 5월 취임 직후 나렌드라 모디 총리는 자국에 더 많은 외국 제조업을 유치하기 위한 이니셔티브를 선언했다. 현재 제조업은 인도 경제 생산량의 16%에 불과하다. 정부는 이 수치를 25%로 올릴 예정이다. 이 목표를 달성하기 위해 인도는 1억 개의 새로운 일자리를 창출할 계획이다.
출처 : Partha Sarkar/Xinhua/Alamy.

그 조치는 지방 유권자들의 부정적인 홍보와 반대 후에 상정되었다. 일부 관측통들은 총리가 인도 경제를 더욱 새롭게 하기 위해 여전히 '빅뱅' 자유화 조치를 추가로 제공해야 한다고 주장한다. 모디가 대선 공약을 이행하고 진정한 경제 개혁을 실현할 수 있을까? 아니면 결국 그의 노력은 단지 많은 이야기와 아주 작은 행동에 지나지 않을까? 사례 2-1(계속)은 오늘날 인도가 직면하고 있는 과제와 경제를 활성화하려는 모디의 노력을 설명한다(제2장과 사례를 학습한 이후 토론문제에 답해 보라). 말할 필요도 없이 최근의 경제침체는 글로벌 마케터들에게 위기이자 기회이다.

글로벌 경제위기는 오늘날의 경제환경의 역동적이고 통합된 성격을 생생하게 보여준다. 시장의 기본 정의를 되살려 보자. 시장이란 필요와 수요를 가지고, 사거나 팔 의지와 능력을 가진 사람 또는 조직이다. 제1장에서 언급한 바와 같이 많은 기업들은 새로운 소비자를 찾아 해외시장으로 진출하며 이를 통해 매출, 이익, 시장 점유율을 증가시킨다. 브라질, 러시아, 인도, 중국, 남아프리카공화국은 특별한 관심을 받을 만하다. 이 5개의 국가시장은 특별히 역동적이며, 중요한 기회이다.[1] BRICS(브라질, 러시아, 인도, 중국, 남아프리카공화국) 국가 및 다른 성장시장들은 또한 글로벌 거대기업들로 성장한 많은 기업들의 본거지이다.

이 장에서는 세계경제 조망을 시작으로 세계경제환경의 가장 두드러진 특징들을 설명할 것이다. 이어서 경제 시스템의 종류, 시장발전의 단계, 국제수지, 외환에 대해 설명할 것이다. 전체를 통하여 최근의 경제침체가 글로벌 마케팅 전략에 의미하는 함의를 논의할 것이다.

(2-1) 세계경제 : 주요 변경 사항 개요

◀ 2-1 지난 100년 동안 세계경제의 주요 변화를 파악하고 간략하게 설명한다.

세계경제는 제2차 세계대전 이래 큰 변화를 겪었다.[2] 아마도 가장 근본적인 변화는 글로벌 시장의 등장일 것이다. 새로운 기회에 반응하여 글로벌 경쟁자가 꾸준하게 현지의 경쟁자를 대체하거나 잠식한다. 이와 동시에 세계경제의 통합은 상당히 진전되었다. 경제적 통합 수준은 20세기가 시작될 때 10% 정도였는데, 현재는 약 50% 정도이다. 경제통합은 특히 EU와 NAFTA에서 두드러진다. 그러나 마지막 장에서 언급하듯이 보호주의와 민족주의는 추가적인 통합의 속도를 늦출지도 모르는 일부 국가들에서 부상하고 있는 힘이다.

75년 전만 해도 통합 정도는 지금보다 현저히 낮았다. 변화에 대한 사례로 자동차산업에 대해 생각해 보자. 유럽차라는 명패를 단 르노, 시트로엥, 푸조, 모리스, 볼보 및 다른 자동차들은 미국산 쉐보레, 포드, 플리머스나 일본의 토요타, 닛산과 현저히 차이가 있었다. 이러한 현지의 자동차들은 현지기업에 의해 생산되어 대부분 현지시장 또는 지역시장에서 판매되었다. 오늘날에도 글로벌 자동차회사 또는 현지 자동차회사들은 내수 고객을 위해 자동차를 생산한다.

그러나 글로벌 개념은 BMW, 포드, 혼다, 현대, 기아, 토요타에게는 현실이다. 또한 제품 변화는 조직의 변화를 반영한다. 전 세계의 대규모 자동차회사들은 대부분 글로벌 기업으로 진화하였다. 공급망은 이제 전 세계로 펼쳐져 있다. 포드는 이에 대한 하나의 사례이다. 2008년 포드는 전 세계에 판매 예정이었던 피에스타의 업그레이드 사양을 선보였다. 포드사의 부사장인 마크 필즈는 다음과 같이 설명하였다. "우리는 에스코트나 포커스 같은 차를 생산해 왔습니다. 그러나 이러한 제품은 매우 지역적이었습니다. 우리에게 피에스타는 진정한 글로벌 차라는 점에서 획기적인 발상의 전환입니다."[3]

최근 20년 동안 세계경제환경은 점점 더 역동적으로 변하였고, 변화는 급진적이며 광범위하였다. 성공하기 위해서 경영진과 마케팅 담당자는 다음과 같은 새로운 현실을 고려해야 한다.[4]

- 세계경제의 동력으로서 자본 이동이 무역을 대신하게 되었다.
- 생산과 고용의 관련성이 감소하고 있다.
- 세계경제가 지배적인 역할을 담당하며, 개별국가 경제는 종속적인 역할을 한다.
- 1917년에 시작된 자본주의와 사회주의 간의 100년 동안의 경쟁은 거의 종식되었다.
- 전자상거래의 성장은 국가 경계의 중요성을 약화시키며, 기업들이 비즈니스 모델을 재평가하도록 만들었다.

첫 번째 변화는 자본 이동의 양적 성장이다. 2015년 세계 상품 교역의 달러 가치는 16조 5,000억 달러였다. 국제결제은행에서는 1일 외환거래 규모를 5조 달러 정도로 예측하고 있다. 이는 연간 1,000조 달러에 이르는 규모로 달러 환산 무역액을 크게 상회한다는 결론을 내릴 수 있다.[5] 이러한 데이터에는 피할 수 없는 결론이 존재한다. 즉, 글로벌 자본 이동이 글로벌 교역의 달러를 훨씬 능가한다는 것이다. 바꿔 말하면 **통화 거래는 세계에서 가장 큰 시장을 나타낸다.**

두 번째 변화는 생산성과 고용과의 관계이다. 이들의 관계를 살펴보기 위해서는 기본적인 거시경제학을 살펴볼 필요가 있다. **국내총생산**(gross domestic product, GDP)은 한 국가의 경제활동을 측정한 것으로 소비자의 지출(C)과 투자지출(I), 정부구매(G), 순수출(NX)의 합이다.

$$C+I+G+NX=\text{GDP}$$

GDP로 측정한 경제성장은 한 국가의 생산성의 증가를 반영한다. 2000년대 후반의 경제 위기까지 생산성은 계속 성장하는 동안 제조업의 고용은 안정되거나 감소하였다. 주택과 부동산에 잘못 배분된 자원의 거품경제가 붕괴된 국가들에서 고용률이 감소했다. 미국에서 GDP의 제조업 비중은 1989년의 19.2%에서 2009년 13%로 감소하였다.[6] 1971년 전체 근로자 중 약 26%를 차지하였던 미국의 제조업 근로자들은 2011년에는 9%에 불과하다. 그럼에도 불구하고 40년 세월 동안 생산성은 급격하게 증가하였다. 비슷한 추세는 많은 다른 주요 산업국가에서 찾아볼 수 있다. 가령 영국은 제조업부문의 고용이 1980년에는 24%였던 데 비해 지금은 8%에 불과하다.[7] 최근의 20개 경제대국에 대한 연구는 1995~2002년에 2,200만 개의 공장 일자리가 사라졌음을 보여주었다. 제조업이 감소한 것이 아니라 제조업에서 **고용**이 감소한 것이다.[8] 새로운 일자리 창출은 오늘날 정책 입안자들이 직면하고 있는 가장 중요한 과제 중 하나이다.

세 번째 주요한 변화는 세계경제가 지배적인 경제단위로 등장한 것이다. 이러한 사실을 인식하였던 기업의 경영진과 국가 지도자는 거대한 성공의 기회를 갖는다. 예를 들어 독일과 일본의 경제성장의 진정한 비법은 기업의 지도자와 정책 입안자가 글로벌 시장에 초점을 두고 세계경제에서 자국의 경쟁 포지션에 초점을 두었기 때문이다. 이러한 변화는 2개의 질문을 던진다. 글로벌 경제는 어떻게 작동되며 누가 그러한 역할을 담당하는가? 불행하게도 이에 대한 대답은 명확하지 않다.

네 번째 변화는 냉전의 종식이다. 경제 시스템 및 정치 시스템으로서 사회주의의 몰락은 효과적인 경제 시스템이 아니라는 데 원인이 있다. 압도적으로 우월한 시장경제의 성과는 사회주의 국가의 지도자에게 이데올로기의 수정을 천명하지 않을 수 없게 만들었다. 그러한 국가에서 핵심적인 정책 변화는 단일 중앙경제계획을 통해 국가경제를 관리하려는 부질없는 시도를 버린 것이다. 이러한 정책 변화는 종종 민주주의적인 개혁을 도입함으로써 국가의 문제에 국민의 참여를 증가시키려는 정부의 노력과 보조를 맞춘다.

"보호주의적 정책의 등장 또는 국제운송비용의 상승은 미국 내에서 고용비중 감소 추세를 늦추거나 일시적으로 방향을 돌릴 수 있다."[9]

시카고대학교 경제학과 교수, 스티븐 데이비스

마지막으로 개인용 컴퓨터의 혁명과 인터넷 시대의 등장은 어떤 면에서는 국가 경계의 중요성을 감소시켰다. 전 세계적으로 10억 명의 사람들이 PC를 사용하는 것으로 추정된다. 소위 정보의 시대에 시공간의 장벽은 국경을 뛰어넘으며 24시간 매일매일 작동하는 사이버 세계에 의해 전복되었다. 아마존닷컴, 이베이, 페이스북, 구글, 인스타그램, 넷플릭스, 스냅챗, 스포티파이, 트위터, 유튜브는 이러한 웹 3.0 세계를 뛰어넘는 기업의 표본일 뿐이다.

2-2 경제 시스템

◀ 2-2 세계의 다른 지역에서 발견되는 주요 경제 시스템의 유형을 비교 대조한다.

전통적으로 경제학자들은 경제 시스템을 시장 자본주의, 중앙계획 사회주의, 중앙계획 자본주의, 시장 사회주의의 네 가지로 구별하였다. 그림 2-1에서 보인 것처럼 이러한 분류는 자원 분배의 주된 방식(시장 대 명령), 자원 소유의 주된 형태(개인 소유 대 국가 소유)에 의해 구분된다. 그러나 글로벌화로 인해 경제 시스템은 네 가지 매트릭스 안에서 구분하는 것이 더 어려워지고 있다. 대안적으로 더 많은 기준에는 다음과 같은 것들이 포함된다.[10]

- **경제의 종류** : 국가의 경제가 선진산업국가, 성장경제, 체제전환국가, 개발도상국 중 어느 것에 속하는가?

자원 소유 \ 자원 분배	시장	명령
개인 소유	시장 자본주의	중앙계획 자본주의
국가 소유	시장 사회주의	중앙계획 사회주의

그림 2-1 경제 시스템

- 정부의 종류 : 정부의 통치체제는 군주제, 독재국가, 폭정국가인가? 1당 독재 시스템이 존재하는가? 다른 나라에 의해 지배받지는 않는가? 또는 다당제 민주 시스템인가? 불안정하거나 테러리스트 국가인가?
- 무역 및 자본 흐름 : 거의 완전한 자유무역 시스템인가 불완전한 자유 시스템인가? 또는 무역 블록의 회원국인가? 외환통제가 있는가, 아니면 통화위원회제도인가? 무역은 활발한가, 아니면 정부가 무역을 관장할 가능성이 있는가?
- 기간산업(운송, 통신, 에너지 부문) : 이러한 부문은 국가가 소유하고 운영하는가? 또는 국가와 민간 소유가 혼합되어 있는가? 완전히 민간 소유라면 가격 통제가 존재하는가?
- 세금에 의해 충당되는 정부의 서비스 : 연금, 의료보험, 교육 서비스가 있는가? 연금과 교육 서비스는 있으나 의료보험이 없는 것은 아닌가? 사적 서비스가 공적 서비스보다 압도적인가?
- 제도 : 국가의 제도가 투명하고, 규범화되어 있으며, 부패가 없고, 언론의 자유가 존재하며, 사법부가 힘을 가지고 있는가? 또는 부패가 만연하고 언론이 정부에 의해 장악되어 있는가? 규범이 무시되고 사법 시스템은 타협적인가?
- 시장 : 고위험/고수익 등의 기업가적 동태성을 갖춘 자유시장 시스템을 가지고 있는가? 자유시장경제이지만 독점, 카르텔, 집중화된 산업의 특징을 가지고 있는가? 또는 기업가적 지원이 거의 없는 기업, 정부, 노동의 협조로 이루어진 사회주의적 시장인가? 또는 가격과 임금 규제를 포함하는 중앙 통제적인 계획경제인가?

시장 자본주의

시장 자본주의(market capitalism)는 개인과 기업이 자원을 배분하고 생산 자원에 대한 사유재산이 인정되는 경제 시스템이다. 간단히 말해서 소비자가 어떤 제품을 소비할지를 결정하고, 기업은 무엇을 얼마만큼 생산할지를 결정한다. 시장 자본주의에서 국가의 역할은 기업 간의 경쟁을 촉진시키고, 확실하게 소비자를 보호하는 것이다. 오늘날 시장 자본주의는 전 세계적으로 널리 시행되고 있으며 북미지역과 EU에서 가장 두드러진다(표 2-1 참조).

그러나 모든 시장 지향적인 경제가 동일한 방식으로 작동한다고 가정하는 것은 지나친 단순화이다. 경제학자인 폴 크루먼은 미국은 경쟁력이 있고 '난폭한 무한 경쟁(wild free for all)'과 분권화된 주도성의 특징이 있다고 언급하였다. 반대로 외부인들은 일본을 '일본 기업'이라고 일컫는다. 이러한 별명은 다른 방식으로 해석될 수 있지만 기본적으로는 시장경제를 지향

표 2-1 서구의 시장 시스템

시스템의 종류	핵심적 특징	국가
목표시장 전략 유지	사유재산, 자유기업 경제, 자본주의, 최소한의 사회안전망, 탄력적인 고용정책	미국, 캐나다, 영국
사회주의적 시장경제 모델	사유재산, 고용자 집단, 노조, 은행을 포함하는 '사회적 파트너'주의, 노조와 기업은 정부에 참여하고, 정부는 노조와 기업에 개입, 비탄력적인 고용정책	독일, 프랑스, 이탈리아
북유럽 모델	국가 소유와 사유재산의 혼합형태, 높은 세금, 약간의 시장 규제 존재, 풍부한 사회안전망	스웨덴, 노르웨이

하지만 엄격하게 운영되고, 강하게 규제되는 경제 시스템이라는 것을 뜻한다.

중앙계획 사회주의

시장 자본주의의 한쪽 극단에는 **중앙계획 사회주의**(centrally planned socialism)가 있다. 이러한 경제 시스템에서는 정부가 적합하다고 판단하는 대로 공동의 이해를 충족시키기 위해 광범위한 힘을 행사한다. 국가의 정책결정자는 어떤 제품과 서비스가 생산되고, 얼마만큼 생산되는지 '상의 하달식' 결정을 하며 소비자는 소비 가능한 것에 돈을 쓸 수 있다. 정부가 개별 기업뿐만 아니라 전체 산업을 소유하는 것도 중앙통제 사회주의의 한 특징이다. 전형적으로 수요가 공급을 초과하기 때문에 마케팅 믹스는 전략적 변수로 사용되지 않는다.[11] 중간도매상에 의한 '착취'를 줄이기 위한 제품 차별화, 광고, 판촉은 거의 없다. 정부는 유통도 통제한다.

소비자가 필요로 하고 원하는 제품과 서비스를 제공하는 데 있어서 시장 자본주의가 명백히 우월하기 때문에 많은 사회주의 국가들이 시장경제주의를 채택하게 되었다. 19세기 마르크스에 의해 발전되고 레닌 및 여러 사람에 의해 20세기에 자리잡은 이데올로기는 큰 논박의 대상이 되어 왔다. 윌리엄 그리더는 다음과 같이 언급하였다.

> 마르크스주의는 아직 완전히 사멸하지 않았다 하더라도 대안적인 경제 시스템으로서는 완전히 패배하였다. 자본주의가 승리한 것이다. 이데올로기 충돌은 19세기 중반 산업자본주의의 등장에 대한 반응으로 처음으로 발생하였지만 150년간 정치적인 상상력을 사로잡았던 깊은 논쟁은 끝이 났다.[13]

수십 년 동안 중국, 구소련, 인도의 경제는 중앙계획 사회주의의 교리에 따라 작동하였다. 세 국가 모두 현재 정도의 차이는 있지만 시장에 의한 자원 분배 및 사적 소유에 대한 의존성의 증가라는 특징을 가진 경제개혁을 이루고 있는 중이다. 중국의 지도자들이 사회에 대한 통제를 유지하려고 시도하고 있지만 이들도 경제개혁의 중요성을 인정한다. 최근의 총회에서 사회주의당은 "개혁은 국가경제의 활력과 사회발전을 위해서 불가피한 길이며, 역사상 전례 없는 위대한 시도이다."라고 천명하였다.

중앙계획 자본주의와 시장 사회주의

현실적으로 시장 자본주의와 중앙계획 사회주의는 순수한 형태로 존재하지는 않는다. 대부분의 국가에서 정도의 차이는 있지만 자원 분배에 대한 계획과 시장의 역할이 동시에 이루어지며 자원의 국가 소유와 개인 소유가 존재한다. 근대의 시장경제에 대한 정부의 역할은 매우 다양하다. 대체로 사적 자원 소유의 환경 속에서 계획에 의한 자원 분배가 강하게 이루어지는 경제 시스템은 **중앙계획 자본주의**(centrally planned capitalism)라고 불릴 수 있다. 네 번째 변종인 **시장 사회주의**(market socialism) 역시 가능하다. 이 시스템 안에서는 대체적으로 정부의 소유가 일반적인 환경 속에서 시장에 의한 자원 분배 정책이 수행된다.

예를 들어 정부가 모든 지출의 3분의 2를 통제하고 있는 스웨덴에서는 자원 분배는 시장 지향적이기보다는 계획 지향적이다. 표 2-2에서 제시된 바와 같이 스웨덴 정부는 또한 핵심 비즈니스 섹터를 소유하고 있다. 따라서 스웨덴의 소위 '복지국가'는 하이브리드 경제 시스템으로서 중앙계획 사회주의와 자본주의의 요소를 통합한 것이다. 스웨덴의 정부는 민영화 계획을

"계획경제를 채택한 국가들은 글로벌 경제에 참여하지 않았다. 중국의 경제는 틀림없이 시장경제가 될 것이다."[12]

중국 WTO 수석대표, 롱용투

표 2-2 스웨덴 정부의 자원 소유 사례

기업명	산업부문	정부지분 비율(%)
텔리아소네라	통신	45
SAS	항공	21*
노르디아	은행	20
OMX	주식거래	7
Vin & Spirit	주류	100**

* 덴마크와 노르웨이 정부가 각각 14% 보유
** 2008년 판매

착수하고 있으며 이는 표 2-2에서 제시된 기업 중 일부 기업의 정부 소유 지분을 매각할 계획이다.[14] 2008년에 Vin & Spirit은 프랑스의 페르노 리카에 83억 4,000만 달러에 매각되었다.

앞에서 제시된 것처럼 중국은 중앙계획 사회주의의 사례이다. 그러나 중국의 사회주의 지도층은 광둥 지방의 기업과 개인에게 시장 시스템 내에서 운영할 상당한 자유를 부여해 왔다. 오늘날 중국의 민간부문은 국가총생산의 약 70%를 차지한다. 그렇기는 하지만 국영기업은 여전히 중국의 은행으로부터 전체 대출 가능액의 3분의 2를 대출받고 있다.

시장개혁과 세계 여러 곳의 초창기 자본주의는 글로벌 기업들에게 대규모 투자기회를 창출하고 있다. 코카콜라는 1994년 인도에 재진입했는데, 인도 정부에 의해 쫓겨난 지 20년 만의 일이다. 외국자본에 의한 기업의 100% 지분 소유를 허가한 새로운 법률은 길을 닦아 주었다. 반대로 쿠바는 명령 경제의 자원 배분 접근법을 사용하는 최후의 요새 중 하나이다. 대니얼 예긴과 조셉 스타니슬라브는 아래와 같이 상황을 요약하였다.

> 사회주의자들은 자본주의를 포용하고 있는 중이다. 각국 정부는 국유화시켰던 기업을 민영화하고 있으며 불과 20년 전에 쫓아냈던 다국적 기업을 유인하기 위해 노력 중이다. 오늘날 좌파 정치가들은 그들의 정부가 더 이상 비용이 많이 발생하는 복지국가를 지탱할 수 없다는 것을 인정한다. 국가들이 기간산업으로부터 분리되는 것은 20세기와 21세기를 갈라놓는 큰 차이이다. 이는 과거 폐쇄된 국가들이 무역과 투자에 문호를 개방하고 있는 중이며 광범위하게 글로벌 시장을 확대하고 있다는 것을 보여준다.[15]

보수적인 두뇌집단으로서 워싱턴에 기반을 둔 헤리티지 재단은 경제를 분류하는 데 더욱 전통적인 접근법을 적용한다. 헤리티지 재단은 180개국 이상을 대상으로 조사를 실시하여 경제 자유 정도에 따라 순위를 매겼다(표 2-3 참조). 많은 핵심경제 변수가 고려되었는데 여기에는 무역정책, 조세정책, 경제산출물 중 정부의 소비량, 금융정책, 자본의 이동과 외국인 투자, 은행정책, 임금 및 가격통제, 재산권, 규제, 밀수시장 등이 포함된다. 홍콩과 싱가포르는 경제 자유도에서 1, 2위를 차지하며 쿠바, 북한은 순위가 가장 낮은 국가에 해당한다(사진 2-2 참조). 공교롭게도 쿠바와 북한은 허가된 경로를 통해 코카콜라를 구할 수 없는 유일한 두 나라이다!

쿠바의 시장기회는 최근 상당히 많이 바뀌었다(사진 2-3 참조). 2014년 12월, 임기 2년을 남겨둔 버락 오바마 당시 미국 대통령은 다음과 같은 행정 조치를 취했다. 그는 미국과 쿠바가

표 2-3 2017년 경제자유지수 순위

자유로운 국가
1. 홍콩
2. 싱가포르
3. 뉴질랜드
4. 스위스
5. 오스트레일리아

대체로 자유로운 국가
6. 에스토니아
7. 캐나다
8. 아랍에미리트
9. 아일랜드
10. 칠레
11. 타이완
12. 영국
13. 조지아
14. 룩셈부르크
15. 네덜란드
16. 리투아니아
17. 미국
18. 덴마크
19. 스웨덴
20. 라트비아
21. 모리셔스
22. 아이슬란드
23. 대한민국
24. 핀란드
25. 노르웨이
26. 독일
27. 말레이시아
28. 체코공화국
29. 카타르
30. 오스트리아
31. 마케도니아
32. 마카오
33. 아르메니아
34. 보츠와나

적절하게 자유로운 국가
35. 브루나이 다루살람
36. 이스라엘
37. 콜롬비아
38. 우루과이
39. 루마니아
40. 일본
41. 자메이카
42. 카자흐스탄
43. 페루
44. 바레인

45. 폴란드
46. 코소보
47. 불가리아
48. 사이프러스
49. 벨기에
50. 몰타
51. 르완다
52. 바누아투
53. 요르단
54. 파나마
55. 타이
56. 헝가리
57. 슬로바키아
58. 필리핀
59. 세인트빈센트 그레나딘
60. 터키
61. 쿠웨이트
62. 세인트루시아
63. 코스타리카
64. 사우디아라비아
65. 알바니아
66. 엘살바도르
67. 도미니카
68. 아제르바이잔
69. 스페인
70. 멕시코
71. 피지
72. 프랑스
73. 통가
74. 과테말라
75. 코트디부아르
76. 도미니카공화국
77. 포르투갈
78. 나미비아
79. 이탈리아
80. 파라과이
81. 남아프리카공화국
82. 오만
83. 몬테네그로
84. 인도네시아
85. 세이셸
86. 모로코
87. 트리니다드 토바고
88. 스와질랜드
89. 키르기스스탄
90. 바하마
91. 우간다
92. 보스니아 헤르체고비나

대체로 자유롭지 않은 국가
93. 부르키나 파소
94. 캄보디아
95. 크로아티아
96. 베냉
97. 슬로베니아
98. 니카라과
99. 세르비아
100. 온두라스
101. 벨리즈
102. 말리
103. 가봉
104. 벨로루시
105. 탄자니아
106. 가이아나
107. 부탄
108. 사모아
109. 타지키스탄
110. 몰도바
111. 중국
112. 스리랑카
113. 마다가스카르
114. 러시아
115. 나이지리아
116. 카보베르데
117. 콩고민주공화국
118. 가나
119. 기니비사우
120. 세네갈
121. 코모로
122. 잠비아
123. 튀니지
124. 상투메프린시페
125. 네팔
126. 솔로몬 제도
127. 그리스
128. 방글라데시
129. 몽골
130. 바베이도스
131. 모리타니
132. 미크로네시아
133. 라오스
134. 레소토
135. 케냐
136. 감비아
137. 레바논
138. 토고

139. 부룬디
140. 브라질
141. 파키스탄
142. 에티오피아
143. 인도
144. 이집트
145. 시에라리온
146. 버마
147. 베트남
148. 우즈베키스탄
149. 말라위
150. 카메룬
151. 중앙아프리카공화국
152. 파푸아뉴기니
153. 키리바시
154. 니제르
155. 이란
156. 아르헨티나
157. 몰디브

제약을 받는 국가
158. 모잠비크
159. 아이티
160. 에콰도르
161. 라이베리아
162. 차드
163. 아프가니스탄
164. 수단
165. 앙골라
166. 우크라이나
167. 동티모르
168. 볼리비아
169. 기니
170. 투르크메니스탄
171. 지부티
172. 알제리
173. 동티모르
174. 적도 기니
175. 짐바브웨
176. 에리트레아
177. 콩고공화국
178. 쿠바
179. 베네수엘라
180. 북한

순위에 없는 국가
이라크

리비아
리히텐슈타인

소말리아
시리아

예멘

출처 : Terry Miller and Kim R. Holmes, 2017 *Index of Economic Freedom* (Washington, DC: Heritage Foundation and Dow Jones & Company, 2017), available at www.heritage.org/index (accessed January 1, 2018).

외교관계를 갱신하고 있다고 발표했다. 발표가 있은 지 몇 주 만에 대사관이 다시 설치되었다. 그러나 무역관계의 완전한 정상화는 미 의회가 금수조치를 철회한 후에야 가능하다.

2017년 말, 존 디어 대변인은 미국에서 쿠바로의 농산물 트랙터 선적이 곧 시작될 것이라고 말했다. 게다가 캐터필러는 마리엘 경제개발특구에 유통센터를 개소한다고 발표했다. 하지만 오바마의 후임자인 도널드 트럼프 대통령이 방향을 바꾸어 다시 한 번 미국 기업들이 쿠바에서 사업을 하는 것을 금지할 가능성이 있다.

경제적인 자유와 한 국가의 혼합경제가 얼마나 시장 지향적인가 사이에는 높은 상관관계가 존재한다. 그러나 순위의 신뢰도에는 논란의 여지가 있다. 예를 들어 윌리엄 그리더는 싱가포르의 독재적인 국가 자본주의가 국민으로부터 언론, 출판, 집회의 자유를 박탈하였다는 것을 주시하였다. 예를 들어 1992년 싱가포르는 껌의 수입, 생산, 판매를 금지하였는데, 이는 껌을 뱉는 것이 공공장소를 더럽히기 때문이었다. 오늘날 껌은 약국에서 구입이 가능하다. 그러나 한 팩을 구입하기에 앞서 소비자는 이름과 주소를 등록해야 한다. 윌리엄 그리더는 다음과 같이 언급하였다. "싱가포르 국민들은 출판과 정치에 대한 편집증적인 통제를 실시하는 독재정부에 의해 집과 식량을 제공받고 있으나 자유롭지는 않다."[16] 그리더의 관찰이 명확한 것과 같이 자유경제국가의 어떤 측면은 명령경제 스타일의 경제 시스템과 비슷한 점을 안고 있다.

(2-3) 시장 발달 단계

◀ 2-3 세계은행이 사용하는 경제 개발 범주를 설명하고, 각 개발 단계에서 주요 신흥시장을 파악한다.

시기마다 개별국가 시장은 경제발전의 다른 단계에 위치한다. 세계은행은 1인당 **국민총소득**(gross national income, GNI)을 기준으로 4개의 분류 시스템을 만들었다(표 2-4 참조). 단계마다의 소득에 대한 정의는 세계은행의 분류를 따랐으며 같은 카테고리 안에 있는 국가들은 일반적으로 많은 공통적인 특징을 가지고 있다. 따라서 각 단계는 글로벌 마켓 세분화와 표적시장 선정의 유용한 기준을 제공한다.

20년 전에 중앙 유럽, 라틴아메리카, 아시아의 많은 국가들은 빠른 경제성장을 이룩할 것으로 기대되었다. 거대신흥시장(big emerging market, BEM)으로 알려진 국가에는 중국, 인도, 인도네시아, 한국, 브라질, 멕시코, 아르헨티나, 남아프리카공화국, 폴란드, 터키가 포함된다.[18] 오늘날 브라질, 인도, 중국 그리고 제2장의 앞에서 소개된 이유 때문에 러시아의 기회에 많은 관심이 쏠리고 있다. 언급한 바와 같이 이러한 다섯 국가는 BRICS로 알려져 있다. 전문가들은 BRICS 국가가 비록 인권, 환경 보호 및 다른 이슈로 인해 무역 파트너 국가의 정밀한 조사를 받고 있지만 글로벌 무역에서 핵심적인 주인공이 될 것으로 예측하고 있다. 또한 BRICS 정부의 지도자는 자국 내에서 발전하는 시장경제가 빈부 격차를 심화시키고 있다는 비난 아래 놓여 있다. 여기에서 논의될 경제발전의 각 단계에서는 BRICS 국가에게 특별한 주의를 기울이기로 한다.

저소득 국가

저소득 국가(low-income countries)는 1인당 국민총소득이 1,005달러 이하이다. 이러한 소득수준에 있는 국가에서 발견되는 일반적인 특징은 다음과 같다.

"글로벌 시장에서 당신은 성장이 정체된 미국 시장에 머물면서 수익을 창출할 수 없다. 당신은 중국, 러시아, 인도, 브라질에서 이익을 낼 것이다."[17]

인베브의 앤호이저부시 인수에 대하여 언급하며 베브마크 사장, 톰 피코

표 2-4 시장 발전 단계

1인당 GNI에 의한 소득 그룹	2016년 GDP (100만 달러)	2016년 1인당 GNI(달러)	전 세계 GDP 비중(%)	2016년 인구 (100만 명)
고소득 국가(OECD)				
1인당 GNI가 12,236달러 이상	48,557,000	41,208	64	1,190
중상위 소득 국가				
1인당 GNI가 3,956달러 이상 12,235달러 이하	20,624,000	8,177	27	2,579
중하위 소득 국가				
1인당 GNI가 1,006달러 이상 3,955달러 이하	6,263,000	2,079	8	3,012
저소득 국가				
1인당 GNI가 1,005달러 이하	402,000	612	1	659

주 : 경제협력개발기구(OECD)

1. 제한된 산업화와 인구의 많은 비중이 농업과 생계유지 수준의 농장에 종사
2. 높은 출산율, 짧은 기대수명
3. 높은 문맹률
4. 외국의 원조에 대한 높은 의존도
5. 정치적 불안정성과 불안
6. 사하라 사막 남부의 아프리카에 집중 분포

전 세계 인구의 약 9%가 이 단계의 경제발전 국가에 속해 있다. 많은 저소득 국가는 심각한 경제 · 사회 · 정치적 문제를 안고 있어 투자 및 기업경영에 극도로 제한된 기회를 제공한다. 부룬디 같은 국가들은 성장 정체현상을 보이고 있는데, 대부분의 인구가 국가 빈곤선 이하로 살고 있다. 다른 국가들은 지속적으로 성장하는 비교적 안정적인 국가였지만 정치적인 투쟁으로 인해 분열되어 왔다. 그 결과 시민 폭동, 소득 감소, 종종 거주자에 대한 심각한 위험이라는 불안정한 환경으로 귀결된다. 내전을 겪고 있는 국가는 위험한 지역으로 대부분의 기업은 그러한 국가에 진입하지 않는 신중함을 보이고 있다.

다른 저소득 국가들은 수년간의 인종적 혼란과 내분 끝에 급격히 반등했다. 예를 들어 르완다의 1인당 GNI는 2006년부터 2016년까지 10년 동안 100% 증가했다. 폴 카가메 대통령은 경제 변화를 가져오기 위해 막대한 투자를 하고 있다. 키갈리의 새로운 컨벤션 센터는 사업을 수도로 유치하고 그 나라에 대한 관광을 전반적으로 증가시키기 위해 고안되었다(사진 2-4 참조). 카가메는 비전 2050이라는 야심찬 성장 의제를 제시했으며, 2035년까지 1인당 국민소득을 4,035달러로 올릴 계획이다. 비평가들은 '정당 통계'로 알려진 정부 관련 기업들이 르완다의 일부 산업 분야를 지배하고 있다고 지적했지만 대통령은 그의 집권당 르완다 애국 전선이 경제를 장악하려 한다는 것을 부인하고 있다.[19]

1인당 소득이 700달러 미만인 에티오피아는 사하라 이남 아프리카에 위치한 또 다른 가난한 나라이다. 하지만 에티오피아인들은 10년 이상 두 자릿수 경제성장을 누려왔다. 중국의 외국인 투자로 인해 지난 몇 년 동안 여러 개의 산업단지가 문을 열었다. 이것은 제이크루나 버버리와 같은 세계적인 브랜드의 의류를 만드는 데 매달 45달러 정도의 돈을 벌 수 있는 길을

사진 2-4 르완다의 화려한 3억 달러 규모의 컨벤션 센터는 폴 카가메 대통령의 경제성장의 필수 전략이다. 다른 투자에는 투자유치를 위한 8억 달러 규모의 신공항과 경제특구가 포함되어 있다.
출처 : MARCO LONGARI/AFP/ Getty Images.

열어주었다. 홍콩에 본부를 둔 TAL 어패럴은 공단 중 하나에 공장을 열었다. TAL의 로저 리 회장은 최근 에티오피아의 장점을 "우리는 충분한 노동력을 가지고 있고, 충분한 임금을 받을 수 있는 항구 근처에 있으며, 미국과 유럽의 주요 시장에 대한 면세 접근도 가능하다."고 요약했다.[20]

중하위 소득 국가

UN은 최하위 저소득 국가 중 50개 국가를 **최하위 개발국**(least-developed country, LDC)으로 분류하였다. 이 용어는 종종 **개발도상국**(developing country : 저소득 국가의 상단부 국가와 중하위 및 중상위 소득 국가 포함) 및 **선진국**(developed country : 고소득 국가)과 구별되는 의미로 사용된다. **중하위 소득 국가**(lower-middle-income country)는 1인당 GNI가 1,006~3,955달러인 국가이다. 이러한 국가의 소비시장은 급속하게 팽창 중이다. 베트남(1인당 GNI 2,050달러), 인도네시아(3,400달러) 및 기타 그룹은 상대적으로 저렴하고 동기부여가 높은 인력을 사용하여 세계시장에 서비스를 제공하기 때문에 점점 더 많은 경쟁 위협을 받고 있다. 중하위 소득 계층의 개발도상국들은 신발, 직물, 장난감과 같은 성숙하고 표준화된 노동집약적인 경공업 분야에서 주요한 경쟁우위를 가지고 있다. 적절한 사례로 베트남과 인도네시아는 500개가 넘는 계약업체 공장들로 이루어진 나이키의 전 세계 네트워크 중 직원 수가 상위 두 나라이다.

2016년 국민 1인당 GNI가 1,680달러인 인도는 저소득층에서 벗어나 현재 중하위 소득 국가로 분류되고 있다. 2017년에 인도는 영국으로부터 독립 70주년을 기념했다. 수십 년 동안 경제성장은 부진했다. 1990년대 시작과 더불어 인도는 경제위기의 극심한 고통의 소용돌이에 있었다. 인플레이션은 높고, 외환 보유고는 낮았다. 국가의 지도자는 무역과 투자에 대한 인도 경제를 개방하였고 급진적으로 시장기회를 향상시켰다.

만모한 싱은 인도의 경제 책임을 맡았다. 인도의 중앙은행 총재 및 재무장관인 싱은 "수년 간 인도는 잘못된 길을 걸어왔다."고 언급하였다. 이에 따라 그는 많은 제품에서 요구되던 수

> "만약 당신이 중국에서 제조하지 않거나 또는 인도에서 판매하지 않는다면 당신 사업은 끝난 것이나 마찬가지다"[21]
>
> 인도의 KSA 테크노팩 차장, 디판카르 할데르

사진 2-5 BRCK는 케냐에 본사를 둔 기술회사이다. 이 회사의 혁신적인 제품인 8시간 배터리를 탑재한 과부하 방지 인터넷 공유기는 250달러에 판매되고 있다. BRCK는 비록 저소득 아프리카 국가들이 주요 목표시장이지만 유럽과 미국의 기술에 정통한 소비자들에게도 열렬한 환호를 받고 있다. 새로운 제품인 키오 키트는 외딴 지역에서 공부하는 학생들에게 디지털 콘텐츠를 제공하는 저렴한 교육 패키지이다. 회사는 또한 무료 공공 와이파이 '모자(Moja)'를 출시했다.
출처 : SIMON MAINA/AFP/Getty Images.

입허가제도를 폐지하고, 관세를 낮추며, 외국인 투자에 대한 제한을 없애고, 루피화를 자유화시킴으로써 계획경제를 타파하였다.

인도의 전 재무장관인 야스완트 신하는 21세기는 '인도의 세기'가 될 것이라고 선언하였다. 그의 말은 선견지명이 있는 것처럼 보인다. 인도는 인포시스, 마힌드라 그룹, 타타, 위프로 같은 전 세계로 뻗어 나가는 세계적 기업을 보유하고 있다. 또한 인도에 진입하는 기업은 점점 늘어가고 있다. 베네통, 캐드버리, 코카콜라, 듀퐁, 에릭슨, 후지쯔, IBM, 로레알, MTV, 스테이플스, 유니레버, 월마트 같은 기업이 그 예이다. 또한 인도의 거대한 인구는 자동차회사에게도 매력적인 시장을 제공한다. 스즈키, 현대, GM, 포드 같은 회사는 인도에서 비즈니스를 진행하고 있다.

구소련의 두 나라, 타지키스탄과 우즈베키스탄도 중하위 소득 범주에 속한다. 때때로 '스탄'이라고 알려진 지역 그룹으로 묶인 그들은 개인과 지역 모두에 대해 더 면밀한 연구가 요청된다. 이 나라들의 수입은 낮고, 상당한 경제적 어려움이 있으며, 붕괴 가능성은 확실히 높다. 이들은 문제 사례인가, 아니면 좋은 경제성장 잠재력이 있는 매력적인 기회인가? 이들 국가는 명백한 위험 보상 절충을 상징한다. 일부 기업은 폭락했지만, 다른 많은 기업들은 여전히 그들이 개척자에 합류해야 하는지 여부를 평가하고 있다.

표 2-3은 우즈베키스탄이 경제자유지수에서 매우 낮다는 것을 보여준다. 이는 중하위 소득 국가들의 위험한 비즈니스 환경을 의미하는 지표이다. 그것이 왜 우즈베키스탄에 서구 패스트푸드 체인점이 없는지를 설명해 줄 수 있을 것이다. 스타벅스도 맥도날드도 없다! 좋은 소식은 지난 몇 년 동안 우즈베키스탄이 경제자유지수에서 '제약을 받는 국가'에서 '대체로 자유롭지 않은 국가'로 전환되었다는 것이다. 그리고 한때 실크로드의 중요한 무역 거점 도시였던 국가에 걸맞게 이곳에는 시장기회가 있다. 예를 들어 GM은 우즈베키스탄에서 최고의 자동차회사이며, 2013년에 우즈베키스탄은 200만 번째 자동차를 생산했다. 전반적으로 이 중앙아시아 국가는 전 세계 GM의 10대 시장 중 하나이다! 게다가 이웃 카자흐스탄에 대한 중국의 인프라 투자로부터 이익을 얻을 수 있다.

러시아 경제는 고소득층에서 중상위층으로 전락했다. 러시아 경제는 2017년 경제자유지수에서 114위를 기록했다. 러시아의 경제 회복 속도는 다른 신흥시장보다 뒤처져 있다. 유가가 폭락하면서 크렘린 정부가 예산 지출을 조달할 새로운 수입원을 찾는 것은 정부 부처와 기업 사이에 긴장을 조성했다. 실제로 러시아가 여전히 BRICS에 속해야 하는지 의문을 갖는 전문가들이 있다. 전문가들은 블라디미르 푸틴 대통령이 2018년 선거가 임박했을 때 4선에 출마할지에 대해 논쟁을 벌였다.

> "이제까지는 단지 몇 도 정도 온도가 올라간 것처럼 보인다. 그러나 이것은 인도의 경제적 빙하기의 끝을 의미한다."[22]
>
> 위프로 부회장, 비벡 폴

중상위 소득 국가

개발도상국 또는 산업화 진행국가로 알려진 **중상위 소득 국가**(upper-middle-income countries)는 1인당 GNI가 3,956~12,235달러에 분포한다. 이러한 국가에서는 사람들의 일자리가 제조업 부문으로 이동하고, 도시화가 진전되면서 농업에 종사하는 인구의 비율이 급격하게 감소하고 있다. 말레이시아, 칠레, 멕시코, 베네수엘라 및 이 단계에 있는 여러 국가들은 급격하게 산업화가 진행 중이다. 이 국가에서는 임금이 상승하고 있으며, 문맹률이 낮아지고, 고등교육이 확대되고 있지만 선진국에 비해서는 임금이 매우 낮은 수준이다. 혁신적인 국내기업들은 막강한 경쟁자가 될 수 있으며 수출 주도형 경제성장에 기여할 수 있다.

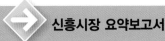

신흥시장 요약보고서

미얀마의 개방

미얀마는 인구 5,200만 명의 동남아시아에 있는 저소득 국가이다. 1948년 영국으로부터 독립한 이후 미얀마는 수십 년 동안 군사정권의 지배를 받았다. 2003년 미국 정부는 미얀마에 무역제재를 부과했고, 이 나라에서 미국 기업들을 위한 기회의 문을 효과적으로 폐쇄하는 결과를 낳았다.

그러나 2011년 이전에 버마로 알려졌던 이 나라는 엄청난 변화를 겪었다. 첫 출발로 미얀마 시민들은 대통령 떼인 세인을 선출했다. 다른 정치 및 경제적 변화가 점차 뒤따랐다. 정치범들이 석방되고 언론 검열이 폐지되었다.

미얀마의 독재로부터 경제적 개방 및 민주주의로의 전환에 고무된 많은 서방 국가들은 미얀마에 대한 수입 금지와 같은 제재를 해제하였다. 이러한 조치로 코카콜라, GE, 마스터카드, 미쓰비시, 네슬레, 비자카드 등 많은 글로벌 기업들에게 빗장이 열렸고 사업을 시작하게 하였다(사진 2-6 참조). 실제로 외국인 투자는 2000년에는 2억 800만 달러였던 것이 2011년에는 8억 5,000만 달러로 증가하였다. 코카콜라는 2018년까지 2억 달러를 투자할 것을 약속했다.

그러나 이 거대 글로벌 기업들은 곧 추격당할 것이다. 이유는 서방의 제재 기간에 중국, 일본 및 다른 아시아 국가의 기업들이 미얀마에서 비즈니스를 해왔기 때문이다. 이 사실은 오늘날 현실로 드러나고 있다. 예를 들어 미쓰비시는 양곤에 수년 전에 수출 사무소를 개설하였다. 미쓰비시의 간부인 미츠오 이도는 "일본과 미얀마는 오랜 관계를 맺고 있다. 일본 기업들은 지금 투자 증대에 관심이 있다. 미얀마 국민들은 일본인들과 여러 면에서 유사하다."라고 말한다.

버락 오바마 대통령은 2012년에 짧게 미얀마를 방문하였다. 그러나 여전히 몇몇 제재 조치들이 남아 있다. 그중 하나는 사업가 Zaw와 같은 전 군사정권과 관계 있는 '특별 지정 국민'을 겨냥한 제재가 포함된다.

개선해야 될 많은 문제들이 있는데, 윤리적 충돌이 농후하고, 갓 출범한 정부는 소요 사태에 대해 평화와 안정을 달성하기 위해 분투 중이다. 게다가 미얀마의 경제, 정치 인프라는 심각하게 후진적이다. 법적인 시스템도 낙후되었고, 노동자들은 숙련이 필요하다. 이동통신망도 업그레이드가 필요하여, 대부분의 서구 휴대전화는 미얀마에서 작동되지 않는다. 아시아개발은행에 따르면 겨우 4분의 1 정도의 미얀마 인구만 안정적인 전기공급을 누리고 있다. 전력의 부족, 정전 사태도 일상적이다. 이러한 문제점들에도 불구하고 미얀마의 풍부한 가스와 유전은 GE와 프랑스 에너지 기업인 토털 같은 기업들에게 기회를 제공한다.

골드 러시가 성공을 거둘지는 두고 봐야 한다. 몇 년 전에 러시아와 베트남에서 새로운 기회를 추구했던 기업들이 크게 실패하였다. 부패가 만연하고, 많은 전직 군장교들이 은행 및 다른 서비스업에서 허가증을 가지고 있다. 코카콜라는 블루마운틴 콜라나 판타지 오렌지 같은 저렴한 음료와 경쟁해야 한다는 것을 깨달았다. 미얀마의 사업가들은 외국인들이 핵심 비즈니스 분야를 장악할까 봐 걱정하고 있다. 뉴욕에 기반을 둔 투자회사의 임원은 다음과 같이 언급하였다. "만약 내가 25살이고, 미혼이라면 나는 거기에 갔을 것이다. 미얀마는 이제 겨우 시작되었다."

출처 : Shibani Mahtani, "Gap to Make Old Navy, Banana Republic Apparel in Myanmar," *The Wall Street Journal* (June 6 – 7, 2014), p. B3; Laura Meckler, "Obama Challenges Myanmar on Visit," *The Wall Street Journal* (November 20, 2012), p. A8; Patrick Barta, "Final Frontier: Firms Flock to Newly Opened Myanmar," *The Wall Street Journal* (November 12, 2012), p. A1; Michiyo Nakamoto and Gwen Robinson, "Japan Looks for Early Lead in Myanmar Race," *Financial Times* (October 1, 2012), p. 6; Patrick Barta, "Myanmar Concerns Remain, U.S. Envoy Says," *The Wall Street Journal* (August 20, 2012), p. A7; "Myanmar Is Next Real Thing for Coke," *Financial Times* (June 15, 2012), p. 16; Simon Hall, "Energy Titans Look to Myanmar," *The Wall Street Journal* (June 8, 2012), p. B6; David Pilling and Gwen Robinson, "Myanmar: A Nation Rises," *Financial Times* (December 3, 2010), p. 6.

사진 2-6 미얀마의 옛 수도인 양곤의 한 금상점에서 고객들이 보석을 구입하고 직원은 전화를 받고 있다. 미얀마 경제는 성장을 위한 포괄적인 정치, 경제, 금융 개혁을 마쳤으며, 이는 다른 빈곤 국가들에게도 르네상스에 대한 희망을 불러일으키고 있다. 다양한 산업 분야의 글로벌 기업들이 무역 제재가 해제되면서 시장진입전략을 수립하고 실행하기 위해 발빠르게 움직이고 있다.
출처 : Ye Aung Thu/AFP/Getty Images.

브라질(2016년 1인당 GNI 8,840달러, 러시아(9,720달러), 중국(8,260달러), 남아프리카공화국(5,480달러)은 현재 중상위 소득군에 속하는 BRICS 4개국이다. 브라질은 경제규모, 인구, 지리적 규모 면에서 남미 최대의 국가이다. 또한 브라질은 서반구에서 가장 풍부한 천연자원을 자랑하고 있다. 브라질의 가장 큰 무역 파트너인 중국은 철광석을 비롯한 다른 원자재를 탐욕스럽게 사들이고 있다.

거시경제를 안정시키려는 브라질 정부의 정책은 상당한 성과를 거두었는데, 2003~2013년 동안 국민총소득은 매년 꾸준히 성장하였다. 같은 기간 약 수천만 명의 브라질인들이 중산층에 합류하였고, 삶의 질도 높아졌다.[23] 말할 것도 없이 이런 트렌드는 많은 외국기업을 유인하여 일렉트로룩스, 피아트, 포드, GM, 네슬레, 노키아, 레이시온, 토요타, 유니레버, 월풀 등이 비즈니스를 하고 있다(사진 2-7 참조). 최근 브라질 경제는 '세차 작전'이라고 불린 정부와 기업 리더들이 관여된 일련의 스캔들로 부정적 충격에 맞닥드렸다.

이러한 발전 단계에 있는 국가들의 전형적인 사례로서 브라질은 연구할 만하다. 많은 도로에서 우마차가 일상적으로 목격되는 반면 야채 유통기업들은 트럭운송 루트를 제어하기 위해 물류 소프트웨어를 사용한다. 1990년대 초의 불안한 금융 환경과 보조를 맞추기 위해 많은 현지 소매업자들은 최신 컴퓨터와 커뮤니케이션 시스템에 투자를 해왔다. 그들은 재무적 통제를 위해 수준 높은 재고관리 소프트웨어를 사용한다. 1990년대 초의 발달된 컴퓨터산업 덕분에 브라질에서 아웃소싱 부문이 발달하고 있다.[24] 시라크 전 프랑스 대통령은 다음과 같이 언급함으로써 세계무역에서 브라질의 중요성을 강조하였다. "지리적으로 브라질은 아메리카 대륙의 일부이지만 역사적으로는 유럽이며, 중요성으로는 전 세계이다."[25]

2016년 러시아는 1인당 GNI가 2013년 14,840달러에서 9,720달러(중간 상위 소득)로 감소하면서 고소득 범주에서 벗어났다. 전반적으로 러시아 경제 상황은 유가가 변동함에 따라 오르락내리락한다. 현재 세계 유가의 폭락은 국제적인 제재와 마찬가지로 러시아에도 영향을 미쳤다. 러시아 최대의 유제품 회사인 윔빌댄 식품과 같은 국내의 강력한 회사들이 그 현장에 나타났다. 펩시는 2011년에 이 회사를 인수했다. 그러나 러시아의 부패는 만연해 있으며, 관료제는 종종 디아지오, 마르스, 맥도날드, 네슬레, SAB 밀러와 같은 회사들을 위해 산더미 같은 적폐를 만들어 낸다.

중국은 중상위 소득 부문에서 세 번째 BRICS 국가이며 2016년 1인당 GNI는 8,260달러였다. 중국은 개발도상국 중에서 외국인 투자의 가장 큰 단일 투자지이다. 중국의 거대한 면적, 시장 잠재력에 매료된 아시아, 유럽, 미국의 기업들은 중국을 글로벌 전략의 핵심국가로 여기고 있다. 심천과 다른 경제특구는 수십억 달러의 외국인 투자를 끌어들이고 있다. 지속되는 시장개혁에도 불구하고 중국 사회는 민주적인 토대를 가지고 있지 않다.

중국은 한 국가의 경제성장을 어떻게 촉진시킬 것인가에 대한 사례연구이다. 정부는 국가의 중앙계획경제 모델을 활용하여 고속도로, 철도, 항만과 같은 인프라 개선에 돈을 쏟아부었다. 곧 중국 경제는 두 자릿수의 속도로 성장하고 있었다. 이러한 경제 호황의 수혜자들은 오스트레일리아, 브라질, 인도네시아, 중국에 상품을 수출하는 다른 나라들이었다. 에이본, 코카콜라, 델, 포드, 혼다, HSBC, JP모건 체이스, 맥도날드, 모토로라, P&G, 삼성, 지멘스 AG, 토요타, 폭스바겐은 중국에서 적극적으로 기회를 추구하기 시작한 글로벌 기업들이다.

글로벌 경제위기 직전인 2007년 중국 정부의 메시지가 달라지기 시작했다. 정치권의 주요 연설에 '불안', '불균형', '비통합'이란 말이 튀어나오자 중국 관측통들은 변화의 바람이 불고 있음을 감지했다. 수년간 중국의 경제성장은 수출과 저임금 제조에 기반을 두고 있었다. 최근 들어 GDP 성장은 약화되기 시작했다. 새로운 지도부가 구성되었고, 중국은 자국의 사회기반시설, 뇌물, 부패와 관련된 긴급한 문제들을 다루기 위해 외부 집중에서 내부 집중으로 전환하고 있다.

한편 중국은 수출에 덜 의존할 움직임을 보이고 있다. 이 목표를 달성하기 위해서는 중국인들의 소비가 증가해야 한다. 시진핑 국가주석은 옛 실크로드를 되살리겠다는 일대일로(BRI) 시책을 야심차게 추진했다. 베이징은 또한 '메이드 인 차이나 2025'라는 새로운 산업 전략을 시작했다. 그 목적은 중국이 로봇 공학이나 전기자동차와 같은 선진산업에서 세계적인 리더가

"만약 당신이 세계적으로 성공하고 싶다면 먼저 중국에서 성공해야 한다. 우리는 이미 도달했다."[26]
전기자동차회사 바이톤의 공동설립자, 대니얼 커처트

사진 2-8 BRICS 국가들의 지도자들이 2017년 중국 사먼시에서 열린 정상회담에서 만났다. 브라질 대통령 미셰우 테메르, 러시아 대통령 블라디미르 푸틴, 중국 국가주석 시진핑, 남아프리카공화국 대통령 제이콥 주마, 인도 총리 나렌드라 모디(왼쪽부터)
출처 : PIB/Alamy Stock Photo.

되는 것이다. 그러나 중국 정부의 산업 관여는 세계무역기구(WTO)가 여전히 중국에 '시장경제' 지위를 부여하지 않은 한 가지 이유이다.

남아프리카공화국은 2011년에 BRICS에 포함되었다. 2017년 중국 국가주석은 샤먼에서 열린 정상회담에 다른 4개 BRICS 국가의 지도자들을 맞이했다(사진 2-8 참조). 이 회의에서 논의된 주제 중 하나는 BRICS가 지원하는 국가개발은행의 지원을 받는 아프리카 지역 센터의 개설이었다. 그 센터는 인프라 개발 및 기타 프로젝트의 자금 조달의 원천이 될 것이다. 남아프리카공화국은 2018년 요하네스버그에서 제10회 BRICS 정상회담을 개최하여 제이콥 주마 대통령에게 아프리카 대륙 전체에 대한 보다 직접적인 투자 유치 기회를 제공하였다.[27]

가장 높은 수준의 경제성장률을 달성하고 있는 중상위 소득 국가들은 때로 **신흥산업경제권** (newly industrializing economy, NIE)으로 통칭된다. 대체로 NIE 국가들은 개발도상국가들보다 산업 생산품이 많고, 중공업 제품과 고기술 제품들이 수출의 큰 부분을 차지한다. 10년 전 BRIC이라는 명칭을 만들어 낸 골드만 삭스는 Next-11(N11)이라는 용어를 만들어 냈다. N11 중 5개 국가는 NIE이다. 여기에는 이집트, 인도네시아, 필리핀 등 3개 중저소득 국가와 중상위 소득 국가로 분류되는 멕시코와 터키가 포함된다. 이들 5개 국가 중 이집트, 인도네시아, 필리핀은 최근 몇 년 동안 플러스 성장을 이뤄냈다.

후진국과 개발도상국에서의 마케팅 기회

후진국과 개발도상국 내의 많은 문제에도 불구하고 장기적인 시장기회를 개발하는 것이 가능하다. 오늘날 나이키는 중국에서 전체 매출 중 아주 작은 일부만을 생산 판매한다. 그러나 나이키가 중국을 '20억 신발시장'이라고 언급할 때에는 미래에 대한 비전을 가지고 있음을 알 수 있다. C. K. 프라할라드와 앨런 해먼드는 '피라미드의 하부 시장(bottom of the pyramid, BOP)'에 관한 몇 가지 가정과 잘못된 개념에 대해 분석하였다.[28]

- 잘못된 가정 1 : 가난한 사람들은 돈이 없다. 그러나 실제로는 가난한 지역사회의 구매력의 총합은 상당히 클 수 있다. 예를 들어 방글라데시의 도시지역에서는 현지기업에 의해 운영되는 지역 전화기를 사용하기 위해 상당한 금액을 지출한다.
- 잘못된 가정 2 : 가난한 사람들은 기본적 욕구 충족에만 관심이 있어 필수품이 아닌 제품에는 돈을 '낭비'하지 않는다. 그러나 실제로는 너무 가난해서 집을 구매할 수 없는 사람도 삶의 질을 향상시키기 위해서 TV, 가스 스토브 등의 '사치품'을 구입한다.
- 잘못된 가정 3 : 개발도상국에서 판매되는 제품은 가격이 너무 낮아서 수익을 낼 수 있는 새로운 시장이 거의 없다. 그러나 실제로는 가난한 사람들도 종종 여러 제품을 위해 비싼 가격을 지불하기 때문에 품질이 괜찮은 제품을 저가격에 판매함으로써 매력적인 이윤을 실현하려는 효율적인 기업을 위한 시장기회가 존재한다.
- 잘못된 가정 4 : BOP 시장의 사람들은 기술수준이 높은 제품을 사용할 수 없다. 그러나 실제로는 도시 거주자들은 휴대전화, PC 및 비슷한 기기의 사용법을 빨리 배우고 사용할 수 있다.
- 잘못된 가정 5 : BOP 시장을 목표로 하는 글로벌 기업들은 가난한 사람들을 착취한다는 비난을 받을 것이다. 그러나 실제로는 많은 저소득 국가들의 비공식적인 경제는 매우 착취적인 성격을 띤다. 따라서 공식적인 시장을 통해 한 국가의 삶의 질을 향상시키는 기본적인 제품

과 서비스를 제공하는 글로벌 기업은 사회에 이익을 주면서 합리적인 수익을 창출할 수 있다.

동남아시아, 라틴아메리카, 아프리카와 동유럽 일부 지역의 어려운 경제환경에도 불구하고 이 지역의 많은 국가들은 매력적인 시장으로 진화할 것이다. 개발도상국에서 마케팅의 역할 중 하나는 현지 수요와 소득수준에 가장 잘 들어맞는 제품을 창출하고 제공하는 일에 자원을 집중하는 것이다. 적절한 마케팅 커뮤니케이션 기술은 이러한 제품의 수용을 촉진하는 데 적용될 수 있다. 마케팅은 관련된 자원을 기회에 연결시키는 연결고리가 될 수 있으며, 소비자의 입장에서 필요 충족을 촉진시키는 역할을 할 수 있다.

마케팅에서 흥미로운 논쟁은 마케팅이 경제발전 과정에 어떤 타당성을 가지고 있느냐 하는 것이다. 어떤 사람들은 마케팅이 단지 부유한 선진국 시장에서만 타당성을 가진다고 믿고 있다. 이러한 시장에서 가장 주요한 과제는 역동적인 시장을 만족시키기 위해서 사회의 자원을 끊임없이 변화하는 제품이나 생산으로 인도해야 한다는 것이다. 저개발국가에서 주요 과제는 희소한 자원을 명백히 필요한 제품 생산에 할당해야 한다는 것이다. 생산성에 초점을 맞추고, 소비자의 필요나 욕구보다는 산출물을 어떻게 증가시킬 것인가에 노력을 집중해야 한다는 것이다.

반대로 한 조직의 자원을 환경적인 기회에 집중하는 과정은 전 세계적으로 타당한 과정이라고 할 수 있다. 소비자의 필요와 욕구를 찾아내 이러한 필요와 욕구를 충족시키는 데 개인과 조직의 노력을 집중시킨다는 마케팅의 역할은 경제발달 단계와 상관없이 전 세계적으로 동일하다. 글로벌 마케팅 담당자들이 중국이나 인도 같은 신흥시장의 도시 거주자들의 필요에 반응할 때 글로벌 마케터들은 가장 중요하다고 할 수 있는 정부의 지원과 지지를 얻을 가능성이 더욱 커진다.

예를 들어 여러 국가의 석탄 매장량의 부족과 화석연료에 대한 지나친 의존은 지구온난화를 촉진시킬 것이라는 이유로 인해 풍력이나 태양열 같은 대체 에너지원을 개발하는 것이 중요하다. 마찬가지로 사람들은 어디에 있든지 안전하면서 이동 시 가지고 다닐 수 있는 식수를 필요로 한다. 이러한 사실을 인식한 네슬레는 파키스탄에서 'Pure Life'라는 병에 담긴 생수를 출시하였다. 1병의 가격은 약 0.35달러였으며, '순수한 안전, 순수한 신뢰, 이상적인 물'이라고 광고하였다. Pure Life는 파키스탄 생수시장의 50%를 점하였고, 이 브랜드는 수십 개의 다른 저소득 국가로 전파되었다.[30] 코카콜라는 최근에 바이탕고라는 빈혈, 실명 및 다른 영양실조와 관련된 질병예방에 도움이 되는 음료제품을 개발하면서 저소득 국가들의 다이어트 및 건강보조 식품에 대한 필요를 강조하기 시작하였다.

개발도상국이 인터넷 경제에 합류하는 것을 도와주는 기회도 있다. 인텔의 회장인 크레이스 베럿은 중국과 인도의 시골 마을을 방문하고 인터넷 접속과 컴퓨터 사용법을 제공하는 프로그램을 출시하였다. 인텔의 '월드 어헤드 이니셔티브'의 한 부분은 자동차 배터리로 충전되는 550달러짜리 컴퓨터를 개발하는 것이다. 마찬가지로 HP의 엔지니어들은 태양열로 가동되며 한적한 지역에서 인터넷에 접속할 수 있게 하는 커뮤니케이션 기기들을 개발하는 중이다.[31] 한편 OLPC(MIT 공대의 미디어 연구소 교수진이 세운 비영리단체)는 개발도상국 정부가 100달러에 구입할 수 있는 랩톱 컴퓨터를 개발하는 프로그램 개발에 착수했다.

또한 글로벌 기업은 현지인을 위한 경제적 기회를 창출하면서 오래된 숲과 다른 자원을 보

"피라미드의 하부시장에 초점을 두는 지속 가능한 에너지 선도기업은 역사상 가장 큰 횡재의 토대를 만드는 것이다. 왜냐하면 저개발국에서의 경험과 적응 능력은 틀림없이 비용과 품질 면에서의 극적인 향상을 가져올 것이기 때문이다."[32]

스튜어트 L. 하트, 클레이튼 M. 크리스텐슨

혁신, 기업가정신 그리고 글로벌 창업

블레이크 마이코스키의 탐스

블레이크 마이코스키는 기업가이다. 그는 브랜드를 만들고 몇 가지 혁신적인 제품을 출시하고 혁신적인 비즈니스 디자인을 사용하여 제품을 마케팅하는 회사를 설립했다. 기본 도구와 현대 마케팅의 원칙을 적용함으로써 마이코스키는 괄목할 만한 성공을 거두었다.

많은 기업가들이 그렇듯이 마이코스키의 혁신적인 아이디어는 충족되지 않은 요구에 대한 자신의 인지에 기반한다. 이 특별한 경우에 있어서 니즈는 자신의 것이 아니었다. 오히려 부모가 신발을 살 여유가 없는 아이들의 니즈였다.

리얼리티 TV 프로그램 '어메이징 레이스'에 출전한 2002년, 마이코스키와 그의 여동생은 아르헨티나에서 지냈다. 그들은 대회에서 패배했지만(단 4분 만에!) 마이코스키는 지역 사람들과 문화에 사로잡혔다. 그는 2006년 휴가차 아르헨티나에 다시 방문했다. 직접 관찰을 사용하여 알파르가타라는 가벼운 캔버스 신발이 아르헨티나에서 인기가 많다는 사실을 알게 되었다. 또한 많은 현지 어린이들이 신발이 없어 맨발로 다닌 결과 족부병으로 고통받고 있다는 사실도 알게 되었다.

미국으로 돌아온 마이코스키는 그가 본 불우한 사람들을 어떻게 도울 수 있을까 생각하기 시작했다. 그리고 한 가지 중요한 결정을 내렸다. 그는 비영리단체를 설립하는 대신 '한 켤레 사면 한 켤레 기부' 비즈니스 디자인을 기반으로 하는 영리사업을 시작했다. 그는 독특한 비즈니스 모델과 사회적 사명을 지닌 신발회사인 탐스를 설립했다. 고객이 탐스 한 켤레를 살 때마다 회사는 도움이 필요한 어린이에게 신발 한 켤레를 기부한다. 이 비즈니스 모델은 '일대일' 또는 'B1G1'('한 켤레 사면 한 켤레 기부')으로 알려졌다. 마이코스키의 직함은 '최고 신발 기부자'이다. 사실 마이코스키는 탐스가 신발회사가 아니라고 주장한다. 오히려 그는 자신의 사업을 '일대일'이라고 정의하며, 기업의 사명은 삶을 개선하는 것이라고 정의한다(사진 2-9 참조).

마이코스키는 비즈니스 디자인 때문에 일부 고문들과 충돌하였다. 고문들은 그에게 수익의 일정 비율을 주거나 기부할 것을 촉구했다. 마이코스키는 기업이 '지지자'라고 부르는 신발 고객들에게는 친밀한 '일대일' 경험을 제공하면서 팔리는 만큼 기부할 생각이었다.

마이코스키는 다음으로 개도국에서의 눈 치료에 대한 긴급한 필요성에 주의를 돌렸다. 그는 세바 재단과 협력하여 2011년 탐스 선글라스를 도입하고 안경 하나가 판매될 때마다 눈 치료와 수술을 위한 기금을 기부하겠다고 약속했다. 로고 대신 각 안경테에는 3개의 줄무늬가 있다. 마이코스키가 설명했듯이 모든 줄무늬에는 이야기가 담겨 있다. 바깥쪽 줄무늬는 구매자와 도움이 필요한 사람 간 연결을 의미하고, 중간 줄무늬는 다른 두 줄을 하나로 모으는 탐스를 나타낸다.

2014년 마이코스키는 탐스 브랜드를 세 번째 카테고리인 프리미엄 커피로 확장했다. 아프리카를 여행하는 동안 마이코스키는 농부들이 커피 원두를 씻기 위해 많은 물이 필요하다는 사실을 알게 되었다. 또한 대다수 마을이 깨끗한 식수가 매우 부족했다. 그는 세계에서 최고의 커피를 공급하는 나라가 국내 사람들을 위한 물이 충분하지 않다는 역설에 충격을 받았다. 마이코스키는 비영리단체인 'Water For People'과 파트너 관계를 맺었다. 사명은 모든 사람이 안전하고 지속적인 물 공급에 접근할 수 있도록 하는 것이다. 그 결과는 홀 푸즈 매장 및 기타 특정 입지에서 커피 원두를 판매하는 탐스 로스팅 컴퍼니이다. 판매된 커피 원두 포대마다 탐스는 물이 필요한 사람에게 깨끗한 물을 한 주 동안 기부한다.

탐스의 다음 단계는 무엇인가? 회사가 2015년 10주년이 되면서 오프라인 매장을 열어 도매상에서 전환을 시작했다. 이 소매점 입지는 현재 회사 매출의 5%만 차지하지만 마이코스키는 몇 년 안에 그 비율이 25%로 증가할 것으로 전망한다. 탐스는 지역사회에 뿌리를 내림으로써 회사 경영진도 말했듯이 '운동을 시작하라'를 더 잘 전개할 수 있을 것이다. 매장에 들러 그냥 인터넷만 이용하거나 커피를 한 잔 마시고 싶은가? 탐스 지지자라면 가능하다.

탐스는 고객 충성도를 고무시키기 위해서 새로운 미디어를 실험하고 있다. 예를 들어 모든 직원 (영업 직원)은 회사에서 1년 동안 일한 후에 여행을 갈 수 있는 기회가 생긴다. 페루로의 기부 여행이 촬영되었으며 지지자들은 오큘러스 가상현실(VR) 헤드셋을 사용하여 이벤트를 볼 수 있다. 회사는 오늘날과 같은 기술 환경에서 이러한 첨단 소통 도구를 운용할 수 있는 방법을 모색하고, 그것은 지지자들에게 탐스의 브랜드 경험에 참여할 수 있는 새로운 방법을 제공하게 된다.

출처 : Blake Mycoskie, "TOMS and the Future of the One-for-One Movement," SXSW Presentation, March 2014; Blake Mycoskie, *Start Something That Matters* (New York, NY: Random House, 2011); Andrew Adam Newman, "'Buy One, Give One' Spirit Imbues an Online Store," *The New York Times* (November 5, 2013), p. B7; Mark Hornickel, "Fit for the Sole," *Northwest Alumni Magazine* (Fall 2013), pp. 10–13; Carly Gillis, "TOMS Announces Eyewear as Next 'One for One' Product," *The Huffington Post* (June 7, 2011).

사진 2-9 블레이크 마이코스키는 탐스의 창립자이자 최고의 신발 기부자이다. 그는 도움이 필요한 사람들의 삶을 개선하고 경제발전 촉진을 목표로 하는 '한 켤레 사면 한 켤레 기부(one for one)'라는 비즈니스 디자인을 개척했다.
출처 : Aristidis Vafeiadakis/ZUMA Press, Inc./Alamy.

존하기 위한 창의적인 방법을 개발함으로써 경제발전에 기여할 수 있다. 예를 들어 브라질에서는 다임러 AG는 코코넛 껍질을 천연고무로 바꾸는 농부와 협력한다. 천연고무는 차 시트, 자동차 차양으로 사용된다. 프랑스의 명품 제조업체인 에르메스는 '아마조니아'라는 핸드백 라인을 선보였다. 아마조니아는 전통적인 가죽 구두 수선공이 추출한 라텍스로 만들어진다. 다임러와 에르메스는 환경 보호에 관심이 많은 소비자에게 어필하는 동시에 자사가 환경에 관심이 많다는 것을 홍보하는 기회로 활용한다. 리우데자네이루의 벌목 일꾼을 고용하는 한 회사의 중역인 이사벨라 포르테스는 다음과 같이 말하였다. "당신이 화전민이 정글을 파괴하는 것을 막을 수 있는 유일한 방법은 그들에게 독자생존이 가능한 경제적인 대안을 제공하는 것뿐이다."[32]

고소득 국가

선진국, 산업화된 국가 또는 탈산업화 국가로 불리는 **고소득 국가**(high-income country)는 1인당 GNI가 12,236달러 이상이다. 소수의 산유국가를 제외하고 이 분류에 속하는 국가는 상당한 경제발전 과정을 통하여 현재의 소득수준에 도달하였다.

탈산업화 국가라는 표현은 하버드대학교의 대니엘 벨이 미국, 스웨덴, 일본 및 다른 고소득 국가에게 이름 붙이면서 처음 사용되었다. 벨은 1973년 그의 저서 **탈산업사회의 도래**(*The Coming of the Post-Industrial Society*)에서 산업화된 국가와 탈산업화 국가 사이에는 단순한 소득 격차를 넘어서는 차이가 존재한다고 주장했다. 벨은 탈산업화 국가에서 혁신의 원천은 점점 더 '우발적인' 발명보다는 논리적인 지식의 체계화로부터 도출된다고 주장했다. 국가가 이 수준에 도달하면 서비스 부문이 국가 생산량의 절반 이상을 차지하고 정보처리 및 교환이 점점 더 중요해지고 지식이 자본보다 중요한 전략적 자원이다.

또한 탈산업화에서는 기계적 기술보다는 지적 기술이 우세하며, 엔지니어 및 반숙련 노동자보다는 과학자와 전문가가 우세하다는 것이다. 탈산업사회의 다른 측면은 미래에 대한 관심과 사회 기능에 있어서 인간관계의 중요성이다. 종합하자면 이러한 동력과 요소는 탈산업화 국가 국민들의 가정과 직장에서 거대한 사회적 변화를 만들어 낸다.

탈산업화에서 제품과 시장기회는 산업사회보다 신제품과 혁신에 더 많이 의존한다. 대부분의 가정에서 기본적인 제품에 대한 소유 정도는 극단적으로 높다. 성장을 추구하는 조직은 기존의 시장에서 점유율을 높이기 위한 시도를 한다면 종종 어려움에 직면한다. 대안적으로 기업은 새로운 시장을 창조하기 위해 노력을 경주할 수 있다. 예컨대 오늘날 커뮤니케이션 관련 산업에 종사하는 글로벌 기업은 전자적 커뮤니케이션의 상호작용 형태를 위한 새로운 전자상거래 시장 창조를 추구하고 있는 중이다. 이러한 대표적 사례로는 배리 딜러의 익스피디아가 있다. 익스피디아는 세계 최대 온라인 여행사로서 오르비츠, 트레블로시티를 소유하고 있다. 딜러는 비메오를 소유한 인터랙티브 코포레이션(IAC)도 설립했다. 여기에는 매치닷컴, 오케이큐피드, 데이트 사이트 틴더, 웹 잡지 데일리 비츠 및 기타 인터넷 사업 등이 포함된다.[33]

2009년 FTSE는 한국을 성장시장에서 선진시장으로 분류를 바꾸었다. 이러한 변화는 세계은행의 순위와 한국의 글로벌 입지를 반영한 것이다. 한국은 국내총생산(GDP) 기준으로 11번째로 큰 경제대국이자 주요 수입국이자 수출국이다. 한국은 삼성전자, LG그룹, 기아자동차, (주)대우, 현대그룹 및 다른 잘 알려진 글로벌 기업의 모국가이다. 자유무역에 대한 두터운 장벽 대신에 한국은 '아시아 독감'(2009년 아시아 경제 위기, 이 지역에서 시작된 인플루엔자 대

유행과 겹침)에 대한 반응으로 정치적 · 경제적 시스템의 변혁을 실시하였다.

그럼에도 불구하고 투자자는 북한의 공격성과 미사일 실험으로 인한 정치적 위험에 주목한다. 또 다른 우려는 외국인 투자자에 대한 정부의 처리에 일관성이 없다는 것이다. 예를 들어 규제기관은 최근 프랑스 소매업체인 까르푸의 현지 사무소를 급습하였다. 게다가 도널드 트럼프 미국 대통령의 한미 자유무역협정(FTA) 뒤집기 공약이 불확실성을 더하고 있다.

미국, 일본, 독일, 프랑스, 영국, 캐나다, 이탈리아 등 7개의 고소득 국가는 **G-7 그룹**(Group of Seven)을 형성한다. 7개 국가의 재무장관, 중앙은행 총재 및 국가 총수들이 글로벌 경제의 번영을 촉진하고 금융 안정성을 확보하기 위해 사반세기 동안 협력해 왔다. 글로벌 위기가 닥칠 때마다(80년대의 라틴아메리카 부채 위기이든, 1990년대의 경제를 변혁하려는 러시아의 노력이든, 2007~2008년의 그리스 경제 위기이든) G-7 국가의 대표들이 모여 정책을 조정하려고 노력한다(사진 2-10 참조).

1990년대 중반부터 러시아는 G-7 정상회담에 참석하기 시작했다. 1998년 러시아가 본격적인 공식 멤버가 되어 **G-8 그룹**(Group of Eight)으로 변경되었다. 러시아의 가입은 블라디미르 푸틴 대통령이 크림 반도를 합병한 이후 2014년에 중단되었다(사진 2-11, 사례 5-1 참조). 1999년에는 **G-20 그룹**(Group of Twenty)이 창설되었는데, 여기에는 19개 국가와 EU의 재무장관들과 중앙은행 총재들이 참가한다. G-20에는 아르헨티나, 브라질, 인도, 인도네시아, 터키 등의 개발도상국가들이 포함된다.

고소득 국가로 구성된 다른 조직으로는 **경제협력개발기구**[(Organization for Economic Cooperation and Development, OECD(www.oecd.org)]가 있다. OECD에 가입되어 있는 35개 국가는 시장경제 시스템과 다원주의적 민주주의를 신봉한다. OECD는 '경제 싱크탱크', '부자 클럽' 등으로 다양하게 묘사되며, OECD의 근본적인 과제는 '회원국들이 최고 수준의 지속적인 경제성장을 달성하고, 국민들의 경제 · 사회적 생활수준을 향상'시키는 데 있다. OECD는 파리에 본부가 있으며, 제2차 세계대전 이후 유럽 지역을 재건하기 위해서 협력해 온 유럽국가로부터 유래되었다. 캐나다와 미국은 1961년부터 회원에 가입했으며, 일본은 1964년에 가입하였다. BRICS 국가의 증대하는 중요성에 대한 증거는 브라질, 러시아, 인도, 중국이 모두 공식적으로 OECD에 가입하겠다는 의사를 표명하였다는 데 있다. 신청국가들은 경제개혁을 향한 진전상황을 입증해야 한다.

OECD 회원국 대표들은 세계무역에 영향을 미치는 경제 · 사회적 정책을 검토하기 위해 위원회를 만들어 협력한다. 정기적으로 개최되며 사무총장은 의사결정권을 가지는 위원회를 주재한다. 위원회는 각 회원국의 전문가로 구성되며 무역 및 다른 이슈 토론을 위한 포럼을 제공한다. 컨설팅, 사전 압력, 외교는 회원국들이 자율적으로 자국의 경제정책과 법안을 평가하는 데 도움을 주는 핵심적인 방법이다. OECD는 국가 설문조사와 연간 경제 조망을 발표한다.

최근 들어 OECD는 글로벌 이슈, 사회정책, 노동시장 규제 완화에 좀 더 초점을 두고 있다. 예를 들어 OECD는 뇌물 수수의 성가신 문제를 해결했는데, 1997년 뇌물 혐의를 추적할 때 회원국들의 협조를 요구하는 협약을 통과시킨 것이다. 이 협약이 발효된 지 20여 년이 흐른 후에야 독일, 프랑스 및 다른 국가들은 반부패법을 제정하였다. 여러 나라 출신의 검사들이 국경을 넘어선 협업을 통해 처리하고 있다. 최근에는 지멘스가 16억 달러의 벌금에 처해진 사례가 있었다.[34]

개발단계별 마케팅 함의

앞서 설명한 경제개발 단계는 마케팅 담당자들이 **제품 포화수준**(product saturation level)이나 특정 제품을 보유한 가구 수 또는 잠재적인 구매자의 비율을 가늠하는 데 길잡이로 사용할 수 있다. 오티스 엘리베이터를 포함하는 유나이티드 테크놀로지사의 전 CEO인 조지 데이비드는 비즈니스에서 제품 포화도의 중요성을 아래와 같이 설명하였다.

> 우리는 각 국가 인구 1,000명당 설치된 엘리베이터의 개수를 측정하였다. 중국에서 그 숫자는 1,000명당 0.5개 정도이다. 미국 이외의 대부분 국가에서 사람들은 엘리베이터가 설치된 고층 아파트에서 거주한다. 유럽, 아시아, 남미, 특히 중국에서 그렇다. 유럽과 같은 포화시장에서는 인구 1,000명당 약 6개의 엘리베이터가 설치되어 있다. 우리는 이 정도 수준을 지향하고 있다.[35]

위의 설명이 제시한 바와 같이 많은 상품의 제품 포화수준은 신흥시장에서는 낮은 편이다. 예를 들어 인도 소비자는 7억 개의 직불카드를 가지고 있지만, 2016년 오직 70만 개의 소매점에만 카드 기계가 있을 뿐이었다. 전체적으로 인도에는 1,785명당 한 대의 카드 기계가 있는 것이다. 대조적으로 유럽에서는 119명당 기계가 한 대다. 중국에는 60명당 한 대이다. 미국은 해당 수치가 25명당 한 대이다.[36]

자동차 보유도 비슷한 차이를 보인다. 인도에서는 성인 1,000명당 8대이다.[37] 러시아에서는 1,000대당 200명이고, 독일에서는 1,000대당 565명이다.[38] 낮은 수준의 차량 소유는 미얀마가 글로벌 자동차 제조업체를 위한 매력적인 시장기회를 대표하는 이유 중 하나이다(신흥시장 요약보고서의 '미얀마의 개방' 참조).

프랑스 샴페인의 글로벌 시장은 또 다른 예를 제공한다. 2016년 브렉시트 투표에 따라 영국 파운드화는 유로화에 비해 가치가 떨어졌다. 이 사건은 미국 다음으로 수출시장 2위인 영국으로 대거 수입된 프리미엄 제품의 가격 상승으로 이어졌다. 예산에 민감한 영국인 쇼핑객은 영국식 스파클링 와인 또는 이탈리아 프로세코를 대체선택하면서 프랑스 샴페인 생산업체는 다른 곳에서 더 많은 성장을 추구해야 했다. 다시 말하지만 상대적인 제품 포화수준은 기회를 보여준다. 2016년 샴페인 생산자들은 프랑스에서는 1인당 2병을, 스위스에서는 1인당 1병을, 영국에서는 1인당 반병을 선적했다. 미국의 경우 총출하량은 1인당 0.07병에 불과했다. 반잔도 안 되는 양이다! 결론적으로 미국인들은 샴페인을 더 많이 터뜨려야 한다.[39]

▶ 2-4 세계 주요국들의 국제수지 통계의 중요성에 대해 논의한다.

 국제수지

국제수지(balance of payments)는 한 나라의 거주민과 비거주민 사이의 모든 경제적 거래에 대한 기록이다. 표 2-5는 2012~2016년 미국의 국제수지 통계를 보여준다. 미국과 관련된 국제거래 데이터는 미국 상무부 경제분석국에서 살펴볼 수 있다. 분석국의 웹사이트(www.bea.gov)를 통해 원하는 리포트를 검색해서 볼 수 있다. 국제금융기관의 **국제수지 연간통계자료**는 전 세계 거래 통계와 경제활동 요약문을 제공한다.[40]

국제수지는 경상계정과 자본계정으로 나뉜다. **경상계정**(current account)은 **상품무역**(merchandise trade, 생산된 재화)과 **서비스무역**(services trade, 무형의, 경험을 기반으로 한 경제적 산물), 그리고 인도적인 지원과 같은 특정 부류의 **무역적자**(trade deficit)를 포함한 광범위한 측정이다. 경상수지 적자인 국가는 거래상 적자를 보이고 있다. 즉, 수입품을 구입하기 위한 지출통화가 수출품의 판매로 인한 수입통화를 능가한다. 반대로 경상수지 흑자인 국가는 **무역흑자**(trade surplus)를 보인다.

자본계정(capital account)은 모든 장기 직접투자, 포트폴리오 투자, 기타 장단기 자금 흐름에 관한 기록이다. 마이너스 표시는 현금유출을 의미한다. 예컨대 표 2-5의 2번 항목은 2016년 미국 수입상품을 구입하기 위해 지출된 2조 2,000억 달러의 유출을 표시하고 있다. (표 2-5에 나타나지 않은 자료는 순손실, 외화부채, 외환보유고 등의 변동을 나타낸다.) 이러한 항목은 경상수지를 균형적으로 만드는 항목이다. 일반적으로 경상계정과 자본계정 거래의 순익이 흑자일 때 국가는 외환보유고를 높이고, 순익이 적자일 때 외환보유고를 줄인다. 국제수지를 인

표 2-5　미국의 국제수지(2012~2016)　　　　　　　　　　　　　　　　　　　　(단위 : 100만 달러)

	2012	2013	2014	2015	2016
A. 경상수지	−426,198	−349,543	−373,800	−434,598	−451,685
1. 제품 수출	1,561,540	1,592,784	1,632,639	1,510,757	1,455,704
2. 제품 수입	−2,303,785	−2,294,453	−2,374,101	−2,272,612	2,208,211
3. 상품수지	−742,095	−701,669	−741,462	−761,855	−752,507
4. 서비스 : 신용 거래	654,850	687,410	710,565	753,150	752,507
5. 서비스 : 직불 거래	−450,360	−462,134	−477,428	−491,740	−504,654
6. 서비스수지	204,490	225,276	233,138	261,410	247,714
7. 상품 및 서비스수지	−537,605	−476,392	−508,324	−500,445	−504,793
B. 자본수지	6,904	−412	−45	−42	−59

출처 : www.bea.gov. 2017년 12월 1일에 접속.

표 2-6	2016년 미국의 상품 및 서비스 거래(중국, 인도, 브라질)		(단위 : 100만 달러)
	중국	인도	브라질
1. 미국의 제품 수출	115,988	21,624	30,022
2. 미국의 제품 수입	-463,288	-46,125	-24,620
3. 상품수지	-347,290	-24,501	5,402
4. 미국의 서비스 수출	54,157	20,632	24,338
5. 미국의 서비스 수입	-16,139	-25,808	-6,797
6. 미국의 서비스수지	38,018	-5,175	17,541
7. 미국의 상품 및 서비스수지	-309,272	-29,676	22,944

출처 : www.bea.gov. 2017년 12월 1일에 접속.

식하는 데 있어서 중요한 것은 항상 균형을 이룬다는 점이다. 불균형은 전반적으로 균형이 이루어진 상태의 하위상태로서 일어난다. 예컨대 일반적으로 볼 수 있는 균형은 재화에 대한 무역수지이다(표 2-5의 3번 항목).

표 2-5를 상세히 살펴보면 미국은 정기적으로 재화에 대한 경상계정과 무역수지에 있어서 적자를 보이고 있다. 미국의 늘어나는 무역적자는 중국으로부터의 수입 증가, 수입품에 대한 만족할 줄 모르는 소비자 수요, 중동에 대한 막대한 군사 지원비 등을 포함한 여러 요소를 반영하고 있다.

표 2-6은 미국과 BRIC 국가의 2011년 재화 및 서비스 거래 기록을 보여준다. 2개의 표에서 4번과 5번을 비교하면 미국이 전 세계에서 서비스 무역흑자를 유지하고 있다는 긍정적 측면을 볼 수 있다. 미국은 다른 국가들과 서비스 무역흑자를 유지해 왔다. 그러나 전반적으로 미국은 중국과 같은 주요 무역 파트너들이 흑자를 누릴 때 국제수지 적자를 겪어 왔다.

중국은 3조 달러 이상의 외환을 보유하고 있으며, 다른 어느 나라보다도 높다. 미국의 무역적자가 자금 유입으로 상쇄되는 반면 중국의 무역흑자는 자본 유출로 상쇄된다. 건전한 무역흑자를 가진 중국과 다른 국가들은 이 자금의 일부를 투자하기 위해 **국부펀드**를 구축하였다. 외국 투자자가 미국의 투지와 부동산, 정부발행 유가증권을 조금씩 더 소유해 가는 동안 거래 파트너로서 미국 소비자와 회사들은 점점 더 많은 외국제품을 소유한다. 외국인이 보유한 미국 내 자산은 2조 5,000억 달러에 이른다. 중국은 현재 미국 국채 1조 2,000억 달러어치를 보유하고 있다. 중국 최대 투자은행의 경제학자인 하 짐밍은 "(외환보유고) 1조 달러는 큰 돈이다. 그러나 이것은 또한 뜨거운 감자이다."라고 언급하였다.[41] 미국 트럼프 대통령의 무역정책의 핵심 초점은 2013년 3,000억 달러를 초과한 중국과의 무역적자이다.

(2-5) 상품과 서비스 무역

GATT와 WTO로 인해 세계 상품무역은 제2차 세계대전 이래로 세계 생산보다 빠른 속도로 성장했다. 다른 말로 설명하자면 수출과 수입 성장률이 국민총소득(GNI) 성장률을 앞질렀다는 것이다. WTO가 보고한 수치에 따르면 무역이 경제위기 이전 수준으로 회복되면서 몇 년 동안 성장을 하면서 점차 줄어들었으며, 2015년 세계무역의 달러가치는 총 16조 5,000억 달러

◀ 2-5 상품 및 서비스 무역 분야의 세계 선두기업들을 식별하고, 환율이 세계 각지에서 기업의 기회에 어떻게 영향을 미치는지 설명한다.

표 2-7 2015년 세계 상품의 주요 수출 · 수입 국가 순위[42]　　　　　　(단위 : 10억 달러)

주요 수출국가	2015	주요 수입국가	2015
1. 중국	2,274	1. 미국	2,308
2. 미국	1,504	2. 중국	1,681
3. 독일	1,329	3. 독일	1,050
4. 일본	624	4. 일본	648
5. 네덜란드	567	5. 영국	625

출처 : www.wto.org. 2017년 12월 1일에 접속.

에 이른다. 최대 수출 · 수입 국가들은 표 2-7에 표시되어 있다.

독일은 2003년 미국을 앞질러 세계 최대 상품 수출국이 되었다. 독일은 공장과 국가 기반시설을 건설하는 데 필요한 엔진, 기계, 자동차, 기타 자본재를 생산했기 때문에 모든 규모의 독일 기업은 세계경제성장으로 인해 이득을 보게 되었다. 전 세계적으로 기계류와 운송설비는 세계 수출의 약 3분의 1을 차지한다. 독일 수출의 약 3분의 2는 유럽연합 국가로 이루어지고 있다. 프랑스는 그 최대 국가이며 미국은 두 번째이다. 오늘날 수출은 독일 국내총생산(GDP)의 40%와 900만 개의 일자리를 창출하고 있다. 또한 독일에 위치한 외국기업의 지사들은 매년 15억 달러의 수입을 올리고 있다.[43] 현지기업들이 인터넷 업무와 결합된 디지털 파괴와 기회를 따라잡도록 하기 위해 독일 정부는 '산업 4.0'으로 불리는 실행 프로그램을 최근 선언했다. 그 핵심은 중앙화된 '스마트' 제조를 향한 전환이다.

중국은 2009년 상품 수출액 기준으로 독일을 뛰어넘었다(표 2-7 참조). 중국은 두 자리 숫자의 수출성장을 보이며 지속적인 경제력을 과시했다. 중국은 2001년 WTO에 가입한 이래로 대미 수출이 급증했다. 실제로 워싱턴의 정책 입안자들은 중국으로부터의 수입을 줄이기 위해 위안화 가치를 절상하도록 중국 정부에 압력을 넣었다.

세계무역에 있어서 빠르게 성장하는 분야는 서비스 무역이며, 고소득 국가와 저소득 국가 사이에서의 무역관계에 있어서 주요한 쟁점 중 하나가 이 서비스 무역이다. 서비스는 여행, 엔터테인먼트, 교육 및 회계, 광고, 엔지니어링, 인베스트먼트 뱅킹, 법률 서비스와 같은 비즈니스 서비스, 그리고 지적재산권에 대한 저작권 사용료와 라이선스 비용 등을 포함한다.

저소득, 중하위 소득, 심지어 중상위 소득 국가에서는 지적재산권 보호나 특허법, 국제 저작권에 대한 규제가 확립되어 있지 않다. 그 결과로 컴퓨터 소프트웨어, 음악, 비디오 오락을 수출하는 나라는 수입 감소를 겪게 된다. 비즈니스 소프트웨어 연합(BSA)의 전 세계 소프트웨어 불법복제 현황과 보고서(Global Software Piracy Study)에 의하면 소프트웨어 저작권 침해로 인한 전 세계의 연간 손실이 약 627억 달러에 이른다. 중국에서만 2013년 소프트웨어 저작권 침해로 인해 관련 산업의 피해가 88억 달러에 이른다.

미국은 주요 서비스 무역 국가이다. 총수출의 45%에 해당되는 서비스를 보유한 영국이 두 번째이다. 영국 서비스 수출의 3분의 1 이상이 유럽연합을 대상으로 한다. 영국이 유럽연합을 탈퇴한다는 계획과 더불어 서비스 무역이 핵심 주제가 되고 있다.[44]

그림 2-2와 같이 2016년 미국 서비스 수출은 총 7,500억 달러에 이른다. 이는 미국의 총수출의 절반을 웃도는 수치이다. 미국 서비스 흑자(서비스 수출－수입)는 2,470억 달러에 이른

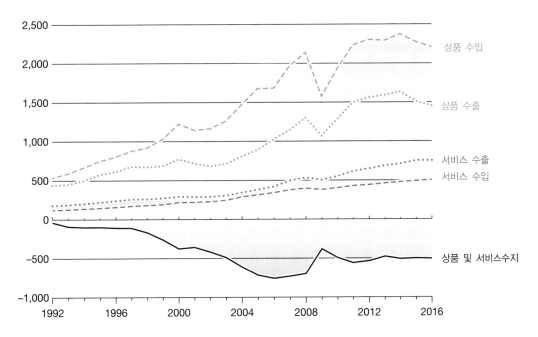

그림 2-2 미국의 상품 및 서비스 무역수지(10억 달러)
출처 : www.bea.gov. 2017년 12월 1일에 접속.

다. 이 흑자는 2016년 7,580억 달러에 달하는 미국 상품 무역적자를 부분적으로 상쇄한다. 미국은 5,000억 달러에 달하는 연간 무역적자를 기록하고 있다. 이 수치는 특히 트럼프 대통령이 '미국 우선주의'라는 비전을 강조하게끔 만들었다. 그러나 많은 국가들이 무역적자는 한 국가경제의 장점이나 약점을 나타내는 지표로 사용되서는 안 된다고 주장한다.

국제금융 개요

외환은 한 나라의 기업이 다른 통화를 사용하는 외국에서의 기업활동을 가능하게 한다. 하지만 외환은 국내시장에서 직면하게 되는 문제와는 완전히 다른 차원의 재정적 위험, 의사결정 및 특정 활동에 연관된 글로벌 마케팅의 한 측면이 된다. 게다가 이러한 위험요소는 타이, 말레이시아, 한국과 같은 개발도상국 시장에서 더욱 심각해진다. 기업이 한 국가 내에서 또는 판매자와 구매자가 동일한 화폐를 사용하는 한 지역 내에서 비즈니스를 할 경우에는 환위험이 존재하지 않는다. 모든 가격과 지출, 영수증, 자산, 부채는 주어진 통화로 이루어진다. 하지만 비즈니스가 서로 다른 통화를 사용하는 국가 간의 경계를 넘나들며 이루어질 경우 기업은 환위험의 복잡한 세상으로 들어서게 된다.

외국환 거래시장은 말 그대로 서로 다른 통화가 그 순간 혹은 연장선상에서의 선물인도(future delivery)를 위해 거래되는 구매자와 판매자의 시장으로 구성된다. 제1장에서 설명한 바와 같이 매일 5조 달러 정도의 통화가 거래된다. 현물시장(spot market)은 즉각적인 거래이다. 미래의 거래를 위한 시장은 선도시장(forward market)이라고 불린다. 외환시장은 거래가 이루어지는 순간에 존재하는 공급과 수요에 따라 가격이 정해지는 실제의 시장이다.

이 시장의 참여자는 누구인가? 첫째, 국가의 중앙은행은 환율에 영향을 미치기 위한 노력으로 외환시장에서 통화와 정부채권(government securities)을 사고팔 수 있다. 중국은 미국 재무부 유가증권을 수조어치를 매입했다. 이러한 매입은 중국 통화가 미국 달러에 비해 상대적으로 약세가 되도록 도와준다. 둘째, 외환시장에서의 일부 거래는 재화와 서비스 국제거래를 위한 청산계정의 형태로 이루어진다. 예를 들면 포르쉐는 독일 회사이기 때문에 포르쉐를 구입하기 위해 지불된 달러는 반드시 유로화로 전환되어야 한다. 마지막으로 통화 투기자들 또한 외환시장의 참여자이다.

평가절하(devaluation)는 다른 통화에 대한 국내 통화 가치가 낮아지는 것이다. 예를 들면 1998년 8월 러시아 경제가 무너지면서 루블화는 폭락하였고, 정부는 외채에 대해 채무불이행을 선언하였다. 많은 러시아인들은 임금 삭감과 해고에 직면하였다. 은행이 붕괴하면서 저축액은 사라졌다. 그러나 이후 10년간 러시아 경제는 빠르게 회복하였다. 실질 국민총생산은 2배가 되었고, 이는 부분적으로 루블화의 평가절하에 따른 수입물가의 상승으로 국내생산이 증대한 것에 기인한다. 한 경제학자가 말한 바와 같이 "98년의 붕괴는 거시경제를 깨끗이 청소하였다."[46] 그러나 2014년 "데자뷰가 다시 일어났다". 세계 유가가 배럴당 50달러 이하로 떨어지자 루블화가 다시 자유 낙하를 했다.

2014년 유럽중앙은행이 유로화 가치 하락을 귀결시킨 행동에 착수했다. 양적 완화로 알려진 도구를 사용하여 유럽중앙은행은 수백억 유로에 달하는 정부채권을 매월 사들이기 시작했고 이는 유로화 공급을 부추겼다. 공급이 확대되면서 유로화 가치는 혁혁하게 떨어졌다. 몇 년 전만 해도 1유로가 1.35달러였다. 2015년 초에는 1유로 환율이 1.13달러였다. 달러 강세가 유럽을 여행하는 미국 사람들에게는 좋은 뉴스였지만, 미국 기업들은 유로 매출이 새로운 환율에 따라 달러로 전환되면서 두드러진 손실을 겪게 되었다.

한 국가가 수입하는 것보다 더 많은 재화와 서비스를 외국에 수출하는 한, 국내 통화에 대한 더 큰 수요가 생길 것이고 평가절상 경향이 생긴다. 정부가 개입하여 통화가치를 낮게 유지하는 정책을 **중상주의 혹은 경쟁적인 통화정책**이라고 한다. 왜냐하면 이러한 정책은 외국의 경쟁 기업들을 희생하여 자국산업을 보호하기 때문이다. 지난 몇 년 동안 중국 정부는 수출을 위해 중국의 통화가치 하락을 유지시켰다고 비난받았다. 미국과 그 외 국가에서 정치인들이 첨예화시킨 평가에 직면하여 베이징은 위안화를 달러와 그 외 통화에 대하여 강화시키도록 해주는 **재평가**(revaluation) 정책을 채택하는 것으로 대응했다.[47] 2006~2008년 동안 위안화는 약 20% 평가절상되었다.

중국 통화가 강해지면 어떤 영향이 있을까? 위안화의 강세는 자국 및 전 세계적으로 영향력을 미친다. 절상된 위안화는 글로벌 경제의 재균형에 도움이 될 것이다. 다른 말로 하면 중국의 경제성장은 미국 및 다른 국가에 덜 의존하게 될 것이다. 중국의 소비자와 기업들은 증가된 구매력을 활용하여 수입품을 구매할 여력이 커질 것이다. 이는 중국의 소비자 가격지수를 낮추어 중국 정부가 인플레이션을 낮추려는 목표를 달성할 수 있게 도와준다. GM, BMW, 폭스바겐 같은 수입된 부품으로 중국에서 자동차를 조립하는 글로벌 기업들은 더 낮아진 비용의 혜택을 누릴 것이다.

표 2-8은 계약서에 표기된 지불조건에 따라 변동환율이 어떻게 금융위기에 영향을 미치는지를 보여준다. 환율이 1.10유로가 1달러 기준으로 계약되었다고 가정해 보자. 만약 달러가 유로보다 강세를 띠게 되고(예 : 1.25유로가 1달러로 거래될 경우), 계약서상 지불을 달러화로 하게 되어 있다면 미국 수출업자는 어떤 영향을 받게 되겠는가? 만약 달러가 약세라면 어떻겠는가(예 : 0.85유로가 1달러인 경우)? 반대로 만약 유럽 쪽 구매자가 달러화 대신 유로화로 지불하기로 계약했다면 어떻게 되겠는가?

통화가치가 변동한다고 할 때 과연 주어진 통화가 다른 통화에 비해 과대평가되어 있는지 저평가되어 있는지에 대한 질문이 생긴다. 통화가치가 앞서 설명한 대로 정부의 정책(중국의 경우처럼)이나 자유시장 방식을 반영한다는 점을 상기해 보자. 위 질문에 답할 수 있는 한 가

표 2-8 환차손과 환이익

계약 환율	1,000,000달러 계약		1,100,000유로 계약	
	미국의 수출업체 대금($)	유럽의 수입업체 지불(€)	미국의 수출업체 대금($)	유럽의 수입업체 지불(€)
1.25유로=1달러	1,000,000	1,250,000	880,000	1,100,000
1.10유로=1달러	1,000,000	1,100,000	1,000,000	1,100,000
1.00유로=1달러	1,000,000	1,000,000	1,100,000	1,100,000
0.85유로=1달러	1,000,000	850,000	1,294,118	1,100,000

지 방법은 맥도날드 빅맥 햄버거처럼 잘 알려진 제품의 국제가격을 비교하는 것이다. 일명 빅맥지수는 세계의 어떤 통화가 강세이고 약세인지를 보여주는 약식 방법이다. 이 방법은 세계 어떤 통화권에서의 빅맥 가격을 달러로 환산했을 때 미국에서의 빅맥 가격과 같다는 가정을 바탕으로 하고 있다. (비슷한 지수로 스타벅스 커피 가격이나 이케아 가구 가격을 기초로 한 방법도 있다.[48])

만약 달러로 환산된 빅맥 가격이 미국에서의 가격보다 높다면 그 나라의 통화는 과대평가 된 것일 수 있다. 반대로 달러로 환산한 빅맥 가격이 미국에서의 가격보다 낮으면 그 나라의 통화는 저평가되어 있다고 볼 수 있다. 경제학자는 비교 가능성을 높이기 위해 국민소득 수치를 조정할 때 국가 구매력평가(purchasing power parity, PPP)라는 개념을 이용한다. 미국에서 빅맥 가격이 5.06달러라고 할 때 그 가격은 중국에서 19.19위안이 된다. 6.78(위안/달러 환율)로 19.19를 나누면 우리는 2.83을 얻는다. 이렇게 환산된 가격은 미국 내 빅맥 가격보다 낮으므로 위안은 저평가되어 있음이 틀림없다. 다른 말로 하면 미국의 빅맥 가격을 기준으로 한다면 위안/달러 환율은 6.78/1달러가 아니라 3.79/1달러(19.19/3.79=5.06)가 되어야 한다.[49] 만약 환율이 달러 대비 6.78위안에서 3.79위안으로 변한다면 위안은 달러에 비해 강세인 것이다.

경제적 환노출

경제적 환노출은 환율변동으로 인한 기업의 미래 자금유출입 예측의 현가에 대한 영향을 의미 한다. 경제적 환노출은 기업의 판매 혹은 구매거래가 외국 통화로 표시될 때 발생한다. 예를 들어 디아지오는 스카치 위스키 수출 대금을 특정 환율을 기준으로 받기로 했으나 실제로는 다른 환율로 거래하게 되었을 때 경제적 환노출에 직면하게 된다. 경제적 환노출은 기업이 국내시장이 아닌 외부에서 진행하는 비즈니스의 규모에 정확하게 비례한다.[50] 분명히 환노출은 스위스 외부에서 98%의 연간매출을 올리는 네슬레에 중요한 이슈이다.

유로 지역의 여러 나라 중 글락소스미스클라인, 다임러 AG, BP, 사노피 아벤티스, 로열 더치 쉘, 아스트라제네카 모두 총매출의 3분의 1 이상이 미국 시장에서 일어나고 있다. 현재 유로화 대비 약세를 보이는 달러화로 인해 위의 모든 기업이 잠재적인 경제적 환노출에 직면해 있다. 비교하자면 GE의 수입 중 45%는 국내인 미국 시장에서 발생하고, 유럽에서는 14%만이 발생한다. 따라서 상대적인 GE의 노출 정도는 네슬레에 유럽 기업들에 비해 적다. 그렇다 하 더라도 연간 보고서에 언급되어 있는 것처럼 GE 역시 경제적 환노출에 직면해 있다. 예를 들 어 2014~2015년 증권거래소 기록에 기업이 언급하기를 "강한 달러화의 영향은 주로 유로화, 브라질 레알화, 캐나다 달러화에 비해 49억 달러에 달하는 수익을 감소시켰다."[51]

통화변동에 의한 경제적 환노출에 대응하는 데 있어 핵심적인 이슈는 기업이 가격을 이익률을 유지하기 위한 전략적 무기로 사용할 수 있는가의 여부이다. 기업이 다양한 시장에서 환율의 등락에 따라 가격을 조정할 수 있는가? 이는 수요의 가격 탄력도에 달려 있다. 수요의 가격 민감도가 낮을수록 환율 변동에 대응하는 기업의 유연성은 더욱 커진다. 1980년 후반 포르쉐는 달러의 약세에 대응해 미국에서의 가격을 3차례 인상하였다. 그 결과 미국 내 포르쉐의 판매는 1986년 30,000대에서 1992년 4,500대로 급격히 감소했다. 분명 미국의 고급차 구매자는 값비싼 독일의 스포츠카에 대해 탄력적인 수요 곡선을 보여준 것이다.

환노출 관리

환율의 동향을 정확하게 예측하는 것은 글로벌 마케터에게 중요한 과제이다. 여러 해에 걸쳐 환위험을 없애거나 줄이기 위해 현금 흐름을 관리하기 위해 수없이 많은 테크닉과 재정전략이 개발되었다. 예를 들면 기업의 국내 통화로 제품을 파는 것이 바람직할 것이다. 불가능할 경우에는 거래적 환노출과 운영적 환노출, 두 가지를 줄이기 위한 기법들도 존재한다.

환노출을 **헤징**(hedging)하는 것은 한 통화에서의 손익을 다른 통화에서의 손익으로 상쇄하는 것과 같이 통화상쇄 포지션을 수립하는 것이다. 이는 서로 다른 나라에서 제품을 팔고 기업을 운영하는 국제적 기업들 사이에 일반화된 방법이다. 오늘날 포르쉐는 자동차 판매에 대한 세전 수익을 증가시키기 위해 가격보다는 통화헤징(currency hedging)에 의존하고 있다. 포르쉐는 모든 차량을 유럽에서 생산하지만 판매의 약 45%가 미국에서 이루어진다. 따라서 포르쉐는 달러의 유로에 대한 상대적 가치에 따른 경제적 환노출에 직면하고 있다. 포르쉐는 완전히 환위험을 헤지할 수 있다. 즉, 포르쉐는 외환변동으로 인한 모든 수익을 보호하기 위해 통화 포지션을 취하고 있다.[52]

만약 외국 통화가 국내 통화에 비해 약세를 보일 것으로 예측되면 기업은 잠재적인 거래손실을 줄이기 위해 헤지(hedge)할 수 있다. 반대로 외국 통화가 국내 통화에 비해 강세를 보일 것으로 예측되면 외국과의 거래에서 수입이 국내 통화로 전환될 경우 손실이 아닌 수익을 기대할 수 있다. 이에 대한 예측을 바탕으로 볼 때 헤지하지 않는 것이 가장 좋은 의사결정이 될 수 있다. ('될 수 있다'는 말이 중요하다. 실제로 경영진이 외국 통화가 강세를 보일 것이라고 믿지 않으면 많은 기업은 헤지한다.) 포르쉐는 정확하게 달러 약세를 예측하면서 이득을 보았다.

거래 환노출과 환산 환노출을 관리하기 위한 **외부헤징방법**을 쓰기 위해서 기업은 외환시장에 참여해야 한다. 특정한 헤징 도구는 선도계약과 통화옵션을 포함한다. 내부헤징방법은 가격조정 조항과 본지사 간의 외화 대출 및 대여를 포함한다. **선도시장**(forward market)은 선물거래를 위해 현재 가격대로 통화를 사고파는 체계이다. 특정 양의 외화가 미래 어느 한 시점에서 지불되거나 회수된다는 것을 알고 있다면 기업은 구매하거나 판매에 있어서 환차손에 대한 부담을 덜 수 있다. 선도계약으로 기업은 정해진 고정환율을 미래 시점까지 적용함으로써 환율변동에 따른 환차손익으로부터 자신을 보호할 수 있다. 파이낸셜 타임스, 월스트리트 저널, www.ozforex.com 등의 자료를 통해 주어진 날짜의 환율을 결정하는 것이 가능하다. 현물가격에 덧붙여 세계 수십 개의 통화에 대한 30, 60, 180일 선물가격이 인용되어 있다.

환노출이 미리 알려져 있을 경우 기업은 선도시장을 이용한다(예 : 기업의 판매계약서가 존재할 경우). 하지만 어떤 경우에는 기업이 미래 외환 현금흐름에 대해 확신이 없을 수 있다. 해외 프로젝트에 입찰한 미국 기업의 경우 그 프로젝트의 수주 여부를 얼마 간의 시간이 지나기 전까지 알 수 없다고 할 때의 기업이 직면할 위험을 생각해 보자. 그 기업은 자신이 입찰에서 이겼을 경우 발생할 잠재적 외환 현금유입을 헤징함으로써 계약상의 달러 가치를 보호할 필요가 있다. 이러한 경우 선도계약은 적합한 헤징방법이 아니다.

이러한 상황에서 최적의 선택은 외화 **옵션**(option)이다. **풋옵션**(put option)은 옵션의 만기일까지 특정 수의 외화를 정해진 가격에 팔 수 있는 권리(의무가 아닌)를 구매자에게 준다. [반대로 **콜옵션**(call option)은 외화를 살 수 있는 권리이다.] 해외 프로젝트 입찰 예시에서 기업은 미래에 외화를 달러로 교환시 정해진 가격에 팔 수 있도록 하는 풋옵션을 취득할 수 있다. 다른 말로 하자면 미국 기업이 계약상의 가치를 달러로 고정시킬 수 있다는 것이다. 그리하여 프로젝트가 수주됐을 때 미래 외화 현금유입은 풋옵션에 의해 헤지된다. 만약 프로젝트가 수주되지 않았을 경우 기업은 풋옵션을 실행하지 않고 옵션시장에서 거래할 수 있다. 여기서 기억해야 할 점은 옵션은 의무가 아닌 권리라는 점이다. 이 거래에서 기업이 부담해야 할 손실은 옵션 구입과 옵션 판매의 차액만큼이다.

글로벌 기업의 재무 담당자는 해외 판매의 대금으로 특정한 통화를 요구함으로써 경제적 환노출을 모두 피할 수 있다. 명시한 대로 미국에 기반을 두고 있는 기업은 해외판매 대금의 통화로 미국 달러를 요구할 수 있다. 하지만 이러한 것이 환위험을 제거해 주는 것은 아니다. 단지 그 위험을 소비자에게 전가하는 것이다. 통상적으로 기업은 강세인 통화로 수출(수취)을 하고 약세인 통화로 수입(지불)하려고 한다. 하지만 오늘날과 같이 경쟁이 치열한 세계시장에서 그러한 행동은 기업의 경쟁력을 감소시킬 우려가 있다.

요약

경제환경은 세계시장의 잠재성과 기회에 있어서 주요한 결정 요인이다. 오늘날과 같은 세계경제에서 자본의 흐름은 핵심적인 원동력이며, 생산은 고용에서 분리되었고, 자본주의는 공산주의를 정복했다. 자원 할당과 소유권의 패턴으로 볼 때 세계경제는 **시장 자본주의, 중앙계획 자본주의, 중앙계획 사회주의, 시장 사회주의**로 구분할 수 있다. 20세기 말은 중앙집권적으로 운영되던 많은 나라가 시장 자본주의로 변환한 시기이다. 하지만 경제적 자유에 있어서 아직도 국가 간의 상당한 불균형이 존재한다.

국가들은 경제발전 정도에 따라 저소득, 중하위 소득, 중상위 소득, 고소득으로 구분할 수 있다. 국내총생산(GDP)과 국민총소득(GNI)은 경제발전을 측정하는 데 흔히 쓰인다. 저소득 범주의 50개 최빈곤 국가들은 **최하위 개발국**(LDC)으로 불리기도 한다. 높은 성장률을 보이는 중상위 소득 국가들은 **신흥산업경제권**(NIE)으로 불린다. 눈에 띄게 빠른 성장을 보이고 있는 몇몇 세계경제들은 브라질(중하위 소득), 러시아(중상위 소득), 인도(저소득), 중국(중하위 소득), 남아프리카공화국(중상위 소득)을 포함하는 BRICS 국가이다. G-7, G-8, G-20, 경제협력개발기구(OECD)는 고소득 국가가 민주적 이상과 자유시장 정책을 전 세계에 보급하고자 하는 노력을 나타낸다. 대부분의 세계 수입은 일본, 미국, 서유럽으로 구성된 3개 지역에서 발생한다. 글로벌 기업은 일반적으로 이 3개 지역에서 사업을 하고 있다. 제품의 시장 가능성은 수입 정도에 따른 **제품 포화수준** 정도를 고찰함으로써 평가할 수 있다.

국가의 국제수지는 전 세계와의 경제적 거래를 나타내는 수치이다. 이 수치는 해당 국가가 **무역흑자**(수출이 수입을 능가한 경우)인지 또는 **무역적자**(수입이 수출을 능가한 경우)인지를 보여준다. 무역수지는 **상품무역**과 **서비스무역**으로 나뉠 수 있다. 국가는 두 계정에서 흑자를 볼 수도, 적자를 볼 수도, 혹은 흑자와 적자를 함께 볼 수도 있다. 미국 상품무역 적자는 2016년 7,520억 달러에 이른다. 하지만 미국은 매년 서비스무역에서 흑자를 보고 있다. 전반적으로 미국은 채무국가이고 중국은 전반적인 무역흑자로 채권국가이다.

외환은 국경을 넘나드는 계정을 만드는 수단이 되기도 한다. 역동적인 국제 재정은 국가경제는 물론 개별적인 기업의 자산에 중대한 영향을 미칠 수 있다. 통화는 국가의 중앙은행이 취하는 행동에 따라 **평가절하**되거나 **평가절상**이 될 수도 있다. 국제 투기자의 통화 거래 또한 평가절하를 초래하기도 한다. 통화가치가 변동될 때 국제기업은 다양한 형태의 경제적 노출에 직면하게 된다. 기업들은 헤징으로 환노출을 관리할 수 있다.

토론문제

2-1. 이 장의 초반에 소개된 국가경제를 설명하는 7개 항목은 서로 다른 방식으로 통합될 수 있다. 예를 들어 미국은 다음과 같이 표기될 수 있다.

- **경제의 종류** : 선진국
- **정부의 종류** : 다수당의 민주주의
- **무역 및 자본 흐름** : 불완전한 자유무역과 부분적 무역블럭
- **기간산업** : 국가와 개인의 복합 소유권
- **세금에 의해 충당되는 정부의 서비스** : 연금과 교육. 의료혜택은 해당 안 됨
- **제도** : 투명성, 기준, 부패는 없음. 언론 자유와 강한 사법기관
- **시장** : 고위험/ 고수익의 기업가적 활력을 특징으로 하는 자유시장체제

49~50페이지에 있는 7개 항목을 이용하여 BRICS 국가 중 하나, 혹은 관심 있는 다른 나라를 정해 프로파일을 작성하라. 이 프로파일이 그 나라의 마케팅 기회에 어떻게 영향을 미칠 수 있겠는가?

2-2. 브라질, 러시아, 인도, 중국, 남아프리카공화국(BRICS)이 이 장에서 주목받은 이유는 무엇인가? 각 BRICS 국가의 현재 경제발전 단계를 규명하라.

2-3. 경제자유지수(표 2-3)를 보고 BRICS 국가가 어디에 위치하고 있는지 밝히라. 그 결과에 의거하여 글로벌 마케터에게 이 인덱스가 의미하는 적합성에 대해 논하라.

2-4. 헤리티지 재단의 경제자유지수만이 성공적인 경제정책의 관점에서 국가를 평가하여 등급을 매겨 놓은 것은 아니다. 예를 들면 세계경제포럼(WEF)이 연간 '세계 경쟁력 보고서'를 발간하는데, 2017~2018년에 미국이 2위에 올랐다. 스웨덴은 7위에 올랐다. 2017년 경제자유지수의 순위에 따르면 미국과 스웨덴은 각각 17위와 19위이다. 왜 이처럼 순위가 다른 것일까? 각 지수는 어떤 항목을 고려하고 있는가?

2-5. 이 책의 초판이 1996년에 발간되었을 때 세계은행은 저소득 국가를 1인당 소득이 501달러 이하로 정의하였다. 2003년 이 책의 제3판이 출판되었을 때 저소득은 785달러 이하로 정의하였다. 표 2-4에서 제시된 것처럼 현재 저소득 국가의 기준은 1,005달러 이

하이다. 다른 발달 단계들도 유사한 패턴을 보인다. 여러분은 지난 20년간의 소득 분류 기준에서의 상향 추세를 어떻게 설명할 수 있겠는가?

2-6. 한 친구가 2016년 미국의 상품 무역적자가 7,520억 달러에 이르렀다는 사실을 알고 고민하고 있다. 여러분은 무역 현황이 들리는 것처럼 절망적이지 않다는 것을 보여줌으로써 친구를 격려해 주고자 한다. 어떤 말을 하겠는가?

2-7. 인도는 2011년부터 빅맥지수에 포함되었다. 인도 순위는 Maharja 치킨버거에 기반한다. 여러분은 이것이 좋은 대체재라고 생각하는가? 다음 수치를 사용해서 노르웨이, 타이, 멕시코의 빅맥 가격을 측정해 보라. 달러와 동등한 가격은 어느 경우인가? 미국 가격보다 높거나 낮은 경우는 어느 국가인가? 크로네(또는 바트 또는 페소)는 얼마나 평가절하되거나 평가절상되었는가? 도움이 필요하다면 또는 다른 국가를 살펴보고 싶다면 www.economist.com/content/big-mac-index에서 상호작용하는 지수를 살펴보자.

노르웨이 가격 : 49크로네, 환율은 7.85/달러

타이 가격 : 119바트, 환율은 31.95/달러

멕시코 가격 : 48페소, 환율은 18.66/달러

사례 2-1 (계속)
기로에 선 인도 경제 : 나렌드라 모디 총리는 아체 딘을 달성할 수 있을까?

2015년 중반 모디 총리는 몇 가지 정책 변경 사항을 발표했다. 인도 경제를 해외투자에 더욱 개방하도록 하겠다는 내용이었다. 첫 번째 변경 사항은 해외 단일 브랜드 소매업체의 경우 인도에서 판매하는 제품의 제조원료 30%가 현지 부품이어야 한다는 원칙이 3년 동안 적용된다는 것이다. '최첨단' 또는 '첨단' 제품은 추가 5년을 준수해야 한다.

외국인 투자 증가
이 정책 변경은 애플이 세계에서 두 번째로 큰 스마트폰 시장에 점포를 여는 길을 만들어 주었다. 애플은 현재 인도 시장 점유율은 약 3%이다. 애플은 현지 조달 요건 면제를 요청했고 정부 위원회는 회사에 유리하게 판결했다. 그러나 인도 재무장관과 외국인 투자진흥위원회는 정부 위원회의 판결을 거부했고, 이는 애플의 단기 소매 계획을 좌절시켰다.

아마존은 그 성장 잠재력으로 인해 인도를 겨냥하고 있는 또 다른 기술회사이다. 이를 통해 아마존 인도는 플립카트 및 스냅딜을 포함해 탄탄하게 자리잡은 현지 전자상거래 기업들과 경쟁하고 있다. CEO 제프 베이조스에 따르면 성공의 열쇠는 현지시장 고객맞춤화이다. 이 접근방식은 아마존이 중국 전자상거래 시장진출 실패에서 배운 교훈을 구현한다. 인도에서 아마존은 신용카드나 직불카드를 사용하지 않는 쇼핑객에게 현금 결제를 허용한다. 또한 고객은 현지 점포에 설치된 태블릿을 사용하여 쇼핑할 수 있다.

한 가지 문제는 인도 규정에 따라 아마존이 '재고 주도' 비즈니스 모델을 사용하지 못한다는 것이다. 본질적으로 아마존은 자체 상품을 판매하지 못하고 오히려 기술 플랫폼은 구매자와 판매자를 하나로 묶는 '시장 모델'을 고수해야 힌다. 또한 단일 공급입체가 25% 이상을 자지하는 것은 허용되지 않는다. 이러한 제한에도 불구하고 아마존의 인도 투자는 현재까지 약 50억 달러를 기록했다.

소매업 외에도 인도 시장의 다른 부문은 자유화되었다. 예를 들어 외국인 투자자는 이제 인도 항공사의 100% 소유권이 허용된다. 이전에는 외국인 투자자 지분은 49%로 제한되었다. 국방 부문에서는 무기 관련 프로젝트에 대한 완전한 외국인 소유도 허용된다. 미국에 본사를 둔 보잉은 새로운 규칙을 활용하여 항공기 프레인 제작을 위해 인도의 타타 어드밴스드 시스템즈와 제휴를 체결했다.

혁신의 필요성
혁신을 장려하는 것은 모디의 또 다른 과제이다. 이 분야에서 성공을 거두려면 인도 자본주의의 본성을 바꾸어야 한다. 실제로 세계은행의 2015년 인도의 기업환경평가 순위는 130으로 4포인트 상승했다. 세계경제포럼의 2015~2016년 글로벌 경쟁력 순위에서 인도는 베트남보다 한 단계 높은 55위를 차지했다. 모디의 집중 의제는 소녀들을 위한 교육을 개선하고 여자들에게 더 많은 기회를 제공하는 것이다.

> "가치 창출은 비즈니스가 서로 상충할 때 발생하는 것이지 비즈니스 자체 내에서 발생하는 것이 아니다."[53]
>
> 마힌드라 그룹 회장, 아난드 마힌드라

최근 이니셔티브 중 또 다른 중요한 요소는 '디지털 인도'이다. 이는 인도 전역에 더 많은 고속 인터넷 접속을 가능하게 한다는 모디의 계획이다. 2015년 9월 18,000명의 청중이 페이스북의 마크 저커버그와 캘리포니아 산호세에 있는 SAP 아레나에서 총리와 함께하는 타운홀 스타일 회의에 참석했다. 청중 중 상당수는 인도 태생의 페이스북 직원이었다. 이들은 "모디! 모디!"를 외치며 총리를 반겨주었다. 모디는 군중에게 "오늘날 우리는 80억 달러 규모의 경제입니다. 나의 꿈은 20조 달러의 경제규모입니다."라고 역설했다. 회의 당시 모디는 1,500만 명의 트위터 팔로워와 3,000만 명 이상의 페이스북 좋아요(likes)를 받고 있었다.

저비용 스마트폰 판매 호황 덕분에 인도 인구의 약 3분의 1(약 4억 2,500만 명)이 현재 인터넷에 연결되어 있다. 퀵커와 스냅딜 같은 현지 전자상거래 스타트업들이 힌디어 및 기타 현지어로 앱 기반 서비스를 제공한다. 중국 전자상거래 기업 바이두도 이를 따르고 있다. 이러한 회사 중 일부는 머신러닝 소프트웨어의 도움으로 영어로 번역된 콘텐츠를 제공한다. 소셜 네트워킹 사이트 사보다나라기 및 뉴스 애그리 게이터 데일리헌트와 같은 다른 인도 기업들은 현지 인도 네이티브 콘텐츠를 만들거나 공유하고 있다.

위프로, 인포시스 및 타타 컨설턴시 서비스(TCS)는 현재 인도의 3대 정보기술회사이다. 1980년대에 시작해서 이들 회사는 서구 기업들이 인도의 저비용, 고등교육을 받은 노동력을 활용하는 아웃소싱 추세의 혜택을 받았다. 콜센터는 하나의 핵심산업이었고, 다른 하나는 컴퓨터 소프트웨어 시스템의 설치 및 유지 보수이다.

오늘날 위프로, 인포시스, TCS 및 기타 인도 IT 회사는 IT 지출의 글로벌 변화를 팀색한다. 경쟁석 위협 및 기회는 사방에서 발생하고 있다. 예를 들어 클라우드 기반 아마존과 마이크로소프트의 서비스는 기존 인도 경제에서 오랫동안 꽃길을 걸었던 IT 서비스를 방해하고 있다. 일부 클라우드 서비스 회사는 특정 부문에 초점을 맞추고 있다. 예로 영국에 본사를 둔 에쿼니티 파이낸셜 서비스는 개인과 조직을 모두 고객으로 두고 있다. 동시에 IBM과 액센츄어 같은 회사들은 IT 서비스 제공을 확장하고 있다.

통화 폐지 : 모디가 엄중히 단속하는 '블랙 머니'
2016년 11월 모디 총리는 과감한 움직임을 보였다. 그는 하룻밤 사이에 500루피(7.66달러)와 1,000루피 지폐를 취소한다고 발표했다. 이 계획은 암시장이나 거래 및 부패 또는 화폐위조와 같은 기타 불법 활동을 통해 얻은 다양한 형태의 '블랙 머니'를 억제하기 위해 설계되었다. '블랙 머니'는 합법적으로 벌었지만 과세 소득으로 신고되지 않은 돈도 포함된다.

변경 전 인도 내 소비자 거래의 약 80%가 현금으로 진행되었다. 모디의 발표 후 인도 사람들은 폐지된 지폐를 은행 계좌에 입금하거나 새로운 지폐로 교환할 수 있는 기회가 거의 없었다. 기본적으로 인도 경제를 통해 유통되는 통화의 약 86%(총 2,200억 달러)가 '폐지'되었다. 또

표 2-9 GST 범주

세율(%)	항목(일부 목록)
0	우유, 과일, 동화책, 색칠놀이책, 생커피콩
3	금
5	포장식품, 1,000루피(15.5달러) 미만 의류, 볶은 커피콩, 철도 운송, 에어컨 없는 소규모 식당
12	치약, 우산, 휴대전화, 에어컨 없는 중규모 식당
18	과자, 케이크, 에어컨 있는 식당
28	껌, 탈취제, 샴푸, 인스턴트 커피

한 모바일 결제업체 페이티엠과 같은 핀테크 스타트업에게 기회를 제공했다.

일부 비평가들은 이러한 유형의 '충격 치료'가 이전에는 초인플레이션을 경험한 국가나 경제가 붕괴된 국가에서만 발생했다고 말한다. 비평가들은 왜 모디 총리는 인도 GDP가 7% 성장했을 때 그와 같이 과감한 조치를 취했을까라고 의문을 품었다. 인도 국회의원인 스와판 다스굽타는 다음과 같이 대답했다. "인도를 세계경제 무대에서 의미 있는 선수로 만들려면 힘든 조치를 취해야 한다는 철학에서 동기부여되었다."

새로운 조세 제도

2017년 7월 모디 정부는 새로운 국가 판매세를 시작했다. 이는 상품 및 서비스세(GST)가 포함된 시스템이다. GST는 인도의 경제성장을 저해하는 과중된 적자의 일부를 제거하도록 설계되었다. 이전에는 제품이 주마다 다른 세율로 과세되었다. 단일 판매세율 대신에 새로운 시스템은 0~28%에 달하는 여섯 가지 세율로 구성되었다(표 2-9 참조). 대량 소비 상품은 최저 세율로 과세된다. 대조적으로 고급차, 담배, 씹는 담배 및 탄산 청량음료는 300%에 달하는 '죄악세' 세율로 과세된다. 재산 및 알코올성 음료를 포함한 일부 범주는 GST에 포함되지 않으며 주 수준의 세금 대상이 된다.

토론문제

2-8. 인도에서 사회활동가들과 정치적 반대자들은 모디의 경제자유화 이니셔티브에 반대하는 목소리를 낸다. 여러분은 이 반대 성격에 대해 어떻게 생각하는가?

2-9. 여러분은 모디의 수많은 소셜 미디어 '좋아요'와 '팔로워'가 경제개혁을 달성하는 잠재력의 지표라고 생각하는가?

2-10. 모디의 두 가지 핵심 경제개혁, 즉 통화폐지와 조세개혁을 평가해 보자.

2-11. 인도 IT 부문 위프로, 인포시스, TCS, 그리고 그 외 기업들은 새로운 기술 트렌드로 피해를 입지 않으려면 무엇을 해야 할까?

출처 : Simon Mundy, "Bangalore's Finest Eye the Storm Beyond the Cloud," *Financial Times* (July 6, 2016), p. 16; Amy Kazmin, "Modi Hopes Investment Easing Will See India Fly," *Financial Times* (June 22, 2016), p. 6; Rajesh Roy, "India Move Could Help Apple Run Own Stores," *The Wall Street Journal* (June 21, 2016), pp. B1, B2; Simon Mundy, "India Phone Apps Learn the Vernacular to Reach New Customers," *Financial Times* (June 14, 2016), p. 18; Victor Mallet, "Modi Struggles to Realise Indian Dreams," *Financial Times* (May 16, 2016), p. 4; Jason Overdorf, "Hopes of Business-Friendly Reforms Fade Away in India," *USA Today* (March 1, 2016), p. 5B; Victor Mallet, "Air of Caution as Modi Faces Defining Year," *Financial Times* (January 13, 2016), p. 4; John D. Stoll, "Detroit Remains Foreign Car Makers' Mecca," *The Wall Street Journal* (January 11, 2016), pp. B1, B4; Jessica Guynn, "India's Modi Gets a 'Like' at Facebook HQ," *USA Today* (September 28, 2015), p. 2B; Amy Kazmin, "Indian Farmers Dig In over Modi 'Land Grab,'" *Financial Times* (February 26, 2015), p. 5.

사례 2-2
카길 계약 분석가로서의 일상

글리니스 갤러거는 카길 내부 사업부인 카길 위험관리에서 계약 분석가로 일하고 있다. 미네소타 주 웨이자타에 소재하는 카길은 2015년 창립 150주년을 맞았다. 카길은 60개국 이상에서 운영되며 식품, 농업, 금융 및 산업 제품과 서비스를 전 세계 고객들에게 판매하는 진정한 글로벌 기업이다. 이 기업은 세계 유수의 곡물 거래자 중 하나이다. 또한 전 세계 소고기 사업을 운영하고 있으며 전분과 감미료 사업도 마찬가지이다. 카길은 강철과 제빙염도 다룬다. 2017년 총매출은 109조 6,690억 달러로 카길은 미국에서 가장 큰 개인 소유 기업이다.

카길은 책임감 있는 방식으로 전 세계를 먹이고 있으며 환경 영향을 줄이고 직원이 살아가고 일하는 지역사회를 개선하고 있다. 자신의 1979년 책 *Merchants of Grain* 도입부에서 저자 댄 모건은 다음과 같이 언급했다.

> 곡물은 세상에서 석유보다 더 중심적이고 근대화된 문명 자원이다. 말할 것도 없이 곡물은 인간의 삶과 건강에 필수적이다. (중략) 미국이 지구 식량 시스템의 중심이 되면서 무역로가 바뀌고, 새로운 경제관계가 형성되면서 곡물은 전후 아메리카 제국의 기초 중 하나가 되었다.

오늘날 회자되듯이 "당신은 어떤 방식으로든 카길이 참여하는 어떤 식품도 보지 않고는 식료품점 복도를 걸을 수 없다". 최근 포브스의 한 기사는 이 기업 운영 범위에 대해 다음과 같이 묘사했다

> 카길, 1,350억 달러(2014 회계연도 매출액)의 가족 소유 식품 거대 기업이 세계 농장과 여러분의 저녁식탁 사이의 모든 길을 지배한다. (중략) 1865년 설립된 이후 사업의 핵심은 항상 상품을 거래하는 것이었다. 전 세계에서 농부들이 재배하는 농작물을 사고, 저장하고, 운송하고, 파는 것이 바로 그것이다.

상품 공정처리는 대량의 저수익 비즈니스이다. 카길은 매일 대량의 대두를 분쇄한다. 회사가 비상장 기업이기 때문에 카길은 많은 글로벌 시장에서 장기 투자기회를 추구할 수 있다. 예를 들어 수십 년 동안 인도 및 기타 신흥시장에 주로 진출했다. 이 회사는 코코아, 설탕 및 식품 혁신에 많은 투자를 했다.

전 카길 CEO이자 현 회장인 그렉 페이지의 경력은 카길이 직원들에게 제공하는 다양한 직무기회를 보여준다. 대학 졸업 후 페이지 식품 사업부에서 인턴사원으로 입사했다. 이후 몇 년 동안 미국과 싱가포르에서 여러 직책을 맡았다. 또한 타이에서 가금류 가공시설 스타트업에 참여했다. 오늘날 카길은 매년 타이에서 생산되는 약 1억 톤의 닭고기를 수출한다.

갤러거는 2012년 마케팅 전공으로 미드웨스턴대학교를 졸업했다. 그녀는 4학년 가을 학기를 북이탈리아에서 보냈다. 그녀가 배운 많은 비즈니스 코스가 현재 역할을 준비하는 데 도움이 되었다. 그녀는 이렇게 회상한다. "파생상품과 거래에만 집중하지 않았지만 나의 수학과 재무 코스는 우리가 매일 사용하고 있는 포트폴리오 노출, 수수료 스케줄, 금융 옵션을 이해할 수 있는 탄탄한 기반을 마련해 주었습니다. 마케팅 코스는 이 데이터를 일상에 기반하는 고객중심 접근법에 활용하는 데 도움이 되었지요."

카길 위험관리는 65개 사업부를 구성하는 카길의 6개 플랫폼 중 하나인 금융 서비스의 일부이다. 카길 위험관리는 미국 상품선물거래위원회(CFTC)에 등록된 제한지정스왑 딜러이다. 갤러거는 고객을 위한 모든 업무에서 CFTC 스왑 거래 지침을 준수하는지 확인해야 한다. 카길 및 기타 상품거래소는 기업과 정부 간의 연결 역할을 하는 상인 그룹인 상품시장협의회의 회원이다.

갤러거는 계약 분석가이다. 그녀는 "나는 항상 법률에 관심이 있었습니다. 규제산업에서 계약 분석가가 된다는 것은 계약 언어, 법적 요구 사항 및 규제 환경에 대해 노출되게 만들었습니다. 예를 들어 당신이 계약을 제대로 수립하지 않는다면 당신은 불필요한 위험에 자신을 노출시키는 것입니다."라고 말한다. "오늘날과 같이 고도로 규제된 변화하는 비즈니스 환경에서는 비즈니스 거래를 완료하는 동시에 자신을 보호하는 것이 중요합니다. 이러한 비즈니스 측면의 일부가 되는 것은 일상적인 도전입니다. 그것은 기본적인 질문, 즉 카길에게 진정한 위험은 무엇인가?'를 이해하기 위해 스스로를 안락한 영역 밖으로 밀어내야 합니다."

앞서 언급했듯이 카길 위험관리는 제한지정스왑 딜러이다. '스왑'이란 무엇인가? 장외(OTC) 거래라고도 하는 스왑은 예컨대 선물 거래에서 그 가치가 파생되는 복잡한 금융 구조일 수 있다. 스왑은 구매자와 판매자 간의 직접적 협상으로 거래된다. 700조 달러의 시장을 대표한다. 누가 스왑을 사용하는가? 갤러거의 사업부는 농부, 주요 항공사, 식품회사, 투자 펀드, 석유회사 및 많은 다른 사람을 포함한 다양한 고객에게 서비스를 제공한다.

갤러거의 사업부는 고객과 협력하여 스왑 및 구조화 상품을 통해 상품 헤지를 제공한다. 문제의 상품은 흔히 곡물(예 : 옥수수, 밀, 대두), 소고기 및 기타 동물성 단백질과 같은 농산품이다. 카길은 또한 금속과 에너지도 취급한다. 헤징은 고객이 특정 상품 구매를 위한 가격을 미래에 고정화시킬 수 있는 재무 전략이다. 갤러거의 주요 임무는 고객의 비즈니스 목표를 이해하기 위해 부지런히 일하는 것이다. 그리고 이들 전략과 계약 조건이 일치하는지 확인하는 것이다. 카길 팀은 더 분산된 헤지 포트폴리오로 위험과 불확실성을 줄이기 위한 맞춤형 위험관리 솔루션을 창조하여 고객을 지원한다.

다음 예를 고려해 보자. 대형 레스토랑 체인이 식용유를 구매하면 수익성을 보장하기 위해 예산과 이윤을 관리해야 한다. 상품인 기름 종자의 가격이 상승하면 기업은 더 높은 가격의 형태로 비용을 고객에게 전달하는 대신 이를 상쇄할 방법을 찾아야 한다. 물론 시장 변동성과 비용 변동은 예측하기 어렵다. 따라서 레스토랑 체인은 어떻게 이를 가능하게 만들 수 있을까? 고객이 이 질문에 답하도록 돕는 것은 갤러거 팀의 주요 업무 중 일부이다.

자신의 경험을 요약하면서 갤러거는 다음과 같이 말한다. "저는 전 세계 60개국 이상의 고객과 함께 일하는 것을 즐깁니다. 16개의 글로벌

지사의 다양한 문화와 비즈니스 관례에 노출됩니다. 이것이 저를 글로벌하게 생각하도록 만들죠. 고객이 어디에서 왔는지 이해하면 복잡한 분야를 성공적으로 이해하고 탐색하는 데 도움이 됩니다. 궁극적으로 저는 대기업에서 소규모 농민에 이르기까지 기업들이 전반적인 위험을 성공적으로 관리할 수 있게 해주는 과정의 일부분입니다."

토론문제

2-12. 계약 분석가로서 성공하려면 어떤 지식과 기술이 필요할까?

2-13. 갤러거의 직무 중 가장 최선의 직무는 무엇이라고 생각하는가? 가장 도전적인 직무는 무엇인가?

2-14. 갤러거의 경력 프로필은 전문직의 중요성과 카길과 같은 회사에서 좋은 근로윤리(노동관)에 대해 어떤 말을 들려주는가?

2-15. 카길은 식품소비안전, 음식 쓰레기 방지, 도시농업 지지, 비유전자변형 프로젝트 참가와 같은 폭넓은 지속가능성 이니셔티브에 참여하고 있다. 깊이 생각해 보기: 이들 주제 중 하나를 선택하고, 탐색적 연구를 수행해서 당신이 발견한 사실에 관해 짧은 에세이를 작성하거나 간략한 발표 보고서를 발표해 보라. 여러 분야의 근거 자료를 사용해야 함을 명심하자.

출처 : Jacob Bunge, "Demographic Destiny 2050－Chicken to Feed the World," *The Wall Street Journal* (December 5－6, 2015), pp. C1, C2; Gregory Meyer and Neil Hume, "Cargill Set to Keep It in the Family 150 Years On," *Financial Times* (April 20, 2015), p. 18; Dan Alexander, "Faster Food: Inside Cargill's Plan to Make the World's Biggest Food Business Even Bigger," Forbes (November 24, 2014), pp. 44－48; Dan Morgan, *Merchants of Grain* (New York, NY: Penguin Books, 1979); Scott Kilman, "Bountiful Harvest: Giant Cargill Resists Pressure to Go Public as It Pursues Growth," *The Wall Street Journal* (January 9, 1997), pp. A1, A4.

에세이 과제

2-16. 시장 자본주의, 중앙계획 자본주의, 중앙계획 사회주의, 시장 사회주의 차이점을 설명하라. 각 시스템 유형을 설명하는 국가를 예로 들라.

참고문헌

[1] The "BRIC" designation first appeared in a 2001 report published by Goldman Sachs, the New York–based investment bank, hedge fund, and private equity firm.

[2] Numerous books and articles survey this subject—for example, Lowell Bryan et al., *Race for the World: Strategies to Build a Great Global Firm* (Boston, MA: Harvard Business School Press, 1999). See also Thomas Piketty, *Capital in the Twenty-First Century* (Cambridge, MA: Belknap Press, 2014).

[3] Bill Vlasic, "Ford Introduces One Small Car for a World of Markets," *The New York Times* (February 15, 2008), p. C3.

[4] William Greider offers a thought-provoking analysis of these new realities in *One World, Ready or Not: The Manic Logic of Global Capitalism* (New York, NY: Simon & Schuster, 1997).

[5] Tom Lauricella, "Currency Trading Soars," *The Wall Street Journal* (September 1, 2010), p. A1.

[6] Another economic indicator, *gross national income* (GNI), comprises GDP plus income generated from nonresident sources. A third metric, *gross national product* (GNP), is the total value of all final goods and services produced in a country by its residents and domestic business enterprises, plus the value of output produced by citizens working abroad, plus income generated by capital held abroad, minus transfers of net earnings by global companies operating in the country. GDP also measures economic activity; however, GDP includes *all* income produced within a country's borders by its residents and domestic enterprises as well as foreign-owned enterprises. Income earned by citizens working abroad is *not* included. For example, Ireland has attracted a great deal of foreign investment, and foreign-owned firms account for nearly 90 percent of Ireland's exports. This helps explain the fact that, in 2016, Ireland's GDP totaled $304 billion while GNI was $247 billion. As a practical matter, GNP, GDP, and GNI figures for many countries will be roughly the same.

[7] Brian Groom, "Balance and Power," *Financial Times* (July 22, 2010), p. 7.

[8] Jon E. Hilsenrath and Rebecca Buckman, "Factory Employment Is Falling World-Wide," *The Wall Street Journal* (October 20, 2003), p. A2. Some companies have cut employment by outsourcing or subcontracting nonmanufacturing activities such as data processing, accounting, and customer service.

[9] Tracey Taylor, "A Label of Pride That Pays," *The New York Times* (April 23, 2009), p. B4.

[10] The authors are indebted to Professor Emeritus Francis J. Colella, Department of Economics, Simpson College, for suggesting these criteria.

[11] Peggy A. Golden, Patricia M. Doney, Denise M. Johnson, and Jerald R. Smith, "The Dynamics of a Marketing Orientation in Transition Economies: A Study of Russian Firms," *Journal of International Marketing* 3, no. 2 (1995), pp. 29–49.

[12] Nicholas R. Lardy, *Integrating China into the Global Economy* (Washington, DC: Brookings Institution, 2003), p. 21.

[13] William Greider, *One World, Ready or Not: The Manic Logic of Global Capitalism* (New York, NY: Simon & Schuster, 1997), p. 37.

[14] Joel Sherwood and Terence Roth, "Defeat of Sweden's Ruling Party Clears Way for Sales of State Assets," *The Wall Street Journal* (September 19, 2006), p. A8.

[15] Daniel Yergin and Joseph Stanislaw, "Sale of the Century," *Financial Times Weekend* (January 24–25, 1998), p. I.

[16] William Greider, *One World, Ready or Not: The Manic Logic of Global Capitalism* (New York, NY: Simon & Schuster, 1997), pp. 36–37. See also John Burton, "Singapore's Social Contract Shows Signs of Strain," *Financial Times* (August 19–20, 2006), p. 3.

[17] Sarah Theodore, "Beer Has Big Changes on Tap," *Beverage Industry* (September 2008), p. 24.

[18] For an excellent discussion of BEMs, see Jeffrey E. Garten, *The Big Ten: The Big Emerging Markets and How They Will Change Our Lives* (New York, NY: Basic Books, 1997).

[19] John Aglionby and David Pilling, "Slow Growth Blurs Rwanda's Vision," *Financial Times* (September 12, 2017), p. 7.

[20] John Aglionbi, "Ethiopia Bids to Become the Last Development Frontier," *Financial Times* (July 4, 2017), p. 9.

[21] Saritha Rai, "Tastes of India in U.S. Wrappers," *The New York Times* (April 29, 2003), p. W7.

[22]Manjeet Kirpalani, "The Factories Are Humming," *Businessweek* (October 18, 2004), pp. 54–55.

[23]Joe Leahy, "Brazil Needs to Be Wary as It Enjoys Success Amid 'Insanity,'" *Financial Times* (August 3, 2011), p. 2.

[24]Antonio Regalado, "Soccer, Samba and Outsourcing?" *The Wall Street Journal* (January 25, 2007), p. B1.

[25]Matt Moffett and Helene Cooper, "Silent Invasion: In Backyard of the U.S., Europe Gains Ground in Trade, Diplomacy," *The Wall Street Journal* (September 18, 1997), pp. A1, A8.

[26]Charles Clover and Sherry Fei Ju, "China's Larger-Than-Life Electric Car Ambitions," *Financial Times* (February 2, 2018), p. 15.

[27]Patrick McGroarty, "South Africa Trade Hits Bump," *The Wall Street Journal* (March 25, 2013), p. A11.

[28]Adapted from C. K. Prahalad and Allen Hammond, "Serving the World's Poor, Profitably," *Harvard Business Review* 80, no. 9 (September 2002), pp. 48–57.

[29]Stuart L. Hart and Clayton M. Christensen, "The Great Leap: Driving Innovation from the Base of the Pyramid," *MIT Sloan Management Review* 44, no. 1 (Fall 2002), p. 56.

[30]Ernest Beck, "Populist Perrier? Nestlé Pitches Bottled Water to World's Poor," *The Asian Wall Street Journal* (June 18, 1999), p. B1.

[31]Jason Dean and Peter Wonacott, "Tech Firms Woo 'Next Billion' Users," *The Wall Street Journal* (November 3, 2006), p. A2. See also David Kirkpatrick, "Looking for Profits in Poverty," *Fortune* (February 5, 2001), pp. 174–176.

[32]Miriam Jordan, "From the Amazon to Your Armrest," *The Wall Street Journal* (May 1, 2001), pp. B1, B4.

[33]Scott McCartney, "Behind Your Online Travel Booking with Barry Diller," *The Wall Street Journal* (July 14, 2016), pp. D1, D2.

[34]Jenny Wiggins, "Brands Make a Dash into Russia," *Financial Times* (September 4, 2008), p. 10.

[35]Russell Gold and David Crawford, "U.S., Other Nations Step up Bribery Battle," *The Wall Street Journal* (September 12, 2008), pp. B1, B6.

[36]Kiran Stacey, "Card Machine Queue Frustrates Merchants," *Financial Times* (December 6, 2016), p. 17.

[37]Amy Chozik, "Nissan Races to Make Smaller, Cheaper Cars," *The Wall Street Journal* (October 22, 2007), p. A12.

[38]Lukas I. Alpert, "Russia's Auto Market Shines," *The Wall Street Journal* (August 30, 2012), p. B3.

[39]Saabira Chaudhuri, "Champagne Loses Its Sparkle in U.K.," *Financial Times* (March 21, 2017), p. B2.

[40]Balance of payments data are available from a number of different sources, each of which may show slightly different figures for a given line item.

[41]Richard McGregor, "The Trillion Dollar Question: China Is Grappling with How to Deploy Its Foreign Exchange Riches," *Financial Times* (September 25, 2006).

[42]www.wto.org/english/res_e/statis_e/its2013_e/its13_world_trade_dev_e.pdf. Accessed February 14, 2015.

[43]Bertrand Benoit and Richard Milne, "Germany's Best-Kept Secret: How Its Exporters Are Beating the World," *Financial Times* (May 19, 2006), p. 11.

[44]Valentina Romei, "The 'Dark Matter That Matters' in Trade with EU," *Financial Times* (December 18, 2017), p. 2.

[45]Mark Whitehouse, "U.S. Foreign Debt Shows Its Teeth as Rates Climb," *The Wall Street Journal* (September 25, 2006), p. A9.

[46]Damian Paletta and John W. Miller, "China, U.S. Square off over Yuan," *The Wall Street Journal* (October 7, 2010), p. A10.

[47]David J. Lynch, "Russia Brings Revitalized Economy to the Table," *USA Today* (July 13, 2006).

[48]"When the Chips Are Down," *Economist.com* (accessed December 1, 2010).

[49]The authors acknowledge that the PPP theory–based Big Mac Index is simplistic; as noted in this section, exchange rates are also affected by interest rate differentials and monetary and fiscal policies—not just prices.

[50]John Willman, "Currency Squeeze on Guinness," *Financial Times—Weekend Money* (September 27–28, 1997), p. 5.

[51]"About General Electric," *GE 2015 Form 10-K*, p. 30.

[52]Stephen Power, "Porsche Powers Profit with Currency Play," *The Wall Street Journal* (December 8, 2004), p. C3.

[53]James Crabtree, "India's Tycoons Still Believe in the Notion That Big Is Beautiful," *Financial Times* (November 4, 2015), p. 14.

3

글로벌 무역환경

사례 3-1
이별하는 것은 어렵다 : 영국인 '브렉시트'를 숙고하다

"우리는 남아야 할까 아니면 나가야 할까?" 2016년 6월 영국과 북아일랜드가 유럽연합(EU)에 남아 있을지 여부를 결정하기 위한 설문조사에 참여하는 유권자들의 마음에 있는 질문이었다. 이 문제는 2015년 9월 노동당의 지도자로서 극좌파 후보인 제러미 코빈의 선거로 인해 복잡해졌다. 또한 대략 4백만 명이 반 EU 성격의 영국독립당(UKIP)에 투표했다는 사실에서 알 수 있듯이 영국에서 포퓰리즘 운동이 증가했다. 영국독립당의 지도자인 나이절 패러지는 오랫동안 EU를 비판해 왔다.

환멸은 1973년에 영국이 EU에 처음으로 편입되는 것을 반대했던 토리당원들 사이에서도 분명했다. 1990년대에 일부 토리당은 유럽의 단일시장을 확립한 마스트리흐트조약에 영국의 참여를 반대했다.

2013년에 보수당 의원인 데이비드 캐머런 총리는 이 문제에 대한 국민투표를 요청한다고 발표했다. 당시 캐머런은 충분한 공개 토론 후에 대부분의 영국 시민은 현상 유지를 선택할 것이라고 확신했다. 그러나 3년 후 국민투표가 있을 때 야당 운동은 상당한 추진력을 얻었고 양측의 수사학이 뜨거워졌다. 투표가 집계되었을 때 탈퇴 측이 우세했기에 영국은 EU를 떠날 것이다.

EU 회원국으로서 영국은 거의 5억 명이 있는 공개시장에 무료로 접근할 수 있다. 그 이유만으로도 영국 경제계의 많은 구성원이 '유지' 측에 굳건히 참여했다. 영국산업연맹(CBI)은 탈퇴를 반대했다. 그 이유는 무역그룹이 2020년까지 100만 개의 일자리와 1,000억 파운드의 국민 소득이 손실될 것이라는 연구를 내놓았기 때문이다. 롤스로이스 자동차 및 에어버스는 영국에서 주요 제조사업을 운영하고 있다. 두 회사의 임원들은 '탈퇴' 투표가 고용과 경쟁력에 부정적인 영향을 미칠 것이라고 경고했다.

다른 회사들은 의심할 여지 없이 유럽 대륙에서 고객을 멀어지게 하는 것을 두려워하여 논쟁을 피했다. 한 가지 주목할 만한 예외는 진공청소기로 잘 알려진 사업가인 제임스 다이슨 경이 탈퇴 지지자였다는 것이다. 그의 시각

에서 영국 기업들은 독일에게 '괴롭힘과 지배'를 받고 있었다.

그들 입장에서 '유로 회의론자'와 퇴출 운동의 다른 구성원들은 영국이 EU 체제 밖에서 경제적으로 번영할 수 있다고 확신했다(사진 3-1 참조). 이 그룹의 일부는 브뤼셀의 '얼굴 없는 관료들'이 영국의 비즈니스를 방해하는 산더미 같은 빨간 테이프를 만들고 있다는 공유된 의식이 있었다. 더욱이 일부 사람들은 영국 정치인들이 EU를 연기함으로써 주요 정책 결정을 내리는 것을 피한다고 믿었다. 한 농담꾼이 말했듯이 "새싹 이후에는 브뤼셀에서 나오는 것은 쓸모가 없다!"

제2차 세계대전 이래로 여러 나라들은 경제적 협력과 통합의 원인을 심화시키는 데 큰 관심을 보여 왔다. 이러한 협정은 당연히 쌍방적이다. 즉, 무역협정은 두 나라 사이에 이루어지는 것이다. 그러나 무역협정은 지역적 혹은 글로벌 수준에서 발생하기 시작하였다. 19개국으로 이루어진 유로존 및 28개국으로 이루어진 EU는 지역경제 통합의 모범적인 사례이다. 세계에서 다섯 번째로 큰 국가이자 EU에서 두 번째로 큰 국가인 영국에서 '브렉시트' 투표는 그러한 통합에서 한 걸음 물러난 것을 나타낸다.

세계무역 환경에 대해서는 글로벌 수준의 WTO와 전신인 GATT를 살펴보고, 네 가지 주요 쌍방적인 또는 지역적인 특혜무역협정(PTA)에 대해 살펴볼 것이다. 그 후 각 지역시장에 속한 개별국가들을 살펴보며, 각 지역에서의 중요한 마케팅 이슈에 관해 토론할 것이다. 제2장에서는 몇몇 중요한 성장시장에 대해 기술하며 이번 장에서는 제2장에서 다루지 않은 국가시장에 대해 살펴볼 것이다.

③-1 세계무역기구와 GATT

◀ 3-1 글로벌 무역관계를 촉진하는 WTO의 역할에 대해 설명한다.

2017년은 **관세 및 무역에 관한 일반협정**(General Agreement on Tariffs and Trade, GATT)이 체결된 지 70년이 된 해이다. 이는 회원국 간의 무역을 촉진하기 위해 참여국가의 정부가 적어도 이론적으로는 합의한 조약이다. GATT는 다각적이고 세계 선도적이고자 했으며 실제로 GATT 협상가는 세계시장 무역을 자율화시키는 데 성공하였다. 또한 GATT는 지난 반세기에 걸쳐 여러 가지 식량문제를 비롯하여 300개의 무역분쟁을 조정한 기관이기도 하다. GATT 자체는 집행력이 없으며(분쟁에서 진 집단은 그 결정을 무시할 수 있음), 때로는 분쟁조정 과정이 몇 년에 걸쳐 이루어지기도 한다. 이러한 이유로 몇몇 비평가들은 GATT를 '논쟁과 논쟁에 관한 일반협정'이라고 일컫기도 한다.

GATT의 뒤를 잇는 **세계무역기구**(World Trade Organization, WTO)는 1995년 1월 1일에 첫

표 3-1 최근의 WTO 사례

분쟁 대상 국가	분쟁의 성격과 결과
미국 대 중국	2016년에 미국은 중국의 채굴 상품에 대한 수출 관세가 시장 왜곡 가격으로 주요 재료에 대한 자체 제조업체의 접근 권한을 부여했다는 불만을 제기했다.
유럽연합 대 미국	2014년 EU는 워싱턴주 정부가 777x 제트 여객기의 주내 제조에 대한 세금 인센티브를 보잉에 확대하는 국제무역 규칙을 위반했다는 불만을 제기했다.
앤티가바부다(안티구아) 대 미국	2003년 앤티가바부다는 미국이 인터넷 도박을 금지함으로써 국제무역협정을 위반하였다고 제소하였다. 2004년 WTO는 앤티가바부다의 손을 들어 주었다.

선을 보였다. 제네바에서 시작된 WTO는 164개 회원국 간의 무역 관련 협상을 위한 포럼을 개최한다. WTO의 중립적 무역 전문가는 국제무역 분쟁에서 중재자 역할을 맡는다(표 3-1 참조). WTO에는 회원국 사이의 불공정한 무역장벽이나 다른 이슈에 대한 불만을 중재하는 분쟁조정기구(DSB)가 있다. 60일간의 상담 동안 분쟁에 연루된 국가는 신실한 협상을 거쳐 우호적인 해결책을 모색해야 한다.

만일 그렇지 못할 경우 불만을 제기한 쪽에서 DSB로 하여금 무역 전문가로 구성된 3명의 패널을 지정해 비공개 사건청취를 요구할 수 있다. 회의가 소집된 후 패널은 9개월 안에 결정을 내리게 된다.[1] DSB는 패널의 제안에 따라 행동한다.

분쟁에서 진 집단은 7명의 위원으로 구성된 항소집단에 사건을 접수할 수 있다. 특정 국가의 무역정책이 WTO의 규정에 어긋나는 사실이 발견되면 적절한 절차를 거쳐 정책을 수정해야 한다. 정책 수정이 이루어지지 않을 경우 WTO는 해당 국가를 상대로 무역제재를 허가할 수 있다.

WTO 회원국을 대표하는 무역관료들은 매년 세계무역을 발전시키기 위해 모임을 갖는다. 이 모임이 2017년에는 부에노스아이레스에서 열렸다. 해외투자와 농업보조금과 같은 까다로운 이슈에 대한 추가적인 주요 정책 사안을 논의할 때 과연 WTO가 그에 부여된 기대치에 미칠 수 있을지 주목 받게 된다. 현재 WTO 라운드 협상은 2001년에 시작되었다가 2005년 중단됐으며 2006년 이를 다시 재개하려는 노력이 실패로 돌아갔다. 이로 인해 TTIP와 TPP 협상이 진행되고 있다(TPP : 사례 3-2 참조). 2016년 도널드 트럼프 미국 대통령의 당선 이후 TTIP와 TPP 협상은 아무런 진전 없이 진행되었다. 또한 트럼프 행정부는 WTO 상소기구의 결원을 채우기 위한 절차를 막았다.

"WTO가 작동하기 위해서는 국가들이 정치적으로 민감한 분야에서 정책을 자유화시켜야 한다."[2]
카토 연구소의 무역정책연구센터, 다니엘 그리스월드

▶ 3-2 특혜무역협정의 네 가지 카테고리를 비교 대조한다.

(3-2) 특혜무역협정

GATT 조약은 세계자유무역을 촉진한다. 또한 세계 각 지역의 국가는 자신들의 지역 내에서의 무역을 자유화하려고 노력 중이다. **특혜무역협정**(preferential trade agreement, PTA)은 특정 무역 상대국에 대해 특별한 대우를 해주는 장치이다. 특정 국가에 대해 특혜를 제공하기 때문에 이는 다른 국가에 대한 차별이 될 수 있다. 이러한 이유 때문에 특혜협정을 체결할 경우 해당 국가는 WTO에 보고하는 것이 일반적이다. 300개의 특혜무역협정이 WTO에 보고되었다. WTO의 요구사항을 전적으로 따르는 경우는 거의 없었지만 모두 허가되었다.

자유무역지대

자유무역지대(free trade area, FTA)는 2개 이상의 국가가 무역에 장애가 되는 관세나 다른 장벽을 없애는 데 합의할 때 생겨난다. 협의 당사자 간의 **자유무역협정**(free trade agreement)(역시 FTA라고 함)이 성공적으로 진행되면, 즉 양국 간의 국경을 넘나드는 제품에 대해 관세를 부과하지 않는다는 궁극적인 목적이 달성되면, 이로써 자유무역지대가 생겨나게 되는 것이다. 일부 경우에는 협정의 효력이 시작되는 날부터 관세가 없어지고, 다른 경우에는 일정 기간을 두고 관세를 서서히 줄여가게 된다. FTA에 속한 국가는 제3국에 관해서 독립적인 무역정책을 유지할 수 있다. **원산지 결정기준**(rules of origin)은 상대적으로 대외관세가 높은 FTA 국가 중 하나에 화물을 운송하기 위해 최저 대외관세 부과국가가 화물을 수입해 오는 데 걸림돌이 된다.

예를 들어 칠레와 캐나다가 1997년 FTA에 합의했기 때문에 캐나다에서 생산된 캐터필러 그레이더 트랙터가 칠레로 수입될 때 관세가 부과되지 않는다. 만일 동일한 부품이 미국에 있는 공장에서 수입될 경우 수입업자는 약 13,000달러의 관세를 내야 한다. 수입업자의 관세지불을 피하기 위해 캐터필러가 미국에서 만든 트랙터를 칠레를 거쳐 캐나다로 들어오게 할 수 있겠는가? 대답은 '아니요'이다. 왜냐하면 트랙터에는 관세 대상임을 나타내는 '미국산'이라는 원산지 증명이 있기 때문이다. 이에 따라 미국 정부는 2003년에 발효될 칠레와 별도의 양국 간 자유무역협정을 논의하게 됐다.

비즈니스 라운드테이블에 의하면 현재까지 전 세계적으로 수백 개가 넘는 자유무역협정이 논의되었고, 대략 전 세계 무역의 50%가 FTA에 의해 연결된 나라 사이에서 이뤄지고 있다. FTA의 또 다른 예로는 28개 유럽연합 국가와 노르웨이, 리히텐슈타인, 아이슬란드를 포함한 자유무역지역인 유럽 경제지역과 콜롬비아, 멕시코, 베네수엘라로 구성된 G3, 중국과 홍콩 사이의 자유무역협정인 경제무역관계강화협정 등이 있다.

2011년 10월 미 국회는 오랫동안 지연되었던 한국, 파나마, 콜롬비아와의 FTA를 통과시켰다. 또한 현재 논의 중인 것으로 포괄적 경제 및 무역협정(CETA)은 캐나다와 유럽연합 사이의

사진 3-2 포괄적 경제 및 무역협정에 반대하는 운동가들이 2016년 9월 빈에서 시위를 벌였다.
출처 : JOE KLAMAR/AFP/Getty Images.

상품 무역에 대한 대부분의 관세를 철폐하는 것이다. 그러한 협정에서 흔히 그렇듯이 유럽에서는 CETA에 상당한 반대가 있었다(사진 3-2 참조).

관세동맹

관세동맹(customs union)은 자유무역지역의 진화의 산물이다. 무역에서의 내부장벽을 제거하는 데 이어 관세동맹 회원국들은 **대외공통관세**(common external tariffs, CET)를 수립하기로 합의했다. 예를 들어 1996년 EU와 터키는 연평균 200억 달러 이상의 양방향 무역을 활성화하기 위한 노력의 일환으로 관세동맹을 체결했다. 이 협정은 터키의 유럽제품 수입비용에 부과되는 매년 15억 달러에 해당하는 평균 14%의 관세를 철폐할 것을 명시하고 있다.

영국과 EU 간의 관세동맹은 2017년 EU와의 협상이 시작되면서 광범위하게 논의된 시나리오 중 하나였다(사례 3-1 참조). 그러한 거래는 영국이 서비스와 농업 분야에서 그들 자신의 무역 조건을 협상할 수 있게 할 것이다. 반면 EU는 상품에 대해 어떠한 외부관세도 부과할 것이다. 이 협정은 터키와 EU 간의 기존 관세동맹을 모델로 한다. 영국의 단점은 두 개의 중요한 무역 상대국인 미국과 중국과 독립적으로 관세 인하를 협상할 수 없다는 것이다.

이 장에서 논의하는 또 다른 관세동맹은 안데스 공동시장, 중앙아메리카 통합체제(SICA), 메르코수르, 카리브 공동체와 공동시장(CARICOM) 등이다.

공동시장

공동시장(common market)은 경제통합의 다음 단계이다. 내부적인 무역장벽 해체와 공통관세 수립에 이어, 공동시장은 노동력과 자본을 포함한 생산요소들의 자유로운 이동을 가능케 한다. 현재 공동시장으로 기능하고 있는 안데스 공동시장, SICA, CARICOM 등은 잠재적으로 진정한 공동시장으로 발전할 가능성이 있는 관세동맹이다.

경제동맹

경제동맹(economic union)은 내부관세장벽의 철폐, 공동 외부장벽 설립, 생산요소들의 자유이동을 발판으로 생겨난다. 이는 동맹국가 간에 자본, 노동력, 재화와 서비스의 자유로운 교역을 촉진하기 위해 경제적·사회적 정책을 조화하고 지원하는 역할을 한다. 경제동맹은 재화뿐만 아니라 서비스와 자본을 위한 공동시장이다. 예를 들어 전문직종의 사람들이 유럽연합 내의 어느 곳에서든 일을 할 수 있게 된다면, 동맹국들은 한 국가의 의사나 변호사가 다른 나라에서 일할 수 있도록 이들의 자격조건을 다른 나라의 자격조건과 조화시켜야 한다.[3]

경제동맹의 완전한 진화는 통합된 중앙은행의 수립, 통합화폐 사용, 농업/사회보장제도 및 복지제도/지역발전/교통/세금/경쟁 및 병합 등에 관한 공통된 정책과 관련되어 있다. 진정한 경제동맹은 하나의 국가와 비슷한 정도의 광범위한 정치적 화합을 필요로 한다. 선진 경쟁동맹국으로 이루어진 심화된 통합국가는 독립적인 정치적 국가들을 통합된 정치체제로 바꾸는 중앙정부의 형성이 될 것이다. 유럽연합은 하나의 통합된 경제동맹이 되기 위해 필요한 대부분의 단계를 완성해 가고 있다. 16개 회원국이 유럽 헌법을 승인하였음에도 불구하고 프랑스와 네덜란드가 반대함으로써 이러한 시도가 불발되었다. 표 3-2와 그림 3-1은 다양한 형태의 지역경제통합을 비교하고 있다.

표 3-2 지역경제통합의 유형

통합 단계	회원국 간 관세와 쿼터 철폐	공동대외관세와 공동 쿼터 시스템	요소 이동의 제한 철폐	제도의 조화 및 경제정책/ 사회정책/제도의 통일화
자유무역지대	예	아니요	아니요	아니요
관세동맹	예	예	아니요	아니요
공동시장	예	예	예	아니요
경제동맹	예	예	예	예

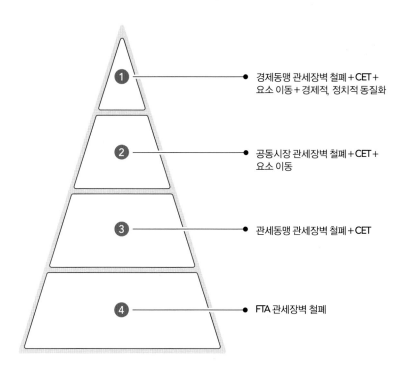

그림 3-1 특혜무역협정의 위계 구조
출처 : Paul Button, The World Bank.

① 경제동맹 관세장벽 철폐+CET+ 요소 이동+경제적, 정치적 동질화

② 공동시장 관세장벽 철폐+CET+ 요소 이동

③ 관세동맹 관세장벽 철폐+CET

④ FTA 관세장벽 철폐

③-③ 북아메리카

◀ 3-3 NAFTA 협정국 사이의 역동적인 무역관계를 설명한다.

캐나다와 미국, 멕시코를 포함하는 북아메리카는 개별적인 지역시장을 형성한다. 막대한 부와 많은 인구, 광활한 대륙, 풍부한 천연자원을 보유한 미국은 하나의 국가경제와 정치 환경, 고유한 마케팅 특성을 가지고 있다. 높은 제품보급률은 고소득과 소비재, 생산재에 대한 혁신적이고 새로운 아이디어에 대한 높은 수용성과 연관되어 있다. 미국은 많은 세계 산업 리더들의 본거지이다. 이를테면 미국 기업은 컴퓨터, 소프트웨어, 항공우주산업, 엔터테인먼트, 의료기기, 제트엔진 산업영역에서의 가장 우세한 생산자이다.

캐나다에는 주요 글로벌 제조업체는 거의 없지만 기차와 비행기 제조업체인 봄바디어가 하나의 성공 사례이다(사진 3-3 참조). 그 회사는 최신 회사 제트기인 글로벌 7000에 큰 기대를 걸고 있었다. 한때 휴대전화 분야의 선두주자였던 블랙베리(이전에는 리서치 인 모션)도 캐나다에 기반을 두고 있었다.

멕시코는 제조 센터로서 명성을 얻고 있다. 예를 들어 멕시코는 세계 1위의 평면 TV 생산국이다. 거대 통신업체 아메리카 모빌의 사장인 카를로스 슬림은 세계에서 가장 부유한 사람 중한 명이다.

사진 3-3 캐나다 최고의 기업 중 하나인 봄바디어는 상용 제트기와 여객기를 제작한다. 실제로 봄바디어 에어로스페이스는 세계에서 세 번째로 큰 민간 항공기 제조업체이다. 또 다른 사업부문인 봄바디어 트랜스포테이션은 철도 장비를 생산한다.
출처 : Stefano Politi Markovina/ Alamy.

1988년 미국과 캐나다는 자유무역협정(CFTA)에 사인했고, 캐나다와 미국 간의 자유무역지대가 공식적으로 형성된 것은 1989년이다. 캐나다와 미국 간에 이루어지는 상품과 서비스 유통은 매년 6,500억 달러에 이르는데, 이는 2개의 단일국가 사이에 이루어진 무역 규모로는 가

그림 3-2 미국 최고의 수출입 파트너
출처 : Paul Button, The World Bank.

미국의 상품과 서비스 총수출액(2016년, 2조 2,000억 달러)

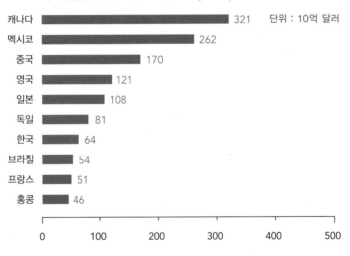

	단위 : 10억 달러
캐나다	321
멕시코	262
중국	170
영국	121
일본	108
독일	81
한국	64
브라질	54
프랑스	51
홍콩	46

미국의 상품과 서비스 총수입액(2016년, 2조 7,000억 달러)

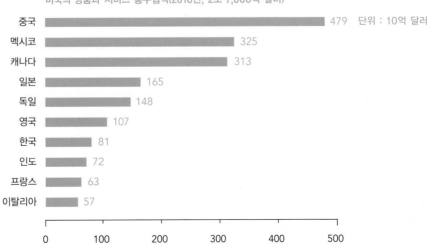

	단위 : 10억 달러
중국	479
멕시코	325
캐나다	313
일본	165
독일	148
영국	107
한국	81
인도	72
프랑스	63
이탈리아	57

장 크다. 캐나다는 미국 수출의 20%를 차지하고, 미국은 캐나다 수출품의 약 85%를 구입한다. 그림 3-2는 북미지역의 경제통합을 보여주고 있다. 캐나다는 미국의 최대 무역 파트너이고, 멕시코가 두 번째, 중국이 세 번째를 기록하고 있다. 미국 기업은 다른 어느 국가에서보다 캐나다에 더 많은 투자를 해왔다. GE와 IBM을 포함한 많은 미국 생산자들이 캐나다 지역의 거점을 일부 제품라인의 주요 세계 공급원으로 사용한다. 캐나다의 자동차 시장에 참여함으로써 미국 자동차 생산업체는 거대한 규모의 경제를 얻고 있다. 1998년 1월부터 모든 관세가 사라질 때 완전히 실행되게 될 CFTA는 대부분의 다른 제품을 위한 진정한 대륙시장을 만들어 가고 있다.

1992년, 미국, 캐나다, 멕시코의 대표들은 **북미자유무역협정**(North American Free Trade Agreement, NAFTA)을 위한 협의안을 도출했다. 이 협의안은 미 국회의 상/하원의 승인을 받고 1994년 1월 1일자로 효력을 발생했다. 그 결과 도합 인구가 대략 4억 8,600만 명에, 국민총소득의 합계가 거의 21조 달러에 이르는 자유무역지대가 생겨났다(그림 3-3 참조).

왜 NAFTA는 관세동맹이나 공동시장이 아닌 자유무역지대를 형성했는가? 세 국가의 정부는 관세율 철폐와 무역 및 투자 확대를 통한 경제성장을 촉진하기로 서약했다. 하지만 현재 어떠한 대외공통관세도, 노동력과 다른 요소들의 이동에 대한 제약도 사라지지 않았다. 멕시코로부터 미국에 유입되는 불법이민자 문제도 쟁점으로 남아 있다.

미국과 멕시코 간의 연간 양방향 무역은 5,000억 달러를 넘어섰고, 매일 10억 달러 이상의 상품이 국경을 넘고 있다. 그러나 이 협정은 임의적인 보호주의의 문을 열어두고 있다. 검문소

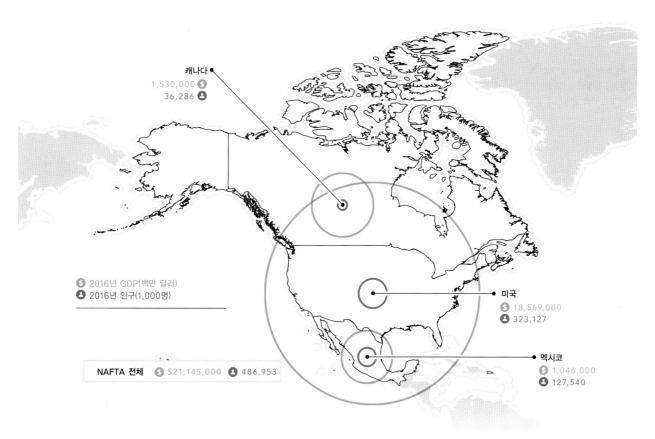

그림 3-3 NAFTA의 GDP와 인구
출처 : Paul Button, The World Bank.

가 부족하면 화물이 제조의 핵심 거점인 티후아나 등 병목 지점의 트럭에 장시간 앉아 있을 수 있다. 이러한 이유로 일부 회사들은 멕시코에서 그들의 제품을 생산하지 않기로 선택한다. 국경에서 지연되는 매분, 매초 미국은 1억 달러를 지출하고 500개의 일자리를 잃게 될 것으로 추산된다.[4]

불법이민과 무역이라는 두 가지 핵심 쟁점이 도널드 트럼프 미국 대통령 선거 운동 중에 표면화되었다. 트럼프 후보는 미국을 따라 멕시코 국경인 '벽 쌓기'를 약속했다. 그리고 그가 '역대 최악의 무역협정'이라고 비난한 것으로 유명한 NAFTA를 폐지한다. 트럼프는 대통령 당선 이후 친무역과 함께 NAFTA 공약을 이행하겠다고 위협했다. 국회의원들은 새롭고 향상된 협정을 협상하도록 그를 설득하려고 노력했다. 트럼프는 미국이 멕시코에 700억 달러의 무역적자를 내는 것을 목표로 하고 있었는데, 그 대부분은 자동차 산업 덕분이었다.

그의 의제를 진전시키기 위해 트럼프 행정부는 일부 관측통들이 NAFTA의 붕괴를 확실히 하기 위해 고안된 것이라고 우려한 일련의 '독약제' 제안들을 내놓았다. 한 가지 요구는 자유무역협정이 5년마다 '일몰'(자동적으로 종료되고 협상에 재개)하라는 것이었다. 또 다른 것은 북미에서 면세 자동차 생산의 50%가 미국에서 공급될 것이라는 것을 보장하는 것이었다. 세 번째 제안은 NAFTA의 분쟁 해결 절차를 폐기할 것이며, 이는 계약이 일방적으로 종료될 수 없도록 하기 위한 것이다.

2018년 가을, 세 나라는 NAFTA를 미국, 멕시코, 캐나다 협정으로 알려진 새로운 무역협정으로 대체하는 데 동의했다. 승자 중에는 미국 자동차산업이 포함되어 있는데, 미국 자동차산업은 이 세 나라를 연결하는 복잡한 공급망을 계속 사용할 것이다. 캐나다가 분쟁 해결의 수단으로 독립 패널 사용을 유지하려는 노력에 있어서 우세했다.

▶ 3-4 라틴아메리카의 네 가지 특혜무역협정을 설명하고, 각 협정의 핵심 회원국에 대해 설명한다.

(3-4) 라틴아메리카 : SICA, 안데스 공동시장, 메르코수르, CARICOM

라틴아메리카는 카리브해와 중앙아메리카, 남아메리카를 포함한다(NAFTA 때문에 멕시코는 북아메리카로 구분됨). 라틴아메리카 시장은 그 시장의 거대한 규모와 막대한 생산·자원으로 인해 매력적인 시장이다. 수십 년 동안 멈춰 버린 성장과 심각한 인플레이션, 늘어나는 외채, 자국보호주의, 비대한 정부의 급료 문제를 딛고 라틴아메리카 국가들은 경제변혁의 단계에 접어들었다. 균형적인 예산이 우선순위이고 민영화가 진행 중이다. 자유시장, 경제개방, 규제완화가 과거의 정책들을 대체하기 시작했다. 많은 국가들이 때로는 100% 이상까지 이르렀던 관세를 10~20%로 낮췄다.

쿠바를 제외하고 라틴아메리카 대부분은 선출된 정부로 운영되는 민주주의 체제이다. 하지만 세계경제에 완전하게 동참함으로써 얻게 되는 이득에 대해 비판적인 시각이 널리 퍼져 있다. 베네수엘라의 대통령 우고 차베스와 같은 좌파 성향의 정치가들이 점차 인기를 얻으며, 자유시장의 힘이 그 지역 내에서 힘을 잃게 될지도 모른다는 우려가 심화되고 있다. 글로벌 기업들은 발전을 주의 깊게 살펴보고 있다. 그들은 수입자유화, 소구역 무역그룹 내에서의 더 낮은 관세율에 대한 기대, 좀 더 효율적인 지역 생산 수립에 대한 기대감에 부풀어 있다. 많은 이들이 반구에 걸친 자유무역지대를 내다보고 있다. 라틴아메리카에서 4개의 가장 중요한 특혜무역협정은 중앙아메리카 통합체제(SICA), 안데스 공동시장, 남미 공동시장(메르코수르), 카리브 공동체와 공동시장(CARICOM)이다.

중앙아메리카 통합체제

중앙아메리카는 1960년대 초에 수립된 그들의 공동시장을 되살리기 위해 노력 중이다. 5개의 기존 멤버인 엘살바도르, 온두라스, 과테말라, 니카라과, 코스타리카는 1991년 7월까지 중앙아메리카 공동시장(CACM)을 재설립하기로 결정했다. 지역적 통합을 발전시키려는 노력은 파나마에 대기자 지위를 부여하면서 힘을 얻었다. 1997년, 파나마를 멤버로 하여 이 그룹의 이름이 **중앙아메리카 통합체제**(*Sistema de la Integración Centroamericana* [SICA], 그림 3-4 참조)로 바뀌었다.

과테말라 도시에 자리하고 있는 SICA 사무국은 중앙아메리카 공동시장으로 나아가는 움직임을 지원하고 돕는다. 일반적인 원산지 결정기준 역시 채택됐으며, 현재 SICA 국가 사이의 좀 더 자유로운 재화 이동을 허가하고 있다. SICA 국가들은 1990년 중반까지 대부분의 재화를 5~20%의 공통관세에 따르기로 합의했다. 이전의 많은 관세율은 100%를 넘기도 했었다. 2000년부터 SICA의 5개 회원국에 의해 부과되는 수입관세는 0~15%로 수렴됐다.

2006년과 2007년에 미국과 중미 자유무역지대를 통합하는 자유무역지대인 DR-CAFTA가 창설되었는데, 여기에는 5개의 SICA 국가(엘살바로드, 온두라스, 과테말라, 니카라과, 코스타리카가 포함되며, 파나마는 제외됨)와 도미니카공화국이 포함된다. 창설 과정은 매우 느리게 진행되지만 일련의 변화가 벌써 나타나고 있다. 예를 들어 미국산 제품의 80%와 미국 농산물

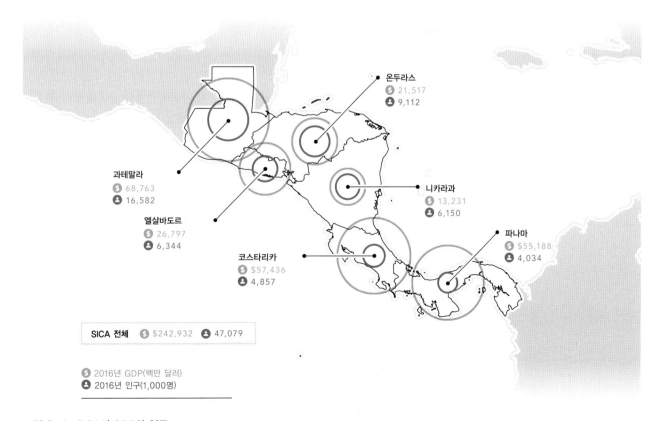

그림 3-4 SICA의 GDP와 인구
출처 : Paul Button, The World Bank.

의 50% 이상이 지금 중미 지역에 무관세로 수입되고 있다. 중미 기업에게 돌아가는 혜택은 수출 관련 문서 작업이 줄어들고 온라인 작업이 도입되었다는 것이다. 이 지역은 외국기업들이 투명해진 규정으로 인해 위험을 낮게 인식하면서 더 많은 외국인 직접투자를 유인하고 있다. 코스타리카에서만 2012년부터 2013년까지 외국인 직접투자는 15% 증가했다.

오랫동안 수많은 중앙아메리카 회사들이 '그림자 경제'에서 운영되어 왔으며, 많은 상업적인 거래가 보고되지 않고 있다. 예를 들어 2000년대 중반 과테말라와 엘살바도르의 불법 경제 활동은 GDP의 약 50%에 달했다. 정부 세수는 기업들이 CAFTA의 혜택을 이용하기 위해 정식 경제에 합류함에 따라 증가해야 한다.[5]

이 협정을 비판하는 사람들은 서명국이 국제노동기구(ILO)가 제정한 것과 같은 국제 노동 기준을 따를 의무가 없다고 지적한다. 이러한 비판자들은 저임금과 열악한 근무환경이 부정적인 영향을 미친다고 말한다. 이 지역에서 가장 흥미로운 프로젝트 중 하나는 2014년에 100주년을 맞은 파나마 운하의 확장이다. 새로운 세대의 초대형 화물선들이 이제 운하를 통과한다. 마이애미와 다른 도시들이 점점 더 큰 배들을 다룰 준비를 하고 있기 때문에 미국 동부 해안에서도 항구의 개량이 진행되고 있다(사진 3-4 참조).

하지만 여전히 통합을 추구하는 지역의 노력은 조화롭지 않고 비효율적이며 비용이 많이 든다고 평가되었다. 여전히 사탕, 커피, 알코올음료와 같은 수입품—수입국가 내에서도 역시 생산되고 있는 제품들—에 관세가 적용되고 있다. 한 과테말라 분석가는 "내가 과테말라에서 엘살바도르산 맥주가 할인 중인 것을 보거나, 엘살바도르에서 과테말라산 맥주가 할인 중인 것을 볼 때만 나는 무역자유화와 통합이 현실로 이뤄졌다고 믿을 것이다."라고 말했다.[6]

안데스 공동시장

볼리비아, 콜롬비아, 에콰도르, 페루가 포함된 4개국 **안데스 공동체**(*Comunidad Andina* [CAN], 그림 3-5 참조)는 2019년에 창립 50주년을 기념한다. 칠레와 베네수엘라도 한때 회원국이었지만 칠레는 1976년에 탈퇴했고, 베네수엘라는 2006년에 탈퇴했다. 회원국은 그룹 내 무역에 대해 낮은 관세를 부과하는 것과 각 국가들이 어떤 제품을 생산해야 하는지에 대해 함께 결

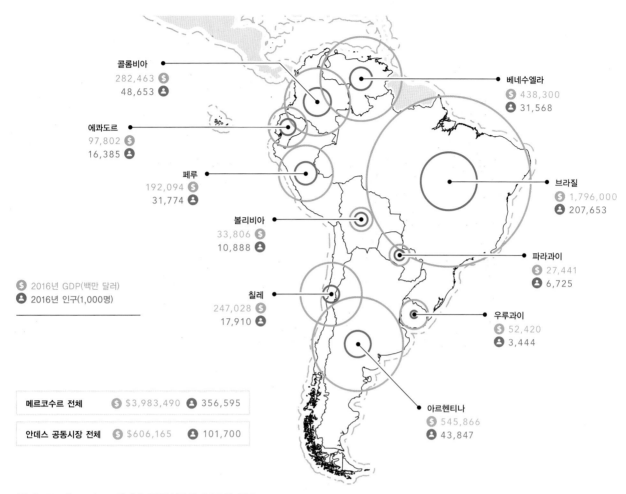

콜롬비아
282,463 $
48,653 👤

베네수엘라
$ 438,300
👤 31,568

에콰도르
97,802 $
16,385 👤

페루
192,094 $
31,774 👤

브라질
$ 1,796,000
👤 207,653

볼리비아
33,806 $
10,888 👤

$ 2016년 GDP(백만 달러)
👤 2016년 인구(1,000명)

파라과이
$ 27,441
👤 6,725

칠레
247,028 $
17,910 👤

우루과이
$ 52,420
👤 3,444

메르코수르 전체 $ $3,983,490 👤 356,595

안데스 공동시장 전체 $ $606,165 👤 101,700

아르헨티나
$ 545,866
👤 43,847

그림 3-5 메르코수르, 안데스 공동시장의 GDP와 인구
출처 : Paul Button, The World Bank.

정하기로 합의했다. 그와 동시에 외국제품과 외국기업은 가능한 한 받아들이지 않았다. 한 볼리비아인은 경쟁부족으로 인한 불운한 결과에 대해 다음과 같이 묘사했다. "우리는 '당신이 가격이 높게 책정된 우리의 제품을 사 주면 우리도 당신 제품을 사 주겠다'에 합의한 것이다."[7] 전반적으로 그 지역 내의 지방 거주민과 도시의 저소득층은 더딘 발전에 대해 초조해하고 좌절감을 느꼈다. 안데스의 한 학자는 "자유시장 정책을 실행한 10~15년 후에도 파라다이스는 오지 않았다. 사람들은 그 정책이 알려진 것처럼 좋은 것인지 의문을 갖기 시작했다."고 말했다.[8]

상충되는 이데올로기는 왜 지역 간 무역이 더 큰 이득을 가져오지 못하는가에 대한 설명을 해준다. 즉, 페루와 콜롬비아는 자본주의를 통한 성장을 추구하는 반면 에콰도르와 볼리비아는 사회주의를 견지하고 있다.

하지만 좋은 점도 있다. 1990년대 초반에 시행된 ATPDEA 법안으로 안데스 공동시장 회원들은 면세품 기준으로 미국에 꽃을 수출할 수 있었다. 미국 의회는 라틴 아메리카 농부들에게 불법 마약 거래의 근간이 되는 식물보다는 장식용 꽃을 재배하도록 장려하는 법을 통과시켰다. 하지만 이 법은 2013년 말에 만료되었으며, 페루와 콜롬비아의 경우 꽃 거래는 쌍무무역협정에 의해 보장된다. 비록 에콰도르의 면세 지위가 연장되었지만 라파엘 코레아 대통령은 미국과의 자유무역협정에 반대한다.

한편 적도 부근과 안데스 산맥의 높은 지대에서 태양을 많이 받는 곳 덕분에 에콰도르의 절화산업은 매년 수억 달러의 수출 매출을 계속 올리고 있다. 네바도 장미, 아그로콕스 및 기타 지속가능성을 중시하는 생산업체들은 공정거래 관행과 정책을 채택하고 있으며, 이 회사들은 윤리적 출처의 제품을 찾는 소매업체와 소비자들에게 판매되고 있다. 많은 양이 이탈리아, 러시아, 독일, 캐나다에도 수출되지만 에콰도르의 꽃 수확량 대부분은 미국으로 수출된다.

페루는 높은 고도에서 자라고 잉카 이전으로 거슬러 올라갈 수 있는 토착 식물성 뿌리 작물인 마카에 대한 수요 급증과 높은 가격의 혜택을 받고 있다(사진 3-5 참조). 약재로서, 그리고 최근에는 항암제로서의 마카가 중국과 일본에서 인기 있는 상품이 되었다. 미국에서는 유기농 마카가 홀 푸드 매장에서 '인칸 슈퍼푸드'로 판매되고 있다. 이 귀중한 농산물 수출에 대한 통제권을 유지하기 위해 페루 국립생물자원위원회 관계자들은 다른 곳에서 재배하기 위해 마카 씨앗이 밀반출되는 것을 막기 위한 노력을 강화했다.[9]

남미 공동시장

2016년 3월은 아순시온조약에 서명한 지 25주년이 되는 해였다. 그 조약은 아르헨티나, 브라질, 파라과이, 우루과이가 **남미 공동시장**(*Mercado Común del Sur*, **메르코수르**)을 형성하는 데 합의한 문서라는 점에서 중요하다(그림 3-5 참조). 4개 국가는 1995년 1월 1일에 관세개혁의 단계적 도입을 시작하기로 합의했다. 내부관세를 없앴으며 20%까지의 CET를 수립하였다. 이론적으로는 재화, 서비스, 생산요소가 궁극적으로 회원국 사이에서 자유롭게 이동하게 될 것이다. 하지만 이 목표가 달성될 때까지 메르코수르는 실제로 진정한 공동시장이기보다는 관세동맹으로서 기능할 것이다. 오늘날 약 90%의 재화가 자유롭게 거래되고 있으나 메르코수르의 개별국가들은 각각의 정부 상황에 따라 대내외 관세 모두를 변경할 수 있다.

지역적 협력의 많은 것들이 이번 실험의 성공적인 결과에 달려 있다. 1990년 동안 4개의 정회원국 간의 무역이 급성장하면서 초기 성과는 긍정적이었다. 하지만 그 지역에 연달아 재정위기가 닥쳐왔다. 예를 들어 브라질의 통화는 1995년에 이어 1999년 또 한차례 평가절하되었다.

아르헨티나는 어떻게 한 국가가 금융위기로부터 탈피하여 강력한 글로벌 경쟁자로 변모할 수 있는지를 보여주는 좋은 예이다. 2001~2002년의 금융위기에 대응하여 아르헨티나의 경제공사는 수출과 자본거래에 있어서 29%의 통화 평가절하를 포함한 긴급조치를 선언했다. 아르헨티나는 자국의 재정위기에 대응하기 위해 소비재의 세금을 올리고 CET로부터 탈퇴하는 것을 승인받았다.

이러한 위기는 기회가 되었다. 하룻밤 사이에 아르헨티나 와인의 미국 수출은 페소화로 환산하였을 때 4배로 증가하였다. 또한 평가절하는 아르헨티나의 포도농장 자산가격을 외국인 투자자에게 저렴하게 만들었다. 낮은 지대, 저렴한 인건비, 말벡 포도에 대한 이상적인 생육조건은 복합적으로 아르헨티나의 와인산업을 전 세계시장에서 주요한 플레이어로 만들었다. 한 와인 생산자의 말처럼 "여기서는 전 세계 어느 곳보다 더 저렴하면서도 더 품질 좋은 와인을 만들 수 있다."

그러나 새로운 도전은 다가오고 있다. 예를 들어 2000년대 후반 유로화 대비 달러의 약세는 와인 제조업자들이 프랑스에서 수입된 오크 숙성 배럴에 대해 25% 더 지불한다는 것을 의미했다.[10] 아르헨티나의 현재 대통령인 마우리시오 마크리는 정부의 예산 적자를 줄이기 위한 법인세법 간소화와 연금개혁을 포함한 야심찬 경제개혁 프로그램을 내놓았다.

현재 자유무역 환경은 진화하고 있는 중이다. 1996년 칠레는 메르코수르의 준회원이 되었다. 정책 입안자들은 이미 칠레가 메르코수르의 다른 국가들에 비해 낮은 대외관세를 가지고 있었고, 역설적이게도 정회원이 되면 대외관세를 높여야 하기 때문에 정회원이 되지 않기로 했다. (다른 말로 하자면 칠레는 메르코수르의 자유무역지역 측면에서는 참여하지만 관세동맹 측면에서는 참여하지 않는다.) 칠레의 수출 주도 성공은 라틴아메리카의 다른 국가뿐만 아니라 중유럽 및 동유럽 국가에게 역할 모델이 되었다.

2004년 메르코수르는 안데스 공동시장과 협약을 맺어 결과적으로 볼리비아, 콜롬비아, 에콰도르 및 페루 또한 준회원국이 되었다. EU는 메르코수르의 제1의 무역 파트너로서 메르코수르는 EU와 자유무역협정을 맺었다. 장 클로드 융커 유럽연합 집행위원장은 EU가 '사업을 위해 개방적'이라는 것을 보여주기 위한 거래를 완성하는 것을 추진하고 있다. 특히 아일랜드와 프랑스의 소고기 농부들은 브라질과 아르헨티나의 저가 수출이 그들을 해칠 것이라는 이유로 이 협정에 반대한다. 또한 에탄올 생산을 위해 농작물을 사용하는 EU 농산물 생산업체들로부터 비슷한 반대가 발생한다.[12]

베네수엘라는 안데스 공동시장에서 탈퇴한 2006년에 메르코수르 가입 프로세스를 시작하였다. 페루와 콜롬비아가 미국과 FTA 협상을 시작한 후 우고 차베스 대통령은 이 공동체가 '죽었다'고 선언했다. 비록 베네수엘라가 메르코수르의 정식 회원국이 될 예정이었지만 베네수엘라의 회원 자격은 그룹의 경제 및 민주주의 원칙을 지키지 못해 정지되었다.

수년간 베네수엘라는 원유에 대한 수요 급증과 높은 원유 가격의 혜택을 누려왔다. 석유는 총수출의 75%를 차지한다. 차베스 대통령은 스스로 자인한 혁명적인 선동가였다. 1998년에 집권한 이후 그는 베네수엘라를 21세기를 위한 사회주의 국가로 천명하였다.

10년 전 베네수엘라는 카길, 셰브론, 엑슨모빌, 포드, 켈로그, 3M, 토요타 같은 글로벌 기업들에게 중요한 시장기회를 제공했다.[13] 그러나 니콜라스 마두로 대통령이 이끄는 정부가 발렌시아 제너럴모터스(GM) 공장을 점거하고 카길 곡물가공시설을 국유화했다. 오늘날 식량 부

"중국이나 인도 같은 국가로의 상품 수출은 거대 소비시장을 보유한 라틴아메리카 국가들의 부상을 이끌어 냈다. 메르코수르 같은 협정은 고부가가치 제품의 역내 교역을 활성화시켰다."[11]

아르헨티나 에브세브 컨설팅 회사, 마우리시오 클라베리아

족은 베네수엘라의 일상생활이고, 연간 인플레이션은 5,000퍼센트에 육박하고 있으며, 정부는 채무불이행을 막기 위해 1,500억 달러의 외채를 재구성해야 했다.[14]

카리브 공동체와 공동시장

카리브 공동체와 공동시장(CARICOM)은 카리브의 공동체 형성을 위한 움직임으로써 1973년도에 형성됐다. 이는 1965년 설립된 카리브해 자유무역협회를 대체한 것이다. 회원국들은 앤티가바부다, 바하마, 바베이도스, 벨리즈, 도미니카공화국, 그레나다, 가이아나, 아이티, 자메이카, 몬세라트, 세인트키츠네비스, 세인트루시아, 세인트빈센트그레나딘, 수리남, 트리니다드토바고이다. 15개 CARICOM 회원국의 총인구는 약 1,700만 명이다(그림 3-6 참조).

오늘날까지 CARICOM의 주요 목적은 카리브 공동시장을 통한 경제통합을 확고히 하는 것이었다. 하지만 CARICOM은 설립 후 처음 20년 동안 별다른 발전이 없었다. 1991년 7월 연간회의에서 회원국들은 대외공통관세와 관세동맹을 수립하는 등 경제통합에 박차를 가하기로 합의했다. 1998년 정상회담에서 15개국의 대표자들은 공통화폐를 사용하는 경제연맹 수립을 위해 발빠르게 움직이기로 합의했다. 하지만 이 안건에 대한 최근 연구는 제한된 범위의 지역간 무역은 낮아진 거래비용으로부터 얻게 되는 잠재적인 이득에 제한을 가져올 것이라고 언급했다.[15]

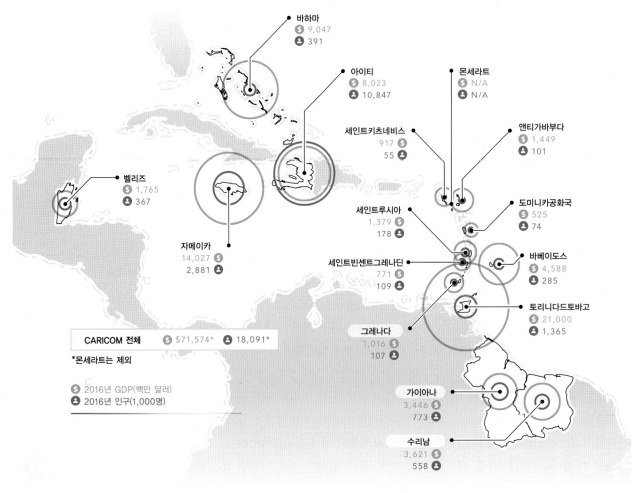

그림 3-6 CARICOM의 GDP와 인구
출처 : Paul Button, The World Bank.

→ **신흥시장 요약보고서**

브라질

그림 3-5에서 명확하게 보여주고 있는 수치처럼 브라질은 남아메리카에서 경제 발전소이다. 브라질은 그 지역에서 가장 큰 지리적 영역과 가장 많은 인구를 가지고 있다. 브라질은 세계무대에 수출 강대국으로 떠올랐다. 이와 같은 급속한 경제성장은 브라질 정책 입안자들이 국제무대에서 비중 있게 인식되고 국제무역협상에서 힘 있는 목소리를 내게 만들었다.

세계경제에서 브라질이 갖는 새로운 역할에 대한 상징은 제트항공 생산업체인 엠브라에르이다(사진 3-6 참조). 37~124개 좌석의 지역 제트기에 특화되어 있는 엠브라에르는 제트블루, 에어캐나다, 델타, 사우디아라비아 항공과 다른 항공사로부터 계약을 따내는 데 성공했다. 엠브라에르 전략의 전환점은 경영진이 가장 좋은 부품을 전 세계에서 소싱하기로 한 결정이었다. 역아웃소싱이라고 알려진 이러한 접근은 E-170/175와 같은 새로운 모델의 개발에서 가치를 입증했다. 이 프로그램에서 GE나 허니웰과 같은 10개 이상의 파트너들과 항공기 판매 매출의 1%를 제공하는 대가로 개발 리스크를 공유하였다. 좀더 많은 수의 지역 제트기를 중국에 팔기 위해 엠브라에르는 중국항공산업공사와 함께 5,000만 달러의 합작투자를 설립했다.

미국에서만도 850대 이상의 엠브라에르 제트기가 현재 사용되고 있다. 이유는 간단하다. 미국은 거대시장이기 때문이다. 엠브라에르의 상업용 항공기의 최고관리자는 다음과 같이 언급하였다. "우리에게 북미는 현재도 그렇고 미래에도 계속 신제품 판매의 잠재성에서 가장 중요한 시장입니다. 북미시장의 항공시장은 전 세계의 40%를 차지합니다." 엠브라에르는 또한 슈퍼 투카노라는 경량 공격기를 가지고 방위산업 부문을 적극적으로 공략하고 있다. 미군은 관심을 표하고 있으며 콜롬비아, 인도네시아 등의 국가에서 주문이 들어오고 있다.

브라질은 농업 분야에서 역시 선도적인 수출국이다. 브라질은 소고기, 커피, 오렌지주스(여러분의 오렌지주스 박스의 라벨을 확인해 보라), 설탕에서 세계 최대 수출국이다. 연간 커피콩의 생산은 전 세계의 3분의 1 수준인 60kg짜리 자루 4,000만 개에 이른다. 브라질은 값비싼 가솔린을 대체할 수 있는 지속가능한 대체재인 설탕 기반의 에탄올 생산국으로서 빠르게 명성을 얻고 있다. 그루포 파리아스 설탕공장의 관리자인 에르모 잠벨로에 따르면 "세계화는 우리로 하여금 외국시장에 대한 관점을 심화시켰다. 이제 우리는 세계 조망을 더욱 잘하게 되었으며 세계 생산에 대해서도 관심을 갖게 됐다."

이 장의 초반에서 설명한 것처럼 WTO 도하 라운드의 주요 쟁점은 농업이다. 브라질과 인도가 농업 분야 개혁을 위한 소위 20개 개발도상국 그룹의 리더 역할을 담당하고 있다. 예를 들어 34개 OECD 국가에 대한 브라질 수출품의 평균 관세율이 27%이다. 정부 보조금도 역시 주요 쟁점이다. 유럽연합에서는 정부가 총 농장비용의

약 3분의 1을 지원하는 데 재정을 사용하고 있다. 미국에서는 총 농장비용의 약 4분의 1을 정부가 지원한다. 대조적으로 브라질의 농장 지원을 위한 비용 규모는 총 농장비용의 겨우 약 3%에 그친다.

더 나아가 브라질은 다른 여러 도전과제에 직면해 있다. 브라질 국영석유회사의 정치인들과 고위관료들을 사로잡은 대규모 부패 스캔들 일명 '세차 작전'으로부터 아직도 파장이 감지되고 있다. 루이스 이나시우 룰라 다 사우바 전 대통령은 부패 혐의로 유죄 판결을 받고 실형을 선고 받았다. 스캔들의 여파로 브라질의 현 대통령인 미셰우 테메르는 광범위한 국영기업들을 민영화하고 있다.

2016년 하계올림픽 개최 전에 개선되었음에도 불구하고 브라질의 인프라는 비참할 정도로 낙후된 상태로 남아 있다. 고속도로와 철도, 항구를 개선하기 위한 막대한 투자가 필요한 상황이다. 기업가들은 '브라질 비용'에 대해 이야기한다. 이는 과도한 관료주의와 부족한 세관으로 인해 지연되는 문제를 가리킨다.

중국과의 무역은 기회인 동시에 위협이다. 2009년 중국은 미국을 제치고 제1의 무역 파트너로 성장하였다. 중국의 폭발적인 경제성장은 철광석과 다른 브라질의 재화 수출에 대한 엄청난 수요를 창출했다. 하지만 장난감, 안경, 신발 등과 같은 경공업 분야의 브라질 생산자들은 저가의 중국 수입품으로 인한 경쟁에 직면하고 있다.

출처 : Joe Leahy, Andres Schipani, and Lucy Hornby, "'Suddenly Everything Is for Sale,'" *Financial Times* (November 14, 2017), p. 9; Ben Mutzabaugh, "Brazil's Embraer Jets Are Sized Just Right," *USA Today* (July 6, 2012), pp. 1B, 2B; Joe Leahy, "In Search of More High-Flyers," *Financial Times* (April 17, 2012), p. 10; Joe Leahy, "The Brazilian Economy: A High-Flyer Now Flags," *Financial Times* (January 11, 2012), p. 7; Antonia Regalado, "Soccer, Samba, and Outsourcing?", *The Wall Street Journal* (January 25, 2007), pp. B1, B8; David J. Lynch, "Brazil Hopes to Build on Its Ethanol Success," *USA Today* (March 29, 2006), pp. 1B, 2B; David J. Lynch, "China's Growing Pull Puts Brazil in a Bind," *USA Today* (March 21, 2006), pp. 1B, 2B; David J. Lynch, "Comeback Kid Embraer Has Hot New Jet, and Fiery CEO to Match," *USA Today* (March 7, 2006), pp. 1B, 2B; David J. Lynch, "Brazil's Agricultural Exports Cast Long Shadow," *USA Today* (March 10, 2006), pp. 1B, 2B.

사진 3-6 엠브라에르는 세계 4대 항공기 제작사이다. 그러나 지역의 항공산업에서는 캐나다의 봄바디어에 이어 두 번째이다.
출처 : Alexandre Meneghini/AP Images.

미국과 앤티가바부다 사이의 무역분쟁은 놀랄 만한 수준이다. 최근까지 안티구아의 온라인 도박산업은 매년 30억 달러를 상회했다. 그러나 미국이 인터넷 포커 사이트를 폐쇄하면서 안티구아의 매출은 곤두박질쳤다. 미국이 국제법을 위반했다고 생각한 안티구아는 이를 WTO에 제소하였다. WTO는 안티구아를 옹호하여 상표권과 저작권에 대한 보상 없이 소프트웨어와 DVD 같은 미국의 지적재산권을 판매할 수 있는 권리를 안티구아에 부여하였다.[16]

동쪽 카리브해의 영어권 CARICOM 회원국 역시 미국과 함께 그들의 특혜적인 무역입지를 지키는 데 관심이 있었다. 이 상태는 CARICOM 회원국을 비롯한 20개 국가에 대해 미국 시장 진입을 위한 관세를 부과하지 않음으로써 특정 제품의 수출을 촉진했던 1984년 카리브연안국 특혜제도(Caribbean Basin Initiative, CBI)로부터 시작됐다. 최근에는 CBI 회원국이 CBI 확대를 요청했다. 2000년 10월 1일 발효된 카리브연안국무역협력법은 카리브해에서 미국으로 수출되는 직물과 의류에 대해 관세를 면제해 주었다.

▶ 3-5 아시아-태평양의 주요 특혜무역협정을 식별한다.

(3-5) 아시아-태평양 : 동남아시아국가연합

동남아시아국가연합(Association of Southeast Asian Nations, ASEAN)은 회원국 간의 경제적, 정치적, 사회적, 문화적 협력을 위해 1967년에 설립된 조직이다. 브루나이, 인도네시아, 말레이시아, 필리핀, 싱가포르, 타이가 기존 6개 회원국이다. 베트남은 1995년 7월 ASEAN에 가입할 당시 그 그룹 내에서 최초의 공산주의 국가였다. 캄보디아와 라오스는 연합의 30주년 기념행사가 열린 1997년 7월 가입했다. 버마(군사혁명 지배로 미얀마라고도 알려진)는 국가 내부의 정치적 인도적 문제와 관련된 지연을 거쳐 1998년에 가입했다(그림 3-7 참조). 원래의 6개 회원국은 ASEAN-6라고도 불린다.

개별적으로 그리고 전체적으로 ASEAN 국가들은 지역적, 세계적 무역에 있어서 적극적이다. ASEAN의 최대 무역 파트너는 미국, 일본, 유럽연합, 중국이다. 몇 년 전 ASEAN 관계자들은 광범위하고 일반적인 목표는 연합의 존속을 유지하기에 충분치 않다는 점을 인식했다. 비록 ASEAN 회원국들이 지리적으로는 가깝게 위치하지만, 역사적으로는 여러 측면에서 구분된다. 어떠한 형태의 협동 노력을 진척시키기에 앞서 회원국 간의 합의를 얻어야 한다는 강한 요구는 지속적인 문제가 되었다. 6개의 기존 회원국 사이의 관세 감축 합의가 타결됨에 따라 ASEAN 자유무역지대(AFTA)는 현실화되었다. ASEAN의 리더들은 현재 2015년까지 충분히 통합된 ASEAN 경제공동체를 창설하기 위해 노력하고 있다.

최근 일본, 중국, 한국이 비공식적으로 회원명부에 추가되었다. 일부 사람들은 이를 가리켜 'ASEAN+3개국'이라고 부른다. 이 명부가 오스트레일리아, 뉴질랜드, 인도를 포함시키며 한 번 더 확장됐을 때는 'ASEAN+6개국'이라고 불렀다.[17] 후자는 동아시아공동체를 설립하기 위해 노력 중이며, 그 첫 번째 단계는 동아시아 자유무역지대 수립이다. 비록 중국의 참여가 일부 반대에 부딪혔지만, 중국의 급속한 성장과 지역 내에서 확고해지는 입지는 그에 대한 대응을 필요로 했다. 종합하면 ASEAN 회원국들은 서구 국가들에 대한 수출에 덜 의존적인 경제성장 방식을 추구해야 한다. 핵심적인 문제는 전 세계 GNP의 3분의 1을 생산함에도 불구하고 ASEAN 국가들의 발전 단계는 다양하다는 점이다.[18]

2010년 1월 1일 공식적으로 중국/ASEAN FTA가 창설되었다. 19억 인구를 포함한 새로운

18,000개
인도네시아를 구성하는 섬의 개수

120만 대
캄보디아가 매년 EU에 면세로 수출하는 자전거 대수. 캄보디아는 일반특례관세제도에 속한다.

월 61달러
캄보디아의 최저 임금

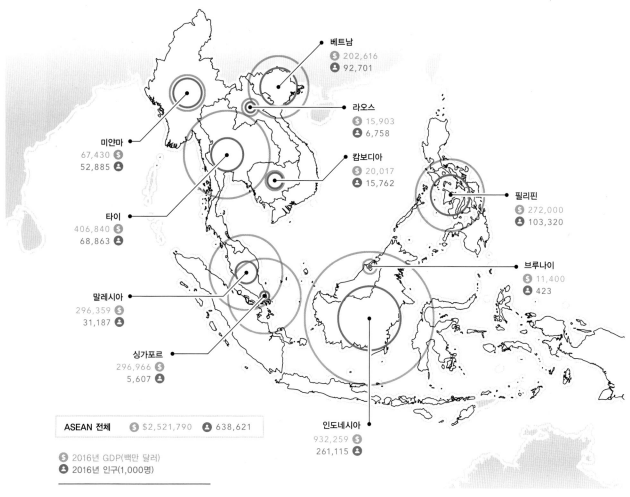

베트남
$ 202,616
👤 92,701

라오스
$ 15,903
👤 6,758

미얀마
67,430 $
52,885 👤

캄보디아
$ 20,017
👤 15,762

필리핀
$ 272,000
👤 103,320

타이
406,840 $
68,863 👤

브루나이
$ 11,400
👤 423

말레이시아
296,359 $
31,187 👤

싱가포르
296,966 $
5,607 👤

인도네시아
932,259 $
261,115 👤

| **ASEAN 전체** | $ $2,521,790 | 👤 638,621 |

$ 2016년 GDP(백만 달러)
👤 2016년 인구(1,000명)

그림 3-7 ASEAN의 GDP와 인구
출처 : Paul Button, The World Bank.

FTA는 교역되는 제품의 90%에 대하여 관세를 제거하였다. 전반적으로 FTA는 아시아 지역에 유리하다. 예를 들어 말레이시아는 팜오일이나 고무 같은 상품의 수출 증가를 누릴 것이다. 그러나 몇몇 ASEAN 산업부문들은 중국의 저가격 수입품의 홍수 속에서 피해를 입을 것이다. 타이의 지도자들은 관세철폐 유예를 요청하고 있는 자국의 철강 및 의류산업의 충격에 대해 많은 걱정을 하고 있다.[19]

싱가포르는 ASEAN 국가 중에서 특별한 경우에 속한다. 싱가포르는 영국 식민지에서 원기 왕성한 240제곱마일의 산업 동력으로 변모하였다. 싱가포르는 매우 효율적인 기반시설을 갖추고 있다. 싱가포르 항구는 세계에서 두 번째로 큰 화물 항구이다(첫 번째는 홍콩). 생활수준은 지역 내에서 일본 다음으로 두 번째이다. 싱가포르의 540만 명 시민들은 "가장 많은 지식을 가진 국가가 세계경쟁에서 이길 것이다."라는 개념을 빠르게 받아들여 국가의 경제적 성취를 이루는 데 중요한 역할을 수행했다. 탁월한 교육 프로그램과 95%의 식자율은 왜 싱가포르가 미국보다 1인당 엔지니어가 더 많은지를 설명해 준다. 싱가포르의 경제발전위원회 역시 국내에서 활발히 비즈니스 이익을 발굴해 낸다. 싱가포르에 매력을 느낀 제조기업들은 글로벌 마케팅의 '인명부'와 같다. 여기에는 HP, IBM, 필립스, 애플 등이 포함된다. 전체적으로 3,000개 이상의 기업들이 싱가포르에서 비즈니스를 하거나 투자를 하고 있다.

사진 3-7 2017년 11월 다낭에서 열린 제25차 연례 APEC 회의에서 11개국의 정상들은 미국의 참여 없이 환태평양경제동반자협정에 대한 협상을 진행했다.
출처 : APEC Summit Pool/Alamy Stock Photo.

싱가포르는 단독으로 미국과 ASEAN 간의 무역활동 중 3분의 1 이상을 차지한다. 미국은 2014년 싱가포르에 총 305억 달러어치를 수입하는 한편, 총 165억 달러 규모의 수출을 했다. 싱가포르는 주변 국가들과 매우 밀접하게 연관되어 있다. 수입품의 32% 이상이 다른 아시아 국가로 재수출된다. 싱가포르의 문명사회 구현을 위한 노력은 아주 유명하다. 오랫동안 이어진 국민행동당의 엄격한 범죄처벌 덕분에 그 지역에서의 범죄는 거의 존재하지 않는다.

아시아-태평양 지역의 마케팅 이슈

아세안 10개국은 아세안 경제공동체(AEC)라는 경제 블록을 출범할 예정이다. 비록 그 지역에서 관세가 인하되었지만 번거로운 노동법, 제품 표준의 조화 부족, 관료주의를 포함한 비관세 장벽은 아직 해결되지 않은 문제 중 일부이다. ASEAN은 관세동맹이 아니기 때문에 다른 절차로 수출입이 이루어진다. 결과적으로 물품은 문서를 검토하고 승인하는 동안 몇 주 동안 항구에서 시들해질 수 있다. AEC가 관세동맹 또는 공동시장으로 발전하기 전에 해야 할 일이 많이 남아 있다.[20]

또 다른 지역 그룹은 아시아태평양경제협력체(APEC)로, 매년 가을 19명의 지도자가 함께 모여 상호 관심사를 논의하는 포럼이다(사진 3-7 참조). 2017년 APEC은 다낭에서 모였다. 비즈니스 컨퍼런스 연설에서 트럼프 미국 대통령은 그가 '인도-대평양 지역'이라고 부르는 곳에서 자유무역과 개방무역에 대한 자신의 비전을 설명했다.

▶ **3-6** 유럽의 다양한 형태의 경제 통합을 설명하고, 브렉시트가 무엇이며, 영국과 유럽 관계에 미치는 영향에 대해 기술한다.

(3-6) 서유럽, 중유럽, 동유럽

서유럽국가들은 세계에서 가장 부유한 국가 중 하나이다. 북쪽과 남쪽의 막대한 소득 차이와 서로 다른 언어와 문화에도 불구하고 한때 서로 다른 사회였던 서유럽은 상당히 비슷하게 성장해 왔다. 하지만 여전히 서유럽을 3개층으로 구분할 정도로 차이점은 분명히 존재한다. 많은 영국인들은 스스로가 유럽 대륙의 다른 이들과는 다소 구별된다고 생각한다. 유로화에 대한 회의주의가 만연해 있고, 독일과 프랑스의 역사적 경쟁관계를 직시하는 데 있어서 여전히 문제점을 가지고 있다. 한편 영국해협을 건너 그리스, 이탈리아, 포르투갈, 스페인은 북쪽 주변국들이 부르는 '클럽 메드 국가'나 '주변 경제국' 등 다른 경멸적인 별명으로 인한 불명예를 극복하기 위해 고군분투하고 있다. 사례 3-2에서 제시된 바와 같이 이러한 남유럽국가들은 부채위기의 중심에 위치해 있다.

유럽연합

EU에는 하이네켄(네덜란드), H&M(스웨덴), 레고(덴마크), 로레알(프랑스), 누텔라(이탈리아), 자라(스페인) 등 세계에서 가장 유명한 소비자 브랜드가 있다. 일부 EU 국가들은 기계, 자동차 및 운송장비의 수출에 크게 의존한다. 그리스를 비롯한 몇몇 국가는 상대적으로 적은 양의 제조품을 수출하며, 관광에 의존한다.

EU의 기원은 1958년 로마조약으로 거슬러 올라간다. 그 당시 유럽공동체로 일컬어졌던 6개의 기존 회원국은 벨기에, 프랑스, 네덜란드, 이탈리아, 룩셈브루크, 서독이었다. 1973년, 영국, 덴마크, 아일랜드가 가입했으며, 1981년에는 그리스가, 1986년에는 스페인과 포르투갈이 회원국이 되었다. 1987년 초 유럽공동체의 12개 회원국은 재화와 서비스 자본에 대한 혁신적인 공동시장, 다시 말해 경제공동체를 만드는 쉽지 않은 작업을 시작했다. 1992년 말 단일 유럽법을 채택한 것은 유럽공동체의 주요한 성과이다. 각료이사회는 단일시장을 현실화하기 위한 200개 이상의 법률과 규정을 채택했다.

EU 회원국들의 목표는 국가별 법률과 규제를 조화시켜서 재화와 서비스, 노동력 그리고 궁극적으로는 자본까지도 자유롭게 국경을 넘나들 수 있게 하는 것이다. 1993년 1월 1일은 2018년에 25주년이 된 새로운 경제시대의 시작을 알렸다. 핀란드, 스웨덴, 오스트리아는 1995년 1월 1일 공식적으로 합류했다.(1994년 11월 노르웨이의 유권자들은 회원가입안에 반대했다.) 회원국 시민들이 이제는 연합 내에서 국경을 자유롭게 넘나들 수 있다는 사실은 EU가 자유무역지대나 관세동맹, 공동시장 이상이라는 증거이다. 유럽연합은 연합 전반에 걸친 노동력 기반의 발전을 도모하고 있다. 미국의 독점금지법 이후로 일반화된 경쟁 관련 규제를 도입하여 유럽의 기업연합 정신을 재편성하는 것도 해볼 만한 일이다. 고속도로와 철도 네트워크 개발 역시 협의 중이다.

지난 15년 동안 EU 확대는 그 지역에서 중요한 이야기였다. 사이프러스, 체코공화국, 에스토니아, 헝가리, 폴란드, 라트비아, 리투아니아, 몰타, 슬로바키아공화국, 슬로베니아는 2004년 5월 1일 유럽연합의 정식 회원국이 되었다. 불가리아와 루마니아는 2007년에 가입했고, 새로운 회원국인 크로아티아는 2013년 7월 1일에 가입했다. 그림 3-8과 같이 EU 28개국은 5억 명의 인구가 살고 있고, 총 GDP가 16조 달러가 넘는 세계 최대 경제대국을 이루고 있으며, 이번 장의 도입부 사례에서 논의한 바와 같이 EU28은 2019년 브렉시트가 촉발되고 영국이 EU를 탈퇴할 때 EU27이 된다(사진 3-9 참조).

1992년 **마스트리흐트 조약**(Maastricht Treaty)의 인준은 유럽중앙은행과 유로라는 단일통화를 포함하는 경제통화동맹을 열었다. 이 조약은 1993년 11월 실행에 들어갔으며, 1998년 오스트리아, 벨기에, 핀란드, 아일랜드, 네덜란드, 프랑스, 독일, 이탈리아, 룩셈부르크, 포르투갈, 스페인이 **유로존**(euro zone)의 11개의 창립 회원국이 되었다. 영국은 주목할 만한 버팀목이었다. 그 이유는 결코 유로존에 가입하지 않았기 때문이다.

1999년 1월 1일에 공식적으로 시작된 단일통화 시대는 유로존 내의 기업에게 통화 환전이

→ **문화탐구**

부탄과 GNH

영국의 윌리엄 왕자가 2016년 아내 캐서린 케임브리지 공작부인과 함께 부탄을 방문했을 때, 세계는 '금지된 왕국'이라고 불리는 나라를 드문드문 엿보게 되었다. 왜 '금지된' 것일까? 우선 이 나라의 지도자들은 관광을 제한하였고 2015년에 부탄으로 여행한 외국인 관광객수는 약 57,000명에 불과하다. 왕실 부부가 행복에 관한 부탄의 비밀에 대해 약간의 통찰력을 얻을 수 있기를 바란다.

부탄은 히말라야 산맥에 있는 75만 4,000명으로 이루어진 왕국이다(사진 3-8 참조). 1인당 GNI는 약 2,330달러이며, 이 수치를 기준으로 부탄은 중하위 소득층으로 분류된다. 그러나 지난 수십 년 동안 부탄은 경제성장 외에 또 다른 조치, 즉 국민총행복(GNH)에 의존해 왔다.

한 국가의 복지를 설명할 때 1인당 GDP와 GNI와 같은 지표가 불충분하다는 주장이 제기되어 왔다. 예를 들어 중국의 GDP는 1990년 이래 2배가 되었지만 그 기간 수집된 자료에 의하면 일반적인 중국 시민은 중국의 지도자가 자유시장경제를 향해 변모하기 전보다 오늘날 더 행복한 것 같지는 않다. 만약 증가된 수입과 소비가 행복과 상관없다면 무엇이 관계가 있는 것일까? 몇몇 경제학자와 정책 입안자들에 따르면 사회적 진보, 삶의 질, 지속성과 같은 보조 지표들이 필요하다.

GNH 지수는 객관적 지표와 주관적 지표를 포함한다. 예를 들어 정신적 안위, 시간 사용, 커뮤니티 활성화 정도, 문화, 건강, 교육, 환경의 다양성, 삶의 수준 및 통치 방식 등이 포함된다. 부탄의 내무부 장관인 리용포 지그메 틴레이는 "우리는 더 넓은 의미에서 인간의 삶의 질을 생각해야 합니다. 물질적인 삶의 질은 한 부분일 뿐이죠. 그것은 당신이 환경과 다른 사람들과의 관계 속에서 행복하다는 것을 보증하지 못합니다."고 하였다.

놀라울 것도 없이 행복이나 삶의 질과 같은 눈에 보이지 않는 것을 측정하는 지표, 정의에 대해 사회학자들 사이에도 논란이 많다. 영국에서 관료들은 '지속적 발전 지표'라는 것을 개발하였는데 여기에는 교통, 오염 및 범죄가 포함된다. 다른 접근법에서는 설문 참여자들에게 자신들이 일상생활에서의 체험에 대한 느낌을 질문한다. 여기에는 세금을 납부하는 것부터 스포츠 활동 참여 등의 활동이 포함된다. 프랑스 전직 대통령 니콜라스 사르코지는 경제적 성과와 사회 진보를 측정하는 위원회를 두기도 하였다.

한편 부탄의 관리들은 왕국 내에서 행복을 증진시키기 위한 여러 가지 운동을 전개하였다. 예를 들면 교사들은 지방과 도시지역에 순회 근무를 하는데 이는 모든 학생이 최고 수준의 교육을 받을 수 있게 하기 위한 것이다. 부탄의 교육부 장관에 따르면 "삶의 목표는 더 많은 생산, 더 많은 소비에 국한되어서는 안 된다. 소유와 삶의 질 사이에 필연적인 관계는 없다."

글로벌 경제위기와 함께 2010년 가을에 마드리드에서 최초의 행복 의회가 개최되었다. 이 행사는 '오픈 해피니스'를 글로벌 광고 슬로건으로 삼는 코카콜라가 후원하였다. 이 글로벌 음료회사는 또한 스페인 소비자들이 코카콜라와 행복을 다른 브랜드보다 더 많이 연관시킨다는 연구 보고 이후 스페인에 코카콜라 행복 연구소를 설립하였다.

부탄의 틴레이 장관은 이 행사에서 기조연설을 하였으며 연설 주제는 '어려운 시기의 행복'이었다. 그는 "우리의 경제 모델은 매우 깊고 심하게 뒤틀려 있다. 이것은 지속 가능하지 않다."고 좌중에게 말하였다. 제7차 국제회의는 부탄의 딤푸에서 2017년 11월에 열렸다.

출처 : Kai Schultz, "In Bhutan, Happiness Index as Gauge for Social Ills," *The New York Times* (January 28, 2017), p. A6; "Forbidden Kingdom," *CBS Sunday Morning* (April 17, 2016); Jody Rosen, "Higher State of Being," *New York Times Style Magazine: Travel* (November 2, 2014), pp. 144–151; Richard Easterlin, "When Growth Outpaces Happiness," *The New York Times* (September 28, 2012), p. A31; Tim Harford, "Happiness: A Measure of Cheer," *Financial Times* (December 27, 2010), p. 5; Victor Mallet, "Bhutan and Coke Join Hands for Happiness," *Financial Times* (October 23, 2010); Andrew C. Revkin, "A New Measure of Well-Being from a Happy Little Kingdom," *The New York Times* (October 6, 2005).

사진 3-8 부탄의 정책은 국민총생산(GNP)이 아닌 국민총행복(GNH)이 기준이다. 일부 비평가들은 히말라야주에서 행복을 증진하는 것이 부정적인 결과를 초래했다고 주장한다. 예를 들어 대다수의 인구가 믿는 불교 문화에 대한 강조는 남부에 사는 소수의 네팔인들에게 분노를 일으켰다.
출처 : dpa picture alliance/Alamy Stock Photo.

#	국가	2016년 GDP (백만 달러)	2016년 인구 (1,000명)
1	오스트리아	$386,428	8,747
2	벨기에	466,366	11,348
3	불가리아	52,395	7,127
4	크로아티아	50,425	4,170
5	사이프러스	19,802	1,170
6	체코공화국	192,925	10,561
7	덴마크	306,143	5,731
8	에스토니아	23,137	1,316
9	핀란드	236,785	5,495
10	프랑스	2,806,000	66,030
11	독일	3,467,000	82,667
12	그리스	194,559	10,747
13	헝가리	124,343	9,818
14	아일랜드	294,054	4,773
15	이탈리아	$1,850,000	60,600
16	라트비아	27,677	1,960
17	리투아니아	42,739	2,872
18	룩셈부르크	59,948	583
19	몰타	10,949	437
20	네덜란드	770,845	17,018
21	폴란드	469,509	37,948
22	포르투갈	204,565	10,325
23	루마니아	186,691	19,705
24	슬로바키아공화국	89,552	5,429
25	슬로베니아	43,991	2,064
26	스페인	1,232,000	46,444
27	스웨덴	511,000	9,903
28	영국	2,619,000	64,637
EU28 전체		16,738,828	509,625
EU27 전체 (영국 제외)		14,119,828	444,988

그림 3-8 28개 EU 국가의 GDP와 인구(브렉시트 전)

출처 : Paul Button, The World Bank.

사진 3-9 2017년 3월, 정부 지도자들이 로마조약 체결 60주년을 기념하자 로마에서 시위대가 반EU 시위를 벌였다.

출처 : Allessandro Bianchi/Reuters Pictures.

나 환율의 불확실성으로 인한 비용을 제거하는 등 많은 혜택을 가져올 것이라는 기대를 불러일으켰다. 프랑스의 프랑과 같은 국가 통화의 유통이 철회되고 실제 동전과 지폐가 발행된 2002년까지 유로는 계정단위로서 존재했다. 그리스는 2001년 가입했으며, 슬로베니아는 2007년 1월 1일 13번째 회원국이 되었다. 오늘날 19개 EU 국가도 다음 국가를 포함하여 유로존에 가입되어 있다(사진 3-10 참조).

> 14번째와 15번째 회원국인 사이프러스와 몰타는 2008년 1월 1일에 가입
> 16번째 회원국인 슬로바키아는 2009년 1월 1일에 가입
> 17번째 회원국인 에스토니아는 2011년 1월 1일에 가입
> 18번째 회원국인 라트비아는 2014년 1월 1일에 가입
> 19번째 회원국인 리투아니아는 2015년 1월 1일에 가입

글로벌 금융위기 이후 몇 년 동안 유로존의 미래는 불투명해 보였다. '그렉시트'(그리스가 유로존을 떠나는 것) 가능성에 대한 우려가 널리 퍼져 있었다. 유럽중앙은행의 경기부양 프로그램 일부와 몇몇 국가에서 행해진 구조 개혁에 힘입어 경제 생산은 현재 유로존으로 확대되고 있다. 스페인, 이탈리아, 그리스에서 고질적인 두 자릿수 실업과 같은 불균형이 여전하다. 고용 증대와 더불어 많은 유로존 국가들은 생산성을 향상시킬 방법을 찾아야 한다.

유럽연합의 마케팅 이슈

유럽위원회는 개별국가의 법률안을 통해 운영지침을 결정하고 업무 수행기한을 정했다. 유럽의 비즈니스 환경은 마케팅 믹스의 모든 요소에 관한 중요한 함의와 함께 1992년 이래로 급격한 변화를 겪고 있다.[21]

제품 : **통합화**(harmonization)는 국가마다 차이가 나는 콘텐츠와 다른 제품 기준을 일치시키는 것이다. 그 결과 기업들은 제품 모델의 수를 줄이면서 규모의 경제를 달성할 기회를 갖게 될 수도 있다.

가격 : 더 경쟁적인 환경이 된다. 단일통화로 인한 **투명성**(transparency) 증가로 동일한 제품의 국가별 비교가 더욱 용이해졌다.

판촉 : TV 방송에 대한 동일한 가이드라인, TV 광고에 대한 동일한 기준이 적용된다.

유통 : 제품 이동에 필요한 서류가 간단해졌고 통관 절차가 간소해졌다.

일례로 케이스 유럽사는 농업기기를 생산하고 판매했다. 1988년 유럽에 매그넘 트랙터가 소개되었을 때 국가마다의 전등과 브레이크 위치에 대한 규정에 따라 17개의 서로 다른 모델을 생산했다. 통합화 덕분에 케이스사는 현재 매그넘 MX 한 모델만 생산한다. 하지만 서로 다른 국가에서 서로 다른 형태의 기구와 트레일러가 사용되기 때문에 MX는 서로 다른 종류의 걸쇠에 사용 가능하다.[22]

1999년 1월 1일 유로의 출현은 더 많은 변화를 가져왔다. 유로존에서의 직접적인 가격비교는 기업으로 하여금 자신들의 가격정책을 되돌아보게끔 할 것이다. 마케팅 도전과제는 세계에서 가장 크고 부유하며 안정적인 시장 중 하나인 이곳에서 유리한 기회를 포착할 수 있는 전

사진 3-10 리투아니아는 2015년
1월 1일에 유로존에 가입했다.
출처 : Alfredas Pliadis/Xinhua/Alamy
Stock Photo.

략을 개발하는 것이다. 기업들은 자신들이 하나의 시장으로 취급할 수 있는 지역이 어디까지
인지와 통합된 유럽을 받아들이고 이로부터 이득을 취하기 위해 어떻게 조직의 정책과 구조를
변화시킬 것인지에 대해 평가해야 한다.

유럽연합의 확대는 마케팅 전략에 더욱 큰 영향을 미칠 것이다. 예를 들어 유럽연합의 식품
안전법은 일부 중유럽국가들의 식품안전법과 다르다. 그 결과 코카콜라는 파워에이드 스포츠
음료와 다른 음료 상품들의 출시를 미뤄야 했다. 특히 폴란드와 유럽연합의 식품법은 다른 재
료의 사용을 요구한다. 법률 통합과 더불어 확장된 유럽연합의 크기 그 자체가 기회를 제공하
고 있다. 일례로 P&G 사장은 특정 국가에 공급이 부족할 경우 한 시장에서 다른 시장으로 제
품을 옮길 수 있을 것이라고 내다보고 있다. 28(또는 27)개 유럽연합 국가 역시 공장의 위치 선
정에 더 많은 유연성을 허용하고 있다.

물론 해결해야 할 과제들이 있다. 이를테면 남아메리카 바나나 생산자들은 새로운 유럽연
합 국가로 수출할 때 현재 75%의 관세율에 직면해 있다. 이전의 바나나에 대한 관세율은 거의
존재하지 않았다. 또한 관세율과 쿼터가 유럽연합 내의 설탕생산을 보호하기 때문에 소비자와
크래프트 같은 식품 생산자는 가격 상승에 직면하게 될 것이다.[23]

중유럽 및 동유럽

이러한 변화가 진행 중이기 때문에 중유럽 및 동유럽 시장은 흥미로운 기회와 위협을 제공한
다. 글로벌 기업들은 이 지역은 성장의 새로운 원천으로 간주하고 있으며 한 국가시장에 최초
로 진입한 기업은 종종 업계의 리더로 등장하고 있다. 수출이 시장진입 방식으로 선호되어 왔
으나 임금률이 그리스, 이탈리아, 포르투갈, 스페인에 비해 현저히 낮기 때문에 저비용 생산
거점으로서의 매력도가 부각되면서 이 지역에 대한 직접투자가 증가하고 있다. 예를 들어 이
탈리아의 한 신발 제조업체는 슬로베니아에서 일부 저가 라인을 공급받을 수 있다.

2015년 1월 1일은 러시아, 벨로루시, 카자흐스탄의 경제를 통합한 유라시아 경제연합(EEU)

의 출범을 기념한다. 키르기스스탄과 아르메니아도 그 이후 EEU에 가입했다. 블라디미르 푸틴 러시아 대통령은 EEU를 러시아 경제성장의 초석으로 보고 있다. 그러나 유가 하락으로 루블이 붕괴되면서 벨로루시는 일부 세관 통제를 재개했다.

3M 인터내셔널, 맥도날드, 필립스, 헨켈, 쥐트주커 AG 및 7개의 중앙유럽에서 비즈니스를 하고 있는 기업들의 접근방식에 대한 연구가 진행되었는데, 이 지역의 기업과 소비자는 한때 정부 관료나 특권층만 향유할 수 있었던 유명한 글로벌 브랜드를 선호하는 것으로 나타났다. 이 연구는 높은 수준의 마케팅 프로그램 표준화가 채택되고 있으며, 특히 핵심 제품 및 브랜드 요소는 대부분 서유럽 지역과 동일하게 제공되고 있는 것으로 나타났다. 소비재 기업은 일반적으로 고급품 세분시장을 목표로 삼고 브랜드 이미지, 제품 품질에 초점을 두고 있으며, 산업재 기업들은 해당 국가의 대기업과의 비즈니스 기회 창출에 집중하고 있는 것으로 나타났다.[24]

▶ 3-7 중동지역의 핵심지역 조직의 활동을 설명한다.

3-7 중동

중동은 아프가니스탄, 바레인, 사이프러스, 이집트, 이란, 이라크, 이스라엘, 요르단, 쿠웨이트, 레바논, 오만, 카타르, 사우디아라비아, 시리아, 아랍에미리트(아부다비와 두바이 포함), 예멘의 16개 국가를 포함한다. 인구의 대부분은 아랍 민족, 상당수의 페르시아인, 그리고 소수의 유대인으로 구성되어 있다. 페르시아인과 대다수의 아랍인들은 같은 종교, 신념, 이슬람 전통을 공유하며, 인구 구성은 95%의 무슬림과 5%의 기독교인과 유대인으로 이루어진다.

명백한 동질성에도 불구하고 많은 차이점이 존재한다. 중동 국가들은 제2장에서 논의한 경제자유지수에 다양하게 분포되어 있다. 아랍에미리트가 8위로 가장 높은 순위를 차지했고 다음은 카타르(29), 그리고 이스라엘(36)이다. 바레인은 44위, 사우디아라비아는 64위다. 반면 이라크와 시리아는 현재 진행 중인 분쟁과 경제 혼란 때문에 순위가 매겨지지 않고 있다. 게다가 중동은 전형적인 신앙, 행동, 전통에 관한 통일된 사회관습 형태를 가지고 있지 않다. 중동 내의 수도와 주요 도시에는 각각 종교, 사회계급, 교육, 부의 정도에 있어서 서로 다른 다양한 사회집단이 존재하고 있다.

석유가격이 중동지역의 비즈니스를 주도해 왔다. 7개의 국가가 석유 판매를 통한 높은 수입을 창출하고 있다. 바레인, 이라크, 이란, 쿠웨이트, 오만, 카타르, 사우디아라비아는 상당한 양의 석유 매장량을 보유하고 있다. 석유수입은 중동의 부유국과 빈곤국 간의 격차를 더욱 벌여 왔으며, 그 격차로 인해 중동지역의 정치적, 사회적 불안정이 심화되었다.

2,200만 명의 국민과 세계 석유 보유량의 25%를 차지하고 있는 군주국인 사우디아라비아는 이 지역의 가장 중요한 시장으로 남아 있다. 하지만 세계시장에서 석유가격이 급격히 하락했고, 이란에 대한 국제적인 제재가 해제된 지금 이란이 석유 생산을 증가시키고 있는 가운데, 사우디아라비아의 지도자들은 '석유 후 경제'에서 새로운 수입원을 찾아야 한다. 사우디아라비아의 '사우디비전 2030'은 정부의 경제 변화 계획이다.

한 가지 목표는 관광산업을 활성화시키는 것이다.[25] 2017년 모하메드 빈 살만 왕세자는 홍해 연안에서 5,000억 달러 규모의 경제수역을 계획했는데, 이는 로봇과 재생에너지 등 핵심 분야에 대한 외국인 투자를 유치하기 위한 것이다.

2011년에 이 지역은 '아랍의 각성', '아랍의 봄'이라고 불리는 시위와 항의로 들썩였다. 튀니지, 이집트 정부는 전복되었고, 리비아에서는 내전이 발발하였다. 시리아의 정권은 반란자들에 무릎을 꿇었다. 이 지역 어디에서나 지도자들은 경제적, 정치적 양보를 요구받았다.

반란이 발생하기 전에 시리아는 중동에 불어오는 점진적 변화의 대표적인 사례였다. 사회주의적인 지배체제를 유지하면서 중국을 경제 모델로 삼았던 바샤르 알아사드 대통령은 시리아를 경직된 사회주의 경제 모델로부터 벗어나게 하려고 노력하였다. 민간은행과 주식시장이 개설되었고 민간인이 외화를 소지하는 것이 합법화되었다. 서방국가들과의 연계로 진척을 보였다. 버락 오바마 대통령은 시리아에 대사를 파견하고, 제재를 부분적으로 해제하였다. 시리아와 연계가 있는 기업가들이 레바논과 미국에서 시리아로 돌아갔는데 이러한 추세는 소비문화의 촉발을 야기했다. 다마스쿠스에서 경제적 재탄생의 표식은 포드차 대리점, KFC 매장, 베네통 매장 등을 포함한다. [26] 그러나 최근에 시리아는 반군이 알아사드 대통령을 하야시키려고 하면서 내전에 휩싸였다.

걸프 지역 아랍국가를 위한 협력회의

이 지역에서 핵심적인 지역 조직은 바레인, 쿠웨이트, 오만, 카타르, 사우디아라비아, 아랍에미리트에 의해 1981년 설립된 **걸프협력회의**(Gulf Cooperation Council, GCC)이다(그림 3-9, 사진 3-11 참조). 이 6개의 국가는 세계 석유 매장량의 약 45%를 보유하고 있으나 생산량은 세계 석유산출의 약 18%에 그친다. 역설적이게도 사우디아라비아와 여러 다른 중동국가는 현재 경상수지 적자를 보이고 있는데, 이는 대부분 이들 국민이 사용할 상품과 서비스의 대부분을 수입하는 데서 생기는 것이다.

2017년 중동에서 전례 없는 외교적 위기가 닥치기 시작했다. 사우디아라비아와 UAE가 주

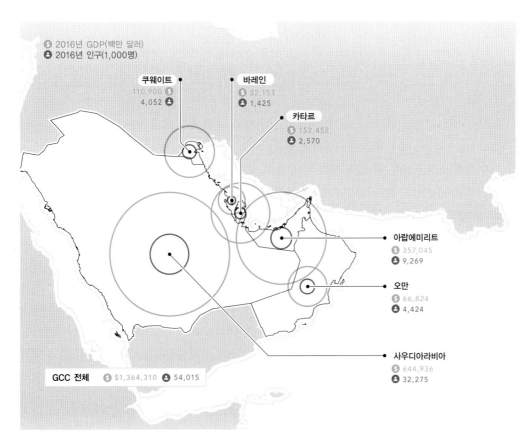

그림 3-9 GCC의 GDP와 인구

출처 : Paul Button, The World Bank.

도한 노력으로 GCC는 카타르가 테러리스트들에게 피난처를 제공하고 있다고 비난했다. 카타르는 혐의를 부인했다. 그럼에도 이집트는 GCC 회원국인 사우디아라비아, 아랍에미리트, 바레인과 함께 카타르 은행업종을 폐쇄하고 자국과의 여행과 무역을 제한했다. 쿠웨이트와 오만은 중립을 지키기로 결정했다. 카타르가 2022년 월드컵 개최를 준비하기 위해 인프라 개선에 약 2,000억 달러를 쏟아붓고 있음에도 이 보이콧은 경제적 불확실성의 고조된 상태를 초래했다.

이들 국가는 수입품을 구입하는 비용을 석유 수입에 전적으로 의존하고 있으며, 석유가격이 붕괴되자 경제 다각화와 일자리 창출을 위한 노력을 진행 중이다. 사우디아라비아는 앞에서 언급한 바와 같이 '사우디비전 2030'을 착수했고, 석유화학 제품, 시멘트, 제철산업 분야의 새로운 비즈니스를 개발하고 있다. 바레인은 은행과 보험 분야로의 확대를, 아랍에미리트는 정보기술, 디미어, 통신산업에 주력하고 있다.

이 지역 조직은 모든 경제적, 사회적, 문화적 영역에서의 조화, 통합, 협동을 현실화하는 수단을 제공하고 있다. 걸프 지역의 재무장관들은 투자, 석유, 관세철폐, 은행 규정의 통일, 재정적·화폐적 조화 등을 아우르는 경제협력 협약을 이끌어 냈다. GCC 위원회는 이 지역의 산업전략, 농업정책, 단일화된 석유정책과 가격 등에 대한 무역발전을 이끌어 냈다. 현재 목표는 아랍공동시장 형성과 아시아와의 무역관계 증진을 포함하고 있다.

GCC는 3개의 새로운 지역 조직 중 하나이다. 1989년, 다른 2개의 조직이 설립되었다. 모로코, 알제리, 모리타니아, 튀니지, 리비아는 아랍마그레브연합(AMU)이라는 협력기구를 구성하였다. 이집트, 이라크, 요르단, 북예맨은 아랍협력회의(ACC)를 설립했다. 많은 아랍인들은 그들의 새로운 지역 기구(GCC, ACC, AMU)가 이 초기 경제공동체로서 아랍 지역 간 무역과 투자발달을 육성할 것이라고 보았다. 새로운 조직들은 22개 국가로 구성되어 만장일치를 원칙으로 했던 아랍연맹보다 전도가 유망할 것으로 예측된다.

중동의 마케팅 이슈

인맥(connection)이 중동에서 사업을 진행하는 데 있어서의 핵심단어이다. 핵심적인 비즈니스와 정부관계자와의 관계를 개선하는 데 시간을 쏟는 사람들은 그렇지 않은 이들에 비해 상대적으로 관료주의를 더 잘 피해갈 수 있다. 할인을 선호하는 경향은 문화적으로 뿌리가 깊기 때문에 이곳을 방문하는 사업가는 반드시 어느 정도는 과거에 유행했던 흥정에 대비해야 한다. 개인적인 관계, 상호 신뢰, 존경을 형성하는 것이 성공적인 사업관계를 이끌어 내는 가장 중요하고 핵심적인 요소이다. 의사결정은 보통 문서나 전화상으로 이루어지지 않는다. 아랍계 사업가는 회사가 아닌 개인과 사업을 한다. 대부분의 사회적 풍습이 남성 중심적인 아랍 사회에 기반하고 있다. 전통적인 무슬림 아랍국가에서 여성은 사업이나 접대에 참여하지 않는다.

(3-8) 아프리카

◀ 3-8 아프리카에서 사업 확장을 원하는 글로벌 마케터의 이슈를 식별한다.

아프리카 대륙은 1,170만 제곱마일의 영역을 둔 광대한 대륙이다. 아프리카의 크기는 미국의 약 3.5배 정도이다. 아프리카를 하나의 경제 단위로 취급하는 것은 거의 불가능하다. 대륙 위의 54개 국가는 3개의 서로 다른 지역, 즉 남아프리카공화국, 북아프리카, 사하라이남 혹은 블랙아프리카(북쪽의 사하라 사막과 남쪽의 잠베지강 사이에 위치한)로 구분할 수 있다. 세계 부의 1.3%와 인구의 15%를 가진 아프리카는 개발도상국으로 여겨진다. 1인당 평균 소득은 사하라이남 국가의 소득 1,505달러에서 북아프리카/중동 지역의 소득 7,800달러까지 다양하다. 많은 아프리카 국가들은 이전에 유럽 식민지였으며, 유럽연합은 아프리카 대륙의 가장 중요한 무역 파트너로 남아 있다.

북아프리카에 거주하는 아랍인들은 정치적, 경제적으로 구분된다. 6개의 북쪽 국가는 좀 더 부유하고 발달되어 있으며, 특히 리비아, 알제리, 이집트는 풍부한 석유자원으로 여러 혜택을 누리고 있다. 중동과 북아프리카는 때때로 '메나(Mena)'로 알려진 지역공동체로 여겨지고 있다. 원유가격이 폭등했을 때 IMF는 메나 정책 입안자로 하여금 경제성장을 유지하기 위한 방안으로 기반산업 발전에 뜻밖의 횡재인 석유달러를 투자하도록 유도했다.[27] 이 지역 대부분의 정부는 석유수입에 대한 의존과 대중지원 수준을 낮추기 위해 노력 중이다. 요르단, 레바논, 모로코, 튀니지를 포함하는 비석유 경제권, 다른 말로 '최근 생겨난 메나' 국가 역시 근래 들어 좋은 성과를 보이고 있다.

서아프리카 경제공동체

서아프리카 경제공동체(Economic Community of West African States, ECOWAS) 수립을 위한 라고스 조약은 1975년 5월, 서아프리카의 무역과 협력, 자립을 촉진하기 위해 16개 국가에 의해 체결되었다. 회원국은 베냉, 부르키나파소, 카보베르데, 코트디부아르, 감비아, 가나, 기니, 기니비사우, 라이베리아, 말리, 모리타니, 니제르, 나이지리아, 세네갈, 시에라리온, 토고이다. 모리타니는 2002년 회원에서 탈퇴하였다(그림 3-10 참조). 1980년 회원국들은 공정되지 않은 농산물과 수공예품을 위한 자유무역지대 설립에 합의하였다. 산업재에 부과되던 관세는 철폐될 예정이었으나 지체되고 있는 중이다.

1990년 1월까지 ECOWAS 회원국에서 생산된 수없이 많은 제품에 대한 관세는 폐지되었다. 이 조직은 통관 프로세스와 무역 통계에 컴퓨터 시스템을 도입하였고, 공동체 내부 거래의 자유화로 인한 수익의 감소를 계산하기 위해 컴퓨터 시스템을 도입하였다. 1990년 6월 ECOWAS는 1994년까지 단일통화 지역을 도입하기 위한 조치를 단행하였다. 최근에 가나는 원유, 가스, 미네랄 부문과 연계된 거래에 힘입어 성과가 좋았다. 중국은 이 지역과 150억 달러 규모의 거래를 체결하였다.[28] 반대로 라이베리아와 시에라리온은 여전히 정치 투쟁과 경기 하락을 겪고 있다.

동아프리카 공동체

케냐, 우간다, 탄자니아, 르완다, 부룬디는 신생 공동시장을 창설하였다(그림 3-10 참조). 동아프리카 공동체(EAC)의 기원은 40년 전으로 거슬러 올라간다. 그러나 통합과 협력을 위한 실

그림 3-10 ECOWAS, SADC, EAC의 GDP와 인구
출처 : Paul Button, The World Bank.

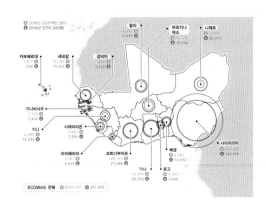

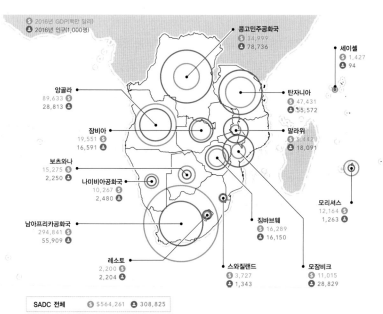

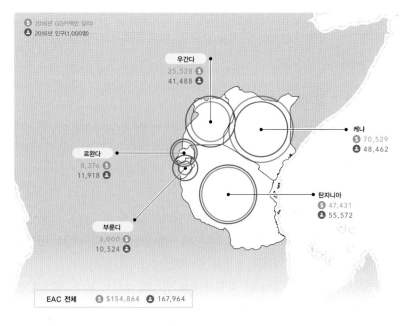

질적인 진전이 이루어진 것은 1999년부터이다. 오늘날 동아프리카 공동체는 표 3-2에서 열거된 것과 같은 몇 개의 단계를 거쳐 발전하였다. 2005년 관세동맹이 창설되었다. 공동시장은 2010년에 도입되었는데, 이를 통해 사람, 제품, 서비스, 자본의 역내 자유로운 이동이 가능해졌다. 회원국들은 또한 경제동맹을 위해 재빠르게 움직였다. 그 첫 번째 단계는 통화동맹을 창설하는 것이다. 2013년 중반까지 협상이 여전히 진행 중임에도 불구하고, 2015년까지 공동화폐 도입을 목표로 하고 있다. 단일국가 형성에 대한 이야기까지 나오고 있다. 한 비평가가 언급한 바와 같이 "동아프리카의 연합국에 대한 아이디어는 이전보다는 가까이 있다."[29]

남아프리카 개발공동체

1992년, **남아프리카 개발공동체**(Southern African Development Community, SADC)는 그 지역의 흑인통치국가들이 무역, 협력, 경제통합을 촉진할 수 있도록 하는 체제로서 남아프리카 개발협력위원회를 대신하게 되었다. 회원국은 앙골라, 보츠와나, 콩고민주공화국(이전의 자이르), 레소토, 말라위, 모리셔스, 모잠비크, 나미비아, 남아프리카공화국, 세이셸, 스와질란드, 탄자니아, 잠비아, 짐바브웨이다(그림 3-10 참조). 남아프리카공화국은 1994년 공동체에 동참했으며, 이 지역에서 수입의 약 75%와 지역 간 수출의 약 86%를 차지한다. SADC의 궁극적인 목표는 완전한 형태의 관세동맹이다. 2000년, 11개국으로 이루어진 자유무역지대가 드디어 설립되었다.(앙골라, 콩고민주공화국, 세이셸은 참여하지 않았다.)

남아프리카공화국은 2000년 유럽연합과 함께 무역, 발전, 협력에 관한 협정에 서명을 하였다. 그때부터 양방향 무역과 직접투자가 상당히 증가하였다. 다른 SADC 회원국들은 이러한 협정이 유럽의 세계기업으로 하여금 아프리카 대륙을 지배하게 만드는 토대를 제공하게 될 가능성에 대해 우려하고 있다.

남아프리카공화국, 보츠와나, 레소토, 나미비아, 스와질란드 또한 남아프리카관세동맹에 속해 있다.

아프리카의 마케팅 이슈

2000년 조지 부시 미국 대통령은 아프리카 성장기회법(AGOA) 법안을 비준하였다(www.trade.gov/agoa/). '원조가 아닌 교역'이라는 슬로건과 함께 탄생한 이 법안은 아프리카 국가들이 경제 자유화를 향한 상당한 진전을 이루도록 지원하기 위해 수립되었다. 이 법안으로 인해 기업들이 미국 수출입 은행으로부터 자금을 조달하는 것이 용이해질 것이다. 또한 AGOA는 미국과 아프리카 간 자유무역지대를 향한 공식적인 첫걸음이 된다.[30] 이 법안의 핵심항목 중 하나는 케냐와 모리셔스의 직물, 의류 생산자가 연간 미국 시장에 최대 35억 달러의 수출을 할 수 있도록 허용한 것이다. 주미 케냐 대사관인 벤자민 킵코리르는 "18세기 영국으로부터 시작해 지금까지 산업화된 모든 국가가 직물로부터 시작했었다. 우리도 똑같은 일을 하고자 한다."고 말했다.

GATT의 우루과이라운드협상 동안 협의된 직물과 의류에 관한 협약하에서 세계 직물 쿼터제는 2005년 폐지되었다. 그럼에도 불구하고 법안의 직물 항목은 논쟁의 여지가 있다. 미국은 매년 약 1,000억 달러어치의 직물과 의류를 수입한다. 40% 이상은 중국산이며 나머지는 다른 아시아 국가 및 라틴아메리카, 아프리카산이다. 직물생산을 주업으로 하는 미국 주들의 조심성 많은 의원들은 자신의 유권자들이 실직하게 될까 걱정하고 있다.

이러한 노력에도 불구하고 연간 해외직접투자의 단지 3%만이 아프리카로 향하고 있다. 여전히 페르시아의 걸프만 연안국가들이 제조업, 농업, 통신과 같은 핵심산업에 수십억 달러를 투자하면서 아프리카와의 끈끈한 유대를 만들어 가고 있다. 예를 들어 국영기업인 두바이 월드는 수십억 달러에 이르는 나이지리아의 에너지부문에서 협상을 진행 중이다. 또한 두바이는 지부티에 최근 개장한 컨테이너 터미널 건설에 자금을 댔다. 사하라이남의 아프리카에서 최대 규모인 이 터미널은 두바이 월드의 자회사인 DP 월드에 의해 운영될 예정이다. 이러한 투자는 선진국에 대한 투자에서 손실을 입은 유럽의 투자자들이 투자를 줄이고 있는 상황에서 매우 반가운 소식이다. 지부티의 대통령인 이스마엘 겔레는 "식민주의자들이 아프리카를 위해 했었어야 하는 일을 아랍인들이 우리를 위해서 하고 있다."라고 언급하였다.[31]

요약

이 장에서는 무역 형태에 영향을 미치는 기구와 지역적 협력협정에 초점을 두고 세계무역 환경을 살펴보았다. 관세 및 무역에 관한 일반협정(GATT)의 뒤를 이어서 1995년에 창립된 다자간 세계무역기구(WTO)는 회원국 간의 분쟁을 조정하는 포럼을 개최하고 세계무역을 위한 정책수립을 위해 노력한다. 또한 세계무역 환경은 지역적 혹은 소구역을 바탕으로 한 몇몇 국가 간의 특혜무역협정(PTA)으로도 특징지어진다. 이러한 협약은 증가하는 경제통합의 연장선상에서 개념화할 수 있다.

북미자유무역협정(NAFTA)에 의해 신설된 것과 같은 자유무역지대(FTA)는 경제통합의 초보적인 단계를 보여준다. 자유무역협정의 목표는 관세와 쿼터제를 없애는 것이다. 원산지 결정기준은 상품이 송출된 국가를 확인하기 위해 사용되었다. 관세동맹(예 : 메르코수르)은 대외공통관세 형태의 심화된 통합 단계를 보여준다. 중앙아메리카 통합체제(SICA)와 같은 공동시장에서는 노동력과 자본의 이동에 대한 제약이 좀 더 발전된 통합을 위한 노력의 일환으로 완화되었다. 유럽연합과 같은 경제동맹은 가장 높은 형태의 경제통합으로서 경제정책과 기관들의 통합으로 가능해진다. 다양한 표준과 규정을 동반한 통합화는 EU의 핵심적인 특징이다.

다른 중요한 협력 협약으로는 동남아시아국가연합(ASEAN), 걸프 지역 아랍국가를 위한 협력회의(GCC)가 있다. 아프리카의 주요한 협력 협약 두 가지는 서아프리카 경제공동체(ECOWAS)와 남아프리카 개발공동체(SADC)이다.

토론문제

3-1. WTO의 역할에 대해 논하라. 도하라운드의 무역에 관한 논의가 지연되는 이유는 무엇인가?

3-2. 자유무역지대, 관세동맹, 공동시장, 경제동맹 간의 유사점과 차이점을 설명하고, 각각의 예를 들라.

3-3. 유로존 가입을 위한 조건은 무엇인가?

3-4. 라틴아메리카, 아시아-태평양, 서유럽, 중유럽, 중동, 아프리카 각각의 지역적 경제 조직이나 협약은 무엇인지 밝히라.

3-5. 이 장에서 언급된 날짜들과 이와 연관된 사건들을 연결할 수 있겠는가?

1994년 1월 1일

1995년 1월 1일

1999년 1월 1일

2002년 1월 1일

2004년 5월 1일

2007년 1월 1일

2009년 1월 1일

2011년 1월 1일

2013년 7월 1일

2014년 1월 1일

2015년 1월 1일

정답 : 1994년 1월 1일 : NAFTA 발표, 1995년 1월 1일 : WTO가 GATT 승계, 1999년 1월 1일 : 계정으로서 유로화 도입, 2002년 1월 1일 : 유로화 유통 시작, 2004년 5월 1일 : EU 25개국으로 확대, 2007년 1월 1일 : 루마니아와 불가리아가 유럽연합에 가입, 2009년 1월 1일 : 슬로바키아가 유로존의 16번째 회원국으로 가입, 2011년 1월 1일 : 에스토니아가 17번째로 유로존에 가입, 2013년 7월 1일 : 크로아티아가 EU에 가입, 2014년 1월 1일 : 라트비아가 유로존에 가입, 2015년 1월 1일 : 리투아니아가 유로존에 가입

사례 3-1 (계속)
이별하는 것은 어렵다 : 영국인 '브렉시트'를 숙고하다

국민투표를 소집한 캐머런 총리는 EU 관계자들과 영국이 이 지역에 계속 참여할 미래에 대한 협상을 시작했다. 그의 목표는 EU가 '유지' 선택을 유권자들에게 더 호소력 있게 만들 수 있는 확실한 양보를 하도록 설득하는 것이었다. 개혁안 중에는 영국에 오는 일부 EU 국가들에게 제공되는 복지혜택을 제한하는 조치가 포함되어 있었다.

대부분 영국 밖의 정치인, 외교관, 기관들은 자신의 목소리를 '잔류' 주장에 힘을 싣고 있었다. 예를 들어 버락 오바마 미국 대통령과 캐나다, 뉴질랜드, 호주의 지도자들은 모두 유권자들에게 '잔류' 투표를 하라고 촉구했다. 사실 2016년 4월에 런던을 방문했을 때 오바마는 '탈퇴' 투표가 영국이 세계무대에서 더 큰 역할을 할 수 있게 한다는 견해에 동의하지 않았다. 사실 미국 대통령은 EU의 일원이 되는 것이 실제로 전 세계적으로 영국의 목소리를 증폭시켰다고 말했다.

EU 회원 가입 대신에 영국은 몇 가지 대안적 선택권을 사용할 수 있을 것이다. 첫째, 아이슬란드, 리히텐슈타인, 노르웨이처럼 유럽경제지역(EEA)에 가입함으로써 EU 단일시장에 대한 특권을 유지할 수 있다. 둘째, EU와 양자 간 자유무역협정을 체결할 수 있다. 캐나다는 비슷한 협정을 맺고 있다. 셋째, 현재 세계무역기구 회원국 자격으로 EU와의 무역을 추진할 수 있다.

'잔류' 측의 사람들은 이러한 대안 중 어떤 것이든 영국의 GDP에 상당한 감소를 가져올 것이라고 주장했다. 영국 재무부의 수석 경제학자는 다양한 대안을 고려하면서 '탈퇴' 투표의 단기적이고 장기적인 영향에 대한 보고서를 작성했다. 조지 오스본 영국 재무장관은 최악의 경우 80만 개 이상의 일자리가 장기적으로 사라질 수 있다고 말했다. 탈퇴 후 2년의 단기적으로는 52만 개의 일자리가 없어질 것이다. 재무부 보고서는 자유무역협정(FTA)에 따라 연간 경제 생산량이 6.2% 감소할 것으로 추산했다. 따라서 2030년까지 영국의 평균 가구는 4,300파운드(6,665달러)로 더 가난해질 것이다.

이러한 경고에도 불구하고 캐머런 자신의 보수당 소속의 일부 정치인들은 총리와 내각의 대열을 무너뜨렸다. 보리스 존슨 전 런던 시장과 마이클 고브 법무장관은 둘 다 '탈퇴'를 주장했다.

이민, 테러, 이민 위기
2016년 이민 위기가 확대되자 보수당 정치인 마이클 고브는 EU의 규정이 테러 용의자들을 국외로 추방하려는 영국 보안군의 노력을 방해한다고 주장했다. 또 다른 우려는 터키가 EU에 가입한다면 7,600만 명의 터키 국민 중 일부는 영국에서 새로운 기회를 모색하는 이민자들의 물결에 동참할 것이라는 점이다. EU의 가장 강력한 회원국 중 하나인 독일은 사람들의 무조건적인 자유 이동을 선호하지만, 일부 정책 입안자들은 이민에 조건을 부과하기 위한 유연성의 필요성을 강조했다. EU의 틀 밖에서 영국에 미치는 영향에 대한 의문이 제기되었다.

유럽연합이 아닌 국가들과의 무역
만약 탈퇴 투표 운동이 우세하다면 영국은 범대서양 무역투자동반자협정(TTIP)의 틀을 벗어날 것이다(사례 3-2 참조). 그 후 영국은 미국과 EU와 현재 협정을 맺고 있는 다른 나라들과 별도의 양자무역협정을 협상해야만 할 것이다. EU는 싱가포르, 베트남, 한국과 자유무역협정을 체결했다. 한국과의 FTA는 2011년에 발효되었다. 그 이후로 영국의 한국 수출은 30% 증가했다. '잔류' 옹호자들은 영국이 더 넓은 무역 관계의 일부일 때 더 많은 이점이 있다고 언급했다.

유권자 인구통계
2016년 6월 23일 국민투표 실시를 앞두고 한 가지는 분명했다. 연령에 따라 유권자들이 갈라졌다. 유럽연합 시대에 성장한 18~24세의 유권자들은 '잔류'에 찬성했다. 반면 유럽연합(EU) 이전을 그리워하는 많은 노년층 유권자들은 '탈퇴' 표를 던지려고 했다. 많은 인구통계학자들, 특히 정규교육 수준이 낮은 사람들은 세계화를 기회라기보다는 위협으로 보았다. 브렉시트 지지자들은 나이든 유권자들이 젊은 유권자들보다 투표장에 더 많이 갈 가능성이 있다는 연구결과에 고무되었다.

유권자 연설 : 탈퇴
결국 '탈퇴' 투표자들이 승리했다. 국민투표의 즉각적인 여파는 정치적 변화였다. 국민투표를 요구한 데이비드 캐머런 총리는 사임할 것이라고 발표했다. 나이절 패러지는 자신의 일은 끝났다고 밝히면서 UKIP의 리더직을 사임했다. 보리스 존슨 전 런던 시장과 앤드리아 레드섬 에너지 장관을 포함한 몇몇 잠재적 후보들의 간단한 공작 이후 테레사 메이는 보수당의 새로운 지도자로 부상했다. 2010년부터 내무장관을 역임할 때 메이는 전통적으로 남자들이 지배하던 정치무대에서 만만치 않은 존재임을 증명하였다. 일부 관측통들은 그녀를 1980년대에 총리를 지낸 '철의 여인' 마거릿 대처와 비교했다. 다른 사람들은 메이의 말도 안 되고 효율적인 정치 스타일을 앙겔라 메르켈 독일 총리와도 비교했다. 메이 총리는 "브렉시트를 성공시키겠다."고 공언했지만, 2017년까지 공식적인 브렉시트 절차를 시작하지 않겠다고 약속했다.

산업 영향
2016년 늦가을, 닛산은 선덜랜드에 있는 공장에서 두 개의 새로운 SUV 모델을 생산할 것이라고 발표했다. 이 발표는 메이 총리가 이 자동차회사가 어떠한 부정적인 브렉시트 결과로부터 보호받을 것이라는 확신을 닛산 임원들에게 언급한 후에 나온 것이다. 영국 북동부에 위치한 그 공장은 영국 경제에 매우 중요하다. 이 공장은 7,000명의 직원을 고용하고 연간 50만 대의 차량을 생산하는 영국 최대의 자동차 제조공장이다. 게다가 생산량의 약 80%가 수출되고 있는데, 이것은 유럽 시장에 대한 접근이 닛산의 성공에 중요한 요소라는 것을 의미한다.

다우닝가 10번지의 테레사 메이
메이 총리는 '하드 브렉시트'를 주창했다. 2017년 4월, 의회에서 보수당의 과반수 지지를 희망하며, 메이는 하원을 위한 '깜짝' 선거를 실시했다.

사진 3-12 테레사 메이 영국 총리
출처 : Drop of Light/Shutterstock.

밝혀진 대로 6월 유권자들이 투표장에 갔을 때, 그들은 메이가 기대했던 추가 의석을 전달하지 않았다. 이 사태는 메이 총리가 2019년 3월까지 완성될 예정이었던 그녀의 브렉시트 협상 계획 중 일부를 철회하도록 강요했다. 총리가 작성했지만 선거 2주 뒤 엘리자베스 2세 여왕에 의해 전달된 '퀸스 스피치'에는 '더 부드러운' 브렉시트와 관련된 8개 법안이 들어 있었다. 특히 메이의 입법 프로그램에는 EU 입법을 영국 법률로 전환하는 대폐지법, 관세와 무역의 틀을 확립하는 법안 등이 포함됐다.

미래를 위한 질문

일단 영국의 정치 지형이 안정되자 초점은 국가가 직면한 위험과 기회로 옮겨갔다. 많은 의문이 떠올랐다. 런던이 선도적인 글로벌 금융 센터로

"나는 우리가 노벨경제학상을 받지 못했다는 것을 알아차릴 수밖에 없군."

출처 : Banx Cartoons.

서의 지위를 잃게 될까? 어떻게 영국은 EU에서 입국하는 근로자들로부터 이익을 얻으면서 동시에 이민을 줄일 수 있을까? 2017년 크리스마스가 다가오면서 '분리 합의'에 돌파구가 마련되었던 것 같다. 2019년 3월 브렉시트의 시행 이후, 모든 당사자들이 새로운 현실에 적응할 수 있는 '전환 기간'이 2년 주어질 것이다. 테레사 메이 총리는 영국이 EU에 약 400억 유로를 지불할 것이라는 데 동의했다. 이것은 변화를 의미했다. 이전에 영국은 EU가 "휘파람을 불 것이다"라고 말하면서 수십억 유로의 지불 요구에 대응했다. 영국에 거주하는 EU 시민과 EU에 거주하는 영국 시민의 권리에 관한 합의도 이루어졌다.

앞을 내다보며 양측은 무역과 관련된 문제들을 다루기 시작했다. 영국이 단일시장과 관세동맹을 떠날 것인가? 만약 그렇다면 무역은 어떻게 수행될 것인가? 또한 북아일랜드(영국의 일부)와 아일랜드(EU의 일부) 사이에 어떤 종류의 국경선이 형성될 것인가?

토론문제

3-6. 국민투표에서 투표할 자격이 있었다면 '잔류' 또는 '탈퇴' 중 어디에 투표할 것인가? 여러분 답변의 근거는 무엇인가?

3-7. 영국이 'EU 관세동맹'에 남는다는 것은 어떤 의미인가?

3-8. 이 판이 출판될 때 '하드 탈퇴', '소프트 탈퇴', '노 탈퇴'가 나올지 미지수였다. 현재 상황은 어떠한가?

출처 : Lloyd Dorfman, "Brexit Would Damage Important Trade Links with Asia," *The Daily Telegraph* (May 24, 2016), p. 2; Philip Stevens, "Brexit May Break Britain's Tory Party," *Financial Times* (April 22, 2016), p. 9; Chris Giles, "Economics That Lie Behind Treasury's Dire Warning," *Financial Times* (April 19, 2016), p. 2; Jason Douglas, "U.K. Exit's Impact on Jobs Could Roil EU," The Wall Street Journal (April 18, 2016), p. A2; Jenny Gross, "Cameron Defends Draft EU Deal," *The Wall Street Journal* (February 4, 2016), p. A14; "Can the UK Economy Survive Brexit?", Panel Discussion, Battle of Ideas (October 18, 2015), London.

사례 3-2
포퓰리즘과 보호무역주의 시대에 세계무역회담이 살아남을 수 있을까?

21세기의 20년이 끝나갈 무렵 세계무역협정에 대한 낙관론은 약화되기 시작했다. 미국과 몇몇 아시아 국가들은 환태평양 경제동반자협정(TPP)으로 알려진 무역 프레임워크의 세부사항에 대해 수년 동안 연구해 왔다. 그 목표는 야심찬 것이었는데, 즉 자유무역지역을 만들어 장기적인 경제성장을 이끌겠다는 것이었다. 한편 미국과 유럽연합(EU)도 별도의 자유무역지역을 만들기 위한 협상을 진행 중이다. TPP와 마찬가지로 범대서양 무역투자동반자협정(TTIP)의 목표는 회원국 간의 경제성장을 촉진하는 것이었다.

범대서양 무역투자동반자협정

미국과 EU는 세계에서 가장 큰 무역관계를 맺고 있으며, 상품과 서비스의 양방향 무역은 연간 1조 달러 이상에 달한다. 그럼에도 불구하고 양측이 중국과 다른 아시아 국가들에 대한 상품 및 서비스 무역에 점점 더 초점을 맞추고 있기 때문에 이 지역 간의 무역 점유율은 수년간 감소하고 있다.

미국-EU 경제통합을 확대하기 위한 노력의 일환으로 협상가들은 미국-EU 상호무역 규모를 늘릴 '혁신적인 21세기 협정'을 체결하려고 했다. 그 이유는 간단하다. 더 많은 무역을 창출한 자유무역협정은 모든 당사자들의 경제를 활성화시킬 것이다. 미국에서는 재계 지도자들이 버락 오바마 당시 대통령에게 더 많은 무역 거래를 추진하라고 압력을 가했다. 유럽에서는 앙겔라 메르켈 독일 총리, 데이비드 캐머런 전 영국 총리, 그리고 다른 지도자들이 이 지역에 걸쳐 일자리 창출과 경제성장을 위한 새로운 길을 만들 새로운 협정을 추진하고 있었다.

2016년에 두 가지 주요 사건이 TTIP의 미래에 직접적인 영향을 미쳤다. 첫 번째는 영국이 브렉시트에 찬성한 것이었다. 영국은 미국과의 확대된 무역관계를 가장 강력하게 지지한 나라 중 하나였다(사례 3-1 참조). '탈퇴' 투표가 우세해진 직후 캐머런 총리는 사임했다. 두 번째로 중요한 사건은 2016년 11월 도널드 트럼프 대통령 선거였다. 미국의 선거운동 기간에 트럼프는 지속적으로 무역 자유화에 반대한다고 목소리를 높였다. 또 다른 대통령 후보인 버니 샌더스도 자신의 선거운동에 반무역적 수사력을 포함시켰다.

제2장에서 언급했듯이 유럽은 경제성장의 새로운 원천을 찾을 필요가 있다. 미국과 FTA를 맺는 것보다 더 좋은 방법이 있을까? 그것은 바로 유럽 지도자들이 대서양 양쪽 지도자들 사이에 대화가 진행되면서 요청했던 것이다. 상품 수입과 수출에 대한 관세가 평균 약 3%에 불과하지만 미국과 EU 간의 양방향 무역의 규모는 매우 크다. 상품만 해도 약 5,000억 달러이다. 만약 관세가 철폐된다면 무역을 조금만 증가시켜도 상당한 이익을 얻을 수 있을 것이다. GE의 한 임원은 "이것은 비록 무역을 약간만 증가시킨다고 할지라도 지금까지 가장 크고 가장 가치 있는 자유무역협정이 될 수 있다."고 설명했다.

무역협상을 복잡하게 만드는 것은 양측 사이의 마찰이 증가하고 있는 것이다. 일부 유럽 기업들은 그들이 블라디미르 푸틴 대통령 이후 러시아에 부과된 서방의 무역 제재에 의해 피해를 입었다고 불평했다. 푸틴은 크림반도를 합병하고 우크라이나에서 군사작전을 개시했다. 이와는

대조적으로 미국의 사업적 관심사는 물질적으로 중요하지 않았다. 한편 이 움직임에 영향을 받아 EU는 미국의 거대 기술기업들에 대한 조치를 강화했다. 예를 들어 애플은 130억 유로의 세금을 납부하라는 명령을 받았고, 구글은 반독점 위반으로 24억 유로의 벌금을 부과받았다.

주요한 차이점들이 양측을 갈라놓는다. 한 가지 주요 걸림돌은 농업이다. EU는 미국에서 흔히 볼 수 있는 대부분의 유전자 변형 작물의 수입을 제한한다. 관세 인하는 또 다른 핵심 이슈이다. 비록 무역 상대국들 간의 관세가 현재 평균 2~3% 사이지만, 더 많이 줄이면 상당한 비용 절감으로 이어질 수 있다.

세 번째 이슈는 국경을 초월한 투자와 구매를 방해하는 다양한 규제와 관련이 있다. 그러한 규제는 때때로 비관세장벽이라고 불리며, 많은 관계자들은 관세장벽보다 제거하기가 더 어렵다고 주장한다. 다양한 유형의 비관세 규제가 다양한 산업에 영향을 미치는 관료적 장애물을 만든다. 예컨대 EU는 미국 정부의 유럽 상품 구매에 대한 제한을 완화하는 것을 원하지만, 이러한 구매 결정 중 일부는 주 차원에서 이루어지며, 일부 주는 '미국산 우선구매법'을 통과시켰기 때문에 그 문제는 복잡하다. 앞서 언급했듯이 유럽은 옥수수와 콩과 같은 유전자 변형 농산물의 수입을 차단했다.

또 다른 문제는 제품 라벨링에 관한 것이다. 미국에서 유제품을 판매하는 일부 식품회사들은 라벨에 '파르메산'과 같은 용어를 사용한다. 유럽연합 법에 따르면 '파르메산'이라는 이름은 이탈리아의 파르마/레지오 지역에서 전통적인 방법으로 생산되는 '파르미자노-레자노'라고 알려진 젖소-우유 치즈에만 적용되어야 한다. 이탈리아 치즈는 지리적 보호표시(PGI) 및 원산지 보호표시(PDO)를 나타내는 기호를 포함하고 있다. 진전한 파르미자노-레자노에서 우유 외에 다른 재료는 소금과 효소뿐이다. 대조적으로 크래프트 100% 그레이티드 파르메산 치즈는 셀룰

출처 : Jeremy Banx/Banx Cartoons.

로오스 파우더(매끄러운 질감을 위해), 칼륨 소르브산(방부제) 그리고 다른 성분들을 함유하고 있다. 유럽연합의 규정 때문에 크래프트는 유럽에서 치즈를 팔 수 없다.

또 다른 논쟁거리는 문화적 문제이다. 유럽의 일부 지역에서는 미국의 문화 수출에 대한 견해를 갖고 있다. 예를 들어 할리우드 영화는 현지 영화 제작자들의 작품을 압도했다. 이러한 관점은 유럽 정책 입안자들에게 특정 산업을 무역협정에서 제외시키는 '각색'을 요구하도록 자극했다. 예를 들어 프랑스에서 영화산업은 국가 보조금을 받고, 방송사들은 유럽에서 시작된 프로그램의 양에 대한 할당량을 준수해야 한다. 디지털 미디어 또한 면제될 것이다. 놀랄 것도 없이 일부 비평가들은 이 개척이 노골적인 보호주의라고 비난해 왔다. 이와는 대조적으로 지지자들은 그것들이 문화적 다양성을 보존하기 위한 합법적인 방법이라고 주장한다.

2017년까지 도널드 트럼프 대통령이 이 협상에서 미국을 철수시키면서 TTIP 협상은 재개되지 않을 것으로 보인다. 대신에 EU는 일본, 오스트레일리아, 뉴질랜드와의 양자무역협정과 메르코수르, 캐나다와의 새로운 협정에 초점을 맞추고 있다.

환태평양 경제동반자협정

2005년 브루나이, 칠레, 뉴질랜드, 싱가포르는 2015년까지 무역 상대국들 사이의 모든 관세를 없애기로 약속하는 협정에 서명했다. 10년 후 환태평양경제동반자협정(TPP)이라고 알려진, 제안된 자유무역협정의 서명국은 오스트레일리아, 캐나다, 일본, 말레이시아, 멕시코, 페루, 미국, 베트남을 포함했다. 국제통화기금에 따르면 TPP를 협상하는 12개국의 상품 수출은 세계 총액의 약 40%를 차지했다.

미국의 개입에 대한 자극은 조지 W. 부시 대통령하에서 탄력을 받았다. 오바마 미국 대통령은 TPP를 미국의 수출을 증가시키는 수단으로 보았다. 대통령은 또한 미국 노동자들을 위해 더 많은 일자리를 만들어야 한다는 압력을 받았다. 2015년 오바마 대통령은 의회가 그에게 무역협상을 위한 '패스트 트랙' 권한을 부여했을 때 입법적으로 승리를 거두었다.

정책 입안자들의 최선의 의도에도 불구하고 오늘날 미국 노동력의 10%도 채 안 되는 사람들이 제조업에 종사하고 있다. 작가 베스 메이시의 베스트셀러 '팩토리 맨'은 중국 경쟁으로 일자리가 사라진 노스캐롤라이나나 버지니아 같은 주에서 가구산업의 어려움을 기록했다. 또 다른 최근 저서 '제인스빌 : 아메리칸 스토리'는 2017 파이낸셜 타임스와 맥킨지 비즈니스 올해의 책 상을 수상했다. 이 책에서 작가 에이미 골드스타인은 위스콘신주 제인스빌에 있는 GM의 조립공장 폐쇄 결정으로 지역사회가 어떻게 차질을 빚었는지에 대해 이야기한다.

고통스러운 반전으로 일부 증거들은 TPP의 시행이 제조업 일자리를 잃게 할 수도 있다는 것을 암시했다. 예를 들어 뉴발란스 애슬레틱스는 메인주에 있는 공장에서 매년 7백만 켤레의 운동화를 생산한다. 이 회사는 본사에서 운동화를 생산하는 유일한 대기업이다. 그럼에도 불구하고 회사는 미국 고객의 수요를 충족시키기 위해 중국, 인도네시아, 영국, 베트남의 공장에서 2천만 켤레 이상을 공급해야 한다. 뉴발란스 매튜 르브레튼 공보실장은 순전히 재정적인 관점에서 보면 저임금 국가에서 신발을 구입하는 것이 더 이익이 된다고 설명했다. 하지만 뉴발란스 경영진은 자사의 제품 중 '메이드 인 아메리카'를 보유하는 것이 회사의 브랜드 스토리에 중요하다고 믿고 있다. 990개의 낡은 운동화 라인이 대표적인 예이다.

또 다른 문제는 TPP가 미국의 '억류' 전략, 즉 아시아-태평양 지역에서 중국의 영향력 증대를 무력화하려는 시도를 나타낸다는 중국의 우려였다. 이러한 우려는 일본이 이 그룹에 가입한 이후 더욱 커졌다. 중국은 역내포괄적 경제동반자협정(RCEP)으로 알려진 대체무역 구역을 제안하며 이에 대응했다. RCEP는 아세안 10개국과 더불어 몇몇 다른 환태평양 국가들과의 관계를 심화시킬 것이다. 시진핑 중국 국가주석도 미국을 포함한 아시아-태평양의 다자간 자유무역지역(FTAAP)을 제안했다.

2017년 1월, 트럼프 미국 대통령은 TPP에서 미국을 철수하는 행정명령에 서명했다. 트럼프 후보는 '미국 우선주의'를 공약으로 내세우며 미국 제조업의 희생으로 저임금 국가에 일자리를 창출했다는 이유로 자유무역협정(FTA)을 비판해 왔다. 미국 노동조합 위원장과 같은 일부 관측통들은 대통령의 움직임을 환호했다. 이와는 대조적으로 농장 단체들은 미국 농산물 생산자들이 새로운 수출시장 기회를 놓칠 것이라는 사실에 실망했다.

나머지 11개 TPP 국가의 정책 입안자들은 미국 없이 회담을 재개하는 데 전념했다. 아베 신조 일본 총리는 이 단체를 2001년 할리우드 영화를 지칭하는 '오션스 일레븐'이라고 불렀다. 베트남 다낭에서 열린 2017년 APEC 회의에서 새로운 버전의 협정에 대한 잠정적인 합의가 이루어졌다고 발표되었는데, 이 협정은 현재 환태평양 무역을 위한 포괄적이고 진보적인 협정이라고 불렸다. 한편 미래에 미국 대통령은 더 넓은 지역 노선보다는 양자 간 무역협정을 협상하는 것을 선호할 것이 분명했다. 트럼프 대통령의 보호무역주의 입장은 또 주요 교역 상대국에 대한 보다 대립적인 접근과 NAFTA와 같은 기존 무역협정을 재협상하거나 심지어 취소할 것이라는 전망을 예고했다.

토론문제

3-9. 이 경우 어떤 비판적 사고가 제기되는가?

3-10. 뉴발란스 직원들이 일자리를 잃을 수도 있다고 할지라도 신발에 대한 미국의 관세철폐에 찬성하는가?

3-11. 여러분은 TTIP와 TPP에서 미국을 철수하기로 한 트럼프 대통령의 결정에 동의하는가?

3-12. 아시아-태평양 지역의 지역 통합 전망을 평가하라.

출처 : Shawn Donnan, "Globalization Marches on without Trump," *Financial Times* November 7, 2017), p. 11; Shawn Donnan, "Pacific Trade Deal a Hard Sell for Obama," *Financial Times* (June 12, 2015), p. 3; Shawn Donnan, "Hard Sell," *Financial Times* (June 9, 2014), p. 5; Brian Spegele and Thomas Catan, "China Suggests Shift on U.S.-Led Trade Pact," *The Wall Street Journal* (June 1-2, 2013), p. A6; James Kanter, "European Parliament Approves Resolution Limiting the Scope of a Free-Trade Pact," *The New York Times* (May 24, 2013), p. B7; David Dreier, "China Belongs in the Pacific Trade Talks," *The Wall Street Journal* (April 12, 2013), p. A11; Yuka Hayashi, "'Abenomics' Plan for Growth in Japan: Free-Trade Talks," *The Wall Street Journal* (March 15, 2013), p. A8; Hiroko Tabuchi, "Japan to Enter Talks on Pacific Trade," *The New York Times* (March 16, 2013), p. B3; Philip Stephens, "Transatlantic Free Trade Promises a Bigger Prize," *Financial Times* (February 15, 2013), p. 11; Stephen Fidler, "Trans-Atlantic Trading Partners Barter over Rules," *The Wall Street Journal* (February 14, 2013), p. A11; Sudeep Reddy, "Broad Trade Deal on Table," *The Wall Street Journal* (February 14, 2013), p. A1; Matthew Dalton and Stephen Fidler, "U.S. Considers Opening Ambitious Trade Talks with EU," *The Wall Street Journal* (December 24, 2012), p. A7; Jack Ewing, "US, Europe trade deal may come to the forefront", Business Standard (November 27, 2012); Larry Olmsted, "Most Parmesan Cheese in America Is Fake, Here's Why," *Forbes* (November 19, 2012); Eric Martin, "New Balance Wants Its Tariffs, Nike Doesn't," *Bloomberg Businessweek* (May 7, 2012), pp. 14-15; Yuka Hayashi and Tom Barkley, "Japan's Bid to Join Asian Trade Pact Faces a Leery U.S.," *The Wall Street Journal* (February 7, 2012), p. A9; John D. McKinnon, "Bush Pushes Trans-Pacific Free Trade," *The Wall Street Journal* (January 24, 2008), p. A3.

"세계화는 힘이다. 또한 존재한다. 문제는 우리가 세계화를 달성하기 위해 무역협정을 사용할 것인지 아니면 그저 가만히 세계화가 달성되기를 바라고만 있어야 할지이다."

전 미국 무역대표부, 마이크 프로맨

참고문헌

[1]Scott Miller, "Global Dogfight: Airplane Battle Spotlights Power of a Quirky Court," *The Wall Street Journal* (June 1, 2005), pp. A1, A14.

[2]Scott Miller, "Trade Talks Twist in the Wind," *The Wall Street Journal* (November 8, 2005), p. A14.

[3]Gabriele Steinhauser, "A Rocky Road to Economic Union," *The Wall Street Journal* (June 9–10, 2010), p. A9.

[4]John Paul Rathbone, "Bottleneck at Frontier Chokes Opportunities to Boost Trade," *Financial Times* (June 28, 2013), p. 2.

[5]Adam Thomson, "Trade Deal Has Hidden Qualities," *Financial Times Special Report: Central America Finance & Investment* (September 19, 2008), p. 3.

[6]Johanna Tuckman, "Central Americans Start to Act Together," *Financial Times* (July 9, 1997), p. 4.

[7]"NAFTA Is Not Alone," *The Economist* (June 18, 1994), pp. 47–48.

[8]Marc Lifsher, "The Andean Arc of Instability," *The Wall Street Journal* (February 24, 2003), p. A13.

[9]William Neuman, "Vegetable Spawns Larceny and Luxury in Peru," *The New York Times* (December 7, 2014), pp. A9, A15.

[10]David J. Lynch, "Golden Days for Argentine Wine Could Turn a Bit Cloudy," *USA Today* (November 16, 2007), pp. 1B, 2B.

[11]Viñcent Bevins, "A Dream Disrupted," *Financial Times—International Business Insight, Part Four: Latin America* (November 23, 2010), p. 8.

[12]Jim Brunsden and Alan Beattie, "Farmers' Resistance Tests EU Drive for South American Trade Deal," *Financial Times* (November 3, 2017), p. 7.

[13]David J. Lynch, "Venezuelan Consumers Gobble Up U.S. Goods," *USA Today* (March 28, 2007), pp. 1B, 2B.

[14]John Paul Rathbone and Robin Wigglesworth, "Caracas Plays Its Last Cards," *Financial Times—FT Big Read: Latin America* (November 22, 2017), p. 9.

[15]Myrvin L. Anthony and Andrew Hughes Hallett, "Is the Case for Economic and Monetary Union in the Caribbean Realistic?" *World Economy* 23, no. 1 (January 2000), pp. 119–144.

[16]Bruce Einhorn, "A Caribbean Headache for Obama's New Trade Rep," *Bloomberg Businessweek* (May 3, 2013), p. 13.

[17]Bernard Gordon, "The FTA Fetish," *The Wall Street Journal* (November 17, 2005), p. A16.

[18]James Hookway, "Asian Nations Push Ideas for Trade," *The Wall Street Journal* (October 26, 2009), p. A12.

[19]Liz Gooch, "In Southeast Asia, Unease over Free Trade Zone," *The New York Times* (December 28, 2009), p. B1.

[20]Jeremy Grant, "Business Warns of Barriers for Trading Bloc," *Financial Times* (February 20, 2015), p. 5.

[21]G. Guido, "Implementing a Pan-European Marketing Strategy," *Long Range Planning* (Vol. 5, 1991), p. 32.

[22]George Russell, "Marketing in the 'Old Country': The Diversity of Europe Presents Unique Challenges," *Agri Marketing* 37, no. 1 (January 1999), p. 38.

[23]Scott Miller, "Trading Partners Meet New EU," *The Wall Street Journal* (May 4, 2004), p. A17.

[24]Arnold Shuh, "Global Standardization as a Success Formula for Marketing in Central Eastern Europe," *Journal of World Business* 35, no. 2 (Summer 2000), pp. 133–148.

[25]Margherita Stancati, "A Jump in Saudi Tourism," *The Wall Street Journal* (July 16-17, 2016), p. C3.

[26]Jay Solomon, "Syria Cracks Open Its Frail Economy," *The Wall Street Journal* (September 1, 2009), pp. A1, A12.

[27]Victoria Robson, "Window of Opportunity," *Middle East Economic Digest* 49, no. 18 (May 6, 2005), p. 6.

[28]Will Connors, "China Extends Africa Push with Loans, Deal in Ghana," *The Wall Street Journal* (September 24, 2010), p. A15.

[29]Josh Kron, "African Countries Form a Common Market," *The New York Times* (July 2, 2010), p. B2. See also William Wallis, "Enthusiasm for EAC Not Matched by Results," *Financial Times Special Report: Doing Business in Kenya* (November 26, 2010), p. 1.

[30]Andrew England, "Producers Pin Hope on AGOA Trade Pact to Drive Exports," *Financial Times* (August 6, 2014), p. 3.

[31]Margaret Coker, "Persian Gulf States Bet on Africa Despite Downturn," *The Wall Street Journal* (February 24, 2009), p. A9.

4 사회문화적 환경

학습목표

4-1 문화를 정의하고 글로벌 마케팅 전략에 영향을 미칠 수 있는 문화의 다양한 표현과 징후를 확인한다.

4-2 고배경 문화와 저배경 문화의 주요 측면을 비교하고 대조한다.

4-3 홉스테드의 사회적 가치 유형론의 주요 차원을 분석하고 설명한다.

4-4 자기준거 기준이 글로벌 기업의 의사결정에 어떤 영향을 미칠 수 있는지 설명하고, 글로벌 시장의 상황에 적응하는 기업의 단계별 사례를 제시한다.

4-5 확산이론의 구성요소 및 글로벌 마케팅에 대한 적용 가능성을 분석한다.

4-6 전 세계의 다양한 사회 및 문화 환경이 마케팅에 미치는 영향에 대해 설명한다.

사례 4-1
스트레인지 브루 : 전 세계의 커피 문화

커피콩은 세계에서 두 번째로 널리 거래되는 상품이다(1위가 무엇인지 짐작할 수 있는가?). 전설에 따르면 커피콩의 각성 성분은 수백 년 전 에티오피아의 고원 지역인 카파에서 염소를 치던 목동이 발견했다고 한다. 콩과 식물은 결국 홍해를 건너 아라비아반도로 운송되었다. 15세기 말에 예멘에서는 커피 재배가 뿌리내렸고, 볶은 콩을 이용해 만든 뜨거운 음료가 순식간에 이슬람 문화 생활의 일부가 되었다.

1600년대 초반부터 오늘날까지 세계 커피무역의 성장과 진화는 존 키의 영국 동인도 회사의 역사를 포함한 많은 자료에 기록되어 있다. 예멘의 비옥한 계곡에서 선장 존 주르댕은 그가 '코후(cohoo)'라고 불렀던 수풀의 식물을 발견했다. 주르댕은 다음과 같이 썼다.

> 이 코후 씨앗은 카이로, 터키, 인도반도의 다른 모든 곳으로 운반된 위대한 머천다이즈[원문 그대로를 인용]이다.[1]

키에 따르면 무역업자들은 실제로 경작을 위해 아프리카에서 중동으로 커피 아라비카를 가져왔다. '카와'는 아랍 세계에서 사용되는 단어였다. 농작물은 이 지역에서만 재배되었으며, 당시 유럽에는 커피시장이 존재하지 않았다.

1660년대에 이르러 커피는 홍해 항구의 주요 수출품이 되었다. 점차 커피가 유럽으로 뻗어나갔다. 런던 최초의 커피점은 1652년에 문을 열었다. 일기작가 새뮤얼 피프스는 단골손님이었다. 베네치아 상인들은 이집트에서 커피를 수입하여 베네치아 공화국의 부유한 시민들에게 팔았다. 이탈리아 최초의 커피 카페는 1680년대 초에 문을 열었다.

영국 동인도 회사가 예멘 항구 모카에서 수출무역을 독점했음에도 17세기 말 무렵에는 경쟁사인 네덜란드 동인도 회사도 인도네시아 자바섬에 커피 농장을 설립했다. 다른 유럽 국가들도 그들의 광범위한 식민지 네트워크에 이 작물을 도입하면서 그 뒤를 따랐다. 커피는 전 세계로 퍼져나가게 되었다!

오늘날 커피 문화는 글로벌 시장으로 계속해서 퍼져나가고 있다. 이 음료는 전통적으로 차가 가장 인기 있는 음료였던 인도와 중국 같은 나라에서도 인기를 끌고 있다(사진 4-1 참조). 한편 커피가 처음 발견된 에티오피아에서는 정부정책과 소비자 요구 사이에 갈등이 빚어지고 있다. 정부는 프리미엄 원두의 수출을 늘림으로써 더 많은 수익을 창출하려 하고, 소비자들은 기존 원두로 만든 커피를 더 많이 마시기를 원한다. 에티오피아의 상거래와 소비 사이에서 우선순위를 정하는 데 있어서의 갈등, 전 세계적인 커피의 폭넓은 수용, 스타벅스와 같은 커피 중심 브랜드의 급속한 성장은 글로벌 시장에서 사회문화적 환경이 마케팅 기회와 역동성에 미치는 영향을 보여준다.

이 장은 시장에서 개인, 집단, 기업의 행동을 형성하고 영향을 미치는 힘에 초점을 둔다. 우리는 문화와 사회의 기본적인 측면과 21세기 글로벌 소비자 문화의 출현에 대한 일반적인 논의에서 출발한다. 다음으로 문화 이해를 위한 유용한 이론 몇 가지가 제시되는데, 여기에는 홀의 고-저 배경 문화 개념, 매슬로의 욕구 단계설, 홉스테드의 문화 유형론(cultural typology), 자기준거 기준과 확산이론 등이 포함된다. 이 장에서는 또한 문화와 사회가 소비재와 산업재 마케팅에 미치는 영향에 대한 구체적인 사례도 살펴본다. 커피의 인기는 분명히 전 세계적으로 증가하고 있다. 그러나 소비 증가가 에티오피아와 다른 신흥시장에서의 생산 증가와 어떻게 균형을 이룰 수 있을지는 지켜봐야 한다. 이 장의 마지막 부분에 있는 사례 4-1(계속)을 살펴보면 그 문제를 탐구할 기회를 갖게 될 것이다. 사례 말미에 나온 토론문제는 '교훈'에 대해 더 깊이 생각할 수 있는 기회를 줄 것이다.

4-1 사회, 문화, 글로벌 소비자 문화

◀ 4-1 문화를 정의하고 글로벌 마케팅 전략에 영향을 미칠 수 있는 문화의 다양한 표현과 징후를 파악한다.

세계 문화를 특징짓는 동질성과 이질성은 글로벌 마케팅의 업무 역시 두 단계로 이루어져야 한다는 것을 의미한다. 첫째, 마케터는 사업을 하고자 하는 국가의 문화를 연구하고 이해해야 한다. 둘째, 마케터는 이러한 이해를 반드시 마케팅 계획 과정에 포함시켜야 한다. 어떤 경우에는 전략과 마케팅 프로그램이 현지 문화에 맞게 조정되어야 할 것이다. 그러나 마케터는 공통적인 문화적 특성을 이용하고, 동시에 불필요하고 많은 비용이 발생하는 마케팅 믹스의 현지화는 피해야 한다.

새로운 지역시장에 대한 체계적인 연구는 기존의 것을 유지하려는 강한 의지와 새로운 것을 받아들이는 개방성 모두를 필요로 한다. 마케터는 스스로 확신을 갖고 자신의 전통을 공고히 지켜냄과 동시에, 다른 삶의 방식과 서로 다른 관점의 진실함과 가치를 존중하기 위한 열린 마음이 필요하다. 간단히 말해서 사람들은 자민족 중심주의로 인한 인간의 자연적 산물인 편견을 극복해야 한다. '문화 충격(culture shock)'은 새롭거나 알지 못하는 것에 대한 인간의 정상적인 반응이지만, 성공한 글로벌 마케터들은 현지시장 관점으로 인간의 경험을 이해하려고 노력한다. 글로벌 마케터들에게 문화적 요소가 시험대가 될 수 있는 이유는 이러한 요소 중 많은 것이 눈에 보이지 않기 때문이다. 문화는 대대로 세습되어 전해진 학습된 행동양식이기 때문에 외부인들이 짐작하기 어려울 수 있다. 그러나 문화적인 요소를 이해하려고 노력하면서 점차 외부인들이 내부인이 되어 문화적 공감대를 형성하게 된다. 인생에서는 같은 목표를 두고 여러 가지 서로 다른 길이 있다. 글로벌 마케터는 이를 이해하고 풍부한 삶의 다양성을 즐긴다.

인류학자와 사회학자는 문화에 대해 다양한 정의를 내리고 있다. 우선 문화는 "한 세대에서 다른 세대로 전해지는 인간집단이 쌓아온 삶의 방식"으로 정의될 수 있다. **문화**(culture)는 가족, 교육적 · 종교적 · 정치적 · 경제적 제도를 포함한 **사회제도**의 맥락에서 삶의 방식을 표현한다. 이러한 제도 역시 문화적 규범을 강화시키는 역할을 한다. 또한 문화는 인간의 행동을 형성하고 한 세대에서 다음 세대로 전달되는 의식적 · 무의식적 가치, 견해, 태도, 상징을 포함한다.[2] 조직인류학자인 헤이르트 홉스테드는 문화를 "한 집단의 구성원과 다른 집단의 구성원을 구별하는 집합적 사고방식 프로그래밍"이라고 정의한다. 특정한 '한 카테고리 안의 사람들(범주의 사람들)'은 국가, 인종과 성별에 따른 집단, 조직, 가족, 또는 다른 단위를 형성할 수 있다.

일부 인류학자와 사회학자는 문화 요소를 크게 두 가지 범주로 나누는데, 물질문화와 비물질문화가 그것이다. 전자는 때때로 **물질적 요소**(physical component) 또는 물리적 문화(physical culture)라고 부르기도 한다. 이는 옷이나 도구와 같이 사람이 만든 물건과 인공물을 포함한다. **비물질문화**(주관적 혹은 추상적 **문화**)는 종교, 인식, 태도, 신념, 가치관과 같은 무형의 것을 포함한다. 일반적으로 문화의 물질적 · 비물질적 요소는 서로 연결되어 있고 상호작용을 한다고 받아들여지고 있다. 문화인류학자인 조지 머독은 물질 · 비물질문화 연구를 통해 스포츠, 장신구, 요리, 구애, 춤, 장식미술, 교육, 윤리, 에티켓, 집안축제, 금기시된 음식, 언어, 결혼, 식사시간, 의학, 애도, 음악, 재산권, 종교의식, 주거규칙, 신분격차, 거래방식 등을 포함한 수십 개의 '문화적 보편성'을 확인했다.[3]

이는 글로벌 마케터에게 21세기 초반 세계적으로 다양한 사회문화적 현상을 이해해야 한다고 주장한 전통적인 정의의 배경과는 배치되는 것이다.[4] 소비는 후기 현대사회의 상징이 되었다. 문화정보와 이미지가 위성 TV, 인터넷 등 통신채널을 통해 자유롭게 국경을 넘나들면서 새로운 글로벌 소비자 문화가 나타나고 있다. 이러한 글로벌 소비자 문화를 인지한 사람들은 소비와 관련된 의미 있는 상징들을 공유한다. 이들 문화 중 일부는 특정 제품 범주와 관련이 있다. 마케터가 들고 있는 예로는 '커피 문화', '신용카드 문화', '패스트푸드 문화', '펍 문화', '축구/미식축구 문화' 등을 제시한다. 다양한 항목으로 구성된 이러한 범세계적인 문화는 서로 다른 지역문화와의 상호 연결성을 증가시키는 컴퓨터 연결망 세계로 인해 가능해졌다. 이는 제7장에서 더 자세히 소개하고 있는 마케팅 도구인 **글로벌 소비자 문화에 따른 포지셔닝**(global consumer culture positioning, GCCP)에서 확인할 수 있다. 특히 마케터는 어디에서나 사람들이 특정 브랜드를 소비한다는 개념을 전달하거나 인간의 보편성에 호소하는 데 광고를 이용할 수 있다.

태도, 신념, 가치

홉스테드의 문화 개념을 '집합적 사고방식 프로그래밍'으로 받아들인다면 특정 집단이 공유하고 있는 태도, 신념, 가치관을 연구함으로써 문화를 배우는 것이 가능해진다. **태도**(attitude)란 주어진 사물이나 실체에 일관된 방식으로 반응하는 학습된 경향을 의미한다. 태도는 상호 관련된 믿음의 집합체이다. **신념**(belief)은 한 개인이 세상에 대해 진실이라고 믿고 있는 조직화된 지식 패턴이다. 태도와 신념은 가치관과 밀접한 관련이 있다. **가치관**(value)은 특정한 행동 방식이 다른 행동 방식보다 개인적으로 또는 사회적으로 바람직하다고 생각하는 지속적인 믿음 혹은 느낌으로 정의될 수 있다.[5] 홉스테드뿐만 아니라 다른 학자들의 관점에서 볼 때 가치관은 한 문화의 가장 깊은 내면을 나타내며, 특정 문화의 구성원 대다수를 통해 표현된다고 본다.

몇몇 구체적인 사례를 통해 태도, 신념, 가치관을 비교 대조함으로써 이들 정의를 좀 더 명확하게 살펴보자. 예를 들어 일본인들은 협력, 합의, 금욕, 조화를 추구하기 위해 노력한다. 이들 모두는 행동양식에 대한 감정을 나타내기 때문에 이는 가치관에 해당한다. 일본의 단일문화 사회는 일본인이 세계에서 특별한 민족이라는 신념이 반영된 것이다. 많은 일본인, 특히 젊은 사람들은 서구적인 것이 중요한 패션 트렌드의 원천이라고 믿고 있다. 그 결과 많은 일본인들이 미국 브랜드에 대해 우호적인 태도를 보이고 있다. 아무리 거대하고 지배적인 문화 집단이라 하더라도 **하위문화**(subculture)는 존재한다. 즉, 그들 자신만의 태도, 신념, 가치관의 하위 집단을 가진 소수의 사람들이 존재할 가능성이 있다. 가치관, 태도, 신념은 좀 더 광범위한 문화에 내재된 어떠한 '한 카테고리 안의 사람들(범주의 사람들)' 수준에서 조사될 수도 있다. 채식주의자에게 있어서는 고기를 먹는 것은 그들이 피하고자 하는 행동양식으로 나타나게 된다. 하위문화는 종종 매력적인 틈새 마케팅 기회를 제공한다.

종교

종교는 사회적 신념, 태도, 가치관의 중요한 원천이다. 세계 주요 종교로는 불교, 힌두교, 이슬람교, 유대교, 기독교가 있으며, 또한 로마 가톨릭교와 수많은 개신교 종파도 있다. 서로 다른 종교를 믿는 사람들의 생활에 직접적으로 영향을 미치는 종교적 교리, 관례, 휴일, 역사와 관련된 사례들은 글로벌 마케팅 활동에 영향을 준다. 예컨대 힌두교인들은 소고기를 먹지 않기 때문에 인도시장의 맥도날드는 소고기 패티를 넣은 햄버거를 팔지 않는다(사례 1–2 참조). 이슬람 국가에서는 얌! 브랜드가 종교의식과 연계하여 KFC를 성공적으로 홍보했다. 이슬람 세계에서 라마단은 이슬람력에서의 9번째 달이 시작되는 단식기간을 뜻한다. 세계에서 가장 많은 이슬람 인구가 살고 있는 인도네시아에서 KFC는 라마단을 테마로 한 옥외 광고를 통해 인도네시아인들에게 매일 단식이 끝나는 시점에 저녁식사를 위해 레스토랑으로 오도록 독려하고 있다. 인도네시아에 있는 500개의 KFC 사업체는 라마단 기간에 무려 20%나 늘었다.

특정 종교에서 추종자들의 심기를 거스를 경우 그 반응은 때때로 비극적으로 나타날 수 있다(사진 4-2 참조). 2001년 9월 뉴욕과 워싱턴 DC에서 이뤄진 테러 공격과 그에 따른 중동과 아프가니스탄에서의 미군의 군사행동으로 인해 일부 이슬람교도는 미국 제품 불매운동을 시

작았고 반미 감정을 드러냈다. 튀니지 태생의 기업가 타우픽 마틸루티는 영국과 프랑스에 거주하는 이슬람 교도인들을 위해 코카콜라의 대안으로 탄산음료 브랜드 메카콜라를 출시했다. 이 브랜드의 이름은 이슬람의 성스러운 도시에 대한 의도적인 언급과 동시에 '자본주의의 메카'라고 불리는 코카콜라를 반어적으로 비꼰 표현이다. 런던의 선데이 타임스는 메카콜라를 "현재 정치적으로 펩시나 코카콜라보다 더 선호하는 음료"라고 보도했다.[6] 2003년, 영국에서 키블라콜라(아랍어의 '방향'을 뜻하는 단어에서 유래)가 출시됐다. 기업 창립자인 자히다 파르빈은 이 브랜드가 "민족이나 종교와는 관계없이 양심 있는 소비자들을 위한" 브랜드로 포지셔닝하여 메기콜라보다 더 넓은 시장에 진출하기를 희망했다.[7]

미학

모든 문화권마다 무엇이 아름답고 무엇이 아름답지 않은지, 무엇이 맛이 없고 맛이 있는지 등에 대한 전반적인 감각이 존재한다. 이와 같은 사항이 **미학**(aesthetics)과 관련된 사항이다. 글로벌 마케터는 제품, 라벨, 포장지의 모양이나 색상으로 구현된 시각적 미학의 중요성을 이해해야 한다. 마찬가지로 세계의 다른 국가들도 미적 스타일은 서로 차별화되어 있다고 받아들인다. 한 국가에서 매력적이고, 호소력 있으며 고상한 취향으로 받아들여지는 미적 요소가 다른 나라에서는 전혀 다르게 인식될 수 있다.

어떤 경우에는 모든 국가에서 표준화된 색상을 사용할 수 있다. 예를 들어 캐터필러를 대표하는 노란색은 중장비업체의 트레이드마크이며, 공식적으로 허가된 실외장비를 의미한다. 마찬가지로 캐드버리는 초콜릿 과자 포장에 보라색을 트레이드마크로 삼았다. 색상 선호도 조사에서 응답자의 50% 이상이 파란색을 가장 선호한다고 답변하였으며, 그 다음으로 선호하는 색상과 큰 격차가 있을 정도로 파란색이 압도적인 색상으로 나타났다. 파란색의 사용은 천년 전으로 거슬러 올라간다. 고대 이집트 및 중국, 마야 문명의 장인들은 파란색 색소를 함유하는 광물을 추출하게 된 이후부터 파란색을 즐겨 사용하였다. 파란색은 희귀하고 값비쌌기 때문에

사진 4-3 영국 왕실의 구성원들은 자신들의 옷을 선택할 때 종종 문화적 인식을 반영한 외교 활동을 고려한다. 2017년 케임브리지 공작 부부가 독일에 도착했을 때, 공작부인 캐서린은 프러시안 블루 옷을 입었고, 공작 윌리엄 왕자는 공작부인과 같은 계열의 넥타이를 매고 있었다.
출처 : KAY NIETFELD/AFP/Getty Images.

왕족과 신을 연상하는 것으로 인식되었다.[8] 오늘날 티파니 블루는 명품 마케터들이 선물용 가방과 상자에 사용하는 트레이드마크 색상이다. 윌리엄 왕자와 그의 가족이 다른 유럽의 왕족들을 방문할 때 파란색은 그들의 옷장에서 자주 선택하는 색상이다(사진 4-3 참조).

색깔에 대한 인식이 문화마다 다르기 때문에 현지에서 선호되는 것에 적응할 필요가 있다. 이러한 인식은 제품 포장이나 브랜드와 관련된 커뮤니케이션에 대해 의사결정을 내릴 때 고려되어야 한다. 경쟁이 치열한 시장에서 부적절하거나 매력적이지 못한 제품 포장은 그 브랜드를 구축함에 있어 불리하게 작용할 수 있다. 변화하는 경쟁 환경에 맞추어 새로운 색상 구성이 필요할 때도 있다.

어떤 색상도 본질적으로 '좋다'거나 '나쁘다'는 것은 없으며, 색상에 관한 모든 연관성과 인식은 문화로 인해 야기된 것이다. 빨간색은 대다수의 지역에서 인기가 많은 색상이다. 핏빛이라는 점 외에도 많은 나라에서 빨간색은 수세기 동안 포도 재배와 와인 생산의 오랜 전통과 연관되어 있다. 8개 국가를 대상으로 한 인식에 관한 최근 연구에 의하면 빨간색은 '활발함', '뜨거움', '강렬함'과 같은 인식과 연관되어 있다는 것을 발견했다. 대부분의 국가에서 빨간색은 '감정적인', '날카로운'과 같은 의미로도 받아들여진다.[9] 이와 같이 빨간색은 많은 사회에서 긍정적인 함의를 지니고 있다. 이와는 대조적으로 한국에서는 빨간색 잉크로 사람의 이름을 쓰는 것은 금기시된다. 왜냐하면 전통적으로 붉은색은 고인의 이름을 기록하는 데 사용되었기 때문이다. 파란색은 하늘과 물과의 연관성 때문에 믿음, 불변, 영원이라는 함축된 요소로 받아들여진다. 흰색은 서양에서 순수함과 깨끗함을 의미하지만, 중국이나 다른 아시아 지역에서는 죽음, 애도, 장례와 관련되는 경우가 많다. 하지만 젊은 세대들 사이에서는 그에 대한 인식이 빠르게 변하고 있다. 오늘날 많은 중국 여성들은 대학 졸업 기념으로 흰색 드레스를 빌리고 친구들과 사진을 찍기 위해 포즈를 취한다![10]

또 다른 연구팀의 경우 회색은 중국과 일본에서는 저렴해 보이는 이미지인 데 반해 미국에서는 고품질과 고가격과 관련이 있다고 결론지었다. 또한 연구팀은 중국인들은 갈색을 청량음료 라벨과 연관시켜 그 색이 맛 좋은 음료라고 인식하는 반면, 한국과 일본 소비자들은 노란색을 청량음료와 연관시켜 '맛있다'는 색깔로 받아들인다는 것을 알아냈다. 미국인에게는 빨간색이 '맛있는' 색깔로 인식된다.[11]

음악은 모든 문화의 미적 요소로서 예술적 표현인 동시에 엔터테인먼트(오락)의 원천으로 받아들여지고 있다. 음악은 어떤 특정한 국가와도 동일시되지 않는 '초문화(transculture : 문화를 초월하는 문화)'를 띤다. 리듬, 또는 움직임은 음악의 공통적인 측면이다. 그러나 음악에는 지역적 혹은 국가 특유의 특징들이 연계되어 다양한 스타일로 변화되어 왔다. 이를테면 아르헨티나는 보사노바, 브라질은 삼바, 쿠바는 살사, 자메이카는 레게, 도미니카공화국은 메링게, 그리고 미국은 블루스, 록음악, 힙합, 랩과 연계되어 있다. 사회학자는 국가의 정체성이 한 나라의 토착음악이나 대중음악에서 일부 유래한다는 점에 주목한다. 독특한 음악 스타일은 '문화적 본질과 공동체의 독특함을 나타낸다'고 할 수 있다.[12]

음악은 이 책의 주제인 '세계적으로 생각하고 지역적으로 행동하라'의 흥미로운 예들을 제공한다. 여러 나라의 음악가들은 폴란드의 레게나 이탈리아의 힙합과 같은 하이브리드 스타일을 만들면서 국가 고유의 음악뿐 아니라 초문화적 음악을 이끌어내고 흡수하고 적응시키고 통합해 나간다. 모티 레게브는 위와 같은 역설을 다음과 같이 설명한다.

> 이러한 형태의 음악을 제작하고 듣는 사람들은 동시대적이고 세계적 보편성을 표현하는 참여자인 동시에 지역, 국가, 민족 및 기타 정체성을 가진 혁신자이다. 미국 문화와 국제 음악산업의 상업적 이익과 관련된 문화적 형태는 현지의 차별성과 진정성을 구축하기 위해 사용되고 있다.[13]

음악은 광고에 있어서 중요한 역할을 하기 때문에 마케터는 주어진 국가시장에서 어떤 스타일의 음악을 사용하는 것이 적절한지 이해해야 한다. 배경음악이 광고에 효과적으로 사용될 수 있지만, 한 지역에서 적절하다고 여겨지는 음악이 다른 지역에서는 받아들여지지 않거나 효과적이지 않을 수 있다. 정부의 규제 또한 고려해야 한다. 롤링스톤스의 사례가 증명하듯이 중국 당국은 어떠한 노래를 마케팅하고 공연할 수 있는지에 대해 지시할 수 있는 권한을 가지고 있다. 롤링스톤 매거진이 깨달은 바와 같이 록음악 저널리즘은 지방정부의 명령에도 따라야 한다 (사진 4-4 참조).

식생활 선호도

문화적 영향은 음식 준비나 소비 패턴과 식습관에서도 두드러지게 나타난다. 증거가 필요한가? 다음의 예들을 살펴보자.

- 세계에서 가장 큰 피자 배달회사인 도미노 피자가 이탈리아에서 철수하게 된 이유는 이탈리아인들이 도미노피자를 '지나치게 미국적'으로 인식했기 때문이다. 특히 토마토소스는 너무 두꺼웠고, 토핑은 지나치게 많았다. 하지만 운이 좋게도 인도시장에서 도미노피자는 피자 키마 도 피아자, 페피 파니르, 파이브 페퍼스를 포함한 상품들의 요리법을 통

사진 **4-4** 2006년 3월 롤링스톤의 중국판 창간호에는 현지 로커 추이젠이 표지를 장식했다. 세계적인 슈퍼스타 U2도 함께 언급되어 있다.
출처 : Frederic J. Brown/AFP/Getty Images.

해 현지화를 시행했다.[14] 오늘날 도미노피자는 700개 이상의 매장을 가진 인도에서 가장 큰 외국계 패스트푸드 체인점이 되었다.

- 2012년 처음 인도의 한 아웃렛에서 던킨도너츠를 열었을 때 아침 장사가 잘되지 않았다. 왜냐하면 인도인들은 전통적으로 집에서 아침을 해결했기 때문이다. 결국 던킨도너츠는 새로운 메뉴인 오리지널 터프가이 치킨 버거를 만들고 난 후에 성공하게 되었다.[15]

이러한 사례들은 세계적으로 음식이나 음료 제품을 마케팅하려는 모든 기업에게 음식과 관련된 문화적 선호에 대한 확실한 이해가 중요하다는 사실을 강조한다. 뭄바이에 위치한 시장조사업체 회장인 티투 알리왈리아는 현지기업들이 거대한 외국기업을 상대로 효과적으로 경쟁할 수 있기 위해서는 자국의 문화적 이해력을 활용하는 부분에서 우위에 있어야 한다고 주장했다. 그에 따르면 "인도 회사는 그들의 전통문화를 이용할 때 유리하다. 음식이나 음료, 약에 관한 한 문화적으로 매우 민감할 수밖에 없다."[16] 이런 민감성이 부족한 기업은 마케팅을 함에 있어 실수를 저지르게 된다. 이러한 문제를 피하기 위해서 서브웨이는 인도에서 사업을 확장했을 때 미국에서 교육 받은 인도인 2명을 고용해 매장 오픈과 운영 감독을 담당하도록 했다.

비록 일부 음식에 대한 선호도가 문화에 깊이 뿌리내리고 있지만, 세계의 식생활 선호도가 수렴되고 있다는 것을 암시하는 수많은 증거가 있다. 지난 반세기 동안 패스트푸드 문화는 세계 전반에 걸쳐 자연스럽게 받아들여지고 있다. 많은 국가의 가장(HOF)들은 시간에 쫓기고 집에서 요리하기를 꺼린다. 서로 다른 문화와 라이프스타일에 개방적인 밀레니얼 세대는 색다른 음식을 경험하고 싶어 한다. 또한 세계여행의 확산은 여행객들을 피자, 파스타 등 다른 지역의 음식을 접할 기회를 준다. 짧은 점심시간과 빠듯한 예산 때문에 근로자들은 직장으로 돌아가기 전에 빠르면서도 저렴한 식사를 할 수 있는 장소를 찾도록 강요받고 있다. 식품과 관련된 문화적 이질성이 줄어들면서 이러한 편의상품은 소비자의 소득이 높은 곳이라면 어디에서나 구매될 가능성이 크다(사진 4-5 참조).

사진 4-5 통조림 햄의 상징적인 브랜드인 스팸은 미국 가정에서 신뢰할 수 있으며, 화려하진 않지만 식료품 저장실에 저장되어 있는 음식이다. 스팸은 모기업 호멜푸드가 있는 미네소타주의 오스틴에 스팸 박물관이 있을 정도로 미국 음식문화가 깊이 뿌리박혀 있는 음식이다. 한국에서 스팸은 별미로 여겨지며, 명절선물세트로도 활용된다. 2018년 평창 동계올림픽에서 스노보드 금메달리스트 클로이 김은 자신이 가장 좋아하는 음식이 스팸이라고 밝히기도 했다.
출처 : Jodi Cobb/National Geographic Image Collection/Alamy.

앞서 살펴본 바와 같이 이러한 과정 역시 자민족주의적 반발을 불러일으킬 수 있다. 프랑스의 국제요리협회는 어린 연령대의 시민들이 빅맥과 다른 미국 스타일의 패스트푸드에 노출되는 것에 대응하기 위해 초등학생을 대상으로 프랑스 요리와 '좋은 맛'에 대한 강좌를 개설했다. 협회장은 알렉산드르 라자레프이다. 라자레프는 최근 *The French Culinary Exception*이라는 책을 통해 프랑스의 고급요리 전통성이 세계화된 입맛에 공격당하고 있다고 경고했다. 더 일반적으로는 라자레프는 프랑스 요리의 정체성과 삶의 방식에 대한 도전이며 목소리를 높였다. 그의 우려는 맞아떨어졌다. 맥도날드가 프랑스에 계속해서 매장을 오픈하고 있으며(오늘날에는 1,100개 이상의 매장이 있다), 전통적인 비스트로(작은 식당)와 카페 수는 꾸준히 감소하고 있다. 맥도날드의 성공에도 불구하고 프랑스인들은 음식에 대한 열정이 단순한 미식을 넘어선다는 것을 표현하기 위해 새로운 유행어인 푸딩(le fooding : Food와 Feeling의 합성어)을 만들었다.

> 프랑스에서 식사하고 있다고 느끼기 위해서는 단순히 입으로 먹는 것이 아니라 머리와 정신으로, 그리고 코, 눈, 귀로 먹는 것이다. 푸딩은 21세기 먹거리에서 술과 식사에 있어 현대성과 새로운 현실을 반영한 것이다. 대담하고 센스가 있으며 그 센스를 잘 결합한다면 모든 것이 푸딩이 된다.[17]

언어와 의사소통

전 세계의 문화적 다양성도 언어에 반영된다. 현대인은 외국의 언어와 문학을 연구함으로써 집을 떠나지 않고도 다른 문화에 대해 많은 것을 배울 수 있다. 이러한 배움은 그 나라에 실제로 사는 것 다음으로 좋은 방법이다. 언어학자들은 구문론(문장 형성의 규칙), 의미론(뜻의 체계), 음운론(소리 패턴 체제), 형태론(단어 형성)의 네 가지 주요 영역으로 **음성언어**(구어)를 나누었다. **비언어 의사소통**은 몸짓, 손길, 그리고 구어적 의사소통을 보완하는 모든 형태의 몸짓언어를 포함한다(비언어 의사소통은 때때로 무언의 언어라고 불린다). 언어표현에 있어 음성언어(구어)와 비언어 측면 모두 언어학 영역 중 **기호학** 영역(기호를 통해 의미를 부여하고 해석)에 포함된다.

글로벌 마케팅에서 언어는 소비자, 공급업자, 유통 중개자 등과 의사소통하는 데 있어서 중요한 도구이다. 마케팅 관련 서적에는 제품 이름의 발음으로 인해 발생한 난처한 상황, 광고문구의 잘못된 번역 혹은 적절하지 못한 번역과 같은 실수에 대한 일화로 가득하다. 그림 4-1에서 볼 수 있듯이 특정 중국 글자와 관련된 발음에서 발생하는 미묘한 차이로 인해 선의의 선물이 자칫 나쁜 의미로 받아들여질 수 있다. 예를 들어 비즈니스상 지인에게 우산을 선물하는 것은 나쁜 의미가 될 수 있다. 왜냐하면 우산의 발음이 비즈니스가 실패하기를 희망한다는 것과 같은 의미를 나타내기 때문이다.

중국에서 델은 자사의 확고한 비즈니스 모델을 표현하고 있는 '직접 판매'라는 단어의 의미를 제대로 담은 번역 문구를 찾아야 했다. 문자 그대로를 번역하면 'zhi xiao'인데, 이는 불법 피라미드 마케팅 방식을 의미하는 중국어가 된다. 부정적인 의미를 피하기 위해 델의 영업사원은 '직접 주문'이라고 번역되는 'zhi xiao ding gou'라는 문구를 사용하기 시작했다.[18] 비슷한 사례로 통역팀은 중국에 있는 미식축구 팬의 게임 이해를 돕기 위해 사전을 편찬하기도 하였다(그림 4-2 참조).

영국/미국의 소매유통업체인 BAA의 맥아더글렌은 오스트리아에 있는 미국식 팩토리 아웃렛(공장직영매장 : 유통업의 한 형태로 대형상설 할인매장을 의미)의 사업을 하려고 할 때 현지 관리인들은 "어디에 factory(공장)가 있느냐?"고 물었다. 맥아더글렌은 이 프로젝트가 성공하기 위해서는 'factory'라는 단어 대신 'designer outlet center'라고 부를 수밖에 없었다. 또 다른 언어문제 : 미국인이 마케팅 판로 확장을 위해 프랑스 관계자들에게 연설을 하는 도중 아웃렛의 핵심매장이 될 예비 업주 이름인 'Nike'를 잘못 발음했다. 프랑스어가 초보인 것을 고려해 볼 때 미국인은 구두 장인의 이름이 프랑스에서 'NEEK(괴상한 멍청이)'으로 발음될 것이라고 추측했다. 하지만 호의적이었던 동료가 그를 한쪽으로 데리고 가 정확한 발음은 'NIK'('bike'와 같은 소리)라고 말했을 때 그는 크게 당황했다. 'NEEK'는 프랑스에서 단순히 욕설을 뜻하는 것이 아니라, '동물과 교배한다'는 의미가 있는 욕이었기 때문이다.[19]

앤호이저부시와 밀러 브루잉 두 기업은 모두 'light beer'라는 문구를 사용하면서 영국 시장 실패를 경험했다. 이 문구는 '낮은 칼로리'로 인식되기보다는 '알코올 도수가 낮은 것'을 의미하는 것으로 인식되었다. 현재 밀러 라이트는 유럽에서 '밀러 필스너'로 판매되고 있다.[20]

음운론과 형태론에서도 이와 같은 실수가 드러난다. 콜게이트는 스페인에서 'colgate'가 '스스로 목을 메달다(cuelgate)'라는 의미의 동사 형태라는 것을 알게 되었다. 이케아는 스칸디나비아의 마을과 설립자의 이름을 따서 지은 것으로 알려져 있다. 하지만 타이에서 이 거대한 가구회사는 타이어로 된 제품 이름을 만들기 위해 언어학자들과 원어민 강사를 고용해 도움을 받았다. 그 이유는 레달렌 침대와 자트브라 화분과 같은 제품의 이름이 타이어로 발음될 때 성적인 의미가 함축되어 있었기 때문이다. 해결방법으로 원어민팀은 특정 이름에 대해 불쾌하게 들리지 않도록 모음과 자음을 변경하였다.[21]

월풀은 유럽에서 브랜드 광고에 상당한 자금을 쏟아부었지만 이탈리아와 프랑스, 독일의

세계에서 세계로 : 전 세계로 나아가는 셰익스피어

작은 극단과 무대 관리자들은 왜 2년 동안 지구상의 모든 나라에서 햄릿의 영어 버전을 제작하기로 했을까? 셰익스피어 희곡 햄릿 2막 2장에서 "I'll tell you why…"라고 말한다. 전 글로브 극단 예술 감독 도미니크 드롬굴은 한마디로 이야기한다. "햄릿은 모두에게 이익이 된다."

'세계에서 세계로' 월드 투어는 셰익스피어 탄생 450주년인 2014년 4월 시작됐으며, 그의 서거 400주년인 2016년 런던 사우스뱅크에서 막을 내렸다. 어느 곳에서나 모든 사람이 셰익스피어의 희곡을 볼 권리가 있다고 확신한 드롬굴은 독특한 문화교류를 제공하려는 목표를 '광기'와 '완전한 삶의 긍정'으로 정의한다.

수백년 된 연극이 오늘날의 관객들과 어떻게 연결될 수 있을까? 이 연극은 초기 근대 영어 어휘로 만들어졌다는 장애물에도 불구하고, 이 연극의 대사는 사람들을 끌어당긴다. 런던 본래의 글로브 극단에서는 많은 관객들이 서서 관람하고('1층 바닥의 관람객'), 무대 위에는 무대 지붕도 없었다. 배우들은 햇볕 아래에서 관객들을 내려다보며 직접 연기를 했다. 현대 무대에서도 똑같이 한다. 드롬굴은 "셰익스피어란 바로 그런 것이다."라고 말한다. "햄릿이 질문하면 당신은 대답할 것이다."

게다가 연극의 구성은 많은 문화에 잘 통용된다. 엘시노어성에서 두 명의 긴장한 군인이 전투에 임하는 개막 장면이 좋은 예다. 드롬굴은 "모든 사람이 그것을 이해한다."고 말한다. 또한 유령의 출현도 마찬가지로 보편적으로 인정받고 있다.

또 다른 예로 드롬굴은 분노로 들끓는 젊은이가 화술이 뛰어난 노련한 정치꾼인 클라우디우스와 맞서는 장면을 지적한다. 관객들은 언어의 어감이 달라졌다 하더라도, 이 장면을 전달하는 장면 그대로 직접적으로 받아들이게 된다. 햄릿을 연기한 배우 중 한 명인 나임 하야트는 "직접적인 소통은 햄릿의 인간성을 찾을 수 있다."고 말한다.

이 책의 예는 '시장은 세계로, 시장은 현지로'라는 문구가 각기 다른 장소에서 나라마다 변화했다는 것을 보여준다. 예를 들어 스페인에서 연극은 오페라 하우스에서 공연되었다. 지부티에서는 홍해 앞에서 공연이 펼쳐졌다.

햄릿의 뜻도 나라마다 다른 지역적 울림을 띠었다. 예를 들어 캄보디아의 프놈펜에서 연극이 공연되었을 때 드롬굴은 클라우디우스를 악명 높은 크메르루즈나 폴포트와 연관 짓는다는 것을 알았다. 뉴욕의 UN에서는 드롬굴은 오필리아의 아버지 폴로니우스를 겸손함을 미덕으로 여기는 외교의 임무를 수행하는 공무원과 연결시켰다. 한 중동 국가에서 일부 관객들은 이 연극이 부패에 시달리는 군주제에 대한 고발로 해석하기도 했다. 또한 이 극단은 시리아와 같은 전쟁으로 피폐해진 국가에서 온 난민들을 수용하는 난민 수용소에서도 공연을 했다(사진 4-6 참조).

출처 : Dominic Dromgoole, *Hamlet, Globe to Globe: Taking Shakespeare to Every Country in the World* (London, UK: Canongate, 2017); "Alas Poor Dominic," Presentation by Dominic Dromgoole and Naeem Hayat, *Financial Times* Weekend Festival, London (September 2, 2017); Steven Greenblatt, "Their Hours upon the Stage," *The New York Times Sunday Book Review* (April 23, 2017), p. BR 1; Harriet Fitch Little, "Home and Away: The Globe to Globe Hamlet Project," *Financial Times* (April 22, 2016).

사진 4-6 유로터널을 통해 영국으로 들어오기를 희망한 난민들을 위해 칼레난민촌에서 1회 공연이 열렸다.
출처 : Anthony Devlin/PA Wire
URN:25420563/Associated Press.

책　　　　우산　　　　시계

그림 4-1 중국에서는 책, 우산, 시계를 선물로 주는 것은 불운을 뜻한다. 왜냐하면 책의 한자어가 [shu]로 발음되는데 이는 나는 당신이 지길 바란다(불운함을 갖는다)라는 말처럼 들리기 때문이다. 우산의 [san]은 '갈기갈기 찢기거나 산산조각이 난다'는 소리처럼 들린다. '시계[zhong]'는 '죽음' 또는 '끝'처럼 들린다.

소비자들이 자사 이름을 발음하는 데 어려움이 있다는 사실을 알게 되었다.[22] 반대로 랜초 로소는 의도적으로 새로운 청바지 브랜드에 '디젤'이라는 이름을 선택했는데 그가 언젠가 언급한 바와 같이 "모든 언어에서 똑같이 발음되는 몇 안 되는 단어 중 하나"이기 때문이다. 랜초는 디젤을 성공적인 글로벌 젊은이들의 브랜드로 만들었고, 이탈리아 최고의 패션 성공사례 중 하나가 되었다. 이 회사의 연간 매출 수입은 총 12억 달러가 넘는다.[23]

기술은 마케팅이라는 명목하에 언어학을 활용한 흥미롭고 새로운 기회를 제공해 준다. 예를 들어 전 세계 젊은이들은 문자메시지를 보내기 위해 휴대전화를 사용하고 있다. 그 결과 특정 숫자들의 조합은 특정 언어에서 의미가 있는 것으로 밝혀졌다. 일례로 한국어로 8282를 숫자 순서 그대로 발음하면 'Pal Yi Pal Yi'로 '서둘러'라는 뜻이 된다. 7179(Chil Han Chil Gu)는 '친한 친구'처럼 들린다. 또한 한국의 많은 디지털 세대 젊은이들은 4 5683 968을 (휴대전화 버튼의 숫자를 눌러 문자 메시지로 만들면) '나는 너를 사랑해'로 인식한다.[24] 한국의 마케터는 이러한 숫자조합을 광고에 사용하고 있다.

문화의 글로벌화가 일어나는 이유 중 하나는 영어가 전 세계에 확산되었기 때문이다. 오늘날 모국어가 영어인 사람보다 더 많은 사람들이 제2외국어로 영어를 사용하고 있다. 유럽연합의 10대 중 85% 정도가 영어를 공부한다. 소니는 일본에 본사를 두고 있음에도 불구하고 세계 모든 지역의 구직자들에게 영어를 '외국어'로 여기지 않는다고 명시하고 있다. 핀란드의 노키아도 마찬가지이다. 마쓰시타의 경우 모든 관리자급 직원은 영어능력시험에 합격해야 승진할 수 있는 정책을 도입했다. 이러한 움직임은 마쓰시타의 최고경영진이 지나친 일본적 기업문화가 세계시장에서 자사의 경쟁력을 약화시킨다고 결론 내린 데 따른 것이다. 영어 자격 요건은 일본 기업이 글로벌화에 주력하고 있음을 보여주는 강력한 상징임을 알 수 있다.[25]

blitz

突襲:猛撞
(四分卫)一种
防守技术

gambling kickoff

赌博踢

short kick

短开球

punt

凌空踢球

capture and kill

'擒杀'

successfully capture the quarterback

成功地擒抱四分卫

play action

假跑真传

Hail Mary pass

长传到达阵区

touchdown

持球触地

그림 4-2 미식축구 용어 사전을 편찬한 학자들 덕분에 중국 스포츠팬들은 NFL 게임에 대해 더 잘 이해하게 되었다. 블리츠를 중국어로 번역하면 '쿼터백에 대항하는 불꽃전쟁'이 된다. 'punt'는 '포기하고 다시 차기'이며, 'onside kick'은 '도박을 건 킥오프' 또는 '짧은 킥'을 의미한다. 또한 미식축구 용어 사전의 저자들은 'sack'을 '포획해서 죽인다' 또는 '쿼터백을 잡아라'라고 해석했다. play action은 '가짜로 뛴 후 패스'이다. 'Hail Mary pass'는 '기적의 롱패스'로 번역되며, 'touchdown'은 '볼을 잡고 땅에 터치하다'라고 해석된다.

비언어 의사소통과 관련된 도전들은 더욱 만만치가 않다. 예를 들어 중동에서 사업을 하는 서양인은 중동인에게 신발 밑창을 드러내거나, 왼손으로 문서를 건네지 않도록 조심해야 한다. 일본에서는 고개 숙여 인사하는 것이 많은 의미를 내포한 비언어 의사소통의 중요한 형태이다. 서양에서 자란 사람은 언어적인 경향이 있다. 반면 아시아에서 자란 사람은 대인관계에서의 의사소통에서 비언어적 측면에 더 비중을 두고 행동한다. 동양에서는 비언어적 신호들을 익히고, 말하지 않아도 직관적으로 의미를 이해할 수 있기를 원한다.[26] 서양인은 이런 문화에서 사업을 할 때 듣는 것뿐만 아니라 보게 되는 것에도 세심한 주의를 기울여야 한다.

언어에 기반을 둔 문화에 대한 이해는 글로벌 기업에게 경쟁우위의 중요한 원천이 될 수 있다. 스페인의 이동통신기업 텔레포니카의 공격적인 시장확장이 대표적인 사례이다. 텔레포니카의 전 회장이었던 후아 빌라롱가는 "단지 공통의 언어를 말하는 것이 아니라 문화를 공유하고 같은 방식으로 우정을 이해하는 것이다."라고 말했다.[27]

문화와 관련된 몇 가지 중요한 의사소통에는 문제가 발생할 수 있다. 하나는 순서 배열인데, 이것은 토론이 A에서 B로 이어지는지 아니면 갑자기 다른 방향으로 전개되는지에 관한 것이다. 또 다른 주제는 협상의 단계화이다. 이는 특정한 중요 의제가 즉시 논의되는지 아니면 구성원 간의 친분관계를 형성하기 위해 어느 정도의 시간을 가진 후에 논의되는지 여부에 관련된 것이다. 국제협상에 관한 두 전문가에 따르면 미국인들끼리 협상할 때는 효과적일 수 있지만, 다른 문화적 배경을 가진 사람들과 함께할 때는 수정을 요하는 몇 개의 뚜렷한 미국의 전술들이 협상 중에 자주 이용된다. 어떤 의사소통 상황에서든 발표자는 예리한 관찰자들에게 발표자의 마음가짐과 견해를 이해시킬 수 있도록 하는 다양한 단서를 제공한다. 여기 몇 가지 예가 있다.[28]

미국인들은 전형적으로 '혼자 힘'으로 해내고 싶어 한다. 이로 인해 협상 과정에서 수적으로 우세한 경우가 많다.

많은 미국인들은 '솔직하게 터놓고 말하기'를 좋아한다. 그러나 어떤 면에서는 바로 '요점만 말해'보다는 친밀감을 쌓는 것이 중요할 때도 있다.

미국인들은 말을 너무 많이 하고, 듣고 관찰해야 하는 상황에서도 말을 하는 경향이 있다. 어떤 문화권에서는 긴 침묵이 가치 있을 수 있다. 비언어적 의사소통의 신호는 언어만큼 중요할 수도 있다.

이러한 의사소통의 '불문율'은 다른 문화권에서도 찾아볼 수 있다. 영국의 사회학자 케이트 폭스는 직장 생활에서 회의를 할 때 '정중한 미루기 규칙'을 확인했다. 당장 업무에 착수하기보다 교통이나 날씨와 같은 일상적인 주제에 대한 작은 이야기로 회의를 시작하는 경우가 많다. 폭스는 영국에 파견된 캐나다 사업가의 이야기를 인터뷰한 것을 토대로 말했다.

누군가 더 일찍 나에게 경고해 줬더라면 좋았을 텐데 말입니다. 최근에 회의가 있었는데 다들 날씨에 대해 얘기하고 M25(영국 런던 고속도로)에 대해 30분 정도 농담만 하고 있는 거예요. 그래서 계약을 시작해 보자고 제안했는데 다들 나를 따분한 사람 보듯 쳐다보는 겁니다. 어쩜 그렇게 난 멍청할 수 있었을까요?[29]

'날씨 말하기'와 관련된 영어 표현은 성문화되진 않았지만 여러 개의 합의된 '문법' 규칙이 있다. 예를 들어 영국 영어를 모국어로 하는 사람들은 직관적으로 '호혜 원칙'(즉, 누군가가 날씨에 대해 언급하면 반드시 응해야 한다)과 '동감 원칙'(즉, 누군가 "아이, 추워"라고 말하면 반드시 동의해야 한다)을 사람들 사이에서 준수하고 따른다. 이러한 내용은 "우리에게 영국 사람다움에 대해 꽤 많은 것을 시사해 준다."고 폭스는 지적한다.

마케팅이 문화에 끼친 영향

문화적 환경에 있어 보편적 측면은 글로벌 마케터가 마케팅 프로그램의 일부 혹은 모든 요소를 표준화할 수 있는 기회를 제공한다. 영리한 글로벌 마케터는 종종 전 세계에서 뚜렷하게 나타나는 문화적 다양성이 결국 같은 목표를 성취하기 위한 각기 다른 방법이라는 것을 발견한다. 북미, 유럽, 중남미, 아시아의 편의식품, 일회용품, 대중음악 및 영화에 대한 공통된 선호도는 많은 소비재가 광범위하고 심지어 보편적이기까지 하다는 것을 보여준다. 최근 여행 증가와 통신수단의 개선은 다수의 상품부문에서 취향과 선호를 수렴시키는 데 기여해 왔다.

　문화적 변화를 통한 더 큰 기회와 문화의 세계화는 전 세계 고객을 찾는 기업들에 의해 더 빠르게 가속화되었다. 그럼에도 불구하고 마케팅과 글로벌 자본주의가 문화에 미치는 영향은 논란이 될 수 있다. 사회학자 조지 리처 등은 글로벌 기업이 자사제품을 새로운 시장에 진출하는 과정에서 문화적 장벽들을 무너뜨리면서 발생하는 현상인 '문화의 맥도날드화'에 대해 한탄한다. 리처는 다음과 같이 언급했다.

> 먹는 것은 대부분 문화의 핵심이며, 많은 사람들에게 먹는 것은 상당한 시간과 관심, 돈을 아낌없이 투자하게 되는 대상입니다. 사람들의 먹는 방식을 바꾸려 하는 맥도날드화는 많은 사회의 전 문화적 복합성을 심각하게 위협하고 있는 것이죠.[30]

　파비안 콰키는 학계와 정계 외에서도 맥도날드화에 대항해 싸움에 동참하고 있는 살아 있는 증인이다. 콰키는 파리에 위치한 플래그십 스토어인 할인소매점 타이의 전 전무이사이다. 1990년대 후반 콰키는 미국을 포함한 진출 국가에 새로운 매장을 열었다. 창업자의 아들인 콰키는 미국 시장에 진출한 동기를 '개인적인 복수'라고 말했다. 그는 "프랑스인으로서 아이들이 타이타닉을 보러 가거나 맥도날드에서 밥을 먹거나 콜라를 마시겠다고 우는 것을 보고 진절머리가 났다. 나는 뉴욕 사람들이 타티 웨딩드레스를 입고 싶다며 우는 걸 보고 싶다."고 말했다.[32]

　마찬가지로 국제적인 슬로 푸드 운동은 전 세계 수만 명의 회원들이 동참하고 있다. 슬로 푸드는 로마의 유명한 광장에서 맥도날드를 오픈한 것에 대한 1986년 시위에서 비롯되었다. 슬로 푸드 운동으로 전통 음식을 만들어 시식하는 국제미식요리전시회 '테라마드레 살로네 델 구스토'를 이탈리아에서 2년마다 개최하고 있다. 이 운동의 대변인은 "슬로 푸드란 음식 맛이 어디서나 똑같아서는 안 된다는 생각에서 만들어진 운동이다."라고 말했다.[33] 2016년 슬로 푸드 운동 30주년을 기념하여 토리노 곳곳에 'Terra Madre Salone del Gusto' 미식 박람회가 펼쳐졌다(사진 4-7 참조).

"훌륭한 요리사는 이웃의 이야기나 텔레비전에서 본 이야기가 아니라 자신의 이야기를 들려준다. 미래는 글로벌한 요리와 현지 요리 모두를 뜻하는 '글로컬(glocal : 지역 특성을 살린 세계화)' 요리가 될 것이다."[31]

모나코의 루이 XV 레스토랑, 알랭 뒤카스

사진 4-7 행사 주최 측에 따르면 'Terra Madre Salone del Gusto 2016'의 도전은 정치적, 문화적, 사회적이었다. 좋고 깨끗하고 공정한 음식에 관해 주장하는 것이야말로 인권이다. 참석자들은 장인정신으로 만든 고기, 치즈, 빵 등을 시식했다.
출처 : Marco Imazio/Alamy Stock Photo.

▶ **4-2** 고배경 문화와 저배경 문화의 주요 측면을 비교하고 대조한다.

(4-2) 고배경 문화와 저배경 문화

에드워드 홀은 서로 다른 문화적 성향을 이해하는 방법으로 고배경, 저배경 개념을 소개했다.[34] **저배경 문화**(low-context culture)에서는 메시지가 명확하고 구체적이다. 구어가 의사소통의 대부분을 차지한다. **고배경 문화**(high-context culture)에서는 메시지에서 구어에 포함된 정보가 적은 반면 의사소통자에 대한 환경, 연관성 그리고 기본적 가치관을 포함한 의사소통자의 배경에 더 많은 정보가 담겨 있다. 일반적으로 고배경 문화는 저배경 문화에서 필요로 하는 것보다 법석 서류삭업을 널 요한다. 일본, 사우디아라비아와 그 외 다른 고배경 문화는 그 사회 내에서 한 개인이 갖는 가치관과 사회에서의 지위나 위치에 중점을 둔다. 이러한 문화권에서는 사업대출을 허가함에 있어 공식적인 재무문서를 분석하기보다 '당신이 누구인지'에 근거를 둘 가능성이 크다.

미국, 스위스, 독일과 같은 저배경 문화에서 거래는 당사자의 성격이나 배경, 가치관에 대한 정보는 덜 고려되며, 대출신청서의 단어와 숫자에 훨씬 더 관심을 둔다. 이와 대조적으로 소니와 같은 일본 기업은 전통적으로 신규 채용을 할 때 도쿄대학교 졸업생을 선호하는 모습에서도 알 수 있듯이 출신 학교에 대해 많은 관심을 보인다. 이력서의 구체적인 항목은 상대적으로 덜 중요하다.

고배경 문화에서는 자신들이 한 말이 곧 보증서이다. 왜냐하면 이 문화에서는 의무와 신뢰가 중요한 가치이기 때문에 만일의 사태를 예측하고 외부의 법률상 제재를 받을 필요가 상대적으로 적다. 이러한 문화에서는 의무감의 공유와 명예가 일반적인 법적 인가를 대신한다. 의무와 명예에 대한 공유된 감정은 인간적이지 못한 법적 제재를 대신한다. 이는 핵심에 도달하지 못한 채 오래되고 시간만 끄는 그들의 협상 스타일을 설명하는 데 도움이 된다. 고맥락 문화권 사람들에게 있어 협상 목적의 일부는 잠재적 파트너를 알기 위함이다.

예를 들어 경쟁입찰을 고집하면 저배경 문화권에서는 문제를 복잡하게 만들 수 있다. 고배

표 4-1 고배경 문화와 저배경 문화

요소 또는 차원	고배경 문화	저배경 문화
변호사	덜 중요함	매우 중요함
사람의 말	보증과도 같음	신뢰할 수 없음, "서면으로 받아야 한다."
조직 실수에 대한 책임	고위급 간부	업무(낮은) 담당자
공간	서로의 숨이 맞닿을 정도의 거리	사적 공간을 유지하며 이를 침범 시 분노함
시간	다중시간(한 번에 여러 일을 소화)형 — 삶의 모든 것은 자신의 시간에 맞춤	단일시간형 — 시간은 돈, 한 번에 하나씩
협상	길다 — 주요 목적은 당사자들이 서로에 대해 알게 하는 것	빨리 진행
경쟁입찰	자주 참여하지 않음	일상적으로 참여
국가 또는 지역 예시	일본, 중동	미국, 북유럽

경 문화에서는 일을 가장 잘하고, 신뢰가 가며, 통제 가능한 사람에게 그 일이 주어진다. 저배경 문화에서는 법적 제재의 위협으로 인해 담당자가 일을 잘할 수밖에 없도록 매우 정확하게 세부사항을 만들려고 한다. 홀이 언급한 것처럼 일본의 한 담당자는 이렇게 말할 것이다. "이 문서 조항이 이 상황과 무슨 관계가 있나요?", "서로 믿을 수 없다면 왜 계속해야 하나요?"

한 국가의 전체적 경향을 고배경 또는 저배경 문화로 나눌 수 있지만 특정 하위문화에서는 예외도 발생한다. 미국은 고맥락 스타일의 하위문화를 가진 저배경 문화이다. 예를 들면 중앙은행장의 세계는 '신사'의 세계이다. 즉, 고배경 문화이다. 외환시장에서 정신없이 바쁜 거래를 한다고 해도 중앙은행장의 말 한마디면 수백만 달러를 빌리기에 충분하다. 고배경 문화에서는 신뢰, 페어플레이 정신, 게임의 룰에 대한 일반적인 공감이 있다. 표 4-1은 고배경 문화와 저배경 문화의 차이점을 요약한 것이다.

(4-3) 홉스테드의 문화 유형론

◀ 4-3 홉스테드의 사회적 가치 유형의 주요 차원을 분석하고 설명한다.

조직인류학자 헤이르트 홉스테드는 문화를 정의와 관련하여 이 장의 앞부분에 소개한 바 있다. 또한 홉스테드는 서로 다른 국가의 문화를 5개 차원으로 나누어 비교한 사회적 가치에 대한 연구로도 유명하다(표 4-2 참조).[35] 홉스테드는 이 중에서 3개의 차원은 기대되는 사회적 행동을 의미하며, 네 번째 차원은 '인간의 진실 탐구'와 관련되어 있으며, 다섯 번째는 시간의 중요성을 반영하고 있다고 밝혔다(더 자세한 사항은 www.geert-hofstede.com 참조).

첫 번째 차원은 한 사회 내에서 개인이 집단에 통합되는 정도를 반영한다. **개인주의 문화**(individualistic cultures)에서 사회구성원들은 주로 자기 자신과 가족들의 이익에 우선적으로 관심을 갖는다. 이와는 대조적으로 **집단주의 문화**(collectivistic cultures)에서는 사회 모든 구성원이 결속력 있는 집단으로 통합된다. 높은 수준의 개인주의는 미국과 유럽에서 나타나는 일반적인 문화 형태이며, 낮은 수준의 개인주의는 일본과 다른 아시아 문화권에서 나타난다.

두 번째 차원인 **권력거리**(power distance)는 권력이 불평등하게 분배되는 것을 사회 약자의 구성원이 당연히 받아들이고 심지어 기대하기도 하는 정도를 뜻한다. 홍콩과 프랑스는 모두 권력거리가 높은 문화권이며, 낮은 권력거리를 보이는 국가들은 독일, 오스트리아, 네덜란드,

표 4-2 홉스테드의 국가문화의 다섯 가지 차원

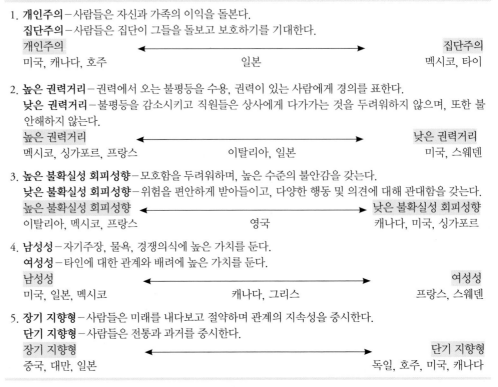

1. **개인주의** - 사람들은 자신과 가족의 이익을 돌본다.
   집단주의 - 사람들은 집단이 그들을 돌보고 보호하기를 기대한다.

개인주의		집단주의
미국, 캐나다, 호주	일본	멕시코, 타이

2. **높은 권력거리** - 권력에서 오는 불평등을 수용, 권력이 있는 사람에게 경의를 표한다.
   낮은 권력거리 - 불평등을 감소시키고 직원들은 상사에게 다가가는 것을 두려워하지 않으며, 또한 불안해하지 않는다.

높은 권력거리		낮은 권력거리
멕시코, 싱가포르, 프랑스	이탈리아, 일본	미국, 스웨덴

3. **높은 불확실성 회피성향** - 모호함을 두려워하며, 높은 수준의 불안감을 갖는다.
   낮은 불확실성 회피성향 - 위험을 편안하게 받아들이고, 다양한 행동 및 의견에 대해 관대함을 갖는다.

높은 불확실성 회피성향		낮은 불확실성 회피성향
이탈리아, 멕시코, 프랑스	영국	캐나다, 미국, 싱가포르

4. **남성성** - 자기주장, 물욕, 경쟁의식에 높은 가치를 둔다.
   여성성 - 타인에 대한 관계와 배려에 높은 가치를 둔다.

남성성		여성성
미국, 일본, 멕시코	캐나다, 그리스	프랑스, 스웨덴

5. **장기 지향형** - 사람들은 미래를 내다보고 절약하며 관계의 지속성을 중시한다.
   단기 지향형 - 사람들은 전통과 과거를 중시한다.

장기 지향형		단기 지향형
중국, 대만, 일본		독일, 호주, 미국, 캐나다

출처 : Stephen P. Robbins and Mary Coulter, *Management*, 12th ed. (Upper Saddle River, NJ: Pearson Education, 2014), 87.

스칸디나비아 국가들이다.

홉스테드의 세 번째 차원인 **불확실성 회피성향**(uncertainty avoidance)은 사회구성원이 불분명하고 모호하며 체계적이지 않은 상황에서 느끼는 불편함 정도를 말한다. 불확실성 회피성향이 높은 문화권은 공격적이고, 감정적이며, 편협한 행동을 보일 수 있다. 그들은 절대적 진리에 대한 믿음을 가지고 있다. 불확실성 회피성향이 낮은 문화권(예 : 덴마크, 스웨덴, 아일랜드, 미국)은 자신의 의견과 다른 의견을 내는 사람들에게 더 관대하다.

네 번째 차원인 **남성성 문화권**(achievement)일 경우 남성은 적극적이고 경쟁적이며 물질적 성공에 관심을 두는 한편, 여성들은 양육자로서의 역할에 충실하고 아동복지 등의 문제에 관심을 갖는 것으로 사회를 묘사한다. 반면 **여성성 문화권**(nurturing)은 남성과 여성의 사회적 역할이 중복되는 사회로 묘사되는데, 여성과 남성 모두 과도하게 야심적이거나 경쟁적인 행동을 보이진 않는다. 일본과 오스트리아는 남성성이 가장 높게 나타났으며, 스페인, 타이완, 네덜란드와 스칸디나비아 국가는 남성성이 가장 낮은 여성성 문화권으로 나타났다.

홉스테드의 연구는 이 4개의 차원으로 인해 흥미롭고 유용한 해석이 가능해졌지만, 경제성장에 영향을 미치는 문화적 배경에 대한 충분한 통찰을 하기에는 뭔가 부족하다고 느꼈다. 또한 홉스테드는 서양의 사회과학자들이 연구에서 사용한 설문조사 기법에 불편함을 드러냈다. 많은 경제학자가 일본과 아시아 호랑이들(한국, 타이완, 홍콩, 싱가포르)의 폭발적인 경제성장을 예측하지 못했기 때문에 홉스테드는 아시아의 몇몇 문화적 차원이 연구자에게 혼란을 야기했을 것이라고 추측했다. 이러한 방법론적 문제는 홍콩과 대만의 중국인 사회과학자가 개발한 중국가치조사(Chinese Value Survey, CVS)에 의해 해결되었다.

CVS 데이터는 문화의 '사회적 행동'과 관련된 문화 차원, 즉 권력거리 정도, 개인주의/집단주의, 남성성/여성성을 뒷받침해 주었다. 하지만 불확실성 회피성향은 CVS 결과에 나타나지 않았다. 대신 CVS는 서양 연구자들은 이해할 수 없는 **장기 지향성**(long-term orientation, LTO) 대 **단기 지향성**(short-term orientation)을 밝혀냈다.[36] 홉스테드는 이 차원을 진리라기보다는 '사회의 미덕 탐구'에 관한 것으로 해석했다. 이 차원은 문화 내의 신속성을 측정하는데, 이를테면 만족감이 즉시 이루어져야 하는지 아니면 나중에 나타나는지에 관한 것이다. 장기 지향성의 가치는 목표를 추구하는 데 있어 끈기로 정의되는 지속성(인내심)을 포함한다. 서열에 따른 질서정연한 관계는 사회적 계층을 반영하며, 이러한 질서를 준수하는 것은 상호 보완관계로 수용하는 것을 의미한다. 절약은 높은 저축률로 나타난다. 마지막으로 수치심은 사회적 교류에서 민감성을 야기한다.

홉스테드의 연구를 학습함으로써 마케터는 상품개발, 파트너와의 교류, 영업회의 진행 등 다양한 활동에서 그들을 안내할 수 있는 통찰력을 얻을 수 있다. 예를 들어 다른 문화에 비해 자신의 모국 문화의 시간에 관한 경향을 이해하는 것은 중요할 수 있다(표 4-1 참조). 브라질, 인도, 일본, 멕시코에서는 당장 거래하는 것보다 잠재적 사업 파트너와 관계를 맺는 것이 우선이다. 라틴아메리카에서 말하는 것처럼 "사람은 일하기 위해 살지 않는다. 살기 위해 일할 뿐이다!"("Uno no vive para trabajar… uno travaja para vivir!"). 이 지역에서 하는 사업이 결코 인생을 즐기는 데 희생되어서는 안 된다. 단기 지향형 문화권 출신들은 장기 지향형 문화를 가진 일부 국가의 느린 사업 속도에 적응해야 한다.

유사한 예로 일본어의 'gaman(참을성, 끈기, 지속성)'이란 개념은 단기적으로는 성공 확률이 낮은 연구개발 프로젝트를 추진하려는 일본 기업의 의지에 대한 통찰력을 표현하는 단어로 볼 수 있다. 예를 들면 소니가 1950년 중반 새롭게 개발한 트랜지스터를 벨연구소로부터 허가받았을 때, 이 장치의 제한된 고주파율(음향 출력)은 미국 엔지니어들이 보기에는 보청기 사용에 적합한 것이었다. 하지만 'gaman'은 소니 엔지니어들이 주파수를 늘리기 위해 천천히 진행되는 그들의 노력을 막을 수 없다는 것을 의미했다. 소니의 공동창업자인 마사루 이부카는 다음과 같이 회상했다. "주파수를 확장하기 위한 노력은 우리에게 매우 흥미로운 과제였습니다. 그 당시 아무도 그것에 대한 중요성을 인식하지 못했습니다." 소니의 고집은 결국 엔지니어들로 인해 엄청난 성공을 거둔 세계적인 제품인 포켓 사이즈의 트랜지스터라디오를 만들어냄으로써 진가를 발휘했다.[37]

권력거리 차원은 사회구성원 간의 신뢰 정도를 반영한다. 권력거리지수(PDI)가 높을수록 신뢰 수준이 낮다. 구조적으로 높은 PDI는 강한 위계질서, 중앙집권 선호, 상대적으로 더 많은 감독 인력으로 나타난다. 위계질서에 대한 존중 정도가 높은 문화권에서는 부하직원이 상사를 만나기 위해 여러 단계의 직위를 거쳐야 한다. 이러한 문화권에서는 상급자가 부하직원을 쉽게 위축시킬 수 있다. 글로벌 시장 진출을 위한 대안을 평가할 때 높은 PDI 문화를 가진 기업들은 단독 투자를 선호한다는 연구결과가 나왔다. 반대로 낮은 PDI 문화를 가진 기업은 합작투자를 선택하는 경향이 있다.[38]

J. 번 머피는 프랑스에서 미국식 디자이너 아웃렛 몰을 짓기 위해 협상하면서 권력거리와 함께 미국 스타일의 개인주의와는 다른 프랑스 스타일에 대해 배웠다. 그는 저서 *Le Deal*에서 다음과 같이 말했다.

프랑스에서는 혼자서 하는 활동을 추구하는 사람들에게는 언제나 더 많은 영광이 있는 것처럼 보였다. (중략) 개인주의는 언제나 크게 부각되었고, 팀 노력에 대한 칭찬은 그에 반해 드러나지 않았다.

나는 이런 국가적 특성이 매주 관리자 회의에서 정기적으로 나타나는 것을 보았다. 나는 항상 시간 낭비나 뜻밖의 변수가 없도록 부서 간 협업을 통한 모든 노력을 하라는 말로 매번 회의를 끝마쳤다.

그러나 언제나 뜻밖의 일들은 발생했다.

팀 회의를 마무리할 때쯤 이번에는 우리 모두가 한 배를 타고, 모두 조율되고, 하나의 훈련된 승무원 팀으로 모든 구성원이 함께 노를 젓고, 모두 일직선으로 빠르게 전진하고 있다는 낙관적인 생각을 했었다. 그리고 다음 주에 나는 전 주에 했던 낙관적 생각이 순진했다는 것을 깨달았다. 우리는 같은 보트에 타고 있지 않다는 걸 알았고, 우리는 어떤 보트도 같이 타지 않았다. 보다 정확한 비유는 각자 별도의 차선에서 도보 레이스를 하고 있었다. 1번 레인은 마케팅, 2번 레인은 영업, 3번 레인은 재무 등이었다. 그리고 각 주자가 한 주 동안 전력 질주할 때 그들은 왼쪽이나 오른쪽을 보지 않았고, 심지어 다른 주자들이 있다는 것을 인정하지 않았다.

나는 계속해서 스스로에게 물었다. "왜 그들은 모두 그렇게 다르게 생각하는가? 그들은 왜 문제가 발생하기 전에 그들 자신의 행동을 조정하지 못할까?"

결국 머피는 자신의 행동 패턴을 바꿔야 한다는 것을 깨달았다. 그는 프랑스 문화 배경 내에서 팀워크라는 미국 개념을 매니저들에게 설명하기로 결심했다. 그가 이렇게 한 후 프로젝트는 더 순조롭게 진행되었다.[39]

사무용 가구를 만드는 미국 회사인 스틸케이스도 국가 문화에 대한 데이터를 사용한다. 11개국에 대한 연구는 글로벌 고객을 위한 디자인 과정에 반영되도록 사용되었다. 조사 결과에 따르면 다음과 같다.[40]

단기 지향성 vs 장기 지향성 : 인도와 중국에서는 미국보다 더 지속적인 관계가 중요시된다.

여성성(협력적 행동) vs 남성성(경쟁적 행동) : 재택근무와 같은 유연근무 방식이 네덜란드에서 점점 더 보편화되고 있다. 이와 달리 인도에서는 전문직 종사자가 집에서 일하는 경우가 거의 없다.

집단주의 vs 개인주의 : 남유럽에서는 법인기업의 파워를 표현하는 것이 중요하기 때문에 사무실 건물의 로비는 거창하게 만들려는 경향이 있다.

▶ 4-4 자기준거 기준이 글로벌 기업의 의사결정에 어떤 영향을 미칠 수 있는지 설명하고, 글로벌 시장의 상황에 적응하는 기업의 단계별 사례를 제시한다.

(4-4) 자기준거 기준과 지각

앞서 살펴봤듯이 시장요구에 대한 개인의 인식은 당사자인 자신의 문화적 경험을 바탕으로 한다. 지각장애와 왜곡을 줄이기 위한 개념틀은 제임스 리에 의해 개발되었으며, 1966년 하버드 비즈니스 리뷰에 발표되었다. 리(Lee)는 자신의 문화적 가치를 무의식적으로 참고하는 것을 **자기준거 기준(SRC)**이라고 이름 붙였다. 이 문제를 해결하고 문화적 근시안을 제거하거나 줄이기 위해 그는 체계적인 4단계의 개념틀을 제안했다.

1. 본국의 문화적 특성, 습성, 규범 측면에서 문제와 목표를 정의한다.
2. 현지국의 문화적 특성, 습성, 규범 측면 대한 문제와 목표를 정의한다. 가치판단을 하지 마라.
3. SRC의 영향력을 분리하고 신중히 검토하여 이것이 어떻게 문제를 복잡하게 만드는지 확인한다.
4. SRC의 영향력을 배재한 채 문제를 재정의하고, 현지국의 시장상황에 맞게 문제를 해결하라.[41]

프랑스에 테마파크를 건설하기로 한 월트디즈니사의 결정은 SRC를 이해하기 위한 훌륭한 사례가 된다. 프랑스 시장진입을 위해 계획하는 동안 디즈니 임원진은 SRC 단계를 활용하여 어떻게 일을 다르게 처리했을까? 1단계부터 시작하여 디즈니의 자국 기준을 살펴본 후 어떤 문화적 적응이 이루어졌어야 하는지를 남은 단계를 통해 살펴본다.

1단계 : 디즈니 임원진은 전 세계적으로 미국 문화 수출에 대한 수요가 끊임없을 것이라고 믿는다. 맥도날드, 코카콜라, 할리우드 영화, 미국의 록음악 등의 성공이 그 증거이다. 디즈니는 이미 미국식 관리 시스템과 영업활동 스타일을 수출하는 데에서도 화려한 전적을 보였다(사진 4-8 참조). 캘리포니아 애너하임에 있는 디즈니랜드와 복사판인 도쿄 디즈니랜드가 큰 성공을 거두었다. 디즈니의 정책은 테마파크 내에서 술을 판매하거나 소비하는 것을 금지하고 있다.
2단계 : 유럽인, 특히 프랑스인은 미국의 문화 제국주의에 민감하다. 점심식사를 하면서 와인을 마시는 것은 오랜 전통이다. 유럽인은 자신만의 실제 성을 가지고 있으며, 많은 유명한 디즈니 캐릭터들은 유럽의 민간 설화에서 나온 것이다.
3단계 : 1단계와 2단계 결과에서 드러난 유의미한 차이점은 미국과 일본 디즈니 테마파크의

사진 4-8 디즈니랜드 상하이가 2016년 6월 6일 문을 열었다. 2016/6/16이라는 날짜에서 '6'이 중국어로 'liu'라는 단어처럼 들리고, 이 단어는 '부드럽다'는 의미가 있기 때문에 선택되었다.
출처 : Ng Han Guan/Associated Press.

혁신, 기업가정신 그리고 글로벌 창업

브라이언 체스키와 조 게비아의 에어비앤비

브라이언 체스키와 조 게비아는 기업가이다. 이들은 혁신적인 제품을 개발해 브랜드를 만들고, 시장화하기 위해 회사를 만들었다. 글로벌 마케팅의 기본적인 원칙과 기술을 적용해 이 둘은 괄목할 만한 성공을 거두었다.

많은 기업가들이 그렇듯이 체스키와 게비아의 아이디어는 그들 자신의 필요와 욕구에 바탕을 두고 있다. 2007년 체스키는 샌프란시스코에서 산업디자이너로 일하면서 게비아와 아파트를 함께 썼다. 이들은 이전에 로드아일랜드 디자인 스쿨에서 함께 공부를 했었다. 두 사람은 아주 작은 아파트에 살고 있고 여유가 없어 남는 매트리스를 구입하고 디자인 콘퍼런스 기간에는 이런 것들을 임대하여 사용했다. 임대료에는 아침식사도 포함됐다.

이듬해 체스키와 게비아는 집이나 아파트에 여분의 방을 임대하는 에어비앤비닷컴이라는 웹사이트를 개설했다. 이 아이디어는 승차공유 서비스인 우버와 리프트, 협업 오피스 회사인 위워크와 같은 '공유경제' 스타트업의 성장에 힘입어 가속화되었다.

문화 패턴의 변화도 이러한 추세에 기여하고 있다. 사회학자들은 사람들이 한 공동체 안에서 그들이 신뢰하는 상황을 설명하기 위해서 '분산된 신뢰(기술을 통해 타인을 신뢰)'라는 용어를 사용한다. 앱기반의 디지털 혁명은 이 개념을 잘 설명한다. 따라서 에어비앤비를 비롯한 공유경제 스타트업에 대한 집단 관리는 사회적 결속력(사회적 접착제)의 근원이 되었고, 하나의 새로운 신뢰 패턴이 되었다. 실제 에어비앤비 웹사이트는 '낯선 사람은 위험하다'는 오랜 인식을 극복하기 위해 집주인의 프로파일, 동료 평가, 피드백 시스템 등을 포함한다.

에어비앤비가 탄생한 이래 첫 10년 동안 2억 명 이상의 여행자들이 190개 이상이 국가에서 에어비앤비의 숙소를 사용했다. 'Bélo'라고 부르는 이 회사의 로고는 전 세계의 소속감을 전달하기 위한 것이다. 이 디자인은 하트 모양의 문자 'A', 그리고 구글지도상에서 위치를 나타내는 '핀모양'의 기호 등 몇 가지 뚜렷한 요소를 포함하고 있다(사진 4-9 참조). 오늘날 에어비앤비는 300억 달러 이상의 가치가 있으며, 리스트에는 하룻밤에 소파 카우치에서 숙박할 수 있는 몇 달러짜리 방에서부터 1만 달러 혹은 그 이상의 프랑스에 있는 샤토(성)나 호화 요트 제공까지 다양하다.

파리, 뉴욕, 런던, 리오는 목록 순위 측면에서 에어비앤비의 상위 국가들에 해당한다. 2014년 브라질에서 월드컵이 열렸을 때 리오 예약은 활기를 띠었다. 2016년 하계 올림픽 때도 마찬가지였다. 에어비앤비는 2016년 올림픽의 공식 파트너이기도 했다. 런던에서 에어비앤비는 현지법규를 준수하기 위해 임대를 연간 90일로 제한해 수억 달러의 수익을 놓치게 될 것이다.

체스키와 게비아는 2014년 12월 버락 오바마 전 미국 대통령이 미국과 쿠바 간 여행 제한을 완화한 뒤 발 빠르게 움직였다. 쿠바라는 나라는 규제가 빨리 바뀔 수 있는 특이하고 독특한 사업장이라는 사실을 알고 에어비앤비는 현지 조언을 구했다. 또한 대부분의 쿠바 시민들은 인터넷에 쉽게 접근할 수 없기 때문에 에어비앤비는 민첩하게 적응해야 했다.

집주인에게 결제대금을 송금할 수 있는 손쉬운 방법을 찾는 것 또한 도전이었다. 다행히도 기존의 법률 체계가 국가의 주택 임대 네트워크를 관리하고 있었다. 월평균 수입이 약 25달러인 나라에서 에어비앤비의 평균 쿠바 예약은 250달러로 이는 쿠바 경제 상황에 대한 해결책을 찾는 쿠바 정부의 우선순위와도 부합되었다.

에어비앤비의 인기에도 불구하고 그 사업 모델은 주택 당국과 호텔 업계의 주목을 받았다. 예를 들어 뉴욕 법무장관은 뉴욕주에 등록되어 있는 에어비앤비 리스트는 대부분 불법이라고 선언했다. 또한 주요 도시의 일부 영주권자들은 소유주들이 장기적으로 임대하기보다 단기적으로 그들의 부동산을 관광객들에게 임대하기로 결정한 것 때문에 주택 가격이 올랐다고 주장한다.

출처 : Gillian Tett, "In Our Fellow App Users We Trust," *FT Weekend Magazine* (November 25 – 26, 2017), p. 62; Jonathan Openshaw, "Airbnb Cofounder Opens up His Own Home," *Financial Times* (September 20, 2017), p. 11; Will Connors, "Deal Raises Airbnb's Game in Rio," *The Wall Street Journal* (May 27, 2016), pp. B1, B5; Alexandra Wolfe, "Weekend Confidential: Brian Chesky," *The Wall Street Journal* (May 28 – 29, 2016), p. C17; Erin Griffith, "Airbnb's Coup in Cuba," Fortune (May 1, 2016), p. 35.

사진 4-9 에어비앤비의 로고는 '전 세계적 소속감'이라는 브랜드의 본질을 전달하기 위해 디자인되었다.
출처 : Pe3k/Shutterstock.

기반이 된 충족요건들이 프랑스에는 존재하지 않는다는 것을 명백하게 보여준다. 유럽에서의 성공을 위해서는 설계 수정이 필수적이다.

4단계: 프랑스와 유럽 문화 규범에 더 부합하는 테마파크의 설계가 필요하다. 즉, 프랑스인들이 테마파크 안에 자신의 정체성을 담을 수 있도록 만들어야 한다.

SRC에서 얻을 수 있는 교훈은 글로벌 마케터들의 필수적이면서 중요한 기술은 편견 없는 지각, 즉 문화에서 이런 것들을 찾아낼 수 있는 능력을 가져야 한다는 것이다. 이러한 기술은 해외만큼이나 국내에서도 가치가 있으나, 자민족 중심주의 경향과 광범위한 SRC의 영향으로 인해 글로벌 마케터에게는 이러한 능력이 더욱 중요하다.

SRC는 글로벌 비즈니스에서 강력한 부정적 요소로 작용될 수 있으며, 이를 확인하지 않는 것은 오해와 실패로 이어질 수 있다. 유로 디즈니를 계획할 당시 전 회장 마이클 아이스너와 회사 임원진은 자신들의 이전 성공사례와 자민족 중심주의로 인해 향후 앞을 내다보지 못했었다. 확실히 이러한 접근법은 최선의 방법이 아니었다. 오늘날 이 테마파크는 디즈니랜드 파리로 알려져 있다. 두 번째 장소인 월트디즈니 스튜디오 파크는 복수일 방문 티켓(multi-day visits)을 장려하기 위해 2002년에 만들어졌다. 최고의 관광지였지만 이 기업은 몇 년을 제외하고는 모두 재정적인 손실을 경험했다. SRC를 피하기 위해서는 이전의 경험과 성공에 근거한 가정을 접어두고, 인간 행동과 동기에 대한 새로운 지식을 습득할 준비가 되어야 한다.

(4-5) 확산이론[42]

◀ **4-5** 확산이론의 구성요소 및 글로벌 마케팅에 대한 적용 가능성을 분석한다.

수백 건의 연구에서 개인이 새로운 아이디어를 채택하는 과정을 설명하고 있다. 사회학자 에버렛 로저스는 이러한 연구들을 검토한 후 매우 유사한 연구결과 패턴을 발견했다. 이후 로저스는 이 연구결과를 글로벌 마케터에게 매우 유용한 세 가지, 즉 채택 과정, 혁신의 특성, 채택자 범주라는 개념으로 분류했다. 종합해 보면 이 개념은 로저스의 **혁신의 확산**(diffusion of innovation) 틀을 구성한다.

혁신이란 어떤 새로운 것이다. 제품에 적용했을 때 '새로운 것'은 '다른 것'을 의미할 수 있다. 절대적으로는 일단 한 제품이 세계 어딘가에 소개되면, 그것은 더 이상 혁신이 아니다. 왜냐하면 그것은 더 이상 세계에서 새로운 것이 아니기 때문이다. 하지만 상대적으로 말하자면 한 시장에서 이미 소개된 제품이라고 하더라도 다른 시장에서는 혁신일 수 있다. 글로벌 마케팅은 종종 이러한 제품 소개가 수반된다. 관리자들은 한 시장에서는 혁신제품이지만, 다른 시장에서는 성숙기의 제품 혹은 쇠퇴기에 해당하는 제품을 동시에 마케팅하게 될 수도 있다.

채택 과정

로저스의 확산이론의 기본적인 요소 중 하나는 **채택 과정**(adoption process)이라는 개념이다. 즉, 개인이 처음 혁신상품에 대해 알게 되는 순간에서부터 그 제품을 채택하거나 구입하는 순간까지의 심리적 단계(mental stage)이다. 로저스는 개인이 처음 제품에 대한 지식을 갖게 되는 시점에서부터 최종적으로 그 제품을 채택하거나 구매하기까지 5개의 단계 인식, 관심, 평가, 시도, 채택을 거치게 된다고 소개하였다.

1. **인식** : 첫 번째 단계로 소비자는 그 제품이나 혁신을 처음으로 인지하게 된다. 한 연구에 따르면 이 단계에서는 대중매체의 광고와 같은 비인적 정보자료가 가장 중요하다는 결과가 나왔다. 글로벌 마케팅에서 중요한 초기 커뮤니케이션 목표는 광고 메시지의 일반적인 노출을 통해 새로운 제품에 대한 인지도를 조성하는 것이다.

2. **관심** : 이 단계의 소비자는 더 많은 것을 배우고자 하는 것에 관심을 갖는다. 소비자는 이 제품과 관련된 커뮤니케이션에 관심을 집중하며, 연구활동에 참여하고 추가적인 정보를 찾으려고 할 것이다.

3. **평가** : 이 단계에서의 개인은 현재와 예상 가능한 미래의 요구와 관련하여 해당 제품의 혜택을 마음속으로 평가하고, 이러한 판단을 기반으로 이 제품을 사용해 볼 것인지의 여부를 결정한다.

4. **시험적 사용(시도)** : 대부분의 고객은 마케터가 '시도'라고 부르는 '직접 해보기'와 같은 체험 없이는 값비싼 제품을 구입하지 않을 것이다. 구매로 연결되지 않은 제품 시도의 좋은 사례는 자동차 시승을 들 수 있다. 건강관리 제품이나 저렴한 소비재는 시도를 해봄으로써 실제 구매를 일으킨다. 마케터는 무료 샘플을 나눠 주며 평가하도록 유도하는 경우가 많다. 저렴한 제품의 경우 초기 한 번의 구매는 시험적 사용(시도)으로 정의된다.

5. **채택** : 이 시점에서 개인은 한 번만 구매를 하거나(좀 더 고가품의 경우) 또는 상대적으로 저가품에는 브랜드 충성도를 통해 계속해서 구매를 한다.

제품평가에서 시도를 해본 뒤 채택으로 진행됨에 따라 이제는 인적 정보자료가 비인적 정보자료보다 훨씬 더 중요해진다는 연구결과가 나왔다. 이 단계에서 영업 담당자와 입소문이 제품 구매결정에 영향을 미치는 주요한 요인이 된다.

혁신의 특성

로저스는 제품 채택 과정을 설명하는 것 외에도 혁신의 다섯 가지 주요 특성을 파악했다. 기술혁신이 채택되는 속도에 영향을 미치는 이러한 요인은 상대적인 이점, 호환성, 복잡성, 분할성, 커뮤니케이션 가능성으로 규명했다.

1. **상대적인 이점** : 소비자는 신제품과 기존제품을 어떤 방식으로 비교할까? 기존제품 대비 신제품의 상대적 이점은 채택률에 큰 영향을 미친다. 만일 제품이 경쟁제품에 비해 상당한 상대적 이점이 있다면 빠르게 채택될 가능성이 크다. 1980년대 초반 CD 플레이어가 처음 소개되었을 때 업계 관계자들은 오디오 애호가들만이 디지털 사운드에 관심을 갖고 구매할 것이라고 예상했다. 그러나 LP에 비해 CD 음질에서 오는 이점은 대중시장에서도 명백하게 나타났다. CD 플레이어의 가격이 급락하면서 12인치 검은 비닐의 LP는 10년 내에 사실상 시장에서 사라지게 되었다(그러나 다시 검은 비닐의 LP가 등장하고 있다!).

2. **호환성** : 제품이 채택자의 기존 가치와 과거 경험에 일치하는 정도를 의미한다. 국제 마케팅 영역에서 혁신의 역사는 목표시장에서 신제품의 호환성 부족으로 인해 야기된 실패사례로 가득하다. 예를 들면 최초의 소비자용 VCR인 소니 베타맥스는 1시간밖에 녹화할 수 없어서 결국은 실패로 돌아갔다. 대부분의 구매자는 영화와 스포츠 경기를 녹화하기를 원했다. 이에 그들은 베타맥스 대신 4시간 녹화가 가능한 VHS 형식의 VCR을 더 선호했다.

3. **복잡성** : 혁신제품이나 신제품을 이해하고 사용하는 데 있어서의 어려움 정도를 뜻한다. 제품 복잡성은 특히 낮은 식자율을 보이는 개발도상국의 시장에서 채택률을 떨어뜨리는 요소로 작용한다. 1990년대에 수십 개의 글로벌 기업들이 새로운 양방향 멀티미디어 가전제품을 개발했다. 복잡성은 설계 문제가 핵심이었다. 대다수 가정에서 사용자들이 VCR 시계의 시간을 어떻게 설정할지 몰라 '12:00'로만 맞추어져 있다는 농담이 화젯거리가 될 정도였다. 신제품이 큰 성공을 거두기 위해서는 예를 들어 녹화된 DVD를 DVD 플레이어에 끼워 넣는 것만큼 사용법이 간단해야 한다.

4. **분할성** : 큰 비용을 들이지 않고 한정된 기준으로 제품을 사용해 볼 수 있는 능력을 말한다. 세계 소득수준의 큰 격차로 인해 선호하는 구매량, 1회 사용량, 제품의 분량에 큰 차이가 있다. CPC 인터내셔널의 헬만 마요네즈의 경우 라틴아메리카에서는 미국에서 판매되는 사이즈의 병에 넣어 판매하지 않고 있다. 대신 이 회사는 작은 플라스틱 용기에 마요네즈를 담아 팔기 시작하면서 판매량이 증가했다. 소형 플라스틱 용기의 마요네즈 가격이 현지 소비자들의 식품구입 예산범위 안에 있었으며, 냉장 보관할 필요가 없다는 것도 플러스 요인으로 작용하였다.

5. **커뮤니케이션 가능성** : 혁신의 혜택 혹은 제품의 가치가 잠재적 시장에 커뮤니케이션될 수 있는 정도를 말한다. 필립스의 새로운 디지털 카세트 레코더는 시장에서 실패하였다. 광고가 실패 원인 중 하나였는데, 이 제품이 오래된 아날로그 테이프를 재생할 수 있으면서도 새로운 카세트 기술을 이용해 동시에 CD 품질의 녹음이 가능하다는 사실을 광고를 통해 시장에 정확하게 전달하지 못했기 때문이다.

채택자 범주

채택자 범주(adopter categories)는 혁신성을 바탕으로 시장 내의 개개인을 분류하는 것이다. 기술에 있어서 혁신의 확산에 관한 수많은 연구를 보면 적어도 서구 세계에서의 채택은 일반적인 정규 분포곡선으로 표현되는 사회현상이라는 점을 보여준다(그림 4-3 참조).

이 정규분포의 분류는 5개의 범주로 나누어진다. 제품을 구매하는 초기 2.5%의 사람들은 혁신가로 정의된다. 다음의 13.5%는 초기 수용자, 그다음의 34%는 초기 다수자, 다음 34%는 후기 다수자, 마지막 16%는 지체자이다. 연구에 따르면 혁신가는 모험심이 강하고, 사회관계에 있어서 세계적인 경향이 있으며, 늦게 수용하는 사람보다 부유한 경향이 있다. 초기 수용자

그림 4-3 채택자 범주

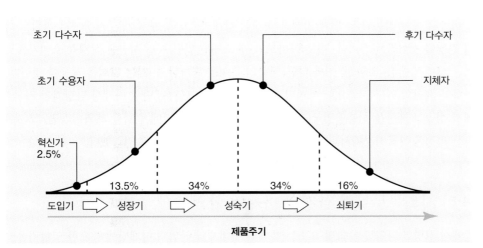

그림 4-4 혁신의 확산을 위한 아시아 단계

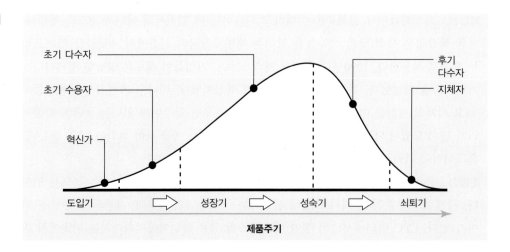

는 혁신가보다도 훨씬 더 그들의 지역사회에서 영향력을 가지고 있다. 따라서 채택 과정에서 초기 수용자는 매우 중요한 집단이 되며, 그들은 이 제품의 채택자 대다수를 차지하는 초기 및 후기 다수자에 큰 영향력을 미친다. 초기 수용자는 몇 가지 특징이 두드러진다. 후기 수용자보다 젊은 편이며, 상대적으로 사회적 지위가 높고, 좀 더 안정된 재정상태에 있다. 그들은 대중매체 정보자료에 반응하며, 혁신에 대해 학습한다. 왜냐하면 혁신가들의 행동을 단순히 모방할 수는 없기 때문이다.

채택자 범주가 정규분포를 띠는 이유 중 하나는 상호작용 효과 때문이다. 즉, 혁신을 채택한 개개인이 다른 사람들에게 영향을 주는 과정이기 때문이다. 새로운 아이디어나 제품의 채택은 사회 시스템 내에서 인간의 상호작용의 결과이다. 혁신 또는 신제품의 첫 채택자가 다른 두 명과 이에 대해 논의하고 그 두 채택자가 이 새로운 아이디어를 또 다른 두 사람에게 전달하는 등의 방법이 반복되어 그 결과 분포가 일반적인 종 모양을 나타내게 되는 것이다.[43]

태평양 연안국가의 혁신의 확산

다카다(Takada)와 제인(Jain)은 미국, 일본, 한국, 대만의 국가 간 비교연구를 통해서 서로 다른 국가적 특성, 특히 문화와 의사소통 방식이 에어컨, 세탁기, 계산기 확산 과정에 영향을 끼친다는 증거를 제시했다. 비교적 단일민족으로 구성되어 있으며 고배경 문화권인 일본, 한국, 대만과 저배경 문화권이며 다문화의 미국을 관찰하면서, 다카다와 제인은 아시아가 미국보다 더 빠른 확산율을 보일 것이라고 추측했다(그림 4-4 참조).

이 연구에서 검증된 두 번째 가설은 혁신이 상대적으로 늦게 소개된 시장에서 채택은 더 빨리 진행될 것이라는 점이다. 이는 아마도 늦게 소개된 만큼 지연 시간은 잠재적 소비자들로 하여금 상대적 이점, 호환성, 기타 다른 제품의 특성을 평가할 수 있는 기회를 제공할 것이다. 다카다와 제인의 연구는 중요한 마케팅 함의를 지닌다. 그들은 "만일 마케팅 담당자가 자국시장에서 성공한 제품을 신흥공업국(NIC)이나 다른 아시아 시장에 진입할 계획이라면, 그 제품의 확산 과정은 자국시장에서보다 훨씬 빠르게 나타날 것이다."라고 언급했다.[44]

▶ **4-6** 전 세계의 다양한 사회 및 문화 환경이 마케팅에 미치는 영향을 설명한다.

4-6 사회 · 문화적 환경의 마케팅 함의

앞에서 설명한 다양한 문화적 요소는 세계의 소비재와 산업재 마케팅에 중요한 영향력을 미칠 수 있으므로 이를 인식하고 글로벌 마케팅 계획에 통합해야 한다. **환경 감수성**(environmental sensitivity)은 제품이 다른 국가시장의 고유문화 요구에 맞게 조정되어야 하는 정도를 말한다. 제품을 환경 감수성의 연속선상에서 바라보는 것이 유용한 접근방법이 된다. 연속선상의 한쪽 끝에는 다양한 세계시장의 환경을 크게 고려할 필요가 없는 환경적으로 둔감한 제품들이 위치한다. 연속선상의 다른 쪽 끝에는 서로 다른 환경요소에 매우 민감한 제품이 위치한다. 환경적으로 둔감한 제품을 생산하는 기업은 제품이 기본적으로 보편적이기 때문에 현지시장의 특별하거나 독특한 상황을 판단하는 데 상대적으로 시간 소비가 작을 것이다. 제품의 환경 감수성이 클수록 담당자들이 그 나라의 독특한 경제, 규제, 기술, 사회, 문화 환경조건을 파악해야 할 필요성이 커진다.

제품의 감수성은 그림 4-5에서와 같은 2차원의 척도로 나타낼 수 있다. 가로축은 환경 감수성을 보여주고, 세로축은 요구되는 제품 적응도를 보여준다. 반도체 집적회로와 같은 환경 감수성 수준이 낮은 제품은 그림 왼쪽 하단에 위치한다. 반도체칩은 세계 어디서나 똑같은 반도체칩이기 때문에 인텔은 마이크로프로세서를 1억 개 이상 판매할 수 있었다. 가로축의 오른쪽으로 이동할수록 적응 정도와 함께 감수성도 점점 높아진다. 컴퓨터는 중간 수준의 환경 감수성을 보인다. 국가마다 사용하는 전압 차이 때문에 어느 정도의 조정이 필요하다. 또한 컴퓨터 소프트웨어 설명서는 현지 언어로 작성되어야 한다.

그림 4-5의 오른쪽 상단에는 환경 감수성이 높은 제품이 있다. 식품은 기후와 문화에 민감하기 때문에 때때로 이 범주 안에 포함된다. 제1장 말미에 맥도날드 사례에서 본 것처럼 패스트푸드 대기업들은 현지의 입맛에 맞춘 메뉴 개발로 미국 밖에서 큰 성공을 거두어 왔다. GE의 터빈 설비장비는 높은 감수성을 띤다. 많은 나라에서 현지 장비제조업체는 국가 프로젝트의 입찰에서 우대를 받는다.

사회계층과 소득과는 별개로 문화가 소비행동과 자동차나 냉장고와 같은 내구재를 소유함에 있어 상당한 영향을 준다는 연구결과가 나왔다.[45] 소비재는 아마 산업재보다 문화적 차이에 더욱 민감할 것이다. 인간의 동기를 연구한 심리학자 매슬로는 가장 기본적인 욕구에서 더 추상적인 욕구에 이르기까지의 욕구 계층 구조를 개발했다. 배고픔은 매슬로의 욕구단계에서 기

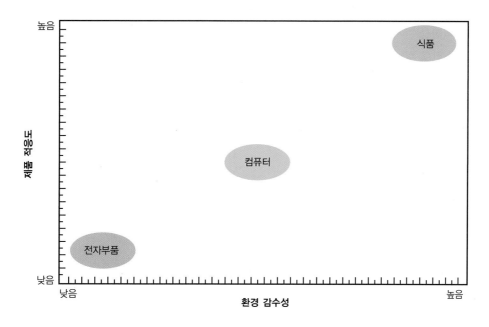

그림 4-5 환경 감수성 vs 제품 적응도

사진 4-10 수돗물이나 우물물이 오염될 수 있는 국가에서는 생수가 편리한 대안이다. 이 산업에서 가장 빠른 성장은 개발도상국에서 일어나고 있다; 지난 5년 동안 생수 소비는 인도에서 3배, 중국은 2배 이상 증가했다. 또한 많은 소비자들은 다른 음료 선택 대신 생수를 선택한다. 그러나 지구정책연구소와 일부 단체들은 생수를 값비싸고 낭비되는 사치품으로 간주한다. 국제생수협회는 그러한 견해에 동의하지 않는다. 협회 대변인은 "우리는 편리한 포장과 일관된 품질을 제공하기 위해 끊임없이 일하는 집단"이며, "이것이 바로 생수를 제공하는 이유"라고 말한다.

출처 : Gurinder Osan/AP Images.

본적인 생리적 욕구이다. 인간은 생명을 유지하기 위해 음식을 섭취해야 하지만 우리가 먹고 싶은 것은 문화의 영향을 강하게 받는다. 마케팅 전쟁의 최전선에서 얻은 증거에 의하면 아마도 식품은 소비재 중 가장 감수성이 높은 민감한 영역일 것이다. 식품 공급에서 유전자 변형농산물(GMO)에 대한 지속적 논란이 대표적 예이다. 미국 소비자들은 일반적으로 GMO 성분이 함유된 식품을 받아들이고 있다. 유럽인들은 훨씬 덜 받아들인다.

배고픔과 마찬가지로 갈증은 필요한 것(needs : 필요조건)과 원하는 것(wants : 충분조건)이 어떻게 다른지를 보여준다. 인간은 모두 생명을 유지하기 위해 수분을 확보해야 하는 생리적 의무가 있다(사진 4-10 참조). 그러나 음식과 요리가 그렇듯이 사람들이 마시고 싶어 하는 특정한 액체는 문화에 의해 상당한 영향을 받게 된다. 커피는 이 점을 잘 보여주는 음료 범주이다. 사례 4-1에서 언급한 바와 같이 커피는 유럽대륙에서 수세기 동안 소비되어 왔다. 이와는 대조적으로 영국인들은 역사적으로 동인도 회사가 인도와 중국에서 행한 유산인 차를 즐겨 마신다. 각계각층의 영국인들은 몸에 좋은 약을 '좋은 차 한 잔'이라고 생각하며, 오후 차를 마시는 풍습이 문화로 확고히 자리 잡고 있다.[46] 1970년대에 차는 커피에 비해 4배나 많이 팔렸다.

커피를 마시는 영국인들은 인스턴트커피를 만드는 것이 차를 만드는 것과 비슷했기 때문에 인스턴트 형태의 커피를 구매하려는 경향이 있었다. 하지만 1990년에 이르자 영국은 경제호황과 새로운 나이트클럽과 레스토랑의 폭발적 증가를 경험했다. 술집이 아닌 '제3의 공간'을 찾던 트렌드에 민감한 영국인들은 시애틀 커피 컴퍼니의 카페로 찾아갔다. 1995년 커피에 열광하는 미국인이 첫 매장을 연 후, 1998년 시애틀 커피는 런던 주변에 65개 지역에 매장을 두게 됐다. 스타벅스는 시애틀 커피의 창립자로부터 8,400백만 달러에 사업을 사들였다. 오늘날 스타벅스는 높은 땅값을 극복하고 영국에 345개 이상의 카페를 보유하고 있다.[47] 최신 스타벅스 카페 중 하나는 런던의 유명한 코벤트 가든 근처에 있는 스타 리저브 매장이다(사례 4-1 참조).

요약

한 사회의 '사고방식 프로그래밍'인 문화는 각 국가의 시장환경에 포괄적이고 변화무쌍한 영향을 미친다. 글로벌 마케터는 문화의 영향력을 인식하고, 이에 대응하거나 변화할 준비를 해야 한다. 인간의 행동은 자신만의 고유한 성격과 그들이 살고 있는 특정 사회 및 문화의 집단적 힘과 상호작용하는 것이다. 특히 태도, 가치관, 신념은 나라마다 상당한 차이가 있을 수 있다. 또한 종교와 미학, 식습관, 언어, 의사소통의 차이는 회사의 브랜드나 상품에 대한 현지의 반응에 영향을 줄 뿐 아니라 회사 직원이 다른 문화에서 효과적으로 능력을 발휘하는데도 영향을 준다. 여러 개념과 이론적 틀은 이러한 문화적 이슈에 대해 통찰력을 제공해 주고 있다.

문화는 고배경 문화와 저배경 문화로 구분될 수 있다. 의사소통과 협상 스타일은 나라마다 다르게 나타난다. 홉스테드의 사회적 가치 체계는 마케터들이 권력거리, 개인주의 대 집단주의, 남성성 대 여성성, 불확실성 회피, 장기 지향성 대 단기 지향성의 측면에서 문화를 이해하는 데 도움을 준다. 자기준거 기준(SRC)을 이해함으로써 글로벌 마케터는 지각장애와 왜곡 경향을 극복할 수 있다.

혁신의 확산에 관한 로저스의 고전적 연구는 다양한 채택자 범주에 의해 제품이 어떻게 채택되는지를 설명하는 데 도움을 준다. 소비자가 겪는 채택 과정은 다단계 계층으로 구분될 수 있다. 혁신의 특성에 관한 로저스의 연구결과는 마케터가 글로벌 시장에 신제품을 성공적으로 출시하는 데 도움을 줄 수 있다. 연구에 따르면 아시아 채택자 범주는 서구의 모델에서 발견되는 범주와는 다르다는 것을 밝혔다. 환경 감수성에 대한 인식은 마케터가 소비재와 산업재가 서로 다른 시장의 요구에 맞춰 조정되어야 하는지를 결정하는 데 도움을 준다.

토론문제

4-1. 문화를 구성하는 요소에는 어떤 것들이 있는가? 이것이 당신의 모국 문화에서 어떻게 표현되는가?

4-2. 저배경 문화와 고배경 문화의 차이점은 무엇인가? 각 유형의 모범이 되는 국가를 쓰고, 이에 대한 증거를 제시하라.

4-3. 홉스테드의 문화 유형론은 서구 마케터들이 아시아 문화를 더 잘 이해하는 데 어떻게 도움이 될 수 있을까?

4-4. 혁신의 확산, 혁신의 특성, 채택자 범주에 관한 에버렛 로저스의 사회연구에 대해 간략히 설명하라. 아시아의 채택 과정은 전통적인 서구 모델과 어떻게 다른가?

사례 4-1 (계속)
전 세계의 커피 문화

커피의 글로벌 공급망

커피는 적도를 따라 위치한 개발도상국의 주요 수출품이다. 커피를 가장 많이 재배하는 두 나라 브라질과 베트남은 세계 원두 공급량의 약 절반을 생산하고 있다. 상위 5개 생산국은 콜롬비아, 인도네시아, 에티오피아다.

에티오피아는 아프리카에서 가장 큰 커피 생산국이고 커피는 수출 1위 품목이다. 이 음료에 대한 국내 수요도 강하다. 우간다도 중요한 생산국이지만 우간다는 차를 마시는 나라이므로 대부분의 커피는 수출되고 있다. 우간다, 에티오피아 그리고 다른 아프리카 국가들은 양질의 커피콩을 생산하는 지침을 무시하는 농부들에게 엄격한 처벌을 부과한다.

약 100종의 다양한 커피나무가 있다. 커피는 대규모 산업농장 생산이 불가능하다는 점에서 다소 독특함을 갖는다. 커피나무는 햇빛과 그늘이 있는 낮은 고도의 산에서 가장 잘 자란다. 나무는 계절에 따라 비가 온 후 꽃이 피기 시작한다. 각각의 꽃이 익으면 붉게 변하는 '커피체리'로 알려진 열매를 맺는다. 각각의 커피체리에는 2개의 씨앗이 들어 있다. 이것을 따는 것은 매우 노동 집약적 활동이다. '푸른 생두'는 체리에서 추출한 것이지만 아직 로스팅하지 않은 커피 씨앗을 일컫는다.

가장 중요한 두 가지 커피 원두 품종은 아라비카와 로부스타이다. 아라비카 원두로 만든 커피는 달콤하고 쓴맛이 덜하다. 반면 로부스타콩은 향이 덜하지만 카페인 함량이 높다. 베트남은 로부스타 커피의 주요 수출국이다.

볶지 않은 커피 원두는 런던과 뉴욕 선물시장에서 거래되는 상품으로 볼카페 그룹(스위스), 올람인터내셔널(싱가포르), 뉴만 카페 그룹(독일)은 세계 커피 원두의 상당량을 구매하는 대규모 상사이다. 크래프트, J. M. 스머커, 네슬레, JAB 그리고 다른 소비재 대기업들도 원두를 사서 로스팅한나. 일부 로스팅 업체는 소비자들이 커피를 가장 많이 구입하는 식료품 산업의 주요 공급업자들이다.

최근까지 스타벅스에서 만들어졌던 스페셜티 커피는 틈새시장의 제품으로 간주되었다. 스페셜티 커피는 전 세계 커피 원두 공급의 극히 일부에 불과했다. 그러나 지난 몇 년 동안 더 많은 소비자들이 카페인 하루 섭취량을 늘리면서 스페셜티 커피에 대한 수요가 세계적으로 급격히 증가했다. 오늘날 스페셜티 커피는 미국에서 전체 커피 소비량의 50%를 차지하게 되었다.

많은 커피 애호가들은 커피의 다양하고 이국적이며 지리학적인 뿌리에서 흥미로움을 찾는다. 또한 커피콩 애호가들은 자신들의 통찰력 있는 미각이 다른 성장 지역의 다양한 토양에서 재배된 콩과 다양한 지역에서 재배되는 콩을 구별하는 특정한 맛의 미묘한 차이와 향기(예 : 캐러멜, 시나몬, 시트러스, 코코아)를 식별할 수 있다는 것에 매료된다. 특정 커피의 원산지에 대한 설명은 많은 커피 애호가들에게 어필하는 진정성의 요소를 제공한다. 요컨대 커피산업의 글로벌 공급망은 윤리적 측면에서 중요한 마케팅 도구가 될 수 있다.

생산자를 위한 공정대우

업계에서 두 가지 중요한 쟁점은 커피콩을 재배하는 소농에 대한 공평한 보상과 지속 가능한 농업 관행이다. 선진국에서는 높은 고도에서 자란 원두로 만든 스페셜티 커피 음료가 한 컵에 몇 달러에 달하는 가격으로 팔릴 수 있다. 깐깐한 소비자들은 집에서 1파운드의 통 콩을 갈아 마시기 위해 15달러 이상을 지불한다. 그러나 1파운드의 통 콩이든 특별한 음료든 최종 생산품에 추가되는 가치는 농부들에게 돌아가지 못하고 있다. 실제로 경제학자 제프리 삭스는 런던이나 뉴욕과 같은 대도시 지역에서 판매되는 3~4달러의 커피 한 잔당 농부가 받는 돈은 약 0.05달러에 불과하다고 계산했다. 이러한 이유로 많은 소규모 농민들이 빈곤한 생활을 하며 가족을 부양하기 위해 고군분투하고 있다.

공정무역 커피운동은 사회적으로 의식 있는 소비자들 사이에서 추진력을 받고 있다. 개발도상국의 환경 및 작업 조건을 모니터링하기 위해 대기업과 협력하는 레인포레스트 얼라이언스와 같은 단체가 주도하고 있다. 레인포레스트 얼라이언스는 열대우림 숲에서 가져온 목재를 인증하는 선구역할을 하였으며, 현재는 매년 수십억 달러 상당의 커피 원두를 인증하고 있다.

독일 본에 본사를 둔 인증기관 페어트레이드인터내셔널(FLO, www.fairtrade.net)은 백만 명 이상의 농민과 노동자를 대표하고 있다. FLO는 영국 페어트레이드파운데이션(www.fairtrade.org.uk)과 같은 단체에 상표를 인증해 준다. 봉지커피나 캔커피에 있는 공정무역 라벨은 재배자들이 농작물에 대해 정당한 대가를 지불받았다는 것을 나타낸다. 페어트레이드 USA는 미국의 공정무역 인증기관이다(www.fairtradeusa.org).

유명인사들도 공정무역에 나서고 있다. 배우 휴 잭맨은 최근 에티오피아에 있는 소규모 커피 농부들의 고충을 조명하고 공정무역 커피의 이점을 설명한 다큐멘터리 영화 'Dukale's Dream'에 출연했다. 아프리카의 신생국인 남수단은 또 다른 사례다. 그들의 조국은 전쟁으로 황폐해졌지만, 이 나라의 커피 생산자들은 2015년에 프랑스에 원두를 수출할 수 있었다.

일상적 문화 의식으로서의 커피 : 이탈리아

제4장 초반에 언급했듯이 이탈리아의 커피 문화는 수세기 전으로 거슬러 올라간다. 이탈리아 사람들에게는 커피를 마시는 것이 숨 쉬는 것만큼 일상적이라고 한다. 여러 세대에 걸쳐 이탈리아인들은 현지 에스프레소 바에서 커피 한잔 (또는 카푸치노, 카페라테, 라테마키아토)을 주문하며 하루를 시작했다. 종종 서서 마실 경우 고객들은 각각의 작은 컵에 강한 커피에 맞는 설탕 한 봉지(또는 두 봉지)를 첨가한다.

집에서 이탈리아인들은 1933년 알폰소 비알레티가 발명한 스토브톱 에스프레소 메이커로 매일 커피를 내려마신다. 모카라고 불리는 이 장치는 커피가루 위로 뜨거운 물을 끌어당기는 진공을 만들어낸다. 모카는 이탈리아의 오랜 전통을 자랑하는 커피산업 혁신의 문화 유물 중 하나이다.

예를 들어 1884년 안젤로 모리온도라는 이탈리아 기업가는 커피 기반 음료를 '즉시' 만들 수 있는 '스팀을 이용한 기계'로 특허를 받았다. 20세기 초에 다른 발명가들이 모리온도의 기술을 향상시켰고, 밀라노에서 에스프레소 머신 생산이 시작되었다.

1940년대 후반 또 다른 기업가인 아킬레 가치아는 고압에서 커피분

말을 통해 물을 끓이는 레버 작동식에 스팀을 사용하지 않는 상업용 에스프레소 머신을 개발했다. 그 결과로 만들어진 커피는 쓴맛이 덜 나고, '크레마'라는 거품층이 생기는데 이 '크레마'는 현재 에스프레소와 동의어로 사용된다. 이탈리아의 1위 커피 브랜드는 라바차인데, 연간 매출이 약 15억 달러이다. 루이지 라바차 S.p.A.는 1895년에 설립되었으며 오늘날 4대째 가족이 운영하고 있다. '커피의 왕'으로 알려진 에밀리오 라바차는 자사 커피를 수출할 수 있는 진공포장을 개발했다.

일리카페는 현재까지도 여전히 가족이 소유하고 운영하는 또 다른 최고의 이탈리아 커피 로스터다. 이 회사는 커피의 첫 유럽 진출 지점이었던 아드리아해의 항구도시 트리에스테에 본사를 두고 있다. 창업자 프란체스코 일리는 커피의 신선함과 풍미를 보존하기 위해 볶은 커피콩에 진공 밀봉하는 공정을 이루어냈다. 이러한 혁신은 볶은 커피콩 시장을 만드는 데 도움을 주었다.

또한 프란체스코 일리는 최초의 자동 에스프레소 메이커를 발명한 것으로도 인정받고 있다. 일레타라고 불리는 기계는 스팀 대신 압축 공기를 사용하여 커피가루에 물을 적셨다. 이 과정은 끓는점 이하의 물 온도를 감안한 것이다. 그 결과 덜 쓴 커피를 만들 수 있었다. 실제로 일리의 에스프레소 설명서는 커피 준비 방법이 특별한 이유를 보여준다.

> 88~93℃의 뜨거운 물 분사는 9기압 이상의 압력에서 7그램의 가루와 탬핑된 커피의 케이크 같은 층을 통과한다. 위와 같이 올바르게 수행하면 30ml 이하의 농축액이 만들어진다.

일리 브랜드의 DNA는 미학에 대한 관심이 필수적이다. 각각의 캔에는 미국 팝 아티스트 제임스 로젠퀴스트가 만든 회사 로고가 그려져 있다. 또한 이 회사는 일리의 흰색 에스프레소 컵을 장식하는 화려한 디자인을 만들기 위해 예술가, 디자이너, 영화 제작자들을 위촉하여 스와치사의 플레이북의 한 페이지를 장식했다. 또한 일리 커피가 제대로 만들어질 수 있도록 Università del Caffè의 여러 지점을 설립하여, 서비스 산업의 생산자와 구성원들을 교육하고 있다.

이탈리아에서는 깊숙이 내재되어 있던 전통이 서서히 변하고 있다. 많은 이탈리아인들은 커피 분말이 들어 있는 종이필터(여과된 커피)에 뜨거운 물을 뚝뚝 떨어뜨려 만들어내는 '미국식 커피'를 비웃는다. 향 커피는 눈살을 찌푸리게 한다. 또한 대부분의 이탈리아인들은 회사 로고가 새겨진 뜨거운 음료를 들고 거리를 걷는 것에 대해 동의하지 않는다. 최근 이탈리아 네스카페의 마케팅 매니저는 '들고 다니는' 것은 자신의 나라 문화에는 없는 것이라고 말했다. 또 다른 경쟁자는 이탈리아 카페 문화를 재포장하고 커피 자체보다 이미지에 중점을 두기 위해 스타벅스에 관심을 보였다.

이러한 인식에도 불구하고 2016년에 스타벅스는 첫 이탈리아 가게를 열 계획을 발표했다. 플래그십 매장은 밀라노의 가장 유명한 명소 중 한 곳인 두오모에서 조금만 걸어가면 된다(그림 4-11 참조). 현지 카페의 주인들은 글로벌 거대기업과의 경쟁에 대해 걱정하지만, 많은 이탈리아인들은 스타벅스가 오기를 기대하고 있다. 어떤 매력이 있기에? 일단 프라푸치노! 이탈리아인들은 젤라토를 좋아하지만 스타벅스는 '마실 수 있는 아이스크림'으로 유명하다.

한편 현지기업가들은 커피 문화와 관련된 기회를 포착했다. 경기침체와 함께 전통적인 카페의 품질이 떨어지고 있다는 불안 속에 아놀드 커피와 12Oz 등 새로운 커피숍이 밀라노와 다른 이탈리아 도시들에 문을 열었다. 일부 순수주의자들에게는 실망스럽겠지만, 신규업체들은 단맛과 향이 나는 커피 음료를 팔고 있다. 종이컵은 테이크아웃이 가능하다.

커피의 미국 내 '두 물결'

다른 세계와 비교했을 때 커피에 대한 미국의 애정은 비교적 최근에 들어선 현상이다. 그럼에도 불구하고 19세기에 이르러 커피는 미국에서 대량 소비를 이끄는 소비자의 주식이 되었다. 일부 관찰자들은 이 커피를 '제1의 물결'이라고 불렀다.

20세기 중반 커피의 '제2의 물결'로 인해 커피숍이 등장했고, 이후 '사인필드'와 같은 미국의 인기 TV 드라마에 스며들었다. 이러한 추세는 커피가 사회적 유대감을 촉진하는 역할을 할 뿐 아니라 고독을 음미할 수 있는 위안거리로 인정받았기 때문이다. 에드워드 호퍼의 1942년 명화 '나이트호크'가 그 시대를 완벽하게 담아내고 있다. 한편 힐스브라더즈, 폴저스, 그리고 맥스웰하우스와 같은 유명한 분쇄커피 브랜드의 슈퍼마켓 판매는 '마지막 한 방울까지 맛있다', '아침에 일어나서 가장 좋은 것은 폴저스 커피이다' 등과 같은 눈에 띄는 광고 문구를 만들고 광범위한 쿠폰을 배부했다.

제2의 물결은 워싱턴주의 시애틀에 본사를 둔 스타벅스가 등장했던 20세기 말 절정에 달했다. 태평양 북서부에서 소박하게 출발한 스타벅스는 전 세계를 카페 제국으로 확장시키고 세계적인 프리미엄 커피 브랜드가 되었다. 많은 나라에서 스타벅스는 세계적인 패스트푸드 대기업 맥도날드가 운영하는 맥카페 매장과 경쟁하고 있다. 그러나 경쟁업체에는 베트남의 푸미흥, 인도네시아의 커피토피와 같은 현지 커피숍 체인들이 점점 더 많이 포함되고 있다.

혁명적인 캡슐 커피

최근 몇 년간 가장 큰 산업 동향 중 하나는 캡슐 커피의 혁명으로 1회분의 캡슐 커피의 인기가 증가한 것이다. 네스카페 브랜드로 오랫동안 인스턴트 커피 분야의 글로벌 리더였던 네슬레는 네스프레소라는 브랜드로 커피 메이커와 캡슐을 사용하여 '1회제공' 또는 '1인분'이라는 분야를 개척했다. 오늘날 네슬레는 브랜드 홍보모델로 영화배우 조지 클루니를 섭외하여 130억 달러, 세계 캡슐 커피 시장에서 약 13%의 점유율을 차지하고 있다고 주장한다. 네슬레는 인터넷과 네스프레소 전용 매장에서 기계와 캡슐을 판매하는 유럽 업계의 선두주자이다(그림 4-12 참조).

레인포레스트 얼라이언스의 도움으로 만들어진 네스프레소의 트리플 A 지속가능성 프로그램은 약 75,000명의 남수단, 에티오피아, 케냐 농부들이 양실의 커피콩을 재배하는 것에 대해 기준가격보다 높은 프리미엄을 지급 받을 수 있도록 하였다. 또한 네스프레소는 비영리 단체인 테크노서브와 협력하여 수만 명의 소규모 커피 원두 생산자들을 위한 교육과 훈련을 제공한다.

지난 2016년 네스프레소는 59년 무역금지 조치 이후 쿠바에서 생산된 커피를 미국으로 수출하기 시작한 첫 번째 브랜드가 됐다. 이번 발표는 미 국무부가 쿠바 기업인들이 재배한 커피를 합법적으로 미국에 보낼 수 있는 제품 목록에 추가한 것에 따른 것이다. 2015년 쿠바는 60kg짜리 봉지 10만 개에 불과한 소량의 콩만을 생산하기 때문에 쿠바 네스프레소 그랜드크루와 카페시타드쿠바는 한정판 생산품목으로 시판될 예정이다.

한편 네슬레 커피 사업은 JAB 홀딩 컴퍼니와의 경쟁에 직면해 있다. 이 독일 회사는 최근 몇 년간 수백억 달러를 들여 큐리그 그린 마운틴 브랜드, 크리스피크림 도넛 그리고 커피하우스 체인 등 다양한 커피 관련 사업을 인수했다. 최근 JAB의 피츠커피앤티 자회사는 미국계 스페셜티 로스터인 스텀프타운 커피와 인텔리젠시아 커피를 사들였다.

성인의 약 3분의 1이 스페셜티 커피를 마시는 미국에서 큐리그는 1인분 커피 시장을 장악하고 있다. K-Cup 머신과 캡슐은 다양한 소매상들에 의해 널리 유통되고 있다.

'제3의 물결' : 커피 문화가 고급시장으로 이동한다

21세기의 20년은 소비자들이 커피를 고급 와인처럼 연구하고 평가할 수 있는 장인의 상품으로 보기 시작하면서 커피의 '제3의 물결'로 이어졌다. 기회를 포착한 블루보틀 커피와 같은 새로운 회사들은 스타벅스가 했던 것보다 훨씬 더 높은 프리미엄급 커피를 만들기 시작했다. 업계 관계자들은 이러한 추세를 설명하기 위해 다양한 비유를 들었다. 스타벅스보다는 블루보틀이 더 고급 브랜드이고, 맥도날드보다는 쉐이크쉑(프리미엄 햄버거 체인)이 더 고급 브랜드이다.

블루보틀의 한 가지 차이점은 커피 음료에 사용되는 원두는 분쇄해서 끓이기 전 48시간 이내에 로스팅된다는 것이다. 이와는 대조적으로 스

사진 4-12 네스프레소 부티크는 프리미엄 품질의 감각과 함께 빈 캡슐 커피의 재활용을 통한 고객 서비스 및 지속가능성에 대한 브랜드의 약속을 전달하도록 설계되었다.
출처 : Jpstock/Shutterstock.

타벅스를 포함한 대부분의 커피 전문점들은 몇 주 전에 로스팅되어 진공 포장된 백에 담겨 배송된 원두를 사용한다. 또 다른 차이점은 스텀프타운 등 프리미엄 브랜드의 성장 동인 중 하나는 도매시장이라는 점이다. 간단히 말해 스텀프타운의 커피 중 일부는 커피를 사용하는 다른 카페에서 구입하고, 콩의 소매유통 채널 역할도 한다. 블루보틀의 창업자인 제임스 프리먼은 대신 자사 매장의 음료 품질에 초점을 맞추기로 했다.

블루보틀은 네슬레의 관심을 끌었다. 스위스 식품 대기업인 네슬레는 가정용 커피 부문의 선두주자지만 빠르게 성장하고 있는 가정 외 시장에서는 존재감이 부족했다. 2017년 네슬레는 블루보틀의 지분을 인수하기 위해 7억 달러를 썼다.

중요한 커피 재배지역도 커피의 제3의 물결에 참여하고 있다. 과테말라는 세계 1위의 커피 생산국 중 하나로 우에우에테낭고 지역의 커피는 전문가들이 특히 높이 평가한다. 최근까지 과테말라 커피는 대부분 수출이 되었다. 이 나라에서 커피 전문 카페가 늘어나고 있고, 이곳에서 일하는 바리스타들이 커피의 제3의 물결에 앞장서고 있다. 2012년 세계 바리스타 챔피언 라울 로다스는 과테말라시티의 유통업자 겸 카페 주인이다. 그는 사명감을 가지고 더 많은 과테말라인들이 제3의 물결에 동참하도록 설득하고 있다. 그는 "슈퍼마켓에서 늘 커피를 사온 사람을, 어떻게 설득해 스페셜티 커피를 마시는 소비자 대열에 합류시킬 수 있을까? 방법은 우리가 문화를 더 많이 전파시킬수록 시장 규모는 커지게 되어 있다."라고 말한다.

스타벅스는 브랜드를 확장하고 있다

스타벅스는 또한 스타벅스 리저브, 스타벅스 리저브 로스터리 테이스팅 룸이라는 새로운 벤처기업으로 커피의 제3의 물결에 탈 준비를 하고 있다. 미국 내 대중시장에서 커피 소비 증가세는 둔화되고 있으며, 이는 제품수명주기에서 성숙기에 접어들고 있다는 신호다.

수년 동안 스타벅스는 회사의 일반제품보다 훨씬 더 비싼 한정된 수량의 계절성 리저브 원두를 판매해 왔다. 예를 들어 숙성된 수마트라 원두 1파운드의 가격은 29.95달러인 반면, '일반' 수마트라 원두는 12.95달러인 이유는 무엇인가? '싱글오리진커피'로 알려진 이 리저브 원두는 일반적으로 생산력이 안정된 소규모 농장에서 공급된다. 일부 농민은 매년 60봉지의 생두를 생산한다. 스타벅스는 리저브 원두를 안정적으로 공급하기 위해 소규모 농부들과 관계를 구축하고 있다. 또한 이 회사는 코스타리카의 커피 생산업체인 아시엔다 알사시를 인수하기도 했다.

스타벅스 창업자이자 전 CEO인 하워드 슐츠는 고급 커피를 만들어 커피 애호가들에게 어필하기로 결정했다. 이들은 지리적, 농업적 세부사항을 살펴보고, 소위 마이크로랏(microlot : 재배지를 작은 단위로 나누어 특별하게 재배한 커피)의 미묘한 차이를 이해할 수 있고, 갓 내린 컵에 7달러 이상을 기꺼이 지불할 수 있는 사람들이다.

이 목표를 향해 회사가 나아가기 위해 슐츠는 시애틀의 첫 번째 스타벅스 근처에 15,000제곱피트의 건물을 사들여 '커피 극장'을 만들었다. 스타벅스의 글로벌 디자인 크리에이티브 부사장인 리즈 뮬러는 리저브 로스터리와 테이스팅 룸의 목표는 21세기 소매업을 재창조할 공간으로

만드는 것이라고 말한다. 고객들은 밀리타 커피 머신, 사이폰 커피, 프렌치 프레스 등 다양한 방법 중에서 선택할 수 있다. 커피콩은 현장에서 로스팅한다.

리저브 로스터리의 변형인 스타벅스 리저브는 스타벅스의 가장 숙련된 바리스타들이 근무하는 또 다른 새로운 매장 콘셉트이다. 유럽 최초의 스타벅스 리저브 매장은 2015년 런던 웨스트앤드에 문을 열었다. 가디언 신문에 의하면 편안한 가죽시트와 함께 한 잔을 만드는 데 사용되는 클로버라고 알려진 1만 달러짜리 기계장비들은 이 매장을 "프라이빗 클럽과 화학 실험실 사이의 교차점"이라고 적시하였다. 커피콩은 다른 곳에서 로스팅되어 배송된다.

2017년 12월, 스타벅스는 상하이에 두 번째 리저브 로스터리와 테이스팅 룸을 열었다. "세계에서 가장 큰 스타벅스"라고 불리는 이 새로운 카페는 상하이의 다른 600개의 스타벅스 매장에 더해졌다. 모든 주요 도시보다 많은 매장을 갖고 있다. 방문객은 스마트폰을 이용해 증강현실(AR) 투어를 즐길 수 있다. 그리고 현지 선호도에 따라 티바나 바의 차 큐레이터들은 특별한 차 음료를 제공한다.

토론문제

4-5. 사례의 내용과 자신의 경험을 바탕으로 볼 때 '커피 문화'는 전 세계적으로 어떻게 다른가?

4-6. 스타벅스가 이탈리아에서 성공할 것이라고 생각하는가?

4-7. 세계 여러 지역의 기업가들이 커피숍을 운영하는 이유는 무엇인가?

4-8. 네슬레, 큐리그 및 기타 회사에서 판매하는 커피 팟과 캡슐의 인기는 무엇을 설명하는가?

4-9. 여러분이 커피를 마신다면 커피의 '제3의 물결'에 참여하고 있는가? 그렇다면 혹은 그렇지 않다면 그 이유는 무엇인가?

출처 : Tom Hancock, "Starbucks Opts for Super−Sized in China," *Financial Times* (December 6, 2017), p. 14; Mark Riddaway, "Edible Histories: Coffee" *Market Life* 34 (Fall 2017), pp. 28−29; Arash Massoudi, "Nestlé Aims to Bottle Appeal of Artisan Coffee," *Financial Times* (September 30−October 1, 2017), p. 17; Elisabeth Malkin, "Hot New Thing in Land of Coffee? It's Coffee," *The New York Times* (July 26, 2017), p. A4; Stephanie Strom, "Coffee from California (Yes, Really)," *The New York Times* (May 27, 2017), pp. B1, B2; Emiko Terazono, "Coffee Trade Goes into Battle Mode," *Financial Times* (October 22−23, 2016), p. 13; Alexandra Wexler, "The World's Most Dangerous Cup of Coffee," *The Wall Street Journal* (October 15−16, 2016), pp. A1, A8; Nicholas Bariyo and Katherine Dunn, "Uganda Cracks down on Coffee," *The Wall Street Journal* (July 11, 2016), p. C3; Gavin Bowring, "Local Chains Take on Coffee Giants," *Financial Times FT Reports—Tomorrow's Global Business, Part Two: Emerging Economies* (June 21, 2016), p. 4; Avantika Chilkoti, "Indonesia's Aspiring Coffee Kings," *Financial Times* (June 7, 2016), p. 7; Katherine Dunn, "Ethiopians, Government in Coffee Tug of War," *The Wall Street Journal* (May 6, 2016), p. C3; Alexandra Wexler, "Starbucks Opens First Africa Store," *The Wall Street Journal* (April 22, 2016), p. B6; Manuela Mesco, "Espresso Shot: Italians Warm to U.S.−Style Coffee," *The Wall Street Journal* (March 6, 2016), pp. A1, A10; Patrick Ryan, "Q&A: Jackman Launches 'Dream' Coffee Brand," *USA Today* (June 5, 2015), p. 1B; Stephanie Strom, "With Market Saturated, Starbucks Looks Upscale," *The New York Times* (December 5, 2014), pp. B1, B4; Nicole LaPorte, "Coffee's Economics, Rewritten by Farmers," *The New York Times* (March 17, 2013), pp. B1, B3; Robin Kwong, "Taiwan's Coffee Chain Challenger," *Financial Times* (August 31, 2011), p. 10.

사례 4-2
관광은 베니스의 구세주인가 아니면 파괴자인가?

베니스(베네치아)는 세계의 도시 중에서도 매우 독특한 도시이다. 이탈리아 북부 베네토 지역 아드리아 해안에 위치해 있는 베니스는 운하로 연결된 100개 이상의 섬으로 이루어져 있다. 역사적으로 석호는 베네치아인들에게 게르만족과 훈족의 침략자들로부터 안전한 피난처를 제공했다. 사실 '석호(lagoon)'라는 말은 베네치아 지역 방언에서 유래하였다. '게토', '카지노', '마지팬', '쿼런틴', '스캠피' 등의 단어도 베네치아에서 유래한 영단어들이다.

수세기에 걸쳐 베니스는 유럽과 극동을 연결하는 요지로서 국제무역의 중요한 상업 중심이었다. 제조업 및 상업 분야에서 베니스인들의 능력은 전설적이며 여기에는 유리공예, 조선 등이 포함된다. 또한 베니스는 르네상스 시대 중요한 예술·문화의 중심지였다.

오늘날 게르만족은 더 이상 위협적이지 않다. 그러나 베니스는 현대의 침략자로부터 위협을 받고 있다. 베니스는 지중해에서 크루즈 여행지로 바르셀로나와 연결되어 있다. 최근의 경기침체에도 불구하고 거대한 크루즈 선은 매주 도착한다. 그 배들은 리알토 다리, 산마르코 광장, 두칼레 궁전, 그랜드 운하와 같은 유명한 랜드마크를 방문하고자 하는 관광객들을 토해 내기 전에 천천히 주데카 운하를 항해한다(사진 4-13 참조). 현지인들은 이 배들이 운하를 따라 늘어선 궁전의 창문을 덜컹거리고 흔들리게 한다고 불평한다. 1999년에 약 10만 명의 방문객이 배를 타고 도착했다. 현재는 매년 1,000여 대의 크루즈 선과 페리가 베니스의 주요 여객터미널에 정박한다. 그 결과 단기적으로 머무르는 승객들은 매일 10만 명에 달한다.

또한 관광객들은 비행기, 철도, 자동차로도 도착한다. 마르코폴로 공항은 베니스에서 20km 이내에 있다. 국적으로 보자면 외국인 관광객 중 미국인의 비중이 가장 많다. 전반적으로 관광은 베니스의 주요 수입원이며, 매년 약 1,500만 명의 관광객이 방문한다. 이에 비해 베니스에 거주하는 인구는 약 59,000명에 불과하다. 인구수는 수년 동안 지속적으로 감소하고 있다. 베니스는 국제영화제와 비엔날레 국제미술박람회와 같은 중요한 문화 행사를 주최하기 때문에 관광산업이 활성화되어 있다. 또한 베니스는 2012년 아메리카컵 요트 대회 개최지이기도 하다.

크루즈 선으로 인한 잠재적인 악영향, 특히 공기, 물, 소음공해 문제와 베니스의 유명한 건축 유산을 지탱하고 있는 수중 기반의 손상 가능성에 대한 우려가 현지인들 사이에 커지고 있다. 이것은 당연히 관광의 장점과 단점으로 분열을 일으키는 사안이 된다. 한 술집의 주인은 말한다. "베니스의 모든 사람은 택시에서부터 술집까지 크루즈 관광객들과 함께합니다. 배는 사람들을 데려오고 크루즈는 한 시즌을 먹여 살립니다." 그럼에도 불구하고 유럽의 최근 경제위기는 특히 이탈리아를 강타했다. 적절한 사례로 1930년대부터 영업해 온 베니스의 상징적 명소인 해리스 바가 문을 닫을 수도 있다.

크루즈 선을 좋아하지 않는 사람에게는 관광객들의 소비가 베니스 경제에 미칠 잠재적인 이점이 부정적인 영향을 상쇄하지 못한다. 한 주민은 "어떤 날은 10척의 배가 들어옵니다. 정말 위험합니다."라고 불만을 터트린다. 일부 지역 주민들은 많은 관광객들이 베니스의 문화생활에는 관심이 없고 기념품 쇼핑에 더 관심이 있다고 생각한다. "그들이 수백만 달러를 쓴다고 해도 그것이 도시를 파괴할 위험을 감수할 만큼의 가치가 있을까요?"라고 주민은 묻는다.

베니스에서 경관을 뒤흔들고 공론화를 초래한 마케팅 이슈는 크루즈 선뿐만이 아니다. 베니스는 독특한 입지환경으로 인해 심각한 계절 홍수를 겪고 있다. 겨울에는 만조라는 조수가 건물에 심각한 구조적 손상을 입히며, 보행자가 도시의 좁은 골목을 돌아다니기 어렵게 한다. 조수에

사진 4-13 이탈리아 베니스에 유람선이 정박한다. 베니스는 MSC, 노르웨이, 그리고 다른 운송업자들이 운항하는 선박의 승객들에게 인기 있는 기항지이다. 비록 베니스의 경제는 전 세계의 무료 방문객들에게 크게 의존하고 있지만, 환경 운동가와 지역 주민들은 대규모 관광이 도시와 주변 석호(라군) 모두에 위협이 되고 있다고 걱정한다.
출처 : Manuel Silvestri/Reuters.

"이탈리아 마을의 아름다움은 건축뿐만 아니라 실제 그곳의 장소, 상점, 공방도 일조한다. 베니스의 정체성을 살려야 한다."

문화부 장관, 다리오 프란체스키니

의한 피해는 베니스의 랜드마크 건축물들이 수리를 요하는 하나의 이유이며, 이탈리아 문화부는 전국의 유물 보수에 매년 약 4,700만 달러를 할당한다. 베네토 지역에는 180만 달러가 배정되며, 베니스에는 보수비용으로 20만 달러가 안 되는 금액이 배정된다. 말할 필요도 없이 이것은 유지 및 수리에 필요한 비용보다 훨씬 적다.

이탈리아의 다른 지역에서 홍수로 인한 물 피해는 큰 문제가 아니다. 그럼에도 불구하고 많은 고대 유물들에 부식작용이 일어나고 있다. 공공 예산의 부족으로 인해 이탈리아의 유명한 패션 브랜드의 소유주들은 유물 보수를 위한 법안을 마련하고 있다. 예를 들어 토즈의 CEO 디에고 델라 발레는 로마의 콜로세움 복원에 3,400만 달러를 기부하였다. 토즈에서 '메이드 인 이탈리아'는 핵심 가치이며, 이탈리아를 대표하는 기념물을 보존하는 데 대한 책임이 있다고 믿는다. 마찬가지로 '캐시미어의 왕'으로 불리는 브루넬로 쿠치넬리는 아우구스투스의 개선문 복원비용을 부담하고 있다. 기원전 3세기로 거슬러 올라가는 이 에트루리아의 유물은 움브리아 지역의 수도인 페루자에 있다.

베니스의 복구자금 부족분을 보충하기 위해 코카콜라, 불가리 같은 기업 스폰서들은 관광 명소 근처에 대형 광고판을 세울 수 있게 되었다. 베니스는 이런 광고 수익을 복구기금으로 사용한다(사진 4-14 참조). 예를 들어 코카콜라 광고판은 산마르코 광장 근처에 설치됐다. 문화재 보수를 담당하는 문화부 장관 레나타 코르델로는 "우리는 미적인 이유가 아닌 다른 이유로 복구비용에 대해 '싫다'고 말할 수 있는 처지가 아닙니다. 두칼레 궁전의 파편이 바닥에 떨어지는 한 코카콜라 병의 이미지를 거절할 수 없습니다."라고 설명했다.

앞에서 언급한 대로 베니스에서 관광산업은 상당한 논쟁거리이다. 다음과 같은 질문들이 제기되었다. "베니스는 너무 많은 관광객들로 인해 죽어가고 있는가? 관광을 제한해야 하는가? 다른 종류의 관광을 유치하기 위해 어떤 조치를 취해야 하는가? 베니스가 얻는 모든 달러(유로, 위안, 루블)는 필요한가?"

직설적으로 또는 비유적으로 볼 때 이 시대의 징표는 보수가 진행 중인 유명 관광명소에 세워져 있는 광고판이다. 빈센조 카살리는 베니스 출신으로 도시 디자인 프로젝트를 전문으로 하는 건축가이다. 카살리가 냉소적으로 관찰한 결과에 따르면 최근 산마르코 광장에 설치된 광고판은 도시 외곽에 위치한 디자이너 브랜드 쇼핑몰을 홍보하고 있다는 것이다. 역설적이게도 이 광고판의 메시지는 베니스에 오는 사람들이 베니스를 떠나 쇼핑을 해야 한다고 말하고 있다. 카살리는 이러한 광고주들은 실제 문화재 복원 자체에 관심이 없고 오히려 순전히 상업적 목적으로 베니스를 이용하려는 것이 아닌가라고 비난한다.

이탈리아 출신 마케팅 컨설턴트인 나탈리 살라스는 '수동적 관광'이 베니스 관광산업의 지속가능성에 위협이 된다고 지적한다. 그러나 살라스는 관광객들에게 비난의 화살을 돌리기보다는 베니스의 포지셔닝 자

사진 4-14 불가리와 다른 유명한 명품 브랜드들은 베니스 명소들의 복원, 개조, 유지에 자금을 지원하고 있다. 재정적 지원을 대가로 기업들은 관광지 건물에 광고판을 설치할 수 있다. 베니스 재단은 이러한 자금이 중요하다고 생각하지만 비평가들은 르네상스 시대의 랜드마크를 상업적 목적으로 사용해서는 안 된다고 주장한다.
출처 : Marco Secchi/Getty Images.

체에 문제가 있다고 지적한다. 베니스가 갖고 있는 역설적인 문제는 베니스가 전 세계에서 가장 독특한 도시이면서 또한 점차 표준화되어 간다는 데 있다. 다른 도시들처럼 베니스는 하드록 카페와 같은 미국식 엔터테인먼트를 제공하고, 글로벌 호텔 체인을 유치하고 있다. 이런 상황은 앞으로 어떤 결과를 초래할 것인가? 살라스는 이를 표준화된 관광객과 표준화된 제품이라고 표현하였다.

살라스는 유형자원(리알토 다리나 산마르코 광장과 같은 랜드마크)에 의존하는 맞춤 관광 스타일에서 벗어나 베니스식 라이프스타일이나 이미지와 같은 무형자원을 강조하는 스타일로의 전환을 제안하였다. 살라스는 판에 박힌 관광 여행이 아니라 관광객들에게 평탄한 길에서 벗어난 여행 일정과 함께 베니스의 일상생활을 경험할 수 있는 기회를 제공하여 관광객들이 보다 지속 가능한 방식으로 도시와 상호작용해야 한다고 주장한다. 또한 살라스는 관광의 방향도 첫 방문자들보다 다시 방문하는 관광객들에 초점을 맞추어야 한다면서, 양보다는 질을 강조하는 것이 베니스의 관광문제를 해결하는 방법이라고 하였다.

제인 다 모스토는 오랫동안 베니스에 거주하였고 영국계 NGO인 '위험에 처한 베니스 기금(Venice in Peril Fund)'의 고문이다. 관광이 베니스에 도움이 되는지 해가 되는지에 대해서 그녀는 다음과 같은 질문을 던진다. "진짜 베니스는 무엇인가? 우리가 원하는 베니스의 모습은 어떤 것인가? 1,500년을 거슬러 올라가는 통일된 도시이자 라군인가, 아니면 단순히 도시 한복판에 있는 기념물과 명소들을 모아 놓은 곳인가?" 베니스에 관광객이 너무 많다고 주장하는 사람들에 대하여 다 모스토는 그들에게 선순환이 작용될 수 있음을 상기시킨다. 베니스의 문화적 부는 창조적인 사람들을 끌어들이는 사회경제적 발전을 위한 에너지와 자원을 제공한다. 그들은 다시 기존 문화의 활성화를 가져오는 사회경제적 발전과 경제적 번영에 기여한다.

도미니크 스탠디시는 새로 발간한 저서에서 베니스의 문화적 보존과 경제발전의 문제에 대해 탐구했다. 전반적으로 스탠디시는 베니스의 관광산업은 위기라기보다는 기회로 보고 있다. 관광산업과 관련된 몇 가지 문제점은 인정하면서도 그 문제의 근원은 도시 관리와 공공정책에 있다고 지적하였다. 그는 저서에서 현대화와 발전을 주장하였고, 이 분야에서 다양한 니즈를 해결하는 다각적 계획의 개요를 제시한다.

가령 거주자를 위한 숙박시설을 현대화하고 학생들과 관광객들의 요구에 부응하기 위한 새로운 시설들을 개발해야 할 필요가 있다. 스탠디시는 본토에 새로운 호텔을 짓는 데 대한 반대 입장을 밝히면서 그 이유는 글로벌 체인들이 베니스에 있는 역사적인 궁전을 사들여 호텔로 전환할 가능성이 크다고 언급한다. 스탠디시는 그러한 변화에 반대한다. 그는 크루즈 선이 주택가에서 더 멀리 도킹할 수 있는 새로운 해양 여객서비스 시설을 개발 계획을 지지한다. 마르코폴로 공항 근처의 새로운 복합용도 개발지인 테세라시는 베니스에 대한 관광 압력을 완화해야 한다고 언급한다. 스탠디시는 공항과 베니스 사이를 연결하는 지하철 시스템을 개발하는 계획을 지지한다. 또한 2억 5,000만 유로의 추정에도 불구하고 베니스의 하수 시스템 정비는 업그레이드가 절실히 필요하다고 주장한다.

한편 홍수를 방지하기 위한 MOSE 프로젝트라는 대규모 노력이 진행 중이다. 프로젝트의 이름은 모세가 홍해를 가로질러 간 성경의 이야기에서 따온 것이다. 수중범람 방지장치는 라군에 설치되는데, 거대한 강판으로 되어 있는 이 보호막은 홍수를 방지하기 위해 올린 다음 필요 없을 때는 해저로 다시 낮출 수 있다. 환경주의자들은 이 보호막이 라군의 취약한 생태계에 미칠 영향에 대해 우려하고 있다. 이 시스템은 2015년 중반에 가동될 예정이었으나 공사 지연으로 빠르면 2022년이 될 것으로 보인다.

베니스가 상업적 이익과 환경보호론자들의 관심사 사이의 균형을 맞추기 위해 고군분투하는 유일한 도시는 아니다. 미국 사우스캐롤라이나의 찰스턴에 3,500만 달러의 크루즈 선 터미널이 새로 개발될 예정으로 많은 현지인들은 분노하고 있다. 반대론자들은 이 새로운 시설이 항구가 위치한 역사적 지역에 미치는 영향에 대해 우려하고 있다. 찰스턴 시장은 이 계획에 대한 비판은 모두 오류가 있다고 말한다. 그는 매년 1,700척의 선박이 이 항구를 이용하지만 그중 85척만이 크루즈 선이라고 지적하였다. 그는 "이것은 테마파크가 아닙니다. 찰스턴의 진정한 의미 중 하나는 찰스턴이 국제항구라는 점입니다."라고 말했다.

토론문제

4-10. 이 사건에서 제기되는 비판적 사고 이슈는 무엇인가?

4-11. 이 사례는 베니스 관광문제에 대한 다양한 관점을 제시한다. 누구의 견해에 동의하는가?

4-12. 유물 보수 프로젝트에 기여한 기업이 건물에 광고를 할 수 있도록 해야 하는가?

4-13. 2011년 6월, 베니스시 당국은 베니스에 머무는 관광객에 대한 세금을 부과했다. 이것은 수익을 창출하고 관광객 수를 제한하는 공정하고 효과적인 방법이라고 생각하는가?

4-14. 베니스의 관광 관련 공무원이 '관광객이 적은' 도시지역으로 관광객을 안내하는 정보를 제공하기 위해 마케팅 커뮤니케이션을 사용해야 한다고 생각하는가?

출처 : Dominic Standish, *Venice in Environmental Peril? Myth and Reality* (Lanham, MD: University Press of America, 2012); Katherine Q. Seelye, "Cruise Ships Made Town a Destination. But Did They Ruin It?" *The New York Times* (January 1, 2018), p. A11; Jason Horowitz, "Too Big to Sail? A Plan for Venice's Cruise-Ship Armada," *The New York Times* (November 9, 2017), p. A9; Jason Horowitz, "'Eat and Flee' Tourism Rises, Threatening a City's Identity," *The New York Times* (August 2, 2017), p. A7; Nick Squires, "Venetians Deliver Blunt Message to Tourists: 'You Are Ruining Our City,'" *The Telegraph* (August 19, 2016), p. 3; Giovanni Legorano, "Venice Fights to Keep Its Finances Afloat," *The Wall Street Journal* (January 2, 2016), p. A22; Stephanie Kirchgaessner, "Cruise Ship Access to Venice at Stake in Mayor Election," *The Guardian* (June 11, 2015), p. 7; Jad Mouawad, "Too Big to Sail?" *The New York Times* (October 28, 2013), pp. B1, B4; "Saving Venice with Fellini Flicks," *The Wall Street Journal* (March 20, 2013), p. A21; Kim Severson, "This Charleston Harbor Battle Is Over Cruise Ships", *The New York Times* (February 19, 2013). Giovanni Legorano and Deborah Ball, "The Trouble with Harry's: Venice Bar Fights Last Call," *The Wall Street Journal* (December 17, 2012), p. B1; "Tod's Founder to Restore Roman Colosseum," *Associated Press* (January 21, 2011); Elisabetta Povoledo, Venice Tries to Balance Effects of Visits by Big Ships", *The New York Times* (May 12, 2011). Elisabetta Povoledo, "Walls of Ads Test Venice's Patience", *The New York Times* (September 13, 2010).

에세이 과제

4-15. 전통과 조직 행동과 규범 측면에서 미국과 일본을 대조하라.

4-16. 자기준거 기준(SRC)과 글로벌 마케터들에게 SRC의 중요성에 대해 설명하라. 탐색적 연구를 수행하고 SRC의 적용을 통해 피할 수 있었던 제품 실패 사례를 찾아보라.

참고문헌

[1] John Keay, *The Honourable Company: A History of the East India Company* (New York, NY: Macmillan, 1991), p. 81.

[2] Geert Hofstede and Michael Harris Bond, "The Confucius Connection: From Cultural Roots to Economic Growth," *Organizational Dynamics* (Spring 1988), p. 5.

[3] George P. Murdock, "The Common Denominator of Culture," in *The Science of Man in the World Crisis*, Ralph Linton, ed. (New York, NY: Columbia University Press, 1945), p. 145.

[4] The following discussion is adapted from Dana L. Alden, Jan-Benedict Steenkamp, and Rajeev Batra, "Brand Positioning through Advertising in Asia, North America, and Europe: The Role of Global Consumer Culture," *Journal of Marketing* 63, no. 1 (January 1999), pp. 75–87.

[5] Milton Rokeach, *Beliefs, Attitudes, and Values* (San Francisco, CA: Jossey-Bass, 1968), p. 160.

[6] Bill Britt, "Upstart Cola Taps Anti-War Vibe," *Advertising Age* (February 24, 2003), p. 1. See also Digby Lidstone, "Pop Idols," *Middle East Economic Digest* (August 22, 2003), p. 4.

[7] Meg Carter, "New Colas Wage Battle for Hearts and Minds," *Financial Times* (January 8, 2004), p. 9.

[8] Natalie Angier, "True Blue Stands out in an Earthy Crowd," *The New York Times* (October 23, 2012), pp. D1, D3. See also Natalie Angier, "Blue through the Centuries: Sacred and Sought After," *The New York Times* (October 23, 2012), p. D3.

[9] Thomas J. Madden, Kelly Hewett, and Martin S. Roth, "Managing Images in Different Cultures: A Cross-National Study of Color Meanings and Preferences," *Journal of International Marketing* 8, no. 4 (2000), p. 98.

[10] Te-Ping Chen, "In China, Women Graduates Are Married to Gowns, Not Caps," *The Wall Street Journal* (July 2, 2014), pp. A1, A12.

[11] Laurence E. Jacobs, Charles Keown, Reginald Worthley, and Kyung-I Ghymn, "Cross-Cultural Colour Comparisons: Global Marketers Beware!" *International Marketing Review* 8, no. 3 (1991), pp. 21–30.

[12] Martin Stokes, *Ethnicity, Identity, and Music: The Musical Construction of Place* (Oxford, UK: Berg, 1994).

[13] Motti Regev, "Rock Aesthetics and Musics of the World," *Theory, Culture & Society* 14, no. 3 (August 1997), pp. 125–142.

[14] Amy Kamzin, "Domino's Deadline to Deliver," *Financial Times* (January 18, 2013), p. 10.

[15] Preetika Rana, "In India, Forget Doughnuts, It's Time to Make the Tough Guy Chicken Burger," *The Wall Street Journal* (November 29–30, 2014), p. A1.

[16] Fara Warner, "Savvy Indian Marketers Hold Their Ground," *The Wall Street Journal Asia* (December 1, 1997), p. 8.

[17] Jacqueline Friedrich, "All the Rage in Paris? Le Fooding," *The Wall Street Journal* (February 9, 2001), p. W11.

[18] Evan Ramstad and Gary McWilliams, "Computer Savvy: For Dell, Success in China Tells Tale of Maturing Market," *The Wall Street Journal* (July 5, 2005), pp. A1, A8.

[19] Recounted in J. Byrne Murphy, *Le Deal* (New York, NY: St. Martins, 2008), pp. 60–61.

[20] Dan Bilefsky and Christopher Lawton, "In Europe, Marketing Beer as 'American' May Not Be a Plus," *The Wall Street Journal* (July 21, 2004), p. B1.

[21] James Hookway, "IKEA's Products Make Shoppers Blush in Thailand," *The Wall Street Journal* (June 5, 2012), pp. A1, A16.

[22] Greg Steinmetz and Carl Quintanilla, "Tough Target: Whirlpool Expected Easy Going in Europe, and It Got a Big Shock," *The Wall Street Journal* (April 10, 1998), pp. A1, A6.

[23] Renzo Rosso / Alice Rawsthorn, "A Hipster on Jean Therapy," *Financial Times* (August 20, 1998), p. 8.

[24] Meeyoung Song, "How to Sell in Korea? Marketers Count the Ways," *The Wall Street Journal* (August 24, 2001), p. A6.

[25] Kevin Voigt, "At Matsushita, It's a New Word Order," *Asian Wall Street Journal Weekly* (June 18–24, 2001), p. 1.

[26] See Anthony C. Di Benedetto, Miriko Tamate, and Rajan Chandran, "Developing Strategy for the Japanese Marketplace," *Journal of Advertising Research* (January–February 1992), pp. 39–48.

[27] Tom Burns, "Spanish Telecoms Visionary Beholds a Brave New World," *Financial Times* (May 2, 1998), p. 24.

[28] John L. Graham and Roy A. Heberger, Jr., "Negotiators Abroad—Don't Shoot from the Hip," *Harvard Business Review* 61, no. 4 (July–August 1983), pp. 160–168.

[29] Kate Fox, *Watching the English: The Hidden Rules of English Behavior* (Boston. MA: Nicholas Brealey Publishing, 2014), p. 287.

[30] George Ritzer, *The McDonaldization Thesis* (London, UK: Sage Publications, 1998), p. 8.

[31] Rosa Jackson, "Michelin Men," *Financial Times* (November 24/25, 2012), p. R8.

[32] Amy Barrett, "French Discounter Takes Cheap Chic World-Wide," *The Wall Street Journal* (May 27, 1998), p. B8.

[33] Christine Muhlke, "A Slow Food Festival Reaches out to the Uncommitted," *The New York Times* (September 3, 2008), p. D12. See also Alexander Stille, "Slow Food's Pleasure Principles," *The Utne Reader* (May/June 2002), pp. 56–58.

[34] Edward T. Hall, "How Cultures Collide," *Psychology Today* (July 1976), pp. 66–97.

[35] Geert Hofstede and Michael Harris Bond, "The Confucius Connection: From Cultural Roots to Economic Growth," *Organizational Dynamics* (Spring 1988), p. 5.

[36] In some articles, Hofstede refers to this dimension as "Confucian dynamism" because it is highest in Japan, Hong Kong, and Taiwan.

[37] Masaru Ibuka / James Lardner, *Fast Forward: Hollywood, the Japanese, and the VCR Wars* (New York, NY: NAL Penguin, 1987), p. 45.

[38] Scott A. Shane, "The Effect of Cultural Differences in Perceptions of Transaction Costs on National Differences in the Preference for International Joint Ventures," *Asia Pacific Journal of Management* 10, no. 1 (1993), pp. 57–69.

[39] J. Byrne Murphy, *Le Deal* (New York, NY: St. Martin's Press, 2008), p. 109.

[40] Christina Larson, "Office Cultures: A Global Guide," *Bloomberg Businessweek* (June 17, 2013), p. 15.

[41] James A. Lee, "Cultural Analysis in Overseas Operations," *Harvard Business Review* (March–April 1966), pp. 106–114.

[42] This section draws from Everett M. Rogers, *Diffusion of Innovations* (New York, NY: Free Press, 1962).

[43]For an excellent application and discussion of adopter categories, see Malcolm Gladwell, *The Tipping Point* (New York, NY: Little, Brown, 2000), Chapter 6.

[44]Hirokazu Takada and Dipak Jain, "Cross-National Analysis of Diffusion of Consumer Durable Goods in Pacific Rim Countries," *Journal of Marketing* 55 (April 1991), pp. 48–53.

[45]Charles M. Schaninger, Jacques C. Bourgeois, and Christian W. Buss, "French–English Canadian Subcultural Consumption Differences," *Journal of Marketing* 49 (Spring 1985), pp. 82–92.

[46]Kate Fox, *Watching the English: The Hidden Rules of English Behavior* (Boston, MA: Nicholas Brealey Publishing, 2014), p. 437.

[47]Deborah Ball, "Lattes Lure Brits to Coffee," *The Wall Street Journal* (October 20, 2005), pp. B1, B6. See also Marco R. della Cava, "Brewing a British Coup," *USA Today* (September 16, 1998), pp. D1, D2.

5

정치적 · 법적 · 규제적 환경

학습목표

5-1 글로벌 마케팅 활동에 영향을 미칠 수 있는 국가의 정치 환경을 이해한다.

5-2 국제법을 정의하고 세계 여러 지역에서 발견되는 주요 법률 시스템의 유형을 설명한다.

5-3 글로벌 마케터에게 일어날 수 있는 법적 문제 중 가장 중요한 비즈니스 문제를 파악한다.

5-4 해외에서 사업을 할 때 갈등 및 분쟁 해결을 위해 사용할 수 있는 대안을 설명한다.

5-5 유럽연합의 일반적인 규제 환경을 개략적으로 설명한다.

사례 5-1
트래비스 캘러닉과 우버

트래비스 캘러닉은 현대에 필적할 수 없는 높은 수준의 성공과 악명을 얻은 기업가이다. 캘러닉은 우버 테크놀로지스와 대중적으로 유명한 우버 카풀 서비스의 공동창업자이다.

캘러닉은 친구이자 공동창업자인 개릿 캠프와 함께 2010년 샌프란시스크에서 우버 서비스를 시작했다. 이제 대부분의 사람들은 우버의 작동 방식에 익숙하다. 고객들은 우버 앱을 스마트폰에 다운로드하고 모바일 결제 정보가 포함된 계정을 생성한다. 그런 다음 운행이 필요할 때 앱을 열고 목적지를 타이핑한다. 앱의 GPS는 고객의 현 위치를 파악하고 목적지까지의 예상 요금, 거리 및 운행 시간을 계산한다. 운임이 허용 가능한 경우 고객은 차량과 운전자를 요청한다.

2014년 말 우버는 회사를 거의 400억 달러로 평가받으면서 벤처 자본을 모았다. 이 서비스는 전 세계 250개 이상의 도시에서 이용 가능했으며 일부 업계 관측자들은 이 회사가 기존 산업을 파괴하는 디지털 기술의 대표적인 사례라고 환영했다. 우버의 급속한 성장은 '협력적 소비'라고도 부르는 '공유 경제'가 인기를 얻고 있다는 또 다른 예로서 이는 리프트(우버의 경쟁업체), 에어비앤비(룸 임대 서비스) 등의 성공에서도 입증되었다.

그러나 우버는 인기가 높아지면서 저항에 부딪혔다. 런던과 다른 주요 도시 운전자들은 규제 없는 운전자들과의 불공정한 경쟁이라고 주장하면서 시위와 대규모 집회를 벌였다. 브뤼셀, 마이애미, 라스베이거스를 포함한 몇몇 도시들은 우버를 금지했다. 브뤼셀에서는 법원이 이 서비스를 이용하는 운전자들에게 벌금을 부과한다. 우버는 벌금을 내고 법적 지원을 해오고 있다. 독일의 규제당국은 이 서비스를 금지하는 가처분 신청을 얻는 데 성공했다. 하지만 일련의 항소와 이의신청 이후 그 가처분 명령은 해제되었다.

유럽연합(EU) 집행기관인 유럽위원회(EC)는 우버가 주장하는 대로 정보제공 서비스회사인지, 아니면 프랑스 정부의 주장대로 택시 서비스에 해당하는지 등을 파악하기 위한 조사를 벌였다(사진 5-1 참조).

캘러닉의 기업은 정치적 · 법적 · 규제적 환경이 국제무역 및 글로벌 마케팅 활동에 어떤 영향을 주는지에 관한

좋은 사례를 제공해 준다. 세계의 각국 정부는 무역과 상업을 통제하고 자국의 자원에 접근하려는 외국기업에 대해 통제를 하고자 한다. 각 국가는 자신의 고유한 법적 규제 시스템을 갖추고 있으며, 이는 글로벌 마케터의 시장기회와 위협에 대응하는 활동에 영향을 준다. 법률과 규제는 제품, 서비스, 인력, 자본, 노하우의 국제적 이동을 제한한다. 글로벌 마케터는 국가적, 때로는 지역적인 규제에 적응해야 한다. 법률과 규제가 때때로 모호하고 지속적으로 변한다는 사실은 이러한 노력을 더 어렵게 만든다. 그리고 이 우버의 사례에서, 새로운 기술이 법과 규정이 따라잡을 수 없을 만큼 더 빠른 속도로 발전하고 있음을 알 수 있다.

이 장에서 우리는 글로벌 마케팅의 법적, 규제적 환경의 기본 구성요소 및 가장 중요도가 높은 최근의 이슈를 살펴보고, 이러한 이슈를 어떻게 다루어야 할지에 대해 제언을 제시한다. 몇몇 특정 주제(수출 및 수입, 산업재 및 소비재, 건강과 안전에 관한 표준, 패키징과 라벨링, 광고 홍보에 관한 이슈)는 개별적인 마케팅 믹스에서 다루어진다.

5-1 정치 환경

◀ 5-1 글로벌 마케팅 활동에 영향을 미칠 수 있는 국가의 정치 환경을 이해한다.

글로벌 마케팅 활동은 그 나라의 국민과 지도자가 권력을 행사하는 정부기관, 정치집단, 조직으로 이루어진 **정치 환경**(political environment) 안에서 이루어진다. 제4장에서 본 바와 같이 각각의 국가는 그 사회를 반영하는 고유한 문화를 가지고 있다. 각 국가는 또한 정부와 법체계의 상대적 중요성을 반영하는 정치문화를 보유하고 있는데, 이는 개개인과 기업이 그들과 정치 시스템과의 관계를 이해하는 맥락을 제공한다. 해외에서 사업을 하는 모든 기업은 해당 국가의 정치문화를 주의 깊게 공부하고, 정치 환경에서 일어나는 두드러진 쟁점을 분석해야 한다. 이는 집권당의 주권, 정치적 위험, 세금, 실질가치 하락 위험, 수용 등에 대한 이해도 포함한다.

국가와 주권

주권(sovereignty)은 최고의 그리고 독립적인 정치권력으로 정의할 수 있다. 100년 전, 미국 연방 대법원장이었던 멜빌 풀러는 다음과 같이 말했다. "모든 주권국가는 다른 주권국가의 독립성을 존중해야 한다. 한 국가의 법원은 다른 나라의 정부가 그 나라 영토에서 행한 일에 대해 간섭하지 않을 것이다." 좀 더 최근에는 스탠리 재단의 회장인 리처드 스탠리가 다음과 같이 간결하게 설명했다.

> 주권국가는 자유롭고 독립적이어야 한다. 주권국가는 무역을 규제하고, 국경 내외의 인구의 흐름을 관리하며, 영토 내의 모든 사람과 재산에 대해 공정한 사법권을 행사한다. 주권국가는 외부의 간섭 없이 국내 문제를 해결하고 국제적 힘과 영향력을 신중하게 사용하기 위한 권리와 권력과 능력을 갖는다.[1]

주권이라는 이름으로 행해지는 정부의 행동은 두 가지의 중요한 기준에 따라 일어난다. 그것은 그 국가의 발전 단계와 그 국가의 정치경제적 체제이다.

제2장에서 소개된 바와 같이 개별국가의 경제에 따라 산업국가, 신흥산업국가 혹은 개발도상국으로 구분될 수 있다. 많은 개발도상국의 정부는 보호관련 법률과 규제를 통과시킴으로써 자국의 경제발전에 영향력을 행사한다. 그들의 목표는 신흥산업이나 전략적 산업을 보호함으로써 경제발전을 추구하는 것이다. 또한 정부 지도자는 족벌주의에 물들어 가족이나 '가까운 친구들'에게 특혜를 줄 수도 있다.

반대로 많은 국가들이 경제발전의 상위 단계에 이르게 되면 이들 정부는(적어도 이론상으로는) 자유무역을 제약하는 어떠한 정책이나 행동도 불법이라고 선언한다. 반독점금지법과 규제는 공정경쟁을 촉진하기 위해 도입되었다. 발전된 국가의 법률은 국가의 사회질서를 정의하고 유지한다. 이러한 법률은 정치적, 문화적 심지어는 지적 활동과 사회 행동에까지도 확대될 수 있다.

예를 들어 프랑스에서는 공식문서에 'le weekend' 또는 'le marketing'과 같은 외국어 사용을 금하고 있다. 또한 1996년 통과된 프랑스 법률 중 하나는 주요 라디오 방송국에서 내보내는 노래 중 최소 40%가 프랑스 노래여야 한다고 규정하고 있다. 왜일까? 바로 '앵글로색슨 문화의 침략'으로부터 보호하기 위해서이다. 2016년, 다프트 펑크와 다른 프랑스 뮤지션들이 전 세계 관객들에게 어필하기 위해 영어 가사가 들어간 음악을 발표하면서 쿼터는 35%로 줄어들었다. 규정에 의해 유리하거나 불리하거나 영향을 받는 기업은 종종 해당 이슈에 대한 자신의 포지션을 전달하는 수단으로 광고를 활용한다(사진 5-2 참조).

제2장에서 설명한 바와 같이 세계경제의 대부분은 시장체제와 비시장체제가 혼합되어 있다. 전반적으로 비시장경제인 정부의 주권 정치력은 그 국가의 경제적 생명력에 큰 영향을 미친다. 쿠바가 대표적인 예이다. 반대로 시장중심 민주주의인 자본주의 사회에서는 그 권력이 상당히 제약되어 있는 편이다. 현재 비시장/시장구조 내에서의 글로벌 현상은 민영화를 향해 가는 추세이다. 이는 정부의 직접적인 간섭을 줄여 기존 경제 내에서의 상품과 서비스 공급자로 만드는 것을 의미한다. 요약하자면 개개의 민영화 움직임은 국가경제를 점점 더 자유시장의 방향으로 몰아가고 있다.

이러한 경향은 1980년대 영국 총리로 재임 중이던 마거릿 대처의 경제정책에서 살펴볼 수 있다. 브리티시 항공, BP, 브리티시 스틸, 롤스로이스는 소위 대처리즘의 영향으로 민영화된 기업들이다. 이 정책은 논란이 매우 많았는데, 일부는 영국에 불행을 초청해 주셔서 감사하다며 조롱했고, 일부는 영국 경제 발전에 박차를 가하는 대담한 결단이었다며 환영했다. 좀 더

Motherhood, apple pie and GATT

Quick, name something supported by Presidents Clinton, Bush and Reagan; 450 leading American economists, including four Nobel laureates; the National Governors Association; the Consumers Union; the Business Roundtable, and many others.

Motherhood? Apple pie? Well, probably. But there's no doubt that each of those individuals and organizations supports GATT, the General Agreement on Tariffs and Trade. What's known as the Uruguay Round of GATT, an accord that took 117 countries more than seven years to negotiate, is now awaiting approval by Congress.

The agreement will reduce import tariffs worldwide by an average of 40 percent and cover new areas such as agriculture, intellectual property and some services — areas of importance to the U.S. economy. It could generate as much as $5 trillion in new worldwide commerce by 2005.

In the words of former President Ronald Reagan: "In trade, everyone ends up a winner as markets grow." We've seen evidence of that this year since the North American Free Trade Agreement (NAFTA) went into effect January 1. Despite negative predictions to the contrary, trade is up, consumer prices are down and massive layoffs just haven't happened.

While the GATT tariff reductions are smaller than those for NAFTA, the number of countries involved and the size of their trade flows are much larger. GATT's effect on the U.S. alone will be five times that of NAFTA.

We hope the enacting legislation is approved before Congress adjourns for the year — and without any financing features that would hurt the companies GATT is intended to help.

What will GATT mean for the U.S.?

First, it's important to note that international trade represents about a quarter of U.S. gross domestic product, or GDP — the value of what the nation produces. Over the last five years, exports accounted for half of U.S. economic growth. More than 10.5 million U.S. workers owe their jobs directly or indirectly to the export of goods or services, and another 500,000 to 1.4 million jobs — at higher-than-average pay — are predicted from GATT.

The Treasury Department estimates that the long-range benefits of this GATT accord will amount to $100 billion to $200 billion a year in added income to the U.S., or $1,700 per family. Other studies predict increases to the GDP as high as 1.2 percent. Agricultural exports alone are expected to rise by as much as $8.5 billion a year in the next decade.

What makes GATT such a boon to the U.S.?

■ Foreign countries on average have more trade restrictions and tariffs on U.S. goods than the U.S. does on theirs. GATT will reduce tariffs and level the playing field.

■ GATT will, for the first time, protect "intellectual property" like patents, trademarks and copyrights. That'll help U.S. computer-software, entertainment, high-tech and pharmaceutical industries, to name a few.

■ Also for the first time, GATT will open markets for service industries like accounting, advertising, computer services, construction and engineering.

■ GATT will open markets for U.S. agricultural products.

So let's call our mothers, cut ourselves a slice of apple pie and let our senators and representatives know we want the GATT legislation passed this year.

Mobil®

사진 5-2 모빌, AIG, 그리고 많은 다른 기업들은 무역 관련 쟁점에 대한 공식적인 입장을 대변하기 위해 기업광고를 이용한다. 1990년 중반 모빌은 무역, 청정공기, 대체 에너지, 의료보험 개혁 등을 비롯한 많은 공익 관련 주제들을 언급하는 광고 캠페인을 펼쳤다. 이 광고는 미국 의회가 GATT를 승인하도록 촉구했다.
출처 : Exxon Mobil Corporation.

최근으로는 EU의 경제위기 속에서 이탈리아 정부가 최대 규모의 전력회사 에넬의 지분 5.7%를 매각하도록 자극했다. 이탈리아 정부는 또한 석유 및 가스회사 에니의 지분 일부를 매각하는 방안도 검토 중에 있다. 이탈리아의 부채는 2조 달러 이상이며, 정부는 수백만 유로를 조달할 방법을 찾고 있다.

일부 사람들은 세계시장의 통합이 국가경제 주권을 위협한다고 믿는다. 경제 전문가 닐 소스는 "정부의 궁극적인 자원은 권력이다. 그리고 정부의 의지력이 시장의 지속적인 압력에 굴복당하는 것을 우리는 여러 번 목격했다."고 밝혔다.[2] 이 이슈를 마케팅 용어로 재해석하자면 교환의 개념이 제일 앞에 오게 된다. 국가는 가치 있는 어떤 것과의 교환 대가로 주권을 기꺼이 포기할지도 모른다. 만일 국가들이 자국의 세계무역 점유율을 높이고 국가 수입을 증가시킬 수 있다면 아마 어느 정도의 주권을 기꺼이 양도할 것이다.

유럽에서는 개별 유럽연합 국가들이 보다 나은 시장 접근을 대가로 그들 고유의 통화권을 포기하고, 자신만의 제품기준을 설정할 권리를 양도하며, 기타 다른 분야에서의 희생을 감수하고 있다. 브렉시트 이슈는 영국이 EU28의 '집단주권(collective movernance)'에 빼앗긴 것 중 일부를 되찾기 위한 영국 정부의 지시로 볼 수 있다.

분리주의자와 분리주의 운동도 국가의 전통적인 주권을 약화시키고 있다. 예를 들어 이탈리아 내에서 부유한 북부의 롬바르디아와 베네토 지역의 유권자들은 점점 더 가난한 남쪽의

> ""우리가 어떤 면에서는 뒤처질 수 있지만 1000년의 역사를 가진 러시아는 그 어떤 것과도 주권을 바꾸지 않을 것이다."[3]
> 러시아 대통령, 블라디미르 푸틴

> "우리는 더 이상 우리의 손을 묶고, 주권을 포기하고, 의미 있는 시행을 사실상 불가능하게 만드는 대규모 무역협정을 체결하지 않을 것이다."
> 트럼프, 아시아-태평양 회의에서 '미국 우선주의' 무역정책 피력, 뉴욕 타임스(2017. 11.10.)

과세 표준을 제공하는 것을 꺼리고 있다.[4] 이러한 국내 지역주의는 스페인에서 카탈루냐가 더 큰 경제적 독립과 주권국가가 될 권리를 추구하는 것으로 나타난다. 한편 스코틀랜드에서도 영국으로부터의 독립을 요구하는 목소리가 계속 들려오고 있다.

정치적 위기

정치적 위기(political risk)는 기업의 효율적이고 수익성 있는 운영 능력에 지장을 줄 수 있는 국가 내 정치적 환경 혹은 정부정책의 변화 가능성을 말한다. INSEAD의 에단 캡스타인 교수는 다음과 같이 언급하였다.

> 아마도 글로벌 기업 운영에 최대의 위협이며, 가장 다루기 어려운 것은 기업들이 비즈니스를 수행하고 있는 정치적 환경에서 발생한다. 어느 날 외국기업이 현지 커뮤니티의 회원으로 초대를 받을 수도 있고, 바로 다음날 기회주의적인 정치가는 그 기업을 비난할 수도 있다.[5]

정치적 위기는 기업의 해외투자를 단념하게 할 수도 있다. 다시 말하면 그 나라의 정치 환경이 높은 수준의 불확실성을 가질 경우, 그 국가는 해외투자를 끌어 모으기가 힘들 수 있다는 뜻이다.

하지만 캡스타인 교수가 지적한 것처럼 기업 경영자는 정치학을 공부한 적이 없기 때문에 정치적 위기를 개념화하는 데 실패하곤 한다. 이러한 이유로 기업 경영자는 정치학 전공 학생이 글로벌 기업의 활동에 대해 제기하는 이슈들을 접해 보지 못했다(인문과학 교육을 위한 강력한 주장!). 현대 기업은 일반 대중뿐만 아니라 기업 및 정부 지도자들로부터 점점 더 많은 조사를 받는다. 일반적으로 자유시장 자본주의도 마찬가지다. 이러한 경향은 정치적 위험의 원인이 된다고 볼 수 있다.

의심할 여지 없이 현재 사건들은 기업 정보 의제의 일부여야 한다. 예를 들어 경영 관리자들은 정치 제도에 대한 대중의 인식뿐만 아니라 정당의 구성 및 진화에 대해 지속적으로 알아야 한다. 2017년 총선에서 성공하면서 '정치적 지진'이라는 평가를 받아온 '독일을 위한 대안(AFD)'과 같은 극우 정당이 대표적 사례다.[6] 유럽 대륙의 정치 질서를 어지럽히는 또 다른 잠재적 방해 요인으로는 오스트리아의 자유당, 프랑스의 국민전선, 네덜란드의 자유당 등이 있다.

현재 이벤트 정보의 귀중한 출처에는 파이낸셜 타임스, 이코노미스트, 기타 일일 및 주간 비즈니스 정기 간행물들이 있다. 이코노미스트 연구소(EIU), 제네바에 본부를 둔 상업환경위험정보(BERI, www.beri.com), PRS 그룹(www.prsgroup.com)은 개별국가의 시장에 대한 최신 정치적 위기 리포트를 발간한다. 이러한 상업적 정보원의 정치위기 평가항목은 약간 상이하다. 예를 들어 PRS 그룹은 정부 행동과 경제 기능에 좀 더 직접적으로 주목하는 한편, BERI는 사회적 특성과 체제 특성에 주목한다(표 5-1 참조).

사례 5-2에서 보겠지만 러시아 정부의 정치적 책략은 그 나라에서 사업을 하려는 기업들에게 높은 정치적 위험을 야기한다. 블라디미르 푸틴은 러시아 대통령으로서 그의 첫 두 임기 동안(2000~2008년) WTO에 가입하고 외국투자를 유인하기 위한 노력으로 개혁을 추진했다. 그는 또한 외국기업들에게 불확실성의 환경을 조성했다. 2010년, 법률회사 베이커&맥킨지의 파트너인 폴 멜링은 "다국적 기업은 그들 회사보다 더 큰 회사와 더 큰 위기인 러시아에서 자신

"성장하는 시장에 진출하고자 한다면 약간의 변동성을 가정하고 예측해야 한다. 위험이 없을 것이라고 가정한 채 성장시장에 진출하는 것은 어리석은 일이다."[7]

칼스버그 CEO, 요르겐 불 라스무센

표 5-1 정치적 위험의 범주

EIU	BERI	PRS 그룹
전쟁	정치적 스펙트럼의 분열	정치적 혼란 가능성
사회적 소요	언어, 인종 또는 종교적 집단에 의한 분열	소유지분 제한
순차적인 정치적 이전	권력 유지를 위해 요구되는 금지적 · 유인적 방법	현지 운영 제한
정치적 목적의 폭력	정신적 문제(외국인 혐오증, 민족주의, 부패, 파벌주의)	조세차별
국제 분쟁	사회적 조건(인구밀도, 부의 분배)	투자회수 제한
정부 내 변화/친기업주의	급진적 정부를 위한 조직 및 힘의 강도	거래 제한
제도적 효과성	다수의 호전적인 권력에 대한 의존 및 중요도	관세장벽
관료주의	지역적 정치 세력의 부정적 영향	기타 장벽
투명성 또는 공정성	시위, 파업, 거리 폭력을 포함하는 사회적 충돌	지불 지연
부패	게릴라전 또는 암살에 의한 불안정성	재정 또는 통화 확대
범죄		외채
		노동비용

출처 : Llewellyn D. Howell, *The Handbook of Country and Political Risk Analysis*, 2nd ed. (East Syracuse, NY: The PRS Group, Inc., 1998). 허락하에 재인쇄됨.

들의 회사를 어떻게 키워야 하는지 오랫동안 숙고해야 할 것"이라고 말했다.[8] 2018년 푸틴은 4번째 대통령 임기에 당선되었고, 백악관과 크렘린 간의 긴장 관계로 인해 정치적 위험은 여전히 높아지고 있다.

한편 나머지 중유럽과 동유럽 지역의 현재 정치적 분위기는 여전히 변동이 심한 불확실성 수준을 보이고 있다. 헝가리, 라트비아, 알바니아는 중간 정도 수준의 위험을 보여준다. 헝가리와 라트비아는 이미 중상위 정도의 수입을 달성했다. 라트비아는 유로존에 가입하였고, 이는 낮은 이자율을 예측하게 하며 더 나은 경제성장을 이루도록 할 것이다. 게다가 이 지역에서 정치적 바람은 계속해서 변화하고 있다. 폴란드와 헝가리는 최근 포퓰리즘 정부를 선출한 두 가지 예시이다. 공통적인 주제로는 유로화 채택 반대, 이민자 수용 우려, EU와의 더 깊은 통합에 대한 저항 등이 있다.

알바니아의 시장경제로의 전환은 많은 해외투자를 유치했다. 게다가 '알바니아산'이라고 붙여진 제품들은 세계시장에서 받아들여지고 있다. 이 사실은 알바니아 기업가 도니카 미치가 설립한 신발 제조업체 도니안나의 성공에서 볼 수 있다.[9] 언제 위험이 관리 가능한 수준으로 감소하게 되었는지 파악하기 위해서는 지역 전체를 아우르는 위험 평가에 대한 진지한 관심이 지속적으로 이루어져야 한다.

기업들은 정치 환경에 의한 잠재적 위험을 상쇄하기 위해 보험에 가입할 수 있다. 일본, 독일, 프랑스, 영국, 미국, 그리고 다른 선진국가에서는 여러 기관이 해외사업을 하는 기업을 대상으로 한 투자형 보험상품을 제공하고 있다. OPIC(www.opic.gov)는 미국 기업을 대상으로 여러 종류의 정치적 위기 보험을 제공한다. 캐나다에서는 수출개발협회가 이와 비슷한 기능을 수행하고 있다.

세금

정부는 사회복지, 군사, 다른 지출에 필요한 자금 마련을 위해 세금 수입에 의존한다. 불행하

글로벌 기업에게 EU의 한마디 "세금 내!"

벤저민 프랭클린의 유명한 말처럼 "이 세상에서 죽음과 세금 이외에는 확실하다고 말할 수 있는 것은 없다." 글로벌 기업의 경우 법인세율이 전 세계적으로 크게 다르기 때문에 과세 문제가 복잡하다. 최근까지 미국은 세계에서 가장 높은 법인세 35%를 납부했다. 주세와 지방세를 합치면 사업체 비율은 39.1%로 높아진다. 반대로 아일랜드는 법인세율이 12.5%에 불과하다.

법인세 개혁은 도널드 트럼프 대통령의 의제 중 하나에 불과했다. 당국은 아마존, 애플, 피아트 크라이슬러 자동차, 스타벅스를 포함한 다양한 글로벌 기업들로부터 세금을 징수하기 위한 노력을 강화하고 있다. OECD와 G20 회원국들도 역시 조세 규정을 개정하기 위해 노력하고 있는 중이다.

2017년 가을, EU의 경쟁위원인 마르그레테 베스타게르는 유럽위원회가 온라인 거대기업의 룩셈부르크 사업이 10년 동안 불법적인 원조를 받았다고 판결한 후 아마존이 2억 5,000만 유로의 세금을 내야 할 것이라고 발표했다. 2004년 아마존은 특정 지식재산권을 비과세 지주회사로 전환해 유럽 사업장에서 IP 로열티를 받아 모회사에 지급했다. 브뤼셀에 본부를 둔 위원회는 이 협정이 아마존이 유럽 이윤의 4분의 3을 이전하도록 허용함으로써 세금 청구서를 줄였다고 주장했다. 베스타게르가 설명했듯이 EU법에 따르면 개별 EU 국가들은 일부 글로벌 기업들에게 선택적으로 세금 혜택을 부여할 수 없다. 놀랄 것도 없이 아마존은 어떠한 잘못도 부인했다.

2016년, 유럽위원회는 아일랜드가 유럽에게 불법적 세금 혜택을 부여했다고 판결했고, 130억 유로의 세금을 환수하라고 명령했다. 애플과 아일랜드는 위원회의 조사 결과에 동의하지 않았다. 애플의 CEO 팀 쿡은 소사와 그에 따른 핀걸을 "완전히 정치적인 언터리"라고 일갈했다. 애플이 지불을 거부하자 위원회는 이 사건을 유럽사법재판소(ECJ)에 회부했다(표 5-5 참조).

법인세율이 19%인 영국에서는 2015년에 법률이 통과되었는데, 이는 이전가격, 즉 동일한 회사의 여러 부서 간에 기업 내 이전을 단속하기 위한 것이었다. 첫 번째 목표 중 하나는 구글이었는데, 구글은 아일랜드에 있는 유럽 본사로 이익을 빼돌린 혐의로 조사를 받았다. 영국은 이 거대 기술기업에서 두 번째로 큰 시장이고(1위는 미국), 구글은 56억 파운드의 2013년 매출에 대해 2,050만 파운드의 세금만 낸 것으로 밝혀졌다. 비록 구글이 탈세 혐의로 고발되지는 않았지만 구글은 1억 3,000만 파운드의 체납한 세금을 납부하라는 명령을 받았다. 그럼에도 불구하고 '구글세'로 알려진 이 거래를 만든 권위자인 조지 오스본은 구글이 가볍게 벗어났다고 느끼는 비평가들로부터 상당한 반발에 직면했다(사진 5-3 참조).

법인세 구조와 정책이 대서양 양안의 주요 정치 쟁점이 되면서 넷플릭스와 이베이도 이 논쟁에 휘말렸다. 예를 들어 이베이는 2016년 한 수익 수치들을 영국 세무당국에 신고하는 동시에 다른 수치를 미국 신고서에 기록한 것으로 밝혀졌다. 넷플릭스의 경우 650만 영국 가입자의 2,200만 유로의 수수료가 네덜란드의 모회사 넷플릭스 인터내셔널 BV에 2016년 수익으로 게시되었다. 외부 분석에 따르면 이 스트리밍 거인의 2016년 영국 수익은 실제로 5억 달러 이상에 달했다고 한다.

2017년 가을, 영국 세무 및 세관총서(HMRC)가 집계한 데이터가 공개되었다. 데이터는 글로벌 기업들이 58억 파운드의 2016년 조세 의무를 회피했음을 보여준다. 그 액수는 이전에 추정되었던 것보다 50% 많았다.

한편 미 의회는 도널드 트럼프 대통령이 연내에 서명할 세제개편안을 마련하느라 애를 먹고 있다. 이 조치 중 하나는 미국 회사가 해외 자회사에서 국경을 초월하여 구입하는 것과 관련해 이전대금 지불에 20%의 소비세를 부과하는 것이다. 미국에 있는 자회사들과의 거래는 부과되지 않을 것이다. 이 조치는 '미국 우선주의'에 대한 트럼프의 선언을 반영한다. 몇몇 유럽 재무장관들은 제안된 세금이 차별적이며 WTO 규정에 위반될 가능성이 있다고 비난했다.

출처 : Madison Marriage, "Tax Lost to Multinationals Shifting Profits Overseas Climbs to £5.8bn," *Financial Times* (October 25, 2017), p. 1; Rochelle Toplensky, "Tech Giants Hit by EU Tax Crackdown," *Financial Times* (October 5, 2017), p. 17; Tom Fairless and Shayndi Raice, "Firms Drawn to U.K. for Tax Deals," *The Wall Street Journal* (July 29, 2014), p. C3; Kiuz Hoffman and Hester Plumridge, "Race to Cut Taxes Fuels Urge to Merge," *The Wall Street Journal* (July 14, 2014), pp. A1, A2; Hester Plumridge, "EU Tax Inquiry Adds to Deals Buzz," *The Wall Street Journal* (June 16, 2014), p. B8; Michelle Hanlon, "The Lose – Lose Tax Policy Driving Away U.S. Business," *The Wall Street Journal* (June 12, 2014), p. A15; Vanessa Houlder and Vincent Boland, "The Irish Inversion," *Financial Times* (April 30, 2014), p. 9.

사진 5-3 유럽인들은 우버나 에어비앤비 같은 기술회사의 일부 정책에 부정 반응을 보였다. 애플 등 다른 기업들이 세금을 공정하게 납부하지 않았다는 혐의를 제기하는 시위가 벌어졌다.

출처 : Anthony DEPERRAZ/NEWZULU/CrowdSpark/Alamy Stock Photo.

게도 정부의 판매 및 서비스에 부과하는 세금정책은 기업과 개인이 탈세를 통해 이익을 추구하도록 하는 동기가 되곤 한다. 중국은 WTO에 가입한 이래로 수입세를 낮춰 왔다. 하지만 여전히 많은 상품이 17%의 부가가치세 외에도 두 자릿수 세율을 적용 받고 있다. 그 결과 상당한 양의 석유, 담배, 인화필름, 개인 컴퓨터와 다른 제품이 중국으로 밀수되고 있다. 일부의 경우 운송품의 숫자를 낮게 기록한 위조문서가 이용되고, 들리는 바에 의하면 중국 군대가 상품의 국내 반입을 감시한다고 한다.

역설적이게도 글로벌 기업은 이러한 상황을 예측했기 때문에 여전히 수익을 올릴 수 있다. 예를 들어 중국에서 팔리는 외국산 담배의 90%가 밀수품이다. 필립 모리스에게 이는 홍콩의 판매자(후에 담배를 국경 너머로 밀매하는 사람들)에 의한 1억 달러의 연간 매출을 의미한다.[10] 높은 소비세와 부가가치세 역시 소비자가 외국에서 좋은 제품을 찾아 구매하는 합법적인 해외구매를 부추길 수 있다. 예를 들어 영국의 주류협회는 프랑스로부터 돌아오는 차량에는 평균 80병의 와인이 실려 있다고 예측한다.

글로벌 기업의 다양한 지리적 활동도 조세법에 대한 각별한 주의가 요구된다. 이 문제는 특히 기술 분야에서 심각하다. 많은 회사들은 소득을 신고하는 장소를 이동함으로써 세금 부담을 최소화하려고 노력한다. 페이스북, 아마존, 구글, 애플은 지적재산권으로부터 벌어들인 이익을 아일랜드와 룩셈부르크와 같은 낮은 세금 관할 구역으로 옮긴 회사들 중 일부이다. 게다가 미국에서 사업을 하는 외국기업들의 세금 최소화는 매년 수십억 달러의 수익 손실을 초래한다. 2016년 미국 대통령 선거 이후 기업들은 광범위한 세제 개혁을 위해 트럼프 행정부에 기대를 걸었다. 그들은 2017년 12월에 통과된 대폭적인 감세로 보상을 받았다.

자산 압류

정부가 기업을 대상으로 행사할 수 있는 궁극적인 위협은 자산 압류이다. **수용**(expropriation)은 외국기업이나 외국 투자자의 자산을 박탈하는 정부의 행동을 뜻한다. 국제기준의 '신속하고, 효과적이고, 적절한' 방식으로는 아니지만 일반적으로 이에 대한 보상은 있다. 만약 아무런 배상이 이루어지지 않는다면 이 행위는 **몰수**(confiscation)가 된다.[11] 국제법은 일반적으로 정부가 아무런 보상 없이 외국 자본을 취하는 행동을 금지하도록 해석한다. **국유화**(nationalization)는 수용보다 일반적으로 좀 더 넓은 개념이다. 이는 정부가 특정 산업 내의 일부 혹은 모든 기업을 통제할 때 일어난다. 국제법은 '국민의 목적'에 부합하고 '적합한 보상'(재산의 공정한 시장가격을 반영할 경우)이 이루어지는 한 국유화를 정부 권력의 합법적인 행사로 인식한다.

예를 들면 1959년 새롭게 권력을 얻은 카스트로 정부는 설탕에 대한 미정부의 수입 할당 신설에 대한 보복으로 미국 설탕 생산자의 재산을 국유화했다. 쿠바인이 소유한 생산시설은 국유화하지 않았다. 카스트로는 쿠바법하에서는 적합한 쿠바 정부채권의 형태로 배상했다. 미국무부는 이러한 국유화는 차별적이며 보상 또한 부적절하게 진행됐다고 보았다.[12] 좀 더 근래에는 우고 차베스 베네수엘라 대통령이 에너지 회사인 카라카스 전력과 통신회사인 CANTV를 국유화하였다. 베네수엘라 정부는 카라카스 전력 국유화를 위해 AES사에 7억 3,930만 달러를 지불하였으며, 버라이즌 커뮤니케이션사는 CANTV사의 보유지분을 매각하고 5억 7,200만 달러를 받았다.[13]

명백한 수용이나 국유화보다 약한 은근한 수용이라는 용어는 특정 국가 내 외국기업의 경제

활동 제한에 적용되었다. 이는 현지 투자자나 기술 도입 계약으로 인한 기술지원 수수료, 수익, 배당금, 로열티에 대한 제약을 포함한다. 현지 부품 사용 요건, 현지인 채용 할당, 가격 조절, 투자 회수에 영향을 미치는 여타 제약 등의 여러 사안이 생겨났다. 글로벌 기업들은 또한 특허와 저작권에 대한 차별적인 법률은 물론 특정 산업재/소비재의 시장진입을 제약하는 차별적인 관세와 비관세장벽들로 인해 고전한다. 지적재산권 제약은 제약품에 대한 보호를 없애거나 급격하게 줄이는 결과를 낳았다.

1970년 중반, 인도의 J&J와 다른 외국 투자자는 기업이 이미 확보하고 있는 대부분의 공평한 지위를 유지하기 위해 정부규제의 대부분을 상정해야 했다. 이들 규정 중 상당수는 말레이시아, 인도네시아, 필리핀, 나이지리아, 브라질에 의해 일부 혹은 전체가 도입되었다. 부채위기와 낮은 GNP 성장률로 인해 라틴아메리카의 '잃어버린 10년'으로 불리는 시기가 지난 후인 1980년대 말, 법률 입안자는 제약적이고 차별적인 법률의 상당수를 되돌려 놓았다. 이 목적은 외국의 직접투자와 절실하게 필요한 서양의 기술을 또다시 공격하는 것이었다. 냉전의 종결과 정치적 충성의 재구축은 이러한 변화를 심화시켰다.

정부가 외국 자산을 수용하면 그 자산의 반환을 요구하는 데 장애가 있다. 예를 들어 미국의 국가 행동 지침에 따르면 외국 정부가 특정한 행동에 개입되어 있을 경우에 미국 법원은 이에 개입하지 않도록 되어 있다. 자산을 수용당한 기업의 대표자는 세계은행의 국제투자분쟁해결센터(ICSID)의 중재를 통해 상환청구를 요청할 수 있다. 사설기업이나 OPIC와 같은 정부기관으로부터 수용 보험에 가입하는 것도 가능하다.

1970년대에 칠레에서 운영되던 구리기업의 수용은 기업이 자신의 운명에 미칠 수 있는 영향을 보여준다. 자국민을 기업 운영진으로 고용하게 하려는 정부의 노력에 맹렬하게 저항한 기업들은 결국 곧바로 수용되었다. 칠레의 지침을 따르려는 진지한 노력을 보인 다른 기업은 칠레인과 미국인 공동 운영하에 살아남게 되었다.

▶ 5-2 국제법을 정의하고 세계 여러 지역에서 발견되는 주요 법률 시스템의 유형을 설명한다.

5-2 국제법

국제법(international law)은 국가에 대한 구속력이 있는 법률과 원칙으로 정의될 수 있다. 국제법은 재산, 무역, 이민, 전통적으로 개별국가의 사법권하에 있던 여러 영역과 관계가 있다. 국제법은 국가들이 그들 지역 내에서의 모든 권리와 의무라고 기꺼이 받아들이는 범위 내에서만 적용된다. 근대 국제법의 뿌리는 17세기 베스트팔렌 조약에서 찾아볼 수 있다. 초기 국제법은 전쟁수행, 평화 수립, 새로운 국가체제와 정부에 대한 외교적 인식 등과 같은 정치적 사안에 대해 관심을 두었다.

정교한 국제법률이 점차 생겨나고 있지만 가령 중립국가 지위에 관한 법률 등 무역에 관한 법률 생성은 19세기 국가별로 진행되었다. 국제법은 전쟁에서 발생하는 문제들보다는 국경 내에서 일어나는 일을 다루고 있지만 여전히 구속력을 가지고 있다. 처음의 국제법은 핵심적으로 조약, 계약, 법률, 협약 등의 혼합체였다. 국가 간 무역이 증가할수록 상업 관련 질서가 점점 더 중요해졌다. 이 법은 원래 오직 국가만을 개체로 다루어 왔으나 새롭게 추가되는 법들은 단지 국가만이 국제법 적용 대상이라는 생각을 버리고 있다.

20세기와 21세기 국제 사례법의 팽창과 더불어 새로운 국제사법기관들이 국제법 수립 형성

사진 5-4 헤이그에 위치한 국제사법재판소는 연합국가들의 사법기관이다. 이 재판소의 15명의 판사는 9년 임기로 선출된다. ICJ의 주요 기능은 국제법에 따라 여러 국가 사이의 분쟁을 조정하는 것이다. ICJ는 또한 여러 국제기관이 제출한 법적 안건들에 대해 조언을 해주고 있다.
출처 : Ankor Light/Shutterstock.

에 기여해 왔다. 상설국제사법재판소(1920~1945), 유엔국제사법재판소(ICJ, www.icj-cij.org), UN 사법부는 1946년에 설립되었고, 국제연합 국제법위원회는 미국에 의해 1947년 수립되었다(사진 5-4 참조). 국가 간에 발생하는 분쟁은 **국제공법** 사안이며, 이들은 헤이그에 위치한 유엔국제사법재판소(ICJ, 국제사법재판소로 알려진)나 상설국제사법재판소에서 다뤄질 수 있다. 연합국가 헌장의 부록 문서에서 설명된 것처럼 ICJ 법률의 38조는 국제법에 관한 것이다.

> 제출된 분쟁에 대해 국제법에 따라 판결할 기능을 가진 법원은 다음을 적용할 것이다.
>
> a. 분쟁을 제기한 국가에 의해 명백하게 인식되는 법률을 형성한, 일반적 혹은 특정한 국제회의
> b. 법으로 채택된 일반적 행동의 증거로서의 국제적 관습
> c. 문명국에 의해 인식되는 일반적 법률
> d. 59조 항목, 법률 결정의 보조수단으로서 다양한 국가의 유명한 국제법 학자가 제시한 법적 판단과 교훈

근대 국제법의 다른 원천은 조약, 국제관습, 다양한 국가의 법정에서 이루어진 법적 결정, 법학자의 연구결과물이다. 만일 국가에서 이에 반대되는 사례를 허용하고, 이 사례가 ICJ로 이전되어 이전 판결을 뒤엎게 되면 어떤 일이 생기는가? 원고 국가는 UN 안전보장이사회를 통해 제2차 청구를 할 수 있는데, 이 기관은 판결을 집행하기 위해 다각도의 노력을 기울이게 된다.

관습법 대 성문법

국제사법은 다른 국가의 기업 사이의 상업적 교역에서 발생한 분쟁에 적용하는 법률이다. 앞서 말한 바와 같이 상업을 관장하는 법률은 점진적으로 생겨났으며 다양한 국가 사이의 법체계에 큰 분열을 가져왔다. 서구 사회의 법은 2개의 원천에서 비롯된다. 유럽 대륙의 민법 전통이 시

작된 로마와 미국 법체계가 뿌리를 두고 있는 영국 관습법이 그것이다.

성문법 국가(civil-law country)는 6세기 고대 로마제국의 원칙과 체계적 개념을 반영하는 법체계를 가지고 있다.

복잡한 역사적 이유로 로마법은 유럽 내의 다양한 지역에서 서로 다른 시점에 서로 다른 형태로 받아들여졌다. 19세기 각각의 유럽국가들은 1804년 나폴레옹 법전을 기본형으로 한 자신만의 국가사법을 채택하였다. 하지만 새로운 국가 법률은 개념적 구조와 법 내용에 관한 한 주로 로마법을 따랐다. 성문법 국가에서의 사법과 관련된 법률은 광범위하게 일반적인 용어로 설명되어 있으며 완벽하게 포괄적인 것으로 여겨졌다. 즉, 모든 분쟁사례가 그 결정을 참고로 할 수 있도록 모든 권력 원천을 포괄하고 있는 것이다.[15]

관습법 국가(common-law country)에서는 기존 사법 결정(판례)의 영향력에 의존해 많은 분쟁을 해결한다. 관습법 시스템은 판례 혹은 선례 **구속**의 원칙에 기초한다. 판례란 특정 이슈에 대한 과거의 법률적 판결이 동일한 이슈가 이후에 등장했을 때 구속성을 가진다는 것이다. 이러한 정의는 약간 애매한 면이 있다. 왜냐하면 판례를 정의하는 것보다 판례의 실행을 관찰하는 것이 더 쉽기 때문이다. 그럼에도 불구하고 판례 또는 선례 **구속**의 원칙은 관습법 판결의 근본적인 원칙을 보여준다.

관습법의 기원에서 미국의 법체계는 영국법의 상당한 영향을 받았다. 영국과 미국 시스템은 본래 관습법이다. 즉, 따라야 할 법규가 없을 때 법원에 의해 공포된다. 관습법 체계는 유럽의 대부분에서 발견되는 민법 체계와 구별된다. 대부분의 현대 미국과 영국법은 원래 입법 기관이 법률을 제정하지만, 기존 사법 결정에 의한 법도 입법과정을 통해 제정된 법과 동등한 정도의 중요성을 지닌다. 관습법 국가들은 흔히 특정 영역의 법전 편찬[예 : 미국통일상법전(UCC)]에 의존하지만, 이러한 법률들은 성문법 국가의 체계적인 서술처럼 모든 것을 포함하는 식의 법률은 아니다.

49개 미국 주가 채택한 미국통일상법전은 상업활동을 관장하는 구체적인 법률들의 집합체이다. (루이지애나는 UCC의 일부를 채택했으나, 그 지역의 법률은 아직도 프랑스 성문법의 영향을 많이 받고 있다.) 국가의 법체계(관습법 혹은 성문법)는 법적인 사업체 형태에 직접적으로 영향을 미친다. 관습법 국가에서는 국가 권한에 의해 기업이 법적으로 설립된다. 성문법 국가에서는 기업의 행동에 책임을 질 수 있는 2개 이상의 집단 사이의 계약에 의해 기업을 설립하게 된다.

미국, 캐나다의 10개 지역 중 9개 지역, 그리고 다른 영국계 미국인의 역사상 식민지였던 국가들은 관습법 체제를 가지고 있다. 역사적으로 유럽 대륙의 많은 국가가 로마법의 영향을 받다가 나중에 나폴레옹 법전의 영향을 받았다(사진 5-5 참조). 아시아 국가들은 양분된다. 인도, 파키스탄, 말레이시아, 싱가포르, 홍콩은 관습법 국가이며, 일본, 한국, 타이, 인도차이나, 타이완, 인도네시아, 중국은 성문법 국가이다. 스칸디나비아의 법체계는 일부 성문법 특성과 일부 관습법 특성이 함께 나타나는 혼합체제이다. 오늘날 대부분의 국가는 성문법 전통을 기반으로 한 법체계를 가지고 있다.

동유럽과 중유럽의 여러 나라들은 공산주의 이후 시대의 법체계를 수립하기 위해 노력하고 있다. 관습법과 성문법 국가를 대표하는 컨설턴트들은 이 과정에 영향을 미치기 위해 노력 중

사진 5-5 민법 체계는 사건을 판결할 때 1804년의 나폴레옹 법전과 같은 법령과 법규에 더 많이 의존한다. 이러한 법규 조항에서 추상적인 원칙을 인식한 다음 특정 사건에 적용한다. 이와 대조적으로 관습법은 특정 사건에서 추상적인 원칙을 찾은 다음 그 원칙에서 법이 무엇인지 일반화한다.
출처 : L F File/Shutterstock.

이다. 폴란드, 헝가리, 체코공화국을 포함한 중유럽의 대부분에서는 독일의 성문법 전통이 우세하다. 그 결과 은행은 저축을 받거나 대출을 해주는 것 외에도 증권을 사고파는 일에도 관여한다. 동유럽, 특히 러시아에서는 미국이 막강한 영향력을 끼친다. 독일은 미국이 많은 변호사가 필요할 정도로 지나치게 복잡한 체계의 도입을 촉진하고 있다고 비난하였다. 이에 대해 미국은 독일의 시스템이 낙후된 것이라고 반응하였다.[17] 어쨌든 러시아 정부가 도입하고 있는 많은 법률과 명령은 예측 불가능하고 변화하는 법적 환경을 형성하고 있다. 아나톨리 쥬프레프의 *Doing Business in Russia: A Concise Guide*는 러시아 또는 독립국가 연합을 구성하는 11개 기타 국가에서 사업을 하는 모든 사람에게 중요한 자료이다.

이슬람법

많은 중동 국가들의 법체계는 '하나의 유일한 절대신'과 관련된 이슬람법으로 알려져 있다.[18] **이슬람법**(Islamic law)에서는 샤리아가 이슬람교도들의 비즈니스를 포함한 생활 속의 모든 행동을 관장하는 포괄적인 법이다. 이 법은 두 가지 원천에서 유래된다. 하나는 코란이다. 아라비아어로 기록된 성서인 코란은 알라에 의해 예언자 모하메드가 만든 계시들이 기록되어 있다. 두 번째 원천은 하디스다. 이는 모하메드의 삶, 어록, 수행을 기반으로 한 자료이다. 특히 하디스는 **금지된**(haram) 제품과 행동을 열거하고 있다. 코란에 나와 있는 규범과 가르침은 법률과 유사하며, 하디스의 지침은 관습법과 일치한다. 중동이나 말레이시아에서 사업을 하는 모든 서양인은 최소한 이슬람법과 이들이 상업활동에 영향을 미치는 함의에 대해 기본적으로 이해해야만 한다. 예를 들어 주조업자는 옥외게시판이나 현지어로 된 신문에 맥주광고를 해서는 안 된다.

5-3 법적인 문제의 회피 : 중요한 비즈니스 문제

◀ 5-3 글로벌 마케터에게 일어날 수 있는 법적 문제 중 가장 중요한 비즈니스 문제를 파악한다.

분명 세계 법적 환경은 매우 역동적이고 복잡하다. 따라서 이에 대한 가장 좋은 방법은 전문가의 법적 도움을 받는 것이다. 하지만 명석하고 혁신적인 마케터는 애초부터 이러한 분쟁의 발생을 상당 부분 미리 예방할 수 있다. 특히 사법권, 특허, 저작권, 반독점, 면허와 영업비밀, 뇌물수수, 광고와 다른 판촉도구에 관한 사안이 이에 속한다. 제13장과 제14장은 구체적인 판촉활동에 대한 규제에 대해 논의하고 있다.

관할권

해외에서 일하는 기업의 직원은 해당 국가 법원의 관할권 범위를 알고 있어야 한다. 국경 밖에서 일어난 특정 종류의 사안에 대해 결정을 내리거나 다른 나라에서 온 개인이나 개체에 대해 권력을 행사하는 법원 권한에 관한 한 **관할권**(jurisdiction)은 글로벌 마케팅과 연관이 있다. 미국 내의 외국기업에서 일하는 직원은 법원이 있는 주에서 사업을 하는 기업에 대해 그 법원이 관할권을 가지고 있다는 점을 이해해야 한다. 법원은 외국기업이 사무실을 운영하고 있는지, 사업을 진행하고 있는지, 은행 계정이나 다른 자산을 가지고 있는지, 또는 특정 주에 다른 직원이나 업체를 두고 있는지를 조사할 수 있다.

관할권은 최근 2개의 무역 관련 분쟁에서 중요한 역할을 했다. 하나는 폭스바겐 AG와 GM 간의 싸움이다. GM의 세계 구매 담당자로 호세 이그나시오 로페즈 드 아리오르투아가 1992년 폭스바겐에 영입된 후, 그의 이전 고용주는 그가 영업비밀을 빼내 갔다고 기소했다. 폭스바겐의 변호사는 디트로이트의 미 연방법원으로부터 독일로 사건 이전을 요청했으나 폭스바겐은 이 분쟁에 대한 미국 법원의 관할권을 받아들였다.

지적재산권 : 특허권, 상표권, 저작권

한 나라에서 보호되는 특허권과 상표권이 반드시 다른 나라에서도 보호되는 것은 아니다. 따라서 글로벌 마케터는 사업을 수행하는 각각의 나라에서도 특허와 상표가 등록되어 있는지를 확인해야 한다. **특허권**(patent)은 개발자에게 특정 기간 발명품을 만들고 사용하며 팔 수 있는 독점적인 권리를 부여하는 공식적인 법적 문서이다. 전형적으로 발명은 독창적이거나 알기 힘든 창의적인 도약을 의미한다. **상표권**(trademark)은 생산자가 다른 생산자에 의해 생산된 제품들과 구별하기 위해 특정 제품이나 포장에 부착하는 독특한 표시, 표어, 장치, 상징으로 정의된다(사진 5-6, 5-7 참조). **저작권**(copyright)은 글이나 녹음, 연출이나 영화화된 창작품에 대한 소유권을 뜻한다.

프랑스의 샴페인 지역은 스파클링 와인을 생산하는 것으로 세계적으로 유명하다. 미국을 포함한 몇몇 국가들은 해당 지역에서 생산되지 않은 스파클링 와인의 상표에 '샴페인'이라는 단어의 사용이 허용된다. 국제무역협정, 소비자 권리법, 그리고 법적 판례로 인하여 110개 이상의 국가에서 오로지 샴페인 지역에서만 나오는 샴페인에 '샴페인' 라벨이 붙은 와인을 공급할 수 있도록 요구하고 있다. 이러한 보호는 소비자들에게 그들이 구입하는 제품의 원산지와 진품을 보증한다. 다시 말해 '샴페인'이라는 상표가 붙은 상표는 프랑스 샴페인에서만 나올 것이다.

2005년, 미국과 EU의 몇몇 와인 지역 대표들은 와인 장소와 원산지 보호를 위한 공동 선언문에 서명했다. 이 단체는 현재 북미, 유럽, 호주에 걸쳐 9개국 이상의 회원을 두고 있다. 미국과 EU가 서명한 2006 와인협정은 2006년 3월 이후 라벨에 샴페인을 포함한 16개 지역 이름을 사용하는 것을 금지하고 있다. 그 날짜 이전에 지역 이름을 잘못 사용한 와인 생산업자들은 여전히 그렇게 할 수 있다.

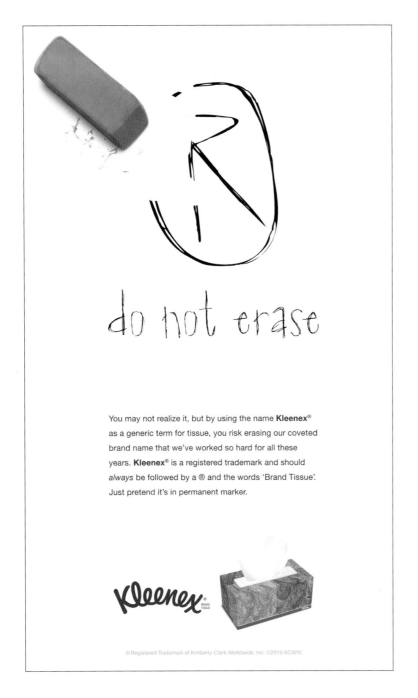

지적재산의 침해는 여러 형태로 나타날 수 있다. **위조**(counterfeiting)는 불법복제와 제품 재생산을 하는 것이다. 연상 위조나 모방은 잘 알려진 상표를 약간만 변형시킨 제품 이름을 사용하는데, 이는 소비자가 이 이름을 진짜 제품과 연관시킬 정도로 매우 유사하다(사진 5-8 참조). 또 다른 방식의 위조는 **도용**이다. 이는 저작권이 있는 작품을 불법생산하거나 재생산하는 것을 말한다. 위조와 도용은 영화, 음반, 컴퓨터 소프트웨어, 교재 출판과 같은 산업 분야에서 특히 중요하다. 이러한 산업에 있는 기업들은 쉽게 복사되어 대중에게 공급될 수 있는 제품을 생산하고 있다. 특히 미국은 앞서 말한 산업에서 활동하는 많은 기업이 생겨난 곳이어서 전 세계적으로 지적재산권 보호에 기득권을 가지고 있다. 하지만 미국은 중국과 같은 나라에서 심각한 도전에 맞닥뜨리고 있다. 한 전문가는 다음과 같이 언급했다.

사진 5-7 프랑스의 샴페인 지역은 스파클링 와인 생산지로 유명하다. 자세한 정보는 웹사이트(www.champagne.com)를 확인해 보라.
출처 : Champagne, USA.

사진 5-8 중국에서 생산되는 많은 위조 제품에는 의류 브랜드 'Hugo Bsos', 호텔 체인 'Haiyatt Hotel', 미국의 유명 만화 피너츠 캐릭터의 'Spoony' 등이 있다.
출처 : Greg Baker/AP Images.

특히 중국 본토에서 지적재산권법을 수립하려는 현재의 노력은 서구에서 유래된 법률적 가치
와 기관, 형태를, 중국의 과거로부터의 유산 및 현재 상황에서 주어지는 제약과 양립시키는
어려움을 고려하지 못한 실패작이다.[20]

특허권과 상표권, 저작권이 연방 특허사무실에 등록되는 미국에서는 특허권자가 그 제품이
생산되거나 팔리지 않아도 특허권 기간 내 모든 권리를 갖게 되어 있다. 랜햄법이라고도 알려
진 1946년에 제정된 상표법은 미국의 상표 전반에 영향을 미친다. 레이건 대통령은 1988년 11
월 상표법 수정안을 법안으로 채택했다. 이 법은 기업의 새 상표 등록을 쉽게 만들었다. 미국
은 특허와 상표 보호가 매우 잘 이루어지며, 미국의 법은 이전에 결정된 법정 사례를 길잡이로
삼고 선례에 의존한다.

유럽에서 특허를 취득하기 위해서는 기업은 지역 기반으로 신청하거나, 구체적인 몇 개의
국가에 특허를 등록하기 위해 뮌헨에 있는 유럽특허사무소에 신청을 할 수 있다. 세 번째 선택
안이 금방 가능해질 것이다. 유럽공동체특허협약은 발명가가 27개 승인국에서 효력이 있는 특
허를 신청하는 것을 가능하게 만들 것이다. 현재 유럽의 특허과정에는 상당한 비용이 든다. 유
럽연합 국가들의 모든 언어로 기술문서를 번역하는 데 드는 비용이 일부 원인이 된다. 2004년
중반까지 번역 문제는 해결되지 않은 채 남아 있었다.[21] 1997년 7월, 이와 같은 불만에 대한 대
응으로 유럽특허사무소는 8개 국가의 특허등록 평균비용을 19% 낮추도록 했다.

미국은 1891년 마드리드 조약과, 좀 더 유연해진 1996년 **마드리드 의정서**(Madrid Protocol)
가 적용되는 세계지적재산기구(WIPO)에 최근 가입했다. 이 시스템은 상표 소유자가 하나의

사진 5-9 스위스 제네바에 본부를
둔 세계지적재산기구(WIPO)는 UN
의 16개 특별 하위조직 중 하나이
다. WIPO의 사명은 세계 전반의 지
적재산을 보호하고 장려하는 것이다.
WIPO는 지적재산을 경제발전의 중요
한 요소로 본다. 이 기구는 상표권, 저
작권, 그리고 다른 지적재산 이슈를
간단하고 쉽게 이해할 수 있도록 설
명한, 삽화가 그려진 자료집을 만들었
다. 현지 기관들은 WIPO의 인터넷 사
이트에서 이 자료집에 바로 접근하거
나 출력할 수 있다.

출처 : Trademarks Comic Book
(2004). WIPO.

신청서와 비용으로 74개국에서 보호를 받을 수 있도록 허용하고 있다(사진 5-9 참조).

기업들은 때때로 개별국가의 특허법과 상표법에 있는 틈이나 다른 고유한 기회를 이용하는 방법을 찾아내곤 한다. 가끔 실제 기업체가 상표보호를 위해 서류를 제출하기 전에 개개인이 현지에서 상표등록을 한다. 예를 들면 스타벅스는 1997년 러시아에서 상표보호를 신청했으나 그곳에 커피점을 열지 않았다. 모스크바의 변호사 세르게이 쥐코프는 2002년 상업적으로 사용되지 않는다는 이유로 스타벅스의 상표명을 취소시켜 달라고 법원에 청원서를 제출했다. 기술적으로 쥐코프는 단지 러시아 민법 조항을 이용한 것이다. 그는 '상표 점유자'로 비난받기는 했으나 법을 어긴 것은 아니다. 쥐코프는 시애틀에 본사를 둔 스타벅스에 이 이름을 60만 달러에 되팔고자 했다.[22]

미국 특허청은 최근 쿠바 정부에 하바나 클럽 럼주의 상표권을 부여했다. 이로 인해 2개의 글로벌 증류주 시장 대기업 사이에 법정 분쟁이 발생했다(사진 5-10 참조). 바하마에 본사를 둔 바카디는 한때 쿠바의 기업이었다. 바카디는 미국 시장에서 자체적인 하바나 클럽 술을 판매하는데, 이 술은 푸에르토리코에서 생산되는 럼주이다. 바카디는 피델 카스트로가 그들의 회사를 국유화한 후 원래의 조주법을 가지고 1960년 쿠바를 떠난 아레차발라 가문으로부터 브랜드에 대한 권리를 얻었다.

1993년부터 프랑스의 페르노 리카는 쿠바 사탕수수로 미국 밖에 하바나 클럽을 팔기 위해 쿠바 정부와 50 대 50의 합작회사를 운영했다. 페르노 리카는 자사 브랜드가 진품이라고 주장하는데, 이는 이 브랜드가 쿠바 특유의 기후와 성장 조건의 산물이기 때문이다. 그래서 쿠바에서는 하바나 클럽 로고를 술잔, 티셔츠, 다양한 음료 등에서 찾아볼 수 있다. 이것으로 세계 럼주 소비량 1위인 쿠바산 하바나 클럽 럼주가 미국에서 판매될 수 있는 길이 열렸다.[23]

19세기 지적재산 이슈에 대한 국제적 관심은 두 가지 중요한 합의를 이끌어 냈다. 첫째는 산업자산의 보호를 위한 국제회의이다. 파리동맹이나 파리회의라고 알려진 이 회의는 1883년에 시작되어 이제 거의 100여 개국으로부터 인정받고 있다. 이 조약은 한 기업이 협정국가에 등록 신청하기만 하면 등록일로부터 1년 동안 다른 나라에서 '우선권'을 가질 수 있도록 함으로써 다국적 특허 등록을 용이하게 한다. 외국 특허권을 얻고자 하는 외국기업은 미국에서 신청한 지 1년 안에 파리동맹에 신청해야 하며, 그렇지 않을 경우 해외에서의 특허권을 영원히

잃을 수도 있다.[24]

1886년, 문학과 예술재산의 보호를 위한 국제연맹이 형성되었다. 베른협정이라고 알려져 있는 이 협정은 저작권 보호에 관한 기념비적인 협정이다. 조약에 대한 언급은 몇 개의 예상치 않은 장소에서 두드러졌다. 예를 들어 예리한 시청자라면 CBS TV 네트워크 'The Ellen DeGeneres Show'의 마지막 크레딧 롤에서 다음과 같은 메시지를 보았을 것이다.

> 발행 국가 미국. WAD 프로덕션은 베른협정의 제15조 제2항과 이에 적용되는 모든 국내법에 의거 이 영화의 소유자임을 밝힙니다.

다른 2개의 조약 또한 주목할 만하다. 특허협력조약(PCT)은 오스트레일리아, 브라질, 프랑스, 독일, 일본, 북한, 대한민국, 네덜란드, 스위스, 러시아연합과 다른 구소련공화국, 미국을 포함한 100개 이상의 협약국가가 가입되어 있다. 회원국은 모든 회원국가의 특허 신청서를 접수하고 검색하고 검토하는 데 특정 기술 서비스와 협력을 지원하는 연맹을 구성하고 있다.

유럽특허사무소는 유럽연합과 스위스 내에서 효력을 발휘하는 유럽특허협의회의 신청서를 관리한다. 신청자는 모든 협약국가에 적용되는 하나의 특허 신청서를 제출할 수 있다. 이의 장점은 이 신청서는 단지 하나의 승인절차를 거치게 된다는 점이다. 국가 특허법이 그 체제하에서 유효한 데 반해, 승인된 특허는 신청일로부터 20년 동안 모든 회원국에서 효력을 발휘한다.

최근 미국 정부는 지적재산 보호를 위한 전 세계 환경을 개선하기 위한 외교 활동에 상당한 힘을 쏟았다. 예를 들어 중국은 1992년 베른협정에 참가하기로 동의했으며, 1994년 1월 1일 중국은 공식적인 PCT 가맹국이 되었다. 20여 년이 지난 지금 중국 회사들은 그들 자신의 특허 포트폴리오를 적극적으로 구축하고 있다. 2015년에는 PCT에 따른 지원서를 제출한 상위 3개 기업 중 2개가 중국 회사였다(표 5-2 참조). 수많은 특허가 기업이 혁신 분야의 선두기업임을 나타내는 경우가 많다. 사진 5-11에서 보듯이 듀퐁은 7백만 개 이상의 특허를 보유하고 있다.

GATT에 따라 1995년 6월 7일부터 새로운 미국 특허가 신청일로부터 20년 동안 보장된다. 이전에는 특허가 승인된 후 17년 동안만 유효했었다. 따라서 미국 특허법은 이제 일본은 물론

표 5-2 PCT에 따라 가장 많은 국제 특허 출원을 신청한 기업(2015)

기업	국가	특허 출원 건수
1. 화웨이 테크놀로지스	중국	3,898
2. 퀄컴	미국	2,442
3. ZTE	중국	2,155
4. 삼성전자	대한민국	1,683
5. 미쓰비시 전기	일본	1,593
6. 텔레폰악티에볼라예트 LM 에릭슨	스웨덴	1,481
7. LG 전자	대한민국	1,457
8. 소니	일본	1,381
9. 코닝클레이커 필립스	네덜란드	1,378
10. HPE	미국	1,310

사진 5-11 신제품과 혁신은 듀퐁의
생명선이다.
출처 : DuPont.

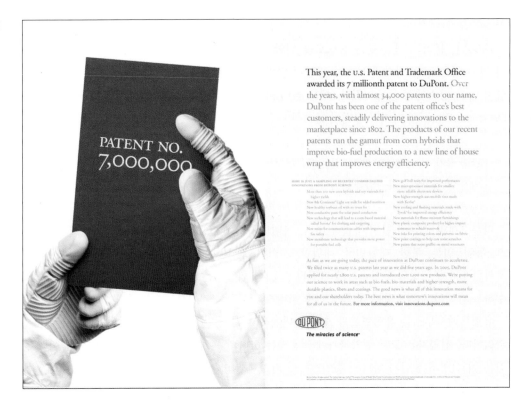

유럽연합의 특허법과도 조화를 이루게 된 것이다. 하지만 이러한 변화에도 불구하고 일본 특허는 미국보다 범위가 좁다. 그 결과 캐터필러와 같은 회사들은 일본에서 중요한 혁신을 보호받을 수가 없었다. 미국 기업이 만든 것과 매우 유사한 제품이 특허 침해의 두려움 없이 특허를 받을 수 있었기 때문이다.[25]

소프트웨어에 대한 세계 특허보호가 또 하나의 주요 이슈이다. 저작권법이 컴퓨터 코드를 보호하고 있기는 하지만 소프트웨어에 담겨 있는 아이디어까지 보호하지는 못한다. 1981년 초 미국 특허 및 상표 사무서는 특허보호를 소프트웨어까지 확대했다. 마이크로소프트사는 500개 이상의 소프트웨어 특허를 가지고 있다. 유럽에서 소프트웨어 특허는 뮌헨협정에 속해 있지 않았다. 하지만 1997년 6월 유럽연합은 특허법이 소프트웨어를 포함하도록 수정할 준비가 됐음을 암시했다.[26]

2011년, 미국 정부는 미국 혁신법의 통과로 특허 시스템을 다시 한 번 전면 개편했다. 이 법은 페이스북, 애플, 구글 등 대형 기술회사들이 거액을 지불해 특허청구를 해결하려는 목적으로 다수의 특허 출원을 하는 이른바 특허 괴물들의 문제를 해결했다. 특허 침해 사건을 신속하게 해결하기 위해 새로운 기관인 특허 재판 및 항소 위원회가 창설되었다. 일부 관계자들은 특허보호에 대한 반발로 생명과학과 소프트웨어에 대한 미국의 투자 감소로 이어졌다고 지적했다.[27]

반독점

미국과 다른 국가에서의 반독점법은 제약적인 기업 활동을 퇴치하고 경쟁을 촉진하기 위해 만들어졌다. 미국의 연방거래위원회(FTC), 일본의 공정거래위원회, 유럽위원회와 같은 기관은 반독점 법률을 집행한다(사진 5-12 참조). 일부 법률 전문가는 세계 경쟁압력이 기업 간 가격 조작과 가격담합의 사례를 증가시키는 결과를 가져올 것이라고 믿는다. FTC 의장 로버트 피

사진 5-12 어드밴스 마이크로 디바이스(AMD)는 세계에서 두 번째로 큰 PC 및 서버용 마이크로 프로세서 공급업체이자 기술혁신 리더로 인정받고 있다. 이 시장의 지배적 리더 인텔은 수년간 80~90% 범위에서 일정한 시장 점유율을 유지하고 있다. AMD는 미연방법원에 인텔을 상대로 소송을 제기했다. 이유는 인텔이 경쟁을 억제하거나 배제하기 위해 우월한 시장 지배력을 사용하고 있으며, 전 세계적으로 반경쟁 행위를 하고 있다는 것이다. 사진은 인텔의 행위를 규탄하기 위해 배포된 전면 광고이다. 출처 : Advanced Micro Devices (AMD).

토프스키는 "여러 해 동안 관세와 무역장벽이 세계무역을 방해했다. 이제 이러한 장벽들은 사라지고 우리는 잔재로 남아 있는 개별적인 반경쟁적인 행동에 직면해야 한다."고 말했다.[28]

최근 외국기업을 대상으로 미국이 성급하게 도입한 반독점 행동은 미국이 다른 국가의 주권을 침해할 뿐 아니라 국제법을 위반하고 있다는 우려를 낳았다. 미국의 반독점법은 19세기 트러스트 해체 시대의 유산과 경제적 권력의 집중을 막음으로써 자유경쟁을 유지하려는 의도

를 가지고 있다. 1890년 셔먼법은 고정가격, 제한된 생산, 시장할당 또는 경쟁을 제한하거나 피하기 위해 고안된 다른 방법 등을 포함한 특정 제약적인 기업 행동을 금한다. 이 법은 미국 내에서 사업을 하는 외국기업은 물론 미국 국경 바깥의 미국 기업 활동에도 적용된다.

판례를 살펴보면 일본 제지회사는 미국 내 팩스 종이 가격을 올리기로 다른 일본 기업과 공모한 혐의로 미국 법원에서 유죄를 선고받았다. 일본 정부는 1995년 12월, 미국의 일본 제지회사 기소가 국제법 위반과 일본 주권 침해라고 비난했다. 가격정책에 대해 논의하는 회의가 미국 바깥에서 열렸고 미국 연방 판사가 기소를 기각했으며, 셔먼법이 외국에서의 행동에는 적용되지 않는다고 판결했다. 하지만 연방은 보스턴의 법원에 항소했고 이 결정은 번복되었다. 미국 연방판사 브루스 셀야는 판결문에서 "우리는 세계 한쪽에서의 결정이 전 세계에 영향을 미치는 국제통상 시대에 살고 있다."고 명시하였다.[29]

지난 40여 년 동안 유럽위원회의 경쟁부처는 경쟁을 예방 또는 제약하거나 왜곡하는 협정이나 행위를 금지하는 힘이 있었다. 위원회는 유럽에 기반을 둔 기업과 마이크로소프트사처럼 유럽 내에서 상당한 매출을 올리는 비유럽 기업에 대해 관할권을 가진다. 예컨대 위원회는 제안된 합병 혹은 합작투자 기업 신청을 거절할 수 있으며, 약간의 수정을 전제로 한 승인 혹은 승인을 내리기 전에 상당한 양보를 요구할 수 있다. 위원회는 제안된 협상에 대해 기초조사를 시작한다. 심각한 우려가 있을 경우 여러 달에 걸친 심도 있는 조사가 뒤따르게 된다.

1990년 중반부터 위원회는 점점 활동적인 접근방식을 취했다. 마리오 몬티는 이 기간 유럽의 반독점 대표였다(그의 별명은 '슈퍼마리오'였다). 2009년에 인텔은 독점 금지 위반으로 12억 달러의 벌금을 부과받았다. 2017년, 7년간의 조사에 이어 경쟁위원회 위원인 마르그레테 베스타게르는 검색에서 우위를 남용한 알파벳사의 구글 사업부에 24억 2,000만 유로(27억 2,000만 달러)의 벌금을 부과했다(사진 5-13 참조). 구체적으로 위원회는 기술대기업인 구글이 Foundem.co.uk와 같은 경쟁사가 제공하는 대체 서비스에 대해 자사의 비교 쇼핑 서비스 구글 쇼핑을 홍보함으로써 경쟁을 억누르고 있다는 혐의를 제기했다.[30] 한편 구글에 대한 두 건

표 5-3 반독점 판결

관련 회사	글로벌 반독점 검토	미국 내 반독점 검토
인베브의 SAB 밀러 인수(벨기에/브라질), 2016년, 1,010억 달러	중국에서 거래가 승인되었지만 SAB 밀러는 스노우의 지분을 매각해야 한다.	승인됨, 인베브는 밀러 쿠어스를 매각해야 했다.
인베브(벨기에/브라질)의 앤호이저부시(미국) 인수, 2008년, 520억 달러	중국에서 거래가 승인되었지만 후아란 스노우 또는 옌징 맥주는 금지되었다.	승인됨, 인베브는 라바트 USA를 매각해야 했다.
GE(미국)의 허니웰(미국) 인수, 2001년, 400억 달러	합병된 회사가 항공장비의 경쟁사보다 강할 것이라는 사유로 거부되었다.	거래는 조건에 따라 승인을 위해 진행되었다.
EMI 그룹 PLC(영국)와 타임워너(미국)의 음악사업 합작투자, 2000년, 200억 달러	EU 규제당국은 새로운 EMI-타임워너가 디지털 음악 유통을 지배할 것이라는 우려를 나타냈다.	구제 검토가 시작되기 전에 거래는 2000년 10월에 폐기되었다.

의 반독점 소송이 위원회에 계류 중이다.

또한 대서양 양쪽에서는 규제당국이 온라인 소매업계의 거인인 아마존의 군림에 도전해야 한다는 요구도 있다. 2016년 미국 대선 당시 도널드 트럼프 후보는 아마존이 너무 많은 것을 통제하고 있다며 비판했다. 아마존의 지지자들은 아마존의 규모에도 불구하고(혹은 규모 때문에) 아마존은 약 4억 개의 다양한 제품을 저렴하게 제공하는 '소비자 우선' 기업이라고 강조한다. 더 큰 문제는 기존의 독점 금지법과 규제들이 인터넷 시대를 반영하도록 개정될 필요가 있느냐 하는 것이다. 어떤 관계자들은 페이스북과 구글 같은 기업들이 공적 사업으로서 규제받기를 원한다.

표 5-3은 최근 투자협력기업 및 합병과 대서양 양쪽의 반독점 권력에 의해 검토를 받아야 했던 다른 글로벌 비즈니스 거래를 요약해서 보여준다.

로마조약의 주간 거래 조항은 제3의 국가와의 거래에도 적용된다. 따라서 기업은 그 기업 계열사의 행동도 알고 있어야 한다. 위원회는 또한 중요한 비즈니스 성장을 격려하기 위한 노력으로 조약의 85조와 86조로부터 특정 카르텔을 면제시켰다. 이는 유럽 기업이 일본, 미국과 동등한 위치에서 경쟁하도록 허용하기 위함이다. 일부 경우 유럽의 개별국가의 법은 구체적인 마케팅 믹스 요소를 적용한다. 가령 일부 국가는 선별적인 혹은 배타적인 제품 유통을 허용한다. 하지만 유럽위원회법은 판례를 따를 수 있다.

한 사례를 들면 프랑스 기업 콘스텐은 독일의 그룬딕 기업으로부터 전자제품을 수입해 프랑스에서 유통하는 독점적인 권리를 가지고 있었다. 콘스텐은 불법적으로 프랑스에 '비슷한 수입품'을 들여왔다는 명목으로 다른 프랑스 기업을 상대로 소송을 제기했다. 즉, 콘스텐은 그 경쟁업체가 콘스텐이 알지 못하는 상황에서 여러 외국 공급업자로부터 그룬딕 제품을 구입해 프랑스 내에서 판매했다는 점에 문제제기를 한 것이다. 콘스텐의 소송이 2개의 프랑스 법원에서 검토되었지만 파리 법원은 판결을 유보하고, 그룬딕과 콘스텐 간의 협약이 로마조약의 85조와 86조를 위반했는지에 대한 유럽위원회의 결정을 기다렸다. 위원회는 "지역적 보호는 공동시장의 현실화에 특히 유해하다."는 근거로 콘스텐의 패배를 선언했다.[31]

몇몇 경우에 기업이나 전체 산업이 반독점법의 면제를 받을 수 있었다. 예를 들어 항공산업에서 원월드와 스타 얼라이언스는 미 정부로부터 면제권을 받아 컴퓨터 코드를 공유하고 가격 결정을 함께한다. 이와 비슷하게 유럽위원회는 유럽 내에 영화 유통을 협력함으로써 비용을 절감하기 위해 파라마운트, 유니버셜과 MGM/UA와의 투자협력 기업인 다국적 영화배급회사

→ 혁신, 기업가정신 그리고 글로벌 창업

제임스 다이슨의 다이슨

제임스 다이슨 경은 영국 기업가이다(사진 5-14 참조). 그는 광범위한 혁신적인 제품들을 개발했고, 제조와 마케팅을 하기 위해 회사를 설립하고, 세계적 브랜드를 만들었다. 다이슨은 현대 마케팅의 기본 도구와 원칙을 적용함으로써 괄목할 만한 성공을 거두었다. 그는 또한 2006년 기사 작위를 받았다!

많은 기업가들이 그렇듯이 다이슨의 독창적인 아이디어는 해결해야 할 문제에 대한 인식과 자신의 필요, 욕구를 바탕에 둔 것이었다. 간단히 말해서 그는 기존 진공청소기가 작동하는 방식에 실망했었는데, 일회용 주머니가 먼지로 가득 차서, 유닛이 흡입력을 잃기 때문이다. 그는 자신에게 "더 좋은 방법이 있을 거야."라고 말했다고 한다.

이 점을 염두에 두고 다이슨은 주머니가 없는 진공청소기를 개발했는데, 'G-포스'라는 첫 모델은 가격이 2,000달러였다. 1991년, 이 청소기로 일본에서 국제 디자인 박람회상을 받은 후 다이슨은 사업을 시작했다.

다이슨은 현재 9,000명의 직원을 고용하고 있으며 매년 거의 30억 달러의 매출을 올리고 있다. 지난 25년 동안 이 회사는 헤어드라이어, 에어블레이드 계열의 전기 핸드 건조기, 원래의 주머니 없는 진공청소기 등 프리미엄급 신제품의 꾸준한 판매량을 선보였다.

그러나 일부 신제품 출시가 실패하는 등 행보가 항상 순탄했던 것은 아니다. 예로 다이슨은 높은 생산비용으로 인해 CR01 역회전장치 세탁기 제조를 중단했다. 다이슨에 따르면 "당신이 무엇인가를 배웠다면 실패라는 낙인은 없다." 그가 세탁기 실패 경험으로 배운 한 가지는 "더 높은 가격을 책정하라!"이다.

2011년 다이슨은 시장조사에서는 전혀 다른 결과가 나왔지만 소형에 주머니가 없고, 무선인 청소기를 신보였다. 관련 기술들은 개발하는 데 20만 시간이 걸렸고 100개 이상의 특허를 등록했다. 다이슨은 이렇게 말했다. "고객에게 다음에 무엇을 해야 할지 말하라고 할 수는 없습니다. 그들은 모릅니다. 그것이 우리의 일입니다." 이러한 통찰력

을 토대로 이 회사는 V6 매트리스 진공청소기(알레르기원과 박테리아를 제거) 및 360 아이로봇 진공청소기를 출시했다.

비록 미국이 다이슨의 최고 시장이지만, 아시아는 회사 수익의 절반 이상을 차지한다. 일본은 다이슨의 2위 시장이고, 중국은 빠른 성장세를 보이고 있다. 중국의 경우에서 시장기회는 중산층이 성장함으로써 부분적으로 그 열망과 소비 습관의 영향을 받기 때문이다. 또한 중국에서 가전제품의 소유는 현재 낮은 한 자릿수이다. 아시아 가정은 일반적으로 카펫이 아니라 바닥이 단단하기 때문에 다이슨은 이 시장을 위해 패브릭 헤드가 있는 V6 플러피 무선 진공청소기를 개발했다. 진정으로 '지역적으로 생각하고, 세계적으로 행동하라'는 철학은 플러피를 서구의 베스트셀러로 만들었다.

다이슨의 고속 모터와 배터리에 대한 핵심 역량 덕분에 회사는 최근 전기자동차(EV)를 개발할 것이라고 발표했다. 예상비용은 배터리 기술개발에 약 10억 파운드, 섀시를 포함한 차량개발에 약 10억 파운드로 추정된다.

업계 관측통들은 다이슨이 결국 배터리 전문지식을 활용하여 고체 전지를 사용할 것으로 예상하고 있다. 리튬이온 배터리와 비교하면 이 기술은 더 빠른 충전과 더 긴 주행범위를 갖게 할 수 있다. 그렇더라도 2020년이나 2021년에 출시될 예정인 첫 차량은 리튬배터리로 구동될 것으로 예상된다. 제조 현장으로는 영국, 중국, 말레이시아, 싱가포르가 검토되고 있다.

출처 : Alexandra Wolfe, "Weekend Confidential: James Dyson," *The Wall Street Journal* (December 9 – 10, 2017), p. C11; Michael Pooler and Peter Campbell, "Dyson Makes Dust Fly with Electric Vehicle Plans," *Financial Times* (September 30 – October 1, 2017), p. 19; Michael Pooler and Peter Campbell, "Dyson Looks to Extend Midas Touch to Tomorrow's Vehicles," *Financial Times* (September 28, 2017), p. 18; Tom Hancock, "Dyson Aims to Build on Sales with R&D Center in China," *Financial Times* (May 26, 2017), p. 17; John Gapper and Tanya Powley, "'All Inventors Are Maniacs,'" *Financial Times* (April 11 – 12, 2015), pp. 17 – 18.

사진 5-14 제임스 다이슨. 다이슨의 최신제품 중 하나인 에어랩은 컬링, 건조, 매끄러움을 연출해 주는 스무딩 브러시 등 용도별로 분리형 헤드가 있는 것이 특징이다.
출처 : The Asahi Shimbun/Getty Images.

(UIP) 설립을 허용했다. 1998년, 위원회는 이를 번복하고 이 3개의 스튜디오에 그들 영화를 유럽에 독립적으로 유통해야 한다고 공지했다.[32]

카르텔(cartel)은 이익을 극대화하기 위해 가격결정, 생산량 조정, 또는 다른 행동을 집단적으로 함께하는 독립된 기업의 집합이다. 이를테면 OPEC와 같은 석유생산국가의 집합이 카르텔이다. 미국에서 대부분의 카르텔은 불법이다. 하지만 하나의 눈에 띄는 예외가 글로벌 마케팅에 직접적인 영향을 미친다. 미국에 기반을 둔 시랜드 서비스와 덴마크의 AP 몰러 머스크 라인을 포함한 세계 주요 해운회사가 1916년 미국 해운법 통과 이래로 반독점법의 면제를 받고 있다. 이 법은 원래 신뢰도를 높이기 위해 입안된 것이었는데, 오늘날의 카르텔은 각각의 해운회사가 독립적으로 가격을 결정할 경우의 가격보다 18% 높은 운송료를 부과하게 되었다고 평가된다. 법을 바꾸려는 최근의 노력은 성공적이지 못했다.[33]

라이선스와 영업비밀

라이선스는 라이선스 판매자가 라이선스 도입자에게 사용료나 다른 형태의 보상을 받고 특허, 상표, 영업비밀, 기술 또는 다른 무형자산의 사용을 허가해 주는 계약을 말한다. 미국 법은 유럽연합, 오스트레일리아, 일본, 그리고 많은 개발도상국들에 기술을 이전하는 법과 같이 라이선스 과정 자체를 규제하지는 않는다. 라이선스 협약기간과 회사가 받을 로열티 금액은 라이선스 판매자와 라이선스 도입자 사이의 상업적 협상문제로 간주되며, 해외로 로열티를 송금하는 데 대한 정부 제약은 없다. 라이선스와 관련된 중요한 고려사항은 기업의 어떤 자산을 라이선스 형태로 제공할 것인지, 자산의 가격은 어떻게 정할 것인지, 제품을 '만들' 권리만을 허용할 것인지 아니면 제품을 '사용'할 권리와 '판매'할 권리도 함께 제공할 것인지에 대한 분석이다. 2차 라이선스 문제는 또 다른 중요한 안건이다. 유통협약과 함께 독점권 혹은 비독점권 협약 여부와 라이선스 사용 범위에 대한 의사결정을 내려야 한다.

라이선스 도입자가 라이선스 받은 기술을 라이선스 판매자와 직접 경쟁을 하기 위해 사용하는 것을 막으려면 라이선스 판매자는 라이선스 도입자가 자국 내에서만 판매활동을 하도록 제한할 수 있다. 라이선스 판매자는 계약이 만료된 후에는 그 기술의 사용을 금지하도록 라이선스 도입자에게 계약적 구속력을 발휘할 수도 있다. 실제로는 자국의 법이나 미국 반독점법도 그러한 합의조항을 요구하는 것이 불가능하다. 라이선스는 경쟁자를 만들어 낼 수 있는 도구가 될 수 있기 때문에 잠재적으로 위험한 행동이다. 따라서 라이선스 판매자는 그들 고유의 경쟁력이 유리한 상태를 유지하도록 주의를 기울여야 한다. 이는 지속적인 혁신이 필요함을 의미한다.

언급된 바와 같이 라이선스 합의는 반독점 조사를 받을 수 있다. 최근 사례로 바이엘은 J&J에 신규 가정용 살충제의 독점적인 특허 사용권을 주었다. 독일 기업의 라이선스 결정은 약 3년에 걸친 미국환경보호청(EPA) 승인을 위한 시간을 필요로 한다. 바이엘은 미국 기업이 제도권과 협의하도록 하고 판매의 5% 로열티를 받는 것이 자사에 이득이라고 결정했다. 하지만 이 라이선스 거래로 인해 존슨이 4억 5,000만 달러 규모의 가정용 살충제 시장을 독점하게 될 것이라며, 이 회사를 상대로 집단소송이 제기됐다.

이 일로 미 법무국이 관여하여 라이선스 계약이 반경쟁적이라고 결론지었다. 법무부 반독점 부서 대표인 앤 빙가만은 발표문에서 "바이엘과 존슨 사이의 안일한 협약은 고도로 밀집된 시장에서 용납되지 않는다."고 말했다. 바이엘과 존슨의 계약보다 훨씬 더 좋은 조건으로 관심을 보이는 어떠한 기업과도 라이선스 계약을 추진하기로 동의했다. 존슨은 향후 가정용 살충제에 관한 독점권 협약이 진행될 경우 미 정부에 이를 알리기로 합의했다. 만일 바이엘이 협약 상대자일 경우 법무부는 이 협약을 거부할 권리를 갖는다. 법조계의 반응은 부정적이었다. 지적재산권 전문인 워싱턴의 한 변호사는 이 사례가 '전통적인 라이선스 행위를 제대로 공격'하는 것이라고 언급했다. 국제 라이선싱 협회 대표인 멜빈 야거는 "독점권은 지적자산을 촉진하고 시장에 진출할 수 있도록 만드는 매우 유용한 도구"라고 설명했다.[34]

라이선스 취득으로 인해 라이선스 판매자가 가진 **영업비밀**(trade secret, 기업비밀)이 누설되면 어떤 일이 벌어질까? 영업비밀은 상업적 가치가 있으며 외부에 알려지지 않은 비밀 정보나 지식으로서 비밀 보장을 위한 여러 단계가 존재한다. 영업비밀은 제조과정, 만드는 방법, 디자인, 고객 명부 등을 포함한다. 비밀보장을 위해 최근 영업비밀의 라이선스는 비밀정보에 접근할 수 있는 각각의 직원과 비밀보장 계약으로 연결된다. 미국에서의 영업비밀은 연방법보다는 주법에 의해 보호되고 있으며, 대다수의 주들은 통일영업비밀법(UTSA)을 따르고 있다. 미국 법은 중개인을 통해 비밀정보를 취득한 제3자에게 영업비밀 책임을 부과한다. 이에 대한 처벌로는 손해배상과 다른 형태의 구제가 있다.

영업비밀과 관련된 법들은 1990년 광범위하게 발전했다. 여러 국가에서 최초로 영업비밀 관련 법률이 채택되었다. 멕시코의 최초 영업비밀보호법률은 1991년 6월 28일 발효되었으며, 중국의 최초 영업비밀 관련법은 1993년 12월 1일 실효를 갖게 되었다. 두 나라의 신규법들은 지적재산권의 포괄적 형태의 일부였다. 일본과 한국 역시 영업비밀을 포함한 지적재산권법을 최근 개정했다. 중유럽과 동유럽의 많은 나라 역시 영업비밀을 보호하기 위한 법률을 제정했다. NAFTA가 1994년 1월 1일 활동을 시작했을 때, 영업비밀 보장조항이 포함된 최초의 국제 무역협정이 만들어졌다. GATT의 우루과이라운드협정에서 결정된 무역 관련 지적재산권협정(TRIP)에 따라 눈에 띄는 성과들이 뒤를 이었다. TRIP 협정은 협약국들이 정직한 상업행위에 반하는 영업비밀의 취득, 공개, 사용으로부터 보호하도록 요구하고 있다.[35] 이러한 공식적인 법적 발전에도 불구하고 실제 이의 집행이 관건이 된다. 국경 바깥으로 영업비밀을 주고받는 기업들은 법적인 존재 여부뿐만 아니라 느슨한 법 집행과 관련된 위험요소도 함께 평가해야 할 것이다.

뇌물수수와 부패 : 법적, 윤리적 이슈

20세기 초 베들레헴 철강 대표인 찰스 슈왑이 차르 알렉산더 3세 조카의 부인에게 20만 달러짜리 다이아몬드와 진주 목걸이를 선물했을 때 터진 국제적인 분노는 역사에 기록되어 있지 않다.[36] 매수 대가로 베들레헴 철강은 시베리아 철도에 레일을 공급하는 계약을 따내게 되었다. 소비에트 다음 시대인 오늘날 서양기업은 중유럽과 동유럽에서 부흥하고 있는 기회에 또다시 유혹을 받고 있다. 그러나 폴란드, 헝가리 등지에서 민족주의 정부들은 외국기업에 점점 적대적으로 변하고 있다. 예를 들어 주와 계약을 체결할 때 그 지역의 정치인들은 때때로 정부와 긴밀한 관계를 맺고 있는 영향력 있는 지역 사업가들을 선호한다. 어떤 긴밀한 관계인가? 몇몇 사례는 뇌물죄가 적용될 것이다.

뇌물수수(bribery)는 비즈니스 거래를 협상할 때 어떤 유형의 대가(일반적으로 현금 지불 형태)를 요구하거나 제공하는 비즈니스 부조리이다. 대부분의 나라들은 뇌물죄를 금지하는 부패방지법을 시행하고 있지만 시행은 종종 느슨하다. 미국은 그렇지 않다. 특히 미국 기업의 직

표 5-4 2016년 부패지수 순위

순위/국가	CPI 점수	순위/국가	CPI 점수
1. 덴마크	90	166. 베네수엘라	17
1. 뉴질랜드	90	168. 기니비사우	16
3. 핀란드	89	169. 아프가니스탄	15
4. 스웨덴	88	170. 리비아	14
5. 스위스	86	170. 수단	14
6. 노르웨이	85	170. 예멘	14
7. 싱가포르	84	173. 시리아	13
8. 네덜란드	83	174. 북한	12
9. 캐나다	82	175. 남수단	11
10. 독일	81	176. 소말리아	10

주 : 국제투명성기구의 부패인식지수는 특정 국가의 공공부문의 인지상의 부패 정도를 측정한다. 이 수치는 0에서부터(높은 부패) 100(낮은 부패) 사이에 분포한다.
출처 : 2016 Corruption Rankings. Copyright 2016 Transparency International: the global coalition against corruption. Used with permission. For more information, visit www.transparency.org.

원들은 포스트 워터게이트 시대의 미국 정부정책에 의해 통제를 받고 있다. 국제투명성기구는 부패인식지수(CPI)를 사용하여 매년 국가들의 순위를 매겨 발표한다. 가장 '청렴한' 점수는 100점이다. 2010년도 가장 청렴한 국가와 가장 부패한 국가들이 표 5-4에 수록되어 있다.

미국의 **해외부패방지법**(Foreign Corrupt Practices Act, FCPA)은 리처드 닉슨 대통령 시절에 있었던 워터게이트 스캔들의 유산이다. 워터게이트 특별검사는 조사과정에서 300개 이상의 미국 기업들이 외국 공무원에게 총 수백만 달러의 비자금을 지급해 온 사실을 밝혀냈다. 의회는 만장일치로 이 법안을 통과시켰으며, 지미 카터 대통령은 1977년 12월 17일 이를 법률로 채택하는 것에 승인했다.

법무부와 증권거래위원회가 집행하는 이 법은 공개와 금지를 골자로 한다. 이 법의 공개 관련 항목은 공개기업으로 하여금 모든 거래내역을 기록하여 내부 회계 감사를 받도록 하고 있다. 금지 관련 항목은 미국 기업이 사업을 시작하거나 유지하기 위해 외국 정부 혹은 정당에 뇌물을 주는 것을 범죄로 규정하고 있다. 제3자에게 지불하는 돈 중 일부 혹은 전체가 외국 공무원에게 흘러들어 갈 만한 의심이 있을 경우 제3자에게 지불하는 것 역시 금지된다.

미국 기업협회들은 해외부패방지법(FCPA) 너무 광범위하고 모호해서 해외에 있는 미국 기업의 활동을 심각하게 축소하도록 위협한다고 불평하면서 즉시 이 법을 바꾸기 위한 로비를 시작했다. 로널드 레이건 대통령은 1988년 종합무역법의 일부로서 이 법안의 개정안을 승인했다. 개정된 항목들로는 관료주의를 피하고 '일상적인 정부활동'을 촉진하기 위해 하급 공무원에게 '기름칠'하기 위한 지불, 예를 들면 관세를 통과하기 위한 운반, 라이선스의 보존 또는 국가를 떠나기 위한 항공 여권의 발급 등이 예외로 규정되었다.

FCPA 위반에 대한 유죄 판결은 심각한 징역형과 상당한 벌금형을 선고한다. 이 법은 매우 광범위하게 규정되어 있고 애매모호한 부분이 많다. 그럼에도 불구하고 2009년과 2010년에 미 법원은 벌금으로 20억 달러를 징수하였다.[37] 회사는 직원이 저지른 범죄에 대한 벌금을 지불하거나 변제할 수 없다. 이는 법무부 웹사이트에 다음과 같이 언급된 바와 같다.

FCPA의 뇌물 방지 규정을 위반하면 다음과 같은 형사 처벌이 부과될 수 있다. 기업 및 기타 사업체는 최대 200만 달러의 벌금이 부과된다. 임원, 이사, 주주, 직원 및 대리인은 최대 10만 달러의 벌금이 부과되고 최대 5년의 징역형을 받는다. 게다가 대체 벌금법하에는 벌금이 실제 훨씬 더 높을 수 있다. 실제 벌금은 피고가 부정한 금액을 지불함으로써 얻으려고 했던 이득의 두 배에 달할 수 있다. 또한 개인에게 부과되는 벌금은 고용주나 대표가 지불할 수 없음을 인지해야 한다.[38]

또한 이 법은 직접적으로 금지되어 있는 일을 개인(예 : 대행사, 투자협력 파트너, 또는 다른 제3자)이 간접적으로 하게끔 내버려 두지 않을 것이라는 점을 명확히 하고 있다.

롤스로이스(항공기 엔진 제조업체)는 미국과 다른 나라에서 뇌물방지법을 위반한 것으로 유명한 회사다. 영국에 본사를 둔 이 회사는 민간항공을 포함한 다양한 분야의 사업을 하고 있다. 에너지 사업은 2014년 독일의 지멘스에 매각됐지만 매각 전에 브라질, 카자흐스탄, 나이지리아, 러시아 등지에서 여러 건의 범죄를 저지른 증거가 있었다. 롤스로이스는 영국, 미국, 브라질에 6억 7,100만 파운드의 벌금을 지불하는 것으로 합의하였다. 대신 형사 고발로 기소되지 않았다. 하지만 미국 법무부가 FCPA를 위반하려는 음모로 기소했던 몇몇 전직 롤스로이스 직원들은 결국 유죄를 인정했다.[39]

FCPA의 일부 비판가는 개탄스러운 도덕적 제국주의의 전시라고 비난한다. 문제는 미국법의 치외법권적 주권이다. 이들 비판가에 따르면 미국의 법과 규칙, 가치, 도덕규범을 세계의 미국 기업과 미국 국민에게 적용하는 것은 잘못된 것이다. 하지만 한 법 전문가가 지적한 대로 이러한 비판은 근본적인 오류를 가지고 있다. 전 세계 어느 나라도 정부 관료에게 뇌물수수를 허용하는 나라는 없다. 따라서 FCPA가 세운 기준은 적어도 이론상으로는 많은 나라와 공유하는 것이다.[40]

FCPA에 대한 두 번째 비판은 미국 기업들, 특히 일본과 유럽 지역에 있는 외국 경쟁자에 비해 더 어려운 위치에 서게 만든다는 점이다. 비즈니스 커뮤니티를 대상으로 한 여러 의견조사와 설문조사 결과는 이 법안이 해외에 있는 미국 사업체에 부정적인 영향을 미칠 것이라는 보편적인 인식을 보여주었다. 일부 학자들은 FCPA가 미국 산업의 수출력에 부정적인 영향을 미치지 않을 것이라고 결론지었다. 하지만 미국 정보업체의 도움으로 준비된 미 통상부 보고서에 의하면 1994년 한 해 동안에만 미국 회사가 아닌 기업으로부터 제공된 뇌물이 450억 달러 규모의 100개 비즈니스 협상에서 한 요소로 작용했다. 외국계 기업이 이 협상의 80%를 차지했다.[42] 비록 정확한 통계 수치를 얻기는 힘들지만, 표 5-4의 순위가 세계에서 뇌물수수가 여전히 만연하고 있는 일부 지역을 보여준다.

세계시장에서 삶의 한 방식으로 존재하는 뇌물수수는 미 국회가 이를 비난한다고 해서 변하지는 않을 것이다. 많은 유럽국가에서 뇌물 지급액은 세금공제가 되는 사업비용으로 간주된다. 한 예측에 따르면 독일 기업의 불법대금에 대한 연간 가격표만 50억 달러 이상이다. 여전히 많은 수의 글로벌 기업들이 불법행위를 줄이기 위해 고안된 행동규범을 받아들이고 있다. 게다가 1997년 5월, OECD는 외국 공무원에게 뇌물을 주고 계약에 입찰하는 기업의 행위를 범죄행위로 규정하는, 구속력 있는 국제협약을 작성함으로써 공식적인 반뇌물수수 기준을 채택했다. OECD의 뇌물수수금지조항(국제 비즈니스 거래에 있어서의 외국 공무원 뇌물수수 근절을 위한 조약)은 1999년에 실효를 가지게 되었다. OECD는 또한 소위 청렴지구를 만들기

"부패는 아마도 러시아에서 기업들이 직면하는 가장 즉각적인 위협이며 어려움이다. 또한 이러한 추세는 더욱 심해지고 있다."[41]

비즈니스 위험 컨설턴트, 카를로 갈로

위한 작은 항목들도 연구 중이다. 이는 뇌물수수를 하지 않기로 약속한 참여자들과 함께 개인 수준의 거래에서 투명성을 확보하는 것을 목표로 한다.

기자는 종종 뇌물 혹은 다른 종류의 불법행위를 취재한다. 신흥국가에서 언론인이 만약 부자 혹은 권력자를 비판한다면 타깃이 될 수 있다(사례 5-2 참조). 모국의 법적 제약 없이 해외에서 운영되는 기업은 기업윤리에 관해 끊임없는 선택을 해야 한다. 극단적인 한 예로 그들은 현지 실정에 대한 적응이나 도입 없이 완벽하게 자국의 윤리를 전 세계에서 유지할 수 있다. 이와 반대의 극단적인 예로 그들은 기업윤리를 유지하려는 노력은 전혀 하지 않고, 현지 환경에서 기업 운영진이 인식한 현지 상황과 환경에 맞춘 윤리를 전적으로 받아들일 수 있다. 이러한 두 가지 극단적 사례 사이에서 기업이 택해야 하는 접근방법은 자국의 윤리를 다양한 정도로 확장시키는 것이다. 대안적으로 현지 문화와 방식을 다양한 수준에서 받아들일 수 있다.

경쟁자가 뇌물수수를 적극적으로 하려고 할 때 미국 기업은 무엇을 해야 하는가? 두 가지 대응이 가능하다. 하나는 뇌물수수를 무시하고 마치 그러한 일이 없었던 것처럼 행동하는 것이다. 다른 하나는 뇌물수수의 사실을 인정하고 이것을 또 하나의 마케팅 믹스 요소인 것처럼 여기면서 뇌물이 소비자 구매의사결정에 미치는 영향을 평가하는 것이다. 기업에서 제공하는 전반적인 가치가 경쟁기업의 전반적 가치(뇌물수수를 포함한)만큼 좋거나 더 나아야 한다. 더 낮은 가격, 더 좋은 제품, 더 좋은 유통, 혹은 더 좋은 광고를 제시함으로써 뇌물수수로 인해 경쟁자에게 부가된 가치를 상쇄할 수 있다. 가장 좋은 방어는 경쟁자보다 분명하게 우수한 제품을 제공하는 것이다. 이러한 경우 뇌물은 구매 결정을 좌지우지할 수 없게 된다. 대안적으로 서비스와 지역 대표성에 있어서의 분명한 우위는 결과를 뒤바꿀 수도 있다.

(5-4) 갈등 해소, 분쟁 조정, 소송

◀ **5-4** 해외에서 사업을 할 때 갈등 및 분쟁 해결을 위해 사용할 수 있는 대안을 설명한다.

유럽연합의 법적 협력과 통합화 정도는 독특하다. 이는 공통적으로 가지고 있는 법체계 존재에서 일부 기인한다. 다른 경제지역의 조직은 통합하는 데 진척이 훨씬 느리다. 나라마다 갈등을 해소하는 저마다의 접근방식이 있다. 미국은 세계 어떤 나라보다 더 많은 수의 변호사를 보유하고 있으며 어쩌면 지구상에서 가장 많은 소송이 진행되는 나라이다. 부분적으로 이는 저맥락 특성을 가진 미국 문화와 대립적 경쟁심을 반영하는 것이기도 하다. 다른 요소로는 소송에 대한 서로 다른 자세를 들 수 있다. 예를 들어 많은 유럽국가에서 집단소송은 허용되지 않는다. 또한 유럽 변호사는 합의금에 대한 비율로 소송비용을 계산하는 식의 사건을 맡을 수 없다. 하지만 유럽이 복지국가로부터 멀어지는 광범위한 정치적 변동을 겪고 있기 때문에 이에 대한 변화의 여지는 있다.[44]

비즈니스가 존재하는 어느 곳에서나 갈등은 불가피하게 일어난다. 특히 글로벌 시장에서 서로 다른 문화들이 모여 사고, 팔고, 투자협력 회사를 설립하며, 경쟁하고, 협력하는 과정에서 이는 더욱 불가피해진다. 미국 기업에 있어서 외국 집단과의 분쟁은 흔히 모국의 관할권에 들어온다. 이러한 사안은 기업과 변호사가 '자국 법원'의 이점을 얻을 수 있는 미국에서 소송 제기가 가능하다. 하지만 외국 법원에서의 소송은 훨씬 더 복잡해진다. 서로 다른 언어, 법체계, 통화, 전통적인 사업관습과 양식의 차이가 이를 더욱 복잡하게 한다.

또한 조사와 관련된 절차의 차이로 인해 문제가 발생하게 된다. 핵심적으로 디스커버리란 주장을 증명하기 위한 증거 획득과 어떤 증거가 어떤 국가에서 어떤 조건하에 증거로 채택될 것인지를 결정하는 과정을 의미한다. 보다 복잡한 문제는 다른 나라의 법원에서 판결된 결정이 자국 내에서는 효력을 가지지 못할 수 있다는 사실이다. 이러한 이유 때문에 많은 기업은 소송을 진행하기에 앞서 중재하는 것을 선호한다.

분쟁 조정을 위한 소송의 대안

1995년, 쿠바 정부는 갑작스럽게 스페인 기업인 엔데사와의 계약을 파기했다. 엔데사는 쿠바 법원에서 손해배상을 요구하는 대신 파리에 있는 국제중재재판소로 이 사안을 넘기며 1,200만 달러의 손해배상을 요청했다. 엔데사의 행동은 대안적인 분쟁해소 방법들이 법원 시스템을 거치지 않고 어떻게 양쪽 집단 간의 국제적인 상업 분쟁을 해결하는지를 보여준다. 공식적인 중재는 법원 밖에서 국제적인 사업분쟁을 해결하는 방법이다. **중재**(arbitration)는 선약에 의해 두 집단이 이용하기로 한 협상과정이다. 이는 두 당사자가 이 방식을 스스로 개발했다는 점에서 공정한 과정이다. 일반적으로 중재는 3명의 패널 앞에서 각 집단의 이야기를 듣는 것으로 진행된다. 집단마다 1명씩의 패널을 선정하고 그 후에 2명의 패널이 세 번째 멤버를 선정한다. 이 패널은 미리 두 집단이 동의하기로 한 판결을 내리게 된다.

국제 조정에 관한 가장 중요한 조약은 1958년 외국중재판정의 승인 및 집행에 관한 국제연합협약이다. 뉴욕컨벤션이라고도 알려진 이 조약은 중국을 포함한 157개의 국가가 조인하였다. 뉴욕컨벤션에서 만들어진 틀은 여러 이유로 중요하다. 첫째, 여러 집단이 국제 조정을 제공하는 협약을 체결할 때 가맹국은 이들 집단이 조정 기능을 이용하기로 서약하게끔 할 수 있다. 둘째, 조정이 이루어지고 중재인이 중재결정을 내리고 나면, 가맹국은 이 결정을 인지하고 이를 집행할 수 있다. 셋째, 가맹국은 조정결정에 이의를 제기하기 위한 조건을 제한적으로 만드는 데 동의한다. 이 조건은 법원에서 이루어지는 전형적인 항소와는 다르다.

국제적 상업 중재 분야에 경험이 많지 않은 일부 법률사무소와 변호사는 계약서상의 중재항목을 '단지 또 다른 하나의 항목'이라고 생각하고 접근한다. 각각의 계약서 항목이 다르듯이 중재항목 또한 녹같지 않다. 예를 들어 미국과 일본 기업 사이의 계약을 생각해 보자. 만일 이 두 집단이 중재를 받기로 한다면, 어느 장소에서 중재를 받게 될 것인가? 미국 측은 마지못해 일본으로 갈 것이고, 반대로 일본 측은 미국에서 중재하기를 원하지 않을 것이다. 대안적인 '중간' 지점(예 : 싱가포르나 런던)이 검토되어야 하며 이 내용이 중재항목에 명시되어야 한다. 중재과정은 어떤 언어로 진행될 것인가? 만약 중재항목에 언어 사용에 대한 내용이 명시되어 있지 않다면 중재자가 스스로 고르게 될 것이다.

지역과 언어 외의 다른 이슈도 반드시 검토되어야 한다. 예를 들면 만약 특허-라이선스 협정과 관련해 두 집단이 특허자격에 대해 이의를 제기하지 않기로 하는 중재항목에 동의한다고 했을 때, 이러한 항목이 어떤 나라에서는 집행이 불가능할 수도 있다. 어떤 나라의 법을 무효의 기준으로 삼을 것인가? 이러한 이슈를 국가별로 검토하는 것은 지나치게 시간 소모가 많을 것이다. 게다가 수용 문제도 있다. 법적으로 미국 법원은 특허 분쟁에 있어서 중재인의 결정을 받아들여야만 한다. 하지만 다른 나라에는 이러한 일반적인 수용 규칙이 없다.

이러한 이슈와 관련된 지연을 줄이기 위해 한 전문가는 가능한 한 자세히 써놓은 중재항목의 초안을 제시한다. 예를 들어 여러 국가의 특허정책은 가능한 한 자세히 검토되어야 한다. 중재 항목으로 모든 외국 특허 이슈가 본국의 법 기준에 따라 판결될 것이라는 항목을 포함할 수도 있다. 또 다른 항목으로는 집단이 다른 나라에서 개별적인 법적 대응을 시작하는 것을 금지시

킬 수도 있다. 이는 중재법정이 양쪽 집단의 의도를 표현하도록 돕는 데 그 목적이 있다.[45]

수십 년 동안 사업 중재는 파리에 기반을 둔 국제상업회의소(ICC, www.iccwbo.org)의 국제 중재법원을 통해서 진행되어 왔다. ICC는 최근 일부 규칙을 근대화했다. 하지만 ICC가 워낙 잘 알려져 있기 때문에 상당한 양의 사례가 적체되어 있다. 전반적으로 ICC는 다른 대안에 비해 좀 더 느리고, 좀 더 비싸며, 좀 더 불편한 것으로 알려져 있다. 미국의 해외상업에 대한 관여가 제2차 세계대전 이후로 급격하게 증가하면서 미국중재협의회(AAA) 또한 분쟁을 해결하는 효과적인 기관으로 인식되고 있다. AAA는 1992년에 중국의 베이징조정센터와 협력 협약을 맺었다.

분쟁을 조정하는 또 다른 기관으로는 스톡홀름 상공회의소의 스웨덴 조정협회가 있다. 이 기관은 서유럽과 동유럽국가 사이의 분쟁을 주로 조정했으며, 공정한 분쟁으로 신뢰를 얻어 왔다. 하지만 중재심판을 통한 호의적인 결정과 이의 집행은 별개의 문제이다. 예를 들면 캐나다의 IMP 그룹은 러시아 호텔개발 파트너를 상대로 이 사례를 스톡홀름에 소송을 제기해 940만 달러를 판결 받았다. 대금 지불이 곧바로 되지 않자 IMP 대표자는 이를 직접 해결했다. 그들은 캐나다에서 아에로플로트 제트기를 압수해 러시아 사람들이 돈을 지불한 후에야 되돌려 주었다.[46]

근래 들어 다른 대안이 많아졌다. 앞서 언급한 것들 외에도 중재를 위한 활동적인 센터들이 밴쿠버, 홍콩, 카이로, 쿠알라룸푸르, 싱가포르, 부에노스아이레스, 보고타, 멕시코시티 등에 존재한다. 세계중재기구는 뉴욕에 설립되었으며, 영국에서는 자문조정중재서비스(Acas) 기구가 산업분쟁을 다루는 데 큰 성공을 거두었다. 국제상사조정위원회(ICCA)는 중재기구의 광범위한 활동을 조정하기 위해 설립되었다. ICCA는 4년마다 세계 곳곳의 다른 지역에서 회의를 개최한다.

또한 국제무역법에 관한 UN 협의회(UNCITRAL)는 중재 분야에서 막강한 힘을 가지고 있다. 여기서의 결정은 앞서 말한 많은 기구들이 결정을 약간만 변형한 채 그대로 채택하기 때문에 대부분 기준이 되어 왔다. 많은 개발도상국은 ICC, AAA와 다른 산업국가 기구에 대해 뿌리 깊은 편견을 가지고 있다. 개발도상국의 대표자들은 이들 조직이 다국적 기업에게 우호적일 것이라고 가정한다. 개발도상국은 자국의 법원에서 중재하기를 고집하고, 다국적 기업은 이를 받아들이지 않는다. 이는 특히 라틴아메리카의 현실이다. 이곳의 칼보주의는 외국 투자자와의 분쟁을 국내 법원에서 국내법에 의해 해결하도록 하고 있다. ICCA와 UNCITRAL 규칙의 영향력 증가는 지역 중재센터의 보급과 함께 개발도상국의 태도를 변화시키는 데 기여하였으며, 그 결과 세계 전역의 중재기능 사용을 증가시켰다.

(5-5) 규제 환경

◀ 5-5 유럽연합의 일반적인 규제 환경을 개략적으로 설명한다.

글로벌 마케팅의 **규제 환경**(regulatory environment)은 사업 수행에 가이드라인을 지정하고 법률을 집행하는 다양한 정부 · 비정부기관으로 구성된다. 이러한 규제기관은 가격 관리, 수입과 수출 평가, 거래행위, 라벨링, 음식과 의약품에 관한 규정, 노동조건, 단체 교섭, 광고 문구, 경쟁적 행위 등을 포함한 넓은 범위의 마케팅 사안을 관장한다. 월스트리트 저널은 다음과 같이 적고 있다.

각 국가의 규율은 자본주의라는 브랜드-미국은 '약탈적', 독일은 '아버지 같은', 일본은 '보호'-와 사회적 가치를 반영하고 강화한다. 독일은 사회적 합의를 위험감수보다 가치 있게 생각하기 때문에 미국에서 비즈니스를 시작하는 것이 독일에서보다는 쉽다. 하지만 미국 사람들은 차별 관련 소송에 대해 좀 더 걱정을 하기 때문에 사람을 고용하는 것은 미국이 더 어렵다. 아동복을 수입하는 것은 일본보다 미국이 더 쉬운데, 이는 일본 공무원들이 뒤죽박죽인 수입제약을 가하기 때문이다. 하지만 미국 내에 은행 지점을 개점하는 것은 더 어려운데 이는 미국인들이 주의 특권을 강력하게 보호하기 때문이다.[47]

대부분의 국가에서 규제기관의 영향력은 널리 퍼져 있다. 이들 기관들이 어떻게 운영되는지를 이해하는 것은 사업의 이익을 보호하고 새로운 프로그램을 추진하는 데 있어서 핵심적이다. 많은 글로벌 기업의 운영자는 자사의 이익을 대표하는 로비스트를 고용해 규제과정의 방향에 영향을 미치는 것이 필요하다고 생각한다. 예를 들어 1990년대 초 맥도날드, 나이키, 토요타는 브뤼셀에 단 1명의 대표자도 두지 않았다. 오늘날 각각의 기업은 유럽위원회에 자사의 이익을 대변하는 여러 명의 로비스트를 두고 있다. 브뤼셀 내의 미국 법률회사와 컨설팅회사의 수 또한 급격히 증가했다. 유럽연합 정치에 대한 통찰력을 얻고 정책 입안자에게 다가가기 위한 노력으로 일부 기업은 유럽연합 관료를 고용했다. 전체적으로 브뤼셀에는 약 15,000명의 로비스트가 전 세계의 약 1,400개 기업과 비영리기관을 대변하고 있다.[48]

지역적 경제조직 : 유럽연합 사례

WTO와 EU와 같은 지역적 조직의 전반적 중요성은 제3장에서 논의하였다. 하지만 법적인 측면이 중요한데 이 장에서 간단하게 언급할 것이다. 로마조약은 유럽연합(EU)의 전신인 유럽연맹(EC)을 설립했다. 이 조약은 위원회가 주요 의사결정 역할을 하고, 다른 회원국가들이 직접 대표를 가지는 형태로 기관의 틀을 만들었다. 이 조직의 3개 주요 기관은 유럽연합의 대표자 모임인 유럽위원회, 입법기관인 유럽의회, 유럽사법재판소이다.

1987년 단일유럽법안은 로마조약을 개정하고 1993년 1월 1일에 시작하기로 한 단일시장 형성에 강력한 자극이 되었다. 기술적으로 목표가 완전히 달성되지는 않았지만, 새로운 제안 중 약 85%가 대부분 회원국에서 목표 날짜까지 국가의 법안으로 실행되었으며, 이로써 상당한 조화를 이루게 되었다. 유럽위원회(각료이사회와는 구별되는 개체)로 알려진 새로운 기구는 1987년 제2조 조항에 의해 유럽연맹의 조직기관으로 공식 통합되었다. 회원국의 대표와 위원회 의장으로 구성된 유럽위원회의 역할은 연맹의 정치적 가이드라인을 규정하고 통화동맹과 같은 통합 관련 이슈에 대한 방향을 설정하는 것이다.[49] 이에 가입을 희망하는 중유럽과 동유럽국가의 정부는 현재 그들의 법률을 유럽연합과 비슷하게 만들어 가고 있다.

로마조약은 글로벌 기업과 글로벌 마케터에게 직접적으로 적용될 수 있는 상당수의 조항을 포함하며, 수백 개의 조항으로 구성되어 있다. 제30조에서 제36조까지는 회원국 간의 '상품, 노동력, 자본, 기술의 자유로운 이동'에 대한 일반적인 정책을 설명한다. 제85조에서 제86조는 20명으로 구성된 유럽위원회의 다양한 지시에 의해 개정된 경쟁 규칙을 포함한다. 위원회는 브뤼셀에 본부를 두고 있는 유럽연합의 행정적 기구이다. 위원회는 법과 정책을 상정하고, 유럽연합법률의 준수를 감시하며, 유럽법안들을 감독하고 실행하고, 국제조직에서 유럽연합을 대표한다.[50] 위원회 회원들은 그들 각자의 국가보다는 연맹을 대표한다.

위원회에서 제정한 법률, 규제, 지시, 정책은 의회에 의견을 구하기 위해 제출되어야만 하며, 뒤이어 최종 결정을 위해 이사회에 제출된다. 이사회에서 제출된 법안을 승인하면 이것은 연맹의 법이 된다. 즉, 미국의 연방법과 유사한 것이다. 규제는 연맹을 통해 자동적으로 법이 된다. 지시는 각 회원국의 입법기관을 통해 실행을 위한 시간제한을 포함한다. 1994년 위원회는 경쟁적 광고에서 상표 사용에 관한 지시를 내렸다. 유럽연합의 개별 회원국은 이 지시를 실행하기 위해 노력해 왔다. 영국은 1994년 상표법으로 기업들에 냄새, 소리, 이미지를 상표보호에 포함시키도록 하는 권리를 부여하고 상표위조에 대한 보호를 개선했다.

단일시장 시대는 많은 산업들이 새로운 규제 환경에 직면하고 있는 곳 중 하나이다. 유럽사법재판소(ECJ)는 유럽연합의 최상위 법적 기관이다(사진 5-15 참조). 유럽연합의 유일한 중재

사진 5-15 유럽사법재판소(ECJ)는 EU사법재판소(CJEU)를 구성하는 3개의 법원 중 하나이다.
출처 : EQRoy/Shutterstock.

표 5-5   유럽사법재판소/유럽연합법원의 최근 사건[51]

관련된 나라/원고	결과
택시운전사(스페인)/우버(미국)	법원은 우버가 운송회사라고 판결했다. 우버는 기술회사로 분류되기를 원했다.
향수 악센트(독일)/코티(미국)	법원은 독일 공인 유통업체가 독일 아마존에서 코티 브랜드를 판매하는 것을 금지하기로 한 미국 미용제품회사의 손을 들어 주었다.[52]
EU/아일랜드	EU 경쟁위원 마르그레테 베스타게르는 아일랜드는 애플로부터 130억 유로의 체납세를 징수하라고 요구했다.
페이스북(아일랜드)/개인정보보호 옹호자 막스 슈렘스	2015년, 에드워드 스노든이 미국 국가안전보장국이 일반인들을 사찰한 기밀문서를 폭로하자 법원은 세이프 하버 조항을 무효화했다.
쇼콜라데파브리켄 린트&슈프링글리 AG(스위스)/프란츠 하우스비르트 GmbH(오스트리아)	린트는 상표권으로 등록된 금박 포일 포장된 초콜릿 부활절 토끼를 판매한다. 린트는 오스트리아 회사가 은박 포일 포장된 토끼를 마케팅하기 시작한 후 하우스비르트를 상표권 침해로 고소했다. 오스트리아 대법원은 상표권 문제에 대한 '악의'에 대한 판결을 유럽사법재판소에 요청했다.[53]
로레알(프랑스)/벨루어(프랑스)	로레알은 로레알 향수 브랜드의 병과 포장, 향기를 모방한 '모조' 향수를 마케팅한 혐의로 라이벌 벨루어를 고소했다. 유럽사법재판소는 벨루어의 제품과 로레알 제품의 유사성으로 불공정한 이점이 구성된다는 이유로 로레알의 손을 들어 주었다. 항소 법원은 유럽사법재판소의 결정을 지지했다.[54]

자로서 유럽연합의 법률과 조약들이 EU 전체에서 준수될 수 있도록 하는 책임이 있다. 룩셈부르크에 위치한 이 기관은 2개의 분리된 재판소로 구성된다. 재판소라고 알려진 기관(분리되어 있는 독립체이며, 1심 법원임)은 상업과 경쟁에 관련된 사례들을 다룬다(표 5-5 참조).

유럽사법재판소가 미국 대법원의 역할과 비슷한 일을 하지만 여기에는 중요한 차이점이 있다. 유럽법원은 어떤 사례를 다룰 것인지 결정할 수 없고, 소수의견을 공개하지 않는다. 이 법원은 무역, 개인의 권리, 환경법과 관련한 시민 관련 사안에 대해 사법권을 행사한다. 예를 들어 법원은 정해진 날짜까지 지시를 알려주지 않은 국가에 대해 손해를 측정할 수 있다. 또한 법원은 합병, 독점, 무역장벽과 규제, 수출과 같은 무역 이슈와 관련해 28개 유럽연합 회원국 사이에서 일어나는 분쟁을 다룬다. 이 법원은 국가법과 유럽연합법 사이의 갈등을 해결할 수 있는 권한이 있다. 대부분의 경우 유럽연합법이 개별 유럽국가의 국내법을 대신하게 된다.

하지만 마케터들은 항상 국가법을 참고해야 한다는 점을 명심해야 한다. 국가법은 특히 경쟁과 반독점에 관한 영역에서 커뮤니티법보다 더 엄격하다. 커뮤니티법은 제30조에서 제36조에 정의된 목적을 달성하기 위해 국가법을 가능한 한 조화시키려는 의도로 만들어졌다. 목표는 몇몇 회원국의 느슨한 법률을 최소한의 수준으로 끌어올리려는 데 있다. 하지만 몇몇 국가법은 훨씬 더 엄격한 상태를 여전히 유지하고 있다.

이탈리아는 최근에 레게조니-베르사체법을 내놓았다. 이 법은 섬유, 가죽, 신발의 무역을 규제하기 위한 것으로 총 4개의 단계 중 적어도 두 단계의 생산공정이 이탈리아에서 이루어질 경우에 '이탈리아산' 라벨을 붙일 수 있다. 게다가 나머지 단계들이 이루어진 국가들을 명시해야만 한다. 레게조니-베르사체법은 2010년 10월 1일 발효될 예정이었다. 그러나 유럽연합은 이 법이 EU 내에서의 거래에 제한을 두는 개별국가의 규정을 금지하는 제34조 조항에 위배된다는 이유로 이 법을 반대하였다. EU는 레게조니-베르사체법이 '보호주의'적이며, 한 단계의 생산공정만이 유럽 내에서 이루어질 것을 규정한 EU 법보다 엄격하다고 보았다.[55]

이탈리아에서의 또 다른 최근의 한 사건은 벨기에 출신 강사가 차별을 이유로 플로렌스 대학에 소송을 제기한 사건이다. 이탈리아 법원은 이 사건에서 있었던 사실들이 이탈리아와 외국 학자 모두에게 동등하게 이탈리아 법이 적용되었는지 여부를 판단하도록 요구받았다. 만약 법원이 국가법이 사실상 동등하게 적용되었다고 판결한다면 그 사건은 거기서 끝날 것이다. 그렇지 않다면 ECJ로 넘어갈 것이고, ECJ는 EU의 국적에 따른 차별 금지법에 근거해 판결을 내릴 것이다.

요약

글로벌 마케팅의 정치적 환경은 정치기관, 정당, 세계 국민들의 표현을 담은 조직들의 집합체이다. 구체적으로 글로벌 마케팅에 관여하는 모든 사람은 국가 정부에 있어서 **주권**의 중요성을 전반적으로 이해해야 한다. 정치 환경은 나라마다 다르고, 정치적 위기를 평가하는 것은 중요하다. 세금과 자산 압류 측면에서 특정 정부의 행동을 이해하는 것도 역시 중요하다. 역사적으로 자산 압류는 수용, 몰수, 국유화 형태로 이루어져 왔다.

　법적 환경은 법률, 법원, 변호사, 법적 관습, 법 집행 등으로 구성된다. **국제법**은 국가들이 그들에게 구속력이 있다고 간주하는 법률과 원칙으로 구성된다. 세계의 국가들은 관습법 체계와 성문법 체계로 크게 구분될 수 있다. 미국과 캐나다, 그리고 많은 기존 영국의 식민지들은 관습법 국가이며, 대부분의 다른 나라들은 법전을 사용한다. 세 번째 시스템인 **이슬람법**은 중동에서 우세하다. 가장 중요한 법적 사안의 일부는 관할권, 반독점, 라이선스와 관련이 있다. 또한 뇌물수수는 세계 여러 지역에서 일반적으로 퍼져 있다. **해외부패방지법(FCPA)**은 해외에서 사업을 하고 있는 미국 기업에 적용된다. 지적재산권 보호는 또 다른 중요한 이슈이다. 위조는 글로벌 마케팅에서 주요 문제이며, 이는 종종 기업의 **저작권**, **상표권**, **특허권** 침해와 관련된다. 법적 분쟁이 일어나게 되면 기업은 법원이나 중재를 이용해서 문제해결을 할 수 있다.

　규제 환경은 법을 집행하거나 사업활동에 대한 가이드라인을 세우는 정부 · 비정부기관으로 구성된다. 글로벌 마케팅 활동은 많은 국제적 혹은 지역적 경제조직에 의해 영향을 받을 수 있다. 유럽에서는 유럽연합이 회원국을 다스리는 법률을 만든다. WTO는 앞으로 글로벌 마케팅 활동에 광범위한 영향력을 미치게 될 것이다. 위의 세 가지 환경이 복잡하긴 하지만 명석한 마케터는 분쟁, 오해, 또는 국가법을 명백하게 위반하는 상황을 피하기 위해 한 발 앞서 계획을 세운다.

토론문제

5-1. 정치적 위기의 원천 몇 가지를 설명하라. 구체적으로 어떤 형태가 정치적 위기를 일으킬 수 있는가?

5-2. 글로벌 마케터들은 분쟁이 발생하게 되는 이유를 이해함으로써 법적 분쟁을 사전에 피할 수 있다. 글로벌 상업과 관련된 여러 법적 이슈를 설명하라.

5-3. 당신은 중동에 비즈니스차 여행 중인 미국인이다. X국가를 떠나면서 공항의 여권 감독관은 당신에게 여권 처리를 하는 데 12시간 정도가 늦어질 것이라고 이야기했다. 당신은 당신이 타야 할 비행기가 30분 안에 이륙한다고 설명했고, 감독관은 50달러를 주면

일처리를 빠르게 해주겠다고 제안했다. 만약 당신이 이 제안을 받아들인다면 당신은 미국법을 위반한 것인가? 이에 대해 설명하라.

5-4. "법정에서 봅시다."는 법적 이슈가 일어났을 때 반응하는 한 가지 방식이다. 이 사안이 글로벌 마케팅에 관한 것일 때 이러한 접근이 바람직하지 않을 수 있는 이유는 무엇인가?

사례 5-1 (계속)

트래비스 캘러닉과 우버

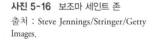 도에서는 한 극적인 사건이 일어났다. 한 운전자가 여성 승객을 성폭행한 혐의로 기소되어 델리 지역에서는 우버가 금지되었고, 우버는 이에 대해 희생자를 동정한다는 성명을 발표했다. 이에 따라 캘러닉은 예비 운전자들에 대한 신원조사를 위한 절차를 개선하기 위해 인도 정부와 더 긴밀히 협력할 것을 수용했다. 그런데 회사 임원들이 희생자의 의료 기록 중 일부를 잘못 처리한 것으로 밝혀졌다.

처음부터 캘러닉은 국회의원들과의 마찰을 즐기는 것 같았다. 그는 2013년 월스트리트 저널에 다음과 같이 밝혔다. "우리는 합법적이기 때문에 용서를 구하지 않아도 됩니다. 하지만 택시 산업에는 부패와 정실주의가 만연하고 규제가 많아 이미 합법적인 것에 대한 허가를 요청해도 절대 받아들여지지 않을 것입니다. 그들에게는 장점이 전혀 없어요."

2017년까지 우버는 680억 달러의 가치를 인정받았지만 회사의 급속한 성장에는 상당히 부정적인 여론이 동반되었다. 우버는 그레이볼 소프트웨어를 사용하여 운전자들이 법률 당국에 근무하는 승객들에게 승차거부를 할 수 있게 했다. 다수의 고위 경영자들이 회사를 떠났다. 게다가 뉴욕 존 F. 케네디 공항에서 있었던 택시 파업 기간에 가격 급등 정책이 시행되어, 이에 불만족한 고객들은 바가지 가격에 대해 가격 승차 공유 선구자에 반대하는 '#DeleteUber' 소셜 미디어 폭격을 시작하였다.

아마도 가장 큰 문제는 이 회사에서의 성차별과 성희롱일 것이다. 이 폭로는 2017년 2월 수잔 파울러라는 소프트웨어 엔지니어가 우버에서 겪은 성희롱에 대해 설명하는 블로그 게시글을 발표하면서 밝혀졌다. 2017년 말, 침묵을 깨고 나온 '#MeToo' 소셜 미디어 캠페인은 상당한 탄력을 받고 정치, 미디어, 연예계 등의 영향력 있는 인사들의 커리어를 마감시켰다.

더 넓게 얘기하자면 파울러의 발언은 아마존, 구글과 같은 대형 기술 회사들의 힘에 대한 대중과 정부의 커져 가는 우려의 한 측면일 뿐이다. 몇몇 관측자들은 우버 조직을 이끌었던 '14가지 가치', 가령 '개발자가 개발하게 하라', '항상 빠르게', '원칙적 대결'이 유해한 기업문화를 만들어 냈다고 지적했다.

우버에서는 이러한 문제를 해결하기 위해 하버드 경영대학원의 서비스 관리 교수인 프란시스 프레이를 리더십 및 전략 부사장으로서 고용했다. 프레이는 우버의 기업문화를 쇄신하는 임무를 맡았다. 이를 위해 그녀는 회사가 야심찬 성장 목표를 추구하면서 놓쳤던 경영기술을 가르치기 시작했다. 그녀가 보기에 우버의 문제 중 하나는 사람들에게 과소투자를 했다는 점이다.

또 한 명의 주요 인물은 최고브랜드책임자(CBO) 보조마 세인트 존이다(사진 5-16 참조). 2017년 여름 캘러닉이 고용한 세인트 존은 펩시, 비츠 오디오, 애플 뮤직의 마케팅 담당자로서 뛰어난 경력자이다. 그녀는 우버에서 경기 당일 친구를 경기장으로 데려가는 스포츠 팬인 우버 운전자가 등장하는 광고를 미식축구 리그와 제휴를 맺어 신속하게 진행했다. 두 번째 미식축구 리그와의 제휴는 전국적으로 시작되었다. 세인트 존의 관점에서 이 캠페인은 ESPN 스포츠 센터의 공동 앵커 카리 챔피언이 등장하고 '챔피언과 함께 굴러라'라고 불리게 된 이 캠페인은 우버 브랜드를 '팝 문화의 공식적 진행자'로 자리매김하게 했다.

새로운 리더가 등장하다

2017년 6월, 설립자 트래비스 캘러닉은 우버의 CEO에서 물러났다. 프레이 교수를 포함한 14명의 임원진은 새로운 책임자를 영입할 때까지

사진 5-16 보조마 세인트 존
출처 : Steve Jennings/Stringer/Getty Images.

회사를 경영했다. 새로운 CEO인 다라 코스로우사히가 2017년 9월에 들어왔다. 그는 즉시 일반 대중과 정부 당국자들 사이의 브랜드에 대한 신뢰를 회복하는 과제에 착수했다. 코스로우사히는 회사의 악명이 명예를 손상시켰고 그 대가를 치렀다고 인정했다. 그는 공개서한에서 "전 세계적으로 우버의 모든 사람을 대표하여 우리가 저지른 실수에 대해 사과드립니다."라고 썼다.

런던의 규제 조치에 대한 운송

코스로우사히는 이 일을 시작한 지 몇 주 만에 새로운 도전에 직면했다. 2017년 가을, 영국의 규제 기관 트랜스포트 포 런던(TfL)은 우버의 면허를 갱신하지 않을 것이라고 발표했다. 이 기관은 우버에게 2012년 런던에서의 첫 영업 허가를 내주었다. 그래서 런던은 우버의 가장 중요한 시장 중 하나가 되었다. 2013년, 우버는 저렴한 승차 서비스인 우버 X를 출시했으며, TfL은 이를 '개인용 차량'을 사용하는 미니캡 서비스로 분류했다. 따라서 런던에서 우버는 도시의 상징적인 검은색 택시들과 경쟁하고 미니캡의 수도 늘렸다.

TfL은 회사가 런던에서 운영하기에 적합 및 적절치 않다는 이유로 우버의 허가를 취소했다. 이를 통해 규제당국은 기업의 책임과 거버넌스와 관련된 네 가지 우려사항을 파악했다. 하나는 승객의 안전에 초점을 맞추었다. TfL은 운전자들에 의한 범죄의 느슨한 보고에 대해 우버를 비판했다. 또한 우버가 운전자에 대한 진단서 발급과 범죄 경력 확인을 위한 올바른 절차를 따르지 않았다고 주장했다. 마지막으로 그레이볼 소프트웨어 사용에 대한 문제를 제기했다. 우버는 네 가지 사항에 모두 대응했다. 예를 들어 운전자에게 라이선스를 발급하기 전에 백그라운드 검사가 진행되었는지 확인하는 것은 TfL의 책임이라는 것을 언급하였다.

2017년 11월, 우버는 또 다른 좌절을 겪었다. 런던 고용 심판원에서 우버가 5만 명의 영국 운전자들이 사실상 독립된 계약자들이 아닌 직원이라고 판결했다. 이 판결이 그대로 유지된다면 그것은 소위 긱(Gig) 경제에 필수적인 다양한 기술 앱에 광범위한 영향을 미칠 것이다. 우버의 경우 운전자들에 최저 임금을 지불하고 휴일 급여, 국가 보험, 추가 세금에 대해 기업에게 요구함으로써 높은 비용을 발생시킬 것이다.

영업비밀과 데이터 침해

한편 미국으로 돌아온 우버는 영업비밀을 빼돌린 혐의에 대한 재판에서 변호해야 하는 상황에 직면했다. 이 소송은 구글의 모기업인 알파벳의 자율주행차 법인 웨이모에서 제기했다. 웨이모의 변호인단은 전직 직원인 앤서니 리반도브스키가 자동운전 트럭회사인 오토를 시작하기 전에 수천 개의 기밀문서를 가져갔다고 주장했다.

일부 문서에서는 자율 이동성에 필수적인 레이저 기반의 센서 기술 라이다(LiDAR)에 대한 웨이모의 독점적인 작업에 대한 세부 정보가 포함되어 있었다. 2016년 8월, 우버는 오토를 인수했다. 이 소송은 우버가 웨이모에게 2억 4,500만 달러의 주식을 주기로 하면서 2018년 초에 해결되었다. 우버는 또한 자체적인 기술만을 자사 자동차 프로그램에 사용하기로 했다.

영업비밀 재판 과정에서 드러난 또 다른 사실은 우버에서 영업비밀을 포함한 해외 경쟁업체에 대한 정보를 수집하는 '시장 분석팀'과 관련된 것이다. 재판에서 제시된 증거에 따르면 그 팀은 문서 흔적을 남기지 않기 위해 자기 삭제 메시지를 사용했다.

아직 좋지 않은 소식이 더 남아 있었다. 2017년 11월 말, 코스로우사히는 1년 전 우버가 5,000만 명의 우버 승객과 700만 명의 운전자들의 이름, 이메일 주소, 전화번호를 도난당해 피해를 받았다고 발표했다. 그 당시 회사는 당국에 이러한 법 위반 사실을 보고하지 않았고, 대신 해커들에게 도난당한 데이터를 삭제하는 조건으로 10만 달러를 지불하기로 결정했다. 미국 및 기타 지역의 데이터 개인정보보호 당국은 우버의 상황 처리에 대한 조사에 착수했다. 비평가들은 사이버 해킹에 대한 우버의 반응이 자기 파괴적인 기업문화의 또 하나의 예라고 얘기했다.

리프트가 리프트를 타다

우버를 둘러싼 혼란은 라이벌 미국 승차 공유회사인 리프트에게 기회를 제공했다. 공동 창업자인 존 짐머와 로건 그린은 자사의 좋은 기업 지배구조를 보장하고 우버가 만들어 놓은 함정을 피할 수 있도록 하기 위해 필요한 통제권을 가지고 있다고 자신한다.

리프트는 운전자 친화적인 기업문화를 통해 우버로부터 시장 점유율을 가져가고, 세계적인 확장을 위한 주요 도시들을 목표로 하고 있었다. 예를 들어 리프트는 토론토에 사업을 시작했고, 최고 경영진은 TfL 규제 당국과 런던에서의 확장에 관한 일련의 회의를 열었다.

토론문제

5-5. 우버에 대한 부정적인 여론에도 불구하고 소비자들은 계속 이 기업의 서비스를 이용하고 있다. 놀라운 일인가?

5-6. 차량공유가 유용한 서비스가 될 것 같은가? 그렇다면 우버와 리프트는 스스로를 시장에서 어떻게 차별화하는가?

5-7. 우버 또는 리프트 중 하나가 세계 최고의 차량공유 선두주자로 부상할 것이라고 생각하는가? 아니면 중국의 디디 혹은 인도의 올라와 같은 지역 브랜드로 특징될 것이라고 생각하는가?

출처 : Sarah O'Conner, Aliya Ram, and Leslie Hook, "Uber 'Workers' Ruling Deals Blow to Gig Economy," *Financial Times* (November 11–12, 2017), p. 18; Leslie Hook, "Fixing Uber: The Professor Dismantling a Rotten Culture," *Financial Times* (September 11, 2017), p. 12; Newly Purnell, "Uber Hits Resistance as It Expands in Asia," *The Wall Street Journal* (December 4, 2014), p. B7; Julie Weed, "In Turnabout, Some Companies Are Rating Their Customers," *The New York Times* (December 2, 2014), p. B7; John Aglioby and Sally Davies, "Taxis Protest against Hailing Apps," *Financial Times* (June 12, 2014), p. 4; L. Gordon Crovitz, "Uber Shocks the Regulators," *The Wall Street Journal* (June 16, 2014), p. A13; Kara Swisher, "Man and Uber Man," *Vanity Fair* (December 2014), pp. 146, 148, 150; Andy Kessler, "Travis Kalanick: The Transportation Trustbuster," *The Wall Street Journal* (January 26, 2013), p. A13.

사례 5-2
푸틴의 러시아 VS 서구 : 냉전 2.0?

20 17년 11월 7일, 러시아와 전 세계의 사람들은 볼셰비키 혁명과 소련 창립 100주년을 기념하기 위해 잠시 멈추었다. 1920년대 초 블라디미르 레닌의 사망 이후 스탈린은 권력의 지렛대를 잡고 가난한 소작농 국가로부터 근대 산업 강국으로의 국가경제 변혁을 주도했다. 이를 통해 스탈린은 전체주의적 경찰국가를 만들었다. 소비에트의 산업화는 제2차 세계대전에서 연합군이 나치 독일을 물리치는 데 도움을 주었고, 그 후 스탈린은 팽창주의 정책에 착수하여 서방과 냉전을 형성하였다.

니키타 흐루쇼프는 1953년 스탈린이 사망하고 새로운 지도자가 되었다. 1956년, 그는 UN 단상에서 발을 쾅쾅 차면서, "너희를 묻어버릴 거야!"라고 경고한 것으로 유명하다. 그 다음해 소련은 개를 태워 스푸트니크 2호 우주선을 궤도로 쏘아 올리면서 미국과의 우주산업 경쟁을 가열시켰다.

그러한 업적에도 불구하고 1970년대 중반에 국가의 지도력은 노령화된 정치국에 지배되었고, 소련은 정체되고 붕괴되는 상태로 빠져들었다. 로널드 레이건은 1980년 미국 대선에서 승리한 후 냉전에서 승리하기로 결심했다. 크렘린이 미국과 동등한 정도의 국방비 지출을 하려고 하면서 소련은 금방 파산했다.

냉전은 1991년 미하일 고르바초프의 개혁 지향적인 글라스노스트와 페레스트로이카 정책이 소련의 해체로 이끈 후 사실상 막을 내렸다. 21세기에도 러시아는 정치적, 경제적 변화에 의해 계속해서 변화하고 있다. 2000년에 블라디미르 푸틴이 대통령으로 선출되었다. 푸틴 대통령이 2006년 상트페테르부르크에서 G8 정상회담을 주최했을 때는 바로 러시아가 세계무대에 진출하는 순간이었다. 푸틴은 긍정적 시각으로 조국을 소개할 기회를 얻어 이를 이용했다. 홍보활동에는 푸틴이 인터넷을 통해 전 세계에서 제출한 질문에 답변하는 2시간짜리 방송도 있었다. 푸틴은 2007년 '올해의 남자'로 선정되었다.

2006년 러시아 정부는 석유 수출로 인한 달러가 넘쳐나자 모든 통화 통제를 해제하고 루블을 세계시장에서 자유롭게 전환할 수 있도록 했다. 비록 러시아의 1인당 국민총소득이 9,720달러에 불과하지만, 러시아 쇼핑객들은 매년 수십억 달러를 명품, 관광, 외국 부동산에 쓴다. 오늘날 부유한 러시아인들은 베르사체, 버버리, 불가리 등 유명 브랜드를 제공하는 양품점에서 쇼핑할 수 있다.

긍정적인 홍보에도 불구하고 관리된 민주주의와 국가 자본주의는 러시아에서 자의적인 국가 권력 행사를 설명하는 데 사용되어 왔다. 크렘린은 석유와 같은 전략산업에 대해 외국인 투자를 제한하고 있으며, 국유화라는 말은 국영기업들이 그들의 경쟁 상대를 인수하는 과정에 적용되어 왔다. '신성한 자본주의'와 '도둑정치' 같은 용어는 푸틴 충성파들 사이에 만연한 부패와 뇌물수수를 일컫는다.

2012년 5월, 푸틴은 러시아에서 3선 대통령이 되었다. 곧 그는 국제사회를 불안하게 하는 몇 가지 논란의 중심에 서게 되었다. 첫째, 정부는 한 여성 아티스트 단체 멤버들이 정교회 성당에서 반푸틴 노래를 불렀다는 이유로 체포하여 수감했다. 페미니스트 펑크록 밴드 푸시 라이엇의 멤버들은 모스크바의 구세주 그리스도 대성당에서 짧은 공연을 하고 체포되었는데, 이 밴드는 반푸틴 태도와 도발적인 가사로 유명했다(사진 5-17 참조). 이 밴드의 노래 중 하나는 '복되신 동정녀 성모 마리아, 푸틴을 쫓아내라'이다. 밴드의 세 멤버 마리아 알료키나, 예카테리나 사모체비치, 나데즈다 톨로키니코바는 '종교적 증오에서 비롯된 훌리건주의'로 기소되었다. 오랜 법적 절차 후에 알료키나와 톨로키니코바는 시베리아의 외딴지역으로 2년의 징역형을 선고받았고, 사모체비치는 무죄 판결을 받았다. 2013년 12월, 소치 동계 올림픽을 앞두고 푸틴 대통령은 이들을 사면했고 감옥에서 풀려났다.

사진 5-17 밝은 발라클라바로 변장한 여성주의 펑크록 집단 푸시 라이엇이 모스크바 붉은 광장에 등장했다. 2012년에는 정교회 대성당에서 반크렘린 노래를 부르려다가 3명이 체포되어 '반종교적 훌리건' 혐의로 유죄 판결을 받았다. 2명은 감옥에 갔고, 나머지 1명은 풀려났다. 이 그룹은 자신들의 작업이 러시아 사회를 더 나은 방향으로 변화시키기 위한 것이라고 주장한다. 푸틴 대통령은 2014년 소치 동계 올림픽을 앞두고 수감된 2명을 사면했다.
출처 : Denis Sinyakov/Reuters.

또한 2012년 우크라이나가 유럽연합과 무역협상을 시작한 후 푸틴은 제재를 가하겠다고 위협했다. 2014년 3월, 푸틴은 우크라이나의 일부로 여겨졌던 크림반도를 합병함으로써 서방을 들끓게 했다. 몇 달 후, 친러시아 분리주의자들은 우크라이나에서 군사작전을 개시하였고, 이후 서방은 국면을 전환하고 러시아를 제재하여 위협했다. 비극적으로 7월, 분리주의의 미사일이 우크라이나 영공을 넘어 말레이시아 여객기를 격추시켜 탑승자 전원이 사망했다. 그 후 2014년 말, 세계 석유가격은 배럴당 60달러 이하로 떨어졌고 러시아 루블화 가치는 폭락했다.

재정위기와 정치적 의지의 시험대에 직면한 푸틴은 러시아의 문제를 서방의 탓으로 돌렸다. 버락 오바마 당시 미국 대통령은 러시아의 문제는 사람들이 사고 싶어 하는 어떠한 상품도 생산하지 않는 것이라고 말했다. 그런 레토릭에도 불구하고 어쩌면 그런 이유 때문에 푸틴은 러시아 국민들에게 엄청난 인기를 누리고 있다. 실제로 많은 러시아인들은 푸틴이 "소련의 붕괴가 러시아와 러시아인들의 20세기 가장 큰 지정학적 재앙 중 하나"라고 주장하는 것에 동의했다. 일부 관측통들은 새로운 냉전시대가 시작되고 있다고 말한다.

러시아의 경제적, 정치적 환경

러시아의 정치적 환경이 불안정하다는 다른 증거가 있다. 러시아의 '노바야 가제타'라는 잡지의 기자 안나 폴리코브스카야는 푸틴 대통령에 대한 비판적 기사를 자주 기고하였는데, 2006년 10월 7일 쇼핑에서 돌아오는 길에 암살당했다. 2000년 이후로 12명 이상의 언론인들이 러시아에서 살해되었다. 비평가들은 2008년 러시아 총선에 대비하여 통제를 강화함에 따라 러시아의 독립적인 언론이 고통받고 있다고 지적하였다.

에너지 부문으로부터의 수익은 GDP의 40%를 차지하는 정부의 지출로 변환되고 있다. 이와 관련된 문제는 러시아의 에너지 산업이 몇 개의 거대 재벌에 의해 장악되어 있다는 점이다. 이들 기업을 운영하는 기업인들은 과두 지배자(Oligarch)로 알려졌는데, 이들은 러시아에서 슈퍼 갑부들이다. 그러나 러시아인들 사이에 이들이 자신들의 회사에 대한 지배력을 획득한 방식에 대한 분노가 존재한다. 2003년 푸틴 정부는 몇몇 기업인들을 체포하면서 다른 기업인들에게 경고 메시지를 보냈다. 2010년, 7년을 감옥에서 보낸 후 호도르고프스키는 모스크바 법정이 돈세탁과 횡령 혐의를 인정한 후 또 13.5년의 징역형을 추가로 선고받았다. 많은 관측통들은 이 판결을 경제에 대한 철통같은 지배력을 유지하려는 러시아 정부의 열망을 보여주는 증거로 보았다.

러시아는 다른 문제에도 직면해 있다. 러시아의 공고한 관료제는 경제적 자유에 걸림돌이다. 게다가 은행 시스템 또한 취약하며 개혁이 필요한 상황이다. 전 경제장관이며 자유개혁 옹호가인 예브게니 야신은 최근에 다음과 같이 언급하였다. "러시아의 경제는 관료주의에 의해 제한받고 있다. 경제가 성장하려면 이러한 족쇄는 마땅히 제거되어야 한다. 만약 우리가 이러한 시스템을 극복한다면, 우리는 강력하고 지속 가능한 경제성장에 대한 촉진제를 창출하고 삶의 질을 높일 수 있다."

마케팅 기회 : 보상이 위험보다 중요한가?

정치적 위험에도 불구하고 많은 글로벌 기업들은 러시아의 경제적 환경의 개선을 활용하려는 노력을 하고 있다. 소련의 시대로 거슬러 올라가 펩시는 40억 달러 이상의 투자를 누적하고 있다. 사례 1-2에서 언급했듯이 맥도날드는 1990년 이후 수백 개의 매장을 열었다. BP, 칼스버그, 코카콜라, 다농 SA, GM, 이케아, 살바토레 페라가모, 그리고 암까지! 모두 러시아에 발판을 둔 여러 회사들이다.

예를 들어 글로벌 가구 소매업체인 이케아는 러시아에 수십 개의 매장을 신규 오픈하였다. 그러나 러시아의 관료들이 뇌물을 요구하면서 이 기업은 전기의 안정적인 공급을 위해서 디젤 발전기를 리스해야 했다. 2010년 이케아는 10억 달러 규모의 매장 건설을 중단하고 기존의 점포에 집중하겠다고 발표하였다. 프랑스의 오숑과 독일의 소매 체인인 레베와 메트로는 슈퍼마켓시장을 타깃으로 하고 있다. 반대로 까르푸와 영국의 테스코는 위험 때문에 진출하지 않고 있다. 월마트는 최근에 모스크바 사무실을 폐쇄하였다.

모스크바와 워싱턴과의 강화된 관계

한편 미국과 러시아의 관계는 더욱더 강화되고 있다. 2012년 12월 버락 오바마 대통령은 러시아 및 몰도바와 잭슨-배닉 수정안과 세르게이 마그니츠키 책임법안에 서명을 하였다. 이 법의 첫 부분은 러시아 및 몰도바와 무역을 정상화하기 위한 것으로 1970년대에 체결되었던 잭슨-배닉법을 폐지하는 것이다. 그 당시 소비에트연방은 비시장경제로서 러시아 시민들이 이민을 가는 것을 제한했었다. 잭슨-배닉법은 이민을 금지하는 나라에 무역상의 최혜국 대우를 제공하지 않는 법이다. 그러나 소비에트연방은 1991년에 해체되었고, 러시아는 시장경제로 전환되었으며 오늘날 러시아 시민들은 자유롭게 해외로 여행하고 이민을 갈 수 있다. 더군다나 러시아는 2012년에 WTO에 가입하였다. 이러한 이유로 인해 잭슨-배닉법은 더 이상 유효하지 않다.

이 법의 두 번째 부분은 현재 러시아의 인권과 관련된 것이다. 세르게이 마그니츠키는 러시아 변호사로서 러시아 정부 관료가 2억 3,000만 달러를 착복한 사실을 밝혀냈다. 그가 2008년 이러한 의혹을 공개적으로 밝혔을 때 그는 체포되었고 의심스러운 정황 속에서 2009년 11월 감옥에서 사망하였다. 이 법은 미국 정부가 마그니츠키의 죽음과 관련되어 있다고 의심되는 러시아 관료가 미국에 입경할 수 없게 하고, 미국 내 관련 자산은 동결한다는 것이다.

어려운 환경 : 유가 급락과 제재의 원투펀치

크렘린은 크림반도를 합병할 권리를 확고히 주장했고 분리주의자들을 지지하고 있다는 것은 부정했다. 그럼에도 유럽연합, 미국, 호주, 캐나다, 노르웨이는 러시아의 다양한 산업부문에 제재를 가하기 위해 움직였다. 러시아는 서방국가들의 식품 수입을 금지함으로써 대응했다(사진 5-18 참조).

2014년을 통과하면서 루블 가치가 하락하자 유럽 기업들은 그 효과를 느끼기 시작했다. 덴마크의 양조장 칼스버그는 대부분의 수입을 러시아에서 벌어들이고 있다. 20개의 러시아 유제품공장과 13,000명의 직원을 두고 있는 프랑스의 다농은 우유에 대한 수요 감소를 경험했다. 2014년이 끝나자 이케아는 가격 인상을 발표했다. 애플은 아이폰 6 가격을 25% 인상한 뒤 온라인 판매를 잠정 중단했다. 러시아 소비자들은 서둘러 루블을 달러와 유료화로 바꾸고 대형 스크린 TV와 고급 자동차와 같은 비싼 물건들을 구입했다.

사진 5-18 러시아의 유럽 수입 금지로 인해 우유, 사과 및 기타 농산물이 초과 공급되었다.
출처 : JANEK SKARZYNSKI/AFP/Getty Images.

선거 개입과 마그니츠키법 뒤집기 로비

2016년 11월 도널드 트럼프 대통령이 당선된 후 워싱턴과 모스크바의 관계는 기괴한 국면을 맞았다. 알고 보니 선거 전에 트럼프 가족 구성원들은 민주당 대통령 후보인 힐러리 클린턴의 선거 행보에 부정적인 영향을 미칠 정보를 가지고 있다는 러시아 관리를 만났던 것이다.

트럼프는 선거운동 동안 블라디미르 푸틴 대통령과 '친하게' 지낼 수 있고, 러시아와 미국의 관계를 재설정할 수 있을 것이라고 주장했다. 이러한 확신에도 불구하고 시리아 바샤르 알아사드 대통령에 대한 크렘린의 지지는 미국과 러시아 사이의 지속적 긴장 요인이었다. 2016년 G20 회의에서 트럼프 대통령은 미국 참모진 없이 푸틴 대통령과 독대했다. 일부 관측통들은 이러한 만남에서 전직 정보기관 관료였던 푸틴이 트럼프를 함정에 빠뜨릴 방법을 찾을 수도 있다고 우려했다.

밝혀진 바와 같이 제재조치는 러시아 농업 분야에 호재가 되었다. 많은 상황 속에서 러시아 소비자들은 지역 상품을 선택할 수밖에 없었다. 그 결과 양식 연어를 생산하는 러시아 양식업이 급증하는 수요를 따라잡기 위해 확장되었다. 국내시장 점유율 확보와 더불어 러시아 농산물 생산자들의 수출이 증가했다. 한 예로 곡물 생산량이 기록적인 수준에 도달했다. 2016년 러시아 밀수출이 미국을 앞질렀고, 2017년 러시아는 EU를 제치고 세계 1위 곡물 수출국으로 올라섰다.

결론

오늘날 서방과 러시아 사이의 관계가 수십 년 만에 최저점에 도달했음에도 불구하고 러시아는 수출 수입의 대부분을 단일 상품에 의존하지 않으려 하고 있다. 우크라이나 사태와 2016년 미국 선거 이후 가해진 제재 조치의 영향은 계속 악화되고 있다. 모스크바 교외에 실리콘 밸리 유형의 개발에 대한 논의에도 불구하고 BRICS에서 R을 빼야 되는 시점이 아니냐고 말하는 비판가들도 있다.

어느 신흥시장이 이 자리를 차지할 것인가? 인도네시아가 첫 번째로 꼽히고 있다. 이에 따라 BIIC 또는 BICI라는 용어가 만들어지고 있다. 투자 자문가인 리처드 쇼는 'BICIS(BEE-chees)' 같이 이탈리아 지갑 같은 용어가 눈길을 끌 것이라고 말했다.

토론문제

5-8. 푸틴 정부가 푸시 라이엇 멤버에 대해 법적인 조치를 취하기로 한 이유는 무엇인가?

5-9. 마그니츠키법이 러시아의 정치적, 법률적 환경에 미치는 영향은 무엇인가?

5-10. 러시아는 2018년 월드컵을 개최했고, 경기는 상트페테르부르크, 칼리닌그라드에서 열렸다. 이 행사가 세계무대에서 러시아의 위상을 높여주는 데 호의적인 홍보가 되었는가, 아니면 언론 보도가 부정적이었는가?

5-11. 글로벌 기업의 최고마케팅책임자로서 당신은 러시아에서 비즈니스를 할 것을 추천하는가?

출처 : Henry Foy, "Sanctions Spur Growth in Russian Agriculture," *Financial Times* (September 4, 2017), p. 17; Courtney Weaver, "Freedom Fighter," *Financial Times Life & Arts* (December 15 – 16, 2012), p. 23; Melena Ryzik, "Carefully Calibrated for Protest," *The New York Times* (August 26, 2012), p. AR1; John Thornhill and Geoff Dyer, "Death of a Lawyer," *Financial Times Life & Arts* (July 28 – 29, 2012), pp. 2 – 3; Anatol Lieven, "How the Rule of Law May Come Eventually to Russia," *Financial Times* (December 6, 2010), p. 11; Roben Farzad, "The BRIC Debate: Drop Russia, Add Indonesia?" *BusinessWeek* (November 18, 2010); Neil Buckley, "From Shock Therapy to Retail Therapy: Russia's Middle Class Starts Spending," Financial Times (October 31, 2006), p. 13; David Lynch, "Russia Brings Revitalized Economy to the Table," USA Today (July 13, 2006), pp. 1B, 2B; Guy Chazan, "Kremlin Capitalism: Russian Car Maker Comes under Sway of Old Pal of Putin," *The Wall Street Journal* (May 19, 2006), pp. A1, A7; Greg Hitt and Gregory L. White, "Hurdles Grow as Russia, U.S. Near Trade Deal," *The Wall Street Journal* (April 12, 2006), p. A4.

에세이 과제

5-12. 주권이란 무엇인가? 글로벌 마케팅의 정치 환경에서 중요한 고려사항이 무엇인지에 대한 여러분의 생각에 대해 토론해 보라.

5-13. 관습법을 수용하는 국가의 법적 환경과 민법을 준수하는 국가의 법적 환경 간의 차이점에 대해 토론해 보라.

참고문헌

[1] Richard Stanley, *Changing Concepts of Sovereignty: Can the United Nations Keep Pace?* (Muscatine, IA: Stanley Foundation, 1992), p. 7.

[2] Karen Pennar, "Is the Nation-State Obsolete in a Global Economy?" *Business-Week* (July 17, 1995), p. 80.

[3] Kathrin Hille, "Putin Sidesteps Celebration of Bolshevik Revolution," *Financial Times* (October 26, 2017), p. 4.

[4] Rachel Sanderson, "Italy's Richest Regions Back Call for Greater Autonomy," *Financial Times* (October 24, 2017), p. 4.

[5] Ethan Kapstein, "Avoiding Unrest in a Volatile Environment," *Financial Times—Mastering Uncertainty, Pt I* (March 17, 2006), p. 5.

[6] Guy Chazan, "'Left Behind' Voters Propel AfD in East Germany," *Financial Times* (September 27, 2017), p. 8.

[7] Richard Milne, "Carlsberg Takes a Sobering Look at Russia," *Financial Times* (August 12, 2014), p. 14.

[8] Courtney Weaver, "The Price of a Presence in Russia," *Financial Times* (July 26, 2010), p. 2B.

[9] Dan Bilefsky, "Intrepid Shoe Executive Casts Lot with Albania," *The New York Times* (October 8, 2009), p. B6.

[10] Craig S. Smith and Wayne Arnold, "China's Antismuggling Drive to Hurt U.S. Exporters That Support Crackdown," *The Wall Street Journal* (August 5, 1998), p. A12.

[11] Franklin R. Root, *Entry Strategies for International Markets* (New York, NY: Lexington Books, 1994), p. 154.

[12] William R. Slomanson, *Fundamental Perspectives on International Law* (St. Paul, MN: West Publishing, 1990), p. 356.

[13] David J. Lynch, "Venezuelan Consumers Gobble up U.S. Goods Despite Political Tension," *USA Today* (March 28, 2007).

[14] Much of the material in this section is adapted from Randall Kelso and Charles D. Kelso, *Studying Law: An Introduction* (St. Paul, MN: West Publishing, 1984).

[15] Harry Jones, "Our Uncommon Common Law," *Tennessee Law Review* 30 (1975), p. 447.

[16] Gregory Maggs, "Conversation with Clarence Thomas," C-SPAN (February 15, 2018).

[17] Mark M. Nelson, "Two Styles of Business Vie in East Europe," *The Wall Street Journal* (April 3, 1995), p. A14.

[18] Adapted from Mushtaq Luqmani, Ugur Yavas, and Zahir Quraeshi, "Advertising in Saudi Arabia: Content and Regulation," *International Marketing Review* 6, no. 1 (1989), pp. 61–63. MCB UP Limited 1989.

[19] Tony Barber, "'Patents Are Key' to Taking on China," *Financial Times* (July 25, 2006), p. 2.

[20] William P. Alford, *To Steal a Book Is an Elegant Offense: Intellectual Property Law in Chinese Civilization* (Stanford, CA: Stanford University Press, 1995), p. 2.

[21] Frances Williams, "Call for Stronger EU Patent Laws," *Financial Times* (May 22, 1997), p. 3.

[22] Andrew Kramer, "He Doesn't Make Coffee, But He Controls 'Starbucks' in Russia," *The New York Times* (October 12, 2005), pp. C1, C4.

[23] Tripp Mickel, "U.S. Move Reignites Cuba Rum Fight," *The Wall Street Journal* (January 15, 2016), p. B1.

[24] Franklin R. Root, *Entry Strategies for International Markets* (New York, NY: Lexington Books, 1994), p. 113.

[25] John Carey, "Inching toward a Borderless Patent," *BusinessWeek* (September 5, 1994), p. 35.

[26] Richard Pynder, "Intellectual Property in Need of Protection," *Financial Times* (July 7, 1998), p. 22.

[27] Rana Foroohar, "A Better Patent System Will Spur Innovation," *Financial Times* (September 4, 2017), p. 11.

[28] John R. Wilke, "Hunting Cartels: U.S. Trust-Busters Increasingly Target International Business," *The Wall Street Journal* (February 5, 1997), p. A10.

[29] John R. Wilke, "U.S. Court Rules Antitrust Laws Apply to Foreigners," *The Wall Street Journal* (March 19, 1997), p. B5.

[30] Kim Hjelmgaard, "Google Fined Record-Setting $2.72 Billion over EU Rules," *USA Today* (June 28, 2017), p. 3B.

[31] Detlev Vagts, *Transnational Business Problems* (Mineola, NY: Foundation Press, 1986), pp. 285–291.

[32] Alice Rawsthorn and Emma Tucker, "Movie Studios May Have to Scrap Joint Distributor," *Financial Times* (February 6, 1998), p. 1.

[33] Anna Wilde Mathews, "Making Waves: As U.S. Trade Grows, Shipping Cartels Get a Bit More Scrutiny," *The Wall Street Journal* (October 7, 1997), pp. A1, A8.

[34] Brigid McMenamin, "Eroding Patent Rights," *Forbes* (October 24, 1994), p. 92.

[35] Salem M. Katsh and Michael P. Dierks, "Globally, Trade Secrets Laws Are All over the Map," *National Law Journal* 17, no. 36 (May 8, 1995), p. C12.

[36] Much of the material in this section is adapted from Daniel Pines, "Amending the Foreign Corrupt Practices Act to Include a Private Right of Action," *California Law Review* (January 1994), pp. 185–229.

[37] John Bussey, "The Rule of Law Finds Its Way Abroad—However Painfully," *The Wall Street Journal* (June 24, 2011), p. B1.

[38] www.justice.gov/criminal/fraud/fcpa/docs/lay-persons-guide.pdf. Accessed June 1, 2011.

[39] Peggy Hollinger, "Charges Revealed over Rolls-Royce Bribery Scheme," *Financial Times* (November 9, 2017), p. 18.

[40] Daniel Pines, "Amending the Foreign Corrupt Practices Act to Include a Private Right of Action," *California Law Review* (January 1994), p. 205.

[41] Rebecca Bream and Neil Buckley, "Investors Still Drawn to Russia Despite Pitfalls," *Financial Times* (December 1, 2006), p. 21.

[42] Amy Borrus, "Inside the World of Greased Palms," *BusinessWeek* (November 6, 1995), pp. 36–38.

[43] José Ángel Gurría, "Rich Must Set the Example of Bribery," *Financial Times* (September 13, 2006), p. 5.

[44] Charles Fleming, "Europe Learns Litigious Ways," *The Wall Street Journal* (February 24, 2004), p. A17.

[45] Bruce Londa, "An Agreement to Arbitrate Disputes Isn't the Same in Every Language," *Brandweek* (September 26, 1994), p. 18. See also John M. Allen, Jr., and Bruce G. Merritt, "Drafters of Arbitration Clauses Face a Variety of Unforeseen Perils," *National Law Journal* 17, no. 33 (April 17, 1995), pp. C6–C7.

[46]Dorothee J. Feils and Florin M. Sabac, "The Impact of Political Risk on the Foreign Direct Investment Decision: A Capital Budgeting Analysis," *Engineering* 45, no. 2 (2000), p. 129.

[47]Bob Davis, "Red-Tape Traumas: To All U.S. Managers Upset by Regulations: Try Germany or Japan," *The Wall Street Journal* (December 14, 1995), p. A1.

[48]Raphael Minder, "The Lobbyists Take Brussels by Storm," *Financial Times* (January 26, 2006), p. 7. See also Brandon Mitchener, "Standard Bearers: Increasingly, Rules of Global Economy Are Set in Brussels," *The Wall Street Journal* (April 23, 2002), p. A1.

[49]Klaus-Dieter Borchardt, *European Integration: The Origins and Growth of the European Union* (Luxembourg: Office for Official Publications of the European Communities, 1995), p. 30.

[50]Klaus-Dieter Borchardt, *The ABC of Community Law* (Luxembourg: Office for Official Publications of the European Communities, 1994), p. 25.

[51]Formerly known as the Court of First Instance.

[52]Rochelle Toplensky, "Upmarket Brands Win Online Sales Ban," *Financial Times* (December 7, 2017), p. 16.

[53]Charles Forelle, "Europe's High Court Tries on a Bunny Suit Made of Chocolate," The Wall Street Journal (June 11, 2009), p. A1.

[54]Michael Peel, "L'Oréal in Legal Victory over Rival," Financial Times (June 18, 2009), p. 3.

[55]David Segal, "Is Italy Too Italian?" *The New York Times* (July 31, 2010), p. B1.

6

글로벌 정보 시스템과 시장조사

학습목표

6-1 글로벌 기업의 의사결정 과정에서 정보기술, 경영정보시스템 및 빅데이터의 역할에 대해 논의한다.

6-2 직접적 지각을 포함하는 다양한 시장 정보의 원천을 이해한다.

6-3 전통적인 시장조사 프로세스를 단계별로 구분하고, 글로벌 마케터가 이를 적용하는 몇 가지 방법을 알아본다.

6-4 다국적 기업이 마케팅 조사를 조직하는 방법과 글로벌 또는 초국적 기업이 조직의 이슈에 접근하는 방법을 비교한다.

6-5 전략적 자산으로서의 정보의 역할이 글로벌 기업구조에 어떤 영향을 미치는지 알아본다.

 사례 6-1
빅데이터 : 음악산업에서 '최고의 히트곡'

수 십 년 된 비즈니스 모델들이 디지털 혁명으로 인해 성장함에 따라 세계 음반산업은 전환기에 접어들고 있다. 파괴적인 기술은 파이러트베이와 유사한 사이트에서 디지털 음악 파일의 P2P(peer-to-peer) 공유를 허용하며, 음반 CD의 판매는 수년간 꾸준히 감소해 왔다. 애플 아이튠즈 스토어의 전성기 동안 합법적인 유료 다운로드 수익은 종종 정규 앨범이 아닌 싱글곡으로 이루어지지만, 이로 인한 손실을 상쇄하기에는 충분하지 않았다.

하지만 이제 음악사업은 새로운 삶의 조짐을 보이고 있다. 음악 애호가들은 새로운 세대의 스트리밍 서비스를 받아들였고, 음악 소유권은 음악 '대여'에 자리를 내주었다. 전 세계 유료 스트리밍 음악 구독자 수가 현재 1억 명을 넘어섰다. 'Bodak Yellow'는 솔로 여성 랩 아티스트가 20여 년 만에 빌보드 핫 100 차트 1위에 오른 첫 곡으로, 카디 비와 같은 신세대 아티스트가 등장하는 스트리밍 플레이리스트가 인기를 끌면서 이러한 경향이 더욱 고조되었다(사진 6-1 참조).

스포티파이는 4,300만 명이 넘는 구독자를 보유한 글로벌 스트리밍 리더이며, 3,000만 명이 넘는 구독자를 보유한 애플 뮤직은 2위를 차지하고 있다. 하지만 2018년 초까지 애플은 미국 유료 구독에서 선두를 달리고 있었다. 다른 스트리밍 서비스로는 아마존 뮤직, 구글 플레이 뮤직, 디저, 타이달이 있다. 대부분의 서비스는 음반회사, 음악 발행사, 작사가들에게 그들이 벌어들이는 수입의 약 4분의 3을 지불한다.

그렇더라도 많은 음반사들이 새로운 음악 경제에 적응하기 위해 고군분투하고 있다. 일반적인 불평은 한 곡이 수백만 번 스트리밍된 후에도 상당한 금전적 수익을 볼 수 없다는 것이다. 실제로 슈퍼스타 테일러 스위프트는 2014년 낮은 뮤지션 로열티에 항의하기 위해 스포티파이에서 자신의 음악을 삭제해 화제가 되기도 했다. 스위프트가 2017년 가을 6집 앨범 'Reputation'을 발표했을 때 스트리밍이 가능한 곡은 4곡에 불과했다. 하지만 팬들(팬덤 닉네임 : 스위프티스)은 첫 주에만 200만 장의 실물 앨범과 디지털 다운로드를 뚝딱 해치웠다.

물론 대다수의 음반제작자들은 스위프트, 아델, 카디 비, 에드 시런, 제이 지와 같은 수준의 세계적인 성공을 거

사진 6-1 에드 에이지 매거진은 2017년 '올해의 가장 영향력 있는 창조적 인물 50인' 명단에 카디 비를 포함시켰다. 뉴욕에서 열린 제60회 그래미어워즈 방송에서 그녀는 힙합 트리오 미고스의 테이크오프, 퀘이보, 오프셋과 함께 자리했다.
출처 : JANEK SKARZYNSKI/AFP/Getty Images.

두지 못한다. 수입을 보충하기 위해 많은 아티스트들은 티켓과 상품 판매로 수익을 창출하기를 바라면서 끊임없이 투어를 선택한다. 글로벌 소셜 미디어 이용이 증가하면서 뮤지션들은 페이스북, 인스타그램, 트위터 등 온라인 플랫폼을 통해 팬들과 교류하는 방안을 모색해왔다. 예를 들어 챈스 더 래퍼가 사운드클라우드에 그의 음악을 업로드하고, 그는 수백만 명의 트위터 팔로워들에게 수천 개의 트윗을 올린다.

현재 유니버설 뮤직 그룹, 워너 뮤직 그룹, 소니 뮤직 엔터테인먼트를 포함한 아티스트들과 주요 음반회사들은 음악 판매, 미디어 버즈, 온라인 공중 플레이의 데이터를 활용하여 더 나은 마케팅 결정을 내리고 더 많은 돈을 벌 수 있는 통찰력을 얻고 있다. 간단히 말해서 음악산업은 정보과학과 빅데이터를 받아들였다.

빅데이터는 음반사 임원과 밴드 매니저가 패턴을 찾아내고 시장 동향과 팬 선호도를 실시간으로 파악할 수 있게 해준다. 데이터 분석은 음반회사 임원들이 예를 들어 '지미 펄론의 투나잇 쇼'나 '그래미' 쇼에 아티스트가 출연하는 것과 뉴욕이나 로스앤젤레스의 콘서트 출연에 대한 정보를 소셜 미디어 포스트에 덧씌울 수 있게 해준다. 빅데이터를 통해 경영진은 어떤 요인들이 다양한 지표에 걸쳐 '가시적인 성과'를 알 수 있다. 음악산업에서 빅데이터를 사용하여 빠르게 움직이는 이 산업의 트렌드를 앞서가는 방법에 대해 자세히 알아보려면 이 장의 끝에 있는 사례 6-1(계속)을 참조하라.

음악산업의 빅데이터 활용은 구매자의 행동과 전반적인 비즈니스 환경에 대한 정보가 효과적인 경영 의사결정을 위해 얼마나 중요한지를 보여준다. 시장을 조사하거나, 어떤 문제에 대한 해결책을 모색하거나, 주요 질문에 답하려고 할 때 마케터들은 정보를 얻기 위해 어디로 가야 하는지 알아야 한다. 또한 조사해야 할 주제 영역과 찾아야 할 정보가 무엇인지, 정보를 획득할 수 있는 방법이 무엇인지, 다양한 유형의 분석이 어떻게 중요한 통찰력과 이해를 산출할 것인지 알아야 한다.

마케터가 엄청난 양의 시장정보를 인터넷 활용으로 구할 수 있다는 것은 굉장한 행운이다. 몇 번의 클릭으로 수백 가지의 기사, 조사보고서를 볼 수 있으며, 웹사이트는 특정국가시장에 대한 방대한 정보를 제공한다. 그래도 마케터는 가장 최근의 정확한 정보를 알고 싶은 경우에는 자체 조사를 해야 한다. 첫째, 그들은 전략적 자산으로서 정보기술과 마케팅 정보의 중요성을 이해할 필요가 있다. 둘째, 그들은 공식적인 시장 조사과정에 대해 일반적인 이해를 필요로 한다. 마지막으로 마케팅 정보 수집 시스템과 마케팅 조사의 필요성을 어느 수준으로 관리할 것인지 알아야 한다. 이 장에서는 이러한 주제들을 다룬다.

(6-1) 글로벌 마케팅을 위한 정보기술, 경영정보시스템, 빅데이터

◀ 6-1 글로벌 기업의 의사결정 과정에서 정보기술, 경영정보시스템 및 빅데이터의 역할에 대해 논의한다.

정보기술(information technology, IT)이라는 용어는 어느 한 조직의 정보를 창출하고 저장, 교환, 사용하며 관리하는 과정을 말한다. **경영정보시스템**(management information system, MIS)은 경영진과 기타 의사결정자에게 회사 운영에 관해 지속적으로 흐르는 정보를 제공한다. MIS는 회사가 정보를 관리하기 위해 사용하는 하드웨어와 소프트웨어의 시스템과 관련하여 사용할 수 있는 넓은 의미의 용어이다. MIS는 관련 자료의 수집, 분석, 분류, 저장, 검색, 보고하는 수단을 제공해야 한다. **빅데이터**(big data)라는 용어는 패턴과 추세를 나타내기 위해 계산 수행 분석을 수행할 수 잇는 매우 큰 데이터 세트를 말한다(사진 6-2 참조).

빅데이터와 빅데이터 분석은 오랫동안 천문학자, 기상학자 및 과학 커뮤니티에서 사용되어 왔다. 최근에야 빅데이터 수집 및 분석이 비즈니스 상황에서 적용되기 시작했다. 특히 페이스북 및 기타 소셜 미디어 플랫폼의 폭발적인 인기는 빅데이터의 부흥을 이끌었다. 물론 이러한 데이터의 대부분은 중복되거나 관련이 없을 수 있다. 이유는 단순하다. 데이터 수집비용이 너무 급격히 감소하여 마케팅 담당자가 관리하는 특정 질문, 문제, 또는 목적에 관계없이 회사가 데이터를 대량으로 축적할 수 있다.

대표적인 예가 구독자로부터 100억 개 이상의 영화 등급을 수집해 온 비디오 스트리밍의 선구자인 넷플릭스다. 넷플릭스는 또한 연령, 성별, 거주지 등 모든 구독자에 대한 인구통계 데이터를 수집한다. 예를 들어 넷플릭스는 많은 20대 남성들이 70세 여성과 연관시킬 수 있는 시청 습관을 갖고 있으면 그 반대의 경우도 마찬가지라는 것을 알고 있다. 넷플릭스 관리자는 신규 구독자가 더 나은 콘텐츠 검색 경험을 즐길 수 있도록 인구통계 정보 및 시청률 데이터와 함께 등급 사용을 결정해야 한다.

넷플릭스 사례에서 알 수 있듯이 데이터 수집은 그 자체가 목적이 아니라 목적을 위한 수단이다. 종종 다양한 소스의 사용자 생성 콘텐츠를 포함하는 방대한 양의 데이터에 직면한 마케터는 무엇이 중요하고 무엇이 중요하지 않은지 결정할 수 있어야 한다. 이것은 은유적으로 말하자면 밀을 껍질로부터 분리하는 것처럼 데이터 과학자가 신호를 잡음으로부터 분리하는 것을 말한다. 많은 '잡음'을 포함하는 기업의 데이터는 통계적 중복과 오염물을 제거하여 정보(신호)로 변환되어야 한다. 마지막으로 해결해야 할 문제나 답변해야 할 질문에 데이터 분석을 적용함으로써 마케터는 해석 가능하고 관련성 있는 통찰력에 도달할 수 있게 된다. 이러한 통찰력은 의사결정을 개선하는 데 도움이 될 수 있다(그림 6-1 참조).

어느 한 기업의 MIS의 한 가지 요소는 관리자들의 의사결정에 도움을 주는 사업정보(BI) 네트워크이며, 그 주요 목표는 다음과 같다.

> 데이터에 대한 상호 접근과 조작을 가능하게 하며 경영자와 분석가에게 적절한 분석을 수행할 수 있는 능력을 제공하는 것이다. 과거와 현재의 자료, 상황, 성과를 분석함으로써 의사결정자는 더욱 광범위하고 수준 높은 결정의 근거가 되는 귀중한 통찰력을 얻게 된다.[2]

글로벌 경쟁은 기업 전체에 접근할 수 있는 효과적인 MIS와 BI의 필요성을 강화한다. 르노자동차의 최고정보책임자(CIO)인 장피에르 코르니우는 최근 다음과 같이 언급하였다.

> 내 비전은 자동차를 설계, 제조, 판매, 유지하는 것이다. 내가 하는 모든 일이 직접적으로 이

그림 6-1 데이터, 정보, 통찰력
간의 관계

비전과 연결되어 있고, 매출액, 이윤과 브랜드 이미지를 향상시키려는 절박한 필요와 연결
되어 있다. IT 분야에 있어서 모든 단일투자와 비용이 자동차산업의 비전에 의해 추진되어야
한다.[3]

글로벌 운영을 하는 많은 기업들이 최근 IT 인프라에 상당한 투자를 하고 있다. 그러한 투
자는 대체로 기업의 컴퓨터 하드웨어와 소프트웨어를 업그레이드하는 것이 목표이다. 아마존
웹서비스(AWS), 마이크로소프트, SAP, 오라클과 IBM은 이러한 추세의 수익자이다. 모두 다
세계적인 기업체이고, 그들의 많은 고객 역시 세계 도처에 존재한다. 복잡한 소프트웨어 시스
템을 판매하는 입장에서는 100% 고객 만족을 달성하기 어렵다고 여길 수 있다. 시벨 시스템의
창업주인 토머스 시벨은 자사가 이런 도전에 어떻게 대응했는지 설명한다.

시벨 시스템은 다국적 기업이 아니라 글로벌 기업이다. 나는 여전히 주변 도처에 존재함에도
불구하고 어느 한 사업부가 자사만의 사업 규칙을 지키는 데 자유로운 다국적 기업의 개념은
우리 주위에 넘쳐나지만 낡은 것이라고 믿는다. IBM, 취리히 파이낸셜 서비스와 씨티코프 같
은 글로벌 기업이 우리의 고객이며 그들은 세계 어느 곳에서 사업을 하더라도 같은 수준의 향
상된 서비스와 품질과 동일한 특허정책을 기대하고 있다. 우리 기업의 인적자원부서와 법률
부서는 각기 현지문화와 요구조건을 존중하면서도 동시에 최고 수준을 유지하는 정책을 새롭
게 제시하도록 협조한다. 지구 어느 곳에 있더라도 우리 기업은 하나의 브랜드, 하나의 이미
지, 한 세트의 기업 색깔, 한 세트의 메시지를 담고 있다.[4]

대중적인 인터넷과 달리 **인트라넷**(intranet)은 인가받은 임직원이나 외부인들이 산더미 같은 문서를 만들어 내지 않고서도 안전한 방식으로 전산 정보를 공유하도록 하는 사적 네트워크이다. 최신 IT 시스템과 함께 인트라넷은 24시간 신경 센터 역할을 할 수 있다. 인트라넷을 통해 아마존, 페덱스, 구글, 넷플릭스, 스포티파이, 월마트와 기타 기업들이 **실시간 기업**(real time enterprises, RTE 혹은 주문형 기업이라고도 함)으로 작용할 수 있게 한다. 이러한 RTE 모델은 점점 인기를 얻고 있으며 더 많은 경영진과 관리자가 고급 분석을 통해 빅데이터를 활용하는 것이 경쟁우위의 원천이 될 수 있다는 사실을 깨닫고 있다.

전자자료교환(electronic data interchange, EDI) 시스템은 이 사업 단위로 하여금 주문서를 제출하고 송장을 발행하고 기업 내 다른 부서와 회사 외부 조직이 전산적으로 사업을 수행할 수 있도록 한다. EDI의 한 가지 중요한 특징은 거래형식이 전 세계에 걸쳐 동일하다는 점이다. 그것이 기업에 따라 컴퓨터 시스템이 다르다 하여도 같은 언어를 사용할 수 있게 한다. 월마트는 정교한 EDI 시스템을 보유하고 있는 것으로 유명하다. 수년 동안 기업들은 제3자 전송 네트워크에 연결된 다이얼-업 모뎀을 사용한 개인용 컴퓨터상에서 소매상인으로부터 주문을 받아왔다. 2002년에 월마트는 상인들에게 인터넷 기반 EDI 시스템으로 변경한다는 내용을 통지했다. 시스템 전환으로 시간과 비용이 절약되었다. 모뎀 기반 시스템에서는 전송 중단 현상이 자주 발생할 뿐 아니라 전송된 1,000개의 문자당 비용이 0.1~0.2달러였다. 지금 월마트와 거래하고 싶어 하는 상인은 어느 누구를 막론하고 컴퓨터 소프트웨어를 구입해서 설치해야 한다.[5]

경영 실패의 원인은 때로는 기업 내외부의 여러 사건에 관한 자료와 정보 부족을 들 수 있다. 이를테면 어떤 새 경영진이 독일의 운동화 제조업체인 아디다스 AG의 미국 사업부를 인수하게 되었을 때, 정상적 재고품 회전율에 관한 자료를 얻지 못했다. 새로운 보고 시스템을 통해 아디다스가 1년에 두 차례 재고품을 판매하는 것에 비해 나이키와 리복 같은 경쟁업체들은 1년에 5회 재고품을 정리한다는 사실을 알아냈다. 이 정보는 가장 잘 팔리는 아디다스 제품에 마케팅 초점을 맞추는 데 사용되었다. 일본에서는 세븐일레븐이 컴퓨터 분배 시스템 덕분에 편의점 산업에서 경쟁우위를 차지하였다. 모든 세븐일레븐 점포는 다른 점포와 상호 간에 그리고 분배센터와 연결되어 있다. 한 소매 분석가는 다음과 같이 말했다.

> 그들이 개발한 시스템으로 인해 언제 방문하더라도 선반은 절대 비어 있지 않다. 만약 손님이 오전 4시에 왔는데 원하는 물건이 구비되어 있지 않다면 소비자가 그 매장에 대해 갖는 생각에 큰 영향을 미칠 것이다.[6]

글로벌화는 기업들에게 가능한 한 많은 효율성을 달성하도록 압력을 가하고 있다. IT는 많은 유용한 도구를 제공하고 있다. 전에 언급했듯이 상인과 연결된 EDI는 소매상인으로 하여금 재고관리를 향상시키고 잘 팔리는 제품을 적시에, 비용 절약하는 방식으로 다시 채울 수 있게 한다. EDI뿐 아니라 소매상인들도 **능률적 소비자 반응**(efficient consumer response, ECR)으로 알려진 기술을 사용하여 재고를 보충하는 데 있어 공급자와 한층 더 긴밀히 작업하려 한다. ECR은 고객에게 편익을 제공하기 위하여 공급사슬의 측면을 개선시키고 최적화하려는 의도로 운영되는 공급사슬 구성원의 공동 이니셔티브로 정리할 수 있다. ECR 시스템은 계산 스캐너로 수집한 **전자판매시점**(electronic point of sale, EPOS) 자료를 활용해서 소매상인들이 제품 판매 패턴과 지리적 장소에 따라 소비자 선호가 어떻게 달라지는지 파악할 수 있도록 도와준다. 현재는 미국에서 가장 큰 인기를 얻고 있지만 ECR은 유럽에서 주목을 받고 있다. 까르푸, 메트로, 코카콜라, 헨켈 같은 기업은 모두 ECR 시스템을 받아들였다. RFID(radio frequency identification tags) 같은 공급사슬 혁신은 ECR에 더 강력한 탄력을 제공하고 있다.

EPOS, ECR과 기타 IT 도구는 기업으로 하여금 소비자를 집중 공략하는 기능을 향상시키고 충성도 증진을 도와주고 있다. 소매상인 간의 추세는 사업을 맞춤화하고 차별화하는 고객 집중전략을 개발하는 것이다. 판매시점 자료 외에도 전자 스마트 카드를 사용하는 테스코의 클럽카드 같은 로열티 프로그램은 쇼핑 습관과 관련된 중요한 정보를 소매상인에게 제공할 것이다. 기업으로 하여금 고객자료를 수집하고 저장하며 분석하도록 도와주는 새 비즈니스 모델을 **고객관계관리**(customer relationship management, CRM)라고 부른다.

산업 전문가들이 CRM의 다양한 설명과 정의를 제공한다고 하지만, CRM은 기업과 고객 사이의 쌍방향 의사소통을 중요시하는 개념이라는 것이 압도적인 다수견해이다. 어느 한 회사가 소비자나 사업 고객에 대해 지니는 모든 접촉점(CRM에서는 터치포인트라 함)—웹사이트를 통해서든, 보증카드, 복권구입, 신용카드 계좌상 지불, 콜센터에 문의를 통해서든—은 자료수집 기회이다. CRM 도구는 아메리칸 익스프레스, 델, HSBC, 샤프, 소니와 같은 기업으로 하여금 어느 고객이 가장 가치 있는지 결정하고 고객 욕구에 가장 가깝게 특화된 제품이나 서비스를 적시에 대응하게 한다. 만약 정확하게만 시행된다면 CRM은 직원을 더 생산적으로 바꿀 수 있고 기업 수익성을 증진시키며 부가가치제품/서비스를 제공함으로써 고객들에게 편익을 제공한다.

기업의 CRM 사용은 다양한 방식으로 나타날 수 있다. 호텔산업의 예를 들면 CRM은 반복되는 고객의 욕구를 듣고 그에 반응하며, 예상하는 현장데스크 직원의 형식을 취할 수 있다. 최신 테일러 스위프트의 CD를 구입한 아마존닷컴의 방문자가 "이 제품을 구입한 고객은 또한 에드 시런의 'X'와 샘 스미스의 'In the Lonely Hour'도 구입했습니다."라는 메시지를 받을 때 CRM을 접하게 된다. 웹사이트 방문자가 따라가는 접속 기록 역시 CRM이 기본적으로 자리 잡고 있다. 그러나 이런 경우 인터넷 사용자는 기업이 그들의 행동이나 관심을 추적하고 있는지 모를 수 있다.

한 가지 문제점은 정보를 통합하여 특정 소비자의 전체적인 모습은 물론 기업과 그 제품/서비스의 관계를 파악하는 것이다. 이것은 종종 '고객의 360도 관점'이라고 일컬어진다. 이 문제는 글로벌 마케터에게도 적용된다. 지구상 여러 지역의 자회사들은 각기 다른 고객자료 포맷을 사용할 수 있으며, 상업용 CRM 제품은 모든 시장의 언어를 지원하지 못할 수도 있다. 그 문제에 대하여 산업 전문가들은 글로벌 CRM 프로그램을 단계별로 시행할 것을 권장한다.

우선 **판매 인력 자동화**(sales force automation, SFA) 같은 구체적 과업을 집중적으로 다루고 있다. 이 용어는 선도할당, 접촉점검, 기회보고 같은 판매/마케팅 기능의 통상적인 측면을 자동화하는 소프트웨어 시스템을 의미한다. 세일즈포스닷컴이 이 분야의 핵심업체지만 마이크로소프트 다이나믹 CRM 및 오라클 시벨 CRM은 SFA를 제공하는 다른 공급업체 중 하나이다. SFA 시스템은 또한 매출원가와 마케팅 캠페인 효과를 분석할 수 있다. 몇몇 SFA 소프트웨어는 대량 우편과 회의 참가자 점검 같은 판매 캠페인의 다른 측면을 준비하고 관리하는 데 도움을 줄 수 있다.

CRM 시스템을 시행하는 데 있어 중요한 첫 단계는 오라클과 같은 회사에서 나온 SFA 소프트웨어를 활용하는 것이다. CRM의 이 단계 목표는 전 세계 모든 지사의 판매 대리인들에게

문화탐구

테스코의 클럽카드

영국 1위의 슈퍼마켓 체인 테스코는 급성장하고 있는 경쟁기업들의 끝없는 도전에 직면해 있다. 이들 경쟁기업은 소매업계의 거인 월마트 소유인 세인즈버리와 아스다 같은 현지 체인점을 말한다.

테스코 성공의 핵심 요인으로는 클럽카드와 같은 충성도 프로그램을 들 수 있다. 이 프로그램은 쉽게 접근할 수 있다. 쇼핑객은 가족의 인구 통계적 정보와 선호하는 음식 등에 관한 설문을 작성하고 신청서를 기입하여 상점이나 온라인으로 제출하면 된다. 클럽카드를 가진 1,500만의 가정주부들이 테스코 고객의 80%를 차지한다. 쇼핑객은 카드를 계산대에 제시하고, 1파운드당 2포인트를 적립한다(사진 6-3 참조).

100포인트 적립 시마다 쇼핑객은 미래의 식품구입이나 항공사의 다빈도 프로그램에 사용할 수 있는 증명서를 받는다. 피자익스프레스와 같은 소매업자인 테스코의 협력업체들에게 그 증명서는 4배 정도의 가치를 갖는다. 두말할 것 없이 클럽카드는 대학생들에게 큰 인기를 끌었다! 또한 다양한 방면에서 차별화된 방법으로 인센티브를 제공했다. 예를 들어 고액구매 쇼핑객에게는 특정상품 구입에 대해 3배의 포인트에 해당하는 증명서를 제공했다.

그러나 이 프로그램은 테스코가 고객에게 보상한다는 개념, 그 이상을 제공하고 있다. 또한 테스코의 정보기술팀은 클럽카드를 통하여 어떤 상품이 잘 팔리고, 잘 팔리지 않는지, 제품구색에 어떤 갭이 존재하는지를 분명히 살펴볼 수 있었다. 클럽카드 프로그램은 런던 근처의 독립적인 컨설팅사 던험비가 관리하며, 데이터베이스 내의 각 상품은 가격을 비롯한 여러 가지 특징을 고려하여 기록된다. 클럽카드 프로그램의 가치를 이해할 수 있는 좋은 사례로서 던험비의 공동창업자 클라이브 험비는 와인판매에 대해 다음과 같이 지적한다.

와인매대에서 우리는 사람들이 테스코에 없는 상품까지 선택하는 것을 볼 수 있었다. 크리스마스 때 사람들은 '고급'와인을 구매하고 싶어 했다. 보통 저렴한 와인을 구매했던 이들은 한 병당 2.99파운드에서 5.99파운드 정도를 사용했으나 5.99파운드에서 7.99파운드까지 사용하는 사람들은 어디에서 구매하는 것일까? 그들은 테스코가 이러한 제품까지 충분히 많은 구색을 갖추고 있지 않기 때문에 와인전문점 오드빈을 이용하고 있었다.

던험비는 테스코 고객들이 쇼핑카트에 담는 상품의 유사성 정도에 따라 다양한 군집으로 분류했다. 예를 들어 연구자들은 한 부문시장을 '고급식품'으로 이름을 붙였다. 이곳은 비싼 제품을 선택하는 바쁜 부유층으로 구성된다. 조사자료를 통해 쇼핑객들이 좋은 와인이나 치즈를 테스코에서 구입하지 않는다는 사실을 발견하게 되면, 테스코는 그들이 제공하는 제품으로 업그레이드하고, '테스코의 최상품'이라는 라벨을 붙인 판매자 브랜드를 출시한다. 대조적으로 저렴한 제품을 소비하는 이들은 집에서 요리하는 음식의 재료를 구매하는 이들로서 '제조자'라고 한다. 그들은 맥주, 구운 콩, 통조림토마토와 면종류 같은 테스코의 저렴한 '테스코 가치'에 끌려 구매하는 사람들이다.

주부들의 주간 구매행동과 함께 가계정보를 결합함으로써 테스코는 특정 고객들에게 맞춤 프로모션을 제공할 수 있다. 어떤 손님이 처음으로 기저귀를 샀는가? 그러면 테스코는 아기용 물티슈와 맥주를 살 수 있는 쿠폰을 보낸다. 왜 맥주인가? 아이와 함께 집에 지내야 하는 아빠가 된 이들은 예전에 그랬었던 것처럼 현지 술집에 나갈 수 없기 때문이다. 그래서 그들은 집에서 소비할 맥주를 저장한다.

클럽카드는 또한 테스코에게 월마트의 아스다 상점을 이길 수 있는 전술적 이점을 제공한다. 월마트가 제안하는 최고 가치는 매우 분명하다. 바로 낮은 가격이다. 가치 지향적인 대부분의 쇼핑객이 이탈하는 것을 방지하기 위하여 테스코는 가장 저렴한 식품을 구매했던 클럽카드 이용객들을 알아내기 위해 데이터마이닝을 한다. 집행진은 저가 구매자들이 정기적으로 구매하는 수백 개의 품목을 밝혀내고, 그 품목에 대한 가격을 내린다. 결과적으로 이들 고객은 아스다 대신에 테스코에 남아 지속적으로 구매를 하게 된다. 테스코는 최근에 영국 식품업계에서 아스다보다 두 배 이상 높은 마진율을 유지하고 있다.

출처 : Elizabeth Rigby, "Fresh Horizons Uneasily Scanned," *Financial Times* (September 19, 2010), p. 8; Andrea Felsted, "Tesco Takes Clubcard Route to Buoyant Sales," *Financial Times* (January 12, 2010), p. 13; Andrea Felsted, "Tesco Experiments with Clubcard," *Financial Times* (September 8, 2010), p. 10; Cecilie Rohwedder, "Stores of Knowledge: No. 1 Retailer in Britain Uses "Clubcard" to Thwart Wal-Mart," *The Wall Street Journal* (June 6, 2006), pp. A1, A16.

사진 6-3 테스코의 클럽카드는 영국 기반의 식료품 체인이 고객에게 보상하기 위해 사용하는 충성도 프로그램이다. 쇼핑객은 구매량을 기준으로 포인트를 받는다. 포인트는 상품을 구매할 수 있는 증명서로 전환된다. 테스코는 또한 클럽카드를 쇼핑 선호도와 패턴에 대한 자료 수집에 이용한다. 클럽카드는 폴란드를 비롯한 테스코의 수많은 해외 체인에서 이용되고 있다.
출처 : Leon Neal/AFP/Getty Images.

인터넷 포털을 통하여 조직 전체의 영업활동에 접속할 수 있게 하는 것이다. 그 일을 단순화하기 위해서 회사는 모든 판매활동을 영어로 기록하도록 요구할 수 있다. 그 후 계속하여 마케팅, 고객 서비스, 그 외의 기능도 이 시스템에 부가될 수 있다.[7]

개인정보 문제도 국가마다 매우 다양하다. 예컨대 EU에서는 1998년 이후 자료수집지침이 발효되었다. CRM을 사용해서 개인 소비자의 정보를 수집하는 기업은 EU의 27개 회원국 각국의 규정을 충족시켜야 한다. 그러한 정보를 국경 넘어서까지 공유하려면 제한이 있다. 2000년에 미국 상무부와 EU는 유럽에서 미국으로 정보를 전송하려는 기업에게 개인정보보호의 원칙을 확고히 하는 세이프 하버 협정을 체결하였다.

그러나 2013년에는 에드워드 스노든의 미국 정보 활동에 대한 폭로 이후, 오스트리아 활동가인 막스 슈렘스는 페이스북이 미국 정보기관으로부터 사용자 정보를 보호할 적절한 보호 장치가 없다고 주장하며 유럽사법재판소에 소송을 제기하였다. 그 결과는 미국-EU 세이프 하버 협정의 붕괴였다. 데이터 보호법을 시행할 수 없다는 점에 점점 더 좌절감을 느끼는 EU의 규제 당국은 전 세계적으로 생성되는 데이터의 대부분을 통제하는 페이스북이나 기타 미국의 '빅 테크' 기업을 조준하기 시작했다. 새로운 법률인 일반데이터보호규정(GDPR)이 2016년에 발효되었으며, 2018년 5월 25일에 미국 및 기타 비EU 기업에 대해 시행되었다. GDPR은 개인 데이터 보호, 데이터 주체 및 데이터 처리를 포함하여 다양한 개인정보 관련 문제를 다룬다.[8]

데이터 웨어하우스(data warehouses)라는 데이터베이스는 기업의 CRM 시스템의 필수적인 부분이다. 데이터 웨어하우스는 다른 목표도 달성할 수 있다. 예를 들면 다양한 점포를 보유하고 있는 소매상인으로 하여금 제품을 세분류하는 데 도움을 줄 수 있다. 컴퓨터 비전문가를 포함한 회사의 직원들은 표준 웹브라우저를 통해서 데이터 웨어하우스에 접속할 수 있다. 테라다테, 오라클, IBM, SAP가 데이터 웨어하우스 공급업체로서 선도해 나가고 있다.

이러한 사례들은 IT와 빅데이터가 글로벌 마케팅에 영향을 미치는 몇몇 방식을 보여줄 뿐이다. 그러나 EDI, ECR, EPOS, SFA, CRM과 기타 IT 측면은 단순히 마케팅 이슈를 나타내지 않는다. 그것들은 조직의 명령이다. 사업정보와 정보수집을 위해 기획, 조직하고 집행하는 작업은 조직의 전반적인 전략 방향에 기여하는 일관적인 방법으로 조정되어야 한다. 현대의 IT 도구는 적시에, 경제적이고 행동 가능한 방식으로 관련정보를 제공하기 위해서 기업의 마케팅 정보 시스템과 조사기능을 위한 수단을 제공한다.

전체적으로 글로벌 기업은 다음의 니즈를 가지고 있다.

- 기업의 본사국뿐만 아니라 고객 또는 지점이 있는 모든 국가에서 출간된 정보와 기술 저널을 검색하고 요약하는 능률적이고 효과적인 시스템이다.
- 시장 인텔리전스 시스템에 매일 검색, 번역, 요약, 축약, 추상, 정보를 전산 입력한다. 오늘날 IT의 발전 덕분에 다양한 정보의 전체 텍스트 버전들이 PDF 파일처럼 온라인에서 구매할 수 있다. 출력된 문서자료도 쉽게 검색하고 계수화하며 회사의 정보시스템에 추가 입력될 수 있다.
- 세계 다른 지역으로의 정보 범위를 확대한다.

▶ 6-2 직접적 지각을 포함하는 다양한 시장 정보의 원천을 이해한다.

6-2 시장정보의 다양한 원천

환경조사는 정보의 절대적 필요 원천이지만, 조사결과 글로벌 기업의 본사 경영간부들은 필요로 하는 정보의 3분의 2만을 개인적 원천으로부터 취득한다는 사실이 드러났다. 많은 양의 외부정보가 해외 자회사, 분점, 회원사 등의 경영진으로부터 나온다. 이러한 경영진은 유통업자, 소비자, 고객, 공급자, 정부 관료와 의사소통망을 갖고 있다. 글로벌 기업의 놀라운 특징(경쟁력의 주요 원천)은 세계 환경에 관한 정보를 획득하고 배포하는 역할을 해외 경영진이 수행한다는 점이다. 본사 경영진은 해외 지점의 경영자야말로 해당 현지에서 무슨 일이 일어나는지 가장 잘 알고 있다고 일반적으로 인정한다.

정보문제는 국내기업의 중요한 한 가지 약점을 드러낸다. 기존 영업 범위 외에 더욱 매력적인 기회가 있을지 모르지만 시야가 본사국 경계선까지 미치는 경향이 있으므로 국내기업이 내부 원천에 의해 그러한 기회를 포착하지 못할 수 있다. 마찬가지로 제한된 지리적 영업을 하는 기업은 오직 그 국가나 지역에 관한 정보를 현지 내부 정보원들이 찾기 때문에 위기에 처할 수 있다.

직접적 감각 지각(direct sensory perception)은 사람들과 기록물에서 얻은 정보의 중요한 배경지식을 제공한다. 직접적 감각 지각은 관련된 모든 감각을 포함한다. 이것은 특정 이슈에 관한 간접 정보를 듣거나 읽기보다는 특정 국가에서 어떤 일이 일어나는지 알아내기 위하여 보고, 느끼고, 듣고, 냄새 맡고 맛보는 행동을 의미한다. 어떤 정보는 다른 정보원천으로부터 쉽게 얻을 수 있지만 충분히 이해하기 위해서는 감각적 경험을 요구한다. 어떤 상황을 관찰함으로써 얻는 배경지식이나 맥락은 큰 그림을 완성하는 데 도움이 된다. 예컨대 월마트의 중국 최초 점포는 확장가능 사다리와 대형 간장병 같이 현지 고객에게 적절하지 않은 상품을 많이 진열하고 있었다. 월마트의 아시아 담당 사장 조 하트필드는 아이디어를 찾기 위해 심천 거리를 배회하기 시작하였다. 그가 관찰한 것은 성공적이었다. 2000년 4월 대련에 월마트의 대형 점포가 문을 열었을 때 첫 주에 100만 명의 고객이 문을 동과했나(사진 6-4 참조). 그들은 도시

사진 6-4 주디스 맥케나는 2018년 2월 월마트의 사장 겸 CEO가 되었다. 월마트의 엄청난 규모에도 불구하고 맥케나는 '작고 눈에 띄는 것들'에 중점을 두었다.
출처 : Julio Cortez/Associated Press.

락 상자에서부터 옥수수와 파인애플이 첨가된 피자에 이르는 제품들을 앞다투어 집어갔다.[9] 짐 스텡겔이 P&G의 최고마케팅책임자였을 때 부하 관리자들을 조사자료가 많이 선점되어 있는 곳에서부터 직접적 지각을 바탕으로 보다 넓은 시각을 필요로 하는 곳으로 배치했다. 스텡겔은 다음과 같이 말했다.

> 소비자들이 분명히 말할 수 없다는 사실을 우리는 가끔 발견한다. 그것이 바로 우리가 문화를 이해할 필요가 있다는 배경이다. 그것은 분리될 수 없다. 당신은 소비자와 브랜드로부터 벗어나서는 생존할 수 없으며 자료나 독서, 학자들과의 대화로부터 통찰력을 얻기 바란다. 경험을 많이 해야 한다. 몇 개의 훌륭한 아이디어는 이것저것 경험해 보고 들어 본 사람들로부터 나온다.[10]

직접적 지각은 또한 한 기업의 국내시장을 하나의 특정 글로벌 기업이 지배하는 경우 중요한 의미를 지닐 수 있다. 소니가 지배하던 시장에 출시된 엑스박스 비디오 게임 시스템과 마이크로소프트의 사례가 그러하다. 국내 소비자 홍보와 후원을 관리하는 담당자인 신디 스포덱-디키는 프로배구협회(AVP) 같은 다양한 판촉 파트너와 함께 엑스박스를 시장에 출시했다. 각기 다른 도시의 AVP 토너먼트에서 관객(그리고 잠재적 고객)은 새 시스템을 시험해 보기 위해 엑스박스의 무료숙식 텐트에 방문할 수 있는 기회를 잡았다. 어느 한 토너먼트 행사현장에서 스포덱-디키는 비공식적인 시장조사의 중요성을 설명하였다.

> 다른 스폰서는 무엇을 하는가? 대중은 무엇에 관심을 보이는가? 어떤 브랜드 옷을 입는가? 어떤 방식으로 우리 회사의 제품과 상호작용을 하는가? 그들이 텐트를 나오면 물어볼 것이다. "어떻게 생각합니까? 엑스박스의 어떤 점이 마음에 듭니까? 당신의 플레이스테이션은 어떻습니까?" 이것은 시어머니식 연구이다. 나는 천만 달러 광고비용을 투자하기 싫지만 이렇게 해야 신뢰도 높은 정보를 얻게 된다. 같은 내용의 피드백을 세 번, 네 번, 다섯 번 듣기 시작하면 주의해야 한다. 소비자와 제품에 끊임없이 접촉하는 편이 훌륭한 마케터로서의 임무의 한 부분이라 믿는다. 얼굴, 눈, 손으로 직접 접하는 방식을 대체할 수 있는 어떤 방식도 존재하지 않는다.[12]

(6-3) 공식적 시장조사

정보는 성공적인 마케팅 전략을 기획하고 실행할 때 매우 중요한 요소이다. 앞서 언급하였듯이 마케팅 정보 시스템은 정보의 지속적인 흐름을 만들어 내야 한다. 반대로 **시장조사**(market research)는 프로젝트 특유의 체계적 정보수집을 의미한다. 미국 마케팅협회에서는 **마케팅 조사**를 '소비자와 고객과 대중을 정보를 이용해서 마케터와 연결시키는 활동'이라고 정의한다.[13] **글로벌 시장조사**(global market research)에서는 전 세계적인 규모로 시장조사가 이루어진다. 글로벌 시장조사가 당면한 문제점은 정보수집방법에 영향을 미치는 중요한 국가 간의 차이를 인식하고 대응하는 것이다. 거기에는 문화적, 언어적, 경제적, 정치적, 종교적, 역사적, 그리고 시장의 차이가 포함된다.

마이클 친코타와 일카 론카이넨은 국제시장조사의 목적이 국내시장조사의 목적과 동일하다는 점에 주목한다. 그러나 그들은 국제조사의 노력에는 국내조사와 달리 실행되어야 하는

> "신발산업의 사례들을 살펴보면 시장기회를 살피기 위해서는 직접적으로 인지하는 것이 중요하다는 것을 알 수 있다. 토즈의 CEO인 디에고 델라 발레, 제옥스의 사장인 마리오 모레티 폴래가토, 탐스의 창업자인 블레이크 마이코스키 세 사람 모두는 해외여행을 하고, 세계를 관찰하고 경험하면서 영감을 얻는다는 공통점을 갖고 있다."[11]
>
> 심슨대학 마케팅 교수, 마크 C. 그린

> ◀ **6-3** 전통적인 시장조사 프로세스를 단계별로 구분하고, 글로벌 마케터가 이를 적용하는 몇 가지 방법을 알아본다.

> "전통적 조사방법들은 '무엇'에 주력하고 있으나, 지금은 '왜'를 알기 위하여 노력한다. 우리는 소비자들이 제품/아이디어에 대해 어떤 생각을 하고 있는지를 고려하는 것이 아니라 무엇이 그들을 제품에 감동하게 만드는지에 대해 집중적으로 연구하고 있다."[14]
>
> 브리트빅 마케팅 이사, 사이먼 스튜어트

네 가지 고유한 환경적 요소를 규명했다. 첫째, 조사원은 비즈니스를 할 때 새로운 매개변수에 대비해야 한다. 필수 요소만 다를 필요가 없을 뿐 아니라 규칙이 적용되는 방식 또한 달라질 수 있다. 둘째, 기업의 임직원이 사업 수행에 대하여 문화를 기본으로 하는 새로운 환경과 맞붙게 되는 경우에는 '문화적 대충격(cultural megashock)'이 발생할 수 있다. 셋째, 하나 이상의 새로운 지리적 시장에 진출하는 기업은 상호작용 요소로 구성되어 있는 급격히 증가된 네트워크에 직면한다. 조사는 심리적 부담을 예방하는 데 도움이 될 수 있다. 넷째, 기업의 조사원은 국내시장에서는 찾아볼 수 없는 경쟁적 압력을 포함시키기 위해서 국제시장에서의 경쟁사의 정의를 확장시켜야 할 것이다.[15]

시장조사에는 두 가지 상이한 기본방식이 있다. 내부 직원과 함께 조사를 설계하고 실행하는 것이 첫째 방식이다. 나머지 방식은 시장조사를 전문적으로 담당하는 외부기업을 활용하는 것이다. 글로벌 마케팅에서는 내부와 외부의 조사활동을 혼합시키는 것이 종종 바람직하다. 상당수의 외부기업들은 상당한 양의 국제전문지식을 보유하고 있다. 일부 기업은 특정 분야의 산업을 전문으로 취급하고 있다. 마케팅 뉴스에 의하면 상위 25개 조사 기업들의 글로벌 시장조사의 수익은 2015년에 225억 달러를 기록했다.[16] 닐슨 컴퍼니는 세계 최대의 시장조사 기업이며 미국 시장의 유명한 닐슨 TV 평가의 원천이다. 닐슨 미디어 리서치 인터내셔널 역시 40개 이상의 글로벌 시장에서 언론 측정 서비스를 제공한다. 다른 조사전문기업으로는 칸타 그룹(브랜드 인지도 및 미디어 분석), IMS 헬스(제약 및 건강보호 산업), 독일의 GfK SE(고객조사 및 소비자 추적)를 들 수 있다.

자료를 수집하고 그것을 유용한 정보로 변환시키는 과정은 그림 6-2에 매우 상세히 나타나 있다. 이후의 토론에서 우리는 8개의 기초 단계에 초점을 맞춘다. 정보 요구, 문제의 정의, 분석단위의 선택, 자료 활용의 가능성 검토, 조사 가치의 평가, 조사 설계, 자료분석, 해석과 발표가 그것이다.

1단계 : 정보 요구

지금은 고인이지만 스위스에 본부를 둔 글로벌 제국으로 성장한 바타 슈 오거나이제이션을 창업한 토머스 바타는 (스스로 표현한 것처럼) '신발 판매원'이었다. 체코출신으로 스위스에서 공부한 바타가 모든 이들이 맨발로 걸어 다녀서 신발을 판매할 기회가 없다고 보고한 직원을 아프리카에서 돌아오자 곧바로 해고한 사실은 전설처럼 내려오고 있다. 그 이야기에 따르면 바타는 아프리카가 거대한 미개발 신발시장이라고 판단했던 또 다른 직원을 고용했다. 이 일화는 직접적 관찰이 반드시 편견 없는 지각과 통찰력에 연결되어야 한다는 사실을 강조한다. 그러나 많은 마케터들이 인정하겠지만 이미 고정된 소비자 행동 패턴을 변경하는 것은 어려울 수 있다.

공식적 조사는 문제나 기회가 규명된 후 수행된다. 회사는 특정 국가나 지역시장이 실제 훌륭한 성장 잠재력을 제공하는지 여부를 결정하기 위해서 추가 정보를 가지고 직접적 지각을 보충해야 할 경우도 있다. 잠재 고객에서 실제 고객으로 전환되는 비율은 어느 정도인가? 경쟁사는 전 세계 1개 이상의 중요한 시장에 진입하고 있는가? 현지시장의 선호도 조사는 식료품을 수정해야 하는지 결정하기 위해 과연 필요한가? 잘 정의된 문제는 절반은 해결된 것으로 보는 것이 시장조사에 있어서 상식이다. 조사의 노력을 실행하려는 특정 상황에 관계없이 마케터가 해야 할 첫 두 가지 질문은 "내게 어떤 정보가 필요한가?"와 "왜 그 정보가 필요한가?"

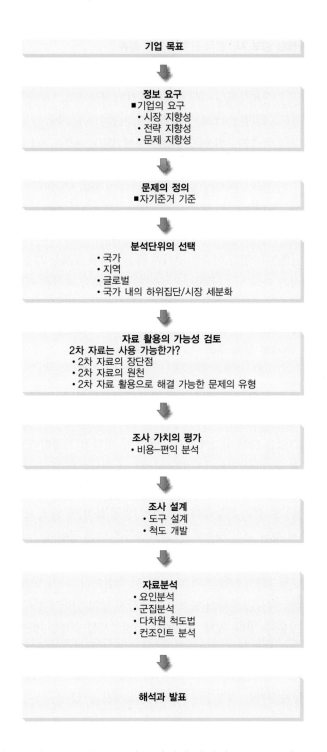

그림 6-2 시장조사 과정
출처 : V. Kumar, *International Marketing Research*, 1st edition, ⓒ 2000. Reprinted by permission of Pearson Education, Inc., Upper Saddle River, NJ.

이다. 표 6-1에서는 조사를 요구할 수도 있는 다양한 과제의 종류를 보여주고 있다.

2단계 : 문제의 정의

제4장에서 언급하였듯이 한 사람의 본국 가치와 신념은 외국문화나 국가의 평가에 영향을 미치며, 자기준거 기준(SRC)이 작동하고 있다. SRC 경향은 다음의 예에서 볼 수 있듯이 글로벌 시장에서의 문화적 환경에 대한 이해를 강조한다.

• 마텔이 일본에 처음으로 바비 인형을 소개했을 때 경영진들은 일본 소녀들도 미국 소녀

표 6-1 글로벌 마케팅 정보 시스템의 관련 주제의 종류

종류	적용 범위
1. 잠재시장	수요 추정, 소비자 행동, 제품 검토, 유통 채널, 커뮤니케이션 미디어
2. 경쟁업체 정보	기업별·사업별·기능별 전략, 자원과 의향, 역량
3. 외환	국제수지, 이자율, 자국통화의 매력도, 분석가의 기대
4. 처방적 정보	법률, 규정, 세금 관련 규정, 수익, 본사국/현지국의 배당금 관련 규정
5. 자원 정보	인적·재무적·물리적·정보 자원의 활용 가능성
6. 일반적 환경	사회문화적·정치적·기술적 환경의 종합적 검토

와 마찬가지로 인형 디자인을 선호할 것이라 예상했지만 실제는 그렇지 않았다.

- 월트 디즈니 회사가 파리 디즈니랜드를 개장했을 때 회사 직원은 개인 복장과 관련된 상세한 문서의 규칙을 준수할 것으로 기대했다. 그 의도는 손님이 디즈니 이름과 연관된 경험을 확실히 받을 수 있게 하려는 것이었다. 그러나 프랑스인은 문서 계약 조항이 프랑스 문화, 개인주의, 사생활 등에 대한 일종의 모욕이라 여겼다.

이러한 예에서 볼 수 있듯이 본사 내 시장의 성공에 기초하여 경영자들이 추정한 것을 글로벌 시장에 적용할 경우 그릇된 것으로 나타날 수 있다. 마케터들은 어느 한 국가시장에서 성공을 거둔 마케팅 프로그램을 다른 국가에까지 적용할 수 있다고 가정한다. 디즈니 테마 공원의 사례를 다시 생각해 보자. 비록 일본에서 디즈니랜드가 첫날부터 큰 성공을 거두었음에도 불구하고, 2005년에 32억 달러를 투자하여 개장한 홍콩 디즈니랜드는 덜 성공적이었다. 이는 본토의 중국인들이 백설공주 같은 전통적인 디즈니의 '얼굴 특성'에 덜 친숙하기 때문이다. 디즈니 공원과 휴양지 부서 사장 제이 라술로는 "본토인들은 다른 공원에서처럼 디즈니 소프트웨어를 깊이 새겨 두지 않는다."고 지적했다.[17]

글로벌 시장에 접근할 때는 '눈을 크게 뜨는 것'이 최선이다. 다시 말해서 마케터들은 SRC와 기타 문화 간 가정이 미치는 영향이 얼마나 중대한지 알고 있어야 한다. 그런 인식 속에 몇 가지 긍정적 영향이 있을 수 있다. 첫째, 처음으로 시장조사를 수행할 경영진의 의지를 강화시킬 수 있다. 둘째, SRC를 염두에 두면 자국이나 제2의 국가에 대한 편견을 최소화시켜 주는 조사 설계에 도움을 줄 수 있다. 셋째, 그 조사결과가 다른 시장에서의 마케팅 경험과 모순이 된다 하여도 조사결과를 수용하는 경영진의 이해를 증진시킬 수 있다.

3단계 : 분석단위의 선택

그다음 단계는 세계의 어느 지역에서 기업이 활동을 해야 하는지 파악해야 할 필요성과 확인된 지역의 사업 환경에 대하여 가능한 한 많이 알아내는 것이다. 그런 문제들은 표 6-1의 주제 종류에 반영되어 있다. 분석단위는 하나의 국가일 수도 있고 유럽이나 남미처럼 지역에 한정될 수도 있다. 어떤 경우에는 마케터가 글로벌 부문시장에 관심을 가질 수 있다. 모든 시장 진입 결정에 국가 전체에 관한 자료가 반드시 요구되지는 않는다. 오히려 특정 도시, 주 또는 지역이 적절한 분석단위로서 작용할 수 있다. 예를 들면 중국에 진입하려는 기업은 처음에는 상하이에 초점을 맞출 수 있다. 장수현에 위치한 상하이는 중국에서 규모가 가장 큰 도시이고 주요 항구이며 제조 중심지이고, 훌륭한 인프라 구조를 갖추고 있으며, 상대적으로 1인당 소

득이 높은 인구가 있으므로 상하이는 시장조사의 논리적 중심지이기 때문이다.

4단계 : 자료 활용의 가능성 검토

이 단계에서 첫째로 해야 할 일은 자료의 활용 가능성과 관련해 몇 가지 질문에 답하는 것이다. 어떤 종류의 자료를 수집해야 하는가? 예를 들면 회사 파일, 도서관, 산업이나 무역 관련 저널 혹은 온라인 데이터베이스에서 얻을 수 있는 자료인 **2차 자료**(secondary data)를 사용할 수 있는가? 시장진입과 관련된 결정을 내리기 위하여 경영진은 언제 정보를 필요로 하는가? 마케터들은 조사과정의 다음 단계로 접어들기 전에 이런 문제에 답을 해야 한다. 즉시 이용 가능한 자료를 활용하면 시간과 돈을 절약하게 된다. 공식적인 시장조사를 하면 수십만 달러를 지불해야 하고 시장조사 기간도 수개월이 걸린다.

시장조사와 자료수집을 위한 저비용 접근방식은 책상조사에서부터 시작한다. 다른 말로 "해외시장에 대해 설문조사를 하는 경우에 효율적인 방안의 핵심은 전에 경험했던 이들의 어깨에 오르는 것이다."[18] 어느 한 마케터가 특정 제품에 대한 기초적인 시장 잠재력을 평가한다고 가정해 보자. 그 해답을 찾기 위해서는 2차 원천이 좋은 출발장소이다. 신문/잡지 게재자료, 회사나 공공 도서관, 온라인 자료서비스, 정부 통계기록과 무역협회 등은 최소의 노력과 비용으로 접할 수 있는 자료출처이지만 이미 존재하고 있는 것이다. 특정 프로젝트를 목표로 직접 수집한 것이 아니기 때문에 2차 자료라 한다. **미국통계요약집**은 국제시장에 관해 엄청나게 많은 사실을 포함하는 연간 출판물로 미 연방정부가 출간하고 있다.

미국 정부의 세계무역자료 중 가장 포괄적인 출처는 국립무역 데이터베이스로서 미국 상무부의 온라인 자원이다. 경제분석국(www.bea.gov)과 통계국(www.census.gov)은 외국무역, 경제지표, 기타 현재/과거자료는 모두 훌륭한 온라인 원천이다. EU의 무역자료는 유로스태트(epp.eurostat.ec.europa.eu)로부터 자료수집이 가능하다. 대부분의 국가는 GNP, GDP, 소비, 투자, 정부지출, 가격수준 추계를 편집하고 있다. 인구 규모, 연령별 인구분포, 인구성장률을 나타내는 인구통계적 자료도 수집할 수 있다. 화주의 수출신고서('ex-decs'나 SED로 알려져 있으며 2,500달러 이상의 어떤 수출품에 대해서도 작성되어야 하는 서류)를 기준으로 상무부가 작성하고 있는 수출통계서류로부터도 시장정보를 얻을 수 있다. 또 다른 중요한 시장자료의 원천은 외국상업서비스이다.

대부분의 국가가 중소기업으로 하여금 세계 시장기회를 발견할 수 있도록 도와주는 웹사이트를 구축해 놓고 있다. 캐나다 무역청(www.tradecommissioner.gc.ca)은 캐나다의 외교통상부(FATDC)의 서비스이다. 이 사이트는 국제시장에 대한 정보뿐 아니라 전문가의 조언도 제공한다.

그러나 이것이 취득할 수 있는 자료의 전부는 아니다. **국제연합의 통계연감**은 농업, 광업, 제조업, 건설업, 에너지 생산과 소비, 국내와 해외무역, 철도와 항공운송, 임금과 가격, 건강, 주택, 교육, 통신 인프라 및 대중 커뮤니케이션 매체의 유용성 등과 관련된 글로벌 자료를 포함하고 있다. 미국 CIA에서는 해마다 개정된 **월드 팩트북**을 출간한다. 다른 주요 원천으로 세계은행, IMF와 일본의 통상산업성 등이 있다. **이코노미스트**와 **파이낸셜 타임스**는 정기적으로 지역/국가 시장의 포괄적인 조사결과를 축적하고 있다. 이들 원천으로부터 얻은 자료들은 일반적으로 인쇄 형식과 전자문서 형식 둘 다 포함되어 있다.

그런 자료들을 어떻게 활용할 수 있을까? 한 예로 산업의 성장 패턴을 들어 보자. 일반적으로 소비 형태를 공개하기 때문에 생산 형태는 시장기회를 평가하는 데 있어서 유용하다. 추가적으로 제품의 생산 추세는 제조 투입물을 공급해 주는 기업들에게 시장의 잠재력을 알려준다. 한 국가의 성장 초기단계에서는 1인당 소득이 낮을 때 제조업은 음식, 음료, 섬유류, 기타 경공업 형태의 필수품에 치중한다. 소득이 증가하면 중공업이 발전하기 시작하면서 그런 산업의 상대적 중요성은 감소한다.

이 시점에 경고의 한마디가 등장한다. 다양한 출처로부터 얻은 정보 중 일부는 확실하지 않다는 것을 기억하라. 출처가 분명한데도 불구하고 출처 간 가변성이 존재할 수 있다. 자료를 활용하는 자는 누구든지 그 자료가 무엇을 측정하고 있는지 자세히 파악해야 한다. 예를 들면 소득자료를 조사할 때 GNP 수치를 다루는지, GDP 수치를 다루는지 반드시 이해하고 있어야 한다. 그리고 인터넷을 정보의 출처로 사용한다면, 웹사이트 담당자의 신뢰성을 평가해야 한다. 또한 친코타와 론카이넨 등이 언급했듯이[19] 본사국 밖에서 영업기회를 잡으려는 결정을 내릴 때 2차 자료가 도움을 줄 수 있지만 특정 질문만 강조해서는 안 될 것이다. 인도네시아에서 우리의 미래를 위한 시장 잠재력은 무엇인가? 평균 나이지리아인들은 음료수를 구입하는 데 어느 정도를 소비하는가? 독일의 녹색점조례에 순응하기 위해 포장지를 변경한다면 소비자 구매행동에 어떠한 영향을 미칠 것으로 예상하는가?

민간조사회사가 출판하는 신디게이트 연구자료들은 또 다른 2차 자료와 정보출처이다. ('신디게이트'라는 단어는 신문산업에서 나왔으며 수많은 다양한 조직에 기사, 만화, 초빙 기고문을 판매하는 관행을 의미한다.) 예로 마켓리서치닷컴은 소비자 제품, 식음료 및 생명과학을 포함한 글로벌 비즈니스 분야의 광범위한 보고서를 판매한다. 이 회사는 종합보고서 세트를 제공하고자 수백 개의 조사기업과 제휴 중이다. 기사 하나에 수천 달러 정도의 비용이 드는 데 반해, 기업은 필요로 하는 정보를 1차 조사비용을 많이 들이지 않고서도 얻을 수 있다.

5단계 : 조사 가치의 평가

출간된 통계자료나 조사를 통해서 자료를 얻지 못할 경우 경영진은 개별국가, 지역, 글로벌 세분시장에 대한 추가조사를 수행하기 바란다. 그러나 정보를 수집하려면 비용이 든다. 그래서 마케팅 조사계획은 그러한 정보가 회사에 어느 정도의 달러(유로나 엔화 등)를 벌어 줄 수 있을지를 정보의 수집비용과 비교해서 설명해야 한다. 이 자료를 수집한다면 회사가 무엇을 얻는가? 유용한 정보로 전환될 수 있는 자료를 얻지 못한다면 어떠한 불이익을 감수해야 하는가? 조사하려면 비용과 경영진의 시간을 투자해야 하고 다음 단계로 진행하기 전에 반드시 비용/수익을 분석해야 한다. 어떤 경우에는 조사결과에 상관없이 기업에서 같은 행동과정을 추구할 수도 있다. 높은 수준의 의사결정을 보장하기 위해서 더 많은 정보를 필요로 할 때에도 역시 공식적인 조사의 실제 비용견적서는 시장조사의 비용이 너무 높다는 사실만 드러낸다.

세계 곳곳의 소규모의 시장은 조사원들에게 많은 문제를 제기한다. 규모가 작은 시장에서 상대적으로 낮은 잠재 이윤은 마케팅 조사를 위한 최소한의 지출만을 정당화한다. 따라서 글로벌 조사원은 반드시 시장의 잠재적 이윤에 적합한 지출을 유지하는 기법과 방식을 개발해야 한다. 조사원들은 최소한의 정보에 기초하여 수요를 추정해 내는 경제적, 인구통계적 관계를 발견해야 할 부담을 느낀다. 적은 시장조사 예산으로 결과를 내기 위해서는 간결함 혹은 통계적 엄격성을 포기하면서 저비용의 설문조사를 수행해야 할 수도 있다.

6단계 : 조사 설계

그림 6-2에 나타나 있듯이 만약 2차 자료를 사용할 수 있다면 조사원은 곧바로 자료분석 단계로 진입할 수 있다. 그러나 출간된 통계자료나 조사자료를 통해서는 자료를 얻지 못한다고 가정해 보자. 또한 다섯째 단계에 제시된 비용–수익 분석이 수행되고 조사가 진행되었다고 가정해 보자. 첫째 단계에서 규명된 특정 문제와 관련되어 원래의 조사를 통해서 **1차 자료**(primary data)를 수집할 수 있다. 이 시점에서 조사설계를 수립해야 한다.

글로벌 마케팅 권위자인 데이비드 아놀드는 자료수집에 관해 다음과 같은 지침을 제시한다.[20]

- 단일 척도보다 다양한 기준을 활용하라. 이 접근방식은 의사결정을 하는 데 있어서 불확실성의 수준을 낮출 것이다. "모든 이야기에는 상대의 입장, 나의 입장, 그리고 진실의 세 가지 측면이 있다." 이러한 속담이 있듯이 두 목표지점의 위치가 밝혀지면 탐험가는 셋째 목표지점의 위치를 정확히 표시할 수 있다. **삼각측량**으로 알려진 이 기법은 글로벌 시장조사에 비슷하게 유용하다.
- 각 기업은 자사의 산업, 제품시장, 또는 비즈니스 모델에 적합한 맞춤 지표를 개발해야 한다. 그러한 지표는 글로벌 시장에서의 기업의 과거 경험을 활용해야 한다. 예를 들면 일부 개발도상국에서 메리 케이 화장품회사는 미용 컨설턴트의 잠재 소득을 추정하기 위한 근거로 여비서의 평균임금을 활용한다.
- 다양한 시장에서 언제나 비교평가를 수행하라. 특정한 시장을 고립시켜서 평가하지 마라. 비교평가 방식은 경영진들로 하여금 대안 우선순위와 시나리오를 개발할 수 있는 '포트폴리오' 접근방식을 개발시킬 수 있다. 예로 체코 소비자를 전반적으로 더 잘 이해하기 위해서 회사는 인접한 폴란드와 헝가리에서 시장조사를 수행할 수 있다. 대조적으로 어떤 맥주회사가 체코공화국의 맥주 소비 행위에 대하여 더 많이 알고 싶다면, 아일랜드와 독일 같은 1인당 맥주 소비가 많은 지역에서 조사를 수행한다.
- 구매 패턴과 기타 다른 행동의 관찰자료는 구매 의도나 가격 민감도에 관한 보고서/의견보다 더 큰 비중을 두고 평가되어야 한다. 특히 개발도상국 시장에서 소비자 지각을 자세히 파악하기는 어렵다.

위의 가이드라인을 염두에 두고 마케터들은 1차 자료수집에 관한 새로운 질문과 문제에 초점을 맞춰야 한다. 통계분석에 좌우될 수 있는 계량적, 수치적 자료를 조사 활동에 활용해야 하는가, 아니면 정성적 기법을 사용해야 하는가? 글로벌 시장조사에 있어서 계획에 다양한 기법을 접목시켜 사용할 것을 권장한다. 소비자 제품의 경우 다음과 같은 작업을 달성하는 데 특히 적합한 것은 정성적 조사이다.[21]

- 소비자 이해를 제공하기 위해서 소비자들에게 '더 가깝게 다가가기 위해서'
- 의사결정에 영향을 미치는 문화 · 종교 · 정치적 요인들을 포함한 소비자 행동의 사회 · 문화적 배경을 기술하기 위해서
- 핵심 브랜드 지분을 규명하고 브랜드의 '속성을 파악하기 위해서'
- 소비자를 '조사'하고 그들이 정말 무엇을 느끼는지 규명하기 위해서

자료수집의 문제 현지인의 기호에 제품과 기타 믹스 요인들을 맞춰야 할 필요성과 수요 및 잠재 수익을 평가하는 마케팅 이슈에 관해 조사문제는 좀 더 세밀하게 집중되어야 한다. 수요와 잠재 수익은 조사 대상 시장이 실존적인지 잠재적인지에 따라 부분적으로 교대로 영향을 받는다. 실존하는 시장이란 하나 이상의 기업에 의해 고객의 욕구가 이미 충족되고 있는 곳이다. 많은 국가에서는 달러 규모와 단위판매액의 관점에서 실제시장 규모에 대한 자료를 쉽게 획득할 수 있다. 그러나 어떤 나라에서는 공식적인 시장조사가 상대적으로 드물고 자료도 희귀하다.

최근 들어 맥킨지&컴퍼니, 아시아 가트너 그룹, 그레이차이나 에드버타이징은 중국에서 매우 활발히 활동하고 있다. 예를 들면 그레이차이나는 표적 집단과 기타 기법을 활용하여 그레이차이나 연간 소비자연구를 발간하는 데 태도와 구매 행위에 관한 정보를 풍부하게 보유하고 있다. 최근 조사결과 미래 관심사, 예컨대 식품 구입의 서구화, 시장 포화상태의 증가, 고객 분별력의 향상, 신제품을 시용하려는 소비자들의 강한 의지 등에 관한 우려를 지적하고 있다. 다양한 출처로부터 얻은 자료는 앞뒤가 안 맞을 수 있다. 중국에서 청량음료 소비수준은 어떠한가? 유로모니터 인터내셔널은 230억 리터의 소비로 추정하지만, 코카콜라사의 내부 마케팅 조사팀은 390억 리터라고 규정하고 있다. 마찬가지로 중국 TV 시청률 조사기관인 CSM은 TV 광고시장을 연간 28억 달러로 추정하지만 닐슨 미디어 리서치에 따르면 수치는 75억 달러에 가깝다.[22]

그러한 상황에서 자료를 구할 수 없는 국가에서 조사원들은 반드시 먼저 시장 규모, 수요수준, 제품 구매율 또는 소비비율을 추정해야 한다. 기존시장에서의 2차 조사 목적은 제품 매력, 가격, 유통, 판촉 범위/효과성 등에 관한 기업의 전반적인 경쟁력을 평가하는 것이다. 조사원들은 경쟁사 제품의 취약한 부분을 자세히 지적하거나 덜 충족된, 또는 충족되지 않은 세분시장을 규명할 수 있다. 자동차산업의 미니밴, SUV 부문은 기존시장이 보여주는 기회를 나타낸다. 여러 해 동안 크라이슬러는 어느 한차례의 연간 판매가 120만 대에 이를 정도로 미국 미니밴 시장을 지배했다. 감소하는 판매로 인해 많은 수의 모델이 단종되고 있지만 대다수의 글로벌 마케터는 이러한 부문시장에서 경쟁한다. 예를 들면 토요타는 1991년 미국 시장에 일본산 프리비아를 출시했다. 비평가들은 그 모델의 물방울 외형을 조롱했고 파워가 부족하다고 평가했다. 1998년에 프리비아는 미국산 시에나로 교체되었다. 시에나가 미국인의 취향에 어울린다는 점을 강조하기 위하여 토요타 설계사와 기술자들은 크라이슬러 미니밴을 연구한 후 다양한 컵 받침대와 운전자 측 둘째 슬라이딩 뒷문 같은 주요 기능을 모방하였다.

어떤 경우에는 조사할 기존시장이 없다. 그러한 **잠재시장**은 숨어 있는 시장과 초기시장으로 세분할 수 있다. **잠재시장**(latent market)은 본질적으로 발견되지 않는 세분시장이다. 적절한 제품이 출시될 수 있다면 시장이란 수요가 실현되는 곳이다. 잠재시장에서는 제품이 도입되기 전에는 수요가 전혀 없다. 조금 전에 설명한 미니밴 같은 기존시장에 있어서 조사의 문제점은 경쟁이 고객 욕구를 최대한 만족시켜 주는 정도의 이해 여부였다. 토요타 모터 세일즈 USA 임원인 J. 데이비스 일링워스는 "미국 대중은 시에나를 그들의 욕구를 충족시켜 주는 미국산 제품으로 생각하고 있다."고 설명했다.[23] 잠재시장과 함께 초기의 성공은 기업의 경쟁력에 근거하지 않고 오히려 기회를 찾아내고 잠재 수요를 개발하는 마케팅 프로그램을 추진하는 것이 기업의 역량이거니와 그러한 선점우위에 달려 있다. 이것이 바로 크라이슬러가 단독으로 미니밴 시장을 개척하면서 달성한 바로 그것이다.

전통적인 시장조사는 때로는 잠재시장을 파악하는 효과적 수단이 아니다. 피터 드러커가

지적했듯이 미국 발명품인 팩스를 상업화하는 데 미국 기업이 실패한 것은 그러한 제품의 잠재 수요를 파악 못했던 시장조사 때문이었다. 드러커의 시각에서 문제는 잠재시장에서 판매할 제품 선정에 대해서 전형적인 설문 문항을 토대로 했다는 것이다. 조사원이 "당신이라면 1,500달러 이상의 전화기 액세서리(우체국에서 0.25달러에 배달하는 서비스를 페이지당 1달러에 사용하는)를 구입하겠습니까?"라고 묻는다고 가정해 보라. 경제학만의 기준으로 생각해 봐도 대다수의 응답자들은 "아니요."라고 대답할 것이다.

드러커는 일본 기업이 설문조사에 기반을 두지 않은 채 시장을 이해했기 때문에 팩스의 선도적 판매기업이 되었다고 설명한다. 대신 그들은 초기의 컴퓨터 본체, 사진 복사 기계, 휴대전화, 기타 정보통신제품 등을 세밀히 검토하였다. 일본 기업들은 이 신제품을 구입하고 사용하는 것과 관련된 초기비용만으로 보면 시장 수용의 전망이 낮다고 인식했다. 그러나 위 제품들은 사람들이 사용하기 시작한 이후 큰 성공을 거두었다. 그러한 인식은 팩스 자체만의 시장보다 팩스머신이 제공해 주는 편익에 대한 시장에 일본 기업이 집중하는 계기가 되었다. 페덱스 같은 배달 서비스의 성공을 보면서 일본 기업은 근본적으로 팩스머신의 시장이 이미 존재했음을 깨달았다.[24]

드러커가 지적한 것을 토대로 레드불 에너지 음료회사의 사례를 생각해 보자. 디트리히 마테시츠는 자신의 창작에 대한 시장 잠재력을 평가하기 위해 시장조사팀을 고용했다. 테스트 결과 소비자들은 맛, 로고, 브랜드명에 부정적으로 반응했다. 마테시츠는 조사결과를 무시하고 사업을 시작했지만 레드불은 현재 20억 달러의 브랜드가치를 지니고 있으며, 마테시츠는 다음과 같이 설명하고 있다. "처음 시작했을 때 그곳에는 레드불 시장은 존재하지 않았다. 하지만 레드불은 시장을 창출해 낼 것이며 결국 이루어 냈다."[26]

초기시장(incipient market)이란 특별한 경제적, 인구통계적, 정치적, 사회문화적 추세가 지속된다면 등장할 시장이다. 그러한 추세가 굳게 뿌리내리기 전에 초기시장에 어떤 제품을 출시한다면 그 기업은 성공하지 못할 것이다. 추세가 견인력을 발휘한 후에야 초기시장은 잠재시장으로, 더 나아가 현재시장으로 변할 것이다. 또한 초기시장의 개념은 자동차 및 기타 비싸고 내구성이 있는 소비재의 수요 증가가 소득 증대의 탓이란 점으로도 설명될 수 있다. 한 국가에서 1인당 소득이 증가하면 자동차의 수요 또한 증가할 것이다. 그러므로 만약 어느 기업이 어느 국가의 장래 소득증가율을 예측할 수 있다면, 자동차시장의 성장률도 예측해 낼 수 있다.

중국의 급속한 경제성장을 이용하기 위해 폭스바겐, 푸조, 크라이슬러와 기타 자동차 제조회사가 중국 내 제조운영 시스템을 확립했다. 이국적인 수입 자동차에 대해 중국에서는 초기수요가 있었다. 1994년 초반 페라리는 베이징에서 첫 전시장을 열었다. 150%의 관세 때문에 중국의 첫 페라리 구매자들은 서구식 마케팅과 자본주의에 대한 중국 정부의 급속한 개방으로 이득을 본 기업인이었다. 1990년대 후반까지 고급 승용차에 대한 수요가 예상보다 빠른 속도로 증가했다.[27] 오늘날 중국의 연간 승용차 판매량은 2,000만 대를 돌파했다. 분명히 중국은 자동차 제조회사에는 매우 매력적인 시장기회이다.

과거에 몇몇 기업들은 중국이 당장은 잠재력에 한계가 있다는 결론을 내렸다. 예를 들면 1998년에 영국에 본사를 둔 마크스&스펜서가 상하이 사무실을 폐쇄하고 중국에서 영업점을 열 계획을 연기하였다. 그 내용을 언론에 발표하면서 회사 사장은 중국이 초기시장인지 아닌지의 여부를 직접 다음과 같이 언급하였다.

"그 당시 일본 여성들은 거의 마스카라를 사용하지 않았다. 그들은 태생적으로 짧고, 얇으면서 곧은 속눈썹을 갖고 있었다. 우리는 속눈썹을 길고도 구부리게 할 수 있도록 만들었다. 그것은 대박이었다. 그런 성공은 표적집단에서 본 적이 없는 대성공이다."[25]

마스카라와 함께 일본에서 메이블린 화장품 브랜드의 재출시 여부를 결정하면서 로레알 CEO 겸 회장, 장폴 아곤

3년 동안의 조사결과 타이밍이 맞지 않다고 결론 내렸다. 고객의 대다수가 중산층이다. 그러나 우리의 관심 대상은 상하이인 바 중산층 고객의 규모는 비록 증가하고 있지만, 그곳에서 점포를 열 정도로 정당화하는 수준은 아니다.[28]

그러나 10년 이내에 중국의 신흥 중산층은 매력적인 기회로 보였다. 마크스&스펜서는 2008년 상하이에 첫 매장을 열고 2017년에는 10개 매장으로 확장하였다. 그러나 판매가 정체되자 두 번째로 중국에서 철수하였다. 문제의 일부는 낮은 브랜드 인지도와 많은 중국 쇼핑객들이 자라나 H&M 같은 '패스트 패션'을 선호한다는 사실이다.[29]

"데이터는 평균으로 회귀한다. 사람들이 새로운 것에 대해 냉랭한 반응을 보이기 때문에 정말 독창적이고 진정성 있는 무언가라도 아마 그다지 좋은 점수를 얻지는 못할 것이다."[30]

*Authenticity: What Consumers Really Want*의 공저자, 제임스 길모어

조사방법론 설문조사, 인터뷰, 소비자 패널, 관찰과 표적집단 면접법 등은 1차 자료를 수집하는 데 사용되는 몇 가지 도구이다. 이것은 글로벌하지 않는 활동을 하는 마케터들도 사용하는 동일한 도구이다. 그러나 글로벌 마케팅을 하기 위해서는 몇 가지 수정하고 특별히 고려해야 할 것이 있다.

설문조사(survey research)는 정량적 자료("얼마를 구입할 것인가?")와 정성적 답변("왜 구입하는가?") 또는 둘 다 유도하기 위해서 설계된 설문표를 활용한다. 설문조사는 우편물, 전화 혹은 직접 만나 나눠 준 설문표를 채우는 방식으로 수행된다. 대부분의 훌륭한 마케팅 조사 교재는 설문지 설계와 관리에 관한 자세한 내용을 제공한다.

글로벌 시장조사에서는 수많은 설문 설계와 관리문제가 발생할 수 있다. 조사 수단으로 전화를 사용하면 어느 한 국가에서는 관례적인 것도 인프라의 차이, 문화장벽, 기타 이유로 다른 국가에서는 불가능할 수 있다는 점을 상기해야 한다. 예를 들면 전화번호부나 목록을 얻지 못할 수도 있고, 도시 거주자와 농촌 거주자 사이에 중요한 차이점이 있을 수도 있다. 예를 들어 중국의 정보산업부는 해변의 77% 가구에서 적어도 1대의 유선 전화가 구비된 반면에, 농촌 지역에서는 그 수치가 40%라고 보고한다.

더 깊은 단계에서는 면접 질문의 응답자의 의지에 직접 영향을 미치는 방식으로 문화는 태도와 가치를 형성한다. 주관식 질문은 조사원으로 하여금 응답자들의 준거의 틀을 규명하도록 도와준다. 어떤 문화권에서는 응답자들이 특정한 질문에 답하려 하지 않거나 의도적으로 부정확한 답을 하기도 한다.

글로벌 시장조사 과정의 둘째 단계가 SRC 편견의 가능한 출처를 규명하는 것임을 기억하라. 이 문제는 특히 설문조사에서 중요하다. SRC 편견은 설문표를 설계하는 주체의 문화적 배경에서 비롯된다. 예를 들면 아무리 신중하게 번역된다 하더라도, 미국에서 설계되고 관리된 설문지가 비서구문화권에서는 적절하지 못한 것일 수 있다. 특히 설문지를 설계하는 사람이 SRC와 친숙하지 않은 경우에 실제로 발생한다. **역번역**(back translation)이라 알려진 기법이 이해력과 타당성을 향상시키는 데 도움을 줄 수 있다. 질문지나 설문도구가 특정 목표시장국 언어로 번역한 후 다른 한 번역가가 원래 언어로 번역한다. 더 정확한 번역을 위해서는 **평행 번역**(다른 번역가들에 의한 두 가지 번역)이 역번역의 자료로 활용될 수 있다. 동일한 기법을 활용하면 광고 카피가 다른 언어로 정확히 번역될 수 있다.

소비자 패널(consumer panel)은 상당 기간 행동을 추적당한 응답자들의 표본이다. 예를 들어 네덜란드에 본사를 둔 VNU, AGB, GfK, TNS와 닐슨 미디어 리서치를 포함한 많은 기업들이 가계 패널의 시청습관을 연구하여 TV 시청자 측정(TAM)을 수행한다. 광고 비율을 정하기 위

해 청취자 공유자료를 방송국에서 활용한다. P&G, 유니레버, 코카콜라 같은 광고주들은 자료를 이용해서 광고를 삽입해야 할 프로그램을 선정하고 광고기간을 결정한다. 미국에서 닐슨은 반세기 동안 시청자 조사에 관하여 사실상 독점적 지위를 누렸다. 그러나 몇 년 동안 미국의 4대 주요 TV 네트워크는 닐슨의 자료수집 방식이 시청률을 실제보다 적게 산출하기 때문에 광고 수익에서 손해를 본다고 불평했다. 닐슨은 설문조사 방식을 개선해서 그러한 걱정에 응답했다. 닐슨은 현재 전국적 시청자 자료를 수집하기 위해 피플미터로 TV시청률 조사용 전자장치를 사용하며 현재 전 세계적으로 중국을 포함한 수십 개국에서 사용되고 있다. 또한 뉴욕 시 같은 핵심 대도시 시장에서 현지 시청률 자료를 수집하기 위해 **피플미터**(peoplemeter)를 확장하고 있다.

자료수집 방법으로 **관찰**(observation)을 사용하는 경우에 1명 이상의 교육받은 관찰자들(비디오카메라 같은 기계장치)은 실제 고객 또는 미래 고객의 행동을 관찰하고 기록한다. 조사결과는 마케팅 담당자로 하여금 의사결정을 하는 데 활용된다. 예를 들어 폭스바겐의 미국 내 판매가 감소하기 시작하자 그 회사는 엔지니어, 마케터, 디자인 전문가들이 미국인 소비자를 더 잘 이해하도록 도움을 주기 위해 18개월의 노고를 기울여 '문레이커'를 출시하였다. 캘리포니아에 디자인 센터가 있음에도 불구하고 독일 볼프스부르크 본사의 의사결정자는 대체로 미국인 소비자로부터의 피드백을 귀담아듣지 않았다. 폭스바겐의 제품전략 담당이사 스테판 리스케는 다음과 같이 인정한다. "우리는 전혀 다른 접근방식이 필요했습니다. 스스로 자문해 보았어요. '우리는 이 시장에 대해 모든 것을 알고 있는가?'라고" 문레이커팀은 미니애폴리스의 아메리카 몰과 클리블랜드의 로큰롤 명예의 전당을 방문했다. 그들은 또한 대학생들을 관찰하면서 플로리다에서 봄방학을 보냈다.

그 경험은 눈을 뜨게 하는 놀라운 것이었다. 어느 디자이너는 "독일에서는 운전만 중요했는데, 이곳에서는 운전을 제외한 나머지 모든 것이 중요하다. 이곳 사람들은 마치 휴대전화로 통화하는 것처럼 다른 방식으로 그들의 시간을 사용하고 싶어 한다."고 설명했다. 문레이커 개발팀원인 어떤 엔지니어는 아이를 학교에 데려다주고 심부름해 주는 싱글맘을 따라다녀 보았다. 그 엔지니어는 미국인 운전자들에게는 티슈 한 상자를 보관할 장소와 자동차 창문을 통해서 받은 패스트푸드 상자를 놓을 공간이 필요하다는 점을 발견했다. "나는 그 싱글맘의 차에 필요한 특징이 무엇일지 생각하기 시작했습니다. 고객의 일상생활에 우리 자신을 대입해 보는 것이었습니다."고 말했다.[32]

아침 식사 시리얼의 마케터들은 어느 가족의 아침 일상생활을 관찰하기 위해서 오전 6시에 미리 선정된 가정에 조사원을 파견하는 경우도 있다. 고객은 또한 실제 쇼핑 조건하의 행동을 관찰하기 위해 식품점으로 그 가족과 동행하도록 조사원들에게 부탁할 수 있다. 고객은 광고 캠페인과 관련된 점포 내 판촉물에 대해 구매자의 반응을 알고 싶어 한다. 조사원은 의견을 녹음할 수도 있고 별도로 사진을 찍을 수도 있다. 조사방법으로 관찰을 사용하는 기업은 프라이버시 문제에 대한 대중의 우려에 민감해야 한다. 관찰과 관련된 두 번째 문제는 대상자들이 조사 대상임을 알게 되는 단순한 이유로 달리 행동하는 경향인 반작용이다. 추가 사례는 다음과 같다.

• 제품과 포장 디자인의 통찰력을 얻기 위해서 P&G는 영국, 이탈리아, 독일, 중국의 80여 개 가구에 자사의 비디오 담당 직원을 파견했다. P&G의 궁극적 목적은 키워드 조사를 통

"그들 자신이 잘 알지 못하기 때문에 그들이 무엇을 필요로 하고 원하는지 물어볼 수가 없다. 제품을 들고 '당신은 이 상품에 대해 생각해 본 적이 있습니까?'라고 물으면 소비자들은 '와우, 아니요, 없습니다.' 만약 생각해 볼 기회를 준다면 받아들일 것이다."[31]

뱅앤올룹슨의 수석 디자이너, 데이비드 루이스

혁신, 기업가정신 그리고 글로벌 창업

다니엘 에크의 스포티파이

다니엘 에크는 혁신적인 서비스를 개발해 스포티파이라는 회사를 창업한 기업가다. 에크는 현대 글로벌 마케팅의 기본 도구와 원칙을 적용하여 괄목할 만한 성공을 거두었다(사진 6-5 참조).

많은 기업가들이 그렇듯이 에크의 생각은 자신의 필요와 욕구에 바탕을 두고 있다. 1990년대 후반, 그는 최초의 음악 파일 공유 웹사이트인 냅스터를 개발했다. 에크는 다음과 같이 회상한다. "냅스터가 인생을 바꿨습니다. 어떤 밴드를 검색해도 거기엔 다 있었죠. 존재하는지도 몰랐던 모든 음악을 들을 수 있게 해주었습니다." 궁극적으로 법원은 냅스터에게 지적 재산권을 침해했다는 이유로 셧다운을 명령했다.

냅스터를 폐업한 지 몇 년 되지 않아 랩소디, MOG, 냅스터의 합법적인 버전 등 다수의 합법적인 음악 구독 서비스가 등장했다. 한편 애플은 아이튠즈 스토어로 유료 합법적인 음악 다운로드 시장을 시작했다. 경쟁 구도에 구애받지 않고, 에크는 새로운 음악에 대해 배우고 다른 사람들과 음악을 공유하는 동시에 작곡가와 연주자들에게도 보상할 수 있는 "더 나은 방법이 있어야 한다."고 확신했다. 에크의 통찰력은 음악 공유를 위해 소셜 미디어, 특히 페이스북의 문을 두드리는 것이었다.

스웨덴에서 자란 청년으로서 에크는 대부분의 가정에서 컴퓨터를 사용할 수 있도록 실시한 정부 프로그램의 혜택을 받았다. 집에서 그는 음악과 기술 모두에서 특출했다. 14살이 되었을 때 그는 웹 페이지를 디자인하는 월 15,000달러 정도의 수입을 올리고 있었다. 16세 때 에크는 구글에 입사 지원을 했지만 '학위가 생기면 돌아오라'는 조언에 거절당했다. 에크는 스웨덴 왕립공과대학에 잠시 다녔으나 인터넷 마케팅 회사인 트레이드더블러를 창업하기 위해 중퇴했다.

자기탐구를 하기 위해 휴가를 낸 후, 에크는 음악 스트리밍 회사를 설립하기로 결심했다. 그 결과가 스포티파이다. 에크는 스웨덴에 본사를 두고 유럽 전역으로 확장했으며 2011년에는 미국에서 서비스를 시작했다. 2017년 중반까지 스포티파이는 3,000만 곡 이상에 대한 온디맨드 액세스 권한이 있는 1억 4,000만 사용자를 확보하였다. 스포티파이의 비즈니스 모델은 '무료' 가격 전략을 기반으로 구축되었으며 여러 서비스 유형을 사용할 수 있다. 이 서비스는 광고를 기꺼이 듣는 청취자들에게 무료로 제공된다. 학생은 한 달에 4.99달러를 내고, 그렇지 않으면 개인 가입비는 한 달에 9.99달러이다. 가족 요금제는 한 달에 14.99달러에 가능하다. 애플 뮤직은 비슷한 가격을 제시하지만 무료 서비스는 제공하지 않는다.

스포티파이는 청취자들로부터 많은 자료를 수집한다. 최초 가입자는 연령, 성별, 거주 국가 같은 기본적인 인구통계학적, 지리학적 데이터를 제공한다. 또한 사용자가 '재생' 버튼을 누를 때마다 데이터가 생성된다. 스포티파이는 이 데이터를 이용해 구독자의 청취 경험을 향상시키는데, 이들 중 다수가 밀레니얼 세대다. 더욱이 스포티파이 사용자들은 15억 개 이상의 재생 목록을 만들었다. 다른 이름들은 스포티파이에게 '커피하우스, 운동'과 같은 청취 상황에 대해 많은 것을 알려준다.

오늘날 스포티파이가 세계적으로 확장되면서 직면하고 있는 과제 중 하나는 국가별로 노래를 라이선스하는 어려움이다. 에크는 "이곳 스웨덴에서 만든 노래를 우크라이나의 누군가와 공유할 수 있지만 이 인터넷 세계에서는 그런 일이 실제로 일어나지 않는다."고 언급한다. 관련 이슈는 권리 소유자의 보상이다. 비록 스포티파이가 수익의 약 70%인 수억 달러를 로열티와 라이선스 비용으로 지불하지만, 많은 뮤지션들은 스포티파이가 충분한 돈을 지불하지 않고 있다고 비판해 왔다. 또 애플 뮤직은 유료 미국 가입자 기준에서도 스포티파이를 추월하는 궤도에 올라 있다.

출처 : Anne Steele, "Apple Nips at Spotify's Lead," *The Wall Street Journal* (February 5, 2018), p. A9; Johannes Ledel and John Stoll, "Boss Talk: Spotify—Eating Google's Lunch and Loving It," *The Wall Street Journal* (August 27, 2013), p. B7; Jefferson Graham, "Daniel Ek Wants to Turn You on to New Music," *USA Today* (February 20, 2013), p 1B.

사진 6-5 다니엘 에크는 인기 있는 온디맨드 음악 스트리밍 서비스인 스포티파이를 시작한 스웨덴 기업가다. 100만 번 재생된 노래의 경우 스포티파이는 총 6,000달러에서 8,000달러의 비용을 지불하고 있다. 그 돈은 음반사, 뮤지션, 작사가, 발행사에 배분된다.
출처: norazaminayob/Shutterstock.

해 직접 접근할 수 있는 가정 내 비디오 도서관을 만들려는 데 있었다. IT 매니저인 스탠 요스텐은 "'간식 먹기'를 (인터넷에서) 검색하면 그 주제에 관한 전 세계의 모든 동영상을 볼 수 있다. 단번에 특정 주제에 대한 글로벌한 시각을 얻을 수 있다."고 말했다.[33]

- 네슬레의 파워바 브랜드 마케팅 이사 미셸 아르노는 마라톤 참가자들이 1회용 포장봉지에 담긴 농축된, 기능 향상 파워젤을 어떻게 활용하는지 보기 위해 2004년에 뉴욕시 마라톤에 참가했다. 아르노 이사는 선수들이 대부분 치아로 윗부분을 뜯어내고 보폭을 줄이지 않고 그대로 달리면서 단 한 번에 짜내서 젤을 먹으려고 한다는 점을 발견했다. 또한 포장의 긴 목 부분 때문에 어떤 경우에는 젤이 빨리 나오지 못하는 것을 보고 당황했다. 네슬레 디자이너들은 젤의 흐름을 조절하고 선수들의 입에 맞도록 충분히 좁은, 윗부분이 역삼각형 모양인 포장을 만들었다.[34]

포커스 그룹(focus group) 조사에서는 훈련받은 중재자가 제품 개념, 브랜드 이미지와 개성, 광고, 사회적 추세 등에 관한 토론을 6~10명으로 구성된 집단과 함께 진행해 간다. 글로벌 마케터들은 중요한 통찰력을 얻기 위해 이 방법을 활용할 수 있다. 예를 들면 다음과 같다.

- 1990년대 중반, 월풀은 건조기 돌리는 여주인공 가수와 세탁기 돌리는 여신 등 판타지 인물들이 등장하는 유럽 광고 캠페인을 출시했다. 미국과 라틴아메리카에 대한 캠페인을 수정하기에 앞서 회사는 포커스 그룹 조사를 진행했다. 프랑스의 퍼블리시스 광고 대행사의 월풀 회계이사 닉 모트는 "몇 가지 믿을 수 없는 조사결과가 나왔다. 마치 누군가 스위치를 올려 불을 밝힌 것과 같다."고 말했다.[35]
- 싱가포르에서는 10대들로 이루어진 포커스 그룹이 코카콜라 광고 프로그램의 개발을 유도하는 데 활용되었다. 코카콜라의 싱가포르 마케팅 관리자인 카렌 웡은 "우리는 극단적인 것부터 사소하고 지루한 것까지 모두 시험해 보았습니다. 온몸에 피어싱을 하거나 그런지 룩으로 승용차 안에서 록음악을 들으며 시종 헤드뱅잉을 하는 것까지, 아이들은 미국 10대가 하는 모든 것을 따라 해 보았죠."라고 설명했다. 일부 참가자들은 코카콜라의 대략적 이미지(예 : 셔츠를 걸치지 않은 젊은이들 무리가 록 콘서트에서 파도타기를 하고 야채가게 카트로 점포 통로를 질주해 내려오는)가 지나치게 반항적임을 알아냈다. 어느 한 청년 싱가포르인은 "마치 마약에 취한 것처럼 보였어요. 실제로 마약을 복용했다면 어떻게 학교에서 공부할 수 있겠어요?"라고 말했다. 포커스 그룹이 내린 결과를 토대로 코카콜라의 경영진은 사회적으로 용인되는 범위 내에 잘 어울리는 싱가포르판 광고 캠페인을 제작하였다.[36]

전형적인 포커스 그룹은 녹화 장비와 고객회사의 대표가 진행과정을 관찰할 수 있는 쌍방향 거울을 갖춘 시설에서 만난다. 중재자는 투사 기법, 시각화, 역할연기 등을 포함한 반응과 대답을 유도하도록 다양한 접근방식을 활용할 수 있다. 투사 기법을 사용할 경우 조사원은 응답자에게 주관적 또는 모호한 자극물을 보여준다. 아마도 대응을 말로 표현하게 되면, 응답자는 그들의 무의식적 태도와 편견을 나타낼 것이다. 대답을 분석함으로써 조사원들은 소비자들이 특정 제품, 브랜드 또는 기업에 대해 어떻게 인식하는지 더욱 잘 이해하게 된다.

시각화는 획기적이거나 파괴적인 혁신을 창출하려는 회사에 특히 적절하고 효과적이다. 가전제품회사가 새로운 홈 시어터 시스템에 대한 아이디어를 생각해 내려고 한다고 가정해 보자. 포커스 그룹에서 사회자는 조명을 어둡게 하여 모든 자극을 지우려고 한다. 참가자들은 눈을 감고 베개나 편안한 바닥에 눕는다. 사회자는 조용하고 부드럽게 말한다.

> 아름다운 봄날 해먹에 편안하게 누워 있는 자신을 상상해 보십시오. 나무 하나를 열심히 응시한 다음 한 잎사귀에 초점을 맞추고, 영화 속 장면처럼 잎이 녹색에서 흰색으로 바뀌는 것을 지켜보십시오. 당신의 완벽한 장소를 무엇이든 상상하고, 자신과 당신이 원하는 다른 사람을 장면에 담아 보십시오. 자, 이제 당신이 좋아하는 프로그램을 보고 듣고 있는 것을 상상해 보십시오. 아마 캐리 워싱턴이 다시 한 번 '스캔들'(미국의 인기 드라마)에서 백악관을 구하고 있을지도 모릅니다. 이미지가 어떻게 보입니까? 어떤 가구나 집기가 보입니까? 방에 다른 것은 없습니까? 이미지의 크기는 어떻습니까? 그곳에 있는 다른 사람은 누구입니까?

이러한 유형의 추가 질문 후 사회자는 화면이 흰색이 되고 잎이 흰색에서 녹색으로 바뀔 때까지 화면이 희미해지고 다시 전체 나무를 보는 장면을 떠올리게 함으로써 참가자들이 '지금 여기'로 돌아오도록 안내한다. 참가자들은 눈을 뜨고, 앉은 다음, 종이를 가져다 자신들이 경험한 것을 가능한 한 많이 단어와 그림으로 기록한다. 이러한 경험을 그룹과 공유하며 새로운 홈 엔터테인먼트 개념의 발판 역할을 할 수 있다.

역할극 기법에는 다양한 변형이 존재하며 이는 혁신에 대한 통찰력을 발견하는 데 사용할 수 있다. 이러한 숨겨진 포인트를 밝히기 위한 탐구는 종종 아이디어 워크숍의 형태를 취한다. 소비자는 의식적으로 인식하지 못하기 때문에 미충족 욕구를 갖고 있거나 직접 전달하지 않은 것을 원할 수 있다. 이러한 욕구는 역할극 중에 나타날 수 있다. 소비자가 자신이 볼 수 없는 (또는 보지 않을) 것을 다른 사람에게 투사하기 때문에 이 기법은 투영적이다. 아마도 동기, 태도, 또는 두려움과 같은 다양한 심리적 요인이 소비자가 제품을 허용하거나 거절했는지에 대한 여부에 영향을 미칠 수 있을 것이다. 또한 역할극 참여자가 단계의 매 순간 행동을 취하면 연구자들은 제품 개선으로 이어질 수 있는 모순되거나 무의식적인 것을 발견할 수 있다.

예를 들어 홈케어 제품회사의 관리자들은 또한 소비자와 관련된 역할극에 참여할 수 있다. 포커스 그룹이 소집되기 전에 고객팀의 각 관리자는 모집된 소비자에 대한 브리핑을 받는다. 그런 다음 관리자는 그룹으로 만나 각각 특정 제품을 사용하여 소비자 역할극을 한다. 즉, 소비자의 행동과 제품과의 상호작용을 이해하고 예측하는 것을 목표로 소비자의 입장에서 '걷는다'. 그런 다음 실제 소비자가 도착하여 제품으로 작업을 수행한다. 클라이언트 회사의 관리자는 자신이 각자의 소비자 역할을 얼마나 잘했는지 또는 잘 못했는지 스스로 확인할 수 있다. 이 경우 관리자는 자신이 옳고 그른 것을, 그 이유를 직접 목격한다.

또 한 예로 자동차 제조업체가 포커스 그룹을 소집하여 20대로 구성된 세분시장의 자동차 구매 선호도를 평가한다고 가정해 보자. 조사원은 다양한 자동차 브랜드가 진열된 파티를 묘사하라고 참석자에게 요구한다. 닛산은 무엇을 입고, 먹고, 마시는가? 혼다는 어떤 종류의 운동화를 착용하는가? 그들의 성격은 어떠한가? 누가 수줍어하는가? 누가 시끄러운가? 누가 여자와 만나는가(혹은 남자와)? 그룹 구성원 사이의 상호작용은 좀 더 직접적인 질문을 통해서 수집된 정보로 얻은 결과와 다를 수 있는 중요한 질적 통찰력을 산출하는 시너지 효과를 낸다.

예를 들면 ABC 패밀리 채널의 경영진은 조사결과 시청자가 이름과 연결한 연관성을 밝혀낸 후 네트워크를 리브랜딩해야 한다는 사실을 깨달았다. 프로그래밍 및 개발 담당 부사장인 캐리 버크는 다음과 같이 설명했다.

> 우리는 다른 채널을 보는 시청자들은 어떤 사람이라고 생각하는지에 대한 심리적 연구를 보았다. MTV는 '멋진 10대', CW는 '사려 깊은 대학생', ABC 패밀리는 '중서부에 사는 주부'였다. 그것은 우리가 아니었다.[37]

몇 달 만에 채널 이름이 프리폼으로 변경되었다.

포커스 그룹, 시각화 및 역할극 기법은 통계적 방식으로는 얻을 수 없는 질적 자료를 산출한다. 그러한 자료는 가설을 검증하기보다는 가설을 제시한다. 또한 정성적 자료는 결정적이기보다는 지향적 경향을 보인다. 그러한 자료는 한 프로젝트의 탐색 단계에서 매우 중요하고 통상적으로 관찰 및 기타 방식에 의해 얻은 자료와 결합되어 사용된다.

척도개발 시장조사는 특정한 측정 형식, 순위, 반응에 대한 간격 등을 정해야 한다. 측정의 간단한 예를 들자면 조사 요소의 정체성을 확실히 하기 위해 **명목척도**(nominal scale)가 사용된다. 예를 들어 남성 응답자는 '1'번으로, 여성 응답자는 '2'번으로 표기하는 것이다. 척도화(scaling)는 각각의 응답을 몇 종류의 연속선상에 포함시키게 된다. 일반적인 예가 '매우 반대한다'라는 진술에 '매우 찬성한다'의 여부를 응답자가 표시하도록 요구하거나 그들의 태도가 중간 어느 부분에 위치하도록 하는 리커트 척도이다. 복수 국가 조사 프로젝트에서는 주어진 변수에 같은 가치를 가지는 다른 국가의 두 응답자가 같은 설문조사 항목에서 동일한 점수를 받게 되는 **스칼라 등가성**(scalar equivalence)이 중요하다.

표준자료수집 기술에서조차 특정 기술을 적용하는 것은 국가마다 다를 수 있다. 뉴저지의 토털 리서치 코퍼레이션의 부회장인 매튜 드레이퍼는 큰 문제의 하나로 '스칼라 편차'를 다음과 같이 언급한다. "사람들이 척도를 사용하는 방식은 매우 다양하고, 1부터 10까지의 척도로 제품의 유용성을 평가하는 것처럼 등급에 기초한 연구자료는 진실을 가장하는 편견 때문에 종종 혼동되어 있다." 예를 들어 전형적인 미국인의 등급에서 '최고'나 '최다'를 10으로, '최소'를 1로 표현하는 반면에 독일인은 '최고/최다'를 1로 표시하는 등급을 선호한다. 또한 소비와 관련된 미국 설문조사가 숫자의 범위를 제공하는 반면, 독일인은 정확한 답을 제공하는 기회를 선호한다.[38]

표본추출 자료를 수집할 때 일반적으로 조사원은 지정된 집단 내에서 모든 가능한 인물들에 대한 설문을 수행할 수는 없다. 표본은 전체 모집단을 대표하면서 선정된 작은 집합이다. 표본에서 가장 잘 알려진 2개의 형식은 확률 표본과 비확률 표본이다. 확률 표본은 모집단의 각 구성원이 표본에 포함될 동일한 기회나 확률을 보장하는 통계 규칙을 따름으로써 발생한다. 확률 표본의 결과는 표본 오류, 신뢰도, 표준편차를 반영하는 통계적 신뢰성을 모집단 전체에 부여해 줄 수 있다.

이와 반대로 비확률 표본의 결과는 통계적 신뢰성을 기대할 수 없다. 비확률 표본의 한 가지 형식은 **편의 표본**이다. 이름에서 암시하듯이 조사원은 연락하기 쉬운 사람들을 고른다. 예를 들면 미국, 요르단, 싱가포르, 터키의 소비자 쇼핑 태도를 비교한 어느 조사에서, 뒤 세 국가의 자료는 조사원과 안면이 있는 자들이 선택한 편의 표본에서 수집되었다. 비록 이 방식으로 얻은 자료가 통계적 추론에 종속되어 있지 않지만, 첫째 단계에서 정의한 문제를 처리하는 데 적절할 수 있다. 가령 이 연구에서는 쇼핑 태도에 있어서 문화적 융합의 분명한 추세와 현대 산업국가, 최근 성장한 산업국가, 개발도상국에 동일하게 드러나는 관습 등을 규명할 수 있었다.[39]

할당 표본을 얻기 위해서 조사원은 대상 모집단을 범주별로 나눈다. 각 범주에서 표본을 선택한다. **할당**이라는 용어는 모집단의 전반적 구성을 반영하기 위해 개개의 범주에서 충분히 많은 사람들을 선발해야 할 필요성이 있음을 의미한다. 예를 들어 어느 한 국가의 인구가 다음과 같이 월소득에 따라 6개 범주로 나누어진다고 가정해 보자.

인구 비중	10%	15%	25%	25%	15%	10%
월소득	0~9	10~19	20~39	40~59	60~69	70~100

소득이 연구 목적에 적합한 인구를 적절히 구분해 주는 특성으로 가정된다면, 할당 표본은 모집단에서 발생한 것과 같은 비율로 다른 소득수준의 응답자들을 포함한다. 즉, 월소득 10~19 범위인 15%, 그리고 나머지도 이와 같다.

7단계 : 자료분석[40]

이 시점까지 수집된 자료가 의사결정자에게 활용되기 위해서는 어떤 형태로든 분석과정을 거쳐야 한다. 비록 상세한 토론은 이 책의 범위 밖이지만 간략하게 살펴보면 다음과 같다. 먼저 추가분석이 가능할 때까지 자료가 준비되어야 한다. 자료는 중요 지점이나 데이터베이스에 반드시 기록되고 저장되어야 한다. 세계 여러 곳에서 조사가 수행되는 때에 자료를 한 번의 조사로 수집하는 것은 몇 가지 어려움을 드러낸다. 다국가분석이 가능하도록 자료는 표본 간에 비교 가능한가? 어느 정도 편집이 필요하다. 예를 들면 몇몇 응답은 없어졌거나 번역이 어렵다. 다음으로 질문지는 기호화되어야 한다. 단순하게 기호 처리된 설문지는 응답자와 변수를 규명하는 작업을 포함한다. 마지막으로 어느 정도의 자료 조정이 필요하다.

자료분석은 **도표작성**으로 계속된다. 즉, 도표 형태로 자료를 배열하는 작업이다. 조사원은 평균, 중간값, 최빈값, 범위와 표준편차, 분포형태(예 : 정규 곡선인가 아닌가에 따라) 등 다양한 것을 파악하고자 한다. '남성' 및 '여성'처럼 명목적으로 등급화된 변수는 단순한 교차 도표 작업이 이루어질 수 있다.

닐슨 미디어 리서치가 비디오 게임에 등장하는 제품(예 : 음료수)과 광고물(예 : 휴대전화 광고판)에 대해 어떤 생각을 갖는지 확인하기 위해서 비디오 게임 선수들을 대상으로 설문조사를 한다고 가정해 보자. 닐슨은 응답이 현저하게 차이 나는지 알아보기 위해 남성과 여성의 응답을 별도로 조사하는 교차 도표를 활용할 수 있다. 만약 여성이 남성과 비슷하거나 또는 더 긍정적인 답변을 했다면, 비디오 게임회사는 이 정보를 이용해서 게임의 중요한 부분으로서 소비재 회사로 하여금 여성을 표적으로 하는 제품을 선택하도록 설득할 수 있다. 조사원들은 또한 가설 검정과 카이제곱 검정 같은 상대적으로 단순한 통계기법들을 다양하게 사용할 수 있다. ANOVA 분석, 상관분석, 회귀분석 같은 고급 수준의 자료분석 기법도 사용할 수 있다.

만약 조사원이 변수 간의 상호작용에 관심이 있다면 요인분석, 군집분석, 다차원 척도법

표 6-2 구글 픽셀 2 스마트폰의 소비자 인식을 파악하기 위한 가설 척도

다음의 특징 또는 장점에 의거해 이 제품을 평가해 주십시오.

변수(제품의 특징/장점)	등급				
	저				고
	1	2	3	4	5
1. 배터리 수명 여부	—	—	—	—	—
2. 많은 애플리케이션의 이용 가능성	—	—	—	—	—
3. 4G 인터넷 사용	—	—	—	—	—
4. 얇은 케이스	—	—	—	—	—
5. 매력적인 인터페이스	—	—	—	—	—
6. 음악 저장 용량	—	—	—	—	—
7. 넓은 화면 스크린	—	—	—	—	—
8. 손에 편안한 정도	—	—	—	—	—
9. 전 세계 어느 곳에서나 사용 가능	—	—	—	—	—
10. 빠른 프로세스 속도	—	—	—	—	—

(MDS) 같은 독립성 기법을 사용할 수 있다. **요인분석**(factor anylysis)은 많은 양의 자료를 관리 가능한 단위로 변형시키기 위해서 사용한다. 특화된 컴퓨터 프로그램이 많은 설문 응답으로부터 태도와 지각에 잠재되어 있는, 적은 수의 의미 있는 요인을 '추출하는 형식'으로 자료 감소 작업을 수행한다. 요인분석은 심리통계적 세분화 연구에 유용하다. 또한 지각지도(perceptual maps)를 작성하기 위해 사용될 수 있다.

이러한 형식의 분석에서는 변수가 독립적인지 종속적인지 분류되지 않는다. 그 대신 응답자는 특정 제품의 장점을 5점 척도로 평가할 것을 요구받는다. 표 6-2는 구글 스마트폰의 새로운 조합에 대한 소비자 인식을 평가하는 데 활용할 가설 척도이다. 표 6-2의 척도가 비록 10개의 특징/장점을 나열하고 있지만, 요인분석 작업으로 조사원이 장점 속에 숨겨진 2~3개의 요인을 파악할 수 있도록 **요인부하값**을 산출해 낼 수 있다. 그것 때문에 요인분석이 자료 감소를 야기한다고 알려져 있다. 스마트폰에 관하여 조사원은 '사용의 편리성', '멋진 스타일' 요인을 제시할 수 있다. 컴퓨터는 각 응답의 요인 점수를 산출해 낸다. 1번 응답자는 '사용의 편리성'으로 확인된 요인에 0.35의 점수를, 2번 응답자는 0.42의 점수를 그리고 나머지도 같은 방법으로 진행하게 된다. 모든 응답자 점수를 평균해 보면 구글의 지각지도상 위치가 결정된다. 비슷한 결정을 다른 스마트폰 브랜드에 사용할 수 있다.

군집분석(cluster analysis)은 조사원들로 하여금 집단 내 유사성과 집단 간 차이점을 극대화해 주는 군집으로 변수들을 분류할 수 있게 한다. 군집분석은 요인분석의 몇 가지 특징을 공유한다. 변수들을 종속적인지 독립적인지 구분하지 않으며, 심리통계적 세분화 작업에 활용될 수 있다. 지방, 국가, 지역시장 간의 유사점과 차이점을 확실히 구분할 수 있기 때문에 군집분석은 글로벌 시장조사에 매우 적합하다. 군집분석은 편익 세분화를 실행하고 신제품의 기회를 포착하는 데 사용될 수도 있다.

다차원 척도법(multidimensional scaling, MDS)은 지각지도를 만들어 내는 또 다른 기술이다.

조사원이 다차원 척도를 사용하면 응답자에게는 제품이나 브랜드를 한 번에 한 쌍으로 비교하고 유사성 관점에서 판단하게 해준다. 그러면 조사원은 그 판단 속에 잠재된 차원을 추론해 낸다. 이를테면 음료수, 치약, 자동차처럼 선택해야 하는 다양한 대안이 있는 경우와 소비자들이 느낌을 언어로 표현하기 곤란한 경우에 특히 다차원 척도가 유용하다. 잘 정의된 공간상의 지도를 도출하기 위해서는 최소한 8개의 제품이나 브랜드를 사용해야 한다.

코치 같은 고급 상품 마케터가 글로벌 고급 브랜드에 대한 소비자의 인지(지각)를 연구하고자 한다고 가정해 보자. 선택할 수 있는 브랜드들은 많이 있다. (코치를 포함하는) 일부 브랜드들은 할인된 상품을 판매할 수 있는 아웃렛 상점을 소유하고 있고, 일부는 '반짝 세일'을 제한된 시간에 제한된 품목에 한해 제공한다. 마이클 코어스와 랄프로렌 같은 일부 브랜드들은 보다 낮은 가격이지만 수익성이 높은 '보급형' 제품라인을 최고급 제품에 추가하여 제공한다. 루이비통을 포함한 일부 명품을 판매하는 기업들은 직영소매점을 통해 배타적으로 유통시키며, 버버리와 나머지 브랜드기업들은 유통전략으로 도매상을 활용한다.

소비자들은 다양한 방법으로 하나의 명품 브랜드와 다른 명품 브랜드를 구분한다. 예컨대 각각의 브랜드가 구입하기 용이한지, 얼마나 자주 눈에 띄는지, 보급형 라인을 제공하는지 등을 고려한다. 조사자들에게 이것은 '보편성 대 희소성'과 같은 인지차원을 제공한다. 표 6-3은 8개의 명품 브랜드에 대하여 유사성 판단 5점 척도로 유사성을 설명해 주고 있다. 그림 6-3은 가설적 응답자에게 '보편성' 차원에서 8개 브랜드가 위치한다는 것을 보여주고 있다. 그림은 버버리와 코치가 가장 유사하다고 인식되는 반면 코치와 디올은 가장 차이가 많이 난다고 인식된다는 사실을 보여준다.

이러한 응답은 마케터로 하여금 특정 카테고리에서 어떤 브랜드(이 사례에서의 명품 패션 브랜드)가 서로 직접적인 경쟁관계에 있는지를 이해하는 데 도움을 준다. 이러한 응답을 MDS

표 6-3 MDS 연구자료 : 명품 브랜드 한 쌍에 대한 유사성 판단 척도

	매우 유사하다			매우 다르다	
	1	2	3	4	5
버버리/구찌	—	—	—	—	—
버버리/코치	—	—	—	—	—
버버리/마이클 코어스	—	—	—	—	—
버버리/토즈	—	—	—	—	—
버버리/돌체&가바나	—	—	—	—	—
버버리/디올	—	—	—	—	—
버버리/보테가 베네타	—	—	—	—	—
구찌/코치	—	—	—	—	—
구찌/마이클 코어스	—	—	—	—	—
구찌/토즈	—	—	—	—	—
구찌/돌체&가바나	—	—	—	—	—
구찌/디올	—	—	—	—	—
구찌/보테가 베네타	—	—	—	—	—

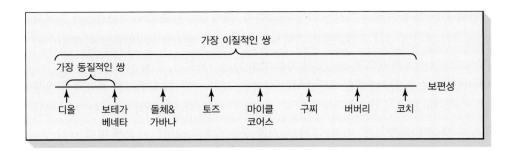

그림 6-3 명품 브랜드에 대한 유사성 판단의 1차원적 가설 도해

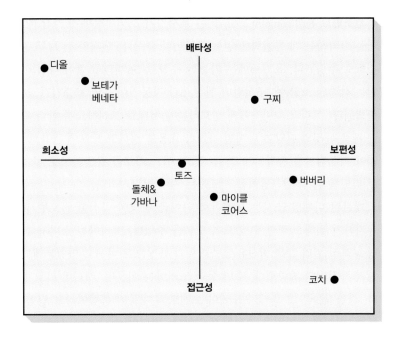

그림 6-4 가설적 다차원 척도로 본 명품 패션 브랜드의 지각도

프로그램에 입력하면 그림 6-4와 같은 지각도가 그려진다. 일단 컴퓨터가 지도를 생성시키면 마케팅 담당자는 다른 브랜드들의 포지션을 검토하고, 차원을 추정한다. 이 사례의 경우에는 '보편성/희소성'과 '배타성/접근성'이다. 접근성 측면에서 코치가 상위순위에 있는 배경은 가장 저렴한 핸드백을 포함하는 가격전략일 수 있다. 보편성 차원에서 코치의 포지션은 브랜드의 기업직영 다수의 소매점과 아웃렛 매장, 백화점에서의 폭넓은 이용 가능성, 그리고 퍼피 보급형 라인으로 대변될 수 있다.

이러한 형태의 연구는 코치와 다른 명품 마케팅 담당자로 하여금 새로운 산업의 현실에 대응하게끔 도움을 주었다. 이것은 무엇이 명품을 구성하는가에 대한 지각과 소비자의 취향의 세분화를 이해하는 데 도움이 된다. 시장에서의 일부 이러한 변화는 중국과 기타 신흥시장에서의 기회가 증가함으로써 발현되고 있다.[41] 그러한 지도는 또한 전도유망한 패션디자이너들이 새로운 제품라인을 출시하는 데 도움을 준다. 아마도 디자이너는 버버리, 코치와 랄프로렌 사이에서 최적의 보편성/접근성의 균형 및 차이의 적절성 유지가 중요하다는 것을 느꼈을 것이다.

종속 기법(dependence techniques)은 2개 이상의 종속변수와 1개 이상의 독립변수와의 상호의존도를 측정한다. 단일시장과 글로벌 시장조사 양쪽에 모두 유용한 종속 기법의 한 예가 바로 컨조인트 분석이다. SUV의 보기를 다시 들면 기아의 신제품팀이 MDS를 시행하고 그림 6-4와 유사한 지각도를 만들었다고 가정하자. 이제는 이상적 위치를 선정하고 그러한 포지셔닝을 전달해 주는 특정 제품의 특성을 규명해야 한다. 조사원들은 소비자 의사결정에 있어서 제품의 현저한 속성의 상대적 중요도를 파악하고 싶어 한다. 현저한 속성이란 소비자들이 한 제품의 품질이나 특성에 부여하는 관련성 또는 중요성을 의미한다. 만일 표적의 위치가 '스포츠 차량이면서도 승용차처럼 부드러운 승차감'이라면, 해당 팀은 그에 합당한 제품의 외관상 특징을 정해야 한다(예 : 6실린더 엔진, 6단계 기어장치). 개발팀은 소비자들이 가장 선호하는 다른 특징도 결정해야 한다(예: 가격, 경제성, 보증 등). 개개의 속성은 수준에 따라 달리 구비되어야 한다. 예를 들면 보증기간을 몇 년(5년 혹은 10년처럼)으로 할 것인가 등이다.

컨조인트 분석(conjoint analysis)은 조사자가 소비자들에게 가장 매력적일 수 있는 특징의 조합을 파악하는 데 통찰력을 얻는 도구이다. 특징은 인지와 선호 두 군데에 모두 영향을 미치는 것으로 추정된다. 표 6-4에는 가능한 특징 총 36개의 조합이 나열되어 있다. 전면 접근방식에서는 각각의 조합(예 : 6실린더 엔진, 6단 자동기어, 5년 보증기간, 27,500달러)이 색인 카드에 출력된다. 그리고 소비자에게 선호하는 순서대로 표시하도록 한다. 그러면 컨조인트 분석에서는 제품 특징의 다양한 단계별 가치나 효용을 정하고 도표에 좌표로 표시한다. 조합 수가 너무 많아 피실험자를 당황하게 할 수 있고, 이는 피로를 유발하므로 한 번에 2개의 속성을 고려할 수 있도록 한 쌍 접근방식을 시도하는 편이 바람직하다.

개선된 마케팅 조사는 노키아로 하여금 경쟁이 극심한 글로벌 휴대전화 시장에서 우위를 유지하기 위해 노력할 수 있도록 도움을 주었다. 노키아는 소비자 취향과 기호가 카메라와 대형 고화질 컬러 같은 최신유행 스타일과 특징으로 바뀌고 있었는데도 휴대전화의 기능성과 외형적 특징에만 집중했다. 수년 동안 노키아는 이른바 '캔디바'라고 불리는 휴대전화만 만들었다. 경영진들은 그 형태가 노키아 브랜드의 대표적 특징이라고 믿었기 때문에 플립형, 슬라이드형, 회전형 스타일을 출시하지 않았다. 반면에 소니, LG, 삼성, 모토로라는 세련된 새 디자인을 출시했다.

유럽에서 노키아의 시장 점유율은 2002년 51%에서 2004년 33%로 하락했다. 산업 컨설턴트 잭 골드는 "노키아는 멋짐이 없었다. 그늘은 플립형 휴대선화는 만들지 않있고, 카메라도 늦게 부착하는 등 추진력이 부족했다. 소비자 영역에서 멋짐은 중요한 문제이고 그들은 완고했다."고 지적한다. 노키아의 멀티미디어 팀장인 안시 반조키는 "우리는 시장에서 여러 징후를 잘못 파악했다. 경쟁은 고화질 컬러와 스크린 크기 같은 요소를 강조했었다. 판매시점에는 그런 점들이 소비자의 마음을 움직인다. 우리는 그 사실을 간과했다."고 말한다.[42]

유추에 의한 비교분석과 시장 평가 글로벌 마케팅 분석에 있어 한 가지 독특한 기회는 같은 시점에서 서로 다른 국가나 지역시장의 잠재력과 성과를 비교할 수 있다는 점이다. 일반적인 형태의 비교분석은 국가별로 회사 내부 사정을 비교하는 것이다. 예를 들면 2개 이상의 국가에서

표 6-4 컨조인트 분석을 위한 크로스오버 SUV 제품 기능 조합

	엔진 크기	변속기	보증기간	가격(달러)
1단계	4실린더	4단 자동기어	3년/50,000마일	22,500
2단계	6실린더	6단 자동기어	5년/75,000마일	27,500
3단계	8실린더	8단 자동기어	10년/100,000마일	32,500

의 일반적 시장조건(소득, 산업화 단계, 기타 지표에 의해 측정됨)은 비슷할 수 있다. 특정 상품에 대한 각국의 1인당 판매액이 현저히 다르다면 마케터는 당연히 이상하게 여길 것이고, 어떠한 조치를 취해야 할지 결정할 것이다. 다음의 사례들을 고려해 보라.

- 캠벨은 세계 최대의 수프회사이고, 미국 통조림 수프시장의 80% 정도를 차지하고 있다. 그러나 회사는 세계 수프시장에서는 단지 6%를 점유하고 있다. 매년 러시아인들이 320억 그릇의 수프를 먹고, 중국인들은 3,000억 그릇을 소비하고 있다. 반면에 미국인들은 150억 그릇을 소비할 뿐이다. 이렇듯 엄청난 기회를 감지하고 나서 캠벨 CEO 더글러스 코넌트는 러시아인과 중국인의 식습관을 관찰하기 위하여 몇몇 팀을 파견하였다.[43]
- 영국의 제과업체인 캐드버리는 인도의 초콜릿 시장이 연간 약 4억 6,500만 달러에 달하는 가치가 있다고 추산한다. 대조적으로 영국에서는 매년 초콜릿 매출이 48억 9,000만 달러에 달한다. 이곳은 인도 인구의 10분의 1이다. 캐드버리 경영진은 인도의 과자류와 초콜릿 시장이 매년 12% 이상 성장할 것으로 믿고 있다.[44]
- 인도에서는 면도하는 남성들의 10%만이 질레트 면도기를 이용한다. 세계적으로 면도하는 남성들의 50%는 질레트 제품을 이용한다. 인도 시장에 보다 널리 진입하기 위해 질레트는 15루피(미화 약 34센트)로 살 수 있는 장식 없는 브랜드를 시장에 선보였다. 질레트 가드는 생산비용이 저렴한 가벼운 손잡이를 부착했다. 이것은 질레트의 보다 비싼 면도기에 쓰이는 윤활유는 적게 사용하고, 대체 면도날은 단지 5루피(미화 11센트)에 해당하는 값이었다.[45]

위의 사례에서 대부분 자료를 구할 수 있다. 그러나 글로벌 마케터는 원하는 특정 형식의 자료가 특정 국가시장에서는 찾을 수 없다는 사실을 깨닫게 된다. 특히 개발도상국일수록 그러하다. 그러한 경우 유추를 통해 시장 규모나 잠재수요를 판단하는 것이 가능하다. 유추를 전개하는 과정은 단순히 부분적인 유사점을 언급하는 것이다. 예를 들면 독일과 이탈리아 두 국가는 폭스바겐과 피아트의 대표 제조국이다. 덜 알려진 제조국이 러시아의 아브토바즈다. 우리는 여기에서 "러시아의 아브토바즈는 독일의 폭스바겐 및 이탈리아의 피아트와 같다."고 볼 수 있다. 이런 표현이 유추이다. 유추는 2개의 다른 사물의 '공통점'을 강조함으로써 알려지지 않은 점을 줄인다.[47]

데이비드 아놀드는 유추를 통해 예측 가능한 접근법이 네 가지가 있다고 주장한다.[48]

- 동일한 국내의 유사한 제품일 경우 자료수집이 가능하다.
- 유사한 국가 내의 동일한 제품일 경우 자료수집이 가능하다.
- 인접 국가 내의 독립적 유통업자가 취급하는 동일한 제품일 경우 자료수집이 가능하다.
- 동일한 국내의 유사한 기업에 관한 제품일 경우 자료수집이 가능하다.

시계열 이동법(time-series displacement)은 시장 간의 유추가 서로 다른 시간대에 존재한다는 가정하에 기초한 유추기법이다. 이것은 다른 개발 단계의 두 시장에 관한 자료를 얻을 수 있을 때 유용한 시장분석 형태이다. 시계열 이동법은 마케터로 하여금 두 시장이 유사한 개발 단계에 있을 때 추정할 것을 요구한다. 예를 들면 현재 러시아에서의 즉석카메라 시장은 1960년대

"굴이 바다에 있는 것처럼 송로버섯은 땅에 있다. 그들은 서식지의 본질을 보여준다."[46]

보카디 루파 셰프 겸 사장, 제이콥 케네디

중반 미국의 즉석카메라 시장과 유사하다. 1964년 미국과 오늘날 러시아의 즉석카메라 수요와 관련된 요인들에 대한 자료를 수집하고, 1964년 실제 미국 수요자료를 수집하면 러시아에서의 현재 시장 잠재력을 추정할 수 있다.

8단계 : 해석과 발표

시장조사에 근거한 보고서는 의사결정 과정의 투입정보로서 경영자에게 유용해야 한다. 그 보고서가 문서 형태나 구두 혹은 비디오를 통한 전자 기술의 형식으로 보고된다고 해도, 첫 단계에서 규명된 문제나 기회와 명백히 연관되어야 한다. 보통 첫 단계에서 처음 제기된 문제에 대한 해답이나 그것을 알려주는 메모에 주요 조사결과를 간결하게 정리하는 것이 바람직하다. 대부분의 경영자는 조사 용어와 복잡한 계량분석에 곤란을 겪는다. 결과는 명확히 언급되어야 하고 관리적 조치를 위한 기준을 제공해 주어야 한다. 그렇지 않으면 보고서에 먼지가 덮이고 시간과 돈을 낭비한 유품에 불과하여 선반 위에서 끝을 맺게 될 것이다.

기업정보시스템과 시장조사로부터 수집한 자료는 점점 더 세계적 기준에서 구할 수 있게 되고 국경을 넘어서 마케팅 비용의 효과성을 분석할 수 있게 된다. 경영자는 마케팅 지출을 위한 최대의 한계 효과성을 달성하는 지점을 결정할 수 있고 그에 따라 적절하게 지출을 조절할 수 있게 된다.

▶ **6-4** 다국적 기업이 마케팅 조사를 조직하는 방법과 글로벌 또는 초국적 기업이 조직의 이슈에 접근하는 방법을 비교한다.

(6-4) 본사의 시장조사 통제

글로벌 기업에게 한 가지 중요한 문제는 조직의 조사 능력을 어디서 통제하느냐 하는 것이다. 다국적 · 현지시장중심적 기업과 글로벌 · 세계시장중심적 기업 간의 차이점은 중요하다. 다국적 회사 내부에서는 조사의 책임이 운영 자회사에 위임되어 있다. 글로벌 기업은 조사 책임을 운영 자회사에 위임하지만 포괄적인 책임과 본부의 기능으로서 조사 통제는 계속 유지하고 있다. 단일국가 시장조사와 글로벌 시상소사의 핵심적 차이집은 비교 가능성의 중요성이다. 실제로 글로벌 기업이 비교 가능한 자료를 창출하기 위해서는 조사를 설계하고 실행하도록 보장해야 한다.

간단히 말해서 비교가능성이란 조사대상 국가 간의 유효한 비교가 가능하도록 결과를 활용할 수 있어야 한다는 점을 의미한다.[49] 그것을 달성하기 위해 기업은 글로벌 수준에서 통제 단계와 마케팅 조사의 검토를 반드시 도입해야 한다. 세계적 마케팅 조사 담당자는 글로벌 기준으로 실행될 수 있는 조사 프로그램을 개발하는 데 있어서 반드시 현지 사정을 반영해야 한다. 조사 담당자는 수집된 자료가 내부적 해석에 기반을 두는지 외부적 해석에 기반을 두는지에 특별한 관심을 가져야 한다. 인류학에서 유래한 이러한 용어는 다른 문화의 연구에 있어서 전망을 의미한다. **내부적 분석**(emic analysis)은 자신의 의미와 가치체계를 사용하여 내부로부터 문화를 연구하려고 시도한다는 점에서 민족지학(ethnography)과 유사하다. **외부적 분석**(etic analysis)은 '외부에서부터 이루어진다'. 다시 말해서 비교 또는 다국가 조사에 가끔 활용되는 보다 분리된 관점이다. 특정 조사연구에 있어서 외부적 척도는 모든 국가에 걸쳐 동일한 항목의 조합을 사용하도록 한다. 이러한 접근방식은 비교가능성을 향상시키겠지만 정밀성은 상실된다.

이와는 대조적으로 내부적 분석은 특정 국가에 맞추어 이루어진다. 내부적 조사에 근거한

표 6-5 세계적 마케팅 조사 계획

조사 목표	A 집단	B 집단	C 집단
시장 잠재력 규명			×
경쟁 의지 평가		×	×
제품 매력 평가	×	×	×
가격 대비 시장반응 조사	×		
유통 채널 평가	×	×	×

문화 간 유사성을 주관적으로 추론할 수밖에 없다. 예를 들어 코카콜라가 과일맛이 나는 병에 든 차를 출시했을 때 중국에서 겪은 경험을 생각해 보자. 출시가 실패한 후 이 거대 음료회사는 두 가지 주요 통찰력을 보여주는 민족학 연구를 의뢰했다. 먼저 코카콜라의 미국 본사는 조지아주 애틀랜타에 있다. 연구원들은 감미료와 풍미가 첨가된 차는 특히 따뜻한 남부 주들에서 관습적으로 사용되는 오후의 바비큐와 함께 즐길 때 즐거움이나 만족과 관련이 있다는 것을 발견했다. 그 문맥은 과일맛과 첨가된 설탕의 인기를 설명하는 데 도움이 된다. 이와는 대조적으로 중국에서 차는 서로 다른 연관성을 가지고 있다. 차의 본질은 설탕과 향료를 첨가하는 것이 아니라 빼는 것이다. 크리스티안 마두스베르그는 최근 책에서 이러한 발견을 다음과 같이 설명했다.

> 차(명상과 같은)는 중국 문화의 진정한 자아를 드러내는 도구다. 그 경험은 소음, 공해, 스트레스와 같은 자극과 산만함을 없애야 한다. 코카콜라가 근본적으로 다른 '차 경험'에 대한 이해를 통합하고 나서야 그들은 상당한 시장 점유율을 얻게 되었다.[50]

두 분석 방식의 주요요소를 통합하는 설문조사 도구 활용이 훌륭한 절충안이다. 마케팅 담당자는 집단 내 유사성을 보여주는 국가 군집에 맞추어 수많은 마케팅 프로그램을 제작해서 조사를 마무리하기 쉽다. 조정된 범세계적 조사 프로그램의 합의사항은 표 6-5에 나온 것과 비슷하다.

범세계적 조사 담당자는 국가별 조사 담당자의 노력을 단순히 감독해서는 안 된다. 조사 자원의 총배분으로부터 기업이 범세계적으로 최상의 결과를 달성하도록 보장하는 것이 그들의 임무이다. 이 목표를 달성하기 위해서는 개별국가의 직원이 나머지 국가에서 이루어지는 조사에 대해 알고 있어야 하며, 전반적인 조사 프로그램은 물론 그들이 담당하는 국내조사 계획에 영향을 미치는 설계에도 참여해야 한다. 결국 세계시장조사의 책임자는 전반적인 조사 설계와 프로그램에 책임을 져야 한다. 전 세계시장에서 정보를 수집하고 글로벌 판매와 이윤 목표를 달성하는 데 필요한 정보를 창출하는 조정된 조사전략을 도출하는 것이 그들의 임무이다.

(6-5) 전략적 자산으로서 마케팅 정보 시스템

◀ 6-5 전략적 자산으로서의 정보의 역할이 글로벌 기업구조에 어떤 영향을 미치는지 알아본다.

초국적 기업의 출현은 기업과 외부세계의 경계가 해체되고 있음을 의미한다. 마케팅은 역사적으로 그 경계를 넘는 수많은 관계를 관리하는 책임을 지고 있다. 마케팅과 기타 기능 사이의 경계도 해체되고 있고, 기업 내부의 독특한 기능적 영역으로서 전통적 마케팅의 개념도 새 모델에 자리를 양보하고 있다. 마케팅 의사결정 과정 역시 변하고 있다. 왜냐하면 대부분 지원 도구로부터 부를 창출하는 전략적 자산으로서 정보의 역할이 변했기 때문이다.

많은 글로벌 기업들이 덜 위계적이고, 덜 집권적인 의사결정 구조의 수평적인 조직을 창출하고 있다. 그러한 조직은 예전이라면 자치적으로 운영되었을 부서 간 정보의 교환과 흐름을 촉진한다. 기업에 정보가 더욱 집중될수록 다른 기능 영역과 전통적으로 연관된 활동에 마케팅이 관여하는 정도는 더욱 커진다. 그러한 기업에서는 정보가 수평적으로 처리된다.

기업 내부의 정보 집중도는 시장의 매력, 경쟁적 위치, 조직 구조 등의 지각에 영향을 미친다. 어느 한 기업의 정보 집중도가 커지면 커질수록 기존 제품과 시장 경계는 더욱 많이 변화한다. 본질적으로 기업들은 역사적으로 비경쟁적 산업 분야의 회사들로부터, 특히 그러한 회사의 정보 집중도가 강하다면, 새로운 경쟁원천을 훨씬 자주 접한다. 다양한 기업들이 요즘 상호 직접 경쟁에 참여하고 있다. 그들은 마케팅 활동과 기존 제품라인의 재정의 그리고 자연적 확장과 본질적으로 동일한 제품을 제공한다. 오늘날 마케터가 '부가가치'를 언급할 때 그들은 제품의 독특한 특성을 의미하기보다 오히려 상당 부분 기존의 제품라인을 대체하는 고객 거래의 일부분으로서 전통적 제품라인을 초월하여 교환되는 정보를 강조한다.

요약

정보는 성공적인 마케팅 전략에서 가장 기본적인 요소 가운데 하나이다. 회사의 **경영정보시스템**과 인트라넷(사내정보망)은 의사결정자들에게 정보의 연속적인 흐름을 제공한다. 정보기술은 경영자로 하여금 의사결정에 도움을 주기 위해 자료에 접근하고 조작할 수 있도록 글로벌 마케팅 활동에 심대한 영향을 미친다. 전자자료교환(EDI), 전자판매시점(EPOS) 자료, **능률적 소비자 반응(ECR)**, 고객관계관리(CRM), 데이터 웨어하우스 등은 활용 가능한 새로운 도구와 기법의 일부이다. 글로벌 마케터는 기회와 위기에 대한 정보를 찾기 위해 전 세계를 검색해야 하고 경영정보시스템의 관리를 통하여 정보를 활용할 수 있게 해야 한다.

프로젝트에 고유하며, 체계적으로 정보를 수집하는 **공식적 시장조사**는 마케터가 핵심 결정을 내리기 전에 자주 활용된다. **글로벌 시장조사**는 글로벌 척도에 의해 수집된 정보를 통하여 고객과 마케터를 연결시킨다. 조사과정은 마케터가 문제를 정의하고 조사 목표를 정할 때 시작된다. 이 단계에서 특정 시장이 **잠재시장**인지 **초기시장**인지 판단해야 할 경우도 있다. 조사 계획은 요구되는 질적 정보와 양적 정보의 상대적인 양을 세부적으로 정한다. **1차 자료**나 **2차 자료**의 원천을 이용해서 정보를 수집한다. 오늘날 유선으로 연결된 세상에서 인터넷은 중요한 2차 정보의 출처로서 전통적 경로보다 더 많은 경로를 차지하고 있다. 어떤 경우에는 1차 자료의 수집비용이 잠재적 혜택을 초과할 수 있다. 너무 작은 시장을 조사하면서 많은 비용과 시간을 정당화하려면 2차 원천이 특히 유용하다.

1차 자료의 수집이 비용-수익 관점에서 정당화될 수 있다면, 조사는 설문조사, 개인 면접, 소비자 패널, 관찰, 포커스 그룹 등을 통해 실행될 수 있다. 자료를 수집하기 전에 조사자는 확률 표본이 필요한지 여부를 반드시 정해야 한다. 글로벌 마케팅에서는 이질적 시장에서의 조사과정 중 문화적 편견을 제거하고, 설문을 정확히 번역하며, 자료의 비교가능성을 보장해야 할 문제에 대해 신중하게 주의해야 한다. 요인분석, 군집분석, 다차원 척도법(MDS)과 컨조인트 분석 등을 포함한 수많은 기법으로 설문자료를 분석할 수 있다. 조사결과와 권고 사항을 명확히 제시해야 한다. 마지막 이슈는 본사가 조사과정과 경영정보시스템의 전반적 관리를 어느 정도 통제해야 하느냐의 문제이다. 자료의 비교가능성을 보장하기 위해 조사자는 내부적 접근방식과 외부적 접근방식을 둘 다 활용해야 한다.

에세이 과제

6-1. 기존 수요, 잠재 수요, 초기진입 수요는 얼마나 차이가 있는지 토론하라. 그러한 차이점들이 마케팅 조사 프로젝트의 설계에 얼마나 영향을 미칠 수 있을까?

토론문제

6-2. 정보기술이 글로벌 마케터의 손 안에서는 얼마나 강력한 도구인지를 설명하라.

6-3. 사장으로부터 귀사의 비즈니스와 관련된 동향을 파악하기 위한 체계적인 접근법을 고안해 달라는 요청을 받았다고 가정해 보자. 사장은 주요시장이나 경쟁적 개발 등으로 충격받지 않기를 바라고 있다. 이때 여러분은 무엇을 추천하겠는가?

6-4. 시장조사 과정의 기본 단계를 서술하라.

6-5. 글로벌 마케팅 담당자들이 사용한 분석 기법들을 설명해 보라. 각 기법을 사용하는 시점은 언제가 적절한가?

6-6. 코치는 '브랜드를 활성화시키는 방법에 대한 교과서적 교본'으로 알려져 있다. 제1장에서 논의한 영국의 패션제품회사 버버리도 동일하게 적용할 수 있다. 버버리에 대한 기사를 찾아보고 경영진이 수행했던 연구조사 자료와 그들이 브랜드를 빛내기 위해 활용했던 공식에 대해 읽어 보라. 버버리와 코치의 접근방법은 유사했는가? 그들은 서로 경쟁사인가?

6-7. 아래는 표 6-3과 유사한 8개의 스포츠 세단의 이름을 표시한 표이다. 여러분은 한 쌍의 세단을 유사 정도에 따라서 순위를 매김으로써 다차원적 척도선을 따라 기초적인 분석을 해볼 수 있다. 다른 모델을 조사해 보고 가장 유사하다고 발견된 조합을 살펴보라. 어떤 조합이 차이가 가장 큰가? 8가지 브랜드를 사용하여 지각도를 만들어 보라. 여러분은 어떤 차원을 활용하여 지각도의 축에 위치시키겠는가?

MDS 연구자료 : 스포츠 세단 한 쌍에 대한 유사성 판단 척도

	매우 유사하다			매우 다르다	
	1	2	3	4	5
BMW328i/볼보 S60	—	—	—	—	—
BMW328i/어큐라 TL	—	—	—	—	—
BMW328i/캐딜락 ATS	—	—	—	—	—
BMW328i/아우디 A4					
BMW328i/메르세데스-벤츠 C250	—	—	—	—	—
BMW328i/렉서스 IS	—	—	—	—	—
BMW328i/인피니티 G37	—	—	—	—	—
볼보 S60/어큐라 TL	—	—	—	—	—
볼보 S60/캐딜락 ATS	—	—	—	—	—
볼보 S60/아우디 A4	—	—	—	—	—
볼보 S60/ 메르세데스-벤츠 C250	—	—	—	—	—
볼보 S60/렉서스 IS	—	—	—	—	—
볼보 S60/인피니티 G37	—	—	—	—	—

사례 6-1 (계속)
음악산업과 아티스트 경력을 혁신하는 빅데이터

최근까지 음반회사들이 아티스트와 노래의 인기를 추적할 수 있도록 도와주는 몇 가지 로테크 메트릭스만이 제공되었다. 예를 들어 20세기 초반에 악보 판매는 어떤 곡의 인기를 보여주는 한 가지 지표였다. 1950년대까지 빌보드 잡지의 차트는 음반 판매량을 추적하고 보고하고 있었다. 물론 차트는 특정 노래나 아티스트를 얼마나 많이 듣는지가 아닌 사람들이 구매하는 것만 보도했다. 이후 빌보드는 라디오 방송국과 주크박스 소유주들이 보도한 정보를 차트에 추가했다.

새천년에도 닐슨 사운드스캔 유닛이 추적한 판매 데이터는 여전히 매주 빌보드 차트에 발표되고 있으며, 그중에는 면밀히 관찰된 핫 100도 포함되어 있다. 일부 데이터는 개별 앨범의 판매 시점 바코드 스캔에서 수집된다. 라디오 플레이에 대한 보고도 널리 사용되는 또 다른 조치지만, 그러한 정보가 이용되려면 며칠 또는 몇 주가 걸릴 수 있다. 2010년에 출시된 빌보드 소셜 50은 아티스트들의 소셜 미디어 언급을 바탕으로 순위를 제공한다. 현재 빌보드의 핫 100은 프로그램된 온라인 라디오 방송국(예 : 판도라)과 주문형 서비스(예 : 아마존 뮤직, 애플 뮤직, 스포티파이, 유튜브)의 두 가지 스트리밍 서비스의 데이터를 통합하고 있다.

오늘날 일반적인 앨범은 수천 라인의 개별 판매 데이터를 생성할 수 있다. 음악뿐 아니라 텔레비전과 영화를 포함한 미디어 분석은 이제 수십억 달러의 세계적 사업이 되었다. 애널리틱스를 운영하는 회사의 CEO 그레고리 미드는 다음과 같이 지적한다. "케이티 페리와 같은 대형 아티스트에게는 19,000개의 다른 신호가 있습니다. 각 영역, 각 플랫폼, 각 음반, 각 노래 등등. 아무도 그것을 [직접] 볼 수 없을 겁니다."[51]

양적 데이터의 중요성이 증가하고 있다는 증거는 최근 음악산업의 스타트업과 인수에서 나온다. 예를 들어 비츠 뮤직은 아티스트와 그들의 팬들을 연결하는 플랫폼인 탑스핀을 사들였고, 애플은 비츠 뮤직을 인수했다. 스웨덴에서 시작한 음악 스트리밍 서비스 스포티파이는 오래된 음악과의 연결은 물론 좋아하는 새로운 음악을 발굴해 청취자의 경험을 높이기 위해 고안된 이른바 백엔드 데이터 제공업체인 '에코네스트'를 인수했다.

넥스트 빅 사운드
데이터 분석 움직임의 선봉에 서 있는 한 회사는 넥스트 빅 사운드다. 웹사이트에서 언급된 바와 같이 그것은 '지능이 뒷받침하는 직관'을 제공한다. 포브스지는 넥스트 빅 사운드를 '음악을 위한 머니볼'이라고 불렀다. 그 언급은 통계학적으로 집착하는 오클랜드 A 야구팀의 총감독 빌리 빈에 관한 할리우드 영화에 관한 것이다. CEO 알렉스 화이트는 노스웨스턴대학교 4학년 때인 2009년에 넥스트 빅 사운드를 설립했다. 현재 넥스트 빅 사운드는 화이트가 한때 인턴 생활을 했던 스포티파이, 소니 뮤직, 유니버설 뮤직그룹과 파트너십을 맺고 있다. 넥스트 빅 사운드는 앞서 언급한 빌보드 소셜 50 차트의 기반이다.

넥스트 빅 사운드는 60만 명 이상의 뮤지션을 위한 음악 소비 데이터를 수집한다(사진 6-6 참조). 페이스북, 트위터, 유튜브, 사운드클라우드, 텀블러, 인스타그램 등 주요 소셜 미디어 플랫폼을 모두 추적한다. 아티스트 이름을 입력하면 넥스트 빅 사운드는 청중 구성(예 : 남성 대 여

성 비율), 청중 도달 및 참여, 아티스트의 '소셜 스테이지'에 대한 평가 등의 데이터를 제공한다. 예를 들어 뮤지션 히스 골든 메신저에 대한 2018년 쿼리는 다음과 같은 메트릭스를 반환한다.

> "아티스트들과 매니저들은 많은 데이터를 보면서 과학자들과 같아지고 있다."
> Future of Music Coalition의 CEO, 케이시 레이

- "모더레이트" 관객의 손길이 닿음
- "모더레이트" 관객 참여
- "저속" 메트릭 추세
- "프로모션" 아티스트 사회 무대

이와는 대조적으로 비욘세와 테일러 스위프트와 같은 기성 슈퍼스타들은 '엄청난' 청중(주요 지표 : 인스타그램 팔로워)과 '에픽' 소셜 스테이지(재미있는 사실 : 전체 레코딩 아티스트 중 0.2%, 전체적으로 약 1,200명만이 '에픽' 단계에 진입함)을 보여준다. 게다가 넥스트 빅 사운드는 아티스트의 음반사에게 그의 최신 유튜브 영상이 얼마나 많은 조회수를 기록했는지를 알려줄 수 있다. 이 회사는 또한 청취자가 주중에 음악을 들었지만 주말에 다운로드 받았는지의 여부를 알 수 있다. 이러한 팬 접촉과 참여의 척도는 최근까지 제공되지 않았다.

넥스트 빅 사운드의 데이터 프레임워크는 그림 6-1과 유사하지만 데이터 피라미드의 형태를 취한다(그림 6-5 참조). 가장 낮은 계층은 단순히 과거의 **데이터**일 뿐이며 판도라 라디오 스핀, 유튜브 구독자, 페이스북 라이크 같은 원시 숫자를 포함한다. 그러한 데이터는 좋은 시작이지만 음악산업 내에서 뮤지션의 지위에 대해서는 어느 순간이라도 거의 말하지 않는다.

피라미드의 두 번째 층인 **정보**는 여과와 분류 작업을 거쳐 분석에 용이한 숫자로 변형되어 표로 시각화할 수 있게 해준다. 올바른 방향으로 한 걸음 나아가는 동안 정보는 그 자체의 한계를 가지고 있다. 본질적으로 음악산업 전반의 맥락에서 아티스트에 대해 아무 말도 하지 않는 '사일로'이다. 그리고 데이터 계층과 마찬가지로 아티스트 자신의 직업적 관점을 이해하는 데 도움이 되는 벤치마크가 부족하다.

세 번째 층인 **지식**은 앞의 두 층 위에 쌓인다. 이 수준에서 그 아티스트는 마침내 맥락을 마주한다. 또는 넥스트 빅 사운드 제품 관리자가 "지식에는 관점이 있다."고 말할 수도 있다. 지식 계층은 회사가 추적하고 있는 60만 명의 모든 아티스트를 총체적으로 살펴봄으로써 그 숫자들이 실제로 무엇을 의미하는지 아티스트에게 알려준다. 말할 필요도 없이 그것은 많은 데이터를 포함한다!

흥미로운 사실 : 페이스북에서 폭넓은 접근과 참여를 하는 아티스트는 극소수다. 사실 넥스트 빅 사운드는 뮤지션의 5%가 아티스트 관련 페이스북 활동의 95%를 차지한다고 하였다! 그 사실은 '80/20 규칙'으로도 알려진 파레토의 법칙의 개념을 보여준다. 이 데이터는 또한 아티스트들이 각기 다른 소셜 미디어 플랫폼에서 청중의 관점이 다르다는 점을 감안하여 넥스트 빅 사운드가 아티스트들의 발전 단계별로 분류할 수

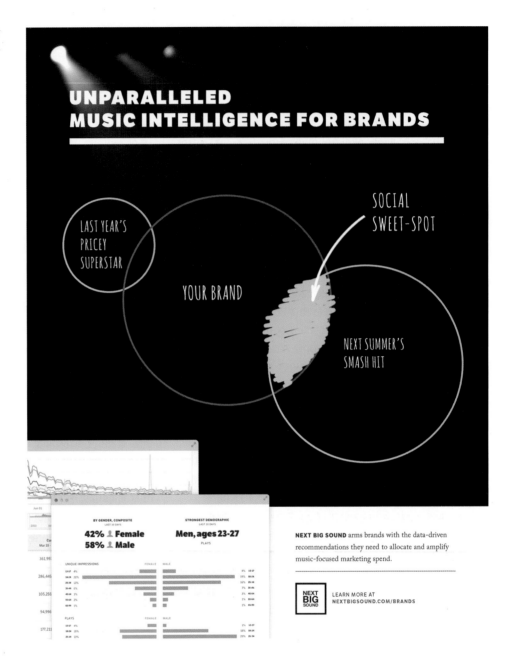

그림 6-5 넥스트 빅 사운드의 데이터 피라미드

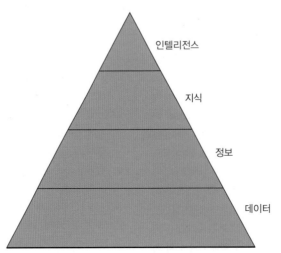

있는 방법에 도달할 수 있도록 한다. 넥스트 빅 사운드의 분류 5단계는 '미발견', '약속', '정립', '주류', '에픽' 등이다.

그래도 데이터로 해야 할 일이 더 많다. 정보 계층은 "이 숫자들은 무엇을 의미하는가?", "이 숫자들은 좋은가?"와 같은 질문에 반드시 대답하지는 않는다. 네 번째이자 마지막 단계인 **인텔리전스**는 다양한 아티스트를 위한 트위터 팔로워와 트위터 언급과 같은 정보를 살펴본다. 데이터 모델들은 주어진 크기에 대해 예상되는 트위터 언급의 수를 투영할 수 있다. 즉, 넥스트 빅 사운드에 의해 정의된 바와 같이 인텔리전스는 적용된 지식이다.

예를 들어 만약 아티스트가 주어진 주에 트위터 언급이 크게 증가하거나 감소했다면, 데이터 분석은 왜 이런 일이 일어났는지(예 : 지난주 아티스트의 새로운 싱글 앨범의 순위가 떨어진 경우), 그리고 그것이 '좋은' 것인지 '나쁜' 것인지에 대해 설명하는 데 도움이 될 수 있다. 넥스트 빅 사운드의 결론은 다음과 같다. 컨텍스트가 없는 숫자는 기만적일 수 있고 데이터 기반의 잘못된 의사결정으로 이어질 수 있다.

조엘 짐머만은 윌리엄 모리스 엔데버(W.M.E) 에이전시의 출연 계약 담당자다. 네덜란드 EDM DJ인 마틴 게릭스를 대신해 최근 협상을 벌이던 중 짐머만은 코첼라 뮤직 페스티벌에서 의뢰인을 위한 좌석을 계약할 때 앞에서 설명한 것과 같은 데이터 메트릭스가 어떻게 그가 이 문제를 해결하는 데 도움이 되는지 설명했다.

> 모든 아티스트는 인스타그램에 있다. 이것은 플랫폼이다. 그 전에는 트위터였고, 그 전에는 페이스북이었다. 마틴은 천만…… 그리고 78%의 참여도를 갖고 있다. 내게는 그것은 훌륭한 측정자이다.[52]

판도라

디지털 라디오 서비스인 판도라는 2015년 5월 넥스트 빅 사운드를 인수했다. 판도라는 음악산업이 사용자들에 대해 수집된 정량적 데이터를 어떻게 사용하고 있는지를 보여주는 또 다른 예를 제공한다. 창업자이자 기업가 팀 베스터겐의 선구적인 음악 게놈 프로젝트는 모든 곡을 약 450개의 서로 다른 데이터로 파싱하여 분석하는 알고리즘을 사용한다. 예를 들어 트랙은 'electronica roots', 'light rock influences', 'arpeggiated synths' 등이 있는 것으로 묘사될 수 있다.

판도라의 소프트웨어 전문가들도 회사가 개별 사용자의 취향과 취향에 맞는 맞춤형 음악 스트림을 제공할 수 있도록 알고리즘을 설계한다. 판도라의 음악 추천 엔진은 정교하게 튜닝될수록 사용자들의 청취 시간이 길어진다. 판도라는 청취자들에게 광고를 듣는 대신 월 구독료를 지불할 수 있는 옵션을 제공하지만 회사 수익의 대부분은 광고에서 발생한다.

판도라는 2억 명의 등록된 사용자들을 위한 독점적인 데이터 세트를 가지고 있다. 또한 청취자가 로그온하기 위해 어떤 유형의 장치를 사용하고 있는지에 대한 정보도 가지고 있다. 이러한 모든 데이터를 활용하기 위한 노력으로 판도라는 청취자들에게 맞춤형 광고를 보낼 수 있는 방법을 개발하고 있다. 판도라의 수석 과학자의 설명대로, 이 회사는 더 나은 소비자 통찰력을 이끌어낼 상관관계를 찾아 개별 청취자 수준에서 데이터를 조사한다. 판도라 이용자가 서비스에 가입할 때 우편번호를 제공하기 때문에 지리적으로 소비자를 공략할 수 있다.

샤잠

노래 식별 앱인 샤잠도 비슷한 방식을 사용한다. 공동 창업자인 크리스 바튼은 캘리포니아대학교(버클리) 하스경영대학원에서 MBA를 공부하던 중 샤잠에 대한 아이디어를 생각해 냈다. 최신 밴드들을 따라잡을 시간이 없었던 음악 팬이었던 바튼의 도전은 바처럼 시끄러운 환경에서도 노래를 식별해 내는 서비스를 만드는 것이었다. 바튼은 스탠퍼드대학교 전기공학 박사학위를 취득한 오디오 전문가 에이버리 왕과 팀을 이루었다. 왕 교수는 곡마다 지문처럼 '숫자 시그니처'가 있다는 것을 깨닫고 특정 음파를 인식해 샤잠의 데이터베이스의 노래 트랙에 맞추는 알고리즘을 만들었다.

4억 2,000만
전 세계 샤잠 사용자 수

200개
샤잠을 사용할 수 있는 국가 수

1억 2,000만
매월 활성화된 샤잠 사용자 수

런던에 본사를 둔 샤잠은 2000년대 초 문자 서비스로 스마트폰 이전 시대에 삶을 시작했다. 신기함이 사라지면서 회사의 운명은 줄어들고 미래는 의심스러워졌다. 그때 예상치 못한 구세주가 아이폰의 형태로 도착했다. 샤잠이 애플의 앱스토어 TV 광고에 출연한 이후 앱의 인기는 급증했다.

오늘날의 스마트폰은 훨씬 더 정교한 수준의 기능을 제공한다. 전 세계적으로 샤잠은 매일 1,700만 곡, 매달 5억 곡을 '샤잠'하는 1억 명 이상의 사용자를 보유하고 있다. 샤잠의 서비스는 무료지만 사용자가 아이튠즈나 아마존, 구글플레이에서 노래를 살 때 발생하는 수수료로 연간 수천만 달러의 수익을 창출한다.

사용자들은 이 앱을 열고 스피커 근처에서 자신의 모바일 기기를 들고 있으면 라디오나 TV 프로그램, 광고에서 듣는 노래를 '샤잠'할 수 있다. 이어 이 앱은 노래 이름, 아티스트 이름, 가사 등 콘텐츠 정보를 전달한다. 사용자들은 또한 페이스북과 핀터레스트 같은 소셜 미디어 플랫폼에 있는 콘텐츠를 공유할 수 있고 친구들에게 노래를 이메일로 보낼 수도 있다. 샤잠의 팬 행동 데이터는 실시간으로 특정 노래가 어디서, 언제 인기가 치솟는지 보여준다. 그런 다음 샤잠은 자신의 독점적인 팬 활동 데이터를 음반회사 임원들과 공유할 수 있으며, 이들은 이 정보를 사용하여 홍보비용을 할당하는 방법에 대한 결정을 내릴 수 있다.

광고주들은 또한 TV 광고를 상호작용으로 만들기 위해 샤잠도 사용한다. 예를 들어 슈퍼볼 방송 중에는 시청자가 스윕스테이크를 입력하여 독점 온라인 콘텐츠에 접속할 수 있다. 말할 필요도 없이 이러한 시청자 상호작용은 광고주들에게 매우 가치 있는 소비자 행동에 대한 데이터를 제공한다.

최근 몇 년간 소비자 선호도가 다운로드에서 판도라, 스포티파이와 같은 스트리밍으로 이동하면서 샤잠의 비즈니스 모델은 시대와 맞지 않는 것처럼 보였다. 애플은 다시 한 번 회사의 구세주임을 입증했다. 2017년 말 애플은 샤잠을 약 4억 달러에 인수할 것이라고 발표했다. 이 거대 기술기업은 샤잠과 애플 뮤직을 통합하고 이 앱을 사용자의 듣기 습관에 대한 데이터 소스로 활용할 계획이다.

새로운 트렌드

음악산업은 새로운 데이터 중심 접근법이 등장함에 따라 계속해서 진화하고 있다. 음악산업의 현 상태에 대한 한 가지 비판은 음반회사들은 종종 대중 청취 데이터에 대해 무비판적으로 반응한다는 것이다. 그리고 록의 전설 토드 룬드그렌이 최근 말했듯이 많은 현대 아티스트들은 '브랜드'가 되기를 열망한다. 그들은 스스로를 음악가라고 생각하지 않는다.

이러한 유형의 문제를 해결하기 위해 인디피라고 불리는 데이터 스타트업이 데이터를 수집하고 분석하여 이를 지도화하여 트렌드를 선도하는 아티스트에 대한 통찰력을 제공하고 있다. 목표는 온라인 유명 영상으로 대량의 온라인 팔로워를 끌어모은 소셜 미디어 스타들이 음반사를 통해 실제로 장기적인 경력개발에 적합한지 여부를 평가해 '데이터를 뛰어넘는' 것이다.

푸딩은 '시각적 에세이로 문화에서 논의된 아이디어를 설명'하는 웹사이트다. 예를 들어 '팝 가사가 더 반복적이 되는가'의 작가인 블로거 콜린 모리스는 렘펠-지프라는 알고리즘을 사용하여 20년 분량의 노래 가사를 조사했다. 당면한 질문 : 많은 노래들이 반복적인 가사로 이루어진 것처럼 들리지만, 그를 증명할 자료가 있는가?(답변 : 그렇다!) 매트 대니얼스의 블로그 '힙합에서 가장 많이 쓰인 어휘'에는 래퍼들이 2012년 현재 녹음된 첫 35,000개의 노래에서 사용한 고유 단어 수에 따라 순위를 매기는 인포그래픽이 포함되어 있다. 비교 기준 : 셰익스피어가 전집에서 28,829개의 단어를 사용한 것. 1위는 누구? 이솝 락(7,392개의 고유어 사용) 다른 경쟁자들로는 고스트페이스 킬라, 우탱 클랜, RZA 등이 있다.

토론문제

6-8. 오늘날 이용 가능한 기술이 사람들이 항상 음악과 어떻게 연관되어 왔는지를 반영한다고 생각하는가? 아니면 그 기술 자체가 사람들이 음악과 관계를 맺는 방식을 바꾸었을까?

6-9. 음악산업계 일각에서는 이 산업이 수학이나 알고리즘보다는 유행을 만드는 사람의 눈과 귀, 본능에 의해 움직여야 한다고 생각한다. 동의하는가?

6-10. 빅데이터가 아티스트, 아티스트 매니저, 콘서트 프로모터, 음반사 등을 통해 어떻게 더 나은 의사결정을 내릴 수 있을까?

출처 : Annabelle Zee and Julien Benatar, "How Artists Are Redefining Their Careers with Data," Panel Presentation, SXSW Music, March 16, 2018; "Mo' Data, Mo' Problems: Music in the Age of Data," Panel Presentation, SXSW Interactive (March 14, 2018); Caitlin Lopilato, "Your Data Is Shaping the Future of Music," Pidgeonsand-Planes.com (November 22, 2017); Tim Bradshaw, Aliya Ram, and Nic Fildes, "Apple Nails down Musical Match with Deal for Shazam," *Financial Times* (December 13, 2017), p. 17; Neil Shah, "The Music Industry's New Tastemakers," *The Wall Street Journal* (November 16, 2017), p. A11; Brian Moon, "How Data Is Transforming the Music Industry," *The Conversation* (May 21, 2017); Anna Nicolauo, "Stream On," *Financial Times* (January 17, 2017), p. 9; Nic Fildes, "Music Industry Signs up Robots to Help Tailor Services for Fickle Listeners," *Financial Times* (December 3 – 4, 2016), p.12; Ben Sisario, "An Artist Climbs. The Metrics Say So," *The New York Times* (February 26, 2015), pp. C1, C2; Hannah Karp, "Music Plays Big Data's Tune," *The Wall Street Journal* (December 15, 2014), p. B4; Elizabeth Dwoskin, "Tons of Data. Now to Put It to Use," *The Wall Street Journal Report: C-Suite* (October 20, 2014), p. R6; Kadhim Shubber, "Music Analytics Is Helping the Music Industry See into the Future," *The Guardian* (April 9, 2014), p. 12; Eric Chemi, "Can Big Data Help Music Industry Find the Perfect Backbeat?," *Bloomberg Businessweek* (March 7, 2014), p. 35; Emma Jacobs, "The App That Calls the Tune," *Financial Times—Life & Arts* (February 1 – 2, 2014), pp.1, 2; Steve Knopper, "Can Shazam Predict the Next Big Hit?," *Rolling Stone* (February 20, 2014), p. 7; Natasha Singer, "Listen to Pandora, and It Listens Back," *The New York Times* (January 5, 2014), p. Bu3.

사례 6-2
비즈니스 시스템 및 분석 관리자의 일상

브래디 스판젠버그는 미국 BASF 농업 솔루션스 영업조직의 중요 비즈니스 정보기술(IT) 시스템, 거래 및 고객 데이터, 비즈니스 인텔리전스 보고, 전략 분석 등을 총괄하는 팀을 이끌고 있다. 독일 루트비히스하펜에 본사를 둔 BASF는 세계 최대 통합화학 제조·공급업체 중 하나이다. 80여 개국에 약 11만 4,000명의 직원이 근무하고 있으며 화학을 기반으로 한 제품과 솔루션을 세계 거의 모든 지역의 비즈니스 파트너들에게 공급하고 있다. BASF의 글로벌 광고 태그라인 '우리는 화학을 창조한다'는 경제적 성공과 환경보호, 사회적 책임을 결합하는 기업의 사명을 부각시킨다.

노스캐롤라이나의 리서치 트라이앵글 파크에 있는 BASF 농업 솔루션 본사에 기반을 둔 스판젠버그와 그의 팀은 주로 이 회사의 미국 농산물 포트폴리오를 지원하는 데 초점을 맞추고 있다. 농업 솔루션 부서는 미국의 거의 모든 재배자와 농업경영을 제공한다. 주요 브랜드와 용도의 예로는 옥수수의 조기 잡초 방제를 위한 아르메존 프로 제초제(사진 6-7 참조), 콩과 면화의 잎사귀 질병 방제를 위한 프리악소르 살균제, 아몬드 과수원 진드기 방제를 위한 닐타 미타제 등이 있다. 그것이 스판젠버그의 일을 재미있고 동시에 도전적으로 만드는 것이다. 언젠가 그의 팀은

캘리포니아 아몬드 재배지에 대한 카운티 수준의 데이터를 포맷하고 있을 것이다. (재미있는 사실 : 전 세계 아몬드 공급의 약 80%가 캘리포니아의 센트럴 밸리에서 생산된다.) 다음 날 그들은 중서부에 걸쳐 있는 독립적이고 협동적인 화학 소매상들의 수를 갱신할 것이다.

고객층은 미국 농업 그 자체만큼이나 복잡하며 매우 다른 작물, 자르기 시스템, 유통 채널(일부는 2단계로 구성되고, 다른 일부는 3단계로 구성됨), 재배기업(기업 대 개인 소유 및 운영)으로 구성되어 있다. 또 다른 재미있는 사실 : 미국은 2017년 3억 1,820만 에이커의 농지를 생산하고 있었으며, 전문가들은 2019년경에는 콩이 옥수수를 제치고 에이커 단위로 1위를 차지할 것으로 전망하고 있다.

비즈니스 시스템&에널리틱스 팀은 BASF 농업 솔루션팀이 역사적 추세, 현재 판매 활동 및 잠재적 미래 기회를 이해할 수 있도록 구조화된 고객 계층 구조와 시장 세분화 전략에 의존한다. 이 작업은 세 가지 주요 요소로 구성되며, 데이터 정리부터 시작하여 통찰력과 예측을 전달하는 것으로 끝나는 경로를 따른다.

스판젠버그와 같은 역할에서 새로운 도전과 기회를 제시하면서 매 근무일이 다르다고 말하는 것은 진부한 말이 아니다. 가장 어려운 측면은

사진 6-7 옥수수의 조기 잡초 방제를 위한 BASF의 아르메존 프로 제초제는 스판젠버그의 고객이 신뢰하는 주 제품 중 하나이다.
출처 : BASF Corporation

이해도, 효율성 및 통찰력 향상을 위한 개선된 비즈니스 도구

고객 지식 센터	보고	분석
더 우수하고 깨끗한 데이터를 통해 비즈니스 예측 가능성 향상	보다 표준화되고 반복 가능한 보고를 통해 비즈니스 운영 개선	통찰력 있는 분석을 통해 비즈니스 민첩성 향상

제3자가 보고하는 매점거래 확인 등 일상적인 운영업무와 10년 시장예측 등 장기 전략업무의 균형을 어떻게 맞출 것인가를 파악하는 것이다. 두 활동 유형 모두 상당한 데이터 및 분석 구성요소를 가지고 있지만 상당한 양의 인적 개입과 세밀한 작업이 필요하다.

스판젠버그는 "데이터 문제는 사실 사람들의 문제"라고 말한다. "IT 인프라 문제나 분석 요청을 해결한다는 것은 우리가 그 정보를 사용하는 사람들을 먼저 이해해야 한다는 것을 의미합니다. 그들의 우선순위와 관심사는 무엇인가? 그들은 무엇을 이루려고 하는가? 일단 그런 것들을 알게 되면 좀 더 빠르고 쉽게 해결책을 제시할 수 있을 겁니다."

스판젠버그가 인문학 공부를 해야겠다고 생각하는 이유가 바로 이것이다. 그는 중서부의 작은 문과대학에서 영어와 종교학 학사학위를 취득한 후 인디애나주 웨스트 라파예트의 퍼듀대학에서 비교문학 석사 및 박사 학위를 이수했다. 이런 학위라면 스판젠버그의 가장 논리적인 진로는 대학 교수가 되는 것이었을 것이다. 한동안 그 경로를 추구했지만 그 역시 기억한다. "나는 항상 '이 문학 교수 일이 잘 풀리지 않으면 어쩌지? 나와 가족을 부양하려면 어떤 기술이 있어야 할까?'라고 물었습니다."

그러한 끊임없는 우려는 '전문적인 위험요소', 즉 붐비는 시장에서 그를 차별화할 수 있는 기술과 일자리 기회를 지속적으로 추구하도록 만들었다. 그 탐구의 일환으로 그는 고등학교와 학부 과정 동안 배운 모든 '기본'을 향상시키기 위해 노력했다.

대학생 시절 스판젠버그는 독일어 101과 독일어 102를 청강했고, 독일의 어학원에서 공부한 후 여름을 보냈다. 학부 과정을 마친 후 퍼듀대학에서 비교문학 석사학위를 2개 취득했으며, 프라이부르크 알베르트루트비히대학교에서 교환학생으로 지내기도 했다.

스판젠버그는 졸업 후 퍼듀 온라인 글쓰기 센터에서 유학하며 비즈니스 커뮤니케이션을 익히고 주식 투자에 손을 댔으며(비록 실패했지만), 디지털 프로젝트에 참여하며 독일어 실력을 계속 향상시켰다. 문법과 미사여구에 빠지고 풀브라이트 장학금('탈락!')을 신청하기도 했다. 그는 다양한 활동을 하며 친구의 추천으로 독일 BASF 농업 솔루션사의 글로벌 커뮤니케이션직에 지원 준비를 하였다.

스판젠버그는 학업을 포함하여 거의 5년 동안 독일에서 생활하고 일하며 보냈다. 그러한 경험들은 그와 그의 가족의 삶에서 가장 흥미진진하고 모험적인 일이었지만, 때로는 가장 절망적이고 외로운 시기이기도 했다. 스판젠버그는 해외에서 일할 가능성을 고려하는 모든 사람들을 위해 5년 이상의 경험을 바탕으로 몇 가지 실용적인 조언을 한다.

- **재무 기본 사항** : 귀하(또는 귀사)가 은행 업무, 세금(본국 및 거주지), 환전, 신용 및 보험(건강, 생명, 책임)에 대한 계획을 수립하도록 하라

- **모든 '작은' 상황에 대한 언어 능력** : 당신의 동료들과 다른 전문가들(예 : 의사, 은행가, 매니저)은 영어를 말하고 이해하겠지만, 인터넷/통신 설치자, 사무실 IT 지원자, 체육관 관리자, 병원의 접수 담당자, 아파트 관리인 또는 헤어스타일리스트도 영어를 할 수 있을 것이라고 가정하지 마라. 이러한 작은 상황에서 충분히 그 목적을 달성할 수 있는 언어를 아는 것은 해외에서의 전반적인 즐거움과 만족을 향한 큰 도움이 된다. 또한 당신이 당신의 언어 능력을 개발하는 것은 그 국가 사람들과 친밀감을 형성하는 데 도움이 된다.
- **기업 문화 및 네트워킹** : 회사나 시내 주변 사람들을 만나기 위해 밖으로 나가라. 그들이 무엇을 하는지, 어떻게 성공해야 하는지, 함정과 무례를 어떻게 피할 수 있는지, 그리고 그들이 여가시간에 어떤 활동을 즐기는지 물어보라. 이런 상황에서 당신은 '아웃사이더'라는 것을 기억하라. 그러니 다른 사람들이 당신에게 말을 걸어오기를 오래 기다리면 기다릴수록 당신은 더욱 고립감을 느낄 것이다.

결국 스판젠버그는 해외에서 일하는 것이 국내에서 일하는 것과 동일한 기회와 도전을 많이 준다는 것을 알게 되었다. 그가 받은 최고의 충고는 "집에 있을 때는 모험을 꿈꾸고, 모험을 할 때는 고향을 꿈꾼다."는 가훈이었다.

스판젠버그는 세계 어느 곳에서든 직무의 성격과 직원의 기대치에 관한 공통점을 발견했는데, 현재 그는 월례 팀 회의에 이제 포함시키고 있다. 예를 들어 창의성을 들어 보자. 자동화가 농업과 다른 산업 분야에서 점점 더 보편화됨에 따라 모든 직원이 더 창의적인 솔루션과 전략을 만들어 앞서 나가야 할 의무가 있다. 이 원리는 또한 반비례한다. 어떤 일상적인 운영 작업을 자동화하거나 위임할 수 있는가? 스판젠버그의 말처럼 "우리는 해결책을 찾을 수 있을 만큼 충분히 창의적일 필요가 있지만, 또한 우리 홈에서 일을 시작할 수 있을 만큼 충분히 자신감이 있어야 한다."

의사소통 또한 매우 중요하다. 스판젠버그의 말을 계속 들어 보자. "만약 당신이 분석, 문제 또는 주제와 의사소통을 할 수 없다면, 당신은 어느 누구의 관심도 사로잡지 못할 것입니다. 의사소통은 글쓰기나 말하기 능력을 넘어섭니다. 논쟁, 개념 또는 니즈를 어떻게 구성하고 제시할 것인가를 결정하는 것은 정말 뛰어난 능력입니다."

그렇다면 스판젠버그는 새로운 팀원을 고용할 때 무엇을 찾을까? 실패에 대처하는 능력이 그렇듯이 긍정적인 태도가 관건이다. 스판젠버그는 신입사원들에게 다음과 같은 충고를 한다. "기꺼이 배우고 실패하기를 바란다. 새로운 일과 질문은 항상 따라올 것이고, 그 문제를 관리할 수 있도록 빨리 적응해야 한다. 배우고자 하는 열정과 흥미를 가진 사람들은 긍정적인 태도를 가진 사람들처럼 일반적으로 발전할 것이다. 왜냐

하면 그러한 관점은 그들이 실패에서 나아가거나 비판적인 피드백에 빠르게 반응하는 것을 돕기 때문이다."

농업의 빠른 변화 속도를 감안할 때 비판적 사고 능력도 중요하다. 스판젠버그가 지적한 바와 같이 "가끔 현실 세계에서 쉬운 해결책이 없는 문제를 제시받기도 한다. 다시 말해 교과서 문제가 아니다! 따라서 빨리 일어서야 하고, 당신이 취해야 할 다음 단계에 대해 물어보기 위해 매니저를 끊임없이 귀찮게 하지 말아야 한다. 그들이 당신을 고용한 데는 이유가 있다."

마지막으로 스판젠버그는 최근 대학 졸업자나 기업에서 승진하기를 원하는 사람들에게 어떤 충고를 할 것인가? 그는 "예측, 의도성, 그리고 목표를 염두에 두라."고 말한다. "만약 사람들이 의도적이고 다음 단계를 예측할 수 있다면, 미래에 회사의 많은 골칫거리를 덜어 줄 것이다. 팀원들에게 자신의 업무가 더 큰 그림에 영향을 미치고 있다고 생각할 수 있게 해주는 것도 팀원들을 더 행복하게 한다."

스판젠버그는 "이것은 개인적인 목표에도 적용"된다면서 "누군가 목표가 있거나, 혹은 그 목표를 염두에 둔다면, 그것은 그나 그녀를 앞으로 나아가게 할 것이다. 이를 '예지'라고도 한다."라고 말한다. 다시 말해 미래는 어떨지, 어떤 문제가 발생할지, 그리고 어떻게 지금 그 문제를 해결

할지를 상상하면서 시간을 보내라고 충고한다. 스판젠버그는 "매니저가 문제를 파악해 '작업'할 때쯤에는 너무 늦는다."라고 결론짓는다.

토론문제

6-11. 비즈니스 시스템 및 분석 매니저로서 성공하기 위해서는 어떤 지식과 기술이 필요한가?

6-12. 스판젠버그의 직업 중 가장 좋은 점은 무엇이고, 가장 어려운 부분은 무엇이라 생각하는가?

6-13. 스판젠버그의 경력 프로필은 BASF 같은 회사에서 전문성과 좋은 직업윤리의 중요성에 대해 무엇을 말해 주고 있는가?

6-14. BASF는 화학기업을 위한 자발적 책임 있는 관리 이니셔티브에 가입하는 등 광범위한 환경보호 및 지속가능성 이니셔티브에 참여하고 있다. 더 자세히 알아보기 : BASF에서 이러한 이니셔티브에 대한 탐색적 연구를 수행하고, 간단한 에세이를 써 보거나 연구결과에 대해 구두로 발표해 보자.

6-15. 최근 글로벌 경기침체에 비춰 볼 때 루이스 프랭크포트의 중국 진출전략은 수정해야 하는가?

참고문헌

[1] John Thornhill, "Single-Minded Leader behind a Supercharged Empire," *Financial Times* (September 4, 2017), p. 24.

[2] Efraim Turban, Ramesh Sharda, Jay E. Aronson, and David King, *Business Intelligence: A Managerial Approach* (Upper Saddle River, NJ: Pearson Education, 2008), p. 9.

[3] Jean-Pierre Corniou, "Bringing Business Technology out into the Open," *Financial Times—Information Technology Review* (September 17, 2003), p. 2.

[4] Bronwyn Fryer, "High-Tech the Old-Fashioned Way: An Interview with Tom Siebel of Siebel Systems," *Harvard Business Review* (March 2001), pp. 118–125. In 2006, Siebel Systems merged with Oracle.

[5] Ann Zimmerman, "To Sell Goods to Walmart, Get on the Net," *The Wall Street Journal* (November 21, 2003), pp. B1, B6.

[6] Bethan Hutton, "Japan's 7-Eleven Sets Store by Computer Links," *Financial Times* (March 17, 1998), p. 26.

[7] Gina Fraone, "Facing up to Global CRM," *eWeek* (July 30, 2001), pp. 37–41.

[8] Tim Bell, "GDPR: What Does It Mean for U.S. Business in the EU?" Solo Session, SXSW Interactive (March 12, 2018).

[9] Peter Wonacott, "Walmart Finds Market Footing in China," *The Wall Street Journal* (July 17, 2000), p. A31.

[10] Gary Silverman, "How May I Help You?" *Financial Times* (February 4–5, 2006), p. W2.

[11] Mark C. Green, "Entrepreneurship, Italian Style." Paper presented at Schumptoberfest Conference on Innovation and Entrepreneurship in the Liberal Arts, Grinnell College (October 2012).

[12] Kenneth Hein, "We Know What Guys Want," *Brandweek* (November 14, 2002), p. M48.

[13] Peter D. Bennett, ed., *Dictionary of Marketing Terms*, 2nd ed. (Chicago, IL: American Marketing Association, 1995), p. 169.

[14] Louise Lucas, "Up Close and Personal Brands," *Financial Times* (October 14, 2010), p. 13.

[15] Michael R. Czinkota and Ilkka A. Ronkainen, "Market Research for Your Export Operations: Part I—Using Secondary Sources of Research," *International Trade Forum* 30, no. 3 (1994), pp. 22–33.

[16] Michael Brereton and Diane Bowers, "The 2016 AMA Gold Global Top 25 Report," *Marketing News*. www.ama.org, accessed March 1, 2018.

[17] Merissa Marr and Geoffrey A. Fowler, "Chinese Lessons for Disney," *The Wall Street Journal* (June 12, 2006), p. B1.

[18] Michael R. Czinkota and Ilkka A. Ronkainen, "Market Research for Your Export Operations: Part I—Using Secondary Sources of Research," *International Trade Forum* 30, no. 3 (1994), p. 22.

[19] Michael R. Czinkota and Ilkka A. Ronkainen, "Market Research for Your Export Operations: Part II—Conducting Primary Marketing Research," *International Trade Forum* 31, no. 1 (1995), p. 16.

[20] David Arnold, *The Mirage of Global Markets* (Upper Saddle River, NJ: Financial Times Prentice Hall, 2004), pp. 41–43.

[21] John Pawle, "Mining the International Consumer," *Journal of the Market Research Society* 41, no. 1 (1999), p. 20.

[22] Gabriel Kahn, "Chinese Puzzle: Spotty Consumer Data," *The Wall Street Journal* (October 15, 2003), p. B1.

[23] Kathleen Kerwin, "Can This Minivan Dent Detroit?" *BusinessWeek* (February 3, 1997), p. 37.

[24] Peter F. Drucker, "Marketing 101 for a Fast-Changing Decade," *The Wall Street Journal* (November 20, 1990), p. A17.

[25] Adam Jones, "How to Make up Demand," *Financial Times* (October 3, 2006), p. 8.

[26] Kerry A. Dolan, "The Soda with Buzz," *Forbes* (March 28, 2005), p. 126.

[27] Jason Leow and Gordon Fairclough, "Rich Chinese Fancy Luxury Cars," *The Wall Street Journal* (April 12, 2007), pp. B1, B2.

[28] James Harding, "Foreign Investors Face New Curbs on Ownership of Stores," *Financial Times* (November 10, 1998), p. 7.

[29] Tom Hancock, "Marks and Spencer Retreats from Mainland China," *Financial Times* (April 1, 2017), p. 11.

[30] Charles Duhigg, "Yoplait Battles the Greeks," *The New York Times* (June 26, 2017), p. B3.

[31] Deborah Steinborn, "Talking about Design," *The Wall Street Journal—The Journal Report: Product Design* (June 23, 2008), p. R6.

[32]Gina Chon, "VW's American Road Trip," *The Wall Street Journal* (January 4, 2006), pp. B1, B9.

[33]Emily Nelson, "P&G Checks out Real Life," *The Wall Street Journal* (May 17, 2001), pp. B1, B4.

[34]Deborah Ball, "The Perils of Packaging: Nestlé Aims for Easier Openings," *The Wall Street Journal* (November 17, 2005), p. B1.

[35]Katheryn Kranhold, "Whirlpool Conjures up Appliance Divas," *The Wall Street Journal* (April 27, 2000), p. B1.

[36]Cris Prystay, "Selling to Singapore's Teens Is Tricky," *The Wall Street Journal* (October 4, 2002), p. B4.

[37]Scott Porch, "Sex and the Single Girl, for Millennials," *The New York Times* (July 2, 2017), p. 13.

[38]Jack Edmonston, "U.S., Overseas Differences Abound," *Business Marketing* (January 1998), p. 32.

[39]Eugene H. Fram and Riad Ajami, "Globalization of Markets and Shopping Stress: Cross-Country Comparisons," *Business Horizons* 37, no. 1 (January–February 1994), pp. 17–23.

[40]Parts of this section are adapted from Glen L. Urban, John R. Hauser, and Nikhilesh Dholakia, *Essentials of New Product Management* (Upper Saddle River, NJ: Prentice Hall, 1987), Chapters 6 and 7.

[41]Parts of this section were adapted from Vanessa Friedman, Rachel Sanderson, and Scheherazade Daneshkhu, "Luxury's New Look," *Financial Times* (December 24, 2012), p. 5.

[42]Nelson D. Schwartz and Joan M. Levinstein, "Has Nokia Lost It?" *Fortune* (January 24, 2005), pp. 98–106.

[43]Bruce Horovitz, "CEO Nears 10-Year Goal to Clean up a Soupy Mess," *USA Today* (January 26, 2009), pp. 1B, 2B.

[44]Sonya Misquitta, "Cadbury Redefines Cheap Luxury," *The Wall Street Journal* (June 8, 2009), p. B4.

[45]Ellen Byron, "Gillette's Latest Innovation in Razors: The 11-Cent Blade," *The Wall Street Journal* (October 1, 2010), p. B1.

[46]Ben McCormack, "Truffle Hunting: The Best London Restaurants to Enjoy White Truffles," *The Telegraph* (October 31, 2016), p. 4.

[47]Ikujiro Nonaka and Hirotaka Takeuchi, *The Knowledge-Creating Company* (Cambridge, MA: Harvard Business School Press, 1995), p. 67. As Nonaka and Takeuchi explain, "Metaphor and analogy are often confused. Association of two things through metaphor is driven mostly by intuition and holistic imagery and does not aim to find differences between them. On the other hand, association through analogy is carried out by rational thinking and focuses on structural/functional similarities between two things. . . . Thus analogy helps us understand the unknown through the known."

[48]David Arnold, *The Mirage of Global Markets* (Upper Saddle River, NJ: Financial Times Prentice Hall, 2004), pp. 41–43.

[49]V. Kumar, *International Marketing Research* (Upper Saddle River, NJ: Prentice Hall, 1999), p. 15.

[50]Christian Madsbjerg, *Sensemaking: The Power of the Humanities in the Age of the Algorithm* (New York, NY: Hachette Books, 2017), p. 118.

[51]Kadhim Shubber, "Music Analytics is Helping the Music Industry See Into the Future," *The Guardian* (April 9, 2014), p. 12.

[52]John Seabrook, "The Immaculate Lineup," *The New Yorker* (April 17, 2017), p. 33.

7

시장 세분화, 목표시장 선정, 포지셔닝

학습목표

7-1 글로벌 마케터가 사용할 수 있는 세분화된 글로벌 시장의 변수를 정의하고, 각각의 사례를 살펴본다.

7-2 글로벌 마케터가 목표로 하는 구체적인 시장을 선정하는 기준에 대해 설명한다.

7-3 글로벌 마케터가 목표를 결정하기 위하여 어떻게 제품-시장 격자표를 사용하는지 알아본다.

7-4 세 가지 주요 목표시장 전략 선택을 비교 대조한다.

7-5 글로벌 마케터가 사용할 수 있는 여러 가지 포지셔닝 전략을 설명한다.

사례 7-1
중국 명품시장의 세분화

글로벌 마케터들은 13억 이상의 인구에 매료되어 중국으로 몰려들고 있다. 빠르게 성장하고 있는 중산층 외에도 중국에는 백만장자와 억만장자가 증가하고 있다. 이 그룹들의 열망과 구매력 증가 덕분에 중국 소비자는 전체적으로 다른 국적의 어느 소비자보다 더 많은 명품을 구매한다. 수십 개의 중국 도시에는 100만 명 이상의 인구로 구성되어 있다. 이른바 일류 해안도시와 이류도시인 상하이, 선전, 베이징과 같은 도시에서 중국 소비자들은 프랑스 와인, 이탈리아 디자이너 의류 및 독일 고급 자동차를 구매하여 부를 과시하곤 한다(사진 7-1 참조).

글로벌 마케팅 담당자는 중국의 경제 엘리트들을 타깃으로 삼아 기업성장을 촉진하고자 한다. 그러나 곧 천편일률적인 전략이 효과가 없다는 것을 알게 된다. 중국에서 가장 부유한 1% 내에서도 몇 가지로 세분되는데 슈퍼엘리트, 신흥부유층, 고위공무원이다. 이러한 세분화와 이에 도달할 수 있는 기회와 도전에 대해 더 자세히 알아보려면 이 장의 끝에 있는 사례 7-1(계속)을 참조하라.

부유한 중국 소비자와 연결하려는 글로벌 기업의 노력은 숙련된 글로벌 시장 세분화 및 목표시장 선정의 중요성을 강조한다. **글로벌 시장 세분화**(global market segmentation)는 공통 특성에 따라 고객 및 국가 그룹을 식별하고 분류하는 프로세스이다. **목표시장 선정**(targeting)은 세분화를 평가하고 대응 가능성이 큰 국가, 지역 또는 그룹에 마케팅 노력을 집중하는 것이다. 이러한 목표시장 선정은 회사가 가장 효과적이고 효율적이며 수익성에 도달할 수 있는 소비자를 식별해야 하는 현실을 반영한다. 마지막으로 목표시장 고객의 마음에서 제품 또는 브랜드를 차별화하기 위해서는 적절한 **포지셔닝**(positioning)이 필요하다.

글로벌 시장은 구매자 카테고리(소비자, 사업가, 정부, 교육)와 나이, 성별, 수입, 다른 여러 기준으로 세분화될 수 있다. 세분화와 목표시장 선정은 다르지만 시장 활동과 깊이 연관되어 있다. 세분화와 목표시장 선정은 특정 시

장의 소비자들의 구체적인 요구를 충족하는 마케팅 프로그램과 가치 제안을 개발하는 데 필요한 마케터의 의사결정에 중요한 역할을 한다. 이 번 장에서 세분화, 목표시장 선정, 포지셔닝을 모두 검토한다.

7-1 글로벌 시장 세분화

◀ 7-1 글로벌 마케터가 사용할 수 있는 세분화된 글로벌 시장의 변수를 정의하고, 각각의 사례를 살펴본다.

글로벌 시장 세분화는 회사의 마케팅 믹스에 대해 유사한 반응을 보일 것으로 여겨지는 동일한 속성을 지니고 있는 잠재적 고객으로 이루어진 시장의 특정한 부분—특정한 나라의 집단이나, 개인 소비자 집단 등으로 이루어져 있는—을 밝혀내는 과정으로 정의되어 왔다.[1] 지난 수십 년간 마케팅 전문가와 학자는 글로벌 시장의 세분화에 대해 많은 흥미를 지니고 있었다. 1960년대 후반에 어느 연구자는 단지 일반적인 광고 접근법에 대한 소비자 수용의 대담성에만 기초해 유럽 시장은 크게 세 가지, 즉 '국제적인 세련됨, 세련됨이 있는, 지역적'으로 분류할 수 있다고 제안했다.[2] 또 다른 연구자는 일반적이고, 전 세계적으로 광고에 활용될 수 있는 몇 가지 주제(예 : 미에 대한 욕망, 건강에 대한 욕망, 고통으로부터의 자유, 모성애 등)를 제안했다.[3]

아래의 사례를 살펴보자.

- PC 시장은 가정 사용자과 기업 사용자 그리고 교육용 사용자로 나누어진다. 델은 원래 기업 사용자를 목표로 하였다. 2014년 휴렛패커드(HP)는 두 회사로 분리되었다. HP 앤터프라이즈는 B2B 시장에 서버 및 데이터 스토리지 서비스를 판매한다. 우리에게 익숙한 파란색 로고의 HP는 PC 및 프린터 시장에 중점을 두고 있다.

- 여성의 제모 기호를 연구하기 위해서 전 세계 직원 회의를 소집한 후에 쉬크 윌킨슨 소드는 칼날 카트리지를 교체할 수 있는 여성들을 위한 제모 시스템인 '인투이션'을 소개하였다. 인투이션은 다리에 비누칠과 제모를 동시에 할 수 있는 '스킨 컨디셔닝 솔리드'를 통합하였다. 인투이션은 질레트의 세 칼날 면도 시스템인 비너스 사용자들을 대상으로 한 프리미엄 제품이다.[4]
- 유니레버의 한 브랜드인 도브는 전통적으로 도브 브랜드 스킨 케어제품으로 여성들을 타깃으로 한다. 2010년에는 새로운 브랜드인 맨+케어를 론칭하였다. 이러한 움직임에 경쟁사 올드 스파이스의 마케터는 '여성의 향기가 나는 바디워시'를 사용하는 남성들을 조롱하는 광고를 론칭하여 대응하였다.
- GM의 중국 진출에 대한 원래의 시장진입전략은 대형 세단 스타일의 자동차를 선호하는 정부와 기업 관료들을 대상으로 하는 것이었다. 지금은 중국 중산층을 목표로 하는 뷰익 엑셀 GT와 뷰익 베라노를 포함하는 라인업으로 변경하였다.

테오도르 레빗 교수는 40년 전에 다른 나라에 있는 소비자들이 다양성을 추구하고, 이와 같은 방식으로 새롭게 분화된 시장이 다국적 시장에서 나타날 것이라는 이론을 제기했다. 따라서 스시나, 팔라펠, 혹은 피자와 같은 지역적이고 민족 특성이 강한 음식들이 세계 어느 곳에서나 인기가 있을 수 있다. 레빗 교수는 소비의 복수성과 동시적 세분화 등으로 다양하게 알려진 이러한 경향이 마케터들에게 전 세계적 차원의 시장에서 하나 혹은 그 이상의 세분시장을 추구할 수 있는 기회를 제공한다고 제안했다. MTV 네트워크 아시아의 회장인 프랑크 브라운은 최근의 지역경제 불황에도 불구하고 MTV가 아시아 지역에서 성공을 거둔 것은 이러한 경향 때문이라고 밝혔다. 그는 "마케팅 예산이 한정되어 있을 때 광고주들은 좀 더 효과적인 구매를 모색한다. 그리고 우리는 범지역적인 틈새 시청자들에게 광고를 전달할 수 있다."라고 말했다.[5] 존 미클스웨잇과 아드리안 울드리지는 이러한 상황을 다음과 같이 요약했다.

> 마이클 티펫의 새로운 교향곡을 듣는 청중이나 홍학의 짝짓기 습성에 대한 자연 다큐멘터리를 보는 시청자는 한 국가 안에서는 매우 소수일 것이다. 그러나 전 세계의 티펫이나 홍학의 열성팬들을 모은다면 당신은 매력적인 상업적 제안을 받게 될 것이다. 인터넷을 통한 저렴한 유통은 이러한 틈새시장을 금전적으로 더욱 매력적이게 만들 것이다.[6]

글로벌 시장의 세분화는 회사가 각기 다른 나라에 있는 유사한 니즈(needs)와 욕구(desire)를 가지고 있는 소비자들을 밝혀내려고 노력해야 한다는 전제에 기반하고 있다. 그러나 많은 나라에서 피자를 좋아하는 소비자가 매우 많다는 사실이 모두 똑같은 피자를 먹는다는 것을 의미하진 않는다. 예를 들어 프랑스의 도미노 피자에서는 염소젖으로 만든 치즈와 '라둔'이라고 알려진 돼지고기로 만든 피자를 판매한다. 대만에서는 토핑에 오징어와 가재, 새우와 파인애플이 포함되며, 브라질 사람들은 으깬 바나나와 계피향료를 함께 주문할 수 있다. 도미노 피자의 국제사업부 부사장인 패트릭 도일이 설명하는 것처럼 피자는 간단하게 토핑만 바꿈으로써 전 세계 어느 소비자들의 요구에도 훌륭하게 맞출 수 있다.[7]

코스쿤 삼리는 전통적인 지식과 비전통적 지식을 비교 대조함으로써 글로벌 시장 세분화에 대해 유용하게 접근할 수 있는 접근법을 개발했다.[8] 예를 들어 전통적인 지식에서는 유럽과 라틴아메리카의 소비자들은 월드컵 축구경기에 관심이 있는 반면에 미국의 소비자들은 그렇지 않을 것이라 가정할 것이다. 하지만 비전통적 지식에서는 이러한 것을 미국을 포함한 많은 국가에 존재하는 '일반적 농담' 정도로 주목할 것이다. 그러나 비전통적 지식에 입각해 본다면 미국을 포함한 많은 나라에 이와 관련된 시장이 있음을 주목할 것이다.[9] 이와 유사하게 전통적인 시각에서는 인도의 1인당 평균소득이 1,670달러이기 때문에 모든 인도인이 낮은 소득수준을 보인다고 가정할 것이다. 비전통적인 시각에서는 이와 다르게 고소득층이나 중산층의 존재를 주목할 것이다. 라오뱅크 인디아의 식품분석가인 샵나 나야크는 "인도의 맥도날드나 서브웨이의 잠재적인 소비자 규모는 선진국의 모든 소비자를 합친 것보다 크다."라고 밝혔다.[10] 중국도 상황은 마찬가지이다. 중국은 서부지방과 동부지방 간에 상당한 소득 격차가 있는 곳이다. 예를 들어 상해의 1인당 소득은 47,710위안인 반면 간쑤의 주민들은 훨씬 더 가난하다.[11]

글로벌 시장 세분화의 관점 비교

수차례 이 책에서 언급했듯 세계적인 마케터들은 그러한 고객들의 욕구와 니즈를 표준화된 마케팅 믹스가 가장 잘 충족시킬 수 있는지 혹은 변형된 마케팅 믹스가 가장 잘 충족시킬 수 있을지를 결정해야만 한다. 시장 세분화를 수행함으로써 마케터들은 가장 효과적인 접근법을 고안하기 위한 통찰력을 얻을 수 있다. 글로벌 시장의 세분화 과정은 고객들을 하나의 집단으로 분류하기 위한 기초로 사용하기 위해 하나 혹은 그 이상의 변수들을 선택하는 것부터 시작된다. 일반적인 변수들에는 인구통계적 변수, 심리통계적 변수, 행동특성에 따른 변수, 효용 추구에 따른 변수와 같은 것들이 포함된다. 환경에 의해 각각 다른 국가의 시장을 그룹화하는 것도 가능할 수 있다(예 : 특정 산업에 대한 정부규제 유무에 따른 분류).

인구통계적 시장 세분화

인구통계적 시장 세분화(demographic segmentation)는 소득이나 인구수, 연령 분포, 성별, 교육, 직업 등과 같이 측정 가능한 인구의 특성을 바탕으로 한다. 다양한 전 세계적인 인구통계의 흐름 다시 말해 결혼율의 감소, 가족 규모의 축소, 여성의 역할 변화, 높아진 소득과 생활수준 등이 글로벌 시장 세분화의 출현에 기여했다. 전 세계적으로 중요한 인구통계적 변화 몇 가지를 소개한다.

- 동남아시아의 인구는 6억 명으로 이 중 70%가 40세 미만이다.
- 인도는 세계의 큰 국가 중 인구통계적 나이가 가장 어리다. 인구의 3분의 2 이상이 35세 이하이다. 이 젊은 층은 경제성장의 주요 역할을 함으로써 '인구 배당 효과'를 제공할 것으로 예상된다.
- EU에서 16세 이하의 소비자 수가 60세 이상의 소비자 수에 빠른 속도로 접근하고 있다.
- 2025년에 일본 인구의 절반이 50세 이상이 될 것이다.
- 2030년에 미국 인구의 20%인 7,000만 명이 65세 이상이 될 것이다(현재는 13%인 3,600만 명).
- 미국의 대표적인 세 소수인종인 아프리카계 미국인, 히스패닉계 미국인, 아시아계 미국인들의 연간 구매력을 합치면 3조 5,000억 달러에 달한다.

● 미국에는 2,840만 명의 외국인이 거주하고 이들의 소득을 합치면 2,330억 달러에 달한다.

이러한 통계들은 글로벌 시장에서 기회를 엿보고 있는 마케터에게 유용한 통찰력을 제공해 준다. 제4장에서 강조했듯이 한 가지 예를 들면 디즈니는 인도에서 거대한 규모의 젊은이들과 소득이 증가하고 있는 그들의 부모를 자본의 대상으로 이용할 수 있게 되기를 희망하고 있다. 세계적인 회사의 관리자는 소비자의 나이 변화, 혹은 다른 인구통계적 변화에 대응하여 마케팅 전략이 수정되어야 가능성이 있다는 것을 잘 인식하고 있어야 한다. 예를 들어 소비자 제품을 판매하는 회사는 은퇴를 앞둔 50세 이상의 사람에게 주목할 필요가 있다. 또한 이 회사는 내년의 성장목표를 달성하기 위해 베트남이나 브라질, 멕시코와 같은 개도국 시장을 표적시장으로 선정해야 할 것이다.

인구통계적 변화는 마케팅 혁신을 위한 기회를 만들어 낼 수 있다. 프랑스에서는 2명의 사업가가 샘 월튼이 월마트를 설립하기 수년 전에 소매상의 관례를 새롭게 썼다. 1963년에 마르셀 푸르니에와 루이 데드포레가 첫 번째 까르푸('교차로'라는 의미) 초대형 매장을 연 것이다. 그 당시에 프랑스에는 5,000제곱피트 정도 되는 면적에 소규모의 특화된 상점(블랑제리 : 제과점, 샤르퀴토리 : 정육점)이 입점해 있는 단편적인 상점체계가 있었다. 이러한 상점체계는 프랑스의 고유한 전통의 일부였고, 쇼핑객들은 가게 주인과 개인적인 관계를 맺고 있었다. 그러나 시간이 지나면서 맞벌이 부부들은 가게에 매일 갈 시간이 적어졌다. 이와 같은 경향은 다른 나라에서도 생겨나고 있었다. 1993년에 까르푸 SA사는 210억 달러의 매출을 올렸고, 시가 총액은 100억 달러에 이르는 세계적 유통회사가 되었다. 2016년에는 매출액이 830억 달러에 이르렀다. 오늘날 까르푸는 35개국에서 12,200개의 매장을 운영하고 있다. 아드리안 슬리워츠키가 언급했듯 인구통계적 변화가 푸르니에와 드포레에게 참신하고 고객의 요구에 부합하며 비용효율이 높은 사업 모형을 만들어 낼 수 있는 기회를 제공한 것이다.[12]

인구통계적 변화는 또한 미국 쇼핑몰의 르네상스를 이끄는 원동력이었다. 1956년에 실내 쇼핑몰이 처음으로 문을 열었다. 50년 후 소매 선문가들은 '죽어가는 문화'와 같은 용어를 사용하여 미국 쇼핑몰을 설명했다. 미국은 약 1,500개의 쇼핑몰을 자랑하지만 인터넷이 전 세계 매장을 미국 가정으로 들어오면서 많은 쇼핑몰이 폐쇄되었다. 그러나 오늘날의 기업가들은 변화하는 미국의 모습에서 기회를 발견하고 있다. 예컨대 애틀랜타 지역의 히스패닉 인구는 1990년과 2000년 사이에 4배로 증가했다. 이러한 변화로 인해 부동산 중개인인 호세 레가스피는 애틀랜타의 황폐한 쇼핑몰을 개조하고 플라자 피에스타를 재명명했다. 이 쇼핑몰은 매년 4백만 명 이상의 방문객을 유치한다. 많은 사람들이 마리아치 밴드를 듣고 휴식을 취하고, 뮬론 쇼핑을 하기 위해 모인 히스패닉 가족들도 있다. 레가스피는 로스앤젤레스 교외에 있는 파노라마 몰을 포함하여 다른 장소에서도 그의 마법을 사용했다(사진 7-2 참조).[13]

소득과 인구에 따른 글로벌 시장 세분화 한 회사가 글로벌 시장으로 확장을 하기 위한 계획을 세울 때 종종 소득이 시장 세분화를 위한 중요한 변수라는 사실을 알게 된다. 무엇보다도 시장은 구매할 의사가 있고 실제로 구매할 수 있는 능력이 있는 사람들을 포함하기 때문이다. 담배나 청량음료, 사탕 등 구매단위당 가격이 낮은 소비자 제품은 인구가 소득보다 더 중요한 변수이다. 그럼에도 불구하고 오늘날 전 세계적 시장의 광범위한 산업과 소비자 제품에 있어 소득은 잠재적 시장에 대한 중요하고 가치가 있는 거시적 지표이다. 세계 국가총생산(GNI)의 3분의

사진 7-2 2000년대 초반 첫 10년 간 미국 인구 증가의 반 이상을 히스 패닉계가 차지했다. 특히 5만 달러 이 상의 수입이 있는 가구의 증가가 눈에 띈다. 퓨 리서치 센터에 의하면 히스 패닉계는 2020년까지 1조 7,000억 달러 규모의 구매력을 보일 것으로 전 망된다. 이 특정 소비자 집단은 마케 터에게는 중요한 시장으로 간주된다. 출처 : Photo by Emily Berl.

2가 3개의 주요 국가로부터 발생한다. 그러나 이 세 나라의 인구는 전 세계 인구의 12%에 불 과하다.

소수의 산업화된 국가에 의한 부의 집중은 글로벌 마케터들에게 중요한 의미를 내포한다. 하나의 인구통계적 변수인 소득에 의해 시장을 세분화한 후에 회사는 유럽연합의 절반, 북미, 일본 등을 포함하는 20개 이하의 국가를 표적으로 삼아 가장 부유한 시장에 접근할 수 있다. 하지만 그렇게 함으로써 마케터들은 거의 전 세계 인구의 90% 정도에는 접근하지 못하게 된 다. '주의'라는 단어는 이럴 때 적합한 단어이다. 소득에 대한 데이터와 인구에 대한 데이터는 널리 이용될 수 있고, 분석하기에 비용이 많이 들지도 않는다는 이점이 있다. 그러나 경영진은 부지불식중에 지나치게 그런 데이터를 곡해할 수 있다. 다시 말해서 시장의 잠재력에 대한 수 치를 제공하는 거시적 수준의 인구통계적 데이터가 시장기회의 존재 유무를 가리는 유일한 지 수로 쓰일 필요는 없다는 것이다. 신흥산업국가 시장이나 새롭게 조사되고 있는 지역의 경우 에 특히 더 그렇다.

이론적으로 말하자면 미국 달러로 변환된 GNI와 다른 국가소득 지표는 구매력에 기반하여 계산되거나(다시 말해 화폐가 발행된 국가에서 무엇을 구매할 것인지), 주어진 제품의 실제 가 격의 직접적인 비교를 통해서 계산되어야만 한다. 이렇게 하면 생활수준의 실질적인 비교가 가능할 것이다. 표 7-1은 2016년 1인당 국민소득 상위 10개국을 나타낸 것인데, 구매력에 따 른 조정 순위가 포함되어 있다. 미국의 경우 1인당 소득은 6위에 랭크되어 있지만 노르웨이와 룩셈부르크, 스위스만이 구매력에 의해 조정된 소득이 미국의 수준보다 높다.[14] 대부분의 수치 에서 미국 시장은 거대하다. 국가소득은 18조 6,000억 달러에 육박하며, 2006년 기준치로 인 구는 3억 명을 넘었다. 이런 수치를 보면 그렇게 많은 타국 회사들이 미국의 개인 소비자와 조 직 구매자를 표적시장으로 삼고 상품을 조달하는 것은 전혀 놀라운 일이 아니다.

이와 관련된 적절한 예는 미쓰비시 자동차이다. 미쓰비시는 처음에 약간의 수정만으로 전 세계에서 팔릴 수 있는 '글로벌 차량'을 만들겠다는 목표를 세우고 몬테로 스포츠 SUV 차량을

표 7-1 1인당 국민소득(2016)*

	1인당 GNI(달러)	구매력에 따른 조정 소득 순위(달러)
1. 노르웨이	82,440	62,550
2. 스위스	81,240	63,660
3. 룩셈부르크	71,470	70,430
4. 덴마크	56,990	51,100
5. 아이슬란드	56,990	52,490
6. 미국	56,810	58,700
7. 스웨덴	54,590	50,030
8. 오스트레일리아	54,420	45,970
9. 싱가포르	51,880	85,190
10. 아일랜드	51,760	56,870

* 순위에서 2016년 자료가 제공되지 않은 국가의 정보는 생략됨(예 : 모나코, 리히텐슈타인, 카타르)

재설계했다. 하지만 이후에 디자인 프로그램 방향이 바뀌었는데, 새로운 목표는 더 넓은 실내 공간과 더 큰 마력수의 더 미국적인 차량을 만드는 것이었다. 미쓰비시의 북미 지사장인 히로시 야지마는 그러한 변화의 원인을 미국 자동차시장의 규모와 역동성에서 기인했다고 밝혔다. 그는 "우리는 그 차가 미국 시장 밖에서 팔리지 않는 것은 신경 쓰지 않았다."라고 말했다.[15] 몬테로는 2004년까지 미국에서 판매되다가 인데버로 대체되었다. 인데버는 미쓰비시의 '프로젝트 아메리카' 프로그램의 일환으로 일리노이에서 제조되었으며, 수출시장에서 운전자의 취향을 고려하지 않고 미국의 자동차시장을 겨냥하는 데 집중한 차량이었다. 이 프로그램은 성과를 거두었다. 미쓰비시의 현재 SUV 차량인 아웃랜더는 컨슈머 리포트에서 '추천' 등급을 받았다.

1인당 소득규모가 비슷하더라도 어떤 산업국가에서는 연간소득의 경우 상당히 규모가 작을 수도 있다(표 7-2 참조). 예를 들어 스웨덴의 경우 1인당 GNI는 54,480달러에 이르지만, 스웨

표 7-2 국민총소득 상위 10개국(2016)

국가	GDP(100만 달러)
1. 미국	18,589,000
2. 중국	11,199,000
3. 일본	4,939,000
4. 독일	3,467,000
5. 영국	2,619,000
6. 프랑스	2,465,000
7. 인도	2,264,000
8. 이탈리아	1,850,000
9. 브라질	1,796,000
10. 캐나다	1,530,000

덴의 적은 인구 990만 명 때문에 시장은 제한되어 있다. 이러한 사실은 왜 에릭슨이나 이케아, 볼보 등과 같이 스웨덴 회사들이 중요한 성장 기회를 국경 너머에서 찾는지를 설명해 준다.

표 7-1에서 세계에서 가장 부유한 나라들의 소득통계와 생활수준의 차이를 강조하고 있는데, 그러한 차이점들은 저개발된 국가들에서는 더욱 현저하게 나타난다. 탄자니아의 진흙집을 방문해 보면 돈으로 살 수 있는 많은 것들에 대해 알게 될 것이다. 철제 침대, 양철지붕, 맥주와 청량음료, 자전거, 신발, 사진기, 라디오, TV도 살 수 있다. 그보다도 탄자니아의 1인당 소득이 900달러라는 것이 반영하지 못하는 현실은 탄자니아의 공공요금 청구서인데, 탄자니아에는 지역 우물과 태양이 있다. 양로원 대신에 전통과 풍습에 의해 가족이 노인을 집에서 보살핀다. 값비싼 의사와 병원 대신 주민들은 주술사나 무당을 찾아갈 것이다.

산업화된 국가에서는 가난한 나라에서 무료인 재화와 서비스가 지출의 상당 부분을 차지한다. 그렇기 때문에 후진국이나 중진국가의 생활수준은 소득 자료가 의미하는 것보다 더 높은 경우가 종종 있다. 다시 말해서 지역통화의 실질적인 구매능력은 교환가치에 의해 나타나는 것보다 훨씬 높을 수 있다. 예를 들어 중국의 1인당 평균소득인 8,250달러는 51,645위안에 해당한다(1US 달러는 6.26위안). 그러나 51,645위안으로는 미국에서 8,250달러로 살 수 있는 것보다 훨씬 많은 제품을 구매할 수 있다. 구매력을 기준으로 수정된 1인당 소득은 약 15,500달러 정도로 추정된다. 이 수치는 수정되기 전보다 약 2배 정도 높은 수치이다. 이와 유사하게 구매력으로 계산하면 탄자니아의 1인당 소득은 2,740달러 정도가 된다. 탄자니아의 옛 수도인 다르에스살람에 가 보면 상점에는 TV와 패션 아이템들로 가득 차 있으며, 사업가들이 스마트폰을 사용하여 거래를 협상하는 모습을 흔히 볼 수 있다. 카리아쿠 시장에서 공급업체는 현금 대신 모바일 머니 거래를 통해 비즈니스를 수행해야 한다(사진 7-3 참조). 실제로 세계은행은 탄자니아가 아프리카 국가 중 성인 1,000명당 가장 많은 모바일 머니 계좌를 보유하고 있다고 보고한다.[16]

2016년에 인구수 기준 10대 국가가 전 세계 소득의 60% 이상을 차지했다. 인구수 순위 상위

사진 7-3 대부분의 인구가 은행을 이용하지 않는 탄자니아에서는 모바일 화폐가 현금을 대처하고 있다.
출처 : iStock Unreleased/Getty Images.

표 7-3 총인구 상위 10개국(2016)

글로벌 수입과 인구	인구 (100만 달러)	세계인구의 %	총 GDP (10억 달러)	1인당 GNI (달러)	세계 GDP의 %
전 세계 총계	7,422	100.00	75,544	10,298	100.0
1. 중국	1,378	19	11,199	8,250	15.0
2. 인도	1,324	18	2,264	1,670	3.0
3. 미국	323	4.4	18,589	56,180	25.0
4. 인도네시아	261	3.5	934	3,400	1.0
5. 브라질	207	2.8	1,796	8,840	2.0
6. 파키스탄	193	2.6	283	1,510	0.4
7. 나이지리아	185	2.5	405	2,450	0.5
8. 방글라데시	162	2.2	221	1,330	0.3
9. 러시아 연방	144	1.9	1,280	9,720	1.7
10. 멕시코	127	1.7	1,046	9,040	1.4

5개국은 전 세계 소득의 46%를 차지했다(표 7-3 참조). 인구수의 비율은 소득만큼 집중되어 있지는 않지만 국가 규모 측면에서 볼 때 주목할 만한 집중화 경향이 있다. 오늘날 인구수 상위 10개 국가는 대략 세계 인구의 60% 정도를 차지한다. 고소득 국가이면서 인구가 많은 나라로 소득이 집중된다는 사실은 기업들이 10개 혹은 그 이하의 나라에만 집중해도 세계적인 기업이 될 수 있다는 것을 의미한다. 세계의 인구는 현재 대략 70억 명이다. 현재의 증가 추세대로라면 금세기 중반쯤에는 120억 명에 이를 것이다. 간단히 말하자면 이 책으로 공부하고 있는 학생들 상당수의 일생 안에 세계 인구가 2배가 될 것이란 이야기다!

앞서 언급했듯 가격이 충분히 낮은 제품의 경우 인구는 시장 잠재력을 결정하는 데 있어 소득보다 더 중요한 변수이다. 따라서 모든 국가에게 인구가 13억 명이 넘는 중국과 인도는 매력적인 목표시장을 대표한다. 인도와 같은 국가에서 한 가지 세분화 접근방식은 저렴한 소비재에 대한 기존 대중시장에 서비스를 제공해야 한다는 것이다. 카오, 존슨앤드존슨, P&G, 유니레버 및 기타 패키지 상품회사들은 인도 시장을 겨냥해 개발하고 있으며, 이는 부분적으로 샴푸 및 기타 개인위생품의 일회용 파우치에 몇 센트를 지출할 수 있는 수억 명의 고객의 존재에 의해 매료된다.

맥도날드의 글로벌 시장 확장 사례는 마케팅 활동에 있어 소득과 인구 두 가지 변수가 모두 중요함을 보여준다. 한편으로는 사례 1-2에서 언급하듯 맥도날드는 118개국에서 운영되고 있다. 그러나 이러한 수치 뒤에 숨어 있는 사실은 80%가 9개 국가 시장에 몰려 있다는 것이다. 오스트레일리아, 브라질, 캐나다, 중국, 프랑스, 독일, 일본, 영국, 미국이 그 9개 국가이다. 이 9개 국가로부터 회사 총매출의 75%가량이 발생한다. 이들 나라 중 8개 나라가 표 7-2의 소득 수준 상위 10개국에 포함된다. 그러나 표 7-3의 인구수 상위 10개국에는 3개 국가만이 포함되어 있다. 현재 100여개 비주요 국가시장에 있는 맥도날드 매장의 매출액은 20%에도 미치지 못하고 있다. 맥도날드는 중국을 비롯한 인구가 많은 국가의 시장 확장이 21세기에도 계속되기를 기대하고 있다.

　급성장하는 경제시장에서 마케터는 시장을 세분화하기 위하여 소득이나 인구를 비롯한 거시적 데이터를 사용할 때 주의를 기울여야 한다. 마케터는 앞서 중국과 인도의 사례를 예로 들었던 것처럼 국가소득의 수치는 평균치라는 것을 기억해야 한다. 평균치만을 이용할 때 빠르게 성장하고 있으며 더 높은 소득을 가진 세분시장이 두 나라 모두에 존재한다는 것을 판단할 수 있다. 해롤드 서킨, 제임스 헤머링, 아린담 바타차르야는 글로벌리티에서 중국과 인도의 소득 불균형은 그 나라의 막대한 인구수의 변화를 반영한다는 점을 지적하였다. 중국에서는 이러한 변화가 8가지의 주 언어와 수많은 방언, 소수 언어가 존재한다는 점에서 명백해지고 있다. 게다가 중국의 30개 도시는 인구가 2백만 명 이상이다. 저자는 다음과 같이 언급했다.

> 베이징어는 북부 중국의 주요 도시에서 주로 쓰이는 언어이다. 반면 광둥어는 중국의 남부지역과 홍콩에서 주로 쓰인다. 그리고 각각의 언어 이면에는 양식, 행동, 동경의 대상 등의 요소와 집단적인 것에서 근본적인 변화를 일으키는 특수한 지역적 역사, 문화, 경제적 요인이 존재한다.
>
> 　이러한 차이는 동기, 기대, 열망 등의 이해도에 따른 인구의 세분화와 각각의 세분화된 시장이 지니는 구매력을 파악하는, 기업의 가장 근본적인 시장진출 활동에 있어서 중요한 목표를 나타낸다. 그것은 '대중시장'이라는 단어를 무의미하게 한다. 그렇다. 급격하게 발전하는 경제에서는 수많은 소비자가 있지만 그들을 하나의 집단으로 일괄적으로 다룰 수는 없다. 적어도 한 묶음의 제품 제안이나 하나의 언어 캠페인, 하나의 서면 커뮤니케이션으로는 안 된다.[17]

　이것은 인도에서도 마찬가지이다. 대략 10% 정도의 인구가 '중상위 계층'으로 분류된다. 인류학적 세분시장을 명확하게 정의하는 데는 추가적인 정보가 필요할 수도 있다. 어느 추정치에 의하면 인도의 중산층은 총 3억 명이다. 그러나 중산층을 '자동차와 컴퓨터, 세탁기를 소유하고 있는 가구'로 한정하면 그 숫자는 훨씬 작아질 것이다.

　한 인도 전문가에 따르면 인도 인구는 오토바이와 전화기를 보유하고 있는 2,500만 가구의 '자전거 시장'을 통해 더 세분화될 수 있다. 그러나 대다수의 인도 인구는 대부분의 생활편의 제품은 없지만 TV는 소유하고 있는 '우마차 시장'에 해당한다.[19] '지역'이 매우 다양할 때 글로벌 기업은 어떻게 '지역적으로 행동'할 수 있을까? 아마존 인도의 대표 아미트 아가왈은 "표준화란 없다. 모든 지역은 각자의 정의가 있다. 마치 25개의 국가가 있는 것과 같다."라고 일갈한다.[20] 교훈은 분명하다. 평균에 속지 않으려면 동질성을 가정해서는 안 된다!

연령에 따른 세분화　나이는 글로벌 마케팅에서 유용한 인구통계적 변수이다. 인구통계학에 기반을 둔 국제적인 세분시장은 **글로벌 10대**(global teens)로, 12~19세의 젊은이들이 그 대상이다. 10대들이 패션, 음악, 젊은 생활양식에 걸쳐 공유하는 관심사 덕분에 그들은 국경을 초월해 일치하는 소비행동을 보인다. 청바지 브랜드 디젤의 창업자인 렌초 로소는 "세계에서 무작위로 선발된 10대들도 비슷한 취향을 보일 것이다."라고 설명했다.[21] 젊은 소비자들은 아직 자신들의 문화적 규범에 동화되지 않았다. 그뿐 아니라 그런 문화적 규범에 반항하려 할 수도 있다. 이러한 사실은 10대들이 공유하고 있는 공통된 욕구와 필요, 욕망, 환상(브랜드 이름, 참신함, 오락성, 유행, 이미지 지향적 제품 등에 대한 환상)과 결합해, 통합된 마케팅 프로그램으로 국제적인 10대 시장을 공략하는 것을 가능하게 한다.

"인도의 도시는 점점 포화상태가 되어 간다. 도시에서 TV를 구입할 수 있는 사람들은 한 대씩은 모두 있다. 만약 당신이 높은 성장률을 유지하고 싶다면 인도 시골에 진출하면 된다."[18]

인도 필립스 전자의 CEO, K. 라마찬드라

이러한 세분시장은 시장의 규모면에서나(약 13억 명), 어마어마한 구매능력 측면에서도 상당히 매력적인 시장이다. 런던의 트렌드 자문회사 LS: N 글로벌에 따르면 미국 10대 시장은 매년 구매력에서 2,000억 달러를 나타내며, 영국의 750만 명에 이르는 10대들은 매년 100억 달러 이상을 지출한다.[22] 코카콜라, 베네통, 스와치, 소니와 같은 회사들이 세계의 10대 시장을 공략하고 있다. 전 세계적인 원거리 통신의 혁명은 이러한 10대 시장의 등장에 중요한 역할을 하는 요소이다. MTV, 페이스북, 트위터와 같은 세계적인 미디어와 인터넷은 이러한 세분시장에 접근하기 위한 훌륭한 방법이다. 위성들은 중국과 인도를 비롯한 신흥시장에서 수백만 명의 시청자에게 서구권의 프로그램과 광고를 송출하고 있다.

또 다른 세계적인 세분시장은 소위 말하는 **글로벌 엘리트**(global elite) 시장이다. 이 시장에 속하는 소비자는 여행을 많이 다니고 명품에 돈을 쓴다(사진 7-4 참조). 값비싼 제품을 살 경제력이 있는 부유한 소비자이다. 물론 이런 시장이 오랜 기간 직업을 통해 부를 축적한 나이 많은 개인들과 관련이 있다고 할지라도, 이 시장에는 영화배우, 뮤지션, 성공한 운동선수, 기업가 등 상대적으로 젊은 나이에 대단히 큰 경제적 성공을 거둔 사람들 또한 포함되어 있다. 중국에는 18,000명의 그러한 개인이 살고 있으며, 전 세계적 2위에 해당한다. 이 중국 인구는 향후 5년 내에 40% 증가할 것으로 예상된다(사례 7-1 참조).

이러한 세분시장의 니즈와 욕구는 다양한 제품군에 걸쳐 퍼져 있다. 내구재(롤스로이스나 메르세데스-벤츠와 같은 명품 자동차), 비내구재(크리스탈 샴페인이나, 그레이구스 보드카와 같은 고가의 음료제품), 금융 서비스(아메리카 익스프레스 골드/플래티넘 카드) 등이 그런 제품군이다. 주력인 롤스로이스 팬텀의 가격은 약 40만 달러부터 시작한다. 일반적인 구매자는 3,000만 달러 이상의 유동 자산을 포함하여 순자산이 매우 높은 개인들이다. 새로운 25만 달러 고스트의 도입으로 롤스로이스의 판매가 급증했다. 잠재적인 구매자는 자신의 차량과 연결할 수 있는 아이폰 앱을 다운로드할 수 있다. 한 업계 분석가가 최근 언급했듯이 "롤스로이스가 특히 잘한 일 중 하나는 성장이나 이익이라는 이름으로 브랜드를 손상시키지 않은 것"이다.

성별에 따른 세분화 성별에 따른 시장의 구분은 많은 회사에게 분명히 합리적인 접근이 될 것이다. 그러나 한 성별의 니즈와 욕구에만 초점을 맞출 기회를 확실히 할 것인지, 아니면 다른 나머지 성별의 시장을 간과하지 않을 것인지에 대해서는 좀 덜 명확하다. 예를 들어 패션디자이너나 화장품 회사와 같은 몇몇 회사들이 주로 여성에게만 초점을 맞추고 있지만, 다른 회사들은 남성과 여성 모두에게 다른 제품라인을 제공하고 있다.

예를 들어 2015년도에 나이키는 여성 신발과 의류의 글로벌 판매로 57억 달러를 창출했다. 나이키 경영진은 회사의 글로벌 여성 비즈니스가 2020년까지 매출이 110억 달러로 증가할 것으로 예상되는 등 큰 성장을 이룰 것이라고 생각한다. 이 부문의 최근 성장은 여성들의 피트니스에 대한 관심 증가와 애슬레저 트렌드에 기인한다. 나이키의 최근 '#betterforit' 광고 캠페인은 여성이 소셜 미디어에서 피트니스 목표를 공유하도록 장려한다.[23]

리바이스는 2003년에 처음으로 젊은 여성을 위한 부티크인 '리바이스포걸스'를 파리에 개장했다. 리바이스 유럽 지사의 매니저 수잔 갤러허에 따르면 "유럽에서 데님은 여성들을 위한 것이다."[24] 이러한 리바이스의 움직임은 미국에서는 캘빈클라인과 갭, 유럽에서는 디젤과 같은 강력한 경쟁자에 대응해서 리바이스의 성과를 높이려는 폭넓은 전략 중의 일부이다. 갤러허는 만약에 리바이스포걸스가 프랑스에서 성공을 거둔다면, 이와 유사한 점포가 다른 유럽국가에도 생길 것이라고 예측한다.

심리통계적 시장 세분화

심리통계적 시장 세분화(psychographic segmentation)는 소비자들을 그들의 태도와 가치관, 라이프스타일과 같은 특성으로 집단화하여 시장을 나누는 것이다. 자료들은 응답자들이 일련의 문장에 대해 동의하는지, 안 하는지의 여부를 표시해야 하는 질문지를 통해 얻는다. 심리통계에 따른 VALS(가치와 라이프스타일)와 VALS2를 통한 소비자 분석으로 널리 알려진 마케팅 연구 조직인 SRI 인터내셔널과 관련이 있다. 핀란드의 노키아사는 휴대전화 시장의 소비자 분석에 있어 심리통계에 따른 시장 세분화에 상당히 많이 의존하고 있다. 노키아가 가장 중요하게 생각하는 세분시장들은 '허영심 있는 사람'과 '유행선도자', '사회적 접촉 추구자', '야망가' 등이다. 이러한 세분시장에 대한 면밀한 연구와 각각의 세분시장에 맞는 맞춤형 제품을 통해 노키아는 이동전화 시장에서 글로벌 시장의 40%를 점유했다.[25] 그러나 불행하게도 노키아의 시장 점유율은 안드로이드 폰과 애플 같은 제품의 경쟁에서 뒤처져 감소하였다.

독일의 스포츠카 제조업체인 포르쉐는 글로벌 시장에서 1986년에는 판매가 5만 대였는데 1993년에 14,000대로 감소함에 따라 심리통계를 활용했다. 포르쉐의 북미 지사는 고객에 대한 인구통계적 자료를 이미 확보하고 있었다. 그들의 주요 고객은 40세 이상의 남자들로, 대학을 졸업하였으며, 연간 소득이 20만 달러를 넘는 사람들이었다. 인구통계적인 연구와는 별개로 심리통계에 대한 연구결과, 포르쉐를 사는 사람들은 몇 개의 그룹으로 나눠졌다. 예를 들면 누군가가 알아주기를 바라고 포르쉐를 구매하는 '탑건' 유형의 소비자가 있고, 이와는 달리 그러한 눈에 띄는 소비와 관계없는 '긍지를 지닌 단골고객 유형과 몽상가' 유형이 있었다. 포르쉐는 각각의 유형에 맞는 광고를 제작하기 위해 이러한 자료를 사용했다. 포르쉐의 영업마케팅 부사장인 리처드 포드는 "우리는 극적으로 다른 형태의 가치관을 지닌 소비자들에게 자동차를 판매하고 있다. 엘리트주의자에게 차 안에서 얼마나 멋있어 보이는지 혹은 얼마나 빨리 달릴 수 있는지를 어필할 필요가 없다."라고 언급했다. 이러한 광고전략 변화의 결과는 놀라웠다. 포르쉐 미국 지사의 판매량은 새로운 광고전략이 실행된 이후 거의 50%에 가까운 증가를 보였다.[26]

포르쉐가 다른 세분화 변수와 함께 심리통계적 세분화를 사용하는 유일한 글로벌 자동차 마케터는 아니다. 그러나 경우에 따라 마케터가 꼭 목표로 하지 않았던 세분시장에 도달하기도 한다. 지난 10년 동안 피아트, GM, 기아, 토요타 및 기타 자동차 제조업체는 기술에 정통한 20~30대를 포함하는 8천만 명을 포괄하는 미국 밀레니얼 세대를 목표로 삼았다. 사진 7-5에서 볼 수 있듯이 쉐비 소닉, 토요타 사이언, 피아트 500, 기아 소울과 같은 소형차 시장의 최근 진입자들은 일반 자동차와 명확하게 구별되는 세련된 스타일링과 기능으로 디자인되었다. 마케팅 커뮤니케이션(기아의 브레이크 댄스를 추는 햄스터 포함)은 밀레니얼 세대를 대상으로 했다. 밝혀진 바와 같이 1946년에서 1964년 사이에 태어난 아메리칸 베이비 붐세대는 파격적이고 멋진 자동차에 열광했다. 부머 세대의 규모와 구매력은 자동차 제조업체가 이 그룹을 무시할 수 없게 만들었다. 2012년에는 신차 판매의 40%를 차지했다. 반면 18~24세의 자동차 구매자는 신차 구매의 12%에 불과했다.[27]

이 예시에서 알 수 있는 것처럼 같은 연령대의 사람들이 반드시 같은 태도를 취하는 것은 아니듯이 한 연령대의 사람들이 다른 연령대의 사람들과 태도와 취향을 공유하는 경우도 있다. 때로는 특정 연령 집단보다는 사고방식에 따라 마케팅하는 것이 더 낫다. 이러한 경우 심리 연구는 마케터가 인구통계와 같은 기존의 세분화 변수에서 가능한 것보다 소비자 행동을 더 깊이 이해하는 데 도움이 될 수 있다.

심리통계적 시장 프로필은 다양한 출처에서 구할 수 있다. 회사는 이러한 연구를 사용하기 위해 수천 달러를 지불할 수 있다. 빅데이터 시대에 페이스북 및 다른 IT 회사들은 소셜 미디어 데이터 마이닝을 통해 경쟁우위를 분석하고, 전 세계 소비자들의 행동 및 동향에 대한 이해

사진 7-5 음악은 브레이크 댄스를 추는 햄스터가 나오는 기아의 소울 광고에서 중요한 매력 포인트다. 예컨대 기아는 최근 새로 출시한 터보 광고를 위해 모터헤드의 'Ace of Spades' 곡을 라이선스 받았다. 또한 레이디가가와 마룬 5 등 다른 뮤지션들의 곡을 라이선스 받아 홍보에 활용하고 있다.
출처 : Raymond Boyd/Getty Images.

타이의 관광시장

타이 왕국은 '미소의 나라'로 알려져 있다. 관광 여행 브로셔에는 산과 햇살이 가득한 멋진 이미지가 가득하다. 관광은 현재 타이 GNP의 약 10%를 차지하며 2017년에 약 500억 달러의 매출을 올렸다. 매년 방문하는 4,000만 외국인 관광객 중 4분의 1이 중국인이다.

그러나 수년 동안 타이의 관광산업에는 어두운 면도 존재했다. 이 나라에서 매춘과 성 관광은 오랫동안 번성했다. 관광 성매매는 베트남 전쟁에 뿌리를 두고 있다. 일부 미국 군인들은 타이에 있었고 그곳을 여행했다. 전쟁이 끝나고 대다수의 미국인이 떠난 후에도 파타야와 다른 도시에서 성매매가 계속되었다. 남성은 여전히 외국인 방문객의 약 60%를 차지한다.

오늘날 타이 정부 프로그램은 국가의 교통 인프라를 개선하고 혼잡한 도시지역을 재개발하여 성매매 제한을 목표로 한다. 동시에 타이 관광청(TAT)은 타이의 위치를 바꾸고 대중의 인식을 변화시키는 것을 목표로 하는 일련의 홍보 캠페인을 펼치고 있다. '놀라운 타이'와 '보이지 않는 타이'는 최근 몇 년간 캠페인 주제 중 하나이다. 현재 TAT는 게이 및 레즈비언 커플과 무슬림 가족이라는 두 가지 세분시장을 목표로 하고 있다.

불교는 타이의 지배적인 종교이며 인구의 5% 미만이 이슬람교이다. 그럼에도 불구하고 타이에서 수년을 보낸 미국인 사회학자 로라 프리드리히는 타이를 '이슬람 친화적인' 시설을 갖추고 있다고 지적한다. 기도실은 쇼핑몰, 리조트, 해변 등 어디에나 있고 많은 레스토랑에는 할랄 인증서가 있다. 인구의 거의 3분의 2가 이슬람을 실천하는 말레이시아는 관광객을 타이로 보내는 상위 10개국에 속한다. 말레이시아는 이슬람 관광객들에게 최고의 여행지이다. 흥미롭게도 사우디아라비아, 아랍에미리트, 스리랑카, 이집트는 타이를 방문하는 관광객 수가 상위 10위 안에 들진 않지만, 이들 국가에서 온 관광객이 가장 많이 소비하고 있다.

'타이로 가자, 자유롭게'는 성소수자를 대상으로 하는 정부 후원 캠페인의 주제이다(사진 7-6 참조). 게이 커플은 평균적으로 이성애 커플보다 가계 소득이 더 높다. 게이 관광객은 수많은 댄스 클럽, 게이바 및 레스토랑이 있는 방콕의 실롬로드에 자주 모이는데, 도시의 스카이 트레인 대중교통 시스템으로 쉽게 접근할 수 있다. 방문객들은 또한 매년 4월 13~15일에 열리는 송크란 축제와 같은 특별행사에 매료된다. 전통 타이 새해를 기념하는 이 축제는 동성애자와 이성애자 관광객 모두가 환영한다. 이 행사는 물 뿌리기 축제로 알려져 있다. 건조한 상태를 유지하고 싶은 사람은 집에만 있어야 한다! 헬로윈, 크리스마스, 새해 전야와 새해 등과 같은 서양 휴일도 타이에서 축하한다. "타이 사람들은 축하하고 즐기기를 좋아한다." 방콕 출신인 채트 퐁가티팟 박사의 말이다.

파잘 바하딘은 이슬람에 대한 환대를 기준으로 국가 순위를 매기는 싱가포르 회사인 크레센트레이팅의 CEO이다. 타이인은 '본질적으로 친절한 사람들'이라는 점에 주목하면서 바하딘은 외국인 관광객이 자신의 돈을 어디에 어떻게 사용하는지에 관심이 있다는 사실을 강조한다. "관광기관에 그것이 마케팅의 기본이라고 계속 말해요. 누가 자신을 환영하지 않는 곳으로 가고 싶겠어요?"

출처 : The authors are indebted to Dr. Lora Friedrich, Professor of Sociology, Simpson College, and Dr. Chatt Pongpatipat, Assistant Professor of Marketing, Saginaw Valley State University. Additional sources: Trefor Moss, "Thais Love Chinese Tourism— to a Point," *The Wall Street Journal* (February 16, 2018), p. A10; Burhan Wazir, "Halal Holidays Boost Muslin Visitor Numbers," *Financial Times Special Report: Turkey & The Arab World* (September 28, 2017), p. 5; James Hookway and Wilawan Watcharasakwet, "Bangkok Takes on a Major Makeover," *The Wall Street Journal* (October 12, 2016), p. C3; Thomas Fuller, "Thais Cast a Wide Net for Diverse Tourists," *The New York Times* (August 3, 2013), p. 12; Fuller, "A City Known for Sex Tries to Broaden Its Appeal," *The New York Times* (September 17, 2010), p. A9; Krittinee Nuttavuthisit, "Branding Thailand: Correcting the Negative Image of Sex Tourism," *Place Branding and Public Democracy* 3 (2007), pp. 21-30.

사진 7-6 타이의 관광산업은 매년 16억 달러의 매출을 내고 있는데, 성소수자들이 많은 부분을 차지하고 있다. 또한 할랄 친화적인 관광지로 인식되어 이슬람 관광객들에게도 인기가 높다.
출처 : Amble Design/Shutterstock.

를 높여 전략을 도출하고 있다. 분석 접근방식은 일반적으로 정성적 및 정량적 기술을 혼합하며 이 장에서 설명하는 다양한 세분화를 포함한다.

　예를 들어 전문 소매 카테고리에서 온라인 쇼핑객의 행동을 생각해 보자. 많은 소매업체가 소비자에게 온라인 검색 및 구매는 물론 오프라인 매장에서 쇼핑할 수 있는 옵션을 제공한다. 이러한 회사는 종종 웹사이트에 페이스북의 픽셀 코드를 삽입한다. 한 연구에서 페이스북은 2017년 1개월 동안 160만 온라인 쇼핑객의 온라인 행동에 대한 단서와 신호를 식별하기 위해 데이터를 수집했다. 이 회사의 소비자 인사이트팀은 인구를 쇼핑 전문가, 정보통인 동원자, 패션 열광자, 기회주의적 쇼핑객, 사회적 요령가, 온라인 기피자 등 여러 범주로 나눴다. 이 연구에서 온라인 행동의 세분화 기준에는 '구매 전 브랜드 사이트의 평균 총일수' 및 '사이트에서 매일 본 평균 페이지 수'가 포함되었다. 쇼핑 전문가의 "브랜드 또는 소매업체의 웹사이트에 있는 정보가 나에게 영감을 줍니다."와 "나는 전문 소매 쇼핑에 매우 열정적입니다."라는 통찰이 있다. 이를 "온라인에서는 제품을 직접 만질 수 없습니다."라는 태도를 취하는 온라인 기피자의 태도와 비교해 보라. 소매업체는 이러한 통찰력과 기타 통찰력을 이용하여 광고 캠페인을 최적화하고 전체 마케팅 프로그램을 각 세분시장에 맞출 수 있다.[28]

　각 회사가 시행하는 시장의 세분화와 표적시장에 대한 접근은 나라마다 다르다. 유럽에서 리바이스사는 성별에 따른 시장 세분화에 크게 의존했다. 이와는 대조적으로 전직 CEO인 필 마리노는 심리통계에 따른 시장의 세분화 전략이 미국 시장에서 오래된 청바지 브랜드에 활력을 불어넣는 데 핵심이 된다고 믿었다. 마리노의 팀은 몇 개의 다른 종류의 세분시장을 찾아냈다. 그 세분시장들은 패션에 관심이 많고 최신 스타일을 선호하는 사람, 유행에 민감한 10대, 중년, 가격에 민감한 사람으로 이루어진 집단이었다. 회사의 목표는 각각의 세분시장에 맞는 다른 스타일과 다른 가격대의 청바지를 만들어서, 그 청바지들이 월마트에서부터 니먼 마커스에서까지 구매가 가능하도록 하는 것이었다.[29] 이와 유사하게 소니전자의 미국 지사는 최근에 마케팅 부서를 기능별로 재편성했다. 전통적으로 소니는 마케팅에 대해 제품 분류의 시각에서 접근을 했다. 그러나 앞으로 새로운 조직인 '소비자 세분화 마케팅 부서'에서 미국 시장의 소비자에게 좀 더 가까이 다가가는 것을 책임지게 될 것이다(표 7-4 참조).[30] 이러한 카테고리를 개발하기 위해 소니는 어떤 변수를 사용했을까?

행동특성에 따른 시장 세분화

행동특성에 따른 시장 세분화(behavior segmentation)는 사람들이 구매를 할지, 하지 않을지, 그

표 7-4　소니의 미국 고객 세분화	
세분화	**설명**
부유층	고소득 소비자
CE 알파스	나이에 관계없이 전자제품을 소비하는 하이테크의 얼리 어댑터
주머스	55세 이상
소호	소규모 사무실/재택 근무
가족	35~54세
젊은 전문가/딩크족	25~34세의 맞벌이이며 무자녀 가정
Y세대	25세 이하(10대 초반에서 10대 대학생 포함)

리고 사용을 할지, 안 할지, 혹은 얼마나 자주, 얼마나 많이 사용할지 등과 같은 사항에 초점을 맞춘다. 소비자들은 **사용 빈도**(usage rates)에 따라 범주화될 수 있는데, 비사용자, 소규모 사용자, 중간규모 사용자, 대규모 사용자 등으로 나뉠 수 있다. 또한 소비자들은 **사용자의 상태**(user status)에 따라 나누어질 수 있는데 잠재적인 사용자, 비사용자, 과거의 사용자, 정기적인 사용자, 처음 소비자, 경쟁사 제품 사용자 등이다.

마케터들은 사용률을 분석할 때 종종 **80/20 법칙**(80/20 rule)을 참고한다. 불균형의 법칙 혹은 파레토의 법칙이라고도 알려져 있는 이 법칙은 회사의 이윤이나 소득의 80%가 회사의 20%의 제품이나 20%의 소비자에 의해 형성된다고 하는 법칙이다. 앞에서도 언급했던 것처럼 맥도날드 총수입의 80%가 9개 국가에서 형성된다는 것과 같은 맥락이다. 사례 6-1에서 음악산업에 대해 배웠듯이 뮤지션의 5%가 모든 아티스트 관련 페이스북 활동의 95%를 차지한다. 따라서 음악산업에서 자신의 경력을 쌓으려는 신인 아티스트 또는 발견되지 않은 아티스트가 직면한 한 가지 과제는 페이스북, 트위터 및 기타 온라인 플랫폼에서 청중 규모를 늘리는 방법이다. 아마도 온라인 버즈를 생성하기 위해 새로운 곡을 매달 내고 있는 것은 아닐까?

효용 추구에 따른 시장 세분화

글로벌 시장에 대한 **효용 추구에 따른 시장 세분화**(benefit segmentation)는 가치방정식의 분자에 초점을 맞춘다(B는 $V=B/P$에서의 B를 의미). 이러한 접근은 지리적인 문제와 별개로 제품이 해결하고 있는 문제, 해당 제품이 제공하는 효용, 혹은 제품으로 인해 생기는 수익 등에 대한 마케터의 뛰어난 이해에 기초하고 있다. 식품 마케터들은 부모들이 적은 시간을 들여 영양가 있는 가정식을 만들 수 있게 도와줄 수 있는 제품을 개발하는 데 성공했다. 캠벨 수프는 가정주부들이 시간의 압박 때문에 편리성을 우선시하게 되면서 5억 달러에 이르는 일본 수프시장에 침투하기 시작했다. 건강 관련 제품과 미용보조 제품의 마케터도 효용 추구에 따른 시장 세분화 전략을 사용한다. 대부분의 치약 브랜드들이 단순하게 충치제거용이었고, 그 자체로 넓은 시장에 접근할 수 있었다. 그러나 소비자들이 점점 미백이나 민감한 치아, 잇몸질환을 비롯한 다양한 구강건강에 관심을 기울이면서 마케터는 다양한 종류의 요구에 맞는 새로운 치약 브랜드를 개발하고 있다.

인구통계적 추세는 약효가 있는 식품에 대한 새로운 기회를 제공하고 있다. WHO는 2050년까지 전 세계 인구의 22%가 60세 이상이 될 것으로 예측했다. 현재 60세 이상의 인구는 전체의 12%에 불과하다. 유로모니터는 글로벌 건강식품시장의 가치를 매년 6,000억 달러일 것으로 추산하고 있다. 네슬레는 건강식품 상품군 시장을 확대하고 있는 선두주자로서 60세 이상인 소비자를 주력으로 공략하고 있다. 네슬레 건강과학 SA와 네슬레 건강과학기관은 기능성 식품, 의학식품 및 영양식품에 초점을 두고 제품개발을 하고 있으며, 식품을 통한 질병의 관리에 목표를 두고 있다. 네슬레는 최근 콩팥 질병을 완화시키는 껌을 개발한 CM&D 파마라는 영국 스타트업 기업을 인수하였다. 네슬레는 또한 알츠하이머병을 관리하는 데 도움이 되는 의학식품 액소나를 제조하는 액세라를 인수하였다(사진 7-7 참조).[31]

인종에 따른 시장 세분화

많은 나라가 다양한 인종으로 이루어져 있다. 미국의 경우 아프리가계 미국인, 아시아계 미국인, 히스패닉계 미국인의 주요한 인종집단이 있다. 각각의 집단은 큰 다양성을 보이며, 세부적

사진 7-7 미국에서는 FDA로부터 허가받은 약들만 알츠하이머 환자를 치료하는 데 사용할 수 있다. 몇몇 환자들은 액소나와 같이 밀크셰이크 형태로 되어 있는 의료용 식품을 대체요법으로 생각한다. 알츠하이머의 뇌는 포도당 대사 능력을 상실한다. 엑소나는 포도당을 대체할 수 있는 '뇌 연료'인 케톤이 주성분이다.

출처 : Accera, Inc.

으로 더 작게 나눠질 수도 있다. 예를 들어 아시아계 미국인은 각기 다른 언어를 사용하는 타이계 미국인, 베트남계 미국인, 중국계 미국인 등을 포함한다.

이와 대조적으로 도미나카계, 쿠바계, 중앙아메리카계, 남아메리카계, 푸에르토리코계, 멕시코계 미국인을 포함하는 히스패닉 인구는 같은 언어를 사용한다. 히스패닉계 미국인은 5,500만 명인데, 이는 미국 전체 인구의 17%에 해당하고, 연간 구매력이 2조 달러에 이른다. 하나의 집단으로서 히스패닉계 미국인은 근면하며, 끈끈한 가족애와 독실한 종교인의 특성을 보인다. 그러나 세부 집단은 여러 성향을 보이며, 따라서 마케터는 모든 히스패닉 미국인은 같다는 통념을 조심해야 한다. '1조 달러의 라티나'는 거대한 시장기회를 제공한다. 사실상 미국은 히스패닉 여성이 2,400만 명이며, 42%가 미혼이고, 35%가 가장, 54%가 직장을 다니고 있다.

마케팅 관점에서 보면 다양한 히스패닉 미국인 집단은 커다란 기회를 제공한다. 식품과 음료, 내구소비재, 레저용품과 금융 서비스 등을 포함하는 다양한 산업 분야의 기업은 미국에서의 마케팅 프로그램을 준비할 때 이러한 세분시장을 포함시켜야 할 필요성을 인식하기 시작했다. 대략 20년 전부터 멕시코 기업들이 북미지역을 겨냥하기 시작했다. 세계적인 멕시코 소매점들(팸사, 그루포 자이언트 SA, 그루포 커머셜 체드라위 SA)이 미국에 매장을 개설했다. 팸사의 사장인 움베르토 가르자 발데스는 캘리포니아의 상페르난도의 매장 개업기념 축사에서 다음과 같이 밝혔다. "우리는 서킷 시티나 베스트 바이와 같은 미국의 거대기업과 경쟁하기 위해 미국 시장에 진출한 것이 아닙니다. 우리는 히스패닉 시장에 초점을 맞출 것입니다."[32]

히스패닉계 미국인 시장을 타깃으로 마케팅하는 데 성공한 멕시코 맥주 브랜드 모델로 스페셜은 메르카도를 어필하며, 히스패닉 전통을 강조한 마케팅을 했다. 이 브랜드는 1982년에 처음으로 미국에 소개되었으며, 현재 라티노 시장 전체 매출의 50%를 차지한다. 라티노 문화는 여러 세기에 걸쳐 미국에 자리매김하였으며, 제니퍼 로페즈나 핏불 같은 뮤지션들의 인기는 이를 보여주는 예이다. 또한 모델로 스페셜 브랜드를 유통하는 콘스텔레이션 브랜드의 마케팅팀은 이 브랜드의 대중적인 인기는 오늘날 밀레니얼 세대가 다양한 문화와 라이프스타일에 개방되어 있다는 사실을 설명해 주는 것이라고 말한다.[34] 게다가 모델로는 브랜드 충성도 높은 뉴미디어가 '하이퍼 소셜' 사용자라는 사실을 활용한다. '텀블러'는 맥주의 모회사가 선

"목표는 다문화, 모바일, 밀레니얼로 대표되는 M세대를 대상으로 하는 겁니다."[33]

NBC 유니버설 텔레문도 회장, 세자르 콘데

택한 소셜 미디어 사이트로 게시물에는 라틴계 스타일의 칵테일에 대한 '맥주 레시피'가 포함되어 있다.

바로 앞에서 논의한 개요는 글로벌 기업(과 그 기업에 서비스를 제공하는 연구 및 광고 대행사)이 시장 세분화를 세계 전반적인 소비자의 니즈와 욕구를 확인하고, 정의를 내리며, 이해하고, 그러한 것들에 반응하는 수단으로 사용하는 방법을 나타낸다. 추가하자면 직전에 이야기한 세분화의 가변성은 새로운 세분화에 대한 접근을 현대의 급속한 비즈니스 환경의 변화에 대응하여 발전시킨다. 한 가지 예로 인터넷과 다른 새로운 기술의 폭넓은 수용은 글로벌 소비자들이 서로 간의 공통점을 공유할 수 있도록 하였다. 이러한 소비자들의 하위 문화는 언어나 국가 간의 차이를 초월하는 사고방식을 창조하는 동일한 시야와 열망을 포함한다. 거대기업인 P&G는 시간의 변화에서 이를 잘 조화시킨 기업이라 할 수 있다. P&G 글로벌 건강 및 여성위생용품 부서의 회장 멜라니 힐리는 "우리는 기술을 통해 점점 더 상호 연결되는 글로벌 부족이 형성되는 것을 목도하고 있다"고 말했다.[35]

(7-2) 시장 잠재력 평가와 목표시장의 선정

◀ 7-2 글로벌 마케터가 목표로 하는 구체적인 시장을 선정하는 기준에 대해 설명한다.

앞서 논의했던 하나 혹은 그 이상의 기준에 의해 시장을 세분화한 뒤에 해야 할 것은 그렇게 밝혀낸 세분시장의 매력 정도를 분석하는 것이다.[36] 이 부분은 신흥산업국의 시장을 잠재적인 목표시장으로 평가할 때 특히 중요하다. 글로벌 마케터들이 시장 세분화 과정과 연관된 몇 가지 잠재적인 함정을 염두에 두어야 하는 시점이 바로 이 시점이다.

첫 번째는 개별국가 시장의 크기와 단기적인 시장의 매력도를 과장하는 경향이 있다. 판단이 소득이나 인구와 같은 인구통계적 데이터에 기초하고 있을 때 특히 그렇다. 중국과 인도, 브라질을 비롯한 여타의 신흥시장들은 틀림없이 장기적인 잠재성을 제공한다. 관리자는 단기적인 이익과 수익성장 목표를 달성하기 어려울 수도 있다는 점을 깨달아야만 한다. 1990년대에 P&G와 다른 소비재 제조사는 이러한 교훈을 라틴아메리카 시장으로부터 배웠다. 이와 대조적으로 같은 시기 러시아에서의 맥도날드의 성공은 인내와 장기적 전망에 의한 보상이었다.

글로벌 마케터들이 빠지기 쉬운 두 번째 함정은 주주나 경쟁자가 경영진에게 전략적인 기회를 놓치지 말 것을 강요함으로써 한 국가를 타깃으로 삼는 것이다. 제2장의 사례를 다시 생각해 보자. 인도의 재정부 장관이 '21세기는 인도의 세기'가 될 것이라는 연설을 했다고 가정해 보자. 그러한 발표는 경영진에게 제한된 기회의 이점을 누리기 위해 '지금 행동하라'는 인상을 줄 수 있다.

세 번째로 경영진의 정보망이 목표시장을 선정하는 주된 기준으로 작용할 위험도 있다. 결과적으로 정밀한 시장분석에 의한 것이 아닌 편의에 의한 시장진입이 이루어질 수 있다. 어느 회사가 자국민이 아닌 종업원이 그/그녀의 모국으로 돌아가서 해당 회사를 대표하는 수입판매 계약을 맺는 상황을 예로 들어 볼 수 있을 것이다. 적합한 외국의 유통업자를 선정하는 문제는 제12장에서 다루어질 것이다.

이러한 여러 가지 함정을 염두에 둘 때 마케터는 글로벌 목표시장에서의 기회를 분석하는 세 가지 기본적인 기준을 잘 활용할 수 있다. 현재 세분시장의 크기와 성장 가능성, 잠재적 경쟁, 회사의 선반적인 목적의 적합성과 계획된 목표시장에 성공적으로 접근할 수 있는 실행 가능성이 그 기준이다.

현재 세분시장의 크기와 성장 가능성

현재의 세분시장이 회사에 이익을 안겨 줄 만큼 충분히 큰가? 만약에 그 대답이 지금 당장 '아니다'라면, 그 세분시장은 회사 입장에서 장기적인 전략적 측면의 매력적인 확고한 성장 가능성을 가지고 있는가? 다음의 사항들을 생각해 보자.

- 인도는 세계에서 가장 빠른 속도로 성장하고 있는 휴대전화 시장이다. 인도의 휴대전화 산업은 연간 50%의 비율로 성장하고 있으며, 매달 수백만 명의 신규 가입자가 생겨나고 있다. 2008년 중반 인도는 2억 6,100만 명의 휴대전화 사용자가 있었고, 2016년 말 그 수는 6억 5,000만 명에 육박했다. 그러나 스마트폰 사용자는 3억밖에 되지 않는다.
- 인도에서는 매년 300만 대의 차량이 팔린다. 절대적인 측면에서 이것은 상대적으로는 적은 숫자이다. 그러나 산업 분야의 관측통들은 시장 규모가 10년 이내에 2배로 확대될 것이라고 전망한다.
- 인도 인구의 약 70%가 35세 이하이다. 이 세분시장은 빠르게 성장하고 있고, 젊으며 브랜드에 신경을 쓰는 소비자로서 100달러짜리 타미힐피거 청바지를 구입하고, 690달러짜리 루이비통 핸드백을 구매한다. 또한 머자니는 인도에서 타미힐피거 제품을 판매할 수 있는 권한을 가지고 있다. 인도의 10여 년간의 경제성장에 대해 그는 이렇게 언급했다. "많은 것들이 극적으로 변했다. 우리가 보아 왔던 것은 소비자들의 자산, 수입, 신용카드를 통한 구매력의 급격한 성장이었다."[37]

앞서 언급했듯이 전 세계적으로 세분시장을 목표로 할 때의 이점은 하나의 개별국가 세분시장이 작을 수는 있지만, 작은 세분시장이라 하더라도 그 세분시장이 몇 개의 나라로 확장된다면 충분히 이익을 남길 수 있다는 점이다. 10억이 넘는 세계적인 MTV 세대들이 좋은 예이다. 게다가 그 세분시장의 크기와 구매력이 지니는 힘 때문에 세계적인 10대 시장은 소비재 제품을 생산하는 회사에 아주 매력적인 시장이다. 인도나 중국과 같은 대규모 국가시장의 경우 세분시장의 크기와 성장 잠재력은 다른 방법으로 분석되어야 할 것이다.

소비재 포장제품 회사의 입장을 예로 들어 보자면, 낮은 소득수준과 유통 기반시설의 부재는 75%의 인도 인구가 교외지역에 거주하고 있다는 사실을 상쇄한다. 인구의 25%밖에 거주하지 않더라도 도시지역만 목표시장으로 하는 것이 적절한 결정일 수 있는 것이다.

중국에서 비자카드사가 펼친 전략은 인구통계학과 관련된 이러한 기준을 완벽하게 보여준다. 비자카드는 월수입이 300달러 이상이 되는 사람들을 대상으로 삼고 있다. 2010년에 그 수는 2억 명에 달한 것으로 추산된다. 이 시점에는 1%의 중국인이 신용카드를 사용하고 있었다. 그러나 중국인들은 빚에 대한 부정적인 개념을 가지고 있었으며, 정부 통제로 인해 비자카드는 중국 진출에 어려움을 겪고 있었다. 중국 소비자들이 알리바바의 알리페이와 텐센트의 위챗페이를 받아들이면서 모바일 결제 시스템 기술의 인기가 폭발적으로 증가했다(사진 7-8 참조). 비자와 마스터카드도 자체 모바일 결제 시스템 앱을 론칭하고 있다.[38]

적합한 인구통계적 조합과 생활양식과 관련된 니즈 덕분에 미국 시장은 외국 자동차회사에게 아주 매력적인 시장이었다. 예를 들어 SUV 차량에 대한 수요가 1990년대 폭발적으로 증가했다. 1990년부터 2000년까지 SUV 차량의 판매는 3배 증가했는데, 1990년의 100만 대에서

1996년에는 200만 대, 2000년에는 300만 대가 넘게 판매됐다. 왜 이러한 형태의 자동차가 인기를 얻은 것일까? 가장 우선적인 이유는 4륜구동 차량의 안정성과 열악한 운전 조건에서 더 월등한 견인력이다. 또한 SUV 차량은 일반적으로 적재공간이 더 넓다.

지프 체로키와 포드 익스플로러, 쉐보레 블레이저에 대한 높은 수요에 반응하여 외국 자동차 제조업체는 다양한 가격대의 SUV 모델을 선보였다(표 7-5 참조). 토요타, 마쓰다, 혼다, 기아, 닛산, 로버, BMW, 메르세데스, 폭스바겐 등을 비롯한 세계적인 자동차 제조업체가 미국 구매자를 표적으로 삼았기 때문에 수십 개의 SUV 모델이 출시되었다. 많은 제조업체에서 풀 사이즈, 중간 사이즈, 콤팩트, 크로스오버를 포함한 다양한 SUV를 출시하고 있다. SUV가 미국 시장에서는 성장이 둔화되고 있지만, 많은 다른 나라에서는 인기를 더해 가고 있다. 중국 시장을 예로 들면 SUV는 자동차산업 분야에서 가장 빠르게 성장하고 있는 분야를 대표한다. SUV는 자동차 수입량의 40%에 해당한다. 2008년, GM에서는 표시 가격이 약 15만 달러 정도 되는 에스컬레이드 모델을 중국 시장에 수출하기 시작했다.

표 7-5 글로벌 자동차 기업의 미국 SUV 시장진출을 위한 표적화

제조사	현재 판매되고 있는 모델명	제조국	출시연도
포르쉐	카이엔	독일	2003
폭스바겐	투아렉	슬로바키아	2004
혼다	CR-V	일본	1995
토요타	RAV-4	일본	1994
기아	쏘렌토	대한민국	2003
BMW	X5	미국	2000
메르세데스-벤츠	ML 350	미국	2003

잠재적 경쟁

강력한 경쟁으로 분류된 세분시장이나 국가시장은 아마도 피해야 할 것이다. 그러나 만약에 그 경쟁이 가격 측면이나 혹은 품질 측면에서 취약하다면 새롭게 시장에 진입하는 사업자도 시장에 진출하는 것이 가능하다. 예를 들어 일본 회사들은 미국 내 시장의 선두주자들이 굳건히 지키고 있었음에도 불구하고 지난 수십 년 동안 다양한 산업에 걸쳐 미국 시장을 공략해 왔다. 새로운 시장진입자 중 일부는 시장 세분화와 목표시장 선정에 상당한 전문성을 입증해 보였고, 그 결과 의미 있는 시장진출을 거둘 수 있었다. 오토바이 시장을 예로 들자면 혼다는 처음으로 소형배기량의 비포장도로용 오토바이 시장을 창출했다. 혼다는 그 이후에 심리통계적 유형이 할리 데이비슨을 타는 사람들과 달리 좀 더 유연한 취향의 사람들을 대상으로 하여 더 큰 배기량의 오토바이를 통해 상위시장으로 진출했다. 문서 출력시장의 경우에는 캐논이 부서 담당자나 비서 등을 대상으로 한 소형 복사기를 시장에 출시하여 제록스의 허를 찔렀다. 이와 유사한 사례는 중장비 시장(고마쓰 대 캐터필러의 사례)과 카메라 시장(후지 대 코닥)을 비롯한 다양한 산업에서 찾아볼 수 있다.

반면 매력적인 국가시장에 입지를 확대하려는 많은 기업의 노력은 실패로 끝났다. 예로 독일의 DHL은 2003년에 미국 우편배달 시장에 진입을 시도했다. 큰 규모를 위해 DHL은 에어본 익스프레스를 인수했다. 그러나 경영진은 깊게 자리 잡은 페덱스와 UPS의 우세를 과소평가했다. DHL은 결국 총 100억 달러의 손실을 입고 나서 2008년 미국 시장에서 철수했다. 같은 예로 월마트도 한국과 독일에서 포지셔닝과 제품믹스를 찾았지만 실패하고 철수하였다.

버진 그룹 회장 리처드 브랜슨은 1990년대 중반 코카콜라의 핵심시장을 표적으로 삼은 버

사진 7-9 버진 그룹의 회장인 리처드 브랜슨은 괴상한 재주를 부려 여론을 조성하는 것으로 알려져 있다. 그는 버지이 스폰서한 열기구와 스피드 보트를 타고 대서양을 횡단했다. 또한 1998년에는 군용탱크를 타고 뉴욕타임스 스퀘어에서 수십 개의 코카콜라 캔을 짓밟고, 버진콜라의 론칭을 알렸다. 버진콜라의 일본 시장 론칭을 할 때는 코스튬을 하고 거리로 나와 홍보했다.
출처 : PA Images/Alamy Stock Photo.

진콜라를 출시할 때 중요한 교훈을 배웠다(사진 7-9 참조). 그는 저서 비즈니스 발가벗기기 (*Business Stripped Bare: Adventures of a Global Entrepreneur*)에서 다음과 같이 회상했다.

> 코카콜라와 청량음료 전쟁을 시작하는 것은 미친 짓이다. 그것은 우리의 가장 뼈아픈 비즈니스 실수 중 하나였다. (중략) 우리는 미국 자본주의의 힘과 범위의 전형을 보여주는 글로벌 브랜드의 강력함과 영향력을 애써 무시하려고 했다.[39]

실행 가능성과 적합성

만약에 세분시장이 충분히 크다고 판단되고, 강력한 경쟁자가 없거나, 혹은 취약하다고 생각된다면 최종적인 고려사항은 그 시장을 목표시장으로 삼을 수 있는지 혹은 그렇게 해야 하는지에 대한 문제이다. 특정한 세분시장의 실행 가능성은 여러 가지 다양한 요소에 의해 부정적인 영향을 받을 수 있다. 예를 들어 시장에 대한 접근을 제한하는 심각한 규제정책의 문제가 제기될 수도 있다. 이런 이슈는 특별히 최근의 중국 시장에 있어서 중요하다. 다른 마케팅 관련 이슈도 발생할 수 있다. 인도의 사례를 살펴보면 소비재 제품의 효과적인 유통망을 구축하기 위해서는 3~5년의 시간이 필요하다. 이런 현실은 만약에 그렇지 않았다면 인도의 거대한 인구에서 비롯된 확고한 잠재성에 의해 인도 시장에 진출하는 것에 매력을 느꼈을 많은 외국 회사에 장해물로 작용할 수 있다.[40]

경영자는 회사의 제품이 특정 국가의 시장에 얼마나 잘 맞는지에 대해 결정해야만 한다. 혹은 만약에 회사가 현재 적합한 제품을 제공하고 있지 못하다면, 그런 제품을 개발할 수 있는가를 결정해야 한다. 이러한 결정을 내리기 위해 마케터는 몇 가지 기준을 고려해야만 한다.

- 제품에 수정이 필요한가? 만약 그렇다면 제품의 수정이 예상되는 판매량의 측면에서 경제적으로 정당화될 수 있는가?
- 수입 규제와 높은 관세, 혹은 환율상의 문제가 목표로 하는 시장에서의 제품 제조단가를 높이고 이로 인해 수요가 감소하게 되지는 않을 것인가?
- 원산지를 명시하는 것이 타당한가? 많은 경우에 세계의 세분시장에 진출하는 것은 유통 과정에 상당한 노출이 필요하고, 회사의 조직에 의해 운반되어야 할 필요가 있다. 수출될 제품이 다른 지역에서 왔다는 원산지를 명시하는 것이 이해될 것인가?

마지막으로 특정한 세분시장을 겨냥하는 것이 회사의 전반적 목표와 브랜드 이미지, 혹은 그간에 쌓아온 경쟁우위에 적합한지 그렇지 않은지와 관련된 문제를 생각해 보는 것이 중요하다. 예컨대 BMW는 세계 명품 자동차 브랜드 중 하나이다. BMW가 제품라인업에 미니밴을 추가해야 할까? 지금 경영은 다른 경쟁적인 기회와 위협에 대응해야 한다. 우선 경영진은 경쟁력 있는 기회와 위협에 대해 반응하고 있다. 2013년에 BMW는 테슬라 모델 S와 같은 플러그인 자동차를 구매하는 운전자를 위한 대안으로 i-시리즈 전기 세단을 출시했다. 그리고 마세라티는 BMW의 5 시리즈를 공략했다. 이 이탈리아 회사는 6만 5,000달러짜리 보급형 모델을 공개했으며, 경영진은 페라리 엔진과 어울리는 이탈리아 멋쟁이들을 손쉽게 자동차 구매자로 변화시키기를 원한다.[41]

목표시장 선정을 위한 이론적 구조

이번 주제에서 다뤄지는 주제를 통해 무언가를 추론해 낼 수 있다면 신흥산업국가의 시장을 분석할 때 유용한 이론적 구조를 만드는 데 유용하게 사용할 수 있을 것이다. 표 7-6은 우리가 다뤘던 요소와 관련해서 시장을 선택할 때 사용할 수 있는 이론적 틀을 보여주고 있다. 미국 국적의 회사가 중국과 러시아, 멕시코를 잠재적인 목표시장으로 선정했다고 가정해 보자. 표에는 국가별 시장 규모가 내림차순으로 정렬되어 있다. 한눈에 보기에 중국이 시장 규모 측면에서 가장 큰 잠재성을 지니고 있는 것처럼 보일 수 있다. 그러나 우리가 가정한 회사가 중국에서 갖는 경쟁우위는 0.07이고, 러시아에서는 0.10이며, 멕시코에서는 0.20이다. 시장 규모와 경쟁우위 지수의 곱을 통해 중국의 시장 잠재력은 7이고, 러시아는 5, 멕시코는 4라는 결과를 얻을 수 있다.

분석의 다음 단계에서는 다양한 시장 접근성에 대한 분석이 필요하다. 앞서 얻은 결과는 접근조건지수에 의해 작아진다. 표 7-6에서 보면 중국의 접근조건지수는 0.5이고, 러시아는 0.35, 멕시코는 0.9이다. 다시 말하면 '시장 접근 측면'에서 보자면 멕시코가 러시아보다 더 우호적인 조건이라는 의미이다. 아마도 이 경우는 NAFTA 때문일 수 있을 것이다. 시장 잠재성과 접근성 지수의 곱을 통해 얻은 결과는 멕시코가 작은 시장 규모임에도 불구하고 중국이나 러시아보다 더 큰 수출 잠재성을 지니고 있음을 시사한다.

표 7-6에 따른 프레임워크가 국가 간의 비교를 위한 사전적인 선별도구로서 유용하다는 것을 입증해야 함에도 불구하고, 실질적인 시장 잠재성을 충분히 설명하지는 못한다. 글로벌 마케팅 전문가인 데이비드 아놀드는 인구통계적인 데이터를 넘어서 마케팅에 기반한 시장 규모 분석과 성장 잠재력 등을 고려한 구조를 개발했다. 이를테면 특정 국가의 소득이나 인구자료 등으로부터 시작되는 하향식 분석 대신에 아놀드의 분석은 '제품-시장' 수준에서 시작되는 상향식 분석이다.

그림 7-1에서 볼 수 있듯이 아놀드의 프레임워크는 두 가지 핵심적인 개념과 관련이 있다. **마케팅 모델 변수**(marketing model driver)와 이것을 가능케 하는 조건이 바로 그 두 가지이다. '마케팅 모델 변수'란 어떤 사업이 특정한 국가의 특정한 시장환경에서 성공적으로 정착하고 성장하는 데 핵심적으로 필요한 요인을 의미한다. 그러한 마케팅 모델 변수들은 회사가 소비재 시장에서 주로 활동하는지, 산업재 시장에서 주로 활동을 하는지에 따라 다를 수 있다. 회사의 성공이 브랜드 이름을 만드는 데 달렸는가, 아니면 브랜드 이름을 활용하는 데 달렸는가, 아니면 유통망이나 기술이 뛰어난 스태프에 달려 있는가? 마케팅 책임자는 특정한 '제품-시장'의 성공에 영향을 주는 진짜 변수에 대한 통찰력에 도달할 수 있는 기회를 찾으려고 안간힘을 쓰고 있다.

마케팅 모델 변수를 **실현 가능케 하는 요건**(enabling conditions)은 이러한 조건이 있는가 없

표 7-6 시장 선택 프레임워크

시장(인구)	시장 규모	경쟁우위		시장 잠재력	접근 정도	시장 잠재력
중국(13억)	100	0.07	=	7	0.50	3.5
러시아(1억 4,300만)	50	0.10	=	5	0.35	1.7
멕시코(1억 2,200만)	20	0.20	=	4	0.90	3.6

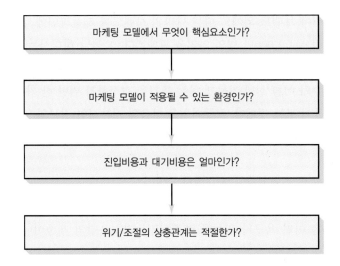

마케팅 모델에서 무엇이 핵심요소인가?

마케팅 모델이 적용될 수 있는 환경인가?

진입비용과 대기비용은 얼마인가?

위기/조절의 상충관계는 적절한가?

그림 7-1 시장 세분화를 위한 기준의 선별 검사
출처 : David Arnold, *The Mirage of Global Markets: How Globalizing Companies Can Succeed as Markets Localize.*" ⓒ 2004 Reprinted by permission of Pearson Education, Inc. Upper Saddle River, NJ.

는가에 따라 마케팅 모델의 성패를 좌우하는 구조적인 시장의 특성을 의미한다. 인도에서는 냉장기능을 갖춘 음식품 판매대가 널리 보급되어 있지 않다. 이런 조건은 네슬레와 캐드버리가 증가하고 있는 초콜릿 캔디산업에 투자하는 데 걸림돌로 작용했다. 네슬레에서는 킷캣을, 캐드버리에서는 데일리밀크바(초코바 제품)를 열에 좀 더 잘 견디도록 다시 제조했음에도 불구하고 냉장에 대한 개념이 없는 시장환경은 초콜릿 제품들을 판매 가능한 상태로 유지하려는 회사의 노력을 헛되게 만들었다.

마케팅 모델의 변수와 그것을 가능케 하는 요인이 밝혀진 이후의 세 번째 단계는 잠재적인 장·단기적인 수입의 흐름과 관련하여 시장에 진입하는 데 필요한 예상비용과 시장에서 사업을 운영하는 데 필요한 예상비용을 가늠해 보는 것이다. 해당 세분시장이나 해당 국가시장에 지금 진입하는 것이 이점이 있을까, 아니면 사업이 성공할 수 있는 특정한 조건이 갖추어질 때까지 기다리는 것이 나을까?

시장에 진입하는 시점에 관한 이슈는 **선발진입자의 이점**(first-mover advantage)의 추구에 의해 결정되곤 한다. 이 전통적인 견해에 따르면 특정한 시장에 처음으로 진입한 회사는 그 시장에서 리더회사가 되기 위한 최상의 기회를 갖게 된다. 글로벌 마케팅 분야에서 이러한 견해를 지지하는 역사적 사례에는 제2차 세계대전 중에 세계적으로 설립된 코카콜라의 사례가 포함되어 있다. 그러나 선발진입자에게 불리한 점도 존재한다. 시장에 처음 진입하는 회사의 경우 대개는 마케팅에 상당한 투자를 한다. 그런데 이러한 투자로 생기는 이득을 후발 경쟁업체들이 누리는 경우가 발생하기도 한다.

글로벌 시장에 뒤늦게 진입한 회사도 역시 성공할 수 있다는 다양한 증거가 있다. 후발업체들이 사용하는 방법 중 하나는 이미 잘 확립된 회사를 벤치마킹한 뒤에 그들의 허를 찌르는 것이다. 후발업체들은 혁신적인 비즈니스 모델을 개발하는 방법으로도 성공할 수 있다. 이 방법은 오스트레일리아의 와인생산업체 BRL 하디의 최고경영자인 스티븐 밀러가 사용하였다. 밀러의 통찰력은 와인산업에서 어떤 기업도 세계적인 브랜드가 나타난 적이 없다는 점이었다. 바꿔 말하자면 와인업계에는 코카콜라와 같은 회사가 없었다. 1990년대에 하디사는 국제적인 선두 브랜드를 스스로 설립했다. 하디사는 몇 가지 방법으로 이것을 달성했다. 첫째, 영업기능을 통제했다. 둘째, 하디의 와인은 프랑스와 이탈리아에서 생산된 와인을 선호하는 와인 스놉 (wine snob : 값비싼 와인을 선호하는 고객)보다는 넓은 대중에게 어필할 수 있도록 만들었다.

셋째, 오스트레일리아 브랜드 외에도 다른 나라의 브랜드를 제품라인에 추가했다. 2002년에 하디사는 전 세계적으로 2,000만 병의 와인을 판매했다. 오늘날 하디사는 세계 10대 와인 회사 중 하나이다.[42]

마케팅 모델 변수와 이를 실현 가능케 하는 조건을 결정하기 위한 한 가지 방법은 제품-시장 프로파일을 만들어 보는 것이다. 프로파일은 다음의 기본적인 질문의 일부 혹은 전부를 다루고 있어야 한다.

1. 누가 우리의 제품 혹은 브랜드를 구매하는가?
2. 누가 우리의 제품 혹은 브랜드를 구매하지 않는가?
3. 우리의 제품은 어떤 욕구나 기능을 충족시키는가? 우리의 제품이나 브랜드가 그러한 욕구를 다루고 있는가?
4. 현재의 제품이나 브랜드가 제공하지 못하는 시장의 요구가 있는가?
5. 우리의 제품은 어떤 문제를 해결해 주는가?
6. 우리의 제품이 목표로 하는 욕구를 충족시키기 위해, 혹은 문제를 해결하기 위해 현재 고객이 구매하고 있는 것은 무엇인가?
7. 그러한 고객이 제품을 구매하기 위해 지불하는 가격은 어떻게 되는가?
8. 우리의 제품은 언제 판매되는가?
9. 우리의 제품은 어디서 판매되는가?

▶ **7-3** 글로벌 마케터가 목표를 결정하기 위하여 어떻게 제품-시장 격자표를 사용하는지 알아본다.

(7-3) 제품-시장 결정

세분시장을 분석하는 과정의 다음 단계는 해당 국가의 시장이나 세분시장에 대해서 회사의 현재와 잠재적인 제품이 적합한가를 검토해 보는 것이다. 이 분석은 제품-시장 격자(product-market grid)를 통해 할 수 있다. 제품-시장 격자란 스프레드시트의 가로줄에는 시장을 표시하고 세로줄에는 제품을 표시한 일종의 지도이다. 각각의 셀은 제품과 세분시장의 가능한 교집합을 나타낸다. 앞서 논의했던 네슬레와 캐드버리의 경우에는 액체 초콜릿을 만들기로 결정했는데, 이는 인도의 더운 날씨 문제를 다루는 한 가지 방법이었다. 또한 그 회사들은 전통적인 형태의 초콜릿 제품을 팔기 위한 조건을 나아지게 하기 위해 소매상에게 냉장고를 보급하는 데 노력을 기울였다.

표 7-7은 렉서스의 제품-시장 격자를 보여주고 있다. 토요타는 2개의 세단 모델을 갖춘 렉서스 브랜드를 1989년에 출범시켰다. 세분시장 측면에서 렉서스가 관심을 얻고자 했던 고객층은 인구통계적으로 수입이 상위계층에 속하는 사람이었다. 1996년에 렉서스는 첫 번째 SUV 차량을 시장에 내놓았다. SUV 시장에 진출하겠다는 결정은 럭셔리 세단과는 다른 무언가를 필요로 하는 라이프스타일을 즐기는 상류층 고객에게 다가가고자 하는 경영진들의 바람을 나타내는 것이었다. 2012년에 렉서스는 미국에 고급 SUV 차량인 LX 470과 고급 세단인 LX 430, 그리고 보급형 모델로는 IS 시리즈를 진출시켰다. 렉서스 차량은 60개가 넘는 국가에서 팔리고 있으며, 미국은 최대의 시장이다. 아이러니하게도 일본에서는 오랜 기간 렉서스 차량이 토요타 브랜드로 판매되어 왔다. 2005년이 돼서야 렉서스 브랜드 하에서 그 라인들이 진

표 7-7 2012년 렉서스 제품−시장 격자표

국가 세분화	렉서스 브랜드										
	IS	RX	CT	LS	GS	IS C	IS F	LX	ES	LFA	HS
아시아											
중국	×	×	×	×	×	×		×	×	×	
홍콩	×	×	×	×	×	×				×	
타이완	×	×	×	×	×	×	×	×	×		
인도											
북아메리카											
캐나다	×	×	×	×	×	×	×	×	×	×	×
미국	×	×	×	×	×	×	×	×	×	×	×
라틴아메리카											
브라질	×										
유럽											
오스트리아	×	×	×	×	×	×	×				
벨기에	×	×	×	×	×	×	×				
덴마크	×	×	×	×	×	×	×				
핀란드	×	×	×	×	×	×	×				
프랑스	×	×	×	×	×	×	×			×	
독일	×	×	×	×	×	×	×			×	
영국	×	×	×	×	×	×	×			×	
그리스	×	×	×	×	×	×	×				
아일랜드	×	×	×	×	×	×	×				
네덜란드	×	×	×	×	×	×					
포르투갈	×	×	×	×	×	×	×				
러시아	×	×	×	×	×	×	×	×	×		
스웨덴	×	×	×	×	×	×	×				
스위스	×	×	×	×	×	×	×				
중동											
이스라엘	×	×		×	×	×					
아랍에미리트	×	×	×	×	×	×	×	×	×	×	
쿠웨이트	×	×	×	×	×	×	×	×	×	×	
사우디아라비아	×	×	×	×	×	×	×	×	×		

출처 : 토요타 모터스 코퍼레이션 허가로 사용함.

출할 수 있었다.[43]

 토요타 경영진은 렉서스를 세계적인 고급 브랜드로 만들고자 하였고, 렉서스는 2016년에 세계적으로 677,615대를 판매했다. 렉서스는 유럽에서 가장 큰 시장이며, 판매되는 차량 10대 중 4대의 차량이 고급 모델인 독일 시장을 목표로 했다. 매년 약 1,500만 대의 차량이 유럽에

신흥시장 요약보고서

중동 항공, 수익성 있는 글로벌 시장 공략

시카고와 방콕 간 항공편을 알아보고 있는가? 아니면 프랑크푸르트와 싱가포르? 토론토와 두바이? 당신이 제일 먼저 생각해야 할 것은 유나이티드, 루프트한자 또는 에어 캐나다와 같은 모국 항공사를 통해 예약하는 것이다. 이들 항공사는 스타 얼라이언스 제휴사이다. 그러나 요즘에는 아랍에미리트에 본사를 둔 에미레이트 항공도 선택할 수 있다. 아부다비에 기반을 둔 에티하드 항공과 카타르 항공도 국제운항을 확장하고 있다(사진 7-10 참조).

3개의 중동 항공사는 모두 정부 소유다. 미국 국무부가 협상한 국제 오픈 스카이 협정 덕분에 이들 및 기타 외국 항공사는 과거보다 훨씬 더 자주 미국을 출입할 수 있다. 독일도 시장을 열었다. 대조적으로 항공 조약이 더 제한적인 캐나다에서는 중동 항공사가 주간 비행 횟수 측면에서 덜 침투되어 있다.

미국의 항공산업 규제 완화로 인해 승객에게 다른 혜택 중에서도 소비자 선택의 폭이 넓어지고 가격이 낮아졌다. 에미레이트 항공 및 기타 중동 항공사가 세계 최대의 항공시장에 더욱 깊숙이 침투함에 따라 고품질의 기내 서비스로 유명해지고 있다. 모든 객실은 고급 여행객의 요구사항을 충족하기 위해 제한된 수의 퍼스트 클래스 스위트를 제공한다. 그리고 주요 지리적 위치를 지닌 '걸프만 3개' 항공사는 가지고 있는 여러 허브를 활용해 많은 항공 여행자를 연결할 수 있는 이점 때문에 '슈퍼커넥터'라는 별명을 얻었다.

신규 진입자들은 브랜드 인지도를 높이기 위해 광고 및 판촉행사에 아낌없이 지출하고 있다. 예를 들어 에미레이트 항공은 2014년 US 오픈 테니스 챔피언십을 후원했으며 샌프란시스코 심포니의 공식 항공사이다. 페르시아 항공사는 또한 보잉과 에어버스의 점보제트기 주문을 대량으로 예약했으며, 이는 상거리 비행에서 충분한 공간을 확보할 수 있음을 의미한다. 사실 미국에서 출발하는 항공편에서 사용할 수 있는 좌석 수가 지난 몇 년 동안 급격히 증가했다. 한편 두바이 국제공항은 이 시설을 통과하는 국제선 승객 수 측면에서 런던의 히드로 공항과 경쟁한다.

동시에 중동의 신규 진입자들은 약간의 반대에 부딪혔다. 유나이티드 컨티넨탈, 아메리칸 에어라인 및 델타는 국영 항공사가 상당한 정부 보조금 혜택을 받는다는 미국 정부에 불만을 제기했다. 불만에 따르면 세금 면제 및 저렴한 공항 서비스 이용과 함께 보조금을 통해 국영 항공사는 미국 및 기타 시장에서 저렴한 비용으로 좌석을 판매할 수 있다.

걸프만 3개 항공사 모두 성장에 대한 다른 장벽도 경험했다. 카타르의 예약은 2017년 6월 중동 4개국이 항공 및 해상 봉쇄를 시작한 후 급격히 감소했다. 바레인, 이집트, 사우디아라비아 및 UAE는 카타르가 테러리스트를 숨겨 주었다는 주장에 따라 금수 조치를 취했다. 한편 에티하드의 고군분투하는 항공사에 대한 투자전략이 흔들리면서 에어 베를린과 알리탈리아는 관리권에 들어갔다. 그리고 세 항공사 중 가장 오래된 에미레이트 항공은 미국 입국 제한과 미국행 항공편에서 기내 노트북 컴퓨터 사용 금지로 인해 승객 수가 감소했다.

출처 : Tanya Powley and Simeon Kerr, "A Hard Landing for High Flyers," *Financial Times Big Read: Middle East Aviation* (September 6, 2017), p. 9; Susan Carey, "Gulf Airlines Force Question: Join or Fight?" *The Wall Street Journal* (March 17, 2015), pp. B1, B4; Susan Carey, "Persian Gulf Airlines' Service Wins U.S. Fans," *The Wall Street Journal* (March 17, 2015), p. B4; Susan Carey, "U.S. Airlines Clash over Rivals from Persian Gulf," *The Wall Street Journal* (February 24, 2015), pp. B1, B5; Scott McCartney, "Airlines Compete to Become First in First Class," *The Wall Street Journal* (December 17, 2014), p. D3; Ben Mutzabaugh, "Lufthansa Looks to Make Bigger Mark on U.S. Market," *USA Today* (November 17, 2014), p. 5B; Scott McCartney, "Now Landing: Tough Challengers—Emirates, Etihad, and Qatar Accelerate Their Push to Win U.S. Fliers," *The Wall Street Journal* (November 6, 2014), p. D1.

사진 7-10 에미레이트 항공 및 중동을 기점으로 하는 다른 항공사들은 미국이나 기타 핵심 시장의 운항을 목표로 한다.
출처 : pio3/Shutterstock.

서 판매된다. 독일의 시장 규모는 전체의 4분의 1에 해당한다. 2013년 초에 25,000대의 렉서스 차량이 독일에 등록되었다. 이와는 대조적으로 메르세데스와 BMW는 두 회사를 합쳐 680만 대 이상의 차량이 등록되어 있다. 과연 렉서스는 세계의 가장 유명한 두 고급차 제조사의 홈그라운드에서 성공할 수 있을까?

독일의 프리미엄 자동차 판매시장의 90% 이상을 형성하고 있는 지역 브랜드에 대한 이해로 무장한 렉서스는 주목할 만한 제품의 변형을 시도하였다. 예를 들어 독일 소비자들은 디젤 엔진 자동차를 살 수 있길 원하기 때문에 같은 차량의 모델에 가솔린과 전기를 이용한 하이브리드 모델인 RX 시리즈도 개발했다. 렉서스는 유럽 시장에서 SUV 모델 중 가장 상위 모델인 LX 470을 오직 러시아에서만 판매하고 있다. 당신은 이러한 상황을 설명할 수 있겠는가? BRICS 국가 사이에서 판매되는 모델은 어떻게 달라지는가?

(7-4) 목표시장 전략 선택

◀ 7-4 세 가지 주요 목표시장 전략 선택을 비교 대조한다.

밝혀진 세분시장을 앞서 이야기한 세 가지 기준으로 평가한 후에 특정한 시장기회를 추구할 것인지 말 것인지에 대한 결정이 내려진다. 앞서 제시한 세 가지 기준, 세분시장의 크기와 성장 가능성, 잠재적 경쟁, 실행 가능성에 따라 식별된 세분시장을 평가한 후 기업은 기회를 추구할지 말지 여부를 결정해야 한다. 당연히 글로벌 마케팅에서 하나의 근본적인 결정은 진출할 국가 또는 지역시장에 관한 것이다. 예컨대 미국에 본사를 둔 제과회사 허쉬는 최근 영국, 유럽, 그리고 마스와 크래프트가 거의 지배하고 있는 중동을 표적으로 삼았다. 이전에 허쉬의 사업은 북미와 남미, 아시아에 집중되어 있었다. 다음 목표시장 예도 고려해 보자.

- 글로벌 가정용 가구시장은 성별로 세분화된다. 대략 70%의 이케아 고객은 여성이다.
- 인도의 자동차 시장은 스쿠터, 모터사이클 4륜 구동차로 세분화된다. 타타 모터스의 나노 마이크로의 목표시장은 이중바퀴 운용수단(자전거, 모터사이클)을 타는 소비자 중 4륜 구동차로 업그레이드할 수 있는 소비자이다.
- 미국 자동차 구매자들은 나이로 세분화된다. 토요타의 사이언(지금은 판매 중단됨)은 처음 차를 구매하는 Y세대를 대상으로 한다.

만약에 포착한 기회를 향해 나아가기로 결정을 했다면 적합한 목표전략을 세워야만 한다. 목표 마케팅 전략에는 세 가지 기본적인 분류가 있는데, '표준화된 글로벌 마케팅, 집중화된 목표시장 마케팅, 차별화된 글로벌 마케팅'이 바로 그것이다.

표준화된 글로벌 마케팅

표준화된 글로벌 마케팅(standardized global marketing)은 단일국가 시장에서의 대중 마케팅(mass marketing)과 유사하다. 여기에는 다수의 커다란 잠재고객 집단에 대한 동일한 마케팅 믹스를 만들어 내는 것을 포함한다. **비차별화 목표전략**(undifferentiated target marketing)이라고도 알려진 표준화된 글로벌 마케팅은 대중시장은 전 세계에 존재한다는 전제에 기초하고 있다. 추가로 그 대중시장은 표준화된 요소로 만들어진 마케팅 믹스를 제공받고 있다고 가정한다. 제품 수정은 최소화되며, 집중화된 유통전략은 제품을 최대한 많은 소매점을 통해 구입을 가능케 한다. 표준화된 글로벌 마케팅의 매력은 명확하다. 그것은 바로 낮은 생산비용이다. 표준화된 국제 커뮤니케이션에도 같은 논리가 적용된다.

집중화된 글로벌 마케팅

두 번째로 소개할 목표시장에 대한 마케팅 전략은 집중화된 목표시장 마케팅이다. 이 전략은 **틈새시장**(niche)을 공략하기 위해 고안된 마케팅 믹스를 포함하고 있다. 틈새시장이란 단순하게 말해서 글로벌 시장의 작은 세분시장을 의미한다. 화장품업계에서 에스티로더와 샤넬 등의 마케터들은 부유한 상위층의 세분시장에 성공적으로 접근하기 위해 이러한 접근방법을 사용해 왔다. 레너드 로더는 최근에 "설립자인 우리 부모님은 제품 품질과 상위층에 대한 좁은 유통이라는 매우 심플한 아이디어를 가지고 있었다. 우리는 절대 대중적으로 가지 않는다."라고 말했다.[44]

집중화된 목표는 글로벌 마케팅에서 숨겨진 챔피언이 자주 사용하는 전략이다. 틈새시장을 공략해서 성공했지만, 대다수의 사람에게 잘 알려져 있지 않은 회사는 다양한 국가에 존재한다. 이러한 회사들은 그들의 시장 경계를 상당히 좁게 정하고 글로벌 시장에서 다양한 나라를 대상으로 진출하기보다는 시장의 깊이를 높이기 위해 노력한다. 예를 들어 독일의 빈터할터는 식기세척기 시장의 숨은 챔피언이다. 그렇지만 이 회사는 식기세척기를 개별 소비자나 병원 혹은 학교에 판매하지 않았다. 대신에 호텔과 식당만을 위한 식기세척기와 정수기에 초점을 맞췄다. 최근에 위르겐 빈터할터는 다음과 같이 말했다. "회사가 목표시장을 좁게 잡은 것은 우리가 여태까지 해왔던 결정 중에 가장 중요한 전략이었다. 그 전략은 지난 10년간 우리가 거둔 성공의 가장 기본이 되는 것이었다."[45]

차별화된 글로벌 마케팅

세 번째 목표시장에 대한 마케팅 전략은 **차별화된 글로벌 마케팅**(differentiated global marketing)으로 앞서 설명한 집중화된 마케팅 전략보다 좀 더 야심찬 접근법이다. **다중시장 세분화 전략**(multisegment targeting)이라고도 알려져 있는 이 접근방식은 다양한 마케팅 믹스를 제공하는 2개 혹은 그 이상의 별도의 세분시장을 수반한다. 이 전략은 회사로 하여금 넓은 시장을 확보하게 해준다. 예를 들어 프랑스 식품기업인 다농 SA는 프리미엄 브랜드인 에비앙, 바두아 미네랄워터와 다농, 엑티비아 요거트 같은 브랜드로 선진국 시장 소비자를 공략한다. 다농의 CEO 프랭크 리부는 또한 개도국 시장 소비자에도 집중한다. 방글라데시에서는 저가 요거트 브랜드 샥티도이(Shoktidoi)를 현지 여성들에게 판매하였고, 세네갈에서는 마시는 요거트 브랜드 50그램들이 돌리마를 50센트에 판매하는 차별전략을 사용했다.[46] 다음 절에 소개되는 포지셔닝은 이 전략의 성공적 실행에 필요한 핵심 단계이다(사진 7-11 참조).

리부가 강조했듯이 한 기업 내의 여러 브랜드를 통한 여러 제품이 차별적으로 포지셔닝될 수 있다. 예를 들면 생수 품목에 있어서 에비앙은 건강과 미용을 연관시켜 포지셔닝하며, 에비앙을 마시는 것은 젊음을 마시는 것이다. 볼빅의 마케팅 커뮤니케이션은 창조적인 전략을 사용하는데, 특히 육체적 고갈 상태 후 섭취는 에너지 재충전을 불러오는 효과가 있다고 강조한다. 이 두 브랜드는 서로 각기 다른 포지셔닝을 취함으로써 서로의 점유시장을 보존하는 역할을 한다.[47]

화장품산업에서 유니레버는 전체 향수시장을 목표로 하는 차별화된 글로벌 마케팅 전략을

추구한다. 유니레버는 캘빈클라인과 엘리자베스 테일러의 'Passion'으로 고급 향수시장을 겨냥 하고 있다. 동시에 윈드 송과 브뤼는 대중시장을 겨냥한 브랜드이다. 올드스파이스와 인코그 니토 브랜드로 알려져 있는 대중시장 마케팅의 강자인 P&G는 1991년에 레브론의 유로코스 를 인수하면서 이러한 전략에 착수했다. 휴고보스는 남성 시장을 겨냥했고, 라우라 비아조티 로마는 향수시장을 겨냥했다. 1990년대 중반에 P&G는 미국과 유럽 일부 국가에서 고급 향수 브랜드인 베네치아를 출시했다. 최근에 P&G는 엔비, 러쉬를 비롯해 구찌 등의 이탈리아 패션 브랜드의 향수를 판매하고 있다.

(7-5) 포지셔닝

◀ 7-5 글로벌 마케터가 사용할 수 있는 여러 가지 포지셔닝 전략을 설명한다.

포지셔닝이라는 단어는 마케팅의 선구자들인 알 리스와 잭 트라우트가 인더스트리얼 마케팅에 1969년 게재한 논문에서 처음으로 소개되었다. 포지셔닝은 소비자의 마음속에 각 브랜드가 제공하는 속성과 효용이라는 측면에서 우리 브랜드와 경쟁 브랜드를 차별화시키는 행위를 의 미한다. 다르게 말하자면 포지셔닝은 타깃이 된 고객의 마음속에 빈틈을 메울 혹은 자리를 차 지할 수 있는 전략을 개발하는 과정이다.[48]

포지셔닝은 이미 앞서 논의되었던 세분화 변수와 목표시장 선정 전략과 함께 자주 사용된 다. 예를 들어 유니레버와 기타 소비재 생산회사는 해당 상품군 안에서 모든 범위의 브랜드를 다루는 차별화된 타깃 마케팅을 자주 사용한다. 유니레버의 10가지 세제는 올, 위스크, 서프, 퍼실 등을 포함하는데, 각각의 브랜드는 조금씩 다르게 포지셔닝되어 있다. 어떤 경우에는 대 중적인 브랜드의 확장이 조금씩 다르게 포지션될 수 있다. 콜게이트의 토탈 치약의 경우 잇몸 건강을 포함한 구강건강과 관련된 문제를 전반적으로 다루고 있는 브랜드로 포지셔닝되어 있 다. 전 세계 대부분의 지역에서 토탈 치약은 몇 가지 다른 형태로 구입이 가능하다. 토탈 어드 밴스트 클린, 토탈 클린 민트, 토탈 화이트닝 등이 그것이다. 효과적인 포지셔닝은 각각의 종류를 다른 제품으로부터 차별화시킨다.

리스와 트라우트가 이 개념의 중요성에 대해서 관심을 갖기 시작한 이래 많은 마케팅 실무자들은 다양한 포지셔닝 전략을 사용해 왔다. 이런 포지셔닝 전략에는 속성이나 효용, 제품의 품질, 가격, 사용 패턴이나 사용자, 경쟁자 등에 의한 포지셔닝 전략이 포함된다.[49] 최근의 연구에서는 특별히 글로벌 마케팅에 유용한 세 가지 추가적인 포지셔닝 전략이 밝혀졌다. 글로벌 소비자 문화에 따른 포지셔닝 전략, 지역 소비자 문화에 따른 포지셔닝 전략, 외국 소비자 문화에 따른 포지셔닝 전략이 바로 그것이다.

속성 혹은 효용

흔히 사용되는 포지셔닝 전략은 특정한 제품의 속성, 효용, 혹은 특징을 활용한다. 경제성, 신뢰성, 내구성 등은 자주 사용되는 속성/효용의 변수이다. 볼보 자동차는 충돌사건 발생 시에 안전을 보장하는 튼튼한 구조로 잘 알려져 있다. 이와는 대조적으로 BMW는 자동차의 성능을 강조하는 지표로서 '궁극의 드라이빙 머신'으로 자리매김하고 있다. 현재 진행형인 신용카드 업계의 각축전에서 비자카드의 광고 주제인 '당신이 있는 곳 어디에나'는 전 세계적으로 사용이 가능하다는 효용을 앞세워 소비자의 관심을 끌었다. 글로벌 마케팅에서는 해당 브랜드가 수입된 브랜드라는 사실을 적절히 홍보하는 것이 매우 중요할 수 있다. 이런 접근방식은 외국 소비자 문화에 따른 포지셔닝(foreign consumer culture positioning, FCCP) 전략으로 알려져 있다.

품질과 가격

이 전략은 높은 수준의 품질과 가격에서부터 합리적인 가격대의 적당한 품질 사이의 연속선상에서 생각해 볼 수 있다. 벨기에의 스텔라 아르투아 맥주의 전설적인 인쇄광고는 스텔라 맥주의 병뚜껑과 명품 피아노인 스타인웨이의 이미지를 함께 보여준다. 광고 문구는 '비쌀 가치가 있는'이 전부이다. 광고에서 보이는 피아노를 자세히 보면 병뚜껑을 따느라 피아노의 건반 하나가 깨져 있는 것을 발견할 수 있다! 생산량 측면에서 세계 최대의 양조회사 인베브가 스텔라 아르투아를 생산한다. 스텔라 맥주가 벨기에의 지역시장에서는 매일 만나는 대중적인 맥주로 여겨지고 있었지만, 인베브의 마케팅팀은 글로벌 시장에서 스텔라 맥주를 글로벌 프리미엄 브랜드로 포지셔닝했다.[50]

최고급 증류주 산업계에서 벨베데레와 그레이구스와 같은 수입 보드카 업체의 마케터는 그들의 브랜드를 다른 일반적인 고급 보드카보다 2배의 가격에 팔리는 최고급 브랜드로 포지셔닝하는 데 성공했다. 수출되는 보드카의 일부 광고는 자신들의 국가적인 이미지를 강조하기도 하는데, 이는 외국 소비자 문화에 따른 포지셔닝 전략이 어떻게 품질과 가격의 포지셔닝을 강화할 수 있는지를 보여준다. 마케터들은 때때로 제품의 구매와 사용 경험, 다르게 말하면 제품의 효용을 바꾸고, 더 높은 가격과 품질로 포지셔닝하는 것을 정당화하기 위한 광고를 묘사하기 위해 '변형 광고'라는 표현을 사용한다. 아마 프랑스의 그레이구스, 폴란드의 벨베데레, 네덜란드의 케틀원을 구매하고 마시는 것은 어디서 만들어지는지도 모르는 포포프와 같은 길거리 브랜드의 술을 사서 마시는 것보다 훨씬 더 만족스러운 구매 경험이 될 것이다.

사용 혹은 사용자

또 다른 포지셔닝 전략은 제품이 어떻게 사용되는지, 혹은 사용자 또는 사용자 그룹과 브랜드를 어떻게 연결시키는지와 관련되어 있다. 예를 들어 '반지의 제왕' 3부작의 세계적인 성공에 편승하기 위해 질레트의 듀라셀 배터리 사업부는 TV와 인쇄광고에서 반지의 제왕 촬영 당시 제작진이 뉴질랜드의 오지에서 듀라셀 배터리만을 사용했다고 광고했다. 이와 유사하게 맥스 팩터 메이크업은 '메이크업 아티스트가 사용하는 메이크업'으로 포지셔닝했다. 펄사 시계의 광고는 '리얼리티 TV에 중독된 남자', 그리고 도스토옙스키를 읽는 잘생긴 남자와 자신의 브랜드를 연관시켰다.

경쟁

은연중에 혹은 명백하게 경쟁자들을 언급하는 것은 효과적인 포지셔닝 전략의 기초를 제공해 줄 수 있다. 예로 아니타 로딕이 1970년대에 더 바디샵을 처음 시작할 때, 그녀는 당시 주류를 이루고 있던 다른 화장품 브랜드들의 원칙과 바디샵과의 차별성을 강조했다. 더 바디샵 브랜드는 자연 재료를 대표하고, 동물실험을 하지 않으며, 재활용 용기를 사용한다. 나아가 로딕은 전통적인 산업처럼 기적을 약속하는 식의 접근방식을 금지했다. 대신에 여성 고객들에게 미용, 건강 보조제품이 줄 수 있는 현실적인 기대감만을 주었다.

좀 더 최근에는 도브의 'Campaign for Real Beauty'는 도브라는 브랜드를 미에 대한 새로운 정의를 통해 새롭게 포지셔닝하게 했다. 이 캠페인은 도브의 글로벌 브랜드 디렉터인 실비아 라그나도에 의해 진행된 연구에 기초하고 있다. 이 연구결과는 전 세계의 단 2%의 여성만이 본인 스스로를 아름답다고 여긴다는 것을 보여주었다. 이러한 연구결과를 바탕으로 오길비 앤 매더의 뒤셀도르프 사무소에서는 'Campaign for Real Beauty'의 기본이 되는 콘셉트를 개발해 냈다. 도브는 2008년에 새로운 웹 커뮤니티를 출시하였다. 이곳의 방문자는 MTV에서 방영되는 미니시리즈인 'Fresh Take'를 보거나 스킨케어에 대한 의학적 조언을 찾아볼 수 있다.[51]

글로벌, 외국, 지역 소비자 문화 포지셔닝

제4장에서도 언급했었고 이번 장에서도 간략히 다뤘듯이 국제 소비자 문화에 기반한 포지셔닝 전략은 점차 증가하는 글로벌 소비자 문화시장과 관련 있는 다양한 세분시장을 공략하는 데 사용될 수 있는 전략이다.[52] **글로벌 소비자 문화에 따른 포지셔닝**(global consumer culture positioning, GCCP) 전략은 브랜드를 특정한 글로벌 문화나 세분시장의 상징으로 자리매김하게 하는 전략으로 정의된다. 이 전략은 전 세계의 10대들과 국제 엘리트 집단, 그들 스스로를 국가 간 상업문화의 일원이라고 생각하며 전 세계를 휘젓고 다니는 IT족들에 대해서 효과적인 전략으로 밝혀졌다. 예를 들어 밝은 색깔로 만들어진 소니의 'My First Sony' 제품은 분별 있는 부모의 인식에 맞는 청소년을 위한 전자제품 브랜드로 자리매김했다. 필립스가 최근에 하고 있는 전사적 이미지 캠페인은 'Sense and Simplicity'라는 주제에 맞추어져 있다. 베네통은 자신들의 브랜드를 인류의 화합을 중요시하는 브랜드로 자리매김하기 위해 'United Colors of Beneton'이라는 슬로건을 사용한다. 전 세계에 걸친 하이네켄의 강력한 브랜드 자산은 소비자들이 스스로를 세계주의자로 여기고자 하는 욕구를 간파한 잘 준비된 GCCP 전략 덕분이었다.

어떤 범주의 제품은 특별히 이러한 GCCP 전략에 효과적으로 의존한다. 발전된 기술에 의존한 제품이나 소비자들의 감성에 의존하는 제품은 사용자 간의 공유된 그들만의 '언어'에 의한 높은 소비자 관여수준과 관련이 되어 있다.[53] **하이테크 제품**은 세련되고, 기술적으로 복잡하며, 설명하기 힘들거나 이해하기 힘들다. 이런 제품들을 구입할 때 소비자들은 전문적인 필요

가 있거나, 흥미가 있고, 합리적인 구매 의도를 가지고 있는 경우가 많다. 기술에 기반한 브랜드와 제품은 기존에 확립된 객관적인 기준에 의해 성능이 자주 평가된다. 휴대용 MP3 플레이어나 휴대전화, 개인용 컴퓨터, 홈시어터, 고급 승용차, 금융 서비스 등이 글로벌 시장에서 제조사들이 강력한 입지를 확보한 발전된 기술에 의존한 제품이다. 구매자는 전형적으로 이미 상당한 기술적 정보를 가지고 있거나 갖기를 원한다. 일반적으로 전 세계 어디서든 컴퓨터를 사는 구매자들은 펜티엄 CPU와 500기가바이트 하드드라이브, RAM, 평면 모니터 등에 대해 동일한 정보를 알 수 있다. 기술에 민감한 세계의 소비자들과 관련한 포지셔닝 전략은 레저용품이나 오락용품과 같은 특별한 관심을 위해 만들어진 제품에 적절히 사용될 수 있다. 후지의 자전거, 아디다스의 스포츠용품, 캐논의 카메라 등은 이러한 특정한 관심 분야를 다루는 제품의 성공적인 사례이다. 기술에 기반한 제품을 사서 사용하는 대다수의 사람들이 '같은 언어를 사용'하고 같은 사고방식을 공유하기 때문에 마케팅 커뮤니케이션 활동은 정보를 제공해야 하고, 바라는 GCCP를 확립하기 위해 속성과 형태에 대한 성능을 강조하는 형태여야 한다(사진 7-12 참조).

이와는 반대로 하이터치 제품(감성을 자극하는 제품)을 구매할 때 소비자는 일반적으로 합리적인 이유보다는 감정적인 이유에 의해서 움직이게 된다. 아마도 소비자는 그런 제품과 감정적이거나 정서적인 교감을 느낄 것이다. 제품의 성능에 대한 평가는 객관적이고 기술적인 면에서 이루어지기보다는 미적이거나 주관적인 측면에서 이루어질 것이다. 이러한 감성을 자극하는 제품의 소비는 개인적인 즐거움을 대표할 수 있고, 사용자의 자기 자신에 대한 이미지를 반영하는 것일 수 있다. 또는 사용자 간, 사용자와 가족이나 친구들 사이의 관계를 강조하는 것일 수도 있다. 이런 부류의 제품은 사용자의 지성보다는 감성에 호소한다. 만약에 어떤 제품이 자세한 사용설명서와 함께 판매된다면, 아마도 기술에 기반한 제품일 것이다. 반대로 감성에 기반한 제품은 사용설명서를 수반하지는 않을 것이다.

고급 향수, 디자이너에 의한 패션제품, 고급 샴페인 등은 모두 GCCP 전략에 의존하는 감성에 기반한 제품의 예가 될 수 있다. 감성에 기반한 제품 중 일부는 인생의 짧은 순간에서 찾아볼 수 있는 기쁨이나 즐거움과 연결되어 있다. 친구들과 카페에 앉아서 커피 한 잔을 나누며 담소를 나누고 있는 모습을 보여주는 광고나 매일매일의 일상에 제품이 사용되는 누군가의 주방을 보여주는 광고 등이 바로 그런 광고이다. 네슬레가 네스카페 브랜드를 통해 성공적으로 보여준 것처럼 이러한 감성에 기반하고 감성에 호소하는 전략은 전 세계적으로 유용하다.

브랜드의 GCCP 전략은 광고나 기타 마케팅 커뮤니케이션과 조화를 이룬 콘셉트 또는 언어적, 시각적 요소의 세심한 선택에 의해 강화될 수 있다. 감성에 기반한 GCCP 전략을 확립하고자 하는 마케터에게 여가생활, 로맨스, 물질주의는 국경을 넘어 통용되는 세 가지 대표적인 주제이다. 이와 대조적으로 전문성과 경험은 국제 재정 서비스와 같이 기술에 기반한 제품의 광고에 적절한 주제이다. 몇 년 전의 사례를 예로 들면 '체이스맨해튼 은행'은 '경험을 바탕으로 한 이윤(Profit from Experience)'이란 주제로 전 세계적으로 7,500만 달러짜리 광고 캠페인을 실시했다. '체이스맨해튼 은행'의 마케팅 책임자이자 부사장인 오브리 호스는 다음과 같이 언급했다. "체이스맨해튼 은행의 기업고객과 개인고객들은 전 세계에 걸쳐 있고, 전 세계를 여행한다. 그런 고객들은 마음속에 오로지 하나의 체이스만이 있다. 우리가 굳이 왜 그런 고객들을 혼란스럽게 하겠는가?" 추측건대 체이스 광고의 타깃이 되는 고객들은 충분히 똑똑해서 카피라이터의 기교에 담긴 미묘함을 판단할 수 있는 것 같다.[55] 'Profit'은 명사(이윤)로도 혹은 동사(소득을 얻다)로도 사용될 수 있다.

어떤 제품의 경우에는 전 세계적으로 기술과 감성 '양극' 모두를 포함하는 식으로 포지셔닝될 수도 있다. 이런 접근방법은 제품이 구매자의 합리적인 기준을 충족시키는 동시에 감성적인 반응도 불러일으킬 때 가능하다. 이를테면 덴마크의 음향기기 회사인 뱅앤올룹슨은 제품의 성능과 우아한 외관 덕분에 기술적으로는 뛰어난 음질의 제품으로, 감성적으로는 주변과 조화를 이루는 현대적인 디자인으로 자리매김할 수 있었다(사진 7–13 참조). CEO인 토르벤 발레가르드 소렌슨은 다음과 같이 설명했다. "우리 브랜드는 자동차나 호텔에서도 집에 있는 것처럼 편안하게 느끼도록 해준다. 일상이 어수선할 때 오디오를 켜면 평온해질 것이다. 뱅앤올룹슨은 당신의 안식처이다."[56]

애플은 최첨단 기술 성능과 사용자가 아이팟, 아이폰, 애플 워치를 자신의 확장으로 볼 수

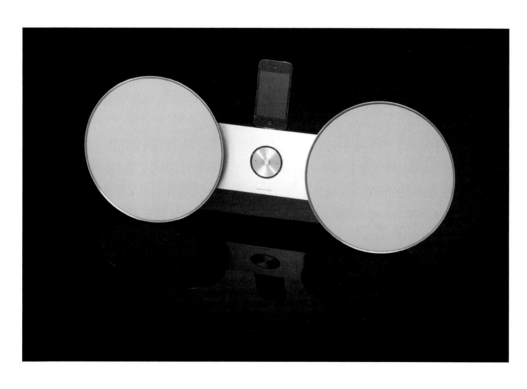

사진 7-13 세계적으로 유명한 덴마크인의 장인정신과 혁신으로 인해 뱅앤올룹슨은 하이터치와 하이테크 글로벌 브랜드 포지셔닝의 교과서적인 사례가 됐다. 이 인쇄광고는 뱅앤올룹슨의 'BeoPlay A8' 스피커 도크를 전시해 놓은 것이다. 한 논평가는 'BeoPlay A8'을 두고 "정말 이례적일 정도로 우수한 상품이다. 뱅앤올룹슨이 몇 년간 만들어 온 것 중에서 가장 매력적이면서 가장 최신적이다."라고 극찬했다.

출처 : David Caudery/Tap Magazine via Getty Images.

있는 패션 지향성을 결합하여 세계에서 가장 가치 있는 기술회사가 되었다. 애플은 성능과 디자인 모두를 기반으로 제품을 포지셔닝한다. 2015년 시계 출시와 함께 럭셔리 브랜드로 자리매김한 애플은 세 가지 가격 책정 단계인 349달러의 스포츠 모델, 스테인리스 스틸 케이스가 있는 미드 티어 모델, 1,000달러로 책정된 에디션 모델을 제공하여 시장을 세분화했다. 마찬가지로 2017년 애플은 아이폰 8(699달러), 아이폰 8 플러스(799달러), 아이폰 X(999 달러)를 출시했다.

국제 비즈니스와 매스미디어, 인터넷에서 영어가 가장 우선적인 언어인 만큼 영어가 현대인의 사고방식이나 세계인의 관점을 표현하는 사례를 쉽게 볼 수 있다. 그렇기 때문에 전 세계를 대상으로 하는 광고와 상호를 만들 때 영어를 사용하는 것은 GCCP 전략을 달성하는 또 다른 방법이다. 베네통의 광고 문구인 'United Colors of Benetton'은 회사의 모든 광고에 영어로 표기된다. 이 문구에 함축된 의미는 전 세계에서 패션에 관심이 있는 모든 소비자는 베네통에서 쇼핑을 한다는 것이다. 영어는 일본 시장에서 마케팅 도구로 사용되기도 한다. 영어권 국가의 사람들이 보면 분명히 문법적으로 잘못됐다는 것을 금방 알아차리겠지만, 그런 영어 사용은 의미 자체를 전달하려는 목적보다는 단지 영어와 연관이 있다는 일종의 상징성을 부여하는 데 그 의미가 있다.

GCCP 전략을 강화하는 또 다른 방법은 브랜드의 상징을 사용하는 것이다. 특정한 국가의 문화와 관련이 있는 것으로 받아들여질 소지가 없는 브랜드의 상징을 사용하는 방법이다. 네슬레의 둥지에서 어미 새가 아기 새들을 먹이고 있는 모습의 로고와 나이키의 로고, 메르세데스-벤츠의 별 모양 로고가 좋은 예이다.

외국 소비자 문화에 따른 포지셔닝(foreign consumer culture positioning, FCCP) 두 번째 전략은 브랜드의 사용자와 사용되는 상황, 혹은 제품의 출처가 외국이나 외국 문화와 연관되어 있는 상품을 다루는 데 적합하다. 포스터 맥주의 미국 광고는 자랑스럽게 그 브랜드의 국가기원을 밝혔다. 인쇄광고에서는 'Foster's, Australian for beer'라는 문구를 사용했고, TV와 라디오 광고에서는 '오스트레일리아어를 어떻게 말하는가?'라는 주제에 초점을 맞추었다. 이러한 광고는 당연히 오스트레일리아 시장에서 쓰이기 위한 것이 아니다. 일반적으로 모델로의 코로나 엑스트라 브랜드의 광고는 라틴아메리카와 관련이 있다고 여겨진다. 리바이스, 말보로 담배, 할리 데이비슨 오토바이 등의 '미국적 특성'은 때로는 희소성을 전달하면서, 때로는 그 반대의 의미로 전 세계 소비자에게 그 제품이나 브랜드의 매력을 강조하고, FCCP 전략의 기회를 제공한다.

스웨덴의 가구 제조기업 이케아는 스웨덴의 깃발 그대로 자신을 포장하였다. 이케아의 점포는 안팎으로 스웨덴의 색상인 파란색과 노란색으로 치장되어 있다. 스칸디나비아인의 유산을 강화하고, 방문객이 머무르는 시간을 늘리기 위해 많은 점포의 간이식당에서 스웨덴식 미트볼과 기타 먹을거리를 제공하고 있다. 때때로 실제로 그 제품이 자국 내에서 생산되었다 할지라도 브랜드 명칭에 의해 FCCP 전략이 연상되는 경우가 있다. '하겐다즈'의 경우 실제로는 미국 회사가 만들지만 스칸디나비아의 분위기를 풍기기 위해 이름을 하겐다즈로 지었다. 이와는 반대로 이탈리아의 페르페티사에서 생산한 인기 있는 껌의 경우 이름을 '브룩클린'이라고 지었다.

마케터는 **지역 소비자 문화에 따른 포지셔닝**(local consumer culture positioning, LCCP) 전략을 사용할 수도 있다. 이 전략은 브랜드가 지역의 문화적 의미와 관련이 있고, 지역 문화의 규범을 반영하며, 브랜드가 국가적 문화 속에 사는 지역 소비자에 의해 사용되는 형태를 보인다. 또한 제품은 지역의 소비자를 위해 지역적으로 생산되는 형태를 띤다. 이런 LCCP 전략 접근법은 버드와이저의 미국 광고에서 찾아볼 수 있다. 예를 들어 클라이즈데일종의 말을 보여주는 광고는 미국의 작은 도시의 문화와 버드와이저가 관련이 있다는 것을 보여준다. 7개 국가의 TV 광고를 조사한 연구자들은 LCCP 전략은 식품, 개인 소비재, 가정 소비재 분야에서 특히 주를 이루고 있다는 것을 발견했다.

요약

새로운 시장으로의 확장을 시도하려 할 때 기업은 국제 환경에 대한 분석을 실시해야만 한다. 글로벌 시장 세분화를 통해서 기업은 소비자의 공통된 욕구와 니즈를 파악할 수 있다. 인구통계적 시장 세분화는 국가의 소득과, 인구, 연령, 인종적 특성과 같은 변수들에 기초해 이루어질 수 있다. 심리통계적 시장 세분화는 사람들의 태도, 흥미, 의견, 라이프스타일에 의해 소비자 집단을 구분짓는다. 행동특성에 따른 시장 세분화는 사용자의 상태와 사용 정도 등을 세분화를 위한 변수로 사용한다. 효용 추구에 따른 시장 세분화는 구매자들이 추구하는 효용에 의해서도 이루어진다. 글로벌 10대와 글로벌 엘리트 집단은 국제시장 세분화에 의한 세분 집단의 대표적인 두 가지 예가 될 수 있다.

마케터들이 세분시장을 파악한 후에 다음으로 해야 할 것은 **목표시장**을 선정하는 것이다. 세분시장 조사에 의해 밝혀진 집단은 비교, 평가되고, 가장 큰 잠재성을 가지고 있는 하나 혹은 그 이상의 세분시장이 마케터에 의해 선택된다. 세분시장들은 몇 가지 요소에 기초해 평가되는데, 그 평가 기준이 되는 것들은 세분시장의 크기, 성장 잠재력, 경쟁상황, 적합성, 실행 가능성 등이다. 목표시장 분석은 제품 시장에 대한 면밀한 이해와 마케팅 모델 변수에 대한 결정, 연구하고자 하는 국가에서 이런 마케팅 모델을 실현 가능케 하는 요건의 결정을 수반한다. 시장에 진입하는 시기를 결정할 때는 선발 진입자의 이점을 누릴 수 있는가를 고려해 보아야 한다. 밝혀진 세분시장을 분석한 뒤에 마케터는 적합한 목표시장 선정 전략을 수립해야 한다. 글로벌 시장에 대한 기본적인 세 가지 전략은 표준화된 글로벌 마케팅, 틈새시장 마케팅, 다중시장 세분화 전략이다.

제품 혹은 브랜드를 소비자의 인식에서 차별화되도록 하는 포지셔닝은 다양한 방법으로 수행할 수 있다. 제품의 속성이나 효용에 의한 포지셔닝 방법, 품질과 가격에 의한 방법, 사용 빈도나 사용자에 의한 방법, 경쟁에 의한 방법 등이 있을 수 있다. 추가적으로 글로벌 마케팅 분야에서는 글로벌 소비자 문화에 따른 포지셔닝(GCCP), 외국 소비자 문화에 따른 포지셔닝(FCCP), 지역 소비자 문화에 따른 포지셔닝(LCCP) 전략이 있다.

토론문제

7-1 최근 인터뷰에서 P&G의 한 브랜드 매니저는 "역사적으로 우리는 한 국가 내에서 공통된 희망과 꿈을 발견하는 데 집중해 왔지만 이제는 실제 공통점이 여러 세대에 걸쳐 지리적 경계를 넘나드는 것을 보고 있다."고 언급했다. 세분화 및 목표시장 측면에서 이

말의 중요성은 무엇인가?

7-2. 다섯 가지 기본 세분화 전략을 식별하고 각각을 사용한 회사의 예를 제시하라.

7-3. 세분화와 목표시장 선정의 차이점을 설명하라.

7-4. 포지셔닝이란 무엇인가? 제7장에 제시한 다양한 포지셔닝 전략을 식별하고 각각을 설명하는 회사 또는 제품의 예를 들어 보라.

7-5. 글로벌 소비자 문화에 따른 포지셔닝(GCCP)이란 무엇인가? 글로벌 마케터가 선택할 수 있는 다른 전략적 포지셔닝은 무엇인가?

사례 7-1 (계속)
중국 명품시장의 세분화

이 탈리아 명품 마케터인 토즈의 최고경영자인 디에고 델라 발레는 중국에서 명품부문의 폭발적인 성장을 직접 목격했다. 최근 인터뷰에서 델라 발레는 중국이 명품시장이 진화하는 방식의 전통적인 모델을 뒤집었다고 언급했다. '하향식' 모형, 즉 명품 브랜드의 명성은 수년에 걸쳐 형성된다. 이유는 간단하다. 엘리트층이나 부유한 고객이 고품질의 고급 브랜드를 가장 먼저 구매하기 때문이다. 중산층은 동일한 브랜드를 소유하기를 열망하지만 나중에야 구매하게 된다. 비슷하게 저소득층 소비자는 중산층이 획득한 사치품을 갈망할 것이다. 나중에 저소득층의 일부는 엄선된 명품 브랜드를 구매할 수 있다.

델라 발레는 오늘날 수많은 중국 소비자가 동시에 명품을 요구한다는 것에 주목했다. 문제는 폭발적인 인기에 직면하여 독점적인 이미지를 유지하는 것이다. 토즈와 다른 명품 마케팅 담당자는 중국 명품 소비자를 이해하기 위해 열심히 노력하고 있다. 마케팅 담당자가 발견한 한 가지는 새로 부유한 수백만의 중국 소비자가 슈퍼엘리트, 신흥부자, 정부 관료 등의 부류로 나눌 수 있다는 것이다.

슈퍼엘리트

첫 번째 부류인 슈퍼엘리트 또는 '극한 부자'는 중국이 경제 개혁정책을 수립하고 중국 시장을 개방하기 시작한 1980년대에 기업가적 기회를 포착한 개인으로 구성된다. 이 부류의 전형적인 구성원은 교육을 받고 영향력이 있으며 중국 사회에서 존경받는다. 이 사람들은 사업을 시작했으며 수십 년이 지난 지금은 중국의 경제 엘리트층으로 자리를 잡았다.

61세의 왕젠린은 순자산이 150억 달러 이상이다. 그는 중국 부동산의 강력한 세력인 완다 그룹의 회장이다. 왕은 중국에서 가장 부자이며 포브스의 2014년 세계 억만장자 순위 56위에 올랐다. 그의 회사는 현재 수십 개의 새로운 테마파크에 대한 계획을 개발하고 있다. 옌제허는 슈퍼엘리트의 또 다른 멤버이다. 전 고등학교 교사였던 그는 중국의 실적이 저조한 국영기업의 일부를 구조 조정하여 두각을 나타냈다. 그가 설립한 퍼시픽 건설 그룹은 중국 최대의 개인 소유 건설회사이다.

신흥부자

두 번째 부류인 신흥부자는 슈퍼엘리트와 마찬가지로 부가 한 세대만 거슬러 올라가는 중국인으로 구성된다. 그러나 슈퍼엘리트와 달리 신흥부자는 일반적으로 시골지역에서 자랐으며 대학 교육을 받지 못했다. 이 그룹의 일부 구성원은 20대에 새로운 기회를 찾기 위해 대도시로 이사했다. 이 그룹은 대부분 독학으로 독해와 자기 학습에 몰두했다. 도시 노동력에 합류한 후 기업의 사다리에 올라 궁극적으로 리더십 위치에 올랐다. 슈퍼엘리트만큼 부유진 않지만 이 부류는 과시하고 싶은 만큼 선택적으로 지출한다.

신흥부자들의 전형은 도시로 이주하려는 욕구가 거의 없는 중국인들이다. 대신 그들은 지방에 머물면서 지역 천연자원을 이용하여 슈퍼엘리트와 동등한 부를 축적했다. '메이라오반'(석탄 대장, 석탄 남작)이라는 용어는 석탄이 풍부하게 매장되어 있는 산시성의 부유한 광산 소유자를 설명하기 위해 만들어졌다.

산시성의 이 같은 소박한 기원에도 불구하고 이 그룹의 구성원은 때때로 자유로운 지출과 눈에 띄는 소비 행태를 보인다. '투하오'라는 용어는 중국인이 이러한 유형의 소비자 행동을 조롱하는 방법이다. '투'는 문자 그대로 흙을 의미하지만 일반적으로 '저속한' 또는 '정제되지 않은'이라는 의미를 내포하고 있다. '하오'는 원래 '부자'라는 의미이지만 '괴롭힘' 또는 '독재적'으로 의미가 확장된 것이다. 요컨대 투하오는 경멸적인 용어로 때로는 비정상적인 행동과 관련된 과도한 지출을 선호하는 메이라오반 및 다른 사람들에게 적용된다.

이러한 정의를 염두에 두고 다음 장면을 목격한다고 상상해 보라.

> 한 중국인 부부가 프랑스 명품 마케터 에르메스의 뉴욕 플래그십 스토어에서 쇼핑을 하고 있다. 남자는 메이라오반이고 여자는 세 번째 첩이다. 이 둘은 에르메스의 상징적인 버킨백을 쇼핑하고 있다. 가격이 10,000달러 이상인 한정품이다. 여자는 양쪽 팔에 버킨백을 매고 어느 쪽을 선택할지 결정하지 못하고 있다. 이때 남자가 "둘 다 사. 이건 석탄 트럭에 불과해. 아무것도 아니야."라고 말한다.

두 유형의 신흥부자는 자녀 교육에 막대한 투자를 하고 있다. 그 이유는 대부분 자신이 대학에 가지 않았기 때문이다. 신흥부자 사이에는 그들이 존중받지 못하고 슈퍼엘리트의 영향력도 없다는 열등감이 있다. 자녀들이 존경심을 얻기를 열망하는 신흥부자 계층의 부모들은 자녀를 해외로 보내 대학에 다니기를 열망한다.

2017년에는 중등학교, 학부, 대학원을 포함한 미국 교육 프로그램에 등록한 중국 학생들이 350,755명에 달했다. 중국 학생은 미국 전체 유학생의 3분의 1을 차지하며 그 수는 지난 10년 동안 3배가 되었다. 이 학생들에게 가장 인기 있는 프로그램은 STEM과 경영학 및 마케팅이다. 서던캘리포니아대학교는 현재 중국 학생들을 위한 최고의 목적지이다. 인도, 한국, 사우디아라비아, 캐나다도 매년 수만 명의 학생들을 미국으로 보낸다. 일부 사치품에 대한 수요, 뇌물 수수는 중국의 법에 위배되지만 법은 지속적으로 시행되지 않는다. 고객을 보호하기 위해 명품회사는 신중하다. 일부 매장의 관리자는 특별 계정 및 공무원을 위한 코드명을 사용한다. 때때로 선물 제공자가 아닌 중개인이 구매를 한다. 예를 들어 개인 사업가가 신용카드를 사용하여 구매할 수 있다. 그런 다음 공무원에게 선물을 전달하고 최종 수령인에게 선물을 준다. 따라서 구매 프로세스는 때때로 두 사람의 활동이다. 선물을 제공하는 한 사람이 선물을 택하고 두 번째 사람이 비용을 지불한다.

계층에 따른 쇼핑 형태

슈퍼엘리트 계층은 구매자의 고급진 취향을 반영하는 명품 브랜드를 선호한다. 예컨대 상징적인 모노그램이 있는 루이비통 핸드백은 너무 흔하다. 대신 이들은 유명한 이탈리아 장인 정신이 배어 있지만 브랜드 아이덴티티는 더 신중하게 나타내는 보테가 베네타의 핸드백을 더 선호한다. 슈퍼엘리트 계층은 출장이나 휴가 중일 때 해외에서 명품을 쇼핑하기도 한다. 이 계층은 애플 아이폰의 얼리어댑터였다. 애플이 본토에 매장을 열기도 전에 이들은 미국, 홍콩, 영국에서 아이폰을 구입했다.

반면에 신흥부자들은 명품 브랜드에 대해 잘 알지 못하며 브랜드에 대한 정보도 별로 없다. 검소한 환경에서 자란 이 쇼핑객들은 좀 더 저가의 브랜드를 합리적인 가격으로 구입할 수 있음을 알고 있다. 그럼에도 불구하고 신흥부자 쇼핑객들은 수년간의 노력에 대해 보상받기를 원한다. 루이비통, 구찌, 샤넬과 같은 '실용적인' 브랜드가 올바른 선택이다. 예외는 신분을 더 의식하고 사치스러운 구매를 할 가능성이 더 큰 신흥부자 중 투하오들이다.

세 번째 계층인 정부 관료는 전략적이어야 한다. 관료들은 급여로 감당할 수 없는 구매를 과시할 수 없다. 코치와 같은 접근 가능한 브랜드는 이 그룹에 이상적인 구매이다. 이 계층은 또한 여행사에서 주선하는 단체 쇼핑 여행을 선호한다. 에이전시는 운송, 숙박 및 기타 물류 문제를 처리한다. 관광객들은 쇼핑에 집중하게 된다. 파리 관광청에 따르면 2016년에 약 200만 명의 중국인 관광객이 파리를 방문하여 10억 유로 이상을 지출했다. 여행 버스는 정기적으로 갤러리 라파예트와 프랑스 수도의 다른 인기 있는 목적지에 정차한다. 전반적으로 이러한 여행의 평균 중국 관광객은 5,000달러를 쓴다.

중국 시장에 집중하는 링컨 자동차

포드와 링컨 자동차의 경영진은 링컨 명판의 활성화를 위해 중국 시장이 중요하다는 점을 인정한다. 2002년부터 생산이 중단된 링컨 컨티넨탈은 한때 미국 대통령과 할리우드 스타들이 애용하던 차량이었다. 링컨의 전 그룹 부사장이자 포드 자동차의 최고마케팅책임자(CMO)인 쿠마르 갈로트라에 따르면 중국의 포커스 그룹은 '대통령'이라는 단어를 반복적으로 사용하는데, 링컨의 유산과 이미지를 설명할 때 존 F. 케네디를 자주 언급한다.

최신형의 컨티넨탈은 운전기사를 고용할 수 있는 부유한 중국인들의 관심을 끌기 위해 특별히 설계되었다. 인테리어 옵션에는 알칸타라 스웨이드와 같은 고급 소재가 포함된다. 지금 베이징은 '한자녀정책'을 해제했으므로 일부 구매자는 조부모뿐만 아니라 아이들을 태울 수 있는 차량과 중국 정부가 공해를 줄이기 위해 차량 수를 제한함에 따라 고급차를 처음 구입하는 사람의 결정이 중요해졌다.

갈로트라는 링컨의 중국 대리점 관리자는 항상 고객의 경험을 향상시키고 구매자와의 관계를 구축할 방법을 모색하고 있다고 말한다. 링컨의 최고급 SUV인 MKX의 이름은 중국어 사용자가 발음하기 어렵다. 따라서 2019년부터는 링컨 노틸러스가 된다. 현지화 접근방식은 효과가 있다. 링컨의 중국 매출은 2016년 32,558대에서 2017년 거의 50,000대로 증가했다.

토론문제

7-6. 사례에서 프로파일링한 다양한 중국 명품 소비자 및 고객 계층을 비교 대조하라.

7-7. 시진핑 국가주석의 부패 단속에 명품 브랜드들은 어떻게 대응했는가?

7-8. 왜 그렇게 많은 중국인 부모들이 자녀를 외국 대학으로 유학을 보내는가?

7-9. 링컨 자동차의 중국 시장 진출 성공 전략을 평가하라.

출처 : Phoebe Wall Howard, "Lincoln's Leader in China Adapts to Selling Luxury SUVs," *USA Today* (December 15, 2017), p. 6B; Brook Larmer, "The New Kids," *The New York Times Magazine* (February 5, 2017), pp. 40 – 45; Brian Groom, "Fears over Loss of Billions from Overseas Students," *Financial Times—FT Special Report: Destination North of England* (April 15, 2016), p. 2; Te–Ping Chen, "China Curbs Elite Programs Aimed at Overseas Study," *The Wall Street Journal* (December 21, 2015), p. A19; Bill Vlasic, "Chinese Tastes and American Heritage Inspire New Continental," *The New York Times* (March 30, 2015), p. B2; Laurie Burkitt and Alyssa Abkowitz, "Corruption Crackdown a Boon for Lingerie," *The Wall Street Journal* (February 14 – 15, 2015), p. B4; Scott Cendrowski, "China's Baddest Billionaire Builder," *Fortune* (July 7, 2014), pp. 105 – 114; Joseph B. White and Mike Ramsey, "Ford's China Beachhead for Lincoln," *The Wall Street Journal* (April 18, 2014), p. B6; David Gelles, "Bringing Luxury, Fast, to China's Cities," *The New York Times* (September 11, 2014), pp. B1, B8; Amy Qin, "Yet Another Way to Mock China's Rich," *The New York Times* (October 15, 2013), p. 14; Tim Higgins, "Chinese Students Major in Luxury Cars," *Bloomberg Businessweek* (December 23, 2013), pp. 23 – 25; David Barboza, "For Bribing Officials, Chinese Give the Best," *The New York Times* (March 14, 2009), p. A4.

사례 7-2
화장품 기업의 글로벌 화장품 시장 세분화

세계적으로 가장 잘 알려진 화장품 기업들이 돈이 될 만한 새로운 시장에 눈독을 들이고 있다. 최근에 부상하고 있는 브라질이나 러시아, 인도, 중국 같은 나라들의 중산층이 바로 그 시장이다. 예를 들어 중국 소비자들은 매년 화장품과 세면도구에 더 많은 지출을 하고 있다. 그러나 1인당 지출 수준은 다른 국가에 비해 상당히 낮다. 로레알, P&G, 시세이도, 에스티로더 등의 마케터들의 움직임이 빨라지는 것은 당연한 일이다. 에스티로더사의 CEO이자 회장인 윌리엄 로더는 중국을 '1,000억 달러의 기회'라고 표현했다(사진 7-14 참조).

모두에게 딱 들어맞는 이상적인 아름다움이 없다는 말은 오히려 화장품 마케터에게 각 지역 문화에 수반하는 선호도에 대한 자신들의 민감성을 자랑스럽게 여기게 한다. 로레알사의 최고경영자인 장 폴 아공은 이

> "당신은 단순히 화장품을 수입해선 안 된다. 기업은 중국 여성들이 느끼는 아름다움과 그들이 찾고자 하는 것을 이해해야 한다. 또한 제품공급과 커뮤니케이션도 알맞게 조절되어야 한다. 이것은 샴푸 판매와 스킨케어 판매보다 훨씬 어려운 일이다."
>
> 그레이 글로벌 그룹, P&G 지역 그룹 회계부장, 데이지 칭

와 관련해서 다음과 같이 설명했다. "우리는 각기 다른 고객을 상대하고 있다. 각각의 고객은 자신만의 미에 대해 동경할 자유가 있다. 우리의 목표는 가능한 한 각각의 고객의 동경을 충족시켜 주는 것이다. 어떤 고객은 화려하고자 하고, 또 어떤 고객은 자연스러워 보이길 원한다. 그리고 우리는 그저 그들의 꿈과 소망을 만족시킬 최상의 품질과 최고의 제품을 제공하기만 하면 된다." 예를 들어 많은 아시아 여성들은 살결을 더 희고 밝게 보이게 하기 위해서 미백크림을 사용한다. 중국에서는 흰 피부가 부의 상징으로 여겨진다. 로레알은 화이트 퍼펙트라는 제품으로 시장에 대응했고, 시세이도는 오프레 화이트를 내놓았다.

지역별로 여성의 선호도를 파악하는 시장조사는 매우 중요하다. 로레

사진 7-14 2017년에 로레알은 중국에서 20주년 기념행사를 개최했다. 중국에 있는 월마트와 까르푸에서 시장조사를 진행한 뒤 로레알 파리와 메이블린은 중국 소매상과 슈퍼마켓에 유통 중이다. 로레알의 미니널스 프로페셔널 UV 화장품 브랜드는 18~25세 여성 소비자들을 대상으로 하여 브랜드의 핵심 이점인 자외선 차단, 주간 피부 미백 작용, 야간 보습 작용 등을 홍보하고 있다.
출처 : ITAR–TASS News Agency/Alamy Stock Photo.

알 도쿄지사의 사장인 에릭 본의 말에 따르면 "일본 여성은 로션보다 컴팩트 파운데이션에 대한 선호도가 높다. 일본은 습도가 매우 높기 때문에 지속력을 중요시한다." 이러한 지식을 바탕으로 로레알은 로션보다 콤팩트 개발에 주력하고 있다. 연구자들은 일반적인 일본 여성은 세수를 두 번 한다는 것도 발견해 냈다.

중국 시장에서 로레알과 경쟁자들은 여성들에게 화장품에 대하여 교육할 수 있는 기회를 잡았다. 1982년 이전에는 금지되어 있던 것이다. 매년 로레알은 6,000명의 중국 여성들이 화장을 하고, 화장을 지우는 과정을 관찰하고, 이를 녹화해 두었다. 로레알 스킨케어 제품개발 상하이 지부 담당인 앨리스 로랑은 "중국에서는 아침저녁으로 2.2번 제품을 사용한다."고 언급하였다. 상하이 연구센터에서 로레알은 새로운 제품라인에 중국의 전통 약제를 적용하는 방안을 연구하고 있다.

로레알은 중국에서 대중시장과 프리미엄 브랜드 시장 모두에 다양한 종류의 상품들을 제공하고 있다. 회사는 아시아 제품의 80%가 해당 지역을 위해 특별히 개발되고 있는 현지화 제품전략을 추구하고 있다. 로레알의 랑콤 브랜드는 일반적으로 상위층 매장과 명품 매장이 있는 독점적인 쇼핑지역에서 판매되고 있다. 로레알은 또한 중국 남성이라는 새로운 인구를 표적으로 한 기회를 포착하였다. 남성의 스킨케어 제품을 위한 중국 시장은 여성의 스킨케어보다 훨씬 빠르게 증가하고 있다. 많은 구매가 커플이 함께 다닐 때 쇼핑하는 과정에서 이루어진다. 많은 중국 남성들은 외모를 성공을 위한 핵심 요소라고 생각하고 있으며, 외모관리에서 스킨케어 제품은 중요한 역할을 하고 있다.

대중시장 화장품 라인이 천천히 성장하고 있는 것에 비해 명품 화장품에 대한 수요는 급격하게 증가하고 있다. 이것은 특히 중국의 핵심도시 중심의 외곽에서 일어난다. 베이징과 상하이와 같은 1급 도시에 있는 소비자는 수입이 높지만, 이런 도시는 중국 인구의 약 9%에 불과하다. 이러한 시장은 포화되었고, 로레알과 다른 화장품회사는 난징과 같은 2급 지방 중심지를 타깃으로 하고 있다. 전장과 같은 3급 도시는 일반적으로 지방 중심지로, 중국은 2억 명 이상의 혼합 인구와 함께 대략 260개의 이러한 도시로 이루어져 있다. 4급과 5급 도시에서는 추가적으로 3억 명의 사람들이 살고 있다. 중국의 로레알 매니저 스테판 린더크네시에 따르면 "중국 도시 인구의 4분의 3은 1급과 2급 도시 외곽에 살고 있으며, 그들은 유통 판매의 3분의 2를 차지한다."

에스티로더는 고급 백화점에서 팔리는 에스티로더나 클리니크, 맥과 같은 제품에 주력하고 있다. 다른 경쟁자처럼 에스티로더는 새로운 도시를 목표시장으로 삼음으로써 중국에서 성장하고 있다. 회사의 대변인은 "에스티로더의 더 많은 성장은 성숙을 위해 1급 도시에서 시작한 것처럼 2급과 3급 도시에서의 확장과 인지도 구축으로부터 올 것이라고 예상하고 있습니다."라고 설명했다.

한 연구 분석가는 에스티로더의 중국 시장에 대한 정책이 매우 협소하다는 점을 지적한다. 아시아 시장에 접근하면서 에스티로더는 "배타적인 상위시장에만 접근하는 것은 위험한 요소가 될 수 있다. 그리고 그것은 중국 시장의 대부분을 차지하는 대중시장에 대한 위치의 재정립을 필요로 한다."라는 입장을 밝혔다.

에스티로더의 캐롤 쉔은 이러한 접근에 대하여 반대 의견을 밝혔다. "중국 소비자들이 가격에 대해 민감하기는 하지만 동시에 미래에 대해 낙관적인 성향이 있어 소득 수준에 비하여 상대적으로 가격이 비싼 품목을 구매하려는 경향이 있습니다." CEO인 윌리엄 로더도 이에 동의한다. "중국 시장에서 에스티로더 브랜드 제품의 수요가 현재 폭발적으로 늘고 있는데, 이는 미래 지향적인 브랜드이면서 가격이 루이비통보다는 상대적으로 저렴하기 때문입니다." 로레알 럭셔리의 대표인 니콜라 이에로니무스는 "우리는 슈퍼 프리미엄 명품 세계에 있지 않습니다. 우리는 1만 유로 시계를 파는 게 아닙니다. 우리는 기껏해야 300유로의 크림을 팝니다."라고 말했다.

인도 시장에서 로레알은 최근 저렴한 가격에서 좀 더 상향된 포지셔닝을 하기 위해 프리미엄 가격으로 공략하려는 정책을 펼치고 있다. 경쟁자인 힌두스탄 레버는 하루에 2달러의 소득을 버는 수백만 명의 사람들을 대상으로 하여 연평균 10억 달러의 수익을 올리고 있다. 이것은 바디로션을 0.7달러에 팔고, 향수는 한 병에 0.9달러에 판다는 것을 의미한다. 1991년 로레알이 인도 시장에 처음으로 진출을 시도했을 때, 비슷한 전략을 추진했던 적이 있었다. 그러나 저가의 가르니에 울트라 두 샴푸는 소비자의 인기를 끄는 데 실패하였는데 그 이유는 현지 브랜드와 비교해서 특별한 장점이 없었기 때문이다. 로레알의 태평양, 아프리카, 동양 지역의 담당자였던 얼레인 에브라드의 말에 따르면 그것은 '완전한 실패'였다. 일부 점주들은 팔리지 않은 재고를 떠안아야 했다.

1990년대 중반, 에브라드는 인도 시장에 대하여 더 깊은 이해가 필요함을 깨달았다. 그는 몇 가지 색다른 조류에 주목했다. 일하는 여성의 수가 급속도로 증가했다는 점과 소비자의 태도가 변화하고 있다는 점이었다. 케이블 TV의 보급으로 CNN과 MTV는 많은 시청자들을 확보할 수 있게 되었다. 여성의 선호도에 대하여 좀 더 깊이 이해하기 위하여 에브라드는 로레알의 회사 직원들 외에도 광고회사의 경영진과 패션잡지의 편집자들에게도 이러한 사실을 전달하였다. 그 결과 에브라드는 날카로운 통찰력에 도달할 수 있었다. 20내 여성들은 회색의 미리색보다는 자신의 개성을 나타낼 수 있는 염색약을 찾기를 원하였는데 에브라드 이에 대응하여 인도에 로레알 엑셀런스 크림을 선보였다. 이 제품은 혁신적이었지만 그에 반해 저렴한 가격으로 유럽에서 인기가 많았는데 그 가격이 9달러로서 고급 브랜드의 위치였다. 또한 점포주들의 지지를 얻기 위해 지역의 로레알 직원들은 다이니쉬 다얄이라는 교육 캠페인을 실시함과 동시에 방문판매를 실시함으로써 판매를 촉진시켰다. 현재 엑셀런스 크림은 인도에서 널리 시판되고 있다. 2004년 10년 이상의 적자를 청산하고, 로레알의 인도 사업부는 드디어 흑자를 기록하였다.

브라질은 글로벌 화장품 기업에게 또 다른 중요한 시장이다. 1인을 기준으로 했을 때 브라질 여성은 다른 어느 나라보다도 뷰티 제품에 많이 투자한다. 전반적으로 브라질은 미국과 일본에 이어 3번째로 큰 글로벌 화장품 시장이다. 브라질 기업인 나투라 코스메티코스와 에이번은 여기서 시장 점유를 리드하고 있으며, 전통적으로 브라질 사람들은 방문판매원을 통해 화장품을 구매해 왔다. 이것은 로레알과 백화점, 드럭스토어, 약국을 통해 제품을 판매하는 다른 기업들에게 새로운 도전으로 작용할 수 있다.

로레알은 10년간 브라질에서 운영했음에도 불구하고 헤어케어 제품에 집중했다. 세계적으로 메이크업과 스킨케어 제품이 로레알 매출의 50%를 차지하는데, 이와 대조적으로 브라질에서는 이 카테고리 제품이 매출의 15%만을 차지한다. 메이크업과 스킨케어의 존재감을 구축하기 위해서 로레알은 메이블린과 다른 브랜드에 대한 매장 내 상담을 제공하기 위해서 퍼스널 뷰티 어드바이저를 고용하였다. 로레알의 CEO 장 폴 아공은 "우리는 소매점에서 메이크업 사업을 개척하는 데 사활을 걸었다. 시장이 더 발달할수록 직접 판매의 중요성은 감소할 것이다."라고 강하게 주장하였다.

한편 시세이도의 CEO인 신조 마에다는 서구 시장의 화장품이 아시아 시장에 진출하는 것을 달가워하지 않았다. 시세이도는 일본에서 2번째로 큰 화장품 기업이다. 하지만 자국 내에서의 매출은 매년 2% 성장하는 데 그치고 있다. 마에다는 "우리의 조직을 세계화해야 할 필요성이 가속화되고 있다."라고 밝혔다. 전 지역에 걸쳐 소비자들은 시세이도에 대해 특별히 아시아 여성들의 피부에 대한 문제점을 잘 이해하고 있는 브랜드라고 연상한다. 시세이도는 또한 앞서가는 연구와 핵심이 되는 안티 에이징 제품개발에서 명성을 쌓고 있다. 중국에서 시세이도는 일본에서 큰 효과를 보았던 전략을 실시하고 있다. 잘 훈련된 뷰티 카운셀러가 색조 화장, 보습 단계, 그리고 다른 연관된 주제에 대해 조언을 해준다. 한 뷰티 카운셀러는 "손님이 기뻐하는 모습을 보는 것은 우리의 큰 즐거움"이라고 언급했다.

토론문제

7-10. 나라마다 화장품과 미용에 대한 여성의 관심은 어떻게 다른가?

7-11. 에스티로더의 중국 시장 전략을 알아보라. 프리미엄 브랜드에 중점을 둔 그들의 전략은 그와 부합하는가? 또는 그들이 대중 시장 브랜드를 출시할 필요가 있는가?

7-12. 시세이도가 아시아 시장으로 진출전략을 펼치기 위해서는 어떠한 포지셔닝이 필요한가? 하이터치인가, 하이테크인가, 아니면 둘 다인가?

7-13. 로레알이 브라질 여성의 구매 습관을 변화시키는 데 성공할 것이라고 생각하는가?

출처 : Harriet Agnew and Scheherazade Daneshkhu, "L'Oréal Success Story Goes Deep Below the Skin," *Financial Times* (June 29, 2017), p. 17; Scheherazade Daneshkhu, "Cosmetics Groups Move Deeper into China," *Financial Times* (April 23, 2013), p. 15; Christina Passariello, "To L'Oréal, Brazil's Women Need Fresh Style of Shopping," *The Wall Street Journal* (January 21, 2011), p. B1; Patti Waldemeir, "L'Oréal Changes the Face of Men in China," *Financial Times* (May 29, 2010), p. 17; Miki Tanikawa, "A Personal Touch Counts in Cosmetics," *The New York Times* (February 17, 2009), p. B4; Christina Passariello, "L'Oréal Net Gets New-Market Lift," The Wall Street Journal (February 14, 2008), p. C7; Ellen Byron, "Beauty, Prestige, and Worry Lines," *The Wall Street Journal* (August 20, 2007), p. B3; Christina Passariello, "Beauty Fix: Behind L'Oréal's Makeover in India: Going Upscale," *The Wall Street Journal* (July 13, 2007), pp. A1, A14; Beatrice Adams, "Big Brands Are Watching You," *Financial Times* (November 4/5, 2006), p. W18; Adam Jones, "How to Make up Demand," *Financial Times* (October 3, 2006), p. 8; Lauren Foster and Andrew Yeh, "Estée Lauder Puts on a New Face," *Financial Times* (March 23, 2006), p. 7; Laurel Wentz, "P&G Launches Cover Girl in China," *Advertising Age* (October 31, 2005), p. 22; Rebecca Rose, "Global Diversity Gets All Cosmetic," *Financial Times* (April 11/12, 2004), p. W11.

에세이 과제

7-14. 표준화된, 집중화된, 차별화된 글로벌 마케팅 전략을 비교 분석하고, 각각의 전략에 대한 예를 제시하라.

7-15. 하이터치란 무엇인가? 하이테크와 하이터치 제품의 차이를 설명하고, 포지셔닝의 차이점을 분석하라. 이 두 가지 전략을 한 제품에 적용할 수 있는지에 대해 설명하라.

참고문헌

[1]Salah S. Hassan and Lea Prevel Katsanis, "Identification of Global Consumer Segments: A Behavioral Framework," *Journal of International Consumer Marketing* 3, no. 2 (1991), p. 17.

[2]John K. Ryans, Jr., "Is It Too Soon to Put a Tiger in Every Tank?" *Columbia Journal of World Business* (March–April 1969), p. 73.

[3]Arther C. Fatt, "The Danger of 'Local' International Advertising," *Journal of Marketing* 31, no. 1 (January 1967), pp. 60–62.

[4]Charles Forelle, "Schick Puts a Nick in Gillette's Razor Cycle," *The Wall Street Journal* (October 3, 2003), p. B7.

[5]Magz Osborne, "Second Chance in Japan," *Ad Age Global* 1, no. 9 (May 2001), p. 28.

[6]John Micklethwait and Adrian Wooldridge, *A Future Perfect: The Challenge and Hidden Promise of Globalization* (New York, NY: Crown Publishers, 2000), p. 198.

[7]Neil Buckley, "Domino's Returns to Fast Food's Fast Lane," *Financial Times* (November 26, 2003), p. 10.

[8]A. Coskun Samli, *International Consumer Behavior* (Westport, CT: Quorum, 1995), p. 130.

[9]Robert Frank, "When World Cup Soccer Starts, World-Wide Productivity Stalls," *The Wall Street Journal* (June 12, 1998), pp. B1, B2; Daniela Deane, "Their Cup Runneth Over: Ethnic Americans Going Soccer Crazy," *USA Today* (July 2, 1998), p. 13A.

[10]Saritha Rai, "Tastes of India in U.S. Wrappers," *The New York Times* (April 29, 2003), p. W7.

[11]"Rich Province, Poor Province," *The Economist* (October 1, 2016), p. 11.

[12]Adrian Slywotzky, *Value Migration* (Cambridge, MA: Harvard Business School Press, 1996), p. 37.

[13]Miriam Jordan, "Mall Owners Woo Hispanic Shoppers," *The Wall Street Journal* (August 14, 2013), p. C1.

[14]For a more detailed discussion, see Malcolm Gillis et al., *Economics of Development* (New York, NY: Norton, 2001), pp. 37–40.

[15]Norihiko Shirouzu, "Tailoring World's Cars to U.S. Tastes," *The Wall Street Journal* (January 1, 2001), p. B1.

[16]John Aglionby, "Tanzania's Fintech and Mobile Money Transform Business," *Financial Times* (July 13, 2016), p. 8.

[17]Harold L. Sirkin, James W. Hemerling, and Arindam K. Bhattacharya, *Globality: Competing with Everyone from Everywhere for Everything* (New York, NY: Boston Consulting Group, 2008), p. 117.

[18]Chris Prystay, "Companies Market to India's Have-Littles," *The Wall Street Journal* (June 5, 2003), p. B1.

[19]Sundeep Waslekar, "India Can Get Ahead If It Gets on a Bike," *Financial Times* (November 12, 2002), p. 15.

[20]Andrew Hill, "Multinationals Ignore India's Bottom Billion at Their Peril," *Financial Times* (October 31, 2016), p. 10.

[21]Alice Rawsthorn, "A Hipster on Jean Therapy," *Financial Times* (August 20, 1998), p. 8.

[22]Lucie Greene, "Pretty, Posh, and Profitable," *Financial Times* (May 14–15, 2011), p. 19.

[23]Hadley Malcolm, "How Nike Plans to Turn Women's Fitness into an $11 Billion Empire," *USA Today* (November 9, 2015), p. B1.

[24]John Tagliabue, "2 Sexes Separated by a Common Levi's," *The New York Times* (September 30, 2003), p. W1.

[25]John Micklethwait and Adrian Wooldridge, *Future Perfect: The Challenge and Hidden Promise of Globalization* (New York, NY: Crown Business, 2000), p. 131.

[26]Alex Taylor III, "Porsche Slices up Its Buyers," *Fortune* (January 16, 1995), p. 24.

[27]Christina Rogers, "Who's Buying 'Young' Cars? Seniors," *The Wall Street Journal* (August 14, 2013), p. B1.

[28]Helen Crossley and Yini Guo, "Reading Signals: The New Segmentation," Panel Presentation, SXSW Interactive, March 11, 2018.

[29]Sally Beatty, "At Levi Strauss, Trouble Comes from All Angles," *The Wall Street Journal* (October 13, 2003), pp. B1, B3.

[30]Tobi Elkin, "Sony Marketing Aims at Lifestyle Segments," *Advertising Age* (March 18, 2002), pp. 1, 72.

[31]John Revill, "Nestlé Seeks Foods to Treat Disease," *The Wall Street Journal* (April 13, 2016), p. B1, B2. see also John Revill, "Nestlé Buys U.S. Maker of 'Brain Health' Shake," *The Wall Street Journal* (July 20, 2012), p. B1.

[32]Joel Millman, "Mexican Retailers Enter U.S. to Capture Latino Dollars," *The Wall Street Journal* (February 8, 2001), p. A18.

[33]Shannon Bond, "Networks Revamp Content in Hispanic Ratings War," *Financial Times* (September 18, 2017), p. 19.

[34]E.J. Schultz, "Modelo Especial Goes for Mainstream Audience with National Campaign," *Advertising Age* (March 6, 2015), p. 2.

[35]Carol Hymowitz, "Marketers Focus More on Global 'Tribes' Than on Nationalities," *The Wall Street Journal* (December 10, 2007), p. B1.

[36]Parts of the following discussion are adapted from David Arnold, *The Mirage of Global Markets* (Upper Saddle River, NJ: Pearson Education, 2004), Chapter 2.

[37]Eric Bellman, "As Economy Grows, India Goes for Designer Goods," *The Wall Street Journal* (March 27, 2007), pp. A1, A17. See also Christina Passariello, "Beauty Fix: Behind L'Oréal's Makeover in India: Going Upscale," *The Wall Street Journal* (July 13, 2007), pp. A1, A14.

[38]Alyssa Abkowitz, "The Cashless Society Has Finally Arrived—In China," *The Wall Street Journal* (January 4, 2018), pp. A1, A8.

[39]Richard Branson, *Business Stripped Bare: Adventures of a Global Entrepreneur* (London, UK: Virgin Books, 2010), p. 178.

[40]Khozem Merchant, "Sweet Rivals Find Love in a Warm Climate," *Financial Times* (July 24, 2003), p. 9.

[41]Tommaso Ebhardt, "Maserati Woos Drivers Bored with BMW," *Bloomberg Businessweek* (July 8, 2013), pp. 21–22.

[42]Christopher A. Bartlett and Sumantra Ghoshal, "Going Global: Lessons from the Late Movers," *Harvard Business Review* 78, no. 2 (March–April 2000), pp. 138–140. See also Christopher Lawton, "Aussie Wines Star at Spirits Marketer Constellation Brands," *The Wall Street Journal* (January 16, 2004), pp. B1, B4.

[43]Jathon Sapsford, "Toyota Introduces a New Luxury Brand in Japan: Lexus," *The Wall Street Journal* (August 3, 2005), pp. B1, B5.

[44]Natasha Singer, "What Would Estée Do?" *The New York Times* (March 26, 2011), p. BU 1.

[45]Hermann Simon, *Hidden Champions: Lessons from 500 of the World's Best Unknown Companies* (Boston, MA: Harvard Business School Press, 1996), p. 54.

[46]Christina Passariello, "Danone Expands Its Pantry to Woo the World's Poor," *The Wall Street Journal* (June 29, 2010), p. A1.

[47]"Think Global, Act Local," *Outlook* 3 (2003), p. 9.

[48]Al Ries and Jack Trout, *Positioning: The Battle for Your Mind* (New York, NY: Warner Books, 1982), p. 44.

[49]David A. Aaker and J. Gary Shansby, "Positioning Your Product," *Business Horizons* 25, no. 2 (May–June 1982), pp. 56–62.

[50]"Head to Head," *The Economist* (October 29, 2005), pp. 66–69.

[51]Suzanne Vranica, "Can Dove Promote a Cause and Sell Soap?" *The Wall Street Journal* (April 10, 2008), p. B6.

[52]The following discussion is adapted from Dana L. Alden, Jan-Benedict Steenkamp, and Rajeev Batra, "Brand Positioning through Advertising in Asia, North America, and Europe: The Role of Global Consumer Culture," *Journal of Marketing* 63, no. 1 (January 1999), pp. 75–87.

[53]Teresa J. Domzal and Lynette Unger, "Emerging Positioning Strategies in Global Marketing," *Journal of Consumer Marketing* 4, no. 4 (Fall 1987), pp. 26–27.

[54]Pankaj Ghemawat and Thomas M. Hout, "Softening the 'Red Edge,'" *The Wall Street Journal* (October 10, 2008), p. B4.

[55]Gary Levin, "Ads Going Global," *Advertising Age* (July 22, 1991), p. 42.

[56]John Gapper, "When High Fidelity Becomes High Fashion," *Financial Times* (December 20, 2005), p. 8.

8

수입, 수출, 조달

사례 8-1
게임이 시작됐다 : 수출이 영국의 신발산업을 되살리다

20 16년 영국의 조셉 치니앤선즈가 국제무역 부문에서 영국 여왕상을 수상했을 때, 이것은 창립 130주년을 기념하는 중요한 이정표였다. 이 상은 영국의 제화산업이 수년간의 쇠퇴 끝에 부흥을 경험하고 있다는 사실에 주목했다. 보다 일반적으로 이 상은 오늘날 가정에서 절실히 필요로 하는 숙련된 일자리 창출을 주도하고 있는 광범위한 '메이드 인 잉글랜드' 운동의 일환이었다(사진 8-1 참조).

치니앤선즈는 중세부터 영국의 전통적인 제화산업의 중심지인 노샘프턴셔에 본사를 두고 있다. 런던 북쪽에서 70마일 떨어진 이스트 미들랜즈에 위치한 노샘프턴셔 카운티는 제화작업에 필수적인 두 가지 천연자원, 즉 참나무와 풍부한 물의 축복을 받은 곳이다. 목재는 구두수선공이 신발을 제작할 때 모형으로 사용하는 발모양 형태의 구두골을 만드는 데 사용되었다. 가죽을 무두질하기 위해서는 물과 나무껍질이 필요했다. 노샘프턴셔의 위치는 또한 소떼를 시장으로 몰고 가는 사람들이 런던으로 가는 도중에 거치는 지역이었기 때문에 수요 측면에 이상적인 조건이었다.

가내공업으로 시작한 노샘프턴셔의 신발 제조는 19세기 중반에 더욱 산업화되었다. 생산성은 증가했고, 20세기 중반까지 노샘프턴셔에는 200여 개의 신발 제조업체가 생겨났다. 연간 생산량은 약 1억 6,000만 켤레에 달한다. 영국의 전설적인 비밀요원 제임스 본드조차도 그곳에서 만든 신발을 신었다.

이후 생산이 중국 등의 저임금국가로 옮겨가면서 영국 신발산업은 쇠퇴기에 접어들었다. 많은 공장들이 문을 닫았다. 이전과 달라진 때는 1898년 설립된 노샘프턴셔 신발회사인 WJ 브룩스의 실화를 다룬 2005년 영화 '킨키 부츠'에서 포착됐다. 여장남자들을 위한 튼튼하지만 화려한 부츠를 생산하기 시작했을 때 그 회사의 운명은 역전되었다. 몇 년 후 킨키 부츠는 브로드웨이와 런던의 웨스트엔드에서 공연한 수상 경력에 빛나는 뮤지컬로 만들어졌다.

비록 실제 회사는 결국 문을 닫을 수밖에 없었지만, 이 영화는 히트를 쳤고 노샘프턴셔에는 좋은 홍보를 가져다주었다. 오늘날 치니앤선즈 외에도 노샘프턴셔는 여전히 알프레드 사전트앤선즈(1899년 설립), 처치스(1873년 설립), 존 로브(1849년 설립)와 같은 존경받는 기업들의 고향이다. 팀 리틀과 같은 새로운 브랜드도 등장했다. 수출에 대한 강조가 증가됨에 따라 이들 기업들은 고급 신발에 대한 180억 달러 규모의 글로벌 시장에 참여하는 데 도움을 주고 있다. 이 장의 끝에 있는 사례 8-1(계속)에서 더 많은 것을 알 수 있다.

이 장에서는 수출입 기본에 대한 개요를 살펴본다. 먼저 수출 판매와 수출 마케팅의 차이점을 설명하는 것으로 시작한다. 다음은 조직의 수출 활동에 대한 연구조사다. 수출을 지지하거나 수입을 저해하는 국가정책에 대한 검토가 뒤따른다. 관세제도에 대해 논의한 후 주요 수출 참여국을 소개한다. 그다음은 수출과 관련 조직설계상의 문제의 개요를 알아본다.

이어서 국제 경영과 국제 마케팅을 전공하는 학부학생에게 매우 유용할 수 있는 자료인 수출금융과 결제방식에 관한 부분이 이어진다. 많은 학생들에게 가장 중요한 첫 직장이 수출입 부서일 수도 있다. 화환신용장이나 결제와 관련된 전문용어에 익숙하면 면접에서 좋은 인상을 주고, 수출입 담당자로 취업할 수 있다(사례 8-2 참조). 이 장의 마지막은 아웃소싱에 대한 논의로, 세계 여러 곳의 기업들이 생산직과 사무직을 모두 저임금 노동력 국가로 옮겨 비용을 절감하고 있기 때문에 아웃소싱은 점점 더 중요해지고 있는 주제이다.

8-1 수출 판매 및 수출 마케팅 : 비교

◀ 8-1 수출 판매와 수출 마케팅을 비교하고 대조한다.

수입과 수출을 보다 잘 이해하기 위해서는 **수출 판매**(export selling)와 **수출 마케팅**(export marketing)을 구별하는 것이 중요하다. 첫째, 수출 판매는 상품, 가격 또는 판촉물을 글로벌 시장의 요구에 맞게 조정하는 것을 포함하지 않는다. 또한 마케팅 믹스의 요소 중 오직 '유통', 즉 제품이 판매되는 국가의 차이가 있을 뿐이다. 수출판매 방식은 특정 제품 또는 서비스에 대해서만 적용될 수 있다. 국제 경쟁이 거의 없거나 전혀 없는 독특한 제품의 경우 이런 접근법은 실현 가능하다. 마찬가지로 수출을 처음 접하는 회사는 처음에는 판매방식으로 성공을 경험할 수 있다. 오늘날에도 많은 기업의 경영 마인드는 여전히 수출 판매를 선호한다는 것이다. 그러나 기업이 글로벌 시장에서 포화되거나 새로운 경쟁자가 등장하게 되면서 수출 판매보다

수출 마케팅이 더 필요해진다.

수출 마케팅은 전체 시장환경의 전후관계에서 고객을 대상으로 삼는다. 수출 마케터는 단순히 국내 제품을 '있는 그대로' 가져다가 해외 고객에게 판매하는 것이 아니다. 대신 수출 마케터에게 국내시장의 제품은 출발점을 의미할 뿐이다. 이 제품은 국제 목표시장의 선호도를 충족하기 위해 필요에 따라 수정된다. 예를 들어 이것은 중국 기업들이 미국 가구시장에서 채택한 접근방식이다. 마찬가지로 수출 마케터는 마케팅 전략에 맞추어 가격을 설정하지만, 단순히 본국 가격정책을 목표시장에 적용시키지 않는다. 수출 준비와 운송, 금융에서 발생된 비용은 가격을 결정 과정에 포함해야 한다. 마지막으로 수출 마케터는 시장에 맞게 의사소통과 유통에 관한 전략과 계획을 조정한다. 즉, 다른 수출시장에서 구매자에게 제품의 세부사항이나 용도에 대한 효과적인 의사전달을 하기 위해서 다른 원고, 사진, 또는 삽화로 책자를 만들어야 한다. 한 제조업체의 판매 및 마케팅 부사장이 언급했듯이 "우리는 판매용 인쇄물이 아닌 마케팅용 인쇄물로 국제시장에 접근해야 한다."

수출 마케팅은 국제시장에서 고객을 대상으로 하는 상품과 서비스의 통합 마케팅이다. 수출 마케팅의 요구사항은 다음과 같다.

1. 목표시장 환경의 이해
2. 마케팅 조사의 활용과 시장 잠재력의 규명
3. 제품의 디자인, 가격결정, 유통 채널, 광고와 의사소통 등의 마케팅 믹스에 관한 결정

조사 노력을 잠재시장에 맞춘 후에는 실제 수출 마케팅 프로그램의 개발을 시작하고, 시장 규모를 측정하기 위해서는 직접적인 개인 방문 외에는 대안이 없다. 시장 방문은 몇 가지를 수행해야 한다. 첫째, 시장의 잠재력을 고려한 가정과 조사를 확인(또는 반박)해야 한다. 둘째, 기업 대표는 수출 마케팅 프로그램에 대한 최종 진출 여부에 대한 결정을 내리는 데 필요한 추가 정보를 수집해야 한다. 특정한 정보는 단순히 2차 자료를 통해서는 얻을 수 없다. 예를 들어 수출 관리자나 국제 마케팅 담당자는 미국 상무부가 제공하는 잠재적인 유통업체의 목록을 얻을 수 있을 것이다. 또한 목록상의 유통업체와 연락하여 그들이 자사의 국제적 기준에 부합하는지에 대한 잠정적인 아이디어를 형성할 수도 있다.

그러나 상대방의 역량과 성격을 평가할 수 있는 실제 대면 회의를 하지 않고서는 국제 유통업자들과 적절한 합의에 대해 협상하는 것은 어렵다. 셋째, 수출시장 방문은 기업 대표가 현지 대리인 또는 유통업체와 협력하여 마케팅 계획을 수립할 수 있도록 해준다. 이 계획은 필수적인 제품 수정, 가격책정, 광고, 프로모션 비용, 유통계획이 포함되어야 한다. 계획에 투자가 필요한 경우 비용의 할당에 대한 합의도 이루어져야 한다.

사진 8-2에서 볼 수 있듯이 잠재시장을 방문하는 한 방법은 **무역박람회**(trade show)나 주/연방 정부가 후원하는 **무역사절단**(trade mission)을 이용하는 것이다. 일반적으로 제품의 범주나 산업별로 조직된 수백 개의 무역박람회가 매년 주요 시장에서 개최된다. 이러한 행사에 참석함으로써 기업 대표는 시장 평가를 수행하고, 시장을 개발하거나 확장하며 유통업체나 중개상을 찾거나 잠재적인 최종 사용자를 찾게 된다. 가장 중요한 것은 무역박람회에 참석하여 기업 대표가 경쟁사의 기술, 가격정책, 시장진출의 정도에 대해 많은 것을 배우게 된다는 점이다. 예를 들면 전시회는 종종 전략적으로 유용한 기술적 정보를 포함한 제품 인쇄물을 제공한다.

사진 8-2 밀라노는 세계의 디자인 수도로 널리 여겨진다. 2016년은 세계 최대 가구 및 가정용 가구 무역박람회인 '밀라노 가구박람회' 55주년을 기념하는 해였다. 매년 4월 세계 160개 이상의 국가에서 온 2,000여 개의 공급업체와 30만 명의 방문객이 밀라노에 모여 최신 디자인을 공유한다. 많은 이탈리아 산업디자이너들은 국내시장 밖에서 확장의 필요성을 인식하고 있다. 그러기 위해서는 수출이 핵심이 될 것이다.

출처 : Salone del Mobile.Milano/ Photo by Andrea Mariani.

전반적으로 회사의 관리자나 영업사원은 자사제품을 판매할 때 시장에서 경쟁사에 대한 좋은 일반적인 인상을 얻을 수 있도록 해야 한다.

8-2 조직의 수출 활동

◀ 8-2 수출업자로서 기업이 경험을 쌓으면서 기업이 거치는 여러 단계와 예상되는 문제들을 파악한다.

수출은 세계 각지의 기업들이 국경 밖의 시장에 공급하고 서비스하려는 노력을 강화함에 따라 점점 더 중요해지고 있다.[1] 이 연구는 수출이 다음과 같이 뚜렷한 단계로 나눌 수 있는 개발 과정임을 보여준다.

1. 회사는 수출하기를 꺼린다. 요구하지 않는 수출 주문은 안 하려 한다. 이는 시간부족("너무 바빠서 주문서 작성할 시간이 없다.")이나 무관심 또는 무지 때문일 수 있다.
2. 회사는 원하지 않는 수출 주문도 하지만 그것을 추구하지는 않는다. 이러한 회사는 수출 판매업자이다.
3. 회사는 수출의 타당성을 조사한다.(이 단계는 2단계로 우회할 수도 있다.)
4. 회사는 시험 삼아 하나 이상의 시장에 수출한다.
5. 회사는 하나 이상의 시장에 대한 경험 있는 수출 판매업자이다.
6. 이러한 성공 이후 회사는 일정한 기준(예 : 영어를 사용하는 모든 나라나 해상운송이 불필요한 모든 나라)에 근거하여 국가 또는 지역 중심으로 마케팅을 추구한다.
7. 회사는 마케팅 전략과 계획에 포함된 '최고의' 목표시장을 선별하기 전에 글로벌 시장 잠재력을 평가한다. 국내외 모든 시장은 동등하게 고려할 가치가 있는 것으로 간주된다.

기업이 한 단계에서 다음 단계로 나아갈 확률은 여러 요인에 따라 달라진다. 2단계에서 3단계로 이동하는 것은 수출 매력에 대한 경영자의 태도와 국제 경쟁 능력에 대한 그들의 자신감에 달려 있다. 그러나 헌신은 회사의 국제 지향성의 가장 중요한 측면이다. 회사가 4단계에 도달하기 전에 원하지 않은 수출 주문도 받아서 처리해야 한다. 경영자의 자질과 역동성은 그러

표 8-1 수출과 관련된 잠재적인 문제점

물류	서비스 수출
선박 준비	부품 공급 가능성
운송료 비율 결정	수리 서비스 제공
선적 서류 작성	기술 조언 제공
재무정보 확보	창고 제공/ 판매 촉진
유통 조정	광고
포장	판매 노력
보험가입	마케팅 정보
법적절차	외국시장 정보
정부의 불필요한 형식절차	시장위치 선정
생산물 책임	무역제한
허가	해외경쟁
관세 통관	
계약	
대리점 유통업체 계약	

한 주문으로 이어질 수 있는 중요한 요소이다. 4단계에서의 성공은 회사를 5, 6단계로 이끌 수 있다. 7단계에 도달한 회사는 글로벌 자원과 글로벌 기회를 연결하는 성숙된 세계 지향적 기업이다. 이 단계에 도달하기 위해서 경영자는 비전과 헌신이 필요하다.

　한 연구에서 성공적인 수출을 위해서는 수출 절차상의 전문성과 충분한 사내 자원이 필요하다는 점에 주목했다.[2] 흥미로운 사실은 가장 경험이 많은 수출업자일지라도 선박 준비, 대금 지급 절차, 각종 규정에 대한 지식에 대한 확신이 부족하다고 표현한다는 것이다. 또한 같은 연구에서 이점은 수출로 인한 중요한 기대수익이지만, 유연성과 회복력의 향상, 자국시장에서 매출 변동에 대처할 수 있는 능력의 향상 등이 그 밖의 잠정으로 나타났다. 일반적으로 수출업자가 될 확률이 회사의 규모에 따라 커진다는 가설을 연구조사가 뒷받침하고 있지만, 수출 집중도(export intensity), 즉 총매출액 대비 수출 매출액 비율이 회사의 규모와 양(+)의 상관관계가 있는지는 분명하지 않다. 표 8-1은 기업이 일반적으로 직면하게 되는 수출 관련 문제 중 몇 가지를 나열한 것이다.

▶ 8-3 수출입과 관련된 다양한 국가정책을 설명한다.

(8-3) 수출입을 관리하는 국가정책

수출입이 세계 국가 경제에 미치는 영향은 아무리 강조해도 지나치지 않다. 예를 들어 1997년 미국의 상품과 서비스의 총수입액은 처음으로 1조 달러를 넘어섰고, 2017년에는 총수입액이 2조 9,000억 달러였다. 유럽연합(EU) 내 무역과 비EU 회원국과의 무역을 모두 고려한 EU 수입액은 총 3조 달러 이상이었다. 수출입 모두의 추세는 아시아-태평양 지역에서 중국의 주도적 경제성장을 반영한다. 중국의 수출은 중국이 세계무역기구(WTO)에 가입한 이후 수년간 크게 성장했다. 표 8-2와 같이 중국 의류 수출은 다른 나라들의 의류 수출에 비해 크게 능가한

표 8-2 2016년 상위 10개 의류 수출업체(단위 : 10억 달러)

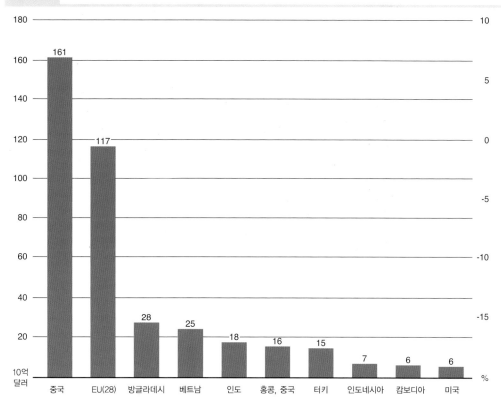

다. 역사적으로 중국은 두 자리 숫자의 수입관세를 부과하여 자국 생산자를 보호했지만, 중국이 WTO 규정을 준수함에 따라 이러한 관세가 축소되었다. 말할 것도 없이 많은 나라의 의류, 신발, 가구, 섬유산업의 대표기업들은 중국의 무역 증대가 이들 분야에 미칠 영향에 대해 깊이 우려하고 있다. 이 예에서 알 수 있듯이 수출입에 대한 국가정책은 한마디로 '모순적'이라고 요약할 수 있다. 수세기 동안 세계 각국은 국경을 넘어선 상품의 이동에 대하여 두 가지 상반되는 정책 태도를 병행해 왔다. 각국은 한편으로는 직접적으로 수출은 장려하고 다른 한편으로는 수입의 흐름을 제한한다.

수출을 지원하는 정부 프로그램

정부 주도형 수출장려정책이 가져올 수 있는 경기 부양책을 확인하기 위해서는 일본, 싱가포르, 한국과 대만, 홍콩, 중화인민공화국이 포함된 이른바 중화권 또는 '차이나 트라이앵글' 시장을 생각해 보라. 일본은 제2차 세계대전의 경제파탄에서 완전히 회복된 후 통상산업성(현 경제산업성)이 고안한 수출정책의 직접적인 결과로 경제대국이 되었다. 싱가포르, 한국, 대만, 홍콩의 네 마리 호랑이는 일본의 경험을 통해 배웠고, 그들만의 강력한 수출 기반 경제를 구축했다. 비록 1997년, 아시아의 '거품경제(economic bubble)'는 걷잡을 수 없는 성장의 결과로 붕괴되었지만, 일본과 호랑이들은 21세기 들어서는 좀 더 완화된 속도로 전진하고 있다. 경제 그 자체인 중국은 다임러 AG, GM, HP 및 세계시장으로의 수출뿐만 아니라 현지 판매를 지원하기 위해 생산 시설을 구축하는 다른 수많은 회사로부터 외국인 투자를 유치했다.

무역적사나 경제개발에 관심을 쏟는 정부는 수출로 얻을 수 있는 잠재적 이익에 대해 기업들을 교육하는 데 중점을 두어야 한다. 또한 정책 입안자는 회사의 수출을 저해하는 관료주의

사진 8-3 인도 구르가온의 마루티 스즈키 조립라인에서 작업자가 K-시리즈 엔진을 완성한다. 마루티 스즈키는 인도의 대표적인 자동차 제조업체 중 하나이다. 그러나 포드, 혼다, 닛산, 토요타와 다른 자동차 기업들이 인도의 승용차 수요 증가에 발맞춰 자동차 분야에 대한 외국인 투자가 폭발적으로 늘고 있다.

출처 : Gurinder Osan/Associated Press.

적 장애물도 제거해 주어야 한다. 이는 국가, 지역, 지방정부 차원에서 그러하다. 예를 들어 인도에서는 타밀나두주의 지도자들이 현대차에게 24시간 공장을 가동할 수 있는 권리를 허가하여 전 세계 최초로 24시간 가동하게 되었다(사진 8-3 참조).[3]

정부는 일반적으로 수출기업을 지원하고 장려하기 위해 세제 혜택, 수출보조금, 수출지원, 자유무역지대와 같은 네 가지 방안을 사용한다.

우선 세제 혜택은 수출 활동의 소득에 더 낮은 세율을 적용하거나 수출과 관련된 소득에 대해 이미 납부한 세금을 환급해 줌으로써 수출 활동으로 얻은 수익을 우선적으로 처리한다. 수출 지향적 정부가 제공하는 세제 혜택은 세금공제, 수출 소득에 대한 세금 유예, 수출 관련 자산의 가속상각제도, 해외시장 개발활동에 대한 관대한 세금 처리가 포함된다.

1985년부터 2000년까지 미국 법에 따른 수출업자에 대한 주요 세제 혜택은 **해외판매법인제도**(foreign sales corporation, FSC)로, 이를 통해서 미국 수출업자는 국제 판매 수익에서 15%의 공제 혜택을 받을 수 있었다. 대규모 수출업자들은 이 제도를 통해서 더 많은 혜택을 입었다. 보잉사는 해마다 1억 달러를 절약했고, 이스트만 코닥사는 연간 4,000만 달러를 절약했다. 그러나 2000년에 WTO는 수출과 관련된 세금감면은 불법보조금에 해당한다고 판결했다. 이에 따라서 미 의회는 FSC 시스템을 개편하는 작업에 착수했다. 그렇게 하지 않을 경우 EU는 최대 40억 달러에 달하는 보복관세를 부과할 수 있다. FSC 법의 변경으로 인해 승자나 패자가 될지도 모르는 이들은 치열한 로비 활동을 벌이고 있다. 새로이 제안된 이 법률의 형태는 GM, P&G, 월마트 그리고 해외에서 광범위한 제조나 소매사업을 하는 다른 미국 회사에게 유익할 것이다. 반면에 보잉사는 더 이상 이익을 얻지 못할 것이다. 보잉사의 공무 담당이사인 루디 드 레옹은 "법안을 보면 미국 상업비행기의 수출은 상당히 많이 비싸질 것이다."고 지적했다.[4]

또한 정부는 생산자에게 이익이 되는 직간접적 재정적인 지원 또는 인센티브라고 할 수 있는 **수출보조금**(subsidies)을 제공함으로써 수출 활동을 지원한다. 세계시장에서 덜 경쟁적이지만 보조금을 받은 생산자들이 경쟁적인 생산자들을 대체할 때 수출보조금은 무역 패턴을 심각하게 왜곡할 수 있다. OECD(경제협력개발기구) 회원국은 농업 보조금으로 매년 거의 4천억 달러를 지급한다. 현재 EU의 연간 총농업 지원액은 1,000억 달러로 추산된다. 연간 약 400억 달러 규모의 지원을 받는 미국은 단일국가 중에서 가장 높은 보조금을 지급한다. 농업보조금은 선진국 농부의 이익을 보호하지만, 아프리카나 인도와 같은 개발도상국의 농부들에게 피해를 주기 때문에 특히 논란이 되고 있다.

EU는 비판론자들이 '악명 높은 보호무역 시스템', '세계에서 가장 해로운 보호무역 중의 하나'라고 부르는 **공동농업정책**(Common Agricultural Policy, CAP)의 전면 개편에 착수했다.[5] 2002년 5월 조지 부시 대통령은 유럽을 실망시키게 만든 6년간 미국 농민의 보조금을 증액한다는 1,180억 달러 규모의 농업법안에 서명했다. 부시 행정부는 이런 보조금 증액에도 불구하고 미국 전체 보조금은 여전히 유럽과 일본에 비해서 낮다는 입장을 취했고, 미국 의회도 농업법안을 5년 더 연장하기로 의결했다.

수출업자를 지원하는 또 다른 수단은 **정부 지원**을 확대하는 것이다. 기업은 시장입지와 신용위험에 관해 정부의 많은 정보를 활용할 수 있다. 지원은 또한 수출 촉진을 위해서도 활용될 수도 있다. 다양한 수준으로 정부기관들은 해외 고객들에게 판매를 촉진하도록 고안된 무역박람회와 무역사절단을 구성하는 데 앞장선다.

수출입절차는 중국, 인도와 같은 신흥시장에서 종종 형식적이고 관료적인 지연이 나타난다. 각국은 수출을 촉진하기 위해 **자유무역지대**(free trade zones, FTZ)나 **특별경제구역**(special economic zones, SEZ) 같은 특정구역을 지정하고 있다. 이것은 독립된 지역 안에서 제조업체는 단순화된 통관 절차, 운영상의 유연성, 완화된 규제 등 종합적 환경의 이점을 누릴 수 있다.

수입 억제와 시장 접근을 방어하는 정부정책

관세, 수입통제 및 다수의 비관세장벽과 같은 조치는 상품의 국내 흐름을 제한하도록 고안되었다. **관세**(tariffs)는 글로벌 비즈니스의 규정, 관세율표, 개별국가의 규제 등 '3R'로 생각될 수 있다. ['관세(tariff)'는 아주 오래된 무역 영어이다. '정보' 또는 '알림'을 뜻하는 아랍어 'ta'rif'에서 파생되었다.][6] 개별제품이나 서비스에 대한 관세는 관세율표에 기재되어 있다(표 8-3 참조). 글로벌 무역 분야의 한 전문가는 관세를 "정부가 못마땅하게 생각하는 선택을 한 개인을 처벌하기 위한 세금"으로 정의한다.[7]

이전 장에서 언급했듯이 GATT 협상 중 우루과이라운드에서 미국의 주요 목표는 미국의 주요 무역 상대국들과 함께 미국 기업의 시장 접근을 개선하는 것이었다. 1993년 12월 우루과이라운드가 끝났을 때 미국은 EU, 일본, EFTA 5개국(오스트리아, 스위스, 스웨덴, 핀란드, 노르웨이), 뉴질랜드, 한국, 홍콩, 싱가포르에 수출되는 미국 제품 11개 항목에 미국 제품에 대한 관세 인하나 폐지를 확정했다. 해당된 항목들은 건설, 농업, 의학과 과학산업 분야는 물론이고 철강, 맥주, 증류주, 제약, 종이, 펄프와 인쇄물, 가구와 장난감이 포함되었다. 나머지 관세의 대부분은 5년 동안 단계적으로 제거되었다. 현재 진행 중인 WTO의 도하라운드의 핵심 목표는 현재 미국은 평균 12%, EU는 31%, 일본은 51%에 달하는 농업의 관세를 인하하는 것이다.

표 8-3 무역장벽의 사례

국가/지역	관세장벽	비관세장벽
EU	중국산 신발 16.5%, 베트남 신발 10%에 반덤핑 관세 부과	중국 섬유에 수입할당제
중국	외국산 자동차 부품에 28%의 높은 관세	제약 수입 허가를 승인받기 위해서는 비싸고 시간이 많이 걸리는 절차

관세협력이사회(현 세계관세기구)의 지원하에 개발된 **미국 통합관세율표**(Harmonized Tariff System, HTS)는 1989년 1월에 발효되었으며, 대부분의 무역국에서 이를 채택하였다. 이 시스템하에서 수출입업자는 국경을 넘는 특정 제품이나 서비스에 대한 정확한 분류번호를 결정해야 한다. HTS의 B는 수출품목에 대한 수출분류번호가 수입분류번호와 동일하다. 또한 수출업자는 그들의 수출서류에 통관절차를 용의하게 하기 위해 수출서류에 HTS B의 숫자를 표시해야 한다. 세관 공무원의 눈의 정확성은 필수적이다. 미 인구조사국은 HTS에 근거해서 무역통계를 집계한다. 가치가 2,500달러 미만인 HTS는 미국 수출로 집계되지 않는다. 그러나 모든 수입물은 가치에 상관없이 집계된다.

관세절차의 간소화가 진전되었음에도 불구하고 관세를 관리하는 것은 엄청난 부담이다. 수입품과 수출품을 처리하는 사람은 서로 다른 분류에 익숙해야 하고 그것을 정확하게 사용해야 한다. 수천 가지 품목에 대한 관세표가 있다고 할지라도 세계적으로 거래되는 모든 품목을 분명하게 기술할 수는 없다. 게다가 제조공정에 사용되는 신제품과 신소재의 도입은 새로운 문제를 야기한다. 어떤 특정 품목에 대한 관세율을 결정하려면, 제품이 어떻게 사용되는지 평가하거나 주요 구성요소 재료를 결정해야 한다. 두 개 이상의 선택적 분류도 고려되어야 한다.

품목의 분류는 관세 적용에서 상당한 차이가 발생한다. 예를 들어 중국산 '엑스맨' 캐릭터 피규어는 인형인가 장난감인가? 수년 동안 인형은 미국에 수입될 때 12% 관세가 부과되었고, 장난감에 대해서는 6.8%의 관세가 부과되었다. 그뿐만 아니라 몬스터나 로봇처럼 인간이 아닌 생물을 나타내는 캐릭터 피규어는 장난감으로 분류되어 관세청에서는 인형으로 분류한 인간 피규어보다 낮은 관세를 적용했다. 두 분야 관세는 모두 없어졌지만 마블 엔터프라이즈의 자회사인 토이 비즈는 엑스맨 캐릭터 피규어가 인간을 대표하지 않는다는 것을 증명하기 위해 미국 국제무역법원에서 거의 6년을 소송으로 보냈다. 비록 이 조치가 돌연변이 슈퍼히어로들의 많은 팬을 놀라게 했지만 토이 비즈는 미국 관세청이 '울버린과 그 동료'의 수입품을 인형으로 분류했을 때 납부했던 관세의 초과분에 대해 보상받기를 원했다.[8]

도널드 트럼프 미국 대통령의 '미국 우선주의' 정책에서 가장 논란이 됐던 부분 중 하나는 철강 및 알루미늄 수입에 대한 관세를 부과하기로 한 결정이었다(사진 8-4 참조). 무역 파트너와 일부 미국 업계 지도자들을 포함한 이 정책의 반대자들은 관세가 미국 경제에 부정적인 영향을 미치고 해외로부터 보복을 유발할 것이라고 주장한다.

비관세장벽(nontariff barrier, NTB)은 해외시장에서 제품 판매를 제지하거나 방해하는 관세 이외의 조치를 말한다. 숨은 무역장벽(hidden trade barriers)으로 알려진 비관세장벽에는 수량할당, 차별적인 조달정책, 제한적 통관 절차, 차별적 통화정책, 제약적인 규정 등이 있다.

수량할당(quota)이란 수입될 수 있는 특정 제품 또는 제품 범주의 다수의 단위 또는 총가치에 대해 정부가 부과한 제한이나 규제이다. 일반적으로 수량할당은 국내 생산자들을 보호하기 위해 고안된 것이다. 일례로 2005년에 이탈리아와 다른 유럽국가의 섬유 생산업자들은 중국산 섬유 수입품 10개 종류에 (EU로부터) 할당량을 받았다. 2007년 말까지 운영될 예정이었던 할당제는 유럽 생산자들에게 치열해진 경쟁에 대비할 수 있는 기회를 주기 위해 만들어졌다.[9]

차별적 조달정책(discriminatory procurement policies)은 국내에 있는 기업에게서 제품이나 서비스를 구매하도록 요구하는 정부 규칙이나 행정관리상의 법률, 규제 등의 형태를 취하는 것이다. 예를 들어 1933년의 미국산 우선 구매법은 미국 연방기관과 정부 프로그램이 반드시 미국에서 생산된 제품을 구매해야 한다고 규정한다. 국내에서 생산된 제품을 구할 수 없거나, 가

격이 불합리적이거나, 현지제품을 사는 것이 공익에 부합하지 않을 경우에는 이 조항이 적용되지 않는다. 마찬가지로 미국비행법에 따르면 미국의 공무원은 가능하다면 국내 항공사를 이용해야 한다고 명시하고 있다.

통관절차는 준수하는 것이 어렵고 비용이 많은 드는 방식으로 관리할 경우 제약을 주는 것으로 간주된다. 예를 들어 미국 상무부는 특정 관세 코드번호로 상품을 구분할 수 있다. 그러나 캐나다 관세청은 이에 동의하지 않을 수 있다. 미국의 수출업자는 캐나다 관세청 공무원과 함께 합의에 이르는 청문회에 참석해야 한다. 이러한 지연은 수출입업자 모두에게 시간과 비용이 들게 된다.

차별적 환율정책은 선택적 수입관세 및 수출보조금과 거의 동일한 방식으로 무역을 왜곡시킨다. 앞에서 언급했듯이 일부 서구의 정책 입안자들은 중국이 환율을 인위적으로 약세통화로 만드는 정책을 추구하고 있다고 주장해 왔다. 그러한 정책은 중국산 제품이 세계시장에서 경쟁력 있는 가격우위를 가질 수 있도록 하는 효과가 있다.

마지막으로 **제한적인 행정 및 기술 규정**(restrictive administrative and technical regulations)도 무역장벽을 형성할 수 있다. 이것은 반덤핑규정 및 제품 크기 규정과 안전/보건 규정의 형태를 취할 수 있다. 이러한 규정의 일부는 외국 상품을 금지하기 위한 것이고, 어떤 규제는 합법적인 국내의 목표에 따르도록 지시하는 것이다. 이를테면 자동차에 대해 미국에서 개발된 안전과 오염 규정은 거의 전적으로 고속도로 안전과 오염에 대한 합법적인 관심에서 비롯되었다. 그러나 이러한 규정의 영향으로 미국 안전 요구사항을 준수하는 데 너무 많은 비용이 들기 때문에 일부 자동차 제조업체들은 특정 모델을 시장에서 철수시켜야만 했다. 폭스바겐은 몇 년 동안 미국에서 디젤 자동차의 판매를 중단해야 했다.

이전 장에서 논의한 바와 같이 이러한 제한적인 무역장벽을 제거하려는 추세가 지역별로 증가하고 있다. 가장 큰 단일 노력은 EU에 의해 이루어졌으며, 이로 인해 1993년 1월 1일부터 단일시장으로 형성되었다. 흥미로운 것은 유럽의 모든 산업 분야, 이 협약의 취지는 자동차 안

혁신, 기업가정신 그리고 글로벌 창업

오스카 파리네티의 이탈리

오스카 파리네티는 기업가다. 그는 혁신적인 소매 콘셉트인 이탈리를 개발했고, 이것을 마케팅하기 위해 회사를 설립했다. 파리네티는 현대 글로벌 마케팅의 기본 도구와 원칙을 적용함으로써 괄목할 만한 성공을 거뒀다. 많은 기업가들이 그렇듯이 파리네티의 생각은 모국에 대한 근본적인 통찰력을 기반으로 했다. 그의 고향은 슬로 푸드 운동의 발상지이자 세계적으로 유명한 흰 송로(트러플) 버섯의 근원지인 알바이다. 파리네티는 레드와인으로 유명한 원산지인 바롤로에도 두 개의 와이너리를 소유하고 있다. 파리네티는 이탈리아의 두 가지 위대한 자원인 예술적 유산과 생물 다양성이 혁신의 기회임을 깨달았다.

파리네티는 가족의 슈퍼마켓에서 진화한 가전업체 우니에우르를 5억 유로에 팔아 거액을 벌었다. 개인적인 노력에 '작은 시를 넣는 것'이 중요하다는 원칙에 따라 그는 세탁기에서 음식으로 관심을 돌렸다. 파리네티라는 성(family name)의 근원이 이탈리아어로 밀가루를 뜻하는 '파리나'라는 점을 감안하면 이는 자연스러운 행보였다. 파리네티의 전환점은 이스탄불의 그랜드바자를 방문한 것인데, 그곳에서 그는 구경거리와 소리, 냄새에 매료되었다.

2007년 이탈리아 토리노에 있는 한 개의 지점을 시작으로, 파리네티는 현재 이탈리아 모든 것을 기념하는 광범위한 세계 이탈리 메가스토어의 제국을 대표하고 있다(사진 8-5 참조). "이탈리아는 이탈리"라는 구호로 무장한 파리네티는 시카고, 두바이, 뉴욕 등 주요 도시에 25개 이상의 매장을 열었다. 토리노에 있는 본 매장 외에도 현재 이탈리아에 수많은 다른 장소들이 있다.

미식가적인 슈퍼마켓과 그 안에 자리한 레스토랑은 이탈리아의 계속되는 불황 동안 이탈리아 식품 생산자들을 돕고 있다. 전반적으로 이탈리아의 소매입 부문은 국제적인 확장을 거의 추구하지 않았다. 이와는 대조적으로 테스코(영국), 메트로(독일), 까르푸(프랑스)와 같은 다른 유럽 슈퍼마켓 체인들은 전 세계로 확장하면서 지역 제품과 브랜드를 가져갔다. 페레로와 바릴라(파스타) 등의 일부 이탈리아 식품

브랜드는 세계적으로 잘 알려져 있다. 그러나 이탈리아 전체 경제의 약 15%를 차지하는 많은 식품회사들은 수출할 자금이나 경영 전문지식이 부족하다. 제3장에서 언급한 바와 같이 이탈리아는 DOCG(원산지 보증, 이탈리아 와인 등급 표시)와 DOP(원산지 명칭 보호)와 같은 무수한 제품 카테고리를 자랑한다. 예를 들어 파르미자노 레자노로 판매되는 치즈는 이탈리아의 특정 지역에서 생산된 소의 우유로만 만들어질 수 있다는 것을 의미한다. 이탈리의 성공은 소규모 장인의 와인, 치즈, 프로슈토 생산업체들이 이탈리아의 품질과 진정성을 위해 기꺼이 프리미엄 가격을 지불하려는 신규 고객들에게 다가갈 수 있도록 도움을 주었다.

관측통들은 '메이드 인 이탈리아' 운동이 2015년 밀라노에서 개최된 세계 엑스포에서 더 큰 힘을 얻었다는 점에 주목한다. 엑스포의 주제는 "지구 식량공급. 생명의 에너지"였다. 당연히 이탈리아 전시관에서는 국가적인 음식 문화에 관한 행사가 진행되었다. 말할 필요도 없이 이탈리는 2015 엑스포에 참석했다. 이탈리 밀라노 스메랄도는 엑스포가 열리기 몇 달 전에 개장했다.

파리네티는 이탈리아의 미래에 대해 낙관한다. "이탈리아 관광을 두 배로 늘리고, 식품과 농산물의 수출을 두 배로 늘릴 수 있어야 하며, 패션, 디자인, 산업 제조업의 다른 산업을 개방해야 합니다. 그리고 만약 우리가 이것을 잘 운영한다면, 이 나라를 또 다른 부흥으로 이끌 것입니다."라고 그는 자신 있게 말한다.

출처 : Manuela Mesco, "Corporate News: Prices Pinch Prosciutto Trade," *The Wall Street Journal* (January 2, 2015), p. B3; Elisabeth Rosenthal, "The Fantasy Italy," *The New York Times Sunday Review* (August 3, 2014), p. 3; Robert Camuto, "Eataly: A Revolutionary Approach to Italian Food and Wine," *Wine Spectator* (April 30, 2013), pp. 30–33+; Rachel Sanderson, "Food: The New Frontier for Italian Luxury," *Financial Times* (December 23, 2014), p. 5; Rachel Sanderson, "Matteo Renzi's Favourite Deli Man," *Financial Times* (May 28, 2014), p. 10.

사진 8-5 이탈리아 식품시장을 분석한 결과 오스카 파리네티는 선택의 폭이 다양한 대형상점이 많았지만 대신 품질이 낮고 가격이 저렴하다는 것을 깨달았다. 또한 선택의 폭은 작지만, 높은 품질과 높은 가격의 작은 상점도 있었다. 파리네티는 이탈리를 통해 합리적인 가격으로 다양한 고품질 제품을 소비자에게 제공한다.
출처 : Piero Oliosi/Polaris/Newscom.

중국 유학생을 위한 국제교육 = 본국을 위한 서비스 수출

제7장에서 지적한 바와 같이 신흥 부유층의 중국 부모들은 자녀 교육에 많은 투자를 하는데, 이는 부모들이 대학에 진학하지 않았기 때문이다(사실 이 부분에서 '신흥부자'라는 용어는 바보처럼 들릴 수도 있다). 일부 가정에서는 존경을 받지도 않고 중국 슈퍼엘리트의 영향력도 없다는 느낌이 있다. 자녀들이 존경 받기를 바라는 많은 부모들이 유치원을 시작으로 중국 내 사립 국제학교에 등록하고 있다. 아니면 공립학교에서 국제수업을 듣는다. 어느 경우든 부유한 중국 부모들은 자녀가 K-12급을 시작으로 국제 교육을 받도록 엄청난 사회적 압력을 받고 있다.

물론 국제 교육은 비용이 많이 든다. 그러나 2000년 이후 중국의 평균 소득은 600% 증가했다. 그 결과 더 많은 중국 부모들이 그들의 자녀 교육에 기꺼이 투자하려 하고, 투자할 능력이 있다.

이 같은 부모 중 다수는 자녀를 해외로 보내 대학에 진학하기를 열망하고 있다(사진 8-6 참조). 호주, 일본, 독일, 영국, 미국이 가장 인기 있는 목적지이다. 2017년 미국에서만 35만 755명의 중국 유학생이 미국 고등교육기관에 등록했다. 이 수치는 미국 전체 유학생의 3분의 1을 차지하며, 10년 전의 3배 수준이다. 서던캘리포니아대학교는 현재 중국 학생들이 가장 많이 찾는 곳이다. 인도, 한국, 사우디아라비아, 캐나다도 매년 수만 명의 학생을 미국으로 보낸다.

중국인과 다른 외국인 유학생들이 전 세계 대학에서 환영받는 한 가지 이유는 그들이 일반적으로 더 높은 등록금을 지불하고, 그 등록금을 현금으로 지불하는 경우가 많기 때문이다. 이런 학생들은 특히 입학 감소와 학자금대출에 대한 우려가 많은 대학에 영향을 미치고 있는 미국의 교육기관에서 중요한 수입원으로 간주된다. 실제로 어느 해에 국제 학생들은 미국 경제에 350억 달러 이상을 기여한 바 있다. 중국 학생들에 대한 재정 지원을 확대하는 것 중 한 가지 장애물은 부모의 신용 점수를 확인할 수 있는 어떤 메커니즘도 없다는 것이다.

최근까지 MBA 프로그램을 제공하는 북미와 유럽의 비즈니스 스쿨은 중국인 유학생 유입으로 혜택을 봤다. 이유는 간단했다. 지원자들은 서양의 MBA 프로그램이 본국의 프로그램보다 우월하다고 생각했다. 실제로 수년 동안 해외에서 공부한 중국인 대다수는 대학원생이었다. 그런 상황이 지금 바뀌고 있고, 대학원생 수를 넘어서는 학부생도 늘고 있다. 이러한 추세를 보이는 한 가지 이유는 상하이 소재 중국 유럽 국제비즈니스스쿨(CEIBS)을 비롯해 점점 더 많은 중국 기관들이 인증을 받았기 때문이다. 그 결과 대학원 학위를 받으려는 많은 중국 학생들이 '본토로 가는 것'을 선택하고 있다.

한편 베이징에서는 공자아카데미 계획을 후원해 학교와 대학에서 영향력을 확대하기 위한 '소프트파워'로 활용하고 있다는 우려가 높아지고 있다. 공자아카데미는 중국 교육부에 소속된 한반이 운영하고 있다. 140개국 이상에 진출해 있는 공자아카데미의 공식 사명은 중국어 학습을 촉진하는 것이다. 이 계획은 예산이 늘어나고 어학 프로그램이 축소된 많은 캠퍼스에서 환영 받고 있다. 그러나 비평가들은 공자아카데미가 오늘날 중국 정부가 세심하게 짜놓은 각본대로 움직이고 있다는 비판의 목소리도 있다.

출처 : Bei Guo and Zhengyu Huang, "Chinese Students in America," Solo Session, SXSW Interactive, Austin, Texas (March 13, 2018); Emily Feng, "Academics Fear Spread of China's Soft Power on West's Campuses," *Financial Times* (October 30, 2017), p. 6; Joshua Chaffin, "'Tiger Mums' Look to UK's First English-Chinese Primary School," *Financial Times* (October 9, 2017), p. 3; Jonathan Moules, "WeChat Replaces Textbooks in MBA Classrooms," *Financial Times* (October 2, 2017), p. 15; Jonathan Moules, "Business Advantage Brings China's Students Home," *Financial Times* (September 25, 2017), p. 15; Brook Larmer, "The New Kids," The New York Times Magazine (February 5, 2017), pp. 40–45; Brian Groom, "Fears over Loss of Billions from Overseas Students," *Financial Times—FT Special Report: Destination North of England* (April 15, 2016), p. 2; Te-Ping Chen, "China Curbs Elite Programs Aimed at Overseas Study," *The Wall Street Journal* (December 21, 2015), p. A19; Te-Ping Chen and Melissa Korn, "Colleges Pay a Price for Foreign Students," *The Wall Street Journal* (October 1, 2015), pp. A1, A14.

사진 8-6 중국 학생들은 더 넓은 시야를 얻고, 더 나은 교육 환경을 찾고, 자신들의 지식을 풍부하게 하기 위해 해외에서 공부한다. 많은 사람들이 학위를 받고 중국으로 돌아간다. 이 학생들은 2015년 영국 맨체스터를 방문한 시진핑 국가주석에 대한 지지를 나타냈다.
출처 : Richard Stonehouse/Getty Images.

표 8-4 미국 수입품의 관세율 샘플

일반적	1열	2열
	특혜관세율	비정상교역관계
1.5%	무관세 (A, E, IL, J, MX)	30%
	0.4% (CA)	

A: 일반특혜관세제도
E: 빈국지원프로그램 특혜관세
IL: 이스라엘 자유무역협정(FTA) 특혜관세
J: 안데스 협정 특혜관세
MX: 북미자유무역협정(NAFTA) 캐나다 특혜관세
CA: NAFTA 멕시코 특혜관세

전, 약물 검사와 승인 그리고 식품 및 제품의 품질관리에 관해 하나의 표준을 제정하는 것이었다. 유로화의 도입은 유로존 내의 무역과 상거래를 촉진시켰다.

▶ 8-4 미국 통합관세율표의 구조를 설명한다.

(8-4) 관세제도

관세제도는 모든 국가에 적용 가능한 항목별 단일세율을 제공하거나 개별국가 또는 국가집단에 대해 적용되는 둘 이상의 세율을 부과한다. 관세는 일반적으로 두 분류로 나누어진다.

단일관세(single-column tariff)는 세율의 가장 단순한 유형이고, 모든 국가의 수입품에 동일한 기준으로 적용되는 세율표이다. **이중관세**(two-column tariff)(표 8-4 참조)하에서 1열은 '일반' 관세와 상대국과의 관세협약에 의해서 결정된 인하된 세율을 가리키는 '특혜' 관세를 포함한다. '협약'에 의해서 합의된 세율은 WTO의 틀 안에서 **정상교역관계**(normal trade relation, NTR, 이전 최혜국대우(MFN)] 지위를 얻은 모든 나라로 확대된다. WTO의 체제는 일부 예외를 제외하고 WTO에 가입한 모든 국가에 대하여 최혜국관세나 최저 관세율을 적용하는 데 동의한다. 2열은 NTR 지위를 누리지 못한 국가에 대한 세율을 나타낸다.

표 8-5는 "선박, 보트, 그리고 부유구조물"에 적용되는 HTS 제89장의 자세한 항목을 보여준다(설명을 위해 각 열은 알파벳 문자로 표시됨). A열은 각 제품을 고유하게 구별하는 호(heading) 단위의 번호를 포함하고 있다. 예를 들어 호 단위가 8903인 제품 항목은 "요트 및 기타 유람선 또는 스포츠용 선박, 노 젓는 배와 카누"이다. 소호(subheading) 단위 8903.10은 "고무보트"를 명시하고, 8903.91은 "보조모터가 있거나 또는 없는 범선"을 나타낸다. 이러한 여섯 단위 숫자들은 HTS에 가입한 100개 이상의 국가에 의해서 사용되고 있다. 항목은 10자리까지 확장할 수 있으며, 마지막 4자리 숫자는 각 국가의 개별 관세와 자료수집 목적으로 국가별 기준으로 사용된다. 종합하면 E와 F는 표 8-4에서처럼 1열에 해당하고 G는 2열에 해당한다.

미국은 전 세계 180여 개국에 NTR 지위를 부여해 왔기 때문에 NTR이라는 이름은 대단히 잘못된 이름이다. NTR은 오직 북한, 이란, 쿠바, 리비아만 제외되어 있어, NTR이 경제적 도구라기보다는 정치적인 도구로 보인다. 과거에 중국이 인권침해국이라는 의혹으로 NTR 지위를 박탈하겠다는 위협을 받은 적이 있다. 중국 수출품의 상품이 항구에 인도되어, 하역되고 통관을 거치고 난 후의 비용, 즉 양륙지 가격(landed price)은 이러한 위협이 적용되었다면 크게 상승했을 것이다. 이로 인해 많은 중국 제품은 미국 시장에서 비싼 가격으로 매겨졌을 것이다.

표 8-5 HTS 제89장

A	B	C	D	E	F	G
8903		요트 및 기타 유람선 또는 스포츠용 선박, 노 젓는 배와 카누				
8903.10.00		고무보트		2.4%	무관세	
					(A, E, IL, J, MX)	
					0.4% (CA)	
		500달러 초과 제품				
	15	견고한 외피 부착 여부	아니요			
	45	기타	아니요			
	60	기타	아니요			
8903.91.00		기타 :		1.5%	무관세	
		보조모터가 있거나 또는 없는 범선			(A, E, IL, J, MX)	
					0.3% (CA)	

A: 일반특혜관세제도
E: 빈국지원프로그램 특혜관세
IL: 이스라엘 자유무역협정(FTA) 특혜관세
J: 안데스 협정 특혜관세
MX: 북미자유무역협정(NAFTA) 캐나다 특혜관세
CA: NAFTA 멕시코 특혜관세

그러나 미국 의회는 2001년에 중국이 WTO에 가입하는 것을 전조로 영구적인 NTR을 부여했다. 표 8-6은 중국의 NTR 지위의 상실이 중국에 어떤 의미였는지를 보여준다.

특혜관세(preferntial tariff)는 특정 국가로부터 수입된 재화에 적용되는 인하된 관세율이다. GATT는 세 가지 주요한 예외 조항 이외에는 특혜관세의 사용을 금지하고 있다. 첫째, 역사적인 특혜협정으로 예를 들면 영연방 특혜제도나 GATT가 발효되기 이전에 존재했던 유사한 협정을 들 수 있다. 둘째, 자유무역지대나 공동시장 같은 공식적인 경제통합조약의 일부로 존재하는 특혜제도 등은 예외가 된다. 셋째, 선진국은 저개발국가에 기반을 둔 기업에 대한 시장접근에 특혜를 부여할 수 있다.

미국은 현재 GATT 관세 평가 규정의 회원국이다. 미국 관세평가법은 GATT 평가 기준을 준수하도록 1980년에 수정되었다. 그 규정에 따른 관세평가의 기본 기준은 거래가격(transaction value)이다. 용어에서 알 수 있듯이 거래가격은 평가 중인 상품에 있어 매수인이 매도인에게 지

표 8-6 중국을 위한 관세율, 정상교역관계 vs 비정상교역관계

	정상교역관계	비정상교역관계
도금된 목걸이와 같은 금 보석	6.5%	80%
나사, 잠금워셔, 기타, 철/강철 부품	5.8%	35%
강철제품	0~5%	66%
고무로 된 신발	0	66%
여성용 롱코트	19%	35%

출처 : U.S. Customs Service.

불한 실제 개별 거래가격으로 정의된다. 매수인과 매도인이 제휴회사인 경우(예 : 혼다의 미국 자회사가 일본에서 부품을 구매할 때) 관세 당국은 이전가격이 시장가치를 공정하게 반영했는 지를 확인하기 위해서 이전가격을 면밀히 검토할 권리가 있다. 재화에 대하여 기존의 어떤 거래가격도 존재하지 않는 경우 관세가격을 계산하는 데 사용되는 여러 대안적 방법은 가격이 상승하게 되어, 결국 관세를 증가시킨다. 1980년대 후반 미국 재무부는 일본의 자동차 제조사가 미국 내 자회사에 청구한 이전가격에 대한 중요한 조사를 시작했다. 일본 회사는 매년 미국으로 수입하는 수백만 대의 차량에서 발생한 '손실' 때문에 그들은 미국 소득세를 거의 내지 않았다고 주장했다.

GATT의 우루과이라운드가 진행되는 동안 미국은 관세평가에 대한 협정에서 다수의 개정 사항을 성공적으로 모색했다. 가장 중요한 것은 미국은 사기가 의심되는 경우 수출입국의 권리와 의무를 명확히 하기를 원했다. 두 가지 전체 범주의 제품이 자주 조사의 대상이 되었다. 첫 번째에는 섬유, 화장품과 내구소비재 등이 포함되고, 두 번째는 비디오테이프, 오디오테이프, CD 등의 오락용 소프트웨어가 포함된다. 만약 사기행위로 기소된다면 그런 개정은 미국 수출상으로 하여금 그들의 이익을 방어할 능력을 향상시킨다. 그 개정은 또한 비회원국, 특히 개발도상국이 협정의 당사자가 될 수 있도록 설계되었다.

관세

관세는 상품가격의 백분율(종가세), 단위당 특정한 금액(종량세), 또는 이들 두 방식 조합으로 분류될 수 있다. 제2차 세계대전 이전에는 종량세가 널리 사용되었고, 특히 유럽과 라틴아메리카의 관세는 매우 복잡했다. 지난 반세기 동안은 종가세로 전환하는 추세이다.

종가세(ad valorem duty)는 상품가격의 백분율로 표시된다. 관세가격(customs value)의 정의는 국가마다 다르다. 수출업자는 목적지 국가에서 자사제품에 적용된 평가규정에 대한 정보를 잘 숙지하여, 수출업자가 현지 생산업자와 비교하여 경쟁력 있는 가격을 책정할 수 있도록 하는 것이 좋다. 관세평가에 관한 GATT 협약을 충실히 준수하는 국가에서 관세가격은 수입항에서의 운임보험료포함가격(CIF)이다. 이 수치는 관세를 납부할 당시의 제품가격이 반영되어야 한다.

종량세(specific duty)는 중량, 부피, 길이 또는 기타 측정단위의 단위당 특정 통화의 금액으로 표시된다. 예를 들어 '파운드당 0.5 USD', '한 켤레당 1 USD', '평방 야드당 0.25 USD' 등이 그것이다. 종량세는 일반적으로 수입국의 통화로 표시되지만, 지속적인 인플레이션을 겪고 있는 국가에서는 특별히 예외가 적용된다.

특정 상품의 관세에는 종가세와 종량세 모두 적용되기도 한다. 적용되는 세율이 더 낮은 쪽으로 정해지더라도 일반적으로 더 높은 세율이 적용된다. 혼합관세 또는 복합관세는 동일 상품에 대해 종량세와 종가세를 함께 적용해 세율을 부여하는 관세를 말한다.

다른 관세와 수입부과금

수출시장에서 불공정한 가격으로 상품을 판매하는 이른바 **덤핑**(dumping)은 제11장에서 자세히 설명할 것이다. 덤핑의 영향을 상쇄하고 잘못한 기업에 벌금을 부과하기 위해 대부분의 국가는 국내 생산업자에게 피해가 발생한 경우 **반덤핑관세**(antidumping duties)를 부과하는 법안을 도입했다. 반덤핑관세는 덤핑마진과 같은 수준으로 특별 추가된 수입부과금의 형태를 취한다. 반덤핑관세는 수입국가에서 제조되거나 재배한 제품에 거의 항상 적용된다. 미국에서 반덤핑관세는 상무부가 외국기업의 덤핑 혐의를 확인하고, 국제무역위원회(ITC)가 덤핑된 제품이 미국 기업에 손해를 입혔다고 판결을 내리면 반덤핑관세가 부과된다.

상계관세(countervailing duty, CVD)는 수출국에서 지급한 보조금을 상쇄하기 위해서 수입국이 부가하는 추가 관세를 말한다. 미국에서 상계관세법과 절차는 덤핑 관련 절차와 매우 유사하다. 미국 상무부와 ITC는 1984년에 제정된 통상관세법의 조항에 따라 상계관세와 반덤핑법을 공동으로 관리한다. 보조금 및 상계조치에 관한 협정은 GATT의 우루과이라운드 협상 동안 대단한 주목을 받았다. 2001년 ITC와 미국 상무부는 캐나다 목재 생산자에게 상계관세와 반덤핑관세를 부과했다. 상계관세는 캐나다 정부가 소유한 산림에서 벌목하여 낮은 비용을 초래한 캐나다 제재소에 대해 보조금을 상계할 의도였다. 연목재, 바닥재, 벽면재의 수입에 대한 반덤핑관세는 캐나다 생산업자들이 그들의 생산비용보다 낮은 가격으로 목재를 수출한다는 미국 생산업자의 항의로 적용되었다.

스웨덴을 포함한 몇몇 국가와 EU의 다른 회원국들은 특정 범주의 수입 농산품에 **변동수입부과금**(variable import levies)을 적용한다. 만약 수입품의 가격이 국산품의 가격보다 저가로 책정되어 있다면, 이 관세부과금은 수입품의 가격을 국내가격 수준으로 올린다. **잠정적 추징금**(temporary surcharges)은 영국이나 미국 같은 특정 국가에서 때때로 도입되어, 지역산업에 대한 추가적인 보호, 특히 국제수지 적자에 대응해서 도입되어 왔다.

8-5 주요 수출 참여자

◀ **8-5** 수출 과정에 참여하는 다양한 조직을 서술한다.

수출업무에 책임을 진 사람은 다양한 수출 관련 업무를 지원할 수 있는 일부 조직에 대해 잘 알고 있어야 한다. 이러한 조직 중 해외구매대리인, 수출중개상, 수출상인들은 수출을 의뢰한 고객으로부터 책임을 맡지는 않는다. 그러나 수출관리회사, 제조업체의 수출대리인, 수출유통업자, 화물운송업자를 포함한 기타 조직은 공식적으로 수출에 대해 책임을 지게 된다.

해외구매대리인(foreign purchasing agents)은 수출전문 바이어, 수출 위탁 매매 중개회사, 또는 수출 확인회사 등으로 다양하게 불린다. 그들은 수출업자로 알려진 해외고객을 대신하여 운영하고 대가를 받는다. 그들은 일반적으로 수출업자 본인의 요구에 가격과 품질이 맞는 제조업체를 찾는다. 해외구매대리인은 종종 정부, 공공사업, 철도업체와 다른 거대 원자재 사용자를 대표한다. 해외구매대리인은 장기 공급 계약이 체결되었을 때를 제외하고는 제조업자나 수출업자와 지속적으로 거래하지 않는다. 구매업무는 수출포장과 선적 세부사항 모두를 처리하는 구매대리인과 함께 국내거래로 완료하거나, 대리인이 선적준비를 처리하기 위해 제조업체에게 의존할 수도 있다.

수출중개상(export broker)은 매도인과 해외 매수인을 연결해 주고 수수료를 받는다. 이 수수료는 일반적으로 매도인이 지불하지만 때로는 매수인이 지불하기도 한다. 중개상은 제품에 대한 소유권을 가지지 않으며, 어떤 재정적 책임도 지지 않는다. 중개상은 일반적으로 곡물이나 면화 같은 특정한 상품을 전문으로 하며, 공산품의 수출에는 거의 관여하지 않는다.

수출상인(export merchants)은 때때로 중매인으로 불린다. 이러한 마케팅 중개인은 한 국가나 지역에서 시장기회를 찾고 이러한 요구를 충족시키기 위해 다른 국가에서 구매를 한다. 수출

상인은 일반적으로 브랜드가 없는 제품을 생산자나 제조업자로부터 직접 구매한 후, 상품에 브랜드를 부착하고 유통을 포함한 다른 모든 마케팅 활동을 수행한다. 예를 들어 수출상인은 중국의 한 공장에서 괜찮은 여성용 부츠 제조업체를 찾아낸다. 그런 다음 수출상인은 부츠를 대량으로 구매하고 EU나 미국 시장에 판매한다.

수출관리회사(export management company, EMC)는 그들의 생산라인이 서로 경쟁하지 않는 둘 이상의 제조업자(수출업자)의 수출부서로 활동하는 독립적 마케팅 중개상이다. EMC는 보통 수출시장에 수출업자의 이름으로 활동하지만 EMC 자사의 이름으로 활동할 수도 있다. 이 회사는 정해진 가격 또는 이익 마진으로 상품을 구매하거나 재판매하는 독립 유통업체로 활동할 수 있다. 또는 매매거래에서 아무런 자격이 없고 어떤 금융적인 위험도 감수하지 않는 위탁대리인으로 활동할 수도 있다. 미국에 본사를 둔 EMC를 대상으로 한 설문조사에 따르면, 수출 성공을 위한 가장 중요한 활동은 마케팅 정보를 수집하고, 시장과 의사소통하고, 가격을 설정하며, 유용한 몫을 보장받는 것이다. 이 조사에서 수출 활동을 난이도에 따라 살펴본 결과 정치적 위험을 분석하는 것, 영업사원 관리, 가격책정 및 재무정보 수집이 가장 달성하기 어려운 일로 밝혀졌다. 연구 결론 중의 하나는 미국 정부가 EMC와 그 고객이 해외시장과 관련된 정치적 위험을 분석하는 일을 잘 도와야 한다는 것이다.[10]

또 다른 형태의 중개인은 **제조업체의 수출대리인**(manufacturer's export agent, MEA)이다. EMC와 마찬가지로 MEA는 수출유통업자나 수출위탁대리인으로 활동할 수 있다. 그러나 MEA는 수출부서로의 기능을 수행하지 않고, 통상적으로 소수의 국가로 시장 활동 범위가 제한된다.

수출유통업자(export distributor)는 수출 과정의 일부로 발생하는 재정적 위험을 감수한다. 수출유통업자는 일반적으로 여러 제조업체를 대신해 수출 판매를 대행하기 때문에 복합수출관리인으로 알려져 있다. 이 회사는 보통 원산지 이외의 모든 시장 또는 일부 시장에서 제조업자의 상품을 판매할 독점권을 갖는다. 유통업자는 제품에 대한 대금을 지불하고 해외 판매와 관련된 모든 금융위험을 감수하며, 모든 선적 관련 세부사항을 취급한다. 중개상은 통상 제조업체의 정가로 해외에 판매하고, 보상은 정가의 합의된 비율에 따라 받는다. 유통업자는 자기 명의나 제조업체의 명의로 영업할 수 있다.

수출유통업자와 달리 **수출위탁대리인**(export commission representative)은 어떠한 재정적 위험도 감수하지 않는다. 제조업체가 일부 또는 모든 해외시장을 위탁대리인에게 맡긴다. 대리인이 종종 신용조사를 제공하고 자금조달을 주선하지만, 제조업체가 모든 신용거래를 담당한다. 수출유통업자처럼 수출위탁대리인이 여러 개의 신용거래를 취급하기 때문에 복합수출관리인으로도 알려져 있다.

때때로 마더헨이나 피기백 수출업자, 수출공급업체로 불렸던 **수출조합**(cooperative exporter)은 자사상품을 해외시장에 팔기 위해서 다른 독립 제조업체가 보유한 제조회사의 수출조직이다. 수출조합은 보통 다른 제조업체의 수출유통업자로 운영되지만 특별한 경우에는 수출위탁대리인으로 활동하며, 수출관리회사의 형태로 간주된다.

화물운송업자(freight forwarders)는 교통운행, 세관통관, 선적관세 및 스케줄 관리에 있어서 일정 자격을 인증받은 전문가로 간단히 말해, 그들은 화물에 대한 여행 위탁인으로 여겨질 수 있다. 미네소타주의 C. H. 로빈슨 월드와이드도 그런 회사이다. 이들은 화물운송을 위한 최선의 경로와 최고의 가격을 찾으며, 수출업자가 지불하는 요금과 보험료를 결정하는 데 도움을 준다. 필요에 따라서 운송업자들은 수출포장을 할 수도 있다. 그들은 수출항에서 해외 수입항까지의 화물을 취급한다. 그들은 공장에서 수출항까지 내륙운송으로 이동하고, 해외제휴를 통해 수입항에서부터 고객으로 화물 운송을 다룬다. 운송업자들은 육상, 항공, 해운에 걸쳐 통합서비스를 수행한다. 그들은 선박이나 비행기의 넓은 공간의 블록을 계약하기 때문에 수출항공사와 직접 거래하는 개별 화주가 일반적으로 이용하는 비용보다 저렴한 금액으로 다양한 화주들에게 해당 공간을 재판매할 수 있다.

면허를 소지한 운송업자는 운송회사로부터 예약된 공간에 대해 중개수수료나 할인을 받는다. 일부 기업과 제조업체는 화물운송 또는 그 일부를 자체적으로 수행하지만 법률에 따라 운송회사로부터 중개수수료는 못 받을 수도 있다.

8-6 제조국의 수출조직

◁ **8-6** 본국의 수출조직 고려사항을 파악한다.

본국에서 논의되어야 하는 사안은 회사 내에서 수출 책임을 맡을 것인지 또는 특정 제품이나 지역에 특화된 외부조직과 협력할지를 정하는 것이다. 대부분의 회사는 수출업무를 그들 자체 조직 내 수출부서에서 처리한다. 회사의 규모에 따라 수출 책임은 직원의 국내 직무기술서에 포함될 수 있다. 또는 수출 책임을 별도로 하는 부서 혹은 조직 구조의 일부로 취급될 수 있다.

수출을 처리할 수 있는 방법은 다음과 같다.

1. 시간제 활동으로 국내직원이 수행한다.
2. 상품이 출국하기 전에 상품을 소유한 국내 마케팅 조직과 제휴한 수출 파트너를 통한다.
3. 국내 마케팅 조직과는 독립된 수출부서를 통한다.
4. 국제부 내의 수출부서를 통한다.
5. 사업부제조직구조를 갖는 기업의 경우 위의 네 가지 대안이 모두 활용 가능하다.

수출사업에 충분이 높은 우선순위를 부여한 기업은 사내 조직을 구축한다. 그런 다음 이 기능을 어떻게 조직하는 것이 효과적일 것인가 하는 문제에 직면한다. 가장 적절한 접근법은 수출 마케팅의 기회에 대한 기업의 평가와 전 세계 기준으로 시장에 자원을 배분하는 전략, 이 두 가지에 달려 있다. 기업이 국내직원의 직무기술의 일부로 수출 책임 파트를 만드는 것이 가능할 것이다. 이러한 배치의 이점은 분명하다. 추가인력을 필요로 하지 않는 저비용-배치라는 점이다. 그러나 이러한 접근방식은 오직 두 가지 조건하에서만 작동이 가능하다. 첫째, 그 업무에 배정된 국내직원이 제품과 고객 지식에 대하여 노련한 역량이 있어야만 한다. 둘째, 그 역량이 목표 국제시장에 적용 가능해야만 한다. 두 번째 조건의 핵심쟁점은 국내시장과 목표 수출시장이 얼마나 다르냐 하는 점이다. 만약 고객환경과 특성이 유사하다면 전문화된 지역 지식에 대한 요구사항은 줄어들 것이다.

자체적인 마케팅과 자사의 홍보활동을 수행하지 않기로 결정한 기업은 수많은 외부 수출서비스 제공업체를 선택해야 한다. 앞서 설명했듯이 여기에는 이러한 선택에는 EMC, 수출상인, 수출중개상, 복합수출관리인, 제조업체의 수출대리인 또는 위탁대리인 그리고 수출유통업자들이 포함된다. 그러나 이러한 용어와 표현은 일관되지 않게 사용될 수 있기 때문에 우리는 특히 독립적인 수출조직이 수행하는 서비스에 관해 점검하고 확인할 것을 촉구한다.

▶ 8-7 시장국의 수출조직 고려사
항을 파악한다.

(8-7) 시장국의 수출조직

본국에서 외부 수출전문가를 이용할 것인지 사내 수출전문가에 의존할 것인지 결정하는 것 외에도 기업은 목표시장 국가에 제품을 유통할 수 있도록 준비해야 한다. 모든 수출조직은 독립적인 중개인이 될 것인지 아니면 직접적으로 시장 대표자가 될 것인지 기본 결정에 직면하게 된다.

현지시장에서 직접적 대표자에게는 통제와 의사소통이라는 두 가지 큰 장점이 있다. 직접적 시장 대표자를 통해 프로그램 개발, 자원 배분, 가격 변경과 관련된 결정을 일방적으로 이행할 수 있다. 더구나 제품이 시장에서 아직 정착되지 않았을 때는 매출을 달성하기 위한 특별한 노력이 필요하다. 직접 대표자의 장점은 마케터의 투자로 이러한 특별한 노력이 이루어진다는 점이다. 간접 또는 독립 대리인은 그러한 노력과 투자가 준비되지 않는 경우가 많다. 많은 경우 독립 대리인이 하나의 상품에 충분한 시간과 자본을 투자하도록 할 인센티브가 충분하지 않다. 직접 대표자의 다른 중요한 장점은 시장으로부터 정보와 피드백에 대한 가능성이 대단히 높다는 점이다. 이 정보는 제품, 가격, 의사소통과 유통에 관한 수출 마케팅 결정을 엄청나게 향상시킬 수 있다.

직접적 대표자란 수출업자가 소비자나 고객에게 직접 판매하는 것을 의미하지 않는다는 점에 주의하라. 대부분의 경우에 직접적 대표자는 도매상이나 소매상에게 판매하는 일을 포함한다. 예컨대 독일과 일본의 주요 자동차 수출업자들은 제조사가 직접적 소유하거나 통제하는 유통대리점의 형태로 미국 시장에 직접적 대표자를 둔다. 유통대리인은 가맹점에 제품을 판매한다.

소규모 시장에서는 낮은 판매량으로 비용을 충당하지 못하기 때문에 직접 대표자를 두기가 용이하지 않다. 심지어 큰 시장에서도 소규모 제조업체는 직접 대표자 비용을 충당하는 적절한 판매량에 미치지 못한다. 매출액이 작다면 언제라도 독립 유통업자를 이용하는 것이 판매 유통의 효과적인 방법이다. '우수한' 유통업체를 찾는 것이 수출성공의 열쇠가 될 수 있다.

▶ 8-8 무역금융에 통상적으로 사
용되는 다양한 결제 수단에 대해
논의한다.

(8-8) 무역금융과 결제 수단[11]

기업의 수출 판매에 대한 대금 지급의 필요성은 명백해야 한다. 그러나 국제무역에 대해 처음 보는 많은 사람들은 이 문제를 단지 사후 고려사항으로 여긴다. 숙련된 수출입자(매수인과 매도인)는 거래의 금융조건과 선적조건을 모든 협상의 일상적인 부분으로 간주한다. 사실 거래의 세부사항을 해결하는 것은 모든 당사자들이 미래에 있을 오해나 갈등을 제한하기 위한 중요한 기준이 된다. 신용(credit)과 추심(collection)의 기능은 예술적이고 과학적이며, 지속적인 고위 경영진의 감독을 필요로 한다. 무역금융에 대해 '모든 것에 맞는 한 가지' 접근법은 없다. 당연히 마케팅 관점에서 기업은 판매조건이 경쟁력을 갖고 있는지 확인해야 한다.

국경을 넘어 판매하는 것은 본국 내에서 판매하는 것보다 본질적으로 더 위험하다. 관리자는 언어, 문화 차이, 외국의 정치환경을 포함하여 이 책의 이전 장에서 다룬 주제에 대한 이해가 제한적일 수 있다. 또 다른 현실은 OECD 국가 이외의 나라에서 어려움이 발생하면 효과적인 법적 구제책이 없다는 것이다. 국제무역에 종사하는 사람들은 수출업자가 상품에 대한 대금을 지급받지 못하거나 수입업자가 약속한 것을 받지 못할 수 있는 상황, 즉 그들의 사업 파트너에 의한 '미지급'과 '불이행'의 핵심 위험을 관리해야 한다. 다행히도 국제은행 시스템은 이러한 거래 위험을 줄임으로써 성공적인 국제 상거래를 원활하게 하는 중요한 역할을 한다. 그러나 은행의 역할에 대한 논의를 시작하기 전에 두 가지 기본 결제방법인 주문시 지급 방식과 사후송금 방식을 중요하게 살펴봐야 한다.

주문시 지급(cash with order, CWO)은 수출업자에게 가장 적은 거래 위험을 나타낸다. 본 지불 약정에서 수출업자는 향후 선적 내용에 대한 세부사항과 비용이 포함된 **견적 송장**(proforma invoice)['사실 이전에' 또는 '형식적인 양식'이라는 의미의 라틴어 단어]을 수입업자에게 송부한다. 재무 수치와 기타 정보는 구속력이 없지만 향후 실제 송장에 반영될 것이다. 이 '견적 송장(proforma)'을 받은 후 수입업자는 CWO과 함께 구매 주문서를 수출업자에게 보낸다. 이러한 방식은 수출업자에게 유익하지만 수입업자에게는 다음과 같은 위험이 있다. 수입업자는 수출업체에 자금을 보냈지만 선적에 대한 확신이 없다.

사후송금(open account, O/A)은 수출업자에게 가장 큰 거래 위험을 안겨준다. 이 약정에서 수입업자는 수출업자에게 구매 주문서를 보낸 다음, 이 주문서를 바탕으로 수출업자가 생산하고, 선적한 후에 수입업자에게 선적에 대한 송장을 보낸다. 그러면 수입업자는 수출업자에게 전신환을 통해 대금을 송금한다. 이 제도는 수입업자에게 이익이 되지만 수출업자에게는 위험하다. 왜냐하면 요청한 선적을 했음에도 불구하고 대금지불에 대한 보장이 없기 때문이다.

신용장

CWO와 O/A 결제 방식은 모두 위험을 안고 있지만, 두 회사가 오랜 기간 상호 이익이 되는 관계를 맺고 있을 때 활용할 수 있다. 그러나 새로운 상업적 파트너와 국경을 넘나드는 사업을 시작하는 대부분 기업의 경우 미지급 또는 불이행의 위험은 너무 크기 때문에 실패할 경우 기업이 위험에 처해질 수 있다.

은행 시스템은 신용장(화환 신용장)이라고 하는 핵심 서류를 통하여 위험관리를 지원한다. **신용장**(letter of credit, L/C)은 수입업자의 신용도를 은행의 신용도로 대체한다. 수출업자의 관점에서 만약 그것이 신용장에 따라 선적되어 '이행'된다면 구매자의 신용도가 아닌 해당 은행의 충분한 신뢰와 신용에 의존할 수 있다. 동시에 수입업자는 수출업자가 신용장에 명시된 조건에 따라 이행할 때까지 선적비용에 대해 지불할 의무는 없다. 의무이행은 수출업자가 구매자의 은행에 **일괄서류**를 제출할 때 입증된다. 신용장에 기재된 이 합의된 한 세트(상업송장, L/C, B/L)의 서류는 수출업자가 합의된 대로 이행했음을 총체적으로 보여준다.

수입업자의 은행은 '발행(issuing)' 또는 '개설(opening)' 은행으로 알려져 있다. 매수인의 요청에 따라 수익자가 되는 수출업자에게 이익이 되도록 신용장을 '개설'한다. 어떤 경우에는 은행이 본질적으로 수입업자를 대신하여 자체 신용을 연장하기 때문에 개설은행은 수입업자에게 자금을 예치하거나 신용장에 대한 담보를 제공하도록 요구할 수도 있다. 단, 은행과 수입업자 간에 관계가 잘 확립되어 있을 경우 이 요건은 면제될 수 있다. 이제 개설된 신용장은 수출업자의 은행으로 보내지고, 수출업자에게 유리한 신용장이 개설되었음을 통지한다. 수출업자의 은행은 '매입(negotiating)' 또는 '통지(advising)' 은행이라고 한다.

신용장의 가장 흔한 유형은 **취소불능신용장**(irrevocable letter of credit)이다. 이름에서 알 수 있듯이 신용장을 발행하는 은행은 수출업자와 수입업자 모두의 승인을 받지 않고는 신용장 조건을 취소하거나 수정할 수 없다. 수출업자 입장에서는 수입업자가 주문을 취소하거나 상품

대금을 지불하지 않더라도 수출업체가 신용장에 제시된 조건을 이행한 이상 개설은행은 수출업체에 지불할 의무가 남는다는 것이다.

수출업자가 원하면(특권에 따라) 통지은행에 개설은행의 신용장을 확인하도록 요청해 추가 보호수단(유료로)을 확보할 수 있다. 이 같은 확인은 수입은행의 기존 약속에 수출은행에 대한 충분한 신뢰와 신용을 더한다. 예를 들어 구매자의 개설은행이 궁극적으로 지불하지 않거나 정부가 부과한 통화통제 때문에 지불할 수 없는 경우 수출업자는 여전히 은행에 의해 대금지불을 보장 받는다. 이 시나리오에서 수출업자는 **확인된 취소불능신용장**(confirmed irrevocable letter of credit)에 따라 운용되고 있다고 한다. 신용장 개설에 따른 은행 수수료는 국가 및 상업적 리스크에 따라 다르지만 총신용의 1/8~1%까지 다양할 수 있다. 은행들은 신용장 확인에 비슷한 수수료를 부과한다.

수출업자는 신용장 조건에 따라 이행할 수 있다고 납득한 후 제품을 생산하여 수입업자에게 선적할 것이다. 그런 다음 수출업자는 신용장에 기재된 서류들을 모은다. 앞서 언급했듯이 신용장에는 판매자의 이행에 대한 증거로 간주될 합의된(구매자와 판매자) 서류목록이 포함된다. 일괄서류에는 상업송장, 환어음, 포장목록, 보험증서, 원산지증명서, 해양선하증권(선적화물을 대표하는 타이틀)이 포함된다. 일괄서류와 신용장은 통지(확인)은행을 통해 발송되어 구매자의 개설은행에 '제시'해야 한다. 구매자의 은행은 일괄서류를 검토하며, 모든 것이 정상이라면 신용장에 대하여 '결제'해야 할 것이다.

거래가 일람불 환어음으로 처리되면 은행은 즉시 수익자에게 대금을 이체한다. 만약 수출업자가 신용 조건 연장에 동의했다면, 일괄서류상의 환어음은 기한부 환어음이 되고, 은행은 그 합의된 기간 후에 대금을 송금할 것이다. 이때 수입업자가 선적물품을 인수하기 위해서 개설은행은 매수인이 환어음에서 일람불이나 기한부 환어음으로 지불하도록 정리할 것이다. 수입업자가 개설은행에 돈을 지불하거나 약속어음(향후 대금을 지불 약속)에 서명하면 은행은 매수인에게 일괄서류를 양도한다. 이 서류들에는 해양선하증권(상품에 대한 소유권)이 포함되어 있어 수입업자가 화물 운송업자로부터 해당 물품이 소유권을 양도 받을 수 있게 한다. 이 과정에서 은행은 신용장의 독립추상성의 원칙에 따라 당사자 간에 합의를 하거나 계약, 선적물품의 물리적 이동과는 무관하게 서류에 대해서만 이행한다는 점에 유의해야 한다.

화환추심(일람불 또는 기한부 환어음)

시간이 지남에 따라 수출업자와 수입업자가 좋은 업무관계를 구축하고 난 뒤 **화환추심어음**(documentary collection)이라고 하는 더 간단하고 덜 복잡한 결제방식으로 전환하기를 결정할 수 있다. 수출업자가 사후송금하에서 선적되는 높은 위험과 신용장하에서 번거롭긴 하지만 낮은 위험 사이에서 균형을 찾으려 할 때 화환추심 약정을 체결하게 된다. 은행은 다시 중개인으로 참여하지만 보증이나 신용을 제공하지 않는다. 수출업자는 일람불 환어음이나 기한부 환어음과 같은 화환추심어음을 사용하여 주문한 제품을 생산하고 선적한다. 환어음이 포함된 서류들은 구매자의 국가에 있는 수출업자의 환거래은행(수출업자를 대신해서 일함)으로 발송된다. 수입업자는 은행에 가서 환어음에 명시된 조건에 따라 지불한다. 일람불 어음(지급인도 조건, D/P)의 경우에는 은행에 대금을 지불하고, 은행이 선적서류(제품에 대한 소유권을 나타내는 선하증권 포함)를 인도할 때 상품에 대한 소유권이 수입업자에게 전달된다. 다시 말해 이것은 상품의 물리적 이동과는 별개이다.

수출업자에게 고위험은 기한부 환어음(인수인도조건, D/A)이다. 이 경우 수출업자는 다시 환거래은행에 환어음과 일괄서류를 보낸다. 거기에 매수인은 환거래은행의 일괄서류와 교환하고 기한부 환어음(미래의 공식적 지불의무)에 서명하고 '인수'한다. 합의한 기간이 경과하면 환거래은행은 수입업자로부터 대금을 추심하여 전달한다.

이 두 옵션 모두 선적을 취소하거나 지불을 거부하는 구매자로부터 수출업자를 보호해주지 않는다. 또한 인수에 부합하지 못하는 서류는 매수인이 대금 지급 없이 물리적 점유권을 갖게 될 때 위험성이 더해진다.

현실 세계 탐구 : 간단한 사례연구

대개 신용장 방식으로 결제하는 것이 선호되지만 일부 시장에서는 이러한 방식이 불가능하다. 글로벌 생명과학과 제약 분야의 선두주자인 바이엘은 베네수엘라 국민들에게 중요한 의약품을 제공하기 위해 복잡한 비신용장 지불 프로세스를 운영하고 있다. 바이엘의 생산비용은 경화(교환 가능한 통화) 국가를 기준으로 하므로 궁극적으로 그 비용을 충당하기 위해서는 경화가 필요하다. 그러나 베네수엘라에서는 이들 약품들은 변동성이 크고 빠르게 가치가 떨어지는 통화인 볼리바르로 구매해야 한다. 게다가 니콜라스 마두로 정부는 엄격한 통화 통제를 시행하고 있다. 그렇다면 바이엘은 베네수엘라에서 의약품 대금지불을 어떻게 관리하고 있는가?

바이엘은 여러 단계의 과정으로 베네수엘라 정부의 국민건강보험 플랜에 판매하고 볼리바르로 받는다. 바이엘은 이후 정부와 협상을 통해 이들 볼리바르를 다양한 환전거래소에서 미국 달러(또는 유로화)로 바꾸어야 한다(의약품 간에도 차이가 있다). 일단 대금을 환전하면 바이엘은 여전히 그 돈을 국외로 송금하기 위해 정부의 허가를 받아야 한다. 정부로부터의 이러한 경화 지불은 D/A(인수인도조건) 형태로 처리된다. 의약품에 대한 소유권(일괄서류)은 향후 협상된 지불 날짜, 통화 금액, 미래 볼리바르/달러 환율 등을 명시한 바이엘−기한부환어음에 서명('인수')할 때 정부에 전달된다.

당연히 바이엘이 더 선호하는 방법은 신용장하에서 운영하는 것이겠지만, 이러한 방식은 정부의 기분을 상하게 하여 회사 간부들을 체포하거나 그들의 가족을 괴롭힐 수도 있다. 더 복잡한 문제는 때때로 정부가 가끔 채무불이행(default)을 한다는 것이다. 수익자인 바이엘은 정부와 재협상을 통해 D/A를 만기가 남은 미 달러화로 표시된 베네수엘라 국채로 전환해야 한다. 하지만 불행히도 정부는 이러한 채권을 원래 합의된 지불금에서 할인된 금액으로 제시한다.

일단 채권을 수령하면 바이엘은 즉시 추가 할인된 가격으로 채권을 매도하여, 원래 상업송장보다 25~35% 낮은 금액의 수령액을 받게 된다. 베네수엘라의 높은 인플레이션율(2017년 800% 이상)과 볼리바르 가치 하락을 감안할 때 바이엘의 경영진은 현금 유동성과 미수금의 적시 수령에 집중하며, 절대금액보다 적게 받고 있다. 이러한 큰 어려움에도 불구하고 바이엘의 고위 경영진은 여전히 이 시장에 몰입하고 있으며, 지역사회의 의료 서비스를 지원하는 윤리적 의무를 이행하고 있다. 바이엘을 비롯한 많은 글로벌 기업들은 베네수엘라의 정치경제 환경이 더욱 안정되는 날을 고대하고 있다. 바이엘 제약의 대표 디터 웨이넌스는 "각 국가, 고객, 중개인은 고유한 접근방식을 필요로 한다. 신용과 추심은 그 자체로 예술과 과학이며 이일을 하기 위해서는 많은 사람들이 필요하다."고 언급했다.

현실 세계 탐구 : 또 다른 간단한 사례연구

미국에서 스바루의 이야기는 신용장의 중요성에 대한 또 다른 좋은 사례연구를 제공한다. 오늘날 스바루는 높은 평가를 받는 글로벌 브랜드다. 그러나 50년 전만 해도 얘기가 달랐다. 1960년대 후반 기업가 말콤 브리클린과 하비 람은 뉴저지 체리힐에 SOA(Subaru of America)를 설립하고 일본에서 스바루 360을 수입하기 시작했다. 모기업인 후지 중공업은 당초 5년 약정에 합의했다. 이후 브리클린과 람이 영구적으로 협정을 연장해 달라고 요청했을 때 후지는 몇 가지 양해사항을 주장했다. 랜달 로덴버그는 다음과 같이 설명한다.

> 제조사는 미국의 스바루에게 모든 대금지급은 이제부터 선불로 지불해야 한다고 말했다. 만약 미국인들이 딜러로부터 현금을 받을 수 없다면, 그들은 은행으로부터 돈을 받아야 할 것이다. 새로운 계약서인 S.O.A.는 "상업송장 가액을 충당하기 위해 취소불능 신용장을 후지에게 제시할 때만 차량이나 장비용품을 주문할 수 있고, 경우에 따라서는 주문한 모든 품목에 대한 화물을 운송할 수 있다."라고 쓰여 있다. 이 신용장은 후지사가 요코하마의 배 갑판 위에 차량을 올려놓는 순간 개설되며, 선적일로부터 늦어도 180일 이내에 대금지급을 해야 한다.[12]

몇 달 동안은 360의 미국 판매가 호황을 누렸다. 그러나 1969년 4월 컨슈머 리포트는 360을 도로 주행 테스트 결과 '허용불가' 등급을 매겼고, 차량에 대한 수요는 사라지게 되었다. SOA의 딜러들은 추가 차량 주문(및 대금지불)을 중단하게 되면서, 브리클린과 람은 후지(앞서 언급한 '선불')에게 지불할 자금이 없었다. 그 후 후지는 신용장에 대한 추심을 행사했고, SOA는 은행에 상환할 수 없었고, 신용 계약을 채무불이행하게 되었다. 나쁜 신용기록은 어떤 은행도 신용장을 제공하지 않는다는 것을 의미했다. SOA는 수입협정이 취소될 위험에 처해 있었다. 결국 말콤 브리클린은 회사에서 퇴출되었다. 미국의 스바루는 새로운 자금 조달원을 찾아 미국 시골에서 딜러망을 구축하기 시작했다. 그 이후의 이야기는 다들 잘 알고 있듯이 오늘날 스바루는 시장에서 잘 알려진 베스트셀러 자동차 몇 대를 보유하고 있다.

수출입 관련 추가적 문제

9·11 사건 이후 미국의 비즈니스 환경에서 국가안보의 우려는 수입품에 대한 정밀조사를 증가시키는 결과를 가져왔다. 국제 화물이 테러에 사용될 수 없도록 하기 위한 여러 가지 새로운 제안이 시작되었다. 이러한 제안 중의 하나는 대테러방지 민관협력프로그램(C-TPAT)이다. 미국 관세국경보호청(CBP) 웹사이트에는 다음과 같이 적혀 있다.

> C-TPAT는 미 관세국경보호청(CBP)이 수입업체, 운송업체, 복합운송업체, 면허를 소지한 통관업체, 제조업체 같은 국제 공급망의 최종 소유자와 긴밀한 협력을 통해서만 최고 수준의 화물 안전을 제공할 수 있다고 이해하고 있다. 이러한 제도를 통해서 CBP는 사업자들에게 그들의 보안업무의 무결성을 보장하고, 공급망 내에서 비즈니스 파트너의 보안지침을 전달하고 검증할 것을 요청하고 있다.

관세국경보호청은 수입화물거래를 검사할 책임이 있다. C-TPAT의 목표는 검사지연을 줄이기 위해 공급망 참가자들로부터 자발적인 협조를 확보하는 것이다. C-TPAT로부터 인증을 받은 단체들은 CBP 검사에 우선권을 부여받는다.

수출입의 또 다른 문제는 관세 환급이다. 이는 가공되거나 다른 상품에 통합되어서 재수출된 수입품에 대해 지불한 관세를 환불받는 것을 일컫는다. 미국에서 환급은 수출을 장려하기 위해 오랫동안 사용되어 왔다. 그러나 NAFTA(현 USMCA) 협상이 체결되고 난 뒤, 미국무역대표부는 캐나다와 멕시코로 수출하는 물품에 대한 관세 환급을 제한하는 데 동의했다. 미국이 새로운 무역협정을 성사시킴에 따라 일부 산업단체들은 관세 환급을 유지하기 위해서 로비하고 있다.[13] 관세 환급은 보호주의적 경제권에서도 흔하게 나타나며, 수입된 생산 투입물의 가격을 낮춰 수출업자를 지원하는 정책수단을 의미하기도 한다. 중국은 WTO에 가입하는 조건으로 관세 환급 중단을 요구받고 있다. 세계적으로 관세율이 하락함에 따라 관세 환급 문제는 덜 중요해질 것이다.

(8-9) 조달

글로벌 마케팅에서 소비자 가치의 문제는 기업이 자사제품을 만들거나 또는 이 제품을 생산하거나 구매하는 곳에서 살 것인지와 관련된 **조달 결정**(sourcing decision)과 불가분의 관계에 있다. **아웃소싱**(outsourcing)(외주)은 비용 절감을 위해 생산 업무나 작업 배치를 다른 회사로 이동하는 것을 의미한다. 아웃소싱된 작업이 다른 국가로 이동할 때 **글로벌 아웃소싱**이나 **오프쇼어링**(업무위탁)이란 용어가 때때로 사용된다. 오늘날처럼 경쟁이 치열한 시장에서 기업은 비용절감에 대한 극심한 압력을 받고 있다. 이를 해결하는 한 방법은 중국, 인도 기타 저임금 국가에서 제조업 및 여타 활동을 시작하는 것이다. 그래야 하지 않겠는가? 많은 소비자들은 그들이 구매한 제품, 예컨대 운동화 등이 어디에서 만들어졌는지는 알지 못한다(사진 8-7 참조). 제1장 사례 1-1에서 언급했듯이 사람들이 종종 특정 국가의 기업 및 상표명을 일치시키지 못하는 것이 사실이다.

이론적으로 이러한 상황은 기업에게 커다란 융통성을 부여한다. 그러나 미국에서 조달 문제가 상당히 정치화되어 있다. 대선 때 후보자들은 '실업'과 관련된 경제 회복에 대한 미국의 불안과 걱정을 다루었다. 비제조업 아웃소싱의 첫 번째 물결은 주로 **콜센터**(call centers)에 영향을 미쳤다. 이들은 전 세계시장에서 걸려온 발신자에게 소비자 지원 및 기타 서비스를 제공하

8-9 글로벌 마케터들이 조달 의사결정을 내릴 때 고려하는 요소를 파악한다.

사진 8-7 베트남에는 매년 10억 달러의 의류와 신발 수출품을 생산하는 수십 개의 국영 섬유 및 의류 제조업체가 입주해 있다. 이 나라의 의류 부문은 나이키, 자라, 더리미티드 그리고 다른 인기 브랜드들을 위한 상품을 생산한다. 최근 베트남의 국영 섬유 의류 제조생산 그룹(비나텍스)은 서구 컨설턴트와 협력하여 계열사의 구조와 문화를 변화시키기 시작했다.
출처 : Richard Vogel/Associated Press.

사진 8-8 인도 뭄바이 및 기타 지역에서 이러한 콜 센터는 '장거리' 또는 '제3자 거래' 서비스를 전문으로 한다. 인도의 잘 교육된 인력과 광대역 인터넷 연결 가용성이 증가하고 있다는 것은 더 많은 서구의 서비스직 일자리와 산업이 글로벌 아웃소싱의 대상이 되고 있다는 것을 의미한다. 인도에 아웃소싱되고 있는 작업 중에는 진료기록 필사, 납세신고서 작성, 기술서 작성 등이 있다. 사실 당신이 읽고 있는 책은 인도 타밀나두의 첸나이에서 조판한 것이다.
출처 : David Pearson/Alamy Stock Photo.

표 8-7 아웃소싱의 상위 30개 대상국

지역	국가
아메리카	아르헨티나, 브라질, 칠레, 콜롬비아, 코스타리카, 멕시코, 파나마, 페루
아시아-태평양	방글라데시, 중국, 인도, 인도네시아, 말레이시아, 필리핀, 스리랑카, 타이, 베트남
유럽, 중동, 아프리카	불가리아, 체코공화국, 이집트, 헝가리, 모리셔스, 모로코, 폴란드, 루마니아, 러시아, 슬로바키아, 남아프리카공화국, 터키, 우크라이나

는 정교한 전화사업이다. 콜센터는 텔레마케팅처럼 해외송금결제 서비스를 수행하기도 한다(사진 8-8 참조). 그러나 이제는 아웃소싱이 확장되고 있으며 화이트칼라와 하이테크 서비스 분야의 일자리까지 아우르고 있다. 저임금국 근로자들은 소득신고서 작성, 보험금 청구 처리, 금융 서비스 회사들의 조사 수행, 의료 영상, 엑스레이, 건물 청사진 작성 등의 다양한 업무를

출처 : Cartoon Features Syndicate.

수행하고 있다. 해외로 업무를 이전한 미국 기업들이 주목받고 있다. 표 8-7에는 가트너 그룹이 결정한 글로벌 아웃소싱의 상위 30개 대상국이 나열되어 있다.

이런 논의에서도 알 수 있듯이 핵심사업 활동을 어디에 배치할 것인가에 대한 결정은 비용 외에도 다른 요인에 따라 달라진다. 조달 결정을 안내하는 간단한 규칙은 없다. 따라서 그것은 글로벌 기업이 직면하고 있는 가장 복잡하고 중요한 결정 중의 하나이다. 조달을 결정하는 데에는 경영자의 비전, 요소비용과 조건, 고객 욕구, 여론, 물류, 국가 사회기반시설, 정치적 환경 및 환율 등 여러 요인이 포함될 수 있다.

경영자의 비전

일부 최고경영자는 본국에 제조업의 일부 또는 전부를 유지하기로 결정했다. 별세한 니콜라스 하이예크는 이러한 생각을 하는 임원 중 한 명이었다. 그는 스와치 그룹의 회장이었을 때 스위스 시계산업의 눈부신 활성화를 주도했다. 스와치 그룹의 브랜드 포트폴리오는 블랑팡, 오메가, 브레게, 라도 그리고 저가의 스와치 브랜드 그 자체도 포함한다. 하이예크는 유년기와 청소년기의 환상과 상상력이 수제 명품제품들과 함께 고임금 국가들에서 대량생산된 제품들을 제조할 수 있는 돌파구로 바뀔 수 있다는 것을 보여주었다. 스와치 이야기는 엔지니어링의 승리일 뿐 아니라 상상력의 승리이기도 하다. 앞으로 해결해야 할 과제는 전통적인 시계를 소유할 필요가 없다고 믿는 고객, 특히 젊은 고객들에게 비즈니스를 하는 것이다(사진 8-9 참조).[14]

마찬가지로 캐논의 최고경영자는 제조입지 선정보다는 고부가가치 제품에 전략적 초점을 맞추기로 선택했다. 캐논은 일본에서 자국 내 제품 생산 60%를 유지할 것을 목표로 했다. 캐논은 프린터기와 복사기 같은 인기 있는 제품을 포함하여 전체 사무기기 라인의 공급을 하고 있으며, 최고의 디지털 카메라 생산업체 가운데 하나이기도 하다. 일본 공장의 자동화 수준을 높이는 대신에 조립라인을 셀 생산으로 전환하였다.[15]

사진 8-9 제이 지는 스위스 시계 제조업체 위블로의 브랜드 홍보대사다. 위블로의 한정판 시계인 숀 카터는 블랙(17,900달러)과 옐로우 골드(33,900달러)로 구입할 수 있었다. 총 350개가 만들어졌고, 모두 팔렸다.
출처 : Paul Martinka/Polaris/Newscom.

요소비용과 조건

요소비용은 토지, 노동, 자본을 말한다(경제학 원론을 기억해 보라). 노동은 제조와 생산직, 전문직과 기술직, 관리직의 모든 수준의 근로자비용을 포함한다. 오늘날 기본 제조업에서 직접 임금은 보통 신흥국의 시간당 1달러 미만에서부터 선진국의 6~12달러까지 다양하다. 미국 내의 일부 산업에서 제조업의 직접임금이 편익 없이 시간당 20달러 이상 소요된다. 독일의 경우 제조업에서 생산직 노동자들에 대한 시간당 보상비용은 미국의 160%인 반면, 멕시코의 시간당 보상비용은 미국의 일부에 지나지 않는다.

폭스바겐의 비즈니스 환경은 멕시코와 독일 사이의 현저한 임금 격차, 유로화의 강세, 소형차와 경차에 대한 세계적인 수요의 증가를 포함한다. 종합해 보면 이 요소들은 미국과 중국, 유럽과 다른 주요 시장들을 대상으로 하는 자동차 모델을 만드는 멕시코 제조시설을 가리킨다. 멕시코 노동자의 조립라인 임금은 일당 약 40달러에서 시작한다. 반면에 독일 자동차 노동자는 급여와 수당으로 시간당 평균 60달러를 받는다. 폭스바겐은 멕시코시티에서 거대한 도시 외곽의 공장에 차세대 제타를 디자인하고 생산하는 데 10억 달러를 투자하고 있다. 다음 단계로 폭스바겐은 아우디 Q5 SUV를 생산하기 위해서 13억 달러를 들여 공장을 건설할 것이다. 폭스바겐, 혼다, 닛산 등의 글로벌 자동차 생산업체들은 북미, 유럽, 일본과 대다수의 남미 국가와 멕시코가 체결한 45개 FTA(자유무역협정)를 체결했다는 것으로 인해 혜택을 받고 있다. 이들 FTA는 수입부품 및 완성차의 수출비용도 절감한다. 그뿐만 아니라 멕시코의 자동차산업은 현재 잘 발전되어 있고 노동력은 고도로 숙련되고 생산적이다.[17]

낮은 임금률로 인해 기업이 자사 제조의 100%를 저임금국가로 이전해야 하는가? 반드시 그런 것은 아니다. 폭스바겐의 회장 페르디난트 피에히는 재임 기간에 노조로 하여금 유연한 작업 일정을 따르도록 설득함으로써 회사의 경쟁력을 향상시켰다. 예를 들어 수요가 최고조인 동안 직원은 주 6일 근무를 하고, 수요가 줄어들면 주 3일만 자동차를 생산했다. 비제조업 업무에서 노동비용 역시 일부 지역은 아주 낮다. 예를 들어 인도의 소프트웨어 엔지니어는 1년에 12,000달러의 임금을 받지만 동일한 교육과 경력의 미국인은 8만 달러를 벌 수 있다.

노동 외 생산의 다른 요소는 토지, 원자재, 자본이다. 이들의 요소비용은 가용성과 상대적 풍부함에 따라 달라진다. 종종 이런 요소비용의 차이는 서로 상쇄되어 균형 있게, 기업은 자사의 경쟁 부분에서 어느 정도의 전문 분야를 갖게 된다. 예를 들어 어떤 나라는 토지가 풍부하고, 일본은 자본이 풍부하다. 그러한 장점은 부분적으로 서로 상쇄된다. 이 경우 중요한 요소는 경영자와 전문가 그리고 노동자의 집단 효율성이다. 첨단 컴퓨터 제어와 다른 새로운 제조 기술의 응용은 많은 사업체들의 자본 대비 노동의 비율을 감소시켰다. 조달 전략을 수립할 때 기업 관리자와 경영진은 전체 제품원가 중 직접임금의 비율이 감소하고 있다는 사실도 인식해야 한다. 고임금국가의 많은 회사가 제조 입지를 선택할 때 값싼 노동력의 가능성이 주요 고려 사항이라는 것은 확실히 사실이다. 이것은 중국이 '세계의 일터'가 된 이유이다. 그러나 직접임금이 전체 생산비용에서 상대적으로 작은 비중을 차지하는 것도 사실이다. 결과적으로 멀리 떨어진 장소에 제조활동을 구축하는 데 드는 비용과 위험을 초래하는 것은 가치가 없을 수도 있다.

고객의 요구

아웃소싱은 비용 절감에 도움이 될 수 있지만 때때로 고객은 최저가격 외의 무언가를 더 추구한다. 예를 들어 몇 년 전 델은 인도의 기술지원 직원이 대본을 보고 읽는 응답을 함으로써 복잡한 문제를 해결하는 데 어려움을 겪고 있다는 핵심 고객 불만을 들은 후 자사의 콜센터 업무의 일부를 미국으로 다시 변경했다. 이러한 경우 고객 만족을 유지하기 위한 필요성은 고비용의 본국 지원 사업을 정당화한다.

물류

일반적으로 제품 출처와 목표시장 간의 거리가 멀수록 배송 시간이 길어지고, 운송비용도 높아진다. 그러나 혁신과 새로운 운송기술은 물류와 관련된 시간과 비용 모두를 절약하게 하였다. 글로벌 운송을 이용하기 위해서 CSX 코퍼레이션과 같은 운송회사는 제휴를 형성하여 산업가치 시스템의 중요한 부분이 되고 있다. 제조업체들은 철도, 선박, 항공, 트럭운송 업체 간에 컨테이너를 운송하는 복합운송 서비스를 활용할 수 있다. 유럽, 라틴아메리카, 기타 지역에서 지역경제 통합의 추세는 국경통제가 적다는 것을 의미하며, 이는 운송시간을 단축시키고 비용을 절감한다.

이러한 전반적인 추세에도 불구하고 물류와 관련된 여러 가지 특정한 문제가 조달 결정에 영향을 준다. 2001년 테러 공격 이후 수입업자들은 미국으로 선적하기 전에 화물의 전자 목록을 미국 정부에 보내도록 요구받고 있다. 이것은 미국 관세청이 글로벌 테러 네트워크에 연결될 수 있는 고위험 화물을 식별하기 위함이다. 2014년 웨스트코스트 항구의 작업 둔화로 인해 미국 경제는 하루 20억 달러의 손실을 입었다. 이러한 사고는 몇 주 또는 몇 달까지 출하를 지연시킬 수 있다.

국가 사회기반시설

제조업체의 운영을 위한 매력적인 환경을 제시하기 위해서는 제조와 유통을 지원할 수 있는 국가의 사회기반시설이 충분히 개발되는 것이 중요하다. 사회기반시설의 요구사항은 기업과 산업에 따라서 다르지만 최소한 전력, 운송 및 도로, 통신, 서비스와 부품 공급업자, 노동인력, 시민질서의식, 그리고 효과적인 지배구조가 포함된다. 또한 기업은 해외에서 필요한 자원과 부품의 구매를 위해서 외환에 믿을 수 있는 접근을 해야 한다. 추가적인 요구사항에는 작업을 수행하고 제품을 선적할 수 있는 물리적 보안 환경이 포함된다.

어떤 국가가 노동력은 저렴할 수 있지만, 이 국가가 대규모의 기업활동을 지원하는 데 필요한 지원 서비스나 사회기반시설도 갖추고 있는가? 홍콩, 타이완, 싱가포르를 포함한 많은 나라들이 이러한 조건을 제공한다. 그러나 다른 저임금국가의 경우 사회기반시설이 비참할 정도로 덜 개발되어 있다. 중국에서 핵심 사회기반시설의 약점은 온도조절 트럭과 창고를 가리키는 식품산업용어인 '저온유통체계(cold chain)'이다. 한 추정치에 따르면 중국의 저온유통체계를 현대화하기 위해서는 1,000억 달러를 투자해야 한다.[19] 한편 중국 정부는 결국 중국의 31개 성 모두를 연결하는 고속도로 시스템에 수억 달러를 지출하고 있다. 2020년에 이 프로젝트가 완성되면 중국은 미국의 도로 시스템보다 더 긴 약 53,000마일의 포장된 고속도로를 갖추게 될 것이다.

사회기반시설의 개선은 다른 신흥시장에서도 중요한 문제이다. 인도에서는 콜카타와 뭄바이 사이의 1,340마일을 가기 위해서 트럭으로 화물을 이동하는 데 8일이 걸린다![20] 마찬가지로 새로운 러시아 시장에서 비즈니스를 수행하는 데 따르는 과제 중 하나는 증가하는 선적량을

"공급사슬의 기본 원리에 따르면 가장 중요한 것은 공급의 연속성이다. 길이가 12,000마일인 공급라인을 구축할 때는 추가 재고 및 물류비용 대비 단위당 비용 또는 인건비 측면에서 절감할 수 있는 비용을 따져봐야 한다."[18]

공급관리연구소, 노버트 오어

처리하기에 매우 불충분한 사회기반시설이다.

정치적 요인

제5장에서 논의된 것처럼 정치적인 위험은 현지조달에서 투자를 억제한다. 반대로 정치적 위험 수준이 낮을수록 투자자는 국가나 시장을 피하지 않을 것이다. 정치적 위험을 평가하는 어려움은 국가의 경제발전 단계에 반비례한다. 즉, 다른 모든 것이 동등하다면 덜 개발된 국가일수록 정치적인 위험을 예측하기가 더 어렵다. 예를 들어 3대 교역지역(triad) 시장국의 정치적 위험은 아프리카, 라틴아메리카 또는 아시아의 저개발국가에 비해 대단히 제한적이다. 최근 중부와 동부 유럽의 급격한 변화와 소련연방의 해체는 정치적 격변으로 인한 위험과 기회를 분명하게 보여주고 있다.

기타 정치적 요인도 조달 결정에 영향을 미칠 수 있다. 예컨대 보호주의적 정서가 높아지면서 미국 상원은 미국 재무부와 운수부가 외국인 노동자를 고용하는 민간기업의 입찰 수락을 금지하는 개정안을 통과시켰다. 대대적인 관심을 받으면서 뉴저지주는 일자리를 해외로 이전시켰던 콜센터 계약을 변경했다. 약 90만 달러의 비용을 들여서 12여 개의 일자리가 뉴저지주로 다시 돌아왔다.

시장 접근은 또 다른 유형의 정치적 요인이다. 한 국가 또는 지역이 현지조달과 관련된 법률, 국제수지 문제 또는 기타 이유로 인해 시장 접근을 제한하는 경우 해당 국가 내에 생산시설을 구축해야 할 수도 있다. 예로 일본 자동차회사들은 시장 접근에 대한 우려 때문에 미국 공장의 생산능력에 투자했다. 미국에서 자동차를 생산함에 따라 일본 회사는 관세나 수입할당제의 위협에 노출되지 않는 공급원을 갖게 되었다. 중국에서 비행기 부품을 생산하기로 한 보잉사의 결정에서도 시장 접근은 중요하게 고려되었다. 중국은 45억 달러 가치의 비행기 100대를 주문했고, 그 대가로 보잉사는 중국에 투자하고, 엔지니어링과 제조 전문지식을 이전하고 있다.[21]

환율

제품을 조달하거나 제조활동 장소를 결정할 때 경영자는 전 세계 다양한 지역의 환율 추세를 고려해야 한다. 오늘날 환율은 변동성이 너무 커서 많은 기업들은 환율 관련 위험을 제한하는 방법으로 글로벌 조달 전략을 추구하고 있다. 언제라도 생산에 매력적이었던 장소가 환율변동으로 인해 훨씬 덜 매력적인 곳이 될 수 있다. '엔고(endaka)'는 엔화 강세를 가리키는 단어이다. 2010년에 엔화는 1달러당 85엔에 거래되면서 15년 만에 최고치를 기록했다. 미국 달러에 비해 1엔이 증가할 때마다 캐논의 영업수입은 60억 엔 감소했다! 앞서 언급했듯이 캐논의 경영진은 자사제품이 엔고를 상쇄할 정도로 최고의 수익을 가져올 수 있는 연구개발투자에 의존하고 있다. 또한 캐논과 기타 일본 회사들은 신흥시장의 수요가 증가함에 따라 미국 시장에 대한 의존도가 낮아졌다.

상품과 통화의 가격 수준에서 극적인 변화는 오늘날 세계경제의 주요 특징이다. 이러한 변동성은 시장 공급에 대한 대체국가 선택권을 제공하는 조달 전략을 지지한다. 따라서 달러나 엔, 마르크가 심각하게 과대평가되면, 다른 지역에 생산설비를 둔 회사들은 그 지역으로부터 생산기지를 이전시킴으로써 경쟁우위를 달성할 수 있다.

요약

본국 밖에서의 기업의 첫 거래는 종종 수출 또는 수입의 형태를 취한다. 회사는 수출 마케팅과 수출 판매의 차이를 인식해야 한다. 무역박람회나 무역사절단에 참여하면서 당사 직원들은 새로운 시장에 대해 많이 배울 수 있다.

정부는 수출을 지원하기 위해서 세제 혜택이나 보조금 그리고 수출지원책 등을 포함해서 다양한 프로그램을 활용한다. 정부는 또한 관세장벽과 비관세장벽을 조합하여 수입을 억제한다. 수입할당제는 비관세장벽의 한 예이다. 수출 관련 정책문제는 미국에서는 해외판매법인제도(FSC)의 자격문제, 유럽의 공동농업정책(CAP)과 보조금 문제 등을 포함한다. 투자 촉진을 위해서는 자유무역지대나 특별경제구역을 지정하기도 한다.

미국 통합관세율표(HTS)는 수출입거래에 적극적으로 참여하는 많은 나라에서 채택되고 있다. 단일관세는 가장 단순하다. 이중관세는 정상교역관계(NTR)의 지위를 가진 국가에 적용 가능한 특별세율을 포함한다. 정부는 또한 특수한 형태의 관세를 부과할 수 있다. 여기에는 정부 공무원들이 가격이 너무 낮다고 판단되는 제품에 부과하는 반덤핑관세와 정부의 보조금을 상쇄하기 위해 고안된 상계관세가 포함된다.

수출입과정의 주요 참가자에는 해외구매대리인, 수출중개상, 수출상인, 수출관리회사, 제조업체의 수출대리인, 수출유통업자, 수출위탁대리인, 수출조합과 화물운송업자 등이 있다.

다수의 수출입 결제방식이 있다. 거래는 견적송장이나 일부 다른 공식 서류의 발행으로 시작된다. 기본적인 지급수단은 수입업자의 은행으로부터 지급을 보장받은 신용장 방식이다. 추심은 일람불 환어음과 기한부 환어음을 사용한다. 매매는 또한 주문시 지급(CWO) 방식과 사후송금(O/A) 방식 또는 위탁약정서를 활용해서 성사된다.

수출입은 경영자의 조달 결정에 직접적으로 관계되어 있다. 선진국에서는 저임금국가에 숙련공 및 비숙련공의 일자리를 아웃소싱하는 것과 관련된 실직에 대한 우려가 커지고 있다. 기업이 매매하는 제품을 만들 것인지 살 것인지의 문제와 그 제품을 만들거나 살 장소가 어디인가의 문제는 여러 요인에 따라 결정한다.

토론문제

8-1. 수출 마케팅과 수출 판매의 차이점은 무엇인가?

8-2. 기업이 수출에 대해 학습할 때 일반적으로 겪는 단계를 설명하라.

8-3. 정부는 종종 수입은 제한하면서 수출을 촉진하는 정책을 추진하는 경우가 많다. 이러한 정책에는 어떤 것이 있는가?

8-4. 수출 마케터들이 알아야 할 다양한 종류의 관세는 무엇인가?

8-5. 최근 경제위기가 글로벌 무역을 위한 대금결제에 어떤 영향을 미쳤는가?

8-6. 신용장과 다른 형태의 수출입 대금결제의 차이는 무엇인가? 판매자들이 국제거래에서 종종 신용장을 요구하는 이유는 무엇인가?

사례 8-1 (계속)
영국의 신발 수출 호황

치니앤선즈의 운은 1886년 회사 설립 이후 오르락내리락했다. 처치스는 생산능력 증대를 필요로 하여 1960년대에 치니앤선즈를 인수했다. 그 후 1999년, 처치스 역시 이탈리아의 명품을 생산하는 프라다에 인수되었다. 치니 브랜드는 뒤로 밀려났고, 회사는 다른 브랜드의 신발을 생산하는 데 이용되었다. 그동안 명품 패션산업의 세계화는 탄력을 받고 의류 트렌드는 많은 변화가 오게 됐다.

전형적으로 영국산 남성용 정장구두 한 켤레의 가격은 500달러 이상이다. 이 가격은 시간이 많이 걸리는 생산 과정과 숙련된 노동력을 반영한 것이다. 영국 신발은 굿이어 웰트 제법(굿이어 타이어 회사 설립자 찰스 굿이어의 아들이 1869년에 발명)을 이용해 만들었다는 점에서 독특함을 갖는다. 한 쌍의 신발은 바닥이 접착되지 않고 바느질되기 때문에 각 쌍은 원래대로 완전히 재단장된다는 점에서 평생 지속되어 구입할 만한 가치가 있는 상품이다. 제작 주기는 6~8주가 소요되는데, 이 기간 개별 장인들은 가죽 자르기, 바느질, 트리밍과 '가죽 리딩' 등 전문화된 작업을 수행한다.

2009년 사촌 윌리엄과 조나단 처치는 시장기회를 포착했다. 부츠와 브로그 등 격식을 차린 가죽신발 수요가 반등하기 시작했다. 세계적인 경기침체 속에서도 핸드메이드, 기성복 구두가 국제시장에서 인기를 얻고 있었다. 이 두 사람은 프라다로부터 치니앤선즈를 인수하고 브랜드를 재건하기 시작했다. 국내 브랜드 인지도를 높이기 위해 런던의 화려한 제르민 스트리트에 플래그십 스토어를 운영하기 시작했다. 판매 대리점 네트워크는 북미뿐만 아니라 이탈리아, 독일, 프랑스 등 유럽 주요 국가와 신용거래를 처리한다. 이 회사는 또한 스칸디나비아와 일본의 유통업체에 의존하고 있다.

새로워진 치니앤선즈의 온라인 판매가 호조를 보이고 있다. 이 회사의 연간 매출액은 약 263만 파운드(360만 달러)이며, 이 중 3분의 1은 수출에 기인한다. 일본은 주요 수출시장으로 고급 신발을 수집하는 팬들을 대상으로 한 남성 신발 잡지(슈즈마스터, 맨즈엑스, 라스트 등)를 다수 보유하고 있다. 다른 콘텐츠 중에서도 잡지는 전형적으로 남성 신발의 고품질의 컬러 사진을 특집으로 다루고 있다.

닥터 마틴은 판매 부흥을 누리고 있는 또 다른 영국 신발회사다. 이 브랜드의 가치는 미학보다는 기능성에 있다. 밑창에 에어쿠션 기술을 접목한 이 신발은 가죽 밑창이 달린 구두보다 편안함을 추구하기 위해 만들어졌다. 1947년 두 명의 독일인, 의사 클라우스 마틴과 엔지니어 허버트 펑크에 의해 출시된 이 신발은 전쟁 중 착용하는 불편한 군화에 지친 유럽인들에게 금방 인기를 끌었다. 마틴 자신이 한때 언급했듯이 성공은 적시에 알맞은 제품을 갖고 있느냐의 문제라고 볼 수 있다.

1960년 노샘프턴셔에 본사를 둔 R. 그리그는 영국에서 닥터 마틴(영어식 이름)을 생산할 수 있는 라이선스를 취득했다. 그리그는 1901년부터 신발 사업을 해왔다. 1460 부츠(1960년 4월 1일 출시)는 순식간에 베스트셀러가 되어 한 켤레에 약 2파운드의 가격을 기록했다. 우편배달부, 법 집행기관, 그리고 많은 시간을 발로 뛰어야 하는 사람들이 이 신발을 샀다. '에어웨어'라는 브랜드와 독특한 노란색 'Z 웰트' 스티치가 특징인 이 스타일은 이후 대서양 양쪽에 위치한 여러 세대의 이문화 젊은

이들의 눈도 사로잡았다.

다시 한 번 타이밍은 우연한 일이었다. 1960년대의 10년은 사회문화적 격변기였고, 닥터 마틴은 변화의 물결을 타고 저항 정신을 상징하게 되었다. 예를 들어 1960년대 중반 영국에서는 스킨헤드들이 더후의 기타리스트 피트 타운젠드처럼 노동자 계급의 자부심의 상징으로서 '닥터 마틴'을 신었다. 이후 1970년대와 1980년대에는 노던 소울의 팬이었던 펑크록 가수들과 스미스의 리더 모리세이와 같은 록 스타, 그리고 결국 교황까지 이 록을 수용했다. 미국에서는 시애틀과 다른 도시에서 생겨난 그런지 록과 하드코어 밴드의 뮤지션들이 닥터 마틴을 신었다. 이후 1990년대에 닥터 마틴은 브릿팝 밴드들과 팬들 사이에서 인기를 얻었다.

이 회사의 인기가 최고조에 달했을 때 회사 신발 판매의 85%가 영국 밖에서 창출되었다. 결국 대부분의 생산은 아시아로 옮겨졌고, 2003년까지 R. 그리그는 거의 파산 직전이 되었다. 하지만 오늘날 그 전망은 밝아졌다. 2007년에 이 회사는 영국에서 생산을 재개했다. 2014년부터 2017년 사이 매출은 40% 증가했다. 닥터 마틴은 런던 패션위크 기간에 패션쇼 무대에 출연하는 모습이 포착됐고, 베트멍과 요지 야마모토 등 핫한 디자이너와 협업한 제품들이 잘 팔렸다.

그렌슨은 또 다른 영국 헤리티지 신발 브랜드로 소유주는 협업이 시장에서 성공하는 좋은 길임을 발견했다. M576GRB는 그렌슨과 미국 회사 뉴발란스가 공동으로 디자인한 클래식 브로그 스타일이 적용된 한정판 트레이너(또는 미국식 영어로 스니커)이다. 이 신발은 부분적으로 노샘프턴셔의 러슈던에 있는 그렌슨의 공장에서 생산되었고, 일부는 플림비 북쪽 약 275마일 지점에 있는 뉴발란스 공장에서 생산되었다.

초기 설계부터 최종 제품까지의 개발 과정은 5년이 걸렸다. 이탈리아산 가죽인 어퍼는 뉴발란스에서 장인들이 수작업으로 절단한 다음 그렌슨 시설로 보내졌는데, 그곳에서 브로그 패턴이 펀칭되고 가장자리에 김핑 작업을 하였다. 그런 다음 미완성된 신발은 함께 꿰매기 위해 뉴발란스로 다시 보내졌다. 전체 M576GRB 생산(총 800켤레)은 한 켤레에 299파운드에 판매되었다.

EU 국가 중에서 전통적인 제화 작업이 반등하는 곳은 영국뿐만이 아니다. 이탈리아의 신발 수출도 감소하고 있었다. 이탈리아에 본사를 둔 가족 소유의 소규모 제화업체들은 유명 신발 브랜드들이 저비용 아시아 제조업체들에게 조달하기 시작하면서 어려움을 겪었다. 그러나 이탈리아 제화업자들의 로비 책임자는 "투스카니에 사는 노인은 공원 벤치에 앉아 와인을 홀짝거리고 있을 거라는 고정관념이 있습니다. 그건 사진의 일부분일 뿐입니다. 많은 우리 중소기업들이 지금 신기술에 투자하고 있죠."라고 말한다. 아이러니하게도 이탈리아는 영국에 이어 치니앤선즈의 유럽 최고시장이다.

전자상거래 스타트업 기업 M. 기미는 이탈리아 제화업계에 '포스트 럭셔리' 비즈니스 모델을 도입하고 있다. 이 회사의 직접적 소비자 채널은 패스트 패션으로 고급 신발 스타일을 제공한다. 이탈리아 워크숍 네트워크는 매주 새로운 스타일을 만들어 낸다. 이러한 각각의 스타일은 3개월 후에 사라진다. 규모가 가장 큰 생산시설은 60여 명을 고용해 매

일 500켤레의 신발을 만든다. 2016년 M. 기미의 매출은 6,000만 달러에 달했다.

토론문제

8-7. '영국산' 또는 '이탈리아산'이라는 값비싼 신발의 매력은 무엇으로 설명할 수 있는가?

8-8. 유럽연합(EU)은 2006년 중국과 베트남에서 수입되는 값싼 신발에 관세를 부과했다. 이런 관세가 부과되면 승자는 누구고 패자는 누구인가?

8-9. 닥터 마틴 브랜드의 인기비결은 무엇인가?

8-10. M. 기미 비즈니스 모델을 치니앤선즈 비즈니스 모델과 비교해보라.

출처 : Jo Ellison, "The Dr Martens Index: Why Change Is Afoot," *Financial Times Weekend* (June 24–25, 2017), p. 4; Noah Buhayar, "A Startup Gives Maine's Shoemaking Industry Some New Soul," *Bloomberg Businessweek* (June 19, 2017), pp. 41–43; Stacy Perman, "Satisfying the Fetish for Italian Shoes," *Bloomberg Businessweek* (May 30, 2016), pp. 45–46; Kate Burgess, "Shoemakers Stay One Step Ahead of the Competition," *Financial Times Special Report: The Queen's Award for Enterprise* (April 21, 2016), p. 5; Michael Pooler, "Luxury Shoe Takes a Step Back to High-End British Footwear," *Financial Times* (April 1, 2016), p. 8; Charlie Wells, "Shoes Take on London's Edgy, Witty Style Sensibility," *The Wall Street Journal* (February 25, 2016), pp. D1, D4; Laura Dixon, "Northampton's Traditional Shoemaking Revival," *Wall Street Journal Magazine* (March 6, 2014), pp. 56–57; John W. Miller, "European Countries Split on Shoe-Tariff Extension," *The Wall Street Journal* (October 9, 2009), p. A12; Stanley Carr, "An English Town Built on Feet," *The New York Times* (January 3, 1982).

사례 8-2
수출 코디네이터의 일상 중의 하루

미켈 야콥슨은 대표적 유럽 운송회사인 스캔 그룹의 자회사인 십코 트랜스포트에서 수출 코디네이터로 일하고 있다. 십코 트랜스포트는 북미의 12개 지사를 포함하여 전 세계에 지사를 두고 있다. 이 회사는 세계 대부분의 지역에서 독립대리인으로 구성된 네트워크를 가지고 있다. 십코의 핵심사업은 소량화물(LCL) 해상운송과 만재화물(FCL) 해상운송뿐 아니라 항공운송에까지 이른다. 야콥슨과 4명의 동료는 회사의 FCL 시카고 지사의 수출팀을 맡고 있다.

십코 트랜스포트는 머스크 시랜드, 메디터레이니언 선박회사 등 기타 운송회사들과 유사하게 운영되지만 한 가지 주요 차이점이 있는데, 자사 선박이 없는 무선박운송인(NVOCC)이라는 점이다. 대신에 십코는 40여 개의 운송사들과 우호적인 계약을 체결하고 있어서 이 회사가 전 세계 목적지로 가는 노선에 대해 경쟁력 있는 운임을 제공할 수 있도록 한다. 십코의 고객 대부분은 화물운송업체이지만 이 회사는 수출기업들과 직접 거래하기도 하고, 때때로 개인들과도 거래한다. 중서부지역에 위치하기 때문에 매일 상당수의 컨테이너가 시카고를 통해 들어오고, 철도를 통해 전국의 항구로 운송된다.

2006년에 야콥슨은 중서부의 작은 교양대학(학부 중심대학)에서 국제경영학과 경제학 학사학위를 받았다. 그는 덴마크 국민이고 현재는 십코 트랜스포트의 지원으로 J-1 취업비자로 미국에서 일하고 있다. 그는 졸업 후 어떻게 첫 직장을 정했을까? 야콥슨은 "2006년 봄, 저는 덴마크와 관련 있는 미국 내 15개의 다른 회사에 지원했습니다. 그리고 십코 트랜스포트의 시카고 지사에서 제안을 받게 되었죠."라고 설명한다.

야콥슨의 하루는 작업량에 따라 오전 8시 30분에 시작해서 대개 오후 5시 30분에 끝이 난다. 대부분의 고객은 중서부에 있지만 밤새 해외에서 이메일을 받아 오선시간에 처리한다. 야콥슨은 말한다.

"일반적으로 제 업무는 고객들에게 선적비용을 견적하고, 선박회사와 예약하고, 수출서류를 준비하고, 컨테이너를 화주에서 화물 인수자로 운송하는 동안 발생하는 문제를 처리하는 것입니다.

고객은 특정 항로에 대한 요금요청으로 저에게 연락합니다. 고객은 인디애놀라부터 중국, 저장성 닝보 항구까지 자동차 부품을 적재한 20피트 컨테이너 1개를 운송해 주길 바랍니다. 우리 운송업체 계약서를 기반으로 아이오와주의 인디애놀라에서 적당한 철도 중심지까지 화차운송비와 항구까지의 철도운송비, 미국 항구로부터 해상운송으로 닝보에 하역할 때까지의 해상운임을 포함하여 견적서를 작성합니다. 운항과정에서 가장 저렴한 운송업체, 운송시간의 차이, 만약 고객이 견적을 승낙하면, 선박회사를 예약하고, 화물은 선택한 트럭회사로 발송됩니다. 적절한 수익 수준 등 몇 가지 사항을 고려합니다. 고객이 견적을 수락하면 증기선라인을 통해 예약이 이루어지고 선택한 화물운송회사에 발송됩니다. 특정 상황에서는 추가적 주의가 필요합니다. 만약 상품이 위험물질이라면, 위험물신고서는 선박회사에서 승인해야만 합니다. 또한 자동차와 같은 특정 상품은 검사를 위해 컨테이너의 반환을 요구하는

미국 세관을 피하기 위해 미국을 떠나기 전에 세관을 통과해야 합니다.

견적과 예약 설정이 하루 일의 대부분을 차지하지만, 주로 발생하는 다양한 문제와 사안을 해결하는 데 시간을 보냅니다. 운송업체의 창고에서 장비의 부족이나 예상보다 길어지는 선적 또는 철도지연과 같은 문제들은 일반적이며 정기적으로 처리하는 것들입니다. 보다 심각한 문제는 탈선, 지불보증 문제와 컨테이너 유기 등입니다. 예를 들어 미국에서 폐품을 처리하는 것은 비용이 많이 발생하여, 과거 일부는 컨테이너에 적재하고 존재도 하지 않는 수취인과 함께 인도와 같은 나라에 보내 문제를 해결했습니다. 이것은 체선료(창고비용), 하역과 처리비용이 부과될 수 있으므로 매우 비용이 많이 드는 상황이 될 수도 있습니다.

해상운송에서는 바다를 횡단하는 선박이 일정에서 벗어나는 경향이 있기 때문에 출발예정시간(ETD)과 도착예정시간(ETA)을 사용합니다. 비록 이것이 사실일지라도 고객들은 때때로 그러한 개념을 이해하는 데 어려움을 겪습니다. 운송의 세계에서는 선박들이 지연되거나 조기도착 또는 정시에 운항하는 것조차도 문제가 될 수 있습니다. 그럴 경우 저는 해명이나 적절한 행동이 필요한 고객들에게 연락을 받습니다. 중개인으로서 동일한 요구사항으로 특정 운송업자에 연락할 것입니다. 컨테이너가 ETA에 따라 목적지에 도착하지 않는 것이 문제가 되는 경우가 대부분입니다.

흥미롭게도 때로는 배송업체가 지연에 관심을 두고 항해 중에 컨테이너가 지연되기를 원합니다. 그 이유는 대금지급을 확보하는 데 더 많은 시간이 필요하거나 도착국가에서 휴일을 피하려는 시도로 나타날 수 있습니다."

야콥슨의 대학 공부는 어떻게 그를 직업에 대비하도록 준비시켰을까?

"인코텀스, 신용장, 선적인 수출신고(SED) 및 선하증권(B/L) 등은 매일 사용되는 업계 전문용어 중 일부에 불과합니다. 고객과 함께 일하면서는 친밀성이 요구됩니다. 수출선적의 서류 부분은 중요하며 세부사항에 대한 주의가 요구됩니다. 무선박운송인(NVOCC)으로서 십코는 화주와 수화인은 물론 선적된 상품에 대한 정보를 기재한 하우스 선하증권(House B/L)과 라인 선하증권(Line B/L)을 모두 발급합니다. 컨테이너들의 대부분은 속달기준으로 배달되지만 일부는 선하증권 사용을 요구합니다. 이러한 경우 컨테이너를 선적하기 전에 원본 선하증권을 제시해야 합니다. 비록 신용장 선적의 복잡성에 직접 관여하지는 않지만 신용장의 작은 오차가 문제의 소지가 될 수 있기 때문에 선하증권의 내용의 정확성에 특별한 주의를 기울여야 합니다. 국제적으로 비즈니스를 수행할 때 전 세계에서 비즈니스가 수행되는 방식의 차이를 인식하는 것이 중요합니다. 특히 남미와 러시아는 우리의 해외 사무소, 대리점, 현지 관세와 법규에 대한 그들의 지식에 많이 의지하는 곳입니다."

요약하며 야콥슨은 다음과 같이 말했다.

> "저는 현재 미국의 무역적자를 완화하기 위해 제 역할을 다하는 한편, 매일 국제적으로 일하는 것을 즐깁니다. 운송산업에 종사하면서 저는 얼마나 다양하고, 잘 알려지지 않은 상품들이 전 세계에 수출되는지에 대해 놀랍니다. 그 과정이 너무 압도적인 것으로 보일 수 있지만, 십코 같은 선적전문회사들의 도움으로 어느 회사든지 전 세계를 잠재적인 시장으로 볼 수 있습니다."

토론문제

8-11. 수출 코디네이터로서 성공하기 위해 필요한 지식과 기술은 무엇인가?

8-12. 야콥슨의 직업 중 가장 좋은 점은 무엇이고, 가장 어려운 부분은 무엇인가?

8-13. 여러분이 야콥슨의 입장이라면 다음 경력은 어떻게 될 것인가?

에세이 과제

8-14. 미국으로부터의 수출이 대기업에 의해 지배되는 이유를 논하라. 중소기업의 수출을 늘리기 위해 어떤 조치를 취할 수 있는가?

8-15. 조달 결정을 내릴 때 회사 경영진은 어떤 기준을 고려해야 하는가?

참고문헌

[1]This section relies heavily on Warren J. Bilkey, "Attempted Integration of the Literature on the Export Behavior of Firms," *Journal of International Business Studies* 8, no. 1 (1978), pp. 33–46. The stages are based on Rogers's adoption process. See Everett M. Rogers, *Diffusion of Innovations* (New York, NY: Free Press, 1995).

[2]Masaaki Kotabe and Michael R. Czinkota, "State Government Promotion of Manufacturing Exports: A Gap Analysis," *Journal of International Business Studies* 23, no. 4 (Fourth Quarter 1992), pp. 637–658.

[3]Anand Giridharadas, "Foreign Automakers See India as Exporter," *The New York Times* (September 12, 2006), p. C5.

[4]Edmund L. Andrews, "A Civil War within a Trade Dispute," *The New York Times* (September 20, 2002), pp. C1, C2.

[5]John Micklethwait and Adrian Wooldridge, *A Future Perfect: The Challenge and Hidden Promise of Globalization* (New York, NY: Crown Publishers, 2000), p. 261.

[6]Ben Zimmer, "Tariff: From Arab Trade's Bygone Days," *The Wall Street Journal* (May 5–6, 2018), p. C4.

[7]Edward L. Hudgins, "Mercosur Gets a 'Not Guilty' on Trade Diversion," *The Wall Street Journal* (March 21, 1997), p. A19.

[8]Neil King, Jr., "Is Wolverine Human? A Judge Answers 'No'; Fans Howl in Protest," *The Wall Street Journal* (January 20, 2003), p. A1.

[9]Juliane von Reppert-Bismarck and Michael Carolan, "Quotas Squeeze European Boutiques," *The Wall Street Journal* (October 22, 2005), p. A9.

[10]Donald G. Howard, "The Role of Export Management Companies in Global Marketing," *Journal of Global Marketing* 8, no. 1 (1994), pp. 95–110.

[11]The authors thank Professor Christopher "Kit" Nagel, Concordia University-Irvine School of Business, for his contributions to this section.

[12]Randall Rothenberg, *Where the Suckers Moon: The Life and Death of an Advertising Campaign* (New York, NY: Vintage Books, 1995), pp. 47–51.

[13]R. G. Edmonson, "Drawback under Attack at USTR," *The Journal of Commerce* (August 11–17, 2003), p. 21.

[14]Matthew Dalton, "Time Runs out for Swiss Watch Industry," *The Wall Street Journal* (March 13, 2018), p. A8.

[15]Sebastian Moffett, "Canon Manufacturing Strategy Pays off with Strong Earnings," *The Wall Street Journal* (January 4, 2004), p. B3.

[16]Jeremy Lemer, "GE Plans to Return to U.S.-Made Products," *Financial Times* (October 19, 2010), p. 17.

[17]Nicolas Casey, "In Mexico, Auto Plants Hit the Gas," *The Wall Street Journal* (November 20, 2012), pp. A1, A12. See also Adam Thomson, "Car Exports Power Mexico to Recovery," *Financial Times* (October 19, 2010), p. 17.

[18]Barbara Hagenbaugh, "Moving Work Abroad Tough for Some Firms," *USA Today* (December 3, 2003), p. 2B.

[19]Jane Lanhee Lee, "China Hurdle: Lack of Refrigeration," *The Wall Street Journal* (August 30, 2007), p. A7.

[20]Harold L. Sirkin, James W. Hemerling, and Arindam K. Bhattacharya, *Globality: Competing with Everyone from Everywhere for Everything* (New York, NY: Boston Consulting Group, 2008), p. 23.

[21]Jeff Cole, Marcus W. Brauchli, and Craig S. Smith, "Orient Express: Boeing Flies into Flap over Technology Shift in Dealings with China," *The Wall Street Journal* (October 13, 1995), pp. A1, A11. See also Joseph Kahn, "Clipped Wings: McDonnell Douglas's High Hopes for China Never Really Soared," *The Wall Street Journal* (May 22, 1996), pp. A1, A10.

[22]Jonathan Soble and Lindsay Whipp, "Yen's March Spoils the Party for Japan's Exporters," *Financial Times* (August 10, 2010), p. 14.

9

글로벌 시장진입전략 : 라이선스, 투자 및 전략적 제휴

사례 9-1
AB 인베브와 사브밀러 : 하늘(맥주)이 맺어준 인연?

남아프리카공화국 양조장(SAB)인 PLC에 문제가 생겼다. 이 회사는 24개국에 100개 이상의 양조장을 소유하고 있었다. SAB는 남아프리카공화국 맥주시장에서 98%의 점유율을 차지하고 있으며, 이는 남아프리카공화국 연간 세입의 약 14%를 차지했다. 그러나 캐슬라거, 필스너우르켈 및 카링 블랙 라벨을 포함한 대부분의 브랜드는 현지 또는 지역별로 판매되었다. 하이네켄, 암스텔, 기네스와 같은 세계적인 명성은 없었다. 또한 미국 내 7,500만 베이비붐 세대의 자녀인 '에코붐'이 점점 더 많이 음주 연령에 도달하고 있는 미국의 주요 시장에서도 이 회사의 브랜드는 잘 알려져 있지 않았다.

2000년대 초반, 당시 CEO였던 그레이엄 맥케이는 14년 동안 수십 건의 합병, 인수, 합작 투자에 관한 협상을 통해 사재기에 착수했다. 얼마 후 사브밀러는 거의 80개국에서 사업을 운영하게 되었다. 예를 들어 맥케이는 필립모리스의 밀러 양조사업부를 사들였다. 36억 달러 규모의 이번 거래로 생산량 면에서는 세계 2위의 양조업체인 사브밀러로 자리매김하게 되었다. 1위는 앤호이저부시 인베브였다. 밀러는 미국에서 9개의 양조장을 운영하고 있는데, 주력 브랜드인 밀러 라이트가 시장 점유율을 유지하기 위해 애쓰고 있다. 사브밀러가 직면한 과제 중 하나는 미국의 밀러 라이트 브랜드를 활성화한 다음, 유럽에서 밀러를 프리미엄 브랜드로 출시하는 것이었다.

사브밀러의 거침없는 글로벌 시장기회 추구는 맥케이의 주도 아래 시작되었으며, 현 CEO 알렌 클락 체제하에서도 계속되고 있다(사진 9-1 참조). 두 경영진의 행동은 대부분의 기업이 광범위한 전략적 선택에 직면하고 있다는 사실을 보여준다. 지난 장에서는 글로벌 시장기회를 활용하는 방법으로 수출입에 대해 살펴보았다. 그러나 사브밀러와 다른 맥주 양조회사들에게 그들의 브랜드를 수출하는 것은 (통상적 의미로) '글로벌화'를 위한 한 가지 방법일 뿐이다. 이 장에서는 수출을 넘어 하나의 연속체를 형성하는 여러 진입방법의 선택에 대해 논의한다. 그림 9-1에서 보듯이 기업이 라이선싱과 같은 시장진입전략에서 합작투자로, 그리고 궁극적으로 다양한 형태의 투자로 이

사진 9-1 20년 전 사브(SAB)는 현지 시장을 장악한 현지기업이었다. 합작투자와 인수를 통해 이 회사는 아프리카의 나머지 지역과 중국, 인도, 중앙유럽 등 주요 신흥시장까지 진출했다. 오늘날 사브밀러는 여전히 국내 브랜드를 포함하는 포트폴리오를 보유한 글로벌 맥주 양조회사이다. 예를 들어 킬리만자로는 터스커 및 세렝게티 등 디아지오 소유의 동아프리카 맥주 양조장의 브랜드 경쟁자가 있는 탄자니아에서 인기가 있다. 사브밀러가 앤호이저부시 인베브와 합병하면서 세계 최대의 맥주 양조장으로 탄생했다.
출처 : Fabian von Poser/imageBROKER/ Alamy Stock Photo.

동함에 따라 관여, 위험, 재무적 보상 수준은 증가한다. 글로벌 기업이 개발도상국 시장에 진입할 때 고려해야 할 또 다른 전략적 문제는 선진국 시장에 성공적으로 적용된 전략을 상당한 적응 없이 그대로 적용해도 되는가의 여부이다. 이 장의 마지막 부분에 있는 사례 9-1(계속)을 통해 양조업계가 사용할 수 있는 전략 옵션에 대해 자세히 살펴본다.

시장진입 목적이 침투 달성을 위한 것이라면 글로벌 기업의 경영진은 대중시장의 사고방식을 수용하는 것을 고려하는 것이 좋다. 이것은 현지화 전략을 필요로 할 수 있다.[1] 시장진입전략을 수립한다는 것은 경영진이 본국 밖의 사업기회를 추구하는 데 있어 어떤 전략 또는 전략들을 사용할지 결정해야 한다는 것을 의미한다. 기업 임원들이 선택하는 특정한 시장진입전략은 비전, 위험을 대하는 태도, 투자 자본의 가용성, 그리고 추구하는 통제 수준에 따라 달라진다.

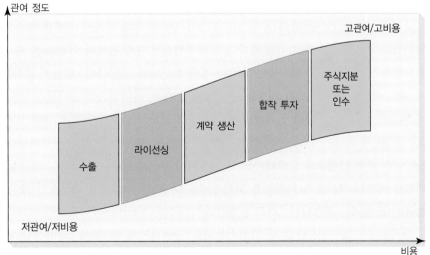

그림 9-1 시장진입전략의 투자비용/관여 수준

▶ 9-1 시장진입전략으로서 라이선스의 장단점을 설명한다.

9-1 라이선스

라이선싱(licensing)은 한 회사(라이선스 제공자)가 법적으로 보호되는 자산을 다른 회사(라이선스 사용자)에게 로열티, 라이선스 수수료, 또는 기타 보상과 교환함으로써 사용할 수 있도록 하는 계약상의 합의이다.[2] 라이선싱 자산은 보통 브랜드, 기업명, 특허, 영업비밀 또는 생산제조비법 등이 될 수 있다. 라이선싱은 패션산업에서 널리 사용된다. 예를 들어 조지오 아르마니, 휴고 보스 그리고 다른 글로벌 디자인 아이콘과 관련된 기업들은 일반적으로 고가의 유명디자이너 제품라인보다 더 많은 수익을 청바지, 향수, 시계에 대한 라이선싱 계약에서 더 많은 수익을 창출한다. 디즈니, 캐터필러, NBA, 코카콜라 등과 같은 다양한 조직들에서도 또한 라이선싱을 광범위하게 사용한다. 의류 제조업체는 없지만 라이선싱 계약을 통해 이들 기업은 자신들의 브랜드 네임을 사용할 수 있게 하고 상당한 수익을 창출한다. 이러한 예에서 알 수 있듯이 라이선싱은 상당한 매력을 지닌 글로벌 시장진입(global market-entry) 및 확장전략(expansion strategy)이다. 라이선싱은 필수 이행조항이 계약서에 포함되어 있다면, 계약 유효기간 동안 매력적인 투자수익을 제공할 수 있다. 단지 계약서에 서명하고 계약이행을 감시하기만 하면 된다.

시장진입방식으로서의 라이선싱과 관련되어서는 주요한 두 가지 장점이 있다. 첫째, 라이선스 사용자(licensee)는 주로 현지 또는 지역 기반으로 제품을 생산하고 판매하는 현지 사업체이기 때문에 라이선싱을 통해 기업은 제8장에서 설명한 관세, 수량할당제 또는 이와 유사한 수출장벽을 피할 수 있다. 둘째, 적절한 경우라면 라이선스 사용자 기업은 상당한 자율권이 부여되며 라이선스된 상품을 현지 취향에 맞게 자유롭게 적용시킬 수 있다. 디즈니의 라이선싱 성공사례가 이에 해당한다. 디즈니는 상표 등록 된 만화 캐릭터, 이름 및 로고를 전 세계에서 판매되는 의류, 장난감 및 시계 생산업체에 라이선싱으로 계약을 한다. 라이선싱을 통해 디즈니는 핵심사업인 테마공원과 영화, 텔레비전 사업에 기반한 시너지 효과를 창출한다. 디즈니의 라이선스 사용자는 색상과 재질, 또는 여타 디자인 요소를 현지 취향에 맞춰 조정할 수 있는 상당한 자율성이 부여된다.

국제라이선싱산업협회(LIMA)에 따르면 2016년 전 세계 라이선스 제품 매출은 총 2,630억 달러였다. LIMA는 또한 미국과 캐나다가 라이선스된 제품 판매의 약 60%를 차지하고 있다고 보고했다.[4] 예를 들어 소비자들이 독특한 검은색과 노란색의 'CAT' 라벨이 부착된 부츠, 청바지, 핸드백을 착용해 독특한 패션을 만들어 감에 따라, 라이선스된 캐터필러 상품의 연간 전세계 매출은 이제 21억 달러에 육박한다(사진 9-2 참조). 스테판 팔머는 2000년대 CAT 브랜드 의류의 전 세계 라이선스를 보유한 영국에 본사를 둔 오버랜드의 최고경영자였다. 그는 "이곳 사람들이 우리 브랜드를 모르더라도 그들은 자신들이 그 브랜드를 안다고 생각합니다. 그들은 어렸을 때부터 캐터필러 트랙터를 보아 왔습니다. 이런 현상은 무의식적인 것이고 그 때문에 상품이 잘 팔리는 것입니다."라고 설명한다.[5]

라이선싱은 몇 가지 단점 및 기회비용과도 관련되어 있다. 첫째, 라이선싱 협약은 제한된 시장 통제권을 제공한다. 라이선싱으로 계약하는 라이선스 제공자 기업은 대개 라이선스 사용자 기업의 마케팅 프로그램에는 관여하지 않기 때문에 마케팅으로부터 얻는 잠재수익을 놓칠 수가 있다. 두 번째 단점은 만일 라이선스 사용자 기업이 자신만의 노하우를 개발하여 라이선스된 제품이나 기술 분야를 혁신하기 시작하면 라이선싱 계약기간이 짧아질 수 있다는 점이

다. (라이선스 제공자 기업의 입장에서) 최악의 시나리오는 특히 공정기술 분야에서 일하는 라이선스 사용자 기업은 현지시장에서 강력한 경쟁자로 성장하고 결국에는 산업의 리더가 되는 것이다. 실제로 라이선싱은 본질적으로 한 회사가 다른 회사의 자원을 '차용', 즉 활용하거나 이용할 수 있도록 해주는 것이기 때문이다. 1990년대 글라베르벨, 생고뱅, PPG 등의 경쟁업체들이 더 높은 수준의 생산효율과 저비용을 달성함에 따라 유리산업에서의 선도적 위치를 상실한 필킹턴을 예로 들 수 있다. 2006년에 필킹턴은 일본의 닛폰 시트 클라스에 인수되었다.[6]

라이선싱과 관련된 기회비용의 가장 유명한 사례는 소니의 공동 창립자인 마사루 이부카가 AT&T의 벨 연구소와 트랜지스터 라이선스 협정을 체결한 1950년대 중반으로 거슬러 올라간다. 이부카는 트랜지스터를 사용하여 건전지로 작동하는 소형 라디오를 만들겠다는 꿈을 꿨다. 그러나 그와 대화를 나눈 벨 엔지니어들은 라디오에 요구되는 고주파를 처리할 수 있는 트랜지스터를 제조하는 것은 불가능하다고 주장했다. 그들은 대신 이부카에게 보청기를 만들라고 조언해 주었다. 그러나 이부카는 일본인 엔지니어들에게 이 문제의 도전과제를 제의했고, 이들은 고주파 출력을 증대시키는 데 수개월을 투자했다. 소니가 트랜지스터라디오를 처음 공개한 회사는 아니었다. 미국에서 제작된 리젠시는 텍사스 인스트루먼트의 트랜지스터를 특징으로 하는 다채로운 플라스틱 케이스를 자랑했다. 그러나 스타일과 마케팅에 정통한 소니의 고품질의 특색 있는 접근방식이 궁극적으로 전 세계적인 성공을 이끌어냈다.

라이선스 사용자 기업이 라이선스 제공자 기업으로부터 배운 교훈을 이러한 방식으로 자신의 이익에 적용할 때, 기업들은 라이선싱을 통해 초기에 쉽게 벌어들인 돈이 매우 값비싼 대가를 치른 비용이었음을 알게 될지 모른다. 라이선스 제공자와 경쟁자가 일방적인 이득을 얻지 못하도록 라이선싱 계약은 모든 당사자 간의 교차기술(cross-technology)을 교환해야 한다. 사업을 유지하고자 하는 기업이라면 최소한 자신들의 라이선스 계약에 완전한 교차라이선싱(즉, 라이선스 사용자는 자신의 개발상품을 라이선스 제공자와 공유해야 함)에 관한 조항이 포함되어 있음을 확실히 해두어야 하는 것이다. 결론적으로 라이선싱 전략은 지속적인 경쟁우위를 확보하도록 설계되어야 한다. 예컨대 라이선스 계약은 수출시장에 대한 기회를 창출하고 제조업에 있어 위험도가 낮은 관계형성을 가능하게 한다. 이는 또한 새로운 제품 또는 기술의 확산을 촉진할 수도 있다.

특수 라이선싱 계약

계약생산방식(contract manufacturing)을 사용하는 기업은 기술적 세부사항을 하청업체나 현지의 생산자에게 제공한다. 그 후 하청업체는 생산을 감독한다. 이런 계약은 여러 가지 장점을 제공한다. 첫째, 라이선스 기업은 제품 디자인과 마케팅 분야에 특화할 수 있으며, 생산시설의 소유권에 대한 책임은 계약업체와 하청업체에게 이전할 수 있다. 또 다른 장점은 목표시장이 너무 작아 많은 금액의 투자가 어려운 경우, 라이선싱의 다른 장점으로는 제한된 재정 및 경영 자원 투입과 목표 국가로의 빠른 진입, 특히 목표시장이 너무 작아 상당한 투자를 정당화할 수 없는 경우에 해당한다.[7] 하지만 한 가지 단점은 이미 말한 바와 같이 계약한 공장의 노동자들이 저임금을 받거나 비인간적인 환경에서 일하게 될 경우 라이선스 제공자(기업이)가 공개적인 조사와 비판에 노출될 수가 있다는 것이다. 공공 이미지와 관련된 이러한 문제를 피하기 위해 팀버랜드와 저임금국가로부터 조달받는 다른 기업들은 이미지 광고를 사용하여 지속 가능한 사업 실행에 대한 자신들의 경영정책을 전달하고 있다.

프랜차이징(franchising)은 라이선싱 전략의 또 다른 변형된 모습을 말한다. 프랜차이즈는 모회사인 프랜차이즈 제공자와 프랜차이즈 사용자 간의 계약으로서 프랜차이즈 사용자는 프랜차이즈 정책 및 실행사항을 고수해 준 대가로 수수료 지불과 그에 따른 준수 대가로 프랜차이즈 제공자에 의해 개발된 사업을 수행할 수 있도록 한다. 예를 들어 남아프리카공화국에 기반을 둔 난도스는 매콤한 페리페리소스를 곁들인 포르투갈식 치킨 전문 캐주얼 다이닝 체인이다 (사진 9-3 참조).

프랜차이징은 서구식의 마케팅 기법을 배우고 적용하기를 바라는 현지기업가에게 매우 큰 매력이 있다. 프랜차이징 컨설턴트인 윌리엄 리 샹트는 프랜차이즈 제공자를 희망하는 기업이 해외로 사업을 확장하기 전에 다음의 질문을 해볼 것을 권한다.

- 현지의 소비자들이 당신 기업의 제품을 구매할 것인가?
- 그 지역의 경쟁은 얼마나 치열한가?
- 그 국가의 정부가 상표권과 프랜차이즈 제공자 기업의 권리를 존중하는가?
- 자산을 쉽게 본국으로 송금할 수 있는가?
- 필요한 모든 물품을 현지에서 구매할 수 있는가?
- 사용할 수 있는 상업 공간이 있으며, 임대비는 적절한가?
- 현지 파트너들은 재정적으로 견실하며, 프랜차이징의 기본 사항을 이해하고 있는가?[9]

이 문제점들을 검토함으로써 프랜차이즈 제공자는 글로벌 기회에 대한 보다 현실적인 이해를 할 수 있다. 중국에서는 규제에 따라 외국 프랜차이즈 제공자 기업들이 최소 1년 동안 2개 이상의 매장을 직접 소유해야 프랜차이즈 사용자 기업이 이 사업을 인수할 수 있다. 또한 지적재산권 보호도 중국 시장에서 관심사안이다. 도널드 트럼프 미국 대통령은 이 문제를 중국과

> "프랜차이즈 사용자들이 비즈니스에 가져다주는 핵심요소 중 하나는 현지시장, 트랜드, 소비자 선호도에 대한 지식이다. 가이드라인과 기준 안에 있고, 우리 브랜드를 절충하기 위한 어떤 조치도 취하지 않는 한 우리는 기꺼이 이것을 함께할 것이다"[8]
>
> 얼라인드 도맥 퀵서비스 식당의 COO, 폴 리치

사진 9-3 런던 소호 부근에 있는 난도스 매장은 브라치 치킨을 특징으로 하는 브랜드 로고에 프라이드 컬러(성소수자를 대변하는 무지개색을 말함)을 통합했다. 이 회사는 프랜차이징을 글로벌 시장진입전략으로 삼고 있다.

출처 : DrimaFilm/Shutterstock.

의 무역협상에서 핵심 요소로 삼았다.

전문 소매산업은 시장진입 방법 중 프랜차이징을 선호한다. 영국에 본사를 둔 더바디샵은 66개국에 3,200개 이상의 매장을 보유하고 있다. 프랜차이즈 사용자가 대부분 운영하고 있다(2017년 브라질의 나투라 코스메티코스가 로레알의 더바디샵을 인수). 또한 프랜차이징은 패스트푸드산업이 글로벌 성장을 이루는 데 있어 주춧돌이 되기도 했다. 맥도날드가 프랜차이징에 의존하여 전 세계로 확장한 것이 좋은 예이다. 이 패스트푸드 거물은 유명한 세계적 브랜드 명칭과 여러 나라의 시장에 쉽게 따라 할 수 있는 사업 시스템을 가지고 있다. 성공의 중요한 부분으로 맥도날드 본사는 프랜차이즈 사용자에게 매장 인테리어 디자인과 메뉴를 해당 국가별 선호도와 취향에 적합하게 조정할 수 있는 상당한 자율권을 부여함으로써 현지시장 지식을 활용하는 지혜를 배웠다(사례 1-2 참조). 그러나 일반적으로 프랜차이징은 대개 라이선싱

보다 현지화가 덜 실행되는 시장진입전략이다. 기업들이 라이선싱을 결정하면, 미래의 더 확장된 시장 참여가 기대되는 계약에 서명해야 한다. 가능한 한 기업은 다른 방식의 시장 참여를 위해 선택권과 경로를 확보해야 한다. 이 형식 중 대부분은 투자를 요구하며 라이선싱으로 가능한 것보다 더 많은 통제권을 부여한다.

▶ 9-2 기업의 해외직접투자의 다양한 형태를 비교 대조한다.

(9-2) 투자

기업들이 해외에서 수출 또는 라이선싱을 통해 경험을 쌓은 후에 경영진은 보다 확장된 형태의 시장 참여를 원하곤 한다. 특히 해외에서 경영권에 대한 일부 또는 전체 소유권을 갖고자 하는 욕구는 직접투자 결정을 유도할 수 있다. **해외직접투자**(foreign direct investment, FDI) 수치는 기업이 공장, 설비, 또는 다른 자산에 투자하거나 취득하면서 자국 밖에서의 투자흐름을 반영한다. FDI를 통해 기업은 중요한 시장에서 현지에서 생산, 판매, 경쟁을 할 수 있다. FDI의 예는 많이 있다. 혼다는 인디애나주의 그린스버그에 5억 5,000만 달러에 달하는 자동차 조립공장을 건설했으며, 현대는 앨라배마주의 몽고메리 공장에 10억 달러를 투자했고, 이케아는 거의 20억 달러에 달하는 돈을 들여 러시아에 상점을 오픈했으며, 한국의 LG 전자는 제니스 전자 주식의 58%를 구입했다(사진 9-4 참조). 이것들이 FDI의 대표적인 예이다.

20세기 마지막 해는 국경을 넘나드는 기업 인수합병(mergers and acquisitions, M&A)의 호황기였다. 2016년 전 세계 FDI는 총 1조 9,000억 달러였다. 미국은 직접투자 목적지 1위로, 기업 인수만으로 3,660억 달러의 FDI를 차지했다. 캐나다는 미국행 FDI가 가장 큰 비중을 차지하고 있으며, 영국, 아일랜드, 스위스가 그 뒤를 잇고 있다. 신흥국과 급성장하는 지역에 대한 투자도 지난 수십 년 동안 빠르게 확대되었다. 예를 들어 이전 장에서 언급한 것처럼, 특히 자동차산업과 그 국가의 경제 발전에 중요한 다른 분야에서 BRICS(브라질, 러시아, 인도, 중국, 남아프리카공화국) 국가에 대한 투자 관심이 증가하고 있다. 해외투자는 합작투자(joint venture)의 소수 또는 과반수 지분, 다른 기업의 소수 또는 과반수의 지분 또는 완전 인수 형태를 취할 수 있다. 기업은 한 기업을 인수하고, 다른 기업의 주주지분을 매입하고, 그리고 제3자와 합작투자를 운영하는 이러한 진입전략의 조합을 선택하여 사용할 수 있다. 예를 들어 최근 몇 년 동안 UPS는 물류, 트럭운송 및 전자상거래 기업에 초점을 맞춘 수많은 투자 및 인수를 진행해 왔다.

합작투자

현지 파트너와의 합작투자는 수출이나 라이선싱보다 더 광범위한 형태의 해외시장 참여를 의미한다. 엄밀히 말하자면 **합작투자**(joint venture)는 파트너가 새롭게 창출된 사업 법인의 소유권을 공유하는 단일 대상 국가에 대한 진입전략이다.[10] 이 전략은 여러 가지 이유에서 매력적이다. 첫 번째 그리고 가장 중요한 이유는 위험의 공유이다. 합작투자를 함으로써 회사는 재정적 위험과 정치적 불확실성에 대한 노출을 줄일 수 있다. 두 번째로 회사는 합작투자 경험을 이용해 새로운 시장 환경에 대해 학습할 수 있다. 만약 내부자로 전환에 성공한다면 나중에 몰입과 노출의 수준을 높일 수도 있다. 세 번째로 합작투자를 통해 파트너는 서로 다른 가치사슬의 장점을 결합하여 시너지 효과를 얻을 수 있다. 이를테면 한 기업은 현지시장에 대한 깊은 지식과 광범위한 유통 시스템을 가지고 있거나, 값싼 노동력 또는 원자재에 접근할 수 있다.

이러한 기업은 잘 알려진 브랜드나 최첨단 기술, 제조 노하우 또는 고급 공정 애플리케이션을 보유한 외국 파트너와 연계될 수 있다. 또는 충분한 자본력이 없는 기업은 프로젝트에 공동자금을 조달할 파트너를 찾을 것이다. 마지막으로 정부가 통상적으로 입찰에 응하는 관행이 현지국 기업에 유리하거나, 수입 관세가 높거나, 법으로 해외 통제를 금지하지만 합작투자만은 허용하는 경우, 합작투자는 국가나 지역에 진입하는 유일한 방법이 될 수 있다.

합작투자의 단점도 중요한 의미가 있다. 합작투자 파트너는 위험뿐만 아니라 보상도 공유해야 한다. 합작투자와 관련된 가장 큰 단점은 파트너와 같이 일할 때 발생하는 통제 및 조정과 관련된 막대한 비용문제가 발생한다는 것이다. (그러나 경우에 따라서 진출 국가의 특별한 규정들은 외국기업의 투입자금의 한도를 제한하기도 한다.)

두 번째 단점은 파트너 사이의 갈등 가능성이다. 코닝 글라스와 멕시코 최대 제조업체인 비트로 사이의 1억 3,000만 달러의 합작투자 실패의 경우도 마찬가지이다. 합작회사 멕시코 매니저는 미국인들이 때때로 너무 직접적이고 공격적이라고 생각했다.[11] 미국인들은 그들이 중요한 의사결정을 내릴 때 멕시코인들이 너무 많은 시간을 소비한다고 생각했다. 그러한 갈등은 여러 명의 파트너가 있는 합작투자일 때 증가할 수 있다. 파트너들이 실제 또는 잠재적 경쟁자로서 각자 직면하게 되는 제3국 시장에 관한 의견 불일치는 '결별(divorce)'로 이어질 수 있다. 이런 불행한 결과를 피하기 위해서는 합작투자 계약의 한 부분으로 제3국 시장 접근을 위한 방안을 마련하는 것이 필수적이다.

라이선싱 논의에도 언급되었듯이 세 번째 문제는 역동적인 합작투자 파트너가 강력한 경쟁자로 발전할 수 있는 점이다. 많은 개발도상국들은 이 목표를 추구하려는 열망에 대해 매우 솔직하다. 중국의 전자산업부 소속의 위안 수타이는 **월스트리트 저널**에서 "합작투자 또는 전액출자 투자의 목적은 중국 기업이 외국기업에서 기술을 배우기 위해 허용되는 것이다. 우리는 그들 기업이 그들의 기술을 중화인민공화국의 땅에 가져오기를 원한다."라고 말했다.[12] GM과 한국의 대우그룹은 1978년 한국 시장 진출을 위한 자동차를 만들기 위해 합작투자를 했다. 1990년대 중반까지 GM은 대우가 자동차 생산자로서 경쟁력을 높이는 데 도움을 주었지만, 대우의 김우중 회장은 합작투자 규정이 대우라는 이름이 표시된 자동차의 수출을 금지했기 때문에 합작을 종료했다.[13]

한 글로벌 마케팅 전문가는 "제휴는 큰 투자를 피하면서 제품을 판매하는 방법으로만 보지 말고, 파트너의 기술을 학습하는 것이 중요하다."라고 경고한다. 그러나 미국과 유럽 기업에 비해 한국과 일본 기업들은 합작투자에서 나온 새로운 지식을 활용하는 능력이 뛰어난 것으로 보인다. 예를 들어 토요타는 GM과의 파트너십을 통해 미국의 공급과 운송 시스템, 그리고 미국 종업원을 관리하는 방법에 관한 많은 새로운 사항을 배웠고 이후 켄터키의 캠리 공장에 적용했다. 반대로 합작투자에 참여한 일부 미국 관리자들은 토요타로부터 얻은 제조 전문지식이 GM 그룹 전반에 광범위하게 적용이 되지 않는다고 불평을 했다.

주식지분 또는 완전 소유권을 통한 투자

글로벌 시장에서 가장 광범위한 참여 형태는 **주식지분**(equity stake)의 소유나 완전 소유권의 획득을 위한 투자이다. 주식지분은 단순히 투자이다. 만일 투자회사가 총주식의 50% 미만을 취득하는 경우는 소수 지분이다. 절반 이상의 주식 소유는 과반수인 상태를 말한다. 이름에서 알 수 있듯이 **완전 소유권**(full ownership)은 투자자가 100% 통제권을 갖는 것을 의미한다. **그린필드 투자**(greenfield investment : 신설투자)는 새로운 사업의 시작, 또는 기존 기업의 인수합병에 의해 달성될 수 있다.

2016년, 가장 큰 인수합병(M&A) 거래 중 하나는 독일에 본사를 둔 바이엘이 660억 달러에 미국 농업 대기업 몬산토를 인수한 것이었다. 2018년 3월 유럽연합(EU)은 승인을 했고, 다음 달 미국 법무부도 똑같은 결정을 내렸다. 2000년대 후반 글로벌 금융위기 이전에 미디어와 정보통신산업은 세계적으로 인수합병이 가장 바쁘게 발생하는 분야였다. 이러한 거래와 다른 많은 거래에서 볼 수 있듯이 소유권(ownership)은 가장 큰 자본 투입과 경영상의 노력을 필요로 하고 시장에 참여할 수 있는 최대한의 수단을 제공한다. 기업은 시장에서의 빠른 확장과 더 강한 통제권, 또는 높은 이익 확보를 위해 라이선싱 또는 합작투자 전략에서 소유권 확보전략으로 이동할 수 있다. 25년 전 랄스톤 퓨리나는 자체 애완동물 식품 자회사를 시작하기 위해 일

신흥시장 요약보고서

러시아의 자동차산업 합작투자

러시아는 다양한 산업 분야에서 거의 두각을 나타내지 않는 거대시장을 대표하고 있으며, 그곳에서 이루어지고 있는 합작투자가 최근 증가하고 있다. 1997년에 GM은 러시아에서 자동차 조립을 시작한 최초의 서구 자동차 제조업체가 되었다. 수입된 블레이저의 시중가격을 6만 5,000달러 이상까지 끌어올릴 막대한 관세를 피하기 위해 GM은 타타르스탄공화국 정부와 25~75개의 합작투자를 체결했다. Elaz-GM으로 알려진 이 파트너십은 2000년 말까지 수입 부품으로 블레이저 SUV를 조립했다. 러시아의 젊은이들은 가격이 3만 달러 미만인 차량을 빠르게 열광적으로 구매할 것이라고 예상했다. 그러나 1만 5,000대만 팔린 뒤 시장 수요는 사라졌다. 2001년 말에 GM은 합작투자를 종료했다. 그 밖의 최근 합작투자 제휴는 표 9-1에 요약되어 있다.

GM은 러시아에서 가장 큰 자동차 제조업체인 아브토바즈와의 합작투자를 통해 더 나은 성과를 거두었다(사진 9-5 참조). 1966년 볼가 강의 도시인 톨리아티에서 설립된 아브토바즈는 러시아 최고의 기술 디자인 센터가 위치해 있으며, 저렴한 러시아 티타늄과 기타 재료들을 이용할 수 있다. 과거에 이 회사는 비효율적이고 소비에트 시대로 거슬러 올라가는 구시대적이면서 박스 모양의 라다를 생산한 것으로 가장 잘 알려져 있다. GM은 원래 오펠 모델에 기초하여 가장 기본적으로 재설계된 자동차를 조립할 계획이었다. 그러나 시장조사 결과 '러시아산' 자동차는 매우 낮은 가격에만 수용가능하다는 것을 알게 되었다. 같은 연구에서 GM은 재설계된 국내 모델에 쉐보레라는 브랜드 이름을 붙일 수 있는 기회를 포착했다.

GM으로부터 1억 달러의 자금을 지원받아 개발된 쉐보레 니바는 2002년 가을에 출시되었다. 그러나 몇 년 만에 쉐보레 니바가 당시 블라디미르 푸틴 대통령의 개인적 승인을 받은 새로운 경영팀을 설치하면서 합작회사는 어려움을 겪었다. 러시아 정부는 아브토바즈의 지분 25%를 소유하고 있다. 2008년에 르노는 25%의 지분을 위해 10억 달러를 지불했다. 르노의 기여는 기술 이전, 특히 'B-제로' 자동차 플랫폼과 생산장비로 구성되었다. 같은 해 러시아인들은 사상 최대인 256만 대의 차량을 구입했다. 그러나 글로벌 경제위기가 심화되면서 러시아 자동차 판매가 폭락하자 아브토바즈는 파산 위기에 몰렸다. 4만 명 이상의 근로자들이 해고되었고, 모스크바는 9억 달러를 회사에 투입할 수밖에 없었다.

2009년에 미국인 제프리 글로버는 독일에 있는 GM의 아담 오펠 사업부에서 파견되어 러시아 합작회사를 경영하였다. 아브토바즈가 창립 45주년을 맞은 2011년까지 러시아 자동차 판매량은 반등했다. 2012년 연간 판매량은 위기 이전 수준인 300만 대에 도달했다. 실제로 업계 분석가들은 러시아가 2014년까지 독일을 제치고 유럽의 자동차 시장 1위로 올라설 것으로 전망했다. 그리고 니바는 2002년 이후 50만 대 이상이 팔렸다. GM 러시아의 짐 보벤지 사장은 "10년 전만 해도 GM으로서는 어려운 결정이었습니다. 100년 기업 역사상 처음으로 현지에서 완전히 디자인하고 생산하게 되었지만 지금 돌이켜 보면 옳은 결정이었습니다."라고 회상했다.

최근 러시아에서 일어난 더 많은 사건들은 GM의 전망을 악화시켰다. 2016년까지 자동차 판매량은 2012년 수준의 절반으로 떨어졌다. 그 결과 러시아는 더 이상 독일을 제치고 유럽의 자동차시장 1위로 올라서지 못하고 있다. 러시아에서 신차 판매가 크게 줄었다. 루블화의 가치 하락과 크림반도와 우크라이나에서 러시아의 군사적 침략으로 GM은 생산을 줄이고 일자리를 줄여야 했다. 이러한 혼란에도 불구하고 GM은 아브토바즈 합작회사를 유지하고 있다. 그리고 비용을 절감하고 하락한 루블화를 활용하기 위해 GM은 현지 공급업체들로부터 더 많은 부품을 조달하고 있다.

위기 이전에는 명품을 구매할 수 있는 가구 수가 급격히 증가하면서 수입 프리미엄 차량에 대한 러시아 시장도 성장세를 보였다. 포르쉐(폭스바겐 사업부)와 BMW는 모두 러시아 내 대리점 수를 늘렸다. 롤스로이스(BMW 소유)는 현재 모스크바에 2개의 대리점을 두고 있다. 세계에서 2개의 대리점이 있는 유일한 도시는 뉴욕뿐이다. 또 닛산은 상트페테르부르크에서 인피니티 FX SUV를 조립하고 있다. 그럼에도 불구하고 루블화가 약하다는 것은 수입품이 과거보다 훨씬 비싸다는 것을 의미한다.

2017년이 되자 러시아는 경기침체에서 벗어나면서 매출이 회복되는 조짐을 보였다. 아브토바즈의 수익성이 회복됐다. 칼루가에 있는 미쓰비시 모터스 공장을 포함해 가동이 중단된 일부 공장들은 다시 작업을 시작했다.

출처 : Henry Foy and Peter Campbell, "Carmakers Gear up for Recovery in Russia," *Financial Times* (September 29, 2017), p. 20; Jason Chow and James Marson, "Renault Tries to Fix Russian Misadventure," *The Wall Street Journal* (April 11, 2016), pp. A1, A10; James Marson, "CEO under Fire at Russian Car Giant," *The Wall Street Journal* (March 5–6, 2016), pp. B1, B4; William Boston and Sarah Sloat, "GM Slices Jobs and Output in Russia," *The Wall Street Journal* (September 14, 2014), p. B6; Anatoly Temkin, "The Land of the Lada Eyes Upscale Rides," *Bloomberg Businessweek* (September 17, 2012), pp. 28–30; Luca I. Alpert, "Russia's Auto Market Shines," *The Wall Street Journal* (August 30, 2012), p. B3; John Reed, "AvtoVAZ Takes Stock of 45 Years of Ladas," *Financial Times* (July 22, 2011), p. 17; David Pearson and Sebastian Moffett, "Renault to Assist AvtoVAZ," *The Wall Street Journal* (November 28, 2009), p. A5; Guy Chazan, "Kremlin Capitalism: Russian Car Maker Comes under Sway of Old Pal of Putin," *The Wall Street Journal* (May 19, 2006), p. A1; Keith Naughton, "How GM Got the Inside Track in China," *BusinessWeek* (November 6, 1995), pp. 56–57; Gregory L. White, "Off Road: How the Chevy Name Landed on SUV Using Russian Technology," *The Wall Street Journal* (February 20, 2001), pp. A1, A8.

사진 9-5 과거 러시아는 '라다의 땅'으로 알려져 있었는데, 이는 소비에트 시대의 자동차를 지칭하는 말로서 분명치 않는 구분을 의미한다. 최근까지 러시아는 유럽 최대 자동차시장으로 독일을 추월하는 궤도에 올랐다. 현재의 판매 부진에도 불구하고 GM은 아브토바즈와 1억 달러의 합작투자를 하고 있다.
출처 : Evg Zhul/Shutterstock.

표 9-1 **합작투자에 의한 시장진입과 확장**

관련 기업	합작투자 목적
GM(미국), 토요타(일본)	누미(NUMMI)는 캘리포니아주 프리몬트에서 공동으로 운영하는 공장(2009년 벤처는 종료됨).
GM(미국), 상하이 자동차(중국)	50 대 50 합작으로 1997년부터 중국 시장용 중형 세단 10만 대를 생산하기 위한 조립공장을 건설(총투자 10억 달러)
GM(미국), 힌두스탄 모터스(인도)	매년 2만 대의 오펠 아스트라스를 생산하기 위한 합작투자(GM의 투자액은 1억 달러)
GM(미국), 타타르스탄과 러시아 정부	수입 부품에서 블레이저를 조립하고, 1998년까지 4만 5천 대의 차량을 위한 조립라인을 구축하기 위한 25~75개의 합작투자(총투자액은 2억 5,000만 달러)
포드(미국), 마쓰다(일본)	미시간주 플랫 록에 있는 공장의 오토얼라이언스 인터내셔널을 50 대 50 공동 운영
포드(미국), 마힌드라&마힌드라(인도)	인도 타밀나두주에 포드 피에스타스를 건설하기 위한 50 대 50의 합작회사(총투자 8억 달러)
크라이슬러(미국), BMW(독일)	남아메리카에 소형 4기통 엔진을 생산하는 공장을 건설하는 50 대 50의 합작투자(총투자금 5억 달러)

본 회사와 20년에 걸친 합작투자를 종료했다. 홈데포는 중국에서 시장 확장을 위해 인수전략을 사용하고 있다. 이 주택개조업계의 거인은 2006년 홈웨이 체인을 인수했다. 그러나 중국 소비자들은 대형 DIY 모델 매장을 받아들이지 않는다는 사실을 알게 되었다. 2012년 말 홈데포는 중국에 마지막 대형매장을 철수하였다. 나머지 2개의 중국 소매점은 페인트와 바닥재 전문 매장과 인테리어 디자인 매장이다.

만일 정부의 규제가 외국기업의 100% 소유권 확보를 제한한다면 투자하는 기업은 과반수 또는 소수지분 확보에 만족해야 한다. 중국에서는 보통 정부가 합작투자에서 외국인지분 소유를 최대 51%로 제한하고 있다. 그러나 소수지분 확보는 기업의 영업이익에 적합할 수도 있다. 예를 들면 삼성은 기꺼이 미국 컴퓨터 제조업체인 AST의 지분 40%를 매입하는 데 만족했다. 삼성의 관리자 마이클 양은 "소유권 전환이 있을 때마다 직원들 사이에 불확실성이 커지기 때문에 100% 소유권을 확보하는 것은 매우 위험하다고 생각했다."라고 말했다.[14]

다른 경우로 투자기업이 소수지분의 확보로 시작한 다음 지분을 늘릴 수도 있다. 1991년 폭스바겐 AG는 스코다의 지분 31%를 매입하여 체코 자동차산업에 처음으로 투자를 하였다. 1995년까지 폭스바겐은 지분을 70%까지 증대시켰고, 나머지 지분은 체코 정부가 소유했다. 이후 2000년에 폭스바겐은 완전소유권을 확보했다. 2011년 스코다와 폭스바겐의 합작투자 20주년을 맞이했을 때 체코 자동차 제조업체는 지역기업에서 글로벌 기업으로 진화하였고, 전 세계 100개국에서 75만 대의 자동차를 판매하게 되었다.[15] 이와 유사하게 2000년대 말 글로벌 경기침체기에 이탈리아의 피아트는 미국 자동차회사들이 파산하는 동안 크라이슬러 지분 20%를 인수하였다. 피아트 CEO인 세르지오 마르치오네는 크라이슬러를 수익성 있게 만들어, 피아트 지분을 53.5%로 올리고 다시 58.5%로 증가시켰다. 최종적으로 2013년 피아트는 남은 41.5%를 인수하여 크라이슬러의 완전인수를 완료하였다.[16]

신규 설비를 구축하는 방법으로 대규모의 직접적 확장은 많은 비용을 초래하고 경영을 위해 많은 시간과 노력을 요구한다. 그러나 정치적 혹은 다른 환경적 요소들이 때때로 이러한 접근방법을 강요한다. 예를 들면 미국 정부가 후지에게 덤핑 판결을 내린 후(즉, 일본보다 인화지를 상당히 싸게 판매) 일본의 후지 포토필름사는 미국에 수백만 달러를 투자하였다. 신규 설비에 대한 그린필드 투자의 대안으로써 인수(acquisition)는 시장진입 또는 확장에 대한 즉각적이고 때로는 비용도 적게 드는 방법이다. 비록 완전 소유권이 합작투자 또는 공동제작 파트너 사이에서 발생될 수 있는 의사소통 및 이익문제로 인한 충돌을 회피하는 추가적인 장점이 있다고 하더라도, 인수는 여전히 인수된 기업을 전 세계적인 조직에 통합하고 활동을 조정해야 하는 까다롭고 도전적인 업무를 야기한다.

표 9-2, 9-3, 9-4는 자동차산업의 기업이 주식지분, 신규 사업을 위한 투자, 인수 등을 포함하여 이전에 논의한 다양한 시장진입 방법을 어떻게 활용하였는가를 보여주고 있다. 표 9-2의 경우 GM은 미국 이외의 자동차 제조업체에 있어 소수지분 소유를 선호하고 있음을 보여준다. 1998년부터 2000년까지 GM은 그와 같은 거래에 47억 달러를 지출한 반면, 포드는 기업 인수에 두 배나 많은 비용을 지출했다. GM은 비록 소수지분 인수거래로 상당한 시간 낭비를 해서 손해를 봤음에도 불구하고 소수지분 인수전략은 경영진의 대규모 합병에 대한 회의적인 시각이 반영되고 있다. GM의 전 CEO 릭 워거너는 "우리는 어떤 기업을 100% 소유할 수 있지만, 그것은 아마 효율적인 자본활용이 되지 못할 것이다."라고 말했다. 그동안 소수지분 투자는 성과가 있었다. 이러한 전략을 통해 기업은 규모의 경제로 구매비용을 절감했고, 디젤 기

표 9-2 주식지분 투자

투자회사(본국)	투자(지분, 투자액, 날짜)
피아트(이탈리아)	크라이슬러(미국, 초기 20% 지분, 2009년; 피아트가 크라이슬러를 파산에서 구제)
GM(미국)	후지 중공업(일본, 지분 20%, 14억 달러, 1999년), 사브 오토모빌 AB(스웨덴, 지분 50%, 5억 달러, 1990년; 나머지 50% 2000년; 파산신청에 이어 2009년 스웨덴 컨소시엄에 사브 매각)
폭스바겐 AG(독일)	스코다(체코공화국, 지분 31%, 60억 달러, 1991년; 50.5%로 증가, 1994년; 현재 지분 70% 보유)
포드(미국)	마쓰다(일본, 지분 25%, 1979년; 33.4% 4억 800만 달러로 증가, 1996년; 13%, 2008년; 3.5%로 감소, 2010년)
르노 SA(프랑스)	아브토바즈(러시아, 지분 25%, 13억 달러, 2008년), 닛산(일본, 지분 35%, 50억 달러, 2000년)

표 9-3 신규 사업 구축을 위한 투자

투자회사(본사국)	투자(지역, 날짜)
혼다(일본)	5억 5,000만 달러 자동 조립공장(미국 인디애나, 2006년)
현대(한국)	쏘나타와 싼타페 모델을 생산하는 11억 달러의 자동차 조립 및 제조시설 (미국 조지아, 2005년)
BMW AG(독일)	4억 달러 규모의 자동 조립공장(미국 사우스캐롤라이나, 1995년)
메르세데츠-벤츠 AG(독일)	3억 달러 규모의 자동 조립공장(미국 앨라배마, 1993년)
토요타(일본)	캠리, 아발론, 미니밴 모델을 생산하는 34억 달러 규모의 제조공장(미국 켄터키), 4억 달러 규모의 엔진공장 (미국 웨스트버지니아주)

표 9-4 기업인수를 통한 시장진입 및 확장

인수회사	타깃(국가, 인수액, 날짜)
앤호이저부시 인베브(벨기에)	사브밀러(영국, 1,010억 달러, 2016년)
타타모터스(인도)	재규어 랜드로버(영국, 23억 달러, 2008년)
폭스바겐 AG(독일)	세아트(스페인, 6억 달러, 1990년 구매 완료)
지리자동차 그룹(중국)	볼보 자동차유닛(스웨덴, 13억 달러, 2010년)

술을 확보할 수 있었으며, 사브는 스바루의 도움을 받아 기록적인 시간 내에 새로운 모델을 생산했다.[17] 2009년 파산 신청 후 GM은 사브를 포함한 여러 비핵심 사업과 브랜드를 매각했다. 2010년대 초 사브 오토모빌 AB 자체는 폐업처리되었다.

이러한 기업인수의 원동력은 무엇일까? 그것은 바로 글로벌화이다. 앤호이저부시와 같은 기업의 경영진은 글로벌화로 가는 길이 혼자서는 감당할 수 없다는 사실을 깨달았다. 20년 전 헬렌 커티스 인더스트리의 경영진도 비슷한 깨달음을 얻어 유니레버에 인수되는 것에 동의했다. 회장겸 CEO 로널드 기드위츠는 "헬렌 커티스가 전 세계 신흥시장에서 독자적으로 프로젝트를 수행할 능력이 없다는 것은 분명했다. 시장이 더욱 커질수록 작은 기업들은 행동에 나서야 한다."라고 일갈했다.[18] 그럼에도 불구하고 경영진의 해외투자 결정은 때때로 투자자의 단기 수익성 목표 또는 인수조직의 바람과 충돌하기도 한다(사진 9-6 참조).

시장 접근성, 관세 또는 수량할당제 장벽의 회피를 포함한 합작투자의 몇 가지 장점은 소유권에도 적용된다. 합작투자와 마찬가지로 소유권(ownership)은 중요한 기술 경험의 이전을 허용하고 새로운 생산기술 및 지식재산에 대한 접근을 제공한다.

여기서 논의되는 대안들(라이선싱, 합작투자, 소수 또는 과반수 지분 및 소유권)은 모두 글로벌 시장진입과 확장을 위한 일련의 대안전략에 따른 것이다. 기업의 글로벌 전략의 전체적인 설계는 수출-수입, 라이선스, 합작투자 및 여러 운영단위 간의 소유권의 조합이 필요할 수 있다. 일례로 에이본 프로덕츠는 개발도상국 시장에 진입하기 위해 기업인수와 합작투자 전략을 모두 사용하고 있다. 기업이 선호하는 전략은 시간이 지나면서 변할 수 있다. 예를 들어 미국의 식음료 전문기업인 보든사는 일본 내 브랜드 식품에 대한 라이선싱과 합작투자를 종료했고, 유제품을 위한 독자적인 생산, 유통, 마케팅 역량을 구축했다. 반면에 비식품 부문에서 보든사는 일본 파트너들과 포장과 원료 주조에 있어 융통성 있는 합작투자 관계를 유지하고 있다.

특정산업의 경쟁사들은 서로 다른 전략을 추구하는 경우도 있다. 예를 들어 커밍스 엔진과

사진 9-6 이전 장에서 살펴본 것처럼 중국의 경제적 영향력이 커지면서 세계 각지에서 반세계화 감정이 고조되고 있다. 중국은 미국 증권과 기업에 투자함으로써 대미 무역 흑자를 상쇄한다. 이 만화에서 알 수 있듯이 경영대학원이 다음 차례가 될지도 모른다!

출처 : Cartoon Features Syndicate.

"좋아, 하지만 중국이 우리 경영대학원을 인수했다고 가정해 봐."

캐터필러는 모두 새로운 응용 분야에 적합한 디젤 엔진을 개발하기 위해 3~4억 달러가량의 높은 비용 지출에 직면해 있지만, 엔진에 대한 두 기업의 세계시장 진입전략은 서로 다르다.

커밍스 경영진은 협업을 선호한다. 또한 회사의 연간매출액이 60억 달러로 비교적 적기 때문에 인수 및 기타 접근방식에 참여하는 데 재정적 한계가 있다. 따라서 커밍스는 합작투자를 선호하고 있다. 미국 기업과 러시아 기업 간의 가장 큰 합작투자 중 하나는 커밍스와 타타르스탄의 카마스(KamAZ) 트럭회사와 관련된다. 이 합작투자는 커밍스는 러시아 시장진입을 제공받고, 러시아 기업은 새로운 제조기술을 사용해 볼 수 있었다. 또한 커밍스는 일본, 핀란드, 이탈리아에 합작투자기업들이 있다.

이와는 대조적으로 캐터필러의 경영진은 완전소유권에 따른 고강도의 통제권을 선호한다. 이 기업은 독일의 MaK, 영국 엔진회사 퍼킨스, 일렉트릭 모터 디젤 등을 인수하려고 20억 달러 이상을 지출하였다. 캐터필러의 경영진은 새로운 제품을 독자 개발하는 것보다 기존 기업을 인수하는 것이 비용이 적게 든다고 믿고 있다. 또한 캐터필러는 자사의 핵심 건설장비 사업에서 제조에 필수적인 독점지식을 보호하는 데 관심을 둔다.[19]

(9-3) 글로벌 전략적 파트너십

제8장과 제9장의 전반부에서 우리는 수출, 라이선싱, 합작투자, 소유권과 같은 선택 범위들은 처음 글로벌 시장에 진입을 희망하거나 혹은 그들의 활동을 현재 수준에서 확장하기를 희망하는 기업들에 의해 통상적으로 사용된다는 것을 알았다. 그렇지만 최근 글로벌 기업의 정치적, 경제적, 사회문화적, 기술적 환경의 변화는 이러한 전략의 상대적 중요성을 변화시키기 위해 결합되었다. 무역장벽은 무너지고, 시장은 글로벌화되며, 소비자의 욕구와 필요가 수렴되고, 제품수명주기도 짧아지며, 새로운 통신기술과 유행이 나타나고 있다.

이러한 발전은 전례 없는 마케팅 기회를 제공하지만 글로벌 조직에 대한 전략적 함의를 주고 글로벌 마케터에게 새로운 도전과제를 안겨 주기도 한다. 이러한 전략들은 의심의 여지 없이 다양한 협업을 통합하거나 이를 중심으로 구성될 수 있다. 한때 우세한 파트너와의 합작투자는 대부분 동업관계에서 이익(또는 손해)을 거두면서, 국경을 넘어서 이루어지는 전략적 제휴는 놀랍고 새로운 환경을 만들거나 심지어 더 놀라운 동업자를 갖게 한다.

한 기업이 글로벌 기업이든 아니든, 국내기업이든 해외기업이든, 다른 기업과 합작을 하려는 이유는 무엇인가? 오늘날의 경쟁환경은 전례 없는 수준의 격변, 역동성, 예측 불가능성을 특징으로 한다. 따라서 글로벌 기업들은 변화하는 시장상황에 신속하게 반응하고 적응해야 한다. 글로벌 시장에서 성공하기 위해서 기업은 과거에 성공했던 기술적 우위나 핵심역량에 의존할 수 없다. 운송에서 소매, 미디어, 통신에 이르기까지 다양한 산업부문에서 명백한 혼란은 새로운 비전과 새로운 접근방식을 필요로 한다.

21세기 기업은 환경에 대한 대응력을 향상시킬 수 있는 새로운 전략을 모색해야 한다. 특히 유연한 조직역량을 개발하고, 지속적으로 혁신하며 그에 따라 글로벌 전략을 알맞게 수정함으로써 '기업가적인 글로벌화(entrepreneurial globalization)'를 추구해야 한다.[20] 이 장의 후반부에서는 글로벌 전략적 파트너십에 초점을 맞출 것이다. 또한 일본의 계열(keiretsu)과 오늘날 글로벌 기업들이 사용하고 있는 다양한 유형의 협력전략에 대해 살펴볼 것이다.

◀ 9-3 글로벌 전략 파트너십의 성공적 출발에 기여하는 요소들을 논의한다.

글로벌 전략적 파트너십의 본질

새로운 형태의 협력전략을 설명하는 전문용어는 매우 다양하다. **전략적 제휴**(strategic alliances), **전략적 국제제휴**(strategic international alliances), **글로벌 전략적 파트너십**(global strategic partnerships, GSP)의 표현들은 공통의 목적을 공동으로 추구하기 위해 서로 다른 국가의 기업 사이의 결합관계를 나타내기 위해 자주 사용된다. 이 용어는 합작투자를 포함한 기업 간 협정의 폭넓은 범위를 포함하고 있다. 특히 여기서 논의되는 전략적 제휴는 세 가지 특성을 나타내고 있다(그림 9-2 참조).[21]

1. 참여자는 제휴의 형성 이후에 독립성을 유지한다.
2. 참여자는 할당된 업무의 수행을 통제할 뿐 아니라 제휴의 이익을 공유한다.
3. 참여자는 기술, 제품, 그리고 그 외 전략적 핵심부문에서 지속적인 기여를 해야 한다.

그림 9-2 전략적 제휴의 세 가지 특징

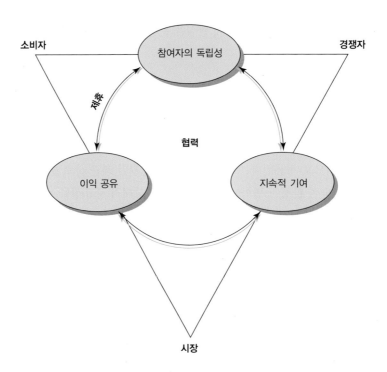

사진 9-7 원월드는 미국 항공사들과 많은 다른 나라 항공사들을 한데 모으는 글로벌 네트워크를 말한다. 이 네트워크 회원으로 항공권을 예약하는 승객들은 세계 곳곳을 순조롭게 여행할 수 있도록 다른 항공사들과 쉽게 연결할 수 있다. 여행객들을 위한 또 다른 혜택은 상용 고객 마일리지(AAdvantage)를 네트워크의 모든 구성원과 함께 사용할 수 있다는 것이다.
출처 : First Class Photography/Shutterstock.

표 9-5 글로벌 전략적 파트너십의 사례

제휴나 제품의 이름	대표 참여자	제휴 목적
르노-닛산-미쓰비시 연합	르노 그룹, 닛산 자동차, 미쓰비시 자동차	차량 플랫폼 공유, 브랜드 간 제조, 구매 작업 결합
S-LCD	소니, 삼성전자	고화질 TV용 평면 LCD 화면 제작
고성능 엔진	에스턴마틴, 메르세데스-AMG	메르세데스-벤츠의 성능 부서는 애스턴마틴용 4리터 V8 엔진을 생산
스타얼라이언스	에어베를린, 아메리칸 항공, US 항공, 브리티시 항공, 캐세이 퍼시픽, 핀에어, 리베리아, 일본 항공, LAN, 말레이시아 항공, 콴타스, 카타르 항공, 로열 요르단 항공, 시베리아 항공, 스리랑카 항공 TAM 항공	15개 회원 항공사를 연결하고 해외여행자를 위한 향상된 서비스를 제공하여 글로벌 여행 네트워크를 창출

전략적 제휴의 수는 1980년대 중반 이후로 20~30%의 비율로 증가하였다. GSP의 이러한 상승세는 부분적으로 전통적인 국경을 초월한 M&A의 비용에서 야기된다. 1990년대 중반 이후 파트너십 형태를 주도한 핵심 원동력은 글로벌화와 인터넷이 새로운 기업 간에 상호협력 형태를 요구할 것이라는 인식이었다(사진 9-7 참조). 표 9-5에는 GSP의 몇 가지 예가 언급되어 있다.

합작투자와 마찬가지로 GSP도 몇 가지 단점이 있다. 파트너는 과업의 통제권을 공유하고, 이러한 상황은 경영에 있어서 갈등을 야기한다. 또한 다른 국가의 경쟁자를 강화하는 잠재적인 위험이 될 수 있다. 이러한 결점에도 불구하고 GSP는 여러 이유에서 매력적이다. 첫째, 자원 제약으로 인한 높은 제품개발 비용 때문에 기업은 하나 또는 복수의 파트너를 찾아야 한다. 이것은 소니와 삼성이 평면 TV 화면을 생산하기 위해 파트너십을 맺었던 이유이기도 하다. 둘째, 많은 동시대 제품의 기술적 요구사항은 개별 기업이 혼자서 해결하기엔 기술, 자본, 또는 노하우가 부족할 수 있음을 의미한다.[22] 이는 영국의 상징인 애스턴마틴이 메르세데스-벤츠와 파트너십을 맺은 이유를 설명하는 데 도움이 된다. 이 독일 회사는 고성능 엔진, 실내 전자장치, 인포테인먼트 시스템을 제공한다. 이것은 애스턴마틴의 엔지니어들이 다른 설계 문제에 집중할 수 있다는 것을 의미한다.[23] 셋째, 파트너십은 국가와 지역시장의 접근을 확보하는 가장 중요한 수단이 될 수 있다. 넷째, 파트너십은 중요한 학습 기회를 제공한다. 실제 한 전문가는 GSP를 '배움을 위한 경주'로 간주했다. 런던대학교 경영대학원 게리 하멜 교수는 가장 빨리 배우는 파트너가 궁극적으로 관계를 지배할 수 있다고 주장한다.

앞에서 언급했던 것처럼 GSP는 이 장의 전반부에서 설명한 시장진입 방법과 확연한 차이가 있다. 라이선싱 계약은 파트너 간의 기량이나 기술의 지속적 이전이 일어나지 않기 때문에 이러한 계약은 전략적 제휴가 아니다.[24] 전통적인 합작투자는 기본적으로 단일국가 시장이나 특정한 문제에 초점을 둔 제휴이다. 이전에 설명했던 GM과 상하이 자동차 간의 중국 합작투자가 이 설명으로 적절하다. 합작투자의 목적은 중국 시장을 위한 자동차를 만드는 것이다. 하지만 진정한 글로벌 전략적 제휴는 다르다. 이것은 다섯 가지 속성으로 구별될 수 있다.[25] 삼성과 전략적 동맹을 맺은 소니의 S-LCD는 각 속성에 대한 좋은 설명을 제공한다.[26]

1. 둘 이상의 기업이 저원가, 차별화, 또한 둘의 혼합을 추구하여 세계적인 리더십의 달성을 목적으

로 장기적인 합작전략을 개발한다. 삼성과 소니는 글로벌 TV 시장에서 리더를 두고 서로 경쟁하고 있다. 평면 TV 시장에서 수익성의 핵심요소 중 하나는 패널 생산에서 저원가전략을 추구하는 것이다. S-LCD는 월 6만 개 패널을 생산하기 위한 20억 달러의 합작투자이다.

2. 관계는 상호의존적이다. 각 파트너는 다른 기업과 공유하는 특정한 강점을 가지고 있다. 학습은 양쪽에서 이루어져야 한다. 삼성은 평면 패널 TV를 만들던 제조기술 분야의 리더이다. 소니는 선진기술을 세계 수준의 소비자 제품에 활용하는 능력이 탁월하다. 소니의 엔지니어들은 TV 화질 최적화에 있어 전문화되어 있다. 삼성 최고경영자인 장인식은 "우리가 소니에게서 배운다면 그것은 우리의 기술발전에 큰 도움이 될 것이다."라고 말한다.[27]

3. 파트너의 비전과 노력은 진정으로 글로벌화되며, 자국과 지역의 범위를 넘어 전 세계로 확장된다. 소니와 삼성은 모두 세계시장에 글로벌 브랜드를 마케팅하는 글로벌 기업이다.

4. 관계는 수직적이 아닌 수평적 관계로 구성된다. 해당 규범에 따라 기술 공유와 자원의 공동 이용과 함께 파트너 간의 자원의 지속적 이전이 필요하다. 장 회장과 소니의 히로시 무라야마는 매일 전화통화를 하며, 또한 매월 직접 만나 패널 제작에 대해 논의한다.

5. 파트너십에서 제외된 시장에서 경쟁할 때 참가기업은 국가적 · 이념적 정체성을 유지한다. 삼성은 DLP(digital light process) 기술을 사용하여 고화질 TV 시장을 창출했다. 소니는 DLP 부품을 생산하지 않는다. TV에 접목하기 위한 DVD 플레이어와 홈시어터 사운드 시스템에 대한 계획을 세울 때 강윤제 수석 TV 디자이너가 이끄는 삼성 개발팀은 오디오/비디오 사업부서와 긴밀히 협력했다. 삼성에서 가전제품과 컴퓨터제품을 담당하는 매니저들은 최지성 디지털 미디어 사장에게 보고를 한다. 모든 디자이너는 열린 공간에서 나란히 일을 한다. 최근 기업 안내에 의하면 "부서 간의 모든 벽은 문자 그대로 사라졌다."[28] 이와 반대로 최근 몇 년 동안 소니는 자율적으로 운영되는 부서 간 합의를 기반으로 하는 커뮤니케이션 방식에 괴로워하고 있다.

성공요인

제안된 제휴가 이런 다섯 가지 속성이 있다고 가정할 때 GSP의 성공에 중대한 영향을 미치는 것으로 간주되는 여섯 가지 기본요소인 사명, 전략, 지배구조, 문화, 조직, 관리를 고려해야 한다.[29]

1. 사명 : 성공적인 GSP는 참여기업이 상호 간의 필요나 이익을 기반으로 목적을 추구하는 윈-윈 상황을 만든다.

2. 전략 : 기업은 서로 다른 파트너와 별도의 GSP를 구축할 수 있다. 전략은 갈등을 피하기 위해 반드시 초기부터 계획되어야 한다.

3. 지배구조 : 토론과 합의는 반드시 일반적인 것이어야 한다. 파트너는 서로를 평등하게 봐야 한다.

4. 문화 : 개인 간의 교감이 중요하고, 그것은 공유된 가치체계의 성공적인 발전을 의미한다. 영국의 GE와 지멘스 AG 간의 파트너십 실패는 부분적으로, GE는 재무중심의 경영진에 의해 운영되었고, 지멘스 AG는 엔지니어에 의해 운영되었기 때문이라고 여겨진다.

5. 조직 : 다국적 경영의 복잡성을 줄이기 위해서는 혁신적인 구조와 디자인이 필요할 수 있다.

6. 관리 : GSP는 항상 다른 형태의 의사결정을 포함한다. 잠재적으로 분열을 초래하는 문제는 사전에 식별되어야 하고, 모든 파트너가 약속한 분명하고 통합된 권한체계가 설립되어야 한다.

　GSP를 구성한 기업들은 반드시 이러한 요소를 유념해야 한다. 또한 뒤따르는 네 가지 원칙은 성공적인 협업으로 안내할 것이다. 첫째, 파트너가 일부 영역에서 공동의 목적을 추구함에도 불구하고 파트너는 서로 다른 영역에서 경쟁자라는 것을 기억해야 한다. 둘째, 화합은 성공의 가장 중요한 측정방법이 아니다. 조금의 분쟁은 예상해야 한다. 셋째, 모든 직원, 엔지니어, 관리자는 협력이 끝나고 경쟁적 타협이 시작된다는 것을 이해해야 한다. 마지막으로 앞서 언급한 바와 같이 파트너로부터의 학습은 매우 중요하다.[30] 학습 문제는 특별한 관심을 기울일 필요가 있다. 한 연구팀은 다음과 같이 말했다.

> 파트너에게 핵심기술을 대규모로 이전하는 것을 방지하면서 동맹 외부의 기업과 비교하여 이익을 창출하기에 충분한 기술을 공유하는 것이야말로 도전 과제이다. 이것은 걷기에 너무 좁은 선이다. 기업들은 어떠한 기술과 장비를 파트너에게 전해 줄 것인지 신중하게 선택해야 한다. 그들은 돌발적이며 비형식적인 정보의 이전에 대해 예방책을 강구해야 한다. 목적은 그들의 경영 투명성을 한정하는 것이다.[31]

아시아 경쟁기업과 제휴

서구의 기업들은 아시아 경쟁기업과 GSP를 할 때, 특히 아시아 경쟁업체의 제조기술이 파트너십에서 매력적인 품질일 경우 그들이 불리하다는 것을 알게 될 것이다. 안타깝게도 서구 기업의 경우 제조기술의 우수성은 쉽게 이전하지 않는 다면적인 역량에 해당된다. 비아시아 경영자와 엔지니어는 좀 더 수용하고 세심한 태도를 배워야 한다. 그들은 '자신이 최고라는 생각으로 외부의 것을 수용하지 못하는 성향(NIH)'의 신드롬을 극복하고, 스스로를 선생이 아닌 학생으로 생각해야 한다. 동시에 그들은 자사 소유의 연구실과 엔지니어의 성공을 드러내는 것을 자제하는 것을 배워야 한다.

　투명성을 한정하기 위해 GSP에 관련된 몇몇 기업들은 '협업부서'를 만들었다. 기업의 커뮤니케이션 부서와 매우 유사한 이 부서는 반드시 연결되어야 하는 사람과 정보에 대한 접근을 관리하는 문지기의 역할을 위해 만들어졌다. 이러한 문지기 역할은 돌발적 정보의 이전을 방지하는 중요한 통제기능을 한다.

　맥킨지앤컴퍼니의 1991년 보고서는 서구 기업과 일본 기업 간의 동맹관계의 특정 문제를 추가로 조명했다.[32] 보통 파트너 사이의 문제는 업무 수행의 객관적인 성과 수준보다 상호 환멸감에 더 많은 관련이 있고 이를 이유로 기회를 잃게 된다. 이 연구는 동맹에 있어 공통적으로 실수를 하는 네 가지 문제 영역을 규명했다. 첫 번째 문제는 각 파트너가 '서로 다른 꿈'을 가질 때 발생한다. 일본 파트너는 동맹을 통해 자신의 사업 영역에서 리더가 되거나 또는 새로운 영역으로 진입하고 미래를 위한 새로운 기반을 형성할 것으로 생각했다. 서구 기업은 상대적으로 빠르고 위험이 없는 재정적 수익을 추구했다. 일본의 한 경영자는 "우리의 파트너는 수익을 찾아서 왔습니다. 그들은 수익을 얻었습니다. 지금 그들은 새로운 사업을 창출하지 못했다고 불평합니다. 그러나 새로운 사업은 원래 그들이 원했던 것이 아닙니다."라고 토로했다.

두 번째 문제는 파트너 사이의 균형이다. 각 기업은 동맹에 기여해야 하고 동맹에서 참여가 정당해지는 정도까지 서로에게 의존해야 한다. 단기적으로 가장 매력적인 파트너는 이미 설립되어 있고 비즈니스에서 유능하지만, 새로운 기술을 습득할 필요가 있는 회사일 가능성이 크다. 그렇지만 최고의 장기적 파트너는 덜 유능한 기업이거나 업계 외부의 기업일 가능성이 크다.

세 번째 문제의 일반적인 원인은 경영철학, 기대치, 접근방식의 차이로 인한 '마찰 손실(frictional loss)'이다. 동맹 내에서 모든 기능은 영향을 받을 것이고, 그 결과 성과가 저하될 수 있다. 서구 기업의 한 사업가는 일본 파트너에 대해 "우리의 파트너는 그냥 앞으로만 전진했고 수익이 있을지 없을지를 고려하지 않고 투자만 원했다."고 말했다. 일본 파트너는 "외국 파트너는 명백한 사실을 결정하는 데도 너무 오래 걸려, 우리는 언제나 너무 느렸다."라고 언급했다. 이러한 차이점은 종종 좌절감과 시간 소모적인 논쟁으로 이어져 의사결정을 방해할 수 있다.

마지막으로 이 연구는 단기 목표는 해외 파트너가 합작투자에 할당된 사람 수를 제한할 수 있다는 사실을 발견했다. 합작투자에 연관된 사람들은 단 2~3년간만 임무를 수행하게 된다. 그 결과 '기업 기억상실증(corporate amnesia)'이 발생한다는 것이다. 이것은 일본에서 경쟁했던 방법에 대해 축적된 기업의 기억이 거의 또는 전무하다는 것이다. 합작투자의 원래 목표는 각각의 새로운 관리자 그룹이 차례로 이동함에 따라 사라지게 될 것이다. 이 네 가지 문제를 종합하면 거의 항상 일본인 파트너만이 장기적으로 유일한 파트너가 될 것이다.

CFM 인터내셔널, GE 및 스네크마 : 성공 이야기

GE의 제트 엔진 사업부와 프랑스 국영 항공우주 기업인 스네크마 간의 파트너십인 CFM(Commercial Fan Moteur) 인터내셔널은 성공적인 GSP의 예로 자주 언급된다. GE는 부분적으로 에어버스 인터스트리에 엔진을 판매할 수 있도록 유럽시장에 대한 접근성을 확보하고자 이 제휴를 결정하였다. 또한 8억 달러의 개발비용은 GE가 모두 감당하기엔 너무 위험했다. GE가 시스템 설계와 하이테크 업무에 초점을 맞추는 동안 프랑스 파트너는 팬, 부스터 및 기타 부품을 처리했다. 2004년 프랑스 정부는 스네크마에 보유 지분 35%를 매각했다. 2005년, 전자제품 제조업체인 사젬이 스네크마를 인수했다. 사프란으로 알려진 이 새로운 사업체는 2016년 매출이 130억 유로(187억 달러)를 넘어섰고, 절반 이상이 항공우주 추진장치에서 창출되었다.[33]

GE의 게르하르트 노이만과 스네크마의 고인이 된 르네 라바우드 장군의 개인적인 교감 덕분에 동맹은 순조로운 출발을 시작했다. 그 파트너십은 지배구조, 관리, 조직에 대한 서로 다른 견해가 있었음에도 불구하고 번창했다. GE의 엔진 그룹 수석 부사장인 브라이언 로우는 프랑스인은 업계 외부의 고위 경영진을 영입하는 것을 좋아하는 반면, GE는 조직 내에서 숙련된 사람을 영입하는 것을 선호한다고 언급했다. 또한 프랑스인은 풍부한 데이터를 가지고 문제해결에 접근하는 것을 선호하고, 미국인은 보다 직관적인 접근을 취한다. 이러한 철학적 차이에도 불구하고 파트너십의 양측 고위 임원들은 실질적인 책임을 위임받았다.

보잉과 일본 : 논쟁

몇몇 비평가들에게 GSP는 비판의 대상이 되어 왔다. 비평가들은 중요한 구성요소에 대해 외부 공급업체에 의존하게 되는 회사 직원은 전문성을 잃고, 엔지니어링 기술의 쇠퇴를 겪을 것이라고 경고한다. 이런 비판은 종종 미국과 일본 기업의 GSP를 향한다. 예를 들어 새로운 연료 효율이 높은 항공기인 7J7을 개발하기 위해 보잉과 일본 컨소시엄 간에 제안된 제휴는 커다란 논쟁을 일으켰다. 이 프로젝트의 40억 달러 가격표는 보잉이 짊어지기에 너무 높았다. 일본 컨소시엄은 10~20억 달러를 기부해야 했다. 그 대신 그들은 보잉으로부터 제조와 마케팅 기술에 대해 배울 기회를 얻고자 했다. 비록 1988년 7J7 프로젝트는 보류되었지만, 동체 폭이 넓은 새로운 항공기 777이 개발되었으며, 작업의 약 20%가 미쓰비시, 후지 및 가와사키에 하청 생산되어 만들어졌다.[34]

비평가들은 일본이 보잉 항공기를 만들며 배운 것을 이용하여 자신들만의 항공기를 만들고 미래에 보잉과 직접 경쟁하는 시나리오를 상상한다. 이것은 보잉이 세계시장의 주요 수출국이라는 점을 감안하면 충격적인 생각이다. 한 연구팀은 파트너십에 점점 더 의존하게 되면서 기업이 겪을 수 있는 단계를 설명하는 프레임워크를 개발했다.[35]

1단계 : 저렴한 노동력으로 조립공정의 아웃소싱
2단계 : 제품가격 인하를 위한 저가 부품의 아웃소싱
3단계 : 부가가치 부품의 해외 이전 수준의 증가
4단계 : 제조기술, 디자인, 기능적으로 관련된 기술의 해외 이전
5단계 : 품질, 정밀 제조, 테스트, 제품 관련 미래 방안의 해외 이전
6단계 : 부품, 소형화, 복잡한 시스템 통합과 관련된 핵심기술의 해외 이전
7단계 : 경쟁자는 기본 핵심역량과 관련된 기술의 전체 스펙트럼을 학습

요시노와 랭건은 교차시장 의존성의 관점에서 다양한 시장진입전략의 상호작용과 진화를 설명했다. 제8장에서 설명한 대로 많은 기업들은 수출 기반의 접근방법으로 시작한다.[36] 역사적으로 자동차와 소비자 가전제품에서 일본 기업의 두드러진 성공은 이러한 수출중심정책에서 유래되었다. 닛산, 토요타, 혼다는 처음에 일본에서의 생산에 집중하여 규모의 경제를 달성했다.

결국 수출중심전략(export-driven strategy)은 연계중심전략(affiliate-based strategy)으로 전환된다. 이전에 설명했듯 주식지분, 새로운 회사 설립을 위한 투자, 인수, 합작투자와 같은 다양한 형태의 투자전략은 기업 간의 운영에 있어 상호 의존성을 만들었다. 서로 다른 시장에서 운영함으로써 기업은 환율, 원자재가격, 또는 기타 고려사항에 따라 생산을 이곳저곳으로 이전시킬 수 있는 기회를 얻게 된다. 일부 기업에서는 외국기업과 제휴는 현지국 중심의 다국적 기업처럼 자율적인 영역처럼 운영되지만, 다른 기업들은 운영상의 유연성이 가져올 혜택을 알고 있다.

글로벌 전략의 발전에 있어 세 번째이자 가장 복잡한 단계는 서로 다른 시장의 완전통합과 공유지식 네트워크가 기업의 궁극적 경쟁력을 향상시킬 수 있다는 경영자의 인식을 동반한다. 기업의 직원들은 점점 더 복잡한 전략을 추구함에 따라 기존의 전략뿐만 아니라 각각의 새로운 상호 의존성을 동시에 관리해야 한다. 이 전략에서 설명된 단계는 사례 1-3에서 언급한 대로 한국 삼성 그룹의 신화에 반영되어 있다.

▶ 9-4 개발도상국의 파트너십과
관련된 몇 가지 문제를 파악한다.

9-4 개발도상국에서의 국제적 파트너십

중부 및 동부유럽, 아시아, 인도, 멕시코는 거대한 미개발 시장에 진입하려는 기업에게 흥미로운 기회를 제공한다. 이런 시장에 진입하기 위한 확실한 전략적 대안은 전략적 제휴이다. 앞선 미국과 일본의 합작투자처럼 잠재적 파트너는 노하우를 위해 시장접근 기회를 교환할 것이다. 물론 다른 진입전략 또한 가능하다. 1996년, 크라이슬러와 BMW는 매년 40만 개의 소형 엔진을 생산할 수 있는 라틴아메리카의 합작투자 공장에 5억 달러를 투자하는 데 합의했다. 그 당시 크라이슬러 회장 로버트 이튼은 전략적 파트너십에 회의적이었지만 합작투자와 같은 제한된 형식의 협력은 그 상황에는 의미가 있다고 믿었다. 이튼은 미국 시장을 벗어나면 대부분의 자동차 엔진이 2리터보다 작다는 것을 알고 있었다. 이는 크라이슬러에게는 경험이 거의 없는 디자인이었다. 이튼은 "국제시장에서 이와 같이 규모의 경제를 위해 당신에게 파트너가 있어야 한다고 제안하는 것은 의심의 여지가 없다."라고 말했다.[37]

위험을 최소화할 수 있고 문제를 극복할 수 있다고 가정하면 중부 및 동부유럽의 전환경제에서의 합작투자는 과거의 아시아 파트너와의 합작투자보다 더욱 빠른 속도로 발전할 수 있다. 잘 교육된 노동력이 있고, 러시아 소비자가 품질을 매우 중요시하는 것과 같은 수많은 요소가 결합하여 러시아를 기업 제휴에 탁월한 나라로 만들고 있다. 그러나 러시아의 합작투자와 관련된 몇몇 문제점이 자주 언급된다. 이것은 조직범죄, 공급부족, 낙후된 규제와 끊임없이 변화하는 법률체계를 포함한다. 이러한 위험에도 불구하고 러시아에서의 합작투자는 특히 서비스와 제조 분야에서 증가하고 있다. 소비에트 시절 이후 초기에는 대부분의 제조업 투자는 조립 업무에 국한되었지만 이제는 부품 제조와 같은 고부가가치 활동이 이루어지고 있다.

흥미로운 잠재력을 지닌 중부유럽 시장은 헝가리이다. 헝가리는 이미 이 지역에서 가장 자유로운 금융 및 상업 시스템을 갖추고 있다. 또한 하이테크 산업에서 서구인에게 투자 인센티브를 제공하고 있다. 러시아와 마찬가지로 전 공산주의 경제인 헝가리도 문제를 가지고 있다. 디지털사의 최근 헝가리 물리연구소와 정부관리 컴퓨터 시스템 설계회사 Szamalk와의 합작투자 협정이 적절한 한 사례이다. 디지털사가 헝가리에서 자사 장비를 판매하고 서비스를 제공할 수 있도록 벤처가 설립되었지만, 그 투자의 근본적인 중요성은 중부유럽 기업에 의한 디지털의 컴퓨터 복제를 막는 것이었다.

▶ 9-5 아시아에서 발견되는 특수
한 형태의 협력전략을 기술한다.

9-5 아시아의 협력전략

앞 장에서 보았듯이 아시아 문화는 집단주의적 사회가치를 보여준다. 협력과 조화는 아시아에서 개인의 삶과 비즈니스 세계 모두에서 높은 가치를 지닌다. 그래서 미쓰비시, 현대, LG와 같은 몇몇 아시아 거대기업이 협력전략을 추진하는 것은 놀라운 일이 아니다.

일본의 협력전략 : 게이레츠

일본의 게이레츠(계열: keiretsu)는 특별한 형태를 갖는 협력전략을 나타낸다. 게이레츠는 비즈니스 간 동맹 또는 기업 그룹이며, 한 관측통의 말에 따르면 "기업가들이 시장 점유율을 위해 함께 경쟁하기 위해 모인 씨족집단과 유사하다."[38] 게이레츠는 1950년대 초 4개의 거대 자이바츠(재벌) 형태로 1945년까지 일본 경제를 주도해 왔다. 자이바츠는 제2차 세계대전 후 일본 재건의 일환으로 미 점령군이 독점 금지 조치를 취한 후 해체되었다.

오늘날 일본의 공정거래위원회는 반경쟁 행위보다 협력을 하도록 권하고 있다. 그 결과 미국 연방거래위원회는 일본 기업의 가격담합, 가격차별, 독점 공급 합의에 대한 여러 차례의 조사를 실시했었다. 히다치, 캐논 그리고 다른 일본 기업들도 미국 시장에서 하이테크 제품의 생산능력을 제한한 협의를 받고 있다. 법무부는 모기업이 일본 시장에서 불공정거래 관행으로 유죄판결을 받은 경우 일본 기업의 미국 법인을 기소하는 방안을 검토해 왔다.[39]

게이레츠는 자본시장, 1차 상품시장, 부품시장을 포함한 광범위한 시장에 존재한다.[40] 게이레츠 관계는 종종 대량지분을 보유한 은행의 소유권, 기업과 구매자 비금융 공급자들 사이의 교차 지분소유에 의해 강화된다. 더불어 게이레츠 중역들은 합법적으로 서로 다른 이사회의 임원을 역임할 수 있고, 정보를 공유할 수 있으며, '대통령 협의회'의 비공개 회의에서 가격을 조정할 수 있다. 따라서 게이레츠는 본질적으로 정부의 허가를 받은 카르텔이다. 그 자체로는 시장의 진입전략은 아니지만, 게이레츠는 새로운 시장을 모색하는 일본 기업들의 국제적인 성공에 필수적인 역할을 해왔다.

일부 관계자들은 게이레츠가 일본의 시장관계에 영향을 미친다는 혐의에 대해 이의를 제기하고, 대신 이 집단은 주로 사회적 기능을 수행한다고 주장하고 있다. 다른 사람들은 게이레츠와 관련된 특혜성 무역 형태의 과거 의미는 인정하지만, 최근에는 이러한 협력의 영향이 약화되고 있다고 주장한다. 비록 이 장에서 그 주제에 대해 자세하게 다루지는 않지만, 일본 기업과 경쟁하거나 일본 시장에 진출하고 싶어 하는 기업들에게 게이레츠에 대해 일반적인 이해가 중요하다는 것은 의심의 여지가 없다. 예를 들어 만일 자동차회사(예 : GM), 전기제품회사(예 : GE), 철강회사(예 : USX), 컴퓨터회사(예 : IBM)가 미국에서 분리되어 있는 대신에 상호연결되어 있다면 그것이 무엇을 의미할지를 상상해 보라. 게이레츠 시대의 글로벌 경쟁은 제품 간의 경쟁뿐만 아니라 기업의 지배구조 및 산업조직의 서로 다른 시스템 사이에도 경쟁이 존재함을 의미한다.[41]

미국의 가상 사례에서 알 수 있듯이 일본의 가장 크고 잘 알려진 기업 중 일부는 게이레츠의 중심에 있다. 예를 들어 미쓰이 그룹과 미쓰비시 그룹의 중심에는 은행과 공통의 유대를 가진 몇몇 대기업이 있다. 이들은 스미토모, 푸요, 산와 및 DKB 그룹은 '빅 6' 게이레츠를 형성한다. '빅 6'는 각자 일본 경제에서 주요한 부문에서 강력한 입지를 차지하기 위해 노력하고 있다. 그룹 내의 관계는 종종 주식보유 및 거래관계를 공유하기 때문에 '빅 6' 기업은 때때로 수평적 게이레츠로 인식된다.[42] 각 그룹의 연간 수익은 수천억 달러에 이른다. 절대적 관점에서 게이레츠는 전체 일본 기업 중 소수에 불과하다. 그러나 이러한 제휴는 해외 공급업체가 시장에 진입하는 것을 효과적으로 차단하고, 그 결과 일본 소비자에게는 가격을 상승시키는 동시에 일본 기업에게는 안정성, 위험공유, 그리고 장기고용의 결과를 초래한다.

'빅 6' 외에도 몇 개의 다른 게이레츠가 형성되어 이전에 설명한 기본형태에 새로운 구성을 도입했다. 수직적(즉, 공급과 유통) 게이레츠는 제조업체와 소매업체의 간의 계층적인 제휴이다. 예를 들어 마쓰시다는 파나소닉, 테크닉스 및 퀘이사 브랜드를 판매하는 일본의 내셔널 스토어 체인을 관리한다. 마쓰시다의 국내 매출의 약 절반은 내셔널 체인을 통해 발생하고, 전체 상품의 50~80%는 마쓰시다 브랜드로 구성된다. 도시바와 히다치를 포함한 일본의 다른 주요 가전제품 제조업자도 유사한 제휴관계를 맺고 있다.(소니의 유통망은 이에 비해 더 작고 약하다.) 모두 일본 시장에서 치열한 경쟁자이다.[43]

또 다른 유형의 제조업 게이레츠는 자동차 제조업체, 공급업체 그리고 부품 제조업체 간의 수직적 계층 제휴로 이루어져 있다. 그룹 간의 경영방식과 시스템은 밀접하게 통합되어 있고, 부품 공급자는 장기 계약을 맺는다. 예를 들어 토요타는 175개의 1차 공급업체와 수천 개의 2차 공급업체로 구성된 네트워크를 보유하고 있다. 이러한 공급업체 중 한 기업은 코이토인데, 토요타는 코이토사의 주식 약 1/5을 소유하고 있고, 생산량의 절반을 구매한다. 이러한 합의의 결과로 토요타는 GM이 자사 자동차 판매가격의 50%에 생산하는 것과 비교해 토요타는 25%에 생산할 수 있게 하는 결과를 가져왔다. 제조업 게이레츠는 공급업체와 구매업체 간 힘의 최적 균형에서 얻을 수 있는 이익을 보여주고 있다. 왜냐하면 토요타는 몇몇 정해진 공급업자로부터 부품을 사기 때문에(몇몇은 게이레츠에 속하고, 일부는 독립 기업) 토요타의 규정은 네트워크 아래 기업으로 전달된다. 또한 토요타의 공급업자는 토요타만을 위해 일하지 않기 때문에 그들은 유연하고 적응할 수 있는 인센티브를 얻는다.[44]

게이레츠 시스템은 고품질로 잘 알려진 일본 자동차산업의 핵심요소인 부품이 적기(just-in-time)에 배달되는 것을 가능하게 한다. 그러나 미국과 유럽의 자동차 제조업체가 품질의 격차를 좁히면서 거대 서구 부품 제조업체는 소규모 일본 부품 제조업자보다 더 낮은 가격으로 공급하기 위해 규모의 경제를 구축하기 시작했다. 게다가 토요타, 닛산 그리고 다른 자동차회사의 공급자 네트워크를 위한 주식보유는 제품개발과 다른 목적을 위해 쓰일 수 있는 자본을 묶어 놓았다.

르노의 경우 닛산의 경영권 지분을 인수한 후 카를로스 곤이 이끄는 프랑스의 새로운 경영진은 1,300개의 게이레츠 투자를 매각하기 시작했다. 닛산은 부품 공급자의 공개 입찰제로 전환했고, 몇몇은 일본에 소재하지 않는 기업이 선정되었다.[45] 결국 혼다와 토요타도 유사한 방식을 채택했고, 비게이레츠 부품 공급업체로부터 입찰을 받기 시작했다. 그 결과 더 높은 가격을 책정하려던 일본 자동차 부품업체 사이에서 가격담합이 이루어졌다. 최근 미 법무부가 제기한 반독점 혐의로 담합 파트너들에게 약 10억 달러에 달하는 벌금이 부과되었다. 몇몇 일본 자동차 부품기업들은 담합을 했다고 인정했고, 법무부는 그 결과 미국 자동차 구매자들이 더 높은 가격을 지불하게 되었다고 주장했다.

때때로 문제가 되는 게이레츠의 특성에도 불구하고 일본에서의 변화는 천천히 다가오고 있다. 토요타의 R&D 부문 부사장인 미츠히사 가토는 "우리는 우리 게이레츠를 보호해야 한다는 의무감이 있습니다. 우리는 더 많은 외부 공급업체를 만들려 노력하고 있지만 결코 일본만의 비즈니스 방식을 포기하지 않을 것입니다."라고 말했다.[46]

게이레츠가 미국 비즈니스에 미친 영향 : 두 가지 사례 클라이드 프레스토위츠는 게이레츠 관계가 미국 비즈니스에 어떤 잠재적인 영향을 미치는지 보여주는 몇 가지 사례를 제시하였다. 1980년대 초 닛산은 시장에서 자동차 디자인에 슈퍼컴퓨터를 사용하는 것을 고려하였다. 고려 중인 두 공급업체는 당시 슈퍼컴퓨터 시장의 세계적인 리더였던 크레이와 가동 중인 제품이 없는 히타치였다. 크레이사의 컴퓨터 구매가 보류된 것으로 보이자 히타치의 경영자들은 닛산과 히타치의 연대를 요청했다. 닛산과 히타치는 모두 같은 '빅 6' 게이레츠인 푸요 그룹의 멤버였다. 히타치는 미국 무역 관리들에게 괴롭힘을 당하던 상황에서 본질적으로 닛산이 히타치에 대한 선호를 보여줄 것을 요구했다. 반면 닛산 내부에서는 크레이 컴퓨터를 지지했다. 궁극적으로 닛산과 일본 정부에 대한 미국의 압력 덕에 사업은 크레이에게 갔다.

프레스토위츠는 이런 유형의 비즈니스 관행에 대한 일본인의 태도를 다음과 같이 묘사했다.[47]

> 충격에 대비해 쿠션을 제공함으로써 상호 의무를 존중하는 것이다. 오늘날 닛산은 히타치 컴퓨터를 구매할 것이다. 내일은 닛산이 히타치에게 자사의 과다한 노동자들을 데려가 달라고 요청할 수도 있다. 히타치 컴퓨터의 성능이 조금 떨어지더라도 더 넓은 상황에 대한 배려로 균형을 이룰 수 있다. 더욱이 히타치의 제품을 구매하기로 한 결정이 호의적이었기 때문에 히타치를 더 가깝게 묶고 닛산 제품에 대한 맹종적인 서비스와 미래의 히타치의 충성을 보장할 것이다. 이러한 함께 뭉치는 태도는 장기적 관점에서 일본인이 의미하는 것으로 이것이 그들을 충격에 견디고 장기간 생존할 수 있게 하는 것이다.[48]

게이레츠의 관계는 태평양을 넘어 미국 시장에 직접적으로 영향을 미치기 때문에 미국 기업들은 일본 시장 밖에서도 게이레츠에 관심을 가질 이유가 있다. 도드웰 마케팅 컨설턴츠가 수집한 자료에 의하면, 캘리포니아 1개 주에서만 게이레츠는 일본과 관련된 제조시설의 절반 이상을 소유하고 있었다. 그러나 게이레츠의 영향은 미국 서부 해안을 넘어 확장되었다. 일리노이에 본사를 둔 충격흡수장치와 배기 시스템을 제조하는 업체인 텐네코 오토모티브는 토요타 게이레츠와 전 세계적으로 많은 비즈니스를 한다. 그러나 1990년에 마쓰다는 미국 켄터키 주에 있는 자사 공장의 공급업체로 텐네코를 제외했다. 그 사업의 일부는 일본 현지법인 회사이자 마쓰다 게이레츠의 멤버인 도키코 메뉴팩추어링으로 이전되었다. 비게이레츠 일본 기업인 KYB 인더스트리도 역시 공급업체로 지정되었다. 일본의 자동차기업 중역은 "첫 번째 선택은 게이레츠 회사이고, 두 번째 선택은 일본 공급업체, 세 번째 선택은 현지회사 순입니다."라고 변경의 근거를 설명했다.[49]

한국의 협력전략 : 재벌

한국은 재벌(chaebol)로 알려진 독자적인 제휴협력 그룹이 있다. 일본의 게이레츠와 같이 재벌은 중앙은행 혹은 지주회사가 중심으로 수십 개의 회사로 구성되어 있고, 창립가족에 의해 지배된다. 그러나 게이레츠에 비해 재벌은 더 최근의 현상이다. 한국의 군사 독재자에 의해 정부 보조금과 수출 금융을 자동차, 조선, 철강 그리고 전자산업 부문의 선택된 기업 그룹에게만 허락된 것은 1960년대 초반이었다. 예를 들어 1950년대 삼성은 모직공장으로 잘 알려져 있었다. 1980년대까지 삼성은 저가 가전제품의 생산기업으로 진화하였다. 오늘날 삼성전자의 안드로이드 기반 갤럭시 스마트폰 라인은 전 세계 베스트셀러 상품이다.

재벌은 한국의 경제 기적의 원동력이었다. 국민총생산(GNP)은 1960년 19억 달러에서 1990년 2,380억 달러로 증가했다. 그러나 1997년에서 1998년 경제위기 이후 한국의 김대중 대통령은 재벌 지도자들에게 개혁을 추진하도록 압박을 가했다. 경제위기 이전의 재벌은 비대했고, 부채가 많았다. 몇 년 사이에 재벌들은 변모하기 시작했다. 예를 들어 삼성은 제약산업과 친환경 에너지로 사업 다각화를 이루었고, LG 전자는 폐수처리 산업으로 옮겨갔다. 삼성, LG, 현대 그리고 다른 재벌들은 세련된 광고를 통해 고부가가치 브랜드 제품을 공급하는 기업 이미지를 만들고 있다.[50]

최근 일부 재벌 총수들이 정치인과의 유착, 비리 등 각종 범죄행위로 고발된 이후 기업지배구조에 대한 의문이 제기되고 있다. 2017년, 한국 법원은 이재용 삼성 후계자가 당시 박근혜 대통령에게 뇌물을 준 혐의로 유죄 판결을 내렸다. 아이러니하게도 박 후보는 부분적으로 재벌 과잉을 억제하겠다는 선거 공약에 기초하여 당선되었다. 논평자들은 개혁이 투명성과 기업 감독을 높이고 재벌이 휘두르는 경제적 힘을 줄일 수 있기를 기대하고 있다. 그렇게 되면 한국의 수백만 중소기업이 고용을 늘리고 장기적인 경제성장을 창출하는 데 더 좋은 위치를 차지하게 될지도 모른다.[51]

▶ 9-6 21세기 협력전략의 진화에
대해 설명한다.

(9-6) 21세기 협력전략

미국의 기술 제휴 중 하나인 세마테크는 정부 산업정책의 직접적인 결과라는 점에서 특별하다. 국내 반도체 산업의 주요 회사들이 일본과의 경쟁이 어렵다고 걱정한 미국 정부는 1987년부터 시작한 14개 기술기업의 컨소시엄에 보조금을 지급하는 데 동의했다. 세마테크는 본래 700명의 직원이 있었으며, 일부 직원은 정규 직원이었고, 또 다른 직원들은 IBM, AT&T, AMD, 인텔 그리고 다른 회사들에서 파견된 직원들이었다. 컨소시엄이 직면한 과제는 일본과 치열한 경쟁에 직면하여 제조업체의 시장 점유율을 빠르게 뺏기고 있는 미국의 반도체 칩 제조장비산업을 구하는 것이었다. 비록 처음에 서로 다른 파벌 간의 태도와 문화적 차이로 어려움을 겪었지만, 세마테크는 결국 새로운 접근방식으로 그들의 장비를 납품받아 칩 제조장비업체를 도왔다. 1991년까지 세마테크 계획은 일본의 경기침체와 같은 다른 요소와 함께 반도체 장비산업의 시장 점유율 하락을 반등시키는 것이었다.[52]

세마테크의 결과물은 기술 중심 기업 간의 협력에 새로운 시대를 예고했다. 세마테크가 국제적으로 확장되어 감에 따라 컨소시엄 멤버 구성도 AMD, HP, IBM, 인피니언, 인텔, 파나소닉, 퀄컴, 삼성 및 ST 마이크로일렉트로닉스로 확장되었다. 다양한 산업의 기업들이 비슷한 형태의 제휴를 추구한다.

'관계형 기업(relationship enterprise)'은 전략적 제휴가 진화한 다음 단계라고 말할 수 있다. 이는 서로 다른 산업과 국가에 있는 기업집단은 하나의 단일기업처럼 활동하도록 장려하는 공통된 목표에 따라 함께 유지된다. 부즈 알렌 해밀턴 컨설팅회사의 전 부회장인 사이러스 프라이드하임의 의견에 따르면 초기 관계형 기업의 대표격인 제휴의 개요를 서술했다. 그는 몇십 년 내에 보잉, 브리티시항공, 지멘스, TNT, 스네크마가 협력하여 중국에 있는 여러 개의 새로운 공항을 건설할 것이라고 제안했다. 패키지의 일부로서 브리티시항공과 TNT는 특혜 비행 노선과 착륙시간을 부여받고, 중국 정부는 보잉/스네크마로부터 모든 항공기를 구매하는 계약을 맺고, 지멘스는 10곳의 모든 공항에 항공교통관제시스템을 제공하는 것이다.[53]

오늘날 우리가 알고 있는 단순한 전략적 제휴보다 더 많은 관계형 기업은 매출이 1조 달러에 육박하는 글로벌 거대기업 간의 강력한 제휴가 될 것이다. 이들 기업은 대규모 현금 자본을 끌어올 수 있고, 독점 금지 장벽을 우회하고, 모든 대규모 시장을 본거지로 두고 거의 모든 곳에서 '현지'기업처럼 정치적 이점을 누릴 수 있다. 이런 유형의 제휴는 단지 기술적인 변화에 의해 주도되는 것이 아니라 여러 본거지를 갖는 정치적인 필요성을 반영한다.

미래의 협력전략에 대한 또 다른 관점은 '가상기업(virtual corporation)'의 출현을 예상할 수 있다. 비즈니스위크의 표지 기사에 따르면 가상기업은 "방대한 능력을 갖춘 하나의 독립체로 보이지만 실제로는 단지 그들이 필요한 때만 모이는 다수의 협업작업의 결과"이다.[54] 글로벌 수준에서 가상기업은 비용 효율성과 즉각적인 대응성 양쪽 모두의 역량을 결합할 수 있다. 그래서 가상기업은 '세계적으로 생각하고 지역적으로 행동하라'는 철학을 쉽게 추구할 수 있다. 이것은 '맞춤형 대량생산(mass customization)' 추세를 반영한다. 예를 들어 초고속 통신 네트워크 같은 디지털 게이레츠의 형성을 이끄는 동일한 힘이 가상기업에도 구현되어 있다. 윌리엄 다비도우와 마이클 말론은 저서 가상기업(*The Virtual Corporation*)에서 "가상기업의 성공은 기업의 조직 구성요소 전체에 걸쳐 방대한 정보의 흐름을 수집하고 통합하며 지능적으로 정보에 따라 행동하는 능력에 달려 있다."고 언급했다.[55]

가상기업이 1990년 초에 갑자기 등장한 이유는 무엇일까? 이전 기업들은 이런 종류의 데이터 관리를 수행하는 기술이 부족했었다. 오늘날의 분산된 데이터베이스, 네트워크, 그리고 개방형 시스템들은 가상기업에 필요한 종류의 데이터 흐름을 가능하게 만든다. 특히 이러한 데이터 흐름들은 우수한 공급사슬 관리를 가능하게 한다. 포드는 기술이 단일회사의 멀리 떨어진 사업장들 사이에서 어떻게 정보흐름을 개선하는지에 관한 흥미로운 사례를 제공한다. 미국의 머큐리 미스틱과 포드 컨투어, 유럽에서는 몬데오로 알려진 포드의 60억 달러 '월드 카'는 세 대륙에 있는 디자이너와 엔지니어의 컴퓨터 워크스테이션을 연결하는 국제 통신 네트워크를 사용하여 개발되었다.[56]

(9-7) 시장확장전략

◀ **9-7** 시장확장전략 매트릭스를 이용하여 세계 최대 글로벌 기업이 사용하는 전략을 설명한다.

기업은 기존 운영 국가에서 새로운 시장을 모색할 것인지 아니면 이미 확인되고 서비스를 제공하는 시장부문에 대한 새로운 국가의 시장을 모색하여 확장할 것인지에 대해 결정해야 한다.[57] 이 두 가지 차원을 결합하면 표 9-6과 같이 네 가지 **시장확장전략**(market expansion strategy) 옵션들이 만들어진다.

전략 1은 **국가와 시장 집중화**(country and market concentration)로 소수의 일부 국가에서 제한된 수의 고객 세분화를 목표로 하는 것이다. 이것은 일반적으로 대부분 기업들의 출발점이며 기업의 자원과 시장에 대한 투자 요구에 부합한다. 기업이 규모가 크지 않고, 충분한 자원을 가지고 있지 못하다면 이 전략은 시작하기에 유일한 현실적인 방법일 것이다.

전략 2는 **국가 집중화와 시장 다각화**(country concentration and market diversification)로 기업은 소수 일부 국가의 많은 시장들에 서비스를 제공한다. 이 전략은 유럽에 남아 새로운 시장으로 확장하여 성장을 추구한 많은 유럽 기업에 의해 수행되었다. 또한 기존 제품을 그대로 국제화에 적용시키거나 또는 새로운 글로벌 상품을 개발하여 국제적으로 확장하려는 것과 대조적으로 미국 시장에서 다각화하기로 결정한 미국 기업의 접근방법이다. 미국 상무부에 따르면 주요 미국 기업들은 전형적으로 전략 1 또는 2를 추구한다.

전략 3은 **국가 다각화와 시장 집중화**(country diversification and market concentration)이며 기

표 9-6 시장확장전략

		시장	
		집중화	다각화
국가	집중화	1. 좁은 집중화	2 국가 집중화
	다각화	3. 국가 다각화	4. 글로벌 다각화

업이 한 제품으로 세계시장을 공략하는 고전적인 글로벌 전략이다. 이 전략의 매력은 전 세계 고객에게 서비스를 제공함으로써 기업이 어떤 경쟁사보다 더 많은 누적 물량과 낮은 비용을 달성함으로써 난공불락의 경쟁우위를 확보할 수 있다는 것이다. 이 전략은 뚜렷한 요구와 고객 범주에 맞는 잘 관리된 기업의 전략이다.

전략 4는 **국가와 시장 다각화**(country and market diversification)로 파나소닉과 같은 글로벌 멀티비즈니스 기업의 전략이다. 파나소닉은 2018년에 100주년을 맞이했다. 회사 설립자인 고 노스케 마쓰시다는 20세기 비즈니스의 아이콘이다. 오늘날 파나소닉은 범위가 다국적이며, 다양한 사업부서 및 그룹이 여러 소비자 및 사업부문에 서비스를 제공한다. 그래서 기업전략 측면에서 파나소닉은 전략 4를 추구한다고 할 수 있다. 그러나 사업운영 측면에서 개별사업부 관리자는 그들의 특정한 글로벌 시장에서 전 세계 고객의 요구에 집중해야 한다. 표 9-6에서 이것은 전략 3으로 국가 다각화와 시장 집중화이다. 전 세계적으로 점점 더 많은 기업들이 국내시장뿐만 아니라 세계시장에서 시장 점유율의 중요성을 보이기 시작했다. 해외시장에서의 성공은 기업의 총생산규모를 늘리고 비용을 더 낮출 수 있다.

요약

수출과 수입을 넘어서 사업을 하길 원하는 기업은 폭넓은 **시장진입전략**을 수행할 수 있어야 한다. 각 전략은 고유한 장점과 단점을 가지고 있다. 고려 요소는 투자, 몰입, 위험 수준으로 나타나는 연속체로 우선순위를 매길 수 있다. 라이선싱은 신규 투자를 거의 하지 않고도 이익을 발생시킬 수 있다. 이것은 첨단기술, 강력한 브랜드 이미지 또는 가치 있는 지식재산권을 소유하고 있는 기업에게 좋은 선택일 수 있다. 계약생산방식과 프랜차이징은 글로벌 마케팅에서 광범위하게 사용되고 있는 라이선싱의 두 가지 특화된 형태이다.

본국 밖에서이 더 높은 수준의 관여는 해외직접투자(FDI)와 관련 있다. 이것은 많은 형태를 취할 수 있다. 합작투자는 둘 또는 그 이상의 기업들에게 위험을 공유하고 가치사슬의 강점을 조합할 수 있는 기회를 제공한다. 합작투자를 고려하는 기업은 '결별'을 피하기 위해 신중하게 계획하고 파트너와 의사소통을 해야 한다. 또한 해외직접투자는 그린필드 투자, 해외기업에 대한 다수 또는 소수지분 획득, 또는 합병 또는 완전인수를 통해 기존 기업의 완전한 소유권을 획득하는 방법을 통해 본국 밖에서 기업 운영을 구축하는 데 사용할 수 있다.

전략적 제휴, 전략적 국제제휴, 글로벌 전략적 파트너십(GSP)으로 알려진 협력적 제휴는 21세기의 중요한 시장진입전략을 대표한다. GSP는 수많은 다른 나라 시장에서의 사업 파트너를 참여시킬 수 있는 야심적이고, 상호적이며 국경을 초월한 제휴관계이다. GSP는 특히 중부와 동부유럽, 아시아, 그리고 라틴아메리카의 신흥시장에 적합하다. 서구 기업인들은 아시아에서 만들어진 두 가지 특별한 형태의 협력인 일본의 게이레츠와 한국의 재벌에 대해 알아야 한다. 다양한 대안을 숙고하는 관리자를 돕기 위한 네 가지 **시장확장전략**은 국가와 시장 집중화, 국가 집중화와 시장 다각화, 국가 다각화와 시장 집중화, 국가와 시장 다각화로 표현될 수 있다. 선호되는 확장전략은 기업의 발전단계를 반영한다(예 : 국제적, 다국적, 글로벌 또는 초국적 기업의 단계). 5단계인 초국적 단계는 이전 3단계까지의 강점을 통합된 네트워크로 결합하여 전 세계에 활용한다.

토론문제

9-1. 시장진입 도구로써 라이선싱으로 사용하는 것의 장점과 단점은 무엇인가? 글로벌 마케팅 전략으로 서로 다른 나라에서 라이선싱을 사용한 기업의 예를 들어보라.

9-2. 뉴욕 버팔로에 위치한 XYZ 제조회사의 사장은 오사카에 있는 기업으로부터 라이선스 제안을 받았다. 회사의 특허와 노하우의 공유 조건으로 일본 기업은 미국 회사의 라이선스를 기준으로 판매되는 모든 제품의 공장 출고가격의 5%에 해당하는 라이선스 수수료를 지불하는 데 대해 이 사장은 여러분의 조언을 원하고 있다. 그에게 뭐라고 말할 것인가?

9-3. 해외직접투자(FDI)란 무엇인가? 해외직접투자는 어떤 형태를 취할 수 있는가?

9-4. 게이레츠란 무엇인가? 이 산업구조의 형태가 어떻게 일본과 경쟁하거나 일본 시장에 진입하려고 하는 기업에게 영향을 미치는가?

사례 9-1 (계속)
AB 인베브와 사브밀러 : 하늘(맥주)이 맺어준 인연?

일본 시장 진입 문제

사브(SAB)는 글로벌 입지를 확장하려는 유일한 양조업자가 아니었다. 일본에서의 앤호이저부시의 경험은 진입방법 선택에 대한 사례연구를 제공했으며, 합작투자의 장단점을 강조하였다.

유통에 대한 접근은 일본에서의 성공에 있어 매우 중요한 부분이다. 앤호이저부시는 산토리와의 라이선스 계약을 통해 처음 그 시장에 진출했는데, 당시 이 계약은 일본 4대 맥주회사 중 가장 작은 규모였다. 버드와이저가 10년 만에 일본 수입맥주 1위 브랜드가 됐지만 1990년대 초 버드의 시장 점유율은 여전히 2%에도 미치지 못했다. 이어 앤호이저부시는 시장 선두주자인 기린맥주 양조회사와 합작투자를 시작했다. 앤호이저부시의 지분 90%는 기린의 채널을 통해 로스앤젤레스의 맥주 양조장에서 생산된 맥주를 판매하고 유통할 수 있는 권리를 부여했다. 앤호이저부시는 또한 버드를 현지에서 양조하기 위해 기린의 양조 능력 중 일부를 사용할 수 있는 선택권을 가지고 있었다.

기린은 세계 최대 맥주 양조회사로부터 맥주시장에 대해 더 많이 배울 수 있는 위치에 있었다. 그러나 10년이 지나도록 버드의 시장 점유율은 증가하지 않았고 합작투자기업은 손해를 보고 있었다. 2000년 1월 1일, 앤호이저부시는 합작회사를 해산하고, 관련 직책의 대부분을 일본에서 없앴고, 이후 기린과는 라이선스 계약으로 되돌아갔다. 교훈은 분명했다. 일본에서는 대규모 투자를 하는 것보다 라이선스 계약을 통해 현지 파트너에게 통제권을 주는 것이 더 합리적이라는 것이다.

하이네켄

네덜란드의 대표적인 맥주 하이네켄은 사브와 마찬가지로 현지 브랜드에서 시작하여 지역적 브랜드로, 다음에는 글로벌 브랜드로 전환한 또 다른 맥주 양조회사이다. 오늘날 레드스타가 새겨진 상징적인 녹색 병에 담긴 하이네켄은 다른 어떤 단일 브랜드보다 많은 나라에서 판매되고 있다. 하이네켄은 독립 맥주 양조업체로, 회사를 창립한 이래 가족이 4대째 관리하고 있다. 2014년 하이네켄은 사브밀러의 인수 제의를 거절했다.

이 브랜드의 인기는 부분적으로 마케팅 커뮤니케이션의 연대기에서 전설로 자리잡은 1970년대와 1980년대의 광고 태그라인 때문일 수 있다. 당시 영국산 에일 양조업체인 위트브레드 PLC는 영국에 하이네켄을 유통시켰다. "하이네켄은 다른 맥주가 줄 수 없는 청량감을 줍니다."라는 문구는 영국 소비자들을 전통적인 에일에서 하이네켄의 라거로 갈아타는 데 도움을 주었다.

사브밀러의 전략과 유사하게 하이네켄의 CEO 장 프랑수아 반 복스미어는 2000년대 중반부터 수십 건의 인수를 통해 300억 달러 이상을 투자했다. 그렇게 함으로써 그는 회사의 시장 범위를 거의 두 배로 늘렸으며, 현재 70개국까지 확장하고 있다. 그 이름을 딴 맥주 외에도 암스텔, 아플리젬(벨기에), 솔(멕시코), 타이거(싱가포르) 등을 판매하고 있다. 증가된 규모는 그 회사가 맥아보리 및 알루미늄과 같은 주요 상품 투입물들의 비용을 줄이는 데 도움이 되는 한 방법이다.

더 많은 인수

맥주 양조업의 통합은 2000년대에도 빠른 속도로 이어졌다. 2004년에 벨기에의 인터브루는 브라질 회사인 암베브와 합병했다. 이 새로운 독립체는 인베브로 알려져 있다. 2008년에 인베브는 520억 달러 규모의 거래로 앤호이저부시를 인수했다. 세계 최대 맥주회사로서의 지위를 굳힌 후 CEO인 카를루스 브리토가 이끄는 앤호이저부시 인베브는 2016년 반독점 규제당국이 사브밀러에 790억 파운드의 인수 입찰을 승인하면서 다시 헤드라인을 장식했다. 이 거래는 거대기업에게 연간 5억 달러 정도 비용의 절감효과를 가져다줄 것으로 예상한다.

당시 AB 인베브 매출의 약 3분의 1이 미국에서 발생했으며, 가장 많이 팔리는 브랜드에는 버드라이트와 버드와이저가 포함되었다. 그러나 이 회사는 사실상 아프리카에 거의 존재감을 드러내지 않았다. 이와는 대조적으로 사브밀러는 아프리카에서 매출과 수익 모두에서 성장했다. 일반적으로 신흥시장은 사브밀러 매출의 약 4분의 3을 차지한다. 예를 들어 중국 현지 브랜드 스노우는 사브밀러의 판매량 리더였다. 그러나 제5장에서 언급한 바와 같이 중국의 반독점 규제기관을 만족시키기 위해 사브밀러는 인수가 진행되기 전에 스노우의 지분을 매각해야만 했다. 이렇게 합쳐진 회사는 2017년 640억 달러의 매출을 올렸으며 세계 맥주시장의 거의 3분의 1을 차지하고 있다.

신흥시장

글로벌 맥주 양조업체들은 또한 마케팅 활동을 강화하고 급성장하는 신흥시장에 전략적 투자를 하고 있다. 대표적인 예로 연간 매출이 60억 달러에 달하는 세계 최대 맥주시장인 중국이 있다. 유로모니터의 애널리스트인 실비아 무 인이 지적한 대로 "현지 맥주회사들은 대규모 다국적 기업과 전략적 제휴를 모색하고 있습니다. 또한 동시에 13억 중국인에게 외국기업들은 판매에 열심이지만 현지 지식이 부족하지요"라고 말했다. 특히 AB 인베브는 버드와이저 브랜드로 더욱 깊이 침투하는 방안을 모색하고 있다.

베트남도 주요 국제 양조업체의 관심을 받고 있다. 인구 9,000만 명의 베트남은 맥주를 마시는 민족으로 아시아태평양 지역에서 1인당 소비량이 5위이다(호주 1위). 2017년 베트남 정부는 2개의 주요 국영기업 지분 매각 계획을 추진했다. 매출 3위인 하노이 알코올 비어앤비버리지 코퍼레이션(하베코)은 인기 있는 하노이 맥주 브랜드를 양조해 판매하고 있다. 더 큰 라이벌인 사베코는 호치민시에 근거지를 두고 있으며, 333 및 사이공 비어 등을 포함한 브랜드로 시장의 40%를 점유하고 있다.

AB 인베브, 칼스버그, 하이네켄, 타이 비버리지 및 기린 홀딩스는 두 베트남 기업을 잠재적 투자 대상으로 삼고 있다. 하이네켄과 타이거 브랜드로 베트남에서 인기 있는 하이네켄은 이미 사베코의 지분 5%를 보유하고 있다. 덴마크 맥주회사 칼스버그의 하베코 지분율은 17%에 달한다

아프리카 : 최후의 미개척자

하이네켄은 현재 에티오피아와 코트디브와르에서 사업을 하고 있다. 그

러나 AB 인베브의 사브밀러 사업부는 아프리카의 저소득 소비자들을 목표로 하고 있다. 업계 전망에 따르면 아프리카의 맥주시장은 매년 5%씩 성장할 것인 데 반해 유럽과 북미의 맥주 소비는 감소하고 있다.

아프리카에서 맥주회사들은 맥주 판매에 대한 세금을 낮추기 위해 지방정부와 협상을 통해 비용을 절감하고 있다. 공무원들은 종종 두 갈래의 쟁점으로 설득할 수 있다. 먼저 저가 맥주는 수수 등 지역 작물을 이용하기 때문에 현지에서 일자리를 창출한다. 둘째, 잘 알려진 기업의 합법적인 브랜드 맥주는 불법 가정용 맥주보다 더 안전한 대안이라는 것이다. 의도하지 않은 한 가지 결과는 농부들이 옥수수와 콩과 같은 식량작물에서 맥주와 관련된 작물로 전환함에 따라 이것들과 다른 필수 소비재의 가격이 상승한다는 것이다.

미국으로 돌아가다

AB 인베브에 인수되기 전 사브밀러는 미국 내 포트폴리오에 여러 현지 브랜드를 도입했다. 이 회사는 체코 맥주 1위 필스너우르켈을 미국의 국가 브랜드로 만드는 작업에 착수했다. 이러한 노력의 성공은 필스너우르켈을 하이네켄과 어깨를 나란히할 글로벌 프리미엄 브랜드로 탈바꿈시키는 기반이 될 것이다.

페일라거인 필스너우르켈은 1842년부터 필젠의 프레즈드로이 양조장에서 생산되었다. 이 맥주는 미국 소비자들이 더 강한 홉의 수제맥주를 제조하기 위해 갈아타는 추세로 인해 이득을 보았다. 사브밀러의 마케팅 프로그램에는 거품이 두껍게 형성되도록 맥주를 따르는 바텐더 교육도 포함된다.

2005년 콜로라도에 본사를 둔 아돌프쿠어스가 캐나다의 몰슨과 합병했다. 2008년에 AB 인베브와 보다 효과적으로 경쟁하기 위해 사브밀러와 몰슨쿠어스는 밀러-쿠어스 LLC라는 50 대 50의 합작투자를 설립하였다. 사브밀러의 미국 사업과 몰슨쿠어스 브루잉의 사업들이 결합된 이 벤처는 미국에서 2위 양조업체가 되었다. 당시 AB 인베브는 1,000억 달러 규모의 미국 맥주시장에서 거의 49%의 점유율을 차지하고 있었다. 쿠어스라이트는 거래량 기준으로 2위 맥주 브랜드였고, 밀러라이트는 4위였다. 그러던 중 2016년 사브밀러와 AB 인베브 거래에 이어 몰슨쿠어스는 120억 달러 거래의 일환으로 밀러쿠어스의 지분을 완전소유하게 되었다.

토론문제

9-5. AB 인베브, 하이네켄 등 글로벌 맥주 양조업체들이 베트남 등 신흥시장을 목표로 하는 이유는 무엇인가?

9-6. 맥주 양조업은 현지적인가, 세계적인가?

9-7. 맥주 양조업계에서 라이선스, 합병 및 인수가 많은 이유는 무엇인가?

출처 : John Reed and Scheherazade Daneshkhu, "Big Brewers Work up Thirst for Vietnamese Beer," *Financial Times* (November 13, 2017), p. 18; Scheherazade Daneshkhu, "Jean-François van Boxmeer: The Refreshingly Expansive Leader," *Financial Times* (October 9, 2017), p. 24; Lindsay Whipp, "Beer Offer Brews Opportunity for Molson Coors," *Financial Times* (September 23, 2015), p. 14; Tripp Mickle, "MillerCoors Caught in a Downdraft," *The Wall Street Journal* (March 31, 2015), pp. B1, B2; Nicolas Bariyo and Peter Evans, "African Farmers Put Hope in Beer," *The Wall Street Journal* (March 12, 2015), p. B3; Scheherazade Daneshkhu, "A Psychologist Who Thought His Way into the Beer Elite," *Financial Times* (June 9, 2014), p. 10; Paul Sonne, "With West Flat, Big Brewers Peddle Cheap Beer in Africa," *The Wall Street Journal* (March 20, 2013), p. A1; Sean Carney, "Posh Beer Flows in U.S.," *The Wall Street Journal* (October 19, 2010), p. B10; Chris Buckley, "Battle Shaping up for Chinese Brewery," *The New York Times* (May 6, 2004), pp. W1, W7; Maggie Urry and Adam Jones, "SABMiller Chief Preaches the Lite Fantastic," *Financial Times* (November 21, 2003), p. 22; Dan Bilefsky and Christopher Lawton, "SABMiller Has U.S. Hangover," The Wall Street Journal (November 20, 2003), p. B5; Christopher Lawton and Dan Bilefsky, "Miller Lite Now: Haste Great, Less Selling," *The Wall Street Journal* (October 4, 2002), pp. B1, B6; Nicol Deglil Innocenti, "Fearless Embracer of Challenge," *Financial Times Special Report—Investing in South Africa* (October 2, 2003), p. 6; David Pringle, "Miller Deal Brings Stability to SAB," *The Wall Street Journal* (May 31, 2002), p. B6; Yumiko Ono, "Beer Venture of Anheuser, Kirin Goes Down Drain on Tepid Sales," *The Wall Street Journal* (November 3, 1999), p. A23; John Willman, "Time for Another Round," *Financial Times* (June 21, 1999), p. 15.

사례 9-2
재규어의 인도로 가는 길

영국의 가장 상징적인 브랜드 중 하나인 재규어가 2020년에 85주년을 맞이했다. 재규어의 역사는 버밍엄의 브로미치 성에 공장이 세워졌던 1930년대로 거슬러 올라간다. 1935년, 재규어라는 상표가 부착된 최초의 자동차가 생산되었다.

제2차 세계대전 당시 이 공장은 군용품 생산에 활용됐고, 전설적인 스핏파이어 단발 전투기 1만 대가 생산된 곳이 바로 이곳이다. 영국 공군이 비행한 랭커스터 중폭격기는 브로미치 성에서도 생산됐다. 전쟁 중에 벽돌 건물들의 외관은 위장 페인트로 덮여 있었다. 그럼에도 불구하고 독일 폭격기들은 공장에 큰 피해를 입혔으나, 이 공장은 빠르게 재건되었다.

전쟁 후 수십 년 동안 생산은 다시 자동차로 돌아왔고, 기업 구조는 일련의 변화를 겪었다. 한때 스왈로우사이드카(S.S.)로 알려졌던 이 회사는 1945년 공식적으로 재규어라는 이름을 채택하게 되었다. 1960년대에 재규어는 나중에 BMH(브리티시 모터 홀딩스)로 알려진 브리티시 모터 코퍼레이션과 합병했다. 1962년에는 전설적인 재규어 E-타입 스포츠카가 탄생했다.

1968년 BMH는 레일랜드 모터 코퍼레이션과 합병했다. 브리티시 레일랜드로 알려진 이 새로운 회사는 오스틴, MG 및 트라이엄프라는 상표를 포함한 몇 개의 전설적인 영국 스포츠카를 제조했다. 랜드로버는 또한 브리티시 레일랜드의 한 유닛이었다.

브리티시 레일랜드는 1975년에 국유화되었다. 즉, 영국 정부가 이 회사를 부분적으로 통제했다. 그러나 1980년대에 마거릿 대처 총리의 정부가 방향을 바꾸면서, 브리티시 레일랜드는 다시 민영화되었다. 1984년에 재규어는 브리티시 레일랜드에서 독립회사로 분리되었다.

25주년을 빨리 감아 2008년으로 가 보자. 2008년에 타타모터스는 포드사에 재규어와 랜드로버를 사기 위해 23억 달러를 지불했다. 이 매각은 디트로이트의 자동차회사들이 수십 년 만에 최악의 사업 환경 중에 있을 때 이루어졌다. '빅 3(GM, 포드, 크라이슬러)'는 수십억 달러의 손실을 기록했다. 2008년까지 세계적인 경기침체와 신용경색으로 수요가 급감하면서 GM과 크라이슬러의 경영진들은 의회에 긴급구제금융을 요청했다. 한편 업계 관계자들은 포드가 자사의 고급 브랜드 일부를 퇴출시킬 것을 요구했다.

포드 인수

포드가 1989년 재규어를 인수했을 때 이 미국 회사는 고급 럭셔리 자동차 모델이 부족했다. 경영진은 새롭고 덜 비싼 재규어를 출시하여 보다 많은 사람에게 판매함으로써 독점적인 상표로 사용할 수 있다고 확신했다. 문제는 재규어의 명성을 떨어뜨리지 않고 어떻게 그 전략을 수행할 수 있는가 하는 것이었다. 카디프대학교의 교수이자 자동차업계 전문가인 다니엘 존스는 포드의 이미지는 '생업용(bread and butter)' 차량과 동의어라고 말했다.

한편 영국의 또 다른 상징적 상표인 랜드로버도 국유화되었다가 영국 정부에 의해 민영화되었다. BMW는 1994년에 랜드로버 사업을 인수했다. 그러나 10년이 지나기 전 이 유닛의 막대한 손실로 인해 BMW는 구매자를 물색하게 되었다. 2000년에 포드는 이 사업을 27억 달러에 인수했는데, 재규어와 랜드로버 모두 포드의 프리미어 오토모티브 그룹의 일부가 되었다.

반면 혼다, 닛산, 토요타를 포함한 일본 경쟁자들은 다른 전략을 추구했다. 그들은 새로운 상표들을 출시했고 딜러 조직을 개선했다. 사회적 지위와 품질을 중시하는 소비자들은 고성능과 뛰어난 딜러 조직을 제공하는 렉서스, 인피니티와 또 다른 새로운 고급 세단을 선택했다.

재규어의 품격 있는 이미지와 탁월한 레이싱 차라는 유산에도 불구하고, 이 자동차는 신뢰성이 떨어지는 것으로 유명했다. 때때로 기어변속이 되지 않았고, 헤드라이트가 켜지지 않았으며, 브레이크에 불이 붙기도 했다. 문제는 제조과정에 있었다.

이러한 상황을 해결하기 위해 포드는 재규어 공장시설과 생산성 향상을 위해 막대한 투자를 했다. 벤치마킹을 통해 포드의 제조 기술자들은 독일의 고급 자동차회사들이 80시간에 1대를 생산한다는 것을 알았다. 일본은 자동차 1대를 생산하는 데 20시간이었다. 재규어가 과거의 세계 정상의 명성을 회복하기 위해서는 1대당 조립시간인 110시간은 과감하게 줄일 필요가 있었다.

1990년 말이 다가오자 재규어는 몇몇 신모델을 출시했다. 1997년 기업 평가가 한창일 때 포드의 총투자액은 60억 달러에 달했고, 재규어는 64,900달러에 XK8 쿠페와 로드스터를 출시했다. 스타일링한 모습은 재규어의 전설인 XK-E, 즉 E-타입의 후속 모델로 인정되었다. 1999년 봄 S-타입 세단은 대다수의 호평을 받으며 소개되었다. 한 관계자는 S-타입을 "재규어임을 즉시 알아볼 수 있지만, 완벽하게 현대적인 멋진 차"라고 칭했다.

2001년 오래 기다리던 X-타입의 3만 달러짜리 소형 스포츠 세단 '베이비 재규어'가 공개되었다. 회사 경영진들은 새로운 세대의 운전자층을 끌어들이고 싶었고, BMW 3시리즈와 메르세데스 C-클래스가 지배하는 보급형 럭셔리 시장에서 상당한 점유율을 차지하기를 원했다. X-타입은 포드의 컨투어와 같은 플랫폼에서 제작되었다.

초반의 반응은 긍정적이었다. 2002년 X-타입은 첫해 전 세계 13만 대의 기록적인 판매로 29%의 성장률을 보였다. 하지만 불행히도 기업은 이러한 추진력을 지속할 수 없었다. 반발이 생기기 시작했다. 예를 들어 비평가는 X-타입을 '포드의 재탕'이라고 비판했다. 또한 비평가들은 재규어의 스타일을 충분히 전면에 반영하는 데 실패한 포드의 결점을 지적했다. 한 오래된 재규어의 차주는 "포드는 대중이 원하는 것 속에서 방향을 상실했습니다. 재규어를 틈새시장 진입자로 만드는 대신에, 그들은 잘하는 대량생산 체제로 시도했어야 합니다."라고 말했다.

2005년, 고급품시장으로 다시 진출하라는 압박에 못 이겨, 가장 저렴한 재규어 모델인 X-타입 2.5의 출시를 중단했다. 2008년 재규어는 미국인 소유하에서의 20년을 마감하게 되었다.

타타 시대의 시작

재규어와 랜드로버의 새 주인 타타모터스는 자체적인 도전에 직면했다. 세계 경제위기는 인도의 자동차 수요를 감소시켰다. 실제로 타타모터스는 소유 첫해에 재규어 랜드로버(JLR)에서 5억 달러를 잃었다. 이후 세

사진 9-8 월스트리트 저널의 자동차 평론가 댄 닐은 XJ의 거대함, 넓은 폭, 그리고 차체를 칭찬했다. 그는 "낮은 측면 각도에서 보면 어뢰처럼 보이고, 달빛을 흩뿌리는 할로우포인트 탄도와 같으며 아드레날린의 뭉툭한 주사기처럼 보인다."라고 묘사했다. "한마디로 끝내준다."

출처 : Chatchai Somwat/Shutterstock.

"재규어 랜드로버의 부활은 라탄 타타가 소유하고 있고 그가 자동차 여행에 굉장히 빠져 있는 사람이기 때문이다. 나는 3번 그랑프리에 출전했는데 그는 모두 스타트 그리드에 있었다."[58]

발명가 겸 기업가, 제임스 다이슨 경

계경제가 반등하기 시작하면서 고급자동차 판매도 동반 상승했다. 사진 9-8에서 언급하듯이 재규어의 XF와 XJ 세단은 자동차 평론가들로부터 극찬을 받았다. 2015년에 출시된 XE는 빠르게 베스트셀러 모델이 되었다. 요컨대 포드에서 20년 동안 구조조정을 거치면서 마침내 타타의 소유하에서 결실을 맺게 되었다. 2015~2016년 모델 연도의 JLR은 불과 몇 년 전 25만 대에서 52만 1,000대를 판매했다.

랜드로버의 브랜드 디렉터인 존 에드워즈는 "포드가 우리를 위해 좋은 기반을 마련했지만 우리가 더 민첩하다고 생각합니다."라고 말했다. 포드 경영진은 재규어와 랜드로버 브랜드를 매각하기로 한 결정을 재고하지 않았다. 포드의 CFO인 루이스 부스는 "우리는 그들을 돌볼 충분한 자본 자원이 없었습니다. 그래서 우리가 시작한 일을 계속할 수 있는 자원을 가진 주인을 찾았습니다."라고 말했다.

그 후 몇 년 동안 재규어는 품질과 생산성을 향상시키기 위해 이러한 자원들을 어떻게 사용하는지 전 세계에 보여주었다. 예를 들어 타타는 5억 파운드를 투자해 브로미치 성의 재규어 공장을 증설했고, 랜드로버를 생산하는 솔리훌 인근의 공장에서도 비슷한 금액을 투자했다.

브로미치 성의 생산현장에서 직원들은 차체 패널을 찍어내는 거대한 다이 프레스에 알루미늄과 강철 시트를 공급하고 있다. 근처 차체 조립 구역에서는 스위스의 거대 엔지니어링 기업 ABB의 수백 대의 산업용 로봇이 스폿 용접을 수행하고 접착제를 도포하며 리벳을 구동한다. 완성된 차체를 도장하면 물류 파트너 DHL은 외부 공급업체로부터 좌석, 자동차 유리, 계기 패널을 적시에 최종 조립장으로 배송할 수 있도록 한다. 이 공장의 D7a 기술은 동일한 생산라인에서 4개의 다른 모델이 생산될 수 있다는 것을 의미한다.

재규어 생산량의 80%가 수출되고 있으며, 미국은 이들 자동차의 핵심시장이다. 2014년형을 위해 재규어는 XF 세단의 4륜 구동 버전을 출시했으며 V6 엔진 옵션을 최초로 탑재했다. 이러한 변화는 겨울철 눈과 얼음이 AWD를 필수품으로 만드는 지역에 사는 미국인 구매자들에게 이 자동차의 매력을 향상시킬 것으로 기대되었다. 재규어의 가장 저렴한 모델인 XE 스포츠 세단은 2014년 10월 파리 오토쇼에서 선보였으며, 이듬해 봄부터 생산이 시작되었다.

2015년 가을, 재규어는 일부 자동차에 대해 가격을 약 10% 인하했으며, 보다 포괄적인 품질 보증도 발표했다. 이러한 새로운 모델 도입과 다

른 마케팅 변화에도 불구하고 세단과 쿠페의 전반적인 판매는 재규어가 부족한 자동차, 즉 SUV에 대한 수요로 인해 감소하고 있었다. 2016년 봄, 재규어는 이 회사 최초의 SUV인 F-페이스를 출시함으로써 이에 대응했다. 단기간에 재규어의 베스트셀러 모델이 되었다.

2016년 11월, 미국 로스앤젤레스 모터쇼에서 최초의 전기자동차(EV), 65,000파운드의 재규어 I-페이스 SUV의 막을 올렸다. 일부 업계 분석가들은 재규어의 럭셔리 EV 부문 진출이 상대적으로 늦었다는 점에 주목했다. 테슬라는 모델 S 세단과 모델 X SUV를 앞세운 지배적인 업체이다. 재규어의 정체성은 영국 유산과 밀접한 관련이 있지만 1세대 I-페이스는 캐나다 자동차 메이커 마그나가 소유한 오스트리아의 한 공장에 조립되고 있다. 이유는 간단하다. 재규어의 영국 제조공장은 현재 100% 가동 중이다.

토론문제

9-8. JLR이 타타 자동차의 소유하에 번창한 이유는 무엇인가?

9-9. 2016년 재규어는 V6 엔진이 장착된 2세대 XF 세단을 51,600달러의 기본 가격으로, 5년간 6만 마일 보증 서비스를 제공한다. 새로운 가격은 이전 모델 연도에 비해 약 5,100달러 절감했다. 이러한 변화의 근거는 무엇인가?

9-10. 재규어는 최근 가격이 5만 달러에 달하는 소형 럭셔리 크로스오버인 E-페이스를 출시했다. 관계자들은 이것이 재규어 라인업에 많은 양의 수익성을 창출하는 추가 제품이 될 것으로 기대한다. 성공에 대한 전망은 어떠한가?

9-11. 향후 몇 년 동안 재규어와 랜드로버 브랜드가 직면하게 될 가장 큰 도전은 무엇이라고 생각하는가?

출처 : Peter Campbell, "JLR Moves into Glare of the Electric Spotlight," *Financial Times* (November 16, 2016), p. 16; Vikas Bajaj, "Burnishing British Brands," *The New York Times* (August 31, 2012), pp. B1, B4; Marietta Cauchi, "U.K. Car Factories Own the Road Again," *The Wall Street Journal* (March 26, 2014), p. B3; Vanessa Fuhrmans, "Cast-Off Car Brands Find a Road Back," *The Wall Street Journal* (April 6, 2011), pp. B1, B5; Bill Neill, "Jaguar XJ: The Hottest Cat on the Road," *The Wall Street Journal* (April 30, 2010), p. B8; Sharon Silke Carty, "Ford Plans to Park Jaguar, Land Rover with Tata Motors," *USA Today* (March 26, 2008), pp. 1B, 2B; Gordon Fairclough, "Bill Ford Jr.: For Auto Makers, China Is the New Frontier," The Wall Street Journal (October 27, 2006), p. B5; James Mackintosh, "Ford's Luxury Unit Hits Problems," *Financial Times*

(October 24, 2006), p. 23; Silke Carty, "Will Ford Make the Big Leap?" *USA Today* (August 31, 2006), pp. 1B, 2B; James Mackintosh, "Jaguar Still Aiming to Claw Back Market Share," *Financial Times* (July 20, 2006), p. 14; "Reinventing a '60s Classic," *The Wall Street Journal* (May 5, 2006), p. W9; James R. Healy, "Cheapest Jags Get Kicked to the Curb," *USA Today* (March 29, 2005), p. 1B; Danny Hakim, "Restoring the Heart of Ford," *The New York Times* (November 14, 2001), pp. C1, C6.

참고문헌

[1]David Arnold, *The Mirage of Global Markets: How Globalizing Companies Can Succeed as Markets Localize* (Upper Saddle River, NJ: Prentice Hall, 2004), pp. 78–79.

[2]Franklin R. Root, *Entry Strategies for International Markets* (New York, NY: Lexington Books, 1994), p. 107.

[3]Cliff Jones, "How the Music Industry Cares More about Making Money Than Music," *FT Wealth* 47 (December 2017), p. 23.

[4]"LIMA Study: Global Sales of Retail Licensed Goods and Services Hit $262.9 Billion in 2016," (May 22, 2017). https://www.licensing.org/news/lima-study-global-retail-sales-of-licensed-goods-and-services-hit-us262-9-billion-in-2016/. Accessed March 1, 2018.

[5]Cecilie Rohwedder and Joseph T. Hallinan, "In Europe, Hot New Fashion for Urban Hipsters Comes from Peoria," *The Wall Street Journal* (August 8, 2001), p. B1.

[6]Charis Gresser, "A Real Test of Endurance," *Financial Times—Weekend* (November 1–2, 1997), p. 5.

[7]Franklin R. Root, *Entry Strategies for International Markets* (New York, NY: Lexington Books, 1994), p. 138.

[8]Sarah Murray, "Big Names Don Camouflage," *Financial Times* (February 5, 2004), p. 9.

[9]Eve Tahmincioglu, "It's Not Only the Giants with Franchises Abroad," *The New York Times* (February 12, 2004), p. C4.

[10]Franklin R. Root, *Entry Strategies for International Markets* (New York, NY: Lexington Books, 1994), p. 309.

[11]Anthony DePalma, "It Takes More Than a Visa to Do Business in Mexico," *The New York Times* (June 26, 1994), Section 3, p. 5.

[12]David P. Hamilton, "China, with Foreign Partners' Help, Becomes a Budding Technology Giant," *The Wall Street Journal* (December 7, 1995), p. A10.

[13]"Mr. Kim's Big Picture," *The Economist* (September 16, 1995), pp. 74–75.

[14]Ross Kerber, "Chairman Predicts Samsung Deal Will Make AST a Giant," *The Los Angeles Times* (March 2, 1995), p. D1.

[15]Andrew English, "Skoda Celebrates 20 Years of Success under VW," *The Telegraph* (April 19, 2011). See also Gail Edmondson, "Skoda, Volkswagen's Hot Growth Engine," *BusinessWeek* (September 14, 2007), p. 30.

[16]Sharon Terlep and Christina Rogers, "Fiat Poised to Absorb Chrysler," *The Wall Street Journal* (April 25, 2013), p. B1.

[17]James Mackintosh, "GM Stands by Its Strategy for Expansion," *Financial Times* (February 2, 2004), p. 5.

[18]Richard Gibson and Sara Calian, "Unilever to Buy Helene Curtis for $770 Million," *The Wall Street Journal* (February 19, 1996), p. A3.

[19]Peter Marsh, "Engine Makers Take Different Routes," *Financial Times* (July 14, 1998), p. 11.

[20]Michael Y. Yoshino and U. Srinivasa Rangan, *Strategic Alliances: An Entrepreneurial Approach to Globalization* (Boston, MA: Harvard Business School Press, 1995), p. 51.

[21]Kenichi Ohmae, "The Global Logic of Strategic Alliances," *Harvard Business Review* 67, no. 2 (March–April 1989), p. 145.

[22]Michael Y. Yoshino and U. Srinivasa Rangan, *Strategic Alliances: An Entrepreneurial Approach to Globalization* (Boston, MA: Harvard Business School Press, 1995), p. 5. For an alternative description, see Riad Ajami and Dara Khambata, "Global Strategic Alliances: The New Transnationals," *Journal of Global Marketing* 5, no. 1/2 (1991), pp. 55–59.

[23]Dan Neil, "2019 Aston Martin DB11 Volante: A Six-Figure Car That's Worth Every Penny," *The Wall Street Journal* (April 28, 2018), p. D11.

[24]Kenichi Ohmae, "The Global Logic of Strategic Alliances," *Harvard Business Review* 67, no. 2 (March–April 1989), p. 145.

[25]Michael A. Yoshino and U. Srinivasa Rangan, *Strategic Alliances: An Entrepreneurial Approach to Globalization* (Boston, MA: Harvard Business School Press, 1995), p. 6.

[26]Phred Dvorak and Evan Ramstad, "TV Marriage: Behind Sony–Samsung Rivalry, an Unlikely Alliance Develops," *The Wall Street Journal* (January 3, 2006), pp. A1, A6.

[27]Phred Dvorak and Evan Ramstad, "TV Marriage: Behind Sony–Samsung Rivalry, an Unlikely Alliance Develops," *The Wall Street Journal* (January 3, 2006), pp. A1, A6.

[28]Frank Rose, "Seoul Machine," *Wired* (May 2005).

[29]Howard V. Perlmutter and David A. Heenan, "Cooperate to Compete Globally," *Harvard Business Review* 64, no. 2 (March–April 1986), p. 137.

[30]Gary Hamel, Yves L. Doz, and C. K. Prahalad, "Collaborate with Your Competitors—and Win," *Harvard Business Review* 67, no. 1 (January–February 1989), pp. 133–139.

[31]Ibid., p. 136.

[32]Kevin K. Jones and Walter E. Schill, "Allying for Advantage," *The McKinsey Quarterly*, no. 3 (1991), pp. 73–101.

[33]Robert Wall, "Airbus–Safran Deal Aims to Cut Costs for Rockets," *The Wall Street Journal* (June 17, 2014), p. B3.

[34]John Holusha, "Pushing the Envelope at Boeing," *The New York Times* (November 10, 1991), Section 3, pp. 1, 6.

[35]David Lei and John W. Slocum, Jr., "Global Strategy, Competence-Building, and Strategic Alliances," *California Management Review* 35, no. 1 (Fall 1992), pp. 81–97.

[36]Michael A. Yoshino and U. Srinivasa Rangan, *Strategic Alliances: An Entrepreneurial Approach to Globalization* (Boston, MA: Harvard Business School Press, 1995), pp. 56–59.

[37]Angelo B. Henderson, "Chrysler and BMW Team up to Build Small-Engine Plant in South America," *The Wall Street Journal* (October 2, 1996), p. A4.

[38]Robert L. Cutts, "Capitalism in Japan: Cartels and Keiretsu," *Harvard Business Review* 70, no. 4 (July–August 1992), p. 49.

[39]Carla Rappoport, "Why Japan Keeps on Winning," *Fortune* (July 15, 1991), p. 84.

[40]Michael L. Gerlach, "Twilight of the *Keiretsu*? A Critical Assessment," *Journal of Japanese Studies* 18, no. 1 (Winter 1992), p. 79.

[41]Ronald J. Gilson and Mark J. Roe, "Understanding the Japanese Keiretsu: Overlaps between Corporate Governance and Industrial Organization," *The Yale Law Journal* 102, no. 4 (January 1993), p. 883.

[42]Kenichi Miyashita and David Russell, *Keiretsu: Inside the Hidden Japanese Conglomerates* (New York, NY: McGraw-Hill, 1996), p. 9.

[43]However, the importance of the chain stores is eroding due to increasing sales at mass merchandisers not under the manufacturers' control.

[44]"Japanology, Inc.—Survey," *The Economist* (March 6, 1993), p. 15.

[45]Norihiko Shirouzu, "U-Turn: A Revival at Nissan Shows There's Hope for Ailing Japan Inc.," *The Wall Street Journal* (November 16, 2000), pp. A1, A10.

[46]Chester Dawson and Brent Kendall, "Japan Probe Pops Car-Part Keiretsu," *The Wall Street Journal* (February 16–17, 2013), pp. B1, B4.

[47]For years, Prestowitz has argued that Japan's industry structure—*keiretsu* included—gives its companies unfair advantages. A more moderate view might be that any business decision must have an economic justification. Thus, a moderate would caution against overstating the effect of *keiretsu*.

[48]Clyde Prestowitz, *Trading Places: How We Are Giving Our Future to Japan and How to Reclaim It* (New York, NY: Basic Books, 1989), pp. 299–300.

[49]Carla Rappoport, "Why Japan Keeps on Winning," *Fortune* (July 15, 1991), p. 84.

[50]Christian Oliver and Song Jung-A, "Evolution Is Crucial to Chaebol Survival," *Financial Times* (June 3, 2011), p. 16.

[51]Bryan Harris, "Taking On Korea Inc" *Financial Times—FT Big Read: Corporate Governance* (September 13, 2017), p. 9. See also Song Jung-A, "Reform Vision Set out for Korea Conglomerates," *Financial Times* (January 20, 2017), p. 14.

[52]Robert D. Hof, "Lessons From Sematech," *MIT Technology Review* (July 25, 2011).

[53]"The Global Firm: R.I.P.," *The Economist* (February 6, 1993), p. 69.

[54]John Byrne, "The Virtual Corporation," *Business Week* (February 8, 1993), p. 103.

[55]William Davidow and Michael Malone, *The Virtual Corporation: Structuring and Revitalizing the Corporation for the 21st Century* (New York, NY: HarperBusiness, 1993), p. 59.

[56]Julie Edelson Halpert, "One Car, Worldwide, with Strings Pulled from Michigan," *The New York Times* (August 29, 1993), Section 3, p. 7.

[57]This section draws on I. Ayal and J. Zif, "Market Expansion Strategies in Multinational Marketing," *Journal of Marketing* 43 (Spring 1979), pp. 84–94; and "Competitive Market Choice Strategies in Multinational Marketing," *Columbia Journal of World Business* (Fall 1978), pp. 72–81.

[58]John Gapper and Tanya Powley, "'All Inventors Are Maniacs,'" *Financial Times* (April 11/12, 2015), p. 18.

10 글로벌 마케팅에서의 브랜드와 제품의 결정

학습목표

10-1 글로벌 마케팅 제품전략 성공을 위한 기본 제품 콘셉트를 재검토한다.

10-2 로컬 브랜드와 제품, 글로벌 브랜드와 제품, 국제 브랜드와 제품을 비교 분석한다.

10-3 글로벌 마케터들이 세계 여러 지역의 구매자가 추구하는 혜택을 이해하는 데 매슬로의 욕구단계설이 어떻게 도움이 되는지 설명한다.

10-4 브랜드의 중요한 요소인 원산지의 중요성에 대해 설명한다.

10-5 마케터가 제품개발 과정에 활용할 수 있는 다섯 가지 전략적 선택사항을 열거한다.

10-6 신제품 개발 과정을 설명하고 다양한 유형의 혁신을 비교 대조한다.

사례 10-1
알파벳

알파벳은 이전에 구글로 알려진 회사로 세계 최고의 기술 제품과 서비스를 제공한다. 1998년에 래리 페이지와 세르게이 브린이 설립한 회사로 인터넷 검색에 중점을 두고 있으며 사명은 사람과 기술을 연결하는 것이다. 회사의 주력사업인 검색과 광고 주도형의 비즈니스는 지금도 구글로 불려 사실상 어디에서나 인지되고 있는 브랜드명이다. 유럽의 예를 들면 규제와 감시 속에서 운영되고 있음에도 불구하고, 온라인 검색 트래픽 90%를 차지하며 전 세계 연간 디지털 광고 수입의 약 3분의 1을 차지하고 있다.

2015년 8월 기업 구조조정과 사명 변경 후 꾸준히 성장했으며 현재는 구글 플러스, 구글 플레이 앱스토어, 구글 월릿, 구글 크롬, 구글 크롬캐스트 등의 소비자용 서비스를 포함한 구글 브랜드하에서 인상적인 제품 포트폴리오를 개발했다. 또한 비디오 공유 사이트 유튜브, 사물인터넷 온도조절기 브랜드 구글 네스트 등 전략적인 인수도 많이 실시하고 있다.

알파벳은 기업 고객에게도 서비스를 제공하는데 삼성과 다른 몇몇 단말기 제조사들도 안드로이드 스마트폰 운영 체제를 사용한다. 구글 파이버는 초속 1기가바이트의 고속 인터넷 서비스를 미국 도시들로 확대하고 있다. 구글 애널리틱스는 빅데이터의 원천이며, 구글 애즈는 광고주들이 웹페이지에서 선호하는 위치에 입찰할 수 있도록 허용하고 있으며, 전 세계에 걸쳐 거대한 데이터 센터를 운영하고 있다.

알파벳은 매년 약 100억 달러 규모 연구개발을 하고 있으며, 준비밀 연구부서인 X(옛 구글 X)는 문숏 실험실로 알려져 있다. 이 명칭은 최첨단 기술의 비약을 상징하는 문숏 프로젝트에 스태프가 높은 사명감을 가지고 있음을 의미한다(사진 10-1 참조). 이 부서의 롤러블레이드를 타고 다니는 최고경영자인 아스트로 텔러는 '캡틴 문숏'이라는 별명으로 불린다.

또 다른 연구단체인 ATAP(Advanced Technology and Projects)는 모바일 애플리케이션에 초점을 맞추고

있으며 현재 개발 중인 많은 신제품과 서비스 중에는 자율주행자동차, 배달용 드론 서비스인 윙, 웨어러블 기기 등이 있다. 알파벳의 다양한 제품 및 브랜드 포트폴리오를 담당하는 관리자들이 직면하고 있는 몇 가지 과제와 기회에 대해 자세히 알아보려면 이 장의 끝에 있는 사례 10-1(계속)을 확인하면 된다.

알파벳의 무수히 많은 제품개발 계획은 제품과 브랜드가 기업 마케팅 프로그램의 가장 중요한 요소일 것이라는 점을 보여주며, 기업의 가치제안에 있어 필수적이다. 이 책의 제3부에서는 기업이 세계시장에 접근함에 따라 제품전략에 직접적인 영향을 미치는 몇 가지 주제를 살펴보았다. 기업의 비즈니스 인텔리전스는 네트워크 정보와 시장조사를 통해 제품개발 프로세스를 이끌어 낼 수 있다. 시장은 세분화되어야 하며 하나

이상의 표적시장이 선정되어 강력한 포지셔닝이 확립되어야 한다. 글로벌 마케터들은 수출과 조달에 대한 결정을 내려야 하는데 라이선스나 전략적 제휴와 같은 다른 시장 진입전략도 고려할 수 있다.

제4부에서 확인할 수 있겠지만 가격, 유통, 통신 정책을 포함한 기업의 마케팅 프로그램의 모든 측면이 제품에 적합해야 한다. 이 장에서는 글로벌 제품 및 브랜드 결정의 주된 측면을 살펴본다. 먼저 기본적인 제품과 브랜드 개념을 확인하고, 지역, 국제, 글로벌 제품 및 브랜드에 대해서 기술한다. 제품 설계 기준을 파악하고, 해외 제품에 대한 태도를 탐구하며 글로벌 마케터들이 이용할 수 있는 전략적 대안이 제시된다. 마지막으로 글로벌 마케팅에 있어서의 신제품 문제에 대해 논의한다.

(10-1) 기본적인 제품의 콘셉트

◀ 10-1 글로벌 마케팅 제품전략 성공을 위한 기본 제품 콘셉트를 재검토한다.

마케팅 믹스의 'P'에 해당하는 상품은 오늘날 글로벌 기업이 직면하고 있는 도전과 기회의 중심에 있다. 경영진은 제품을 개발해야만 하고 시장의 수요, 경쟁에 민감하면서도 회사의 야망과 국제적인 견지에서 회사가 가지고 있는 자원에 적합한 브랜드 정책과 전략을 개발해야만 한다. 효과적인 글로벌 마케팅은 특정한 지역시장에 맞도록 광범위하게 수정된 제품과 브랜드에 비용을 들이느냐 비교적 표준화된 국제적인 제품과 브랜드에 집중하느냐 사이의 균형을 찾는 것을 수반한다.

제품(product)이란 상품과 서비스, 혹은 아이디어 등을 의미한다. 유형이든 무형이든 구매자나 사용자에게 가치를 창출하는 무엇을 의미한다. 제품의 유형적인 속성은 무게나 부피, 사

용된 재료 등과 같은 물리적인 측면에서 평가될 수 있다. OLED 화면을 갖춘 평면 TV를 예로 들어 생각해 보자. 이 평면 TV의 폭은 42인치이고 본체 중량은 20파운드, 깊이는 2.2인치, HDMI(High Definition Media Interface) 접속은 4개, 고품질 TV 신호를 무선으로 수신할 수 있는 튜너가 내장되어 있어 4K 화면 해상도를 실현했다. 이러한 유형적이고 물리적인 제품 특성은 HDTV와 DVD 영화를 시청하면서 얻을 수 있는 즐거움을 높여 주는 효용으로 전환될 수 있다. 월마운트나 바닥용 거치대와 같은 액세서리는 거실이나 홈시어터 등으로 TV를 설치할 수 있는 융통성을 제공한다.

상품의 무형적인 속성, 즉 사회적 지위, 생산자의 사후 서비스, 브랜드의 전반적인 사회적 평판, 브랜드가 갖고 있는 매력 등의 속성도 중요하다. 예를 들어 새로운 TV를 구매할 때 많은 사람들은 '최고'를 원한다. 소비자는 앞서 언급했던 유형적인 요소뿐만 아니라 무형적인 요소까지도 갖춘 TV를 원하는 것이다.

제품유형

제품의 유형을 구분하는 데 자주 쓰이는 프레임워크는 소비재와 산업재를 구분하는 방식이다. 예를 들어 삼성은 전 세계에 걸쳐 소비자와 기업들에게 제품과 서비스를 제공하고 있다. 나아가 소비재와 산업재는 '구매자에 기반한 기준'과 같은 기준에 의해 더 상세히 분류될 수 있다. 구매자에 기반한 기준이란 소비자가 사용하는 노력의 양, 구매와 관련된 위험의 수준, 구매 시의 구매자의 관여도 등을 포함하는 복합적인 것이다. 구매자에 기반한 기분은 편의, 선호도, 운송, 전문제품과 같은 분류 등을 포함한다. 전자제품은 종종 고관여 구매이며, 많은 고객들은 의사결정을 하기 전에 여러 브랜드를 비교할 것이다. 제품은 또한 사용 기간(내구재, 비내구재, 일회용)에 따라 분류될 수 있다. 삼성과 다른 전자제품 기업은 적어도 몇 년간 사용할 수 있는 제품이다. 다른 말로 내구재이다. 전자제품 산업의 사례처럼 전통적인 제품 구분 프레임워크는 글로벌 마케팅에 적용되는 것이다.

제품보증

제품보증은 제품의 가치 확보를 위한 중요한 요소가 될 수 있다. **명시된 보증**(express warranty)은 제품의 성능이 기대에 못 미치는 경우 구매자가 환불을 받을 수 있거나 교환을 받을 수 있다는 것을 약속하는 문서형태의 보증이다. 글로벌 시장에서 보증은 회사의 입지를 긍정적으로 만들어 주는 경쟁적인 도구로 사용될 수 있다. 예를 들어 1990년대 후반, 미국 현대자동차 법인의 최고경영자였던 핀바 오닐은 많은 미국 소비자가 한국 자동차를 '값싼' 자동차로 인식하고 있고 현대라는 브랜드의 내구성에 대해서 매우 회의적이라는 사실을 알게 됐다. 실제로 현대 제품은 품질과 내구성에 있어서 현저한 발전을 거두었음에도 불구하고, 이러한 발전이 소비자의 인식의 변화까지 일으키지는 못했다. 오닐은 자동차산업에 전례가 없었던 10년 10만 마일 보증 프로그램을 시행했다. 이와 함께 현대는 새로운 자동차 모델을 출시했고 광고비용도 증가시켰다. 결과는 놀라웠다! 현대 차의 미국 판매는 1998년의 9만 대에서 2017년에는 약 66만 5,000대로 급증했고, 토요타를 제치고 유럽에서 가장 많이 팔린 아시아 자동차 브랜드로 떠올랐다.

포장

제품의 포장은 제품과 관련된 경영진의 의사결정에서 매우 중요한 요소이다. 전 세계 방방곡곡으로 수출되는 제품에 있어 포장은 중요한 고려요소이다. '소비재 제품(consumer packaged goods, CPG)'이라는 용어는 제품을 보호하기 위해, 혹은 유통과정이나 사용시점까지 제품을 담기 위해 포장이 디자인된 제품을 포함하는 넓은 범위에 걸쳐 적용이 된다. 오늘날 '친환경 포장재'는 매우 중요한 이슈이며, 포장 디자이너들은 재활용이나 생분해성과 같은 환경적 이슈들을 다루어야만 한다.

제품의 포장은 소비자들과의 의사소통에서 매우 중요한 기능을 수행하기도 한다. 제품의 포장과 제품에 부착된 라벨은 소비자에게 구매 결정을 내릴 수 있는 단서를 제공하는 역할을 한다. 오늘날의 많은 산업 전문가는 제품의 포장은 소비자들이 이해할 수 있어야 하고, 소비자와 감정적인 교감을 나누어야 하며, 소비자의 브랜드 경험을 고양시키는 역할을 해야 한다고 설명한다. 컬럼비아대학교의 글로벌 브랜드 리더십 센터의 소장인 번트 슈미트에 따르면, "제품의 포장은 제품의 전시나 제품을 보호하는 기능적 효용을 넘어서 소비자들에게 경험을 선사하는 기능도 한다."[1] 앱솔루트 보드카, 알토이즈 박하사탕, 고디바 초콜릿은 '실험적인 포장'을 통해 가치를 높인 브랜드의 좋은 사례이다.

음료나 주류사업을 하는 기업은 특히나 제품의 포장에 심혈을 기울인다. 이들에게 포장은 단순히 액체를 담는 용기를 넘어서 소비자들에게 다른 효용을 제공하는 역할을 하기도 한다. 예를 들어 코로나 엑스트라 맥주가 해외시장에서 성공할 수 있었던 핵심적인 요소 중 하나는 기존의 전통적인 코로나 맥주의 병 디자인을 유지하기로 한 경영진의 결정이었다. 코로나 맥주의 병 디자인은 길고 투명한 병에 '메이드 인 멕시코'라는 로고가 새겨진 것이었다. 그러나 코로나가 수출을 시도하던 당시에 맥주시장에서 수입 맥주의 병은 짧고 녹색이나 갈색이어야 하고 종이로 라벨을 붙여야 한다는 것이 정석으로 받아들여지고 있었다. 다시 말하자면 하이네켄의 병 모양과 같아야 했다. 하지만 코로나 엑스트라의 투명한 병을 통해 소비자들이 용기 내부의 맥주를 볼 수 있다는 사실은 소비자들로 하여금 코로나 맥주를 좀 더 순하고 천연적인 맥주로 느끼게 했고, 그 결과 오늘날 코로나는 미국과 오스트레일리아, 벨기에, 체코 등을 비롯한 많은 나라에서 수입 맥주시장의 선두를 달리고 있다.[2]

코카콜라의 독특하고 상징적인 형태의 병은 유리와 플라스틱의 두 종류로 만들어지며, 소비자들이 '진짜 콜라'를 찾는 것을 도와준다. 코카콜라의 사례는 제품의 포장전략이 지역과 국가별로도 달라질 수 있다는 사실을 보여준다. 많은 가정에서 대용량 냉장고를 사용하는 북미지역에서는 코카콜라에서 최근에 출시한 혁신적인 제품포장은 냉장고 전용 팩이다. 이 냉장고 전용포장은 길고 얇은 모양의 종이상자에 12개의 캔이 담긴 포장이다. 냉장고 전용 팩은 냉장고의 아래 칸에 딱 맞는 크기로 제작되었고, 캔 하나하나를 쉽게 꺼낼 수 있게 만들어졌다. 남미지역에서 코카콜라의 경영진은 이윤을 극대화시키기 위해 미국에서 했던 방식과는 대조적으로 크기가 다양한 병의 제품을 출시했다. 최근까지 아르헨티나에서 판매되는 코카콜라 제품의 75%가 0.45달러인 2리터짜리 제품이었다. 현재 코카콜라는 가게 입구 근처에 냉장보관을 통해 개개인이 시원하게 마실 수 있도록 디자인된 조그만 크기의 병 제품을 0.33달러에 출시했다. 냉장되어 있지 않은 1.25리터짜리 유리병에 든 제품은 0.28달러에 구매할 수 있는데, 이 제품들은 가게 안쪽의 선반에 진열해 놓았다.[3]

이렇듯 포장과 관련된 예로는 다음과 같은 사례도 있다.

- 세계적으로 가장 많이 팔리는 보드카 브랜드 중 하나인 그레이구스는 시드니 프랭크의 작품이다. 뉴욕주의 뉴로셸 수입상이었던 프랭크는 처음으로 병의 디자인과 이름을 고안했다. 그렇게 접근한 뒤에야 그는 프랑스의 코냑 지방에서 최고의 보드카를 만들어 낼 수 있었다.[4]
- 네슬레는 포장 개선을 위한 제안을 위해 분기별로 전 세계에 걸쳐 패키징팀을 운영하고 있다. 이런 방식을 통해 그간에 적용됐던 변화는 아이스크림 통을 더 쉽게 열 수 있도록 고안한 새로운 플라스틱 뚜껑, 브라질 시장에서 사탕 포장지 끝부분의 톱니를 좀 더 깊게 만들어서 더 쉽게 찢을 수 있도록 고안한 포장, 중국에서 네스카페 커피의 개별 포장지 끝부분 톱니를 깊게 만든 포장 사례가 있다. 또 네슬레는 소비자들이 스마티스의 용기를 개봉할 때 나는 소리를 더 크게 만들 수 있도록 특수 고안된 형태의 접착제를 제조하도록 포장 공급업체에 주문하기도 했다.[5]
- 글락소스미스클라인이 유럽에서 아쿠아프레시 얼티미트치약을 론칭했을 때 마케팅과 디자인팀은 업계 선두주자였던 콜게이트 토탈과의 차별화를 원했다. 모든 튜브 치약은 가게 선반에 수평으로 쌓여 있는 종이상자로 판매되었다. 그 팀은 아쿠아프레시 얼티미트를 수직으로 세우게 디자인했다. 이 치약은 진열대용 트레이(박스 윗부분을 뜯어낸 후 제품이 담긴 박스 아랫부분만 진열할 수 있게 만든 포장 방식)로 납품되었고, 박스 프리 패키징은 매년 수백 톤의 종이를 절감할 수 있었다.[6]

라벨링

최근의 세계시장에서 특징적인 점은 많은 제품에서 다양한 언어로 된 라벨을 굉장히 자주 볼 수 있다는 것이다. 오늘의 셀프서비스 소매 환경 속에서 제품의 라벨은 소비자의 주의를 끌도록 디자인될 수도 있고, 제품의 포지셔닝 전략을 지원하기 위해 디자인될 수도 있으며, 구매를 촉진하기 위해 디자인될 수도 있을 것이다. 또한 라벨은 소비자에게 다양한 종류의 정보를 제공할 수 있다. 제품에 함유된 모든 성분과 사용법 및 관리지침이 적절하게 번역이 되어야만 한다.

제품에 함유된 원재료에 대한 라벨은 국가 혹은 지역에 따라 특정 법률에 따라 규제되기도 한다. 함유 재료에 대한 라벨 규제는 지역별 혹은 국가별로 상이하다. 예를 들어 EU는 식품에 유전자 변형 재료가 포함된 경우 반드시 이러한 사실을 명기할 것을 의무화하고 있다. 오스트레일리아와 뉴질랜드, 일본, 러시아를 비롯한 국가들에서도 이와 유사한 법안의 입법이 제기되었다.

미국에서는 식품의 라벨이 소비자에게 유익하고 이해하기 쉽게 전달되도록 영양표시 및 교육에 관한 법이 1990년대 초반에 발효되었다. 오늘날 실제로 미국에서 판매되고 있는 대부분의 식품들은 칼로리와 지방함유량과 같은 영양성분과 용량을 표준화된 형태로 표기해야만 한다. 또한 '라이트', '내추럴'과 같은 특정 단어의 임의적인 사용이 제한된다.

글로벌 마케팅 분야에서 라벨과 관련된 추가적인 사례로는 다음의 것들이 있다.

- 대부분의 국가에서는 담배제품에 담배가 건강을 해칠 수 있다는 경고문구를 의무적으로

표시하도록 하고 있다.

- 미국자동차표시법은 미국에서 판매되는 모든 승용차와 트럭, 미니밴에 해당 자동차의 원산지와 최종 조립지역, 수입부품의 비율을 표시하도록 규제하고 있다. 이 법안은 1994년 10월부터 적용되고 있다.
- 소비자의 요구에 부응해 맥도날드는 2006년에 전 세계 2만여 매장에서 모든 제품에 대해 영양성분을 표시하기 시작했다. 맥도날드의 경영진은 소규모 국가시장의 1만여 개의 매장은 언어와 영양 테스트 문제로 인해 시행이 지연될 수 있다고 밝혔다.[7]
- 네슬레는 최근 라틴아메리카 지역에서 유명한 신생아용 분유 브랜드인 난을 미주 시장에 출시했다. 미주지역에 거주하는 히스패닉계 소비자들을 대상으로 해서 제품의 전면에 스페인어로 된 사용설명서를 인쇄했다. 다른 브랜드의 제품들은 전면에 영어로 제품 안내 표기가 되어 있고, 스페인어는 반대쪽에 인쇄되어 있다.[8]
- 2008년 미국은 원산지 명시(COOL)법안을 제정하였다. 이 법안은 슈퍼마켓과 다른 식료품 소매상이 돼지고기, 가금류, 그리고 기타 식품들의 원산지를 알 수 있도록 정보를 함께 제시할 것을 요구한다.

심미적 요소

제4장에서 전 세계의 각기 다른 지역에서는 동일한 색깔에 대해서 다르게 인식할 수 있다는 논의를 통해 심미적 요소가 다루어졌다. 글로벌 마케터는 제품이나 라벨, 포장 등의 색깔이나 모양에 담겨 있는 시각적인 심미적 요소의 중요성을 인식해야만 한다. 마찬가지로 라벨에서 보이는 복잡성과 같은 미적인 스타일 역시 지역에 따라 다르게 인식되곤 한다. 예를 들어 독일 와인이 좀 더 간결한 라벨을 부착하고 수출되면 해외시장에서 좀 더 어필할 수 있을 것이다. 한 국가에서 적합하고 매력적이라고 여겨지는 심미적 요소는 다른 국가에서는 다르게 받아들여질 수 있다.

어떤 경우에는 표준화된 색상이 모든 국가에서 사용될 수 있다. 캐터필러사에서 생산하는 중장비와 전동기구의 상징인 노란색, 말보로의 빨간색, 존 디어의 녹색이 그 예에 해당된다. 어떤 경우에는 색상의 선택이 지역의 인식에 적합하게 변화되어야 한다. 제4장에서 언급한 바와 같이 일부 아시아 국가에서는 흰색이 죽음이나 불운과 관련이 있기도 하다. GM의 경영진이 중국에서 자사제품을 생산하기 위해 중국 관료와 협상을 하고 있을 때, GM 경영진은 중국 관료에게 파란색의 티파니 보석상자를 선물했는데, 티파니의 흰색 리본을 빨간색으로 교체했다. 왜냐하면 빨간색은 중국에서 행운의 색으로 여겨지고 흰색은 부정적인 색깔로 여겨지기 때문이다(신흥시장 요약보고서 '중국, 뷰익에게 새로운 생명을 주다' 참조).

포장에 있어서 심미적인 요소는 일본인에게 특히 중요하다. 이러한 원리는 부식을 방지하기 위한 전기장치를 생산하는 미국 중소기업의 경영자 사례를 통해 살펴볼 수 있다. 일본 시장에서 오랜 시간을 투자한 끝에 해당 경영자는 일본인의 안정적인 주문을 확보할 수 있었다. 초반에는 급속하게 성장을 거두었는데, 시간이 지날수록 일본 시장에서의 주문은 점차 감소했다. 경영진은 자사제품의 포장이 너무 평이하기 때문이라는 이야기를 들었다. 그는 "우리는 자동차 뚜껑 밑이나 설비회사의 보일러실로 가게 될 우리의 제품에 왜 오색 라벨과 주문제작된 박스가 필요한지 이해할 수 없었다."라고 말했다. 그러던 어느 날 일본의 고속열차를 기다리고 있었는데, 그와 함께 있던 회사의 일본 유통업자가 값싼 손목시계를 역에서 구입한 뒤 고급스러운 포장지로 포장을 했다. 그런 다음 미국인 경영자에게 포장을 보고 시계의 가치가 얼마나 될지 맞혀 보라고 질문을 했다. 그가 그동안에 수없이 많이 품질에 대한 일본인들의 관념에 대해 듣고, 읽고 했었지만 바로 그 순간이 일본에서 '책은 표지를 통해 판단된다'는 것을 이해할 수 있었던 순간이었다. 이 사건 후에 상자를 밀봉하는 데 사용되는 테이프의 스트립이 정확히 같은 길이로 절단되도록 세부적인 사항을 보완했다.[9]

▶ 10-2 로컬 브랜드와 제품, 글로벌 브랜드와 제품, 국제 브랜드와 제품을 비교 분석한다.

10-2 기본 브랜딩 콘셉트

브랜드(brand)는 소비자의 마음속에 있는 이미지와 경험의 복잡한 묶음이다. 브랜드는 두 가지 중요한 기능을 한다. 첫째, 브랜드는 회사가 소비자에게 하는 특정한 제품에 대한 약속을 의미한다. 일종의 제품보증이라고도 할 수 있다. 둘째, 브랜드는 소비자가 특정한 제품을 찾는 것을 도와줌으로써 쇼핑 경험을 더 잘 정리할 수 있도록 해준다. 그러므로 브랜드의 중요한 기능은 특정한 회사의 제품이나 서비스를 다른 경쟁기업과 차별화하는 것이다.

소비자는 그들이 제품을 보거나, 사용하거나, 혹은 소비한 경험을 이런 제품과 관련해 들은 내용이나 읽은 내용 등과 통합한다. 제품과 브랜드에 대한 정보는 다양한 정보원과 단서로부터 비롯되는데 광고, 출판물, 구전효과, 영업사원, 제품의 포장 등이 이러한 단서에 포함된다. 판매 이후의 서비스, 가격, 유통에 대한 인식도 여기에 포함된다. 이러한 인상의 총합이 **브랜드 이미지**(brand image)이며, 제품 그 자체와 그 제품을 시장에 내놓은 회사에 대한 하나의 하지만 복잡한 정신적인 이미지가 브랜드 이미지이다.[10]

브랜드 이미지는 동 산업에 있는 그들의 경쟁자로 하여금 그들 자신을 차별화할 수 있는 하나의 요소이다. 애플과 노키아의 예를 보면 양측 모두 음악 기능이 되는 휴대전화를 생산한다. 애플의 전 CEO인 스티브 잡스는 꾸준한 미디어의 노출과 입소문을 만들었다. 아이폰, 아이패드, 다른 애플 제품은 일반적으로 멋진 디자인과 파워풀한 기능, 그리고 사용자 친화적인 기능으로 많은 관심을 받고 있다. 애플 대리점은 브랜드의 쿨한 이미지를 강조하는 데 수력한다. 반면 삼성의 브랜드 이미지는 기술 쪽으로 치우친 이미지이다. 아주 소수의 삼성 사용자만이 기업의 최고경영자의 이름을 알고 있다.

브랜드와 관련된 또 다른 중요한 개념이 **브랜드 자산**(brand equity)이다. 이 개념은 브랜드 마케팅에 투자한 회사의 누적된 투자 결과가 제품에 더해져서 생기는 총가치를 의미한다. 마치 주택 소유자가 매년 대출금을 갚아 나갈수록 자산이 증가하는 것처럼, 회사의 브랜드 자산은 회사가 브랜드에 투자할수록 커진다. 또 브랜드 자산은 오랜 기간 브랜드와 고객 간에 형성된 관계로부터 생겨난 가치를 대변하는 자산으로 여겨질 수도 있다. 고객과 브랜드 간의 관계가 더 견고할수록 브랜드 자산은 커지게 된다. 세계적인 초대형 브랜드인 코카콜라와 말보로의 브랜드 자산 규모는 수백억 달러에 이른다.[12] 브랜딩 전문가인 캐빈 켈러에 의하면 강력한 브랜드 자산의 이점은 다음과 같다.

"만약 당신이 특정 브랜드를 선호한다면 그와 관련된 단어, 문자를 기대할 것이며, 브랜드는 타깃 소비자들의 언어로 소통해야 한다."[11]

캡제미니 분석&데이터 글로벌 CTO, 론 토리도

- 더 많은 고객의 충성도
- 마케팅 활동에 대한 낮은 취약점
- 마케팅 위기에 대한 낮은 취약점

- 마진의 증가
- 가격 증가에 대한 소비자의 비탄력적 반응 증가
- 가격 하락에 따른 소비자의 탄력적 반응 증가
- 마케팅 커뮤니케이션의 효율 증가[13]

버크셔 해서웨이의 대표이자 미국의 전설적인 투자자인 워런 버핏은 코카콜라와 질레트 같은 거대기업 브랜드의 세계적인 영향력이 해당 기업의 경제적인 성과를 보호할 수 있는 보호장비 같은 역할을 한다고 주장했다. 버핏은 "그런 거대기업과 달리 보통의 기업들은 매일매일 그런 보호장치 없이 전투를 치르고 있다."고 말했다.[14] 그러한 보호장치는 종종 부수적인 이윤을 창출하기도 한다. 왜냐하면 강력한 브랜드명을 가지고 있는 기업은 그렇지 못한 기업에 비해 전통적으로 더 높은 가격으로 제품을 판매할 수 있기 때문이다. 다시 말하자면 가장 강력한 세계적인 브랜드는 엄청난 브랜드 자산을 가지고 있는 것이다.

기업체는 회사의 로고를 개발하고, 차별화된 포장을 개발한다. 또 그들의 브랜드에 대한 시각적인 상징물을 제공하기 위한 커뮤니케이션 도구를 개발한다. 로고는 다양한 형태일 수 있는데, 브랜드명에서부터 시작된다. 예를 들어 코카콜라 브랜드는 Coke와 CoCa-Cola라는 단어로 이루어진 독특한 흰색 글씨의 언어적인 마크를 사용한다. 빨간색 코카콜라 캔과 콜라병 라벨에 있는 물결무늬는 비언어적인 마크 로고의 예인데, 때때로 이런 마크 로고는 브랜드 상징으로 알려져 있다. 나이키의 로고나 메르세데스-벤츠의 삼각형 별 모양, 맥도날드의 노란색 아치문양은 언어를 초월하는 엄청난 이점이 있기 때문에 글로벌 시장에서 가치 있게 활용될 수 있다. 브랜드를 만들고 유지하기 위해 필요한 시간과 자금의 중요한 투자를 보호하기 위해 기업은 브랜드 이름과 로고를 비롯해 상표권이나 서비스마크와 같은 브랜드 요소를 등록한다. 제5장에서 언급했던 것처럼 상표권이나 다른 형태의 지적재산권을 보호하는 것은 글로벌 마케팅에서 매우 핵심적인 이슈이다.

지역적 제품과 지역적 브랜드

지역적 제품(local product) 혹은 **지역적 브랜드**(local brand)란 하나의 국가시장에서 성공을 거둔 제품이나 브랜드를 의미한다. 때때로 글로벌 기업들은 특정 국가의 시장 선호와 요구를 충족시키기 위한 노력의 일환으로 지역적 제품이나 브랜드를 출시하기도 한다. 예를 들어 코카콜라는 일본 시장에만 판매하기 위해 무탄산 인삼맛 음료, 소켄비차로 알려진 혼합차 음료, 락티아 브랜드의 발효유 음료 등을 포함하는 몇 가지 브랜드의 음료제품을 개발했다. 또 인도에서는 키넬리라는 브랜드의 생수제품을 출시했다. 주류산업에서는 대중적으로 인기 있는 브랜드를 활용한 브랜드의 확장을 통해 새로운 브랜드를 론칭하기도 하는데, 이는 마케팅에 드는 비용을 줄일 수 있는 방법이기도 하다. 예를 들어 디아지오 PLC는 진을 기본으로 한 즉석음료 고든스 엣지를 영국 시장에 출시했다. 앨라이드 도메크는 브라질 시장에서 자사의 티처스 스카치에 구아라나 맛을 더한 TG를 출시했다.[16]

지역적 제품과 브랜드는 지역기업의 원동력을 의미한다. 지역에 기반을 확고히 잡은 제품과 브랜드는 글로벌 기업이 해당 국가시장에 새로 진입하는 데 극복하기 어려운 장해물이 될 수 있다. 중국의 예를 보면 올림픽 금메달리스트인 리닝에 의해 시작된 스포츠 용품업체가 중국에서 판매하는 운동화의 수량이 글로벌 거대기업인 나이키 판매량보다 더 많다. 때때로 개

"양조산업에서 지역의 유산은 매우 중요하다. 사람들은 지역 양조업체를 판별하는데, 이것은 맥주의 제조가 다른 세제산업이나 전자제품 산업과 다른 것과 같다."[15]

하이네켄의 회장, 카렐 플린트

발도상국에서는 글로벌 브랜드가 지역 브랜드를 압도하는 것으로 비쳐질 수 있다. 따라서 성장하고 있는 자국에 대한 국민의 자부심이 자국의 제품이나 브랜드를 선호하게 만드는 반발심을 유발할 수 있다. 중국에서는 중국의 TV 생산업체인 장홍가전이 자국 내 인지도를 끌어올리는 데 성공했는데, 이는 가격인하 전략과 애국심을 이용한 광고전략 덕분이었다. 장홍전자는 "장홍전자가 우리나라 산업의 활성화를 위한 선봉이 되게 해주십시오."라는 주제로 광고전략을 세웠다.

대형 가전업체인 하이얼 그룹도 역시 성공적으로 외국 경쟁기업과 경쟁했는데, 현재 중국 냉장고 판매량의 40%를 차지하고 있다. 게다가 하이얼은 식기세척기 시장과 에어컨 시장에서도 30%의 시장 점유율을 보유하고 있다. 사무실의 벽에 쓰여 있는 슬로건은 회장인 장 루이민의 야망을 표현해 주고 있다. 벽에는 '하이얼 : 내일의 글로벌 브랜드' 그리고 '시장에 절대 안 된다고 말하지 마라'라는 글귀가 쓰여 있다.[17] 2002년에 하이얼 그룹은 대만의 삼포그룹과 전략적인 제휴를 맺었다고 발표했다. 약 3억 달러 규모의 협약으로 양사는 상대 회사의 냉장고와 통신기기를 국제시장과 국내시장에 함께 생산하고 판매하는 조건이 포함되어 있었다.

국제적 제품과 국제적 브랜드

국제적 제품(international product)과 **국제적 브랜드**(international brand)는 특정 지역의 몇몇 시장에 제공되고 있다. 예를 들면 다임러의 2인승 스마트카와 같은 유럽 제품이나 유럽 브랜드가 유럽에서 다수 판매되었고 최종적으로는 미국에서도 발매되었다. GM이 1990년대 초반에 자사의 코르사 모델을 통해 얻은 경험은 국제적인 모델이나 브랜드가 어떻게 글로벌 시장에 적용될 수 있는지에 대한 좋은 사례를 제공해 주었다. 오펠사의 코르사는 원래 유럽 시장에 출시된 신모델이었다. GM은 중국과 멕시코, 브라질에서 코르사의 다른 버전을 출시하기로 결정했다. 오펠 자동차의 대표이사인 데이비드 허먼은 이렇게 말했다. "최초의 콘셉트는 이 차를 그렇게 많은 지역에 출시하려 한 것이 아니다. 그러나 우리는 그 모델의 가능성이 무궁무진하다는 것을 알게 되었다." GM에서는 코르사를 '우연한 월드카'라고 부른다.[18]

혼다도 글로벌 경차 생산라인에서 만들어지는 파이브도어 해치백 형식인 피트를 통해 이와 유사한 경험을 했다. 2001년에 일본 시장에서의 성공적인 출시에 이어 해당 차량을 유럽에도 출시했다(유럽에서는 재즈라는 이름으로 출시). 향후 몇 년간 피트는 오스트레일리아와 남미, 남아프리카와 중국지역에 출시되었다. 북미지역에는 2006년에 출시됐다.

글로벌 제품과 글로벌 브랜드

산업의 세계화는 각 기업체에게 세계적인 제품을 생산해야 한다는 것과 브랜드 자산을 전 세계를 바탕으로 확대해야 한다는 부담으로 작용하고 있다. **글로벌 제품**(global product)은 글로벌 시장의 요구와 니즈를 충족시킨다. 참된 글로벌 제품은 개별국가의 발전 상태 등을 뛰어넘어 전 세계의 모든 지역에 제공된다. **글로벌 브랜드**(global brand)는 같은 브랜드명을 가지고 있고, 어떤 측면에서는 전 세계적으로 유사한 이미지를 확보하고 있다. 어떤 회사는 잘 구축된 글로벌 브랜드를 가지고 있다. 네슬레가 '가장 최고의 제품을 만든다'라고 주장했을 때 품질에 관한 이 약속은 전 세계적으로 이해되었고 받아들여졌다. 같은 논리가 질레트(남자가 가질 수 있는 최상의 것)와 BMW(궁극의 드라이빙 머신), GE(상상을 현실로 만드는 힘), 할리 데이비슨(미국의 전설), 비자카드(인생은 비자와 함께)를 비롯한 수많은 글로벌 기업에도 적용된다

(사진 10-2 참조).

질레트의 전 CEO인 알프레드 자이엔은 질레트의 시장에 대한 접근법을 다음과 같이 설명했다.

> 글로벌 기업들은 다양한 국가에서 운영되고 있다. 글로벌 기업들은 전 세계를 하나의 국가로 여기고 있다. 우리는 아르헨티나와 프랑스가 다르다는 것을 알지만 2개의 시장을 동일하게 취급한다. 우리는 그 두 시장에 같은 제품을 판매하며, 같은 생산방식을 사용하고, 같은 정책을 사용한다. 심지어 우리는 광고까지도 같은 광고를 사용한다. 물론 다른 언어로 된 광고를 말이다.[19]

자이엔의 말이 시사하는 바와 같이 질레트와 같은 기업들은 글로벌 제품을 생산하고 글로벌 브랜드를 사용하는 데서 오는 이점이나 효용을 누리고 있다. 이러한 이점에는 단일한 광고 캠페인을 실시하는 것으로부터 발생하는 규모의 경제와 단일 브랜드 전략을 시행함으로써 얻을 수 있는 이점이 있다. 반면 네슬레의 전 CEO인 피터 브라벡-레트마테는 다른 관점을 역설한다.

> 우리는 식품과 음료시장에서는 글로벌 소비자라고 불리는 것이 없다고 강하게 믿는다. 사람들은 그들의 독특한 문화와 전통에 기초한 지역적인 입맛을 가지고 있다. 브라질에서 좋은 캔디바가 똑같이 중국에서도 좋은 캔디바는 아니다. 그러므로 조직 내에서, 시장에서 의사결정은 가능한 한 낮게 밀어내는 것이 필요하다. 그렇지 않으면 당신은 어떻게 좋은 브랜드 의사결정을 할 것인가? 브랜드는 기능적이고 감정적인 특징의 묶음이다. 우리는 브베에 있는 우리의 회사에서 베트남에 있는 소비자들과 감정적인 연관성을 수립할 수 없다.[20]

모든 글로벌 기업은 자신의 브랜드 시인성을 높이기 위해 노력하는데, 특히 미국과 중국과 같은 핵심적인 시장에서는 더욱 그러하다. 이러한 사례에는 필립스사의 'Innovation and you'라는 글로벌 이미지 광고와 지멘스사가 최근 실시한 광고 캠페인인 'Siemens Answer'와 같은 사례가 있다.

21세기에는 글로벌 브랜드가 점점 더 중요해지고 있다. 한 연구팀에 따르면 다음과 같다.

상충되는 관점을 가진 각기 다른 국가의 사람들이 상징을 공유하면서 대화에 참여한다. 그 대화에서 핵심적인 상징 중의 하나는 글로벌 브랜드이다. 연예인이나 유명한 운동선수, 정치인, 글로벌 브랜드는 전 세계 소비자에게 공통적인 공용어가 되어 가고 있다. 사람들은 초국적 기업을 혐오할 수도 사랑할 수도 있지만 무시할 수는 없다.[21]

이 연구자들은 전 세계적으로 알려진 브랜드는 우수성의 후광효과와 일련의 책임을 동시에 수반한다고 말한다. 세계적으로 일반 소비자와 기업구매자, 정부, 사회운동가를 비롯한 다양한 집단은 글로벌 브랜드와 관련해 세 가지 특성을 갖는다. 소비자는 이러한 특성을 구매 결정을 내릴 때 기준으로 삼는다.

- **품질 지표** : 글로벌 브랜드는 세계적인 수준의 품질을 제공하기 위해 서로 혹독하게 경쟁한다. 글로벌 브랜드명은 제공되는 제품을 차별화시키고 자기 브랜드 마케터로 하여금 제품에 프리미엄 가격을 매길 수 있도록 한다.
- **글로벌 신화** : 글로벌 브랜드는 문화적인 이상향의 상징이다. 제7장에서 언급한 바와 같이 마케터는 브랜드의 글로벌 정체성을 홍보하고 그 정체성을 전 세계의 어느 부분과 연결시키는 데 GCCP 전략(외국 소비자 문화에 따른 포지셔닝 전략)을 사용한다.
- **사회적 책임** : 고객들은 기업들과 특정 브랜드들이 사회적 문제를 어떻게 다루는지, 그리고 어떻게 기업을 경영하는지의 측면에서 기업을 평가한다(사진 10-3 참조).

글로벌 브랜드는 글로벌 제품과 같은 것이 아니라는 것에 주의해야 한다. 예를 들어 개인용 스테레오는 글로벌 제품으로 분류된다. 소니는 글로벌 브랜드이다. 소니와 같은 많은 기업이 개인용 스테레오 제품을 생산한다. 그러나 소니는 개인용 스테레오 제품군을 20년도 더 전에 워크맨을 일본 시장에 소개하면서 창조해 냈다. 소니의 워크맨은 기업의 이름이 제품의 브랜

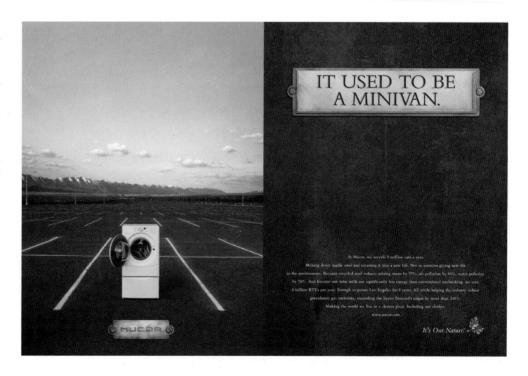

사진 10-3 뉴코는 미니밀의 사용에 대한 시장 개척의 선두주자로 널리 알려져 있다. 미니밀은 전기 아크로에서 철 조각들을 녹여 철을 생산한다. 이런 과정은 예전의 철강 생산자들의 방법보다 훨씬 효율적이다. 뉴코는 인쇄 매체와 온라인매체 양면에서 "이것이 우리의 자연입니다."라는 브랜드 캠페인을 펼치고 있다. 이 캠페인은 환경, 에너지 절약, 강한 기업문화 등을 포함하는 다양한 주제를 포함하는 회사의 주제를 다룸으로써 소비자의 인지도를 높이고자 노력하고 있다.
출처 : Nucor Corporation.

드명과 결합된 **결합 브랜딩**(combination branding) 혹은 **계층적 브랜딩**(tiered branding)의 사례이다. 이러한 결합 브랜딩 전략을 사용함으로써 마케터들은 기업체의 명성을 높이는 동시에 해당 기업의 제품군에 대해서 차별화된 브랜드 정체성을 개발할 수 있다. 결합 브랜드 접근법은 신제품을 출시하는 데 강력한 수단이 될 수 있다. 소니가 수많은 지역제품을 시장에 출시했지만, 소니는 글로벌 브랜드인 동시에 또 글로벌 제품의 창조자로서 전 세계적인 업적을 가지고 있다. 워크맨이라는 브랜드 이름을 시발점으로 소니는 디스크맨이라는 이동식 CD 플레이어와 워치맨이라는 이동식 TV를 출시했다. 소니는 최근에 브라비아라는 브랜드로 HDTV를 출시했고, 사이버샷 디지털 카메라, 플레이스테이션 게임 콘솔과 휴대용 제품, 그리고 엑스페리아, XZ 스마트폰을 출시했다.

공동 브랜딩(co-branding)은 결합 브랜딩의 변형된 형태인데, 2개 혹은 그 이상의 서로 다른 기업들이나 제품 브랜드들이 제품의 포장이나 광고에 서로 섞어 만드는 형태의 브랜딩 전략을 의미한다. 적합하게 시행된 공동 브랜딩은 고객의 충성도를 높일 수 있고, 기업에 시너지 효과를 달성할 수 있도록 해준다. 그러나 공동 브랜딩은 고객들에게 혼란을 줄 수 있을 뿐 아니라 브랜드 가치를 약화시키는 결과를 초래할 수도 있다. 이러한 공동 브랜딩 접근법은 각 제품들이 서로 조화롭게 조합될 때 가장 효과적으로 작용할 수 있다. 신용카드 회사들이 이러한 접근법을 시도했던 선구자였다. 그리고 그 결과 오늘날 신용카드를 항공사 마일리지를 축적하고 자동차를 구매할 때 할인을 받는 데 사용하는 것이 가능해졌다. 잘 알려진 또 다른 공동 브랜딩의 사례로는 인텔사와 여러 개인용 컴퓨터 제조회사들이 공동으로 시행했던 인텔 인사이드 캠페인이 있다.

글로벌 기업들은 **브랜드 확장**(brand extensions)을 통해서 강력한 브랜드를 만들어 낼 수 있다. 이런 전략은 새로운 시장에 진입하거나 기업을 대표할 수 있는 새로운 제품군을 개발할 때 기존에 확립된 브랜드 이름을 마치 우산처럼 안전장치로 사용하는 방식을 수반한다. 영국의 사업가 리처드 브랜슨은 이러한 접근법의 대가로 알려져 있다. 버진사는 자사의 브랜드에 다양한 종류의 사업부문과 제품을 추가해 왔다. 버진은 글로벌 브랜드이며, 사업으로는 항공, 철도, 소매점, 극장, 금융 서비스, 헬스클럽 등이 있다. 이런 사업 중 일부는 세계 무대에서 운영되고 있고, 또 다른 일부는 지역적으로 운영되고 있다. 예컨대 버진 애틀랜틱 항공은 전 세계 곳곳을 운항하고 있는 반면에 버진 철도 그룹과 버진 미디어는 영국에서만 운영된다. 버진 브랜드는 경쟁기업들의 고객 서비스 기술의 취약점을 파고드는 브랜슨의 기민함과 뛰어난 판촉 능력을 바탕으로 만들어졌다. 브랜슨의 경영철학에 의하면 브랜드는 이미지보다는 명성과 품질, 혁신성과 가격에 의해 만들어진다. 브랜슨은 버진 브랜드를 새천년의 '영국 브랜드'로 만들려고 노력했지만, 일부 산업 전문가는 "버진이라는 브랜드가 너무 널리 퍼져나가고 있는 것은 아닌가?"라고 지적한다. 브랜슨의 새로운 도전은 우주여행 사업 회사인 버진 갤럭틱을 포함한다.

소니 워크맨의 역사는 글로벌 브랜드를 개발하는 선견지명 있는 마케터들에게 달려 있다는 사실을 분명히 보여준다. 처음에 개인용 스테레오는 3개의 브랜드 이름으로 묶여 있었다. 랑가나스 나약과 존 캐터링햄은 저서 *Breakthroughs*에서 소니의 회장 아키오 모리타가 글로벌 소비자가 자신의 마케팅 직원들보다 한 발짝 더 앞서 있다는 것을 알아차렸을 때 어떻게 우리가 요즘 알고 있는 글로벌 브랜드가 생겨났는지 묘사했다.

표 10-1 글로벌 마케팅을 위한 제품/브랜드 매트릭스

		제품	
		지역적	글로벌
브랜드	지역적	1. 지역적 제품 / 지역적 브랜드	2. 글로벌 제품 / 지역적 브랜드
	글로벌	3. 지역적 제품 / 글로벌 브랜드	4. 글로벌 제품 / 글로벌 브랜드

도쿄에서 열린 국제 세일즈 미팅에서 모리타는 미국, 유럽, 오스트레일리아에서 온 소니 대표자들에게 워크맨을 소개해 주었다. 2개월 이내로 그 워크맨은 '사운드어바웃'이라는 이름으로 미국에서 판매됐고, 2개월 후에는 영국에서 '스토우어웨이'라는 이름으로 판매됐다. 일본에 있는 소니는 이름이 바뀌는 것에 동의하였는데, 그 이유는 영어로 말하면 우습게 들리는 '워크맨'이라고 명명했기 때문이다. 그럼에도 불구하고 관광객들이 워크맨을 일본에서 수입하고 다른 광고보다 더 빠르게 원래의 이름을 퍼뜨리자 워크맨은 사람들이 상점에서 그 제품에 대해 물을 때 보편적으로 부르는 이름이 됐다. 이런 이유로 소니의 매니저들은 같은 상품에 다른 3개의 이름이 있다는 이유로 낙담하게 됐다. 모리타는 1980년 5월에 있었던 소니의 미국 판매 협약에서 '웃기거나 말거나' 워크맨을 모두가 써야만 하는 이름이라고 공표함으로써 문제를 일단락 지었다.[22]

표 10-1은 제품과 브랜드의 지역성과 세계성의 네 가지 조합을 보여주고 있다. 각각의 조합은 각기 다른 전략을 대표한다. 세계적인 기업들은 1개 혹은 그 이상의 전략을 적절히 사용할 수 있다. 앞서 언급한 바와 같이 어떤 글로벌 기업들은 특정 국가나 지역시장을 위해 그 지역의 특성에 맞춰진 지역적 제품과 지역적 브랜드를 개발함으로써 1번 전략을 실행한다. 코카콜라는 이러한 전략을 널리 사용하는데, 일본에서 판매되는 조지아 캔커피가 하나의 예다. 코카콜라의 대표적인 콜라 브랜드는 4번 전략의 예가 될 수 있다. 남아프리카 지역에서 코카콜라는 발프레라는 브랜드로 생수를 판매한다(2번 전략). 세계적인 화장품 회사들은 3번 전략을 많이 사용한다. 샤넬, 지방시, 클라렌스, 겔랑을 비롯한 주요 화장품 브랜드의 마케터들은 세계 각지의 다양한 시장에 맞춘 다양한 제품을 만들어 낸다. 하지만 그들은 브랜드 이름과 포장방식은 지역 어느 곳이든 동일하게 맞춘다.

글로벌 브랜드 개발

표 10-2는 인터브랜드 컨설팅과 씨티그룹의 분석가가 평가한 브랜드의 경제적 가치의 순위를 보여준다. 이 표의 순위 안에 들기 위해서는 각 기업 매출액의 3분의 1 이상이 해외시장(자국시장 이외의 시장)에서 이루어져야 한다. 마스 등 민간기업이 보유한 브랜드는 포함하지 않는다. 물론 기술 대기업인 애플과 구글이 2위 안에 든다. 구글은 시겔+게일이 집계한 '2017 글로벌 브랜드 단순성 지수'에서도 3위를 차지했고, 독일 할인업체 알디가 그 뒤를 이었다.[23]

이 순위는 소비자 패키지 상품부터 전자제품, 자동차에 이르기까지 다양한 업종에 종사하는 기업들이 강력한 브랜드 관리를 실천하고 있음을 보여준다. 하지만 일류 브랜드도 우여곡절이 있다. 2012년도 순위에 따르면 노키아는 10위권 밖으로 밀려났다. 노키아의 새로운 CEO인 스티브 엘롭은 스마트폰의 새로운 시대를 개발하기 위하여 마이크로소프트사와 파트너십을 맺었다. 그런 협업에도 불구하고 2014년 순위에서 노키아는 25위권 밖으로 밀려났다(사진

표 10-2 세계 브랜드의 가치 순위

순위	브랜드 가치(100만 달러)	순위	브랜드 가치(100만 달러)
1. 애플	184,154	14. 디즈니	40,772
2. 구글	141,703	15. 인텔	39,459
3. 마이크로소프트	79,999	16. 시스코	31,930
4. 코카콜라	69,733	17. 오라클	27,466
5. 아마존	64,796	18. 나이키	27,021
6. 삼성	56,249	19. 루이비통	22,919
7. 토요타	50,291	20. 혼다	22,696
8. 페이스북	48,188	21. SAP	22,635
9. 메르세데스	47,829	22. 펩시	21,491
10. IBM	46,829	23. H&M	20,488
11. GE	44,208	24. 자라	18,573
12. 맥도날드	41,533	25. 이케아	18,472
13. BMW	41,521		

출처 : "Best Global Brands: 2017 Rankings," www.bestglobalbrands.com/2017/ranking/(accessed March 1, 2018).

10-4 참조). 엘롭은 마이크로소프트가 노키아의 디바이스 앤 서비스 사업을 인수한 후 마이크로소프트 디바이스 그룹의 부사장으로 선임됐다. HMD 글로벌 그룹은 현재 노키아 스마트폰 브랜드의 오너다.

글로벌 브랜드를 개발하는 것이 항상 최적의 목표는 아니다. 데이비드 아커와 에리히 요아힘스탈러가 하버드 비즈니스 리뷰에서 밝힌 바와 같이 글로벌 브랜드를 만들고자 하는 경영자들은 글로벌 브랜드를 만드는 전략이 회사 혹은 그들이 목표로 하는 시장과 잘 맞아 떨어지는지를 최우선적으로 고려해야 한다. 첫 번째로 매니저는 규모의 경제의 실제화에 대하여 현실적으로 접근해야 한다. 둘째, 성공적인 글로벌 브랜드를 만드는 데 어떤 어려움이 있는지를 인식해야만 한다. 마지막으로 경영자들은 하나의 브랜드가 모든 시장에서 성공적일 수는 없다는 사실을 명심해야 한다. 아커와 요아힘스탈러는 기업에 **글로벌 브랜드 리더십**(global brand leadership)을 통해 모든 시장에서 강력한 브랜드를 만드는 데 주안점을 두라고 조언한다.

사진 10-4 세계의 휴대전화 판매량은 연간 10억 달러를 뛰어넘었다. 그리고 현재 서구 시장의 포화 상태에 직면한 노키아 스마트폰 브랜드의 오너 HMD 글로벌과 다른 경쟁자들은 새로운 고객들을 유치하기 위한 신흥시장을 노리고 있다. 경제의 급성장과 소득의 증가는 중국, 인도, 그리고 다른 신흥시장들이 지위의 상징으로 휴대전화를 구입할 수 있음을 의미한다. 많은 사용자가 세련된 디자인과 많은 앱, 무선 충전, 듀얼 카메라 같은 최신 기능을 갖춘 휴대전화로 업그레이드하고 있다.
출처 : Jing Wei-Imaginechina/Associated Press.

글로벌 브랜드 리더십이란 브랜드를 만드는 데 필요한 자원을 전 세계적으로 배분하고, 글로벌 시너지를 창출하며, 국가별 전략과 조화를 이룰 수 있는 글로벌 브랜드 전략을 개발하기 위해 기업의 조직적 구조, 절차, 문화를 사용하는 것을 의미한다.[24]

마스는 미국에서 스니커즈, 영국에서 마라톤 같은 다양한 이름으로 팔리는 초콜릿으로 덮인 캐러멜바에 대한 글로벌 브랜드 문제에 직면했다. 경영진은 캔디바를 글로벌 브랜드로 변화시키기로 결정했다. 그 결정은 영국 소비자들이 스니커즈를 여성 속옷의 영국 속어인 니커스로 연관 지을 수도 있다는 것과 같은 몇 가지 위험요소들이 있었다. 마스는 또한 유럽에서 성공한 초콜릿 비스킷 레이더를 미국에서 사용하는 똑같은 이름의 트윅스로 바꿨다. 두 가지 예에서 단일 브랜드 이름은 마스에게 국경을 걸쳐 제품 커뮤니케이션을 강화하는 기회를 주었다. 매니저들은 스니커즈와 트윅스의 포지셔닝에 대해 세계적으로 생각할 수밖에 없었는데 캔디 제품들이 국가별로 다른 브랜드 이름으로 마케팅될 때 현지시장의 상황에 맞춰 변경하였으며, 이는 쉬운 일은 아니었다. 마케팅팀은 도전에 선뜻 응했다. 로드 사치는 이렇게 기술했다.

> 마스는 배고픔의 만족이라는 한 사람의 니즈에 대한 성패가 상업적 성공을 결정했다. 홍콩에서부터 리마에 이르기까지 사람들은 '스니커즈 바를 식사'로 인식했다. 감동의 승리는 그들에게 글로벌 과자류 시장의 100%를 안겨 주지는 않았지만 그것으로 충분했다. 스니커즈 매력은 스니커즈가 세계에서 1등 과자류 브랜드가 되는 데 충분했다.[26]

표 10-3은 여러 글로벌 브랜드의 이름을 나열하고 이름 뒤에 숨겨진 전략을 설명한다. 다음의 여섯 가지 가이드라인은 마케팅 매니저가 글로벌 브랜드 리더십을 창출하기 위해 노력을 기울일 때 도움이 될 것이다.[27]

표 10-3 글로벌 기업의 이름은 어떻게 지어졌을까?

회사명(본사국)	이름에 담긴 뒷이야기
Aldi(알디, 독일)	"Albrecht Discount"의 약자. 형제가 설립한 회사이다.
Alfa(알파, 이탈리아)	"Anonima Lombarda Fabbrica Automobili"의 약자
알리바바(중국)	"누구나 알리바바의 이야기를 안다. 그는 다른 사람들을 도와주고자 했던 젊은이였다."
Fiat(피아트, 이탈리아)	"Fabbrica Italiana Automobil Torino"의 약자
Haribo(하리보, 독일)	설립자의 이름 'Hans Riegel' 각각의 앞 두 글자와 그가 살았던 도시 'Bonn'의 두 글자를 합친 이름이다.
IKEA(이케아, 스웨덴)	"Ingvar Kamprad Elmtaryd Agunnaryd", 설립자의 이니셜과 그가 자란 농장(Elmtaryd), 고향(Agunnaryd)을 합친 약자이다.
Kering(케링, 프랑스)	'PPR'로 알려졌던 명품 브랜드 기업. 'Ker'는 브르타뉴에서 '집'을 의미하며, 'Kering'은 영어로 '배려한다(caring)'와 발음이 같다. "회사 이미지를 부드럽게 하기 위한" 의도로 이름을 변경하였다.
LEGO(레고, 덴마크)	"Leg godt"는 네덜란드어로 '잘 논다'라는 뜻이다.
Rimowa(리모와, 독일)	"Richard Morszeck Warenzichen" 자신의 이름(Richard Morszeck) 뒤에 상표를 뜻하는 단어(Warenzeinchen)를 붙여 각각의 앞 두 글자를 딴 이름. 리하르트는 설립자 파울 모르첵의 아들이다.
TOMS(탐스, 미국)	설립자 블레이크 마이코스키는 '더 나은 내일을 위한 신발'이라는 이름을 줄여서 '내일의 신발(Tomorrow's Shoes)'이라는 이름을 지었다.

신흥시장 요약보고서

중국, 뷰익에게 새로운 생명을 주다

GM이 자국과 해외에서 겪은 경험들은 회사 브랜드 전략이 그 문화뿐만이 아니라 시장에서 원하는 기호에도 부합해야 한다는 것을 보여주는 좋은 예이다. 예를 들어서 1990년대 GM은 중국 시장에 세단을 제작하기 위한 권리를 위해 다투고 있었다. 회사 관계자들은 중국 고위 관료들에게 티파니에 사인을 새긴 파란 상자에 보석을 담아서 선물로 주었다. 하지만 티파니의 하얀 리본을 빨간색으로 교체하였는데, 이것은 중국에서는 빨간색이 행운을 상징하며, 하얀색은 부정적인 의미를 내포하고 있기 때문이었다.

GM은 결국은 중국 정부로부터 허락을 받아냈고 뷰익의 세단 자동차를 중국 정부와 기업을 위해 제작할 수 있는 기회를 부여받았다. GM의 다양한 브랜드 중에서 왜 뷰익이 선택되었을까? 릭 워거너 전 GM 사장은 포춘지와의 인터뷰에서 "중국은 솔직한 협상 스타일을 갖고 있다."고 말했다. 중국인들은 뷰익을 원했다. 미국 기업들이 세계적인 브랜드를 내걸었지만 중국인들은 뷰익 사용을 고집했다. 이에 미국이 동의하면서 거래가 성사되었다.

미국 자국에서는 뷰익의 이미지는 몇십 년째 떨어지고 있었다. 뷰익을 구매하는 사람의 평균 나이는 61세이다. 이것은 확연한 대조를 보이는데, 예를 들어 볼보를 구매하는 사람의 평균 나이는 50세이다. 뷰익은 한때 미국의 운전자들에게 동경의 대상일 만큼 유명한 브랜드였다. 광고의 한 표어 중에 "정말 뷰익을 구매하지 않겠습니까?"라는 질문이 있다. 이 표어는 포드를 자기고 있는 사람들을 자극시켜 뷰익 르세이버나 리비에라를 선택하도록 하였다. 또 다른 표제는 "큰 가족을 위해 큰 구매를 원하십니까?"라는 질문도 있다.

불행히도 1980년대 중반이 되면서 뷰익은 회사통합과 가격절감의 희생자가 되었다. 디자인과 기계적인 부분이 겹치면서 몇몇 소비자들은 다른 GM의 브랜드와 뷰익의 차이점을 구별하기 어렵다고 지적하였다. 리비에라의 경우 올즈모빌 토로나도와 캐딜락 엘도라도와 모두 비슷하였다. 심지어 오토위크지가 리비에라의 새로운 디자인을 럭셔리 쿠페 부문에 큰 파동을 일으킬 것이라고 소개했음에도 불구하고 리비에라의 파격적인 디자인은 성공의 근처에도 다가서지 못했다. 리

비에라의 모델은 1999년을 끝으로 막을 내렸다.

2009년까지 뷰익의 중국 판매 총수익은 45만 달러였는데, 이것은 미국에서의 판매보다 4배가 높은 것이었다. 이에 더해서 중국에서 뷰익을 이용하는 전형적인 사람은 35세이다. 이러한 사실들은 왜 뷰익이 아직도 생산 중에 있는지 설명해 준다. 미국 정부는 GM의 통제권을 갖게 되자 GM의 지휘자 프리츠 헤더슨에게 뷰익의 생산을 종료시키라고 압박하였다. 중국에서 뷰익의 인지도 덕분에 일시적으로 위기를 모면할 수 있었다. 한편 올즈모빌과 폰티악 그리고 새턴의 생산은 종료했다. 한 자동차 분석가는 이 현상을 "중국에서는 GM이 지역적 전략을 펼쳤다. 중국에서 뷰익만 활동하게 만들었고, 이것은 이 브랜드를 성장시키는 데 크게 일조하였다."고 요약해 말했다.

이제 미국 마케팅 매니저들이 해야 할 과제는 자국에서 이 브랜드를 되살리는 것이다. 중간 사이즈의 리갈이나 베라노 콤팩트 세단과 같은 새로운 모델들은 이런 노력에 아주 필요한 것이다. 리갈은 독일에서 제작했으며, 몇몇 광고에서 이 브랜드를 유럽에 뿌리를 둔 것이라고 보도하였다. 예를 들면 한 광고에서는 "주의 깊게 기울여서 들으면 독일 발음을 들을 수 있다."라고 말한다. 광고와 프로모션 담당 부서장 크레이프 비엘리는 파이낸셜 타임스에 "우리의 목표는 이 브랜드의 소비자를 증가시키는 것이다. 독일은 자동적으로 스포츠 세단"이라고 말하였다. 2016년 여름, 미국에서 중형 SUV인 뷰익 인비전이 출시되었다. 이는 뷰익의 글로벌 전략에 있어 하나의 사례연구가 될 것이다. 이 인비전은 미국에서 판매된 최초의 중국 조립형 차량이다 (사진 10-5 참조).

출처 : James R. Healey, "Buick Tries to Buff Away Its Image as Inefficient Carmaker," *USA Today* (June 22, 2012), pp. 1B, 2B; Sharon Terlep, "GM Seeks Sway in China," *The Wall Street Journal* (April 19, 2012), pp. B1, B2; Bernard Simon, "Out with the Old," *Financial Times* (October 18, 2010); Jens Meiners, "Chinese Takeout," *Car and Driver* (October 2010), pp. 31－32; John D. Stoll, "East Meets West," *The Wall Street Journal* (June 23, 2008), p. R5; Alex Taylor III, "China Would Rather Have Buicks," *Fortune* (October 4, 2004), p. 98; Matt DeLorenzo, "Cruising in Style," *Autoweek* (December 6, 1993), pp. 13－14.

사진 10-5 GM의 뷰익은 중국에서 가장 잘 팔리는 차종 중 하나이다. 2017년 중국 뷰익 지사는 1,400만 대를 판매하였으며, 그 해에 출시된 7개의 뷰익 모델은 매출을 급성장시키는 데 일조하였다. 사진은 미국으로 보내기 위해 뷰익 인비전 SUV를 선적할 준비를 하고 있는 모습이다.
출처 : VCG/Getty Images.

1. 시장에 진입할 때는 자국시장에서부터 출발하고, 소비자에게 강력한 가치를 어필할 수 있는 제품을 창조하라. 글로벌 브랜드는 가치 기반에서부터 시작된다.

2. 브랜드를 해외로 수출하기 전에 브랜드 정체성에 관한 모든 요소를 고려하라. 브랜드 이름을 선택할 때는 글로벌화를 위한 잠재성을 지닌 이름과 브랜드 마크, 상징을 선택하라. 특히 북미, 유럽, 일본과 BRICS 국가에 관심을 기울여라.

3. 각기 다른 국가에 대한 마케팅 프로그램과 고객에 관한 지식과 정보를 공유하고 활용할 수 있도록 하는 전사적 의사소통 시스템을 개발하라.

4. 시장과 제품을 아우를 수 있는 지속적인 계획 절차를 갖추어라. 절차를 템플릿화해서 모든 시장의 매니저가 사용할 수 있도록 갖추어라.

5. 로컬 브랜드 매니저가 글로벌 전략을 받아들일 수 있도록 그들에게 브랜드와 관련한 이슈를 관리하는 특정한 책임이나 임무를 부여하라. 이러한 임무부여는 다양한 방식으로 수행될 수 있는데, 최고경영자가 지휘하는 경영관리팀이나, 브랜드 챔피언(최고 중역)의 형태가 될 수도 있고, 중간 관리자들이 운영하는 글로벌 브랜드 관리자나 브랜드 관리팀(중간 매니저)의 형태가 될 수도 있다.

6. 전 세계적으로 강력하면서도 상대적으로 다른 지역적 특성에 대응할 수 있는 브랜드 수립전략을 실행하라.

코카콜라는 전형적인 글로벌 제품이면서 글로벌 브랜드이다. 코카콜라는 거의 대부분의 국가에서 유사한 포지셔닝 전략과 마케팅 전략을 펼친다. 코카콜라는 전 세계에 걸쳐 자사 브랜드에 재미, 즐거운 시간, 유쾌함을 투영한다. 제품 그 자체는 지역의 특성에 맞게 맛이 조금 변할 수도 있다. 많은 소비자가 단맛을 선호하는 중동지역에서 코카콜라는 자사제품에 단맛을 증가시켰다. 또한 제품의 가격도 지역의 경쟁 상황에 맞게 변경할 수 있고, 유통망도 달라질 수 있을 것이다. 2009년에 코카콜라는 글로벌 광고 테마로 'Open Happiness'를 채택하였다. 그 전의 슬로건인 'The Coke Side of Life' 또한 글로벌했지만, 러시아와 중국 같은 신흥지역에서는 적응이 필요했다.[28] 2016년 코카콜라는 'Open Happiness'를 새로운 글로벌 태그라인 'Taste the Feeling'으로 대체했다.

종합하면 브랜드의 경영을 안내하는 기본적이고 근본적인 전략 원칙은 전 세계적으로 동일하다. 이 문제는 정확한 통일성이 아니라 보다 미묘한 질문이다. 우리는 본질적으로 동일한 제품과 브랜드 약속을 제공하고 있는가? 다음 몇 장에서 논의하겠지만 마케팅 믹스의 다른 요소(예 : 가격, 통신 매력과 미디어 전략, 유통 채널)도 다를 수 있다

▶ 10-3 글로벌 마케터들이 세계 여러 지역의 구매자가 추구하는 혜택을 이해하는 데 매슬로의 욕구단계설이 어떻게 도움이 되는지 설명한다.

(10-3) 제품 계획을 위한 니즈 기반 접근

코카콜라, 맥도날드, 싱가포르항공, 메르세데스-벤츠, 소니 등은 지역적 제품과 브랜드를 기반으로 하여 세계적인 기업으로 변신한 몇 안 되는 기업이다. 마케팅의 본질은 소비자의 욕구를 찾아내고 그것을 충족시키는 것이다. 사회학과 심리학에서 중요한 주제인 **매슬로의 욕구단계**(Maslow's needs hierarchy)는 지역적 제품과 브랜드가 어떻게 그리고 왜 국경을 넘어 확장될 수 있는지를 이해하는 데 유용하게 쓰일 수 있다. 매슬로는 사람들의 욕구가 다섯 가지 욕구단계로 설정될 수 있다고 제안했다.[29] 개개인이 하위 수준의 욕구가 충족될 때 더 상위의 욕

구로 나아가게 되는 것이다(그림 10-1 참조). 인간이 존재하기 위해서는 가장 기본적인 수준의 생리적인 욕구와 안전 욕구가 반드시 충족되어야만 한다. 모든 사람은 음식과 의복, 주거지가 필요하고, 이러한 기본적인 욕구를 충족시키는 제품들은 세계화를 할 수 있는 잠재력을 가지고 있다.

그러나 음식과 음료를 필요로 하는 인간의 기본적인 욕구가 빅맥이나 코카콜라에 대한 선호와 같지는 않다. 코카콜라와 맥도날드가 세계시장을 공략하기 이전에 그들은 브랜드와 기업을 모국에서 키워 나갔다. 두 기업의 제품이 인간의 기본적인 욕구를 충족시키는 성질의 것이었고, 두 기업 모두 마케팅에 뛰어난 재주가 있었기 때문에 두 기업은 지리적 국경을 넘어 세계적인 브랜드로 성장할 수 있었다. 동시에 두 기업은 자신들의 경험으로부터 음식과 음료에 대한 선호는 문화와 깊은 관련이 있다는 것을 깨달았다. 중국이 좋은 예가 될 것이다.[30] 이렇듯 각기 다른 고객의 선호에 대응하는 것은 특정한 지역에 맞는 지역적 제품과 브랜드를 만들어 내는 것을 의미한다. 소니는 이와 비슷한 이유로 큰 성공을 거두었다. 오디오와 비디오 엔터테인먼트 제품은 중요한 사회적 기능을 충족시킨다. 소니의 역사를 통해 보면 소니의 일관된 비전은 오락적 욕구를 충족시킬 수 있는 트랜지스터라디오나 개인 휴대용 스테레오 워크맨과 같은 새로운 제품의 개발을 가능케 했다.

욕구단계의 중간 단계에는 자아존중과 만족, 타인으로부터의 존경의 욕구가 포함되어 있다. 강력한 내적 동기 유발을 통해 사회적 지위에 기반한 제품 수요를 창출할 수 있는 사회적인 욕구는 개발의 정도가 각기 다른 국가에 대한 기업의 접근을 가능케 한다. 질레트의 전 CEO 알프레드 자이엔은 이러한 사실을 잘 이해하고 있었다. 질레트의 자회사인 파커펜의 마케터는 값비싼 선물을 구입하려는 말레이시아와 싱가포르의 소비자는 니먼 마커스 백화점에서 미국인이 구입하는 파커펜과 동일한 파커펜을 구입할 것이라고 확신했다. "우리는 말레이시아 시장만을 위한 특별한 제품을 생산하진 않을 것이다."라고 자이엔은 밝혔다.[31] 오늘날 아시아 시장의 젊은 여성들은 담배를 하나의 상징처럼 받아들이면서 말보로와 같은 서구 브랜드에 대한 선호를 보인다. 그러나 앞서 언급한 바와 같이 흡연자의 필요와 욕구는 그들이 처한 경제적 상

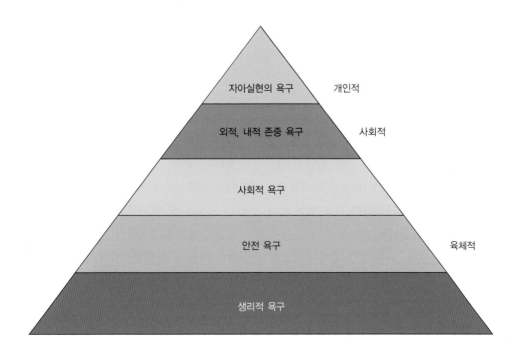

그림 10-1 매슬로의 욕구단계 이론
출처 : A. H. Maslow, "A Theory of Human Motivation," in Readings in Managerial Psychology, Harold J. Levitt and Louis R. Pondy, eds. (Chicago, IL: University of Chicago Press, 1964), pp. 6 – 24. Original—Psychological Review 50 (1943).

황에 따라 달라질 수 있다. 이러한 사실을 인식하면서 BAT와 같은 담배회사는 흡연자가 감당할 수 있는 가격으로 흡연자의 욕구를 충족시켜 줄 수 있는 지역적 브랜드를 출시했다.

명품 제품의 마케터는 전 세계 소비자의 존경의 욕구를 만족시켜 주는 데 특별한 재주가 있다. 롤렉스, 루이비통, 돔 페리뇽 등은 소비자들이 존중의 욕구를 충족시키기 위한 노력의 일환으로 구매하는 글로벌 브랜드이다. 어떤 소비자는 다른 사람들이 알아볼 수 있는 고가의 제품이나 브랜드를 구매함으로써 그들의 부를 과시한다. 그러한 행동은 **과시적 소비** 혹은 **사치스러운 표시** 등으로 일컬어진다. 명품 제품과 브랜드를 통해 지역시장 소비자의 존중의 욕구를 충족시킴으로써 성공을 거두었던 기업은 그 제품을 전 세계로 출시하기 위해서는 그에 맞는 전략을 수립해야만 한다는 것을 보여주고 있다.

제품은 다른 나라에서는 다른 욕구를 충족시킬 수 있다. 산업화되었고 고소득인 국가에서 냉장고가 사용되고 있는 상황을 생각해 보자. 이러한 사회에서 냉장고의 가장 **기본적인** 기능은 욕구단계의 가장 기본적인 수준과 관련이 있다. 냉동식품의 보관기간 연장, 우유와 육류를 비롯해 쉽게 상할 수 있는 제품의 유통을 위한 목적, 얼음을 만드는 것 등과 같은 목적인 것이다.

하지만 이와 달리 저소득 국가에서는 냉동식품의 구매가 쉽지 않다. 이런 상황에 있는 가정주부는 가정에서 필요한 식자재들을 주 단위가 아니라 하루 단위로 구매한다. 사람들은 얼음을 만드는 것과 같은 불필요한 기능에 돈을 지불하는 데 대해 회의적이다. 이러한 냉장고의 기능은 고소득층만이 감당할 수 있는 사치스러운 것으로 여겨진다. 따라서 저소득 국가에서 냉장고의 기능은 상하기 쉬운 소량의 식품을 하루 정도 보관하거나, 남은 음식을 며칠 보관하는 것이다. 이러한 나라에서는 냉장고로 충족되는 욕구가 제한적이기 때문에 상대적으로 작은 크기의 냉장고가 더 적당하다.

일부 개도국에서는 냉장고가 매슬로의 욕구단계론의 상위 욕구와 관련된 중요한 **이차적 목적**을 지닌다. 냉장고는 명성에의 욕구를 충족시킨다. 이러한 국가에서는 냉장고를 부엌에 두기보다는 집을 방문하는 손님들의 눈에 잘 띄도록 거실에 두는 경우가 많은데, 이런 경우 소비자들은 가급적 큰 모델을 즐겨 찾는다(사진 10-6 참조).

오늘날 일부 인도 기업들은 인도에서 가장 가난한 소비자들이 감당할 수 있는 혁신적인 신제품을 개발하고 있다. 가령 한 회사는 리틀 쿨 냉장고를 만들었다. 70달러 가격으로 판매되는 이 장치는 작고 휴대성이 좋고 소형이다. 기존 풀사이즈 단위에서 발견되는 부품 수의 10분의 1 수준인 20단위에 불과하다.

헬무트 슈테는 아시아 소비자의 필요와 욕구를 설명하기 위해 수정된 매슬로의 욕구단계를 발표했다(그림 10-2 참조).[33] 하위 두 단계의 욕구는 기존의 피라미드와 동일하였지만, 세 가지 상위 수준의 욕구는 사회적 욕구를 강조하였다. 아시아에서 소속의 욕구는 한 개인이 특정 집단에 받아들여졌을 때 충족된다. 집단의 기준에 일치하는 것이 소비자 행동을 결정짓는 주요 요소로 작용한다. 최신형의 멋진 휴대전화가 시장에서 선풍적으로 유행할 때 모든 10대가 너나 할 것 없이 그 휴대전화를 사고 싶어 한다. 이러한 사실을 잘 알고 있는 일본 기업의 경영자들은 10대에게 강력히 어필할 수 있도록 특별히 고안된 제품을 개발한다. 다음 단계의 욕구는 존경의 욕구인데, 특정 집단 내에서 존경을 받을 만한 행동을 통해 충족될 수 있는 상위의 욕구이다.

가장 상위에 있는 욕구는 **명성의 욕구**인데, 이는 전체 사회로부터의 존경을 받고 싶어 하는 욕구를 의미한다. 높은 사회적 명성을 얻는 것은 개개인의 성품에서 비롯되는 것이지만, 때때

"아시아인들에게 외모는 매우 중요하다. 그래서 가장 최신의 제품으로 가장 최근의 상태를 보여줘야 한다."[32]
일본에서 평면 TV의 유명세에 대해 설명하면서 뷰소닉의 앨런 창

"모든 중국인은 심지어 요리사, 청소부들도 아이폰을 가지고 있다. 만약 부자임을 뽐내고 싶다면 값비싼 변기로 자랑하는 것이 제일 효과적이다."[34]
2,000달러짜리 변기를 만드는 회사 이카헤 새니터리 웨어의 앤디 왕

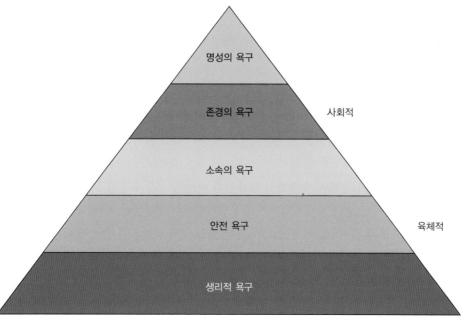

그림 10-2 아시아에서의 매슬로의 욕구단계

로 사회적 명성을 추구하는 행위는 사치품의 소비를 부추기기도 한다. 사회적 명성을 얻으려는 욕구가 아시아인에게 가장 중요하다는 헬무트 슈테의 주장은 2,000억 달러에 이르는 명품시장의 판매에 대한 지리적 분석을 통해 살펴볼 수 있다. 명품 판매의 20%는 일본에서만 이루어지며, 22%의 소비가 나머지 아시아 태평양 지역에서 이루어진다. 이탈리아의 구찌 그룹의 수입은 거의 절반이 아시아 시장에서 이루어진다.

▶ **10-4** 브랜드의 중요한 요소인 원산지의 중요성에 대해 설명한다.

(10-4) 브랜드 요소로서의 국가원산지

글로벌 마케팅 분야에서 잘 알려진 사실 중 하나는 특정한 국가에 대한 인식과 태도가 그 국가에서 생산되는 브랜드나 제품에까지 확장된다는 것이다. 그러한 인식들이 **국가원산지효과**(country-of-origin effect)의 원인이 되는데, 이러한 인식은 브랜드 이미지의 일부가 되고 브랜드 가치를 구성한다. 이런 원리는 특히 자동차산업, 전자제품, 패션산업, 맥주, 음악 등과 같은 분야에 잘 적용된다.

제품의 원산지에 대한 인식과 태도는 긍정적일 수도 부정적일 수도 있다. 긍정적인 측면에는 1990년대 중반에 마케팅 전문가들이 언급한 것처럼 "독일 제품은 뛰어난 공학기술과 동의어이고, 이탈리아 제품은 유행과 동의어이며, 프랑스 제품은 세련됨과 동의어이다."[36] 왜 이것은 오늘날 특히 신흥시장에서 여전히 유효한 것일까? 이탈리아 사치품 마케터인 토즈의 CEO인 디에고 델라 발레는 설명한다.

> "중국은 복잡하며 점점 더 복잡해질 것이다. 하지만 '독일산'은 여기서 여전히 매력 있으며, 진심으로 준비한다면 당신이 얻을 수 있는 것에 대한 제한은 거의 없을 것이다."[35]
> 독일 산업통상센터, 크리스티안 소머

> '메이드 인 이탈리아'는 제품에 대한 고품질을 최대한 보장하기 때문에 명성을 유지할 것이다. 프랑스 향수와 스위스 시계도 마찬가지다. 중국인들은 '메이드 인 차이나'를 사고 싶어 하지 않는다.[37]

특정 국가의 제조업 명성은 시간이 지남에 따라 바뀔 수 있다. 1970년대와 1980년대에 실시된 연구는 '메이드 인 USA' 이미지가 '메이드 인 재팬' 이미지에 기반을 잃었다는 것을 보여주었다. 그러나 오늘날 미국 브랜드들은 전 세계적으로 새롭게 받아들여지고 있다. 지프의 체로키 SUV 차량과 랜즈엔드의 의류, 버드와이저 맥주는 강력한 '미국' 이미지를 통해 시장에서 성공을 거두고 있는 좋은 사례이다. 그렇더라도 기업들은 '메이드 인 USA' 주장을 뒷받침할 수 있어야 한다. 예를 들어 디트로이트에 본사를 둔 제조업체인 시놀라는 시계 광고에서 '미국이 만들어지는 곳'과 '메이드 인 디트로이트'라는 슬로건을 사용했다. 그러나 밝혀진 바와 같이 이 시계들은 수입 부품으로 미국에서 조립된 것이다. 미국연방거래위원회는 이 회사가 '스위스와 수입 부품을 사용하여 디트로이트에서 제작'이라고 표기하도록 슬로건을 수정하라고 판결했다.

핀란드는 한때 통신장비에 주력했던 휴대전화 분야의 선두주자인 노키아가 자리 잡고 있다. 노키아는 10여 년 만에 국내기업에서 글로벌기업으로 성장했다. 그러나 브랜드 전략 전문가 사이먼 안홀트가 지적하듯이 핀란드가 가치 있는 국가 브랜드가 되려면 다른 핀란드 기업들도 빠르게 움직여 노키아의 성공을 활용해야 한다. 예를 들어 라이시오 그룹의 베네콜 브랜드 마가린은 콜레스테롤 수치를 낮추는 것으로 나타났다. 전 세계 건강을 의식하는 많은 소비자들이 소위 '의약품'이라는 제품을 받아들인다면, 라이시오와 베네콜은 유명 브랜드가 되어

사진 10-7 제품과 같이 국가는 브랜딩되고 포지셔닝될 수도 있다. 예를 들면 슬로베니아는 최근 많은 정부기관과 비정부기관에서 사용되는 통합 브랜드 이미지 캠페인을 출시하였다. '슬로베니아 초록색'은 새로운 로고에서 우세한 색이다. 정부 커뮤니케이션 담당국에 따르면 자연스러운 균형과 슬로베니아인의 묵묵한 근면성을 나타낸다. 어떤 이는 슬로베니아를 숲속의 향기, 졸졸 흐르는 개울, 깨끗한 물, 나무의 부드러움으로 느낄 것……"이다.
출처 : Embassy of the Republic of Slovenia.

세계무대에서 핀란드의 인지도를 더욱 높일 수 있을 것이다. 안홀트는 국가의 명성을 세울 만한 전통이 부족하고 외국과의 교류가 없는 국가인 슬로베니아와 다른 국가들을 '시작된 브랜드'라고 언급했다(사진 10-7 참조).

> 슬로베니아와 같은 국가가 자국의 이미지를 국제사회에 고양시키는 일은 중국과 스코틀랜드가 하는 것보다 훨씬 어려운 일이다. 슬로베니아는 새롭게 시작해야 하기 때문이다. 전 세계의 소비자들은 우선 슬로베니아가 어디 있는지, 무엇을 생산하는지, 어떤 제품을 판매하는지, 슬로베니아가 무엇을 의미하는지 등을 배워야 한다. 사실 이러한 것들은 어떤 측면에서는 큰 기회로 작용한다. 부정적인 역사로부터 단절된 더럽혀지지 않은 현대적인 국가 브랜드를 만들 수 있는 기회가 될 수 있다.[38]

1990년대 중반부터 '메이드 인 멕시코'의 이미지는 지역기업으로서 성장을 했고, 글로벌 생산자들은 전 세계의 수요를 공급하기 위해 멕시코에 세계적인 수준의 생산공장을 설립해 왔다. 포드, GM, 닛산, 폭스바겐을 비롯한 글로벌 자동차 제조회사들이 멕시코에 연간 200만 대 규모의 생산을 할 수 있는 공장을 설립했는데, 전체 생산량의 4분의 3은 해외로 수출된다.[39] 유사하게 '메이드 인 재팬'에 대한 소비자의 태도는 1970년 중반 이래로 긴 기간 유지했다. '메이드 인 차이나'와 '메이드 인 인디아'는 어떤가? 중국과 인도는 제조 능력에서 좋은 가격을 받지만 일반적으로 소비자의 인식은 실제에 비해 낮다. 그들을 위한 질문은 "어떻게 이미지를 변화할 것인가?"이다.[40]

일부 제품군에서는 단지 해외에서 수입된 제품이라는 사실만으로도 해외의 제품이 국내제품보다 현저한 이점을 누리기도 한다. 마케터는 이러한 상황을 통해 자사제품에 프리미엄 가격을 부과할 수 있는 기회를 갖는다. 수입 맥주시장이 좋은 예가 될 수 있다. 맥주에 대한 미국인의 태도에 대한 조사에서 맥주의 라벨을 감춘 상태에서 소비자들에게 맥주의 맛을 보도록한 결과 국내 맥주에 대한 선호도가 수입 맥주보다 높았다. 같은 소비자들에게 맥주의 라벨을 보여준 상태에서 똑같은 실험을 진행했다. 그러자 소비자는 수입 맥주에 대해 더 큰 선호를 보였다. 이러한 실험 결과를 통해 수입 맥주를 마시고 있다는 것을 알고 있음이 해당 맥주에 대

"'브라질산'과 '태국산'과 같은 라벨을 생각해 보라. 어느 날 그들은 높은 품질과 가치의 상징이 될 수 있지만, 오늘날 많은 소비자들은 제2국가에서 생산된 열등한 제품이라고 생각한다."[42]

크리스토퍼 바틀렛, 수마트라 고샬

한 소비자들의 인식에 긍정적인 영향을 주었음을 알 수 있었다. 1997년에 기발한 마케팅 캠페인 덕분에 그루포 모델로의 코로나 엑스트라 맥주는 미국에서 하이네켄을 누르고 미국에서 가장 많이 팔리는 맥주가 되었다. 코로나는 150여 개 나라로 수출을 하면서 지역적 제품에서 글로벌 제품으로 성장한 가장 모범적인 사례가 되었다.

스코틀랜드는 강력한 브랜드 가치를 가지고 있으나 이것이 어떠한 점에서 잘못 이해되고 있다는 점에서 흥미로운 연구거리를 제공한다. '갈로 프로젝트'라는 제목의 연구는 스코틀랜드의 가치가 상업적인 이익으로 인하여 얼마나 변화하는지를 조사하는 것이 목적이었다. 다른 제품 사이에서 연구자들은 스코틀랜드에서 핵심적인 사업이라 여겨지는 위스키와 울, 연어, 그리고 골프 코스 등의 고품질의 제품과 서비스에 대한 연구를 실시하였다. 사실 스코틀랜드 최고의 전문 분야는 정보기술이다! 연구자들은 스코틀랜드의 고결성, 끈기, 창조성, 국민 혼이라 할 수 있는 네 가지의 가치를 확인할 수 있는 지각 지도를 만들었다.[41] 마찬가지로 다른 지역, 국가, 도시에서도 다양한 마케팅 도구를 이용하여 비즈니스 및 경제 발전을 촉진한다(사진 10-8 참조).

▶ 10-5 마케터가 상품개발 과정에 활용할 수 있는 다섯 가지 전략적 선택사항을 열거한다.

10-5 확장, 수용, 창조 : 글로벌 마케팅에서의 전략적 대안

자국시장 밖의 해외시장에서 시장기회를 잡기 위해 회사의 경영자들은 적합한 마케팅 프로그램을 고안하고 실행해야 한다. 조직이 추구하는 목적과 시장의 요구에 따라 특정 마케팅 프로그램은 확장전략, 수정전략, 혹은 이 두 가지를 모두 포함하는 전략 등으로 구성될 수 있다. 한 지역시장에서 성공적으로 제품이나 브랜드를 개발한 업체는 자국시장 밖의 해외시장에 실제로 거의 변화가 없는 제품을 제공하는 **확장전략**(extension strategy)을 실행할 수 있다. 두 번째 가능한 대안은 **수정전략**(adaptation strategy 또는 현지화/적응전략)이다. 이 전략은 특정시장 소비자의 요구와 시장 조건에 맞춰 제품의 디자인이나 기능, 포장 등을 변경하는 전략을 의미한다. 이러한 제품전략들은 확장전략이나 수정전략이 결합된 형태가 될 수도 있다. 이러한 형태의 전략적 결정은 스타벅스와 같이 세계시장으로 진출하기 전에 자국에서 브랜드를 만들고 제품 혹은 서비스를 제공하던 회사의 경영자들이 대면하고 있는 문제이다. 세 번째 전략적 대안은 **제품개발**(product invention)로 세계시장을 겨냥한 새로운 제품의 개발이다.

지역에 따라 상이한 법률과 규정들은 종종 제품 디자인의 수정을 야기한다. 이런 사례는 단일시장의 구축을 통해 유럽 전역에 걸쳐 표준화된 제품의 판매를 막는 규제와 법적 장벽을 제거하고자 했던 유럽의 사례에서 가장 잘 찾아볼 수 있다. 이러한 시도들은 특히 기술표준 분야와 건강, 안전기준 분야에서 두드러진다. 식품산업의 경우를 예로 들면 유럽의 10개의 식품산업군에는 유럽 지역 내부에서 국가 간 무역을 하는 데 200여 개의 법률적 장벽이 있었다. 이러한 규제에는 특정 성분을 포함하고 있는 제품에 대한 세금이나, 금지 조항, 국가별로 서로 다른 포장 규정, 라벨 규정이 포함되어 있었다. 이러한 장벽들이 허물어지게 되면 기업들은 제품을 수정해야 할 필요가 줄게 되고, 많은 기업들은 표준화된 '유럽 제품'을 생산할 수 있을 것이다.

통합 추세에도 불구하고 많은 제품 기준들이 조화되지 못하고 있다. 이러한 상황은 EU에 기반을 두고 있지 않은 기업에게 문제가 될 수 있다. 펜실베이니아에 위치하고 있는 도몬트 제조업체는 식품산업에서 사용되는 튀김기를 비롯한 주방용 가스기구의 연결 호스를 생산해 수출하는 업체이다. 도몬트의 가스 호스는 덮개가 없는 스테인리스스틸로 만들어진 나선형의 튜브 모양이었다. 영국의 산업 규제는 고리모양의 금속 튜브에 아연도금을 하고, 고무 덮개를 설치하도록 규정하고 있다. 이탈리아에서는 스테인리스 나선형 튜브에 덮개를 사용하지 않도록 규정하고 있다. 이러한 규제를 충족시키기 위한 비용은 도몬트를 효과적으로 유럽 시장에서 철수하게 만들었다.[43]

유럽위원회는 계속해서 많은 비 EU 기업들이 국내시장 규제를 충족시키기 위해 그들의 제품이나 서비스 상품을 채택하도록 강요하는 제품 표준을 제정하고 있다. 예를 들어 유럽의 소비자 안전 규정에 의하면 맥도날드는 유럽에서 해피밀 제품과 함께 플라스틱 장난감을 판매할 수가 없다. 마이크로소프트는 EU에 기반을 둔 소비자들이 광범위한 기술에 접근할 수 있도록 하기 위해 유럽 소프트웨어 제조사 및 인터넷 서비스 제공업체와의 계약을 수정할 것을 강요받았다. 공정위는 재활용 가능성에 영향을 미치는 만큼 제품 내용에 대한 엄격한 가이드라인도 마련했다. UTC(United Technologies Corporation)를 위해 브뤼셀에서 활용하는 로비스트 마자 베셀에 따르면 "20년 전, 미국 표준에 따라 무언가를 설계했다면 전 세계에 거의 팔 수 있었다. 이제 신발은 다른 발에 있다." UTC의 캐리어 사업부 엔지니어들은 미국의 기준보다 더 엄격한 유럽의 현안 재활용 규칙을 준수하도록 회사의 에어컨을 재설계했다.[44]

제1장에서 언급한 바와 같이 제품 혹은 브랜드에 대한 확장, 수정, 개발 결정은 기업의 글로벌 마케팅 전략에 의해 다뤄지는 가장 근본적이고 중요한 이슈이다. 전략은 마케팅 믹스의 모든 요소와 관계가 있지만, 확장과 수정은 제품과 제품에 대한 커뮤니케이션 결정에 있어 특별한 중요성을 지닌다. 제10장의 앞부분에서 제품과 브랜드의 전략적 형태를 표의 형태로 제시했었다(표 10-1 참조). 그림 10-3은 이러한 전략적 형태를 확장한 것이다. 단순히 브랜딩에 관한 것이 아니라 커뮤니케이션과 관련한 모든 측면이 고려되고 있다. 그림 10-3은 스타벅스를 비롯해 자국시장을 기반으로 하여 다른 지역시장으로 확장을 꾀하고 있는 기업들이 선택 가능한 네 가지 전략적 대안을 보여주고 있다.

기업의 발전단계가 국제적 기업, 글로벌 기업, 다국적 기업으로 각기 다르더라도, 모든 기업들은 확장전략을 사용한다. 이들 기업 간의 중요한 차이점은 실행방법과 사고방식이다. 예를 들어 국제적 기업의 확장전략은 자국시장중심 지향과 모든 시장은 유사하다는 가정이 반영된다. 질레트와 같은 글로벌 기업은 그러한 인식에 얽매이지 않는다. 질레트의 세계시장중심

그림 10-3 글로벌 제품 계획
전략의 대안

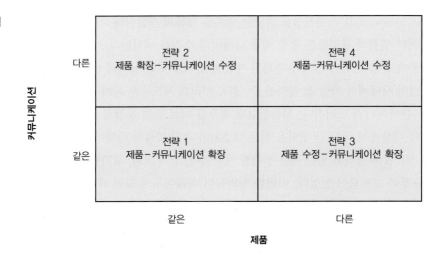

지향은 질레트로 하여금 좀 더 완전히 시장을 이해할 수 있게 했고, 의식적으로 세계시장과의 유사성 이점을 취할 수 있도록 했다. 이와 유사하게 다국적 기업은 수정전략을 활용한다. 왜냐하면 모든 시장은 다르다는 다국적 기업의 현지시장중심 지향과 인식 때문이다. 세계시장중심 지향을 가지고 있는 글로벌 기업의 매니저나 경영자와 대조적으로, 다국적 기업의 경영자는 시장과 시장 간의 실질적인 차이점을 더욱 중시한다. 어느 임원도 지적했듯이 핵심은 '희망 없는 지역적' 혹은 '분별 없는 글로벌'이 되는 것을 피하는 것이다.

전략 1 : 제품-커뮤니케이션 확장

많은 기업들이 **제품-커뮤니케이션 확장**(product-communication extension)전략을 자국시장 밖의 해외시장에서 새로운 기회를 잡기 위한 전략으로 사용한다. 적합한 상황에선 이러한 방법이 가장 쉬운 제품 마케팅 전략이다. 동시에 가장 유리한 전략이기도 하다. 이러한 전략을 사용하는 기업은 동일한 제품을 별다른 수정 없이 동일한 광고와 판촉전략을 사용하여 여러 시장에 판매한다. 이 전략이 효과적이기 위해서는 광고주가 전달하고자 하는 메시지가 문화적인 차이를 넘어서 소비자들에게 이해되어야만 한다. 이러한 문제는 특히 신흥시장에서 중요할 수 있다. 이러한 전략의 예는 다음과 같다.

- 애플은 지난 2007년 중반에 아이폰을 출시하였다. 그 다음 달 아이폰은 프랑스와 영국을 포함한 여러 시장으로 진출하였다. 애플이 1년 후 아이폰 2세대를 출시하였을 때, 전 세계 21개국에 동시 출시되었다.
- 헨켈은 록타이트 브랜드로 전 세계적으로 널리 팔리는 접착제에 관련된 제품을 이러한 전략을 통하여 판매하고 있다(사진 10-9 참조). 회사의 의료용 접착제나 나사 고정제를 포함한 여러 라인은 록타이트 브랜드명을 사용하며, 광고 또한 헨켈 회사 로고를 포함하고 있다.

일반적으로 확장/표준 전략은 소비재 제품보다 산업재 제품에서 보다 더 자주 활용된다. 이유는 간단하다. 산업재 제품들은 소비재 제품과 달리 문화적인 부분에 기반을 두고 있지 않기 때문이다. 그러나 만약 이것이 사실이라면, 어떻게 애플은 확장전략을 가지고 좋은 효과를 냈

을까? 이에 대한 사항은 제7장에서 언급된 바와 같이 브랜드의 하이테크, 하이터치 제품 브랜드가 GCCP 하는 데 도움을 주었기 때문이다.

이러한 사례는 기술회사와 산업재 제조사가 확장 가능성에 특히 집중해야 함을 보여준다. 그러나 헨켈은 동시에 수백 개의 다른 접착제와 세제, 개인미용제품 등을 각기 다른 형태와 다른 브랜드로 출시했다. 록타이트의 경우 헨켈의 CEO인 울리히 레너는 다음과 같이 설명했다. "록타이트와 같은 제품은 많지 않습니다. 대개의 경우 지역시장의 선호에 맞게 제품을 수정해야 하지요. 지역적인 정서와 집중화된 규모의 경제 사이의 균형을 잡아야 합니다. 이것은 끊임없는 전쟁입니다."[45] 헨켈의 세탁세제 퍼실 브랜드가 대표적이다. 퍼실 이름은 20개국 이상에서 사용되고 있지만 그리스, 이탈리아, 사이프러스에서는 딕산과 같은 세제가 판매되고 있다. 위프는 스페인과 중국에서 사용되고 있는 이름이며, 다른 시장에서는 나드히프나 파브 등으로 판매된다.

전략 2 : 제품 확장-커뮤니케이션 수정

몇몇의 경우에 제품이나 브랜드가 여러 국가시장에 약간의 커뮤니케이션 전략 수정과 함께 성공적으로 확장할 수 있다. 연구는 국가 간에 가치 제안에 대한 하나 이상의 측면에 대해 소비자의 인식이 차이가 있음을 보여준다. 이러한 사실은 때로 제품이 애초의 의도와 다른 소비자 욕구를 충족시키거나, 엉뚱한 세분시장에서 인기를 끌거나, 혹은 다르게 사용되는 결과를 초래할 수도 있다. 이유가 어찌됐든 간에 제품은 그대로 유지하면서 마케팅 커뮤니케이션 프로그램을 수정하는 것은 시장 성공을 가져올 수 있다. **제품 확장-커뮤니케이션 수정**(product extension-communication adaptation)전략이 매력적인 점은 상대적으로 실행비용이 낮다는 점이다. 왜냐하면 물리적인 제품 자체는 변하지 않기 때문에 추가적인 R&D 비용이나, 생산설비, 재고관리비용이 들지 않는다. 이러한 접근법의 비용 중 가장 큰 부분을 차지하는 것은 시장조사, 광고, 판촉전략, 판매시점 물품, 기타 커뮤니케이션 요소 등을 적합하게 수정하는 데 드는 비용이다.

제품 확장-커뮤니케이션 수정의 사례들을 살펴보자.

- 헝가리와 슬로바키아, 다른 중유럽 국가들에서 사브밀러사는 밀러 제뉴인 드래프트 맥주를 미국 브랜드가 아니라 국제적인 라이프스타일 브랜드로 포지셔닝했다. 이러한 커뮤니케이션 수정전략은 많은 유럽인이 미국 맥주에 대해 낮은 선호도를 보인다는 포커스 그룹 조사결과로 인해 채택되었다.[46]

- 벤앤제리 홈메이드 아이스크림을 영국에 출시하기 전에 경영진은 제품의 포장 디자인이 브랜드의 '최고급' 이미지와 잘 맞아 떨어지는지를 결정하기 위해 광범위한 시장조사를 실시했다. 연구결과는 영국의 소비자들이 색깔에 대해 갖는 인식이 미국 소비자들과는 다르다는 것을 보여주었다. 포장 디자인은 변경되었고, 벤앤제리는 영국 시장에서 성공을 거두었다.

- 센트리노 무선칩을 출시하기 위해 인텔사는 각기 다른 유명인사들로 조합된 전 세계적인 광고 캠페인을 실시했다. 코미디언 존 크리스, 배우 루시 리우, 스케이트보드 선수 토니 호크와 같은 유명인사들이 선택되었는데, 이들이 세계의 중요한 시장에서 널리 알려져 있었기 때문이다. 인쇄광고와 TV, 온라인광고에서 해당 모델들은 무선 컴퓨터 사용자의 무릎에 앉아 있는 모습을 취했다.[47]

- 미국에서 소니의 브라비아 HDTV 광고는 시청자에게 인터넷에 접속하여 다른 결과를 볼 수 있다는 점을 강조하였다. 유럽에서 이 광고는 다양한 색상의 공이 느린 움직임으로 튀는 등의 이미지로 밝은 이미지를 강조한다는 점에서 완전히 다르다. 소니의 CMO인 마이크 파슬로에 따르면 "브라비아 텔레비전을 포함한 HD 제품에 대한 소비자의 인식은 소비자의 채택만큼이나 지역별로 심한 차이가 있다."[48]

- 아직 소가 끄는 쟁기를 사용하는 인도의 3억 명에 달하는 농부들을 목표시장으로 삼은 존 디어의 기술자들은 상대적으로 값이 싼, 필수적인 요소만 갖춘 트랙터를 출시했다. 그 후 디어는 그동안 그들이 간과했던 미국에서 취미로 농사를 짓는 사람과 토지 소유자에게 같은 상품이 판매될 수 있음을 깨닫게 되었다.[49]

> "나는 극소수의 진정성 있는 글로벌 광고를 생각할 수 있다. 브랜드는 전 세계적으로 다른 단계에 있고 이것은 해야 될 광고가 다르다는 것을 의미한다."[50]
>
> 레오 버넷 월드와이드 크리에이티브 총괄책임자, 마이클 콘라드

와일드 터키와 같은 미국 고급 버번위스키 브랜드의 마케터는 델타블루스 음악의 이미지, 뉴올리언스의 이미지, 66번 국도의 이미지들이 미국 시장 밖의 고소득층 미국 위스키 소비자들에게 호소력을 갖는다는 것을 알아차렸다. 그러나 버번위스키의 전원적이고, 시골에서 유래됐다는 이미지는 미국 소비자에게는 그다지 호소력을 발휘하지 못했다. *The Book of Bourbon*의 저자인 게리 리건은 "유럽인들은 미국인들이 자신들을 세계의 경찰관으로 생각할 때는 싫어한다. 그러나 미국인들이 청바지와 버번과 목장에 대해 생각할 때는 좋아한다."고 말했다.[51]

이와 유사하게 예거마이스터는 세계의 주요 시장에서 각기 다른 방식으로 마케팅을 실시했다. 최고경영자인 하소 켐페는 이미지의 다양성이 예거마이스터가 독일 시장 밖에서 성공을 거둘 수 있었던 가장 핵심적인 요소라고 믿고 있다. 미국에서 예거마이스터는 1990년대 중반에 대학생들에 의해서 '발견'되었다. 켐페의 마케팅팀은 예거마이스터 무료 샘플을 나누어 주는 '예거렛(예거마이스터 전문 여성 바텐더)'들을 고용함으로써 젊은이들 사이의 예거마이스터 브랜드에 대한 숭배와도 같은 지위를 활용했다. 유명한 예거마이스터의 티셔츠와 오렌지색 배너들도 록 콘서트장에서 무료로 배포되었다. 그러나 이와 대조적으로 예거마이스터의 두 번째로 큰 수출시장인 이탈리아에서는 예거마이스터가 식후에 소화를 돕기 위해 마시는 고급 주류로 인식되고 있었다. 독일과 오스트리아, 스위스와 같이 맥주 문화가 주를 이루는 국가에서

예거마이스터를 비롯한 진은 기침이나 복통, 숙취를 위한 치료제의 이미지가 강하다.[52]

예거마이스터는 제품이 애초에 제작된 의도와 다르게 사용되거나 다른 기능을 충족시키게 되는 **제품 전환**(product transformation)의 사례이다. 어떤 경우에 특정 국가나 지역의 환경은 해당 지역 매니저가 커뮤니케이션 전략을 짤 때 더 높은 수위의 창의력을 요구하기도 하고 더 큰 위험감수를 하게 하기도 한다.

전략 3 : 제품 수정-커뮤니케이션 확장

글로벌 제품 계획에 대한 세 번째 접근방식은 제품을 현지 사용 또는 선호 조건에 적응시키는 동시에 최소한의 변화로 기본적인 홈 마켓 커뮤니케이션 전략 또는 브랜드 이름을 확장하는 것이다. 이러한 세 번째 전략은 **제품 수정-커뮤니케이션 확장**(product adaptation-communication extension)전략으로 알려져 있다.

- 그동안 포드는 세계적으로 에스코트, 포커스와 기타 다른 이름표를 달고 세계시장에서 팔렸다. 하지만 미국에서 출시된 신형 포커스 모델은 유럽 시장의 포커스와 80%에 달하는 부분을 공유하고, 20%의 나머지 요소는 범퍼 충돌 테스트의 기준을 반영하였다.[53]
- 크래프트 식품사는 1996년 중국 시장에 제품 확장 접근의 일환으로 오레오 쿠키를 출시하였다. 평범한 실적이 유지되던 몇 년 후, 자국 내의 크래프트의 마케팅팀은 연구조사를 시작하였다. 마케팅팀은 오레오 쿠키가 중국인의 입맛에는 너무 달고 72센트에 14개가 들어 있는 것은 너무 비싸다는 결론을 내렸다. 오레오는 단맛이 덜 나고, 초콜릿이 덮여 있으며, 바닐라와 초콜릿으로 구성된 4장의 층으로 만들어졌다. 새로운 오레오 웨이퍼는 쿠키는 더 적고, 29센트에 판매되었다. 현재 오레오는 중국에서 가장 잘 팔리는 식품 브랜드이다.[54]

크래프트의 오레오 쿠키에 관련된 중국 시장의 경험은 확장전략이 목표한 결과를 달성하지 못했을 때 제품 확장전략에서 제품 수정전략으로 어떻게 변화하는지를 잘 나타내는 예라고 할 수 있다. 반대로 토요타나 혼다를 비롯한 많은 경쟁자들과 맞서게 된 포드의 매니저는 제품 수정전략으로 대안을 찾으려고 한다. 2008년 포드는 피에스타의 최신형 버전을 공개하였다. 그것은 1년에 100만 대를 생산할 수 있고, 최소한의 수정으로 전 세계적으로 판매할 수 있도록 대량생산이 가능하게 설계되었다. 포드의 전 CEO 마크 실즈는 "이것이 진짜 글로벌한 모델이라는 점은 우리에게 중요한 전환점이 될 것이다."라고 설명하였다.[55]

전략 4 : 제품-커뮤니케이션 수정

기업은 **제품-커뮤니케이션 수정**(product-communication adaptation)전략을 사용할 것이다. 이름이 의미하는 대로 제품과 더불어 하나 혹은 그 이상의 프로모션 요소들이 특정한 국가나 지역에 맞춰 수정된다. 마케터는 때때로 새로운 시장의 환경 조건이나 소비자 선호 등이 국가마다 많이 다르다는 것을 발견하게 된다. 제품이 제공하는 기능이나 소비자가 광고를 받아들이는 정도 역시 마찬가지로 다를 수 있다. 국가별 매니저가 자율적으로 수정할 수 있을 만큼의 권한이 있다면, 그들은 단순히 자신들의 역량을 독립적으로 발휘할 수 있을 것이다. 만약 본사에서 국가 간의 조화를 위해 노력한다면, 한 매니저의 말을 빌리면 '고양이 떼 몰기'와 같은 결과가 일어날 것이다.

유니레버사의 이탈리아 지부 매니저는 비록 이탈리아의 주부들이 청소, 다림질, 그리고 다른 집안일에 한 주에 20시간 이상을 소비하지만 그들이 노동 절약의 편의에 대해서는 별 관심이 없음을 발견하였다. 정말로 청결하고 빛나는 마룻바닥이 그들에게 있어서는 시간을 절약하는 것보다 더 중요했다. 이탈리아 시장에서 유니레버사는 자사의 분무형 세정제인 Cif 브랜드를 기름때가 더 잘 지워지도록 개선하고, 몇 가지 다양한 종류를 없애고 용기의 크기를 키웠다. TV 광고는 Cif의 편의성보다 강력한 세정능력에 초점을 맞췄다.[56]

유니레버의 렉소나 데오드란트는 30가지의 다양한 패키지와 48개의 다양한 제형을 선보인다. 광고와 브랜딩은 지역적인 기반 위에서 실행된다.[57] 이탈리아 시장 내에서의 Cif의 경우 매니저는 비즈니스 인텔리전스 결과를 기반으로 한 제품과 프로모션 개선으로 매출 증가를 이끌어 냈다. 반면에 렉소나 브랜드의 다양한 제형은 대부분 중복되거나 필요가 없는 것이었다. 이러한 문제점들에 주목하고 1999년 유니레버는 'Path to Growth'를 시작하였다. 이것은 제품의 제형과 패키징에서 국가에 따른 서투른 대응을 줄이기 위하여 디자인된 프로그램이다.

앞서 언급했듯이 이 네 가지 대안은 상호 배타적인 것이 아니다. 다시 말해서 기업은 각기 다른 제품-커뮤니케이션 전략을 세계 각지에서 동시에 사용할 수 있다는 의미이다. 나이키는 미국 스타일의 대담한 자신감과 'Just do it' 태도를 강조하는 광고와 결합된 기술적으로 진보되고, 고가인 운동화를 시장에 출시함으로써 글로벌 브랜드를 확립했다. 그러나 거대하면서도 전략적으로 중요한 중국 시장에서는 이러한 접근방법에는 몇 가지 제한사항이 있었다.

그중 한 가지는 권위에 대한 존중, 부모에 대한 효심과 같은 뿌리 깊은 중국인들의 가치에 어긋나는 나이키의 '나쁜 아이' 이미지였다. 일반적으로 중국의 광고에서는 조화를 깨뜨리는 분열의 모습을 보여주지 않는다. 이는 반대나 이의를 억제하는 정부정책에서 기인하는 것이다. 가격은 또 다른 이슈이다. 나이키 신발 한 켤레의 가격은 60~78달러였는데, 평균적인 가계의 연소득이 농촌지역은 200달러, 도시지역은 500달러의 분포를 보이고 있었다. 1990년대 중반에 나이키는 특별히 중국 시장을 겨냥해 저렴한 재료를 사용해 중국에서 제조하는 가격이 40달러 이하인 신발을 만들어서 대응했다. 나이키는 수년간 일해 왔던 광고 대행사 와이든&케네디 대신 WPP 그룹의 J. 월터 톰슨 상하이 광고 대행사 소속의 중국어가 가능한 아트디렉터와 카피라이터를 고용하여 현지 운동선수를 특집으로 하는 새로운 광고를 제작했다.[58]

전략 5 : 혁신

확장과 수정전략은 많은 글로벌 시장기회에 대해서 효과적인 접근방법이지만 모든 시장기회에 적용되는 것은 아니다. 예를 들어 이러한 전략은 소비자의 수요는 있지만, 소비자들이 존재하는 제품이나, 수정된 제품을 구매할 구매능력이 없는 시장에 대해서는 적절하게 대응하지 못한다. 글로벌 기업들은 인도, 중국, 그리고 다른 신흥시장의 소비자를 표적으로 할 때 이러한 상황에 부딪히게 된다. 잠재적인 소비자들이 제한된 구매능력을 가지고 있을 때, 해당 시장의 소비자들이 구매할 수 있는 가격수준에서 기업이 시장기회를 잡을 수 있도록 고안된 완전히 새로운 제품을 개발해야 할 수도 있다. 반대의 경우도 역시 마찬가지이다. 지역적인 성공을 거둔 저소득 국가의 기업은 고소득 국가에서도 성공을 거두려면, 제품의 수준을 높이는 단순한 수정을 넘어서, 제품의 디자인을 세계 수준의 표준에 걸맞게 끌어올려야만 한다. 가치를 창조하기 위해 원자재에 새로운 기능을 부여하는 과정인 **혁신**(innovation)전략은 힘든 일이지만,

저개발국가의 대중시장이나 선진국가의 중요한 세분시장을 공략하기 위해 잠재적으로 가치 있는 제품전략이다.

독립적으로 사업을 하던 두 사람의 사업가가 전 세계 수백만 명의 사람들이 저가의 안경을 필요로 한다는 사실을 알아차렸다. 미국인 검안사 로버트 모리슨은 인스턴트 아이글래시즈를 창립했다. 이 안경들은 전통적인 렌즈를 활용하여 신속하게 조립할 수 있고, 1개에 20달러 정도에 판매됐다. 옥스퍼드대학교의 물리학 교수인 조슈아 실바는 좀 더 고차원적인 접근방법을 사용했다. 투명 액체 실리콘이 채워진 투명한 막으로 된 렌즈를 사용한 안경이었다. 2개의 수동 조절기를 통해 사용자는 막 속의 실리콘 양을 조절함으로써 렌즈의 도수를 조절할 수 있다. 실바 교수는 'Centre for Vision in the Developing World'의 CEO이다. 이 센터의 목표는 개발도상국에 저가의, 스스로 조절이 가능한 안경을 판매하는 것이다.[59]

이러한 혁신전략의 또 다른 사례로는 영국의 특허상품인 손으로 충전해 사용할 수 있는 라디오를 팔고 있는 남아프리카의 기업이다. 이 라디오는 저소득 국가의 라디오 수요에 대응하기 위해 영국인 발명가가 고안하였다. 이러한 저소득 국가의 소비자들은 집에 전기가 들어오지 않는 경우가 많고, 배터리 교체에 드는 비용을 감당하기 어렵다. 손으로 자가충전이 가능한 라디오의 발명은 적합한 해결책이 될 수 있었다. 이 제품은 신흥시장인 저소득 국가의 소비자의 수요에 딱 들어맞는 제품이었다. 잠깐 동안의 자가발전으로 한 시간가량 라디오를 들을 수 있을 정도의 전기를 만들 수 있다.

때때로 세계시장으로 진출하려는 개발도상국의 제조업체도 혁신전략을 사용한다. 예를 들어 인도 기업의 서맥스는 소형 산업용 보일러로 인도 국내시장에서 큰 성공을 거두었다. 이 회사의 엔지니어들은 인도 시장을 위해 크기를 획기적으로 줄인 개별 보일러 제품의 새로운 디자인을 개발했다. 그러나 새로운 디자인은 인도 시장 밖에서 성공할 것 같지 않았다. 노동비용이 낮은 인도에서는 상대적으로 정교한 설치 조건은 큰 문제가 아니었다. 그러나 비즈니스 고객이 신속하게 설치할 수 있는 정교한 통합 시스템을 요구하는 노동비용이 높은 국가에서는 상황이 다르다. 서맥스의 관리 감독자는 엔지니어들에게 세계시장을 위한 디자인을 고안하도록 지시했다. 이러한 도박은 성과를 거두었다. 오늘날 서맥스는 세계에서 가장 큰 소형 보일러 제조업체 가운데 하나이다.[60]

글로벌 경쟁에서 승리하는 기업들은 가장 큰 효용을 제공하는 제품, 다시 말해서 세계 어느 곳의 고객에게도 가장 큰 가치를 창출할 수 있는 제품을 개발할 수 있는 회사이다. 어떤 경우에 가치라는 것이 제품의 성능으로만 정의되기보다는 소비자의 인식에 의해 정의되기도 한다. 제품의 품질은 매우 핵심적이지만 제품의 품질에 더해 기발하고, 가치 창조적인 광고와 마케팅 커뮤니케이션의 지원이 필요하다. 대다수의 산업 전문가들은 개별적으로 분리된 국가별 광고 캠페인보다 글로벌 광고 캠페인이 더욱 유효하다고 믿는다.

어떻게 전략을 결정할 것인가

대다수의 기업은 이윤을 오랜 기간 최적화할 수 있는 제품-커뮤니케이션 전략을 추구한다. 어떤 전략이 글로벌 시장에서 이러한 목적을 달성하는 데 가장 적합할까? 이 질문에 대한 일반적인 정답은 없다. 새로 시장에 진입하는 기업에게는 전에 언급했던 고려사항이 다루어져야만 한다. 나아가 경영자는 제품과 커뮤니케이션 의사결정과 관련한 두 가지 형태의 실수를 범하는 위험을 감수할 가치가 없다. 첫 번째 실수는 자회사 또는 계열사 관리자의 결정을 무시하는

NIH 신드롬[not invented here(NIH) syndrome]의 희생양이 되는 것이다(NIH 신드롬이란 자신이 최고라는 생각으로 외부의 것을 수용하지 못하는 성향을 의미함-역주). 이런 식으로 행동하는 경영자들은 자국시장 밖의 제품-커뮤니케이션 전략의 효율을 높이려는 조직의 노력을 포기하도록 만든다. 또 다른 실수는 자국시장에서 소비자에게 맞는 전략은 어디서나 맞는 전략이라는 가정하에 모든 계열사에 대해서 같은 전략을 실시하도록 강요하는 것이다.

　　요약하자면 글로벌 마케팅에서 제품-커뮤니케이션 전략 선택은 세 가지 중요한 요인에 의해 이루어진다. (1) 제품 본연의 기능이나 제품이 충족시키는 수요 측면에서 정의되는 제품 그 자체, (2) 어떤 제품이 사용되고 있는가, 잠재적 고객들의 선호, 구매 의지와 능력 등의 조건 측면에서 정의될 수 있는 시장, (3) 이러한 제품-커뮤니케이션 전략을 고려하고 있는 기업들이 부담해야 하는 제품 수정, 생산비용이다. 제품과 시장의 적합성에 대한 분석, 기업의 능력과 가격에 대한 분석을 한 이후에야 경영자는 이윤을 가장 많이 남길 수 있는 전략을 선택할 수 있다.

▶ 10-6 신제품 개발 과정을 설명하고 다양한 유형의 혁신을 비교 대조한다.

(10-6) 글로벌 마케팅에서의 신제품

그림 10-3은 확장전략 혹은 수정전략 중 어느 전략이 해당 시장에 효과적일 수 있는지 분석하기 위한 프레임워크를 제공하고 있다. 그러나 그림에서 나타나 있는 네 가지 전략적 옵션이 필연적으로 글로벌 시장기회에 대한 최적의 대응을 나타내고 있는 것은 아니다. 글로벌 경쟁에서 승리하기 위해서 마케터와 디자이너, 엔지니어는 박스 밖의 상황들을 고려해야만 하고, 전 세계시장에 최고의 가치를 제공하는 혁신적이고 새로운 제품들을 개발해야만 한다. 오늘날의 역동적이고 경쟁적인 시장환경에서 많은 기업은 지속적인 개발과 신제품의 출시가 생존과 성장의 핵심이라는 것을 깨닫고 있다. 이 점이 바로 '전략 5'의 제품 혁신의 핵심이다. 마찬가지로 마케터는 새로운 제품이나 브랜드를 보조해 줄 글로벌 광고 캠페인을 만들 기회를 살펴야 한다.

신제품 아이디어의 식별

새로운 제품이란 무엇인가? 제품의 혁신성은 그 제품을 사용하거나 구매하는 사람과의 관계에서 살펴볼 수 있다. 또한 혁신성은 한 기업이 이전에 사용 경험이 없었지만, 이미 존재하고 있던 제품을 획득하는 경우 조직적일 수 있다. 마지막으로 기업에게는 새롭지 않은 이미 존재하던 제품이 어느 특정 시장에서는 새로운 것일 수 있다.

　　효과적인 전 세계 신제품 프로그램의 출발점은 모든 잠재적으로 유용한 자료와 경로로부터 조직 내부의 선별, 의사결정 센터와 관련이 있는 새로운 제품 아이디어를 찾는 정보 시스템이다. 아이디어는 소비자, 공급자, 경쟁업체, 회사의 영업사원, 유통업자, 대리점주, 계열사 임원, 본사 임원, 정보 서비스 보고서나 출판물과 같은 문서자료, 시장환경에 대한 실질적인 관측자료 등 다양한 자료로부터 시작될 수 있다.

　　그림 10-4에서 볼 수 있듯이 제품의 신규성은 세 가지 정도의 연속체로 나타낼 수 있다. 제품은 완전히 새로운 발명일 수도 있고, 상대적으로 많은 사용자들로부터 얻은 교훈을 필요로 하는 기술혁신일 수도 있다. 그러한 제품들이 성공적일 경우 기업들은 새로운 시장을 창조해 내고, 사실상 과거의 것을 무너뜨리는 새로운 소비 패턴을 개발해 낸다. 이런 것들은 **불연속적**

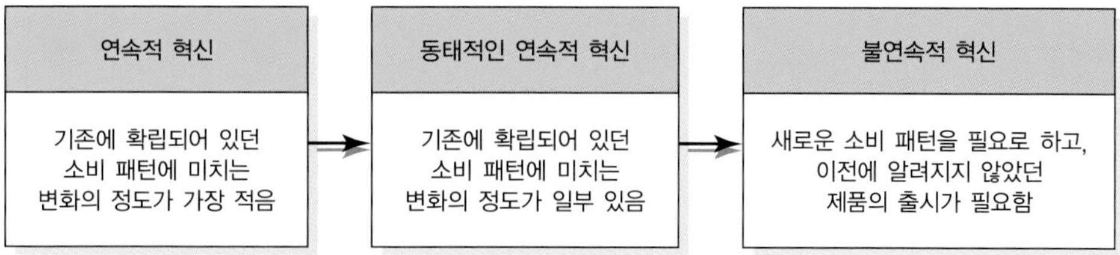

연속적 혁신	동태적인 연속적 혁신	불연속적 혁신
기존에 확립되어 있던 소비 패턴에 미치는 변화의 정도가 가장 적음	기존에 확립되어 있던 소비 패턴에 미치는 변화의 정도가 일부 있음	새로운 소비 패턴을 필요로 하고, 이전에 알려지지 않았던 제품의 출시가 필요함

그림 10-4 새로운 제품의 연속체

혁신(discontinuous innovations)이라고 하며, '새롭고 다른' 이 카테고리에 속한 제품은 문자 그대로 과거의 것을 무너뜨리는 식으로 나타난다.[62] 요약하면 그것은 게임 체인저(어떤 일에서 결과나 흐름의 판도를 뒤바꾸어 놓을 만한 중요 역할을 하는 인물이나 사건 – 역주)이다.

예를 들어 1970년도 VCR의 혁명적인 효과는 시간의 이동이라는 개념으로 설명할 수 있다. 이 기계의 최초의 매력은 TV 시청자를 방송사의 프로그램 편성표로부터 해방시켰다는 점이다. 광고는 빨리감기해서 건너뛸 수도 있었다! 이와 유사하게 30여 년 전에 시작된 개인용 컴퓨터(PC) 혁명은 기술의 민주화의 결과였다. PC가 처음 소개되었을 때 PC는 사용자가 생활하고 일하는 방식을 극적으로 변화시킨 연속적인 혁신이었다. 2000년도에 아이팟(2001), 아이폰(2007), 아이패드(2007)와 같은 새로운 제품 소개에 대한 애플의 성공은 불연속적 혁신의 해트트릭이라고 할 수 있다.

새로움의 중간 카테고리는 덜 분열적이고, 소비자들로부터 얻은 교훈이 조금 덜 필요하다. 그러한 제품들은 **동태적인 연속적 혁신**(dynamically continuous innovations)이라고 한다. 이 수준의 혁신을 포함하고 있는 제품은 이전 세대의 제품과 일부 특성을 공유하는 동시에, 성능의 획기적인 향상이나 더 큰 편의성과 같이 부가된 가치를 제공하는 새로운 특성을 포함하고 있다. 이러한 제품은 이전에 존재하던 소비 패턴과 상대적으로 더 적은 단절을 초래한다. 센서, 센서엑셀, 마하 3 면도기는 지난 수십 년간 소비자들이 해왔던 만큼 근래에도 하고 있는 습식 면도에 새로운 기술을 도입하려는 질레트의 지속적인 노력을 보여준다.

소비재 전자기기 산업은 동태적인 연속적 혁신이 많이 이루어지는 분야이다. 소니의 워크맨과 같은 개인용 음향기기는 활동 중에도 음악을 들을 수 있도록 해주는데, 이는 트랜지스터 라디오가 소개되었던 1950년대부터 사람들에게 점점 익숙해지고 있었던 것이다. 혁신적인 것은 소형화된 카세트 재생 시스템이었다는 점이다. 1980년대 초반의 콤팩트디스크의 출현은 더욱 발전된 음악 감상의 경험을 제공했지만, 중요한 행동의 변화를 필요로 하지는 않았다. 마찬가지로 와이드 스크린, 평면 패널 HDTV는 어느 곳에서든 소파에 누워 TV를 볼 수 있는 즐거움과 훨씬 향상된 성능을 제공했다. HDTV 소유자는 케이블 회사나 위성 회사에 고품질 서비스 요금제에 가입하거나 고품질 프로그램을 스트리밍하기에 충분한 와이파이 대역폭을 사용하고 있어야 한다.

대다수의 새로운 제품들은 세 번째 카테고리인 **연속적 혁신**(continuous innovation)에 해당된다. 그러한 제품은 전형적으로 이미 존재하는 제품의 '새롭고, 발전된' 버전이면서, 동태적인 연속적 혁신보다는 더 적은 연구개발비용을 필요로 한다. 연속적인 혁신은 기존의 소비 패턴에 대한 최소한의 단절을 유발하고, 혁신을 위해 구매자로부터 얻어야 하는 정보의 양이 가장 적다. 앞에서 언급했던 바와 같이 참신성은 구매자와 사용자에 따라서 평가될 수 있다. 현재 PC 사용자가 더 빠른 프로세서 또는 더 큰 메모리의 업그레이드된 새로운 모델을 사려고 할 때, 새로운 PC를 연속적인 혁신으로 볼 수 있다. 그러나 처음 사용하는 사람에게는 같은 컴퓨

"앨범은 음악 사업을 변화시켰다. 카세트와 8-트랙이 사업을 완전히 바꾼 것이다. CD는 사업을 급성장시켰다. 그다음은 무엇이었는가? MP3는 사업을 반토막 냈다. 이런 결과는 언제든 일어날 수 있으며, 산업의 미래는 아무도 모른다."[6]

애플 뮤직, 지미 아이오빈

터가 불연속적 혁신이 될 수 있다.

소비재 포장제품업체와 식품 마케터들은 새로운 제품을 출시할 때 연속적 혁신에 많이 의존한다. 이런 제품은 새로운 크기와 맛, 저지방 버전과 같은 **제품라인 확장**(line extensions)의 형태를 띤다.

신제품 개발

글로벌 제품개발의 가장 큰 원동력은 제품연구개발비용이다. 경쟁이 심화될수록 기업들은 글로벌 제품 디자인의 개발을 통해 제품을 위한 R&D 비용을 줄일 수 있다는 것을 발견하게 된다. 종종 기업의 목표는 신속하게 저렴한 비용으로 다양한 국가의 시장에 맞춰 수정될 수 있는 단일한 **플랫폼**(platform)이나 단일한 핵심 제품 디자인 요소나 부품을 만드는 것이 된다. 펩시코사의 CEO로 재임하던 기간에 크리스토퍼 싱클레어가 언급했듯이 "당신이 진정으로 원하는 것은 당신이 여러 국가의 시장으로 진출하고 규모 있는 사업을 운영하며 글로벌 마케터가 하는 일을 할 수 있도록 4~5개의 플랫폼을 찾는 것"이다."[63]

각 국가의 안전기준과 환경기준을 충족시켜야 하는 자동차조차도 오늘날은 세계시장을 염두에 두고 디자인된다. 글로벌 제품 플랫폼을 통해 자동차 제조업자는 개별국가나 지역시장에 따라 독특한 디자인을 만드는 대신 필요에 따라 글로벌 디자인으로부터 수정된 제품을 제공할 수 있다. 유럽 시장에 1998년 말에 출시된 후, 미국 시장에 1999년에 출시된 포드의 포커스는 최소한의 수정만을 거쳐 전 세계시장에 출시되었다. 포커스 프로젝트의 프로그램 엔지니어는 영국 출신이었고, 기술담당자는 독일인이었으며, 아일랜드 여성이 프로젝트를 관리했고, 오스트레일리아 출신이 디자인을 담당했다. 포드 2000 이니셔티브에 따르면 포드는 개발비용에서 대당 1,000달러씩 비용을 아낄 수 있었다.[65]

표준화된 플랫폼은 1990년도에 GM이 자사의 미니밴을 다시 디자인하는 임무를 설정했을 때도 최고의 고려사항이었다. 글로벌한 사고방식을 가진 GM의 이사회는 디자인팀에게 미국과 유럽에서 동시에 대중적 호응을 얻을 수 있는 차량을 개발하도록 지시했다. 유럽의 도로는 대체로 더 좁고 기름이 더 비싸기 때문에 유럽 출신 엔지니어들은 전형적인 미니밴보다 더 작은 미니밴을 강조했다. 특정 부품에 마그네슘과 같은 경량 금속을 사용함으로써 차량의 무게가 최소화되었고 이에 따라 연비가 개선되었다.[66] 쉐보레 실루엣(미국), 오펠 센트라(독일), 복스홀 신트라(영국)와 같은 모델은 각각의 시장에서 제한적인 성공을 거두었다. 레슨 : 글로벌 전략을 세우는 것도 중요하지만, 더 중요한 것은 그것을 성공적으로 실현하는 것이다.

제조업체에 의해 생기든지, 혹은 최종 소비자에 의해 발생하든지와 상관없이 다른 디자인 관련 비용도 함께 고려되어야만 한다. 내구성과 품질은 계획된 시장에 적합해야만 하는 중요한 제품 특성이다. 미국과 유럽에서 자동차 구매자들은 높은 수리 요금을 지불하는 것을 바라지 않는다. 따라서 새로운 포드 포커스는 유지와 수리하는 데 더 적은 비용이 들도록 디자인되었다. 예컨대 엔진을 제거하는 데는 1시간 30분이 소요되는데, 단종된 모델인 에스코트의 엔진을 제거하는 데 드는 시간의 절반 정도이다. 게다가 차량 동체의 합판은 용접되어 있지 않고 볼트로 고정되어 있었고, 후미등은 다른 차들보다 좀 더 높게 위치해 있어 주차장에서 가벼운 접촉사고에 덜 부서지도록 설계되었다.

혁신, 기업가정신 그리고 글로벌 창업

일론 머스크의 테슬라

일론 머스크는 기업가로 몇 가지 혁신적인 제품과 서비스를 개발했고, 새로운 브랜드를 만들었으며, 그의 창작품을 마케팅하기 위해 회사를 설립했다. 머스크는 현대 마케팅의 기본 도구와 원칙을 적용하여 괄목할 만한 성공을 거두었다.

많은 기업가들이 그렇듯이 머스크의 혁신 중 일부는 인터넷이 제공하는 가능성과 기회에 대한 통찰력에 바탕을 두고 있다. 1995년, 그는 뉴욕 타임스와 시카고 트리뷴의 새로운 디지털 버전에 대한 온라인 도시 가이드인 Zip2 코퍼레이션을 개발했다. 1999년에 컴팩컴퓨터가 Zip2를 인수했고 머스크는 백만장자가 되었다.

같은 해 머스크는 머스크의 이메일 주소 기반 송금 프로토콜을 통합한 온라인 뱅킹 서비스인 X.com을 시작했다. 뒤이어 X.com은 페이팔이라는 자체 송금 서비스를 갖고 있던 콘피니티를 인수했다. 머스크는 새로운 결합 법인의 이름을 페이팔로 바꾸고 온라인 결제 이체에 주력했다. 이 서비스는 온라인 경매의 선구자 이베이의 보안 결제 시스템에 대한 요구와 완벽하게 들어맞았고 2002년에 이베이는 15억 달러에 페이팔을 샀다. 머스크는 이베이 주식 1억 6,500만 달러를 보유하게 되었다.

다음으로 머스크는 새로운 프로젝트에 관심을 돌렸다. 환경과 지속 가능성에 대한 관심이 테슬라 자동차를 공동 창업하게 된 동기이다. 캘리포니아 프레몬트에 본사를 둔 이 회사는 처음에 리튬이온 배터리로 구동되는 고급 세단을 제조하고 시판했다. 전륜구동 테슬라 모델 S는 정가가 약 7만 5,000달러지만 미국 바이어들은 7,500달러의 연방세금공제를 받을 수 있다. 이와는 대조적으로 중국의 118,000달러의 표시 가격은 25%의 수입관세와 부가가치세를 반영한다. 베이징은 2020년까지 500만 대의 전기차를 내놓겠다는 목표를 세웠다. 기회를 감지한 머스크는 중국에 공장을 지어 테슬라 구매자가 국산 전기차에 대한 세액공제를 받을 수 있도록 계획을 세웠다.

테슬라는 2015년 9월 문이 위로 열리는 이국적인 디자인의 8만 달러짜리 전기 SUV 모델 X를 납품하기 시작했다. 다음은 대중시장에 선보일 모델 3(사진 10-10 참조)이다. 기본 가격이 3만 5,000달러인 이 4도어 세단은 머스크가 2018년까지 연간 50만 대를 만들겠다는 목표를 세웠다.

또한 머스크는 배터리로 구동되는 중형 트럭과 버스를 만들 계획을 추진하고 있다. 머스크가 2019년 출시를 예상하는 '세미'는 한 번 충전하면 500마일을 달릴 수 있을 것으로 보인다. 주요 영업 내용 : 해당 트럭은 기존의 디젤 트럭보다 마일당 운행이 더 저렴할 것으로 예상하고 있으며 월마트와 J. B. 헌트 운송 서비스는 이미 주문을 완료했다.

머스크는 마케팅 믹스의 '장소(P)' 요소에 있어서도 혁신가다. 그는 독립된 딜러의 네트워크에 의존하기보다는 고객에 직접 판매하는 새로운 비즈니스 모델을 개척하고 있다. 머스크는 최고의 고객 경험을 보장하기 위해 애플과 갭의 전 임원인 조지 블랭크십을 디자인 및 매장개발 부사장으로 영입했다.

GE 창업자인 토머스 에디슨이 새로 개발한 전구에 대한 시장 수요를 창출하기 위해 국가 전력망을 설계해야 했던 것처럼 머스크는 테슬라 소유주들을 위한 충전소 네트워크를 구축하고 있다. 현재 5,000개 이상의 슈퍼차저 스테이션을 이용할 수 있으며, 주로 미국, 서유럽, 중국에 집적되어 있다. 모델 S의 0.5톤 리튬이온 배터리 팩은 각 차량 비용의 약 15,000달러를 나타낸다. 머스크는 이 비용을 낮추기 위해 네바다에 매년 50만 대의 테슬라 차량에 전력을 공급할 수 있는 배터리를 생산할 대규모 '기가팩토리'를 건설하고 있다.

2017년 가을, 테슬라가 모델 3의 생산 목표에서 뒤처지고 있는 것이 분명해졌다. 머스크가 예상한 대로 일주일에 5,000대를 생산하는 대신 몇백 대 정도만 완성됐다. 이 차량들은 고도로 정교한 자동 조립 공정의 일부 요소들에 문제가 있어 부분적인 조립은 손으로 진행해야 했다.

출처 : Bob Tita, Tim Higgins, and Jennifer Smith, "Tesla Plays the Long Game with Semi," *The Wall Street Journal* (November 18–19, 2017), p. B3; Marco della Cava, "Musk Goes for Broke with Gigafactory," *USA Today* (March 3, 2014), p. 2B; Richard Waters, "Musk Pushes Tesla Dream Further Along the Road," *Financial Times* (July 22, 2016), p. 14; Scott Cendrowski, "Tesla's Big Gamble in China," *Fortune* (May 8, 2014), p. 72; Chris Woodyard, "'Gigafactory' Sets off 4–State Bidding War," *USA Today* (March 3, 2014), p. 2B; Kara Swisher and Walt Mossberg, "First Comes an Electric Car, Next, a Trip to Mars," *The Wall Street Journal* (June 3, 2013), p. D6; Myles Edwin Mangram, "The Globalization of Tesla Motors: A Strategic Marketing Plan Analysis," *Journal of Strategic Marketing* 20, no. 4 (June 2012), pp. 289–312; Joshua Davis, "Supercharged," *Cover Story, Wired* (October 2010), pp. 138–145.

사진 10-10 일론 머스크는 테슬라와 스페이스 X의 설립자이며, 모델 3로 전기차를 대중화시키고자 하는 목표를 가지고 있다.
출처 : dpa picture alliance/Alamy Stock Photo.

국제적 신제품 개발부

앞서 언급했듯이 신제품의 기회를 정확히 탐색하기 위해서는 막대한 정보가 필요하고, 제품개발을 위한 후보작을 선별하기 위해서는 이러한 기회를 세심하게 살펴보는 수많은 노력을 지속적으로 해야 한다. 이러한 신제품개발 기회를 다루기 위한 가장 최상의 조직설계는 신제품개발부서이다. 이러한 부서의 관리자들은 다음과 같은 몇 가지 업무를 맡는다. 첫째, 모든 연관된 정보원이 지속적으로 신제품과 관련된 아이디어를 개발하도록 해야 한다. 둘째, 관리자는 제품의 개발을 위한 후보작을 선별하기 위해서 이러한 아이디어를 세심하게 살펴본다. 셋째, 관리자는 선택된 신제품 아이디어를 조사하고 분석한다. 마지막으로 관리자는 조직이 가장 유력한 신제품 후보작에게 자원을 집중하게 해야 하고, 세계무대를 대상으로 신제품의 개발과 소개가 질서정연한 과정을 통해 진행되도록 만들어야 한다.

출시 가능한 수없이 많은 신제품 속에서 대다수 기업은 연구에 가장 적합한 아이디어에 초점을 맞추기 위해서 검토표를 만든다. 다음은 이 작업을 수행하는 데 관련이 있는 질문이다.

1. 다양한 가격대에 걸쳐 제품의 시장 규모가 얼마나 큰가?
2. 이 제품과 관련한 우리의 행위에 대응하여 경쟁자가 어떤 움직임을 보일 것 같은가?
3. 현재의 조직구조를 가지고 이 제품을 시장에 출시할 수 있는가? 만약에 불가능하다면 어떤 변화가 필요하고, 그러한 변화를 이루기 위해 얼마큼의 비용이 발생할 것인가?
4. 예상되는 경쟁수준에서 우리가 정한 가격에 따른 제품의 잠재적 수요에 대한 예측자료를 바탕으로 우리 기업이 해당 가격으로 이 제품을 판매할 때, 이 제품을 통해서 충분한 이윤을 창출할 수 있는가?
5. 이 제품이 우리의 전략적 개발 계획에 적합한가? (a) 제품이 우리의 전체적인 목적과 부합하는가? (b) 제품이 우리에게 가용한 자원과 일치하는가? (c) 제품이 우리의 관리구조와 어울리는가? (d) 제품이 충분한 글로벌 잠재력을 가지고 있는가?

버진사의 기업개발팀은 하루에 기업 외부에서 제안되었거나 기업의 관리자들이 제안한 12개 이상의 제안서를 평가하고 검토한다. 버진 그룹의 전임 기업개발책임자인 브레드 로서는 기업개발팀을 몇 년간 이끌었다. 신제품과 관련한 아이디어를 평가할 때 로서와 그의 팀원들은 신제품 아이디어가 이미 존재하는 버진의 제품, 가격정책, 시장기회, 위험에 대해 시너지효과가 있는지와 해당 제품이 기존의 버진 브랜드의 이미지를 적합하게 사용하는지 혹은 남용하는지의 여부와 투자이익을 대비해 보았다. 최근에 사업허가를 받은 분야는 데님 의류매장 체인인 버진 진, 웨딩 컨설팅 서비스 업체인 버진 브라이드, 인터넷 서비스 제공업체인 버진 넷이다.[67]

신제품 실험

해외시장에서 신제품을 소개하는 데 있어서 가장 큰 교훈은 제품이 인적 요소, 기계적 요소, 화학적 요소와 상호작용할 때는 언제나, 놀랍고 예상치 못한 불합치성이 발생할 잠재성이 있다는 점이다. 실제로 모든 제품이 그러하기 때문에 본격적으로 시장에 제품을 소개하기에 앞서 실질적인 시장조건에서 제품을 실험해 보는 것이 중요하다. 실험을 할 때 반드시 완벽한 규모의 테스트 마케팅이 필요한 것은 아니다. 간단하게 목표 세분시장에서 제품이 실제 사용되는 모습을 관찰하는 정도여도 될 것이다.

실제 사용 조건에 대한 분석의 실패는 놀라운 결과를 초래할 수 있다. 유니레버가 유럽 시장에서 충분한 제품 실험을 거치지 않고 새로운 세제 브랜드를 출시했던 것이 좋은 예가 될 것이다. 유니레버는 경쟁사인 P&G의 아리엘보다 더 낮은 온도에서 더 깨끗한 세탁이 가능하게 고안된 얼룩제거용 망간 분자를 사용한 새로운 세제개발에 1억 5,000만 달러를 사용하였다. 3억 달러의 마케팅 예산을 등에 업고, 이 세제는 1994년 4월에 퍼실파워, 오모파워를 비롯한 다양한 브랜드로 시장에 출시되었다. 구조조정 이후에 유니레버는 유럽 시장에서 신제품 출시에 걸리는 시간을 3년에서 16개월로 단축시켰다. 이 사례에서 새로운 제조방식에 대한 기업의 열정과 이와 결합된 증가된 효율성은 커다란 시장 실패를 초래했다. 소비자는 파워로 세탁을 할 경우 일부 의류제품이 손상된다는 것을 발견했다. P&G는 이러한 상황을 재빠르게 이용했다. P&G는 파워제품을 공격하는 신문광고를 게재했고, 의류 손상이 실제로 일어났다는 것을 증명하기 위한 실험실 시험을 진행했다. 유니레버 회장 마이클 페리는 파워제품을 '우리가 목격한 가장 큰 마케팅 실패'라고 일컬었다. 유니레버는 파워를 다시 제작했지만, 파워라는 브랜드를 살려내기엔 이미 너무 늦었다. 유니레버는 유럽 시장에서 P&G에 대적해 시장 점유율을 올릴 수 있는 기회를 놓쳤다.[68]

요약

제품은 기업의 마케팅 프로그램에서 가장 중요한 요소이다. 글로벌 마케터는 세계를 대상으로 하는 브랜드 전략과 맞물린 제품의 형성이라는 도전에 직면한다. 제품은 구매자나 사용자에게 효용을 제공하는 유형적이고, 무형적인 속성의 집합으로 볼 수 있다. 브랜드는 소비자들의 마음속에 있는 이미지와 경험의 복잡한 집합체이다. 대다수의 국가에서 지역적 브랜드들은 국제적 브랜드 혹은 글로벌 브랜드와 경쟁한다. 지역적 제품은 그 국가에서 사용 가능하다. 그리고 국제적 제품은 여러 국가에서 이용이 가능하다. 글로벌 제품은 글로벌 시장의 니즈와 필요를 충족시킨다.

글로벌 브랜드는 전 세계 대부분의 지역에서 같은 이름을 사용하고 유사한 이미지를 갖고 있으며, 유사한 포지셔닝을 한다. 많은 글로벌 기업들이 결합 브랜딩이나, 공동 브랜딩, 브랜드 확장전략을 통해 우호적인 브랜드 이미지와 높은 브랜드 자산을 극대화한다. 기업은 글로벌 브랜드 리더십을 통해 모든 시장에서 강력한 브랜드를 만들어 낼 수 있다. 매슬로의 욕구단계는 세계의 각기 다른 지역에서 지역적 제품과 글로벌 제품을 개발할 수 있는 기회를 이해할 수 있도록 도와주는 욕구에 기반한 프레임워크를 제공한다. 어떤 제품과 브랜드는 국가원산지효과로부터 이득을 보기도 한다. 제품 결정을 할 때는 제품의 라벨과 심미적 요소와 같은 포장과 관련한 이슈를 다뤄야만 한다. 또한 명시적 보증도 각각의 시장에 적합해야만 한다.

제품과 커뮤니케이션(의사소통) 전략들은 세 가지 전략의 조합이 가능한 프레임워크를 통해 살펴볼 수 있다. 그 세 가지 전략은 확장전략, 수정전략, 개발(혁신)전략이다. 지리적 확장을 추구하는 기업들에게는 다섯 가지 전략적 대안이 가능하다. 제품-커뮤니케이션 확장, 제품 확장-커뮤니케이션 수정, 제품 수정-커뮤니케이션 확장, 제품-커뮤니케이션 수정, 제품개발(혁신)전략 등이 가능하다. 특정한 기업이 어떤 전략적 대안을 선택하는가는 제품과 그 제품이 충족시키는 소비자의 니즈, 소비자의 선호, 구매능력, 수정과 표준화 사이의 비용에 따라 달라질 수 있다. 제품 전환은 제품이 새로운 시장에 소개되면서 원래 제품의 목적이나 용도와 다르게 사용되거나 다른 기능으로 작용할 때 일어난다. 전략을 선택할 때 경영자는 NIH 신드롬을 피하기 위해 신중하게 노력해야 한다.

글로벌 경쟁은 기업에게 가격 효율성이 높은 수정의 기반이 되게 하는 표준화된 제품 플랫폼을 개발하는 데 다른 기업보다 뛰어나야 한다는 압력을 가한다. 새로운 제품들은 불연속적 혁신, 동태적인 연속적 혁신, 혹은 연속적 혁신으로 구분된다. 성공적인 제품의 출시는 시장이 시간의 흐름에 따라 순차적으로 개발되는지, 혹은 동시다발적으로 개발되는지에 대한 이해를 필요로 한다. 오늘날 제품의 개발주기가 짧아지고, 제품개발비용이 상승함에 따라 많은 새로운 제품이 다양한 국가의 시장에서 출시되고 있다. 제품개발주기가 단축되고 제품개발이 진행됨에 따라 여러 국가시장에서 비용이 급등하고 있다.

토론문제

10-1. 제품과 브랜드의 차이점은 무엇인가?

10-2. 지역적, 국제적 그리고 글로벌 제품은 어떻게 다른가? 예를 들어 설명하라.

10-3. 어떠한 요소들이 브랜드를 만드는가? 만질 수 있는 것인가? 만질 수 없는 것인가?

10-4. 글로벌 시장에서 제품을 디자인 할 때 고려해야 하는 기준은 무엇인가?

10-5. 제품의 원산지에 대한 소비자의 태도가 어떻게 마케팅 전략에 영향을 미치는가?

10-6. 몇 개의 글로벌 브랜드를 설명하라. 여러분이 선택한 글로벌 브랜드의 성공 이유는 무엇인가?

10-7. 매년 인터브랜드 컨설턴시는 글로벌 브랜드의 순위를 매긴다. 2017년 가장 높은 랭킹 순위 브랜드는 표 10-2에 나온다. 그 목록을 읽어 보고 흥미롭게 느껴지는 브랜드를 선택하라. 그 브랜드의 2017년 순위와 www.interbrand.com에서 최근의 순위를 찾아서 비교하고 순위가 어떻게 변화했는지 확인하라. 어떠한 요소들이 브랜드 순위의 등락에 영향을 미치는지 보충자료를 찾아보라. 예를 들어 신문자료나 연간 보도 혹은 회사 웹 사이트 등을 이용하라.

10-8. 홉스테드의 사회적 가치에 대한 뼈대는 아시아의 매슬로 욕구단계 이론을 설명할 수 있다. 표 4-2의 어느 차원이 가장 관련성이 있는가? 제4장에서는 아시아와 서구의 혁신 확산 프로세스 간의 차이점을 주목하라. 그림 10-1과 연관시킬 수 있는가?

10-9. 이 장에서 학습한 혁신의 세 가지 카테고리를 비교 대조하라. 어떤 종류의 혁신이 와이드 스크린과 평면 패널 HDTV와 아이패드를 대표한다고 할 수 있는지 설명하라.

사례 10-1 (계속)

구글

구글은 검색과 다른 온라인 공간에서 우위를 차지하고 있기 때문에 표적 광고를 전달하는 데 도움이 되는 방대한 양의 데이터를 수집할 수 있다. 실제로 2017년 알파벳 전체 매출 1,100억 달러 중 구글 유닛에서 나온 광고 수익이 90% 이상을 차지했다. 하지만 핵심 광고사업의 성장세가 둔화되면서 회사 임원들은 알파벳의 수익 흐름을 다양화하는 방안을 모색하고 있다. 구글 글래스를 포함한 몇몇 유망한 신제품에 대한 계획이 축소되었다. 게다가 구글의 다양한 웹사이트를 검색 과정에 연결시키는 능력은 유럽의 반독점 규제당국의 관심을 끌었다.

안드로이드 OS

글로벌 판매량으로 보면 구글의 안드로이드 운영체제를 사용하는 스마트폰이 시장의 약 80%를 차지하고 있다. 구글은 안드로이드와 공식 마스코트인 녹색 버그드로이드를 단말기와 태블릿 제조업체에 무료로 제공하고 삼성, 모토로라, HTC, LG는 모두 안드로이드를 사용한다. 안드로이드 인기의 한 가지 이유는 삼성 등 단말기 제조사들이 다양한 화면 크기와 가격대를 제공하고 있기 때문이다.

반면 애플의 iOS는 아이폰 전용이다. 2014년 이전에는 아이폰이 큰 화면 크기로 출시되지 않았다. 안드로이드 앱 수가 애플 앱의 수를 약간 초과하지만, 일부 개발자들은 iOS 플랫폼을 선호한다. 애플의 개발 환경인 엑스코드의 사용 편의성이 안드로이드의 이클립스에 비해 월등히 뛰어나다는 점이 한 가지 이유로 꼽힌다. 또한 iOS 고객층이 좀 더 부유한 경향이 있다.

모바일 비디오 게임이 인기를 끌면서 애플과 구글이 모바일 영역의 우위를 다투고 있다. 두 회사 모두 새로운 게임 타이틀에 대한 독점권을 대가로 게임 개발자들에게 추가적인 홍보 지원을 제공한다. 예를 들어 일렉트로닉 아츠는 안드로이드폰에 공개되기 두 달 전에 이미 애플 앱스토어에 '플랜트 vs 좀비 2'를 발매했다. 한 업계 관측통은 이 경쟁을 '최고의 콘텐츠를 위한 군비 경쟁'에 비유한다.

웨이모

'자율 기능'과 '로보카'와 같은 구절은 자동차와 사람이 운전하지 않아도 작동할 수 있는 차량을 가리키는 데 사용된다. 무인 기술은 알파벳이 지향하는 '문숏' 유형의 한 예다. 아우디, BMW, 다임러, GM 등 기존 자동차 제조업체들도 우버 등 기술 탈취 업체들과 마찬가지로 기술개발에 열을 올리고 있다.

그러나 경쟁에도 불구하고 알파벳은 무인 기술이 경제 전문가인 피터 드러커의 말대로 '가장 까다로운 일'이 될 것이라고 믿는다. 알파벳은 2009년부터 이 기술개발에 착수했으며, 10억 달러 이상을 투자했고 무인 자동차는 지금까지 350만 마일 이상의 실제 주행거리를 기록했다. 알파벳은 캘리포니아와 애리조나주 피닉스 교외에서 광범위한 실험을 해온 웨이모라는 별도의 사업부를 만들었다(그림 10-11 참조).

웨이모 시험 차량의 대부분은 차 지붕에 레이저를 탑재한 크라이슬러이 특별 개조 미니밴이다. 이 기술은 당초 차량 1대당 약 75,000달러나

들었지만, 이 프로젝트에 임하는 기술자들은 그 수치가 급속히 감소할 것으로 예상하고 있다. 레이저가 받는 데이터는 차량의 주위 화상을 작성하기 위해서 사용된다. 이러한 측정값과 바퀴 등의 센서에서 보내오는 정보는 탑재된 컴퓨터로 전송된다. 그런 다음 소프트웨어는 적절한 속도와 루트를 선택한다.

자율주행차는 우리가 오늘날 알고 있는 것처럼 전통적인 자동차 환경과 관련된 많은 문제에 대처할 것을 약속한다. 많은 도시는 차량으로 인한 정체나 오염 경향이 높다. 안전성에도 문제가 있다. 매년 100만 명 이상이 자동차 사고로 사망한다. 미국만으로도 전체 사고의 94%가 인위적 실수로 인한 것으로 추정되고 있으며 자율주행차와 모바일성의 공유는 누구에게나 안전하고 신뢰성 높은 수송수단이 될 가능성이 있다. 물론 자율주행차를 타고 있는 동안 컨트롤을 포기하도록 설득하는 데는 시간이 걸릴지도 모른다.

웨이모가 이 기술을 완성하려고 노력하는 동안 알파벳의 구글 사업부는 자동차업계에서 보다 작은 규모로 애플과 경쟁하고 있다. 두 회사는 각각의 스마트폰 소프트웨어와 엔터테인먼트, 지도 등의 서비스를 제공하는 자동차의 계기판 시스템에 접속하기 위한 플랫폼을 구축하고 있다. 음악 스트리밍, 최첨단 음성 인식, 기타 기능은 이미 많은 차량의 표준 장비이다.

이런 진보가 운전자들의 주의를 딴 데로 돌리는 게 아니냐는 우려가 제기되고 있지만 구글은 이 기술을 통해 운전이 더 안전해질 것이라고 주장한다. 안드로이드 오토는 안드로이드 사용자가 차량 계기판의 중앙 화면을 통제할 수 있도록 한다. 애플의 카플레이는 iOS 사용과 동일하다. 각 회사는 현재 신차에 탑재된 기능을 포함한 수십 개의 자동차회사와 계약을 맺고 있으며 많은 신형차가 안드로이드 오토와 카플레이 모두를 지원한다. 그와 동시에 구글과 애플에 과도하게 의존하지 않기 위해 몇 개의 제조업체는 스마트디바이스링크라고 하는 독자적인 기술을 개발하는 컨소시엄을 결성했다.

룬 프로젝트

세계 인구의 3분의 1 이상이 인터넷 접속을 하지 못하고 있다. 룬 프로젝트는 이러한 딜레마에 대한 구글의 해결책이다. 이 회사는 지구 주위를 돌고 지상국 네트워크를 통해 인터넷에 연결되는 수천 개의 태양열 고압 공중 풍선을 쏘아 올리겠다는 야심찬 계획을 세웠다.

룬 프로젝트는 구글이 선별된 고위험, 잠재력이 높은 '문숏' 혁신에 투자하는 제품전략의 한 예다. 높이 40피트, 너비 50피트인 이 풍선은 지구 위 60,000~70,000피트의 고도에서 성층권을 맴돌도록 설계되었다. 각각의 풍선은 약 5,000제곱킬로미터의 지형을 커버할 수 있다. 구글의 엔지니어들은 미국 해양대기청(NOAA)의 기상 데이터를 분석해 풍류를 활용하도록 풍선의 고도를 조정할 수 있다. 프로젝트 팀은 현재 풍선이 한 번에 몇 주 동안 높이 떠 있을 수 있도록 설계를 수정하고 있다.

구글은 2017년 5월 페루에서 심한 홍수를 겪은 후 풍선을 띄웠다. 같은 해 말 허리케인 마리아가 푸에르토리코를 황폐화시키고 휴대전화 서비스를 중단하자 구글은 수십 개의 풍선을 이 지역에 보냈다. 룬 프로젝

트는 AT&T의 4LTE 네트워크 고객들이 문자나 이메일을 주고받을 수 있을 뿐 아니라 인터넷 접속도 가능하게 했다. 비행 알고리즘에 머신러닝 기술을 적용함으로써 엔지니어들은 풍선을 푸에르토리코 상공에서 오랫동안 머물도록 유지할 수 있었다.

구글 파이버

소개에서 언급했듯이 구글 파이버는 번개처럼 빠른 인터넷 속도를 제공한다. 그러나 이 서비스는 현재 미국의 12개 도시에서만 이용할 수 있다. 스피드테스트 글로벌 지수에 따르면 2017년 미국은 평균 고정 광대역 속도(다운로드 속도 약 75Mbps)에서 11위를 기록했다. 이 순위는 리투아니아와 헝가리 사이의 기록이다(싱가포르는 평균 다운로드 속도가 약 150Mbps로 1위). 구글은 이미 상당한 투자를 했지만, 국가적인 구글 파이버 광대역통신망 구축 계획은 그 벤처기업이 얼마나 많은 현금을 소비하고 있는지에 대한 알파벳의 우려 때문에 뒤로 미뤄졌다.

웨어러블

구글의 인터넷 연결 아이웨어인 구글 글래스는 한때 수십억 달러 규모의 사업으로 구상됐다. 그러나 시험 판매 후 미미한 결과에 의해 프로젝트가 X로 바뀌었다. 구글 글래스는 비싸고, 상대적으로 이용 가능한 앱이 적었으며, 이 제품은 패셔니스타, 프라이버시 옹호자, 그리고 다른 비평가들의 반발의 대상이 되었다. 구글 앳 워크라는 새로운 프로그램은 직원들이 중요한 업무에 종사하는 동안 정보에 빠르게 접근해야 하는 의료, 제조, 기타 직장 상황에서의 응용 프로그램을 찾는 것을 목표로 하고 있다.

구글의 차세대 첨단 아이웨어 제품은 오디오 중심적이고 자사의 음성 작동 스피커인 구글 홈을 통합할 것이다. 새로운 안경에 통합되는 것은 16세기에 이탈리아 내과의사가 처음 입증했던 오디오 기법으로서 기능성은 인간 생리학의 기본적인 특징에 기초한다. 간단히 말해서 사람이 말을 하면 성대의 진동이 턱뼈로 전달되고, 그 진동은 차례로 말을 '인식'하는 안경과 같은 장치로 전달된다.

안드로이드 웨어 2.0 플랫폼은 LG 워치스포츠, 모토 360 스마트워치 등 다른 소비재 제품에 성공적으로 접목됐다. 한편 구글은 스위스 시계제조업체 태그호이어, 반도체 대기업 인텔과 새로운 스마트워치를 제휴했다. 인텔이 직면하고 있는 한 가지 과제는 매우 작은 배터리의 장치에서 소프트웨어 기능을 지원할 수 있을 만큼 충분히 효율적인 칩을 개발해야 한다는 것이다.

어시스턴트 디지털 헬퍼

선다 피차이 구글 CEO는 2016년 가을 어시스턴트 디지털 헬퍼가 출범했을 때 목표는 "모든 사용자를 위한 개인용 구글"이라고 말했다. 어시스턴트는 인공지능(AI)과 머신러닝에 대한 수년간의 연구와 투자의 절정을 상징한다. 이 소프트웨어는 알로, 새로운 메시징 앱, 홈 음성 작동, 인터넷 연결 스피커, 그리고 새로운 스마트폰 라인을 포함한 몇몇 구글 신제품에 통합되어 있다.

픽셀폰

앞서 언급했듯이 구글의 안드로이드는 스마트폰 운영체제로 전 세계적으로 20억 개 이상의 안드로이드 단말기가 사용되고 있다. 과거 구글은 중국 화웨이, 한국 LG 등 제조사와 넥서스 브랜드의 다양한 스마트폰 모델과 제휴했다. 하지만 넥서스 매출은 다른 브랜드에 비해 뒤떨어졌다. 구글은 2016년 10월 픽셀 브랜드 이름으로 새 단말기를 출시하면서 하드웨어에 대한 의지를 다시 한 번 밝혔다. 베이스(5인치 디스플레이) 픽셀은 649달러에 소매되었으며, 소개 광고에는 'Phone by Google'이라는 태그라인이 실렸다. 이 전화기들은 구글 어시스턴트와 연결된 인공지능 기능을 갖춘 12메가픽셀 카메라와 소프트웨어를 특징으로 한다. 초기 판매량은 저조했지만 차세대 픽셀폰은 2017년 가을 출시됐다.

가정용 음성 작동 스피커

아마존의 알렉사 파워 에코가 현재 음성 작동 인터넷 연결 스피커 시장을 장악하고 있다. 가정용은 구글이 이 범주에 처음 진입한 것이다. 모회사의 검색과 개인화에 대한 전문성은 '보이스 매칭', 즉 개별 가구원을 인식할 수 있다는 것을 의미한다. 한편 애플과 소노스 등 다른 기술기업들도 스마트 스피커 제품을 출시했다.

토론문제

10-10. 왜 구글은 알파벳에서 재브랜드하였는가?

10-11. 구글의 문숏 팩토리에 신제품 연속체(그림 10-4 참조)를 적용한다. 조직 업무에서 가장 현저한 제품과 서비스 카테고리는

무엇인가?

10-12. 자율주행자동차의 전망을 평가하라. 이 기술이 완성되면 웨이모의 자율이동이 널리 채택되기 전에 어떤 장애를 극복해야 하는가?

10-13. 알파벳의 X 부문 목표 중 하나는 구글에 버금가는 규모와 수익성을 내지만 검색 기능이 없는 새로운 수익 사업을 창출하는 것이다. 여러분은 그게 무엇이 될 거라고 생각하는가?

출처 : Leslie Hook and Richard Waters, "Waymo Puts Driverless Car Project in Fast Lane," *Financial Times* (November 10, 2017), p. 17; Tim Bradshaw, "Amazon Bones up on History with 'Smart Glasses,'" *Financial Times* (September 27, 2017), p. 17; Richard Waters, "Alphabet Revolution Is Not as Simple as ABC," *Financial Times* (August 8, 2016), p. 17; Connor Dougherty, "They Promised Us Jet Packs," *The New York Times* (July 24, 2016), pp. B1, B4; Jessica Guynn, "Once a Moonshot, Google Fiber Grows into Reality," *USA Today* (July 20, 2016), p. 3B; Hannah Kuchler, "Bridging the Tech Divide," *Financial Times* (July 13, 2016), p. 10; Connor Dougherty, "Hoping Google's Lab Is a Rainmaker," *The New York Times* (February 16, 2015), pp. B1, B4; Richard Waters, "Google Aims to Eat Carmakers' Lunch," *Financial Times* (February 14–15, 2015), p. 10; Aaron M. Kessler and Brian X. Chen, "A Fight for the Dashboard," *The New York Times* (February 23, 2015), pp. B1, B2; Ian Sherr and Daisuke Wakabayashi, "Apple, Google: Game of Apps" *The Wall Street Journal* (April 21, 2014), pp. B1, B6; Steven Levy, "Google's Wi–Fi from the Sky," *Wired* (September 2013), pp. 126–131; Brad Stone, "Inside the Moonshot Factory," Cover Story, *Bloomberg Businessweek* (May 27, 2013), pp. 56–61.

에세이 과제

10-14. 글로벌 마케터들이 이용할 수 있는 다양한 제품 커뮤니케이션 전략의 조합을 간략히 설명하라. 각각을 사용하는 것이 적절한 때는 언제인가?

10-15. 테슬라 모델 3 등 전기차에 대한 미국의 시장 잠재력을 평가하라. 여러분은 그 차가 대중시장의 성공을 거둘 것이라고 생각하는가? 아니라면 왜 그런가?

참고문헌

[1]Queena Sook Kim, "The Potion's Power Is in Its Packaging," *The Wall Street Journal* (December 21, 2000), p. B12.

[2]Sara Silver, "Modelo Puts Corona in the Big Beer League," *Financial Times* (October 30, 2002), p. 26.

[3]Betsy McKay, "Coke's Heyer Finds Test in Latin America," *The Wall Street Journal* (October 15, 2002), p. B4.

[4]Christina Passarielo, "France's Cognac Region Gives Vodka a Shot," *The Wall Street Journal* (October 20, 2004), p. B1.

[5]Deborah Ball, "The Perils of Packaging: Nestlé Aims for Easier Openings," *The Wall Street Journal* (November 17, 2005), p. B1.

[6]Clare Dowdy, "GlaxoSmithKline's New Toothpaste," *Financial Times* (August 11, 2011), p. 8.

[7]Steven L. Gray and Ian Brat, "Read It and Weep? Big Mac Wrapper to Show Fat, Calories," *The Wall Street Journal* (October 26, 2005), p. B1.

[8]Miriam Jordan, "Nestlé Markets Baby Formula to Hispanic Mothers in U.S.," *The Wall Street Journal* (March 4, 2004), p. B1.

[9]Nilly Landau, "Face to Face Marketing Is Best," *International Business* (June 1994), p. 64.

[10]Kevin Lane Keller, *Strategic Brand Management: Building, Measuring, and Managing Brand Equity* (Upper Saddle River, NJ: Prentice Hall, 1998), p. 93.

[11]Ming Liu, "Brands Seize on Artificial Intelligence," *Financial Times—FT Special Report: Watches & Jewellery* (November 11, 2017), p. 11.

[12]For a complete discussion of brand equity, see Kevin Lane Keller, *Strategic Brand Management: Building, Measuring, and Managing Brand Equity* (Upper Saddle River, NJ: Prentice Hall, 1998), Chapter 2.

[13]Kevin Lane Keller, *Strategic Brand Management: Building, Measuring, and Managing Brand Equity* (Upper Saddle River, NJ: Prentice Hall, 1998), p. 93.

[14]John Willman, "Labels That Say It All," *Financial Times—Weekend Money* (October 25–26, 1997), p. 1.

[15]John Willman, "Time for Another Round," *Financial Times* (June 21, 1999), p. 15.

[16]Deborah Ball, "Liquor Makers Go Local," *The Wall Street Journal* (February 13, 2003), p. B3.

[17]John Ridding, "China's Own Brands Get Their Acts Together," *Financial Times* (December 30, 1996), p. 6; Kathy Chen, "Global Cooling: Would America Buy a Refrigerator Labeled 'Made in Quingdao'?" *The Wall Street Journal* (September 17, 1997), pp. A1, A14.

[18]Diana Kurylko, "The Accidental World Car," *Automotive News* (June 27, 1994), p. 4.

[19]Victoria Griffith, "As Close as a Group Can Get to Global," *Financial Times* (April 7, 1998), p. 21.

[20]Suzy Wetlaufer, "The Business Case Against Revolution," *Harvard Business Review* 79, no. 2 (February 2001), p. 116.

[21]Douglas B. Holt, John A. Quelch, and Earl L. Taylor, "How Global Brands Compete," *Harvard Business Review* 82, no. 9 (September 2004), p. 69.

[22]Adapted from P. Ranganath Nayak and John M. Ketteringham, *Breakthroughs! How Leadership and Drive Create Commercial Innovations That Sweep the World* (San Diego, CA: Pfeiffer & Company, 1994), pp. 128–129. See www.prnayak.org, where the whole of *Breakthroughs!* is available for free download.

[23]"Global Brand Simplicity Index 2017." www.siegelgale.com/siegelgale-unveils-seventh-annual-global-brand-simplicity-index-brands-that-embrace-simplicity-enjoy-increased-revenue-valuation-brand-advocacy-and-employee-engagement/. Accessed March 1, 2018.

[24]David Aaker and Erich Joachimsthaler, "The Lure of Global Branding," *Harvard Business Review* 77, no. 6 (November–December 1999), pp. 137–144.

[25]Leslie Hook, "Bozoma Saint John," *Financial Times—FT Weekend Magazine* (December 9/10, 2017), p. 28.

[26]Lord Saatchi, "Battle for Survival Favours the Simplest," *Financial Times* (January 5, 1998), p. 19.

[27]Warren J. Keegan, "Global Brands: Issues and Strategies," Center for Global Business Strategy, Pace University, Working Paper Series, 2002.

[28]Betsy McKay and Suzanne Vranica, "Coca-Cola to Uncap 'Open Happiness' Campaign," *The Wall Street Journal* (January 14, 2009), p. B6.

[29]A. H. Maslow, "A Theory of Human Motivation," in *Readings in Managerial Psychology*, Harold J. Levitt and Louis R. Pondy, eds. (Chicago, IL: University of Chicago Press, 1964), pp. 6–24.

[30]Jeremy Grant, "Golden Arches Bridge Local Tastes," *Financial Times* (February 9, 2006), p. 10.

[31]Louis Uchitelle, "Gillette's World View: One Blade Firs All," *The New York Times* (January 3, 1994), p. C3.

[32]Andrew Ward, Kathrin Hille, Michiyo Nakamoto, and Chris Nuttal, "Flat Out for Flat Screens: The Battle to Dominate the $29 bn Market Is Heating up But the Risk of Glut Is Growing," *Financial Times* (December 24, 2003), p. 9.

[33]Hellmut Schütte, *Consumer Behavior in Asia* (New York, NY: NYU Press, 998).

[34]Ben Bland, "China Manufacturing: Adapt or Die," *Financial Times—FT Big Read: China* (November 4, 2015), p. 7.

[35]Bertrand Benoit and Geoff Dyer, "The Mittelstand Is Making Money in the Middle Kingdom," *Financial Times* (June 6, 2006), p. 13.

[36]Dana Milbank, "Made in America Becomes a Boast in Europe," *The Wall Street Journal* (January 19, 1994), p. B1.

[37]Peter Aspden, "Diego Della Valle," *Financial Times* (August 12, 2011).

[38]Simon Anholt, "The Nation as Brand," *Across the Board* 37, no. 10 (November–December 2000), pp. 22–27.

[39]Elliot Blair Smith, "Early PT Cruiser Took a Bruising," *USA Today* (August 8, 2001), pp. 1B, 2B; see also Joel Millman, "Trade Wins: The World's New Tiger on the Export Scene Isn't Asian; It's Mexico," *The Wall Street Journal* (May 9, 2000), pp. A1, A10.

[40]Vanessa Friedman, "Relocated Labels," *Financial Times* (September 1, 2010), p. 5.

[41]Kate Hamilton, "Project Galore: Qualitative Research and Leveraging Scotland's Brand Equity," *Journal of Advertising Research* 40, nos. 1/2 (January–April 2000), pp. 107–111. *Galore* is one of two English words that are taken from Gaelic; the other is *whisky*.

[42]Christopher A. Bartlett and Sumantra Ghoshal, "Going Global: Lessons from Late Movers," *Harvard Business Review* 78, no. 2 (March–April 2000), p. 133.

[43]Timothy Aeppel, "Europe's 'Unity' Undoes a U.S. Exporter," *The Wall Street Journal* (April 1, 1996), p. B1.

[44]Brandon Mitchener, "Standard Bearers: Increasingly, Rules of Global Economy Are Set in Brussels," *The Wall Street Journal* (April 23, 2002), p. A1.

[45]Gerrit Wiesmann, "Brands That Stop at the Border," *Financial Times* (October 6, 2006), p. 10.

[46]Dan Bilefsky and Christopher Lawton, "In Europe, Marketing Beer as 'American' May Not Be a Plus," *The Wall Street Journal* (July 21, 2004), p. B1.

[47]Geoffrey A. Fowler, "Intel's Game: Play It Local, But Make It Global," *The Wall Street Journal* (September 30, 2005), p. B4.

[48]Jorge Valencia, "Sony Paints Lavish Hues to Sell LCDs," *The Wall Street Journal* (August 3, 2007), p. B3.

[49]Jenny Mero, "John Deere's Farm Team," *Fortune* (April 14, 2008), pp. 119–126.

[50]Vanessa O'Connell, "Exxon 'Centralizes' New Global Campaign," *The Wall Street Journal* (July 11, 2001), p. B6.

[51]Kimberly Palmer, "Rustic Bourbon: A Hit Overseas, Ho-Hum in the U.S.," *The Wall Street Journal* (September 2, 2003), p. B1.

[52]Bettina Wassener, "Schnapps Goes to College," *Financial Times* (September 4, 2003), p. 9.

[53]Joseph B. White, "One Ford for the Whole World," *The Wall Street Journal* (March 17, 2009), p. D2.

[54]Bruce Einhorn, "Want Some Milk with Your Green Tea Oreos?" *Bloomberg Businessweek* (May 7, 2012), pp. 25, 26.

[55]Bill Vlasic, "Ford Introduces One Small Car for a World of Markets," *The Wall Street Journal* (February 15, 2008), p. C3.

[56]Deborah Ball, "Women in Italy Like to Clean But Shun the Quick and Easy," *The Wall Street Journal* (April 25, 2006), pp. A1, A12.

[57]Deborah Ball, "Too Many Cooks: Despite Revamp, Unwieldy Unilever Falls Behind Rivals," *The Wall Street Journal* (January 3, 2005), pp. A1, A5.

[58]Sally Goll Beatty, "Bad-Boy Nike Is Playing the Diplomat in China," *The Wall Street Journal* (November 10, 1997), p. B1.

[59]Amy Borrus, "Eyeglasses for the Masses," *BusinessWeek* (November 20, 1995), pp. 104–105; Nicholas Thompson, "Self-Adjusted Glasses Could Be Boon to Africa," *The New York Times* (December 10, 2002), p. D6.

[60]Christopher A. Bartlett and Sumantra Ghoshal, "Going Global: Lessons from Late Movers," *Harvard Business Review* 78, no. 2 (March–April 2000), p. 137.

[61]Colin Stutz, "Jimmy Iovine Breaks Down What's Wrong with the Music Business," *Billboard* (November 29, 2017). **Accessed December 15, 2017.**

[62]The terminology and framework described here are adapted from Thomas Robertson, "The Process of Innovation and the Diffusion of Innovation," *Journal of Marketing* 31, no. 1 (January 1967), pp. 14–19.

[63]"Fritos' Round the World," *Brandweek* (March 27, 1995), pp. 32, 35.

[64]Richard Waters, "Tesla and Elon Musk's Moment of Truth with First Mass-Market Car," *Financial Times* (July 23, 2017), p. 11.

[65]Robert L. Simison, "Ford Hopes Its New Focus Will Be a Global Bestseller," *The Wall Street Journal* (October 8, 1998), p. B10.

[66]Rebecca Blumenstein, "While Going Global, GM Slips at Home," *The Wall Street Journal* (January 8, 1997), pp. B1, B4.

[67]Elena Bowes, "Virgin Flies in Face of Conventions," *Ad Age International* (January 1997), p. i4.

[68]Laurel Wentz, "Unilever's Power Failure a Wasteful Use of Haste," *Advertising Age* (May 6, 1995), p. 42.

11 가격결정

사례 11-1
저소득 소비자를 표적으로 한 글로벌 자동차 기업

1950년대와 1960년대, 소비에트연방은 미국에 대한 외부 공간을 탐색하기 위한 일환으로 우주개발 경쟁을 하였다. 반세기 후 국제우주정거장은 러시아, 미국, 그리고 다른 국가들을 포함한 협업의 결과로 이루어졌다. 한편 새로운 '경주'가 진행되고 있다. 이것은 훨씬 더 '지구적인' 그리고 지정학적인 이점을 위해 다른 반구의 초강대국이 포함되지 않은 경주이다. 오히려 이 21세기 경쟁은 아시아, 유럽, 미국이 인도나 다른 개발도상국 소비자들의 수요를 해결할 수 있는 저가 자동차를 만들기 위한 선도 자동차기업의 노력이 포함되어 있다.

프랑스 자동차 그룹인 르노는 2004년에 로건을 가지고 저가 세분시장을 개척하였고, 400만 대 이상이 판매되었다(사진 11-1 참조). 처음에 로건은 르노의 루마니아 계열사인 다치아에 의해 운영되던 단독 공장에서 생산되었다. 다치아 회장인 뤽 알렉산드르 메나드는 "그 당시 우리는 이 차로 무엇을 할 수 있으리라는 확신이 없었다. 그것은 한 종류뿐이었고 트로이 목마가 개발도상국의 새로운 시장에 침투하는 것이었다."고 설명하였다. 현재 로건은 이란, 인도, 브라질을 포함한 여러 국가에서 생산되고 수십 개 국가에서 팔리고 있다.

2개의 다른 자동차회사가 신흥시장에 저비용 자동차를 출시하며 경주에 합류했다. 2009년, 인도의 타타 자동차는 1라크(10만 루피 또는 2,500달러)의 초저가 신모델인 나노를 선보였다. 나노는 후방 장착형이며 33마력의 힘을 내는 2기통 엔진이 장착되어 있다. 최고 속도는 1시간당 60마일이며 가스 1갤런당 50마일을 운행할 수 있다. 닛산은 2014년에 6,400달러 해치백을 출시함으로써 오랜 역사를 지닌 다트선의 명성을 되살려 주었다. 나노와 같이 새로운 다트선의 동력전달장치는 수동변속기에 2기통 엔진이 장착되어 있다. 에어백이 없는 나노와 달리 다트선은 운전자 쪽에 에어백이 장착되어 있다. 아직 매출액은 기대에 못 미쳤지만, 소셜 미디어 반응은 뜨겁다. 특히

사진 11-1 다치아 로간은 르노의 카를로스 곤 회장의 저가전략의 핵심 요소 중 하나다. 일부 보급형 모델에는 파워 스티어링이나 에어컨이 없다. 그럼에도 불구하고 로간은 신흥 국가와 선진국 모두에서 매우 인기가 있음이 입증되었다. 로간의 성공은 매우 간단한 마케팅 아이디어, '가격은 자동차를 사게 만든다'는 생각에서 비롯되었다. 많은 최초 구매자는 오토바이와 거의 같은 가격으로 새로운 로간을 소유할 수 있었다.
출처 : Grzegorz Czapski/Shutterstock.

인도의 다트선의 반응은 압도적으로 긍정적이었다. 다트선의 페이스북 사이트인 @datsunadia는 50만 이상의 '좋아요'와 팔로워를 보유하고 있다.

일반적으로 두 가지 기본적인 요소가 어느 정도 가격에 제품을 판매할 것인지를 결정짓는다. 첫 번째 요소는 **가격 하한선** 혹은 최소 가격을 결정하는 제품의 가격이다. 제품에 대해 비용보다 싼 가격을 책정하는 것이 가능하다고 하더라도, 오랜 기간 이러한 가격정책을 유지할 수 있는 기업은 거의 없다. 또한 제8장에서 살펴본 바와 같이 수출시장에서의 저가정책은 덤핑조사를 유발하기도 한다.

두 번째 요소는 제품과 유사한 대체 상품이 **가격 상한선** 혹은 최고 가격을 설정한다. 많은 경우에 글로벌 경쟁은 가격정책과 이와 관련된 국내기업의 가격구조를 압박한다. 불가피한 비용의 감소에 대한 압박(특히 고정비용)은 아웃소싱이 성행하게 하는 이유 중 하나이다. 일부 사례에서 지역시장의 구매력이 매우 낮은 상태여서, 이것이 기업으로 하여금 새로운 제품을 낮은 가격에 출시해야 이윤이 남게 되는 경우가 있다. 자동차회사가 더욱 저렴한 가격으로 제조하려는 노력은 이 장의 끝에 제시되는 사례 11-1(계속)에서 계속된다.

모든 제품의 가격 하한선과 가격 상한선 사이에는 소비자들의 수요에 의해 결정되는 **최적 가격**이 존재한다. 여기서 말하는 소비자들의 수요는 소비자들이 구매하고자 하는 의지와 능력으로 결정된다. 이번 장에서 우리는 기본적인 가격 개념들을 살펴보고, 글로벌 시장에 적용되는 여러 가지 가격에 대한 화제들에 대해 토의할 것이다. 또한 목표 원가, 가격 상승, 그리고 환율변동과 인플레이션과 같은 환경적 고려요소 등도 살펴볼 것이다. 이 장의 후반부에서는 회색시장, 덤핑, 가격 담합, 이전가격, 연계무역에 대해 살펴볼 것이다.

(11-1) 기본적인 가격 개념

◀ 11-1 성공적인 글로벌 마케팅 가격책정 전략의 기초가 되는 기본 가격 개념을 검토한다.

일반적으로 말해 국제무역은 제품의 가격을 낮춘다. 낮은 가격은 또한 한 국가의 물가상승률 수준을 억제한다. 진정한 글로벌 시장에서는 **일물일가의 법칙**(law of one price)이 지배적이다. 시장의 모든 고객이 최고 제품의 최상의 가격에 구매할 수 있다는 법칙이다. 로웰 브라이언과 그의 동료들이 세계화 이후의 세계(*Race for the World*)에서 밝힌 바와 같이 글로벌 시장은 집적회로, 원유, 상업용 항공기, 다이아몬드와 같은 몇몇 제품에서만 존재한다. 모든 다른 조건이 동일할 때 보잉 787기는 전 세계적으로 같은 가격에 판매된다. 이와 대조적으로 전 세계에서 판매되는 소비재는 사실 글로벌시장이 아닌 국가시장에서 제공된다. 즉, 이러한 개별국가 시장에서의 국가 경쟁은 가격을 결정하는 요소 간의 차이점이 있기 때문인데, 이러한 차이점에는 가격, 정부규제, 업계 간의 경쟁 강도 등과 같은 요소가 있을 수 있다.[1]

맥주시장은 극단적으로 세분화되어 있다. 버드와이저가 시장을 선도하는 글로벌 브랜드라고 하지만, 전 세계 맥주시장 측면에서 보면 4% 이하의 점유율을 차지하고 있을 뿐이다. 맥주시장의 속성을 살펴보면 그 이유를 알 수 있다. 예를 들어 하이네켄 6개 묶음의 가격은 어느 시장에서 팔리느냐에 따라 50% 정도의 가격 차이가 있다. 이러한 가격의 차이는 해당 시장의 운반비용을 비롯한 기타 거래비용, 구매력 평가지수 등에 의해 결정된다. 일본을 예로 들면 가격은 시장의 90%를 점유하고 있는 하이네켄을 비롯한 수입 맥주와 4개의 주요 일본 맥주 기린, 아사히, 삿뽀로, 산토리 간의 경쟁 함수이다.

이처럼 각 개별국가의 시장상황이 다르기 때문에 글로벌 마케터는 가격 하한선, 가격 상한선, 최적 가격을 고려한 가격 시스템과 가격정책을 개발해야만 한다. 기업의 가격 시스템과 정책은 글로벌 시장기회와 위기에 대응해야 한다. 유럽 지역의 19개 국가에서 활동하고 있는 많은 기업들은 국가 간 가격 투명성을 제고하기 위해 가격정책을 수정하고 있다. 마찬가지로 인터넷은 다양한 상품의 가격 정보를 전 세계 소비자에게 제공하고 있다. 기업은 한 국가나 지역의 소비자들이 다른 지역의 소비자에 비해 자신이 동일한 제품에 훨씬 더 비싼 가격을 지불하고 있다는 것을 알았을 때 어떻게 반응할지에 대해 신중히 고려해야 한다.

가격 외에도 고려해야 할 다른 중요한 조직 내부적 사항이 있다. 기업 내부에는 다양한 이해관계를 맺은 집단이 존재하고, 이러한 집단은 서로 상충하는 가격 목표를 가지고 있다. 부서장, 지역 대표, 국가별 총괄 담당자들은 각각 그들이 속한 부서의 입장에서 이윤을 고려한다. 이와 마찬가지로 글로벌 마케팅 담당자는 세계시장에서 경쟁력 있는 가격을 추구한다. 회계 담당자와 재무담당이사는 이윤을 고려한다. 생산담당이사는 생산 효율을 극대화하기 위한 장기간의 생산을 추구한다. 세금 담당자는 정부의 이전가격(transfer pricimg) 관련 규제에 부합하는지를 고려한다. 마지막으로 기업의 이사회는 글로벌 가격을 실행할 때 독점금지 규정에 얽히는 것을 걱정한다. 궁극적으로 가격은 대개 영업부서의 직원과 세품 매니저, 제품 담당 부서장 혹은 기업 최고경영자 등에 의해 설정된 판매 목표를 반영한다.

▶ 11-2 글로벌 시장에서 제품가격 결정에 영향을 미치는 다양한 가격 전략 및 목표를 파악한다.

(11-2) 글로벌 가격책정 목표 및 전략

단일한 국내시장만을 고려할 때든, 여러 국가의 시장을 고려할 때든, 마케팅 매니저는 가격책정 목표를 개발해야만 하고, 동시에 그러한 목표를 달성하기 위한 전략을 개발해야만 한다. 기억할 것은 제품은 가격과 같이 독립적인 변수이다. 마케팅 전술로써 매니저는 가격을 올릴 수도, 내릴 수도 있으며, 전체적인 마케팅 전략의 한 부분으로 가격을 유지할 수도 있다. 그러나 많은 가격 이슈들은 글로벌 시장에서 독특하게 나타난다. 특정한 제품에 대한 가격결정 전략은 국가별로 달라질 수 있다. 어떤 제품이 한 시장에서는 저가의 대중적인 제품으로 포지셔닝될 수 있고, 또 어떤 시장에서는 고가의 틈새시장을 겨냥한 제품으로 포지셔닝될 수도 있다. 스텔라 아르투아 맥주가 좋은 사례가 될 것이다. 제7장에서 언급한 대로 벨기에에서는 맥주가 '매일 먹는' 값싼 제품이지만 해외시장에서는 이것이 프리미엄 브랜드로 바뀐다. 가격정책의 목표는 제품의 제품수명주기 단계에 따라 달라질 수 있고, 특정 국가의 경쟁 상황에 따라 달라질 수도 있다. 세계시장에 대한 가격정책을 결정할 때는 제품을 먼 거리까지 운송해야 하는 데서 발생하는 비용과 같은 외부적인 요소도 고려해야 한다. 세계시장에서의 가격정책 결정의 문제는 일본 기업들에 의해 널리 사용되고 있는 접근법처럼 제품의 디자인 과정과 완벽히 통합될 수 있다.

스키밍 가격전략과 재무적 목표

가격은 투자수익률, 이윤, 제품개발비용의 신속한 회수와 같은 특정한 재무목표를 달성하기 위한 전략적 변수로 사용될 수 있다. 이익과 이윤 유지와 같은 재무 기준이 목표일 때, 제품은 구매자들에게 고급스러운 가치를 가진 제품으로 포지셔닝해야 한다. 그러한 경우 가격은 전체적인 포지셔닝 전략에서 필수불가결한 요소이다. **스키밍 가격전략**(market skimming pricing strategy)은 독특한 제품이나 특화된 제품, 혹은 특정한 브랜드에 대해 고가의 가격을 지불할 의사가 있는 세분시장에 접근하기 위해 신중히 고안된 전략이다(사진 11-2, 11-3 참조).

차별화 전략을 통해 경쟁우위를 차지하거나, 자신들의 제품을 고급제품으로 포지셔닝하기 원하는 기업들은 자주 스키밍 가격전략을 구사한다. 예컨대 전 세계시장의 부유층 고객들을 목표시장으로 하는 LVMH와 다른 명품 마케터는 이러한 스키밍 가격전략을 사용한다(사례 11-3 참조). 리복 인도의 초대 CEO인 무크테쉬 판트가 고가 신발의 구매자에 대해 언급했듯이 "사람들은 정말로 2,000~3000루피까지 살 수 있다고 느낀다. 예를 들어 파티에서 큰 인기를 얻고 싶다면 새 시계를 사는 것보다 더 싸다. 그리고 우리의 고가 신발이 우리를 냉장고나 소와 같은 것들과 경쟁하게 만들었지만, 그 위상은 우리가 이제 일류 브랜드로 취급받고 있다는 것이다."

스키밍 가격전략은 제품생산능력과 경쟁이 제한적인 경우 제품수명주기의 도입기에 적합할 수 있다. 신중하게 고려된 높은 가격을 책정함으로써 높은 가격을 지불할 의사와 능력이 있는 혁신적인 소비자와 얼리 어댑터로 수요를 제한하게 된다(사진 11-2 참조). 제품이 성장기

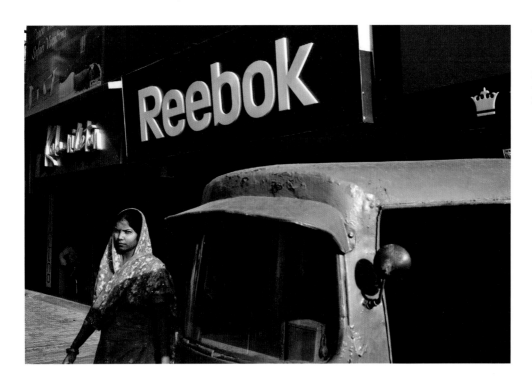

사진 11-2 리복은 크리켓화가 인기인 인도의 운동화 시장을 지배했다. 리복은 하급 공무원의 한 달 월급인 2,500루피에 이를 정도로 고가였다.

출처 : Tsering Topgyal/Associated Press.

에 도입하고 경쟁이 심화되면, 제조업체는 가격을 인하하기 시작한다. 이러한 가격전략은 소비재 전자제품산업에서 지속적으로 사용되어 왔다. 1970년대에 소니가 처음으로 가정용 VCR을 출시했을 때 소비자 가격은 1,000달러가 넘었다. CD 플레이어가 1980년대 초반에 출시되었을 때도 이와 비슷했다. 몇 년이 지나고 나서 이 제품의 가격은 500달러 이하로 떨어졌다. 물론 오늘날에는 VCR과 CD 플레이어가 구식이고 DVD 플레이어가 상품이 되었고 스포티파이와 넷플릭스 같은 스트리밍 오디오와 비디오 플랫폼이 각각의 산업을 지배하고 있다.

이와 유사한 패턴은 HDTV에서도 살펴볼 수 있다. 1998년 후반 HDTV가 미국 시장에서 출시되었을 때 가격은 7,000달러 정도였다. 이 가격은 공급 가능한 물량과 맞아떨어지는 제한된 수요를 통해 기업의 이윤을 극대화하였다. 아시아 지역의 차세대 공장들이 더 낮은 가격과 증가된 생산능력을 갖춤에 따라 이미 HDTV의 가격은 현격히 떨어지고 있으며, 이에 따라 소비자들은 HDTV와 그 장점에 점점 더 익숙해지고 있다. 2005년에 소니는 40인치 HDTV를 3,500달러에 시장에 출시해 업계를 깜짝 놀라게 만들었다. 2006년 말에는 동일한 HDTV가 2,000달러에 팔리고 있었다. 오늘날 동일한 제품이 1,000달러 이하이며, 소니의 아성은 한국의 LG와 삼성에 의해 무너졌다. 제조업체들이 현재 직면하고 있는 과제는 지금의 가격을 유지하는 것이다. 그렇게 하지 못하면 HDTV 역시 일상품이 되어 버릴 수도 있다.

시장침투 가격전략과 비재무적 목표

일부 기업들은 그들의 가격정책을 통해 비재무적 목표를 추구하기도 한다. 가격은 시장지위를 획득하거나 유지하기 위한 경쟁적인 무기로서 사용된다. 시장 점유율 혹은 다른 영업 관련 목표들이 해당 산업에서 가격을 결정할 수 있는 지위를 누리고 있는 기업에 의해 자주 설정된다. **시장침투 가격전략**(market penetration pricing strategy)은 짧은 시간 안에 시장 점유율을 높일 수 있을 만큼 충분히 낮은 가격으로 책정되어야 한다. 역사적으로 이러한 가격정책을 사용한 많은 기업이 환태평양지역에 위치하고 있다. 규모 효율성을 갖춘 생산시설과 낮은 노동비용은 이러한 기업들이 낮은 가격으로 시장을 공략하는 것을 가능하게 해준다.

처음으로 해외시장에 진출하는 수출기업은 이러한 전략을 사용하지 않으려 한다는 것을 밝혀두어야 할 것 같다. 이유는 간단한데 시장침투 가격전략은 종종 제품이 일정 기간 손해를 감수하면서 팔린다는 것을 의미하기 때문이다. 소니와 달리 대다수의 새로운 수출기업은 그러한 손실을 감당할 수 없을 뿐 아니라 소니와 같은 글로벌 기업이 시장침투 가격전략을 사용할 수 있도록 하는 마케팅 시스템(운송, 유통, 판매조직)도 갖추지 못하고 있을 것이기 때문이다.

보충재 : '면도기와 면도날' 가격정책

비디오 게임기, DVD 플레이어, 스마트폰과 같은 제품을 위한 가격전략을 책정하는 데 있어서, 광범위한 맥락에서 제품을 보는 것은 필수적이다. 비디오산업에서 가장 큰 수입은 게임 소프트웨어 판매에서 비롯된다. 사실 소니와 마이크로소프트가 실제로 게임기를 팔면서 손해를 보더라도 게임 소프트웨어를 팔아서 이윤을 남길 수 있다. 소니와 마이크로소프트, 닌텐도는 게임을 제조한 회사로부터 라이선스 사용료를 받는다. 더욱이 전형적인 가정에서 게임기(HW)는 한두 개뿐이지만 게임(SW)은 12개를 갖고 있다. 이와 유사하게 모바일폰 사업에서도 앱과 뮤직 다운로드 등 사용자들이 구매하는 서비스로부터 상당한 이윤을 창출한다.

이러한 사례가 **보충재**의 개념을 잘 보여준다. 비디오 게임기는 게임 소프트웨어가 없으면 무용지물이고, DVD 플레이어는 영화 DVD가 없으면 소용이 없다. 면도기 몸체는 면도날이 없으면 쓸모가 없다. 그래서 질레트는 마하 3 면도기 몸체를 5달러 이하로 판매할 수 있다. 수년간 질레트는 교체용 면도칼을 판매함으로써 큰 이윤을 창출할 수 있었다. 이 때문에 "만약 면도날로 돈을 벌고 싶다면 면도기를 버려라."라는 말도 있다.

보충재의 가격결정은 보다폰이나 AT&T, 기타 다른 통신사로부터 오랜 기간 선호되어 온 전략이다. 그들은 모토로라나 노키아, 그리고 다른 생산업체로부터 핸드셋을 사서 장기 계약자에게 파격적인 할인(또는 공짜로)으로 제공한다. 사업자는 로밍이나 문자 메시지, 기타 다른 서비스로 가격 차이를 구성한다. 하지만 이러한 접근은 세계적인 관점으로 보았을 때 언제나 유효한 것은 아니다.

대부분의 시장에서 애플의 아이폰 5는 199달러의 동등한 가격으로 책정되어 있다. 그러나 인도와 다른 시장에서는 소비자들이 장기 계약을 하는 것을 좋아하지 않는다. 게다가 전자제품 수입에는 세금이 많이 부과된다. 가격이 가장 저렴한 아이폰인 SE가 약 325달러, 보급형 16GB 아이폰 6S가 955달러에 달하는 이유를 설명하는 데 도움이 된다. 게다가 애플은 인도의 기업인 에어텔과 보다폰을 통하여 아이폰을 독점적으로 분배하고 있다. 인도에서의 아이폰 매출은 소비자가 다양한 소매상들이 저렴한 가격으로 공급하는 노키아나 삼성의 모델을 선택함으로써 계속 감소하고 있다. 또한 많은 양의 199달러짜리 아이폰이 미국에서 인도로 여행 오는 사람들의 짐에 실려 들어오고 있다.[3] 오늘날 모든 핸드셋 제조업체들은 신흥시장을 겨냥한 저가모델을 디자인하고 있다.

소니는 1970년 말에 워크맨을 개발했는데, 손익분기점을 달성하기 위한 유통가격에 대한 첫 계획은 50,000엔(249달러)이었다. 그러나 젊은이를 상대로 한 시장을 유인하기 위해서 35,000엔(170달러)으로 가격을 낮추었다. 기술팀에서 40,000엔에서 손익분기점이 달성될 수 있도록 비용 절감하는 것을 허락하였고, CEO인 아키오 모리타는 소니의 33주년 기념을 축하하기 위해 유통가격을 33,000엔(165달러)으로 맞출 것을 요구하였다. 그 가격으로 첫 생산량

> "우리에게 '이탈리아산'은 매우 중요하며, 품질과 장인, 재료도 매우 중요하다. 이윤에 대한 압박을 받는 경우에 우리는 가격을 올린다. 우리가 품질을 유지하는 한 고객은 프리미엄 가격을 지불할 의사가 있음을 발견했다."[2]
>
> 보테가 베네타의 회장 겸 CEO, 마르코 비자리

인 6만 단위가 매진되었음에도 불구하고 회사는 단위당 35달러를 손해 보았다.

마케팅부서는 제품이 실패했다고 판단하였다. 누가 기록할 수 없는 테이프 녹음기를 원하겠는가? 프로젝트 매니저인 야스오 구로키조차도 베팅에 대처하였다. 6만 단위를 위한 충분한 부품을 주문하였지만 3만 개밖에 생산하지 못했다. 1979년 7월 워크맨의 출시 직후에는 판매가 부진했지만 늦여름에는 폭발하였다. 그 나머지는 이른바 마케팅 히스토리이다.[4]

"어느 누구도 하드웨어를 좋아해서 하드웨어를 구입하는 사람은 없다. 영화나 음악 콘텐츠를 실행하기 위해서 하드웨어를 구입하는 것이다."[5]

소니의 전 회장, 하워드 스트링거

목표원가 전략[6]

전통적으로 일본 기업들은 생산비용 절감과 세계시장에서 경쟁력 있는 가격을 정할 수 있는 방식으로 원가 이슈에 대해 접근한다. 토요타, 소니, 올림푸스, 고마쓰 등은 목표원가 제도를 사용하는 잘 알려진 일본 기업이다. 연구자 로빈 쿠퍼와 브루스 추는 DTC(design-to-cost)로 알려져 있는 그 과정을 다음과 같이 정의하였다.

> 목표원가 전략은 개발팀이 적절한 수준의 품질과 기능뿐만 아니라 목표시장에서 적합한 가격을 갖춘 이윤을 남길 수 있는 제품을 개발하도록 보장한다. 이것은 제품개발 노력에 있어 디자이너와 제조 엔지니어에서부터 시장조사자와 공급자에 이르기까지 각기 분리된 참여자의 노동을 조화롭게 하는 원칙이다. 요컨대 기업은 일반적인 원가가산 가격결정을 따르는 대신 소비자의 요구와 지불의사로부터 거꾸로 추론하는 것이다.[7]

서구기업도 이러한 비용 절감 아이디어를 받아들이기 시작했다. 르노는 유럽에서 1만 달러 이하로 판매되는 로간을 개발할 때 목표원가 전략을 사용하였다. 닛산도 3,000달러 다트선을 개발하기 위해 목표원가를 사용하였다(사례 11-1 참조). 르노의 다치아 사업부 총책임자인 루크 알렉산드르 메나드에 따르면 디자인 접근법을 통해 고객이 불필요하다고 여기는 기술이 차량에 더해지는 것을 방지했다고 한다. 가령 로간의 옆 창문은 비교적 평평한 유리를 사용하였다. 굴곡이 있는 유리가 더 매력적이긴 하지만 가격이 비싸진다. 로간은 원래 동유럽의 소비자를 표적으로 생산되었다. 그러나 놀랍게도 이 차량은 독일과 프랑스에서도 인기를 얻었다.[8]

목표원가 정책의 과정은 시장의 도표화(market mapping), 제품정의와 포지셔닝으로부터 시작된다. 이러한 과정은 제6장과 제7장에서 언급했던 콘셉트와 기술이 필요하다. 마케팅팀은 다음의 사항들을 실행해야만 한다.

- 목표가 되는 세분시장을 정하고, 그 세분시장의 소비자가 지불할 의사가 있는 가격도 결정해야 한다. 컨조인트 분석과 같은 시장조사 기법을 사용하여 마케팅팀은 소비자가 제품의 모양과 기능에 대해 어떻게 인식할지에 대해 더 많이 이해하려고 애쓴다.
- 기업의 미래 수익을 목표로 하여 전반적인 목표원가를 계산한다.
- 목표원가를 제품의 다양한 기능에 맞게 분배한다. 예측되는 실제 생산가격과 목표원가 사이의 차이를 계산한다. 회계보고상의 차변과 대변을 고려한다. 목표원가는 고정되어 있기 때문에 특정 기능을 향상시키기 위해 한 하부 분야에 더 많은 비용을 분배하면, 다른 분야에서 비용을 감소해야 하기 때문이다.
- 기본적인 규칙을 지켜야 한다. 만약에 설계팀에서 목표원가를 맞출 수 없을 경우 제품은 출시되어서는 안 된다.

목표원가 접근법은 저렴한 소비자 비내구재에서 사용된다. 예를 들면 멕시코나 다른 신흥시장에서 P&G의 매니저는 노동자가 일급의 얼마만큼을 지불하는지 알고 있다. 그것은 멕시코의 소비자들이 일반적으로 5페소나 10페소 동전을 가지고 다니는 이유이다. 샴푸와 세제 가격을 11페소나 12페소 이하로 유지하면서 만족할 만한 이윤을 보장하기 위해 P&G는 목표원가(P&G는 이를 '역설계'라 부름)를 사용한다. 기업은 항목을 생성한 다음 가격을 정하는(전통적인 비용 추가 접근방식) 대신 먼저 신흥시장의 소비자가 지불할 능력이 얼마나 있는지를 측정한다. 이로써 제품의 속성과 제조과정은 다양한 목표원가를 만족시킬 수 있게 된다. 예를 들어 멕시코에서 손빨래용으로 쓰이는 에이스 내추럴 세제의 가격을 낮출 때 P&G는 제품의 효소 함유량을 낮추었다. 결과적으로 일반 에이스의 일회용통보다 1페소 저렴하다. 게다가 재구성된 제품은 피부에 더 순화되었다.[9]

목표원가 과정은 공급자 결정 과정과 함께 중요하다. 라이프스타일과 기능성 옷, 신발을 제조하는 이탈리아 회사를 예로 보자. 제조업은 이탈리아에서 경쟁력이 강한 산업이지만 인건비는 비싸다. 사실상 소비자가 지불하고자 하는 가격이 이탈리아에서 생산된 제품의 비용에 비해 낮은 경우가 있다. 소비자는 인터넷을 통해 전 세계의 가격을 조사해서 가격차이를 알아낼 수 있다. 따라서 유통업체들은 동일 가격정책을 펴고자 한다. 이탈리아 회사는 루마니아나 슬로베니아에 OEM을 주어 제조하게 하여 낮게 책정되는 가격에 맞추어 제조를 하는데, 여기에서 난관은 OEM을 줄 때 자사만이 가진 노하우를 공유하지 않고 제조를 맡기는 것이 어렵다는 점이다.

특수한 재질로 된 스키 부츠를 제조하는 회사를 생각해 보자. 제품개발 시 R&D팀은 비용과 상관없이 선수들이 필요로 하는 것이 무엇일지를 생각한다. 만약 제품을 테스트하는 사람들이 견본을 좋아한다면 실질적인 제품은 적당한 가격에 판매하기 위해 조금 조정되어 제작된다.

물론 다른 나라에 있는 소비자들은 다른 취향을 가질 수 있다. 따라서 제품을 최대한 표준기준에 맞춰 만들면서 미국이나 유럽, 아시아에 있는 소비자들의 취향에도 맞출 수 있는 제품을 만드는 게 중요하고 어려운 일이다.

이런 여러 가지 중요한 점을 고려해서 상품개발팀은 제품을 개발하며, 이때 개발되는 제품은 소비자들이 받아들일 수 있으며, 적당한 가격에 책정되는 디자인으로 개발된다. 스키 부츠 예에서 보듯이 고부가가치가 포함된 제품은 '이탈리아산'으로, 싼가격에 책정된 제품은 '슬로베니아산'으로 만들어진다.

가격 계산 : 원가가산 가격결정과 수출가격 상승

노트북, 스마트폰, 태블릿, 그리고 다른 가전제품은 오늘날의 글로벌 시장의 특성을 잘 표현해 준다. 에이서, 애플, 델, 삼성 등 노트북의 브랜드가 무엇인가와 상관없이, 사용되는 부품은 몇몇 다른 국가에서 생산되고, 컴퓨터 그 자체는 중국과 타이완, 일본 등지에서 조립된다. 조립된 컴퓨터는 항공 화물편을 통해 며칠 내에 판매될 국가로 보낸다. 관리 회계를 공부한 사람이면 누구나 알고 있듯이, 완제품은 실질적인 생산과 관련된 가격으로 정해진다. 그러나 글로벌시장에서는 총생산비용은 최종적인 시장, 운송방법, 관세, 다양한 요금, 화물취급료, 서류작업비용 등에 영향을 받는다. **수출가격 상승**(export price escalation)은 이러한 요소에 의해 국경을 넘어 판매되는 제품의 최종적인 판매가격의 증가를 반영한다. 다음 사항은 국경을 넘어 판매되는 제품의 가격을 설정하는 임무를 수행하는 담당자가 고려해야 할 8가지 사항이다.[10]

1. 가격은 제품의 품질을 반영하는가?

2. 주어진 지역시장 조건에서 가격은 경쟁력을 갖추었는가?

3. 기업은 시장침투 가격전략 혹은 스키밍 가격전략, 혹은 다른 가격책정 목표를 실행해야 하는가?

4. 기업의 국제 고객에게 어떤 종류의 할인이나 공제를 제공해야 할 것인가?

5. 세분시장에 따라 가격을 달리해야 하는가?

6. 만약 기업의 생산비용이 증가하거나 감소할 경우 어떤 가격 조건이 가능할 것인가? 국제 시장에서의 수요는 탄력적인가, 비탄력적인가?

7. 기업에서 설정한 가격이 해당 시장의 정부에 의해 합리적이라고 받아들여질 것인가? 혹은 착취적이라고 받아들여질 것인가?

8. 해외시장 국가들의 덤핑법이 문제를 일으킬 소지는 없는가?

기업들은 해외시장에서 제품을 판매할 때 원가가산 가격방식이나 원가기반 가격방식을 자주 사용한다. **원가기반 가격정책**(cost-based pricing)은 내부 비용과 외부 비용에 대한 분석에 기초해 이루어진다. 초기에 서구권의 원가 계산 원칙을 따르던 기업들은 대개 **전부원가 계산방법**을 사용하였다. 이 방법은 제품의 단가를 제품 제작에 소비된 현재, 과거의 직간접 비용을 더하는 방법이다.

그러나 제품이 국경을 넘어 수출될 때 운송비, 관세, 보험료와 같은 추가적인 비용과 경비가 발생한다. 만약에 제조업체가 이런 비용을 지불해야 한다면, 이러한 비용도 원가에 계산되어야만 할 것이다. 이렇게 계산된 원가에 기업이 원하는 이윤을 더해서 관리자는 최종 판매가격을 산정할 수 있다. 중국을 비롯한 개발도상국에서는 많은 기업이 관영이거나 정부로부터 보조를 받는다. 이러한 상황은 정확한 원가를 계산하는 것을 어렵게 만들고, 해당 국가의 수출업자가 실제 제품의 생산가격보다 낮은 가격으로 상품을 판매하는 것을 가능케 한다. 중국에서 만들어진 태양열 패널 수입품에 대한 최근의 논란이 이에 해당된다.

고정원가 가산가격결정(rigid cost-plus pricing) 방식을 사용하는 기업들은 앞서 언급한 8가지 사항을 고려하지 않고 가격을 산정한다. 이런 기업은 자국시장 밖의 외국시장의 시장 조건을 반영하는 수정을 하지 않는다. 이 방법의 확실한 장점은 간편성이다. 내부적, 외부적 가격산정이 가능하다고 가정하기 때문에 예상가격을 산정하기가 상대적으로 용이하다. 이 방식의 단점은 이러한 접근법이 표적시장의 수요와 경쟁상황을 고려하지 않는다는 점이다. 이 방식에는 지나치게 가격을 높게 결정한다거나, 반대로 너무 낮게 결정할 수 있는 위험성이 있다.

대안적인 방식인 **변동원가 가산가격결정**(flexible cost-plus pricing)은 특정한 시장환경에서 경쟁력을 갖춘 가격을 산정하기 위해 사용된다. 이러한 접근방법은 경험이 많은 수출기업과 글로벌 마케터에 의해 사용된다. 그들은 고정원가 가산가격결정이 심각한 가격 상승을 초래해서 소비자들이 지불할 수 없는 수준까지 가격이 상승할 수 있다는 것을 알고 있다. 변동원가 가산가격결정 방식을 사용하는 관리자는 앞서 언급한 8가지 항목의 중요성을 잘 알고 있다. 변동원가 가산가격결정 방식은 모든 구성요소의 장래 가격을 확립하기 위해 **예상원가 방식**과 함께 사용되기도 한다. 예를 들어 자동차산업에서 촉매변화장치에 팔라듐을 사용한다. 중금속의 시장가격은 수요와 공급에 의한 변동이 심하기 때문에 부품 제조업자는 그들이 설정한 판매가격이 비용을 상쇄할 수 있도록 하기 위해 예상원가 방식을 사용할 수도 있다.

⑪-③ 인코텀스

◀ 11-3 제품의 최종 가격에 영향을 미치는 다양한 불규칙을 요약한다.

모든 상업적인 거래는 판매계약에 기반을 두고 이루어지며, 계약에 명시된 거래 조건은 어느 시점에 제품의 소유권이 판매자로부터 구매자로 이양되는지 명확히 규정하고 있다. 또한 거래의 어느 상대방이 어느 비용을 부담하는지도 명확히 규정하고 있다. 상품이 국경을 넘어 거래될 때 다음의 행위가 반드시 이루어져야만 한다.

1. 필요한 경우 수출 허가증을 취득해야 한다. (미국의 경우 비전략적 제품은 특정한 허가가 필요 없는 일반적인 허가서만 있으면 수출이 가능하다.)
2. 필요한 경우 유통 허가서를 취득한다.
3. 수출을 위한 제품의 포장을 한다.
4. 제품을 선적장소로 이동시킨다. (일반적으로 트럭이나 철도를 통해 항구나 공항으로 이동된다.)
5. 선하증권을 준비한다.
6. 필요한 수출 관련 서류를 작성한다.
7. 상대에 맞게 필요한 세관송장이나 영사송장을 준비한다.
8. 해운화물사를 준비한다.
9. 해상보험을 구매하고 보험증서를 준비한다.

이러한 업무는 누가 담당하는가? 판매 조건에 따라 달라진다. 국제적으로 통용되고 있는 무역 규정은 **인코텀스**(International Commercial Terms, Incoterms)이다. 인코텀스는 크게 네 가지 조건으로 구분된다. 인코텀스의 **출하지 인도조건**(ex-works, EXW 혹은 E-Term) 혹은 원산지 조건은 구매자가 판매자의 공장에서 물품을 인도하는 조건이다. 구매자가 모든 위험과 비용을 부담하게 된다. 기본적으로 E-Term은 물품의 운송비용에 대한 구매자의 통제를 극대화한다. E-Term은 몇몇 도착지 인도조건(post-main carriage, arrival term, D-Term)과 대비된다. 예를 들어 **관세지급 인도조건**(delivered duty paid, DDP)으로 거래를 하면 판매자는 제품을 구매자가 지정하는 수입국가의 지점까지 운송을 해주고, 운송비와 관세까지 부담하기로 동의하는 것이다. 이 조건에 의하면 수입 허가서가 필요한 경우 판매자가 수입 허가서를 취득하는 것까지 책임을 지게 된다.

또 다른 조건은 주운송비 미지급조건(pre-main-carriage terms, F-Term)이다. 거의 모든 운송방법에 적합하기 때문에 **운송인 인도조건**(free carrier, FCA)은 국제무역에서 널리 사용된다. FCA하에서 판매자에서 구매자로의 운송은 제품이 구매자가 지정한 운송인에게 인도되는 시점에 판매자의 운송책임은 종료된다. 이 외에 다른 두 가지 F-Term은 수상, 혹은 해상수송만 가능한 조건이다. **선측 인도조건**(free alongside ship, FAS)은 판매자가 수출될 물품을 지정 선적항의 부두에 혹은 부두선으로 선측에 인도하는 조건이다. 판매자는 이 시점까지의 모든 운송비용을 부담한다. 판매자의 법적 책임은 물품의 수출통관절차가 끝나는 시점에서 종료된다. 구매자가 실질적인 선적비용을 부담한다. FAS 조건은 **개품산적화물**의 거래에 자주 사용된다. 개품산적화물이란 철, 강철, 기계류와 같은 컨테이너에 넣을 수 없는 일반화물을 뜻한다. **본선 인도조건**(free on board, FOB)에서는 판매자의 책임과 의무가 제품이 본선의 난간을 지나기 전

닥터 드레와 지미 아이오빈의 비츠 일렉트로닉스 & 비츠 뮤직

닥터 드레와 지미 아이오빈은 기업가이다. 둘은 팀으로 일하며, 기업을 설립하고, 브랜드를 창조하며, 혁신적인 상품을 개발하고 제조해서 시장에 내놓는다. 이들은 현대 마케팅의 기본 도구와 원칙을 적용해서 괄목할 만한 성공을 거두었다. 이 과정에서 억만장자가 되었다! 다른 많은 기업가들이 그렇듯이 이들의 획기적인 아이디어는 그들이 해결해야 할 문제에 대한 인식에 바탕을 두고 있다. 둘은 음악업계의 베테랑으로서 음악 재생을 향상시키면서도 패션 액세서리로도 충분한 고품질 헤드폰 시장기회를 노렸다.

닥터 드레(본명은 앤드레 영)는 캘리포니아 컴튼에서 자라면서 DJ로서 뮤지션 생활을 시작한 유명한 힙합 뮤지션이다. 1980년대 후반 갱스터 랩의 선구자 NWA로 데뷔하면서 대중의 시선을 사로잡았으며 솔로 앨범을 녹음하기 시작했다. 그의 시그니처 사운드인 베이스가 많은 비트는 급성장하는 힙합계에 큰 영향을 미쳤다. 자신의 음악을 만드는 것 외에도 드레의 이력에는 Death Row Records 및 Aftermath Entertainment 창업도 포함된다. 음반사 대표로서 드레는 스눕 독, 투팍 사쿠르, 에미넴, 50센트 및 기타 여러 뮤지션을 키워내기도 했다.

드레는 음악 현장에서 DJ 문화의 급증하는 인기에서 비롯된 문제점을 인식했다. 그는 음악 팬들이 아이팟이나 노트북과 같은 모바일 장치에서 음악을 들을 때 경험하는 저음질 오디오에 실망했다. 드레는 "클럽에서 듣는 것처럼 음악을 듣고 싶었다. DJ가 듣는 것과 같은 소리를 듣고 싶었다."고 설명한다.

드레의 비즈니스 파트너인 지미 아이오빈은 진정한 음악업계의 거물이다. 아이오빈은 1990년에 인터스코프 레코드를 설립했고, 20년 이상 히트 레코드를 제작하고 판매했으며 2014년에 인터스코프 게펜 A&M 레코드의 회장이 되었다. 또한 아이오빈은 인기 TV 쇼 '아메리칸 아이돌' 심사위원으로 TV 시청자들에게 잘 알려져 있다.

드레와 아이오빈은 음악 재생 시 음질에 대한 고민을 함께하고 있었다. 휴대용 뮤직 플레이어와 스마트폰의 표준 장비였던 이어 버드를 분해해 조사한 뒤 둘은 값싼 부품이 저음질의 근본 원인이라는 것을 알아냈다. 2006년 둘은 비츠 일렉트로닉스를 설립하여 원하는 사운드를 전달할 수 있는 프리미엄 헤드폰을 구상하기 시작했다. 다른 고급 헤드폰 브랜드가 이미 시장에 나와 있었지만 오디오 애호가를 겨냥한 틈새시장을 노렸다.

2008년에 이 신생회사는 299달러의 헤드폰 스튜디오 라인을 선보였으며, 이 헤드폰 각각의 이어컵에는 소문자 'b'가 크게 새겨져 있다. 결론적으로 이 헤드폰은 음질은 훌륭했고, 보기에도 멋스러웠다. 하룻밤 사이에 비츠는 일반 대중뿐 아니라 유명인사들의 관심을 끌었고 이듬해 HP는 향상된 사운드를 위해 비츠 오디오 기술을 통합한 Envy 랩톱 제품군을 출시했다.

2013년에 닥터 드레의 비츠는 10억 달러 이상의 글로벌 비즈니스로 성장했으며, 수십 개국에서 가장 많이 팔리는 브랜드가 되었다(사진 11-4 참조). 한편 드레와 아이오빈은 스트리밍 음악으로 관심을 돌렸다. 그들은 2012년에 온라인 음악 서비스 모그를 인수했다. 2014년에는 나인 인치 네일스의 리더 트렌트 레즈너와 함께 구독 스트리밍 서비스인 비츠 뮤직을 출시했다. 판도라, 스포티파이 및 기타 경쟁사가 지배하는 산업계에서 새로운 서비스를 시작하는 이유는 무엇일까? 아이오빈에 따르면 이 새로운 서비스는 음악 애호가들이 무엇을 들을지 결정하는 데 더 나은 도움이 되도록 설계되었다.

비츠 뮤직은 사용자에게 수백만 곡을 들을 수 있는 월 10달러 구독 서비스로 시작되었다. 이 서비스의 핵심은 큐레이션이다. 주로 데이터 기반 컴퓨터 알고리즘에 의존하는 기타 서비스와 달리 비츠는 직원 및 게스트 프로그래머(즉, 귀가 있는 진짜 인간)가 재생 목록 생성을 지원한다.

출처 : *The Defiant Ones*, Directed by Allen Hughes, Netflix, 2017; Matthew Garrrahan, "Hip-Hop's First Billionaire Mixes Beats with Business," *Financial Times* (May 31/June 1, 2014), p. 7; Ben Sisario, "Algorithm for Your Personal Rhythm," *The New York Times* (January 12, 2014), pp. 1, 24; Hannah Karp, "Beats Stars Sidle up to Apple," *The Wall Street Journal* (May 10 – 11, 2014), p. B3.

사진 11-4 닥터 드레는 지미 아이오빈과 함께 론칭한 비츠를 애플에 30억 달러에 매각하고 힙합 뮤지션으로서 처음으로 억만장자 반열에 올랐다.
출처 : Todd Williamson/Invision/Associated

까지 끝나지 않는다. 실제적인 문제로서 많은 현대화된 항구에서는 터미널과 항구지역에 대한 접근이 제한되는 경우가 있다. 이 경우에는 FCA를 대신 사용해야 할 것이다.

또 다른 조건으로는 주운송비 지급조건(main-carriage, C-Term)도 있다. 상품이 선적될 때 제품이 배의 선반을 지나는 시점을 기준으로 하는 **운임, 보험료포함 인도조건**(cost, insurance, freight : CIF)은 제품의 손실이나 파손에 대한 위험이 구매자에게 넘어간다. 이 경우 CIF 조건은 FOB와 유사하다. 그러나 CIF 조건의 경우 판매자가 지정항구까지의 운송비용과 보험료를 지불해야 한다. 만약에 조건이 **운임료포함 인도조건**(cost and freight, CFR)일 때 판매자는 공장을 벗어난 시점 이후부터 제품에서 발생하는 위험이나 손실에 대해서 책임을 지지 않는다.

표 11-1은 제품단가에 운송비용이 더해져 수출가격 상승이 일어나는 전형적인 사례를 보여주고 있다. 이 사례에서 디모인에 위치한 농기계 유통업자가 농기구가 들어 있는 컨테이너를 시애틀항을 통해 일본의 요코하마로 보내려 하고 있다. 출하지 인도조건으로 디모인에서 선적된 45,000달러의 물건은 요코하마에서는 소매가격이 66,000달러를 넘게 된다. 단계별 분석은 가격 상승이 어떻게 이루어지는지를 보여준다. 첫째로 디모인에서 선적된 제품비용의 약 6%에 해당하는 2,715달러가 총운송비용으로 발생한다. 이 운송비용의 주된 부분은 육상수송과 해상수송 비용 1,475달러이다.

모든 수입품에 대한 관세는 하역된 가격을 기준으로 산정된다. 위의 경우에서는 관세가 부과되는 제품이 없다. 일본으로 보내는 농기구에는 관세가 적용되지 않는다. 다른 나라로 보내는 경우에는 관세가 적용될 수도 있다. 유통업자에 대한 명목 가산액 10%(4,925.46달러)는 실제로 요코하마의 CIF 가격의 12%를 반영하는데, 이는 가격 가산분이 E-Term에만 적용되는 것

표 **11-1** 가격 상승 : 디모인에서 요코하마로 운송되는 농기구를 실은 컨테이너*			
품목			공장도 판매가격의 %
디모인의 공장도 판매(공장 인도조건)		$45,000	100%
국내 디모인에서 국내외를 거쳐 요코하마 입고장으로 가는 운송료	$1,475.00		4.44%
유류할증료	300.00		0.67%
목적지 부과품	240.00		0.53%
운송비용	150.00		0.33%
정리비용	25.00		0.06%
전체 선적비용	$2,715.00	$ 2,715.00	6.03%
보험료(CIF의 110%)-100달러당 0.2달러		104.97	0.23%
요코하마로의 CIF 전체 비용		$47,819.97	106.27%
부가가치세(CIF의 3%)		1,434.60	3.19%
하적비용		49,254.57	109.45%
배급업자의 가격할증(10%)		4,925.46	10.95%
달러의 가격할증(25%)		12,313.64	27.36%
총소매가격		$66,493.67	147.76%

*이것은 생산공장에서 시애틀까지 적재열차로 운송되고 요코하마까지 항공 운반된 것이다. 공장에서 항만까지의 총운반시간은 30일이었다. 이 표를 작성하는 데 브리지스톤 아메리카 타이어의 수출 매니저인 Terri Carter의 도움이 있었다.

표 11-2 미국산 지프 그랜드 체로키가 일본으로 가는 과정

품목	가격 상승의 정도(달러)	현지화(달러)
공장도 판매	0	30,000
환율 조정	2,100	32,100
선적비용	300	32,400
관세와 부가세	1,000	33,400
유통업자 마진	3,700	37,100
사찰비용, 장식비용	1,700	38,800
부가 옵션	3,000	41,800
최종 표시가격	8,200	50,000

이 아니라 운송비와 부가가치세(VAT)에까지 적용되기 때문이다. (여기서는 유통업자의 가격 인상에 항구에서부터 요코하마까지의 운송비용을 포함한다고 가정한다.) 마지막으로 요코하마 CIF 가격에 딜러에 의한 가격 인상폭 25%, 12,313.64달러(27%)가 더해진다. 도매상의 가격 인상과 마찬가지로 소매상의 가격 인상은 총하적비용에 근거하여 이루어진다.

이러한 가격 인상과정에 의해 결정된 요코하마에서의 소매비용은 66,493.67달러이거나 디 모인 공장도 가격의 147%가 된다. 이것이 바로 가격 상승과정이다. 여기에 소개된 사례는 결코 극단적인 사례가 아니다. 수출시장에서 흔히 볼 수 있는 더 긴 유통과정이나 더 높은 운영 마진을 필요로 하는 경우 가격 상승의 폭이 더 커질 수도 있다. 일본의 계층적 유통구조로 인해 도쿄까지 제품이 운송될 경우 도쿄에서의 가격은 CIF 가격의 200%가 되는 경우가 많다.

단일제품의 가격 상승의 예가 표 11-2에 나타나 있다. 오른쪽에 운전대가 장착된 V8 엔진의 지프 그랜드 체로키가 일본의 딜러에게 도착했을 때 50,000달러가 된다. 최종 표시가격은 미국 가격인 30,000달러의 167%에 해당한다.

중국에서도 가격 상승이 주요 이슈였다. 지프가 최초로 미 · 중 합작 설립으로 1983년 자동차 운행을 했지만 2006년 생산이 중단되었다. 최근까지 콤파스, 랭글러, 체로키 기종이 모두 미국에서 선적되어 25%의 수입관세를 부과받았다. 달러로 환산하면 6.4L V8 엔진을 장착한 지프 그랜드 체로키 SRT8의 표시가격은 20만 달러를 넘어 미국 가격인 62,790달러의 3배가 넘는다. 피아트 크라이슬러 자동차(FCA)가 2015년에 현지 생산을 시작하기로 선택한 것은 당연하다(사진 11-5 참조). FCA의 세르지오 마르치오네 최고경영자는 지프의 중국 판매량을 2018년까지 50만 대까지 3배로 늘리겠다는 목표를 세웠다.[11]

이러한 원가가산 가격결정 방식은 초보 수출업체가 CIF 가격을 결정하기 위해 사용할 법한 접근법을 보여준다. 또한 이런 접근법은 그랜드 체로키와 같은 소비자들이 프리미엄 가격을 지불할 의사가 있는 차별화된 제품에도 사용될 수 있다. 그러나 앞에서 언급한 바와 같이 경험이 많은 마케터는 좀 더 유연한 접근법을 취할 것이고, 가격을 마케팅 목적과 사업목적을 달성하는 것을 도와줄 전략적 변수로 볼 것이다(사진 11-5 참조).[12]

이러한 실용적인 관점에서 보았을 때 인코텀스에 대한 실무지식은 누구나 글로벌 마케팅에서 초보직무(entry-level job, 사전 경험 없이 최소한 일정 기간의 훈련과 교육만 필요로 한 직무 -역주)를 찾는 데 경쟁우위가 될 수 있다. 산업용 잉크제품을 수출하는 미국 기업의 수출 조정

자인 베스 도렐은 판매가격에 영향을 미치는 것을 다음과 같이 설명하였다.[13]

> 우리는 대량 주문에 대한 인센티브로 각기 다른 인코텀스 규정을 사용했다. 파격적인 가격을 제공하는 대신 고객의 주문 규모에 따라 더 나은 인코텀스 규정을 제공했다. 우리는 일반적인 가이드라인을 고수했는데 1톤 이하의 모든 주문에 대해서는 E-Term으로 거래하고, 1톤 이상의 주문에 대해서는 CIF 조건으로 거래했다. 모든 항공화물은 공장 출하 상태이다. 물론 우리는 고객이 만족할 범위 안에서 조건을 적용한다. 그래서 제품이 E-Term으로 팔리더라도, 우리는 목적항 혹은 목적공항까지 운송편을 마련해 주거나, 혹은 지역항만까지 운송편을 마련해 주었다. 혹은 송장에 운송비를 기입해 준다. 우리는 공장 출하 가격을 적용하면서도 CIF나 FOB로 송장을 작성했다. 아주 복잡하게 들릴 것이다. 이런 과정 때문에 항상 운송편을 마련하는 데 많은 시간을 소모했다.

11-4 가격결정에 영향을 미치는 환경적 요소

◀ **11-4** 가격에 영향을 미치는 환경적 영향을 조사한다.

글로벌 마케터는 가격을 결정할 때 수많은 환경적 고려요소와 씨름해야만 한다. 이러한 요소에는 환율 변동, 인플레이션 환경, 정부의 통제와 보조금 제도 및 규제, 경쟁사의 행위 등이 있다. 이러한 요소 중 일부는 다른 요소와 복합적으로 작용하기도 한다. 예를 들어 인플레이션은 정부의 규제와 동반할 수도 있다. 각각의 사항은 다음의 단락에서 논의될 것이다.

환율 변동

글로벌 마케팅에서 환율의 변동은 가격을 결정하는 일을 까다롭게 만든다. 제2장에서 언급했듯이 환율 변동은 수출을 하는 기업에게 중요한 기회를 만들어 줄 수도 있고, 큰 도전이 되기도 한다. 자국시장에 비교했을 때 중요한 교역 상대국 시장의 환율이 강한가 약한가에 따라 관리자는 항상 다양한 의사결정 상황에 직면하게 된다. 자국 화폐의 약세는 환율을 우호적인 방

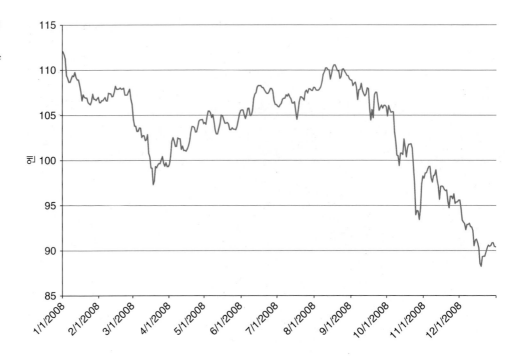

향으로 만들어 준다. 환율이 약한 국가의 제조업자는 시장 점유율을 높이기 위해 수출가격 인
하를 결정할 수도 있고, 더 많은 이윤을 창출하기 위해 가격을 유지할 수도 있다. 해외영업은
자국 화폐로 환전하는 경우 뜻밖의 이윤을 창출할 수도 있다.

기업의 자국 화폐가 강세일 경우에 상황은 다르다. 이런 경우는 대체로 수출기업에 우호적이
이지 않은 상황이다. 왜냐하면 해외로부터 발생한 이윤이 자국 화폐로 환전하면서 감소하기
때문이다. 현재 엔에 대한 미국의 달러는 약세이다. 이것은 보잉, 캐터필러, GE와 같은 미국
기업에는 좋은 소식이지만, 캐논과 올림푸스(그리고 이 기업의 카메라를 사려는 미국 소비자)
에게는 나쁜 소식이다. 실제로 소니의 재무이사인 테루히사 도쿠나카에 따르면 엔-달러 환율
에서 1엔이 변하는 것은 소니의 연간 영업 이익을 80억 엔 정도 높일 수도 낮출 수도 있다(그
림 11-1 참조).[14] 이 사례는 '롤러코스터'나 '요요'처럼 오르락내리락하는 환율의 변동이 일정
기간 기업에게 우호적인 방향으로 움직일 수도 있고, 또 어느 순간 반대로 움직일 수도 있다는
오늘날의 비즈니스 환경의 요점을 뒷받침해 준다.

이러한 환율의 변동에 대한 영향은 회사마다 다르다. 예를 들어 할리 데이비슨은 모든 오토
바이를 미국에서 수출을 한다. 모든 수출시장에 대한 가격을 결정할 때 항상 환율의 변동을 고
려한다. 이와 유사하게 독일 기업인 포르쉐의 경우 생산되는 전량을 독일에서 생산한다. 독일
이 포르쉐의 수출기지 역할을 한다. 유로존 내부로 수출하는 경우 포르쉐는 환율 변동으로부
터 자유롭다.

환율 변동에 대응해 글로벌 마케터들은 가격 외에 마케팅 믹스의 다른 요소를 사용할 수 있
다. 어떤 경우에는 자국 화폐의 강세로 인한 약간의 가격 인상은 수출에 큰 영향을 끼치지 않
는 경우도 있다. 특히 수요가 상대적으로 비탄력적인 경우 그러하다. 자국 화폐가 강세인 기업
은 잠시 동안만이라도 국제시장가격을 이전 수준으로 유지함으로써 비용을 흡수할 수 있다.
다른 선택은 향상된 품질이나 애프터서비스를 제공하거나, 생산성을 높이거나 비용을 낮추는
것, 그리고 자국 밖으로 소싱하는 것을 포함한다.[15]

▶ 문화탐구

아시아의 와인 수요가 고급 와인 가격에 미치는 영향

미시경제를 공부하는 모든 학생이 아는 것처럼 수요가 공급을 넘어설 때 가격은 상승하는 경향이 있다. 고급 와인시장은 교과서의 예다. 매년 와인 감정가들이 최고의 와인 재배지에서 프랑스 샤토 라피트 로쉴드 같은 와인을 찾아낸다. 고급 와인 한 병(예 : 2009년)은 1,000달러 또는 그 이상이다. 세계 최고의 와인은 지하저장고에서 어느 정도의 시간이 필요하다. 그리고 몇 년이 지나면 와인병들은 가치의 진가를 드러낸다.

오늘날 새로운 고객, 즉 중국과 다른 아시아 국가의 부유한 수집가들은 세계 와인문화에 들어섰다(사진 11-6 참조). 몇몇의 요소들이 이 트렌드에 공헌해 왔다. 2008년 홍콩 정부는 와인 수입에 대한 관세를 40%에서 0%로 줄였다. 그때 이후로 번창하는 와인 경매 현장이 특별행정구에 생겼다. 비록 중국 본토에서는 여전히 와인에 대한 종가세를 부과하고 있지만, 홍콩으로부터 국경을 넘는 손으로 운반하는 와인은 세금을 부과하지 않았다. 말할 필요도 없이 이것은 기업가 개개인들에게 와인을 중국 본토로 운반하는 '와인 운반책'을 고용하는 비즈니스 기회를 만들어 내었다. 또한 당연히 소비자가 지불하는 가격을 고려한다. 활발한 가짜와인 거래도 이루어지고 있다.

중국 경제가 호황이었던 것만큼 부유한 소비자와 수집가들은 샤토 라피트와 다른 와인들을 충분히 소유하지 못한 것처럼 보인다. 얼마나 많은 중국인들이 기꺼이 값비싼 와인을 사겠는가? 산업연구원들의 말에 따르면 그 숫자는 5,000명과 10,000명 사이이다. 중국 와인 소비자들은 그들이 마셨던 와인의 맛을 점수화하거나 와인의 가격을 확인하는 것으로 알려져 있다. 이것은 물론 아시아 문화에서 지위의 중요성을 반영한다. 한편 일본, 미국, 유럽의 경기침체에 지친 소비자들은 고가 와인의 구매를 축소하는 중이다. 유럽의 와인 수출업자는 말한다. "우리가 구매한 모든 샤토 라피트의 경우 결국 종착지는 중국입니다."

싱가포르와 인도네시아 또한 고급 와인의 활발한 시장이다. 싱가포르의 고급 와인 소매유통은 다른 곳과 비교하여 간소화되어 있다. 그 의미는 수입업자들이 직접적으로 와인을 판매한다는 뜻이다. 게다가 정부규제는 다소 완화되었고 월드센토사리조트와 마리나베이샌즈에 2개의 카지노가 오픈했다. 이러한 곳에서 자유롭게 돈을 많이 쓰는 사람은 최고를 마시고 싶어 한다. 인도네시아는 비록 덥고 습한 기후가 와인 시장성에 악영향을 끼치기는 하지만 고급 와인 수요가 증가하고 있는 주요 시장이다.

출처 : Jason Chow, "French Wines Are Tough Sell," *The Wall Street Journal* (April 26, 2013), p. B1; Jancis Robinson, "China's Viticultural Revolution," *Financial Times—Life & Arts* (February 12-13, 2011), p. 4; Gideon Rachman, "China Reaps a Vintage European Crop," *Financial Times* (November 30, 2010), p. 13; Kimberly Peterson, "New Whine: China Pushes Bordeaux Prices Higher," *The Wall Street Journal* (September 15, 2010), pp. B1, B2; John Stimpfig, "Demand from China Fuels Spectacular Performance," *Financial Times Special Report: Buying and Investing in Wine* (June 19, 2010), p. 6; Robinson, "A Continent of Connoisseurs," *Financial Times* (May 15, 2010), p. 11; Laura Santini, "Wealthy Chinese Make Hong Kong a New Wine Hub," *The Wall Street Journal* (December 2, 2009), p. B9.

사진 11-6 홍콩에서의 높은 낙찰가는 샤토 라피트 로쉴드와 같은 최고급 프랑스 와인에 대한 치솟는 아시아의 수요를 반영한다. 중국은 보르도 와인 생산자에게 가장 중요한 수출시장이며, 지역 수출의 3분의 1 이상으로 추산된다. 중국의 투자자는 또한 프랑스에서 대규모 토지들을 사들이고 있다.
출처 : Philippe Lopez/AFP/GettyImages.

앞에서 언급했던 고정원가 가산가격결정 방식을 사용하는 기업들은 좀 더 유연한 방법으로 접근법을 바꾸도록 압력을 받을 수도 있다. 불리한 환율 변동에 대응해 변동원가 가산가격결정 방식을 사용하는 것은 **시장보유 전략**(market holding strategy)의 예인데, 시장 점유율을 잃기 싫어하는 기업들이 사용한다. 그러나 이와 대조적으로 만약에 큰 폭의 가격 상승이 불가피해 보인다면, 경영자는 자사제품이 더 이상 경쟁력이 없다는 것을 발견하게 될 것이다.

유로존이 확립되고 3년 만에 달러화에 비해 유로화의 가치는 25% 이상 하락했다. 이러한 상황은 미국 기업에, 특히 중소수출기업에게 통화 강세와 관련된 선택을 실행하도록 압박했다. 기업에 의해 선택된 전략은 기업의 특정한 상황에 따라 달랐다. 예를 들어 연간 매출액이 10억 달러 규모인 아이오와주 펠라에 위치한 베르메르 제조업체는 유럽 시장에서 자사제품의 가격을 유로로 책정했다. 2000년이 끝나면서 베르메르는 유럽 지역에서 가격을 4배 정도 인상해야 하는 압박을 받았다. 왜냐하면 유로화가 시장에 소개되었기 때문이다. 베르메르의 네덜란드 지사는 종업원들에게 유로로 급료를 지급했고, 또한 물품구매 역시 지역 화폐로 구매했다.

이와 대조적으로 일리노이주 멜로즈 파크에 위치한 스턴 핀볼은 수출시장에서 자사제품의 가격을 달러로 책정한다. 또한 이 회사의 사장인 게리 스턴의 제품전략은 통화 강세 전략을 반영하고 있다. 유로를 달러로 지불하기 전에 환전을 해야 하는 유럽 지역 소비자의 높은 비용 부담을 줄이기 위해 이 회사는 유럽 지역 언어를 지원하는 새로운 기능을 갖춘 기계를 개발했다. 또한 이 회사는 유럽인들의 주된 관심사인 축구게임과 같은 새로운 제품과 영국 시장을 겨냥한 오스틴파워 핀볼 게임을 제작했다. 스턴은 이렇게 이야기했다. "내가 만약에 유로화 환율이 어떻게 될지 알 수 있을 만큼 똑똑했다면, 확실히 나는 핀볼 게임기를 만들지 않았을 것이다. 아마도 통화 거래를 했을 것이다."[16]

앞에서 언급한 대로 유럽 지역에서의 가격 불일치는 점차 사라지고 있다. 왜냐하면 제조업체가 더 이상 환율 변동을 가격 차이의 근거로 제시할 수 없기 때문이다. **가격 투명성**(price transparency)은 구매자가 쉽게 가격을 비교할 수 있다는 것을 의미한다. 왜냐하면 제품의 가격이 전에는 마르크, 프랑, 리라로 다르게 매겨져 있던 것과는 달리 동일한 유로로 매겨져 있기 때문이다. 유럽위원회는 EU 내부에서 자동차 가격의 차이를 비교해 볼 수 있는 연례보고서를 출판한다. 인터넷으로 인해 가격 차이는 줄어들었으며, 2011년에 유럽위원회는 연례보고서 출판을 중단했다.

유로존 내부에서 일부 차량의 가격 차이는 국가별로 상이한 안전장치기준과 세금 수준 때문이다. 덴마크와 스웨덴의 경우는 부가가치세 비율이 25%나 되는데, 이는 EU에서 가장 높은 수준이다. 게다가 덴마크는 명품의 경우 세금을 무겁게 부과한다. 핀란드와 벨기에, 아일랜드, 오스트리아, 이탈리아도 세금 수준이 높다. 폭스바겐은 이미 유럽에서 유통되는 자사 차량의 도매가격을 평준화하기 시작했다.

> "우리는 우리의 고객(특히 유럽 고객)이 달러보다 영국 파운드에 접근하며, 파운드로 결제할 것을 믿는다."[17]
>
> 캘리포니아 산타클라라, 에번 애널 리티컬 그룹 CFO, 크리스틴 러셀

인플레이션 환경

인플레이션, 혹은 물가의 지속적 상승은 많은 국가시장에서 문제가 된다. 통화 공급량의 증가는 인플레이션을 유발할 수 있다. 앞서 언급했듯이 인플레이션은 자국의 화폐가치가 저평가되고 있는 국가에 수입된 제품의 가격에 반영된다. 2016년 브렉시트 투표 이후 영국 파운드화는 유로화 등 주요 통화 대비 약 15% 하락했다. 그것은 영국산 스파클링 와인 생산자들에게는 축

복이었다. 긍정적인 측면에서는 영국산 와인의 수출 가격이 더 매력적이고 수요를 끌어올린 반면 프랑스에서 영국으로 수입되는 샴페인은 가격이 올랐다. 단점은 대부분의 영국산 와인이 유럽산 와인 생산장비와 병 등 물자를 사들이기 때문에 더 높은 가격을 지불한다는 것이다.[18]

원자재 가격이 급등하면 다양한 상품의 가격도 상승 압력을 받을 수 있다. 이것들은 단순한 기업을 위한 이론적인 문제 그 이상이다. 실제로 가격과 제품 결정에 영향을 미치는 역할을 이해하는 것은 최근 졸업생들에게 어려운 면접 질문에 답하는 데 도움이 될 수 있다. 예로 예비 고용주는 증가하는 상품비용을 어떻게 처리할 것인지 물어볼 수 있다. 만약 물어보면 어떻게 대답할 것인가 생각해 보라.

초콜릿을 예로 들어 보자. 몬델리즈 인터내셔널의 상징인 토블레로네 초콜릿바는 스위스 베른에서 생산되어 120여 개국에 수출되었다. 2015년 1월 스위스 프랑화에 대한 유로화 가치가 크게 떨어지면서 생산비가 급증했다. 코코아 가격도 지난 몇 년간 꾸준히 올랐다. 회사는 어떤 반응을 보였는가? 가격을 올리기보다는 초콜릿 바의 크기를 줄였다(사진 11-7 참조). 이를 '슈링크플레이션'(제품가격은 그대로 두고 크기나 중량을 줄여 가격을 올려서 파는 전략-역주)이라고 부른다.

옥수수와 밀의 높은 가격은 크래프트 푸드와 같은 회사들에게 가격을 인상하도록 압박할 수 있다. 그러나 사례 2-2에서 언급한 바와 같이 많은 글로벌 기업들은 그러한 가격 상승을 피하기 위해 정교한 일반상품 위험회피 전략을 수립하고 시행한다. 구리, 석유 및 기타 원자재 가격이 인상되면 유나이티드 테크놀로지사의 경영자들은 회사가 만드는 헬리콥터, 제트 엔진, 에어컨 등의 가격을 검토해야 한다. 그리고 2010년대 초에 옷을 구매한 사람이라면 누구나 증명할 수 있듯이 스웨터, 청바지, 티셔츠 등의 가격은 급격히 올랐다. 그 이유는? 면화 재고량은 전 세계적으로 낮았고, 면화 가격은 거의 두 배가 되었기 때문이다.[19]

인플레이션 상황에서 가격을 결정할 때 가장 중요한 요소는 영업 이익을 유지하는 것이다. 인플레이션 상황이 존재할 경우 단순한 이유 때문에 가격 수정이 필요하다. 인상된 판매가격은 인상된 생산비용을 충당한다. 원가계산방식과 상관없이 만약에 기업이 한계수익점을 유지하고 있다면, 기업은 인플레이션 효과로부터 자신을 효과적으로 방어해 온 것이다.

때때로 인플레이션 세력은 정치 환경의 변화로부터 발생한다. 예를 들어 2018년 초 도널드 트럼프 미국 대통령이 중국 등 여러 국가에서 수입하는 알루미늄에 대해 10%의 관세를 부과한다고 발표했다. 그것은 맥주산업에 좋지 않은 소식이었다. 미국 맥주시장은 알루미늄 캔의 형태로 연간 약 1,000억 달러의 매출액을 차지하고 있다. '무역협회(Beer Institute)'로 불리는

사진 11-7 토블레로네 초콜릿바는 여러 형태의 크기로 여러 종류의 유통 채널을 통해 판매되고 있다. 작아진 크기의 상품은 할인점에서 판매되며, 170그램에서 150그램으로 줄어들었지만 가격은 동일하다.

출처 : Darren Staples/Reuters.

무역단체는 변동비를 인상해 관세 부과액이 음료업계에 3억 4,700만 달러에 이르는 것으로 추산했다.

알루미늄 맥주 한 캔은 제조하는 데 약 10센트가 들기 때문에 알루미늄에 10%의 관세를 부과하면 캔 1개당 약 1페니, 즉 6개들이당 약 6센트씩 가격이 인상될 것이다. 버드라이트를 생산하는 AB인베브의 마케팅 매니저들은 버드라이트 등 브랜드에 대한 수요 감소 없이 늘어난 비용을 소비자에게 떠넘길 수 있을지에 대한 결정을 앞두고 있다. 문제는 관세가 가격 인상으로 이어진다면 미국인들은 맥주를 덜 마실 것인가이다. 버드라이트 팬들은 탄력적인 수요곡선을 보여줄 것인가, 비탄력적인 수요곡선을 보여줄 것인가?

낮은 수준의 인플레이션은 가격결정에 다른 종류의 어려움을 준다. 1990년대 후반, 미국의 한 자릿수의 낮은 인플레이션과 높은 수요는 공장들이 최대 가용량으로 운영되도록 만들었는데, 기업들은 이때 가격을 올릴 수 있어야 했다. 그러나 지역경제 상황만이 유일한 고려사항은 아니었다. 1990년대 중반에 많은 산업에서의 과잉생산능력과 많은 유럽국가의 높은 실업률, 지속되고 있는 아시아 지역의 경기불황은 기업이 가격을 올리는 것을 어렵게 만들었다. 켈리포니아의 엔지니어링 회사 CEO인 존 밸러드는 1994년에 다음과 같이 말했다. "우리는 가격 인상을 고려했습니다. 그러나 경쟁자에 대한 연구결과와 시장조사 결과는 우리에게 가격 인상이 실행할 만하지 않다는 것을 말해 주고 있었습니다." 1990년대 후반에 세계화와 인터넷, 중국으로부터 밀려오는 저가 수출품, 구매자 사이에서 생긴 새로운 가격 고려요소 등은 섣불리 가격을 올릴 수 없는 중요한 제약요소였다.[20]

정부의 통제와 보조금 제도 및 규제

가격을 결정하는 데 영향을 주는 정부의 정책과 규제에는 덤핑규제, 재판매가격유지제도, 가격 상한선, 가격수준에 대한 일반적인 검토가 포함된다. 가격을 수정할 수 있는 경영자의 능력을 제한하는 정부의 행위는 기업의 한계수익점에 압박을 가할 수 있다. 특정한 조건하에서 정부의 행위는 보조금 운영에 따른 이윤에 위협을 가한다. 심각한 재정적 어려움을 겪고 있는 나라 혹은 금융위기(예 : 외환 보유고의 부족이 천정부지의 인플레이션을 유발하는 경우)의 한가운데 있는 정부의 관료들은 어떤 형태의 행위를 취하도록 압력을 받는다. 이러한 사실은 브라질의 경우 오랫동안 사실이었다. 어떤 경우에 정부는 선택적이거나 광범위한 가격 통제정책과 같은 편의주의적인 절차를 취한다.

선택적인 가격 통제가 시행될 경우 외국기업들은 지역기업에 비해 통제하기가 쉽다. 특히 외국기업이 지역 경영자가 가진 것보다 정부의 결정에 대한 정치적 영향력이 적을 경우 더욱 그렇다. 1980년대 후반에 베네수엘라에서 P&G가 강력한 가격 통제정책에 직면했다. 원자재 가격 상승에도 불구하고 P&G는 필요한 가격 상승폭의 50%만이 인정되었다. 그리고 나서도 가격 상승의 허가가 나기까지 몇 달이 더 걸렸다. 결과적으로 1988년까지 베네수엘라의 세제 가격은 미국보다도 낮았다.[21]

정부의 규제는 다른 형태를 취할 수도 있다. 제8장에서 다룬 바와 같이 만약에 해당 국가에 제품을 수출하기를 원하는 경우 기업들은 때때로 무이자 조건부 날인 계좌에 일정 기간 기금을 공탁해 놓아야만 할 수도 있다. 예를 들어 역사적인 구조물 복원에 특화된 기업인 신테크 인터내셔널은 모스크를 수리하기 위해 특별 제작된 기구를 수입하기 위해 이집트 정부의 허락을 받는 데 8년이 걸렸다. 게다가 정부의 항만관리기관은 신테크에 다이아몬드 팁 드릴과 다른 특별 기구에 대한 수입 허가를 내주기 전에 25,000달러를 공탁하도록 했다. 왜 신테크의 관리자들은 그러한 조건을 받아들여야 하는 것일까? 카이로는 이슬람 세계에서 가장 큰 도시이고, 보수가 필요한 수백 년 된 역사적 구조물이 수두룩하다. 인내와 끈기를 가지고 이집트 정부의 수요에 대응하여 신테크는 가장 많은 계약을 따내는 회사가 되었다.[22]

여기서 언급된 현금 공탁의 필요성은 수입되는 제품의 명시된 금액을 최소화한 기업에게 인센티브를 제공한다. 낮은 가격은 적은 공탁금을 의미하기 때문이다. 가격결정에 영향을 주는 정부의 다른 요구조건으로는 기업에 의해 발생한 이윤이 국외로 이전될 수 있는 조건을 제한하는 이윤 이전 규제(profit transfer rule)가 있다. 이러한 규제하에서 계열회사에 의해 수입된 제품을 위해 지불된 높은 이전비용은 이윤을 국외로 이전하기 위한 도구로 해석될 수 있다.

제8장에서 다뤘던 또 다른 정부의 관여는 보조금이다. 앞서 언급했듯이 농업 분야에 대한 보조금 문제는 현재 세계무역회담에 있어서 민감한 문제이다. 20개 이상의 국가로 이루어진 국가블록과 브라질은 미국에게 농업보조금을 중단하라고 압박하고 있다. 미국은 매년 25억 달러에서 30억 달러를 목화보조금으로 사용하는데(EU는 7억 달러를 사용), 이 사실이 도하 협의를 마무리 짓는 것을 방해하고 있다. 베냉과 차드, 부르키나파소를 비롯한 다른 국가는 미국 정부의 보조금이 미국 목화가격을 너무 낮게 만들어서 아프리카 국가들에게 2억 5,000만 달러의 수출 손실을 입힌다고 주장한다.[23] 브라질은 최근에 미국의 목화보조금에 대한 WTO 제소에서 승소한 바 있다. 한편 우즈베키스탄 정부는 마침내 인권탄압 문제를 해결하기 시작했다. 수년 동안 의사, 교사, 학생들은 목화 수확 기간에 봉사해야 하는 압박을 받아 왔다.[24]

정부규제는 가격에 다른 방식으로 영향을 줄 수 있다. 독일의 경우를 예로 들면 많은 산업에서 역사적으로 가격 경쟁은 엄격히 제한되어 왔다. 특히 서비스 분야에서 더욱 그러하다. 규제를 완화하려는 독일 정부의 최근의 움직임은 보험, 통신, 항공 등을 포함해 다양한 분야의 산업에 걸쳐 외국기업의 시장진입에 대한 분위기를 조금 나아지게 만들었다. 또한 규제 완화는 독일 기업에게 지역시장에서 처음으로 가격 경쟁 경험을 제공하고 있다. 어떤 경우에 규제의 완화는 독일 기업들에게 다른 해외시장에 대한 더 큰 접근권을 허락하는 데 대한 대가성(quid pro quo) 차원에서 이루어진 것을 의미한다.

1990년대 후반 미국과 독일은 항공자유화협약을 맺었는데, 이 협약으로 독일의 루프트한자 항공사는 미국의 더 많은 노선에 취항할 수 있게 되었다. 동시에 독일의 항공시장은 경쟁에 노출되었다. 에어베를린, 라이언에어, 이지젯 같은 새로운 항공사들의 출현으로 독일을 오가는 항공비용은 현저히 줄어들었다. 지난 20년간 소비업계에도 변화가 천천히 일어났다. 인터넷과 세계화는 정책 입안자에게 두 가지 낡은 법률을 폐지하도록 압력을 가하고 있다. 첫 번째는 **가격할인법**으로 제품의 할인율을 정가의 3%로 제한하는 법률이다. 두 번째는 **경품법**으로 기업들이 무료로 쇼핑백과 같은 물건을 나눠 주는 것을 금지하는 법률이다.[25]

경쟁사의 행위

가격정책의 결정은 비용과 수요의 법칙에 의해서만 결정되는 것이 아니라 경쟁사의 행위에 의해서도 결정된다. 만약에 원가의 상승이 있음에도 경쟁사들이 이에 대응해 가격을 조정하지 않는다면, 경영진은 가격을 수정할 수 있는 범위에 대해 심각한 압박을 받을 것이다. 운영 한계이익에 대한 원가 상승의 효과를 정확하게 알고 있다고 하더라도 경영진은 이러한 압박을 받을 것이다. 반대로 만약에 경쟁사가 임금이 낮은 국가에 아웃소싱을 준다든지 혹은 저임금

국가에서 생산을 한다든지 하면, 경영진은 경쟁사에 대한 자사 경쟁력을 유지하기 위해 가격을 인하해야 할 필요가 있을 수도 있다.

미국에서 리바이스사는 몇 가지 이유로 가격 인하 압박을 받고 있다. 첫째, 리바이스는 VF사가 출시하고 있는 리 브랜드와 랭글러 브랜드에 의한 거센 도전을 받고 있다. JC페니를 비롯한 여러 백화점에서 리바이스 501은 30달러에 유통되고 있는 반면에 랭글러의 청바지 한 벌은 20달러에 유통되고 있다. 둘째, 리바이스의 주된 소매유통망인 JC페니와 시어스가 자체적인 브랜드 청바지를 공격적으로 시장에 출시하고 있다. 마지막으로 캘빈클라인과 폴로, 디젤 등과 같은 고가의 디자이너 청바지업체도 인기를 되찾고 있다. 세븐이나 럭키와 같은 고급 패션 브랜드 청바지는 한 벌에 100달러가 넘는 금액에 판매된다.

미국 시장 밖에서 리바이스는 브랜드의 전통과 명성과 상대적으로 덜 심한 경쟁 덕에 501 한 벌에 80달러 이상의 비싼 가격으로 청바지를 판매하고 있다. 고급스러운 이미지를 강조하기 위해서 리바이스 청바지는 부티크 매장에서 판매된다. 리바이스가 미국 외의 지역에서 얻은 이익은 전체의 3분의 1이지만, 이윤으로 따지면 전체의 50%를 넘게 차지한다. 이러한 해외 시장에서의 경험을 적용하고 미국에서의 브랜드 이미지를 강화하기 위해 리바이스는 미국의 주요 도시에 리바이스 전문매장을 오픈했다. 그러나 이러한 노력에도 불구하고 1996년에 71억 달러의 매출을 올렸지만 2016년에는 45억 달러의 매출을 올렸을 뿐이다. 10년 전, 리바이스의 경영진은 비용 감소 노력의 일환으로 6개의 리바이스 생산공장을 폐쇄하고 북미지역에 위치한 대부분의 생산시설을 역외지역으로 이전시켰다.[26]

전략적 가격정책 도구로서의 소싱 사용

글로벌 마케터는 가격 상승의 문제 혹은 앞서 다루었던 환경적 요소를 해결하기 위한 몇 가지 방법을 가지고 있다. 제품과 시장경쟁이 어느 정도 마케터의 선택에 영향을 준다. 지역에서 생산된 최종제품의 마케터는 제품의 원가와 가격을 경쟁력 있는 수준으로 유지하기 위해 제품의 특정 부품을 역외지역에서 소싱하는 방법을 사용하도록 압박을 받을 수도 있다. 특히 중국은 빠른 속도로 '세계의 작업장'이라는 명성을 얻고 있다. 미국의 자전거 제조업체인 허피는 중국과 대만에 위치한 제조원에 많은 부분을 의존하고 있다.

또 다른 방법은 표적시장의 유통구조에 대한 면밀한 조사를 실시하는 것이다. 유통구조의 합리화를 통해 국제시장에서 유통과정에서 발생하는 비용을 현저하게 줄일 수 있다. 유통구조의 합리화에는 새로운 중개인의 선정, 기존의 중개인에게 새로운 임무의 부여, 직접적인 마케팅 관리의 확립과 같은 사항이 포함될 수 있다. 예를 들어 토이저러스는 계층화된 유통구조를 탈피해 미국식 유통방식과 유사한 창고형 판매 방식을 채택함으로써 일본 장난감시장을 성공적으로 공략했다. 토이저러스의 사례는 유통의 법칙을 바꾸는 서구권 소매업자의 능력을 실험해 본 사례로 여겨진다. 그러나 2018년 초에는 시대가 바뀌었다. 장난감 경영진은 이 회사가 885개의 미국 점포를 모두 폐쇄했고 국제 영업에 필요한 구매자를 찾고 있다고 발표했다.

▶ 11-5 가격결정에 자국시장중심/
현지시장중심/세계시장중심 프레
임워크를 적용한다.

(11-5) 글로벌 가격정책 : 세 가지 정책적 대안

글로벌 기업은 어떤 가격정책을 추구해야 할까? 가격은 전략적 변수라는 것을 기억하라. 가격 전략은 이성적, 분석적 접근 또는 직관적 접근을 사용하여 개발이 가능하다. 일례로 시드니 프랭크는 그레이구스 보드카를 만들었고, 한 병에 스톨리치나야 또는 앱솔루트보다 10달러 높은 가격을 책정하였다. 왜? 왜냐하면 그는 할 수 있었기 때문이다! 프랭크는 시장 분석의 어떤 방식도 이행하지 않았다. 대신 주류사업에서의 장기간 경력을 토대로 얻은 본능과 통찰력에 의존했다. 가격에 있어서 편의 의사결정 법칙의 유사한 예는 아래의 내용을 포함한다.

- "우리 책상에는 경쟁사의 가격 리스트가 놓여 있다. 우리는 특정 제품에 대한 경쟁자의 가격을 정확하게 알고 있고, 우리는 그에 맞춰 계산한다."
- 우리는 더 나은 가격을 받을 수 있는 여러 국가가 있기 때문에 간단하게 차별화한다. 그 다음 우리가 더 나은 가격을 받을 수 없는 국가들이 있다.[27]

넓게 보면 한 회사가 전 세계적인 가격책정에 대해 취할 수 있는 세 가지 입장을 가지고 있다.

확장 혹은 본국시장중심 가격전략

첫 번째 전략은 가격의 **확장**(extension) 혹은 **본국시장중심 가격전략**(ethnocentric pricing)으로 불릴 수 있다. 이 전략은 구매자가 세계 어느 곳에 위치해 있는지와 상관없이 개별 제품에 대해서 동일한 가격을 적용하는 전략이다. 이러한 경우 수입업자가 수입관세와 운송비를 부담한다. 이 전략의 장점은 뛰어난 간편성이다. 이 전략을 수행하는 데는 경쟁기업에 대한 정보나 시장조건에 대한 정보를 필요로 하지 않기 때문이다. 이 전략의 단점은 국가별 시장상황이나 글로벌 시장상황, 혹은 경쟁자들의 움직임에 대해서 대응하지 못한다는 점이다. 장난감 제조업체인 마텔이 해외시장에서 판매하기 위해 미국 제품을 수정했을 때, 마텔은 미국 달러가 해당 지역 화폐로 변하면서 형성되는 제품의 가격에 대해서는 그다지 큰 관심을 기울이지 않았다. 결과적으로 홀리데이 바비인형을 비롯한 마텔의 다른 장난감은 세계시장에서 지나치게 비싼 가격이 매겨졌다.[28]

이와 유사하게 메르세데스의 경영진은 최근에 본국시장중심 가격전략을 벗어나는 행보를 보여주었다. 다임러 AG의 회장인 디터 제체는 다음과 같이 말했다. "우리는 고객이 무엇을 원하는지를 알고 있다고 자부해 왔고, 고객은 자신이 원하는 것을 위해 돈을 지불할 것이라고 이야기했었습니다. 하지만 우리는 세상이 바뀌고 있다는 것을 깨닫지 못하고 있었습니다."[29] 메르세데스는 렉서스가 '메르세데스의 품질'을 2만 달러 이하에 제공하기 시작할 때 정신을 차렸다. 1993년에 최고의 자리에서 누리던 자만스러운 태도 이후에, 메르세데스의 CEO인 헬무트 베르너는 노동자들의 생산성을 끌어올렸으며, 비용이 낮은 외부 공급업체 수를 늘렸다. 또한 고객들을 배려하는 경쟁력 있는 가격을 위해 미국과 스페인의 생산시설에 대한 투자를 늘렸다. 또 메르세데스는 E 클래스와 S 클래스 세단의 저가 모델을 출시했다. 애드버타이징 에이지는 즉각적으로 메르세데스 경영진의 새로운 태도에 대해서 칭찬을 했다. 근엄하고 독선적인 조달업자인 메르세데스가 공격적이고 시장 지향적인 기업으로 탈바꿈하고 있다고 밝히면서, 메르세데스가 고급차 시장의 라이벌과 가격에서도 경쟁력을 갖추게 됐다고 밝혔다.[30]

애플은 많은 스마트폰 앱들이 사용자들이 만든 콘텐츠의 대가로 위안을 보내 사용자들에게 '팁'을 주는 중국에서의 본국시장중심 가격전략의 잠재적인 단점에 대해 중요한 교훈을 얻었다. 애플은 앱에서 발생하는 수수료의 30%를 가져간다는 방침인데, 당초 '티핑'을 앱 내 구매로 간주했던 중국에서도 이 정책을 적용했다. 반면 텐센트 홀딩의 인기 위챗 앱은 팁을 받지

않았다. 애플은 자체 가격결정에 대한 불만 때문에 정책을 바꿨다.[31]

수정 혹은 현지시장중심 가격전략

두 번째 가격정책은 현지 계열사나 현지 자회사의 관리자들이나 독립적인 유통업자들이 그들의 시장환경에 적합하다고 생각하는 가격을 책정할 수 있도록 하는 **수정**(adaptation) 혹은 **현지시장중심 가격전략**(polycentric pricing)이다. 한 국가의 가격이 다른 국가의 가격과 동일해야 할 필요는 없다. 이케아는 이러한 가격정책을 사용하였다. 기본적으로 모든 시장에서 경쟁제품보다 가장 싼 가격정책을 고수하고 있었지만, 각 국가의 관리자들은 자국시장에서의 가격을 시장의 경쟁상황, 임금수준, 세금, 광고비 등과 같은 지역 사정을 고려해 스스로 설정한다. 전반적으로 이케아의 가격은 이케아가 대형 유통업자와 경쟁하고 있는 미국에서 가장 저렴하다. 미국 시장의 경쟁자에 비교해 경쟁자의 규모가 작고, 좀 더 고급스러운 가구를 판매하는 이탈리아 시장에서 이케아의 가격은 조금 더 높다. 일반적으로 이케아의 브랜드가 명성을 가지고 있는 국가에서는 비싸게 가격이 책정된다. 이케아가 중국에 첫 지점을 개장했을 때, 이케아의 주 표적 고객층인 젊은 전문직업의 부부들이 가격이 너무 비싸다고 생각했다. 가격은 순식간에 낮아졌다. 요즘 중국인은 평균적으로 한 번의 구매에 36달러 정도를 소비한다.[32]

유럽의 산업 전문가에 의한 최근의 한 조사에 따르면 독립적인 유통업자를 운영하고 있는 기업이 현지시장중심 가격전략을 가장 많이 사용한다. 이러한 전략은 현지시장의 상황에 대해 민감하다. 그러나 각각의 현지 가격결정에 효과적인 가격전략에 대한 기업 내부의 지식과 경험을 사용할 수 없다. 왜냐하면 유통업자나 현지 매니저가 적정하다고 생각하는 수준에서 자유롭게 가격을 결정하기 때문이다. 현지 매니저나 유통업자가 회사의 경험을 활용할 수 있는 기회를 무시해 버릴 수도 있다. 중개거래 문제도 이 전략이 가지고 있는 잠재적인 문제점이다. 만약에 두 시장의 가격 차이가 두 시장 간의 운송비와의 관계를 합친 것보다 커지면, 개인 사업자가 가격이 낮은 시장에서 물건을 구입해서 가격이 높은 시장에 가져다 팔 수도 있다.

실제로 제약업체와 교과서 출판시장에서 이러한 일들이 일어났있다. 아프리기의 에이즈 환자를 위해 가격이 할인된 약이 유럽으로 밀반입되어 판매되면서 밀수업자가 큰 이윤을 챙겼다. 이와 유사하게 이 책을 출판한 피어슨 에듀게이션이나 맥그로힐, 톰슨을 비롯한 기타 출판업자는 대개 미국보다 유럽과 아시아 지역에 더 낮은 가격을 책정한다. 이유는 이 기업들이 현지시장중심 가격전략을 사용하기 때문이다. 이 출판업체는 각각의 국가의 경제상황이나 1인당 국민소득에 기초해서 해당 지역이나 국가에서 판매될 책의 가격을 산정한다. (그런데 저자들은 대학 서점이나 다른 소매상들이 교과서에 부과하는 가격을 통제할 수 없다. 우리를 믿어!)

세계시장중심 가격전략

세 번째 접근법인 **세계시장중심 가격전략**(geocentric pricing)은 전에 언급한 두 가지 방법에 비해 가장 역동적이며, 능동적인 방법이다. 이 전략을 사용하는 기업은 전 세계에 걸쳐서 고정된 가격을 설정하지도 않고, 현지 유통업자나 현지 계열사가 독립적으로 가격을 책정하도록 허가하지도 않는다. 대신에 세계시장중심 가격전략은 중간적 입장을 취한다. 세계시장중심 가격전략은 독특한 현지시장의 요소가 가격결정에 반영되어야 한다는 인식에 기반하고 있다. 이러한 요소에는 현지의 가격수준, 소득수준, 경쟁상황, 현지의 마케팅 전략 등이 포함된다. 가격 역

"미국 제품을 현지시장에 맞춘 가격으로 해외에 판매한 관례는 오랜 기간에 걸친 것이다. 그것은 드문 일이 아니며, 공공정책을 파괴하는 것도 아니며, 불법도 아니다."[33]

미국출판협회, 앨런 아들러

시 마케팅 프로그램의 다른 요소와 통합되어야 한다. 이러한 접근법은 국제적인 거래를 하는 데 있어 본사에 의한 가격 조정이 필요하다는 것을 인정한다. 또한 각 국가에서 축적된 가격정책 경험이 적용될 수 있도록 체계적으로 노력한다.

현지 가격은 장기적으로는 투자된 자금에 대한 수익과 인건비 등을 가격 하한선에 더해서 정해진다. 그러나 단기적으로 본사에서는 시장침투를 목표로 설정할 수 있고, 이 경우 가격은 시장을 형성하기 위해 원가에 수익을 합친 것보다 낮게 책정될 수도 있다. 앞서 소니의 워크맨 출시 사례가 이러한 예라고 할 수 있다. 또 다른 단기적 목적은 주어진 시장조건과 생산 규모에서 특정 가격에 제품을 판매했을 경우 수익성 있는 시장 잠재성이 얼마나 되는가를 추정해 보는 것일 수도 있다. 지역의 제조업체에 곧바로 투자를 하기보다는 초기에는 타깃이 되는 시장의 수요를 가격이 조금 비싼 외부 공급업체로부터 조달하는 결정이 내려질 수도 있다. 만약에 주 타깃 소비자가 그 제품과 가격을 받아들이게 되면, 그때서야 기업은 더 수익성 있는 방식으로 해당 시장의 시장기회를 개발하기 위해 지역에 생산시설을 갖추게 되는 것이다. 만약에 시장의 기회가 충분히 가시화되지 않으면, 기업은 다른 가격 조건에서 제품을 실험해 볼 수도 있다. 왜냐하면 제품이 존재하는 현지 생산설비에 의한 고정된 생산물량에 얽매여 있지 않기 때문이다.

(11-6) 회색시장 상품

◀ 11-6 글로벌 기업들이 회색시장 상품 문제와 싸우기 위해 사용할 수 있는 몇 가지 전술을 설명한다.

회색시장 상품(gray market goods)이란 한 국가로부터 다른 국가로 수출되어 비공식적인 사람이나 조직에 의해 판매되는 정식 제품을 의미한다. 다음의 설명을 생각해 보자.

> 한 골프용품 제조업자가 골프클럽을 국내 유통망에 200달러에 판매한다고 가정해 보자. 그런데 이 제조업자가 타이의 유통업자에게는 100달러에 판매한다. 이러한 가격 차이는 아마도 해당 시장의 수요나 지불능력에서 비롯된 것일 수 있다. 혹은 타이에서 광고나 마케팅을 해야 하는 타이 유통업자에 대한 보상차원에서 낮은 것일 수도 있다. 그러나 골프클럽은 타이에서만 팔린다는 보장이 없다. 타이 유통업자는 이 골프클럽을 미국의 유통업자에게 150달러에 재판매할 수도 있다. 회색시장 상인들은 국내 유통업자들이 200달러에 판매하고 있는 클럽을 더 싼 가격에 판매할 수 있다. 제조업체는 국내가격을 낮추라는 압박을 받는다. 그렇지 않으면 회색시장에 의해 판매량을 빼앗겨 이윤이 적어질 위험이 있다. 더군다나 회색시장의 상인은 자유롭게 제조업체의 상표를 사용하는데, 이들은 자주 제조업체가 정식 유통업자에게 기대하는 제품에 대한 보증이나 서비스를 충분히 제공하지 못한다.[34]

병행수입(parallel importing)이라고도 알려져 있는 이러한 사례는 각기 다른 시장에 대해 각기 다른 가격을 책정하는 현지시장중심 가격전략이나 다국적 가격전략 정책을 실시할 경우에 발생한다. 회색시장은 특히 공급이 모지란 경우, 제조업자가 특정 시장에서 스키밍 가격전략을 사용하는 경우, 혹은 제품이 큰 이윤을 남기는 경우에 더욱 활성화된다. 유럽의 제약시장에서는 가격의 편차가 매우 심하다. 영국과 네덜란드에서는 특정 제약업체의 수입량의 10%가 병행수입에 의해 이루어진다. 인터넷이 회색시장 상인이 가격 정보에 접근하고 고객에게 접근할 수 있도록 하는 강력하고 새로운 도구로 떠오르고 있다.[35]

회색시장은 글로벌 마케터에게 다음과 같은 비용과 결과를 초래한다.[36]

- **독점권의 훼손** : 정식 판매자는 더 이상 독점적인 유통업자가 아니다. 제품은 이제 다양한 공급책으로부터 구입이 가능하며, 공식 판매자의 이윤폭도 위협을 받게 된다.
- **무임승차 문제** : 만약에 제조업체가 공식 판매업자의 불만을 무시한다면 공식 판매업자가 무임승차에 관여할 수 있다. 그들은 수익이 줄어드는 압박을 상쇄하기 위해 다양한 행동 중 하나를 취할 가능성이 있다. 이러한 행동들에는 판매 전 서비스, 고객 교육, 영업사원 교육비용 축소 등이 포함될 수 있다.
- **유통망과의 관계 손상** : 회색시장 제품으로부터 발생한 경쟁은 유통망 간의 충돌을 유발할 수도 있다. 원가를 줄이기 위해 공식 유통업자는 제조업자에게 불만을 토로할 수도 있고, 회색시장 상인에 대해서 법적으로 제소할 수도 있다.
- **분할된 가격 계획의 손상** : 앞서 언급했듯이 회색시장은 다국적 가격전략 정책에서 비롯된 가격 차별화로 인해 생겨날 수 있다. 그러나 무역장벽의 완화, 인터넷상의 정보의 범람, 현대화된 유통능력 등과 같은 다양한 요소로 인해 지역가격 정책을 수행하는 기업의 능력이 제한될 수 있다.
- **명성과 법적인 책임문제** : 회색시장에서 유통되고 있는 제품이 정식 유통망을 통해 판매되는 제품과 동일한 트레이드마크를 달고 있다 할지라도 이런 제품은 품질이나 원료 또는 다른 부분에서 정식수입상품과 다를 수 있다. 회색시장 상품은 제조업체의 명성을 훼손시킬 수 있고, 브랜드 자산을 희석시킬 수도 있다. 의사의 처방전이 필요한 약이 유통기한이 지나서 판매되거나, 전자제품이 정식 허가를 받지 않은 상태에서 팔릴 때, 또는 제조업체가 제대로 된 보증을 해주지 않는 경우에 이러한 결과가 일어날 수 있다.

때때로 회색시장 마케터는 프랑스 샴페인과 같이 단일국가에서 생산된 제품을 공식 유통업자가 있는 국가에 경쟁적으로 들여오기도 한다. 이들은 공식 수입업자가 책정한 가격보다 싼 가격에 제품을 판매한다. 다른 형태의 회색시장도 존재한다. 한 기업이 자국시장과 외국시장에서 동시에 제품을 생산하고 있다고 생각해 보자. 이런 경우 해외 판매를 위해 회사의 외국지사에서 생산된 제품이 때때로 해외 유통업자에 의해 회색시장으로 유입될 수 있다. 회색시장 상인이 이 제품을 제조업체의 자국시장으로 들여와 같은 회사의 자국 공장에서 생산된 제품과 경쟁하는 경우가 생길 수도 있다.

이러한 사례가 보여주는 것처럼 회색시장 상품은 공식 유통망을 통한 상품이나 해당 지역에서 생산된 상품보다 더 싼 가격을 유지해야 시장기회를 잡을 수 있다. 물건을 구매하는 소비자는 낮은 가격에 제품을 구매할 수 있고, 선택의 폭도 넓어진다. 영국 시장에서만 한 해 회색시장의 판매 규모는 10억 파운드로 추정된다.

유럽의 경우에는 브랜드 소유권자의 권리를 강화하는 판결이 내려졌다. 오스트리아의 고급 선글라스 제조업체인 실루엣은 하트라우어 할인점을 고소했다. 실루엣이 동유럽국가에 판매할 목적으로 생산한 선글라스 수천 점을 하트라우어가 구매했기 때문이다. 유럽재판소는 실루엣의 손을 들어주었다. 1989년의 명령에서 재판부는 하트라우어는 브랜드 소유권자의 허락 없이 EU 지역 밖으로부터 해당 브랜드의 제품을 수입해서 할인된 가격으로 판매할 수 없다고 판단했다. 파이낸셜 타임스는 이 판결에 대하여 "소비자들에게 불리하고, 경쟁에도 해로우며,

유럽경제에도 불리한 판결"이라고 비난했다.[37]

　미국에서 회색시장 상품은 1930년 관세법의 대상이다. 이 법의 제526절은 명시적으로 상표 소유권자의 허락 없이 외국 제조업체의 제품을 수입하는 것을 금지하고 있다. 그러나 법원이 법을 해석하는 데 있어 상당한 재량을 가지고 있기 때문에 한 법률전문가는 미국 의회가 제526절을 개정해야 한다고 주장했다. 이 주장에 따르면 회색시장 상품이 정식으로 수입된 제품과 조금이라도 다른 점이 있으면, 그러한 사항을 명확히 밝히도록 강제하는 새로운 법률이 마련되어야 한다. 다른 전문가는 법률을 개정하는 대신 기업이 회색시장에 대응해 능동적인 전략을 개발해야 한다고 주장한다. 그러한 전략 중 하나가 될 수 있는 것이 회색시장에는 매력적이지 않은 진보된 시장 세분화와 제품 차별화 전략일 것이다. 또 다른 방법으로는 회색시장 상품과 연관된 유통업자를 공격적으로 발굴하고 제거하는 방법이 될 수 있을 것이다.

(11-7) 덤핑

◀ 11-7 덤핑이 세계시장에서 가격에 미치는 영향을 평가한다.

덤핑은 가격정책과 관련해서 중요한 이슈이다. GATT의 1979년 반덤핑 규약은 수입된 제품을 원산지의 정상적인 시장가격보다 낮게 판매하는 행위를 덤핑으로 규정하고 있다. 게다가 많은 국가들이 자국기업을 덤핑으로부터 보호하기 위한 다양한 정책과 절차를 갖추고 있다. 예를 들어 중국은 서구권 국가의 반덤핑 규제에 대해 자신도 반덤핑 규정을 도입함으로써 대응해 왔다. 중국 의회는 1997년 3월에 반덤핑, 반보조금 규정을 통과시켰다. 해외무역 경제협력부와 국가경제 무역위원회가 반덤핑 문제에 대한 책임을 맡고 있다.[39]

　미국 의회는 덤핑을 미국 산업 확립을 손상시키고, 파괴하며, 방해하는 불공정 거래행위로 규정하고 있다. 이러한 정의하에서 덤핑은 수입업자가 미국 시장에서 생산원가에 8%보다 적은 마진을 붙여 판매하거나, 제조국가에서 주로 거래되는 가격보다 낮은 가격에 판매되는 경우에 해당한다. 미국 상무부가 제품이 미국에 덤핑으로 판매되는지 아닌지 여부를 결정한다. 그런 다음 국제무역위원회(ITC)가 해당 덤핑행위가 미국 기업에 손해를 입혔는지를 결정한다.

　미국에서 일어나는 덤핑의 많은 사례가 아시아 지역의 제조품과 관련이 있고, 단일한 제품군이나 좁게 정의된 제품군을 대상으로 발생한다. 저가의 수입제품으로 인해 물질적인 피해를 입었다고 주장하는 기업이 그러한 덤핑 의혹을 제기한다. 2000년에 미국 의회는 **버드 수정법**(Byrd Amendment)을 통과시켰다. 이 법률은 미국 세관이 거두어들인 반덤핑관세를 반덤핑 수입품에 의해 손해를 본 기업에 나누어 주도록 규정하고 있다.[41]

　유럽에서는 유럽위원회가 반덤핑 규정을 관장한다. 투매된 상품에 관세가 부과되기 전에 각료이사회의 다수결 표결이 필요하다. 6개월의 잠정 관세를 부과할 수 있으며, 더 엄중한 조치로 5년간 반덤핑관세를 부과할 수도 있다. 낮은 가격에 아시아로부터 수입되는 제품이 유럽에서 덤핑 논란의 대상이 되어 왔다. 또 다른 이슈는 연간 6억 5,000만 달러 규모에 이르는 중국과 이집트, 인도, 인도네시아, 파키스탄, 터키로부터 수입되는 미표백 목화문제이다. 이 논란으로 인해 직물 수입업자와 유통업자의 연합은 프랑스와 이탈리아를 비롯한 유럽국가들의 직공들을 대표하는 유럽섬유산업협회 유로코튼과 다투게 되었다. 유로코튼은 낮은 수입품으로부터 일자리를 보호하는 수단으로서 덤핑관세를 지지했다. 일자리 문제는 특히 프랑스에게 예민한 문제였다. 그러나 영국의 섬유 수입업체인 브룸앤웰링턴은 관세 부과는 섬유 가공산업과 의류산업에 더 많은 일자리를 창출함에도 불구하고 가격과 비용의 상승을 유발할 것이라고

> "회색시장은 우리의 가장 큰 위험 요소이다. 정식 시장 없이는 시장의 발전이 어렵고, 소매업, 판매, 애프터 서비스, 유통이 제대로 이루어질 수 없다."[38]
> 인도 휴대전화협회 회장, 판카지 모힌드루

> "덤핑은 유럽 철강산업에서 가장 위협적인 요인으로 간주되고 있다. 글로벌 시장에서 철강을 초과 생산하는 것은 장기적으로 누구에게도 도움이 되지 않는다."[40]
> 유럽철강협회 회장, 그리트 반 포엘부르드

주장했다.[42] 2005년 1월에 섬유 쿼터가 폐지되었다. 하룻밤 사이에 미국과 유럽에 대한 중국의 섬유 수출량이 극적으로 증가했다. 몇 달 만에 미국 정부는 몇몇 섬유 수입부문에 대해서 다시 수입 쿼터를 부과했다. EU에서도 무역부 장관인 피터 멘델슨이 2년간 수입 쿼터를 설정했다.

덤핑은 GATT 협상의 우루과이라운드에서 중요한 이슈였다. 많은 국가들이 미국의 반덤핑 법안 시스템에 대해서 이의를 제기했다. 왜냐하면 역사적으로 볼 때 미국 상무부는 언제나 반덤핑 제소를 한 자국기업에 대해 우호적으로 판단을 내렸기 때문이다. 미국 협상가들은 미국 수출업자가 공식적인 규정과 절차가 거의 없는 국가에서 반덤핑 조사의 표적이 되는 것을 우려했다. 미국 측은 미국 기업이 자신의 이익을 보호하고 반덤핑 판단에 대해 이해하는 능력을 키우기를 바랐다.

GATT 협상의 결과 GATT 규정 제6조의 해석에 대한 합의가 있었다. 미국의 관점에서 보면 1979년의 규정과 합의점 사이의 가장 큰 변화는 GATT 패널이 미국의 반덤핑 결정에 대해 논박하는 것을 더욱 어렵게 만들 '검토 기준'의 추가였다. 또한 절차상의 문제와 방법론적인 부분에서도 몇 가지 변화가 있었다. 어떤 경우에 이러한 변화는 GATT 규정을 미국법과 비슷하게 연결되도록 하는 효과가 있었다. 예를 들어 주어진 제품에 대한 '공정한 가격'을 계산할 때 수출국의 원가보다 싼 제품의 판매를 포함시키지 않았다. 그러한 제품의 판매를 포함시키는 것은 공정한 가격의 하락을 가중시키는 효과를 가져오기 때문이다. 또한 합의문은 정부가 수출시장 가격과 자국시장 가격의 차이가 2% 미만인 제품에 대해서 처벌하지 못하도록 함으로써 GATT 기준을 미국 기준과 긴밀히 연결되도록 만들었다.

덤핑이 미국에서 일어났다는 확실한 증거를 위해 가격의 차이와 산업의 피해가 모두 입증되어야만 한다. 가격 차이(price discrimination)는 같은 양의 '유사한 품질'의 제품을 다른 구매자에게 판매할 때 다른 가격을 설정하는 방법이다. 두 가지 조건이 모두 있어야만 덤핑에 해당하며 한 가지 조건만으로는 불충분하다.

반덤핑 규제에 저촉될 것을 우려하는 기업은 반덤핑 규제를 피하기 위한 몇 가지 방법을 개발해 냈다. 한 가지 방법은 자국시장에서 판매하는 것과 수출품을 다르게 함으로써 '유사한 품질'의 제품이라는 규정에 해당하지 않도록 만드는 방법이었다. 이러한 사례로 한 회사가 자동차 장식품에 렌치와 설명서를 함께 넣어 판매하면서 해당 제품을 장식품이 아닌 연장으로 상품 카테고리를 바꾸어 버린 사례가 있다. 수출시장에서 관세율은 우연히도 연장에 대해서 관세가 낮았고, 그 기업은 반덤핑 규제로부터 면제를 받을 수 있었다. 왜냐하면 제품의 포장이 표적시장에서 경쟁하는 다른 제품들과 비교될 수 없었기 때문이었다. 또 다른 방법은 계열사와 유통업체들과의 계약에서 가격 경쟁력이 없는 조정을 하는 것이다. 예를 들어 신용거래 기간을 연장하는 방법은 가격 인하와 본질적으로 같은 효과를 낸다.

▶ 11-8 가격 담합 유형별로 비교 대조한다.

(11-8) 가격 담합

대부분의 경우에 2개 혹은 그 이상의 기업의 대표가 자신이 생산하는 제품에 대해 비밀리에 유사한 가격을 책정하는 것은 불법이다. **가격 담합**(price fixing)이라고 알려진 이러한 방법은 일반적으로 반경쟁법에 의해 다루어진다. 이러한 방법을 공모한 기업은 대개 그들의 제품에 대해서 시장이 정상적으로 기능할 때보다 더 높은 가격을 보장받고자 이러한 시도를 한다. **수평적 가격 담합**은 같은 상품을 제조하고 판매하는 동일 산업 내의 경쟁자가 가격을 높게 유지하기 위해 공모하는 것을 의미한다. 예를 들어 2011년 유럽위원회는 P&G, 유니레버, 헨켈이 세탁용 세제의 가격을 담합했다고 결정했다. P&G와 그 공모자들은 생산-공급 과정 단계에서 같은 단계에 있었기 때문에 수평적 가격 담합이라는 용어는 이러한 예에 적용된다(그들은 모두 제조사였음).

수직적 가격 담합은 제조업자가 일정 수준의 소매가격이 유지되게 하기 위해 유통업자나 소매업자와 공모하는 경우를 의미한다. 다시 말해 유통 채널상에 다른 차원의 구성원과 결탁하는 것을 의미한다. 예를 들어 유럽위원회는 최근에 닌텐도가 가격 담합을 위해 유럽의 유통업자와 공모했다는 결정을 내리고 닌텐도에 1억 5,000만 달러의 과징금을 부과했다. 1990년대에 닌텐도의 게임기는 유럽 시장 내부에서 가격 차이가 컸다. 실제로 닌텐도 게임기는 영국을 비롯한 다른 국가보다 스페인에서 훨씬 비쌌다. 그러나 낮은 소매가격을 유지하고 있던 국가의 유통업자가 소매가격이 비싼 국가의 소매업자에게 판매하지 않기로 동의했다.[43]

가격 담합의 또 다른 최근 사례는 미국과 문제를 빚었던 남아프리카공화국의 다이아몬드 회사인 드비어스이다. 가격 담합 문제는 보석시장보다는 산업용 다이아몬드와 관련이 있었다. 드비어스는 오랫동안 실시됐던 '다이아몬드는 영원히'라는 광고 캠페인 덕분에 미국에서 이름이 잘 알려져 있었다. 드비어스는 미국에 직영 유통망이 없었기 때문에 중개업자를 통해서 미국 시장에 제품을 판매했었다. 드비어스의 경영자는 자신의 잘못에 대해 사죄할 의사를 나타냈고, 미국 시장에 대한 접근권과 맞바꾸는 의미에서 과징금을 부과하겠다고 했다. 드비어스의 대변인은 "미국은 세계 보석 소매량의 50%를 차지하고 있는, 다이아몬드 보석의 최대 시장이다. 우리는 진심으로 간절히 이 문제를 해결하고자 한다."라고 밝혔다.[44]

(11-9) 이전가격

◀ 11-9 이전가격의 개념을 설명한다.

이전가격(transfer pricing)이란 제품이나 서비스, 무형자산 등을 같은 기업의 부서 간 혹은 사업단위 간에 사고팔 때 가격을 정하는 것을 의미한다. 다시 말해서 이전가격은 같은 모회사를 가진 구매자와 판매자 간에 이루어지는 **기업 내부 교환**에 관련된 개념이다. 예를 들어 토요타의 경우 하부 계열사끼리 서로 물건을 사고판다. 이전가격은 글로벌 마케팅에서 중요한 개념이다. 왜냐하면 국가 간의 경계를 넘어가는 제품을 판매하기 때문이다. 따라서 그러한 제품의 가격은 소득세를 정확하게 징수하기를 원하는 조세당국과 제품에 대해서 적합한 관세를 징수하고자 하는 세관에게는 중요한 문제이다. 뱅크 오브 아메리카의 마케팅 전략이사인 조셉 퀸란은 미국의 기업들이 23,000여 개의 해외 자회사를 보유하고 있다고 추정했다. 미국이 수출하는 양의 25%는 미국 기업에 의해 미국 밖에 위치하고 있는 그들의 자회사나 계열사에 수출되고 있다.

계열사에 대한 이전가격을 결정할 때 글로벌 기업은 세금문제, 관세문제, 국가의 수익이전 규정, 상충하는 합작투자 파트너 간의 이해관계, 정부규제 등과 같은 다양한 이슈들을 다루어야 한다. 미국의 국세청, 영국의 내국세 세무청, 일본의 국세청과 같은 조세당국은 이전가격 정책에 대해 각별한 관심을 기울이고 있다. 유로화가 통용됨에 따라 조세당국이 이전가격 정책을 감시하기가 용이해졌다.[45] 이 때문에 이전가격은 유럽 기업에게 핵심적인 이슈가 되고 있다.

이전가격 결정에 적용할 수 있는 세 가지 대안적인 접근방법이 있다. 이러한 접근방법은 기업의 성격, 제품, 시장, 각각의 역사적 상황에 따라서 달라질 것이다. **시장기반 이전가격**

표 11-3 이전가격 결정 방법 간의 비교

기준	시장기반	원가기반	협상
목표 일치가 성취됐는가?	예(시장이 경쟁적인 경우)	자주 그렇지만 항상은 아님	예
경영 효과에 동기를 부여했는가?	예	예(예산 원가를 기준으로 한 경우)	예
하부단위의 성과평가에 유용한가?	예(시장이 경쟁적인 경우)	이전가격이 총원가를 초과하지 않으면 어려움	예(그러나 이전가격은 구매자와 판매자의 협상 기술에 영향을 받음)
하부단위의 자율성이 보호됐는가?	예(시장이 경쟁적인 경우)	아니요(규칙 기반)	예(하부단위 간의 협상에 기반)
다른 요인	시장이 존재하지 않거나, 완벽하지 않음	생산의 총원가를 결정하기 위해 유용함. 시행이 용이함	흥정과 협상은 시간이 걸리고, 상황의 변화에 따라 검토가 필요함

출처 : Charles T. Horngren, Srikant M. Datar, George Foster, Madhav Rajan, and Christopher Ittner, *Cost Accounting: A Managerial Emphasis* (Upper Saddle River, NJ: Prentice Hall, 2009), p. 783.

(market-based transfer price)은 글로벌 시장에서 경쟁력을 갖추는 데 필요한 가격에서부터 시작된다. 다시 말해 **원가기반 이전가격**(cost-based transfer pricing)은 가격을 결정하는 출발점으로 내부비용을 사용한다. 이러한 접근법은 이전 장에서 언급한 원가에 기반한 가격정책방법과 같은 형식을 취한다. 원가가 산정되는 방식은 글로벌 기업에 의해 현지 계열사나 자회사의 판매에 대한 관세나 세금에 영향을 미칠 수도 있다. 세 번째 방법은 조직의 하위 계열사가 그들 사이의 협상을 통해 가격을 결정하는 것을 허락하는 **협상된 이전가격**(negotiated transfer prices)이다. 이 방법은 시장가격이 자주 변하는 경우에 사용될 수 있다. 표 11-3은 다양한 관리기준을 충족시키는 다른 방법들을 요약해 놓은 것이다.

세금 규제와 이전가격

글로벌 기업은 기업의 수입에 대해 각기 다른 세금률을 가진 여러 국가에서 운영되고 있기 때문에 세금이 가장 낮은 국가(아일랜드 등)에서 이익을 극대화하고, 세금이 높은 미국이나 다른 국가에서는 이윤을 최소화하게 되면 결과적으로 이윤이 극대화될 수 있다. 제5장에서 논의하였듯이 정부 당국은 애플이나 다른 기업들이 절세 계획이나 세금 회피를 목적으로 전략을 형성하고 있다는 것을 매우 잘 알고 있다.[46] 최근에 많은 정부들이 기업의 수익을 검토하고, 수입과 지출을 재분배할 것을 의무화함으로써 국가의 세금 수입을 극대화하기 위해 노력해 왔다. 일부 기업들은 다음과 같은 이전가격 사례와 관련이 있다.

- 모토로라는 미국 국세청(IRS)에 잘못된 장부 기입 때문에 전 세계에서 영업을 통해 얻은 수입에 대한 세금 5억 달러를 체납하고 있다.
- 미국 노동부는 스위스 시계 제조업체인 스와치 그룹이 수백만 달러의 관세와 세금을 면하기 위해 부적절하게 이전가격을 사용했다고 주장하면서 스와치 그룹을 제소했다.[47]
- 미국 정부는 거대 제약회사인 글락소스미스클라인(GSK)을 상대로 27억 달러의 세금을 징수하기 위해 몇 년을 소비했다. IRS는 GSK가 시장에서 큰 성공을 거둔 궤양 치료제인 잔탁 판매를 통해 거둔 수입에 대해 정당한 만큼의 세금을 납부하지 않았다고 밝혔다. 1989~1999년에 잔탁을 통해 미국이 거두어들인 세금은 160억 달러였다. IRS는 GSK의

미국 법인이 모회사인 영국 법인에 지나치게 많은 로열티를 제공하는 방법으로 미국에 납부할 세금을 줄였다고 주장했다. 이 사례는 2007년에 재판을 받기로 예정되어 있었다. 그러나 2006년 9월 GSK는 IRS에 31억 달러를 납부하기로 합의하고 이 사건을 마무리했다.[48]

유형, 무형 자산의 판매

개개의 국가는 기업 내부 거래를 규제하는 해당 국가만의 법률과 규정이 있다. 가격 산정의 근거가 무엇이든지, 세계시장에 대한 가격정책 결정에 관여하고 있는 경영자와 관리자는 이러한 법률과 규정에 익숙해져야만 한다. 가격 산정의 근거는 이러한 법률과 규정의 목적에 부합해야만 한다. 적용 가능한 법률과 규정이 복잡하고 어려워 보일지라도 대부분의 정부가 탈세를 막고 공정한 소득의 분배를 추구하는 증거가 많다.

이러한 법률과 규정을 따르기 위해 성실히 노력하고, 이러한 노력을 증명하는 기업도 세금 관련 재판에 회부될 수도 있다. 세금 감사관이 의문을 제기할 때 경영자는 자신들의 결정에 대해서 정당한 논거를 제시해야만 한다. 다행히도 경영자가 복잡한 이전가격제도와 씨름하는 것을 도와줄 다양한 컨설팅 서비스가 있다. 글로벌 기업이 수천 달러를 투자하고, 이전가격 정책을 검토하기 위해 국제회계법인을 고용하는 것은 드문 일이 아니다.

(11-10) 대응무역

◀ 11-10 거래 대상을 정의하고 취할 수 있는 다양한 형태를 설명한다.

최근에 많은 수출업자가 거래의 일부 혹은 전부를 금전거래 외에 다른 형태의 지불을 통해 국제거래에 투자하도록 압박받고 있다.[49] 대응무역이라고 알려진 다양한 대안적인 투자 방법이 널리 사용된다. **대응무역**(countertrade) 거래에서 판매를 통해 제품의 흐름이 구매자 쪽으로 흐르게 된다. 이와 분리된 제품과 서비스의 흐름이 반대방향으로도 흐르게 된다. 대응무역은 일반적으로 서구권의 판매자와 개도국의 구매자 사이에 일어난다. 예를 들어 구 소련권에 위치한 나라들은 역사적으로 대응무역에 의존해 왔다. 1980년대 중반에 가장 흔하게 사용됐던 이 방법은 이제 100개 국가에서 사용된다. 중앙계획시스템이 붕괴됨에 따라 대응무역은 소비에트연방국가 사이에서 1990년대에 성행했다.

한 전문가가 언급했듯이 대응무역은 경화(hard currency)가 부족할 때 성행한다. 외환관리가 기업이 이익금을 국외로 빼돌리는 것을 막을 수도 있다. 기업은 제3국 시장으로 수출되어 팔릴 제품의 생산을 위해 국내에서 돈을 사용하도록 강요받을 수도 있다. 역사적으로 대응무역을 성행하게 만드는 가장 중요한 요소는 개도국이 은행 융자를 통해 수입에 투자할 수 있는 능력의 감소였다. 이러한 기조는 빚에 허덕이는 정부에게 스스로 재원을 조달하도록 내몰았다.[50]

일반적으로 몇 가지 조건은 어떤 형태의 무역거래가 일어날 확률에 영향을 미친다.

- 수입에 부여된 우선권이다. 우선권이 높을수록 대응무역이 필요하게 될 가능성이 작아진다.
- 거래의 가치이다. 거래 가치가 높을수록 대응무역이 개입될 여지가 높다.
- 다른 공급자로부터 제품을 구할 수 있는 가능성이다. 만약에 한 기업이 차별화된 제품의 유일한 공급자라면 그 기업은 제품의 대금을 현금으로 할 것을 요구할 수 있다.

지난 10년 동안 유럽에서의 재정위기는 몇몇 기업이 대응무역 활용을 고려하도록 했다. 예를 들어 독일의 화학기업인 BASF는 농업 분야에서 그리스 구매자와 대응무역에 접근하는 긴급 대책을 세웠다. 이러한 딜은 BASF에게 새로운 것이 아니었다. 예컨대 동유럽에서 회사는 화학제품에 대한 지불금으로 광물을 받았다. 브라질의 몇몇 고객은 사탕밀로 지불하였다. 북미에 있는 BASF의 CFO인 프라이드 월터 뮌스터만은 자신의 회사는 유럽에서 새로운 대응무역을 선정할 것이라고 하면서 와인과 올리브 오일은 필요 없다고 언급했다.[51]

이 책에서는 대응무역의 두 가지 유형을 다루고 있다. 물물교환이 첫 번째 유형이고, 혼합된 형태의 대응무역인 대응구매와 절충교역, 보상무역, 스위치무역이 또 다른 유형이다. 이러한 무역의 형태는 물물교환과 실질적인 구분이 되는데, 왜냐하면 거래가 현금이나 신용대부를 통해 이루어지기 때문이다.

물물교환

물물교환(barter)은 가장 단순하고 오래된 비금전적 상호 대응무역의 형태이다. 단순한 물물교환은 두 당사자 사이에 제품이나 서비스의 직접적인 교환을 의미한다. 비록 직접적인 금전적 교환은 없지만, 거래의 양 당사자는 양방향으로 이동하는 제품에 대한 대략적인 그림자 가격을 구성한다. 기업들은 때때로 외부의 물물교환 전문가에게 도움을 청하기도 한다. 뉴욕의 엣우드 리처드는 세계 모든 지역에서 물물교환 거래를 하고 있다. 그러나 일반적으로 유통은 중개자 없이 거래 당사자 간에 직접 이루어진다.

물물거래에 관여한 기업 중 대중의 인지도가 가장 높은 기업은 수십 년 동안 소비에트연방 지역에서 사업을 벌여온 펩시코이다. 소비에트연방 시절에 펩시코는 탄산음료 원액과 스톨리치나야 보드카와 물물거래를 했다. 스톨리치나야 보드카는 펩시코의 와인앤스피리츠 계열사에 의해 미국으로 수출되었고, 헨리 와인즈에 의해 시장에 출시되었다. 소비에트연방 이후 독립국가연합체제하에서 물물교환은 필요하지 않았다. 오늘날 스톨리치나야 보드카는 룩셈부르크의 SPI 그룹의 한 계열사인 스톨리 그룹에서 수입, 출시되고 있다.

베네수엘라 대통령이었던 고 우고 차베스는 다른 라틴아메리가 국기 간에 관계를 발전시키기 위하여 석유를 물물교환하기 시작하였다. 예를 들어 쿠바는 베네수엘라에 의료진을 보내는 대가로 석유를 받는다. 다른 국가는 바나나나 설탕을 '지불'하고 석유를 받는다. 상품 부족은 베네수엘라인들로 하여금 왓츠앱, 페이스북, 인스타그램을 사용하여 일상적 필요에 맞게 교환하도록 강요했다. 예컨대 기저귀 대 파스타와 설탕, 샴푸 대 밀가루, 팬트리 스테이플 대 콜롬비아 화장지로 교환한다.[52]

대응구매

병행교역, 혹은 **병행 물물교환**이라는 용어로도 사용되는 **대응구매**(counterpurchase) 형태의 대응무역은 매번 거래 시에 교환이 현찰로 이루어진다는 점에서 다른 형태의 대응무역과 구분된다. 예를 들어 로크웰인터내셔널이 짐바브웨에 인쇄기를 800만 달러에 판매했다. 그러나 거래는 로크웰이 세계시장에 내다 팔 페로크롬과 니켈을 짐바브웨로부터 800만 달러에 구매한다고 동의한 이후에야 최종적으로 종료된다.

로크웰과 짐바브웨의 거래는 대응구매의 몇 가지 측면을 보여준다. 일반적으로 해외업체로부터 제공된 제품은 서구기업의 수출과는 관련이 없고 또 기업에 의해 직접적으로 사용될 수도 없다. 대부분의 대응구매 거래의 경우 2개의 독립된 계약이 성립된다. 1개의 계약은 공급자가 제품을 현금결제 조건으로 판매하는 것을 동의하는 계약이다. 이것을 원판매계약이라고 한다. 다른 1개의 계약은 공급업자가 구매자로부터 원래의 계약과 관련이 없는 제품을 구입하기로 동의하는 계약이다. 이 계약이 분리된 병행계약이 되는 것이다. 대응구매의 현금가치는 일반적으로 해외 구매자에게 팔린 제품가격에 대해 지정된 비율로 정해진다. 서구의 공급업자가 구매자로부터 다시 구매한 제품을 판매할 때 거래 사이클이 완성된다.

절충교역

절충교역(offset)은 수입국 정부가 군용 비행기나 통신 시스템을 구입하는 데 대규모의 경화를 사용하는 경우에 이 비용에 대한 회수를 원할 때 이루어지는 일종의 상호 동의라고 할 수 있다. 실제로 수입국의 정부가 이렇게 이야기하기도 한다. "우리 정부가 당신들의 수출품에 대해 돈을 지출하길 원한다면, 당신 역시 우리 국가로부터 제품을 수입해야 한다." 절충교역 합의는 제조업의 기업이 참여할 수도 있고, 특정한 형태의 기술이전, 지역적인 하위계약의 작성, 혹은 계약건의 가치에 상응하는 액수에 대한 지역 조립, 생산 계약과 같은 일들이 포함될 수 있다.[53] 절충교역 거래가 포함된 거래에서 록히드 마틴사는 아랍에미리트에 F-16 전투기를 64억 달러에 판매했다. 이에 대한 대응무역의 형태로 록히드사는 석유 관련 업체인 아랍에미리트 오프셋 그룹에 대해 1억 6,000만 달러를 투자하기로 합의했다.[54]

절충교역은 대응구매와 구분될 수 있다. 왜냐하면 대응구매는 단기간 작은 규모의 거래가 특징이기 때문이다.[55] 절충교역과 다른 형태의 대응무역이 갖는 또 다른 중요한 차이점은 합의가 계약서의 형태가 아니라 양해각서의 형태라는 점이다. 이 양해각서가 거래를 종결하기 위해 판매자가 구매자에게 다시 구입해야 하는 제품의 액수와 기간에 대해서 명시한다. 게다가 이 양해각서에 따르면 판매자가 이행을 하지 않았을 경우에 어떠한 책임도 지지 않는다. 일반적으로 제품의 공급업자가 자신이 공급한 제품가치의 20~50% 정도를 구매자로부터 다시 구매하는 것이 요구된다. 일부 경쟁이 심한 판매의 경우에는 원래 판매의 100%가 넘는 비율의 재구매를 요구하기도 한다.

절충교역은 오늘날의 무역 환경에서 논란이 많았다. 중국과 같이 중요한 시장에서 성공을 거두기 위해 글로벌 기업은 군수품 조달이 개입되지 않은 경우에도 절충교역 거래를 필요로 하는 경우도 있다. 예를 들어 중국 정부는 보잉사에게 중국 정부가 구매하는 비행기 가격의 20~30%에 해당하는 중국 제품을 구매하도록 요구한다. 보잉의 경영자인 딘 손튼은 다음과 같이 설명했다.

> '절충교역'은 나쁜 단어이다. 이러한 행위는 GATT 협정에 위배된다. 그러나 엄연한 현실이다. 수십 년 전에는 캐나다나 영국 같은 국가에서도 노골적으로 사용되었다. "당신은 당신이 판매한 값어치의 21%를 다시 구매할 것입니다."와 같은 형태로 말이다. 아직도 상업용 비행기의 판매와 군수품의 판매에 이런 방식이 적용되고 있다. 그러나 이런 행위는 합법적이 아니기 때문에 예전보다 덜 노골적이고 덜 명시적이다.[56]

보상무역

보상무역(compensation trading)은 **환매**(buyback)라고도 하는데, 2개의 분리되고 평행한 계약에 의한 대응무역의 형태이다. 하나의 계약에서는 경화 착수금조로 제품의 배달과 함께 공급자가 공장을 지어주거나, 공장 설비를 제공할 것을 약속한다. 혹은 특허권이나 라이선스를 제공하거나 기술, 관리, 유통과 관련한 전문지식을 제공해 줄 것을 약속한다. 또 다른 계약에서는 공급기업은 이전 계약에 의해 설립된 공장의 생산품을 20년 동안 투자에 대한 대가로 받을 것을 계약한다.

본질적으로 보상무역의 성공은 각각의 거래 상대 기업이 판매자와 동시에 구매자가 되고자 하는 의지에 달려 있다. 중국은 보상무역을 다방면에 걸쳐 사용해 왔다. 이집트 역시 이러한 접근법을 알루미늄공장 개발을 위해 사용했었다. 스위스 기업인 알루스위스는 이집트에 공장을 지었고 알루미나(보크사이트와 점토에서 추출되는 알루미늄 산화물)도 수출했다. 알루스위스는 이 공장에서 생산된 최종 알루미늄 제품의 일정 비율을 공장을 지어준 대가로 되가져 왔다. 이러한 사례들이 보여주듯이 보상무역은 공급된 기술이나 자본이 생산된 최종제품과 관련이 있다는 점에서 대응구매와 다르다.[57] 앞에 언급한 것처럼 대응구매에서는 공급업자가 구매한 제품은 공급업자의 사업 영역에서 직접적으로 사용될 수 없다.

스위치무역

삼각무역(triangular trade) 혹은 스왑(swap)이라고도 부르는 **스위치무역**(switch trading)은 물물교환이나 대응무역에 모두 적용될 수 있는 기법이다. 이 거래에서는 거래의 한 당사자가 거래에서 발생하는 모든 제품에 대해서 전부를 받아들일 의사가 없을 때 제3자가 물물교환이나 다른 형태의 대응무역 거래에 끼어들게 된다. 여기서의 제3자는 전문적인 스위치 무역업자일 수도 있고, 스위치무역 회사일 수도 있고, 또는 은행이 될 수도 있다. 스위칭 기법은 물물교환이 되는 제품이나 대응무역이 이루어지는 물건에 대한 '2차적 시장(secondary market, 혹은 파생시장)'을 제공하고 물물교환이나 대응무역에 내재되어 있는 융통성의 부족을 줄여준다. 스위치 거래자들이 받는 수수료는 일용품의 경우 제품 시장가치의 5%에서 첨단기술제품의 경우 30%까지 다양하다. 스위치 무역업자는 그들 스스로의 기업 네트워크망과 개인적인 접촉점을 개발하고, 일반석으로 비엔나, 임스테르담, 함부르크, 런던과 같은 곳에 본사를 두고 있다. 만약에 원래 거래의 한 상대방이 물물교환이나 대응무역의 형태로 받게 될 제품이 최종적으로 스위치 무역업자에 의해 할인된 가격에 팔릴 것을 예상한다면, 일반적으로 항구 보관료나 컨설팅 비용 등의 명목으로 '특별 부과금'을 산정해 원래 제품의 가격을 높이는 방법을 사용한다.

요약

가격결정은 원가와 경쟁적 요소, 제품의 가치에 대한 고객의 인식을 반영해야만 하는 마케팅 믹스에서 핵심적인 요소이다. 실제 글로벌 시장에서는 **일물일가의 법칙**이 주를 이룰 것이다. 가격전략에는 스키밍 가격전략, 시장침투 가격전략, 시장보유 전략이 있다. 경험이 부족한 수출업자는 원가가산 가격결정을 주로 사용한다. 거래 조건의 국제적인 규약으로 인코텀스가 있다. 이러한 거래 조건으로 Ex-works, DDP, FCA, FAS, FOB, CIF, CFR 등이 있는데 각각의 거래 조건은 거래에서 발생하는 다양한 비용에 대한 책임소재를 밝히고 있다. 이러한 다양한 제품이 한 국가에서 다른 국가로 이동할 때 발생하는 비용의 누적이 수출가격 상승을 유발한다.

환율 변동, 인플레이션 환경, 정부의 통제, 경쟁사의 행위 등에 대한 예상은 가격정책 결정의 요소에 포함되어야만 한다. 유로화의 도입은 EU 지역에서의 가격전략에 영향을 주었는데, 유로화로 인해 가격 투명성이 증가했기 때문이다. 글로벌 기업은 사업 환경의 변화에 따라 제조원을 교체함으로써 세계시장에서 경쟁력 있는 가격을 유지할 수 있다. 전체적으로 기업의 가격정책은 본국시장중심 가격전략, 현지시장중심 가격전략, 세계시장중심 가격전략으로 분류될 수 있다.

글로벌 마케팅에서 몇 가지 추가적인 가격 이슈가 관련이 있다. 회색시장 상품과 관련한 이슈가 대두되고 있는데, 이는 국가별로 동일한 제품에 대한 가격의 차이가 **병행수입** 행위를 유발하기 때문이다. 거래 상대방 간의 긴장관계를 유발할 수 있는 **덤핑**은 또 다른 논란의 소지가 있는 이슈이다. 기업들 간의 가격 담합은 경쟁을 저해하고, 불법적인 행위이다. 이전가격은 기업 간 거래의 규모 파악 때문에 중요한 이슈이다. 각국 정부는 세금을 최대한 많이 거두어들이기를 원하는데, 이런 목적을 달성하기 위해서는 기업 내부 거래 규모를 정확하게 파악해야 하기 때문이다. 다양한 형태의 대응무역은 오늘날의 세계화된 환경에서 중요한 역할을 한다. 물물교환, 대응구매, 절충교역, 보상무역, 스위치무역 등이 주요한 대응무역의 방법이다.

토론문제

11-1. 어느 시장에서나 가격에 영향을 미치는 기본적인 요인은 무엇인가? 가격을 결정할 때 고려할 사항에는 어떤 것들이 있는가?

11-2. 글로벌 마케터에 제공되는 다양한 유형의 가격전략 및 목표를 정의하라.

11-3. 글로벌 가격결정 시 환경적 제약사항을 파악하라.

11-4. 왜 세계시장에서 가격 차이가 그레이 마케팅으로 이어지는가?

11-5. 이전가격은 무엇인가? 외국계 계열사를 거느린 기업들에게 중요한 이슈가 되는 이유는 무엇인가? 1999년에 왜 유럽에서 이전가격의 중요성이 높아졌는가?

11-6. 본국시장중심 가격전략, 현지시장중심 가격전략, 세계시장중심 가격전략은 어떻게 다른가? 어떤 전략을 글로벌 시장에 포부가 있는 회사에 추천하겠는가?

11-7. 전 세계 컴퓨터 단층촬영(CT) 스캐너 마케팅(평균 가격 120만 달러)을 담당했으며 제조 국가가 거의 모든 다른 통화에 비해 가치가 높은 통화를 보유하고 있다면 세계시장에서 귀사의 경쟁력을 유지하기 위해 어떤 옵션을 사용할 수 있는가?

11-8. 상이한 형태의 대응무역을 비교하고 대조하라.

사례 11-1 (계속)
저소득 소비자를 표적으로 한 글로벌 자동차 기업

로간은 가격 인하에 대한 사례연구였다. 운전자는 구식의 시동키를 켜야 한다. 자동주행속도 유지장치는 없다. 방풍유리가 거의 평면이라는 것은 좀 더 저렴한 가격에 이를 생산할 수 있음을 의미한다. 좌우측의 바깥 창문은 동일하다. 재떨이 또한 다른 르노 모델의 이스케이프와 똑같다. 같은 이치로 로간은 르노의 소형 자동차인 클리오와 엔진과 기어 박스를 공유한다. 이러한 요소를 비롯하여 기타 다른 요소들은 대량생산으로 인한 규모의 경제를 가능하게 하였다.

첫 로간 모델의 생산은 2004년 루마니아에서 시작됐다. 조립 장소의 선택은 편의 경제학에 의해 선정되었다. 프랑스의 높은 노동비율과 지불 급여세는 자동차 한 대에 추가적으로 1,400달러가 드는 것으로 환산된다. 로간은 2007년 4월 인도 시장에 만 달러의 가격으로 출시되었다. 로간은 르노와 인도의 가장 유명한 대기업인 마힌드라&마힌드라의 합작투자 시설에서 생산된다. 파트너들 사이의 분쟁 후에 합작투자는 해산되었다. 마힌드라&마힌드라는 현재 라이선싱 협의하에 로간을 생산하고 있다.

2008년 해치백 모델인 산데로가 소개되었다. 이것은 더스터 SUV에 의해 2009년까지 이어졌다. 롯지는 2012년에 선보였다. 2012년에 르노는 255만 대의 자동차를 판매했다. 그중 25%는 저가 모델이었다. 매출은 로간과 보급형 르노 모델 간에 거의 균등하게 나눠진다. 매출의 지리학적 분배는 르노의 전략이 문제에 봉착했다는 것을 나타낸다. 로간은 신흥시장을 표적으로 했음에도 불구하고 부유한 유럽 국가의 소비자들에게 큰 히트를 쳤다.

어떻게 이러한 일이 일어났을까? 진취적인 독립 유통업자들은 루마니아에서 제조된 로간을 사서 프랑스와 서유럽에 있는 다른 국가들에 수출했다. 이것은 소비자 태도에 내한 변화와 일치하였다. 금융위기를 고려하면 많은 젊은층이 소비를 줄이는 것이 합리적이라고 판단한 것은 놀라운 일이 아니었다. 과연 설문조사도 20대 유럽인이 높은 비율로 저가 자동차를 구매하는 것에 '관심' 또는 '매우 관심'이 있는 것으로 나타났다.

나노

르노가 저가 자동차 전략을 계속해서 개선하고 있는 와중에 산업의 일부는 난제를 던졌다. "자동차 회사가 최적의 가치 제안에 어떻게 대처할 수 있는가?" 작고 장식이 없는 4개의 문을 가진 자동차가 주행이 안정적이고, 첫 구매자의 욕구를 만족시킬 정도로 멋지며, 겨우 반값으로 제공될 수 있는가? 최선의 상황에서 이런 자동차를 생산하는 것은 세계 최고의 자동차 엔지니어의 기량 테스트를 받는 것이다. 그러나 이러한 도전은 자동차의 원재료인 강철, 합성수지, 그리고 기타 자재들의 높은 가격으로 인한 사업 환경 때문에 이루어지기 어렵다고 볼 수 있다. 재료와 조달을 담당하는 기업 관계자의 말이다. "이러한 디자인에는 유산비용이 많이 들고, 엔지니어가 설계하기에도 어렵습니다. 백지 상태에서 시작하는 것이 저렴하게 먹힙니다."

인도의 타타 자동차의 최고경영진은 그들이 그 일을 할 수 있다고 믿었고, 나노는 그 증거이다. 나노의 계기판은 가운데에 몰려 있어서 수출

을 위한 오른손과 왼손 운전자 버전 두 가지를 제공할 수 있다. 타타의 표적시장은 현재 스쿠터에 의해 움직이는 신흥시장의 소비자이다. 일부 환경학자들은 인도의 이미 혼잡한 거리에서 수십 대의 새로운 자동차가 가져올 부정적인 영향을 걱정하기도 한다. 그러나 라탄 타타 회장은 저소득 가정도 차가 제공하는 자유에 대한 접근을 얻어야 한다고 말하면서 "그들이 왜 독립적인 운송수단에 대한 권리를 빼앗겨야 하는가?"라고 물었다.

산업의 관심과 긍정적인 언론의 초기 강풍 후에 나노 프로그램은 불운과 변화된 태도의 희생자로 전락했다. 그중 한 가지로 시위자들은 첫 조립공장 건설을 반대했다. 생산이 마침내 시작된 후에, 그 자동차에서 불이 나는 여러 가지 잘 알려진 사건들이 일어났다. 많은 자동차 구매자들과 경쟁해야 하였다. 하나의 베스트셀링 모델은 6,200달러의 마루티 스즈키 알토였다. 시장은 매우 적은 사람들이 '세계의 가장 저렴한 자동차'를 운전하기를 원하는 것처럼 보였다. 인디아 오토위크의 편집장인 호마즈드 소라비는 "저소득 시장은 자극이 있는 곳에 계속 머물겠지만 사람들의 열망은 이동할 것이다. 사람들은 더 실질적인 무언가로 뛰어들고 싶어 한다."고 언급했다.

다트선

나노에 대한 타타 자동차의 발표는 닛산의 최고경영자인 카를로스 곤에게 충격을 주었다. 닛산의 다트선 재출시는 곤의 완벽한 지지를 받고 있었다. 그는 브라질에서 태어났고, 10대 후반이 될 때까지 자신의 차를 갖지 못했다. 다트선은 사업전략 또는 사업 모델을 나타냈다. 사실은 그것은 삶의 미션이고, 성패를 좌우하는 것이었고, 그의 유산과 그의 명성에 대한 10억 달러짜리 의사결정이었다. 2007년에 곤은 닛산 탐사팀으로 알려진 간부단을 소집한 후 소비자들이 차에서 무엇을 보는지 연구하기 위해 인도로 보냈다.

산업 조사자들은 다트선이라는 명성이 1960년대와 1970년대에 미국에서 가장 유명했음에 주목했다. 1981년, 경영진은 두 브랜드를 통합하기로 결정했고, 다트선은 닛산이 되었다. 그 결과 소비자들 간에 혼동이 오고, 미국에서의 닛산 시장은 점차적으로 침식되고 있었다. 이 통합은 자동차업계 역사에서 가장 나쁜 의사결정의 하나로 여겨진다.

2012년 라이벌인 토요타 자동차의 부사장 유키토시 후노는 다트선의 전망에 대해 의구심을 표명했다. "신흥시장에 저가 자동차를 도입하고 성공할 수 있다고 생각하는 것은 대단히 큰 실수이다. 사람들은 자신과 가족이 자랑스러워할 수 있는 자동차를 원한다." 그의 발언은 선견지명이었음이 입증되었다. 2013년 3월 인도에서 다트선이 출시되었을 때 곤은 다트선과 닛산의 시장 점유율이 총 10%에 이를 것이라고 예측했다. 결과는 예측보다 낮게 나타났다. 한 가지 문제는 닛산과 다트선의 낮은 브랜드 인지도였다. 또한 소수의 다트선 대리점만 오픈했기 때문에 닛산 딜러들은 다트선 라인도 팔아야 했다. 소비자들은 다트선을 단순히 거품이 빠진 닛산으로 받아들였다.

토론문제

11-9. 로간의 저가 비결은 무엇인가?

11-10. 타타가 나노를 구할 수 있을 것 같은가? 회사는 어떤 조치를 취해야 하는가?

11-11. 카를로스 곤의 인도 다트선 명성 부활 계획을 평가하라. 3,000달러에 팔리는 자동차가 모회사의 이익을 창출할 수 있을까?

11-12. 나노와 다트선과 같은 저가 자동차는 고소득 시장에서 규제 당국이 요구하는 다층 안전 및 품질 기능이 부족하다. 신흥시장을 위한 안전 기능이 '빈약한' 자동차를 만드는 것이 적절한가?

출처 : Simon Mundy, "Tata on Road to Recovery after Nano Disaster," *Financial Times* (March 13, 2018), p. 13; Santanu Choudhury, "Datsun's Second-Coming Sputters," *The Wall Street Journal* (February 12, 2015), p. B6; Henry Foy and James Crabtree, "Nissan Goes Back to the Future with Datsun," *Financial Times* (July 15, 2013), p. 16; Chester Dawson, "For Datsun Revival, Nissan Gambles on $3,000 Model," The Wall Street Journal (October 1, 2012), p. A1; Sebastian Moffett, "Renault's Low-Price Plan Turns Tricky," The Wall Street Journal (February 2, 2011), pp. B1, B2; Vikas Bajaj, "Tata's Nano, the Car That Few Want to Buy," *The New York Times* (December 10, 2010), p. B1; Simon Robinson, "The World's Cheapest Car," *Time.com* (January 10, 2008); Heather Timmons, "In India, a $2,500 Pace Car," *The New York Times* (October 12, 2007), pp. C1, C4; David Gauthier-Villars, "Ghosn Bets Big on Low-Cost Strategy," *The Wall Street Journal* (September 4, 2007), p. A8; John Reed and Amy Yee, "Thrills without Frills," *Financial Times* (June 25, 2007), p. 9; Christopher Condon, "The Birth of a Frankenstein Car," *Financial Times* (July 20, 2004), p. 12.

사례 11-2
저소득 소비자를 표적으로 한 글로벌 소비재 기업

'연료공학', '인도화', '역혁신.', 이는 GE, P&G, 지멘스, 유니레버의 마케터들이 신흥시장에 더 깊이 침투하기 위한 노력을 설명하기 위해 사용하고 있는 용어들이다. 성숙한 시장의 성장이 둔화됨에 따라 많은 글로벌 기업들의 경영진과 경영자들은 세계에서 가장 가난한 소비자들의 요구를 충족시키는 능력이 앞으로 수십 년 안에 경쟁우위의 중요한 원천이 될 것이라는 것을 깨닫고 있다. 로버트 맥도널드 P&G CEO는 2015년까지 8억 명의 신규 소비자를 이 회사 브랜드의 고객으로 만들겠다는 전략적 목표를 세웠다. 이 목표를 달성하려면 아프리카, 중남미, 중국의 수십만 농촌지역의 일상생활이 어떤지 더 잘 이해할 필요가 있다.

세계 인구의 3분의 2인 40억 명 이상이 하루에 2달러 미만으로 생활한다고 생각해 보자. 이 구간은 때로 '피라미드 바닥'이라고 불리며, 15억 명으로 추산되는 사람들이 '구간 밖'에 살고 있다. 거기에 속하는 사람들은 스마트폰을 충전하거나 전등을 켜기 위한 전기를 공급 받지 못하고 있다. 종종 마을 사람들은 전기가 공급되는 가장 가까운 도시로 가는 여행을 위해 택시를 잡기 위해 몇 마일을 걸어야 한다. 그것은 시간과 돈이 많이 드는 여행이다.

이러한 상황은 기업들이 재생에너지의 혁신적인 원천을 창출할 수 있는 기회를 제공했다. 해결책으로는 80달러의 작은 규모의 지붕이 덮인 중국산 태양광 발전 시스템, 소의 거름으로 전기를 생산하는 지하 바이오가스실, 강이나 하천물을 통해 발전할 수 있는 축소형 수력발전댐 등이 있다.

피라미드 바닥의 가장 시급한 문제 중 하나는 기본 인프라에 대한 접근이다. 역사적으로 인도 등 신흥시장에서는 대규모 태양광 프로젝트와 풍력발선 등 정부 소유의 발진시설이 표준이었다. 그러나 농촌지역까지 전력망을 확장하는 것은 비용 효율적이지 않은 경우가 많다. 실제로 국제에너지기구에 따르면, 세계 개발도상국의 농촌 거주자의 3분의 2 미만이 전기를 접할 수 없다고 한다. 신재생에너지 시스템의 한 가지 문제는 규모의 부족이다. 농촌시장이 분산되어 있고, 유통이 잘 되어 있지 않다. 결과적으로 많은 투자자들은 농촌지역의 재생에너지 이니셔티브가 너무 위험해서 자금지원을 보장할 수 없다고 생각한다.

거의 6억 명이 '구간 밖 세분시장'에 포함된 아프리카의 상황이 변할지도 모른다. 수년간 솔라시스터즈와 같은 소규모 단체들은 재생 가능한 에너지원을 제공하기 위해 개인 차원에서 노력해 왔다. 현재 필립스 전자, 듀폰, 지멘스 같은 세계적인 대기업들이 마을 차원에서 태양열 시스템을 시험하고 있다. 기업들은 공무원들이 이 제도를 구입하여 농촌에 힘을 실어주기를 바라고 있다. 이 시스템에는 배터리 충전을 위한 태양 전지판과 효율적인 LED를 사용하는 오버헤드 가정용 조명 및 등이 포함된다. 필립스가 남아프리카공화국의 시범사업에서 발견한 것처럼 마을 주민들이 등유를 사지 않아 절약하는 돈은 빵 등 생필품에 쓸 수 있다. 시범 프로그램이 성공하여 정부 지원금을 받게 되면, 마을 가정들이 냉장고와 라디오를 사용할 수 있도록 충분한 전력이 공급될 것이다.

규모의 부족과 자본의 부족은 세계 빈곤층에 도달하는 것과 관련된 두 가지 문제일 뿐이다. 소비재에 대해서는 로스 경영대학원의 아닐 카

르나니 교수가 시장 성공의 또 다른 걸림돌을 찾아냈다. 그는 "가장 큰 문제는 물가가 너무 높다는 겁니다. 기업들은 시장 규모를 과대평가해 결국 빈곤층이 아닌 중산층에게 판매하게 될 겁니다."고 말한다. 그러나 다음과 같은 잠재적인 상승 여력이 있다. 성숙한 시장에서 쇼핑하는 사람들이 재량적 지출을 줄이더라도, 식품과 비누와 같은 기본 품목에 대한 소비자 지출은 안정적이고 상대적으로 더 넓은 세계경제의 동향에 영향을 받지 않는다. 그러나 기업들이 적절한 가격에 올바른 제품을 만든 후, 또 다른 잠재적인 문제점은 제품 혜택을 전달하고 저소득 소비자들에게 새로운 제품에 돈을 지불하고 그것들을 그들의 생활방식에 통합시킴으로써 오랫동안 뿌리내린 행동을 바꾸도록 설득하는 것이다. 간단히 말해서 단순히 저가 제품을 출시하는 것만으로는 충분하지 않다. 그 제품의 시장이 반드시 만들어져야 한다.

네슬레의 신흥시장 경험은 고심하는 접근법이 어떻게 긍정적인 결과를 낼 수 있는지를 잘 보여준다. 인도네시아가 대표적인 사례다. 표 7-3의 자료에서 알 수 있듯이 인도네시아는 세계에서 네 번째로 인구가 많은 나라다. 1인당 국민소득이 연간 3,400달러에 불과하지만 네슬레 인도네시아는 연간 10억 달러의 매출을 올리고 있다. 이 회사는 어린이들을 위한 초콜릿 스포츠 음료 믹스인 마일로의 꾸준한 매출 성장을 누려왔다. 뜨겁거나 차갑게 먹을 수 있고 1인분에 약 10센트에 팔린다. 또 다른 초콜릿 신제품인 크런치는 한 봉지에 10센트에 팔리는 스낵 웨이퍼다. 네슬레의 식품 엔지니어들은 회사의 아침 시리얼 라인에 사용되는 기존 생산 공정을 사용하여 비용을 낮출 수 있었다. 크런치 포장이 부풀어 있기 때문에 웨이퍼가 녹거나 산산조각이 나지 않는다.

네슬레는 또한 중남미 저소득층을 공략하는 데 성공했다. 인구 2억 700만 명, 국내총생산(GDP) 1조 8,000억 달러의 브라질이 거의 지배하고 있다. 1인당 국민소득은 8,840달러로 브라질을 중상위권 소득국 대열에 올려놓았다. 그러나 평균은 속일 수 있다. 약 3,000만 명의 사람들이 '피라미드 바닥'에 속해 있으며, 약 1,600만 명이 연간 600달러 미만으로 생활하고 있다. 2000년대 중반 네슬레 사장은 브라질에 지역화 프로그램을 시작했다. 이반 주리타는 브라질의 광대한 지리적 영토가 지역마다 브랜드 선호도가 다를 것이라는 것을 알았다. 브라질에는 "하나의 사이즈가 모두 들어맞는다."는 단 하나의 소비자 프로필이 없다.

예를 들어 브라질 북동부는 브라질에서 가장 가난한 지역이다. 그곳에서 네슬레는 저장하기 쉬운 200그램 통으로 판매되는 비타민과 철분이 농축된 분유 혼합물인 '아이들 우유'를 출시했다. 브라질 바이아주에서 네슬레는 2007년 매년 5만 톤의 식품을 생산할 수 있는 공장을 새로 열었다. 결정적으로 그 제품들은 더 부드럽게 맛을 내는 커피와 같은 지역 취향에 쉽게 적응될 수 있다. 브라질에서의 지역화 프로그램의 성공은 네슬레 경영진들이 이 지역 전체로 확대 실시를 요구하도록 자극했다. 주리타는 네슬레가 브라질에서의 경험을 살려 칠레 등 중남미 국가에서도 비슷한 프로그램을 진행할 수 있다고 자신했다.

다른 잘 알려진 글로벌 마케터들도 저소득 소비자들에게 서비스를 제공할 기회를 활용하고 있다. 이를테면 크래프트는 최근 브라질 북동부에 첫 공장을 열었다. 아디다스는 방글라데시에서 판매하고자 1유로짜리 운

동화를 개발했다. 유니레버의 큐비토스는 한 개에 2센트에 불과한 양념 큐브이다. 다농은 돌리마 음료용 요거트, 다니 엑스프라임 젤리 파우치, 밀키스타트 우유죽 등 신흥시장을 위한 다양한 제품을 개발했다.

모든 기업이 저소득층 공략에 성공한 것은 아니다. P&G는 10센트에 팔리는 정수 분말인 PUR를 개발하는 데 수년을 보냈다. 시장조사 결과 마을 주민들은 깨끗한 물을 원했지만, PUR는 결국 소비자들을 따라잡지 못했다. 결국 P&G는 구호단체에 PUR를 기부하고 다른 단체와 파트너를 맺어 마을주민들에게 PUR의 혜택을 교육하는 방식을 택했다.

> "우리의 혁신전략은 단순히 저소득의 소비자를 위한 최상위 제품을 희석시키는 것이 아니다. 그 경제 곡선에 있는 모든 소비자들을 개별적으로 혁신해야 한다. 그렇게 하지 않으면 실패할 것이다"
>
> P&G 전 CEO 겸 회장, 로버트 맥도널드

P&G가 피라미드 바닥의 소비자를 계속 공략하고 있음에도 불구하고 1차 표적은 중산층 소비자, 즉 현대식 고층아파트에 거주하며 매월 몇 번씩 외식할 수 있는 재량적 수입이 충분한 전문경영인이다.

P&G는 또한 지역연구개발 프로그램의 가치를 배웠다. 이는 인도 등 신흥시장의 국내기업들이 오랫동안 인정해 온 것이다. 실제로 혁신 전문가 비제이 고빈다라잔이 지적한 바와 같이 "미국 다국적 기업의 가장 큰 위협은 기존 경쟁자가 아니라 신흥시장 경쟁자가 될 것"이다. 예를 들어 인도에서 혁신가적 회사들은 합리적인 가격으로 수요에 부응하고 소비자의 라이프스타일에 맞는 다양한 저가제품을 만들고 있다.

이 제품 중 하나가 퍼스트에너지라는 스타트업 회사가 만든 23달러짜리 개선된 화목난로이다. 인도 여성들은 매일 요리를 하는 데 많은 시간을 보내기 때문에 나무를 덜 태우고 연기를 덜 발생시키는 난로가 절실했다. 관건은 발전소에서 사용되는 기술을 적용시키는 것이다. 인도과학연구소의 기술자들은 작은 선풍기를 장착한 고효율의 구멍이 뚫린 연소실을 만들었다. 기술자들은 또한 농업 부산물을 가치 있는 자원으로 전환하는 혁신적인 방법을 발견했다. 이 새로운 난로는 옥수수 껍질과 땅콩 껍질로 만든 알갱이를 태운다.

힌두스탄 유니레버는 4년 동안 43달러의 휴대용 정수장치인 퓨릿을 개발했다. 유니레버는 전통적인 유통 채널에 의존하기보다는 자신의 집에서 유니레버 제품을 시연하는 영업사원 4만 5,000여 명의 네트워크를 이용했다. 여성들은 제품을 집집마다 배달하면서 시연을 해나간다.

오늘날 300만 가구 이상의 인도 가정이 퓨릿 시스템을 사용하고 있다.

고드레지앤보이스 제조는 최소한의 전기를 사용하는 70달러짜리 휴대용 냉장고 리틀 쿨을 판매한다. 인도 가정의 20%만이 냉장고를 가지고 있다. 고드레지는 그 기회를 알아보기 위해 인도의 농장 가족들을 만나기 위해 연구자들을 보냈다. 결과물은 운반이 용이하도록 손잡이가 달린 쿨러를 닮았다. 전력에 굶주린 콤프레서 대신 이 제품에는 냉각 칩과 팬이 달려 있다. 인도에서는 정전이 일반적이기 때문에 리틀 쿨은 배터리로 구동할 수 있고, 강력한 절연 효과로 내용물이 몇 시간 동안 시원하게 유지된다.

토론문제

11-13. 지멘스, GE, 네슬레, P&G 등 기업들이 '피라미드 바닥'을 노리는 이유는 무엇인가?

11-14. 확산 이론의 제4장 토론을 검토한다. 혁신의 특성에 대한 이해가 신흥시장에서 마케터들의 성공을 어떻게 도울 수 있을까?

11-15. P&G의 퓨어와 같은 혁신적인 제품을 신흥시장에서 출시하기 위해 필요한 마케팅 커뮤니케이션 유형은 무엇인가? 퓨어과 같은 제품을 성공적으로 출시하기 위해서는 어떤 소비자 태도와 행동의 변화가 필요한가?

11-16. 제1장에서 논의된 핵심 개념 중 네슬레의 라틴아메리카 경험에 적용되는 것은 무엇인가?

출처 : Heidi Vogt, "Made in Africa: A Gadget Startup," *The Wall Street Journal* (July 10, 2014), pp. B1, B6; Tio Kermeliotis, "'Solar Sisters' Spreading Light in Africa," *Marketplace Africa, www.cnn.com* (January 2, 2013); Eric Bellman, "Multinationals Market to the Poor," *The Wall Street Journal* (July 24, 2012), p. B8; Patrick McGroarty, "Power to More People," *The Wall Street Journal Report: Innovations* (June 18, 2012), p. R4; "Catching up in a Hurry," *The Economist* (May 19, 2011), p. 32; Jennifer Reinhold, "Can P&G Make Money in Places Where People Earn $2 a Day?" *Fortune* (January 17, 2011), pp. 58–63; Christina Passariello, "Danone Expands Its Pantry to Woo the World's Poor," *The Wall Street Journal* (June 25, 2010), pp. A1, A16; James Lamont, "The Age of 'Indovation' Dawns," *Financial Times* (June 15, 2010), p. 17; Elisabeth Rosenthal, "African Huts Far from the Grid Glow with Renewable Power," *The New York Times* (December 25, 2010), p. A1; Erik Simanis, "At the Base of the Pyramid," *The Wall Street Journal* (October 26, 2009), p. R6; Eric Bellman, "Indian Firms Shift Focus to the Poor," *The Wall Street Journal* (October 21, 2009), p. A1; Carlos Adese, "In Good Taste: Nestlé Tweaks Products for Different Parts of Brazil—and Latin America—to Boost Sales," *Latin Trade* (July 1, 2007), p. 6.

사례 11-3
LVMH와 명품 마케팅

L VMH는 세계에서 가장 큰 명품제품과 브랜드의 마케터이다. 회장인 베르나르 아르노는 60여 개가 넘는 다양한 브랜드의 제국을 모아 2017년 428억 유로(약 500억 달러)의 매출을 올렸다(그림 11-2 참조). '최신 유행 스타일의 교황'이라 불리는 아르노 회장은 명품산업에 대하여 "우리는 꿈을 팔고 있다. 당신이 TV에서 유명 디자이너의 쇼를 볼 때 당신은 꿈을 꾼다. 당신이 디올의 부티크 숍에 들어가 립스틱을 사서 바를 때, 당신은 살 수 있는 것을 산 것이지만 그 안에는 꿈이 들어 있다."라고 말한다.

수십 년 전, 현재의 LVMH를 구성하는 기업은 명망을 수익보다 우선시하는 가족이 운영하는 기업이었다. 펜디, 구찌, 그리고 타제품들은 매우 부유한 고객들을 대상으로 하는 틈새시장에 초점을 맞추고 있었다. 하지만 시장이 세계화되면서 소규모의 명품업체는 경쟁에 직면하게 되었다. 아르노 회장은 작은 명품 브랜드를 합병할 때마다 세 가지 목표를 염두에 두었다. 첫째, 패션의 주기에서 위험에 대한 노출을 줄일 수 있는 포트폴리오를 가지고 접근하기를 희망하였다. 이 논리에 따라 만약 시계나 보석산업이 하향세를 탄다면, 의류나 장신구의 매출액이 이를 상쇄하여 손해를 상충한다. 둘째, 대외구매나 생산에 있어 중복된 요소를 제거함으로써 가격의 절감을 이루고자 하였다. 셋째, LVMH의 브랜드 안정성이 매니저가 판매활동, 혹은 광고의 계약에 있어 강한 협상력으로 전환되기를 원했다.

163년의 역사를 지닌 루이비통을 포함한 가방과 가죽제품의 판매는 매출의 30%를 차지한다(그림 11-2 참조). 기업의 셀렉티브 리테일링 그룹은 면세점 이용 고객(DFS)과 세포라를 포함한다. DFS는 전 세계의 공항에서 운영된다. 세포라는 유럽에서 2번째로 큰 향수와 화장품 취급업체로서 LVMH는 이를 1997년도에 인수하였다. 크리스챤 디올, 지방시, 겐조 등의 향수와 화장품 품목은 LVMH의 수익에서 거의 15% 가까운 비중을 차지하고 있다. LVMH의 와인과 증류주부문에는 유명한 샴페인 브랜드인 돔 페리뇽, 모엣 샹동, 뵈브 클리코가 포함되어 있다.

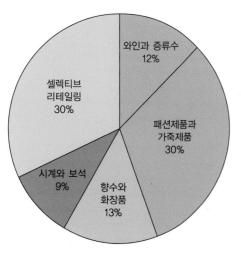

그림 11-2 LVMH 사업부문의 2017년 전체 매출 비율

고급매장의 운영비와 상류층을 대상으로 한 잡지 광고비로 많은 비용이 발생하지만, 명품을 취급하면서 생기는 프리미엄이 붙은 소매가격은 높은 이익으로 되돌아온다. 루이비통은 LVMH 수익의 60%를 차지하고 있다. 회사 입장에서는 불행하게도 부도덕한 사업가들이 루이비통 핸드백이나 권총 케이스, 그리고 여행가방에서 보이는 갈색 바탕에 베이지색의 격자무늬 LV 모노그램의 높은 마진에 주목한다. 루이비통은 해마다 천만 달러 정도를 터키, 타이, 중국, 모로코, 한국, 이탈리아의 모조품업자와의 전쟁에 지출하고 있다. 그 돈의 일부는 외국 정부 관련 공무원들에게 회사의 이익을 대변하는 로비스트에게 쓰인다. 루이비통 SA의 회장 이브 카셀은 최근 "거의 매달 우리는 캔버스나 완제품을 파괴할 수 있는 정부들과 협상하고 있다."라고 밝혔다.

또 다른 문제는 회색시장의 창궐이다. 지방시와 디올의 '듄' 향수는 대중시장으로의 소매 아웃렛 경로로 판매가 허용된 단 2개의 고급 향수 브랜드이다. LVMH와 다른 명품 관계자들은 최근 미국 시장에서 이를 수입하는 회색시장과 전쟁을 치렀다. 1995년 3월 미국 대법원은 할인판매 약국에서 허가 없이 지방시 향수를 파는 것을 금지하도록 하였다. 미국의 지방시 향수는 자사의 독특한 포장은 미국의 저작권법에 의해 보호되어야 한다고 주장하였다. 코스트코나 월마트, 기타 대형할인업체는 허가 없이 수입 향수를 팔 수 없다.

아시아에서의 기회와 도전

아시아, 특별히 일본 시장은 LVMH와 그 경쟁자들에게 쟁점이 되는 지역이다(사진 11-8 참조). 1990년대 말의 경제적 혼란과 그 이후의 화폐 가치 절하, 그리고 엔화 약세는 명품 수요의 하락을 야기하였다. 가격에 대한 인식은 명품의 매력에 있어서 매우 중요한 요소이기 때문에 LVMH의 임원진은 사업 환경이 변화하는 것에 대비하여 몇 가지 대비

> "미래에 대한 큰 질문은, 자신의 첫 번째 가방으로 루이비통을 선택하며 명품시장에 진입한 중국인이 루이비통을 지속해서 선택할 것인가, 아니면 다른 브랜드로 옮겨갈 것인가 하는 것이다."
>
> HSBC 명품 분석가, 앙투안 벨지

책을 마련하였다. 한 예로 향수와 화장품 분야의 담당자인 패트릭 코엘은 각각의 아시아 시장에 대한 도매가격을 인상하였는데, 그 목적은 소매상이 디자이너 제품의 재고를 보유하는 것을 막고, 또 이로 인한 저가 판매를 방지하는 것이었다. 또한 향수와 화장품에 대한 광고의 지출액을 줄였는데, 이는 매출이 하락하는 추세에서도 수익을 내기 위함이었다.

LVMH의 전략적 결정

지난 10년 동안 아르노 회장은 멀티 브랜드 전략을 펼침으로써 기업의 소비자 기반에 대한 시장을 넓히는 데 성공하였다. 1990년대 말, 아르노 회장은 주요 시장에서 화장품 구매에 대한 소비자의 기호가 변화하고 있음을 포착하였다. 그는 뉴욕, 시카고, 샌프란시스코 등지에 세포라 점포를 개장하고, 웹사이트(Sephora.com)를 개설하였다. 현재 미국과 캐나다에 270여 개의 세포라 점포가 운영되고 있고, 중국과 러시아를 비롯

사진 11-8 루이비통은 상하이, 베이징 및 다른 중국 주요 도시에 플래그십 매장을 열었다.
출처 : testing/Shutterstock.

한 세계 각국에도 체인이 운영되고 있다. 세포라의 미국 점포를 방문하는 고객들은 자유로운 아이쇼핑과 함께 점원을 기다릴 필요 없이 샘플 제품을 사용해 볼 수 있다.

2001년 아르노 회장은 6억 달러 이상의 금액을 지불하고 도나 캐런 인터내셔널과 그 상표를 매입하였다. 도나 캐런은 LVMH의 첫 번째 미국 디자이너 상표이다. 아르노 회장은 "우리에게 매력적으로 다가온 사실은 그 브랜드 네임이 세계에서 가장 잘 알려진 브랜드라는 것이었다."라고 말했다.

2008년 1월, 루이비통의 경영진은 케이블 위성 TV에 영화관에서 방영되는 90초짜리 브랜드 광고를 선보였다. 그것은 명품시장 분야에서 새로운 시도라 할 수 있었는데 일반적으로 TV 광고는 제한적인 예산에 비하여 훨씬 비싼 가격을 지불해야 되기 때문이었다. 게다가 일부 산업에서는 대량 판매 광고에서 TV의 위치는 중간 정도에 지나지 않기 때문에 이러한 광고가 고급스러운 명품의 이미지와는 맞지 않는다고 우려를 표시하였다. 하지만 루이비통의 경영진은 브랜드 가치의 이동이 TV 시청자들에게 연결되기를 희망하고 있었다. 기업의 광고 대행사는 상업상 여행객들이 시청하는 CNN 같은 채널의 뉴스 시간대를 광고하는 것을 제안하였다. 마케팅 담당자인 피에트로 베카리는 "우리는 다른 미디어를 통해 접근할 수 없는 고객과 시청자들에게 접근하려 하고 있다. 이것은 루이비통의 차별점이다. 이것은 일시적인 것일 수도 있지만 그 일부는 오래 지속될 수도 있다."라고 피력했다.

또한 아르노 회장은 신흥시장으로 눈을 돌리기 시작했다. 2002년 루이비통은 인도의 고급 호텔 안의 부티크 숍에 진출하였다. 현재 펜디, 태그호이어, 디올 등이 이곳에서 성업 중이다. LVMH는 엠포리오의 주요 위치를 선점하고 최근 뉴델리에 거대한 쇼핑몰을 개점하였다. LVMH의 그룹이 쇼핑몰 내에 존재하기 때문에 점포를 내는 데 저렴한 비용으로 협상이 가능하다. 아르노 회장의 확장은 2007년 보그 인디아의 창설과 일치한다. LVMH의 다양한 브랜드 포트폴리오 덕분에 할인된 가격으로 컨데나스트 인디아에 광고를 위한 상당한 공간을 확보할 수 있게 되었다.

2008년 세계적인 경제위기는 많은 소매업부문에 영향을 미쳤다. 명품산업도 예외는 아니었다. 중요 시장인 미국에서의 전반적인 구매가 하락했고, 러시아를 비롯한 다른 신흥시장의 매출 성장 또한 감소하였다. 비록 명품 분야에서 전반적인 매출이 2008년 1,750억 유로(2,180억 달러)에 달할 것으로 예상되었지만, 산업 분석가들은 이러한 추세가 2009년에는 급감할 것으로 예측하였다. 유럽을 기반으로 하는 명품기업에게 희소식은 달러의 유로에 대한 가치가 강세를 보인다는 것이다. 2008년 휴가철 쇼핑 시즌이 왔을 때 명품산업 관계자들은 미국 시장에서의 가격을 대폭 인하하였다. 샤넬의 경우에는 7~10% 인하했는데 이에 관해 샤넬 미국의 대표이사인 존 갈란틱은 "달러의 최근 강세는 우리의 고객에게 큰 가치로 다가왔다."라고 언급했다. 루이비통은 주목할 만한 예외였다. 사실 2008년 루이비통은 가격을 2배 가까이 인상하였으나, 전반적인 평균가격은 10% 인상에 그친 것이 그 증거였다. 가격의 인상은 매출 감소로 연계되는 것이 아닌, 지속적인 성장과 관련되어 있었다.

웹사이트를 방문해 보자.
www.lvmh.com
(최근 재무 결과에 대한 파워포인트 자료 이용 가능)
www.sephora.com

토론문제

11-17. 루이비통의 사상 첫 TV 광고 캠페인이 가져올 수 있는 위험은 무엇이었을까?

11-18. 2011년 가을, 유로/달러 환율은 1유로=1.35달러였다. 2015년 봄까지 달러화는 1유로=1.10달러로 강세를 보였다. 유럽의 한 명품 마케터가 2015년 봄 컬렉션 출시 때 8,000달러짜리 리

넨 슈트 가격을 10% 인하했다고 가정해 보자. 달러 가격이 유로로 전환되었을 때 수익은 어떻게 영향을 받았을까?

11-19. 루이비통 임원들은 2000년대 후반 가격을 올렸고, 판매는 계속 증가했다. 전형적인 루이비통 고객의 수요곡선에 대해서는 뭐라고 말하겠는가?

11-20. LVMH의 가격전략을 코치와 같은 '접근 가능한 명품' 브랜드의 가격전략과 비교하고 대조하라.

출처 : Scheherazade Daneshkhu, "LVMH Faces Dilemma of Success," *Financial Times* (October 20/21, 2012), p. 11; Christina Passariello, "LVMH Sees Shift in China: Locals Go Abroad to Shop," *The Wall Street Journal* (April 19, 2012), pp. B1, B2; Rachel Dodes and Christina Passariello, "In Rare Move, Luxury−Goods Makers Trim Their Prices in U.S.," *The Wall Street Journal* (November 14, 2008), p. B1; Eric Pfanner, "Vuitton Is Embracing Medium of the Masses," *The New York Times* (January 30, 2008), p. C3; Passariello, "LVMH Books Passage to India for Vuitton, Dior, Fendi, Celine," *The Wall Street Journal* (May 8, 2007), pp. B1, B2; Lisa Bannon and Alessandra Galloni, "Brand Manager Deluxe," *The Wall Street Journal* (October 10, 2003), p. B1; John Carreyrou and Christopher Lawton, "Napoleon's Nightcap Gets a Good Rap from Hip−Hop Set," *The Wall Street Journal* (July 14, 2003), pp. A1, A7; Teri Agins and Deborah Ball, "Changing Outfits: Did LVMH Commit a Fashion Faux Pas Buying Donna Karan?" *The Wall Street Journal* (March 21, 2002), pp. A1, A8; Ball, "Despite Downturn, Japanese Are Still Having Fits for Luxury Goods," *The Wall Street Journal* "(April 24, 2001), pp. B1, B4; Bonnie Tsui, "Eye of the Beholder: Sephora's Finances," *Advertising Age* (March 19, 2001), p. 20; Lucia van der Post, "Life's Brittle Luxuries," *Financial Times* (July 18−19, 1998), p. I; Gail Edmondson, "LVMH: Life Isn't All Champagne and Caviar," *BusinessWeek* (November 10, 1997), pp. 108 ff.; Jennifer Steinhauer, "The King of Posh," *The New York Times* (August 17, 1997), Section 3, pp. 1, 10−11; David Owen, "A Captain Used to Storms," *Financial Times* (June 21−22, 1997), p. 13; Holly Brubach, "And Luxury for All," The New York Times Magazine (July 12, 1998), pp. 24−29.

에세이 과제

11-21. 덤핑이란 무엇인가? GATT 우루과이라운드 협상과정에서 왜 이렇게 중요한 이슈를 덤핑했을까?

11-22. LVMH 등 명품 마케터들은 독특한 로고를 사용해 브랜드를 차별화한다. 이 마케팅 전략과 관련된 위험에 대해 설명하라.

참고문헌

[1]Lowell Bryan, *Race for the World: Strategies to Build a Great Global Firm* (Boston, MA: Harvard Business School Press, 1999), pp. 40–41.

[2]Rachel Sanderson, "Bottega Veneta Hits Luxury Sweet Spot," *Financial Times* (April 9, 2013), p. 17.

[3]Brian Caulfield, "iPhone's Pricing Problem in India," Forbes.com (November 18, 2008).

[4]Adapted from P. Ranganath Nayak and John M. Ketteringham, *Breakthroughs! How Leadership and Drive Create Commercial Innovations That Sweep the World* (San Diego, CA: Pfeiffer, 1994), pp. 124–127.

[5]Phred Dvorak and Merissa Marr, "Shock Treatment: Sony, Lagging Behind Rivals, Hands Reins to a Foreigner," *The Wall Street Journal* (March 7, 2005), p. A8.

[6]This section is adapted from Robin Cooper and W. Bruce Chew, "Control Tomorrow's Costs through Today's Designs," *Harvard Business Review* 74, no. 1 (January–February 1996), pp. 88–97. See also Robin Cooper and Regine Slagmulder, "Develop Profitable New Products with Target Costing," *Sloan Management Review* 40, no. 4 (Summer 1999), pp. 23–33.

[7]Robin Cooper and W. Bruce Chew, "Control Tomorrow's Costs through Today's Designs," *Harvard Business Review* 74, no. 1 (January–February 1996), pp. 88–97.

[8]Norihiko Shirouzu and Stephen Power, "Unthrilling But Inexpensive, the Logan Boosts Renault in Emerging Markets," *The Wall Street Journal* (October 14, 2006), pp. B1, B18.

[9]Ellen Byron, "Emerging Ambitions: P&G's Global Target: Shelves of Tiny Stores," *The Wall Street Journal* (July 16, 2007), p. A1.

[10]Adapted from "Price, Quotations, and Terms of Sale Are Key to Successful Exporting," *Business America* (October 4, 1993), p. 12.

[11]Eric Sylvers, "Jeep Slowly Gains Traction in China," *The Wall Street Journal* (December 21, 2016), pp. B1, B2. See also Keith Bradsher, "One Rub in Trade Negotiations: Why a Jeep Costs More in China," *The New York Times* (March 21, 2017), pp. BU1, BU4.

[12]Since the Uruguay Round of General Agreement on Tariffs and Trade (GATT) negotiations, Japan has lowered or eliminated duties on thousands of categories of imports. Japan's simple average most-favored-nation duty rate for 2017 was 4 percent; approximately 60 percent of tariff lines (including for most industrial products) were rated 5 percent or lower.

[13]Beth Dorrell, personal interview (December 20, 2008).

[14]Robert A. Guth, Michael M. Phillips, and Charles Hutzler, "On the Decline: As the Yen Keeps Dropping, a New View of Japan Emerges," *The Wall Street Journal* (April 24, 2002), pp. A1, A8.

[15]S. Tamer Cavusgil, "Pricing for Global Markets," *Columbia Journal of World Business* 31, no. 4 (Winter 1996), p. 69.

[16]Christopher Cooper, "Euro's Drop Is Hardest for the Smallest," *The Wall Street Journal* (October 2, 2000), p. A21.

[17]Emily Chasan, "Currencies Pose New Risks," *The Wall Street Journal* (August 14, 2012), p. B5.

[18]Alan Livsey, "Brexit Bonus for English Sparkling Winemakers," *Financial Times* (September 12, 2017), p. 5.

[19]John Shipman and Anjali Cordiero, "Dilemma over Pricing," *The Wall Street Journal* (October 20, 2010), pp. B1, B4.

[20]Lucinda Harper and Fred R. Bleakley, "Like Old Times: An Era of Low Inflation Changes the Calculus for Buyers and Sellers," *The Wall Street Journal* (January 14, 1994), p. A1. See also Jacob M. Schlesinger and Yochi J. Dreazen, "Counting the Cost: Firms Start to Raise Prices, Stirring Fear in Inflation Fighters," *The Wall Street Journal* (May 16, 2000), pp. A1, A8.

[21]Alecia Swasy, "Foreign Formula: Procter & Gamble Fixes Aim on Tough Market: The Latin Americans," *The Wall Street Journal* (June 15, 1990), p. A7.

[22]Scott Miller, "In Trade Talks, the Gloves Are Off," *The Wall Street Journal* (July 15, 2003), p. A12. See also James Drummond, "The Great Conservation Debate," *Financial Times Special Report—Egypt* (October 22, 2003), p. 6.

[23]Neil King, Jr., and Scott Miller, "Trade Talks Fail Amid Big Divide over Farm Issues," *The Wall Street Journal* (September 15, 2003), pp. A1, A18.

[24]Andrew Higgins, "The Ice Is Melting: Dismantling a Police State," *The New York Times* (April 2, 2018), p. A1.

[25]Greg Steinmetz, "Mark Down: German Consumers Are Seeing Prices Cut in Deregulation Push," *The Wall Street Journal* (August 15, 1997), pp. A1, A4; David Wessel, "German Shoppers Get Coupons," *The Wall Street Journal* (April 5, 2001), p. A1.

[26]Leslie Kaufman, "Levi Strauss to Close 6 U.S. Plants and Lay Off 3,300," *The New York Times* (April 9, 2002), p. C2.

[27]Barbara Stöttinger, "Strategic Export Pricing: A Long and Winding Road," *Journal of International Marketing* 9, no. 1 (2001), pp. 40–63.

[28]Lisa Bannon, "Mattel Plans to Double Sales Abroad," *The Wall Street Journal* (February 11, 1998), pp. A3, A11.

[29]Alex Taylor III, "Speed! Power! Status!" *Fortune* (June 10, 1996), pp. 46–58.

[30]Raymond Serafin, "Mercedes-Benz of the '90s Includes Price in Its Pitch," *Advertising Age* (November 1, 1993), p. 1.

[31]Li Yuan, "A Tip for Apple in China: Your Hunger for Revenue May Cost You," *The Wall Street Journal* (May 18, 2017), p. B1.

[32]Mei Fong, "IKEA Hits Home in China," *The Wall Street Journal* (March 3, 2006), pp. B1, B4. See also Eric Sylvers, "IKEA Index Indicates the Euro Is Not a Price Equalizer Yet," *The New York Times* (October 23, 2003), p. W1; and Paula M. Miller, "IKEA with Chinese Characteristics," *The China Business Review* (July–August 2004), pp. 36–38.

[33]Tamar Lewin, "Students Find $100 Textbooks Cost $50, Purchased Overseas," *The New York Times* (October 21, 2003), p. A16.

[34]Adapted from Perry J. Viscounty, Jeff C. Risher, and Collin G. Smyser, "Cyber Gray Market Is Manufacturers' Headache," *The National Law Journal* (August 20, 2001), p. C3.

[35]Perry J. Viscounty, Jeff C. Risher, and Collin G. Smyser, "Cyber Gray Market Is Manufacturers' Headache," *The National Law Journal* (August 20, 2001), p. C3.

[36]Kersi D. Antia, Mark Bergen, and Shantanu Dutta, "Competing with Gray Markets," *MIT Sloan Management Review* 46, no. 1 (Summer 2004), pp. 65–67.

[37]Peggy Hollinger and Neil Buckley, "Grey Market Ruling Delights Brand Owners," *Financial Times* (July 17, 1998), p. 8.

[38]Ray Marcelo, "Officials See Red over Handset Sales," *Financial Times* (October 3, 2003), p. 16.

[39]Lester Ross and Susan Ning, "Modern Protectionism: China's Own Antidumping Regulations," *China Business Review* (May–June 2000), pp. 30–33.

[40]Michael Pooler and Emily Feng, "Steel Industry Grapples with Curse of Oversupply," *Financial Times* (October 30, 2017), p. 17.

[41]Philip Brasher, "Clarinda Plant Takes Hit in Dispute over Imports," *The Des Moines Register* (November 16, 2005), p. D1.

[42]Neil Buckley, "Commission Faces Fight on Cotton 'Dumping,'" *Financial Times* (December 2, 1997), p. 5; Emma Tucker, "French Fury at Threat to Cotton Duties," *Financial Times* (May 19, 1997), p. 3.

[43]Paul Meller, "Europe Fines Nintendo $147 Million for Price Fixing," *The Wall Street Journal* (February 24, 2004), p. W1.

[44]John R. Wilke, "DeBeers Is in Talks to Settle Price-Fixing Charge," *The Wall Street Journal* (February 24, 2004), pp. A1, A14.

[45]Matthew Saltmarsh, "Tax Enforcers Intensify Focus on Multinationals," *The New York Times* (January 5, 2010), p. B3.

[46]Rochelle Toplensky, "Tech Giants Hit by EU Tax Crackdown," *Financial Times* (October 5, 2017), p. 17;

[47]Leslie Lopez and John D. McKinnon, "Swatch Faces Complaint over Taxes," *The Wall Street Journal* (August 13, 2004), p. B2.

[48]Susannah Rodgers, "GlaxoSmithKline Gets Big Tax Bill," *The Wall Street Journal* (January 8, 2004), p. A8.

[49]Many of the examples in this section are adapted from Matt Schaffer, *Winning the Countertrade War: New Export Strategies for America* (New York, NY: John Wiley & Sons, 1989).

[50]Pompiliu Verzariu, "Trends and Developments in International Countertrade," *Business America* (November 2, 1992), p. 2.

[51]Emily Chasan, "Currencies Pose New Risks," *The Wall Street Journal* (August 14, 2012), p. B5.

[52]"Venezuelans Barter Diapers for Food on Smartphones," Agence France-Presse (June 14, 2016).

[53]The commitment to local assembly or manufacturing under the supplier's specifications is commonly termed a *coproduction agreement*, which is tied to the offset but does not, in itself, represent a type of countertrade.

[54]Daniel Pearl, "Arms Dealers Get Creative with 'Offsets,'" *The Wall Street Journal* (April 20, 2000), p. A18.

[55]Patricia Daily and S. M. Ghazanfar, "Countertrade: Help or Hindrance to Less-Developed Countries?" *Journal of Social, Political, and Economic Studies* 18, no. 1 (Spring 1993), p. 65.

[56]William Greider, *One World, Ready or Not: The Manic Logic of Global Capitalism* (New York, NY: Simon & Schuster, 1997), p. 130.

[57]Patricia Daily and S. M. Ghazanfar, "Countertrade: Help or Hindrance to Less-Developed Countries?" *Journal of Social, Political, and Economic Studies* 18, no. 1 (Spring 1993), p. 66.

12 글로벌 마케팅 채널과 물류

학습목표

12-1 소비자 유통과 산업 유통 채널의 기본 구조 옵션을 정의하고 비교해 본다.

12-2 글로벌 마켓에서 유통업자를 선택할 때 기업이 따라야 할 가이드라인을 정리해 본다.

12-3 세계 곳곳에서 발견되는 다른 종류의 소매업 운영방법을 설명한다.

12-4 여섯 가지 주요 국제운송 모델을 비교 대조하고 신뢰성, 접근성, 그리고 다른 실행 매트릭스에 따라 어떻게 다른지를 설명한다.

사례 12-1
패스트 패션 세계에 오신 것을 환영합니다

글로벌 패스트 패션의 세계는 삼파전 같다. 스페인의 인디텍스 SA는 전문 소매업체 자라의 모기업이고, 스웨덴은 H&M으로 더 잘 알려진 헤네스&모리츠 AB가 있고, 유니클로는 일본 패스트 리테일링의 대표 브랜드다.

패스트 패션의 매력 중 하나는 저렴한 가격이다. 또한 세계 패션 자본의 최신 런웨이 트렌드의 저렴한 버전으로 재고를 보충하고 업데이트하는 속도도 매력적이다. 속도에 대한 필요성은 부분적으로 소셜 미디어에 의해 촉진된다. 일부 패스트 패션 브랜드의 핵심 요소는 아시아 등지에서 인건비가 저렴한 국가에서 옷을 조달하는 것이다. 예를 들어 캄보디아에서는 400개 이상의 의류공장이 수출업체로 등록되어 있다.

그러나 일부 업체들은 낮은 가격이 실제로 높은 사회적, 환경적 비용을 수반한다고 지적한다. 최신 유행을 좇는 것은 쇼핑객들이 저렴한 옷을 몇 번 입기만 하면 버리는 경우가 많다는 것을 의미한다. 이는 의류 구매가 장기 투자보다는 일회성이라는 소비자의 사고방식으로 이어진다. 비평가들은 원하지 않는 의복은 종종 쓰레기 매립지로 가며, 패스트 패션 추세는 지속 가능하지 않다고 주장한다(사진 12-1 참조).

유니클로 체인('유니크 의류')의 창시자인 타다시 야나이는 수년 동안 자신의 회사를 유럽의 경쟁사와 차별화하는 비즈니스 모델을 추구했다. 유니클로가 주목한 것은 일상의 기본과 혁신적인 소재에 크게 의존하는 신제품 개발 과정이었다.

인디텍스는 92개국에 7,000개 이상의 점포가 있는 세계 최대의 패션 유통업체다. 자라 외에도 버쉬카, 풀앤베어, 마시모 두띠가 있다. 회사는 광고를 하지 않으며, 모토는 "회사는 말을 하지 않고, 고객은 회사를 대변한다."이다. 일부 경쟁사와는 달리 인디텍스는 생산량의 3분의 2를 스페인이나 인근 국가에 보관하고 있다.

자라는 2010년에 인도에 진출했고, 오늘날 인도에 18개 이상의 점포를 가지고 있다. H&M은 2015년부터 인도에 진출하였다. 글로벌 패션 트렌드는 패스트 패션이 주축이다. 그러나 많은 여성들의 패션은 플런징 네크라인이나 등이 깊게 파이며, 몸통이 노출된 것이 특징이기 때문에 '레이시'로 볼 수 있다. 인도 퓨처그룹이 인도 쇼핑객들의 취향과 니즈에 더 잘 맞는 모델링을 갖춘 서양식 의류 브랜드 커버스토리에 투자했다. 그 옷들은 또한 더 밝은 색을 특징으로 한다. 아마도 예상치 못한 반전으로, 커버스토리는 런던에 디자인 스튜디오를 가지고 있다. 키쇼어

비야니 퓨처그룹 CEO는 "인도에 안착한 세계적인 자라와 H&M을 상대할 수는 없다. 그들 자신의 게임에서 그들을 이기려면 그들이 무엇을 하는지 보고 느낄 필요가 있다."라고 설명했다.

2017년 이전에는 H&M이 무서운 속도로 성장하고 있었다. 매출 증가는 매장 개장에 의해 주도되었다. 오늘날 H&M은 약 4,700개의 점포를 가지고 있다. 하지만 이익은 정체돼 여러 방향에서 부담을 느끼고 있다. 할인 소매점인 프리마크는 가격이 더 낮은 반면, 일부 쇼핑객들은 자라를 더 높은 품질로 인식한다. 게다가 영국의 아소스와 독일의 잘란도 등 온라인 경쟁업체들은 무료배송과 고객들을 소매점으로부터 유인하는 관대한 반품정책을 내놓고 있다. 한 업계 분석가는 H&M의 입장을 노키아, 에릭슨, IBM과 같은 과거 업계 거물들의 입장과 비교한다. 모두 각자의 경영진이 깨달은 것보다 시장 상황이 더 빨리 변할 때까지 성공적인 사업 모델을 가지고 있었다.

자라, H&M, 유니클로와 같은 전문 소매업체들은 전 세계 유통 채널을 구성하는 많은 요소 중 세 가지에 불과하다. 오늘날 글로벌 공급망은 세계 각지의 생산자들을 연결하고 있으며, 시스템을 통한 원활한 흐름을 위해 정교한 로지스틱스가 활용되고 있다. 미국마케팅협회는 **유통 채널**(channel of distribution)을 "마케팅 과업을 성취하기 위한 생산자와 소비자를 연결하기 위해 요구되는 모든 활동을 수행하기 위해 결합하여 조직된 대리인과 단체들의 네트워크"라고 정의하고 있다.[1] 물적 유통은 유통 채널을 통한 제품의 이동을 말한다. 정의에서 말한 바와 같이 유통 채널은 제품이나 서비스의 유용성을 추가하는 기능을 수행하는 개인 또는 기업의 공동 그룹으로 조직된다.

유통 채널은 국가별 마케팅 시스템에서 가장 차별적인 측면의 하나이다. 라틴아메리카에 있는 거대한 하이퍼마켓에서 작은 소매점포까지 다양한 크기의 소매점은 풀페리아라고 불린다. 유통 채널의 다양성과 폭넓은 유통전략과 시장진입전략의 선택권은 글로벌 마케팅 프로그램의 디자인을 책임지고 있는 매니저들에게 도전 기회를 제공한다. 유통 채널과 물류는 토털 마케팅 프로그램에서 중요한 요소이다. 이것 없이는 훌륭한 제품의 적정가격과 효과적인 커뮤니케이션은 의미가 거의 없기 때문이다.

12-1 유통 채널 : 목적, 전문용어 그리고 구조

◀ 12-1 소비자 유통과 산업 유통 채널의 기본 구조 옵션을 정의하고 비교해 본다.

마케팅 채널은 고객을 위한 효용성을 창출하기 위하여 존재한다. 채널 효용성의 주요 범주는 **장소 효용성**(place utility : 잠재 고객이 편리한 장소에서 제품과 서비스의 사용 가능성), **시간 효용성**(time utility : 고객이 요구하는 시기에 제품과 서비스의 사용 가능성), **형태 효용성**(form utility : 적합한 상태 또는 바로 사용할 수 있게 가공되었거나 준비된 제품의 사용 가능성), **정보 효용성**(information utility : 유용한 제품의 특징과 효용에 관해 일반적 안내와 제품에 관한 질문에 대한 답변의 가능성)이다. 이러한 효용성들은 비교우위의 기본적 원천이 될 수 있고, 기업의 궁극적 가치 제안(value proposition)의 중요한 요소를 차지하기 때문에 유통 채널 전략의 선택은 경영자가 반드시 결정해야 할 중요한 의사결정 중 하나이다. 예를 들어 글로벌 시장에서 코카콜라의 리더 위치는 '필요한 곳에 최대한 가까이'에 콜라를 두는, 즉 다른 말로는 장소 효용을 창출하는 코카콜라의 능력에 기초를 두고 있다.

가장 효과적인 유통 채널 배치를 위한 선택의 시작점은 목표시장에서 기업의 마케팅 활동에 대해 명확히 초점을 맞추는 일이고, 유통 채널이 기업의 궁극적 가치 제안에 공헌을 할 수 있는 방법을 평가하는 일이다. 누가 목표 소비자인가? 그리고 그들은 어디에 있는가? 그들의 어떤 정보가 필요한가? 그들이 선호하는 서비스는 어떤 것인가? 가격에 대해 얼마나 민감한가? 더욱이 개별 시장은 채널 서비스를 제공하는 가격을 결정하기 위해 반드시 분석되어야 한다.

한 나라에서 선호되는 방법이 다른 나라에서는 효과적이지 않을 수 있다. 단일 국가 프로그램에 관련되어 있는 마케터라도 가능한 새로운 채널전략과 전술에 있어 가치 있는 정보와 통찰력을 위해 세계의 서로 다른 지역의 채널 배치를 연구할 수 있다. 예를 들면 유럽과 아시아의 소매업자들은 미국의 셀프 서비스의 할인 소매방식을 연구했고, 그다음 셀프 서비스의 개념을 자신들의 국가에 전했다. 이와 유사하게 전 세계의 많은 정부와 기업 경영진들은 일본의 성공으로부터 배우기 위해 일본 무역회사를 조사하고 있다. 월마트의 공식은 세밀하게 연구되었고, 새로 진입한 경쟁자들은 이를 모방하였다.

이전에 정의된 것과 같이 유통 채널은 제조업자와 고객을 연결하는 시스템이다. 비록 소비재와 산업재의 경로는 유사하지만, 또한 뚜렷한 차이가 있다. **기업과 소비자 간 마케팅**(business-to-consumer [B2C] marketing)에서는 제품을 사용하는 소비자들의 손에 제품을 전달하기 위해 소비자 채널이 디자인된다. 이와는 반대로 **기업 간 마케팅**(business-to-business [B2B] marketing)은 제품을 생산과정 또는 매일 공정에 투입물을 제공하는 제조업자나 또는 다른 조직에 배달하는 산업 내 유통과 관련이 있다. 중개인은 소비자와 산업 채널 양쪽 모두에 있어서 중요한 역할을 한다. **유통업자**(distributor)는 전형적으로 선택된 제품 또는 상표를 선달하는 도매 중개 업자이다. **중개상**(agent)은 둘 이상 당사자들 사이의 협상을 조정하는, 그러나 구입하거나 판매할 물건의 소유권이 없는 중간자이다.

소비재와 서비스

그림 12-1은 소비재를 위한 여섯 가지 마케팅 채널 구조의 전략적 대안을 요약하고 있다. 구매자와 제품 양쪽 모두의 특성이 마케팅 채널 디자인에 중요한 영향을 미친다. 첫 번째 선택은 인터넷, 통신판매, 다양한 형태의 방문판매 또는 제조업자 소유의 소매 아웃렛을 통한 시장에서 구매자에게 직접 판매하는 것이다. 다른 선택은 소매업자, 판매조직, 대리상 또는 중개인, 그리고 도매업자의 다양한 조합을 활용하는 것이다. 수많은 개인 구매자와 그들의 지리적 제한, 소득, 쇼핑 습관 그리고 다른 판매방법에 대한 반응은 나라별로 매우 다양하고 서로 다른 채널 접근방법을 요구할 수 있다.

표준화의 정도, 변질되기 쉬운 정도, 크기, 서비스의 요구 정도, 단위당 가격 등의 제품 특성 또한 영향을 미친다. 일반적으로 유통 채널은 제공받는 고객의 수가 증가하거나 단위당 가격이 하락하는 것에 따라 길어지는, 즉 더 많은 중개자를 필요로 하는 경향이 있다. 부피가 큰 제품들은 일반적으로 배송거리와 최종 소비자에게 전달되기까지 거치는 단계를 최소화하는 유

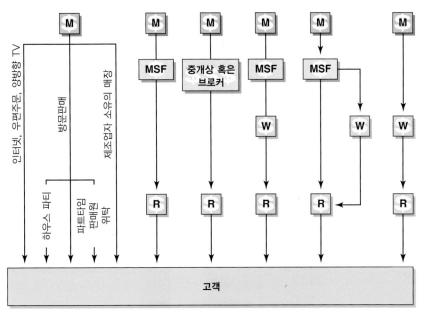

그림 12-1 마케팅 채널 대안 : 소비재

M=제조업자 　　　MSF=제조업자의 판매조직
W=도매업자 　　　R=소매업자

통 채널의 조정이 필요하다.

인터넷과 새로운 형태의 미디어는 유통의 모습을 극적으로 바꾸고 있다. 이베이는 개별 소비자가 제품을 다른 개인에게 판매하는 **P2P 마케팅**(peer-to-peer marketing)으로 알려진 온라인 상거래의 형태를 개척했다. 이베이의 성공은 전통적인 상인들이 인터넷의 잠재성을 빨리 인식했기 때문이다. 수익증대를 지속시키기 위해 이베이는 B2C 경매와 더불어 고정가격으로 제품을 판매하는 온라인 '스토어 프론트'를 추진하는 디즈니와 IBM 같은 거대기업을 돕고 있다. "우리는 경매형태 입찰에서 'Buy It Now'를 추가하여 진화하였고, 우리의 다음 단계는 판매자에게 그들의 목록을 보여줄 장소를 제공하는 것이었습니다."라고 이베이 글로벌 마케팅 수석 부사장인 빌 코브는 말했다.[2] 일부 전문가들은 양방향 TV가 기술을 통해 더 많은 가구들이 연결됨에 따라 수년 내 성공적인 직접유통 채널이 될 것이라고 예측했다. 많은 국가에서 시간에 쫓기는 소비자들은 인터넷과 이와 유사한 통신기술에 의해 창출되는 시간과 장소의 효용에 점점 이끌리고 있다.

저가격 대량생산 제품과 특정 서비스들은 직접판매 조직을 통해 방문판매가 될 수 있다. 방문판매와 하우스 파티 판매는 미국에서 성숙된 형태의 유통이다. 그러나 이 명성은 다른 곳에서 더 성장하고 있다. 예를 들면 플로리다 올랜도에 본사가 있는 타파웨어는 인도네시아에 20만 명의 판매인력이 있다. 브랜드 지각 소비자들(brand-conscious consumers)은 하우스 파티에서 타파웨어의 플라스틱 식품 보관 용기를 경험하고, 타파웨어의 직접판매 비즈니스 모델은 소매 인프라가 제한적인 국가에서 장점을 제공한다(사진 12-2 참조). 오늘날 인도네시아는 타파웨어의 가장 큰 시장이다. CEO 릭 고잉스는 "이곳은 우리에게 믿기 힘든 스윗 스팟입니다. 지구의 인구가 여기 다 있습니다. 거부할 수 없습니다."라고 말했다.[3]

1995년 메리 케이는 자체 독립 판매대리인 조직과 함께 중국 시장에 진출했다. 중국의 1급 도시들에 성공적으로 침투한 후에 메리 케이는 2급과 3급 도시로 확장했다.[5] 1998년 4월 중국 국무회의는 모든 직접판매 형태를 포괄적으로 금지하는 제도를 시행했다. 금지령은 대부분의

불법적인 피라미드 회사를 겨냥했고, 암웨이, 에이본, 메리 케이, 타파웨어를 포함한 대부분의 외국계 회사들은 중국에서의 영업을 지속하는 것을 허락받았다. 그러나 그들은 비즈니스 모델의 개선을 강요받았다. 그들의 판매 대표자는 전통적인 제조업 소매자와 협력을 해야 했다. 금지령은 2005년에 해제되었다. 왜냐하면 경쟁이 제한되어 있었기 때문에 중국에서 입지를 유지해 온 소수의 외국 직접판매 기업만이 금지령이 시행되는 동안 독점적 성장기회를 누릴 수 있었기 때문이었다. 메리 케이가 대표적인 경우로 2011년에 메리 케이의 중국 내 매출은 1999년에 비해 50배 이상 증가하였다. 오늘날 메리 케이는 중국에 수십 개의 지점을 두고 있다.

일본에서 미국 자동차 제조사들이 직면하는 가장 큰 장벽은 높은 관세가 아니다. 그보다 매년 판매되는 자동차의 절반이 방문판매로 판매되는 것이다. 토요타와 토요타의 일본 경쟁기업들은 전시장을 운영하고, 또한 10만 명 이상의 자동차 판매원을 고용하고 있다. 미국의 구매자와 달리 많은 일본 자동차 구매자들은 결코 딜러판매 매장을 방문하지 않는다. 자동차 판매원과 일본 국민과의 가깝고 장기적인 관계는 제9장에서 논의된 게이레츠 시스템의 소비자 버전으로 간주될 수 있다.

일본차 구매자는 판매대리인과 신뢰관계가 확립될 때까지 다수의 면대면(face-to-face) 만남을 기대한다. 거래가 종료된 이후에도 관계는 지속된다. 자동차 판매원은 카드를 보내고 지속적으로 구매자의 만족을 확인하려 한다. 이와 달리 포드와 같은 미국의 라이벌 기업은 전시장에 방문객들이 증가하도록 노력한다. 도쿄에서 포드 판매망을 관리하는 노부마사 오구라는 "우리는 방문판매 방식을 제외한 더 많은 자동차를 판매하기 위한 아이디어를 찾을 필요가 있습니다. 그러나 현실은 어떤 것도 찾을 수 없었습니다."라고 말했다.[6] 알고 보니 이 도전은 극복할 수 없는 것으로 드러났고 포드는 2016년 일본 시장에서 손을 뗐다.[7]

또 다른 직접판매의 대안은 제조업자 소유의 매장 또는 독립된 프랜차이즈 매장이다. 최초의 국

사진 12-3 애플은 22개국에서 50개 이상의 소매점을 운영하고 있다. 각 매장에는 지니어스 바가 있어 고객은 지식이 풍부한 직원과 일대일 기술 지원을 요청할 수 있다. 런던에 있는 것과 같은 많은 매장에는 애플 공동창립자이자 전 CEO인 스티브 잡스가 디자인을 도왔던 시그니처 유리 계단이 있다. 잡스는 2011년 암으로 사망했지만 그의 유산은 글로벌 소매 전략과 전술에 광범위한 영향을 미쳤다. 애플은 최근 버버리의 전 CEO인 안젤라 아렌츠를 소매 운영 책임자로 고용했다.

출처 : View Pictures/UIG via Getty Images.

제적으로 성공한 미국계 기업 중 하나인 싱어는 재봉틀을 팔고 서비스를 제공하기 위해 회사가 직접 소유하는 전 세계 체인과 직접 운영하는 아웃렛을 설립하였다. 제9장에서 언급한 바와 같이 일본의 가전제품 회사들은 그들의 유통 그룹에서 매장들을 통합하고 있다. 잘 알려진 패션 디자인 하우스인 애플, 리바이 스트라우스, 나이키, 소니와 같은 강력한 브랜드의 다른 기업들은 때때로 상품전시장이나 마케팅 정보를 얻기 위한 수단으로 하나 또는 몇 개의 주력상품 소매매장을 설립하고 있다(사진 12-3 참조). 이 매장들은 양방향 쇼핑 경험을 제공하고 브랜드 충성도를 구축하기 위해 디자인되었다.[8] 이러한 채널들은 교체되는 대신 독립된 소매점으로 전환되어 유통구조를 보충한다.

소비재를 위한 다른 유통구조의 대안들은 제조업자의 판매조직과 결국 고객들에게 물건을 파는 독립된 직판점을 방문하는 도매업자의 다양한 결합을 포함한다. 소매에 관해서는 이 장의 후반부에 자세히 논의된다. 수백만 명의 소비자들이 구매하는 아이스크림, 담배, 그리고 백열전구 같은 대량 마케팅 시장 소비재 제품을 위해서는 제조업자에서 유통업자와 소매업자로 이어지는 경로가 일반적으로 시장범위에 포함되는 것이 필요하다. 미국 월마트의 경이적 성장의 토대는 제조업자로부터 직접 대량의 제품 구매에서 얻는 규모의 경제성을 달성하는 능력이다. 반대로 몇몇 기업들은 제품들이 매력적으로 둘러싸여 전시될 수 있는 선택적 유통전략을 추구한다. 예를 들어 남성복 디자이너 알렉산드르 플로코브의 컬렉션은 바니&셀리지에서 판매되었다. 플로코브는 최근에 온라인에서만 사용할 수 있는 새로운 라인 노멘클라투라를 출시했다(사진 12-4 참조).

부패하기 쉬운 신선한 과일과 채소류는 고객이 제품을 구매하는 시점에 만족스러운 상태임(형태 효용)을 유통업자가 반드시 보증해야 하는 특별한 의무가 부과된다. 선진국에서는 기업

사진 12-4 알렉산드르 플로코브는 누아르 감성을 지닌 남성복 디자이너다. 예를 들어 이 전투화 같은 그의 디자인 중 일부는 빈티지 군복에서 영감을 얻은 것이다. 그는 망토와 악명 높은 알렉산드르 플로코브 라인을 출시한 후 베르사체와 헬무트 랭을 위해 디자인했다. 그의 새로운 사업은 노멘클라투라라고 불린다.
출처 : ⓒ NomenklaturaStudio.

의 고유 판매조직 또는 독립 유통 채널 멤버가 부패하기 쉬운 식품의 유통을 담당할 수 있다. 어느 경우에서든 유통조직은 제품이 신선한 것을 보증하기 위해 재고를 점검한다. 후진국에서는 공공시장이 중요한 유통 채널이다. 공공시장은 채소, 빵, 그리고 다른 식품의 생산자가 물건을 직접 판매할 수 있는 편리한 방법을 제공한다. 신선제품의 높은 부패 가능성은 현대 인도에서 가장 중요한 공급사슬의 문제이다.

때때로 개발도상국에서는 상대적으로 간단한 유통 채널 혁신이 기업의 궁극적 가치 제안을 현저하게 증가시킬 수 있다. 예를 들면 1990년대 초 모스크바 제빵회사는 유통 시스템의 개선이 필요했다. 신신한 빵을 사기 위해 많은 가게와 키오스크에서 러시아 소비자들은 줄을 섰다. 불행하게도 모스크바 제빵회사의 직원은 과도한 문서업무를 수행하고 있었고 그 결과 신선하지 않은 빵을 배달했다. 앤더슨 컨설팅은 이 회사가 생산하는 빵의 3분의 1이 낭비되는 것을 알아냈다. 선진국에서는 대략 95%의 음식이 포장되어 팔린다. 이 비율이 구소련에서는 매우 낮다. 소비자가 노점에서 빵을 구입하거나 또는 상점에서 사거나에 관계없이 제품은 포장되지 않은 채 진열된다. 컨설팅팀은 단순한 해결책인 빵을 신선하게 유지하는 플라스틱 봉투를 고안했다. 러시아의 소비자들은 변화에 호의적으로 반응했다. 봉투는 신선함을 보증하고 빵의 유통기한을 연장시킬 뿐만 아니라 봉투 그 자체가 유용성을 만들었다. 그런 부가적인 것들이 거의 알려지지 않은 국가에서는 봉투는 재사용할 수 있는 '선물'로 여겨졌다.[9]

개발도상국에서 소매환경은 잘 부패하지 않는 아이템을 파는 회사들에게 비슷한 도전을 제시한다. 부유한 국가들에서 P&G, 킴벌리-클라크, 유니레버, 콜게이트 파몰리브 그리고 다른 세계적인 소비재 회사들은 소비자들에게 '대량구입'을 제공하는 것에 익숙해져 있다. 이와는 반대로 멕시코나 다른 신흥시장에서 많은 소비자들은 음식, 탄산음료, 그리고 다른 품목들을 소규모 '구멍가게', 키오스크 그리고 노점에서 매일 소량으로 여러 번에 걸쳐 구입한다. 샴푸, 화장지, 세탁세제 등 여기서 구입이 가능한 상품들은 상대적으로 개당 가격이 높은 1회용 제품으로 포장되어 있다.

사진 12-5 브라질 중산층은 빠르게 증가하고 있지만 멀리 떨어진 시골지역 소비자에게까지의 도달은 글로벌 마케터에게 과제가 될 수 있다. 네슬레의 유통 채널 전략은 떠다니는 선상 슈퍼마켓이다. '네슬레 보트'는 야간에는 아마존을 운항하는 선박으로, 주간에는 18개 다른 지자체의 쇼핑객을 맞이하는 마트로 운영된다. 하이퍼마켓에 갈 수 없는 고객들은 애완동물 사료, 초콜릿, 분유 그리고 거의 300가지의 네슬레 제품과 브랜드를 살 수 있다.
출처 : Marcia Zoet/Bloomberg via Getty Images.

P&G에게 이러한 영업활동은 '고이용도 상점'으로 알려져 있다. 그리고 멕시코에서만 그러한 형태의 상점들이 70%를 이루고 있다. P&G사의 제품을 더 많이 보유하도록 점주들에게 동기부여를 하기 위해 이 회사는 '황금가게' 프로그램을 시작했다. 적어도 40개의 다른 P&G 제품을 판매하기로 약속한 대가로 참여가게들은 진열공간을 마련하면 눈에 잘 띄는 공간에 홍보용 자료를 정돈하는 P&G의 대리상들이 정기적으로 방문을 한다. 비록 처음에 P&G는 자체 판매조직을 사용했지만, 이제는 직접 재고를 선물로 구입하고 매장 운영자에게 제품을 재판매하는 독립 대리상에게 의존하기 시작했다.[10] P&G의 경험은 그림 12-1에 있는 유통구조가 기업들이 시장상황이 변함에 따라 그들의 전략들을 다르게 할 수 있는 전략적인 대안들이라는 사실을 보여준다.

산업재

그림 12-2는 산업재 또는 비즈니스 제품을 생산하는 기업을 위한 마케팅 채널의 대안을 요약하고 있다. 소비재 채널과 마찬가지로 제품과 고객 특성들은 채널 형성에 영향을 끼친다. 산업재 채널 형성에는 세 가지 기본요소가 필연적으로 수반된다. 제조업자의 판매조직, 유통업자 또는 대리상 그리고 도매업자이다. 제조업자는 자체 판매조직, 고객에게 판매를 하는 도매업자로 불리는 판매조직, 그리고 이 두 가지 방법을 조합한 경로를 통해 고객에게 다가갈 수 있다. 제조업자는 판매조직을 통하지 않고 직접 도매업자에게 판매를 할 수도 있다. 그리고 도매업자들은 고객에게 공급할 수 있다.

이탈리아의 세코는 B2B와 B2C 채널 모두를 통해 자사제품을 유통한다. 마케팅 매니저들은 국내 가전제품의 고객 구매를 위한 소매유통의 준비에 대해 책임을 진다. 자동판매기와 전문가 제품을 공급하는 매니저는 조직의 고객들에게 자동판매기를 제공하고 전문가용 에스프레소 기계는 커피 바와 카페에 제공한다.

채널 혁신은 성공적인 마케팅 전략의 필수요소이다. 글로벌 PC 산업에서 리더로서의 델의

그림 12-2 마케팅 채널 대안 : 산업재

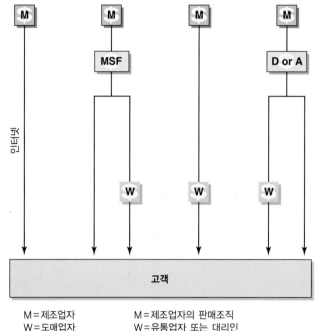

M = 제조업자   M = 제조업자의 판매조직
W = 도매업자   W = 유통업자 또는 대리인

부상은 마이클 델의 직접판매와 고객의 선택 사양을 기반으로 한 컴퓨터 생산으로 전통적인 유통 채널을 우회하기로 한 결정에 바탕을 두고 있다. 델은 B2B 마케터로 시작했다. 델의 비즈니스 모델은 매우 성공적이어서 이후 곧바로 가정용 PC 시장에 대한 마케팅을 시작했다.

또한 보잉항공사를 생각해 보라. 정해진 가격, 크기, 제트 여객기의 복잡성을 생각해 보면, 왜 보잉이 직접판매조직을 운영하는지 쉽게 이해할 수 있다. 직접판매방식으로 판매한 상품들은 컴퓨터 본체와 커다란 복사기가 포함된다. 이것들은 소비자의 욕구에 초점을 맞춘 설명과 적용방법의 분석이 필요한 비싸고 복합적인 제품들이다. 델의 훈련된 영업사원, 판매담당 기술사 또는 엉업팀은 컴퓨터 구매자에게 정보의 유용싱을 진달하는 일에 적힙했다.

▶ 12-2 글로벌 마켓에서 유통업자를 선택할 때 기업이 따라야 할 가이드라인을 정리해 본다.

12-2 유통 채널의 구축과 중개인과의 거래

국경을 초월한 글로벌 기업의 확장은 반드시 기존의 **유통 채널**(distribution channels)을 이용하거나 경로를 직접 구축해야만 한다. 유통 채널의 장해물은 기존의 브랜드와 공급관계가 이미 형성되어 있는 경쟁적인 시장에 진입할 때 종종 나타난다. 만약 경영자가 **직접 개입**(direct involvement)을 결정한다면 기업은 자체 판매조직을 만들거나 또는 자사 소유의 소매점을 운영해야 한다.

또 다른 선택은 간접 개입(indirect involvement)이다. 이것은 독립 대리상, 유통업자, 그리고/또는 도매상의 이용을 수반한다. 예를 들어 아시아에서는 장 폴 고티에(프랑스)와 하몬트&블레인(이탈리아) 등 서양 명품 마케터들이 오랫동안 비독점적이고 독립적인 유통사에 의존해 왔다. 이러한 기업 중 홍콩에 본사를 둔 페어톤사는 지역시장 지식과 매장의 네트워크로 중화권에서의 성공의 열쇠를 쥐게 되었다. 이와 유사하게 제11장에서 언급한 바와 같이 디비어스는 독립 중개인이 미국 시장에서 자사 다이아몬드 광고를 하도록 활용한다.

글로벌 마케팅 프로그램의 채널전략은 반드시 각 국가의 시장에서 기업의 경쟁력 포지션과 궁극적인 목표에 부합해야 한다. 새로운 시장에서 유통에 대한 직접적인 개입은 상당한 비용을 수반할 수 있다. 판매 직원과 관리인은 반드시 고용된 후 이에 대해 훈련을 받아야 한다. 새로운 시장에서 영업을 개시하는 초기단계에 변동비를 상계할 만큼의 충분한 주문이 없을 것이기 때문에 판매조직은 필연적으로 많은 손실이 발생한다. 자사 자체의 판매조직의 소유를 고민하는 기업은 합당한 기간 동안 판매조직에서 발생할 손실에 대한 준비가 되어 있어야 한다.

채널 결정은 관리되어야 하는 거래관계의 수와 본질 때문에 중요하다. 채널 결정은 전형적으로 다양한 중개인에 대한 장기적인 법률적 약속 및 의무를 포함한다. 그러한 책무들은 수시로 종결하거나 바꾸기에는 비용이 매우 많이 들기 때문에 기업은 외국 파트너와의 관계의 본질을 반드시 문서화해야 한다. 흔히 "짧은 메모는 긴 기억보다 더 낫다."고 말한다. 최소한 명문화된 계약서는 무엇이 계약 종료를 위한 '좋은 조건'인지에 대한 뚜렷한 정의를 포함하고 있어야 한다. 또한 제5장에서 언급했듯이 지방법원을 찾는 것보다는 오히려 중재를 통해 사업논쟁을 해결하는 것이 더 낫다. 그래서 유통업자 또는 대리인 계약에서도 제3국에서의 중립적인 토론을 통한 중재를 명시해야 한다. 많은 경우에 있어 지역의 법률은 대리상과 유통업자들을 보호한다. 정식 명문계약서가 없는 경우도 해당국의 민법이 적용될 것이다. 명시된 의무와 더불어 상호 간의 의무에 대해 선의와 호의로써 책임을 이행해야 한다. 한마디로 말하면 표적시장에 있는 유통업자와 대리상의 선택은 아주 중요하다.

신흥시장에 처음 진입한 기업들은 채널 중개인의 선택에 특별한 주의를 기울여야 한다. 전형적으로 신규시장 진입자는 그 지역 비즈니스 관례에 대한 지식이 부족하고 잠재적 고객과 관계를 가진 파트너를 필요로 하기 때문에 지역 유통업자가 필요하다. 더불어 특정한 시장의 신규 진입자는 일반적으로 그들의 위험 정도와 재정상태의 노출을 제한하려 한다. 처음의 결과는 만족스러울지 모르지만 시간이 지날수록 지역 유통업자는 빈약한 성과를 낼 수 있을 것이다. 이때가 글로벌 기업의 매니저가 수시로 개입하고 지역 도매상으로부터 통제권을 넘겨받아야 할 시기이다. 하버드대학교 데이비드 아놀드 교수는 점차 증가하고 있는 이런 문제들을 방지하는 데 도움이 되는 7가지 특별한 지침을 제안했다.[11]

1. 유통업자를 선정하라. 그들이 당신을 선택하게 하지 마라. 기업은 무역박람회에서 대리상의 접근을 통해 별다른 노력 없이 유통업자와 연결될 수 있다. 그런 적극적인 후보자는 이미 경쟁기업과 일하고 있을 것이다. 그들의 목적은 주어진 시장에서 제품 카테고리에 대한 통제권를 유지하는 것이다. 적극적인 신규시장 진입자는 미국 상무부의 리스트 또는 다른 나라에서 이와 동등한 정보를 요구함으로써 잠재적인 중개인을 확인할 수 있다. 그 나라에 있는 무역협회와 지역 상공회의소도 이와 유사한 정보를 제공할 수 있다.

2. 소수의 좋은 고객관계를 유지하는 유통업자보다는 시장개발이 가능한 유통업자를 찾아라. 좋은 고객관계를 유지하고 있는 유통입자는 빠른 판매 및 수익을 생성하는 데 있어 '명백한' 선택인 것처럼 보일지도 모른다. 그러나 더 나은 선택은 성공을 달성하기 위한 투자를 이끌어 내고 글로벌 기업의 마케팅 경험을 이용하려 하는 파트너를 선택하는 것이다. 어떤 파트너는 이전까지 특정한 제품군에 대한 경험이 없을 수 있다. 이런 경우에 유통업자는 더 많이 헌신해야 하고 제품라인을 택하는 것은 현재의 상황을 대변하지 못하기 때문에 그야말로 사업에 대해 더 높은 우선권을 가지고 있는 새로운 파트너를 결정해야 한다.

3. 지역 중개인을 단기적인 시장진입 수단으로 대하지 말고, 장기적인 파트너로 대하라. 고객 확보, 새로운 제품판매, 또는 다른 형태의 사업개발을 위한 강한 재무적 인센티브를 제공하는 계약상의 협정은 시장 진입자가 장기적인 전망을 가지고 있다는 신호를 유통업자에게 보내는 것이다. 이러한 발전은 글로벌 기업으로부터 매니저를 투입하는 것으로 완결될 수 있다.

4. 자금, 매니저 및 검증된 마케팅 아이디어를 투입하여 시장진입을 지원하라. 판매인력과 기술지원을 제공하는 것과 더불어 경영진은 독립적인 중개자에게 소수 지분을 투자함으로써 초기 약속에 대한 이행을 보여주는 것을 고려해야 한다. 이런 투자와 관련된 위험은 제조업자의 모국에 있는 독립적인 유통 시스템에 관련된 위험보다는 크지 않아야 한다. 이런 약속이 초기에 이행된다면 더 좋은 관계가 형성될 것이다.

5. 처음부터 마케팅 전략에 대한 통제권을 유지하라. 글로벌 마케팅 채널의 모든 잠재력을 이용하기 위해서는, 제조업자는 어떤 제품을 유통업자가 판매해야 하고 어떻게 그들을 포지셔닝할지에 관한 견고한 마케팅 리더십을 제공해야 한다. 또한 유통업자의 성과를 점검하기 위해 현장에서 직원을 채용하거나 국가 또는 지역의 매니저들을 두는 것이 필요하다. 한 중역은 "우리는 그들이 시장을 잘 알고 있다고 생각하기 때문에 유통업자에게 너무 많은 자율성을 주고 있다. 그러나 우리의 가치 제안은 수행하기 어렵고 그리고 몇 번이고 되풀이해서 우리는 유통업자들이 올바른 고객 선택의 실패 또는 판매직원 교육의 불충분을 상쇄하기 위해 가격을 인하하는 것을 보았다."라고 말했다. 그러나 이것은 중개인이 지역 현실에 적합하게 유통전략을 수정하는 것을 허용하면 안 된다고 말하는 것이 아니다. 요점은 제조업자가 주도권을 잡아야 한다는 것이다.

6. 유통업자가 당신에게 시장 세부사항과 재무적 성과 데이터를 확실히 제공하도록 하라. 유통업자 조직들은 기업에게 최고의(아마도 유일한) 시장정보 원천이다. 제조업자와 유통업자 사이의 계약은 지역시장정보와 재무적 데이터가 다시 제조업자에게 전달될 것이라는 의미의 특정한 언어를 포함해야 한다. 성공적인 제조업자와 유통업자의 관계가 형성될 수 있다는 신호는 이러한 정보를 제공하기 위한 유통업자의 의지에 달려 있다.

7. 가급적 빨리 여러 나라의 유통업자와 관계를 개설하라. 제조업자는 국제적인 유통업자와의 네트워크를 구축하도록 시도해야 한다. 이것은 지역기업 사무실을 설치하거나 유통업자의 지부를 설치함으로써 달성될 수 있다. 어느 시점에서든 기업은 우수한 중개인 및 유통업체가 있을 수 있고, 다른 그룹은 만족스럽고, 세 번째 그룹은 불만족스러울 수 있다. 유통업자들이 교류하는 기회를 창출함으로써 개별 시장의 결과에 기초한 신제품 디자인이 강화될 수 있고, 전체적인 유통업자의 성과도 향상될 수 있다.

채널전략을 고안할 때 중개인의 동기에 관한 현실적인 인식이 필요하다. 반면에 기업의 마케팅 전략의 중요한 요소를 실행하는 것은 중개인의 책임이다. 그러나 그들의 능력을 남겨두고 중개인들은 제조업자의 이익보다 그들 자신의 이익을 극대화하려고 할 것이다. 이러한 대리상들은 때때로 제품과 브랜드에 대한 수요가 확실한 제조업자로부터 주문만 받는 **선택구매**(cherry picking)를 하기도 한다. 선택구매는 노점상의 제품라인에서 단지 몇 개의 품목을 선별하는 형태일 수도 있다. 선택구매만을 추구하는 글로벌 중개인은 신제품을 위해 개척하는 시장에 대해서는 관심이 없으므로 국제적으로 확장하는 글로벌 기업에게는 문제가 된다.

앞서 언급한 바와 같이 제조업자는 리더십을 제공하고 관계를 형성하기 위해 유통업자가 원하는 자원을 투자해야 한다. 신제품이나 한정된 시장 점유율을 가진 제품의 제조업자는 선택구매를 하는 멤버를 회피할 수 있는 채널을 형성하기 위한 방법을 더 적극적으로 찾을 수 있다. 어떤 경우에 제조업자는 시장 점유율의 획득을 위한 자사 조직의 설치를 위해 직접적인 관련 비용을 부담해야 한다. 회사 판매가 마침내 충분한 임계점에 도달할 때, 경영자는 직접개입에서 보다 비용 효율적인 독립 중개인으로 바꾸는 것을 결정할지도 모른다.

선택구매 문제를 다루는 대안적인 방법은 많은 비용이 드는 영업조직의 설치를 요구하지 않는 것이다. 오히려 기업의 제품에 배정된 판매대리인들의 비용을 보조함으로써 유통업자의 판매조직에 의지하는 것을 경감할 수 있다. 이 접근방법은 유통업자의 기존 판매관리팀과 물류체계를 내부화시켜 비용을 절감시키는 이점이 있다. 이것은 판매지역당 1명의 판매직원을 고용하는 비용으로 직접판매 및 유통 지원을 관리하는 것이 가능하다. 이러한 종류의 계약에서 협력에 대한 유통업자의 인센티브는 판매 직원이 유익한 추가적인 잠재력이 있는 신제품에 대하여 '자유로운' 판매의 대리를 얻는다는 것이다. 이러한 협력관계는 시장에서 새로운 수출에 적합한 제품이 유통망을 얻는 데 이상적이다. 그렇지 않으면 기업은 특별 인센티브를 독립채널 대리상에게 제공하는 것을 결정해야 한다.

(12-3) 글로벌 소매

글로벌 소매(global retailing)는 국경을 초월한 소매활동이다. 수세기에 걸쳐 혁신적인 상인은 상품과 아이디어를 얻고 소매조직을 설립하기 위하여 해외를 탐험했다. 19세기와 20세기 초반에는 영국, 프랑스, 네덜란드, 벨기에, 독일의 무역회사가 아프리카와 아시아에 소매조직을 설립했다. 국제무역과 소매점 경영은 그 시대의 식민지경제 시스템의 두 기둥이었다. 20세기에 네덜란드 의류와 신발 소매상인 C&A는 유럽 전역으로 확장했다. 1909년 해리 고든 셀프리지는 시카고에서 런던으로 옮겨 소매업을 재편성하여 백화점을 열었다. 같은 해 또 다른 미국인 프랭크 울워스는 잡화상 콘셉트를 대서양 너머로 가져가 리버풀에 첫 영국 상점을 열었다.

글로벌 소매상들은 중요한 유통기능을 수행한다. 까르푸, 테스코, 월마트가 선진국에서 매장을 열었을 때, 그들은 고객들에게 더 많은 상품과 이전보다 더 낮은 가격을 제공했다. 우리가 그동안 언급한 바와 같이 글로벌 기업들이 해외로 확장할 때, 그들은 종종 현지 경쟁자와 만나게 된다. 소매영역에서 예외란 없다. 인도는 그 좋은 사례이다. 현대식 유명상표 체인 스토어인 **기업형 소매유통**(organized retail)은 현재 인도 시장의 5% 미만을 차지한다. 이 부문은 두 자리 숫자의 성장을 보일 것으로 기대되고 있고, 글로벌 소매업계의 거대기업을 유인하고 있다. 그러나 그들은 반드시 현지 소매체인이 경영하는 점포와 경쟁해야 한다. 한 기업은 인도 최대의 민영화학기업인 릴라이언스이다. 이 회사의 소매조직은 인도 전역에 수천 개의 현대식 슈퍼마켓을 개업하였다. 더욱이 릴라이언스사 자체는 글로벌 확장 계획을 염두에 두고 있다.[12]

어떤 경우에는 글로벌 기업이 아닌 지역 소매업자가 쇼핑에 대한 경험을 변형함으로써 새로운 장을 열기도 한다. 케냐의 슈퍼마켓 체인인 나쿠마트는 이러한 사례이다. 토론토대학교의 정치과학 교수인 왐부이 음왕기는 "나쿠마트는 당신이 교육받았고, 부유하며 더 큰 일을 인지하고 있다는 것을 보여주기 위해 가는 곳입니다. 특히 그곳에서 쇼핑을 할 수 없는 사람을

◀ 12-3 세계 곳곳에서 발견되는 다른 종류의 소매업 운영방법을 설명한다.

표 12-1 글로벌 소매기업 상위 5개사(2017년 매출기준)

순위	기업	국가	형태	매출(백만 달러)
1	월마트	미국	할인점, 창고형 할인매장	485,873
2	까르푸	프랑스	하이퍼마켓	82,996*
3	테스코 PLC	영국	슈퍼마켓/하이퍼마켓	69,501
4	메트로 AG	독일	여러 가지 형태	43,828
5	알디	독일	할인점	NA

* 2016년 데이터
출처: Company reports.

포함하여 모든 사람의 관심을 끄는 출세 지향적인 장소입니다."라고 언급했다.[13]

소매 비즈니스 모델은 아마도 그것이 탄생된 나라의 밖에서는 상당한 적응이 필요하다. 예를 들면 1973년 첫 번째 일본 프랜차이즈인 세븐일레븐은 개점한 이래로 편리함을 추구하는 고객들을 빠르게 유인했다. 현재 일본에는 편의점 형태의 '콘비니스(conbinis)'가 일본 어디에나 있으며, 수만 개의 매장이 있다. 세븐일레븐을 운영하는 세븐&아이 홀딩스사는 일본 최대의 식료품 잡화점이다. 편의점 운영자들은 고객의 행동을 추적하고 부패하기 쉬운 제품과 다른 상품들이 교통 혼잡시간 동안 적기배송 기준에 따라 배달되도록 하기 위해 최신의 EPOS 데이터를 사용한다. 심지어 오늘날의 어려운 경제환경에서도 편의점 매출은 여전히 강세를 유지하고 있다. 현재 편의점 운영자들은 그들 자신을 더욱 차별화하기 위해 움직이고 있다. 예를 들면 세븐일레븐은 매장 내에 세븐뱅크 ATM을 설치해 놓았으며, 자체상표 저가 상품라인인 세븐 프리미엄을 판매하고 있다.[14]

오늘날의 글로벌 소매업계는 높은 다양성이 특징이다(표 12-1 수익기준 상위 5개사 목록 참조). 우리는 소매업이 가질 수 있는 몇 가지의 다른 형태를 살펴볼 것이다. 소매점은 건물 면적의 크기, 제공되는 서비스 수준, 제공되는 제품의 종류와 깊이, 또는 다른 기준에 따라 나뉠 수 있다. 각각은 글로벌 확장을 고려하는 소매업자의 전략적인 선택을 나타낸다.

소매점의 형태

백화점(department stores)은 문자 그대로 한 건물 안에 서로 다른 상품라인과 제한된 판매원이 배치된 몇 개의 매장이 있다. 백화점에 있는 전형적인 상점은 남성품, 여성품, 유아용품, 미용용품, 가정용품 및 장난감을 판매하는 곳이다. 표 12-2는 내수시장을 외부로 확장한 주요 백화점의 목록이다. 그러나 대부분의 경우에서 해외확장은 몇몇의 국가로 제한된다. 런던 소재 자문회사의 소매분석가인 모린 힌튼은 "백화점 상표를 해외로 전달하는 것은 확실히 어렵습니다. 당신 상품에 인구학적으로 적합한 도시를 찾아내야 합니다. 만일 당신의 상품을 지역에 적응시킨다면, 이것은 당신의 브랜드를 약화시키는 것입니다."라고 말했다. 블루밍데일의 전 최고경영자인 마빈 트라우브는 모린 힌튼과는 견해가 다르다. 그는 "개념적으로 이미 우리는 도시와 대륙 간에 수많은 여행을 하는 세계에서 살기 때문에 백화점은 이미 세계적인 상표입니다."라고 언급했다.[15]

전문점(specialty retailers)은 백화점보다 덜 다양한 상품을 취급한다. 전문점은 더 좁은 상품 분야에 초점이 맞춰지고 특별한 목표시장에 조준된 상대적으로 폭이 좁은 제품믹스를 제공한

표 12-2　글로벌 지점을 보유한 백화점

백화점명	본사 소재지	글로벌 소재지
하비니콜스	영국	사우디아라비아, 홍콩, 아일랜드, 두바이
삭스피프스애비뉴	미국	두바이, 바레인, 멕시코
바니스뉴욕	미국	일본
레인크로포드	홍콩	중국, 마카오, 타이완
미스코시	일본	미국, 유럽, 아시아
H&M(헤네스&모리츠)	스웨덴	오스트리아, 독일, 쿠웨이트, 슬로바키아, 미국, 기타 20개국

다. 전문점은 다량의 깊이 있는 상품군, 예를 들면 다양한 스타일, 색깔 및 크기에 따라 전문지식을 지닌 직원의 고품질 서비스, 그리고 고객에게 분명하고 호소력이 있는 가치 제안을 제공한다. 갭, 디즈니 스토어, 룰루레몬, 슈퍼드라이, 빅토리아시크릿은 세계 여러 국가에 매장을 갖고 있는 글로벌 소매업자의 예이다. 어떤 국가에서는 지역 소매상이 이러한 매장을 운영한다. 일본에서 이온 그룹이 더 바디샵 매장을 운영하고 스포츠 오소리티와 합작투자를 했다.

슈퍼마켓(supermarkets)은 다양한 식품(예 : 생산되거나 조리된 제품, 고기류) 및 비식품(예 : 종이 및 건강제품, 화장품)을 제공하는 대부분의 경우 셀프 서비스에 기초한 각 부문으로 나누어진 단층구조의 소매시설이다. 평균적으로 슈퍼마켓 면적은 5~6만 제곱피트이다.

영국에 본사를 둔 테스코는 세계적으로 확장하고 있는 소매그룹 중 하나이다. 국내 매출이 전체 매출의 80% 이상을 차지하지만 해외에 11개 국가 이상에서 해외지점을 운영 중에 있다. 회사의 임원은 진입전략을 선택하기 전에 수년 동안 진입국가의 시장을 연구한다. 테스코는 도쿄에 있는 체인망인 시투네트워크의 인수를 통해 초기 일본 시장에 진출했다. 테스코 전 회장 데이비드 레이드는 테스코가 깊이 연구를 했고 진입시장에 대해 세밀한 것까지 주의를 기울였기 때문에 국제적으로 성공했다고 말했다. 그렇더라도 2000년대 들어 테스코의 미국 시장 침투 노력은 실패했다.

비록 월마트는 전 세계로 진출하여 헤드라인을 장식하고 있지만, 미국 소매상들은 해외시장 진출에서 유럽 기업에게 뒤떨어진다. 한 가지 이유는 순전히 미국 내수시장의 규모 때문이다.[16] 사실 월마트의 북미지역 밖에서의 경험 부족은 의심할 여지 없이 한국과 독일에서의 실패로 나타났다.

편의점(convenience stores)은 슈퍼마켓과 같은 상품의 일부를 제공한다. 그러나 제품믹스는 회전율이 높은 편의상품과 충동구매상품으로 한정되어 있다. 일부 상품의 가격은 15~20% 정도 슈퍼마켓보다 비싸다. 여기서 면적은 가장 작은 소매상점을 말한다. 예를 들어 미국에서 가장 전형적인 세븐일레븐은 3,000제곱피트이다. 대부분의 편의점은 교통이 밀집한 곳에 위치하며 통근자, 학생, 그리고 다른 유동성이 있는 고객을 수용하기 위해 확장된 서비스 시간을 제공한다. 세븐일레븐은 세계에서 가상 큰 편의점 체인이다. 프랜차이즈, 라이선스, 그리고 직접 경영하는 매장을 포함해서 전체 64,000개가 위치하고 있다.

편의점 소매업의 트랜드는 쇼핑몰, 공항, 사무실 건물, 대학 내에 위치하고 점점 작아지는 경향이 있다. 국제편의점협회 대변인 제프 레너드는 "모든 좋은 입지 장소가 사라지고 있으며 상대방이 떠날 때까지 경쟁은 치열해지고 있다."라고 밝혔다.[17]

할인소매점(discount retailers)은 몇 가지 범주로 나누어진다. 일반적으로 그들이 가지고 있는 특징은 낮은 가격을 강조하는 것이다. **전품목 할인점**(full-line discounters)은 전형적으로 제한된 서비스 형태로서 비식료품, 썩지 않는 제품을 포함하는 많은 종류의 상품을 제공한다. 표 12-1은 월마트가 전품목 할인점의 왕으로 군립하고 있음을 분명하게 보여준다. 많은 매장들은 12만 제곱피트 이상의 면적을 차지하고 식품은 면적과 매출의 약 3분의 1을 차지한다. 월마트는 전형적으로 중산층 고객들에게 소박한 외관과 가치 있는 브랜드를 제공한다. 월마트는 또한 할인소매업 중 **창고형 할인매장**(warehouse club) 부문의 선두주자이다. 쇼핑객들은 최소한으로 장식된 장소에서 대부분의 제품이 배송용 상자에 진열된 제한된 품목이지만 평균 3,000 또는 5,000가지의 품목에 대해 낮은 가격으로 구매가 가능한 '회원제'에 가입한다.

월마트가 새로운 시장에 진입했을 때 지역 할인점들은 경쟁적 위협으로 반응을 보였다. 예를 들어 캐나다에서 허드슨 베이스 젤러스는 가장 큰 할인점 체인이다. 월마트가 파산위기의 캐나다 체인을 인수한 후 젤러스는 매장의 장식을 더 밝게 했고 복도를 넓혔으며, 어린이와 함께 온 여성들을 위한 음식제공을 시작했다.[18] 프랑스 할인점 타티도 글로벌 마케팅을 하고 있다. 뉴욕 15번가에 매장 하나를 개점한 것과 더불어 현재 레바논, 터키, 독일, 벨기에, 스위스, 코트디부아르에 매장을 열었다.

염가판매점(dollar store)은 선택된 종류의 제품을 단일최저가격으로 판매한다. 미국에서 패밀리 달러 스토어와 달러 트리 스토어는 해당 산업을 지배한다. 하지만 최근 산업에 진입한 마이 달러스토어는 국제적으로 빠른 성장을 보이고 있다. 마이 달러스토어사는 동유럽, 중앙아메리카, 그리고 아시아에 프랜차이즈를 확장했다. 글로벌 시장에서 성공하기 위해서 마이 달러스토어는 자사의 미국식 경영방식을 현지화하였다. 예를 들면 전형적인 미국의 염가판매점은 '지하 할인매장'의 이미지이다. 반대로 인도에서 마이 달러스토어는 미국의 '좋은 삶'을 연상시키는 브랜드를 낮은 가격으로 제공하여 유인한 부유한 중산층 고객을 타깃으로 하였다. 상품들은 99루피, 즉 2달러에 해당하는 가격이 매겨졌고 매장은 자유의 여신상 진열과 함께 빨간색, 흰색, 파란색으로 장식되었다. 미국에서 염가판매점은 최소한의 직원과 셀프 서비스를 기본으로 운영된다. 마이 달러스토어의 인도 매장은 신제품 또는 익숙하지 않은 제품에 관한 질문에 답하기 위해 상당히 높은 수준의 직원을 배치한다.[19]

최저가 매장(hard discounters)에는 독일의 알디와 리들('품질이 싼 곳!'), 프랑스의 리더 프라이스와 같은 소매상들이 포함된다. 이러한 할인점들은 최저가로 한정된 종류의 상품(일반적으로 1,000개에서 3,000개의 다른 상품)을 판매한다. 1976년부터 알디는 미국에서 매년 몇 개의 점포를 열기 시작했다(알디가 트레이더 조의 '이웃집 식료품점' 체인도 소유하고 있다). 알디 매장은 비교적 작은 공간으로 이루어진다. 17,500제곱피트의 공간이 대표적이다. 최근 알디의 미국 사업부 공동대표인 제이슨 하트는 "우리는 1,500가지의 가장 잘 팔리는 식료품을 진열합니다. 당신이 대형 슈퍼마켓에서 2~3만 가지 제품을 보았을 때, 우리의 작은 가게가 얼마나 많이 고객의 쇼핑 리스트에 적합한지 놀랄 겁니다."라고 말했다.[20] 이 회사는 최근에 2022년까지 미국에 총 2,500개의 점포를 설립할 계획이라고 발표했다.[21]

월마트가 독일 시장에 진입하였을 때 최저가 매장들은 이미 견고하게 자리를 잡은 상태였다. 2006년 중반에 몇 년의 손실 이후 월마트는 독일 시장에서 철수하기로 결정했다. 현재의 경제침체기에 최저가 매장들은 금전지출이 어려운 소비자들이 가계경비를 늘리는 방법을 추구함에 따라 번창하고 있다. 유럽에서 식료품 판매의 약 10%를 차지하는 최저가 매장 운영자들은 자체 상표의 상품에 많이 의존한다. 몇몇 상품은 잘 알려진 글로벌 브랜드 제품의 반값에 판매한다. 까르푸와 다른 대형 슈퍼마켓 운영자들은 더 많은 자체 브랜드 제품을 낮은 가격에 제공함으로써 대응하고 있다. 예로 테스코는 최근에 티백, 쿠키, 샴푸를 포함하는 350개의 새로운 저가 자체 브랜드 제품을 판매하기 시작했다. "만일 판매전쟁이 벌어진다면 우리가 이길 겁니다."라고 테스코의 광고 감독이었던 리처드 브라셔는 장담했다.[22]

하이퍼마켓(hypermarkets)은 할인점, 슈퍼마켓, 창고형 할인매장이 한 건물 안에 결합된 혼합형 소매업 형태이다. 규모 면에서 하이퍼마켓은 20~30만 제곱피트에 달하는 거대한 크기이다.

슈퍼센터(supercenters)는 하이퍼마켓의 약 절반 크기를 차지하는 공간에서 공격적으로 가격이 책정된 다양한 식료품과 일반 상품을 제공한다. 슈퍼센터는 국내외적으로 월마트의 중요한 성장전략이다. 월마트는 1988년에 첫 번째 슈퍼센터를 오픈했다. 오늘날에는 미국에서 3,275개 이상의 슈퍼센터를 운영하고 있으며, 그 외에도 멕시코에 수백 개의 매장이 있고 아르헨티나, 브라질에서도 운영을 하고 있다. 브라질 월마트의 일부 가격은 다른 경쟁업체보다 15% 정도 더 저렴하며 일부 사람들은 월마트가 너무 많이 할인하는 것이 아닌지 궁금하게 여긴다. 월마트의 임원은 월마트의 이윤폭이 20~22%라고 말한다.[23]

슈퍼스토어(superstores)는 **카테고리 킬러**(category killers) 또는 빅 박스 소매점으로 알려져 있는데 소매업계에서 토이저러스와 홈 디포, 이케아 같은 상점에 대해서 이야기할 때 사용되는 명칭이다(사진 12-6 참조). 이러한 명칭은 이런 상점들이 예를 들어 장난감, 가구와 같은 특별한 상품군을 많은 양과 저가에 폭넓은 모음으로 판매하는 데 전문화되어 있다는 사실을 의미한

"남아프리카공화국에는 실용적인 소비자인 신흥 중산층이 있다. 남아프리카공화국에 있는 쇼핑몰은 오스트레일리아나 영국의 쇼핑몰과 많이 다르지 않다."[24]

울워스 홀딩스 CEO, 사이먼 슈스먼

사진 **12-6** 슈틸은 전기톱, 잔디깎기 그리고 다른 종류의 야외용 동력장비의 제조 및 판매를 하고 있다. 유통전략 'P'는 슈틸의 마케팅 전략에 있어 필수요소이다. 이 회사의 제품은 완전 사후관리 서비스 제공이 가능한 독립 딜러에게만 제공된다. 슈틸은 또한 '지역 제품 구매'의 중요성에 관한 소비자 교육을 돕는 자영업자 간의 협의체인 'Independent We Stand'를 후원하고 있다.

출처 : STIHL Inc; ad campaign from 2010-2011.

다. 요약하면 이들 상점은 본질적으로 더 작고 더 전통적인 경쟁자들을 무너뜨리고, 백화점에는 직접적인 경쟁에 있는 상품군의 규모를 줄이게 하는 소매업계의 '킹콩(900 pound gorilla)'에 해당한다.

쇼핑몰(shopping malls)은 한 장소에 여러 종류의 상점이 집단으로 구성된다. 개발자들은 매력적인 레저 장소를 만들어 낼 다양한 종류의 소매점을 모집한다. 일반적으로 하나 이상의 대형 백화점이 주축이 된다(사진 12-7 참조). 쇼핑몰은 넓은 무료 주차장을 제공하고 주요 간선도로로부터 쉽게 접근이 가능하다. 역사적으로 쇼핑몰은 쇼핑객들이 바깥 날씨에 상관없이 편안함을 느끼며 둘러볼 수 있도록 사방이 둘러싸여 있다. 그러나 최근의 경향은 '라이프스타일 센터'라 불리는 아웃도어 쇼핑센터를 지향한다. 푸드코트와 엔터테인먼트는 쇼핑몰에서 가족이 많은 시간을 보내도록 부추긴다. 미국에서 쇼핑몰은 사람들이 도심에서 교외로 이주함에 따라 갑작스럽게 나타났다. 오늘날 글로벌 쇼핑몰 개발은 편리함과 즐거움을 동시에 추구하는 중산층 소비자들을 향한 서비스의 기회를 반영한다.

세계 최대 쇼핑몰의 상위 5위 중 3곳이 아시아에 위치하고 있다(표 12-3 참조). 그 이유는 명백하다. 경제적 성장이 소득의 증가를 가져오기 때문이다. 게다가 이 지역에서 관광산업이

표 12-3   세계 최대의 쇼핑몰(총 임대가능 소매 면적 기준)

순위	쇼핑몰	국가	백만 제곱피트
1	뉴사우스차이나몰	중국 동관	7.1
2	골든리소스몰	중국 베이징	6.0
3	SM 메가몰	필리핀	5.45
4	SM 시티 노스 EDSA	필리핀	5.2
5	1 우타마	말레이시아	5.0

출처 : 저자 조사.

호황이다. 몇몇 업계 전문가는 거대 쇼핑몰과 그들의 매력적인 글로벌 브랜드 제품들이 고객들을 지역의 장인이 만드는 제품을 판매하는 시장에서 멀어지게 유인하고 있다고 경고했다. 길을 가다가 무언가 새로운 것을 발견하는 황홀감은 점차 사라지고 있다. 이스턴 코네티컷주립대학교의 미국학 교수인 에밀 포콕은 쇼핑몰 관련 전문가이다. 그는 최근에 "나는 전 세계 어디를 가든 쇼핑몰들이 거의 비슷하다는 매우 당황스러운 사실을 발견했습니다. 나는 100여 개의 국제적 기업들이 소비재에 대한 우리의 선택을 결정하는 것을 원치 않습니다."라고 말했다.[25]

사진 12-8 맥아더글렌은 유럽에서 몇몇 고급 디자이너 아웃렛을 운영하고 있다. 임차 소매인은 나이키와 같은 유명 미국 기업들이 있다. 그러나 매장의 대부분을 간략히 언급하면 펜디, 페라리, 하몬트&블레인, 질 샌더, 프라다, 살바토레 페라가모, 베르사체와 같이 진정 '누구나 알 수 있는' 고가의 유럽 패션 브랜드들이 대부분이다. 유행에 한발 앞선 싸고 질 좋은 물건을 찾아다니는 사람들은 일반 가격에서 30~70% 할인된 가격을 만날 수 있다.
출처 : McArthurGlen Designer Outlets.

아웃렛 상점(outlet stores)은 전통적인 쇼핑몰의 변형된 형태로 잘 알려진 소비자 브랜드의 회사가 과잉 재고목록, 이월상품, 또는 공장재고를 처분하는 소매활동이다. 많은 소비자를 끌어들이기 위해서 아웃렛 상점들은 아웃렛 몰에 종종 함께 모여 있다. 미국은 뉴욕의 센트럴 밸리에 있는 대형 우드버리커먼몰과 같은 수백 개의 아웃렛 상점을 운영하고 있다. 현재 유럽과 아시아에서도 이러한 형태가 유행하고 있다. 이것은 소비자와 소매업자 간의 태도변화를 반영하는 것이다. 아시아와 유럽 모두 유명 브랜드를 선호하는 소비자는 돈을 절약하기 위해 노력하고 있다(사진 12-8 참조).

글로벌 소매업의 트렌드

최근에는 많은 환경요소들이 소매업자로 하여금 세계시장의 기회를 찾아 국내시장에서 벗어나도록 하고 있다. 국내시장의 포화, 경제침체 또는 다른 경제적 요인, 점포에 대한 까다로운 규제, 그리고 높은 영업비용은 경영진이 성장기회를 찾아 해외로 눈을 돌리는 일부 원인이다. 월마트가 대표적인 사례인데, 1990년대 중반 월마트의 국제적인 확장은 자국시장에서 실망스러운 재무성과와 동시에 나타났다.

심지어 국내 소매환경이 기업들에게 더 많은 시련을 가할수록 지속적으로 외부환경을 살피는 노력을 통해 후진국이나 경쟁이 약한 다른 국가의 시장을 찾게 만들 수 있다. 게다가 높은 경제성장률, 증가하는 중산층, 인구비중이 높은 젊은 소비자의 분포, 그리고 덜 엄격한 규정이 서로 결합해서 몇몇 나라의 시장을 매우 매력적으로 만든다.[26] 일본의 개발업자는 도심 외곽에 커다란 미국식의 쇼핑몰을 개발하기 위해 소비자들에게 이미 알려진 로라 애슐리, 더 바디샵, 디즈니 스토어, 그리고 다른 전문적인 소매업자를 유인했다.[27] 이러한 쇼핑몰은 소매업 개발에 있어 특정 지역 또는 국가의 규제는 약해지고 있고, 소비자는 복잡한 도심에서 쇼핑을 하는 일에 지쳐 있기 때문에 개발이 계속 진행되고 있다.

그러나 해외에서 실패한 많은 소매업의 시도는 글로벌 소매시장에 대한 진입을 고려하는 경영진에게 많은 주의와 성실함이 필요하다고 충고해 준다. 몇 년 전 홈디포의 대표인 프랭크 블레이크는 "국제적 확장은 우리에게 경쟁우위가 있음을 입증했습니다. 캐나다, 멕시코 그리고 지금 중국에서 우리는 시장에 진입하고 제품을 현지 고객에 맞춤으로써 미국에서 초창기에 경험했던 정도의 성장을 경험하고 있습니다."라고 언급했다.[28] 이러한 발표에도 불구하고 2012년 말 홈디포는 중국 시장의 경영을 축소했다. 다른 실패 사례들은 아래와 같다.

- 월마트는 독일과 한국 시장에서 철수했다.
- 베스트바이는 중국 매장을 축소했다.
- 마텔은 상하이 6층 건물의 바비인형 체험 판매장을 폐점했다.
- 테스코는 16억 달러의 누적 손실을 입은 후에 미국 시장에서 프레시&이지 매장 문을 닫았다.

이것들은 국내시장에서 성공한 소매업 비즈니스 모델이 언제나 해외로 이전될 수 없다는 것을 보여주는 일부 사례에 해당한다. 한 전문가는 "해외로 진출은 매우 어렵다. 멕시코와 캐나다에 매장을 여는 것은 간단하나 전체 매장 콘셉트를 해외로 이전하는 것은 유통에 있어 매우 큰 어려움이다."라고 말했다.[29]

글로벌 소매업자에게 중요한 질문은 "지역 경쟁자에 비해 상대적으로 우리가 가지고 있는 장점은 무엇인가?"이다. 소매업활동을 규제하는 지역 법률, 유통 패턴, 다른 요소들이 고려되었을 때 이 질문에 대한 대답은 "없다"이다. 그러나 드물게 글로벌 기업은 특정 소매시장에서 경쟁우위의 강점이 있을 수 있다. 소매업자는 소비자에게 가령 매장에 상품을 진열하는 방법, 가격, 상품을 구성하는 것과 같은 여러 가지 우위를 제공한다. 매장 위치, 주차시설, 매장 내부 환경, 고객 서비스 또한 가치 제안에 영향을 준다. 또한 어떤 기업의 강점은 유통, 로지스틱스, 정보기술 같이 눈에 덜 띄는 가치사슬 활동에서 찾을 수도 있다. 메트로 캐시&캐리의 CEO 토머스 휴브너는 최근에 "매장은 단지 빙산의 일각이다. 90%의 작업은 물 밑에 있다."라고 말했다.[30]

예를 들어 일본 기업에 대한 서비스 지향적이라는 평판과 반대로 일본의 소매업자는 전통적으로 약간의 추가 서비스만을 고객에게 제공한다. 특별 주문이나 반품도 없고 고객의 수요에 따른 상품 구성이 아닌 매장의 구매선호에 따라 구성된다. 보통 매장은 각자 선호하는 제조업자로부터 제한된 수량을 구매하고 물건이 품절되면 소비자가 해당 상품을 구매할 수 없게 내버려둔다. 거대시장에 도전하기보다는 많은 일본 소매업자들은 단순하게 소비자의 요구와 요청에 대해 귀를 막아 버린다. 소매업자 관점에서 판매자는 무엇이 남았든 남은 물건을 팔 것이기 때문에 대부분의 재고는 결국 판매가 될 것이라서 결과적으로 문제가 없다. 소비자에게 다른 선택권은 없었다.

이후 갭, 에디 바우어 및 다른 서양 소매업자들이 합작투자의 방법으로 일본 시장에 진입하였다. 이 매장들은 자유로운 반품제도, 특별 주문의 허용, 상품의 수시 입고 정책을 제공함으로써 많은 일본 소비자의 고객충성도가 옮겨왔다. 또한 규모의 경제와 몇몇 일본 백화점 경영자에게 알려지지 않은 현대식 유통방법 때문에 많은 외국기업들은 다양한 상품을 낮은 가격으로 제공하였다. 물론 자본이 많은 외국기업과의 경쟁으로 인해 일본 백화점 운영업자들이 해를 입었지만 일본의 경기침체도 문제였다. 전통적인 소매업자로부터 경기침체에 눌린 소비자들이 '100엔 숍' 같은 할인점으로 몰렸기 때문에 아래로부터도 압박을 받았다.

세계의 많은 지역에서 소매업 환경이 계속해서 변화하고 있다. 예를 들어 프랑스 커넥션 그룹 PLC는 유럽 내 실적 부진 매장뿐만 아니라 미국과 일본의 모든 매장을 폐쇄했다. 그 회사가 직면한 한 가지 문제점은 자라나 H&M과 같은 경쟁사들에 비해 가격이 높고, 잘 알려진 브랜드가 없으며 가격에 맞는 높은 품질이다.[31] 마찬가지로 메이시스 같은 전통적인 백화점도 H&M과 다른 합리적인 가격의 패스트 패션 소매점들의 장점도, 명품 전문 소매점들의 어필도 없다. 그렇더라도 글로벌 기회는 여전히 일부 기업을 끌어들인다. 예컨대 란제리와 애슬리저에서 가정용품에 이르기까지 다양한 제품 구색을 갖춘 가치 소매업체 프리마크는 미국에 매장을 열면서 영국 본사와 유럽 대륙을 넘어 확장했다.[32]

그림 12-3은 글로벌 소매기업들의 매트릭스에 기초한 분류를 보여준다.[33] 한 축은 개별 또는 자체 상표에 집중하는 것과 제조업자의 브랜드에 집중하는 것을 나타낸다. 다른 축은 소매기업이 상대적으로 적은 상품 카테고리에 특화되어 있는 것과 폭넓은 상품군을 제공하는 것으로 구분된다. A사분면에 있는 이케아는 틈새시장 제품인 가정에서 조립하는 가구제품과 자체 상표 브랜드 판매에 집중하는 글로벌 소매기업의 좋은 사례이다. A사분면에 있는 이케아와 다른 소매기업은 일반적으로 최대한 광고를 활용하고 강력한 브랜드 이미지를 구축하기 위해 제품혁신에 노력한다.

"의류업계는 항상 경쟁이 치열했고 소매업은 가장 덜 통합된 분야 중 하나이다. 브랜드는 진화하거나 관련성이 떨어지는 위험을 감수해야 한다."[34]

번스타인 리서치의 분석가, 제이미 머리먼

그림 12-3 글로벌 소매업 카
테고리

출처 : Jacques Horovitz and Nirmalya Kumar, "Strategies for Retail Globalization," Financial Times—Mastering Global Business, Part VII (1998), pp. 4-8.

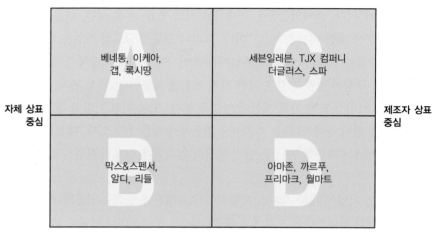

B사분면의 소매기업들은 자체 상표의 집중은 그대로 하면서 더 많은 제품 카테고리를 제공한다. 폭넓게 의류제품, 식품, 가정용 가구, 보석 등 여러 제품에서 찾을 수 있는 '세인트 미카엘'이라는 자체 상표를 가진 영국에 본사를 둔 백화점 기업인 막스&스펜서(M&S)가 사용하는 전략이다. 자체 상표 소매기업은 상반된 도전에 직면하여 국제적으로 확장을 시도한다. 그들은 매장과 제품의 브랜드 모두에서 고객을 유혹해야 한다. M&S는 지난 100년 이상 동안 진화된 혁신적인 경영방식으로 성공했다. M&S는 1974년 자사의 첫 해외매장을 개점하였으며 현재는 상하이의 15개 매장을 포함해 54개국 450여개 매장을 운영하고 있다.

1997년 당시 회장인 리처드 그린버리는 M&S를 글로벌 기업으로 성장시키기 위한 야심찬 계획을 발표했다. 그는 적어도 패션 의류업계에서는 소비자의 취향이 글로벌화되고 있다고 믿었다. 식품은 조금 다른데 이것은 소비자의 취향이 더욱 지역화하기 때문에 M&S 경영진들은 영국 내에서의 매출이익보다 적을 것이라고 예측을 했다.[35]

그림 12-3의 C사분면에 있는 소매기업들은 상대적으로 좁은 상품군에서 많이 알려진 브랜드 제품을 제공한다. 유명한 역사적 사례로는 토이저러스, 블록버스터 비디오, 버진 메가스토어 등이 있다. 몇십 년 전만 해도 이런 종류의 가게는 국내 경쟁업체들보다 더 잘 팔리고, 광범위한 재고와 낮은 가격 때문에 고객들에게 더 높은 가치를 제공함으로써 소규모 기성 유통업체들을 빠르게 지배하는 경향이 있었다. 전형적으로 낮은 가격은 국내 소매업자들이 부족했던 구매자의 힘과 소싱의 이점들의 결과였다. 알고 보니 여기서 언급된 세 회사는 소매업 지형에서 사실상 사라졌다. 모두 변화하는 소비자 취향과 구매 습관의 희생양이 됐고 넷플릭스나 스포티파이, 전자상거래의 거인 아마존과 같은 업계 훼방꾼들보다 적응과 혁신이 더뎠다.

대부분의 음반가게가 사라졌음에도 불구하고 리처드 브랜슨이 버진 메가스토어 체인을 설립했던 소매업의 환경은 다시 한 번 혁신적인 경영방식을 통해 달성된 성공의 유형으로 설명될 수 있다.

전통적인 음반매장의 따분한 비즈니스 관행이 엄청난 기회를 제공하고 있다는 것을 깨닫는 것은 약간의 소매업 전문지식만으로 충분했다. 다양한 음반을 보유한 작은 동네 매장과 경쟁하기 위해 새로운 종류의 음반매장이 등장했다. 규모가 크고, 조명이 밝고, 레코드는 아티스트의 알파벳 순서대로 잘 정리되어 있었다. 대중적인 팝 음악을 취향별로 들여놓았고 작은 레코드 소매업자보다 더 빠르게 재고를 회전시켰다. 그것은 슈퍼마켓에 해당하는 음악이었다.[36]

1975년 런던의 옥스퍼드에 위치한 하나의 메가스토어로 시작한 브랜슨의 버진 소매 제국은 현재 유럽, 북아메리카, 일본, 홍콩, 타이완까지 확장되었다.

브랜슨의 또 다른 사업인 버진 애틀랜틱 항공은 색다른 서비스를 제공하는 사례이다. 버진 항공의 전 CEO인 스티브 리지웨이의 설명이다. "본질적으로 이것은 가치 제안과 고객이 지불하기를 원하는 것과 비슷합니다. 우리의 가장 큰 혁신은 언제나 시장에 발을 들여놓는 것이었습니다. 그리고 우리 제품을 기존 관습으로부터 절반 수준에 위치하도록 합니다."[37]

그림 12-3의 D사분면에 있는 아마존, 까르푸, 프리마크, 월마트 및 기타 소매업체는 현지 기존의 소매업체에서 구입할 수 있는 것과 같은 종류의 상품을 제공한다. 그러나 신규 진입자가 시장에 가져온 것은 유통에 있어서의 능숙함 또는 다른 가치사슬 요소이다. 현재까지 월마트의 국제부문은 미국 이외의 지역에 6,360개 이상의 매장을 설립하였다. 월마트는 이미 멕시코와 캐나다에서 가장 큰 소매점이다. 다른 매장들은 중앙아메리카, 남아메리카, 중국 그리고 최근 독일을 포함한다.

글로벌 소매시장 확장전략

소매업자들은 본국을 벗어나 확장하려고 할 때 네 가지의 시장진입전략의 선택이 가능하다. 그림 12-4에서 보여주듯이 이 전략은 (1) 쉽게 진입할 수 있는 시장과 진입하기 어려운 시장, (2) 문화적으로 인접한 시장과 거리가 먼 시장 사이의 차이점을 매트릭스를 통해 개념적으로 담아낼 수 있다. 매트릭스의 위쪽 절반은 A사분면과 D사분면을 포함하며 쇼핑 패턴과 소매구조가 본국과 유사한 시장을 표현한다. 매트릭스의 아래쪽 절반 C사분면과 B사분면은 문화적으로 본국시장과 차이가 많은 시장을 나타낸다. 매트릭스의 오른쪽인 A사분면과 B사분면은 강력한 경쟁자의 존재, 지역적인 규제, 지나치게 높은 임대료 또는 부동산비용, 또는 다른 요소 때문에 진입이 어려운 시장을 나타낸다. C사분면과 D사분면은 상대적으로 쉽게 극복할 수 있는 장벽이 존재하는 시장이다. 매트릭스에서 보이는 네 가지 시장진입전략은 자체 성장, 프랜차이즈, 기업인수, 합작투자와 라이선싱이다.

자체 성장(organic growth)은 기업이 미개발지역에서 매장을 개점하거나 또는 다른 기업으로

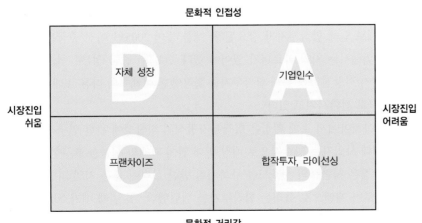

그림 12-4 글로벌 소매시장 진입전략 프레임워크

출처 : Jacques Horovitz and Nirmalya Kumar, "Strategies for Retail Globalization," Financial Times—Mastering Global Business, Part VII (1998), p. 5.

부터 하나 또는 그 이상의 기존 소매시설을 인수하기 위해 자사 소유의 자원들을 사용할 때 발생한다. 예를 들어 1997년 M&S는 크레이머&미어만이 경영하고 있던 세 곳의 매장을 인수하여 독일의 매장을 한 곳에서 네 곳으로 확장하는 계획을 발표했다. 리처드 브랜슨은 파리에서 첫 번째 버진 메가스토어를 개점했을 때 샹젤리제에 있는 획기적인 소매점을 위한 공간을 위해 수백만 파운드를 투자했다. M&S와 버진의 관점에서 보면 독일과 프랑스의 소매업 환경들은 양쪽 모두 문화적으로 가깝고 진입이 쉬웠다. 이들 전략의 성공은 전적으로 높은 초기 투자비용을 지탱할 수 있는 기업자원의 활용성에 달려 있었다.

그림 12-4의 C사분면에 있는 **프랜차이즈**(franchise)는 진입장벽들은 낮으나 시장은 문화적으로 소비자 관계 또는 소매구조의 면에서 거리가 있을 때 적합한 진입전략이다. 제9장에서 정의한 바와 같이 프랜차이즈는 두 기업 간의 계약적 관계이다. 모회사인 프랜차이저는 프랜차이즈 기업에게 사용료와 프랜차이즈 정책과 관행을 준수할 것을 약정하고 모기업이 개발한 사업을 운영하는 권한을 인가한다. 성공적인 프랜차이즈 경영의 핵심은 새로운 시장에 기업의 노하우를 전달하는 능력에 있다. 베네통, 이케아, 그리고 다른 자체 상표 소매기업들은 종종 시장진입전략으로 자체 성장에서 대표적인 직접소유 매장과 결합하여 프랜차이즈를 사용한다. 이케아는 유럽과 북미 전역, 중국에 260개 이상의 자사소유 매장을 가지고 있고, 다양한 국가에 34개의 프랜차이즈 형태의 추가 매장을 운영하고 있다.

글로벌 소매업에 있어 **기업인수**(acquisition)는 해외 다수의 지역 소매기업의 구매를 수반하는 시장진입전략이다. 이 전략은 빠른 성장과 더불어 기존의 인지도가 있는 공급자, 유통업자, 소비자에게 접근할 수 있는 경로를 인수자에게 제공할 수 있다. 예를 들어 2002년 월마트가 일본 시장에 처음으로 진입했을 때, 세이유 소매체인의 지분 6.1%를 인수하였다. 2007년 월마트는 이 지분을 95.1%까지 확대하였다. 그 이듬해에는 세이유 체인과 414개 매장은 월마트 소유의 자회사가 되었다. 현재 월마트는 추가 인수를 통한 시장 확장을 모색 중이다. 월마트 아시아의 CEO 스콧 프라이스는 "우리는 일본 소비자에게 다음 단계의 가치 제안을 할 수 있는 규모가 되기를 원한다."라고 설명한다. 그러나 자체 성장은 대안이 되지 않는다. "우리는 일본에서 더 이상의 소매점이 새로 만들어지는 것을 원하지 않는다. 일본에서 요구되는 것은 더 많은 소매시장 점유이다."라고 말한다.[38]

합작투자(joint ventures)와 **라이선싱**(licensing)은 최종 진입전략으로 제9장에서 자세하게 설명하였다. 글로벌 소매와 관련하여 합작투자전략은 문화적 거리가 있고 진입이 어려운 시장을 목표로 했을 때 바람직하다. 예를 들어 바니스 뉴욕은 10년 동안 바니스 재팬으로 이름을 사용하도록 라이선싱을 허락하였다. 삭스피프스애비뉴는 중동에 라이선스 매장을 운영했다. 일부 국가에서는 규제로 인해 합작투자가 강요된다. 예를 들어 2005년 이전 중국은 해외 소매업자가 시장진입을 위해서는 지역 파트너가 있어야 했다. 2005년 중국 정부는 소매시장을 자유화했고, 오늘날 초기 시장진입을 위해 합작투자를 활용했던 이케아와 다른 소매업자들은 합작투자회사를 자회사로 전환시키고 있다.

버진 그룹의 아시아에서 소매 확장은 합작투자방식의 적합성에 관한 연구사례를 제공해 준다. 일본에서 임대 사업자는 일반적으로 매장 임대 전에 거액의 선불을 요구한다. 그래서 1992년 버진 그룹은 젊은 사람들의 선호도를 충족시킬 만한 실적이 좋은 지역 기업인 마루이와 함께 버진 메가스토어 재팬으로 불리는 합작투자를 설립했다. 첫 번째 메가스토어는 일본의 신주쿠 구역에 있는 기존 마루이 백화점의 지하에 개설되었다. 첫 번째 그리고 그다음 매장들은

혁신, 기업가정신 그리고 글로벌 창업

셀프리지 : 런던의 미국 소매업자

해리 고든 셀프리지는 모험적인 사업가이자 열성적인 몽상가였다. 그는 혁신적인 제품을 개발했고, 브랜드를 창조했으며 사업을 시작했다. 그것은 다른 비즈니스와 달랐다. 그는 셀프리지&컴퍼니를 시작했고, 사람들은 "세상에서 가장 아름다운 백화점"이라고 칭송했다. 현대의 마케팅이 하나의 분야로 부상하기 수십 년 전에 마케팅의 기본 도구와 원칙을 적용함으로써 셀프리지는 괄목할 만한 성공을 거두었다. 다른 많은 사업가들이 그렇듯이 셀프리지의 생각은 그 자신의 니즈, 욕구, 비전에서 비롯되었다. 그는 "우리는 어떻게 하면 쇼핑이 재미가 있는지를 전 세계에 보여줄 것이다!"라고 선언했다(사진 12-9 참조).

소매업자들이 만일 소매업 환경과 소비자의 행동과 선호 차이를 인식하는 데 실패한다면 국경을 넘어 진출할 때 어려움을 겪을 것이다. 그러나 셀프리지가 옥스퍼드 스트리트 바로 옆에 백화점을 열었을 때는 반대의 현상을 보였다. 그는 많은 부분에서 관습을 깨뜨렸다. 그 당시 마차가 자동차보다 많았지만 그는 향수를 매장 앞쪽의 정면과 중앙에 배치했다. 이러한 배치는 고객의 신발에 묻어오는 말똥 악취를 중화시키는 역할을 했다. 전통적인 영국 매장에서는 상품을 계산대 뒤편에 두었고 고객들은 점원에게 도움을 요청해야 했다. 하지만 셀프리지는 사람들이 제품을 만져 볼 수 있도록 바깥에 진열했다. "고객이 언제나 먼저."라는 게 셀프리지의 생각이었다. 런던 시민들은 이런 것을 결코 본 적이 없었다.

만일 셀프리지 이야기가 환상적이라면 그것이 맞다!! 이 이야기는 *Shopping, Seduction, and Mr Selfridge*라는 책으로 탄생하였고, TV 시리즈가 되어 영국의 ITV와 미국의 공영 TV에서 방영되었다. 영국에서 시청률이 더 높았지만 미국 시청자를 위해 시즌 4까지 방영되었다. 책과 TV에서 분명하게 묘사되었듯이 셀프리지는 극장, 공연 그리고 예술을 사랑했다. 놀랍지도 않게 셀프리지의 마케팅 전술과 사람의 이목을 끄는 홍보 활동에는 공연적인 요소가 많다. 예로는 조조할인, 러시아 발레리나 안나 파블로바의 매장 내 등장, 그리고 매장의 지하에 영국 해협을 횡단한 첫 번째 비행기를 전시하는 것 등이 있다.

이 남자의 이야기는 안 좋게 끝을 맺었다. 셀프리지는 다양한 악재의 재물이 되었고, 그가 설립한 회사로부터 쫓겨났다. 그러나 그가 남긴 유산은 지속되었고 21세기에도 셀프리지의 추종자들은 소매 혁신의 최전방을 지키고 있다. 플래그십 런던 매장에는 유럽 최대 화장품 매장이 있다. 윈도우 디스플레이는 동물의상을 입은 예컨대 바니걸 같은 란제리를 입은 인간과 같이 화제를 불러일으킬 만한 '공연'을 선보였다. 셀프리지의 CEO 피터 윌리엄스는 "우리의 경쟁자는 다른 백화점이 아닙니다. 우리의 경쟁자는 레스토랑, 극장, 주말여행 또는 다른 엔터테인먼트 제공 장소입니다."라고 말한다.

출처 : Nancy Dewolf Smith, "Tales of the Counter Culture," *The Wall Street Journal* (March 28, 2014), p. D7; Mike Hale, "Fogging up the Windows of a Big Store," *The New York Times* (March 30, 2013), p. C1; Nancy Dewolf Smith, "The Dawn of Shopping," *The Wall Street Journal* (March 29, 2013), p. D5; Vanessa O'Connell, "Department Stores Are Hard Sell Abroad," *The Wall Street Journal* (May 22, 2008), p. B3; Cecilie Rohwedder, "Harvey Nichols's Foreign Affair," *The Wall Street Journal* (February 18, 2005), p. B3; Erin White, "Dress for Success: After Long Slump, U.S. Retailers Look to Britain for Fashion Tips," *The Wall Street Journal* (April 22, 2004), pp. A1, A8; Rohwedder, "Selling Selfridges," *The Wall Street Journal* (May 5, 2003), p. B1.

사진 12-9 해리 고든 셀프리지는 마케팅과 소매업의 천재였다. 그의 정신은 오늘날 런던에 살아남아 있으며, 셀프리지사는 쇼핑객들을 매장으로 유인하기 위한 혁신적인 방법을 계속해서 찾고 있다. 예를 들어 디자이너 미셸 라미가 에버라스트와 특별한 협업을 시작했을 때 셀프리지는 매장에 복싱 링을 설치하고 올림픽 복싱 챔피언 니콜라 아담스를 초대해 잠시 들르게 하였다.
출처 : PA Images/Alamy Stock Photo.

커다란 성공을 거두었다. 버진 그룹은 합작투자 방식을 홍콩, 대만, 한국을 포함하는 다른 아시아 지역에서 반복하여 수행하였다. 각 지역에서 버진 그룹은 산업 내 선두기업과 합작투자를 실시하고 있다.[39]

본국시장 외부에서 소매업 성공은 매트릭스 전략의 수행이나 권장되는 진입전략을 선택하는 단순한 문제가 아니다. 경영진은 상품 구성, 소싱전략, 유통, 또는 다른 구성요소들이 수용되어야 한다는 것을 간과해서는 안 된다. 예를 들어 크레이트&배럴 경영진은 일본에서 매장 개설을 망설인다. 이유 중의 하나는 지역 소비자 선호를 수용하기 위해 기업 제품라인의 적어도 절반 이상을 수정해야 한다는 조사결과 때문이다. 다른 문제는 새로운 국가의 시장에 자사의 전문지식을 이전할 수 있는지의 여부이다.

▶ 12-4 여섯 가지 주요 국제운송 모델을 비교 대조하고 신뢰성, 접근성, 그리고 다른 실행 매트릭스에 따라 어떻게 다른지를 설명한다.

12-4 물류, 공급사슬, 로지스틱스 관리

제1장에서 마케팅은 기업의 가치사슬 활동 중 하나로 설명되었다. 마케팅 믹스에서 유통(P)은 중요한 가치사슬 활동이다. 코카콜라, 이케아, 노키아, P&G, 토요타 그리고 다른 글로벌 기업들은 결국 그들의 제품을 구매하려는 고객들에게 언제 어디서나 구매할 수 있도록 함으로써 가치를 창조한다. 이 장에서 정의된 바와 같이 물류는 완제품들이 제조업자로부터 고객에게 운반되는 과정과 관련된 활동들로 구성된다. 그러나 가치사슬의 개념은 보다 광범위하다. 가치사슬은 광범위한 **공급사슬**(supply chain) 내에서 조직이 가치를 창조하는 활동에 얼마나 능숙한가를 가늠하는 유용한 도구이다. 후자는 원재료를 생성하고, 부품 또는 완제품으로 변환시키고, 고객들이 사용할 수 있게 만드는 지원활동을 수행하는 **모든** 기업을 포함한다.

기업이 경쟁하고 있는 특정 산업, 자동차, 의약품, 또는 가전제품은 가치사슬에 의해 특징지어진다. 개별기업의 구체적인 활동은 가치사슬에서 그 기업의 위치를 정의하는 데 도움이 된다. 기업 또는 기업의 활동이 최종 소비자로부터 멀리 있다면 그것은 가치사슬에서 **상류**(upstream)에 해당한다. 이케아의 전 CEO 안데르스 모베르그의 말을 살펴보자. "이케아는 제품에 적합하고 제재소의 비용 절감이 가능한 나무를 고르기 위해 숲으로 간다."[40] 이것이 상류 활동의 가장 좋은 설명이다. 상대적으로 소비자에게 가까운 기업 또는 기업활동, 예컨대 소매 기업은 가치사슬에서 하류에 해당한다고 하겠다.

결국 로지스틱스(logistics)는 공급사슬을 통해 제품이 효율적인 흐름을 갖도록 상류와 하류에 속한 모든 기업의 활동을 통합하는 관리과정이다. 로지스틱스는 UPS가 글로벌 광고 캠페인인 "We ♥ Logistics"를 시작하기 전까지는 가정에서 사용하는 용어가 아니었다. TV 광고는 기억하기 쉬운 CM송을 활용했다. 해리 워렌이 1953년 제리 루이스와 딘 마틴이 주연한 영화 '캐디'에서 널리 알려진 'That's Amore'를 개사했다. UPS 광고에서 원곡 가사(예 : "커다란 피자파이 같은 달이 그대의 눈에 떠오르면, 그게 사랑이야!")는 로지스틱스로 개사되었다. 여기 예가 있다.

> "공급사슬을 위한 비행기가 하늘에 있을 때, 그게 로지스틱스야.
> 부품이 생산라인에 정확히 제시간에 도착했을 때, 그게 로지스틱스야."

미국 버전의 광고와 중국과 스페인 버전의 광고를 유튜브에서 볼 수 있다.

유추와 은유는 로지스틱스에 대한 이해를 돕는다. 아래의 1917년에 출간된 책의 지문을
보자.

> 전략은 전쟁이 연극이라면 비행사가 역할을 하는 무대이다. 전술은 비행사의 배역이다. 로지
> 스틱스는 무대관리, 소품 공급과 유지보수를 제공하는 것이다. 배우의 연기와 공연에 감격한
> 관객들은 무대에 교묘하게 감춰진 모든 세부사항을 간과하게 된다.[41]

위 인용문이 보여주듯이 로지스틱스와 공급사슬 관리와 관련된 많은 활동이 '무대 뒤'에 위
치하고 있다. 그러나 글로벌 마케팅에서 공급사슬의 필수적인 역할은 최근 들어 더욱 분명해
졌다. 2011년 일본을 강타한 대재앙적 지진과 쓰나미로 비극적인 생명 손실이 초래되었다.
이러한 자연재해는 또한 자동차와 생활가전을 포함하는 다양한 산업의 공급사슬을 붕괴시
켰다.

또한 중동에서 계속 진행 중인 정치적 대변동으로 글로벌 공급사슬의 구축에 있어 유연성
의 중요함이 강조되고 있다. 예를 들어 2011년 봄 P&G는 남아프리카공화국에 공급되는 제품
들을 생산하는 이집트 공장의 운영을 잠시 중단해야 했다. 이 중단 기간에 헝가리와 터키 지역
의 공장에서 생산된 제품을 남아프리카공화국 시장에 공급하기 위해 전용되었다. 이러한 사
건들은 왜 공급사슬 관리자가 군대로부터 차용된 또 다른 개념인 "불안한(volatile), 불안정한
(uncertain), 복잡한(complex), 모호한(ambiguous)"의 약자인 VUCA를 사용해 장소를 묘사하는
지를 설명해 준다.[42]

수십 년 동안 월마트의 로지스틱스와 공급망 관리는 경쟁우위의 중요한 원천이었다. 이 거
대 소매업체의 기본적인 가치 제안은 간단하다. 가능한 한 효율적으로 사람들에게 상품을 제
공하는 것이다. 이를 위해 월마트는 다음과 같은 핵심 역량을 활용했다. 그것은 방대한 고객
데이터베이스를 활용하여 고객이 원하는 것을 결정하고 예측하여 신속하고 효율적으로 고객
에게 제공하는 것이었다.

그러나 오늘날 월마트는 식품과 비식품 부문에서 모두 상당한 경쟁 위협에 직면해 있다. 미
국에서는 월마트 고객의 3분의 2 이상이 염가판매점에서 쇼핑을 하고 있는 반면 알디는 신규
매장 개설 속도를 높이고 있다. 온라인 거대기업 아마존이 홀푸드를 인수하면서 일반 식료품
소매업으로 옮겨갔다. 핀터레스트 등 소셜 미디어 앱이 '바이나우' 버튼 등 새로운 기능을 추
가하면서 온라인 쇼핑으로의 전환이 탄력을 받고 있다. 월마트는 경쟁우위의 새로운 원천을
찾기 위해 전자상거래 기능을 향상시키기 위해 2016년에 30억 달러를 지불하고 Jet.com을 인
수했다.[43]

산업의 가치사슬은 시간이 지남에 따라 변할 수 있다. 예를 들어 제약산업에서 연구, 검사,
배송은 19세기 초반에 제약산업의 시작부터 정의된 제약업계 가치사슬의 3단계이다. 그 후
1960년대 중반 크리크와 왓슨이 DNA에 관한 획기적인 업적을 출판한 이래로 제약업계의 가
치사슬 상류에 특별한 질병과 관련된 유전자에 대한 기초조사와 이들 유전자에 의해 생성된
단백질의 규명이라는 두 가지 새로운 단계가 나타났다. 더욱 최근에 인간 유전자 지도제작의
완성과 함께 제약업계의 가치창출은 유전자에 의해 생성되는 단백질에서 동작하는 분자들을
규명하고, 검사하고, 생성하는 가치사슬의 하류 쪽으로 이동하고 있다.[45]

가치사슬, 로지스틱스 그리고 관련 개념들은 공급사슬이 세계로 뻗어감에 따라 매우 중요

혁신, 기업가정신 그리고 글로벌 창업

말콤 맥린 : 컨테이너화 비전

말콤 맥린은 기업가이다. 그는 혁신적인 산업제품을 개발하여 사업을 성장시키는 데 도움을 주었다. 그 과정에서 그는 상품이 배송되는 방식에 혁명을 일으켜 세계화 시대를 여는 데도 일조했다. 현대 마케팅의 기본 도구와 원칙을 적용함으로써 맥린은 괄목할 만한 성공을 거두었다. 많은 기업가들이 그렇듯이 맥린의 생각은 해결해야 할 문제에 대한 인식과 성장하는 사업의 필요성에 바탕을 두고 있다. 해상 화물의 적재 및 하역과 관련된 시간과 비용 측면에서 상당한 비효율성을 인식한 맥린은 이러한 노동집약적 프로세스를 간소화하는 솔루션을 고안하기 시작했다.

20세기 중반까지만 해도 배송 물량은 느리고 비쌌다. 항만 노동자들은 부두 근처의 트럭이나 창고에서 20만 개의 화물을 분리하여 하역한 다음 각각의 화물을 선박에 싣는다. 항해 말미에 그 과정을 반대로 한다. 맥린은 그 해결책이 명백해 보였다. 만약 화물이 상자에 미리 적재되어 있고, 그러면 그 상자들을 배에 실을 수 있고, 그 반대의 경우도 마찬가지라면 어떨까? 해결책은 컨테이너화였다. 즉, 공장에서 화물을 적재하고 철도나 트럭으로 항구로 운송할 수 있는 표준화된 강철 박스의 사용이었다. 그곳에서 상자 전체가 갑판이나 배의 선창에 실리게 될 것이다.

경영 전문가인 피터 드러커가 언급했듯이 혁신은 기존 자원의 부를 창출할 수 있는 잠재력이 강화될 때 발생할 수 있다. 이것은 정확히 1950년대에 맥린이 '화물선'의 정의를 '선박'에서 '화물 취급 장치'로 변경하는 데 도움을 주었을 때 일어난 일이다. 다시 말해 맥린은 실용적인 사람이었다. 그는 '바다의 로맨스'에 관심이 없었다. 그에게 있어서 화물은 그저 화물일 뿐이었다. 수 년 동안 업계는 적은 연료와 적은 수의 선원을 사용하는 더 빠른 선박을 만드는 데 중점을 두었다. 그러나 이러한 비용은 상대적으로 적은 비용이 들었다. 실제 비용은 정작 배가 항구에 정박해 있는 유휴 상태일 때 발생했다. 이 혁신적인 해결책은 매우 간단하고, 집중적이고, 구체적이었다. 맥린은 화물 적재에서 화물선 적재를 분리한다는 통찰력을 보여주었다.

마크 레빈슨이 맥린에 관한 책에서 언급했듯이 컨테이너는 위치의 경제학을 머리 위에 올려놓았다. 컨테이너화는 화물 취급에 혁명을 일으켰다. 혁명을 이끈 맥린은 원래 트럭업계의 거물이었다. 그의 혁신(컨테이너화)은 엄청난 파괴적인 기술을 대표했다. 1950년대에 맥린은 성공적인 트럭운송회사를 매각하고 1960년 시랜드서비스로 이름을 변경한 팬애틀랜틱스팀십컴퍼니를 인수했다. 컨테이너 및 복합 운송은 해상 화물선의 생산성을 4배로 늘렸고 제2차 세계대전 이후 세계무역의 폭발적인 성장을 가능케 했다.

파괴적인 기술이 도입될 때 흔히 그렇듯이 컨테이너 혁명은 승자와 패자 모두를 만들었다. 패자 : 1950년대 미국에서 가장 규모가 컸던 뉴욕시의 항만 시스템. 할리우드 영화 '워터프런트'에서 불멸의 존재로 묘사된 뉴욕의 항구 시스템에는 몇 가지 단점이 있었다. 특히 철도로 도착하는 화물은 바지선으로 허드슨 강을 가로질러 떠야 했고, 그 결과 돈과 시간 면에서 더 높은 비용이 발생했다. 게다가 비공인 파업과 화물절도, 그리고 많은 교각들이 황폐해진 것도 뉴욕을 해운 중심지로서의 매력이 떨어지게 만들었다. 모든 것이 원을 그리며 뉴욕항이 다시 변화하고 있다(사진 12-10 참조).

출처 : Mark Levinson, Keynote Address, Moving Iowa Forward Conference, Des Moines, Iowa, October 21, 2014; Mark Levinson, *The Box: How the Shipping Container Made the World Smaller and the World Economy Bigger* (Princeton, NJ: Princeton University Press, 2008); Peter F. Drucker, *Innovation and Entrepreneurship* (New York, NY: Harper & Row, 1985).

> "맥린의 진정한 업적은 상자를 둘러싸고 있던 시스템, 즉 선박, 항만, 부두의 설계 방식을 완전히 바꾼 것이다."
>
> *현대 경제를 형성한 50가지 발명품의 저자, 팀 하포드*

사진 12-10 1985년 이전에 뉴욕항은 세계에서 가장 붐비는 컨테이너 항구였다. 그 후 서해안과 남부의 항구들이 화물선을 조정하면서 쇠퇴하기 시작했다. 지금은 아시아로부터의 만조와 서해안 항구의 큰 혼란 덕분에 뉴욕항은 교통량의 부활을 경험하고 있다. 거대한 화물선들이 중국을 떠나 동해안으로 가는 도중 파나마 운하를 통과한다.
출처 : Randy Duchaine/Alamy Stock Photo.

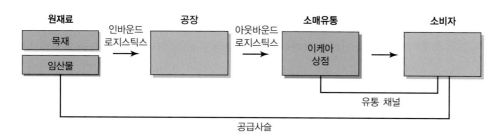

그림 12-5 공급사슬, 가치사슬, 로지스틱스

해졌다. 수출 담당자인 베스 도렐은 "아프리카에서 온 원재료는 아시아에서 정제될 수 있고, 그 후 남아프리카까지 선박으로 운송되어 중동에서 생산되는 완제품의 부분품으로 조립되어 전 세계로 팔린다."고 말했다. 그림 12-5는 글로벌 가구 제조업체인 이케아의 이러한 개념과 활동을 보여준다. 이케아는 목재와 다른 투입 원재료를 수십 개 국가에 위치한 공급자의 네트워크로부터 구매한다. 이들 공급자는 가치사슬의 상류이고 목재가 공장으로 운송되는 과정은 알려진 것처럼 인바운드 로지스틱스, 즉 **투입물류**이다. 이케아의 공장들은 투입요소를 조립용 가구세트로 변환시킴으로써 가치를 추가한 후 이케아의 매장으로 운반한다. 매장은 이케아의 가치사슬에서 하류에 속한다. 공장에서 매장까지 조립용 가구세트를 운반하는 것과 관련된 활동은 **아웃바운드 로지스틱스, 즉 산출물류**이다.[47]

물류와 로지스틱스는 제품이 언제 어디서나 고객이 원할 때 접근이 가능하도록 하는 모든 활동을 의미한다. 가장 중요한 유통활동은 주문처리, 창고관리, 재고관리, 운송이다.

주문처리

주문처리와 관련된 활동들은 고객의 주문을 충족하는 데 중요한 정보를 입력하는 것이다. **주문처리**(order processing)는 주문이 기업의 정보 시스템에 입력되어야 하는 **주문입력**(order entry), 유통에 있어 제품의 위치를 확인하고, 조립하고 운반하는 것과 관련된 **주문처리**(order handling), 고객이 제품을 사용할 수 있도록 하는 과정인 **주문배송**(order delivery)을 포함한다.

경우에 따라서는 아마존이나 랜즈앤드에 주문할 때와 마찬가지로 고객이 소비자인 경우도 있다. 어떤 경우에는 고객이 채널 멤버인 경우도 있다.

주문처리는 기업의 유통 효율을 높이기 위한 수단으로 개선의 대상이 될 수 있다. 가령 펩시 보틀링 그룹은 최근에 소매에서 재고부족 상황을 제거하기 위한 노력으로 자사의 공급사슬을 정비했다. 이 회사의 휴대용 컴퓨터는 무선통신 기능이 부족했고, 유선전화 서비스에 연결해야 했다. 기술을 업그레이드함으로써 판매대리인들은 무선으로 주문을 입력할 수 있다. 창고 노동자들은 바코드 스캐너와 헤드폰을 가지고 있어서 각각의 음료수 팔레트에 정확히 소매업자가 주문한 제품이 담겨져 있는지를 확인할 수 있다.[48]

무선 주파수 식별(RFID) 태그를 사용하는 것 외에도 소매업체, 특히 전자상거래를 하는 소매업체들은 창고와 물류센터에서 물건을 골라 배송하기 위해 상자에 넣을 수 있는 산업용 로봇의 잠재력을 모색하고 있다. 주문처리를 자동화하려는 노력은 배송 주문 준비에 소요되는 시간과 인건비를 크게 줄일 수 있다는 약속을 지키고 있다. 개발 프로세스에는 대용량 데이터 세트 생성과 개별 재고 항목의 3D 렌더링이 포함된다. 한편 미국에서만 아마존과 다른 회사들은 온라인 판매 성장의 급격한 속도를 따라잡기 위해 수십만 명의 유통 센터 직원들을 고용하고 있다.[49]

"우리는 글로벌 공장 운영으로 장점을 취하고자 한다. 우리는 글로벌 기업이다. 우리는 고객을 기반으로 한 공급사슬을 운영해야 한다."[46]

GE 재무담당이사, 키스 쉐린

창고관리

창고는 제품이 판매되기 전까지 보관한다. 유통 센터는 공급업자로부터 제품을 효율적으로 받고 그다음 개별 소매점 또는 소비자들의 주문을 충족시킬 수 있도록 설계되었다. 현대의 유통과 창고업은 오늘날 많은 기업들이 이러한 기능을 외부에 위탁하는 자동화된 첨단기술 사업이다. 예를 들어 ODW 로지스틱스사는 디어&컴퍼니, 리미티드 브랜즈, 그리고 다른 고객들을 대신해서 여러 개의 창고를 운영한다. 대부분의 ODW사 시설은 미국의 주요 섬유산업의 통관항이 있는 오하이오주 콜럼버스에 있다.

제3차 창고업의 성장동력 중 하나는 고정비용의 절감과 빠른 배송시간에 대한 요구이다. ODW사는 중국 공장에서 물건이 선박으로 떠나는 시간부터 콜럼버스에 도착할 때까지 추적함으로써 추가적인 효용을 부가시킨다. 이것은 소매업자에게 날씨나 항만의 혼잡으로 인한 지연 가능성을 알려줄 수 있게 한다. 더불어 제조업자들이 수송품에 RFID(radio frequency identification) 태그를 사용하려는 노력을 증가시킴에 따라 ODW사는 자사 고객들과 새로운 기술로 인한 비용을 분담하게 된다. 컨설턴트 존 보이드는 "지금 유통창고업은 기업의 리엔지니어링과 경비절감을 위한 다음 우대"라고 말했다.[50]

재고관리

회사는 적절한 재고관리를 통해 제조부품이나 완제품이 떨어져서 비용을 초래하거나 과도한 재고를 떠안는 위험을 초래하지 않도록 해야 한다. 이 문제해결을 위해 재고처리 비용은 주문처리 비용과 균형을 맞추어야 한다. 제품 주문량이 많아지면 하역, 입고 그리고 연관된 활동으로 더 많은 주문처리 비용이 발생한다. 제품 주문량이 적어지면 더 길어진 주문기간을 처리하기 위해 더 많은 제품을 반드시 재고로 보관해야 하기 때문에 재고처리 비용이 증가한다.

소셜 미디어는 재고관리에 중요한 역할을 할 수 있다. 예를 들어 베트멍은 2014년 구람 그 바잘리아가 설립한 명품 패션 레이블이다. 재활용 데님으로 만든 청바지 한 벌에 1,300달러인데, 눈 깜짝할 사이에 연매출 1억 달러까지 빠르게 성장했다. 어떻게? 우선 엄격한 노매관리와 200만 명에 가까운 인스타그램 팔로워를 글로벌 재고에 연결하는 디지털 전략이다.[51]

운송

운송 결정은 기업이 국내와 해외 유통 채널을 통해 제품을 운송할 때 사용하는 방법이나 수단과 관련된다. 수단이라는 단어는 선택이라는 의미를 내포하고 있고, 주요 운송방법은 철도, 트럭, 항공, 수로, 파이프라인, 인터넷을 말한다. 개별방법은 표 12-4에 요약된 것처럼 각각 장점과 단점이다. 그러나 몇몇 국가에서는 개발되지 않은 사회기반시설이나 지리적 장벽 때문에 특별한 방법은 불가능할지도 모른다. 파이프라인은 고도로 전문화되고 기름이나 천연가스 같은 에너지와 관련된 자원의 운송회사에서 사용한다.

철도운송은 많은 양의 상품을 먼 거리로 운반하는 수단으로 상당한 비용 대비 효율성을 제공한다. 미국에서 CSX와 BNSF 같은 운송회사는 톤과 마일로 측정했을 때 전체 화물의 절반을 차지한다. 철도의 운송능력은 운송될 수 있는 다양한 제품의 측면에서 보면 수상운송 다음으로 두 번째이다. 그러나 기차는 트럭보다 신뢰성이 낮다. 철로의 열악한 유지보수는 탈선을 야기하고, 여행자가 많이 지나가는 병목구간은 시간지연이 발생할 수 있다.

트럭운송은 제품의 장거리 대륙횡단운송과 지역운송 모두에 있어 최상의 방법이다. 잘 발달

850만 배럴의 석유가 매일 미국에서 퍼올려지고 있다. 대부분은 송유관으로 운반되지만, 전체의 거의 20%인 160만 배럴이 철도로 운반된다.

출처 : US. Energy Information Agency.

표 12-4 주요 국제운송 수단의 비교

수단	신뢰도	비용	속도	접근성	역량	추적의 용이성
철도	평균	평균	평균	높음	높음	낮음
수상	낮음	낮음	느림	낮음	높음	낮음
트럭	높음	다양	빠름	높음	높음	높음
항공	높음	높음	빠름	낮음	보통	높음
파이프라인	높음	낮음	느림	낮음	낮음	보통
인터넷	높음	낮음	적정 속도	적정, 증가	낮음	높음

된 고속도로 시스템이 있는 국가에서 트럭운송은 다른 어떤 방법들보다 접근성이 가장 뛰어나다. 현대의 정보기술 덕분에 트럭운송 또한 쉽게 추적이 되고 있다. 그러나 사회기반시설이 열악한 국가에서는 트럭운송이 더 느릴 수 있다. 인도가 그 대표적 사례이다.

수상운송에는 크게 두 가지 유형이 있다. **내륙수상운송**은 일반적으로 비용이 매우 낮은 방법으로 농산물, 석유, 비료 그리고 고유의 특성상 바지선을 통해 벌크로 운송해야 하는 제품들의 운반에 사용된다. 그러나 내륙수상운송은 느리고 날씨 영향을 많이 받아 지연될 수 있다. 현실적으로 거의 모든 제품이 해상운송을 통해 수송될 수 있다. 세계적으로 수심이 깊은 항구들은 컨테이너선, 벌크선과 일반정기선, 그리고 로로선 같은 다양한 종류의 원양선박이 정박할 수 있다. 비록 선박운송 시간이 항공운송 시간과 경쟁이 되진 않지만 일반적으로 하늘보다 바다를 통해 많은 양의 상품을 운반하는 것이 비용면에서 더 효과적이다. 덴마크의 머스크사는 세계에서 가장 큰 컨테이너선사이다(표 12-5 참조).

왜 수상운송에 대한 신뢰도가 낮은가? 어떤 해에는 대략 200개의 화물선들이 좋지 않은 날씨나 다른 요소로 인해 침몰한다(사진 12-11 참조). 사람들의 비극적인 죽음에 더하여 화물은 바다 밑으로 가라앉게 된다. 때로 화물은 선박의 침몰 없이도 손실될 수 있다. 예를 들면 1997년 거대한 파도가 화물선 토키오 익스프레스호를 영국 랜즈엔드의 앞바다에서 덮쳤다. 거의 500만 개의 레고 조각을 싣고 있던 컨테이너를 포함하여 수십 개의 컨테이너들이 배 밖으로 팽개쳐졌다. 그 컨테이너는 코네티컷에서 세트로 조립될 레고를 싣고 있었다. 1년 후 레고 조각들은 대서양을 건너 플로리다의 해변에서 발견되었다!

심지어 손실은 화물이 배 위에 있고 배가 침몰하지 않은 상태에서도 발생할 수 있다. 예를 들면 4,700대의 신형 마쓰다 자동차를 싣고 있던 쿠가 에이스호는 2006년 태평양에서 가까스

표 12-5 주요 운송라인

운송회사	선박수
A. P. 몰러–머스크(덴마크)	600+
메디터레이니시핑컴퍼니 MSC(스위스)	458
CMA–CGM(프랑스)	414
에버그린 머린(타이완)	182
코스코(중국)	130+

출처 : 기업 보고서를 저자가 편집함.

로 침몰을 모면했다. 자동차들은 줄로 묶여 있었지만 배는 똑바로 서기까지 수주 동안 60도의 각도로 기울어져 있었다. 자동차들은 판매될 수 없게 되었고, 경영진은 1억 달러 가치인 전체 수송품을 폐기하기로 결정했다.[52]

공해상의 해적행위는 운송방법으로 해상운송의 신뢰에 영향을 미치는 또 다른 요소이다. 최근 아프리카 해안의 인도양에서 활동하는 해적들은 수십 척의 상선에 대해 포격을 가하고 승선을 시도했다. 어떤 경우 해적들은 승선과 화물 탈취에 성공한다. 한 번은 동아프리카로 원조식량을 운반하는 미국 국적 선박의 선장을 포로로 잡았다.

항공운송은 가장 빠른 운송방법이고 화훼류 또는 선어와 같이 변질되기 쉬운 수출품을 위한 선택이지만 가장 비싸다. 제품의 크기와 중량에 따라 해상운송보다 항공운송이 더 비용면에서 효과적인지를 결정할 수 있다. 또한 만일 긴급 교환용 장비와 같이 수송품의 운반이 시간에 민감하다면 항공운송은 합리적인 방법이다.

디지털 혁명 덕분에 인터넷은 여러 가지 장점과 함께 주요 단점을 포함하며 중요한 수송방법이 되고 있다. 첫 번째 단점은 인터넷의 능력이 작다는 것이다. MIT 미디어 랩의 니콜라스 네그로폰테의 유명한 연구에서 지적한 바와 같이 어떤 것이 원자들로 구성되어 있는 한 그것들은 인터넷을 통해 운송될 수 없다. 그러나 문자, 음성, 음악, 사진, 영상을 포함하여 디지털화할 수 있다면 인터넷을 통해 보낼 수 있다. 장점은 낮은 가격과 높은 신뢰성을 포함한다. 인터넷에 대한 접근성은 전 세계적으로 PC 수요가 증가함에 따라 증가하고 있다. 오늘날 10억 이상의 가구가 인터넷에 접속하는 것으로 추정되고 있다. 접근성은 또한 무선전화기와 다른 무선디지털 기기로 인터넷에 접속하는 것을 허용하는 전자통신의 혁명 덕분에 증가하고 있다. 속도는 대역폭을 포함하여 여러 가지 요소에 달려 있다. 최근 몇 년 동안 광대역 기술과 휴대전화 기반구조의 개선은 전 세계 많은 사람들에게 인터넷 초고속 도로로 가는 진입로를 제공했다. 페이스북, 넷플릭스, 스포티파이, 왓츠앱 등은 이 같은 흐름의 수혜자에 불과하다.

채널전략은 주어진 상황에서 효과적이고 효율적인 한 가지 또는 여러 방법을 혼합하는 개별

운송방법을 결정하기 위한 분석을 포함한다. 제3자 물류에 특화되어 있는 많은 기업들이 운송물류로 다른 회사들을 도울 수 있다. 예를 들면 C. H. 로빈슨 월드와이드는 해운회사를 많은 트럭운송회사와 더불어 전 세계에 퍼져 있는 운송회사와 연결시킨다. 국제무역에 혁신을 가져온 운송기술은 미국에서 1950년대 중반에 처음으로 사용되기 시작한 개념인 컨테이너수송이다. **컨테이너수송**(containerization)은 20피트, 40피트 또는 그 이상의 강철박스로 원양화물선에 적재하는 방식을 말한다. 컨테이너수송은 운송방법뿐만 아니라 컨테이너를 통해 운반할 수 있는 제품 선택의 유연성을 포함하는 많은 장점을 제공한다.

상품들의 **복합운송**(intermodal transportation)은 생산자에서 소비자까지 육상과 수상운송을 결합하는 수송방식이다.[53] 미국에서만 철도운송은 항구에서 1,500억 달러 이상의 상품을 운송했고, 이 통계치는 복합운송의 중요성이 증가하고 있음을 입증한다. 불행하게도 미국의 철도 기반시설에 대한 투자 부족은 항구에서의 지연을 초래하고 있다. 운송과 물류학 교수인 버나드 라롱드 교수는 "선박들은 점점 더 커지고 빨라지고 있다. 교역량도 꾸준히 증가하고 있다. 그러나 우리는 필요한 만큼의 철도 연결망이 없다. 이것이 글로벌 물류에서의 아킬레스건이다."라고 지적했다.[54]

어느 운송방법을 선택할 것인가에 대한 결정은 특정 시장상황, 기업의 전체적인 전략, 또는 수입항의 상태에 따라 좌우될 수 있다. 예를 들면 매년 11월 프랑스의 보졸레 지방의 와인제조업자들은 그 해의 빈티지를 방출하는 판촉행사에 참가한다. 유럽 시장을 목적지로 한 와인들은 철도 또는 트럭으로 운반되지만 미국행 와인은 항공 화물기를 통해 운송된다. 하지만 일반적으로 프랑스 와인은 무게와 부피를 고려하여 해상운송으로 대서양을 횡단한다. 이와 유사하게 에이서 그룹은 최신 기술이 자사의 컴퓨터와 결합하기 위해 컴퓨터 마더보드와 다른 첨단 부품들을 타이완으로부터 항공운송으로 운반한다. 방글라데시의 제일 항구인 치타공공항은 빈번한 지연과 파업의 대상으로 갭과 다른 의류기업들이 항공으로 운송하고 있다.

매년 크리스마스에는 가장 잘 팔리는 장난감과 전자제품의 공급자들은 크리스마스 기간에 맞춰 적기에 배송하기 위해 아시아의 공장에서 항공으로 운송한다. 소니의 PS3는 바로 그런 경우에 해당한다. 2006년 가을 소니는 수백만 개의 제품을 항공운송을 이용해서 미국으로 수송했다. 이와 비슷하게 2007년에는 애플사의 첫 번째 대망의 아이폰이 항공운송으로 미국에 도착했다. 기업들이 철도운송 지연을 상쇄하기 위해 더 많은 부품 또는 부분품을 창고에 보관하거나 또는 항공운송으로 수송해야 하기 때문에 미국에서 매년 약 10억 달러의 운송비가 추가되고 있다.

로지스틱스 관리 : 간략한 사례연구

로지스틱스 관리(logistics management)라는 용어는 생산자에서 소비자에게 원자재, 공정 중의 재고 및 완제품의 효율적인 흐름을 보장하기 위해 필요한 활동의 통합으로 설명된다. JC페니는 21세기의 로지스틱스, 물류관리 그리고 소매 공급사슬의 변화된 모습에 대한 사례연구를 제공한다. 몇 년 전 JC페니의 경영진은 자체 상표 셔츠 공급사슬 대부분의 요소를 홍콩의 TAL 어패럴사에 아웃소싱한다는 중요한 결정을 내렸다. JC페니의 북미 매장은 사실상 자사 브랜드 셔츠에 대한 여분의 재고가 없다. 개별 셔츠가 판매되면 EPOS 스캐너 데이터가 홍콩으로 즉각 전송된다. TAL사 소유의 컴퓨터는 그 후 해당 매장에 동일 크기, 색상과 스타일의 상품을 보충할 것인지를 결정한다. 셔츠는 JC페니의 물류창고 시스템을 통하지 않고 바로 매장으로 보내진다. 어떤 때는 항공으로 어떤 때는 선박으로 수송된다.

이러한 과정은 과거의 방법과는 완전히 다른 극적인 변화로 보인다. JC페니는 일반적으로 6개월분의 재고를 창고에 그리고 3개월분의 재고를 매장에 보관했었다. TAL사와 더욱 밀접하게 업무를 하면서 JC페니는 재고비용을 줄이고, 가격이 인하되는 제품의 수량을 감소시키면서 고객의 취향과 패션 스타일의 변화에 더욱 빠르게 대응할 수 있었다. 맥킨지&컴퍼니 홍콩의 웨이첸첸은 "당신이 자사의 재고관리를 아웃소싱하려 할 때 당신은 매우 중요한 기능을 포기하는 것이다. 그것은 많은 소매상들이 원하지 않는 것이다."라고 말했다.[55]

요약

유통 채널은 대리인과 생산자와 사용자를 연결하는 조직의 네트워크이다. 물류는 채널을 통한 상품의 이동이다. B2C 마케팅은 소비자 채널을 사용한다. B2B 마케팅은 제품을 다른 형태의 제조업자에게 배달하기 위해 산업 채널을 이용한다. 인터넷을 통한 P2P 마케팅은 또 다른 유통 채널이다. 유통업자와 중개상은 양쪽 모두에서 중요한 중개자이다. 국가별 유통구조의 다양성 때문에 세계적으로 유통을 관리하기 위한 경로 결정은 매우 어렵다. 마케팅 채널은 고객을 위한 **장소 효용성, 시간 효용성, 형태 효용성, 정보 효용성**을 창조할 수 있다. 고객, 제품, 중개인, 환경에 있어서의 특징들은 모두 경로와 전략의 디자인에 영향을 끼친다.

소비자 채널은 기업 소유의 매장만큼 광고용 우편물 또는 방문판매를 사용하는 상대적으로 직접적인 유통방법이다. 제조업자의 판매조직, 대리인/중개상, 도매상은 결합되어 사용되기도 한다. 산업재의 유통 채널은 제조업자의 판매조직, 도매상, 대리점의 중개인이 사용되는 덜 다양한 구조이다.

글로벌 소매는 성공적인 소매기업들이 성장 목표를 위해 전 세계로 확장함에 따라 성장하고 있는 추세이다. 소매유통은 백화점, 전문점, 슈퍼마켓, 편의점, 할인소매점, 최저가 매장, 하이퍼마켓, 슈퍼센터, 슈퍼스토어, 쇼핑몰, 아웃렛 상점과 아웃렛 몰을 포함하는 매우 다양한 형태가 있다. 선택권, 가격, 매장 위치 그리고 고객 서비스는 새로운 시장진입에 있어 전략적으로 사용할 수 있는 수월성 요소들이다. 소매업체를 분류하는 한 가지 방법은 자체 상표 중심의 적은 카테고리, 자체 상표 중심의 많은 카테고리, 제조사 상표 중심의 적은 카테고리, 제조사 상표 중심의 많은 카테고리로 기업을 구분하는 매트릭스를 사용하는 것이다. 글로벌 소매의 확장은 **자체 성장, 프랜차이즈, 기업인수, 합작투자, 그리고 라이선싱**을 통해 달성될 수 있다.

운송과 물류 문제는 세계 곳곳에서의 제품의 아웃소싱과 고객 서비스와 연관된 지리적 거리감 때문에 기업의 가치사슬에 있어 매우 중요하다. 기업의 **공급사슬**은 원재료를 생성하거나 또는 부품을 조립하는 지원활동을 수행하는 모든 기업을 포함한다. **로지스틱스**와 **로지스틱스 관리**는 공급사슬을 통해 제품의 효율적인 흐름이 가능하도록 기업의 가치사슬 안에서 모든 기업의 활동을 통합한다. 로지스틱스 관리의 중요한 활동은 주문처리, 창고관리 및 재고관리이다. 비용을 절감하고 효율성을 개선하기 위해 많은 기업들은 일부 또는 전부의 물류관리 활동을 아웃소싱함으로써 그들의 공급사슬을 변경하고 있다. 항공, 트럭, 수상, 철도, 파이프라인, 인터넷 등 여섯 가지 운송방법은 글로벌 유통에서 폭넓게 사용된다. 컨테이너수송은 물류에 있어 **복합운송**을 가능하게 만드는 가장 혁신적인 요소이다.

토론문제

12-1. 유통 채널의 중개자는 어떤 방법으로 고객을 위한 유용성을 창출할 수 있는가?

12-2. 유통 채널 구조와 글로벌 마케터가 사용할 수 있는 전략에 어떤 요소가 영향을 미치는가?

12-3. 일반적인 소비재와 산업재의 유통구조를 비교 및 대조하라.

12-4. 소매업의 다른 형태를 정의하고 각 형태의 예를 설명하라. 할 수 있는 한 많은 다른 나라의 소매기업을 찾아보라.

12-5. 본문에 언급된 네 가지 소매시장 확장전략을 찾아보라. 적합한 수단을 결정하는 요소는 무엇인가?

12-6. 많은 글로벌 소매기업들이 중국, 인도, 그리고 다른 신흥시장을 표적으로 삼고 있다. 그림 12-4에 묘사된 전략의 관점에서 이들 국가의 진입전략으로 가장 적합한 것은 무엇인가?

12-7. 일본 유통에 존재하는 특별한 문제는 무엇인가? 타국의 기업들이 이러한 문제를 해결하는 최선의 방법은 무엇인가?

사례 12-1 (계속)
패스트 패션의 세계에 오신 것을 환영합니다

그래서 '빠른 패션'에서 '빠른'이란 무엇인가? 자라의 비하인드 스토리는 여성의 겨울 코트가 디자이너의 스케치 패드에서 한 달 이내에 진열대를 보관할 수 있는 방법을 보여준다.

제품개발 과정은 스페인의 한 디자이너가 자라의 전 세계 매장 관리자 네트워크에서 최신 트렌드(지퍼? 격자 무늬? 밀레니얼 핑크?)에 대한 피드백을 반영하는 스케치를 만드는 것으로 시작된다. 다음으로 패턴 메이커는 의류의 프로토타입을 만들고, 그것이 승인되면, 패턴을 만들어 천을 자른다. 이 단계는 총 7일 정도 걸린다.

다음 2주 동안 패턴 커터와 재봉사는 물리적으로 정확한 수의 단위(일반적으로 몇천 개)를 생산한다. 코트를 누르는 데 일주일이 더 걸리고, 태그와 라벨이 추가되며, 각각의 의복은 품질 검사를 받는다. 이후 생산지 전체를 회사의 중앙 물류센터로 운반해 48시간 이내에 물품을 상자에 담아 발송한다. 예를 들어 뉴욕으로 향하는 주문은 항공으로 롱아일랜드의 존 F. 케네디 공항으로 배송된 다음 뉴욕 메트로 지역의 다양한 자라 매장까지 트럭으로 이동한다. 모든 상점은 매주 두 번 주문을 받는다.

이 시나리오에서 알 수 있듯이 자라의 성공 비결 중 하나는 스페인이 아니라면 가까운 모로코, 포르투갈 또는 터키에서 제조를 본사에 가깝게 유지하는 것이었다. 또 다른 핵심은 유연성이다. 특정 품목이 한 장소에서 잘 팔리지 않는다면, 그 재고는 수요가 강한 다른 장소로 빠르게 옮겨진다. 또한 인기 상품의 생산은 제한적이다. 이것은 자라가 더 높은 가격과 더 적은 가격 인하로 해석되는 녹점석인 분위기를 전달하는 데 도움이 된다.

> "자라가 브랜드가 아니라 패션 트렌드에 즉각적으로 적응하는 매우 빠른 카멜레온이라고 생각해 보라."[56]
>
> 소시에테 제네랄 애널리스트 분석가, 앤 크리클로

자라의 경쟁사에서는 제작 과정이 다소 다르다. H&M의 생산의 대부분은 수개월 전에 주문되어 창고로 운송된다. 그러나 어떤 아이템이 매장에 입고될 때쯤에는 패션 트렌드가 바뀌었을지도 모른다. 그런 다음 판매되지 않은 재고는 정리를 위해 가격을 인하해야 하며, 이는 이익을 감소시킨다. 소비자의 온라인 쇼핑으로의 이동이 탄력을 받으면서도 회사는 계속해서 더 많은 오프라인 매장을 열고 있다.

이번 장 처음에 언급했듯이 H&M은 최근 몇 년 동안 다른 문제에 직면해 있다. 자라와 달리 H&M의 분산형 공급망은 아시아까지 뻗어 있는데, 여기서 일부 주문은 회사에서 승인한 하청업체들이 검사를 통과하지 못한 다른 공장으로 방향을 돌릴 수도 있다. 그러한 경우 제품이 어디에서 조달되는지에 대한 통제를 할 수 없게 된다.

유니클로 창업자 다다시 야나이 회장도 도전에 직면했다. 일본 경제가 10년 넘게 디플레이션에 시달리자 야나이는 유니클로 매장 가격을 5~10% 올려 수익을 올릴 수 있다는 전략적 베팅을 했다. 그러나 효과가 없었다. H&M에서처럼 회사는 판매되지 않은 재고를 정리하기 위해 가격 인하를 해야만 했다. 야나이는 2016년 유니클로 일본 매장이 다시 돌아올 것이라고 발표했다. '저렴한 가격 책정'과 같은 가격정책 변화 이후 매출이 회복됐지만 유니클로 매장을 찾는 쇼핑객은 계속 줄고 있다. 야나이는 자라의 전략을 본떠 일본에 새로운 유통센터를 개설하고 보다 신속하게 재고를 매장으로 들여오기 위해 상품개발을 중앙집중화할 것이다.

패스트 패션은 지속가능한가?

일부 관측통들은 패스트 패션 사업 모델이 노동자의 착취로 이어질 수 있고, 그것이 소비의 획일성을 조장하며, 처분가능성의 문화를 먹이고, 그리고 낭비를 발생시킨다는 이유로 비판한다. 또 일부 웰메이드 고급 의류 공급업자가 청구하는 가격이 터무니없이 비싸다는 소비자 인식(브루넬로 쿠치넬리 티셔츠 300달러, 누구 사요?)을 키운다.

2005년, 피에트라 리볼리는 저서 *The Travels of a T-Shirt in the Global Economy: An Economist Examines the Markets, Power, and Politics of World Trade*에서 세계 의류 공급망을 조사했다. 그녀의 결론은 다음과 같다. 세계 의류무역은 단점이 있지만 이로울 수도 있다. 최근 작가인 엘리자베스 클라인은 최근 패스트 패션에 관한 책에서 자신의 비판에 대해 다음과 같이 말하였다.

> 저렴한 가격에 기반을 둔 반세기 동안의 경쟁으로 인해 패션산업은 품질, 가공, 디테일에 신경을 덜 쓸 수밖에 없었고, 우리 대부분은 매우 기본적이고 거친 옷을 입고 있다.

세계 4위의 의류 수출국으로 꼽히는 방글라데시에서는 의류업계의 노동자 안전이 핵심 이슈다. 방글라데시는 중국의 임금 상승으로 인한 중국의 제조비용이 증가하면서 혜택을 받았다. 실제로 방글라데시 수출 수입의 약 80%는 5,000개 이상의 의류 제조 사업장의 네트워크에서 나온다. 그러나 의류산업은 노동자들이 직면하고 있는 위험한 상황을 부각시킨 일련의 비극들로 인해 혼란스러워졌다.

2010년에는 H&M, JC페니, 갭 등 서구 고객을 위한 의류를 만드는 공장에서 두 차례에 걸쳐 발생한 화재로 수십 명의 방글라데시인들이 목숨을 잃었다. 2012년 11월 방글라데시 다카의 의류 제조업체 타즈린 패션에서 불이 나 의류업체 노동자 117명이 숨진 것으로 확인됐다. 타즈린의 고객에는 월마트와 다른 유명한 글로벌 소매 브랜드가 포함되어 있다. 이 비극은 점점 더 많은 수의 노동자와 노조, 그리고 마케터들이 서명한 계약인 방글라데시 화재 및 건물안전협정을 준수하지 못했다는 점을 부각시켰다.

2013년 4월 다카에 있는 또 다른 공장에서도 비극이 발생했다. 희생자 대부분이 여성이었던 사망자 수는 결국 1,134명에 달했다. 그러나 이 경우에는 불이 원인이 아니었다. 다카에 있는 8층 라나 플라자 건물이 무너졌다. 이 건물에는 캐나다 소매업체인 로블로의 조 프레시 라인과 같은 옷을 만드는 약 5,000명의 의류 노동자들을 고용한 의류공장들이 입주해 있었다. 이탈리아의 베네통 또한 고객이었다.

이 비극으로 인해 건물주가 다카의 건축안전 당국으로부터 필요한 허가를 받지 않은 지역 정치인이었던 것으로 밝혀졌다. 라나 플라자 빌딩에 있는 공장 중 일부는 기업 사회 준수 이니셔티브(BSCI)에 의해 수행된 감사에서 인증을 받았다. BSCI는 수백 개의 유럽 소매점을 대표하는 기관인 대외무역협회에 의해 출범되었다. 그러나 감사원은 엔지니어가 아니었으며 건물 안전과 안전성에 관한 권고안을 제시하지 않았다.

서구 소매상들의 반응은 빨랐다. 예를 들어 월마트가 계약업체들의 타즈린 공장 사용을 금지했음에도 불구하고 2012년 화재 현장에서 옷 일부가 발견됐다. 월마트는 이후 허가 없이 공장을 이용하는 계약자를 대상으로 '무관용 정책'을 시행하고 있다. 월마트도 방글라데시 의류업체 근로자들을 대상으로 화재안전교육을 실시하기 위해 160만 달러를 기부했다.

2013년, 기성복산업에 종사하는 몇몇 글로벌 브랜드의 소유주들은 방글라데시 화재안전협정으로 알려진 5년 계약에 서명했다. 이 협정의 목적은 공장 점검을 실시하고 화재안전 시스템과 같은 수리 및 업그레이드가 이루어지고 있음을 확인하는 것이었다. 2018년 H&M과 자라의 모기업인 인디텍스는 이 협정이 3년 더 연장될 것이라고 발표했다.

이런 노력에도 불구하고 노동권리 컨소시엄, 국제노동기구, 기업 책임을 위한 종교 간 센터 및 노동 문제를 모니터링하는 기타 그룹은 글로벌 의류 공급망에 참여 기업에 대한 압박 수위를 높이고 있다. 활동가들은 너무 자주 서구의 소매상들이 공장 안전에 대한 우려에 대해 입에 발린 말을 한다고 비난한다. 실제로 소매업자들은 노동자들의 복지보다는 낮은 가격에 초점을 맞추고 있다고 말한다. 캄보디아 의류제조업체협회장은 파이낸셜 타임스에 "구매자와 소비자가 기꺼이 더 지불할 의향이 있어야 한다."고 말한 것으로 알려졌다.

로봇 혁명

의류산업에서 많은 노동 착취가 기록되고 있지만, 의류공장에서의 일자리가 개발도상국에 살고 있는 일부 사람들에게 가능한 유일한 고용 기회일 수도 있는 것은 사실이다. 방글라데시에서만 약 4백만 명이 의류산업에 종사하고 있으며, 매달 약 64달러의 최저 임금을 받는다(사진 12-12 참조). 그러나 직업이 반드시 안정적인 것은 아니다. 산업이 점차 자동화되어 가고 있기 때문이다. 오늘날 컴퓨터화된 기계들은 전통적으로 재봉틀을 운영하는 사람들이 만들어 온 것과 같은 H&M이나 자라 스웨터를 만들 수 있다. 머신러닝과 인공지능의 발달로 로봇 재고 선정이 가능해졌듯이, 로봇도 실이나 원단 같은 부드러운 소재를 다루는 훈련을 받을 수 있다.

결론은 방글라데시의 의류산업이 증가하는 노동력을 수용할 만큼 충분한 새로운 일자리를 창출하지 못하고 있다는 것이다. 인도의 경우처럼 매달 100만 명으로 추산되는 방글라데시인들이 노동인구에 가입하고 있다. 자동화가 산업에서 저숙련 노동력을 대신할 것이라는 위협 속에서 많은 여성들이 직장을 잃을 수도 있다. 업계 관측통들은 이 여성들에게 구직 기회가 주어지지 않을 수도 있다고 우려한다.

재활용 및 업사이클링

값싼 옷을 무수히 고른다는 것은 많은 물건들이 단지 몇 번 입고 난 후에 기부되거나 버려진다는 것을 의미한다. H&M을 포함한 일부 소매업자들은 새로운 구매를 위해 상점을 방문할 때 헌옷을 가져오는 쇼핑객들에게 할인 혜택을 제공한다.

이러한 파생상품들은 인도를 거쳐 아프리카와 다른 개발도상국들로 이어지는 별도의 공급망으로 진입한다. 미국 및 기타 지역의 자선 상점에 기부한 기부품은 그들을 거대한 뭉치로 묶어서 재활용하기 위해 인도로 보내는 중개인에게 팔릴 수 있다(사진 12-13 참조). 그곳에서 가공회사는 분류기를 사용하여 각 뭉치의 내용물을 재판매를 위한 다양한 의류 카테고리로 나눈다. 때때로 분류기는 빈티지 데님 청바지나 명품 브랜드와 같은 값진 발견을 한다.

파손되거나 얼룩진 물건들은 분리되어 있다. 상태가 좋다 하더라도 일부 품목은 재판매될 수 없다. 이것은 특히 미국에서 생산된 의류에 해당된다. 그 이유는? 남녀 바지의 경우 허리 사이즈가 너무 커서 다른 지역의 고객에게는 맞지 않는 경우가 많다. 재판매할 수 없는 물품은 단추, 지퍼, 기타 장식물을 제거한 후 누더기로 분해된다. 남은 모든 품목은 새로운 품목으로 업사이클링될 수 있는 섬유로 분쇄된다.

사진 **12-12** 인도와 다른 저임금국가의 계약 의류 제조업체들은 패스트 패션의 글로벌 공급망에 필수적이다. 여기에 보이는 공장은 '공정무역' 인증을 받았으며, 평균 이상의 임금을 지불하고 유기섬유 사용과 같은 지속가능 경영 관행을 수용하고 있다.
출처: Joerg Boethling/Alamy Stock Photo.

사진 12-13 패션업계에서는 과잉생산이 문제다. 때로는 팔리지 않는 상품이 쓰레기 매립지로 귀결되기도 한다. 인도는 수 톤의 헌 의류를 수입해서 가공 후 대부분의 품목을 신흥시장으로 재수출한다.
출처 : Allison Joyce.

사진 12-14 기페오는 르완다 기업가 프리실라 루지베카의 발상이다. 루지베카는 아동복을 현지에서 디자인하고 제작할 수 있는 기회를 인식한 후, 여성들에게 옷을 꿰매는 법을 가르치고, 숙련된 재단사가 되도록 지원했다.
출처 : JACQUES NKINZINGABO/ The New York Times/Redux.

시장은 지역적으로 시장은 세계적으로

이번 장 서론에서 언급했듯이 인도의 현지 패션 디자이너들은 글로벌 거인들의 그늘에서 벗어나기 시작하고 있다. 디자이너를 지원하기 위해 패션 허브 키갈리라는 NGO가 설립된 르완다에서도 비슷한 흐름이 형성되고 있다. 예를 들어 프리실라 루지베카는 아동용 캐주얼 의류에 초점을 맞춘 레이블을 시작했다(사진 12-14 참조). 루지베카는 1990년대 르완다에서 발생한 폭력과 집단 학살로 악영향을 받은 불우한 여성을 고용하고 있다.

르완다 디자이너로는 여동생의 결혼식에 입을 적당한 옷을 찾지 못해 자신만의 아틀리에를 설립한 기업가 무하이어 패트릭도 있다. 르완다 의류의 창시자인 조셸린 우무토니와세는 남성과 여성 모두를 위한 현대 아프리카 디자인을 만든다. 이들과 다른 디자이너들은 국내에서 생산된 의류를 지원하고 수입 의류의 흐름을 줄이기 위해 고안된 정부 이니셔티브인 '메이드 인 르완다'를 활용한다.

토론문제

12-8. H&M, 자라 등 패스트 패션 브랜드는 무엇으로 어필하고 있는가?

12-9. 패스트 패션은 모든 진열대에서 똑같은 '모양'이 발견되고 옷 자체가 제대로 구성되지 않았을 수 있다는 이유로 비판을 받아 왔다. 동의하는가?

12-10. 패션산업은 지속가능한 공급망을 만들기 위해 충분한 노력을 하고 있는가? 한 번도 입지 않았거나 거의 입지 않은 버려진 옷의 문제는 어떠한가?

출처 : Shivani Vora, "Trying to Create Many Threads That Run True," *The New York Times* (April 8, 2018), p. 10; John Emont, "Bangladesh Still Grapples with Safety Issues," *The Wall Street Journal* (March 30, 2018), p. B1; Tiffany Hsu, "How to Prevent a Racist Hoodie," *The New York Times* (March 30, 2018), pp. B1, B5; Richard Milne, "H&M Faces a New Reality in Fashion," *Financial Times* (February 9–10, 2018), p. 13; Patricia Kowsman, "A Model for Fast Fashion," *The Wall Street Journal* (December 7, 2016), pp. B1, B2; Kana Inagaki, "Uniqlo's Pricing U-Turn Pays Off," *Financial Times* (July 25, 2016), p. 14; Preetika Rana, "Indian Retailer Makes 'Fast Fashion' Local," *The Wall Street Journal* (July 22, 2016), p. B6; Eric Bellman, "Fashion Feeds a Recycling Network," *The Wall Street Journal* (June 27, 2016), pp. B1, B2; Joseph Allchin and Amy Kamzin, "Clothes Groups in Factory Safety Row," *Financial Times* (October 2, 2015), p. 16; Kate O'Keeffe, "Supply Chain Trips H&M," *The Wall Street Journal* (May 22, 2013), p. B3; Elizabeth L. Cline "Overdressed: The Shockingly High Cost of Cheap Fashion." Published by Portfolio/Penguin. Copyright © Elizabeth L. Cline, 2012. Wall Street Journal.

사례 12-2
월마트는 인도의 독특한 소매유통 방식을 타개할 수 있을까?

미국 시장에서 그 이름만으로 소도시 소매업자의 가슴에 두려움을 주는 대형할인 소매기업인 월마트가 글로벌 시장으로 나아가고 있다. 이 기업은 할인점, 식품과 일반 잡화를 포함하는 슈퍼센터, 그리고 벌크포장상태의 상품을 제공하는 창고형 매장인 샘스클럽을 포함하는 다양한 소매기법을 이용한다. 월마트가 전 세계로 확장을 함에 따라 전문가들은 월마트가 주목하고 있는 국가의 상황을 설명하기 위해 '공격과 침투' 같은 단어를 사용한다. 한 협력업체 대표는 "월마트는 미국 시장에서 자신이 수행한 것과 동일한 방법으로 국제 소매시장의 풍경을 변화시키고 있다."라고 말한다.

놀랍지도 않게 BRICS(브라질, 러시아, 인도, 중국, 남아메리카공화국) 국가들은 월마트의 글로벌 확장 계획을 필연적으로 여긴다. 예를 들면 인도는 외국인의 소매시장 제한금지라는 강력한 정부규제를 시행했지만 지금은 변하고 있다. 월마트는 인도에 연락사무소 운영을 시작으로 시장조사와 인도 정책 입안자들에 대한 로비를 수행하고 있다. 인도의 연간 소매시장은 5,000억 달러의 규모이고 전문가들은 향후 수년간 소매부문은 7%씩 성장할 것으로 기대하고 있다. 오늘날 소매 활동의 90% 이상이 소규모 상점, 신문 가판대 간이 찻집에서 발생하고 있다(사진 12-15 참조).

2012년 가을 통과된 규제개혁법안은 마침내 월마트와 다른 외국 대형할인 소매업자들에게 소비자 직접 판매를 허용하였다. 그러나 인도의 소매부문을 더 좋게 변화시킬 월마트의 가능성에도 불구하고 일부 전문가들은 월마트의 현재 모습에 관해 우려를 표명한다. 서구식 대형할인점에 대해 많은 인도 사회운동가들과 정책 입안자들은 반대를 한다. 그들은 월마트가 인도의 수백만 가게주인들을 실업으로 내몰 것이라고 우려한다. 입법자들 또한 식민지 시대와 영국 동인도회사의 기업들에서 유래한 사고방식으로 외국기업의 진출 동기를 의심한다. 아마도 그들은 외국기업들이 소매점을 모두 몰아낸 후 가격을 올릴 것이라는 점을 두려워한다.

그러면 왜 월마트는 집요하게 추진하는 것일까? 인도 시장에서의 성공은 CEO 더그 맥밀론의 글로벌 전략 핵심이기 때문이다. 미국과 다른 개도국의 시장 포화상태의 직면은 맥밀론으로 하여금 월마트를 더 크게 만들고 전체 소매산업에서 대략 7%만이 현대적 매장을 갖추고 있는 인도와 같은 신흥시장에서 규모를 갖출 필요가 있음을 인식하게 하였다.

인도 시장 진출에 관심이 있는 글로벌 소매기업들은 특별한 문제에 직면한다. 이 장의 앞에서 언급한 바와 같이 기업형 소매유통은 울워스, 테스코, 월마트와 같은 거대 소매유통 브랜드에 의한 활동을 말한다. 이들 기업은 현재 연간 거의 5,000억 달러에 가까운 판매실적으로 인도 시장의 아주 작은 퍼센트를 차지하고 있다.

이미 규제 개혁을 위한 많은 요청이 있었고, 전문가들은 향후 수년 내 기업형 소매유통이 30~35%의 성장을 지속할 것이라고 믿고 있다. 하지만 지금은 여당인 국민의회당의 의원들이 수백만의 소규모 '구멍가게'에 대해 기업형 소매유통이 미칠 영향을 걱정하고 있다. 압도적인 다수의 인도 소매업 활동은 매장 면적이 50제곱피트인 비좁은 좌판에서 행해진다.

비록 천천히 진행되고 있지만 인도의 소매업 분야의 현대화는 피할 수 없다. 2012년 법률이 개정되기 전까지 다양한 브랜드의 상품을 판매하는 월마트와 다른 글로벌 소매기업들이 인도 시장에 직접적으로 진입하는 것에는 장벽이 있었다. 2006년 인도의 최대 이동통신망을 운영하는 기업인 바티 엔터프라이즈는 월마트와 합작투자 파트너십을 발표했다. 그러나 그 당시 규제로 인해 합작투자는 도매점으로 이뤄졌다. 베네통, 나이키, 피자헛, 리복, 서브웨이 같은 단일 브랜드 소매업자들이 시장에 진입할 때도 그들은 프랜차이즈를 이용하도록 요구 받았다.

최근 규제 변화는 이런 기업들이 인도에서의 사업 운영에 있어 다수

사진 12-15 인도 찬디가르의 외곽에 위치한 바티-월마트 매장은 인도의 많은 소매상을 위한 도매상이다. 2012년 인도 정부는 자국의 어려운 경제상황에 추진력을 얻을 목적으로 경제개혁 프로그램에 따라 월마트와 같은 해외 대형 소매기업에 대한 자국 시장 개방에 동의했다. 개혁은 월마트가 소매 매장을 시작할 수 있음을 의미한다.
출처 : Saurabh Das/Associated Press.

지분을 갖는 것을 더욱 쉽게 만들고 있다. 그러나 거기에는 조건이 있다. 정부는 외국 소매기업들에게 인도에 운영자금의 절반에 해당하는 1억 달러의 투자와 냉동창고와 운송수단을 포함하는 인프라 구축을 요구하고 있다. 정부는 지금부터 2018년까지 정부부문 인프라 개선을 위해 40억 달러 이상 투자를 약속했다. 여전히 인도의 28개 주는 외국인 소유의 매장에 대한 금지 또는 승인에 대한 권리를 보유하고 있다.

서구 소매업자들은 종종 지역 공급자의 질을 높이기 위해 지역 공급자와 함께 일을 한다. 예를 들면 바티-월마트 합작법인은 소매업자들을 위한 도매매장인 캐시&캐리 슈퍼센터를 개장했을 때 인도의 열악한 인프라와 오래된 기술을 사용하는 제조업자로부터 발생하는 비효율적인 공급사슬과 싸워야 했다. 일반적으로 농작물은 덮개가 없는 트럭, 마차, 트랙터를 사용하여 대도시 도매시장으로 운송되었다. 도매시장은 농작물 마케팅위원회에서 허가한 중개인과 경매사에 의해 운영되었다. 농작물은 그 후 온도조절장치가 없는 소규모 시장이나 도매상으로 이동되었다. 소비자들의 손에 들어갈 때까지 농작물은 7단계의 중개인을 거쳤고 대부분 못 쓰게 되어 버렸다. 정부의 추정에 따르면 인도 전체 생산 농작물의 3분의 1인 100억 달러 가치의 농작물이 매년 상해서 버려졌다.

인도에서 월마트는 소매점이나 도매매장을 단순하게 개설하는 것보다 훨씬 많은 것을 해야만 한다. 월마트는 생산성 향상과 농작물과 다른 제품들의 빠른 배송을 위해 월마트의 초고효율 실천방식을 사용함으로써 인도의 농업부문을 탈바꿈시키기 위해 노력해야 한다. 월마트와 협력사 바이엘은 수확량과 품질 향상을 위해 농부들과 협업을 하고 있다. 더불어 월마트는 농부와 직접 계약하고 자사의 냉장트럭을 보냄으로써 전통적인 중개상을 우회하고 있다. 농부들이 월마트와의 협업을 좋아하는 이유는 글로벌 거대 소매기업이 농부들에게 즉각적인 지불을 하고 있기 때문이다.

한편 글로벌 소매기업의 진입에 참여하는 것은 인도의 지역 소매업자에게 미래를 위한 투자이다. 예를 들어 인도의 가장 큰 소매기업인 판탈룬 리테일은 센트럴과 빅 바자르와 같은 백화점 체인과 슈퍼마켓 체인인 푸드 바자르를 운영하고 있다. 아이러니하게도 판탈룬 리테일의 대표인 키쇼어 비야니는 중하층 쇼핑객들에게 서양 쇼핑객들은 혼란스러워할 만큼 비좁은 매장의 익숙한 소매 환경을 제공함으로써 성공을 이뤄냈다. 정유업체 릴라이언스인더스트리와 비를라 그룹과 같은 대기업 또한 소매업 분야에 진출할 계획을 세우고 있다. 한편 포장식품 거인인 유니레버의 인도 자회사인 힌두스탄 레버는 구멍가게 운영자들이 더 경쟁력을 높일 수 있도록 돕는 자문 서비스를 시작했다.

월마트 CEO인 마이크 듀크는 자사가 처한 문제들에 월마트가 겁먹

지 않았다는 것을 나타냈다. "인도 사람들은 공급사슬의 비효율성으로 인해 기회를 놓치고 있습니다. 그러나 저는 인내를 하고 있고, 시간이 지나면 이것은 개선될 것이라고 믿습니다." 한편 듀크는 다른 주요 신흥시장으로 움직였다. 예를 들면 아프리카에서 남아프리카공화국과 13개 다른 아프리카 국가에 288개의 체인 매장을 가지고 있는 매스마트의 지분인수를 위해 24억 달러를 지불했다. 비록 남아프리카공화국의 인구는 겨우 5,000만 명에 불과하지만 쇼핑 인구로 충분하고 교통 인프라와 은행 및 통신 시스템이 잘 발달되어 있다. 남아프리카공화국에서의 성공적인 시장진입은 다른 대륙으로의 월마트의 확장에 있어 도약대 역할을 할 것이다. 말할 필요도 없이 글로벌 기업들과 공급 계약을 체결하는 지역 기업들의 매니저들은 그들도 글로벌 공급사슬에 함께 따라가길 희망하고 있다.

토론문제

12-11. 인도에서 월마트와 다른 외국 소매기업들이 직면한 가장 큰 장애요인은 무엇인가?

12-12. 인도에서 시장진입 기회에 영향을 미치는 정치, 경제 그리고 문화적 환경요인들을 요약하라.

12-13. 그림 12-4를 다시 보라. 매트릭스의 어떤 분면이 가장 인도에 가까운가? 이유는?

12-14. 앞으로 인도 시장에서의 비즈니스 모델에 있어 월마트는 어느 정도 현지화가 요구될 것인가?

출처 : Amol Sharma, "Bad Roads, Red Tape, Burly Thugs Slow Wal-Mart's Passage to India," *The Wall Street Journal* (January 12–13, 2013), pp. A1, A10; Shelly Banjo, "Japan, Ready for Wal-Mart," *The Wall Street Journal* (September 26, 2012), p. B6; Vikas Bajaj, "Skepticism and Caution Greet India's New Policy on Retailers," *The New York Times* (September 20, 2012), p. B1; Sharma, "India Revives Plan to Let in Retailers," *The Wall Street Journal* (September 15–16, 2012), p. A8; Robb M. Stewart, "Wal-Mart Checks out a New Continent," *The Wall Street Journal* (October 27, 2010), p. B1; Bajaj, "In India, Wal-Mart Goes to the Farm," *The New York Times* (April 13, 2010), p. B1; Eric Bellman and Cecilie Rohwedder, "Western Grocer Modernizes Passage to India's Markets," *The Wall Street Journal* (November 28, 2007), p. B2; Bellman, "Chaos Theory: In India, a Retailer Finds Key to Success Is Clutter," *The Wall Street Journal* (August 8, 2007), p. A8; Bellman, "India's Reliance Looks Abroad," *The Wall Street Journal* (March 16, 2007), pp. A1, A10; Jo Johnson and Jonathan Birchall, "'Mom and Pop' Stores Braced for Challenge," *Financial Times* (November 28, 2006), p. 16; Joe Leahy, "Indian Regulation Hampers Retail Growth," *Financial Times* (October 26, 2006), p. 21; Anita Jain, "The 'Crown Jewel' Sector That's Ripe for Modernization," *Financial Times Special Report—India and Globalization* (January 26, 2006), p. 16; Ann Zimmerman and Emily Nelson, "With Profits Elusive, Wal-Mart to Exit Germany," *The Wall Street Journal* (July 29/30, 2006), pp. A1, A6.

에세이 과제

12-15. 선택구매란 무엇인가? 어떤 접근방법이 이러한 문제를 해결하겠는가?

12-16. 물류, 운송과 관련된 글로벌 이슈를 간략히 토의하라. 유통 채널 또는 물류의 조정으로 효율성을 개선한 기업의 사례 한 가지를 예를 들어 보라.

참고문헌

[1] Peter D. Bennett, *Dictionary of Marketing Terms* (Chicago, IL: American Marketing Association, 1988), p. 29.

[2] Nick Wingfield, "Ebay Allows Sellers to Set up Storefronts Online in Bid to Expand Beyond Auctions," *The Wall Street Journal* (June 12, 2001), p. B8.

[3] Eric Bellman, "Indonesia Serves Tasty Dish for Tupperware," *The Wall Street Journal* (April 25, 2013), p. B8.

[4] Kathy Chu, "Tupperware's Party Goes Worldwide," *The Wall Street Journal* (July 6, 2014).

[5] Terence Tsai and Shubo Liu, "Mary Kay: Developing a Salesforce in China," *Financial Times* (January 8, 2013), p. 10.

[6] Valerie Reitman, "Toyota Calling: In Japan's Car Market, Big Three Face Rivals Who Go Door-to-Door," *The Wall Street Journal* (September 28, 1994), pp. A1, A6.

[7] Yoko Kubota and Christina Rogers, "Ford to Exit Japan, Indonesia Amid Dim Prospects for Profit," *The Wall Street Journal* (January 26, 2016), p. B3.

[8] Cassell Bryan-Low and Li Yuan, "Selling Cellphone Buzz," *The Wall Street Journal* (February 23, 2006), pp. B1, B5.

[9] "Case Study: Moscow Bread Company," Andersen Consulting, 1993.

[10] Ellen Byron, "Emerging Ambitions: P&G's Global Target: Shelves of Tiny Stores," *The Wall Street Journal* (July 16, 2007), p. A1.

[11] The following discussion is adapted from David Arnold, "Seven Rules of International Distribution," *Harvard Business Review* 78, no. 6 (November–December 2000), pp. 131–137.

[12] Eric Bellman, "India's Reliance Looks Abroad," *The Wall Street Journal* (March 16, 2007), p. A8.

[13] Barney Jopson, "Consumerism for Kenya's As and Bs," *Financial Times* (July 8, 2008), p. 14.

[14] Michiyo Nakamoto, "Convenience Stores Pay Price of Success," *Financial Times Special Report—Japan* (October 14, 2008), p. 3. See also Juro Osawa, "Convenience Stores Score in Japan," *The Wall Street Journal* (August 19, 2008), p. B2.

[15] Cecilie Rohwedder, "Harvey Nichols's Foreign Affair," *The Wall Street Journal* (February 18, 2005), p. B3.

[16] Michael Flagg, "In Asia, Going to the Grocery Increasingly Means Heading for a European Retail Chain," *The Wall Street Journal* (April 24, 2001), p. A21.

[17] Kortney Stringer, "Convenience Stores Turn a New Corner," *The Wall Street Journal* (June 1, 2004), p. B5.

[18] Elena Cherney and Ann Zimmerman, "Canada's Zellers Retools Itself in Bid to Battle Walmart," *The Wall Street Journal* (December 10, 2001), p. B4.

[19] Eric Bellman, "A Dollar Store's Rich Allure in India," *The Wall Street Journal* (January 23, 2007), pp. B1, B14.

[20] Stephanie Clifford, "Where Wal-Mart Failed, Aldi Succeeds," *The New York Times* (March 30, 2011), p. B1.

[21] Heather Haddon, "Pressure on U.S. Grocers Rises," *The Wall Street Journal* (June 12, 2017), p. B1.

[22] Christina Passariello and Aaron O. Patrick, "Europe Eats on the Cheap," *The Wall Street Journal* (September 30, 2008), pp. B1, B7.

[23] Matt Moffett and Jonathan Friedland, "Walmart Won't Discount Its Prospects in Brazil, Though Its Losses Pile Up," *The Wall Street Journal* (June 4, 1996), p. A15; Wendy Zellner, "Walmart Spoken Here," *BusinessWeek* (June 23, 1997), pp. 138–139.

[24] Robb M. Stewart, "Wal-Mart Checks out a New Continent," *The Wall Street Journal* (October 27, 2010), p. B1.

[25] Stan Sesser, "The New Spot for Giant Malls: Asia," *The Wall Street Journal* (September 16/17, 2006), p. P6.

[26] Ross Davies and Megan Finney, "Retailers Rush to Capture New Markets," *Financial Times—Mastering Global Business, Part VII* (1998), pp. 2–4.

[27] Norihiko Shirouzu, "Japanese Mall Mogul Dreams of American Stores," *The Wall Street Journal* (July 30, 1997), pp. B1, B10; Norihiko Shirouzu, "Jusco Bets that U.S.-Style Retail Malls Will Revolutionize Shopping in Japan," *The Wall Street Journal* (April 21, 1997), p. A8.

[28] Ann Zimmerman, "Home Depot Chief Renovates," *The Wall Street Journal* (June 5, 2008), p. B2.

[29] Neil King, Jr., "Kmart's Czech Invasion Lurches Along," *The Wall Street Journal* (June 8, 1993), p. A11.

[30] Eric Bellman and Cecilie Rohwedder, "Western Grocer Modernizes Passage to India's Markets," *The Wall Street Journal* (November 28, 2007), p. B2.

[31] Michael J. de la Merced, "Macy's, Once a Retail Titan, Is Approached about a Buyout," The *New York Times* (February 7, 2017), p. B1.

[32] Andrea Felsted, "Reborn in the USA," *Financial Times* (June 27–28, 2015), p. 6.

[33] The discussion in this section is adapted from Jacques Horovitz and Nirmalya Kumar, "Strategies for Retail Globalization," *Financial Times—Mastering Global Business, Part VII* (1998), pp. 4–8.

[34] Scheherazade Daneshkhu, "Bricks-and-Mortar Retailers Struggle to Cope with Shift to Online Shopping," *Financial Times* (June 14, 2016), p. 19.

[35] Rufus Olins, "M&S Sets out Its Stall for World Domination," *The Sunday Times* (November 9, 1997), p. 6. See also Andrew Davidson, "The Andrew Davidson Interview: Sir Richard Greenbury," *Management Today* (November 2001), pp. 62–67; and Judi Bevan, *The Rise and Fall of Marks & Spencer* (London, UK: Profile Books, 2001).

[36] Tim Jackson, *Virgin King: Inside Richard Branson's Business Empire* (London, UK: HarperCollins, 1995), p. 277.

[37] Daniel Michaels, "No, the CEO Isn't Sir Richard Branson," *The Wall Street Journal* (July 30, 2007), pp. B1, B3.

[38] Mariko Sanchanta, "Wal-Mart Bargain Shops for Japanese Stores to Buy," *The Wall Street Journal* (November 15, 2010), p. B1.

[39] Tim Jackson, *Virgin King: Inside Richard Branson's Business Empire* (London, UK: HarperCollins, 1995), pp. 289–291.

[40] Ian Bickerton, "'It Is All about the Value Chain,'" *Financial Times* (February 24, 2006), p. 10.

[41] Lt. Col. George C. Thorpe, *Pure Logistics* (Washington, DC: National Defense University Press, 1917; 1986).

[42] Barney Jopson, "Business Diary: Keith Harrison, Procter & Gamble," *Financial Times* (March 8, 2011), p. 23.

[43] Lindsay Whipp, "Trouble in Store," *Financial Times—FT Big Read: Walmart* (April 7, 2016), p. 7.

[44] Tim Harford, *Fifty Inventions That Shaped The Modern Economy* (New York, NY: Riverhead Books, 2017).

[45] David Champion, "Mastering the Value Chain: An Interview with Mark Levin of Millennium Pharmaceuticals," *Harvard Business Review* 79, no. 6 (June 2001), pp. 108–115.

[46] Francesco Guerrera, "GE to Shift Output from U.S.," *Financial Times* (July 27, 2006), p. 27.

[47] A detailed analysis of IKEA's approach to value creation is found in Richard Normann and Rafael Ramirez, "From Value Chain to Value Constellation: Designing Interactive Strategy," *Harvard Business Review* 71, no. 4 (July–August 1993), pp. 65–77.

[48] Chad Terhune, "Supply-Chain Fix for Pepsi," *The Wall Street Journal* (June 6, 2006), p. B3.

[49] Brian Baskin, "Robots Picking, Retailers Grinning," *The Wall Street Journal* (July 24, 2017), pp. B1, B2. See also Sarah Nassauer, "Retailers Check out Automation," *The Wall Street Journal* (July 20, 2017), p. B3.

[50] Kris Maher, "Global Goods Jugglers," *The Wall Street Journal* (July 5, 2005), pp. A11, A12.

[51] Jo Ellison, "Vetements: The Gospel of Guram Gvasalia," *Financial Times* (August 3, 2017), p. 14.

[52] Joel Millman, "A Crushing Issue: How to Destroy Brand-New Cars," *The Wall Street Journal* (April 29, 2008), pp. A1, A9.

[53]For an excellent case study of the evolution of intermodal technology in the United States, see Jon R. Katzenback and Douglas K. Smith, *The Wisdom of Teams: Creating the High-Performance Organization* (New York, NY: Harper-Business, 1994), Chapter 2.

[54]Daniel Machalaba, "Cargo Hold: As U.S. Seaports Get Busier, Weak Point Is a Surprise: Railroads," *The Wall Street Journal* (September 19, 1996), p. A1.

[55]Alexandra Harney, "Technology Takes the Wrinkles out of Textiles Manufacturing," *Financial Times* (January 11, 2006), p. 11. See also Gabriel Kahn, "Made to Measure: Invisible Supplier Has Penney's Shirts All Buttoned Up," *The Wall Street Journal* (September 11, 2003), pp. A1, A9.

[56]Patricia Kowsmann, "A Model for Fast Fashion," *The Wall Street Journal* (December 7, 2016), p. B2.

13 글로벌 마케팅 의사결정 I :
광고 및 홍보

학습목표

13-1 글로벌 광고를 정의하고 세계적으로 광고비를 지출하는 기업의 순위를 알아본다.

13-2 광고산업의 구조를 설명하고 광고 지주회사와 개별 광고 대행사의 차이를 설명한다.

13-3 광고 대행사의 핵심 인력을 파악하고 글로벌 광고를 만드는 데 각자의 역할을 설명한다.

13-4 미디어의 기능이 전 세계에 따라 어떻게 달라지는지를 설명한다.

13-5 홍보와 대중홍보를 비교 및 대조하고 최근 부정적인 대중홍보로 타격을 받은 글로벌 기업을 알아본다.

사례 13-1
폭스바겐의 '디젤게이트' 악몽

2011년 5월 테네시주 채터누가에 있는 폭스바겐의 10억 달러 규모의 자동차 조립공장에서 생산이 시작됐다. 파사트 세단은 독일 자동차회사의 야심찬 전략적 목표를 보여주는 놀라운 상징이었다. 마틴 빈터코른 폭스바겐 CEO는 2018년까지 토요타를 제치고 세계 1위 자동차회사가 되겠다는 목표를 세웠다. 목표 달성의 열쇠는 미국 시장이었고, 빈터코른은 폭스바겐이 2018년까지 미국에서 100만 대의 자동차를 판매할 것으로 전망했다.

폭스바겐의 브랜드 포트폴리오는 아우디, 벤틀리, 부가티, 람보르기니, 포르쉐와 같은 고급 브랜드를 자랑한다. 대중시장 브랜드는 스코다와 세아트가 있으며, 폭스바겐 브랜드 자체가 연간 매출의 약 50%를 차지한다(사진 13-1 참조). 폭스바겐 경영진은 2018년 목표를 달성하려면 미국에서 판매되는 차량의 수를 3배로 늘려야 한다는 점을 인정했다. 그러기 위해 그들은 미국 운전자들에게 어필할 수 있는 폭스바겐 브랜드를 가지고 자동차를 설계하고 만들었다.

많은 미국 자동차 구매자들은 높은 주행거리와 낮은 배출량을 제공하는 친환경 자동차를 찾는다. 폭스바겐의 디젤 모델은 미국 자동차 구매자들에게 매우 매력적인 판매 제안인 '친환경'이라고 광고되었다. 예를 들어 한 모델은 파사트 TDI(Turbocharged Direct Injection, 터보차저 직접 분사) 클린 디젤이라고 불렸다. 미국의 판매 호조에 힘입어 2015년 상반기 폭스바겐 판매량은 토요타보다 높았다.

그러나 폭스바겐이 엄청난 규모의 홍보 악몽에 휘말리면서 좋은 시절이 막을 내리게 되었다. 2015년 9월 미국 환경보호청(EPA) 규제당국은 2L 디젤엔진을 장착한 폭스바겐의 일부 모델에 엄격한 배출가스 테스트를 통과할 수 있는 특수 소프트웨어가 장착됐다고 판단했다. 후속 검사결과 이 자동차의 오염물질로 알려진 아산화질소(NO_x) 배출량이 폭스바겐의 주장보다 훨씬 높은 것으로 나타났다. 얼마 지나지 않아 전 세계적으로 판매되는 1,100만 대의 디젤 차량에도 소위 '임의설정' 장치가 장착된 것으로 확인되었다. 기존 가솔린 엔진을 장착한 차량을 포함해 80만 대의 차량에서 이산화탄소(CO_2) 배출량을 과소평가했다는 폭스바겐 관계자들의 입장 등 더 많은 폭로가 나올 예

정이었다.

그 스캔들은 이 독일 회사에 악몽과도 같은 홍보였다. 마틴 빈터코른은 비디오 사과문을 녹음했는데, 이 비디오에서 그는 실수를 "소수에 불과하다"고 비난했다. 두말할 필요도 없이 그 비디오는 외면을 받았다. 윈터코른은 사임했고, 마티아스 뮐러가 폭스바겐의 CEO로 임명되었다. 또 이 회사의 최고기술자 3명도 정직 처분을 받았다.

스캔들이 터진 지 한 달 만인 2015년 10월 말쯤에는 폭스바겐이 완벽한 폭풍에 휩싸인 것이 분명해졌다. 핵심 폭스바겐 브랜드에 대한 수요 감소는 브라질과 러시아의 경제 문제로 인해 더욱 악화되었다. 미국 법무부가 형사 고발을 하고 총 수천만 달러의 벌금을 부과할 수 있다는 우려에 투자자들은 폭스바겐의 주식을 매각하기 시작했다. 배출가스 부정행위 및 기타 문제에 대한 자세한 내용은 이 장의 끝에 있는 사례 13-1(계속)을 참조하라.

배출가스 위기의 여파로 폭스바겐이 직면한 도전은 마케팅 프로그램에서 광고, 홍보, 기타 커뮤니케이션의 역할에 대한 사례연구를 제공한다. 마케팅 커뮤니케이션—마케팅 믹스의 판매촉진(P)—은 고객과 다른 사람들의 태도, 인식 및 구매 행동에 대해 알리고, 상기시키고, 설명하고, 설득하고, 영향을 미치기 위해 조직이 사용하는 모든 형태의 커뮤니케이션으로 전환된다. 마케팅 커뮤니케이션의 주요 목적은 고객들에게 기업, 국가, 제품 또는 서비스가 제공하는 혜택과 가치에 대해 알리는 것이다. 프로모션 믹스의 요소는 광고, 홍보, 대인판매, 그리고 판촉 활동이다.

글로벌 마케터들은 이 모든 요소를 단독으로 또는 다양한 조합으로 사용할 수 있다. 폭스바겐의 청렴성에 대한 소비자 및 정부의 우려를 해소하기 위한 노력은 세계무대에서 주목을 받고 있는 모든 기업(국가든 기업이든)에 대한 홍보의 중요성을 강조한다. 이 장은 글로벌 마케터의 관점에서 광고와 홍보를 살펴본다. 제14장에서는 판매촉진, 대인판매, 이벤트 마케팅, 스폰서십을 다룬다. 이 장을 공부한 후에 여기에서 설명한 모든 커뮤니케이션 도구들이 일관된 메시지를 강화하기 위해 사용되어야 한다는 점을 기억해야 한다.

(13-1) 글로벌 광고

◀ 13-1 글로벌 광고를 정의하고 세계적으로 광고비를 지출하는 기업의 순위를 알아본다.

마케팅 커뮤니케이션 프로그램들과 전략이 수행되는 환경은 국가에 따라 다양하다. 국경을 넘어 효과적으로 커뮤니케이션을 함에 있어 하나의 문제는 글로벌 기업 및 그들의 광고 대리인들이 **통합적 마케팅 커뮤니케이션**(integrated marketing communications, IMC)으로 알려져 있는 콘셉트를 수용하는 것이다. IMC 접근법의 지지자들은 기업들의 커뮤니케이션 전략의 다양한 요소들은 반드시 주의해서 조정되어야 한다고 명백하게 인식한다.[1] 예를 들면 나이키는 IMC 개념을 다양한 마케팅 커뮤니케이션 채널에 적용했다. 트레버 에드워즈 나이키 사장은 2000년대 중반에 다음과 같이 언급했다.

우리는 어떻게 이야기를 들려주는가에 관해 유연하게 행동함으로써 브랜드의 수요를 창출한다. 우리는 하나의 접근법에 융통성 없이 머무르지 않는다. 우리는 디지털부터 스포츠 마케팅까지, 광고, 엔터테인먼트에서 이벤트 마케팅까지 모든 마케팅 믹스 요소가 포함된 통합형 마케팅 모델을 가지고 있다.[2]

광고는 IMC 프로그램의 한 가지 요소다. **광고**(advertising)는 종종 대중매체를 통해 비개인적인 방식으로 전달되는 후원 및 유료 메시지이다. 어떤 광고 메시지는 단일국가 또는 시장에서 소비자들과 의사소통하기 위해 설계된다. 지역 또는 광역 광고는 유럽, 또는 라틴아메리카처럼 여러 국가, 또는 시장에 있는 청중을 대상으로 하여 만들어진다. **글로벌 광고**(global advertising)는 그들의 전 세계적 지속성을 위해 특별히 만들어진 예술, 카피, 헤드라인, 사진, 태그라인(미문)과 그리고 다른 요소들을 포함한 메시지라고 정의할 수 있다.

글로벌 테마를 활용한 기업으로는 BASF("We create chemistry"), 쉐보레("Find new roads"), 코카콜라("Taste the feeling"), IBM("Let's put smart to work"), 맥도날드("i'm lovin' it"), 필립스("Innovation and you") 등이 있다. 제10장에서는 몇몇 글로벌 기업들이 지역적, 국제적, 글로벌 제품과 브랜드를 세계의 각기 다른 지역에서 구매자들에게 동시에 제공하는 것을 보았다. 광고에서도 마찬가지이다. 글로벌 기업은 지역 또는 글로벌 범위의 광고와 더불어 캠페인에 단일국가 광고를 사용할 수 있다.

글로벌 기업은 마케팅 커뮤니케이션에 있어 중요한 마케팅 이점을 가지고 있다. 국내 광고 캠페인을 전 세계로 성공적으로 확장시킬 수 있는 기회를 가지고 있다. 그 반대로 완전히 새로운 글로벌 캠페인을 만들 수도 있다. 글로벌 광고 캠페인의 조사는 반드시 발주사 및 광고 대행사 인원이 함께 정보, 이해 및 경험을 공유해야 한다.

맥도날드의 "I'm lovin' it" 테그라인은 좋은 사례이다. 이것은 글로벌 마케팅의 대표 래리 라이트가 맥도날드의 모든 광고 대행사로 구성된 대리인의 모임을 소집한 후 진전되기 시작했다. 단일화된 주제의 글로벌 캠페인은 장기적인 제품과 브랜드 정체성을 만들어 내는 데 도움을 주며, 광고 제작과 관련된 비용을 감소시켜 준다. 기업들이 그들에게 통합된 지역을 위해 인수, 생산계획의 조정, 가격정책을 통해 자신을 조정함에 따라 유럽과 같은 지역시장들은 표준화된 글로벌 브랜드의 유입을 경험하고 있다. 마케팅 관점에서 단기간에 유럽 전역을 타깃으로 한 브랜드를 만들어 내는 움직임이 계속해서 일어나고 있다. 이러한 현상은 글로벌 광고 시장의 성장을 촉진시켜 주고 있다.

기업들이 '상품 문화(product cultures)'와 같은 새로운 개념을 인식하고 수용함에 따라 효과적인 글로벌 광고의 잠재력도 높아진다. 하나의 예로 맥주 문화의 글로벌화는 일본의 독일식 맥주홀과 미국의 아이리시 스타일의 선술집에서 찾아볼 수 있다. 비슷하게 커피 문화의 글로벌화는 스타벅스와 같은 기업들에게 시장기회를 만들어 주었다. 마케팅 관리자들은 또한 몇몇 시장 세분화는 민족이나 국가별 문화보다는 청소년 혹은 신흥 중산층과 같은 글로벌 인구통계학에 근거해서 정의될 수 있다는 것을 알아야 한다. 가령 운동화와 의류 아이템은 18~25세의 남성을 세계 세분시장의 타깃 고객으로 만들 수 있다.

MTV 네트워크의 전 글로벌 회장인 윌리엄 로디는 광고를 위한 상품 문화의 영향을 분명하게 알았다. MTV는 단지 사람들로 하여금 어디서나 전 세계 사람들이 어떻게 살고 있고 최신 전자제품과 패션 트렌드에 관해 배울 수 있게 하는 하나의 매체수단이다. 로디는 "파리에 살고 있는 18세와 뉴욕의 18세는 그들 부모보다 더 많은 것에 공감한다. 그들은 같은 제품을 사고, 같은 영화를 보고, 같은 음악을 듣고, 콜라를 마신다. 글로벌 광고는 그러한 전제에 따라 작동한다."고 말했다.[3]

다양한 산업에 의해 정리된 자료에 따르면, 2012년도 전 세계 광고비용은 5,000억 달러를 초과하였다. 이는 종종 광고가 제품과 브랜드에 심리적인 가치를 추가하기 위해 만들어지기

사진 13-2 P&G는 세계 1위 광고주다. 측정된 미디어 지출의 4분의 1은 미국에 할당된다. (측정 매체라고 알려진 12개 이상의 범주는 TV, 신문, 라디오 등을 포함한다.)

P&G는 중국 내 최고의 광고주로서 전체적으로 이 회사의 측정 미디어 지출의 25%가 아시아 태평양 지역 예산으로 책정되어 있다. 유럽은 측정된 미디어 지출의 또 다른 3분의 1을 차지한다. P&G는 독일의 주요 광고주다.

출처 : Xu Ruiping/Associated Press.

때문에 산업제품 마케팅보다 소비재 제품 마케팅에서 더욱 중요한 커뮤니케이션 역할을 하고 있다. 자주 팔리는 저가제품들은 일반적으로 많은 홍보 지원을 필요로 하는데, 이는 종종 리마인더 광고 형태로 이루어진다. 소비재 제품 기업들은 글로벌 광고 지출자 명단에서 상위를 차지한다. P&G, 유니레버, 로레알, 네슬레는 해외시장에서 많은 광고비 지출 비중을 두고 있는 것으로 글로벌 사업 범위를 추측할 수 있다(사진 13-2 참조).

광고비 측면에서 애드버타이징 에이지 매거진이 발표하는 매년 글로벌 마케터 순위가 표 13-1에 나와 있다.[4] 미국은 세계 최고의 광고시장이다. 광고주들이 2016년에 미국 주요 언론에 지출한 1,760억 달러는 전 세계 광고시장의 3분의 1을 차지한다.

전반적으로 신흥시장은 광고 지출 면에서 확고한 성장 수치를 보이고 있다. 2014년 브라질에서의 광고 지출은 총 170억 달러, 러시아 101억 달러, 인도 80억 달러, 중국 455억 달러, 남아프리카공화국은 42억 달러였다.[5] 실제로 2014년 중국은 일본을 제치고 세계 2위의 광고시장으로 떠올랐다. 표 13-1을 면밀히 살펴보면 기업의 세계화 노력의 정도에 대한 단서를 볼 수 있다. 예컨대 포장상품 대기업인 P&G와 유니레버는 전 세계 주요 지역에서 상당한 금액을 지출한다.

글로벌 광고는 또한 기업들에게 광고에 있어서 규모의 경제를 제공할 뿐만 아니라 유통 채널에 대한 접근성도 향상시킨다. 선반 공간이 부족한 경우 소매업체가 제품을 보관하도록 설득해야 한다. 글로벌 광고에 의해 지원되는 글로벌 브랜드는 소매업체 입장에서는 그 브랜드가 진열대에서 침체될 가능성이 낮을 수 있기 때문에 매우 매력적일 수 있다. 브랜드 아이덴티티와 디자인 전문기업 랜도 어소시에이츠는 최근 지표가 '적응(Adaptive)', '고수(Principled)', '글로벌(Global)'로 이뤄진 '글로벌 애자일 브랜드 연구'를 최초로 공개했다. 순위 1위는 삼성이었고 최대 라이벌인 애플이 6위를 차지했다. 그러나 표준화가 항상 요구되거나 권장되는 것은 아니다. 네슬레의 네스카페 커피는 문화적 차이에 따라 광고 메시지와 제품 구성이 다양하지만 글로벌 단일 브랜드로 판매된다.

표 13-1 2016년 상위 25위 글로벌 기업 광고비 지출 순위(백만 달러)

회사명/본사	전 세계†	미국*	아시아-태평양*	유럽*	라틴아메리카*
1. P&G(미국)	10,45	2,489	2,36	3,56	413
2. 삼성전자(한국)	9,901	774	444	755	63
3. 네슬레(스위스)	9,228	722	577	1,380	134
4. 유니레버(영국, 네덜란드)	8,559	866	2,386	1,758	560
5. 로레알(프랑스)	8,302	1,288	540	2,029	143
6. 폭스바겐(독일)	6,735	652	189	2,453	99
7. 컴캐스트(미국)	6,114	1,726	24	213	4
8. 앤호이저부시-인베브(벨기에)	5,933	718	61	140	202
9. GM(미국)	5,300	1,807	65	190	164
10. 다임러(독일)	5,090	391	30	656	0
11. 아마존(미국)	5,000	921	142	607	0
12. LVMH(프랑스)	4,696	392	96	563	0
13. 포드(미국)	4,300	1,250	132	909	72
14. 토요타(일본)	4,151	1,194	1,370	709	117
15. 코카콜라(미국)	4,004	551	1,424	1,024	240
16. 피아트 크라이슬러(영국)	3,938	1,087	25	1,035	124
17. 알파벳(구글)(미국)	3,868	406	234	128	0
18. 프라이스라인(미국)	3,775	415	14	2.3	0
19. AT&T(미국)	3,768	1,592	0	0	48
20. 아멕스(미국)	3,650	469	28	58	0
21. 마스(미국)	3,500	710	568	725	4.5
22. 맥도날드(미국)	3,400	774	378	780	94
23. 소니(일본)	3,365	518	1,100	395	13
24. 바이엘(독일)	3,288	675	35	421	66
25. 화이자(미국)	3,200	1,750	297	304	63

† 총 광고비 지출
* 지역별로 측정된 미디어 지출
출처 : "World's Largest Advertisers 2017," Advertising Age (December 4, 2017), p. 9. http://adage.com/datacenter/globalmarketers2017. Accessed December 1, 2017.

글로벌 광고 콘텐츠 : 표준화 대 현지화

커뮤니케이션 전문가는 효과적인 커뮤니케이션과 설득을 위한 대체적인 요건이 정해져 있고 나라마다 다르지 않다는 데 일반적으로 동의한다. 공통점은 커뮤니케이션 과정에 있어서의 진실이다. 마케터는 메시지의 공급원이다. 메시지는 적절한 채널을 통해 코딩되고 전달되어야 한다. 그것은 타깃 청중에 의해 해석된다. 의사소통은 오직 내포된 메시지가 수신자에게 소스로부터 전달될 때만 이루어진다. 이러한 상황에서 고객과 의사소통을 시도하는 조직은 다음의 네 가지 주요 어려움에 직면한다.

1. 메시지가 의도된 경향대로 잘 받아들여지지는 않는다. 이 문제는 특정 소비자에게 도달하기 위한 적절한 매체에 대한 광고자의 지식 부족의 결과일 것이다.

2. 메시지가 타깃 대중에게 전달되었지만 이해가 되지 않았거나 잘못 이해되는 경우이다. 이것은 타깃 대중의 지적 수준에 대한 불충분한 이해 또는 부적절하게 부호화된 결과일 것이다.

3. 메시지는 타깃 대중에 도착했고 대중은 이해를 했지만 여전히 소비 행동으로 이어지지 않는 경우이다. 이것은 타깃 대중에 관한 문화적 지식 부족의 결과일 것이다.

4. 메시지의 효과는 노이즈에 의해 방해받을 수 있다. 이 경우에 노이즈는 경쟁자의 광고, 다른 판촉활동 그리고 수신자의 혼란과 같은 외부적 영향이다. 이러한 요인들은 의사소통의 궁극적인 효과성을 훼손시킬 수 있다.

글로벌 마케터들의 중요한 질문은 특정한 광고 메시지와 미디어 전략이 환경적 요구 때문에 지역 또는 나라에 따라 어떻게 변화되어야 하는가이다. 글로벌 광고에 대한 '하나의 세계, 하나의 목소리(one world, one voice)'의 지지자는 지구촌의 시대는 취미와 선호가 세계적으로 동일해질 것이라고 믿는다. 표준화 주장에 따르면 사람들은 동일한 이유로 같은 제품을 원한다. 이것은 기업이 세계적으로 광고를 단일화함으로써 유익한 규모의 경제를 성취할 수 있다는 것을 의미한다.

현지화 접근을 선호하는 광고업자는 지구촌에 대한 주장에 회의적이다. 대신에 그들은 소비자는 여전히 나라마다 다르고 다른 나라에 적합하게 만들어진 광고로 접근해야 한다고 단언한다. 현지화 지지자들은 광고업자들이 외국문화를 이해하고 적응하는 데 실패했기 때문에 대부분의 실수가 발생한다고 지적한다. 광고산업의 베테랑인 닉 브리엔은 현재 미국 덴쓰 이지스 네트워크의 CEO이다. 브리엔이 1990년대 말 예측했듯이 현지화/세계화의 논쟁은 '이것이나/저것이나'의 명제로서 규정될 필요가 없다.

> 전통적인 미디어의 잠재성이 매일매일 쇠퇴함에 따라 지역적 브랜드 구축은 훨씬 더 비싸지고 국제적 브랜드 형성은 훨씬 더 비용 효과적인 것으로 밝혀지고 있다. 광고업자와 대리인이 직면한 문제는 다른 나라와 문화에 효과적인 광고를 찾는 것이다. 세계화 추세와 동시에 지역화 추세도 같이 증가하고 있다. 점차적으로 양쪽 모두의 요구를 이해하는 것이 중요시되고 있다.[6]

이케아의 대외 커뮤니케이션 담당 임원인 닐스 라르손은 브리엔의 관점을 추종하지만 현지화 지지자편에 더 가깝게 기울어져 있다.

> 만일 우리가 글로벌 시장에 적용 가능한 하나의 메시지를 찾을 수 있다면 그것은 효과적일 수 있다. 그러나 지금까지 국가별로 다른 욕구가 존재했다. 우리는 60년 동안 스웨덴에서 비즈니스를 했고, 단 4~5년만 중국에 있었기 때문에 소매업에 대한 우리의 감각은 지역적이다. 지역의 유머와 사람들의 생각에 관한 것에 우위를 점하는 것이 중요하다.[7]

레오버넷 월드와이드의 CCO인 마이클 콘라드의 다음 말을 생각해 보자.

나는 실제로 글로벌 광고라고 할 수 있는 것이 매우 적다고 생각한다. 브랜드들은 종종 전 세계에 걸쳐 서로 다른 단계에 있고 그것은 다른 광고를 해야 한다는 것을 의미한다.[8]

1950년대 광고전문가 사이에 널리 퍼진 견해는 국제적인 광고를 위해서는 지역 광고 대리인에게 광고 캠페인 준비의 책임을 위임하는 것이 효과적이라는 것이었다. 1960년대 초에는 지역 위임에 대한 견해가 빠르게 변화되었다. 예를 들면 스웨덴 광고 대행사의 대표인 에릭 엘린더는 "왜 서로 다른 3개국에 있는 아티스트들이 똑같은 전기 다리미의 그림을 그리고 3명의 카피라이터가 결국 똑같은 다리미를 위해 폭넓은 의미에서 같은 광고 카피를 써야 하는가?"[9] 라고 썼다. 엘린더는 국가 간 소비자 차이점이 감소하고 있고, 강력한 국제광고 캠페인을 창안하기 위해 최고의 전문가들을 투입함으로써 더욱 효과적으로 고객의 이익에 부합할 수 있다고 주장했다. 그러면 캠페인은 대개 단순히 특정 국가에 잘 부합되는 언어로 문구 번역을 수반하는 사소한 조정만 진행한다.

'표준화와 현지화'에 대한 논의는 하버드 비즈니스 리뷰에 테드 레빗 교수가 '시장의 세계화'를 발표한 1983년 이후 크게 가속도가 붙었다. 최근 글로벌 회사들은 **패턴 광고**(pattern advertising)로 알려진 광고기술을 사용하고 있다. 이것은 제10장의 글로벌 제품 플랫폼 개념과 유사하다. 100% 표준화와 100% 현지화 사이의 중간지대를 나타내는 패턴전략은 발전될 기본적인 광역-지역적 또는 세계적 의사소통 개념으로 불린다. 각국 시장에 요구되는 카피, 아트워크, 또는 다른 요소들에 대한 개념은 지역시장에서처럼 수용될 수 있다(사진 13-3 참조). 예를 들어 보잉에 대한 유럽의 인쇄물 캠페인 광고는 기본적인 디자인 요소를 공유한다. 그러나 카피와 시각적 요소들은 나라에 따라 현지화된다.

이 이슈에 대한 많은 연구는 광고 메시지와 지역 문화 사이의 어울림에 초점을 맞추고 있다. 예를 들어 알리 칸소는 광고에 현지화 접근을 수용하는 그룹과 표준화된 접근을 수용하는 그룹으로 나눠 2개의 광고 경영자 그룹을 조사했다. 문화적 이슈를 고려하는 경영자는 현지화 접근을 우선하는 경향이 있고, 반면에 문화적 이슈에 대하여 덜 민감한 경영자는 표준화된 접근을 선호한다는 결과를 도출했다.[10] MTV 유럽의 영업담당이사인 브루스 스타인버그는 지역적으로 글로벌 광고 캠페인을 수행하는 사람이라면 글로벌 광고 캠페인에 대해 강한 저항을 표현할 수 있음을 발견했다. 스타인버그는 종종 범유럽적인 MTV 광고에 대한 승인을 위해 20명의 같은 회사 마케팅 담당이사를 방문해야 한다고 말했다.[11]

칸소가 정확하게 지적한 것처럼 광고 접근에 대해 장기간 이어져 온 논쟁은 아마도 여러 해 계속될 것이다. 칸소의 결론은 성공적인 국제광고를 위해 필요한 것은 현지화 관점에서 글로벌 광고의 수행이다. 마지막 분석에서 글로벌 또는 현지화된 광고를 사용하느냐에 대한 의사결정은 상반된 효과를 알고 있는 경영자의 인식에 달려 있다. 글로벌 광고 캠페인은 비용을 줄이고 통제를 늘리고 글로벌 **소구**(appeal)의 잠재적인 레버리지를 창출하는 등 상당한 이익을 가져온다. 다른 한편으로 현지화 광고는 각 나라 또는 문화 내에서 제품 또는 브랜드의 가장 중요한 특성에 집중한다는 사실이다.

현실적인 문제로 마케팅 매니저들은 양자택일의 입장을 적용시키기보다는 세계화와 현지화 광고 중 오래갈 수 있는 것을 선택하게 된다. 예를 들면 파이오니어 하이브레드의 마케팅과 광고 매니저들은 자주 세계화와 현지화 광고 두 가지 모두 사용한다. 어떤 메시지는 자체로 직접 번역이 가능한 반면 다른 메시지는 농부, 시장, 그리고 특정한 나라 또는 지역의 스타일에

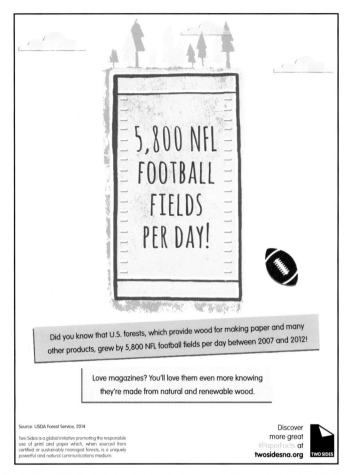

사진 13-3 영국에 본사를 둔 투사이드의 이러한 인쇄광고는 잡지나 책을 인쇄하는 데 종이의 지속 가능한 사용을 옹호한다. 광고는 패턴 광고의 교과서적인 예다. 전반적으로 레이아웃이 일치한다. 지배적인 시각적 요소들은 비슷하지만 영국 버전의 축구장과 미국 버전의 축구장에 대한 언급은 두 가지 다른 스포츠에 대해 이야기하고 있다. 부제목과 본문 문구가 현지화되었다.
출처 : TwoSides.

가장 적합한 방식으로 창조되는 것이 필요하다고 경영진은 믿고 있다.

각각의 접근을 사용할 시기에 관한 질문에는 특정한 시장에서 회사의 목적과 관련된 제품에 따라 달라진다. 다음의 일반화 사례들을 가이드라인으로 제공할 수 있다.

- 표준화된 광고 인쇄물 캠페인은 산업적 제품 또는 기술을 바탕으로 한 소비제품에 사용될 수 있다(예 : 애플, 아이폰, 아이패드).
- 강력한 모습을 지닌 표준화된 광고 인쇄물 캠페인은 종종 잘 전파할 수 있다(예 : 조니 워커 스카치 : "Keep Walking"). 이와 유사하게 이케아 가구를 위한 조립 설명서에는 글자가 없다. 그림에 기초한 설명서는 번역 없이 전 세계에서 사용할 수 있다.
- 배우나 유명 광고 모델들의 대화 대신 더빙 녹음을 사용하는 상업직 TV 광고는 더빙을 위한 번역된 카피와 함께 표준화된 영상을 사용할 수 있다(예 : 질레트 : 'The best a man can get', GE : 'Imagination at work', UPS : 'We ♥ Logistics')

▶ **13-2** 광고산업의 구조를 설명하고 광고 지주회사와 개별 광고 대행사의 차이를 설명한다.

(13-2) 광고 대행사 : 조직과 브랜드

광고는 급변하는 비즈니스이고 광고 대행사 세계는 유동적이고 역동적이다. 새로운 대행사가 생겨나고 기존의 조직은 사라진다. 국경을 가로지르는 투자, 분사, 합작투자, M&A는 삶의 현실이다. 광고업계는 이동이 매우 빈번하고 경영진과 유능한 인력은 쉽게 다른 대행사로 이직을 한다. 표 13-2는 2016년 총수입으로 순위가 매겨진 20위까지의 **광고 대행사 조직**(advertising organizations)을 보여준다. 보시다시피 지리적 다양성이 상당히 많다. 대행사들은 중국, 프랑스, 영국, 일본 등지에서 찾을 수 있다(사진 13-4 참조).

표를 이해하는 중요 관점은 조직이라는 단어이다. 표 13-2에 나타난 각 회사는 직접 마케팅, 마케팅 서비스, 홍보 또는 시장조사로 특성화된 부서뿐만 아니라 1개 또는 여러 개의 '핵심' 광고 대행사를 포함한 지주회사들이다. 표를 면밀히 검토하면 IBM이 광고사업을 해 오고 있었다는 것이 드러난다. 놀랍지도 않은 것이 IBM iX(8위)는 디지털 스페셜리스트이다.

2013년 옴니콤과 퍼블리시스 간 합병 계획 발표가 광고계를 뒤흔들었다. 새로운 회사는 WWP를 추월하여 세계에서 가장 거대한 광고 지주회사가 될 것이다. 결과적으로 양사는 후즈후를 대표하는 여러 개의 글로벌 광고 대행사 네트워크를 갖게 되었다.

표 13-2 상위 20위 글로벌 광고 대행사

회사 및 본사 위치	2016년 전 세계 매출(백만 달러)
1. WPP 그룹(런던)	19,379
2. 옴니콤 그룹(뉴욕)	15,417
3. 퍼블리시스 그룹(파리)	10,765
4. 인터퍼블릭 그룹(뉴욕)	7,847
5. 덴쓰(도쿄)	7,246
6. 액센츄어의 액센츄어 인터랙티브(뉴욕)	4,412
7. PwC의 PwC 디지털 서비스(뉴욕)	3,267
8. IBM의 IBM iX(뉴욕 아몽크)	2,954
9. 딜로이트의 딜로이트 디지털(뉴욕)	2,575
10. 하바스(프랑스 퓌토)	2,520
11. 하쿠호도 DY 홀딩스(도쿄)	2,205
12. 얼라이언스 데이터 시스템의 앱실론(텍사스주 어빙)	2,155
13. 블루포커스 커뮤니케이션 그룹(베이징)	1,872
14. MDC 파트너(뉴욕)	1,386
15. DJE 홀딩스(시카고)	934
16 액시엄(아칸소주 리틀록)	873
17. 제일기획(서울)	859
18. 익스피리언의 익스피리언 마케팅 서비스(뉴욕)	720
19. 어드밴티지 솔루션스의 어드벤티지 마케팅 파트너(캘리포니아주 어바인)	640
20. MC 그룹(미디어 컨설턴트, 베를린)	583

출처 : "Agency Report 2017: Agency Companies," Advertising Age (May 1, 2017), p. 22.

예를 들어 옴니콤은 DDB 월드와이드, DDBO 월드와이드, TBWA 월드와이드의 본사인데, 이들 기업의 고객 리스트에는 존슨앤드존슨, 닛산, 폭스바겐 등이 포함되어 있다. 퍼블리시스의 주요 네트워크는 바틀 보글 헤거티, 레오 버넷 월드와이드, 퍼블리시스 월드와이드, 사치앤드사치 등이 있으며, 로레알, 유니레버, 네슬레 등이 고객이다. 하지만 결국 거래가 무산됐고 현재 옴니콤은 중간 규모의 인수를 모색하고 있다.

표 13-3은 2016년 전 세계 매출 기준 개별 기관('브랜드')의 순위를 나타낸다. 표 13-3에서

표 13-3 상위 10위 글로벌 광고 대행사 네트워크

광고 대행사	2016년 전 세계 추정 매출(백만 달러)
1. 액센츄어 인터랙티브(액센츄어)	4,412
2. 영앤루비컴 그룹(WPP)	3,627
3. PwC 디지털서비스(PwC)	3,267
4. 맥칸 월드그룹(인터퍼블릭 그룹)	3,193
5. IBM iX(IBM)	2,954
6. BBDO 월드와이드(옴니컴 그룹)	2,577
7. 딜로이트 디지털(딜로이트)	2,575
8. 퍼블리시스 사피엔트(퍼블리시스 그룹)	2,402
9. 덴쓰(덴츠)	2,381
10. DDB 월드와이드 커뮤니케이션 그룹(옴니콤)	2,338

출처 : "Agency Report 2017: Consolidated Networks," Advertising Age (May 1, 2017), p. 22.

식별된 대행사 브랜드는 대부분 풀서비스 대행사이다. 그들은 광고 제작 외에도 시장조사, 미디어 구매, 직접 마케팅과 같은 다른 서비스들을 제공한다. 표 13-3에 열거된 기관은 모두 대기업(예 : IBM iX)이나 광고 지주회사(예 : 영앤루비컴은 WPP가 소유)가 소유하고 있다.

디지털 대란시대의 광고 대행사 선정

기업은 사내에서 일부 광고 기능을 수행하거나, 하나 이상의 외부 기관을 사용하거나, 두 가지 접근방식을 결합할 수 있다. 창의적인 작업이나 미디어 계획을 위해 사내 마케팅 및 광고 담당자를 활용하는 이점에는 통제력 강화, 우수한 제품 및 브랜드 지식, 저렴한 비용 등을 들 수 있다. 보잉, 코카콜라, 레고, 네슬레 등은 적어도 마케팅 커뮤니케이션의 일부를 사내 직원에 의존하는 글로벌 기업들이다. 외부 기관을 사용하면 다국가 또는 전 세계적으로 거래처를 제공할 수 있다. 각 나라 시장에서 지역 대행사를 선택하거나 국내와 해외지사를 가진 대행사를 선택하는 것이 가능하다.

때로는 여러 기관이 특정 거래처를 위해 협업하기도 한다. 예를 들어 2007년에 포드 자동차는 미국, 캐나다, 멕시코의 포드 거래처로 위해 디트로이트에서 5개의 다른 기관으로 구성된 컨소시엄을 만들었다. J. 월터 톰슨, 마인드쉐어, 오길비앤매더 월드와이드, 분더맨, 영앤루비컴은 모두 WPP의 계열사다. 2010년에는 마인드쉐어, 오길비앤매더, 분더맨 등 3개의 다른 WPP 대행사가 팀 디트로이트의 이름을 딴 블루 하이브라는 이름의 유럽 대행사를 만들었다. 2016년에는 팀 디트로이트, 블루 하이브와 세 번째 계열사인 리테일 퍼스트가 GTB('Global Team Blue')로 통합되었고, 새로운 회사는 포드 및 기타 고객들에게 통합된 글로벌 서비스를 제공한다.[12]

광범위한 산업을 교란하고 있는 디지털 혁명이 광고사업에도 영향을 미치고 있다. 맥도널드, 유니레버 등 글로벌 기업들이 디지털 전문지식을 제공하는 새로운 파트너를 찾고 있다. 광고 창의성, 오랜 통신 채널, 미디어 구매 프로세스에 대한 접근법을 포함한 광고 대행사의 전통적인 세계는 고객들이 '빅데이터'를 활용하고 소셜 미니어 기회를 이용하여 세분화 및 다기팅 전략을 개선하려고 노력함에 따라 개선되고 있다.

변화하는 환경에 대응하여 WPP, 옴니콤, 퍼블리시스, 그리고 다른 광고 지주회사들은 디지털 마케팅 대행사와 다른 기술 전문가들을 사로잡고 있다. 이들 기업의 최고경영진이 직면한 한 가지 과제는 창조적인 직원과 기술 분야의 신입사원 간의 문화적 격차를 해소하는 것이다.[14]

구글과 페이스북이 현재 신규 온라인 광고 지출의 4분의 3 이상을 차지하고 있으며, 스냅챗은 광고 포럼으로 주목 받고 있다. 미국에서는 디지털 미디어가 광고 수입의 가장 큰 원천으로 TV를 능가하는 궤도에 오르고 있다. 따라서 인쇄광고 예산이 디지털 미디어로 옮겨지면서 미국, 영국 등 주요 시장에서 인쇄광고 수입이 줄어드는 것은 놀라운 일이 아니다. 사진 13-5에서 분명히 알 수 있듯이 이러한 상황은 산업 단체들로 하여금 인쇄 기반 미디어의 가치를 홍보하도록 자극했다. 더구나 MPA(이전의 매거진출판사협회)는 소셜 미디어에 '가짜뉴스'가 급증하는 상황에서 신뢰할 수 있는 인쇄소로부터 실제 뉴스의 가치를 홍보하고 있다.

이러한 변화와 도전을 염두에 두고, 다음은 광고주가 광고 대행사를 선택할 때 발생하는 몇 가지 고려사항이다.

"디지털 시대에도 대행사를 다른 플레이어와 구별하는 것은 항상 두 가지, 즉 소비자를 이해하고 행동을 변화시킬 수 있는 수단을 파악하는 능력과 이 인텔리전스를 전략적이고 창의적인 성과로 환산할 수 있는 역량이다."[13]

하바스 월드와이드 총괄 사장, 메르세데스 에라

사진 13-5 가짜뉴스가 확산된 소셜 미디어 플랫폼에 맞서기 위해 100개 이상의 잡지가 참여해 인쇄매체가 제공하는 신뢰감 있고 신용할 수 있는 편집환경에 대한 인지도를 높이기 위한 광고 캠페인을 펼쳤다.
출처 : MPA-The Association of Magazine Media.

- 회사 조직 : 권력이 분산된 회사는 광고회사의 선택을 지역 자회사의 관리자에게 주는 것을 허락할 수 있다.
- 국가 민감성 : 글로벌 대행사가 특정한 나라의 문화와 소비자의 구매 행동에 익숙한가? 또는 지역 대행사를 선택해야 하는가?
- 지역 범위 : 후보 대행사는 모든 관련 시장을 커버하는가?
- 구매자 인식 : 회사는 어떤 브랜드 인지도를 나타내기를 원하는가? 제품이 강한 지역적 공감을 필요로 한다면 국가별 대행사의 선택이 최선이 될 것이다.
- 디지털 전문지식 : 해당 기관은 사내 컴퓨터 엔지니어링 및 코딩 인재를 보유하고 있으며, 창의적 서비스, 거래처 서비스 등 전통적 기능의 직원과 함께 작업할 수 있는 능력이 검증되었는가?

 **문화탐구**

흡연자들은 담배 광고 규제에 대해 씩씩대고 있다

세계보건기구(WHO)에 따르면 매년 5백만 명의 사람들이 담배제품을 소비함으로써 사망에 이른다. 전체 172개국이 글로벌 담배제품의 소비뿐 아니라 감소를 목적으로 하는 WHO FCTC(담배규제기본협약)에 서명을 하였다. 이 협정은 2005년 2월 효력이 개시되었다.

심지어 WHO의 담배규제기본협약 이전에도 다양한 국가의 정책 입안자들은 담배회사들이 자사의 제품과 브랜드를 촉진할 수 있는 확장을 제한하는 조처를 실시하였다.

1994년 세계 흡연 인구의 3분의 1을 포함하고 있는 13억 인구의 중국은 서양시장들이 감소해 가고 있는 시점에 담배 제조업자들에게는 거대한 잠재력을 가진 시장이다. 이러한 금지조치는 중국의 첫 번째 광고 규제법의 일부였다. WHO는 중국 지도자들에게 금연 캠페인을 개시하고, 담배 밀수꾼들에게 더 심한 통제를 가하고, 자국 담배 생산자들에게 더 높은 세금을 부과할 것을 요청했다. 중국은 WHO FCTC 비준에 동의했다. 2015년 6월 1일, 학교와 산모보건시설뿐만 아니라 모든 실내 공공 장소에서 흡연을 금지하는 더 강력한 금연법이 중국에서 시행되었다.

흡연자가 1억 명에 이르는 인도는 흡연자 수 기준으로 세계 2위를 차지하고 있다. 인도 보건 및 가족 복지부의 보고서에 따르면 담배 사용에 대한 연간 경제적 비용을 거의 250억 달러로 추산하고 있다. 2009년 정부는 건강 경고가 각 담뱃갑 앞면의 40%를 덮어야 한다는 규정을 도입했다. 2016년 4월부터 정부는 담뱃갑의 85%를 그래픽 라벨로 표시하도록 의무화하면서 법을 개정했다. 하지만 대부분의 인도 흡연자들은 비디로 알려진 저렴한 제품을 구입한다. 비디 한 갑은 일반 담배보다 훨씬 낮은 세율로 세금이 부과되며, 경고 라벨은 각 갑의 한쪽 면에만 표시되어야 한다.

유럽연합(EU)은 금연 이니셔티브에 연간 약 1,600만 유로(2,100만 달러)를 지출하고 있다. 담배 광고 금지 제안은 마스트리흐트 조약의 단일시장 규칙을 충족시킬 목적으로 1991년 중반 도입되었다. 그러한 지시는 2001년 7월자로 도로 광고판에서 담배 광고를 금지했다. 신문과 잡지사의 광고는 2002년까지로 제한되었고, 스포츠 후원은 2003년까지 금지되도록 했다(F1 경기와 같은 세계 수준의 스포츠는 2006년까지 유예). 당연히 담배회사들과 광고협회들은 이 금지안에 반대했다. 유럽위원회는 여러 국가들이 담배 광고의 제한 규정을 가지고 있거나 제정을 고려 중이며 국가 간의 거래에 일반 규칙이 필요하다는 근거로 그러한 지시를 정당화했다. 2012년, 유럽연합은 담배 규제를 개정할 예정이었다. 그 제안 중 하나는 일반 포장의 도입이었다.

2012년 12월, 오스트레일리아는 세계에서 가장 엄격한 금연 규정을 시행했다. 조치에는 브랜드 로고를 금지하고 흡연과 관련된 질병의 그래픽 사진 이미지를 눈에 띄게 배치하고 담뱃갑의 외형을 변형하는 등의 내용이 포함됐다. 브랜드 이름은 표준 서체로 표시될 수 있지만 모든 브랜드에는 균일한 포장이 필요하다(사진 13-6 참조).

2015년 5월, 영국의 정부관리들은 유사한 법안에 대해 투표할 예정이었다. 이에 담배업계가 지원하는 행동주의 단체인 'Hands Off Our Packs'은 '담배 규제 업계의 후원을 받는 것에 지친' 흡연자와 비흡연자들에게 정부정책 입안자들에게 연락하여 포장 규정에 반대할 것을 촉구했다.

2017년 11월 미국에서 새로운 금연 마케팅 캠페인이 시작되었다. 미디어 구매는 인쇄물과 TV를 포함한다. 수정 광고는 담배제품이 중독성이 있다는 것을 인정한다. 1999년 미국 법무부가 제기한 소송에 의거한 광고는 알트리아 그룹과 브리티시 아메리칸 토바코가 지불하고 있다. 캠페인 대상인 밀레니얼 세대는 황금시간대 TV를 보지 않고 신문을 읽지 않는다는 지적이 나온다. 이 견해에 따르면 이 캠페인은 소셜 미디어로 확장되지 않기 때문에 그 도달 범위는 제한적일 가능성이 크다.

출처 : Jo Craven McGinty, "New Tobacco Ads Aren't Likely to Go Viral," The Wall Street Journal (November 18–19, 2017), p. A2; Preetika Rana, "Cigarette Output Halts in India," The Wall Street Journal (April 14, 2016), p. B8; "India's Real and Deadly Tobacco Problem," Editorial, Bloomberg Businessweek (April 4, 2016), p.10; Peter Evans, "Cigarette Branding under Fire in U.K.," The Wall Street Journal (January 23, 2015), p. B3; Christopher Thompson and Neil Hume, "Big Tobacco Prepares for Plain Packaging," Financial Times (February 15, 2012), p. 15; Cailainn Barr, "Cigarette Factories Suck in €1.5 Million of Funds," Financial Times (December 2, 2010), p. 8; Rita Rubin, "Smoking Warnings More Graphic Elsewhere," USA Today (December 9, 2010), p. 13A; Farai Mutsaka, "Zimbabwe Enemies United on Tobacco," The Wall Street Journal (November 13–14, 2010), p. A8; Hugh Williamson, "Germany to Stub out Most Tobacco Adverts," Financial Times (June 13, 2006), p. 17; Geoffrey A. Fowler, "Treaty May Stub out Cigarette Ads in China," The Wall Street Journal (December 2, 2003), pp. B1, B6.

사진 13-6 영국과 오스트레일리아에서 제안된 것과 같은 일반 포장 규제는 각각의 브랜드를 차별화하려는 담배회사들의 노력을 약화시킬 것이다.
출처 : Rodger Tamblyn/Alamy Stock Photo.

글로벌 마케팅 활동을 지원하는 대행사를 이용하는 것이 틀림없는 트렌드임에도 불구하고 지역 중심주의에 기반을 둔 회사는 글로벌 시장의 요구조건에 적응하고 동시에 최선의 대행사 또는 광고 대행사들을 선택할 것이다. 웨스턴 대행사들은 여전히 중국과 일본 같은 시장은 매우 복잡하다고 생각한다. 동시에 아시아 대행사는 웨스턴 시장에서 지역 대행사를 설립하는 것이 어렵다고 생각한다. 한 가지 주목할 만한 예외는 일본의 덴쓰다. 덴쓰 이지스 네트워크는 아시아를 넘어 북미와 유럽까지 뻗어 있다.[15]

광고 전문가들은 창조적 자유에 대한 욕구와 새로운 데이터 중심 접근법의 균형을 맞추어야 한다는 압박감에 직면해 있다. 광고에 대한 일부 비평가들은 대행사들이 때때로 고객의 요구에 부응하는 광고보다 상을 받고 찬사와 명성을 만들어 낼 광고를 만들어 내려고 한다고 불평한다. 한편 기획사 크리에이티브들은 TV 캠페인을 촬영하기 위해 '출장지'에 가는 것보다 소셜 미디어를 통해 브랜드를 만드는 데 더 익숙한 디지털 인재들과 갈등을 겪고 있다.

프로모션 과제에 대한 새로운 해답을 찾는 것은 일부 고객 회사들로 하여금 창의적인 아이디어를 위한 새로운 원천을 찾도록 자극했다. 일례로 역사적으로 맥도날드는 기본적으로 미국인 대행사에 의존했다. 그러나 글로벌 마케팅 이사 래리 라이트는 전 세계의 광고 대행사를 포함하는 경연을 개최했다. 독일 대행사는 "I'm lovin' it"이라는 슬로건을 고안했다.[16] 레오 버넷 차이나는 맥도날드의 글로벌 캠페인을 위한 손짓 신호(hand signal)를 추가했다. 라이트는 "중국은 우리를 놀라게 만들었다. 우리는 그런 표현력과 만족감을 기대하지 않았다. 우리의 기대는 더 보수적이었고, 덜 개인적이었으며 더 조심스러웠다."라고 언급했다.[17]

2016년에 맥도날드는 퍼블리시스 그룹의 계열사인 레오 버넷으로부터 광고사업의 상당 부분을 빼내 옴니콤으로 이전했다. 그 이유는? 옴니콤은 페이스북과 구글과 파트너십을 맺고 창의적 전문가와 데이터 과학자로 구성된 통합팀을 구성했다. 'We Are Unlimited'로 알려진 새로운 계열사는 시카고에 있다. 레오 버넷은 이 거래처를 잃었음에도 불구하고 위로를 받았다. 런던 사무소는 맥도날드의 새로운 맥딜리버리 서비스에 대한 글로벌 마케팅 커뮤니케이션을 담당할 것이다.

(13-3) 글로벌 광고 만들기

이전에 현지화와 표준화에 대해서 토론에서 언급한 바와 같이 **메시지**는 광고의 핵심이다. 특정한 메시지와 그것이 표현되는 방법은 광고업자의 목적에 달려 있을 것이다. 광고는 정보 제공, 즐거움 추구, 기억의 상기 또는 설득 중 무엇을 위해 디자인되었는가? 더욱이 정보 과다인 세계에서 광고는 잡동사니를 뚫고 청중의 주의를 모으고 그들의 마음에 더 오래 남아야 한다. 이것은 특별한 메시지 또는 캠페인이 말하고자 하는 문장 또는 개념인 독창적이면서 효과적인 **크리에이티브 전략**(creative strategy)을 개발하도록 촉구한다.

광고 대행사는 '아이디어 공장'으로 생각될 수 있다. 전문 언어로 크리에이티브 전략의 개발에 있어 성배는 **빅 아이디어**(big idea)로 알려져 있다. 전설적 광고인 존 오툴은 빅 아이디어를 "전략의 목적을 종합하고, 새롭고 적극적인 방법으로 소비자 욕구와 제품의 이익을 연결하며, 삶의 주제를 가져오고 그리고 독자 또는 청중이 멈추고, 보고, 듣게 하는 통찰력의 번뜩임"이라고 정의한다.[18] 랜달 로덴버그는 '미국에서의 스바루'에 관한 자신의 책에서 다음과 같은 빅

◀ 13-3 광고 대행사의 핵심 인력을 파악하고 글로벌 광고를 만드는 데 각자의 역할을 설명한다.

아이디어를 묘사했다.

> 빅 아이디어는 정의하기보다 표현하기가 더 쉽다. 그리고 무엇인지보다 무엇이 아닌지를 설명하는 것이 더 쉽다. 빅 아이디어는 '위치'가 아니다(제품이 소비자의 생각을 차지하는 자리의 일부분이 될지라도). 빅 아이디어는 '실행'이 아니다(광고의 문구와 영상이 확실히 그것에 속해 있을지라도). 빅 아이디어는 '슬로건'이 아니다(슬로건이 그것을 요약할지라도).
>
> 빅 아이디어는 일시적이고 세계적인 광고전략과 강력하고 지속적인 이미지 사이의 연결고리이다. 빅 아이디어의 이론은 소비자는 무엇을 살까 결정을 할 때 가장 지루하고 훨씬 비이성적이 된다고 가정한다.[19]

세계에서 가장 기억에 남는 광고 캠페인 중에 몇 가지는 성공을 이루었다. 왜냐하면 캠페인이 너무 커서 다양한 새로운 실행 기회를 제공한다는 아이디어로부터 비롯되었기 때문이다. 그러한 캠페인은 오랜 기간 사용될 수 있기 때문에 다리가 달렸다고 말할 수 있다. 앱솔루트 보드카에 대한 인쇄광고 캠페인이 적절한 예시이다. 20년이라는 기간에 걸쳐 앱솔루트의 광고 대행사는 탁월하게 구별되는 병 형태의 다양한 사진을 제공하는 것과 더불어 수많은 두 단어 짜리의 브랜드 명칭을 만들어 왔다. 기발한 아이디어에 근거한 다른 캠페인들은 나이키("Just do it")와 마스터 카드사("There are some things in life money can't buy")를 들 수 있다. 2003년에 맥도날드의 경영진은 이 아이디어가 미국 정부의 인기 없는 정책과 연계된 일부 소비자들의 반대에 부딪혔지만 여러 국가에서 사용할 수 있을 만큼 큰 아이디어를 모색하기 시작했다 (사례 1-2 참조).

광고 소구(advertising appeal)는 목표시장의 청중의 동기와 관련된 의사소통적인 접근법이다. **이성적 소구**(rational appeal)에 기반한 광고는 논리에 의존하며 청중의 지성을 대변한다. 또한 정보에 대한 소비자의 요구에 근거하며, 일반적으로 많은 카피를 포함하고 있다. 처방약과 금융 서비스는 이러한 접근방식의 두 가지 예다.

대조적으로 **정서적 소구**(emorional appeal)를 사용하는 광고는 청중의 심금을 울리거나 배꼽 빠질 정도의 재미로 브랜드 태도와 직접적인 구매행동을 강화시킬 감정적 반응을 끌어낸다. 예를 들면 스웨덴 홈가구 소매업자인 이케아의 최근 글로벌 캠페인은 집 같은 주택으로 자리 잡고 있다. "사랑을 위한 장소…… 추억을 위한 장소…… 웃음을 위한 장소! 집은 세계에서 가장 중요한 장소입니다."[20]

또는 미네소타주 미니애폴리스에 본사를 둔 카마이클 린치 에이전시가 스바루를 위해 만든 광고 태그라인을 생각해 보자. "Love-it's what makes a Subaru, a Subaru"는 자동차 브랜드의 가장 두드러진 기능 속성인 신뢰할 수 있는 전륜 구동(Symmetric AWD) 시스템에 대한 어떤 언급도 생략하고 있다. 게다가 슈퍼볼 선데이와 관련된 스바루의 '퍼피볼' 광고를 누가 잊을 수 있겠는가! 그리고 물론 스바루 차량은 케이블 TV 코미디 영화 '포트랜디아'에서 두드러진 역할을 하고 있다.[21]

특별한 광고에서 메시지의 요소들은 부분적으로는 어떤 소구가 채택되는지에 달려 있다. **판매 제안**(selling proposition)은 소유함으로써 제공되는 제품이나 혜택을 구매하는 이유가 되는 약속이나 주장이다. 제품들은 자주 다양한 나라의 시장에서 제품수명주기의 여러 단계에 처하기 때문에, 그리고 그러한 시장에 존재하는 문화적·사회적·경제적 차이 때문에, 가장 효과적인 소구나 제품의 판매 제안은 시장마다 다양할 수 있다.

효과적인 글로벌 광고는 제품 소구 또는 판매 제안에 따라 발전된 다른 발표를 요구할 수 있다. 소구 또는 제안이 발표되는 방식을 **크리에이티브 연출**(creative execution)이라고 부른다. 다른 말로 무엇을 말할 것인지와 어떻게 말할 것인지 사이에 구별이 될 수 있다. 대행사는 직접 판매, 과학적 증거, 입증, 비교, 테스트, 삶의 조각, 애니메이션, 판타지, 드라마를 포함한 다양한 실행을 선택할 수 있다. 소구에 대한 결정, 판매 제안, 적절한 실행에 대한 책임은 아트 디렉터와 카피라이터가 적용하는 **크리에이티브**(creative)에 달려 있다.

아트 디렉션과 아트 디렉터

광고의 시각적 표현 '몸짓 언어'는 **아트 디렉션**(art direction)의 문제이다. 광고의 전체를 보기 위한 일반적 책임을 지닌 개인은 아트 디렉터로 알려져 있다. **아트 디렉터**(art director)는 광고에 나타나는 그래픽과 사진, 글자 형태 및 다른 시각적 요소를 선택한다. 시각적 표시의 어떤 형태는 보편적으로 이해되고, 다른 형태는 특정한 인구 통계에 대해 말한다. 어느 경우든 정보가 제시되는 방식은 정보가 인식되는 방식을 형성한다.

예를 들어 전설적인 그래픽 아티스트이자 아트 디렉터인 폴 랜드가 디자인한 IBM 로고는 모더니즘과 기업의 안정감을 전달한다. 몬스터 에너지 드링크의 로고 디자인은 젊은 '전문가'라는 브랜드의 타깃 인구통계와 완벽하게 맞아떨어진다.[22] 애드버타이징 에이지 매거진이 애드 에이지로 브랜드가 재편된 2017년, 엄청난 산업 변화의 시기에 재발명을 표현하기 위해 새로운 로고를 의뢰했다. 최근 넷플릭스의 초자연적인 시리즈 '기묘한 이야기(Stranger Things)'가 불타는 듯한 빨간색 로고로 성공을 거두면서 타이포그래피에 대한 관심도 고조되고 있다.

글로벌 광고인은 시각적 재료를 사용하는 것들이 특정 시장으로 확대되는 것이 부적합한지를 분명히 해야 한다. 1990년대 중반 베네통의 'Benetton's United Colors' 광고 캠페인은 상당한 논란을 낳았다. 그 캠페인은 수많은 국가에서 인쇄물로 그리고 옥외광고판에 나타났다. 아트 디렉션은 자극적인 인종 상호 간의 병치(흰 손과 검은 손을 함께 수갑 채운) 효과에 초점을 맞추었다. 캠페인의 또 다른 버전인 백인 어린아이를 간호하는 흑인 여성을 묘사한 것은 프랑스와 이탈리아에서 광고상을 수상하였다. 그러나 그 이미지는 미국 노예의 역사를 그리고 있었기 때문에 미국 시장에서는 도입되지 않았다.[23]

카피와 카피라이터

광고에서 구두 혹은 문서체의 의사소통 요소들을 의미하는 말이 **카피**(copy, 광고문안)로 알려져 있다. **카피라이터**(copywriters, 원고작가)는 헤드라인, 서브헤드 그리고 인쇄 광고물에 사용되는 카피와 대변인, 배우 또는 방송광고에 고용된 성우가 읽는 대사를 담고 있는 대본을 작성하는 언어 전문가들이다.

일반적으로 원고는 비교적 짧아야 하며 속어와 관용어는 피해야 한다. 언어는 주어진 메시지를 전달하는 데 필요한 단어 수, 즉 그림과 삽화의 사용이 증가함에 따라 다양하다. 카피 글쓰기에 대한 한 가지 간단한 접근법은 광고 슬로건에 그 브랜드의 이름을 통합하는 방법을 찾는 것이다. 그것이 일리가 커피("Live Happilly")에 사용하는 접근법이다. 제10장에서 언급된 "I Feel Slovenia" 국가 브랜딩 캠페인은 네 글자 순의 'love'가 국가 이름의 일부라는 사실을 교묘하게 활용한다!

일부 글로벌 광고는 광고문구의 사용은 최소화하면서 특정 메시지를 전달하는 시각적 소구를 특징으로 삼는다. 많은 나라에서의 높은 문맹률은 광고에 있어 인쇄물 사용을 어렵게 하고, 더 많은 청각 지향적 미디어 사용을 요구한다.

세계의 많은 지역에서 사용되고 있는 공통 언어(예 : EU, 라틴아메리카와 북미지역)를 아는 것은 중요하다. 이것을 기회로 삼아 글로벌 광고회사들은 이러한 시장에서 같은 언어와 같은 메시지로 카피를 제작함으로써 규모의 경제를 달성할 수 있다. 이런 접근의 성공은 광고 카피의 의도하지 않은 애매모호함을 방지하는 부분에 달려 있다. 그리고 다시 특정 상황에서는 카피가 반드시 지역 언어로 번역되어야 할 때가 있다. 카피의 번역은 광고업에서 큰 논쟁거리가 되고 있다. 카피는 종종 가장 어려운 번역 문제로 존재한다. 슬로건과 태그라인을 서로 다른 국가와 문화의 문맥으로 표현하는 것은 고의가 아닌 실수로 이어질 수 있다. 예를 들어 펩시의 아시아 버전인 'Come alive' 카피는 본래 무덤 속의 조상을 불러온다는 표현이다.

광고 경영진은 목표시장의 언어로 외국시장을 위해 새로운 카피를 준비하거나, 진출국가의 언어로 원본을 번역하는 것을 선택할 수 있을 것이다. 세 번째 선택은 본국 언어로 카피의 일부나 전부를 남겨두는 것이다. 이러한 대안 중에서 선택함에 있어 광고업자는 반드시 대상으로 삼은 외국 청중이 번역된 메시지를 받아들이거나 포용할 수 있는지를 고려해야 한다. 2개 혹은 더 많은 외국어에 대한 지식이 있는 사람이라면 누구나 다른 언어로 생각하는 능력이 정확한 의사소통을 가능하게 한다는 것을 인식하고 있다. 메시지를 받아들인 후에 정확히 이해되었다는 것을 확신하려면, 번역된 뜻과 마찬가지로 단어와 구절, 문장구조들의 함축된 의미도 반드시 이해되어야 한다.

동일한 원칙이 광고에도 적용된다(아마도 큰 범위의 정도에서). 대상 국가의 언어로 생각할 수 있고 소비자에 대한 이해가 있는 카피라이터는 특히 구어적 표현, 관용구, 유머와 관련된 경우 가장 효과적인 소구를 만들고, 아이디어를 구성하며, 특정 언어를 만들 수 있을 것이다. 예를 들면 중국 남부에 있는 맥도날드는 숫자 4가 여러 번 나오는 가격광고를 하지 않기 위해 조심한다. 이유는 간단하다. 광둥어로 숫자 4는 죽음이라는 단어의 발음과 비슷하기 때문이다.[24] 글로벌 브랜드 이미지를 개발하는 활동에서 씨티그룹은 'Citi never sleeps'라는 슬로건을 옮겨서 번역한 것이, 씨티은행이 불면증 같은 수면장애가 있다는 의미로 전달되는 것을 발견하였다. 회사 경영진은 슬로건을 유지하지만 전 세계적으로 영어를 사용하는 것으로 결정하였다.[25]

추가 문화적 고려 사항

광고를 창조하는 데 있어서 문화의 다양성, 특히 문화의 특성과 연관된 문화예술의 상징주의에 대한 지식은 필수적이다. 현지 국가의 매니저들은 광고의 창의성에 주의를 해야 할 때와 같은 중요한 정보를 공유할 수 있다. 가령 색의 사용이나 남성과 여성의 관계는 종종 장애물이 되곤 하기 때문이다. 이를테면 일본에서는 남성과 여성과의 사적인 장면은 고상하지 못한 것으로 간주된다(이러한 장면은 사우디아라비아에서는 불법이다). 베테랑 광고인 존 오툴은 글로벌 광고인들에게 아래와 같은 통찰력을 제안했다.

미국으로 이주한 창조적인 사람들은 언제나 유럽 남성이 여성의 손에 키스하는 사진을 찍고 싶어 한다. 그러나 그들은 그것이 손에 코가 닿지 않은 접촉이라는 것과 혹은 오직 기혼여성들을 위해 남겨진 유산이라는 것을 좀처럼 알지 못한다. 당신은 그 사진 속에서 여성이 결혼한 사실을 어떻게 알 수 있겠는가? 당연히 스페인, 덴마크, 네덜란드, 독일에서 가톨릭 여성들은 결혼 반지를 오른손에 착용한다.

커플이 레스토랑이나 극장에 입장하는 사진을 찍을 때 당신은 여성이 남성을 앞지르는 것을 보여줄 것이다. 그러한가? 아니다. 독일과 프랑스에서는 아니다. 그리고 이것은 일본에서는 터무니없는 일이다. 광고에서 누군가가 당신을 향해 손을 들어 손가락을 까닥까닥 움직인다면 그것은 '이리 와'라는 의미이다. 그러나 이탈리아에서는 '잘 가'라는 의미이다."[26]

어떤 나라의 시청자에게 우습거나 짜증나는 인상을 주는 광고가 다른 나라의 시청자들에게 같은 방식으로 인식되는 것은 아니다. 미국은 광고를 만들 때 자주 대변자나 직접적인 제품 비교를 사용하고 있다. 그들은 청중의 이성에 호소할 논리적인 논쟁을 이용한다. 일본의 광고는 좀 더 이미지를 맞추거나 청중의 감성에 호소한다. 그리고 브래드 피트나 아놀드 슈왈제네거 같은 할리우드 유명인사들은 미국의 TV 광고에 결코 출연하지 않겠지만 일본에서는 TV 광고 모델로 출연할 수 있다.

일본에서는 흔히 어떤 것이 명쾌하게 보이는 것이 아닌 함축된 것이 매우 중요하다. 가령 애플랙의 오리는 일본 TV 광고에서 모델로 출연하지만, 미국에서의 오리와는 달리 방해가 되지 않는다. 대신 한 곳에서 고양이와 함께 얌전하게 노래와 춤을 춘다.

나이키의 미국 광고는 '대담한' 스타일과 마이클 조던 같은 유명 스포츠인이 홍보하는 것에 매우 의지하는 불손한 광고의 전설이다. 축구가 가장 인기 있는 스포츠인 다른 나라에서 몇몇 나이키 광고는 천박하고, 상품을 대변하는 사람은 적절하지 않다고 여겨지고 있다. 나이키의 적응에 대한 접근은 나이키의 글로벌 광고전 책임자인 제프리 프로스트의 10년 전 발언인 "우리는 다른 국가들의 열정에 우리 스스로 뿌리를 내려야 하며, 이것은 우리가 성장하는 일부분이 될 것이다."에서 알 수 있다.[27]

몇몇 미국 기업들은 라틴아메리카 시장을 위해 제작한 TV 광고들을 취소하기도 하였는데, 이는 인종의 고정관념을 묘사하므로 백인이 아닌 사람들에게는 모욕적이었기 때문이었다. 나비스코, 굿이어와 다른 기업들은 자신들의 광고시간에 방영되는 쇼에 더욱 주의를 기울인다. 몇몇 매우 유명한 라틴아메리카의 프로그램들은 지위, 인종, 민족 차이를 나타내는 콘텐츠에 특화되어 있다.[28]

노골적인 성이나 도발적인 형상을 이용하는 기준이 크게 변화하고 있다. 부분적인 나체나 동성 커플이 라틴아메리카와 유럽의 광고에 자주 등장하고 있다. 미국 시장에서는 TV 방송망의 품위 기준과 보수적인 소비자 운동가들의 위협이 광고인들을 제한하고 있다. 몇몇 기업 전문가들은 미국의 TV는 종종 자극적인 데 반해 이러한 프로그램의 도중에 방송되는 광고는 그렇지 않다는 모순된 상태를 언급하기도 한다. 맥칸-에릭슨 에이전시의 전 세계적인 CCO인 마르시우 모레이라는 "미국인들은 영화 같은 오락물에서는 자극적인 것을 원하지만, 광고에 나타났을 경우에는 더 이상 시청자가 아니라 소비자와 비판가가 되어 버린다."고 힐난하였다.[29]

물론 미국 밖으로 나가는 것은 어떠한 경우에도 분명히 없다. 최근 멕시코 몬테레이의 여성들은 슈퍼모델인 에바 헤르지고바가 원더브라를 착용하고 등장한 옥외광고에 대해 사라리사의 플레이텍스에 항의하였다. 이 광고는 지역 대행사인 페레즈 문도 퍼블리시대드가 만들었

혁신, 기업가정신 그리고 글로벌 창업

에반 샤프, 폴 시아라, 벤 실버먼의 핀터레스트

벤 실버먼은 기업가다. 실버먼은 폴 시아라, 에반 샤프 등과 함께 신제품을 만들고 이를 마케팅하기 위해 회사를 설립하였다(사진 13-7 참조). 핀터레스트는 사용자가 관심 있는 사진을 게시('고정')할 수 있는 시각적 검색 이미지 공유 사이트다. 사용자는 원하는 방식으로 게시판을 설정하고 공개 및 비공개로 다른 사람과 공유할 수 있다. 회사의 말에 의하면 핀터레스트는 "세계의 아이디어 카탈로그"이다. 음식과 스타일은 핀터레스트 포럼에서 공유되는 가장 인기 있는 이미지 카테고리 중 하나이다.

많은 기업가들이 그렇듯이 실버먼의 창작물은 어린 시절의 다양한 물건, 특히 곤충 수집 경험에서 비롯되었다. 실버먼 자신은 수집하는 성향이 '일종의 멍청한' 짓이라는 것을 인정한다. 그럼에도 불구하고 그의 열정은 중요한 통찰력을 가져왔다. 사람이 수집하는 것은 그 사람에 대해 많은 것을 말해 준다. 핀터레스트 사용자들의 핵심 동기는 다른 사이트의 소셜 미디어 사용자들의 동기와는 다르다고 실버먼은 말한다. 핀터레스트 사용자들을 강요하는 것은 "내 삶을 어디로 가져가고 싶은지 영감을 주는 아이디어를 내자."는 열망이다.

핀터레스트는 2010년 3월에 시작되었다. 2015년 9월에 핀터레스트의 사용자는 1억 명을 돌파했다. 1년 후 회사는 1억 5,000만 명의 사람들이 매달 적어도 한 번은 이 서비스를 이용했다고 발표했다. 2017년 가을에 그 숫자는 2억으로 늘어났다.

서비스 사용자('피너스')의 절반 이상이 미국 밖에 있다. 실버먼은 핀터레스트가 프랑스, 독일, 영국 등 서유럽과 브라질, 일본 등 주요 지역에서 사용자를 모집하려는 노력이 일부 강하게 작용한 것으로 보고 있다. 또 다른 성장 동력은 피너스라 불리는 사용자들의 휴대전화 사용 증가이다.

피너스의 약 3분의 2가 여성이다. 최근까지 핀터레스트의 비즈니스 모델은 여성에게 다가가고자 하는 소매업체 및 소비재 회사를 비롯한 유명 광고주를 유치하는 데 초점을 맞추고 있었다. 일부 광고주들은 다음과 같은 매력적인 마케팅 분석에 끌린다. 핀터레스트 사용자들은 일반적으로 소셜 미디어 플랫폼의 사용자들보다 훨씬 더 높은 '구입의향'을 가지고 있다. (실버만은 핀터레스트를 '소셜 네트워크'가 아닌 '시각적 발견 도구'로 생각한다.) 회사 임원들이 지적하듯이 '의향'과 상거래 사이에는 '관심'과 상거래 사이의 연결보다 더 강력한 자연적인 연결이 있다. 이제 회사는 더 많은 남성 사용자를 끌어들이기를 희망하고 있으며, 이에 따라 더 많은 광고주들을 불러들일 것이다.

핀터레스트는 2015년부터 광고를 판매하기 시작했다. 실버먼 팀은 2017년 페이스북, 구글, 인스타그램, 스냅챗, 트위터와 차별화를 위한 노력의 일환으로 'What if'를 주제로 한 첫 인쇄 브랜드 캠페인을 시작했다. 2017년 3월 텍사스주 오스틴에서 열린 사우스바이사우스웨스트 인터랙티브 컨퍼런스에서 핀터레스트 하우스를 후원했다. 그 다음달 핀터레스트 팀은 프랑스 칸에서 열린 광고 회의에 참석하여 핀터레스트의 장점에 대해 광고 전문가들 사이에 소문을 퍼뜨렸다. 실버먼은 말한다. "광고주들에게 던지는 프레젠테이션은 사람들이 플랫폼에서 무엇을 하는지 설명하는 것입니다. 그들이 하는 일은 그들의 삶을 디자인하기 위해 노력하는 것입니다. 그곳은 좋은 곳입니다."

출처 : Sapna Maheshwari, "Pinterest Is Ready to Run with the Big Dogs," *The New York Times* (July 3, 2017), pp. B1, B3; Alexandra Wolfe, "Weekend Confidential: Ben Silbermann," *The Wall Street Journal* (January 14 – 15, 2017), p. C11; Yoree Koh, "Pinterest Posts Big Increase in Users," *The Wall Street Journal* (October 14, 2016), pp. B1, B4; Yoree Koh, "Pinterest Takes a Shot with Image-Search Tools," *The Wall Street Journal* (July 7, 2016), p. B6; Hannah Kuchler, "Going Global, Modestly," *Financial Times* (April 11, 2016), p. 14.

사진 13-7 핀터레스트 공동 창업자인 에반 샤프와 벤 실버먼은 자신들의 앱을 '시각적 검색엔진'이라고 표현한다.
출처 : I AM NIKOM/Shutterstock.

다. 이에 플레이텍스는 멕시코시티 옥외광고에 모델을 가리는 방식으로 대응하였다. 미국에서 French Connection UK, 즉 'FCUK'는 인쇄광고에서 이 영국 회사의 이니셜을 두드러지고 특색 있게 제작함으로써 파동을 일으켰다. 이름에서 가져온 철자에 의한 광고 때문에 대중의 격렬한 항의로 회사 분위기는 급속도로 냉각되었다.

음식은 보이는 문화의 민감성에 가장 가까운 제품 목록이다. 그러므로 음식과 음식제품의 마케팅 담당자들은 그들의 광고에 국한시키는 것을 매우 경계해야 한다. 이러한 활동의 좋은 예로 H. J. 하인즈 컴퍼니의 케첩 해외시장 개발을 들 수 있다. 1990년대 초 하인즈의 마케팅 담당자는 제품과 광고 모두 목표시장의 취향에 맞게 조정해야 한다는 전략을 수립했다.[30] 그리스의 광고에서는 케첩을 파스타, 계란 그리고 다진 고기에 붓는 것을 보여주었다. 일본에서는 일본인 가정주부들에게 서구 스타일의 음식인 오믈렛, 소시지, 파스타 같은 음식의 재료로서 케첩을 이용하는 것을 알려주었다.

런던 출신이자 하인즈의 서반구 무역분과의 총지배인인 배리 틸리는 하인즈가 외국 소비자들이 원하는 방식의 입맛과 이미지를 결정할 때 포커스 그룹을 이용한다고 말하였다. 미국인들은 달콤한 케첩을 좋아하지만, 유럽인들은 매운 것과 톡 쏘는 종류를 선호한다. 특히 하인즈의 국제적인 마케팅 노력은 지역 문화에 빠르게 적용할 때 가장 성공적이다. 스웨덴에서는 미국에서 만든 하인즈 광고의 테마에서 소리가 너무 작아 "스웨덴 사람들은 하인즈가 미국산임을 깨닫지 못한다. 그들은 이름 때문에 독일산이라고 생각한다."고 틸리는 말한다.

이와는 대조적으로 미국의 테마는 여전히 독일에서 잘 쓰이고 있다. 크래프트와 하인즈는 강한 미국의 이미지를 특징화한 광고로 잘 먹히고 있다. 하인즈 TV 광고에서 미식축구 선수들이 주문한 12개의 스테이크가 케첩 없이 도착했을 때 엄청 화를 낸다. 물론 광고의 끝은 주변의 많은 하인즈 케첩들과 함께 행복하게 끝난다.[31]

2018년에도 하인즈는 여전히 세계화/현지화 맛의 트레이드오프에 신경을 쓰고 있었다. 피츠버그에 본사를 둔 이 회사의 경영자들은 중동에서 유행하던 마요네즈와 케첩의 혼합물을 미국 소비자들에게 소개할지를 결정해야 했다. @HeinzKetchup_#mayochup 해시태그를 사용한 미국 트위터 캠페인은 100만 개의 댓글이 달렸다. 판결은? 50만 명 이상의 사람들이 "네!"라고 투표했다.

많은 학문적 연구는 광고에서 문화적 영향이 기여했음을 보여준다. 예를 들어 도마즈 키시는 7가지 특징으로 미국의 창의적인 전략과 일본을 구분한다.

1. 메시지를 전달하는 데 있어서 간접적으로 표현하는 것을 직접적으로 표현하는 것보다 선호한다. 직접적인 표현을 피하는 것은 일본인 사이에서 광고뿐 아니라 의사소통에서도 일반적이다. 많은 TV 광고는 어떤 브랜드의 것이 이상적인 것인지 언급하지 않으며 청중에게 판단을 맡긴다.
2. 광고 내용과 광고 대상 사이에는 약간의 관계가 있다.
3. TV 광고에서 간결한 대화나 내레이션은 최소한의 설명으로만 이루어진다. 일본 문화에서는 이야기를 많이 할수록 진실성 또는 자신감이 떨어지는 것으로 간주한다. 젊은 남성복을 위한 30초 광고는 다양하고 계절에 맞는 옷을 입은 5명의 모델을 보여준다. 그리고 마지막에 내레이터가 짧게 언급한다. "우리의 삶은 패션 쇼이다."
4. 유머는 상호 감정의 유대를 만드는 데 사용된다. 슬랩스틱보다는 가족, 이웃, 동료 사이

의 유머러스한 극적 요소가 선호된다.

5. 유명인사가 가까운 사이이거나 매일 만나는 사람처럼 나온다.

6. 제품의 품질보다 회사의 신뢰가 우선이다. 일본 사람들은 회사가 크고 좋은 이미지를 갖고 있다면 그들의 제품도 우수할 것이라고 믿는 경향이 강하다.

7. 제품 이름은 짧고 15초 정도의 광고로써 시청자에게 강렬한 인상을 남겨야 한다.[32]

그린, 커닝햄과 커닝햄은 탄산음료와 치약을 평가함으로써 국적은 다르나 같은 기준을 사용하고 있는 소비자의 범위를 확인하기 위해서 비교문화 연구를 실시했다. 대상은 브라질, 인도, 프랑스, 미국의 학생이다. 프랑스와 인도 응답자들에 비해 미국 응답자들은 제품의 기능적인 속성이 아니라 주관적인 속성에 더 중점을 두었다. 브라질 응답자는 미국 응답자보다 주관적인 속성에 훨씬 더 관심을 나타냈다. 저자는 만약 광고업자가 각각의 시장에서 제품의 가장 중요한 속성을 전달하는 데 관심이 있다면 광고 메시지를 이들 나라에 똑같이 사용해서는 안 된다고 결론 내렸다.[33]

▶ 13-4 미디어의 기능이 전 세계에 따라 어떻게 달라지는지를 설명한다.

(13-4) 글로벌 매체 결정

광고주들이 직면하는 다음 이슈는 목표가 되는 청중과 의사소통할 때 사용할 매체와 수단이다. 매체 이용능력은 나라마다 다양하다. 몇몇 회사는 사실상 이용 가능한 매체의 전 범위를 사용한다. 코카콜라가 좋은 예이다. 다른 회사들은 하나 또는 2개의 매체 종류를 사용하는 것을 선호한다. 어떤 경우에 광고를 만드는 대행사는 또한 매체의 위치에 대해서 권장한다. 그러나 많은 광고주들은 특성화된 매체 계획과 구매 조직 서비스를 사용한다. WWP의 월드와이드 마인드쉐어, 옴니콤의 OMD 월드와이드, WPP의 미디어콤은 최고 미디어 전문가들이다.

활용 가능한 대안은 인쇄매체, 전자매체, 다른 것들로 넓게 분류될 수 있다. 인쇄매체는 지역 일간지, 주간신문에서부터 국내, 지역, 국제 독자를 대상으로 하는 잡지, 비즈니스 간행물까지 범위가 다양하다. 전자매체는 공중파 TV를 비롯한 케이블 TV, 라디오, 인터넷을 포함한다. 게다가 광고주들은 외부, 발송, DM 광고의 다양한 형식을 이용할지도 모른다. 세계적으로 매체 결정은 국가의 특별한 규제를 고려해야 한다. 예를 들어 프랑스는 소매상이 TV에서 광고하는 것을 금한다.

글로벌 광고비용과 매체 수단

매년 세계 어느 곳보다 미국에서 광고에 더 많은 돈이 지출된다. 앞서 지적했듯이 2017년 미국의 광고 지출은 총 2,000억 달러가 넘는다. 이 수치를 맥락에서 설명하자면 현재 세계에서 두 번째로 큰 광고시장인 중국의 2017년 광고 지출은 약 800억 달러였다. 또한 예상대로 1인당 가장 큰 광고 지출은 고소득 국가에서 발생한다.

오늘날 광고 지출의 지리적 증가의 많은 부분이 BRICS 국가에서 나타나고 있다. 러시아는 예외다. 러시아 내 최고 광고주로는 P&G, 네슬레, 펩시코, 마스 등이 있지만 석유 수익 감소와 지정학적 긴장감은 러시아의 상대적으로 평평한 광고 수익 증가에 기여하는 요인 중 하나이다.

광고주들은 방송(예 : TV과 라디오)과 인쇄(예 : 잡지, 신문)를 포함한 다양한 매체에서 선택할 수 있다. 이러한 각 범주 내에서 다양한 미디어 수단은 마케팅 커뮤니케이션을 통해 특정 대상 고객에게 도달할 수 있다. 케이블 채널 중에서는 BBC 아메리카와 ESPN이 미디어 수단의 예다. 마찬가지로 **월스트리트 저널**과 **파이낸셜 타임스** 신문도 개별 미디어 수단을 대표한다.

수년 동안 방송, 케이블 및 위성을 포함한 TV는 전 세계 지출의 40~50%를 차지하는 1위 광고매체였다. 신문은 광고 지출의 약 25%를 차지하며 전 세계적으로 2위를 차지했다. 그러나 지금은 미디어 소비 패턴이 빠른 속도로 바뀌고 있다. 신문 광고에 대한 지출은 급격히 감소했고, 앞서 언급했듯이 디지털 광고 지출은 처음으로 TV 광고 지출을 능가하는 궤도에 올랐다. 한 징후로 아마존은 최근 광고 없는 프라임 비디오 스트리밍 서비스 구독자가 1억 명이라고 발표했다.

미디어의 가용성과 미디어 구매에 영향을 미치는 조건도 전 세계적으로 매우 다양하다. 멕시코에서는 전면 광고료를 지불할 수 있는 광고주가 1면을 얻을 수 있는 반면 인도에서는 용지 부족으로 6개월 전에 광고를 예약해야 할 수도 있다. 일부 국가, 특히 전자매체가 정부 소유인 국가에서는 TV와 라디오 방송국이 제한된 수의 광고 메시지만 방송할 수 있다. 사우디아라비아에서는 1986년 5월 이전에는 상업적 TV 광고가 허용되지 않았다. 현재 광고 콘텐츠와 시각적 프레젠테이션이 제한되어 있다.

전 세계적으로 라디오는 인쇄매체와 TV보다 덜 중요한 광고매체로 인식되고 있다. 그러나 광고예산이 제한된 나라에서 라디오의 거대한 전달 범위는 비용 대비 효율적인 큰 소비시장과 커뮤니케이션 수단을 제공해 줄 수 있다. 또한 라디오는 식자율이 낮은 국가에서 효과적일 수 있다. 분명한 추세는 세계를 통해서 영향력을 얻는 것이다. CRM과 인터넷 광고에 대한 소비는 TV와 인쇄매체를 대신해서 자리를 차지하고 있다.

매체의 선택

이전에 언급했듯이 신문 광고는 몇 년 동안 감소해 왔다. 많은 신문들이 출판이 중단되거나 다른 신문들과 합병되었다. 인도는 글로벌 미디어의 밝은 면을 보여준다. 인쇄매체는 새롭게 디자인된 신문 포맷과 눈길을 끄는 부록은 많은 새로운 독자층을 유혹함으로써 활기를 띠고 있다. 인도에는 2개의 힌디어 제목인 **다이니크 자그란**과 **다이니크 바스카르**를 포함한 수백 개의 일간신문이 있다. 다른 인기 있는 영자신문들로는 **힌두스탄 타임스**와 **타임스오브인디아**가 있다. 1부당 가격은 5루피(약 10센트)에 불과하다.[34] 인도의 진화하는 미디어 환경의 요인으로는 인구의 3분의 1이 휴대전화를 사용하여 인터넷에 접속할 수 있기 때문으로 분석할 수 있다.

옥외광고판은 모스크바에서 인기 있는 광고매체다. 토머스 프리드먼이 지적한 것처럼 모스크바는 약 3만 대의 자동차를 위해 만들어진 도시이다. 과거 10년 동안 차량은 30만 대에서 300만 대로 증가하였다.[35] 그 결과 극심한 교통체증과 통근지연현상이 일어났다. 많은 직장인이 통근에 소모하는 시간이 길어지면서 신문을 읽거나 TV를 보는 시간이 줄어들었다.

매체의 활용이 높을 때조차도 광고매체의 활용은 제한적일 수 있다. 예를 들어 유럽에서 TV 광고는 덴마크, 노르웨이, 스웨덴에서 매우 제한적이다. 상업적인 콘텐츠와 관련된 규제는 다양하다. 스웨덴은 12세 어린이에 대한 광고를 금지한다. 2001년에 스웨덴이 EU의 수장이 되었을 때 정책 입안자들은 유럽의 전 지역으로 규제를 확대시키려고 노력했다. 이러한 노력은 실패했지만 스웨덴은 자국의 규제를 유지했다. 이것은 스웨덴에서 인쇄매체에 대한 연간 소비액이 TV에 대한 연간 소비액의 3배가 되는 이유를 설명한다.[36]

앞에서 언급했듯이 문화적 고려사항은 자주 광고 메시지의 표현에 영향을 준다. 미국의 잡지 광고의 콘텐츠와 아랍세계에서의 콘텐츠를 비교하는 최근의 연구에서 다음과 같은 사항을 발견했다.

- 아라비아 잡지 광고에서는 사람을 덜 묘사한다. 그러나 사람을 묘사할 때 어떤 여성을 묘사하는가에 관해서는 차이가 없다. 아랍 잡지의 광고에 나오는 여성은 긴 드레스를 입고 있다. 그들의 존재는 광고하려는 상품과 관련이 있다.
- 미국 광고는 더 많은 광고 콘텐츠를 갖는 경향이 있다. 비교하건대 간결함은 아랍세계에서는 미덕으로 통한다. 문맥은 미국에서보다 메시지를 해석하는 데 더 중요한 역할을 한다.
- 미국 광고는 훨씬 더 많은 가격 정보를 포함한다. 그리고 아랍 광고보다 더 많은 비교 소구를 한다.[37]

물론 문화적인 변화는 언제나 가능하다. 예를 들어 최근 사우디아라비아는 영화관에 대한 금지를 해제했다. 2018년, 35년 만에 처음으로 사우디아라비아는 고국의 영화관에서 팝콘과 영화를 즐길 수 있었다. 수도 리야드에 있는 AMC 극장에서 첫 상영된 영화는 세계적인 블록버스터 '블랙 팬서'였다(사진 13-8 참조). 더 많은 극장이 문을 열면서 영화 광고의 기회가 생길 수도 있다.

 13-5 홍보와 대중홍보를 비교 및 대조하고 최근 부정적인 대중홍보로 타격을 받은 글로벌 기업을 알아본다.

13-5 홍보와 대중홍보

2011년 미국홍보협회(PRSA)는 홍보에 관한 정의를 업데이트해서 공표하였다. PRSA는 산업계 전문가, 학계 그리고 일반 대중으로부터 자료를 구했다. 900개 이상의 정의가 제출되었다. 최종 결정에서 **홍보**(public relations, PR)는 "조직과 대중 간에 상호 이익 관계를 형성하는 전략적 커뮤니케이션 프로세스"라고 정의되었다.[38] 홍보 직원들은 기업의 다양한 관계자들과 주주 간의 호의를 증진시키고, 이해시키고 받아들이도록 만드는 데 책임이 있다. 광고와 함께 홍보는 네 가지 변수의 마케팅 믹스 중의 하나이다. 홍보를 실천하는 사람의 임무 중 하나는 유리한 매스컴의 관심을 생성하는 것이다. 정의하면 **대중홍보**(publicity)란 대가를 지불하지 않는 회사 또는 제품에 대한 커뮤니케이션이다.(홍보의 세계에서 대중홍보는 때때로 **돈을 버는** 매체, 그리고 광고와 판촉은 **돈을 잃는** 매체로 알려져 있다.)

홍보 직원은 또한 세계의 다른 부분에서 회사의 활동 때문에 일어나는 흩어진 미디어 보고서 또는 논쟁에 관하여 중요한 역할을 한다. 그러한 경우에 홍보는 회사가 신속하게 응답하고 들리는 이야기의 이면을 얻어 확실히 하는 것이다. 홍보의 기본 도구는 보도자료, 뉴스레터, 미디어 키트, 기자회견, 공장 또는 다른 회사설비의 투어, 무역 또는 전문저널의 논문, 회사 출간물과 브로슈어, 회사 직원의 TV와 라디오 토크쇼 인터뷰, 특별 행사, 소셜 미디어 그리고 회사 웹사이트를 포함한다.

중국 내 캐터필러의 최근 움직임은 홍보력의 교과서적인 예다. 중국의 산업기계 시장은 정부의 유치산업 육성으로 수백만 달러가 소비되고 있어 호황 중이다. 캐터필러는 거대한 스크레이퍼를 판매하기를 원하는데, 최근 드넓게 이용되고 있는 유압식 굴삭기와 트럭보다 효율적으로 더 잘 작동되는 것이다. 그러나 사업정보팀은 캐터필러 기계들의 수용과 인식수준이 낮은 중국을 통해 100명의 고객 및 딜러와 계약을 맺었다. 조사 응답자들은 기계의 원가절감에 관한 다른 나라들로부터 얻은 데이터로 납득시켰다.

견인력을 얻기 위해서 중국에 있는 캐터필러의 마이크 케이는 전국에서 제품 설명(거리 시연)을 진행했다. 그리고 "구전은 중국 내 산업 구조화를 위한 최고의 매스컴이다."라고 말했다. 오길비 홍보회사의 월드와이드/중국 사장 스콧 크로닉도 동의한다. "중국인 고객들은 첫 번째에 많은 제품과 서비스를 소개해 줘야 한다. 그렇지 않으면 당신은 무형의 것들을 광고할 수 없다." 지역 및 전국 매체의 기자들이 설명회에 초대되었는데, 중국 중앙 TV의 경우 작업 중인 트랙터 스크레이퍼의 클립이 실린 기사만 내보냈다.[39]

일부 기업의 고위경영진은 홍보를 할 수 있는 기회를 즐긴다. 예를 들어 베네통의 놀라운 인쇄물과 외부 광고 캠페인은 논쟁의 여지가 있고 언론의 주목을 받는 'United Colors of Benetton'에 초점을 맞춘다. 버진 그룹의 설립자인 리처드 브랜슨은 담대한 홍보 머신이다. 열기구 조정과 같은 그의 개인적인 모험이 그와 그의 회사에 돈을 벌어 준다. 회사는 전통적인 미디어 광고를 활용한다. 그러나 버진의 브랜드 개발과 기업 총괄의 수석대표 윌 와이트혼은 다음과 같이 언급한다. "홍보는 회사의 중심입니다. 홍보가 나쁘면 다른 회사보다 브랜드 이미지가 나쁘게 반영될 수 있습니다. 광고는 홍보의 다른 부분이 아니고 부분집합입니다."[40]

놀랍지도 않게 많은 기업들에 홍보 도구로써 소셜 미디어의 중요성은 증가하고 있다. 홍보 전문가들은 페이스북, 트위터 그리고 다른 웹 2.0 플랫폼에 있는 브랜드와 관계된 소비자들이 증가하고 있는 점을 강조했다. 예를 들어 2018년 중반 아디다스 오리지널은 페이스북에서 3,300만 건을 하이네켄은 2,400만의 '좋아요'를 받았다.

페덱스의 'I am FedEx' 페이스북 페이지는 '페덱스의 팀 이야기'를 보여준다. 이 커뮤니케이션 채널은 페덱스의 28만 5,000명 직원이 자신들의 직장과 가정 생활의 이야기를 공유할 수 있도록 해주고 있다. 케첨 디지털의 임원인 조 베커는 페이스북에서 이뤄지는 대화가 페덱스 브랜드 인지도를 높이는 콘텐츠로 활용될 수 있다고 믿는다. 그는 "궁극적인 목적은 직원들이 이야기하고 이야기를 만들고 전달할 수 있도록 하는 것이고, 이것은 브랜드에 관한 대중의 의견에 영향을 준다."라고 말했다.[41] 또 다른 장점은 소셜 미디어 사이트 방문자는 전자상거래 사이트 링크를 바로 클릭할 수 있어 투자수익률(ROI) 추적이 용이하다. 소셜 미디어에 관해서는 제15장에서 더 자세히 다룬다.

앞서 명시한 바와 같이 회사는 광고 콘텐츠에 관하여 확실한 통제를 하려고 노력한다. 그리고 미디어의 메시지 위치에 대해 대가를 지불한다. 그러나 미디어는 회사가 사용할 수 있는 것보다 훨씬 더 많은 보도자료와 다른 홍보자료를 받는다. 일반적으로 말해서 회사는 뉴스거리가 발생할 때 또는 발생하면 통제하기 어렵다. 회사는 직접 그 이야기의 파장, 편향, 어조를 통제할 수 없다. 통제 부족을 보상하기 위해 많은 회사는 **기업 광고**(corporate advertising)를 활용한다. 기업 광고라는 이름에도 불구하고 이것은 일반적으로 홍보 기능의 한 부분으로 간주된다.

'정기적인' 광고와 더불어 회사 또는 조직은 기업 광고에 대하여 광고비를 책정한다. 그러나 정기적인 광고와 달리 기업 광고의 목적은 고객에게 알리거나, 설득하거나, 즐거움을 주거나, 상기시킴으로써 수요를 창출하는 것이 아니다. 통합적 마케팅 커뮤니케이션의 맥락에서 기업 광고는 회사의 다른 커뮤니케이션 작업에 대한 주의를 환기시키기 위해 사용된다. 앞에서 논의된 예들에 더하여 표 13-4는 잘 알려진 기업들의 글로벌 홍보에 관한 여러 예의 요약이다.

이미지 광고(image advertising)는 회사에 대한 대중적 인식과 친밀감의 생성을 강화하고 인수, 합병 또는 자회사 매각과 같은 회사의 주요 변화를 알린다. 예를 들면 2008년에 앤호이저부시 인베브는 새로운 인수를 알리기 위해 비즈니스 프레스에 전면광고를 실었다. 글로벌 기업은 외국에서 좋은 기업이라는 인상을 심기 위해 이미지 광고를 사용한다.

BASF는 자동차용, 가정제품 및 제약산업에서 사용되는 회사의 혁신제품에 관한 인식을 높이기 위해 광고를 이용한다. 보잉은 소비자 광고를 활용하여 인지도와 호감도를 높인다. 비슷하게 최근 다임러 AG의 캠페인은 친환경적인 전기연료 자동차회사라는 인식을 높이기 위해 기획되었다(사진 13-10 참조). 이 광고는 다임러를 혁신가이자 책임감 있는 기업 시민으로 선정한다. 메시지 및 관련 이미지가 전 세계에 소구하기 때문에 이 광고는 확장전략에 속한다.

옹호 광고(advocacy advertising)에서 회사는 특정한 사회적, 환경적, 문화적 문제에 대한 관점을 제시한다. 이러한 커뮤니케이션의 요점은 특정 제품이나 서비스를 판매하는 것이 아니다.

표 13-4 부정적 대중홍보가 글로벌 시장에 미치는 영향

회사 또는 브랜드(본국)	대중홍보 유형
페이스북(미국)	2016년 미국 대선에 영향을 미치기 위해 페이스북 20억 사용자 중 약 8,700만 명에 대한 개인정보가 이 자료를 사용한 것으로 알려진 케임브리지 애널리티카와 공유되면서 프라이버시 파문이 일었다.
폭스바겐(독일)	'디젤게이트' 배출가스 부정행위 사건에는 수백만 대의 차량에 설치된 불법 소프트웨어 임의설정 장치들이 문제가 되었다.
삼성전자(한국)	주력 제품인 갤럭시노트7의 배터리가 과열돼 일부에서 화재가 발생했다. 삼성은 대규모 글로벌 리콜을 발표하며 노트7 소유주 전원에게 즉시 휴대전화를 꺼달라고 촉구했다.
소니(일본)	대규모 보안침해사건으로 북한 해커들은 소니픽처스 엔터테인먼트의 인터뷰에 대한 보복으로 소니의 데이터, 메모 및 영화를 유출했다. 세스 로건과 제임스 프랑코가 주연한 이 할리우드 코미디는 북한 김정은을 암살하려는 CIA의 음모를 우려했다.
페트로브라스(브라질)	브라질 국영석유회사 관계자들과 고위 정치인들은 수십억 달러의 리베이트를 받기 위해 계약자들과 협력한 혐의를 받았다. 이 스캔들은 넷플릭스 시리즈 '부패의 메커니즘'으로 각색되었다.

사진 13-9 세계적인 물 위기로 인해 8억 명 이상의 사람들이 깨끗한 물을 접할 수 없다. 그 위기는 특히 여성과 어린이들에게 영향을 미친다. IPG의 이 옹호 인쇄광고는 이 문제에 대한 인식을 높이기 위한 것이다.

출처 : The Interpublic Group of Companies, Inc.

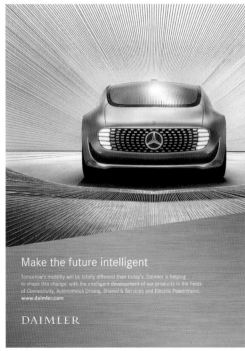 

사진 13-10 다임러 AG는 무배출 및 자율주행자동차 기술 분야에서 세계 최고의 개발업체 중 하나다. 이 기업 이미지 광고는 그 회사의 자동차 브랜드에 대한 것이 아니라 미래의 친환경 자동차를 만들기 위한 회사의 지속적인 노력에 관한 것이다.

출처 : Daimler Corporation AG.

그보다는 경영진이 중요하다고 생각하는 사안에 대해 회사의 입장을 표명하거나 지원을 요청하는 것이다. 이러한 유형의 커뮤니케이션의 예로는 사진 13-5에 표시된 MPA 광고와 제17장에 표시된 뉴발란스 광고를 들 수 있다. 최근 인터퍼블릭 그룹(IPG)의 인쇄물 캠페인은 깨끗한 물에 접근하지 못하는 것이 세계 많은 지역에서 시급한 문제라는 사실에 주목하였다(사진 13-9 참조)

때때로 기업은 단순히 글로벌 마케팅 활동을 진행함으로써 홍보 효과를 창출한다. 예를 들어 나이키, 월마트는 하청업체가 운영하는 공장 내 작업장 환경과 관련해 부정적인 홍보가 쏟아지고 있다. 오늘날 나이키의 홍보팀은 스니커즈를 생산하는 나라에 미치는 긍정적 경제효과를 효과적으로 전달함으로써 비판적 시각에 맞서 싸우고 있다(사진 13-11 참조).

본국 밖에서 활동을 늘리고 있는 어떤 회사라도 홍보 인력을 회사와 직원, 노조, 주주, 고객, 언론, 재무분석가, 정부 또는 공급자 사이의 경계선으로 활용할 수 있다. 많은 회사들은 그들만의 사내 홍보 인력을 두고 있다. 다른 회사들은 하청 홍보회사의 서비스를 이용하는 것을 선택할 수도 있다. 지난 몇 년 동안 논의된 대형 광고 지주회사 중 일부는 이전에 광고 대행사를 인수한 바 있다. 예를 들어 옴니콤 그룹은 플레시먼힐러드, 케첨, 포터 노벨리의 세 대행사로 구성된다.

글로벌 마케팅 커뮤니케이션에 있어서 홍보 기능의 성장

국제적인 책임을 지닌 홍보 전문가들은 반드시 미디어 관계를 뛰어넘어야 하고 기업 대변자 이상의 역할을 해야 한다. 동시에 이들은 공감대와 이해를 형성하고 신뢰와 조화를 만들고 여론을 형성하고 영향을 미치며 충돌을 예측하고 논쟁을 해결해야 한다.[42] 글로벌 마케팅과 산업의 글로벌화가 점점 늘어남에 따라서 기업의 관리자는 반드시 국제 홍보의 가치를 인식하고 있어야 한다. 오늘날 산업계는 위협과 기회 요인이 혼합된 비즈니스 환경에 직면하고 있다. 많은 홍보 전문회사들은 글로벌 경기침체의 결과로 2009년 매출과 수익의 감소를 겪었다. 동시에 경기침체는 홍보 서비스의 수요를 증가시켰다. 에델만 월드와이드의 리처드 에델만 회장은 최근에 기업 의사결정의 주요한 요건인 홍보의 지위가 향상되고 있다고 언급했다. 에델만은

"우리는 개의 꼬리와 같았었다."라고 말했다.[43]

유럽은 오래된 홍보 전통을 가지고 있다. 예를 들면 독일 홍보 게젤샤프트(DPRG)는 최근 창립 60주년을 기념하였다. DPRG를 포함한 많은 유럽 홍보 전문가들과 동업자 단체는 유럽 홍보협회(CERP; www.cerp.org)의 멤버이다. 영국에 본사를 둔 국제홍보협회(www.ipra.org)는 아라비아어 웹사이트가 있고, 홍보의 중요성에 대한 설명은 전 세계에 알려져 있다.

국제적 홍보시장을 성장시키는 중요한 요소는 국가 간의 정부관계의 개선이다. 정부, 조직 그리고 사회단체들은 최근의 글로벌 경기침체의 혼란, 교역, 환경 그리고 세계평화와 같은 상호 간의 우려에 폭넓게 기초한 이슈들을 다루고 있다. 정보화 시대로 우리를 안내하는 기술 주도 커뮤케이션 혁명은 홍보업계 종사자들이 진정한 글로벌 시장으로 접근을 가능하게 만들고 있다. 스마트폰, 인터넷 브로드밴드 연결, 소셜 미디어, 위성을 통한 연결 그리고 다른 혁신적인 채널들이 홍보 전문가들을 사실상 전 세계 어디에나 접촉할 수 있게 하고 있다.

물론 이런 기술의 진보에도 불구하고 홍보 전문가들은 여전히 개인, 기자, 미디어 대표 및 다른 주요 조직의 리더와 좋은 인간관계를 형성해야 한다. 따라서 강한 인간관계 기술이 필요하다. 홍보 실행의 가장 기본적인 개념 중의 하나는 청중을 아는 것이다. 글로벌 홍보 종사자를 위해 이것은 자국과 주최국 또는 각 나라의 청중을 아는 것을 의미한다. 주최국의 언어로 커뮤니케이션하는 능력과 현지 고객과의 친밀성 같은 특별한 기술이 필요하다. 주최국의 언어를 말할 수 없는 홍보 전문가는 중요한 청중의 거대한 부분과 직접 커뮤니케이션할 수 없을 것이다. 이와 같이 본국 이외의 나라에서 일하는 홍보 전문가는 주최국 국민과 좋은 직업적 관계를 유지하기 위하여 비언어적 커뮤니케이션 문제에 민감해져야 한다. 국제 홍보 전문가의 복잡성을 언급하면서 한 전문가는 청중을 다음과 같이 언급한다. "점차적으로 더 친숙하지 않고, 더 적대적이며, 그뿐만 아니라 더 조직적이고 파워풀하며 더 요구하고 더 회의적이고 더 다양하다." 국제 홍보 전문가는 "지구촌의 갈라진 틈을 줄어들게 하는 다리"로서 중요한 역할을 할 수 있다고 말했다.[44]

홍보는 세계 각지에서 어떻게 다른가

특정한 국가의 문화적 전통, 사회정치적 상황, 경제적 환경은 홍보 활동에 영향을 미칠 수 있다. 앞 장에서 언급했듯이 대중매체와 문자로 쓰인 문서는 많은 선진국에서 정보 보급을 위한 중요한 도구이다. 그러나 개발도상국에서 의사소통하기 가장 좋은 방법은 마을의 관원, 시장 광장 또는 판사를 통해서일 것이다. 가나에서 춤, 노래 그리고 이야기는 가장 중요한 커뮤니케이션 수단이다. 인구의 반이 문맹인 인도에서 문자화된 언론자료는 커뮤니케이션에 가장 안 좋은 수단이다.[45] 터키에서 홍보 활동은 정치범의 가혹한 처우로 유명한 나라임에도 불구하고 활성화되고 있다. 비록 터키 정부는 여전히 여러 세대 동안 해온 것처럼 절대적인 통제를 단언하고 있지만 기업 홍보와 저널리즘은 번창하도록 허용하고 있어 터키의 기업들은 글로벌하게 경쟁할 수 있다.

신진국에서조차 홍보 활동 사이에 몇 가지 중요한 차이가 있다. 미국에서 고향에 대한 소식은 작은 지역신문에서 상당 부분 할애되고 있다. 반면 캐나다에서는 대규모의 대도시 인구 밀집구역이 캐나다의 경제 및 기후 상황과 결합하여 지역 언론의 출현을 방해하고 있다. 작은 신문사의 부족은 고향 소식을 송출하는 활동이 거의 없다는 것을 의미한다.[46] 홍보는 미국에서 점차적으로 독립된 경영 기능으로서 여겨진다. 반면에 유럽에서는 넓게 받아들여지지 않는다.

홍보 전문가들은 회사에서 뚜렷하고 독립된 전문가이기보다 마케팅 기능의 한 부분으로 인식 된다. 유럽의 대학과 대학교에서는 홍보에 대한 코스와 학위과정이 미국보다 감소하는 추세이 다. 또한 유럽에서의 홍보에 대한 유럽의 교과과정은 훨씬 이론적이다. 반대로 미국에서는 홍 보 프로그램이 매스 커뮤니케이션 또는 저널리즘 학부의 일부분이다. 그리고 실천적인 일자리 기술에서 더욱 강조된다.

홍보에 대한 접근이 본국시장중심인 기업은 본국 홍보 활동을 주최국으로 확장할 것이다. 이러한 접근의 이유는 모든 사람은 거의 비슷한 방식으로 동기부여가 되고 설득된다는 것이 다. 이런 접근은 문화적인 고려가 없다. 대조적으로 홍보에 대한 접근이 현지시장중심인 기업 은 주최국 담당자에게 지역의 관습 및 관행을 홍보에 통합할 수 있도록 여지를 더 많이 줄 것 이다. 비록 그 접근이 현지의 반응에는 유리하고 글로벌 커뮤니케이션과의 협력 부족으로 홍 보 재앙을 이끌지라도 말이다.[47]

홍보의 힘과 중요성에 대한 조직의 이해를 알아보는 최고의 시험은 환경적 급변의 시기, 특 히 잠재적이거나 실질적 위기 동안 발생한다. 재난이 닥치면 기업과 산업은 종종 주목을 받게 된다. 이 기간에 기업이 신속하고 효과적으로 커뮤니케이션을 처리하는 것은 중요한 의미를 지닌다. 가장 좋은 반응은 솔직해지는 것이고 대중을 안심시키고 정확한 정보를 미디어에 제 공하는 것이다.

중국이 무역 상대국들과 무역 관련 마찰을 빚고 있는 것은 중국 외교부 쪽에서의 보다 나은 홍보 노력의 필요성을 강조하고 있다. 이러한 마찰의 근원은 이전 장에서 논의되었는데, 이를 테면 중국의 저작권 침해로 외국 기업들이 매년 수십억 달러의 손해를 보고 있으며, 중국에서 사용되는 컴퓨터 소프트웨어의 98%가 해적판이라는 추정이 있다. 그런 탄로는 중국에 나쁘게 작용한다. 홍콩의 사업가 베리 청은 다음과 같이 언급한다. "중국은 일반적으로 홍보 기술과 특별히 위험관리 기술이 부족하여 그들에게 상처를 입힙니다."[48] 이 문제의 일부는 중국 공산 당 지도자들이 이러한 문제에 대한 자신들의 견해를 공개적으로 설명하고 실패를 인정하며 서 구의 충고를 받아들이는 것을 꺼리는 데서 기인한다.

요약

마케팅 커뮤니케이션(마케팅 믹스의 프로모션의 P)은 광고, 홍보, 판매 촉진, 대인판매를 포함 한다. 기업이 **통합적 마케팅 커뮤니케이션(IMC)**을 채택할 때 커뮤니케이션 전략에는 다양한 요 소들이 아주 세심하게 배치되어야 한다. 광고는 비인적인 채널을 통해 커뮤니케이션되는 메시 지로 비용이 지불되거나 후원으로 진행된다. **글로벌 광고**는 전 세계적으로 같은 광고 소구, 메 시지, 문구, 카피를 캠페인에 이용한다. 글로벌 캠페인을 시행하기 위해서는 해당 기업의 자사 제품이나 브랜드를 위한 글로벌 시장이 존재하는지에 대한 파악을 해야 한다. 표준화와 현지 화된 광고 사이의 균형은 종종 현지화된 글로벌 광고를 만들어 내는 **패턴 광고**의 도움으로 이 뤄지곤 한다. 많은 광고회사들은 더 거대한 **광고 대행사** 조직의 일부이다. 광고주들은 전 세계 광고의 책임을 하나의 글로벌 광고회사에 맡길 수 있다. 또한 한 개나 그 이상의 권역 또는 지 역의 기업을 이용하는 것도 가능하다.

광고 제작의 시작점은 메시지가 무엇을 말하고자 하는가를 설명하는 **크리에이티브 전략** 수립이다. 광고를 제작하는 사람들은 종종 기억하기 쉽고, 효과적인 메시지의 기초가 되는 빅 아이디어를 추구한다. 광고 소구는 구매자의 동기부여와 가장 관계가 있는 이성적 또는 정서적 커뮤니케이션 접근방식이다. 이성적 소구는 머리에 호소하고, 정서적 소구는 마음에 호소한다. 판매제안은 물건을 사는 이유를 제공한다. **크리에이티브 연출**은 광고 소구 또는 가치 제안을 나타내는 방식이다. 아트 디렉션이나 카피는 반드시 문화적인 면을 고려하여 창조되어야만 한다. 유머감각, 남녀관계, 세계 곳곳의 성적인 이미지에 대한 인식은 국가마다 다양하게 나타난다. 미디어의 용이성은 또한 국가마다 다양성을 보인다. 미디어를 선택할 때 마케터들은 문맹률만큼 법과 규제 등을 고려해야 한다.

호의를 증진하고 회사 안과 밖의 구성원들을 이해시키기 위해 기업은 **홍보(PR)**를 이용한다. 특히 홍보부서는 제품과 브랜드 및 기업에 좋은 **대중홍보**를 이끌어 내려고 노력한다. 홍보부서는 또한 부정적인 이미지에 대응하는 기업 커뮤니케이션을 다룬다. 가장 중요한 홍보 도구는 인터뷰, 미디어 자료제공, 대언론 공식 발표, 소셜 미디어, 그리고 방문이다. 많은 글로벌 기업들이 다양한 형태의 기업 광고를 만드는데, 이것은 이미지 광고와 **옹호 광고**를 포함한다. 또한 홍보는 위기상황에서 정확하고, 시기적절한 광고 제공에 책임이 있다.

토론문제

13-1. 글로벌 브랜드와 글로벌 광고 캠페인은 어떤 방식으로 기업에 이익이 되는가?

13-2. '표준화 대 현지화'의 논의는 광고에서 어떻게 보이는가?

13-3. 광고 소구와 크리에이티브 연출의 차이점은 무엇인가?

13-4. 제1장부터 시작해서 이 책에서 이야기하고 있는 광고를 되돌아 보라. 정서적 소구를 사용한 광고를 알아볼 수 있겠는가? 이성적 소구는? 각 광고의 커뮤니케이션 과제는 무엇인가? 정보를 제공하는 것? 설득하는 것? 환기시키는 것? 즐겁게 해주는 것?

13-5. 광고주들이 다양한 세계에서 선택할 수 있는 미디어 옵션은 어떤 것이 있는가? 특정한 나라에서 한계가 있을 경우 어떻게 해야 하는가?

13-6. 세계 곳곳에서 홍보 방식은 어떻게 다른가?

사례 13-1 (계속)
폭스바겐의 '디젤게이트' 악몽

2015년 11월, 폭스바겐은 더 나쁜 뉴스에 직면했다. 폭스바겐 AG의 명품 브랜드 중 하나인 아우디가 생산한 자동차 내 3L 6기통 엔진 일부에도 임의설정 장치가 들어 있었던 것으로 드러났다. 아우디는 BMW에 이어 세계 2위 프리미엄 자동차 브랜드이다. 엔진 소프트웨어를 설계한 것으로 의혹을 받던 아우디 엔지니어 2명이 정직 처분을 받았다. 미국에서 EPA는 시행 옵션을 개발하기 시작했다.

폭스바겐이 위기상황에 있는 상태에서 홍보팀은 소비자 신뢰를 회복하기 위해 고안된 일련의 커뮤니케이션 전술과 전략을 수립하고 실행했다. 미국에서 이 회사는 "우리는 일을 바로잡기 위해 노력하고 있다."는 헤드라인과 함께 전국 신문에 전면 광고를 실었다. 이 광고는 이 회사가 피해 소유주들에게 500달러 선불 비자카드, 500달러짜리 폭스바겐 대리점 카드, 3년간 무료 긴급 출동 서비스로 구성된 영업권 패키지를 제공한다고 발표했다. 또한 소유주들에게 더 많은 정보를 제공하기 위해 웹사이트(vwdieselinfo.com)로 안내했다. 미국 폭스바겐 그룹의 사장 겸 CEO인 마이클 혼은 광고 하단에 있는 서한에 서명했다.

조사가 확대되자 일부 업계 관측통들은 폭스바겐의 문제가 소수의 엔지니어와 관련이 있다고 확신했다. 견해에 따르면 위기는 폭스바겐의 독립된 엔지니어링 기반의 기업 문화로 인해 발생했으며, 잠재적으로 수백 명이 관련되어 있었다(사진 13-12 참조).

유럽에서는 부분적인 비난이 국가 및 EU 차원의 규제당국을 향한 것이었다. 자동차산업은 유럽의 최대 고용주 중 하나이며 브뤼셀(EU 본부의 본거지) 등지에서 막강한 로비 활동을 펼치고 있다. 업계는 실제 주행 조건에서보다 더 많은 양의 결과를 산출하는 실험실 기반 배기가스 배출 테스트를 성공적으로 추진했다. 실제로 유럽연합 자체가 자동차회사들에게 더 깨끗한 자동차를 생산하도록 압력을 가하고 있었다. 새로운 배출량 제한은 2007년에 제정되어 2014년에 시행되었다. 많은 사람들은 첨단 디젤 기술이 유망한 해결책이라고 믿었다. 그렇다 하더라도 실제 주행 조건에서 질소산화물 수준이 법적 제한을 초과한다는 사실은 규제 당국자들이 수년 전부터 알고 있었다는 주장을 제기하게 만들었다.

수정 사항

폭스바겐 엔지니어들은 유럽에서 900만 대의 영향을 받는 자동차의 배기가스 배출 문제를 해결한 저렴한 소프트웨어와 하드웨어 업데이트를 개발했다. 그러나 배기가스 배출 표준의 차이로 인해 미국에서 영향을 받는 50만 대의 차량에 대해 별도의 솔루션이 필요했다. 2016년 1월, 캘리포니아의 규제 당국은 제안된 수정안이 '모호하고 부적절하다'는 이유로 거부했다. 규제 당국은 특히 제안된 수정 사항이 자동차 성능 및 안전에 미치는 영향에 관심이 많았다. 한편 폭스바겐의 일부 디젤 모델의 미국 판매는 수정안이 승인되지 않아 중단됐다. 결국 폭스바겐은 미국 운전자들이 구매한 해당 디젤 차량의 85%를 다시 사들일 수밖에 없었다. 무료 수리 및 업데이트를 받을 수 있는 자격을 갖춘 일부 운전자에게는 약 5,000달러에서 거의 1만 달러에 이르는 지불금이 제공되었다.

폭스바겐 신임 CEO 뮐러는 팀을 이끌고 워싱턴 DC로 이동해 지나 매카시 EPA 수석행정관을 만났다. 매카시는 뮐러에게 EPA가 캘리포니아에서의 연구결과에 동의했다고 말했다. 뮐러는 폭스바겐 브랜드에 대한 미국인들의 사랑을 다시 불러일으키고 신뢰를 회복하는 것이 목표라고 말했다. 한편 디트로이트 오토쇼를 방문한 폭스바겐의 한 팀은 미국 소비자와 규제 당국을 오도한 데 대해 사과했다.

사진 13-12
출처 : Jeremy Banx/Banx Cartoons.

"이 수치들을 더 좋게 보이게 하는
기발한 방법이 있을 거야."

폭스바겐의 회복

폭스바겐이 위기에서 회복하는 데 기회가 중요한 역할을 했다. BP와 딥 워터 호라이즌 석유 시추 플랫폼 비극으로 인한 소송과 관련된 이전 스캔들은 연방, 주 및 소비자 수준의 청구를 통합하기 위한 간소화된 프로세스를 가져왔다. 한편 언론과 일반 대중의 관심은 새로운 뜨거운 감자인 2016년 도널드 트럼프 대통령 선거 운동으로 옮겨갔다.

폭스바겐은 이번 스캔들(최종 계산액이 150억 달러에 육박)에 대한 배상금으로 수십억 달러를 쓰면서도 신기술 투자에도 막대한 투자를 하고 있다. 폭스바겐은 2016년 새로운 사업부 '모이아'를 출범시켜 차량 공유 및 관련 모빌리티 서비스 진출을 알렸다. 폭스바겐은 캐나다에 본사를 둔 주차장 모바일 결제를 처리하는 회사인 페이바이폰도 인수했다.

대부분의 자동차회사에서 그렇듯이 폭스바겐은 내연기관(가스나 디젤)이 없는 차세대 차량에 집중적으로 투자하고 있다. 이는 부분적으로는 이번 스캔들에 대한 대응이었고, 부분적으로는 테슬라의 CEO 일론 머스크가 2020년까지 연간 생산량이 100만 대에 이를 것이라고 공언한 데 대한 대응이었다. 또 영국, 프랑스, 네덜란드 등이 2030년부터 재래식 차량의 판매를 금지한다는 최근 발표에 따라 업계의 변화가 몰리고 있다.

스캔들 여파로 폭스바겐 디젤 차량 판매가 감소하고 있는 가운데 뮐러는 폭스바겐의 환경 영향을 대폭 줄이겠다는 비전 2025 계획을 발표했다. CEO는 2030년까지 폭스바겐이 자사의 12개 브랜드에 걸쳐 300대의 전기차(EV) 모델을 제공하겠다고 약속했다. EV팀은 폭스바겐 명판을 단 최초의 초호화 세단인 페이톤을 위해 엔지니어들이 사용하던 볼프스부르크 공장의 공간을 인수했다. 7억 달러를 들여 개발한 페이톤은 세계 최고 수준의 자동차 에어컨을 자랑하며 10만 달러 이상에 달한다. 뮐러는 차량 생산을 중단했다.

뮐러는 인터뷰에서 독일 정부에 디젤 기술 보조금을 중단할 것을 요구하기도 했다. 이 보조금은 휘발유에 비해 디젤 연료의 가격이 낮은 형태로 제공된다. 뮐러는 그러한 자금을 전기 자동차 기술로 전환해야 한다고 주장했다. 게다가 뮐러는 독일에서 약 3만 명의 인력 감축 협상을 벌였는데, 이는 토요타와 같은 세계적인 경쟁업체들에 맞춰 폭스바겐의 생산성을 더 높이려는 의도였다. CEO는 또한 리튬 이온 EV 배터리 구입을 위해 500억 유로의 예산을 책정했다고 발표했다. 그리고 한 가지 더 EV의 미래는 아직 몇 년 남았기 때문에 폭스바겐은 여전히 소비자들이 디젤 자동차를 계속 사도록 설득할 방법을 찾아야 한다.

새로운 CEO 취임하다

2018년 봄 폭스바겐 디젤 부정 스캔들이 계속 뉴스가 되었다. 진행 중인 수사와 관련해 독일 경찰은 고급 자동차 제조업체 포르쉐의 고위 간부 사무실을 압수수색했다. 폭스바겐은 포르쉐를 소유하고 있다. 포르쉐의 내부 조사 결과 자매회사인 아우디에서 조달한 일부 디젤 엔진에 임의설정 소프트웨어가 포함되어 있었지만 경영진은 소프트웨어 제거 조치를 취하지 못했다.

폭스바겐 이사회는 새로운 CEO를 영입했다. 허버트 디에스는 전임 마티아스 뮐러가 시작한 기업 개혁의 속도를 높일 것이라고 말했다. 또한 디에스는 투자자들의 관심을 끌기 위해 고안한 폭스바겐의 대형트럭 부문을 별도로 상장하는 방안을 추진할 것으로 예상되었다.

토론문제

13-7. 디젤게이트 스캔들에 대한 폭스바겐의 대응을 마케팅 커뮤니케이션의 효과성 측면에서 평가하라.

13-8. 일부 폭스바겐 디젤 소유주들은 자동차 성능에 만족해 배기가스 제어 업데이트를 받기를 꺼렸다. 차주들이 자동차들이 높은 오염물질을 배출하고 있다는 것을 알면서도 계속 운전하는 것이 윤리적인가?

13-9. 폭스바겐이 전기차 선두주자로 변신할 수 있을 것으로 보이나? 아니면 테슬라는 극복할 수 없는 선점자의 이점을 가지고 있을까?

출처 : Matthew Campbell, Christoph Rauwald, and Chris Reiter, "Volkswagen's Peace Offering," *Cover Story—Bloomberg Businessweek* (April 2, 2018), pp. 50–55; Danny Hakim, "VW's Crisis Response: Driving in Circles," *The New York Times* (February 28, 2016), pp. BU1, BU3; William Boston, "VW Crisis Spreads to Audi Engines," *The Wall Street Journal* (November 27, 2015), pp. B1, B2; Richard Milne, "System Failure," *Financial Times—FT Big Read: Volkswagen* (November 5, 2015), p. 7.

사례 13-2
코카콜라 : 변화하는 세상에 대응하기 위해 광고와 홍보 이용하기

흔히 '지각이 곧 현실'이라고들 한다. 그것은 다양한 마케팅 커뮤니케이션 문제들을 다루면서 코카콜라와 다른 청량음료 마케터들이 직면하고 있는 문제 중 하나이다. 예를 들어 빅 소다는 전 세계의 비만 문제와 연관되어 있다. 또한 코카콜라는 중국과 인도 등 주요 신흥시장에서의 운영에 대해 비판을 받았다. 그리고 청량음료 소비가 감소함에 따라 회사는 고객과 소통할 새롭고 확실한 방법을 찾아야 한다.

건강 전문가들은 코카콜라의 핵심 청량음료 브랜드를 포함한 설탕이나 다른 감미료가 포함된 음료가 비만 문제의 증가에 기여하는 한 가지 요인이라는 과학적 증거를 지적한다. 비만 논란은 마이클 블룸버그 뉴욕 시장이 설탕이 든 음료에 대한 광고 공세를 펼치면서 집중 조명되었다. 뉴욕 보건 및 정신위생부와 함께 만든 인쇄광고에는 '파운드를 붓고 있는가?'라는 대담한 헤드라인이 실렸다. 이 광고는 지하철 포스터, 교육용 브로슈어, 인터넷에 게재되었다(사진 13-13 참조).

게다가 미국의 고급 식료품 체인점인 홀푸드 마켓은 콜라를 매장에

비축하지 않는다. 왜일까? 창업자 겸 CEO인 존 맥키는 건강식품을 전 세계에 들여오는 사명을 띠고 있으며, 회사는 자연적이고 유기적인 식료품 품목을 강조한다.

코카콜라는 세계에서 가장 상징적인 브랜드 중 하나이다. 인터브랜드 연간 순위에서 애플과 구글에 이어 3위다. 그러나 코카콜라 판매는 소비자들이 병에 든 차, 주스, 물로 바꾸면서 감소하고 있다. 아마도 그것이 왜 2016 파이낸셜 타임스 글로벌 브랜드 조사에서 코카콜라가 5포인트 하락한 13위를 기록했는지를 설명해 줄 것이다. 불과 1년 전인 2015년 조사에서 코카콜라는 8위를 기록했다.

코카콜라의 글로벌 광고 태그라인이 'Open Happiness'였다는 점을 고려하면 코카콜라 경영진은 자신들이 행동해야 한다는 것을 알고 있었다. 빅 소다에 대한 부정적인 인식과 부정적인 홍보에 대응하기 위해 이 회사는 더 작은 형태의 캔과 병을 특징으로 하는 자체 인쇄 광고 캠페인을 시작했다. 코카콜라는 또한 2분짜리 TV 광고를 만들었는데, 광고 속

사진 13-13 뉴욕에 등장한 광고는 빈 칼로리(영양가는 없고 열량만 높은)를 중심으로 한 공중보건 위기를 해결하기 위해 기획됐다. 미국음료협회는 일부 광고 비평가들이 그랬던 것처럼 이 캠페인에 반대했다.
출처 : Neno Images/PhotoEdit, Inc.

해설자는 그들이 태우는 것보다 더 많은 칼로리를 섭취하는 사람들은 살이 찌기 마련이라고 설명했다.

반발은 즉각적이었다. 코카콜라 경영진은 비만에 대한 대화에 참여하고 싶다고 주장했고, 코카콜라 경영진은 부정적인 반응을 포함한 어떤 반응도 환영한다고 밝혔다. 그럼에도 불구하고 여론은 험악하게 변하고 있었다. 마리온 네슬 뉴욕대 공중보건학과 교수는 "코카콜라가 비만을 막는 힘이라는 생각은 터무니없다."고 일축했다.

코카콜라는 홍보에 낯설지 않다. 세계 최대 음료회사로서의 위상과 200여 개국에 존재하기 때문에 코카콜라는 종종 반세계화 시위의 표적이 된다. 물 부족은 많은 나라에서 중요한 문제다. 인도에서는 마을 사람들이 가뭄으로 심각한 피해를 입은 지역의 코카콜라의 물 소비량에 대해 항의했다(사진 13-14 참조). 코카콜라는 과도한 물 사용에 대한 주장이 거짓이라고 해명하면서 병입 공장 2개를 폐쇄했다.

이와 유사하게 2008년 베이징 올림픽 전에, 자유 티베트를 위한 학생, 다르푸르를 위한 꿈과 같은 다양한 비정부단체(NGO) 활동가들이 목소리를 냈다. 그들은 코카콜라와 올림픽 성화 봉송과 관련된 광고 및 홍보 캠페인에 수천만 달러를 지출한 기타 글로벌 기업을 표적으로 삼았다. 현대 홍보 전략에 완전히 몰두한 활동가들은 문자 메시지, 블로그 및 기타 도구를 사용하여 메시지를 전파하고 치밀하게 다듬어진 올림픽 화

합의 이미지를 훼손하고 무색하게 만들겠다고 위협하는 시위를 조직했다. 예를 들어 티베트 시위대에 대한 중국의 탄압과 다르푸르 지역에서 치명적인 내전이 벌어지고 있는 북아프리카 국가 수단 정부와의 경제적 관계에 주목을 집중시키기 위해 일부 시위가 벌어졌다. 이 활동가들은 코카콜라가 억압적인 정권을 지지한다는 점에서 중국과의 관계에 반대했다.

당시 코카콜라 회사의 회장 겸 CEO였던 네빌 이스델은 코카콜라의 연례 주주총회와 신문 의견서 등에서 활동가들의 우려에 대해 답변했다. 중국은 청량음료 대기업에게 중요한 시장이다. 중국은 코카콜라의 두 번째로 큰 수입 지역인 아시아 태평양 지역의 일부다. 이스델은 파이낸셜 타임스(FT)에 "우리는 정부도 유엔도 아니지만 기업이 취하기에 적합한 행동을 통해 변화의 촉매제가 될 수 있고 되어야 한다"고 말했다. 그 조치들에는 구호물자가 다르푸르에 도달하도록 하기 위한 자원 투입과 전쟁 때문에 피난한 주민들을 위해 필요한 깨끗한 물과 위생문제 해결이 포함되어 있다.

2009년에 은퇴하기 전에 이스델은 회사의 글로벌 운영의 투명성을 높이는 방향으로 회사를 이끌었다. 이스델은 또한 대중이 콜라를 기업의 사회적 책임에서 세계적인 리더로 인식하기를 원했다. 이를 위해 그는 자연보호원, 세계야생물기금 등 비정부단체와의 관계와 파트너십을 구축하기 시작했다. 이 회사는 2020년까지 완성된 음료를 생산하는 데 필요한 양과 같은 양의 물을 세계 물 공급에 공급할 것이라는 목표를 세웠다.

애드 에이지 '올해의 마케터'

물론 코카콜라의 마케팅 커뮤니케이션은 나쁜 홍보를 다루기 위한 홍보 활동 이상의 것을 수반한다. 사실 애드 에이지 잡지는 2011년에 이 회사를 올해의 마케터로 선정했다. 이는 다이어트 콜라가 펩시를 제치고 미국의 2위 청량음료가 되었기 때문이다. 또한 중국에서 출시된 미닛메이드 펄피는 10억 달러 브랜드로 자리 잡았다. 그리고 2000년대 10년 내내, 코카콜라는 인터브랜드의 가장 가치 있는 글로벌 브랜드 목록에서 1위를 차지했다.

코카콜라는 2010년 상하이 엑스포에서 브랜드를 선보였다. 코카콜라의 붉은색과 흰색의 파빌리온인 "The Happiness Factory"는 방문객들에게 '행복으로 상쾌한 세상'을 소개한 애니메이션 캐릭터를 선보였다. 이 밖에도 코카콜라는 플라스틱과 식물성 소재를 활용한 포장 혁신 제품인 플랜트보틀을 선보였다. 방문객들은 개봉하면 얼어버리는 콜라캔도 제공받았다. 2010 엑스포에는 왜 코카콜라가 참가했는가? 코카콜라 매니저인 테드 라이언은 "우리의 목표는 최고의 음료 브랜드로 간주되는 것입니다. 또 누가 거기 있겠습니까? 코카콜라여야 합니다."라고 말했다.

새로운 글로벌 캠페인의 모색

이런 성과와 찬사에도 불구하고 코카콜라는 2014년 매출과 수익 목표를 놓쳤다. 최근 갤럽 여론조사에 따르면 미국인의 3분의 2가 청량음료를 피하고 있는 것으로 나타났다. 이 회사의 제품 포트폴리오에는 다사니 워터, 미닛메이드 주스 등 약 20억 달러 규모의 브랜드가 포함되어 있다. 그렇더라도 청량음료는 회사 매출의 70%를 차지하기 때문에 당시 무타르 켄트 CEO는 매출 증대를 위해 마케팅에 더 많은 돈을 쓰겠다고 주장했다. 병에 개인 이름을 붙인 'Share a Coke' 광고 캠페인이 2014

사진 13-14
출처 : RAVEENDRAN/AFP/Getty Images.

년 여름 매출 상승으로 이어졌지만, 2013년과 2014년에는 전 세계 판매량 증가세가 한풀 꺾였다. 켄트는 2016년까지 연간 광고비를 10억 달러에서 40억 달러 이상으로 늘리겠다고 약속했다.

광고 예산을 늘리는 것 외에도 켄트는 새로운 글로벌 광고 캠페인을 개발하려는 회사의 노력을 감독했다. 'Open Happiness'는 2009년 인기 TV 프로그램 '아메리칸 아이돌'에서 출시되었으며, 코카콜라 제품이 심사위원 테이블에 눈에 띄게 진열되었다. 코카콜라는 다수의 광고 대행사를 명단에 올렸다. 비덴+케네디는 다이어트 콜라 광고를 만든다. 오리건주 포틀랜드가 진행한 TV 광고 'Generous World'는 각각 증가하는 역경(예 : 견인되는 자동차, 구조되는 수영선수)을 다루면서 한 사람에게서 다른 사람에게 전해지는 콜라 한 병을 중심으로 진행된다. 다른 광고 대행사로는 덴쓰(일본), FCB(남아프리카공화국) 등이 있다. 이와 다른 몇몇 사람들은 새로운 캠페인을 위한 창의적인 아이디어를 제안하기 위해 초청받았다.

업계의 역습

세계보건기구는 정부가 설탕이 든 음료에 세금을 부과할 것을 권고한다. 국제음료협회 협의회는 청량음료에 대한 세금 징수를 무효화하기 위해 싸우고 있는 여러 나라의 무역단체를 대표하고 있다. 이러한 단체들은 설탕이 비만과 연관되어 있다고 이의를 제기하는 것 외에도 그 세금이 저소득층에게 부담이 되고 실업률로도 이어진다고 주장한다.

설탕 함유 음료에 대해 제안된 세금이 러시아와 뉴질랜드를 포함한 몇몇 국가에서 부결되었다. 그럼에도 불구하고 20여 개국이 이 세금을 승인했고, 이는 청량음료에 대한 더 높은 가격을 초래했다. 분명히 목표는 소비를 줄이는 것이다.

라틴아메리카는 이제 세계 최대의 청량음료 시장이 되었다. 2014년 1월, 멕시코 정부는 설탕이 든 음료에 대해 10%의 세금을 부과했다. 결과는? 새로운 세금과 공공의료 캠페인의 복합적인 효과에 힘입어 단기적으로 매출이 감소했다가 다시 반등했다. 일부 관측통들은 세금이 인상되면 소비에 미치는 영향이 더 강해질 것이라고 주장한다.

2016년 말 콜롬비아의 소비자보호단체인 에듀파르 콘소모도레스는 콜롬비아 입법부가 설탕이 든 청량음료에 20%의 세금 부과를 승인하도록 촉구하는 캠페인을 벌였다. 이 단체의 회원들은 괴롭힘과 위협을 당했다고 보고했다. 한 정부기관은 설탕 섭취를 비만이나 질병과 연결시키는 TV 광고를 지시했다.

새로운 CEO

2017년 제임스 퀸시는 무타르 켄트의 뒤를 이어 코카콜라 회사의 사장 겸 CEO로 취임했다. 신임 CEO는 주스, 차, 단백질 셰이크, 그리고 더 건강한 재료로 된 다른 음료에 집중하고 있다. 그의 첫 번째 주요 결정 중 하나는 CMO의 자리를 없애는 것이었다. 퀸시는 코카콜라의 광고 모델이 디지털 시대에 충분히 빠르게 적응하지 못했다는 점에 주목하며 이러한 움직임을 옹호했다. 퀸시는 CMO 대신 C급 직책인 CGO(최고성장책임자)를 신설했다. 이 회사의 새로운 이니셔티브 중 하나인 '생명을 위한 음료'는 다양한 라이프 스테이지에서 소비자를 위해 다양한 제품과 브랜드를 제공한다는 점을 알리기 위해 기획됐다.

토론문제

13-10. 청량음료와 다른 설탕이 든 음료가 비만, 당뇨, 그리고 다른 건강 관련 문제에 기여한다고 생각하는가?

13-11. 설탕 섭취에 대한 소비자 우려와 비만 논란에 대한 코카콜라의 대응 시기와 효과를 평가하라.

13-12. 코카콜라와 그 광고 대행사들은 'Taste the feeling'이라는 태그라인을 붙인 새로운 글로벌 캠페인을 출시했다. 잠재력을 평가하라.

출처 : Jennifer Maloney, "Coca-Cola's Plan to Move beyond Its Name," *The Wall Street Journal—Journal Report: C-Suite Strategies* (February 20, 2018), p. R4; John Arlidge, "Coke's Brit Boss: I May Turn out to Be a 'Cretin,' We'll Find Out," *The Sunday Times* (November 26, 2017), p. 6; Andrew Jacobs and Matt Richtel, "After Drug Wars, a Dangerous Battle over Soda," *The New York Times* (November 14, 2017), p. A1; Mike Esterl, "Philadelphia Approves Tax on Soft Drinks," *The Wall Street Journal* (June 17, 2016), p. B6; Scheherazade Daneshkhu and Arash Massoudi, "Coca-Cola Cans Talk of Fight against Sugar Tax," *Financial Times* (June 7, 2016), p. 12; Stephen Foley, "Buffett Fizzes in Defense of Cherry Coke," *Financial Times* (May 27, 2016), p. 16; Amy Guthrie and Mike Esterl, "Despite Tax, Mexico Soda Sales Pop," *The Wall Street Journal* (May 4, 2016), p. B1; Anne Marie Chaker, "It's the Real Thing: Spoonfuls of Sugar Help the Soda Go Down," *The Wall Street Journal* (March 31, 2016), pp. A1, A7; Margot Sanger-Katz, "Hard Times for Soft Drinks," *The New York Times Sunday Business* (October 4, 2015), pp.1, 4+; Tamara Audi and Mike Esterl, "Soda's New Enemy: San Francisco," *The Wall Street Journal* (June 10, 2015), pp. B1, B2; Neil Munshi and Scheherazade Daneshkhu, "When Less Is More," *Financial Times* (April 21, 2015), p. 6; Mike Esterl, "What Is Coke CEO's Solution for Lost Fizz? Sell More Soda," *The Wall Street Journal* (March 1, 2015), pp. A1, A12; Alan Rappeport, "Out for the Calorie Count," *Financial Times* (January 26, 2013).

에세이 과제

13-13. 세계시장을 위해 광고를 제작할 때 아트 디렉터와 카피라이터가 염두에 두어야 할 점은 무엇인가?

13-14. 홍보는 광고와 어떻게 다른가? 왜 홍보가 국제적 기업에서 특히 중요한가?

참고문헌

[1]Thomas R. Duncan and Stephen E. Everett, "Client Perception of Integrated Marketing Communications," *Journal of Advertising Research* (May–June 1993), pp. 119–122. See also Stephen J. Gould, Dawn B. Lerman, and Andreas F. Grein, "Agency Perceptions and Practices on Global IMC," *Journal of Advertising Research* 39, no. 1 (January–February 1999), pp. 7–20.

[2]Gavin O'Malley, "Who's Leading the Way in Web Marketing? It's Nike, of Course," *Advertising Age* (October 26, 2006), p. D3.

[3]Ken Wells, "Selling to the World: Global Ad Campaigns, after Many Missteps, Finally Pay Dividends," *The Wall Street Journal* (August 27, 1992), p. A1.

[4]To be included in the rankings, companies must report media spending on at least three continents.

[5]Adapted from "25 Largest Markets," *Advertising Age* (December 8, 2014), p. 28.

[6]Meg Carter, "Think Globally, Act Locally," *Financial Times* (June 30, 1997), p. 12.

[7]Emma Hall and Normandy Madden, "IKEA Courts Buyers with Offbeat Ideas," *Advertising Age* (April 12, 2004), p. 1.

[8]Vanessa O'Connell, "Exxon 'Centralizes' New Global Campaign," *The Wall Street Journal* (July 11, 2001), p. B6.

[9]Eric Elinder, "International Advertisers Must Devise Universal Ads, Dump Separate National Ones, Swedish Ad Man Avers," *Advertising Age* (November 27, 1961), p. 91.

[10]Ali Kanso, "International Advertising Strategies: Global Commitment to Local Vision," *Journal of Advertising Research* 32, no. 1 (January–February 1992), pp. 10–14.

[11]Ken Wells, "Selling to the World: Global Ad Campaigns, after Many Missteps, Finally Pay Dividends," *The Wall Street Journal* (August 27, 1992), p. A1.

[12]Lindsay Stein, "WPP's Team Detroit, Blue Hive Unify Globally as GTB," *Ad Age* (May 5, 2016), p. 3.

[13]Helen Barrett, "Creative Force," *FT Business School Rankings* (December 4, 2017), p. 17.

[14]Nick Kostov and David Gauthier-Villars, "Digital Revolution Upends Ad Industry," *The Wall Street Journal* (January 20–21, 2018), pp. A1, A10.

[15]Angela Doland, "How Japan's Dentsu Climbed to the Top of the Agency World," *Advertising Age* (May 5, 2015), p. 17.

[16]Erin White and Shirley Leung, "How Tiny German Shop Landed McDonald's," *The Wall Street Journal* (August 6, 2003), pp. B1, B3.

[17]Geoffrey A. Fowler, "Commercial Break: The Art of Selling," *Far Eastern Economic Review* (October 30, 2003), pp. 30–33.

[18]John O'Toole, *The Trouble with Advertising* (New York, NY: Random House, 1985), p. 131.

[19]Randall Rothenberg, *Where the Suckers Moon* (New York, NY: Vintage Books, 1995), pp. 112–113.

[20]Suzanne Vranica, "IKEA to Tug at Heartstrings," *The Wall Street Journal* (September 18, 2007), p. B6.

[21]Stuart Elliot, "Subaru's Ride with 'Portlandia' Is a Playful One," *The New York Times* (December 10, 2014), p. B6.

[22]Janet Morrissey, "Marketers Value the Wisdom of Fonts," *The New York Times* (April 1, 2018), p. B5.

[23]Janet L. Borgerson, Jonathan E. Schroeder, Martin Escudero Magnusson, and Frank Magnusson, "Corporate Communication, Ethics, and Operational Identity: A Case Study of Benetton," *Business Ethics: A European Review* 18, no. 3 (July 2009), pp. 209–223.

[24]Jeanne Whalen, "McDonald's Cooks Worldwide Growth," *Advertising Age International* (July–August 1995), p. I4.

[25]Stephen E. Frank, "Citicorp's Big Account Is at Stake as It Seeks a Global Brand Name," *The Wall Street Journal* (January 9, 1997), p. B6.

[26]John O'Toole, *The Trouble with Advertising* (New York, NY: Random House, 1985), pp. 209–210.

[27]Roger Thurow, "Shtick Ball: In Global Drive, Nike Finds Its Brash Ways Don't Always Pay Off," *The Wall Street Journal* (May 5, 1997), p. A10.

[28]Leon E. Wynter, "Global Marketers Learn to Say 'No' to Bad Ads," *The Wall Street Journal* (April 1, 1998), p. B1.

[29]Melanie Wells and Dottie Enrico, "U.S. Admakers Cover It Up; Others Don't Give a Fig Leaf," *USA Today* (June 27, 1997), pp. B1, B2.

[30]Gary Levin, "Ads Going Global," *Advertising Age* (July 22, 1991), pp. 4, 42.

[31]Gabriella Stern, "Heinz Aims to Export Taste for Ketchup," *The Wall Street Journal* (November 20, 1992), p. B1.

[32]C. Anthony di Benedetto, Mariko Tamate, and Rajan Chandran, "Developing Creative Advertising Strategy for the Japanese Marketplace," *Journal of Advertising Research* (January–February 1992), pp. 39–48. A number of studies have compared ad content in different parts of the world, including Mary C. Gilly, "Sex Roles in Advertising: A Comparison of Television Advertisements in Australia, Mexico, and the United States," *Journal of Marketing* (April 1988), pp. 75–85; and Marc G. Weinberger and Harlan E. Spotts, "A Situation View of Information Content in TV Advertising in the U.S. and UK," *Journal of Advertising* 53 (January 1989), pp. 89–94.

[33]Robert T. Green, William H. Cunningham, and Isabella C. M. Cunningham, "The Effectiveness of Standardized Global Advertising," *Journal of Advertising* (Summer 1975), pp. 25–30.

[34]John Larkin, "Newspaper Nirvana? 300 Dailies Court India's Avid Readers," *The Wall Street Journal* (May 5, 2006), pp. B1, B3.

[35]Thomas L. Friedman, "The Oil-Addicted Ayatollahs," *The New York Times* (February 2, 2007), p. A19.

[36]John Tylee, "EC Permits Sweden to Continue Child Ad Ban," *Advertising Age* (July 11, 2003), p. 6.

[37]Fahad S. Al-Olayan and Kiran Karande, "A Content Analysis of Magazine Advertisements from the United States and the Arab World," *Journal of Advertising* 29, no. 3 (Fall 2000), pp. 69–82. See also Mushtag Luqmani, Ugur Yavas, and Zahir Quraeshi, "Advertising in Saudi Arabia: Content and Regulation," *International Marketing Review* 6, no. 1 (1989), pp. 59–72.

[38]Stuart Elliot, "Public Relations Defined, after an Energetic Public Discussion," *The New York Times* (March 2, 2012), p. B2.

[39]Jason Leow, "In China, Add a Caterpillar to the Dog and Pony Show," *The Wall Street Journal* (December 10, 2007), p. B1.

[40]Elena Bowes, "Virgin Flies in Face of Conventions," *Ad Age International* (January 1997), p. I.

[41]Matthew Schwartz, "Metrics of Success: PR's New Numbers," *Advertising Age* (November 29, 2010), p. S14.

[42]Karl Nessman, "Public Relations in Europe: A Comparison with the United States," *Public Relations Journal* 21, no. 2 (Summer 1995), p. 154.

[43]"Good News: Other Firms' Suffering Has Bolstered the PR Business," *Economist* (January 14, 2010), p. 34.

[44]Larissa A. Grunig, "Strategic Public Relations Constituencies on a Global Scale," *Public Relations Review* 18, no. 2 (Summer 1992), pp. 127–136.

[45]Carl Botan, "International Public Relations: Critique and Reformulation," *Public Relations Review* 18, no. 2 (Summer 1992), pp. 150–151.

[46]Melvin L. Sharpe, "The Impact of Social and Cultural Conditioning on Global Public Relations," *Public Relations Review* 18, no. 2 (Summer 1992), pp. 103–107.

[47]Carl Botan, "International Public Relations: Critique and Reformulation," *Public Relations Review* 18, no. 2 (Summer 1992), p. 155.

[48]Marcus W. Brauchli, "A Change of Face: China Has Surly Image, But Part of the Reason Is Bad Public Relations," *The Wall Street Journal* (June 16, 1996), p. A1.

14 글로벌 마케팅 의사결정 II : 판매 촉진, 대인판매, 마케팅 커뮤니케이션의 특별한 유형

학습목표

14-1 판매 촉진을 정의하고 글로벌 마케터가 사용할 가장 중요한 촉진전략과 도구를 확인한다.

14-2 전략/자문판매 모형을 단계별로 기술한다.

14-3 판매 촉진팀의 국적에 대하여 의사결정을 할 때 고려되어야 할 중요한 요소를 설명한다.

14-4 다이렉트 마케팅의 장점을 설명하고, 다이렉트 마케팅 채널의 가장 일반적인 형태를 확인한다.

14-5 글로벌 마케터가 지원 매체, 스폰서십 및 간접광고를 전체적인 판매 촉진 믹스와 통합하는 방법을 설명한다.

사례 14-1
밀라노 엑스포 2015

세계 최대 기업 및 국가 브랜드의 일부 마케터에게는 2015년 모든 길이 이탈리아 밀라노로 이어졌다. 이유는? 19세기 중반으로 거슬러 올라가는 대규모 세계박람회 중 가장 최근의 밀라노 엑스포가 열리기 때문이다. 1851년 런던의 전 세계산업작품대전이 처음으로 개최되었다. 다른 전시로는 파리만국박람회(1889), 시카고세계박람회(1893), 뉴욕세계박람회(1939, 1964), 상하이 엑스포(2010) 등이 있다.

엑스포 전부터 밀라노는 '세계의 디자인 수도'라는 명성을 누렸다. 돌체앤가바나, 룩소티카, 피렐리, 베르사체 등 세계적인 영향력을 가진 수많은 이탈리아 기업들이 이곳에 본사를 두고 있다. 밀라노는 또한 매년 4월에 열리는 밀라노 가구박람회로도 방문자들에게 잘 알려져 있다.

2015년 5월 1일부터 2015년 10월 31일까지 진행된 밀라노 엑스포의 주제는 "세상을 먹이라 : 생명을 위한 에너지"(사진 14-1 참조)였다. 주최측은 250에이커에 걸쳐 "음식의 세계에서 6개월간의 다감각적 경험"을 약속했다. 약 30억 달러의 비용이 들 것으로 추산되는 이번 엑스포는 영양교육과 지구자원에 대한 더 나은 책임에 지속적인 기여를 하기 위한 것이었다. 그리고 정책 입안자들은 엑스포가 수년 간의 경기침체와 침체 이후 이탈리아 경제에도 도움이 되기를 기대했다.

기업 후원사로는 액센츄어, 코카콜라, 페레로, 맥도날드, 삼성, 산펠레그리노 등이 포함됐다. 이탈리아 트리에스테에 본사를 둔 일리 카페는 커피 클러스터의 공식 파트너였다. 다른 클러스터에는 시리얼, 쌀, 섬과 어류, 바이오 지중해가 있었다. 또한 '농업 식량 공급망의 혁신', '더 나은 라이프스타일을 위한 식량', '세계 문화 및 민족 집단의 음식" 등 7개의 하위 주제로 분류되어 전시되었다.

63개국은 그들만의 친환경적인 전시관을 가지고 있었다. 소규모 국가는 9개의 특정 클러스터로 대표되었다. 일부 국가들은 더 큰 국가의 후원으로 주최되었다. 예를 들어 프랑스, 독일, 중국은 자신들의 전시관에서 소규모 국가들을 후원했다. 이 장의 끝에 나오는 사례 14-1(계속)에서 밀라노 엑스포와 그 영향이 지속될 전망에 대해 자세

히 알아볼 수 있다.

스폰서십과 이벤트 마케팅은 글로벌 기업들에게 중요한 마케팅 도구이다. 통합적 마케팅 커뮤니케이션(IMC) 솔루션 및 전략을 개발할 때, 글로벌 기업과 광고 대행사들은 이러한 판촉과 기타 특별한 형태의 판촉이 커뮤니케이션 믹스에서 점점 더 두드러진 역할을 하고 있다. 21세기의 첫 10년 동안 전 세계적으로 판매 촉진에 대한 지출이 두 자릿수로 증가했다.

판매 촉진, 다이렉트 마케팅 및 인포머셜과 인터넷 등 전문화된 형태의 마케팅 커뮤니케이션도 그 중요성이 커지고 있다. 대인판매도 여전히 중요한 홍보 도구이다. 이 장과 제13장에서 논의된 마케팅 믹스 요소를 종합하면 글로벌 브랜드를 지원하는 효과적이고 통합된 홍보 캠페인을 만드는 데 사용할 수 있다.

(14-1) 판매 촉진

◀ 14-1 판매 촉진을 정의하고 글로벌 마케터가 사용할 가장 중요한 촉진전략과 도구를 확인한다.

판매 촉진(sales promotion)이란 제품 또는 브랜드를 통하여 유형적 가치를 제고시키기 위해 제한된 기간 내에 소비자나 무역 커뮤니케이션 프로그램에 약간의 대가를 지불하는 것을 말한다. 가격 촉진에서 유형적 가치는 가격 인하 또는 쿠폰, 우편 환급 등의 형태를 통해 얻을 수 있으며, 비가격 촉진은 무료 샘플 및 구매사은품, '1개 구매 시, 1개 더'의 제공, 복권, 콘테스트 등의 형태를 통해 얻을 수 있다. **소비자판매 촉진**(consumer sales promotions)은 소비자에게 새로운 상품에 대한 관심을 증대시키거나, 기존 제품을 사용하지 않았던 소비자에게 샘플을 통해 관심을 증대시키거나, 또는 전체적으로 소비자 수요를 증가시키고자 설계된다. **무역판매 촉진**(trade sales promotions)은 유통 채널 내에서 제품 효용성을 증가시킴으로써 설계할 수 있다. 많은 기업들의 판매 촉진 활동비용은 미디어 광고비용을 뛰어넘고 있다. 그러나 판매 촉진은 모든 지출 면에서 보면 여러 가지 마케팅 커뮤니케이션 도구의 하나일 뿐이다. 판매 촉진 계획과 프로그램은 광고 및 홍보, 대인판매 등과 통합되고 조화되어야만 한다.

전 세계적으로 마케팅 커뮤니케이션 도구로써 판매 촉진의 인기가 증가하는 몇 가지 이유가 있다. 구매자에게 유형적 인센티브를 제공한다는 점에서 판매 촉진은 구매자들이 제품 구

사진 14-2 영웅주의를 상징하는 인물 중에서 우주인을 능가하는 것은 없을 것이다. 그것은 유니레버의 엑스 아폴로에 대한 브랜드 매니저들의 메시지이다. 런던에 위치한 바틀 보글 헤거티 광고 대행사가 만든 마케팅 촉진은 전설적인 미국의 우주인 버즈 올드린과 엑스를 동업자로 만들었다. 그리고 22명의 수상자에게 우주여행 무료 혜택을 제공했다. 1969년 올드린은 달착륙선 아폴로 11호의 파일럿이었다. 그리고 그는 달에 발을 내딛은 두 번째 사람이었다.

출처 : Eugene Gologursky/Getty Images.

매와 결부되어 예상되는 위험을 줄인다. 시장 관점에서 보면 판매 촉진은 책임이 주어진다. 홍보를 담당하는 운영자는 바로 홍보 결과를 분석해야 한다. 대체로 홍보비 지출은 많은 기업에서 증가하고 있는데, 이는 광고 지출이 전통적인 인쇄와 방송 광고로부터 탈피하여 이동되기 때문이다. 사진 14-2는 엑스 아폴로 책임자인 마케팅 담당자가 판매 촉진을 어떻게 이용하였는지 보여주며, 추가적인 예는 표 14-1에 정리되어 있다.

복권, 리베이트 및 다른 홍보 도구는 회사들이 자신들의 데이터베이스에 추가하기 위해 소비자들에게 개인정보를 알려주도록 요구한다. 예를 들면 프랑스 농림부는 최근 프랑스 와인과

표 14-1 글로벌 마케터의 판매 촉진

판촉기업/목표시장	판촉
유니레버/글로벌	45개의 다른 언어를 쓰는 60개국에서의 경쟁에서 엑스 아폴로 마케터는 소비자에게 '우주인 프로필'을 채울 수 있도록 초청하였다. 22명은 링스 아궤도 비행선으로 우주를 여행하는 기회를 얻었다.
월트디즈니/중국	위조품과 맞서기 위해 '디즈니 마술여행' 프로모션은 진짜 디즈니 상품 위에 메일로 홀로그램 스티커를 붙이는 방법을 채택하였다. 참여자는 디즈니 DVD, TV 세트, 홍콩 디즈니랜드 여행권을 얻을 수 있었다.*
마스/글로벌	글로벌 컬러 투표 프로모션은 200개 국가의 소비자에게 새로운 M&M 캔디가 보라색, 아쿠아색, 분홍색 중에 어떤 것이 될지 투표를 하게 하였다. 보라색이 선택되었다.
기네스/전 세계	'아더즈 데이' 콘서트 시리즈는 아일랜드에 위치한 기네스 맥주공장의 설립자, 아더 기네스의 250주년 생일을 기념한다.

* Geoffrey A. Fowler, "Disney Fires a Broadside at Pirates," The Wall Street Journal (May 31, 2006), p. B3.

치즈의 수출 신장을 위해 글로벌 촉진을 시작하였다. 대다수의 소비자들에게 프랑스 요리는 문화유산처럼 어려운 것으로 알려진 것을, 의회는 프랑스 요리법은 간편하게 조리될 수 있다고 설명하는 촉진전략을 후원하였다. 식품 마케팅 회사인 스포엑사는 캐나다, 스페인, 미국을 포함한 19개 국가에서 칵테일파티를 조직하도록 의뢰 받았다. 미국 마케팅 회사인 하우스파티는 웹사이트를 통해 미국 파티를 홍보하였다. 원하는 방문자가 온라인에 등록하면 하우스파티는 지원자 중 1,000명을 선택한다. 당첨자는 프랑스 와인 구입 시 할인 쿠폰을 받았으며, 또한 웹사이트를 통해 선택한 프랑스 치즈를 주문하면 선물도 얻을 수 있었다. 각 당첨자는 또한 코르크스크류(코르크 마개따기)와 앞치마를 포함한 파티용품 바구니를 받았다. 반대로 호스트는 그들의 파티에 대한 블로그 게시와 사진 찍는 것에 동의하였다. 파티 후 호스트는 특정 음식과 와인에 관한 피드백으로 스폰서가 주는 질문지를 작성하였다. 마지막으로 매장 내 홍보된 파티와 관련된 프랑스 물품은 다양한 매장과 슈퍼마켓에서 비치되었다.[1]

글로벌 기업은 가끔 한 지역에서 레버리지 경험을 얻을 수 있고, 그것을 다른 시장에서 이용할 수도 있다. 예를 들어 2015년 7월 17일 펩시코는 캐나다, 러시아, 태국에서 '펩시모지' 프로모션을 실시하였다. 그 롤아웃은 세계 이모지의 날과 일치했다. 그 브랜드의 음료수 캔과 병의 라벨에는 특별한 이모티콘이 있었다. 펩시를 마시는 사람들은 소셜 미디어 친구들과 이모티콘을 공유할 수 있는 맞춤형 35자 키보드가 있는 iOS8 앱을 다운받을 수 있었다. 곧바로 사용자들이 새로운 디자인을 제안하면서 #펩시모지가 유행하게 되었다. 이번 프로모션은 2016년 세계 100여 개 시장으로 확대될 정도로 성황을 이뤘다. 그 캠페인에는 글로벌 및 지역 이모티콘이 모두 포함되어 있었다. 그리고 진정한 IMC 방식으로 프로그램은 전통적, 디지털적 미디어 광고의 지원을 받았다.[2]

국제 경영자들은 '미국 홍보마케팅협회(PMAA)'에서 제공하는 세미나에 참석하여 미국 스타일의 홍보전략과 전술에 대하여 배울 수 있다. 때로는 국가 특유의 환경에 맞춰 각색하는 것이 요구된다. 예로 프랑스에서 TV 광고는 영화와 관련된 파생상품을 광고할 수 없다. 광고는 반드시 영화가 아닌 홍보에 집중되어 설계되어야 한다. 이 규정은 영화 자산이 전 세계에 퍼져 있는 디즈니에게 효과적이다.

마케팅 커뮤니케이션의 또 다른 측면에 따른 주요 쟁점은 본부가 직접적인 홍보 노력을 해야 하는지, 또는 현지 경영자에게 맡겨야 하는지의 문제이다. 한 연구의 저자는 다음과 같이 말한다. 네슬레 및 기타 거대기업이 한 번 소비자와 무역에 대해 다중심주의를 취한다면 판매 촉진은 새로운 노력을 시도한다. 카사니와 쿼치는 비용, 복합성, 글로벌 브랜딩, 다국적 무역의 판매 촉진 노력을 위한 네 가지 요소에 대해 본부의 많은 참여가 중요한 것인지에 대해 조사하였다.[3]

1. **비용** : 판매 촉진에는 언제나 거대 예산이 분배되어 지출되므로 본부는 자연스럽게 많은 관심을 가진다.
2. **복잡성** : 체계화 및 이행, 홍보 프로그램의 후속 조치 등 현지 경영진에게는 부족한 기술이 요구된다.
3. **글로벌 브랜딩** : 증가하고 있는 글로벌 브랜드의 중요성은 본사가 국가 간 일관성을 유지하도록 참여하는 것을 정당화시키며, 성공적인 현지 홍보 프로그램은 다른 시장에서도 레버리지 효과가 발휘된다.

4. 초국적 무역 : 소매산업 내에서 인수합병(M&A)은 집중적으로 증가하는 흐름이고, 산업의 글로벌화로 인하여 소매상들은 공급자와 조화를 이루는 홍보 프로그램을 찾을 것이다.

본사의 관여 수준에도 불구하고 대부분의 경우 현지 관리자들은 현지의 특정한 상황을 알고 있으므로 본사는 프로모션을 시작하기 전에 조언을 구하는 것이 좋다. 프로모션을 위한 현지화의 정도를 결정할 때 다수 요소가 고려되어야 한다.

- 경제발전 수준이 미비한 국가에서 낮은 수입은 이용할 수 있는 홍보 도구들의 범위를 한정시킨다. 이러한 국가에서는 무료 샘플과 실물 선전이 쿠폰이나 보따리 구매사은품보다 유용하다.
- 시장 성숙도에 따라 국가 간에도 다를 수 있다. 소비자 샘플과 쿠폰은 성장하고 있는 시장에서는 선호되지만, 성숙된 시장에서는 일정량을 무역하거나 로열티 프로그램이 요구된다.
- 특정한 홍보성 도구나 프로그램에 대한 현지 인식은 다양할 수 있다. 예를 들어 일본 소비자들은 계산대에서 쿠폰 사용을 꺼린다. 특별 할증은 돈을 낭비하는 것처럼 보일 수도 있다.
- 특정한 국가의 현지 규정에 따라 인팩 쿠폰 또는 우편 할인 쿠폰과 같은 특정 프로모션은 배제될 수 있다.
- 소매산업 내에서의 무역 구조는 판매 촉진전략에 영향을 미친다. 예를 들어 제12장에서 언급했듯이 미국과 유럽 내의 일정 국가에서는(월마트와 같은 소수의 핵심기업들에 의해 중요성이 부각된) 소매산업이 매우 집중화되고 있다. 이러한 상황은 무역과 소비자 수준 사이에서의 확실한 홍보 움직임이 요구된다. 대조적으로 소매가 점차 해체되고 있는 국가(일본은 중요한 사례이다)에서는 홍보 움직임으로 관계를 맺어야 한다는 압력이 줄어들고 있다.

샘플 제공

샘플(sampling)은 잠재적 고객에게 상품 또는 서비스를 비용 없이 주는 판매 촉진 기술이다. P&G의 최고브랜드책임자(CBO) 마크 프리차드는 최근 "핵심은 고객이 구매하기 전에 그들이 원하는 것을 제공하는 것이다."라고 언급하였다.[4] 전형적인 샘플은 우편이나 방문 또는 소매점을 통해 제공되었던 아침용 시리얼이나 샴푸, 화장품, 세제와 같은 개인에게 제공되는 고객 포장 상품이었다.

15년 전, 깃코만 브랜드의 간장 소스는 미국에서 알려지지 않았다. 현재 깃코만의 CEO인 유자부로 모기는 미국 슈퍼마켓에 샘플 프로그램을 도입했다. 모기와 직원들은 양념된 음식을 무료로 나누어 주었다. 현재 국제사업에서 미국 시장은 깃코만 수익의 약 70%를 차지한다.[5] 깃코만은 계속적으로 커뮤니케이션 도구로써 쇼핑객 마케팅을 광범위하게 사용한다. 예로 바비큐 시즌 동안 판매 촉진전략은 양념장에 대한 레시피를 배포하거나 슈퍼마켓 고기 통로 셀프 매대에 쿠폰을 마련해 놓는다. 추수감사절 전에는 가금류 매대에 칠면조 절임 레시피를 비치해 둔다.[6]

샘플 1개당 평균비용은 0.1달러부터 0.5달러까지 다양하다. 샘플 200만 개에서 300만 개까지는 일반적인 샘플 프로그램으로 유통된다. 비용은 샘플 제공에 영향을 미치는 주요 결점 중의 하나이다. 또 다른 문제는 마케팅 경영자는 때때로 샘플 프로그램이 투자로 이어지는가에 대한 공헌을 가늠하는 것이 어렵다는 것이다. 오늘날 많은 회사들은 수많은 사람들의 관심을 받는 콘서트나 스포츠 행사, 음식과 음료 축제와 같은 특별한 행사 등에서 샘플을 나누어 주는 이벤트 마케팅과 스폰서십을 활용한다. 정보화 시대의 샘플 제공은 케이블 TV의 한 주간 시청 또는 컴퓨터 온라인 서비스인 무료 구독 등으로 구성되며, 또한 인터넷 사용자들은 회사의 웹 사이트를 통해 무료 서비스를 요청할 수 있다.

마케팅 커뮤니케이션의 다른 형태들과 비교해 보았을 때 샘플 제공은 실질적인 제품의 사용을 통해 얻는 결과라고 할 수 있다. 확실하게 하기 위해서 소비재 기업은 '사용처'라는 샘플 링으로 알려진 기술을 점점 더 사용하고 있다. 예를 들면 스타벅스는 여름 기간 복잡한 대도시에서 출퇴근이 이루어지는 혼잡시간의 과열된 통근자들에게 아이스–콜드 프라푸치노의 샘플을 나누어 주기 위해 '칠리 패트롤'을 파견했다. '더러워질 수 있는 장소'에서의 샘플링의 예를 살펴보면, 유니레버는 푸드코트와 아이들이 동물을 만질 수 있는 동물원에 손을 닦는 레버 2000을 나눠 주기 위해 최근 홍보 마케팅 회사에 의뢰했다. 유니레버의 가정 및 개인위생용품 홍보 담당자인 마이클 머피는 "우리들은 점점 더 현명해지고 있다. 당신은 무엇을, 어디에서 그리고 어떻게 샘플을 전달받는지 더욱 꼼꼼히 따져 봐야 한다."라고 언급하였다.[7]

샘플은 특히 소비자가 광고나 다른 경로에서 생긴 불만을 해소할 수 없을 때 더욱 중요해진다. 예를 들어 중국 구매자들은 특히 지역 브랜드 가격보다 몇 배 비싸서, 보통 크기로 포장된 수입 소매품을 구매하는 것을 꺼리게 된다.

중국 샴푸시장에서의 P&G 지배는 공격적인 샘플 프로그램과 연계된 회사의 시장 세분화의 기술적 사용이 원인으로 작용할 수 있다. P&G는 중국에서 4개의 샴푸 브랜드를 내놓았다. 리조이스('부드럽고 아름다운 머리카락'), 펜틴('영양'), 헤드앤숄더('비듬 제거') 그리고 비달사순(패션)이다.[8] P&G는 이 샴푸 상품들의 무료 샘플을 100만 개 배포하였다. 별탈 없이 사용하고 나서 많은 소비자들은 사용자가 되었다. 그러나 이제 P&G는 새로운 도전에 직면해 있다. 중국의 도시 밀레니얼 세대는 헤드앤숄더와 같은 주류 브랜드를 사용하기보다는 고급 틈새 브랜드를 선호하고 있다.

쿠폰 제공

쿠폰(coupon)은 인쇄된 확인증으로 소지자에게는 특정한 상품이나 서비스 구매 시 가격할인이나 다수의 다른 특별한 보상을 받을 자격이 주어진다. 미국과 영국의 판매자는 쿠폰을 전달하기 위해 신문에 많이 의지하는데, 모든 쿠폰의 90% 정도는 신문의 **전단지 광고**로 배포된다. 일요 신문에는 수많은 전단지 광고가 끼워 있다. **온팩 쿠폰**은 상품 포장물에 부착되어 있거나 모서리 한 켠을 차지하고 있어 확인 직후 빠르게 교환받을 수 있다. **인팩 쿠폰**은 포장물 안쪽에 들어 있다. 또한 쿠폰은 가게에서 직접 받거나, 선반에 놓인 디스펜서로부터 셀프서비스로 제공받거나, 우편을 통해 집까지 배달해 주거나, 또는 계산대에서 컴퓨터를 이용해 배포하고 있다. 또한 인터넷을 통해 유통되는 쿠폰의 양이 증가하고 있다.

교차쿠폰은 한 상품에서 배포되지만 다른 상품으로 교환 받을 수 있다. 예를 들면 치약 쿠폰은 칫솔과 함께 배포된다.

미국은 큰 차이로 다수의 쿠폰을 발행하여 세계를 지배하고 있다. 쿠폰 경향을 추적하는

NCH 마케팅 서비스는 1년간 미국에서 3,000억 장의 쿠폰이 배포되었다고 보고하였다. 그리고 겨우 1%만이 실제로 교환되었다. 온라인 쿠폰 배포는 빠른 비율로 성장하고 있으며, 구글은 참가자들을 통해 이를 실험하고 있다.[9]

쿠폰은 P&G나 유니레버와 같은 소매 포장상품(포장된 소매품) 회사가 선호하는 홍보 수단이다. 쿠폰의 목표는 충성 고객들에 대한 보상과 비사용자가 상품을 사용해 보도록 자극하는 것이다. 쿠폰 배포는 EU 중에서도 영국과 벨기에에서 넓게 이용되고 있다. 그러나 저축이 중요한 아시아 국가에서는 일반적이지 않다. 아시아 소비자들이 검소하다는 평판이 있음에도 불구하고 대부분은 쿠폰 사용을 꺼리는데, 그 이유는 쿠폰을 사용함으로써 그들이나 가족들에게 창피함을 준다고 느끼기 때문이다. 프로모션마케팅협회(PMA)를 위한 '홍보의 기초' 세미나를 진행하고 있는 조셉 포타키에 따르면 쿠폰 배포는 미국에서는 프로모션 믹스의 한 측면으로 다른 국가들과 약간의 차이를 보인다. 미국에서 쿠폰 배포는 소비자 홍보 지출의 70% 정도를 차지하며, 다른 국가들은 그 수치가 매우 낮다. 포타키에 따르면 "대부분의 다른 국가에서는 아주 낮거나 또는 없는데, 이를 요약하면 문화가 쿠폰 배포를 받아들이지 못하기 때문이다." 포타키는 또 쿠폰 배포가 영국과 같은 국가들에서 중요성을 얻고 있는 한 가지 이유를 언급하였는데, 그것은 소매업자들이 쿠폰 배포의 이점에 대하여 잘 알고 있기 때문이다.[10]

소셜 쿠폰은 오늘날 가장 뜨거운 온라인 판매 촉진 트랜드의 하나이다. 산업 리더 그루폰은 지역 사업체에서 후원받은 당일 거래 쿠폰을 팔로워에게 제공한다. 팔로워는 자신들의 경험을 소셜 네트워크를 통하여 공유한다. 지역 사업체는 고객을 얻고, 그루폰은 쿠폰의 공유를 진행한다. 그루폰은 단 1년 만에 1개 국가에서 35개 국가로 확장하면서 어지러울 정도의 성장을 하고 있다. 그런 성장의 많은 부분은 인수를 통해 이루어졌다. 2016년 말까지, 그루폰은 수십 개 국가에서 5천만 명 이상의 사용자가 있었다. 그루폰의 웹사이트 방문자의 2분의 1 이상은 유럽에 거주하고 있다. 북아메리카에 33%가 있다. 주요 투자자는 러시안 인터넷 투자 그룹 디지털 스카이 테크놀러지(DST)이다. 그루폰의 설립자는 최근에 구글의 60억 달러 기업인수 제안을 거절했다.[11]

판매 촉진 : 쟁점 및 문제

앞서 언급하였듯이 많은 회사들은 그들의 샘플링 프로그램을 위한 목표 선정에 많은 전략을 사용한다. 쿠폰의 경우 소매업자들은 반드시 교환된 쿠폰을 함께 묶고, 처리 지점까지 그것들을 운송해야 한다. 많은 경우 쿠폰은 구매 시점에 유용하지 않다. 사기성 교환은 마케팅 경영자들에게 1년간 수억 달러가 들게 했다. 사기는 다른 형태로도 당할 수 있다. 예를 들어 2004 슈퍼볼 방송 동안 펩시는 애플 컴퓨터의 아이튠즈 뮤직스토어와 합동으로 홍보 행사를 벌였다. 애플은 무료로 1억 개 이상의 노래를 제공하기로 계획하였고(0.99달러), 소비자들은 펩시 병뚜껑에서 인식번호를 얻고, 다운로드를 위해 인식번호를 입력하여 자격을 얻음으로써 온라인에 접속할 수 있다. 판촉은 누구라도 펩시병을 구입하면 세 번 중 한 번은 승자가 될 수 있도록 설계되어 있었다. 그러나 많은 사람들은 한쪽으로 병을 기울임으로써 어느 병이 승자인지 알 수 있다는 걸 발견했다. 게다가 그들은 펩시를 구입하지 않고서도 인식번호를 읽을 수 있었다![12]

기업들은 판매 촉진을 위한 계획 및 실행 시 극도로 주의해야 한다. 몇몇 신흥시장에서 기업들의 판매 촉진은 법의 허점을 이용하거나 진입에 따른 소비자의 저항이 없다면 놀라운 일을 일으킬 수 있다. 판매 촉진은 유럽에서 매우 규제가 심하다. 스칸디나비아에서 판매 촉진은 방송 광고 시 제약 받는 것으로 유명하지만 북유럽국가에서는 홍보 자체가 규제의 대상이다. 만약 유럽이 단일시장으로 발전하여 규제가 완화되고, 규제가 조화를 이룬다면 기업들은 범유럽 프로모션을 진행할 수 있을 것이다.

1990년대 후분 한 연구는 타이완, 타이, 말레이시아에서의 쿠폰 사용량과 쿠폰 및 복권에 대한 태도를 분석하였다.[13] 비록 다소 시간이 흘렀지만 이 연구는 여전히 글로벌 기업들이 세 국가 및 비교적 쿠폰 경험이 거의 없는 아시아의 다른 개발도상국을 목표로 하고 있다는 연관성을 보여준다. 이 연구는 홉스테드의 사회적 가치 프레임워크를 지표로 활용하였다. 연구한 세 국가는 모두 집단주의 국가이고, 연구자들은 가족구성원과 사회 전체에 대한 긍정적 태도가 쿠폰과 쿠폰 사용에 대한 개인의 긍정적 태도에 영향을 미친다는 것을 알아냈다.

그러나 세 국가는 가치 성향에서 약간의 차이를 보였다. 말레이시아는 다른 국가들보다 높은 권력거리와 낮은 불확실성 회피를 보인다. 말레이시아인에게 공공의 곤란한 상황에 대한 두려움이 쿠폰 사용에 제약이 되었다. 세 국가에서 미디어 소비습관도 중요한 요소였다. 잡지나 신문을 정기구독하지 않는 사람들은 쿠폰을 사용할 수 있다는 것을 잘 모르고 있었다. 타이완과 타이의 소비자들은 복권보다 쿠폰을 더 선호하는 것으로 보인다. 종교의 영향력은 연구자들을 놀라게 했다. 연구자들은 인구 대부분이 이슬람교인 말레이시아의 소비자들은 복권을 이용한 홍보를 회피할 것이라고 가정했다. 복권은 이슬람에서 난색을 표명하는 도박과 비교될 수 있다. 그러나 말레이시아인들은 쿠폰보다도 복권을 선호하는 경향을 보였다. 불교 및 유교, 도교 국가인 타이완에서는 두 가지 모두 사용되었으며, 종교는 홍보에 대한 태도에 미미한 영향을 미쳤다. 개발도상국에서의 마케팅에 대한 본 연구의 한 가지 시사점은 문화적 차이에도 불구하고 판촉 활동의 가용성 증가는 소비자 활용을 높일 수 있다는 것이다.[14]

(14-2) 대인판매

◀ 14-2 전략/자문판매 모형을 단계별로 기술한다.

대인판매(personal selling)는 기업의 판매대리인과 가망성 있는 구매자 사이의 사람 대 사람의 의사소통이다. 판매자의 의사소통 노력은 잠재 고객을 위한 정보전달 및 설득에 집중되어 있으며, 그것은 단기적 목표인 판매와 장기적 목표인 관계 수립을 포함한다. 판매자가 할 일은 정확하게 구매자의 니즈를 이해하고, 회사의 제품과 구매자의 니즈를 일치시킨 후 고객에게 구매하도록 설득하는 것이다. 판매는 양방향 커뮤니케이션 경로로 제공되기 때문에 특히 값비싸고 기술적으로 복잡한 산업제품의 마케팅에서 중요하다. 판매자들은 종종 본사에 디자인과 공학기술의 결정에 활용될 수 있는 중요한 고객의 의견을 제공한다.

판매자 본국에서의 효과적인 대인판매는 구매자와의 관계 수립이 요구되지만, 구매자와 판매자가 다른 국가 또는 다른 문화 배경의 출신인 글로벌 마케팅은 추가적인 과제를 내포하고 있다. 그렇지만 면대면의 중요성, 즉 글로벌 시장에서 산업제품들의 대인판매 노력을 이야기하는 것은 어렵다. 예를 들면 스페인의 이베리아 항공이 장거리 비행기를 현대화할 때 보잉과 라이벌 기업인 에어버스의 판매자들은 자주 이베리아의 최고재무책임자(CFO)인 엔리케 듀푸이 데 롬을 만났다. 20억 달러 상당의 12대의 비행기 주문을 위해서였다. 고려 대상 비행기는 보잉 777-300ER('확장된 폭')과 에어버스 A340-600이다. 각각의 판매팀은 초기 입찰과 가격 협상을 시작하였다. 보잉 제트기 부문의 최고 판매자인 토비 브라이트는 에어버스의 존 레이

히와 대치하였다. 이베리아의 요구는 제시된 가격보다 할인되고, 기체의 전매 가격 보증을 포함하였다. 수개월의 미팅 및 요청사항을 수정한 후 에어버스가 최종적으로 계약을 성사시킬 수 있었다.[15]

대인판매는 또한 시장에서 광고에 대해 다양한 제약이 있는 나라에서 유용한 마케팅 커뮤니케이션 도구이다. 또한 시장에서 광고에 대해 다양한 제약이 있는 나라에서 유용한 마케팅 커뮤니케이션 도구이다. 예를 들어 일본에서는 어떤 광고에서도 제품 비교를 표시하는 허가를 받기가 어렵다. 이러한 환경하에서 대인판매는 직접 경쟁제품을 나란히 비교하는 최고의 방법이다. 대인판매는 또한 종종 숨어 있는 거대한 지역 판매조직이 있는 낮은 임금률의 국가에서도 사용된다. 예를 들면 HBO는 헝가리에서 방문판매를 통해 핵심 구독자를 만들었다.

미국을 기반으로 하는 많은 회사에서 해외로 제품 및 서비스 마케팅을 시작하기로 결정하기 전 대인판매의 비용 효과성은 중요한 요인이 되었다. 기업 입장에서 진입가격이 상대적으로 낮으면 새로운 지역이나 제품을 시험하는 것이 비교적 쉽다. 예컨대 몇몇 하이테크 기업은 라틴아메리카에서 저임금 판매자로 하여금 소비자들에게 새로운 제품 홍보를 하도록 하고 있다. 만약 반응이 좋다면 기업들은 주력 제품을 미국에서 첫 공개한다.

해외에서 대인판매 조직을 구축하는 데 내재되어 있는 위험들은 오늘날에도 여전하다. 중요한 문제는 현지국 내 판매원과 마케팅 직원이 원격지 조직보다 더 이익을 낼 수 있느냐 없느냐가 아니다. 대부분의 경우 그들이 할 수 있는 것은 정해져 있다. 쟁점은 현지 조직을 현지인으로 구성할 것인지 또는 각자의 본국에서 해외로 파견한 **해외주재원**(expatriates)(재외국민으로 알려진)으로 구성할 것인지이다.

앞 장에서 확인된 많은 환경적 문제와 도전은 기업이 대인판매전략을 수행하기 위한 첫 번째 단계에서 마쳤을 때 종종 표면화된다. 이는 다음의 것을 포함한다.

- **정치적 위험** : 불안정하거나 부패한 정부는 판매조직에 관한 규정을 완전히 바꿀 수 있다. 외국에서 새로운 사업체를 설립하는 것은 특히 쿠데타가 임박해 있거나, 독재자가 특별한 '보답'을 요구(많은 개발도상국에서 일어나는 경우)하는 경우에는 쉽지 않다. 일례로 콜롬비아 정부는 훌륭한 잠재적인 시장을 제공하는 개방적 이미지를 보였다. 그러나 많은 기업들은 과도하게 부담스러운 여당의 암묵적 규칙을 알게 되었다.

  독재정부에 의해 통제되는 국가에서는 정부관계자들이 어떻게 사업을 수행해야 하는지를 지시하기 때문에 목표고객과 판매활동에 수반되는 메시지는 매우 한정적이고 제한적이 되는 경향이 있다. 홍콩에서 사업하는 기업들은 1997년 권력이양 이후 중국이 자국의 뜻을 도입하고 시장환경을 변화시킬 수 있다는 것을 걱정하고 있다. 이러한 걱정을 반영하여 브리티시 텔레콤은 홍콩의 많은 판매 요원 구성원을 홍콩 반환에 앞서 런던으로 불러들였다. 그러나 홍콩의 기업들을 최대한 안심시키기 위해 중국 정부는 최소한의 간섭정책이 가장 현명한 접근이라는 것을 궁극적으로 알게 되었다.

- **법적 장애물** : 정부는 간혹 외국 판매조직에 영향을 미치는 쿼터제도의 도입이나 관세를 부과한다. 한편으로 정부는 손쉬운 수익원으로 이러한 정책을 고려하지만, 이보다 더욱 중요한 것은 정책 입안자들은 지역회사의 판매조직이 그들이 무엇을 제공할 수 있고, 어떠한 가격 조건에서 경쟁적인 우위를 유지할 수 있는지 보장하려고 한다. 규제는 또한 특정 형태의 판매활동을 제한하는 규칙의 형태를 띤다. 1998년 중국 정부는 방문판매를 금

지하였는데, 에이본의 사업방식을 효과적으로 차단하기 위해서였다. 에이본은 대리점 네트워크를 구축함으로써 이에 대응하였다.

2006년 직접판매가 합법화되었을 때 CEO인 안드레아 정은 몇 년 이내에 중국이 에이본의 최종 결산에 1년에 10억 달러를 증가시킬 것으로 예상했다. 그러나 결과적으로 에이본은 점포에서 직접판매로 비즈니스 모델의 이행과 관련하여 중국에서 손실을 입었다. 이 상황에서 복합적으로 중국에서 비롯되고 다른 시장으로 퍼져나간 뇌물수수 스캔들이 터졌다. 계속되는 조사로 기업은 명성에 타격을 입었고 수천만 달러의 비용이 들었다.[16]

- **통화 변동** : 기업의 판매 노력이 시장기회의 부족이나 비효율성에 의해서가 아닌 화폐 가치 변동에 의해 틀어지게 되는 사례가 많이 있다. 예로 1980년 중반 캐터필러의 글로벌 시장 점유율은 달러 강세로 인해 고마쓰사에게 미국 고객들을 빼앗겼을 때 감소했다. 캐터필러의 경영팀이 국내의 상황개선에 빠져 있는 동안 경쟁자들은 글로벌 시장에서 기업의 위치를 조금씩 잠식해 왔다.

- **미지의 시장** : 기업이 세계의 새로운 지역에 진입할 때 자사의 판매전략은 시장상황, 사업 수행 방법 또는 국내 경쟁자의 포지셔닝 정보 부족 때문에 판매 전력이 느슨해질 수 있다. 장애물에 맞서기 위한 전략이 만들어질 때쯤 기업이 성공하기에는 너무 늦어버린다. 반대로 경영진이 진입에 앞서 시장조사를 하는 데 지나치게 많은 시간을 할애할 경우 빠르게 움직이는 '분석 마비' 신드롬에 걸리지 않은 경쟁업체에 매출이 빼앗기는 등 기회의 창이 닫혔음을 발견할 수 있다. 따라서 새로운 국가에 진입하기 위한 최적의 시간에 대한 일반화를 하기는 어렵다.

모든 이러한 과제들이 극복되거나 최소화된다면 대인판매 시도는 **전략/자문판매 모형**으로 알려진 도구의 보조적 역할로 시행될 수 있다.

전략/자문판매 모형

그림 14-1은 미국에서 넓은 수용성을 지닌 **전략/자문판매 모형**(personal selling philosophy)을 보여준다. 모형은 5개의 상호 의존적인 단계 및 단계별로 판매자에게 체크리스트가 되는 세 가지 방안으로 구성되어 있다.[17] 많은 미국 기업들은 글로벌 시장을 개척하기 시작하였고, 직접 자체 직원을 이용하거나, 또는 간접적으로 계약 판매대리점을 통하는 면대면 판매팀을 설립하였다. 그 결과 전략/자문판매 모형은 점점 더 전 세계적으로 이용되고 있다. 구매자와의 질적인 파트너십을 구축하기 위한 모델 수행의 핵심요소는 일관성 있게 수행하고 마무리해야 한다는 것이다. 이러한 일관성은 기업 본사에 접근하기 용이한 미국을 본거지로 하는 판매조직보다 인터내셔널 판매조직에게 훨씬 더 어렵다.

첫 번째, 영업대리인은 반드시 **대인판매 철학**(personal selling philosophy)을 개발해야 한다. 이것은 구매자에게 도움을 주는 문제 해결자 또는 파트너의 역할에 적합한 마케팅 개념과 의지를 수행하도록 요구한다. 판매 전문가는 반드시 판매행위가 가치 있는 행동이라는 신념이 확실해야만 한다. 두 번째 가망고객과 일반고객과의 고품격 관계를 수립하고 유지하기 위한 사업 계획인 **관계전략**(relationship strategy)을 수립해야 한다. 관계전략은 지속적인 파트너십의 기초로써 제공될 수 있는 친밀한 관계 및 상호 신뢰를 만들기 위한 청사진을 제공한다. 이 단계는 고객과 장기적인 파트너십을 발전시켜야 하는 중요성을 강조한 접근방법인 관계 마케팅

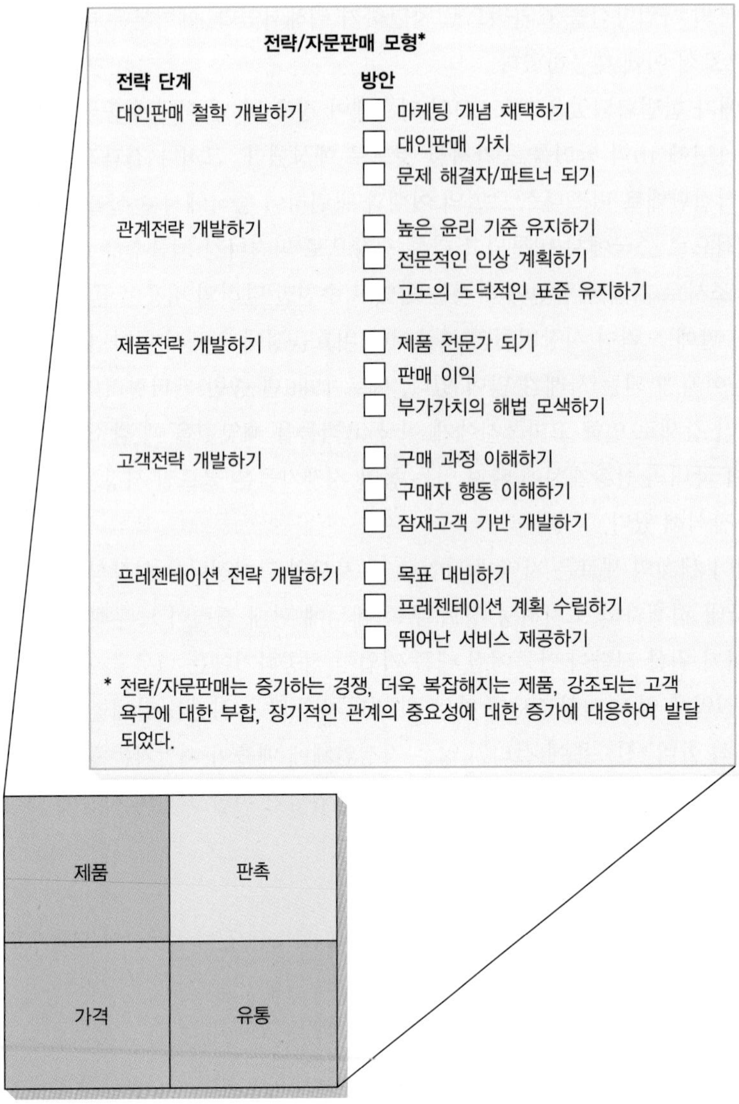

그림 14-1 전략/자문판매
모형
출처 : Manning, Gerald L.; Ahearne,
Michael; Reese, Barry L., Selling
Today: Partnering to Create Value,
14th Ed., ⓒ 2018, Pearson Education,
Inc.

전략/자문판매 모형*

전략 단계	방안
대인판매 철학 개발하기	☐ 마케팅 개념 채택하기
	☐ 대인판매 가치
	☐ 문제 해결자/파트너 되기
관계전략 개발하기	☐ 높은 윤리 기준 유지하기
	☐ 전문적인 인상 계획하기
	☐ 고도의 도덕적인 표준 유지하기
제품전략 개발하기	☐ 제품 전문가 되기
	☐ 판매 이익
	☐ 부가가치의 해법 모색하기
고객전략 개발하기	☐ 구매 과정 이해하기
	☐ 구매자 행동 이해하기
	☐ 잠재고객 기반 개발하기
프레젠테이션 전략 개발하기	☐ 목표 대비하기
	☐ 프레젠테이션 계획 수립하기
	☐ 뛰어난 서비스 제공하기

* 전략/자문판매는 증가하는 경쟁, 더욱 복잡해지는 제품, 강조되는 고객
욕구에 대한 부합, 장기적인 관계의 중요성에 대한 증가에 대응하여 발달
되었다.

제품	판촉
가격	유통

의 개념과 판매 직원을 직접적으로 연결시킨다. 미국에 기반을 둔 많은 기업들은 미국 시장에서 판매하기 위해 관계 마케팅 접근방법을 접목시켰다. 이것은 글로벌 시장에서 성공을 이루고자 하는 어느 기업에게도 동일하거나 심지어 더욱 그렇다.

국제적 단계에서 개인과의 관계전략 개발에 있어 대리인은 한 걸음 물러서고 어떻게 이러한 전략을 외국 환경에 잘 맞출 수 있을지에 대해 이해하는 것이 현명하다. 예를 들면 미국의 대도시에서 기본이거나 심지어 선호되는 관행으로 보이는 "나는 당신의 사업을 위해서라면 무엇이든지 할 것이다."와 같은 공격적인 태도는 일부 문화에서 최악의 방법일 수 있다. 이것은 왜 기업의 판매관리자와 판매대리인 조직이 그들이 판매하고자 하는 글로벌 시장에 대해 배우는 데 필요한 시간과 에너지를 투자하는 것에 신중한지를 보여준다. 많은 국가에서 사람들은 오직 가장 기본적인 판매기술, 즉 알려진 것보다 낮은 수용성을 보이는 기술을 이해한다. 미국 시장에서 탁월했던 수준 있는 판매 촉진활동은 결코 다른 나라에서는 적중한 적이 없다. 컨설턴트나 대리점과 같은 국내 전문가는 해외영업 대리인이 효과적인 국제관계전략을 창출하도록 도와줄 수 있는 훌륭한 현실 세계 정보의 원천이 될 수 있다. 그들은 특히 판매조직에 동료의 조언에 의지를 해야 하는 다른 국적을 가진 많은 해외주재원이 포함되어 있을 때 도움이 된다. 해외영업 대리인은 반드시 본국의 규범과 관습을 완전히 이해하기 위한 의지와 인내심이 상호 존중의 바탕에서 관계를 발전시켜 나아가는 데 있어서 중요한 요소라는 것을 이해해야만 한다.

세 번째 단계인 **제품전략**(product strategy) 개발하기는 고객 욕구를 만족시키기 위해 상품을 선택하고 포지셔닝하는 해외영업 대리인을 보조하기 위한 계획에서 발생하였다. 판매 전문가는 반드시 남자 혹은 여자를 대표하는 각 상품의 모양 및 특징에 대한 깊은 이해뿐만 아니라 경쟁요소에 대한 이해를 가지고 있는 전문가여야만 한다. 이러한 이해는 고객의 욕구, 필요와 관련된 편익에 대한 의사소통 및 제품의 포지션을 선정하는 데 필요하다. 판매 철학 및 관계전략과 마찬가지로 이번 단계에서는 목표시장의 특성에 대한 이해와 목표시장에서의 보편적인 욕구와 필요가 본국과는 상이한 제품을 요구할 수 있다는 사실에 대한 이해가 반드시 포함되어야 한다.

최근까지 대부분의 미국 기업은 국제판매는 서비스보다 제품판매에 주력해 왔다. 예를 들어 존 디어는 농업이 지역경제의 중심인 국가들을 대상으로 고품질이나 상대적으로 일상적인 농기구를 공급함으로써 국제시장에서의 점유율을 크게 증가시켰다. 그러나 오늘날 서비스와 연관된 기술에 대한 수요가 폭발적으로 급증하면서 상황은 바뀌었다. 2000년도에 IBM의 세전이익의 24%가 하드웨어 판매에 기인하였다. 서비스는 40%를 차지하였다. 소프트웨어는 24%를 차지하였다. 오늘날 하드웨어는 IBM 매출의 8%에 불과하다. 이러한 매출의 23%는 소프트웨어("Cognitive Solutions")에서 창출된다. 가장 큰 성장 분야는 클라우드 플랫폼과 기술 서비스였으며 현재는 기업 매출의 약 43%를 차지하고 있다.[18] IBM이 2011년 100대 기업으로 돌아왔을 때 이코노미스트는 IBM이 수년간 완성해 온 성공 공식을 요약했다.

> 시작부터 복잡한 기계 제조업체로서 IBM은 그 제품을 소비자에게 설명하는 것 외에는 선택이 없었다. 그리고 나서 소비자의 비즈니스 요구사항에 대한 강한 이해를 발전시켰다. 그것을 통해 고객과 공급자 간의 긴밀한 관계가 이어졌다.[19]

요컨대 IBM의 성공은 다음과 같은 전략/자문판매 모형의 네 번째 단계에 대한 우수한 실행 덕분이다. 판매 전문가가 고객의 니즈에 최대한 대응할 수 있도록 보장하는 계획인 **고객전략**(customer strategy)을 개발하라. 그렇게 하는 것은 소비자 행동에 대한 일반적인 이해가 필요하다. 추가로 판매자는 개별고객 또는 가망고객의 욕구에 관해 가능한 한 많은 정보를 수집하고 분석해야 한다. 또한 고객전략 단계는 현재의 고객뿐만 아니라 잠재고객(또는 선도고객)으로 구성한 전망 기반을 구축한다. 선도 **잠재고객**(qualified lead)이란 제품을 구매할 의향이 높은 사람이다. 많은 영업조직은 너무 많은 비잠재고객을 좇음으로써 자사의 생산성을 저하시킨다. 이러한 쟁점은 국제적인 판매조직에게 심각한 문제일 수 있는데, 고객의 신호 또는 '구매 신호'가 영업대리인의 본국에서 확인하였던 것과 일치하지 않을 수도 있기 때문이다.

다섯 번째이자 마지막 단계인 실제 대면판매 상황에는 **프레젠테이션 전략**(presentation strategy)이 필요하다. 이것은 개별판매를 위한 목적과 이러한 목적을 달성하기 위한 프레젠테이션 계획을 수립하는 것으로 이루어져 있다. 이러한 프레젠테이션 전략은 영업대리인의 의무로서 고객을 위해 특별한 서비스를 제공해야 한다는 것을 기본으로 한다. 그림 14-2에서 볼 수 있듯이 이 다섯 가지 전략은 판매자의 대인판매 철학과 적절하게 연관되어 있고, 그 결과는

그림 14-2 고품질의 판매 파트너십 구축
출처 : Manning, Gerald L.; Ahearne, Michael; Reese, Barry L., Selling Today: Partnering to Create Value, 14th Ed., ⓒ 2018, Pearson Education, Inc.

고품질의 파트너십이다.

프레젠테이션 계획(presentation plan)의 핵심이라 할 수 있는 프레젠테이션 계획은 일반적으로 6단계로 나누어져 있는데, 그것은 접근, 니즈 발견, 프레젠테이션, 협상, 마무리, 판매 서비스이다(그림 14-3). 각 단계의 중요성은 국가나 지역에 따라 달라질 수 있다. 이미 여러 번 앞에서 언급했듯이 글로벌 판매자는 반드시 문화적 규범과 적절한 명함 교환부터 대화 도중 상대방의 목소리 톤과 구매결정권자와 눈을 맞추는 수준까지의 적절한 의전에 대한 이해를 해야 한다. 일부 국가에서는 이러한 접근과정은 바이어가 진행 중인 계약에 대한 언급 없이 판매자를 알기 위해 혹은 판매자의 개인적인 수준을 알아보고자 하는 동안 드러난다. 이러한 경우에 프레젠테이션은 오직 관계를 공고히 한 후에야 이루어질 수 있었다. 라틴아메리카와 아시아의

그림 14-3 6단계 프레젠테이션 계획
출처 : Manning, Gerald L.; Ahearne, Michael; Reese, Barry L., Selling Today: Partnering to Create Value, 14th Ed., ⓒ 2018, Pearson Education, Inc.

6단계 프레젠테이션 계획

1단계 : 접근	☐ 전략적/자문판매 모형 검토하기
	☐ 고객 접점 시작하기
2단계 : 니즈 발견	☐ 전략적 질문하기
	☐ 고객 니즈 결정하기
	☐ 제품 솔루션 선택하기
3단계 : 프레젠테이션	☐ 프레젠테이션 전략 선택하기
	☐ 프레젠테이션 계획 수립하기
	☐ 프레젠테이션 시작하기
4단계 : 협상	☐ 구매자 우려 예측하기
	☐ 협상방법 계획하기
	☐ 윈-윈 협상 시작하기
5단계 : 마무리	☐ 적절한 마무리 방법 계획하기
	☐ 마무리 단서 인식하기
	☐ 마무리 방법 시작하기
6단계 : 판매 서비스	☐ 후속 조치
	☐ 전화를 통한 후속 조치
	☐ 확장 판매

서비스, 소매, 도매, 제조판매

일부 지역에서는 관계를 맺는 데까지 수주일, 심지어는 수개월이 걸리는 경우도 있었다. 구매자들은 오전 8시부터 오후 5시까지의 시간 동안 행하는 일반적 업무보다 그 시간 이후의 일에 더 많은 중요성을 부여하기도 한다.

6단계 프레젠테이션 계획의 첫 번째 단계는 **접근**으로 영업대리인이 고객 또는 단골고객과 첫 번째 접촉을 하는 것이다. 이 단계에서 가장 중요한 요소는 구매결정 과정 및 구매 결정자, 영향력을 행사하는 자, 협력자 혹은 방해자 등 각 참가자의 역할에 대해 정확하게 이해하는 것이다. 또한 문화 간의 의사소통 차이를 이해하는 것도 중요하다. 예컨대 영국에서는 행동의 '미필적 규칙' 중 하나가 '이름 없음' 규칙이다. 케이트 폭스의 설명대로 "안녕, 나는 빌이야, 잘 지내니?"와 같은 "자신만만한 미국인" 접근법은, 특히 손을 뻗고 환한 미소를 동반한다면, 영국인들을 움찔하게 하고 움츠러들게 한다.[20]

때로 어떤 사회에서 그룹 미팅이 열리는 동안 행동만을 판단하여 상위 계층의 사람을 알아차리는 것은 어려운 일이다. 이 결정적인 전략적 정보들은 영업대리인이 관계를 형성하고 다양한 관점과 다양한 시각으로부터 전체 고객 조직을 알기 위해 상당한 시간을 소비한 후에야 드러난다.

두 번째 단계에서는 **니즈 발견**, 잠재 고객의 니즈를 평가하고 회사의 제품과 일치시킨다. 외국인과 효과적으로 소통하기 위해서는 프레젠테이션의 내용과 형식은 반드시 신중하게 생각해야 한다. 미국의 경우 일반적으로 프레젠테이션은 판매와 설득을 위해 디자인되는 반면에 인터내셔널 버전은 교육과 정보 제공의 의도를 갖는다. 미국 시장에서와 유사한 판매전략을 사용함에도 불구하고 글로벌 판매에서 강압적인 전략은 거의 실패하고 만다. 미국에서는 충분히 받아들여지는 대화들이 현지인의 기분을 상하게 하거나 혼란스럽게 할 수 있다는 점에서 모두 비판적이다. 하나의 재미있는 사례는 아돌프 쿠어스 회사의 판매원과 외국 가망고객들이 회의하는 동안에 일어났다. 프레젠테이션의 첫 번째 슬라이드에는 쿠어스사의 슬로건인 '천천히'가 나와 있었으나, 두 번째 슬라이드를 보여주는 순간 청중은 웃기 시작했다. 번역되었을 때 그 슬로건은 설명자가 이 그룹에 전달하고자 하는 의미와 전혀 상관없는 '설사'라는 뜻이었기 때문이다.

세 번째 단계는 **프레젠테이션**인데, 그동안 영업 사원은 고객에게 통신 노력을 맞춤화하고, 제품이 고객의 니즈를 어떻게 충족시킬 수 있는지를 교대로 말하고 보여줄 수 있는 기회를 갖는다. 이 세 번째 단계는 홍보 수단으로서 개인판매의 중요한 장점 중 하나를 나타낸다. 가망고객의 감각이 개입되어 실제로 그나 그녀는 그 제품을 실제로 볼 수 있고 만지거나, 맛을 보거나, 들을 수 있다.

프레젠테이션 중에 가망고객은 우려사항이나 제품 자체, 가격, 판매의 다른 측면에 대한 이견을 나타낼 수 있다. 국제적 환경에서 이견을 처리하는 것은 예술행위이다. 어떤 경우에는 단순한 판매 의식의 일부이며, 고객은 제품에 대해 질문을 하면 판매원이 적극적으로 제품에 대한 살아 있는 논쟁을 할 준비가 된 것으로 기대한다. 다른 사례에서는 어떤 형태든 의견충돌이 명확한 경우 공개적인 토론이 금기시된다. 그러한 대화들은 일대일 상황이나, 핵심인사들이 있는 소그룹 내에서 직접 이루어져야 한다. 판매원 훈련의 공통된 주제는 **능동적 경청**으로서 글로벌 판매에서 이 책의 제4장에서 언급한 언어적 또는 비언어적 형태의 대화 장벽은 중요한 문제이다. 반론이 성공적으로 극복되면 진지한 협상은 시작될 수 있다.

네 번째 단계인 **협상**은 고객과 판매자 모두에게 프레젠테이션을 벗어나 승자가 되도록 요구된다. 경험이 많은 미국 영업대리인은 협상을 하는 동안 승리하기 위해서는 끈기가 필요하다는 것을 안다. 그러나 일부 외국 고객들은 미국 방식의 끈기(고집과 관련된) 또는 강압을 무례와 모욕으로 받아들일 수 있다. 그러면 협상을 빨리 끝낼 수는 있지만, 최악의 경우 이런 행동은 미국의 우위 인식의 표시로 받아들일 수 있어 공격적으로 반박하거나 즉각적인 결렬을 초래하기도 한다. 베스트셀러 *Watching the English*에서 저자인 케이트 폭스는 영국인들 사이에서의 그런 인식을 다음과 같이 언급했다.

> 영국인들에게는 항상 경멸하는 어조로 '미국식'이라고 표현하는 광고와 마케팅에 대해 '뻔뻔'하고, '자신만만'하고, 노골적인 '강경 판매'라는 보편적인 혐오가 있다.[21]

반대로 다른 나라에서 끈기는 종종 실제 판매에서 노력의 결실을 맺기 전에 한 달 또는 몇 년을 참을성을 가지고 투자해야 함을 의미하는 인내를 의미한다. 예컨대 일본 시장에 진입하려고 하는 기업은 몇 년이 걸릴지도 모를 협상 준비를 해야 한다.

협상 단계를 완료한 판매 담당자는 영업 담당자가 주문을 요청하는 마무리 단계인 5단계로 넘어갈 수 있다. 이러한 요구를 받아들이는 태도는 국가별로 다를 수 있다. 라틴아메리카에서 분명한 마무리된 성명서를 기대하는 반면, 아시아에서는 의사결정권자에 대한 존중을 우선한다. 이견 처리와 협상처럼 마무리도 글로벌 비즈니스와 판매에서 얻은 지식과 경험으로부터 제공받는 판매 기술이다.

여섯 번째이자 마지막 단계는 판매 서비스이다. 성공적인 판매는 주문이 완료되었을 때 끝나는 것이 아니다. 구매와 동시에 고객만족을 확실히 하는 것인데, 즉 이행과정(배달 및 설치과정)은 구체화되어야 하고, 고객 서비스 프로그램도 구축되어야 한다(사진 14-3 참조). 실행과정은 물류와 수송은 물론 현지국의 필요한 모든 과정을 수행하기 위한 자원배분과 관련된 잠재적 문제 때문에 복잡해질 수 있다. 교통에 대한 대안은 제12장에서 설명했다. 사업 수행과 판매 후 서비스를 위한 자원배분에 대한 결정은 다음 제시되는 문단에서 묘사하는 개인판매

사진 14-3 듀퐁 파이오니어 인쇄광고는 이 회사의 글로벌 판매대리점 네트워크가 최고급 고객 서비스에만 전념하고 있다는 사실을 전달한다. 전 세계적으로 파이오니어 브랜드는 전문가 조언 및 고객 지원과 연계되어 있다. 농부들은 그들의 특정한 토양과 기후 조건에 적합한 씨앗을 보유하는 것이 중요하다. 파이오니어의 판매대리점은 그들이 각 농부의 요구사항에 대한 데이터를 기록하고 저장하는 태블릿 장치를 갖춘 현장으로 이동한다. 대리점 또한 에이커당 최고의 수확을 제공할 제품을 찾기 위해 파이오니어의 데이터베이스를 검색할 수 있다. 2019년 듀퐁 파이오니어의 법인명이 코르테바 애그리사이언스로 변경되었다.
출처 : DuPont.

구조와 그 의미가 유사하다. 해외영업 수행을 위해 현지인을 이용하는 것이 비용면에서 편익을 충족시킬 수 있지만, 그 품질관리를 보장하는 것은 매우 어렵다. 해외영업 수행의 주요 기능을 위해 해외주재원을 조직하는 것은 국제 영업이 더 성숙되고 이윤이 발생할 때까지는 일반적으로 정당화될 수 없다. 그러나 현지까지 영업팀을 보내는 것은 다양한 비용과 규제와 관련된 문제를 발생시킨다. 해외영업이 충분히 실행되었다고 하더라도 고객 서비스 판매를 위한 요구는 다시 같은 질문을 제기한다. 내국민인가, 해외주재원인가, 아니면 제3국 사람을 쓸 것인가?

(14-3) 판매조직의 국적

◀ 14-3 판매 촉진팀의 국적에 대하여 의사결정을 할 때 고려되어야 할 중요한 요소를 설명한다.

앞서 언급한 것처럼 판매의 국제화는 국적에 따른 판매조직의 구성이 회사의 기본적인 사안이다. 해외주재원 판매원 활용, 현지국 국민 고용, 또는 제3국 판매원 고용을 활용할 수 있다(사진 14-4 참조). 직원 채용 결정은 경영 성향, 기술적으로 요구되는 제품의 정교함, 그리고 표적 국가의 경제발전 단계 등 여러 가지 요인에 따라 다르다. 놀라울 것도 없이 본국시장중심 경향의 기업은 해외주재원을 선호하는 편이며, 표적 국가의 기술이나 경제수준은 고려하지 않고 표준화 형태의 진입을 시도한다. 현지시장중심 경향의 기업이 선진국에서 판매할 때는 해외주재원을 택해 기술적으로 정교한 제품을 팔아야 하는데, 현지국 판매조직의 기술적인 정교함이 낮을 때 이용할 수 있다. 후진국에서는 기술이 하나의 요소로 사용되는 제품인 경우에 현지국 국적자를 선택해야 하며, 현지국 중개상은 기술성이 낮은 제품일 때 선택해야 한다. 가장 다양한 판매조직은 지역시장중심 경향의 기업에서 발견된다. 선진국에서의 하이테크 제품을 제외하고는 제3국 사람들은 모든 상황에서 다 선택할 수 있다.[22]

추가적인 요인으로 경영자는 또한 국적별 형태의 장점과 단점으로 가중치를 두어야만 한다. 먼저 해외주재원은 본국에서 왔으므로 항상 높은 수준의 산업 지식을 소유하고 있으며, 자회사의 A/S 서비스 노력에 대해 대단히 정통한 편이다. 그들에게는 기업의 문화와 철학이 깊이 뿌리 박혀 있다. 또한 그들은 수용 가능한 관습을 받아들이고, 본사 정책을 따름으로써 향후 더 발전할 수 있으며, 일반적으로 통제나 충성심과 같은 문제는 발생할 가능성이 작다. 결국 해외 파견은 잠재고객을 늘릴 수 있는 가치 있는 경험을 가진 고용인을 제공하는 것이다.

본사 파견을 활용하는 것에는 몇 가지 단점이 있다. 본국에 대한 마음이 너무 깊게 스며든 경우에는 외국 환경과 그것에 완전히 동화되기 어려운 시간을 보낼 수 있다. 이것은 결과적으로 중대한 손실로 나타날 수 있다. 시장에서 형편없는 결과를 초래하거나, 향수병은 비용이 드는 인력 재배치과정을 초래할 수 있다. 해외주재원을 유지하는 것은 비용이 매우 높다. 종업원과 그들 가족을 해외에 배치하기 위한 연간 평균비용은 25만 달러를 초과한다. 임금을 지불하는 것 외에도 회사에서는 이사비용, 생활비, 현지국 세금을 지불해야 한다. 충분한 투자에도 불구하고 파견근로자는 해외 파견 전에 불충분한 교육과 안내로 그들의 임무를 완벽하게 해내지 못한다.

대안은 현지국 담당자를 통해 판매조직을 구축하는 것이다. 현지인은 현지시장과 사업환경에 정통하고, 언어와 지역문화에 대한 우수한 지식 등 여러 가지 장점을 제공한다. 마지막 고려사항은 특별히 아시아와 라틴아메리카에서 중요하다. 또한 이미 현지인은 목표국가에 이미 있기 때문에 배치를 위한 비용이 필요 없다. 그러나 현지인은 일에 대한 습관이나 판매 스타일

이 본사와 딱 들어맞지는 않는다. 더욱이 회사의 판매 중역은 현지인에 의해 지배되는 기업을 덜 통제하는 경향이 있다. 또한 본사 임원들은 충성심 배양에 어려움을 겪고, 고용된 현지인은 본사와 제품에 관한 많은 양의 훈련과 교육이 필요하다.

세 번째 옵션은 본국인이나 현지인이 아닌 제3국 사람을 채용하는 것이다. 예컨대 미국 회사는 중국의 대리인을 타이에서 고용할 수도 있다. 이 옵션은 현지국 접근방법과 유사한 많은 장점을 가지고 있다. 만약 판매 대상국가와 자국과 외교적 긴장이나 몇 가지 다른 형태의 의견 불일치로 인해 사이가 틀어지게 된다면, 제3국인은 충분히 중립이나 '어느 정도 거리를 두고' 회사의 판매 노력을 계속할 것이다. 그러나 제3국의 옵션은 몇 가지 단점이 있는데 판매 가능고객은 외국인도 자국인도 아닌 사람이 왜 접근하고 있는지에 대해서 의아하게 생각한다. 만약 제3국 국민은 재외국민 또는 현지인보다 보상이 적다면, 동기가 부족해질지도 모른다. 또한 그들은 그들 스스로 증진과 임무를 무시하고 다른 국가로 갈지도 모른다.

많은 시행착오로 판매조직을 만든 후, 오늘날의 기업은 해외주재원과 현지인이 균형 있게 혼합된 판매조직의 구축을 시도한다. 두 집단 사이에는 항상 잠재적인 대립이 남아 있기 때문에 이 접근방법을 위한 운용 단어는 균형이다. 이것은 또한 재외국민과 현지인의 집중적인 교육 모두가 필요하기 때문에 초기비용이 가장 많이 드는 과제이다. 그러나 단기비용은 일반적으로 해외에서 대인판매를 수행하고 사업을 수행하기 위해 필요하다고 여겨진다.

옵션을 고려한 후 경영진은 자신의 직원을 보충하는 판매조직의 구축에 대한 질문을 할 수도 있다. 네 번째 옵션은 **판매대리인**(sales agents) 서비스를 이용하는 것이다. 대리인은 정직원보다 계약하에서 일을 한다. 글로벌 관점에서 종종 선택한 국가 또는 지역에 최소한 진입을 위해서 하나 이상의 독립적인 대리점을 설치하는 것은 큰 의미가 있다. 일부의 경우 특정 지역과 동떨어져 있거나 또는 수익 기회의 부족에 있기 때문에(다른 곳에 본부를 두고 위성 서비스 운영), 대리인은 비교적 적정한 지불 수준하에서 유지된다. 오늘날 아프리카의 매출을 기반으로 하는 미국, 아시아의 대부분과 유럽의 기업은 자신의 이익을 대표하는 대리인 그룹을 유지한다.

대리인은 정직원, 현지인 판매대리인보다 비용이 저렴하다. 동시에 그들은 동일한 시장과 문화에 대한 지식을 가지고 있다. 대리인을 초기에 이용하여 판매조직에 견인력을 얻는다면, 그들은 단계적으로 철수되고 제조사의 판매조직으로 대체된다. 반대로 회사가 초기에 고유의 판매조직을 사용하면 이후에 대리점으로 전환된다. 멕시코에서 P&G의 황금매장 프로그램은 다양한 판매조직 선택의 완벽한 예시이다. 제12장에서 논의한 바와 같이 회사 대리인들은 프로그램에 참여한 점포를 방문하여 깔끔하게 물품을 정리하고, 눈에 띄는 곳에 홍보성 물품을 배치한다. 우선 P&G는 그들 고유의 판매조직을 이용하였으며, 현재 물품을 (선불로) 구매하고 구매자에게 제품을 재판매하는 독립적인 대리인들에 의지하고 있다.

기타 국제 대인판매 방식은 판매대리인과 정직원의 판매조직 사이에 위치한다.

- **독점 라이선스 계약**은 회사가 자사를 대신하여 대인판매를 수행하는 현지국 판매조직에게 커미션을 지급하는 것이다. 예컨대 캐나다의 규제기관이 미국의 통신기업이 독자적으로 시장에 진입하는 것을 금지하였을 때 AT&T, MCI, 스프린트와 기타 기업은 캐나다 통신기업과 독점 라이선스 계약을 체결했다.
- **제조 또는 생산**의 대인판매 정도는 잠재고객에게 개방된 창고 또는 전시 판매점을 통해 가능하다. 시어스는 제조와 생산에 중점을 두지만 판매 기회가 있는 다양한 해외시장에서 이러한 방식을 채택하고 있다.
- **경영관리 계약**은 기업이 프랜차이즈와 비슷한 방법으로 해외판매조직을 관리하는 것이다. 힐튼 호텔은 호텔 운영뿐만 아니라 컨벤션, 비즈니스 회의, 대규모 이벤트를 운영하는 데 목적이 있는 대인판매조직을 위한 경영관리 종류의 계약을 전 세계에 가지고 있다.
- **현지국가(또는 지역) 파트너와의 합작투자**이다. 많은 국가들이 국경 안에서 외국기업의 소유권에 대한 규제를 하기 때문에 파트너십은 대인판매 능력과 기존의 고객을 모두 획득하려는 기업에게 최상의 방법을 제공한다.

(14-4) 마케팅 커뮤니케이션의 특별한 유형 : 다이렉트 마케팅

◀ 14-4 다이렉트 마케팅의 장점을 설명하고, 다이렉트 마케팅 채널의 가장 일반적인 형태를 확인한다.

다이렉트 마케팅(direct marketing)을 다이렉트마케팅협회는 소비자 또는 주문에 대한 응답, 추가 정보의 요청, 그리고 사업장소 또는 다른 매장의 방문을 발생시킬 수 있도록 고안된 사업의 수혜자와의 커뮤니케이션이라고 정의하였다. 기업은 다이렉트 메일, 텔레마케팅, TV, 인쇄물과 기타 매체를 고객의 응답을 발생시키고, 구매 내역과 기타 고객 정보로 데이터베이스를 구축하기 위해 사용한다. 반대로 대량판매 시장의 마케팅 커뮤니케이션은 일반적으로 소비자의 특정 인구통계적, 심리통계 또는 상식적인 행동 특성 등 광범위한 분야를 목표로 삼고 있다. 표 14-2에서는 다이렉트 마케팅과 '매스' 마케팅의 차이점을 보여준다.

비록 다이렉트 마케팅은 예부터 사용했지만 오늘날 더 정교한 기술과 도구가 사용되고 있다. 예컨대 돈 패퍼스와 마사 로저스는 일대일 마케팅을 지지한다. 고객관계관리(CRM)의 개념을 형성함에 있어 **일대일 마케팅**(one-to-one marketing)은 서로 다른 고객들을 그들의 이전 구매 내역 또는 과거 기업과의 상호작용에 기초하여 다르게 대우할 것을 요청한다. 패퍼스와 로저스는 다음과 같이 일대일 마케팅의 4단계를 설명한다.[23]

표 14-2 다이렉트 마케팅과 매스 마케팅의 비교

다이렉트 마케팅	매스 마케팅
마케터가 고객의 집까지 제품의 배송을 준비함으로써 가치(유통 효용을 창조)를 더한다.	제품 효용은 일반적으로 고객의 집까지 제품을 배송하는 것을 포함하지 않는다.
마케터는 배송을 위한 모든 방법을 통해 제품을 통제한다.	마케터는 일반적으로 제품이 유통 경로 업자에게 넘어가면 통제권을 잃는다.
직접대응 광고는 즉각적인 조회나 주문을 발생시킨다.	광고는 누적효과를 위해 제품의 이미지, 인지도, 충성도, 효용을 반복한다. 구매행동은 지연된다.
반복은 추가/재발송을 이용한다.	반복은 시간의 간격을 두고 사용된다.
소비자의 인지는 제품을 보지 못하기 때문에 굉장히 위험하다. 거리가 멀거나 이동이 불편한 경우 사용된다.	소비자의 인지는 제품과의 직접접촉으로 인해 덜 위험하다. 가까운 거리에 사용된다.

1. 고객을 확인하고 그들에 대한 자세한 정보를 축적
2. 고객의 **차별화** 및 기업의 입장에서 고객가치 순위를 매김
3. 고객과의 **상호작용** 및 비용 효율이 높고 효과적인 상호작용 형태의 개발
4. 고객 **맞춤형** 제품이나 서비스의 제공(예 : 개별 맞춤형 다이렉트 메일 제공)

전 세계적으로 다이렉트 마케팅의 인기가 최근 몇 년간 꾸준히 증가하고 있다. 이유 중 하나는 직접적이고 편리한 지불수단인 신용카드의 유용성(일부 국가에서 광범위하고 다른 지역에서는 성장 중인) 때문이다.(비자, 아메리칸 익스프레스, 마스터카드는 다이렉트 메일을 보냄으로써 자신의 회원들에게 막대한 수익을 창출하고 있다.) 또 다른 이유는 사회적이다. 일본, 독일, 미국, 어느 곳이든 맞벌이 가정은 가용할 돈을 가지고 있지만 집 밖에서 쇼핑할 시간은 부족하다. 기술의 진보는 기업이 고객에게 더 쉽게 다가가게 만들었다. 케이블 및 위성 TV는 광고주들이 전 세계의 특정 고객에게 다가갈 수 있게 하였다. MTV는 전 세계 수백만 가구에 도달하고 젊은 시청자의 눈길을 끈다. 한 기업이 기업가에게 다다르고 싶을 때 CNN, 폭스 뉴스 네트워크, CNBC를 통해 시간을 살 수 있다.

유럽에서 다이렉트 마케팅의 인기는 1990년대에 급격히 증가했다. 유럽위원회는 가까운 미래에 다이렉트 마케팅 투자가 전통적인 광고에 대한 지출을 능가할 것으로 기대하고 있다. 이유 중 하나는 다이렉트 마케팅 프로그램을 '세계적으로 생각하고, 지역적으로 행동하라'의 철학에 맞도록 만들 수 있기 때문이다. 런던에 소재한 다이렉트 마케팅과 데이터베이스 업체 전무이사인 토니 코드는 20여 년 전에 "유럽의 언어, 문화, 종교의 다양성을 고려할 때 유럽 소비자의 단일화는 말도 안 된다. 다이렉트 마케팅의 강점은 이러한 다양함의 적용과 개별 소비자에 대한 조정에 있다."라고 지적한 바 있다.[24] 그러나 유럽위원회의 데이터 보호와 사생활침해, 일부 국가의 높은 우편비용, 그리고 상대적으로 제한적으로 발전된 메일링 리스트 산업에 관한 우려를 포함하여 여전히 장애물이 남아 있다. 더치포스트사의 라이너 행스트는 글로벌 시장을 지향하는 미국 다이렉트 마케터에게 다음의 가이드라인을 제시한다.[25]

- 세계는 미국인만 존재하는 것이 아니다. 그들을 미국인처럼 대하지 마라.
- 정치와 마찬가지로 마케팅도 지역 중심이다. 텍사스에서 다이렉트 메일 캠페인을 한다고

해서 토론토에서도 그 방식이 통할 것이라 생각하지 마라.

- 비록 유럽연합은 있을 수 있어도 '유럽인' 같은 것은 없다.
- 대상을 정하고, 한 국가에 집중하고, 그러고 나서 과제를 하라.
- 만일 당신의 반송주소가 파리와 텍사스라면, 프랑스 파리에서 고객을 찾는 것은 힘들 것이다. 고객은 지역에서 제품을 반송하기를 원하거나, 적어도 그들 국가 내에서 서비스가 가능하다고 믿는 것이 필요하다.

다이렉트 메일

다이렉트 메일(direct mail)은 마케터가 선정한 가망고객을 위해 개인주소를 통해 제공되며 우체국 운송 서비스를 사용한다. 다이렉트 메일은 은행, 보험회사 및 기타 금융 서비스에서 인기가 있다. 고객이 다이렉트 메일에 반응을 보이면, 마케터는 이 정보를 데이터베이스에 추가시킨다. 이 정보는 결국 마케터가 마케팅의 후속 메일을 가다듬고, 정확한 타깃 목록의 생성을 가능하게 한다. 미국은 메일 리스팅 사업이 매우 잘 발달된 국가이다. 회사는 거의 모든 유형의 바이어 리스트를 구입할 수 있다. 자연스럽게 더 선택적이고 특별한 목록들은 더 많은 지출을 요구한다. 이러한 잘 정돈된 목록의 가용성과 시장의 크기는 왜 미국인들이 다른 누구보다도 다이렉트 메일을 많이 받는지를 잘 설명해 주는 요소이다. 그러나 1인당 기준으로 독일인은 매년 개인당 500달러 이상의 제품을 구입하는 메일 쇼핑의 선두주자이다.

미국에 비해 메일링 리스트는 유럽과 일본에서 훨씬 제한적이다. 이러한 목록들은 미국의 목록에 비해 더 낮은 질과 더 많은 오류와 중복이 존재한다. 이러한 문제에도 불구하고 다이렉트 메일은 세계 일부 지역에서 성황리에 성장하고 있다. 유럽을 예로 들면 규제기관은 아이들이 노출되거나 또는 심지어 타깃이 되는 전통적인 담배 광고의 확장을 우려하고 있다. 광고에 관한 규제 증가의 위험에 직면하여 담배산업은 다이렉트 메일로 옮겨가는 전략을 짜고 있다.

아시아 경제위기 이후 그 지역의 많은 기업이 광고 예산을 더 효과적으로 사용하기 위해 다이렉트 메일로 전환하였다. 역사적으로 아시아의 다이렉트 마케팅 분야는 미국과 유럽에 비해 한참 뒤처져 있었다. 그레이 글로벌 그룹은 1997년 그레이 다이렉트 인터랙티브의 쿠알라룸푸르 사무소를 설립하였다. 오길비원 월드와이드는 오길비앤매더 그룹의 말레이시아 자회사로 다이렉트 마케팅으로 전문화되었다. 금융과 전자통신 부문에서 회사는 아시아에서 메일과 인터넷을 통해 개인 고객을 공략하기 위해 그들의 폭넓은 데이터베이스를 사용하는 다이렉트 마케팅의 선두에 있었다.

카탈로그

카탈로그(catalog)는 사진, 일러스트, 그리고 회사의 제품에 대한 광범위한 정보를 담고 있는 잡지 크기 간행물이다. ('magalog'는 때때로 이러한 커뮤니케이션 중간 매체를 설명하는 용어로 사용된다.) 글로벌 카탈로그 소매부문은 매년 수천억 달러의 수익을 생성했다. 카탈로그는 유럽과 미국에서 모두 다이렉트 마케팅만큼 오래되고 저명한 역사를 자랑한다. 유럽의 카탈로그 시장은 제2차 세계대전 이후에 소비자가 편의성, 저렴한 가격, 넓은 범위의 제품에 대한 접근을 추가함에 따라 쏟아져 나왔다. 미국을 기반으로 한 카탈로그 마케터는 JC페니, 랜즈엔드, L.L.빈, 빅토리아 시크릿을 포함한다. 유럽에서는 오토 GmbH & Co KG(독일)가 카탈로그 소매업 선두기업이다.

카탈로그는 IMC(Integrated Marketing Communications, 통합형 마케팅) 프로그램의 중요한 부분으로 폭넓게 인식되고 있고, 많은 회사들이 나란히 전통적인 소매유통과 전자상거래 채널과 함께 카탈로그를 사용한다. 미국의 카탈로그 소매부문은 전체 세계시장의 약 3분의 1을 차지하고 있지만, 매년 발송되는 카탈로그의 수는 2007년에 약 200억 개로 정점을 찍었다. 2015년까지는 온라인 쇼핑의 인기로 우편으로 발송된 카탈로그의 수가 겨우 1,200만 개에 불과했다(사진 14-5 참조). 윌리엄스소노마의 CMO 펠릭스 카불리도는 회사의 카탈로그에 대한 관점이 어떻게 발전해 왔는지에 대해 설명한다. "몇 년 전, 카탈로그는 판매 도구였다. 이제는 영감의 원천이 되었다. 우리는 고객들이 촉각적인 경험을 좋아한다는 것을 알고 있다."[26]

역사적으로 미국에서 카탈로그 판매자들은 배에 물품을 하나의 해안에서부터 다른 곳으로 운반하여 상대적으로 규제가 적은 다수의 주 경계를 횡단함으로써 이득을 보았다. 이와 대조적인 단일시장의 출현 이전에 유럽에서 카탈로그 판매는 우편주문을 통해 제품의 국경 통과에 의해 세관의 부가가치세(VAT)의 적용 대상이 되어 지체되었다. 부가가치세가 국경을 넘는 제품의 가격을 인상시켰기 때문에 특정 카탈로그는 자국 내 구매자를 타깃으로 하는 경향이 강했다. 즉, 독일인은 독일 카탈로그로부터 구입하고, 프랑스 소비자는 프랑스 카탈로그로부터의 구매가 반복되었다. 시장진입전략은 세관 규제에 의한 영향을 받았다. 카탈로그 판매자는 다양한 나라의 기존 기업을 인수함으로써 성장하였다.

오늘날 카탈로그의 역할은 독일 오토 GmbH & Co KG의 다중채널 마케팅 전략에서 감소되었다. 오토 그룹의 부사장인 데오 벤들러는 최근 다음과 같이 언급했다. "2020년에도 카탈로그는 남아 있지만 정보의 원천에 불과하다. 우리가 갖고 있는 모든 것을 보여주는 종이에서 주문하는 카탈로그는 2020년까지만 존재할 것이다. 카탈로그는 예전처럼 6개월 동안 유효하지 않을 것이다."[27]

오늘날 단일시장의 의미는 우편주문 상품을 부가가치세 없이 유럽연합 밖으로 자유롭게 움직일 수 있는 것이다. 또한 1993년 1월부터 부가가치세 면제가 EFTA 체결 국가(노르웨이, 아이슬란드, 스위스, 리히텐슈타인)로 확장되었다. 어떤 사람은 잠재적인 카탈로그 시장의 크기 증가와 부가가치세 무료 환경 덕분에 유럽의 우편주문 사업이 활발하게 성장할 것이라고 예측한다. 단일시장은 또한 더 높은 종이, 프린트와 배송비용에 더하여 지역 취향에 맞게 그들의 제품을 조정해야 하는가 하는 문제에 직면하게 될 미국 카탈로그 소매기업들을 유혹하고 있다. 랜즈엔드의 유럽지사 전 전무이사인 스티븐 마일스는 "가장 어려운 일은 어느 지역에서 지역화를 할지 아는 것이다. 우리는 우리가 미국 스포츠웨어 기업이라는 것이 자랑스럽다. 하지만 그것이 평균적인 독일 소비자가 수화기를 들 누군가에게 영어로 말하길 바라는 것을 의미하지는 않는다."라고 말했다.[28]

일본에서는 국내 카탈로그 산업이 잘 발달되어 있다. 선두 카탈로그 기업으로는 연간 100억 달러의 여성복과 란제리 매출을 올리는 세실, 교육용 재료를 팔고 있는 쿠쿠다케 퍼블리싱, 그리고 잡화회사인 샤디가 있다. 제12장에서 언급한 것과 같이 일본의 분화된 유통 시스템은 외부인이 시장에 진입할 때 엄청난 장애물이다. 많은 기업들이 유통 병목현상을 피하기 위해서 다이렉트 마케팅을 사용한다. 일본에서 모든 형태의 소비자와 기업을 위한 직접 반응 광고 (direct response advertising)의 연간 매출은 1990년대 중반 1조 달러를 넘었다(일본의 경제위기가 지속됨에 따라 2000년 5,250억 달러로 감소). 이러한 성공은 다른 전략들을 사용함으로써 달성될 수 있다. 예를 들어 파타고니아는 일본어판 카탈로그를 출판한 이후 판매가 극적으로 증가했다. 반면에 L. L.빈은 자사의 전통적인 카탈로그에 일본어판 부록을 제공했다.

그들이 일본 시장을 계속해서 개발하는 그 순간에 서양 카탈로그 기업은 다른 아시아 국가들로 관심을 돌리고 있다. 홍콩과 싱가포르의 효율적인 우편 서비스, 교육 수준이 높은 인구, 폭넓은 신용카드의 사용, 그리고 높은 1인당 소득이 카탈로그 마케터의 관심을 끌고 있다. 랜즈엔드사의 전 국제사업개발 담당자인 마이클 그라시는 "우리는 아시아 지역에 우리가 다른 지역에서 가지고 있는 수만큼의 고객이 있다는 것을 알고 있다. 그들은 시간에 쫓기고 여행을 많이 하는 근면한 중역이다."라고 말했다.[29] 또한 카탈로그 기업은 아시아의 개발도상국을 목표시장으로 하고 있다. 2016년 매출 125억 유로(약 132억 달러)에 전 세계 우편주문 매출의 약 6%를 차지하는 오토 GmbH & Co KG는 중국, 한국, 대만에 진출할 계획을 세우고 있다. 이들 국가들은 지역에 인수할 만한 통신판매 대상기업이 적기 때문에 오토사의 경영진은 지역 소매기업과 합작투자에서 다수지분 인수에 기초한 진입전략을 계획했다.

인포머셜, 텔레쇼핑, 양방향 TV

인포머셜(informercial)은 화면에 보이는 무료전화로 전화를 건 소비자에게 특별한 상품의 시연, 사용방법을 설명하고 판매하는 유료 TV 프로그램의 한 형태이다. 사치&사치 인포머셜 사업부의 사장인 토머스 버크는 인포머셜을 "지금까지 만들어진 광고기법 중 가장 강력한 형태"라고 칭찬했다. 하나의 인포머셜 프로그램을 운영하기 위해서는 300만 달러가 소요된다. 미국에서 광고주는 케이블 TV, 위성 TV, 지역 TV 광고에 시간대별 50만 달러 정도를 지불한다. 인포머셜은 일반적으로 30분 분량이고 종종 공개방송과 유명인 사회자를 채택하기 때문에 많은 시청자들은 그들이 정규 토크쇼 프로그램을 보고 있는 것으로 믿는다. 비록 전설적인 론 포페일의 제품으로부터 본질적으로 개인용품, 체력단련 제품, 가정용품과 관련되어 있지만, 인포머셜은 최근에 뜬 시장이 되었다. 예를 들면 렉서스는 인포머셜의 중고차 프로그램에서 다뤄진 후에 4만 통 이상의 전화주문을 받았다. 통화 고객의 2%가 궁극적으로 렉서스 자동차를 구매했다.

아시아에서는 인포머셜이 연간 수억 달러의 매출을 올리고 있다. 심야 시간대의 비용은 일본의 10만 달러에서 싱가포르의 2만 달러까지 다양하다. 인포머셜도 중국 시장 발전에 한몫하고 있다. 중국 정부는 국영방송인 중국중앙방송(CCTV)에 인포머셜 광고를 허용함으로써 중국 소비자가 서양제품에 접근할 수 있게 하였다. 일반적으로 1인당 소득은 낮지만, 중국 소비자들은 주택과 의료 서비스를 국가가 제공하기 때문에 40%에 달하는 저축률을 보이고 있다고 생각되는데, 이는 마케터들이 즐겨 이용하는 가처분소득으로 해석된다. China Shop-A-Vision은 인포머셜을 통해 이러한 잠재고객들에게 접근하려는 선봉에 섰고, 인포머셜을 방영한 첫해에 2만 명의 'TV 쇼핑 회원'을 가입시켰다. 그럼에도 불구하고 이들과 다른 시장 개척자들이 중국의 전화 판매방식 TV(direct-response TV, DR TV) 시장을 알아가고 있지만, 한정된 TV 보급률, 낮은 신용카드 사용률 그리고 상하이와 같은 복잡한 도시에서의 배달 문제를 포함하는 장애요소가 여전히 존재하고 있다.[30] 2013년부터 이 채널에서 일하는 부도덕한 운영자를 통제하기 위한 중국 국영 TV 규제기관의 새로운 규칙이 제정되었다.

텔레쇼핑(teleshopping)과 함께 가령 QVC(미국 대형 홈쇼핑 기업)와 HSN(Home Shopping Network) 같은 홈쇼핑 채널은 인포머셜 개념을 진일보한 형태이다. 24시간 계속되는 프로그램은 오로지 제품의 시연과 판매에 전념한다(사진 14-6 참조). 전 세계적으로 홈쇼핑은 수십억 달러 규모의 산업이다. 선두 홈쇼핑 채널들은 인터넷을 통해 판매를 극대화한다. 예를 들어 미국, 중국, 독일, 일본에서는 홈쇼핑 채널 운영에 더해 HSN은 www.hsn.com에서 온라인 쇼핑 체험을 제공한다.

미국에 기반을 둔 홈쇼핑 채널인 QVC('품질, 가치, 편리함')는 전 세계 약 2억 5,000만 가정에서 이용 가능하다. 쇼핑객들은 24시간 내내 QVC의 케이블 TV 채널과 온라인에서 보석, 집기류, 의류, 그리고 다른 상품들을 주문할 수 있다. QVC는 중국(합작), 독일, 이탈리아, 일본, 영국에서 국제 소매업을 운영하고 있다. QVC의 CMO 제프 차니가 말했듯이, 브랜드의 본질은 쇼핑객이 패키지를 열 때 받아들이는 느낌이다.

QVC는 루퍼트 머독 소유의 BSkyB(British Sky Broadcasting) 위성회사와의 협약을 통해 독일, 이탈리아와 영국 시장에 진출이 가능하고, 또한 일본도 가능하다. QVC의 이사인 프란시

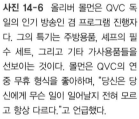

사진 14-6 올리버 몰먼은 QVC 독일의 인기 방송인 겸 프로그램 진행자다. 그의 특기는 주방용품, 셰프의 필수 세트, 그리고 기타 가사용품들을 선보이는 것이다. 몰먼은 QVC의 연중 무휴 형식을 좋아하며, "당신은 당신에게 무슨 일이 일어날지 전혀 모르고 항상 다르다."고 언급했다.
출처 : Courtesy of QVC, Inc.

스 에드워즈는 "유럽 고객은 비록 기본 전제와 개념은 같지만 다른 방식으로 반응합니다. 구매하는 보석의 종류가 다릅니다. 독일 소비자는 14캐럿 금을 사지 않습니다. 그들은 순도가 더 높은 금을 구매합니다. 또한 우리는 독일 시장에서 와인을 판매하지만 미국에서는 판매하지 않습니다."라고 설명한다.[31] 수많은 지방 또는 지역 텔레쇼핑 채널이 유럽에서 생겨나고 있다. 독일의 HOT(Home Order Television)는 통신판매회사인 Quelle Schickedanz사와 합작투자 기업이다. 스웨덴의 TV-숍은 15개의 유럽국가에서 시청이 가능하다. 일반적으로 유럽인은 평균 미국 텔레쇼핑 고객보다 안목이 더 높다.

산업 관계자는 홈쇼핑의 유행이 **양방향 TV**(interactive TV, ITV 또는 t-commerce) 기술이 더 많은 가정에 소개됨에 따라 앞으로 몇 년간 지속할 것으로 예측한다. 용어가 의미하는 것처럼 ITV는 TV 시청자가 그들이 보고 있는 프로그램과 상호작용하는 것을 허용한다. ITV는 미국에서보다 유럽에서 더 많이 존재한다. 영국에서만 유료 TV 사용자의 절반 이상이 ITV를 사용하고 있다. 영국에서 유료 TV 회사들이 제공하는 리모컨에는 홈쇼핑 채널로부터 제품을 구매하고, 방송시간 동안 다른 카메라의 앵글을 선택하고, 가령 '빅 브라더'와 같은 시청자 참여 쇼에 투표하거나, 광고상품의 공짜 샘플을 주문하기 위한 빨간 버튼이 있다. 2005년 디아지오사는 스미노프 보드카의 광고를 양방향 TV에서 시험했다. 첫 60초가 지난 다음 시청자는 광고 전체를 두 번 이상 보기 위해 버튼을 눌렀다. 전통적인 TV 광고와 비교하여 새로운 형식에 대해 스미노프 브랜드 매니저인 제임스 페니파서는 "양방향 광고는 훨씬 덜 검증되었고, 실험되지 않았습니다. 이것은 우리에겐 계산된 위험입니다. 우리는 이런 종류의 일을 그것이 성공을 하든 실패하든 배우기 위해 해야만 합니다."라고 말했다.[32]

(14-5) 마케팅 커뮤니케이션의 특별한 유형 : 지원 매체, 스폰서십, 간접광고

◀ 14-5 글로벌 마케터가 지원 매체, 스폰서십 및 간접광고를 전체적인 판매 촉진 믹스와 통합하는 방법을 설명한다.

전통적인 지원 매체에는 교통광고와 광고게시판 광고를 포함한다. 카테고리로서 이러한 매체는 옥외광고(Out-of-Home [OOH] advertising)로 알려져 있다. 글로벌 마케터들도 대중적인 문화·스포츠 행사에 맞춰 다양한 후원 기회를 활용한다. 예를 들어 아디다스, 코카콜라, 러시아 가스프롬, 중국 대기업 완다 등이 2018 러시아 월드컵 공식 후원사였다. 마지막으로 글로벌 마케터들은 인기 있는 영화, TV 및 스트리밍 프로그램에 그들의 제품과 브랜드를 배치하고 있다.

지원 매체

중국 및 다른 새로운 시장에서 정부는 대량수송 시스템을 증가시키고 고속도로를 건설하고 개선함으로써 광고주들은 구매 대중에게 다가가기 위해 더 많은 내외부 포스터와 광고게시판을 활용하고 있다. 일본의 인구는 대중교통에 크게 의존하고 있으며, 평균적인 근로자들은 매일 통근에 약 80분을 소비한다. 결과적으로 일본의 옥외광고와 교통광고에 대한 지출은 대부분의 다른 나라들보다 훨씬 더 많다. 실제로 OOH가 일본에서 총 광고 지출의 13%를 차지하는 것은 홍콩에서의 점유율에 이어 두 번째이며, OOH는 광고시장의 18% 이상을 차지한다.[33]

절대 달러 기준으로 미국은 OOH 지출 측면에서 1위를 차지하고 있다. 전 세계적으로 OOH는 280억 달러의 시장을 나타내며, 전체 광고 지출의 약 6%를 차지한다.[34] 최근 몇 년

신흥시장 요약보고서

광고판은 브라질에서 금지되었다

환경 활동가를 위한 스코어 하나 : 2007년 1월 1일, '청정도시법'이 브라질의 상파울루에서 시행되었다. 지베르투 카사브 시장이 옹호한 이 법의 주요 결과는 1,100만 명의 도시에 다양한 형태의 외부 광고물을 금지하는 것이다. 카사브 시장이 언급한 것처럼 "깨끗한 도시법은 물, 소리, 공기 그리고 시각의 오염물질을 제거해야 하는 필요에서 출발한다. 우리는 가장 눈에 잘 띄는 오염물질(시각 오염물질) 제거부터 시작해야 한다."

금지는 상파울루의 큰 게시판과 비디오 스크린(약 15,000개)이 내려져야 하는 것을 의미한다. 남은 것은 포스터가 제거된 뼈대만 남은 구조물의 잡동사니이다(사진 14-7 참조). 추가로 버스와 택시의 대중교통에 부착된 광고는 더 이상 허용되지 않는다. 점포 간판 사인은 여전이 허용된다. 그러나 주어진 간판의 최대 크기는 가게 정면 크기에 의한 산식으로 결정된다.

이러한 금지 조치에 갈채를 보내며 지역 저널리스트는 새로운 법을 "사적 이익을 넘은 공적 이익, 무질서를 넘은 질서, 추함을 넘은 심미함, 더러움을 넘은 청결함의 승리"라고 치켜세웠다. 그러나 그러한 관점은 상파울루의 32,000회원 조직인 상업협의회의 주요 경제전문가와 공유하지 못하였다. 금지 조치에 반박을 하며 마르셀 솔리미오는 다음과 같이 주장한다. "이것은 시장경제의 규칙과 법률에 대한 존중을 훼손시키는 급진적인 법입니다. 우리는 소비자 사회에 살고 있으며 자본주의의 정수는 제품에 대한 정보의 효용입니다."

일부 광고주들은 브라질에서 전통적인 옥외 광고가 반드시 최고의 커뮤니케이션 채널은 아니라는 것을 인정한다. 아프리카 아젠시아의

마르시오 산토로 이사는 청정도시법이 시행되기 전의 광고 환경을 묘사할 때 직설적이다. 산토로에 따르면 너무 많은 쓸데없는 광고가 있어 광고주들은 더 많은 광고판을 구매해야 했고 결과적으로 더 많은 쓸데없는 광고를 야기했다. 일단 전통적인 옥외 광고에 대한 접근은 거부되었고 기업은 예비 고객들과 소통할 수 있는 많은 대안을 고안해 냈다. 예를 들어 씨티은행은 광고의 상당 부분 파란색을 사용하므로 상파울루 본점은 파란색을 칠하여 눈에 잘 띄도록 했다. 엘리베이터와 욕실에 광고를 배치하는 것과 같은 혁신적인 실내 접근법도 채택되고 있다. 브라질 사람들은 소셜 미디어를 받아들였기 때문에 온라인 채널은 자연스럽게 어울린다. 그룹 ABC의 니잔 과네스는 다음과 같이 말한다. "인터넷은 다음 개척지입니다. 이유는 제가 따로 설명할 필요가 없을 겁니다. 브라질은 디지털과 소셜 미디어가 매우 발달되어 있습니다."

시장은 결과적으로 특별한 지역은 제한된 양의 옥외광고가 허용될 것이라고 알렸다. 그렇지만 많은 광고업자는 새로운 현실에 적응해야 한다. 상파울루 대다수의 거주자가 이 법을 지지하고 있으므로 광고업자는 환영 받지 않는 곳에 광고를 붙이는 것이 의미가 없다는 것을 이해한다.

출처 : Vincent Bevins, "São Paulo Advertising Goes Underground," Financial Times (September 7, 2010), p. 10; David Evan Harris, "São Paulo: A City without Ads," Adbusters, 73 (September–October 2007), p. 7; Larry Rohter, "Billboard Ban in São Paulo Angers Advertisers," The New York Times (December 12, 2006), p. C1.

사진 14-7 광고판은 한때 브라질의 가장 인구가 많은 도시에서 보편적이었다. 청정도시법이 발표되면서 옥외 광고판의 앙상한 프레임만 남아 있다.
출처 : Jean Pierre Pingoud/Getty Images.

간 이 카테고리의 성장은 디지털 옥외광고(Digital Out-of-Home [DOOH] advertising)로 알려진 디지털 광고게시 플랫폼의 출시로 인해 가속화되었다. 실제로 세계에서 가장 가치 있는 DOOH 자산으로 널리 알려져 있는 런던 피카딜리 서커스의 간판도 디지털 인식 기술을 접목하도록 업데이트되었다(사진 14-8 참조). 이 기술은 매년 교차로를 지나가는 1억 명 중 일부에게 표적 광고가 게재될 수 있도록 한다.

OOH 업계에서 가장 큰 두 업체는 35개국에 거의 60만 개의 옥외 및 대중교통 디스플레이를 보유한 텍사스 소재 클리어 채널 아웃도어 홀딩스와 프랑스의 JC데코이다. JC데코는 유럽에서 시장을 선도하고 있다. 전체적으로 이 회사는 약 75개의 다른 국가에서 운영되고 있다. 옥외광고는 현재 중국에서 폭발적인 성장을 경험하고 있는데, JC데코는 특히 베이징, 상하이, 광저우와 같은 대도시를 중심으로 톰 그룹, 클리어 미디어 및 수천 개의 다른 지역기업과 경쟁하고 있다. 러시아, 특히 모스크바에서도 같은 추세를 보이고 있다.

스폰서십

스폰서십(sponsorship)은 점진적으로 인기를 끌고 있는 마케팅 커뮤니케이션의 형태이다. 그래서 기업은 특별한 이벤트, 팀 또는 선수협회, 또는 스포츠 시설과 관련된 명칭을 사용하기 위해 비용을 지불한다. 스폰서십은 홍보와 판매 촉진의 요소를 혼합적으로 가지고 있다. 홍보 측면에서 스폰서십은 일반적으로 기업명 또는 브랜드가 방송 또는 장내 아나운서에 의해 여러 번 언급될 수 있게 한다. 대규모 행사는 또한 일반적으로 스폰서십 기업 또는 브랜드에 대한 언급이 많이 되는 뉴스나 토크쇼를 포함한 매체의 주목을 받는다(사진 14-9 참조). 행사 스폰서십은 전형적으로 다수의 대중과 수많은 만남의 기회를 제공하기 때문에 제품 샘플 제공 또는 다른 판매 촉진을 위한 완벽한 수단이 된다.

올림픽 또는 월드컵의 스폰서십은 글로벌 청중에게 다가갈 수 있게 해준다. 스폰서십은 또한 국내 또는 지역 청중에게 다가갈 수 있는 이벤트를 만들어 주는데, 프로팀의 경기대회, 카레

이싱, 열기구 대회, 로데오 및 음악 콘서트 개최 등이 있다. 예를 들어 코카콜라는 월드컵 스폰서로 주요 판매 촉진 기회를 갖는다. 2010년 남아프리카공화국 월드컵에서 코카콜라는 후원권을 얻기 위해 약 1억 2,400만 달러를 사용했으며 광고와 판매 촉진 활동에 4억 7,500만 달러를 사용하였다. 코카콜라는 아프리카를 테마로 한 TV, 온라인과 레스토랑 광고로 IMC 방식을 사용했다. 월드컵 경기가 중계될 때 코카콜라의 파워에이드 스포츠 드링크 브랜드는 경기장 주변 전자 게시판에 나타났다. 코카콜라의 통합 마케팅 이사, 스콧 맥쿤은 경기하는 한 달 동안 5%의 판매 상승을 예측했다. 그 회사는 지금과 2020년 사이에 아프리카에 120억 달러를 투자할 계획이다. 맥쿤은 다음과 같이 언급했다. "대륙은 우리에게 정말 중요하다."[35]

월드컵에 참여한 코카콜라에서 설명한 것처럼 스폰서십은 통합적 마케팅 커뮤니케이션 프로그램의 효과적인 요소이다. 이것은 기업이 사용하는 광고 또는 다른 형식의 마케팅 커뮤니케이션 범위가 법으로 제한된 나라에서 사용될 수 있다. 예를 들어 담배 광고가 금지되어 있는 중국에서 B.A.T.(British American Tobacco)와 필립 모리스는 홍콩-베이징 자동차 경주와 중국 전국 축구 토너먼트 경기와 같은 행사에 스폰서십 계약으로 수천만 달러를 지불했다. 그러나 2005년 중국 정부는 국제보건기구(WHO)의 담배규제조약을 비준했다. 이것은 모든 형태의 담배 홍보와 스폰서십 계약이 2010년부터 중단되는 것을 의미한다. 스폰서십은 또한 영국에서 대중적이다. 벤슨&헤지스는 크리켓 경기의 스폰서 기업이 되기 위해 5년간 400만 파운드(600만 달러)에 계약을 했고, 로스먼즈는 연간 1,500만 파운드(2,300만 달러)를 F1 경주팀 스폰서 계약을 위해 지불했다. 그러나 담배 광고에 대한 EU의 지시를 따르기 위해 F1 경기를 포함한 모든 스포츠의 담배기업 스폰서십은 중단되었다.

간접광고 : 영화, TV 쇼, 유명인사

회사는 인기 있는 TV 프로그램, 영화, 그리고 다른 종류의 공연에 그들의 제품과 브랜드 이름이 등장하도록 주선하는 **간접광고**(product placement)를 사용함으로써 독특한 유형의 노출을 얻을 수 있다. 마케터는 유명인사한테 제품을 빌려주거나 기부할 수도 있고, 유명인사가 대중 앞에 노출한 제품은 홍보가 된다. 일부 글로벌 마케터들은 공인들과 유명인사들이 좋아하는 브랜드를 사용하는 모습을 볼 때 브랜드에 대한 홍보를 생성할 수 있다. 예를 들어 전 영부인 미쉘 오바마가 아스펜에서 스키를 타는 동안 값비싼 몽클레어 퀼트다운 재킷을 입고 있는 것이 목격되었다. 이 유명 브랜드의 겉옷은 어떤 날씨에도 즐겨 입는 유행이 되었다(사진 14-10 참조).[36]

이 전략은 특히 자동차 제조업체와 패션 디자이너한테 인기가 많고 언론 관심을 받는 오스카상과 그레미상과 같은 인기 있는 TV 연례행사에 자주 이용한다. 예를 들어서 셀레스떼 애킷슨은 아우디의 라이프스타일과 엔터테인먼트 매니저이다. 그녀의 일은 파파라치 사진에 아우디 A8L, 12-실린더 A8L, S8 스포츠 세단 자동차와 같은 차량이 찍히게 하여 이야깃거리를 만드는 것이다.[37] '아이언 맨'에서 토니 스타크 역을 맡은 로버트 다우니 주니어가 운전한 아우디 R8 스파이더를 잊지 말자! 스바루의 고성능 WRX는 최근 히트한 영화 '베이비 드라이버'에서 배우 안셀 엘고트가 선호하는 도주 차량이었다. 최근 히트작인 '킹스맨: 골든 서클'의 팬들은 미스터 포터 웹사이트의 킹스맨 콜렉션에서 태그호이어("Don't Crack Under Pressure") 커넥티드 워치와 의류를 구입할 수도 있다.

블록버스터 영화의 시청자 수는 전 세계 수천만 명에 이른다. 많은 경우 간접광고는 상당한 미디어의 관심과 추가 홍보를 생성한다. 간접광고는 여러 가지 방법으로 조정할 수 있다. 때로 기업은 간접광고에 대한 수수료를 지불한다. 또는 프로듀서는 신제품의 마케팅과 판촉지원에 대한 대가로 대본에 제품을 언급하는 대사를 집어넣을 수도 있다. 한 브랜드의 소유주는 기업 (예 : 소니)이 소매 판촉에서 제임스 본드 이름에 대한 라이선스 권리를 대가로 영화 제작자들

사진 **14-10** 밀라노에 본사를 둔 고급 브랜드 몽클레어는 드레이크가 '핫라인 블링' 뮤직 비디오에서 마야 패딩 재킷 중 하나를 입은 후 인기를 끌었다.
출처 : Christopher Polk/Getty Images.

⟶ 문화탐구

본드 영화에서 스타 제품

007 시리즈로 잘 알려진 제임스 본드 소령은 1962년에 처음 영화로 제작되었다. 50년 후 본드 독점사용권은 전보다 더 강해졌다. 그리고 영화는 유명한 브랜드명과 액션을 통합하면서 유명해졌다(사진 14-11 참조). 부드러운 영국 첩보원으로 특화된 23편의 영화는 전 세계 티켓 판매로 50억 달러 이상의 총수익을 창출했다. 그러나 2015년 개봉한 '스펙터'는 제작비가 3억 달러 이상 들었다. 007 시리즈의 인기와 더불어 영화 제작에 드는 높은 비용은 본드를 제품과 브랜드를 선보이기 위한 완벽한 수단으로 만든다.

많은 기업은 본드 영화와 같이 세상의 이목을 끄는 프로젝트와 연결하기 위해 노력한다. 1996년에 BMW는 스포티한 뉴 Z3 컨버터블을 출시했을 때, 세계 주요 언론에서 크게 다루어지길 원했다. BMW는 Z3를 18번째 제임스 본드 영화 '골든아이'에 투입시킴으로써 확장된 홍보효과를 얻었다. 영화에서 Q는 007에게 애스턴 마틴 대신 Z3를 준다. Z카는 영화 홍보용 필름과 광고 포스터에 주요하게 등장한다. BMW 딜러에게 'BMW 007 키트'가 제공되었는데 이 키트는 잠재 구매자들이 영화와 자동차가 출시되기 전에 그 두 가지에 대해 더 자세히 알 수 있게 해주었다. 애드버타이징 에이지가 지켜본 것처럼 "BMW는 미국 Z3와 BMW에 대한 전례 없는 미디어 노출과 인지도로 자동차 산업을 건드린 것뿐 아니라 흔들었다."

'007 네버다이', '골든아이'의 후속편은 글로벌 브랜드 판매 촉진 파생상품이 약 1억 달러의 가치를 가지는 것으로 나타났다. 에릭슨, 하이네켄, 오메가, 브리오니, 비자 인터내셔널은 영화에 제품으로 등장했다. 본드 스타 피어스 브로스넌은 007 첩보원으로 특별히 영화화된 TV 광고에 등장했다. 그러나 20번째 007 시리즈 '어나더 데이'는 2002년 말에 출시되었다. BMW는 포드에 그 자리를 넘겨주었다. 제작자들을 설득하여 애스턴 마틴(한때 포드가 소유했던 브랜드)을 다시 가져오게 했다. 재규어와 새로운 선더버드 또한 영화에 눈에 띄게 등장했다.

21번째 본드 시리즈 '카지노 로얄'은 007 배역에 배우 다니엘 크레이그가 참여하였다. 팬과 마케팅 이사의 반발을 피하기 위해 영화제작사는 영화에 공식적인 글로벌 파트너로 소니전자, 소니 에릭슨, 오메가, 하이네켄, 포드, 스미노프만으로 제한하였다. 포드의 글로벌 브랜드 엔터테인먼트 이사 마일스 로메로는 다음과 같이 말한다. "브랜드 인지도에 굉장히 좋습니다. 영화는 우리가 마케팅하지 않는 곳에까지 홍보해 줍니다."

6번째 본드로 크레이그를 캐스팅한 제작사의 결정은 영리한 선택임이 증명되었다. '카지노 로얄'은 박스오피스에서 거의 6억 달러를 벌어들였고 시리즈 중에서 최고의 수익 창출을 이루어냈다. 다음 시리즈인 2008년 '퀀텀 오브 솔러스'는 여러 기업이 자신의 브랜드를 처음으로 영화에 참여시켰으며 코크 제로, 에이본도 참여하였다. 코크 제로의 대변인 더크 헨드릭슨은 다음과 같이 설명한다. "우리는 100개 이상의 시장이 있습니다. 관련 없는 글로벌 성격을 가진 두 브랜드의 제휴가 매우 적절하다고 생각합니다." 그런 면에서 에이본은 영화 개봉에 맞추어 007 본드걸 향수의 출시를 조정하였다. 글로벌 마케팅 부사장 트레이시 하프너는 "영화는 아름다운 향수를 발전시키고 전 세계 여성을 연결하는 가장 좋은 플랫폼"이라고 말했다.

본드 프랜차이즈가 50주년 기념을 축하할 때, 2012년 '스카이폴'은 제품 간접광고의 전통을 이어갔다. 하이네켄은 주력상품 맥주의 제품 광고에 수천만 달러를 사용했다. 소니 바이오 노트북과 엑스페리아 모바일 전화기는 몇 번을 노출시켰다. 그리고 차가 있었다. 아우디, 재규어, 랜드로버, 폭스바겐, 레인지로버, 애스턴 마틴이 눈에 띄는 차종이었다.

출처 : Edward Helmore, "Happy Birthday, Mr. Bond," *The Wall Street Journal* (July 7 - 8, 2012), p. D11; Theresa Howard, "Brands Cozy up to Bond," *USA Today* (October 20, 2008), p. 3B; Emiko Terazono, "Brand New Bond Has a License to Sell," *Financial Times* (November 14, 2006), p. 10; Tim Burt, "His Name's Bond, and He's Been Licensed to Sell," *Financial Times* (October 5 - 6, 2002), p. 22; Jon Rappoport, "BMW Z3," *Advertising Age* (June 24, 1996), p. S37.

사진 14-11 애스턴 마틴 DB5는 007 요원과 동일시된다. 이 자동차의 스크린 데뷔작은 1962년 숀 코네리가 제임스 본드로 주연을 맡았던 '살인번호'에서다. 이것이 2015년 가을, 다시 원점으로 돌아와 본드 역을 맡은 배우 다니엘 크레이그가 새로운 모델인 DB10과 짝을 이루었다.
출처 : JSN/Lexi Jones/WENN/Newscom.

에게 소품 역할을 하는 제품을 제공하는 물물교환 계약을 체결할 수 있다. 프로퍼갠더, 히어로 프로덕트 플레이스먼트, 이온 펑션과 같은 간접광고 대행사는 제품을 위한 연예기획사와 같다. 예컨대 대행사는 브랜드의 소유주로부터 법적 승인을 얻어내고, 제작자에게 고객의 제품을 홍보하고 스튜디오까지 제품을 배달하는 것과 같은 여러 중요한 기능을 수행한다.

TV 속 간접광고의 경우 광고 및 프로그램 콘텐츠의 모호함은 기업이 점점 더 전통적인 광고의 효과에 의문을 제기함에 따라 발생하고 있다. 사실 TV 프로그램에서 눈에 띄는 간접광고는 전통적인 광고보다 훨씬 더 기억에 남는다는 연구조사 결과가 있다. 게다가 많은 시청자들은 광고를 '건너뛰기' 위해 디지털 녹화기를 사용한다. 사실 소비자들은 광고를 무시하고 있다. 이런 추세 때문에 광고업체는 시청자에게 자신의 메시지를 전달하기 위해 새로운 방법을 찾아야 한다. 때로는 브랜드 엔터테인먼트라고도 한다. 제품과 브랜드의 엔터테인먼트와의 효과적인 통합은 몬스터 TV에서 유명세를 탄 '아메리칸 아이돌'을 통해 알 수 있다.

효율성의 문제에 더해서 예산 압박에 직면하는 소품과 의상 담당자들은 가능하면 무료로 소품을 구입하는 것을 추진한다. 게다가 대규모 영화의 마케팅비용이 증가함에 따라(하나의 스튜디오를 위해 마케팅 비용만 2~3천만 달러를 소비하는 것은 드문 일이 아니다) 스튜디오는 비용을 분담하기 위해 파트너 찾기가 늘고 있고, 가능한 한 최대한 많은 관객을 유인하기 위해 노력한다. 그와 동시에 간접광고는 글로벌 마케터, 특히 소비재 기업에게 흥미 있는 이슈로 떠오르고 있다. 이 전략은 사실상 제품 표준화 접근법을 지시하는데, 한 장면의 영상이 촬영되어 영화나 TV 프로그램에 통합되면 제품의 이미지는 '동결'되고 세계 어디에서나 볼 수 있기 때문이다.[38]

좋든 나쁘든 간접광고는 라이브 극장이나 오페라의 세상에 도달한다. 2002년 가을, 푸치니 '라보엠'의 새로운 브로드웨이 편은 1957년경 파리를 무대로 하였다. 무대에는 명품 볼펜 제조회사 몽블랑과 파이퍼 하이직 샴페인의 광고판이 설치되었다. 카페 모무스 군중 장면에서 파이퍼 하이직이 등장했다. 어떤 산업 관계자들은 그런 광고에 대해 대중의 반발을 경고한다. 담배처럼 논란이 많은 제품은 눈에 띄게 만들거나 미화시켰을 때 윤리적인 문제가 가끔 제기되기 때문이다. 광고는 방송광고와 같은 전통적인 형태로 나타날 때 대부분 소비자들은 자신이 광고에 노출되어 있다는 사실을 알고 있다. 이것은 반드시 간접광고와 관련된 사례가 아니다. 사실상 시청자들의 동의 없이 잠재적으로 홍보되고 있다.

간접광고의 적절한 사용은 어떻게 구성되는가? 옴니콤 미디어 플래닝 그룹의 경영담당자 조 우바는 다음과 같이 언급했다. "강요해서는 안 된다. 방해가 되지 않아야 한다. 사람들이 '매진, 간접광고야'라고 하면 안 된다."[39] 뉴욕대학교에서 미디어를 연구하는 유진 세쿤다 교수 또한 회의적이다. "매우 위험한 계획이다. 시청자가 프로그램의 내용을 불신할수록 의심스럽게 보게 될수록 그들은 모든 것을 냉소적이고 저항적으로 볼 것이기 때문에 메시지에 반응할 가능성이 줄어든다."[40]

요약

판매 촉진은 제품과 브랜드에 유형적 가치를 더해 주는 유료 단기 커뮤니케이션 프로그램이다. 소비자판매 촉진은 최종 소비자를 대상으로 한다. 무역판매 촉진은 비즈니스 대 비즈니스 마케팅에서 이용한다. 샘플은 잠재고객에게 무료로 제품이나 서비스를 체험할 수 있는 기회를 준다. **쿠폰**은 소지자에게 제품이나 서비스를 구매할 때 가격 인하나 다른 가치의 향상을 주는 인증서이다.

대인판매는 예비 구매자와 회사 대리인 사이에 대면하는 의사소통이다. 미국에서 널리 이용하는 전략/자문판매 모형은 전 세계적으로 활용된다. 모델의 다섯 가지 전략 단계는 대인판매 철학, 관계전략, 제품전략, 고객전략, 프레젠테이션 전략이다. 프레젠테이션 계획의 여섯 가지는 접근, 니즈 발견, 프레젠테이션, 협상, 마무리, 판매 서비스이다. 성공적인 글로벌 판매는 프레젠테이션 계획 중에 하나나 여러 단계의 적용이 필요하다. 글로벌 판매에 추가 고려 사항은 해외주재원, 현지인, 판매대리인이 포함되어 있는 인력 구성이다.

커뮤니케이션의 여러 다른 형태는 글로벌 마케팅에 사용할 수 있다. 여기에는 글로벌 마케팅이 포함되어 있으며, 다이렉트 마케팅은 판매를 시작하거나 완성시키기 위해 하나 이상의 미디어를 사용하는 측정 가능한 시스템을 말한다. 일대일 마케팅은 다이렉트 마케팅에 대한 최근의 접근법이다. 소비자가 전에 구입한 경험 또는 과거 회사와의 상호관계를 기반으로 분명한 방법하에 개별 고객에 다가가는 마케팅이다. 다이렉트 메일, 카탈로그, 인포머셜, 텔레쇼핑, 양방향 TV는 글로벌 기반에서 많이 이용하는 다이렉트 마케팅 도구이다. 글로벌 경영자들은 자주 글로벌 관객을 얻을 수 있는 블록버스터 영화에 제품을 광고하고자 한다. 스폰서십과 간접광고는 글로벌 기반에 이용되는 중요한 커뮤니케이션 도구이다.

토론문제

14-1. 판매 촉진(예 : 샘플과 쿠폰)의 주요 도구들은 어떻게 글로벌 시장에서 사용될 수 있는지 요약하라. 다른 국가시장에서 발생하고 있는 쟁점과 문제는 무엇인가?

14-2. 본국 이외에서 판매 촉진 도구로서 대인판매를 사용하는 기업이 고려해야 하는 잠재적 · 환경적 도전에는 어떤 것들이 있는가?

14-3. 경영자의 성향(예 : 본국시장중심, 현지시장중심, 지역시장중심)은 어떻게 판매조직 국적에 대한 결정과 연계되어 있는가? 어떤 다른 요인이 판매조직 구성에 영향을 미치는가?

14-4. 이 장의 앞에서 언급했듯이 P&G는 멕시코와 다른 새로운 시장에서 '골든 스토어' 프로그램을 운영한다. P&G 대표들이 참가 매장을 방문해 진열장을 정돈하고, 눈에 띄는 곳에 홍보물을 배치한다. 처음에 P&G는 이러한 작업에 자체 판매 인력을 이용했고 이제는 재고품을 구입(미리 지불)한 다음 상점 주인에게 물건을 재판매하는 독립 대리점에 의존한다. 이 장의 토론과 일치하는 접근법이 있는가?

14-5. 다이렉트 마케팅은 글로벌 기업 홍보 믹스에서 어떤 역할을 하는가? 성공적으로 다이렉트 메일 또는 다른 형태의 다이렉트 반응 광고를 사용한 기업 3개를 예로 들어 보라.

14-6. 인포머셜, 스폰서십, 간접광고는 글로벌 마케팅에서 왜 중요해지고 있는가?

사례 14-1 (계속)
밀라노 엑스포 2015

놀랄 것도 없이 밀라노 엑스포의 크기와 규모가 비판의 몫을 차지했다. 예를 들어 엑스포가 열리기 전날인 4월 30일 수천 명의 시위자들이 밀라노 거리로 나왔다(사진 14-12 참조). 일부 분노는 비용 초과로 인해 발생했다. 이탈리아 파빌리온 자체는 예산이 3천만 유로(3,300만 달러) 이상이었다. 시위자들의 분노는 행사 관리자와 계약 대가로 뇌물을 받은 혐의로 기소된 여러 정치인이 연루된 부패 스캔들을 겨냥한 것이었다. 반세계화 운동가들도 참석했다. 많은 사람들은 엑스포를 자본주의적 과잉의 한 예로 보고, 주최자들이 세계적인 기아와 같은 긴급한 문제들을 회피하고 있다고 비난했다.

다른 활동가들은 후원금 문제에 초점을 맞췄다. 예를 들어 슬로푸드 운동은 이탈리아 북부에서 시작되었다. 이 그룹의 웹사이트(www.slowfood.com)에서 언급한 바와 같이 슬로푸드 관계자들은 맥도날드가 이 행사에 후원하는 것을 반대했다. 이 거대 패스트푸드업체의 참여에는 수백 명이 앉을 수 있는 레스토랑과 테라스 둘 다 포함되어 있었다. 또한 이탈리아 농무부와 협력하여 맥도날드는 '메이킹 더 퓨처'라는 프로젝트를 시작했다. 이 프로젝트는 40세 미만의 이탈리아 농부 20명에게 맥도날드의 공급자가 될 수 있는 기회를 제공했다. 슬로푸드의 성명서에 따르면 다음과 같다. "맥도날드의 존재는 지구가 우리 자신의 안녕에 대한 걱정 없이 패스트푸드나 정크푸드를 계속 먹을 수 있음을 의미한다."

반기업적인 입장에도 불구하고 슬로푸드는 또한 엑스포의 전시자이기도 했다. 유명한 스위스 건축사무소 헤르초크&드 뫼롱은 이탈리아 롬바르디아 지역의 전형적인 세 부분으로 이루어진 나무로 된 농가 형태의 특별한 파빌리온을 만들었다. 방문객들은 슬로 치즈라고 불리는 지역의 다양한 장인 치즈를 맛볼 수 있는 기회를 가졌다. 슬로푸드 관계자들은

엑스포에 참여함으로써 이 단체가 지역적이고 소규모의 지속 가능한 농업을 통해 생물다양성 보호의 중요성에 대해 널리 알릴 수 있기를 희망했다. 엑스포가 끝난 후 파빌리온은 분해되어 이탈리아 학교의 정원 창고로 용도가 변경되었다.

한국관은 엑스포의 전반적인 맥락에서 개별국가들이 각자의 음식 문화를 제시하는 방식을 보여주는 교과서적인 예를 제공했다. 한국의 주제는 '한식, 미래를 위한 음식 : 당신이 먹는 것이 당신입니다.'이었다. 파빌리온의 건축은 한국의 전통 도자기 그릇인 달항아리를 바탕으로 만들어졌다. 주최 측으로는 한국의 문화체육관광부와 한국관광공사가 참여하였다.

한국관 내에서 전시는 음식과 관련된 몇 가지 문제들을 다루었다. 먼저 한국은 과식, 가공식품에 대한 지나친 의존, 식자원의 고갈 등의 위험성을 묘사한 작품을 선보였다. 다음으로 한국 전통음식을 업데이트하고 계절별 농산물, 색깔, 재료들을 '음식의 상징'으로 혼합하는 한국적 개념인 한식을 주제로 한 전시회가 열렸다. 발효와 저장 기술도 선보였다. 전시회 마지막 부분에 입장한 관람객들은 한식이 자연과 조화를 이루는 지속 가능한 '미래를 위한 음식'을 대표한다는 생각을 담은 원형홀에 자리하게 된다. 마지막으로 방문객들은 천연 재료와 특이한 양념들을 이용한 한식을 맛볼 수 있는 기회가 주어졌다.

밀라노 엑스포 2015의 주제를 고려하면 이 행사에서 많은 음식이 준비되고 소비되었다는 것은 놀랄 일이 아니다. 사실 매일 약 400톤의 음식이 엑스포 경기장으로 배달되었다. 말할 필요도 없이 이 모든 음식이 어떤 특정한 날에 사용되었고 상당한 양이 낭비될 수도 있다. 즉, 밀라노의 구성원들과 더 넓은 음식 커뮤니티의 구성원들에게 사라지지 않는 사

사진 14-12 2015년 밀라노에서 열린 엑스포 반대 시위
출처 : Sandro Bertola/Zuma Press/Newscom.

실이다.

이 문제를 해결하기 위해 미슐랭 스타를 받은 이탈리아 요리사 마시모 보투라*는 몇몇 동료 요리사, 다수의 저명한 아티스트 및 디자이너, 밀라노 교구 등과 함께 레페토리오 암브로시아노(암브로시안 레펙토리)라는 프로젝트에 협력했다. "Non pollo una mensa"('단순히 엉망진창이 아니다')라는 주제를 반영하여 레펙토리는 밀라노의 그리스 지역에 위치한 버려진 커뮤니티 극장에서 되살아난 팝업 레스토랑이었다. 극장의 리노베이션은 밀라노공과대학교의 두 교수가 감독했다. 이 식당은 밀라노 엑스포의 맥락에서 음식과 먹는 인간의 경험에 대한 상징적인 제스처를 제공하는 한편, 가난하고 혜택 받지 못한 사람들을 대접하고 돕기 위해 고안되었다. 2015년 5월 레펙토리가 문을 열었지만 제작자들은 밀라노 엑스포가 끝난 후에도 운영이 계속될 것이며 식당은 밀라노 중앙역의 상담센터와 노숙자 보호에 따뜻한 식사를 제공할 것이라고 생각했다. (자세한 정보는 www.refettorioambrosiano.it에서 확인할 수 있다.)

토론문제

14-7. 맥도날드의 밀라노 엑스포 2015 스폰서십 참여에 대한 슬로푸드의 반대 의견에 동의하는가?

14-8. 밀라노 엑스포 2015가 세계적인 기아와 지속 가능한 식량 공급 등의 문제에 영향을 미치는 '게임 체인저'가 될 것으로 생각하는가?

14-9. 밀라노 엑스포 2015의 기업 및 국가 전시관이 투자 수익 측면에서 잘 쓰였다고 생각하는가?

* 셰프 마시모 보투라는 '셰프의 테이블'이라는 새로운 넷플릭스 시리즈에 등장한다.

출처 : Massimo Bottura, "One Man's Trash Is Another Man's Dinner," The Future of Everything (December 2015), pp. 60-61; Jay Cheshes, "Far beyond Funnel Cake," The Wall Street Journal (June 6-7, 2015), p. D10; Kathryn Tomasetti, "140 Ways to Feed the Planet (and Entertain 30 Million Visitors)," EasyJet Traveller (May 2015), pp. 32-34; Rachel Sanderson, "Italy Pins Hopes for Economic Revival on Expo," Financial Times (May 1, 2015); Elisabetta Povoledo, "Milan Pins Hopes on World Expo after Graft Scandal," The New York Times (April 23, 2015), p. A8; "Con Fattore Futuro McDonald's insieme al MiPAAF e a EXPO 2015 per sostenere l'agricoltura italiana," Press Release, February 27, 2015; Rocky Casale, "The Luxury of Leftovers," TMagazine (April 6, 2015), p. 35.

사례 14-2
레드불

0l 교재를 읽는 대부분의 사람들은 레드불에 익숙할 것이다. 에너지 드링크 시장을 창출한 64억 달러의 회사는 스노우보딩과 서핑을 포함한 익스트림 스포츠를 콘서트와 같은 문화적 이벤트와 연계하여 출시하였다. 그 회사는 브랜드를 촉진시키기 위해 광고와 홍보에 추가하여 다양한 커뮤니케이션 채널을 활용한다. 레드불의 페이스북 페이지는 4,300만의 '좋아요'와 200만 명이 레드불의 트위터 피드를 팔로워하고 있다. 콘서트나 다른 이벤트에서 큰 레드불 캔을 차 위에 장착한 특별히 제작된 차를 운전하는 동안 스트리트팀은 무료 샘플을 나누어 준다. 또한 회사는 인피니티 레드불 F1 레이싱팀을 후원한다. 추가로 뉴저지주 해리슨에 위치한 레드불 아레나는 뉴욕 레드불 메이저리그 축구팀의 홈구장이다. 말할 필요도 없이 레드불은 에너지만 높은 게 아니다. 인지도 또한 높다.

브랜드 슬로건 'Red Bull Gives You Wings'는 최근에 가장 큰 홍보 성공을 거둔 것 중 하나로 레드불을 완벽한 기업 파트너로 만들었다. 2012년 가을, 레드불은 우주에서 죽음에 도전하는 스카이다이버 펠릭스 바움가르트너를 후원했다(사진 14-13 참조). 7년간의 계획 후, 바움가르트너는 24마일 고도의 헬륨을 가득 채운 풍선에서 점프하였다. 전 세계 사람이 TV와 유튜브를 볼 때 바움가르트너는 안전하게 착륙하기 전 마하 1.24(시속 834마일) 속도로 지구로 강하하였다. 당연히 레드불 로고는 그의 유니폼에 두드러지게 새겨져 있었고 이 이벤트는 언론에서 극찬을 받았다.

레드불 스트라토스 프로젝트의 성공은 레드불 브랜드를 몬스터와 록스타와 같은 경쟁자들로 가득 찬 시장에서 우뚝 서는 데 도움을 주었다. 브랜드 전략가 로저 에디스는 다음과 같이 말한다. "그런 단편 이벤트이기 때문에 스마트한 활동입니다. 만약 로고가 자동차경주대회(NASCAR)의 수많은 경주차 속의 로고와 같이 있었다면 다른 로고 때문에 완벽하게 희석되었을 것입니다." 광고산업은 이에 동의한 듯하다. 즉, 레드불은 애드버타이징 에이지 매거진의 2012년 통합/상호작용 분야 창의력 순위에서 1등을 차지하였다.

레드불의 창업자, 디트리히 마테시츠는 전통적인 마케팅 연구에 의존하는 대신 자신의 기업가적 본능을 믿었다. 마테시츠의 회상에 따르면 "우리가 처음 시작했을 때 레드불을 위해 존재하는 시장이 없었다. 그러나 레드불은 시장을 만들 것이다." 그리고 마침내 사실이 되었다. 다시 말해 마테시츠는 마케팅에서 가장 기본적인 목적을 성취함으로써 성공했다. 그는 기존 제품으로 충족하지 못한 요구를 가진 시장 세분화를 발견했다. 오늘날 레드불의 푸른색과 은색 캔에는 전 세계적으로 인식되고 있는 상징적인 돌진하는 황소 로고가 선명히 새겨 있다. 마테시츠의 마케팅 본능은 그를 부유한 사람으로 만들었다. 2005년에 그는 억만장자로 포브스 잡지 표지를 장식하였다!

전형적인 기업가의 재주를 지닌 마테시츠는 전통적인 광고전략과 전술에 대한 대안을 추구한다. "우리는 항상 다르고 더 창조적인 관점을 찾고 있다."고 그는 말한다. 예를 들어 레드불은 마케터-프로듀스 미디어로 알려진 커뮤니케이션 도구를 활용한다. '레드 불레틴'은 레드불 미디어팀에서 발간하는 월간 잡지이다. 레드불은 가판대 판매, 정기구독,

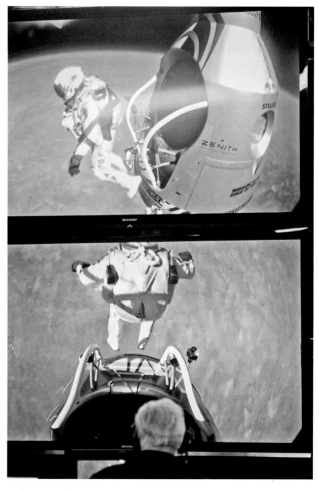

사진 14-13 펠릭스 바움가르트너의 우주에서의 역사적인 자유 낙하는 레드불에게 놀라운 후원이었고 홍보 성과를 극대화시켰다. 이 프로젝트는 새로운 우주복 디자인과 탈출 절차를 시험하고 인간이 음속의 장벽을 넘었을 때 일어날 수 있는 다양한 만일의 사태를 평가할 수 있는 기회를 주었다.
출처 : EDB Image Archive/Alamy Stock Photo.

무료 아이패드 앱을 통해 각 호의 3백만 부 이상을 배포한다. 잡지는 오스트리아, 독일, 영국, 쿠웨이트, 뉴질랜드, 폴란드, 남아프리카공화국에서 볼 수 있다. 2011년에 레드 불레틴은 미국에서 발행하기 시작했다. 120만 부가 로스앤젤레스 타임스, 시카고 트리뷴, 뉴욕 데일리 뉴스와 같은 주요 신문에 무료로 배포되었다. 처음 미국에서 이슈는 레드불이 후원하는 100여 명의 선수 중에 1명인 샌프란시스코 자이언츠의 투수팀 린스컴이있다. 발행인 레이몬스 로커는 다음과 같이 말했다. "우리는 콘텐츠에서 소비자가 원하고 기대하는 것과 관련하여 미디어의 새로운 세대에 들어가고 있습니다."

1998년 이래 레드불은 또 다른 주목할 만한 이니셔티브에 참여했다. 레드불 뮤직 아카데미(RBMA)는 일련의 콘서트, 워크숍, 예술시설, 그리고 다른 문화행사를 매년 다른 국제도시에서 번갈아 가면서 진행한다. 레드불 뮤직 아카데미는 또한 몽트뢰 재즈 페스티벌 같은 국제음악축제

후원자로 참여한다. RBMA 라디오는 청취자가 새로운 음악, 라이브 콘서트, 인터뷰, 그리고 다른 콘텐츠에 접근할 수 있는 웹 리소스이다. 그 이름에도 불구하고 레드불은 아카데미에서 자신의 참여는 최소화한다. 웹사이트에 따르면 "레드불 뮤직 아카데미는 후원 받은 행사가 아니라 장기적인 음악 계획이다. 소리의 세계에서 끊임없이 차이를 만들고 만든 사람들 속에서 창조적인 변화를 이끄는 음악 진취성이다." 레드불 로고는 당연히 어디에서나 볼 수 있다. 그리고 음료로 가득 찬 쿨러는 전략적인 위치에 놓여 있다.

시작한 지 처음 2년 동안 아카데미는 베를린에서 열렸다. 다음 주최 도시는 더블린, 로마, 런던, 케이프타운, 뉴욕시였다. 작곡가, DJ, 프로듀서, 음악가는 아카데미에 신청해서 초대받는다. 수천 명의 신청자 중에 62명이 매년 참석할 자격을 받는다. 참가자는 그날 동안 워크숍과 강연에 참석한다. 저녁에 그들은 음악을 쓰고 녹음하기 위해 팀을 짠다. 레드불은 아카데미에서 제작되는 음악에 어떠한 요구도 하지 않는다. 아카데미 설립자 중 한 명인 토르스텐 슈미트는 다음과 같이 설명한다. "이미 밝힌 바와 같이 어떠한 간섭도 없다. 우리는 당신에게 함께 여기에 있다는 기회와 영감만을 제공할 것이다."

2013년에 레드불 뮤직 아카데미는 2001년 이래 처음으로 뉴욕시에 돌아왔다. 많은 워크숍과 강연이 대중에게 공개되었다. 베테랑 음악 프로듀서 닐 로저스, 토니 비스콘티. 켄 스콧이 참여한 패널 토론은 데이비드 보위 스튜디오의 레코딩에 전념했다. 환경음악의 개척자 브라이언 이노, 조르조 모로더(도나 서머의 프로듀서)와 같은 음악의 대가에 의한 프레젠테이션과 퍼포먼스가 있었다.

한 열정적인 아카데미 졸업생은 아티스트들의 관점에서 다루어야 할 '소송'이 적다는 점을 지적하면서 그 영향과 중요성을 설명했다('소송'은 비창조적인 산업 유형을 나타내는 용어이다). 그럼에도 불구하고 몇몇 반대 목소리들이 있다. 매튜 허버트는 영국의 전자 음악가이며, 한 마리 돼지의 삶(과 죽음)을 묘사한 앨범 'One Pig'를 녹음했다. 그는 과거에 레드불 음악 아카데미에 참가한 적이 있지만, 앞으로는 그럴 계획이 없

다. 허버트가 보기에 결국 이 행사는 주최측이 뭐라고 하든 여전히 레드불 브랜드를 만드는 것이기 때문이다.

런던경영대학원 마케팅 교수인 니르말랴 쿠마르는 레드불에 대해 'The Anti-Brand Brand'라는 제목으로 사례연구를 썼다. 쿠마르는 레드불의 비전통적인 마케팅 커뮤니케이션 전략에 높은 점수를 주었다. 쿠마르의 설명에 따르면 "훌륭한 브랜드가 되는 것은 확실한 태도로 당신이 의미하는 것을 전달하는 것이다. 그래서 소비자가 그것을 믿고 찾게 만드는 것이다. 뮤직 아카데미와 바움가르트너의 우주쇼는 레드불에게 많은 것을 주었다."

토론문제

14-10. 이 사례를 통해 중요하게 생각하는 이슈는 무엇인가?

14-11. 레드불에서 사용한 마케팅 커뮤니케이션의 다른 형태를 요약하라. 이러한 것들은 '전통적'인가, 아니면 '비전통적'인가?

14-12. 레드불의 마케팅 커뮤니케이션 도구는 어떤 커뮤니케이션 목적을 성취하였는가? 여러분은 이 사례에서 언급되지 않은 추가 브랜드 터치포인트에 대해 잘 알고 있는가?

14-13. 펠릭스 바움가르트너의 역사적인 스카이다이빙과 같은 특별 이벤트를 후원할 경우 어떤 위험이 있는가?

14-14. 레드불과 다른 에너지 음료가 일으킬 수 있는 건강 위험과 관련하여 부정적인 홍보가 발생하였다. 이에 대해 토론하라.

14-15. 쿠마르 교수의 말 'Anti-Brand Brand'에서 레드불은 무엇을 만들었는가?

출처 : Ben Sesario, "Live Music and a Canned Patron," *The New York Times* (April 26, 2013), p. C1; William M. Welch, "Skydiver's Space Jump Pays off for Red Bull," *USA Today* (October 21, 2012), p. 1B; Nat Ives, "Red Bull Brings Its Monthly Magazine, Red Bulletin, to the U.S.," *Advertising Age* (May 8, 2011), p. 17; Kerry A. Dolan, "The Soda with Buzz," *Forbes* (March 28, 2005), pp. 126 – 130.

에세이 과제

14-16. 전략/자문판매 모형에서 5단계와 강조된 6단계 프레젠테이션 계획을 확인하라. 이러한 단계가 글로벌 적용 가능성이 있는가, 또는 국내시장에서 판매만 사용될 수 있는가? 영업대리인이 본국 밖에서 직면하는 도전에는 어떤 것들이 있는가?

참고문헌

[1]Max Colchester, "French Recipe for Launching 1,000 Parties," *The Wall Street Journal* (April 24, 2009), p. B7.

[2]E.J. Schultz and Jessica Wohl, "Pepsi Preps Global Emoji Can and Bottle Campaign," *Ad Age* (February 19, 2016), p. 2.

[3]Kamran Kashani and John A. Quelch, "Can Sales Promotion Go Global?" *Business Horizons* 33, no. 3 (May–June 1990), pp. 37–43.

[4]Sarah Ellison, "Taking the 'Free' out of Free Samples," *The Wall Street Journal* (September 25, 2002), p. D1.

[5]Mariko Sanchanta, "Soy Sauce Seeps into the Culture," *Financial Times* (August 10, 2006), p. 6.

[6]Andrew Adam Newman, "Taking Pickles out of the Afterthought Aisle," *The New York Times* (April 26, 2011), p. B3.

[7]Geoffrey A. Fowler, "When Free Samples Become Saviors," *The Wall Street Journal* (August 14, 2001), p. B1.

[8]"Winning the China FMCG Market," ATKearney, 2003.

[9]Steve Lohr, "Clip and Save Holds Its Own against Point and Click," *The New York Times* (August 30, 2006), p. C1.

[10]Leslie Ryan, "Sales Promotion: Made in America," *Brandweek* (July 31, 1995), p. 28.

[11]Kunur Patel, "What's Next for Groupon?" *Advertising Age* (December 13, 2010), p. 3.

[12]Ina Fried, "Pepsi's iTunes Promotion Goes Flat," *cnetNews* (April 28, 2004). www.news.cnet.com. Accessed June 1, 2010.

[13]Lenard C. Huff and Dana L. Alden, "An Investigation of Consumer Response to Sales Promotions in Developing Markets: A Three Country Analysis," *Journal of Advertising Research* 38, no. 3 (May/June 1998), pp. 47–57.

[14]Lenard C. Huff and Dana L. Alden, "An Investigation of Consumer Response to Sales Promotions in Developing Markets: A Three Country Analysis," *Journal of Advertising Research* 38, no. 3 (May/June 1998), pp. 47–57.

[15]Daniel Michaels, "Dogfight: In the Secret World of Airplane Deals, One Battle up Close," *The Wall Street Journal* (March 10, 2003), pp. A1, A9.

[16]Ellen Byron, "Avon Bribery Investigation Widens," *The Wall Street Journal* (May 5, 2011), p. B1.

[17]Manning, Gerald L.; Ahearne, Michael; Reese, Barry L., Selling Today: Partnering to Create Value, 14th Ed., ©2018, Pearson Education, Inc.

[18]*IBM 2017 Annual Report* (Armonk, NY), p. 35.

[19]"1100100 and Counting," *The Economist* (June 11, 2011), p. 60.

[20]Kate Fox, *Watching the English: The Hidden Rules of English Behavior* (Boston, MA: Nicholas Brealey, 2014), p. 52.

[21]Kate Fox, *Watching the English: The Hidden Rules of English Behavior* (Boston, MA: Nicholas Brealey, 2014), p. 284.

[22]Earl D. Honeycutt, Jr., and John B. Ford, "Guidelines for Managing an International Sales Force," *Industrial Marketing Management* 24 (March 1995), p. 139.

[23]Don Peppers, Martha Rogers, and Bob Dorf, "Is Your Company Ready for One-to-One Marketing?" *Harvard Business Review* 77, no. 1 (January–February 1999).

[24]Bruce Crumley, "European Market Continues to Soar," *Advertising Age* (February 21, 1994), p. 22.

[25]Rainer Hengst, "Plotting Your Global Strategy," *Direct Marketing* 63, no. 4 (August 2000), pp. 52–57.

[26]Rebecca R. Ruiz, "Catalogs Rewrite the Book," *The New York Times* (January 25, 2015), p. B1.

[27]Katie Evans, "Otto Group's Progress from Catalogs to Clicks," *Internet Retailer* (March 19, 2014). Accessed June 1, 2015. https://www.digitalcommerce360.com/2014/03/19/how-otto-group-progressed-catalogs-clicks/

[28]Cecilie Rohwedder, "U.S. Mail-Order Firms Shake up Europe," *The Wall Street Journal* (January 6, 1998), p. A15.

[29]James Cox, "Catalogers Expand in Asia," *USA Today* (October 18, 1996), p. 4B.

[30]Jon Hilsenrath, "In China, a Taste of Buy-Me TV," *The New York Times* (November 17, 1996), Section 3, pp. 1, 11.

[31]Michelle Pentz, "Teleshopping Gets a Tryout in Europe But Faces Cultural and Legal Barriers," *The Wall Street Journal* (September 9, 1996), p. A8.

[32]Aaron O. Patrick, "Selling Vodka with an Interactive Twist," *The Wall Street Journal* (October 11, 2005), p. B3. See also "Europe Wants Its ITV," *Chain Store Age* 77, no. 7 (July 2001), pp. 76–78.

[33]Geoffrey A. Fowler and Sebastian Moffett, "Adidas's Billboard Ads Give a Kick to Japanese Pedestrians," *The Wall Street Journal* (August 29, 2003), pp. B1, B4.

[34]"OOH around the Globe," Outdoor Advertising Association of America (August 14, 2017). Accessed March 1, 2018. https://www.magnaglobal.com/wp-content/uploads/2017/08/OutdoorOutlook_081517-.pdf

[35]Valerie Baurlein and Robb M. Stewart, "Coca-Cola Hopes to Score with World Cup Campaign," *The Wall Street Journal* (June 29, 2010), pp. B1, B2.

[36]Robert Williams, "When Cold-Weather Coats Get Too Hot," *Bloomberg Businessweek* (April 23, 2018), pp. 20–21.

[37]Chris Woodyard, "Audi Works the Ropes to Put Stars in Its Cars," *USA Today* (February 22, 2007), p. 3B.

[38]Stephen J. Gould, Pola B. Gupta, and Sonja Grabner-Krauter, "Product Placements in Movies: A Cross-Cultural Analysis of Austrian, French and American Consumers' Attitudes toward This Emerging, International Promotional Medium," *Journal of Advertising* 29, no. 4 (Winter 2000), pp. 41–58.

[39]Richard Tompkins, "How Hollywood Brings Brands into Your Home," *Financial Times* (November 5, 2002), p. 15.

[40]Richard Tompkins, "How Hollywood Brings Brands into Your Home," *Financial Times* (November 5, 2002), p. 15.

15 글로벌 마케팅과 디지털 혁명

사례 15-1
어떤 현실을 좋아하십니까?
가상현실? 증강현실? 혼합현실?

매년 1월 수만 명의 기술 마니아들과 언론인들이 국제 CES로 알려진 무역박람회를 위해 라스베이거스에 모인다. 그곳에서 참석자들은 가장 최신의 기술 기기를 시험하고 최신 산업 동향에 대해 브리핑을 받는다. 지난 몇 년간 가상현실(VR) 헤드셋과 소프트웨어는 전시된 제품 중 가장 인기 있는 신제품으로 꼽혔다. (인공지능[AI]도 CES에서 많은 화제를 불러일으켰다.)

유명한 기술 대기업을 포함한 많은 다양한 회사들이 CES에서 상품을 선보였다. 페이스북은 이 쇼에서 600달러의 오큘러스 리프트를 시연했다. 소니의 VR 출품작은 플레이스테이션 VR(400달러)이었다. 삼성의 제품은 기어 VR이었다. 잘 알려지지 않은 브랜드 중 HTC 바이브(800달러)와 청화동방의 VR 장치도 CES에 소개되었다.

VR 체험을 충분히 감상하기 위해 고글을 착용하고 손잡이를 잡는다. 그런 다음 레이저 센서가 장착된 영역에서 360도 가상세계에 빠져들게 된다(사진 15-1 참조). 그 세계는 상어와 대면할 수 있는 인도양 바닥에서부터 에베레스트산 정상에 이르기까지 무엇이든 할 수 있다.

옹호자들은 새로운 사용자 인터페이스가 눈앞에 다가왔고, VR과 증강현실(AR)이 휴대전화, TV, 데스크톱 컴퓨터를 대체할 잠재력이 있다고 믿는다. 하지만 더 있다! '혼합현실'(MR)이라고 들어 보았는가? 일부 업계 전문가들은 '개인적 현실', '선호적 현실'(PR) 등의 용어를 사용해 이 새로운 체험세계를 설명하고 있다. 몰입형 기술을 마케팅 및 활성화하고 VR, AR, MR과 같은 변종의 잠재적 사용과 관련하여 기업이 직면하고 있는 기회와 과제에 대해 자세히 알아보려면 이 장의 마지막 부분에 있는 사례 15-1(계속)을 참조하라.

VR과 AR은 디지털 혁명이 새로운 기업, 산업, 시장의 창출을 견인하고 있는 두 가지 사례에 불과하다. 그것은 또한 기업, 산업, 시장의 변화, 그리고 경우에 따라서는 파괴에 기여하고 있다. 요컨대 이 혁명은 우리가 살고 있는

사진 15-1 가상현실(VR) 기술은 사람들이 현실을 대체하는 디지털 경험에 몰입할 수 있게 해준다.
출처 : Kobby Dagan/Shutterstock.

세상을 극적으로 변화시키고 있다. 디지털 혁명이 추진력을 얻고 속도가 빨라짐에 따라 글로벌 마케터들은 휴대전화 태블릿과 다른 모바일 기기들이 중요한 역할을 하는 진화적인 세계에 적응하지 않을 수 없게 될 것이다.

이 장은 마케팅 믹스에 대해 설명한 5개의 장 뒤에 제시되었다. 왜? 마케팅의 모든 요소, 즉 4개의 P가 인터넷 연결 및 상거래 세계에서 공존하기 때문이다. 예를 들어 제품(P)에는 페이스북, 구글, 핀터레스트, 스냅챗, 트위터, 위키피디아, 그리고 전 세계적으로 접속할 수 있는 수많은 다른 웹사이트가 포함된다. 웹은 또한 배포 채널의 역할을 하며, 그 채널에서 매우 효율적인 채널로 기능한다. 대표적인 사례 : 아이튠즈, 판도라, 스포티파이, 유튜브가 음악과 동영상 배포의 규칙을 다시 쓰고 있다.

인터넷은 또한 핵심 커뮤니케이션 플랫폼이 되었다. 오늘날 거의 모든 회사와 조직이 온라인 공간에 존재한다. 인터넷은 광고 채널, 홍보 도구, 공모전이나 판매 촉진을 위한 수단, 대인판매 노력에 대한 지원 수단으로 사용될 수 있다.

마지막으로 가격이 있다. 비교 쇼핑 웹사이트는 상품과 서비스의 가격을 쉽게 확인하고 비교할 수 있게 해준다. 게다가 디지털화된 제품들, 예를 들어 음악 파일을 저장하고 배포하는 데 드는 한계비용은 사실상 아무것도 아니다. 이것은 몇몇 흥미로운 가격전략 실험으로 이어졌다. 영국 옥스퍼드 출신의 혁신적인 록 밴드인 라디오헤드는 2007년 앨범 'In Rainbows'의 무료 다운로드를 제공함으로써 웹의 효율성을 활용한 최초의 그룹 중 하나이다.

먼저 디지털 혁명의 선구자 역할을 한 주요 혁신을 간략하게 검토하는 것으로 시작한다. 다음 두 절에서는 인터넷 기술의 컨버전스와 파괴적 특성, 그리고 그것들이 글로벌 기업에 미치는 영향에 대해 논의한다. 이어 글로벌 마케터들이 직면하고 있는 주요 전자상거래 이슈들을 조사한다. 토론은 글로벌 마케팅과 관련된 웹사이트 디자인 이슈에 대한 개요로 계속된다. 이 장의 마지막 절에서는 디지털 혁명을 주도하는 제품 및 서비스 혁신의 일부를 살펴본다.

(15-1) 디지털 혁명 : 간략한 역사

◀ 15-1 디지털 혁명의 배경을 이루는 주요 혁신과 추세를 나열해 본다.

디지털 혁명(digital revolution)은 정보, 소리, 이미지 등 아날로그 정보의 디지털화(예 : 2진법으로의 전환)를 가능하게 만든 기술적 진보의 결과 발생한 패러다임의 변화이다. 디지털 혁명의 기원은 20세기 중반으로 거슬러 올라간다. 1937~1942년의 5년에 걸쳐 존 빈센트 아타나소프와 클리포드 베리가 아이오와주립대학교에서 세계 첫 전자기계식 디지털 컴퓨터를 개발하였다. 아타나소프–베리 컴퓨터(ABC)는 2진법 계산, 재생 메모리, 평행 처리, 메모리와 계산 기능의 분리 등을 포함한 계산 기능의 활용에 몇 가지 혁신적 특징을 결합하였다.

1947년에 AT&T의 벨 연구소의 윌리엄 쇼클리와 두 동료는 오늘날 **트랜지스터**(transistor, 정보이론가 존 피어스가 만든 용어)라고 하는 '단단한 상태의 증폭기'를 발명하였다. 그 당시 컴퓨터와 전자제품에 사용되었던 진공관들이 너무 커서 많은 양의 에너지를 소비했고, 너무 많은 열을 발생시켰기 때문에 그것은 결정적인 혁신이었다. 쇼클리와 동료인 존 바딘, 윌리엄 브래튼은 그 발명 덕분에 1956년 노벨 물리학상을 수상하였다.

1948년에 벨 실험실 연구원 클로드 섀넌이 '의사소통의 수학적 이론'이라는 기술 보고서를 썼거니와 그 보고서에서 그는 모든 정보매체가 '비트'라고 하는 2진법 숫자나 비트로 암호화할 수 있다고 제안하였다. 보다 앞선 1940년에 섀넌은 박사학위 논문에서 논리적 가치인 '참'과 '거짓'을 각각 '1'과 '0'으로 표현할 수 있으며, 1과 0의 흐름은 전선을 통해 매체들을 전달할 수 있다고 주장하였다. 이러한 선구자적 업적으로 그는 정보이론의 발명자로 간주되고 있다.

1950년대 중반, 소니사는 벨 연구소로부터 트랜지스터의 라이선스를 받았다. 소니의 기술자들은 트랜지스터의 생산을 늘렸으며 트랜지스터라디오 시장을 창출하였다. 소리는 '로파이'였지만 휴대 가능한 것이었으며 특히 10대 소비자들이 원했던 스타일이었다. 또한 1950년대에 로버트 노이스와 잭 킬비가 실리콘 칩인 **집적회로**(integrated circuit, IC)를 독자적으로 발명하였다.[1] 본질적으로 IC는 한 조각의 원자재 위에 저항기, 다이오드, 축전기 등을 포함한 전기회로의 다양한 부품을 같이 부착한다. IC로 인하여 트랜지스터는 현대적 형태를 갖추었으며 좀 더 신뢰감 있고 저렴한 비용으로 작동할 수 있었다.

IC와 2진법의 개념은 그 외양이 디지털 혁명의 다음 단계를 특징지었던, 소형이면서 가격도 적당한 **개인용 컴퓨터**(personal computer, PC) 개발을 가능하게 하였다. 이 시대와 연관된 중추적인 사건들과 사람들은 전설의 대상이 되었다. 1970년대 초 캘리포니아의 제록스 팰로앨토연구소(PARC)에서 로버트 테일러와 앨런 케이의 중요한 연구는 최초의 PC 개발을 허용했다. 테일러는 알토라고 불리는 프로토타입 PC를 만드는 팀을 이끌었다. 학습 연구그룹의 책임자인 케이는 그래픽 아이콘을 사용하는 '데스크톱 메타포'에 기반을 둔 소프트웨어를 개발했다.[2]

제록스의 팰로앨토연구소에서 테일러와 케이의 업적은 1970년대 후반 어느 한 차고에서 동업자 스티브 워즈니악과 애플 컴퓨터를 창업한 스티브 잡스에게 강한 영향을 미쳤다. 그 회사의 애플 II는 '진정한' 최초의 PC로 널리 인정받았고, 1979년 비지캘크로 알려진 **스프레드시트**(spreadsheet) 프로그램이 소개된 후 애플 II의 인기는 급격히 올라갔다. 컴퓨터 스프레드시트는 행과 열에 있는 다른 숫자들이 변하는 영향을 자동적으로 계산해 주는 전자 기본 장부 프로그램이다. 이전에는 그러한 변환 작업을 일일이 손으로 해야 했다. 오늘날 그런 강력하고도 시간 절약이 당연하게 여겨지고 있는 점을 고려해 보면, 비지캘크는 디지털 혁명에 있어서 진정한 하나의 이정표였다.[3]

IBM은 1981년 시장에 최초의 PC를 출시하였다. 빌 게이츠는 IBM의 새 기계에 기본 명령을 제공해 주는 소프트웨어 코드인 **운영 시스템**(operating system)을 개발해 달라는 제안을 처음에는 거절하였다. 게이츠는 나중에 생각을 바꿔 MS-DOS(마이크로소프트 디스크 오퍼레이팅 시스템)를 개발하였다. 1984년에 애플은 사용자 친화적인 그래픽 인터페이스와 마우스로 이용 가능한(point-and-click) 혁신적인 매킨토시를 개발했다. 몇 년이 지나서 마이크로소프트는 MS-DOS를 윈도우로 교체했다. 한편 비슷한 시기에 부품 제조업 역시 혁신적이었다. 인텔은 1982년에 286 마이크로프로세서를 마케팅하기 시작했다. 곧바로 386 버전과 486 버전의 제품이 그 뒤를 이어 출시되었고 1993년에 인텔은 펜티엄을 공개하였다.

　인터넷과 월드와이드웹의 성장은 디지털 혁명의 다음 단계를 예정하고 있었다. 인터넷의 기원은 전시에 통신선을 유지할 수 있는 컴퓨터 네트워크를 개발한 **고등방위연구계획국**(Defense Advanced Research Projects Agency, DARPA)의 독창적인 시도까지 거슬러 올라갈 수 있다. 이미 제록스 PARC에서 일했던 로버트 테일러는 1966년 펜타곤 정보처리기술국장을 지냈다. 별도의 컴퓨터 연구 프로젝트를 연결할 수 있는 단일 컴퓨터 네트워크를 만들 수 있는 자금을 확보한 사람은 테일러였다. 1969년에 ARPANET가 공개되었던 바 이것은 여러 대학의 컴퓨터 연구센터들을 연결하는 네트워크였다. 1972년에는 파일전송 프로그램의 등장으로 인해 컴퓨터 네트워크 안에서의 이메일이 가능해졌다.

　그런데 한 가지 문제가 있었다. 어느 한 네트워크에서 작성된 이메일을 다른 네트워크의 컴퓨터로 전송하는 것이 불가능하였다. 그다음 해에 빈튼 서프와 로버트 칸이 TCP/IP로 알려진 소프트웨어 프레임워크를 발명하면서 이 문제를 해결할 수 있었다(사진 15-2 참조). 1973년에 등장한 이 네트워크 간의 협정은 '네트워크들의 네트워크'의 길을 열었다. 1974년 12월 기술논문에 처음으로 '인터넷 송신 제어'라는 용어가 등장하면서 **인터넷**(Internet)이 탄생했다.

　기술의 대가인 스튜어트 브랜드가 1980년대 후반에 언급하였듯이 인터넷에서 이메일을 주고받는 기능은 사회에 혁명적 변화를 가져왔다.

> 마샬 맥루한은 자주 언급하였다. '구텐베르크가 모든 사람을 독서가로 바꾸었다. 제록스는 모두를 출판업자로 만들었다.' 개인용 컴퓨터는 모든 이를 저자로 만들 것이다. 이메일과 워드 프로세서 프로그램은 교정 보는 일을 생각하는 일 정도로 쉽게 만들었으며, 레이저 프린터는 글 쓰고 인쇄하고 유통시키는 모든 과정을 한 개인이 전적으로 관리하는 작업으로 붕괴시켰다. 만약 주장된 대로 언론의 유일하고도 진정한 자유가 소유하는 것이라면, 정치보다는 오히려 기술에 의해서 수정헌법 제1조(언론, 종교, 집회의 자유)의 완벽한 현실화가 달성된다.[4]

사진 15-2 빈튼 서프는 구글의 최고 인터넷 전도사다. 그는 인터넷의 아버지 중 한 명으로 널리 알려져 있다. 2017년 3월 미국 텍사스주 오스틴에서 열린 SXSW 인터랙티브 페스티벌에 서프가 출연해 '사람중심 인터넷'이라는 새로운 이니셔티브를 논의했다.
출처 : Diego Donamaria/Getty Images.

물론 인터넷 혁명은 이메일의 등장으로 끝나지 않았다. 더 많은 하드웨어와 소프트웨어 혁신이 아직 이루어지지 않았다. AOL(America Online) 공동 창립자인 스티브 케이스가 언급했듯이 1980년대 중반 시스코 시스템즈 및 자일링스와 같은 기업들이 인터넷의 인프라나 '온 램프'였던 핵심 기술(예 : 라우터)을 만들면서 인터넷 혁명의 '제1의 물결'이 시작되었다.[5]

1990년에 팀 버너스리라는 소프트웨어 전문가가 **자원위치지정자**(Uniform Resource Locator, URL)라는 월드와이드웹(WWW)에서 인터넷 사이트의 주소를 발명했다. 그 외에도 웹페이지 제작을 관리하는 구성 언어인 **하이퍼텍스트 마크업 언어**(Hypertext Markup Language, HTML)와 하이퍼텍스트 파일을 인터넷을 통하여 전송해 주는 **인터넷 데이터 통신규약**(Hypertext Transfer Protocol, HTTP)이 그가 개발한 것이다.[6] 이러한 혁신은 웹사이트를 연결시킬 수 있었고 시각적으로 풍성한 내용을 올리고 또한 접속할 수 있게 하였다. 요약하자면 버너스리는 **월드와이드웹**(World Wide Web)의 아버지이다.

1992년 미국 정부는 상업적 목적으로 인터넷 사용을 허가했다. 그 당시 프로그래머와 과학자들이 이 네트워크에서 가장 많은 사용자가 될 것이라고 믿었다. 1990년대 중반 일리노이대학교의 컴퓨터 과학자 마크 안드레센은 모자이크라고 불리는 웹브라우저를 개발하였는데, 그것은 동일한 화면 속에서 그림과 단어를 결합하였고 사용자는 자료를 검색해서 관찰할 수 있었다. 안드레센은 실리콘 그래픽스의 창업자인 짐 클라크와 손을 잡고 모자이크 커뮤니케이션즈를 설립하였다. 넷스케이프 커뮤니케이션즈로 회사명을 바꾸고, 그 소프트웨어에 대한 시장 수요가 폭발적으로 증가하자 회사는 닷컴 시대의 가장 빛나는 스타로 부상하였다. 토머스 프리드먼은 "마크 안드레센은 인터넷을 발명한 것이 아니라, 어느 한 개인이 할 수 있는 최선을 다해서 인터넷을 살아 있게 하였고 널리 보급하였다."고 평가하였다.[8]

웹이 출시된 지 5년 만에 사용자 수는 60만 명에서 4,000만 명으로 늘어났다. 컴퓨터 제조업체들이 PC에 모뎀을 추가하는 것은 느렸지만, AOL과 같은 신생 온라인 서비스들은 강력한 가입자 성장을 보이고 있었다. AOL은 수백만 개의 소프트웨어 디스크를 잠재고객에게 보내는 다이렉트 메일 마케팅 캠페인 덕분에 1996년 500만 명의 가입자에서 1999년 2,000만 명의 가입자를 보유한 회사로 성장했다. 물론 이 회사의 상징적인 개시신호 인사말인 "메일이 도착했습니다(You've got mail)"는 대중문화의 한 부분이 되었다.

케이스가 2000년부터 2014년까지의 인터넷 혁명의 제2의 물결 동안 초점은 인터넷 구축에서 그 위에 또 구축하는 것으로 옮겨졌다. 야후!와 구글과 같은 검색엔진이 등장했고, 암호화 및 보안 기능이 웹에 내장되었다. 페이스북, 유튜브, 트위터 등 소셜 미디어 업체들이 폭발적으로 등장하면서 아이폰은 '앱 이코노미'를 출범시켰다.

케이스는 인터넷이 일상에 매끄럽게 통합되는 시기로 제3의 물결을 보고 있다. 그는 또한 의료, 교육, 금융 서비스, 교통 등의 주요 변화를 포함한 주요 경제 분야의 재창조 및 붕괴의 시기를 예상하고 있다. 우버나 리프트와 같은 차량 공유 서비스의 인기에서 알 수 있듯이, 이러한 통합과 혼란의 일부는 이미 발생하고 있다. 그리고 우버, 리프트 등 차량 공유 서비스가 자동차 제조와 같은 전통산업 분야에 미치는 영향이 입증되듯이, 제3의 물결은 파괴와 혁명의 공격자와 방어자 사이의 대화가 진행 중인 것이 특징일 가능성이 크다.

케이스는 제3의 물결 동안 네 가지 트렌드를 예견한다. 케이스는 고펀드미, 인디고고, 킥스타터 등 글로벌 크라우드펀딩 사이트의 중요성이 커지는 가운데 첫 번째 트렌드를 '모두를 위한 자본'으로 설명한다. 두 번째 경향은 파트너십의 재등장이다. 보건의료든 교육이든, 누구와

"네트워크의 일부분인 한계는 분명히 존재하며 우리는 그것과 다투고 있다. 현지화가 너무 진행되어 사람들이 의사소통도 못하게 될까 봐 염려하고 있다. 누군가가 여러분에게 중국어로 된 명함을 준다면 여러분은 어떻게 할 것인가?"[7]

인터넷 개척자, 전 ICANN 회장, 구글 최고 인터넷 전도사, 빈튼 서프

협력하는지가 그 회사가 하는 일만큼 중요할 것이다. 세 번째 트렌드는 이익과 목적을 연계한 사회적 기업의 출범이다. 와비파커, 테슬라, 탐스가 세 가지 예다(사진 15-3 참조). 케이스는 기업가 정신의 세계화가 실리콘밸리와 같은 스타트업 온상과는 거리가 먼 지역별로 견인력을 얻음에 따라 네 번째 트렌드를 '나머지의 상승'이라고 불렀다.

오늘날 세계 인구의 거의 절반에 가까운 30억 명의 사람들이 인터넷을 사용한다. 제10장에서 지적한 바와 같이 개발도상국의 거주자들은 인터넷 접속 면에서 뒤떨어지기 때문에 구글은 유선 네트워크의 손이 닿지 않는 지역, 특히 대도시 외곽에 무선 네트워크를 구축하기 위해 노력하고 있다.[9]

디지털 혁명이 구현한 약속에도 불구하고 인터넷 기술의 강력한 기능과 늘어나는 중요성은 다양한 방식으로 역기능을 동반했다. 예컨대 인터넷을 통한 정보의 자유로운 이동을 경고해온 중국 정부는 국민들이 접속하는 웹사이트의 내용을 면밀히 감시한다. 중국에서는 페이스북, 트위터 및 기타 사회적 매체의 사용이 봉쇄되어 있다.

인터넷은 누가 통제하는가? 좋은 질문이다! 2006년에 그리스 아테네에서 제1회 인터넷 거버넌스 포럼(IGF)이 열렸다. IGF는 "진화의 형태와 인터넷의 사용 계획, 의사결정 절차, 규범, 규칙, 원칙 등을 정부, 민간단체, 개인부문 등이 어떻게 적용하고 개발할 것인가?"에 대해 안내한다. 글로벌 인터넷 커뮤니티에서는 이 성명서상에 '정부'라는 단어가 포함된 것에 대해 염려하고 있다.

비영리단체인 ICCANN(Internet Corporation for Assigned Names and Numbers)은 캘리포니아의 마리나 델 레이에 본사가 있다. ICANN은 웹주소의 데이터베이스를 유지, 관리하고 웹주소의 새로운 접미사(예 : .info와 .tv)를 승인해 주며, 인터넷 기능을 적절하게 유지하는 데 있어 중요한 그러나 보이지 않는 절차를 수행한다. ICANN의 자문 조직은 국제 회원들도 포함하지만 미국 상무부가 모든 결정에 대해 거부권을 가지고 있다. ICANN에서 포르노사이트에 .xxx라는 도메인 이름의 사용을 임시로 허용하자 상무부는 그 결정에 제동을 걸었다.

몇몇 국가의 정책 입안자들은 인터넷에 대한 미국의 통제를 염려하고 있다. 예컨대 중국, 인도, 브라질, 유럽연합에서는 인터넷이 전 세계적으로 영향을 미치는 만큼 어느 한 국가가 인터넷을 통제해서는 안 된다는 입장을 취하고 있다. 따라서 그 국가들은 인터넷 지배자 역할을 UN이 담당해 줄 것을 희망하고 있다.[10]

아마존, 페이스북, 구글 등 수많은 기업들이 인터넷을 활용해 고객에 대한 방대한 정보를 수집하는 '컨버전스 커머스'를 계속 활용하면서 개인정보 보호문제가 정책 입안자와 일반 국민 사이에서 관심의 초점이 되고 있다. 예를 들어 러시아와 중국은 각 국가의 고객에 대한 모든 데이터를 국내 서버에 저장하도록 요구하는 새로운 사이버 보안법을 제정했다. 2,000개 이상의 미국 기업이 미국과 EU 간의 계약인 '프라이버시 실드'에 서명하여 유럽 데이터 보호 표준을 준수하기로 약속했다. 또한 2018년부터 시행된 일반 데이터 보호 규정(GPDR)은 EU에서 비즈니스를 수행하는 모든 회사가 고객이 제공한 데이터를 수집, 저장 및 사용하기 위한 엄격한 지침을 준수하도록 요구한다.[11]

▶ 15-2 '융합'을 정의하고 예를 살펴본다.

 융합

디지털 혁명은 산업구조에 있어서 극적이면서도 분열적인 변화를 유발하고 있다. 2010년 초 뉴욕 타임스의 칼럼니스트 존 파렐스는 그러한 변화의 일단을 아래와 같이 요약했다.

> 2000년대는 광대역의 10년이요, 직거래의 10년이며, 파일공유의 10년이고 디지털 녹음과 이미지의 10년이었다. 동시에 아이팟의 10년이고 롱테일의 10년이며 블로그의 10년이었다. 또 사용자 창출의 10년이고 온디앤드의 10년이며 모두 접근(all-access)하는 10년이었다. 새천년을 맞이하면서 인터넷은 문화 전체를 흡수했다가 온라인에 접근하는 자 누구에게나 보다 저렴하고 보다 빠르고 보다 조그맣게 되돌려 주었다.[12]

융합(convergence)이란 과거에 별개로 존재하였던 산업과 상품의 범주가 서로 모이는 것을 의미한다(그림 15-1 참조). 신기술은 이느 한 기업이 경쟁하고 있는 사업부문에 영향을 미친다. 소니는 어떤 사업을 하는가? 원래 소니는 트랜지스터라디오, 트리니트론 TV, VCR, 기타 스테레오 부품과 개인용 음악기기 워크맨 같은 혁신제품으로 잘 알려진 소비자 가전회사였다. 그러나 CBS 레코드와 콜럼비아 모션 픽처스를 인수하고 나서는 신규 사업에 진출하였다. 그러한 인수 자체는 디지털 혁명의 초기에 발생하였기 때문에 융합을 의미하지는 않는다. 동영상, 녹음된 음악과 소비자 가전은 여전히 분리된 산업이기 때문이었다. 그러나 오늘날 소니는 '비트(여러 조각)' 사업에 종사하고 있다. 소니의 핵심사업은 디지털 기술을 통합시키고 음향, 영상, 자료 등을 디지털화하여 분배하는 것이다. 이제 소니의 경쟁사는 컴퓨터에 있어서 델, 휴대전화와 관련해서 노키아, 음악기기와 스마트폰에 있어서 애플, 카메라에 있어서 캐논 등이다.

융합은 어떤 종류의 도전으로 구체화되는가? 1세기 이상 사진 관련된 제품에 있어서 자타가 공인하는 선두주자였던 코닥의 상황을 고려해 보자. 5년 동안 디지털 관련 제품의 매출액이 0에서부터 10억 달러로 성장하면서 그 회사는 비즈니스 모델을 다시 만들기 위해 애써 왔다. 융합 현상으로 인해 델과 HP 같은 회사들이 코닥의 경쟁사로 변했다. 코닥의 핵심사업 분야인 필름, 인화지, 화학제품 등은 산산이 분열되었다. 경쟁은 원격통신산업 분야에서도 일어났다. 1997년에 휴대전화 카메라가 개발됨으로써 카메라의 디지털 사진을 내려받아 웹에 올

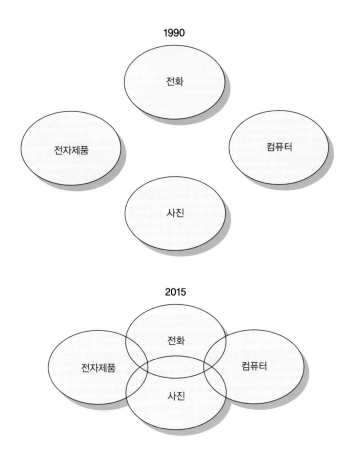

그림 15-1 산업 융합

리거나 친구들에게 이메일로 보내는 기능이 핵심 장점이 되었다. 역설적으로 휴대전화 사업의 선두주자였던 모토로라가 휴대전화 카메라를 시장에 출시한 첫 회사가 될 뻔했다. 그러나 이리듐 위성전화사업의 불행한 운명적 출시로 인해 경영진들의 관심이 분산되었다. 그 결과 발명가인 필립 칸은 자신의 아이디어를 1999년 첫 휴대전화 카메라가 소개된 일본으로 가져갔다.[14] 카메라가 장착된 휴대전화의 연간 매출은 2010년 10억 개를 넘었다.

(15-3) 가치 네트워크와 혁신적 기술

15-3 가치 네트워크를 정의하고 지속적 · 혁신적 기술 간의 차이를 설명한다.

이 장의 소개 부분에서 언급하였듯이 디지털 혁명은 기회와 위기를 모두 제공한다.[15] 델, IBM, 코닥, 모토로라, 제록스, 소니는 기술적 혁신에 직면하여 스스로의 사업을 재창조하려고 노력하는 글로벌 기업의 몇몇 사례들이다. IBM은 소형 컴퓨터 시장에서 기회를 놓쳤다. 왜냐하면 경영진들은 부분적으로 소형 컴퓨터 사업의 이윤이 낮고, 시장의 규모 자체가 작을 것으로 믿었기 때문이다. DEC, 데이터 제너럴, 프라임 등은 소형 컴퓨터 시장을 만들어 냈지만 차례로 PC 혁명의 기회를 상실하였다. 그러나 이번에는 IBM의 경영진이 교훈을 얻었다는 사실을 과시하듯 회사 최초의 PC를 생산하기 위한 독립적인 조직 단위를 결성하였다. 그러나 계속해서 IBM은 랩톱 컴퓨터의 늘어나는 시장 수요를 더디게 인식하였다. 애플, 델, 도시바, 샤프, 제니스 등이 새로 시장에 진출하였고 최근에 IBM은 PC 시장에서 완전히 퇴장하였다.

왜 많은 기업의 경영자들은 변화의 적시에 대응하는 데 실패하는가? 하버드대학교 교수인 클레이튼 크리스텐슨에 의하면 경영진들이 지나치게 현재의 이윤이 되는 기술에만 연연한 나머지, 새롭고 더 위험스러워 보이는 기술에는 적절한 수준의 투자를 하지 않기 때문이다. 역설

→ 혁신, 기업가정신 그리고 글로벌 창업

마윈의 알리바바

마윈은 기업가다. 그는 몇 가지 혁신적인 제품과 서비스를 개발했고, 새로운 브랜드를 만들었으며, 자신의 창작품을 시장에 내놓기 위해 회사를 설립했다. 마윈은 현대 마케팅의 기본 도구와 원칙을 적용함으로써 괄목할 만한 성공을 거두었다.

오늘날의 많은 기업가들이 그렇듯이 마윈의 핵심 혁신은 인터넷이 제공하는 가능성과 기회에 대한 통찰력에 바탕을 두고 있다. 오늘날 중국 전자상거래의 거의 80%가 1999년 마윈이 설립한 알리바바를 통해 유통되고 있다. 놀랄 것도 없이 마윈은 억만장자이며 중국에서 가장 부자이기도 하다(사진 15-4 참조).

마윈은 2003년 이베이의 대안으로 타오바오(중국어로 '보물을 찾아서')라는 소비자 사이트를 개설했다. 당시 이베이와 중국 파트너인 이치네트가 시장을 장악했다. 당시 마윈은 "이베이가 바다의 상어라면, 우리는 양쯔강의 악어다. 바다에서 싸우면 질 것이고, 강에서 싸우면 이길 것이다."라고 말한 것으로 유명하다.

처음에 타오바오는 판매 수수료 또는 상장 수수료를 부과하지 않음으로써 이베이와 차별화하였다. 마윈은 중국에 진출한 글로벌 인터넷 기업들이 세 가지 종류의 실수를 저지르고 있다고 확신했다. 첫째, 그들은 중국과 미국 시장의 차이를 과소평가했다. 둘째, 그들은 중국 현지 사업자들보다 더 높은 비용이 발생했다. 셋째, 그들은 너무 빨리 글로벌 확장을 추구했다. 마윈의 직관은 정확했다. 5년도 안 돼 이베이의 중국 시장 점유율은 한 자릿수로 떨어졌고, 타오바오는 85%의 점유율을 기록하며 시장을 장악했다. 타오바오(티몰)에서 떨어져 나온 또 다른 서비스는 중국 소비자들을 위한 대중시장 쇼핑 사이트다.

2005년 야후는 알리바바 지분 40%에 10억 달러를 지불했고 마윈은 야후 중국 사업부의 최고경영자가 되었다. 2014년 알리바바는 250억 달러 규모의 뉴욕증권거래소 상장 공모가로 미국과 전 세계의 기록을 세우면서 역사를 썼다. 마윈은 11 메인 사이트 론칭을 준비하고 있다. 특히 미국 쇼핑객들을 타깃으로 삼았다. 알리바바는 우버와 경쟁하는 차량 공유 서비스인 리프트 등 혁신 스타트업에 선별적으로 투자하고 있다. 미국에서 알리바바에 대한 소비자의 인식이 낮다는 점을 인식하고 회사 경영진은 신중하게 미국 시장에 접근하고 있다.

미국의 생산 지연 전략 '고슬로' 시장진입전략에도 불구하고 알리바바는 2016년까지 거의 150억 개의 품목을 판매했으며, 이는 아마존보다 3배나 높은 수치다. 이제 마윈은 2025년까지 20억 명의 글로벌 고객을 확보한다는 야심 찬 장기 목표를 세웠다. 마윈은 이 회사의 알리익스프레스 판매 플랫폼이 성장의 주역이 될 것으로 내다보고 있으며, 자신이 '세계화 2.0'이라고 이름 붙인 전자상거래를 위한 새로운 데이터 중심 비즈니스 모델로 이끌 것이다. 마윈은 매년 11월 11일 중국에서 열리는 온라인 쇼핑 행사인 '싱글스 데이'가 전 세계 다른 지역의 쇼핑객들에게 받아들여지기를 희망한다.

그러나 마윈의 회사는 골치 아픈 문제에 직면해 있다. 알리익스프레스에서 판매하는 일부 중국 회사는 위조품을 제공하고 있다. 가짜 나이키 에어 조던 운동화부터 가짜 롤렉스 시계, 가짜 레이밴 선글래스까지 다양하다. 국제위조방지연합은 2015년에만 전 세계적으로 가짜 상품 판매가 총 1조 7,000억 달러에 달할 것으로 추산하고 있다.

알리바바는 데이터 분석을 사용하여 위조자를 방지하고 지적재산권을 보호한다. 매일 알리바바에 있는 수백만 개의 제품 목록이 스캔되며, 회사는 매년 위조품을 판매하는 수만 개의 상점을 폐쇄할 수 있다. 알리바바는 브랜드 권리 보유자 및 법 집행기관과 협력하여 가짜 제품을 제조하는 수백 개의 시설을 폐쇄하는 데 도움을 주었다.

마윈은 2016년 현재 진행 중인 이 문제를 해결하기 위해 알리바바 빅데이터 반거래 동맹의 결성을 발표했다. 이 동맹에는 유명 브랜드를 가진 약 24개의 회사가 포함되어 있다. 회사가 발표한 성명서는 루이비통, 스와로브스키 및 기타 동맹 회원들은 지적재산을 인증하고 지적재산을 침해하는 알리바바의 목록을 제거하기 위해 데이터와 전문지식을 공유할 것이라고 밝혔다.

출처 : Louise Lucas, "Do-It-Yourself Globalization: Alibaba," *FT Big Read—Financial Times* (May 23, 2017), p. 9; Marco della Cava, "Alibaba Puts Heat on $1.7T Fake Goods Market," *USA Today* (January 28, 2017), p. 5B; Gillian Wong, "Counterfeits Test Alibaba's Goals," *The Wall Street Journal* (November 15, 2015), p. B8; David Barboza, "The Jack Ma Way," *The New York Times Sunday Business* (September 7, 2014), pp.1, 4-5; David Gelles, Hiroko Tabuchi, and Michael J. de la Merced, "Alibaba's American Aspirations," *The New York Times* (May 24, 2014), pp. B1, B5.

사진 15-4 알리바바 창업자 마윈은 중국 쿵푸 소설의 팬이다. 알리바바는 VR과 AR을 활용해 실제 매장과 가상 매장 모두로 트래픽을 유도하는 중국의 전자상거래 부문을 장악하고 있다.
출처 : HOANG DINH NAM/AFP/Getty Images.

적으로 기업들은 기존의 마케팅 정설을 고집함으로써 다시 말하면, 기존 고객들의 욕구에만 귀 기울이고 반응함으로써 그러한 덫에 빠진다. 크리스텐슨은 이러한 상황을 **혁신자 딜레마** (innovator's dilemma)라고 불렀다.

모든 산업에서 기업들은 가치 네트워크에 매몰되어 있다. 각각의 **가치 네트워크**(value network)는 수익성을 달성하기 위해 필요한 이윤을 지배하는 것과 관련된 원가 구조로 되어 있다. 네트워크의 경계는 다양한 제품 성과의 속성의 중요성을 독특한 순위로 정함으로써 부분적으로 정의된다. 하나의 제품 가치를 결정하는 평행적 가치 네트워크는 광의의 동종 산업 내부에서도 존재할 수 있다. 각각의 네트워크마다 자신만의 '가치 척도'(랩톱 컴퓨터의 경우 작은 크기와 가벼운 무게, 적은 전력 소비, 튼튼한 디자인)가 있다. 예컨대 1980년대에 걸쳐 휴대용 컴퓨터를 구입한 소비자들은 더 작은 크기의 제품을 사려고 기꺼이 더 지불하려 했다. 컴퓨터 본체를 구입한 소비자들은 이런 속성을 중시하지 않았다. 거꾸로 본체 구입자들은 메가바이트로 측정되는 메모리 용량을 더 중요하게 생각했다(기꺼이 지불하려고 했다). 휴대용 컴퓨터 구입자들은 이 속성에는 더 낮은 가치를 부여하였다. 요컨대 컴퓨터 본체와 휴대용 컴퓨터의 가치 네트워크는 서로 다르다.

주어진 네트워크 내에서 경험이 쌓이면서 기업은 다양한 능력과 조직구조를 개발하고 자사만의 가치 네트워크에 맞춰진 문화를 창조해 나간다. 한 산업의 주력기업, 즉 '잘 관리되고 있는' 회사라는 명성을 가진 기업은 **지속적 기술**(sustaining technologies)을 개발하거나 받아들이는 데 앞장섬으로써 제품의 성능을 개선하는 급격한 개선이나 점진적 개선이 달성된다. 크리스텐슨 교수에 의하면 기존 기업이 개발한 신기술의 대부분은 본질적으로 지속 가능하다. 실제 혁신의 대부분이 이 유형에 속한다.

그러나 한 산업에의 신규 진입자는 성과를 새로 정의하는 혁신적 기술의 개발을 선도한다. **혁신적 기술**(disruptive technologies)과 관련된 혜택은 제품 성능개선의 차원을 훨씬 초월한다. 혁신적 기술은 지금까지 불가능할 것으로 생각되었던 여러 가지 일을 완성할 수 있게 한다. 또한 전형적으로 새로운 시장의 출현을 가능하게 한다. 크리스텐슨 교수의 설명대로 "한 회사에서 분열되는 혁신은 타회사에서 지속될 수 있다. 인터넷은 델에서 지속되는 기술이었고, 그 회사는 직접 마케팅 경로를 통해서 개인용 컴퓨터를 판매한 회사로 유명하다. 그러나 주요 유통경로가 소매상이었던 컴팩에 있어서도 혁신적 기술은 큰 영향을 미쳤다."[17]

경영자로 하여금 혁신자 딜레마를 인식하고 환경 변화에 적절히 반응하도록 돕기 위해서 크리스텐슨 교수는 다음 다섯 가지의 혁신적 기술 원칙을 전개하였다.

1. 회사는 여러 자원을 고객과 투자자에게 의지한다. 경영학 전문가 로자베스 모스 칸터의 지적대로 최고의 혁신은 사용자가 추진하는 것이지만, 그러나 역설적으로 경영자가 기존 고객의 소리를 경청한다면, 혁신적 기술의 여러 기회를 놓칠 수도 있다.[18]
2. 작은 시장은 큰 회사의 성장 욕구를 해결하지 못한다. 작은 조직은 작은 시장에서의 성장기회에 가장 쉽게 반응할 수 있다. 이러한 사실은 IBM이 PC를 개발할 때 그랬던 것처럼 대기업으로 하여금 신기술을 추구하기 위해 독립된 단위의 부서 창업을 요구할 수도 있다.
3. 존재하지 않는 시장은 분석될 수가 없다. 크리스텐슨 교수는 기업이 불가지론적 마케팅을 수용하기를 바라고 있다. 회사의 임직원도 고객도, 아니 누구도 제품을 실제 사용해 보지

"현직 리더들은 그런 일이 일어날 것이라고는 전혀 생각하지 않는다. 그들은 최고의 고객에게 초점을 맞추고 필요한 것을 제공하려고 노력하지만, 신기술을 처음으로 사용하는 고객은 대개 수익성이 가장 낮다."[16]

소매업 제이크루가 직면한 문제에 대한 논평 중에서, 클레이튼 크리스텐슨

않고서는 혁신적(기술을 채용한) 제품의 용도가 어떻게 어느 정도 필요한지 알 수 없다는 명백한 가정에 근거한 것이다.

4. 한 조직의 역량은 동시에 그 조직의 무능을 정의한다. 예를 들어 마이크로소프트는 한때 산업계의 추세 결정자였다. 그러나 오늘날 마이크로소프트가 윈도우 운영체제에만 굳게 몰입하면서 검색 및 사회적 네트워킹 같은 고성장, 소비자 지향적 영역에의 신규 진입자에게 뒤처지고 있다.[19]

5. 기술 공급은 시장 수요와 일치하지 않는다. 어떤 제품은 시장에서 요구하는 것보다 훨씬 정교한 수준을 제공한다. 예를 들어 소기업용 회계 소프트웨어 개발자는 시장에서 필요로 하는 것보다 그 기능성이 과잉 상태로 출시된다. 그럼으로써 탁월하지는 않더라도 적절한 기능을 갖춘, 단순하고도 사용하기 편한 혁신적 소프트웨어 기술을 창출하는 기회가 생기게 마련이다. 퀴큰과 퀵북스의 개발자인 스콧 쿡이 쟁취했던 기회가 바로 이것이었다.

▶ **15-4** 글로벌 전자상거래의 현 추세를 규명하고 글로벌 기업이 웹에서 자신들의 존재를 어떻게 확장하고 있는지 설명한다.

(15-4) 글로벌 전자상거래

전자상거래(e-commerce)라는 용어는 마케팅 채널로서의 인터넷과 온라인 네트워크를 활용한 제품과 서비스의 일반적인 교환을 말한다. 2014년 전 세계 전자상거래 매출은 1조 3,000억 달러를 넘어섰으며, 같은 해 중국은 세계 최대 전자상거래 시장으로 미국을 제쳤다. 중국 소비자의 스마트폰 보급률이 증가함에 따라 수억 명이 더 자주 온라인 쇼핑을 하고 있다. 미국 인구조사국은 2016년 미국의 온라인 소매판매 매출이 총 3,900억 달러로 2011년 이후 100% 증가한 수치이다. 이에 비해 2016년 중국의 온라인 소매 거래는 약 7,500억 달러로 미국의 거의 2배였다.

일부 세계지역에서의 인터넷 보급률은 낮은 한 자릿수에 있다. 이것은 특히 아프리카에서 그렇다. 예를 들어 에리트레아, 부룬디, 시에라리온, 소말리아 등 저소득국가에서는 보급률이 10%에도 미치지 못한다. 이와는 대조적으로 한국, 네덜란드, 그린란드, 아랍에미리트, 바레인, 카타르를 포함한 여러 국가에서는 인구의 90% 이상이 온라인을 사용하고 있다. 다음 내용을 고려해 보자.

> "이것이 파괴의 정의이다. 이것은 블록버스터를 대체하는 넷플릭스이다. 이것은 택시를 대체하는 우버이다."[20]
> 아마존 저스트 워크아웃 매장이 소매업에 미칠 잠재적 영향에 대해 언급하는 포레스터 리서치의 부사장 겸 수석 분석가, 브렌던 위처

- 2003~2014년 사이 중국 내 인터넷 이용자 수는 6,800만 명에서 6억 4,000만 명으로 늘었다. 6억 명이 넘는 중국인들이 온라인 쇼핑을 하고 있어 중국을 세계 최대 전자상거래 시장으로 만든다. 알리바바, JD.Com 등 현지기업이 시장을 지배한다.

- 포레스터 리서치에 따르면 2017~2022년 서유럽의 온라인 소매는 연평균 11.3%의 복합적인 성장률을 보일 전망이다. 설문에 응한 유럽 휴대전화 소유자의 85%는 적어도 매주 한 번씩은 휴대전화로 인터넷에 접속한다.[21]

전자상거래 활동은 크게 기업 대 소비자(B2C), 기업 간(B2B), 소비자 대 소비자(P2P)의 3개 항목으로 분리할 수 있다. 많은 사람들은 전자상거래를 아마존닷컴, 애플, 아이튠즈 스토어, 이베이 등과 같이 잘 알려진 소비자 중심의 사이트와 연관 짓는다.

제14장에서 언급했듯이 독일의 오토 그룹은 세계에서 두 번째로 큰 B2C 전자상거래 소매

업체이다. 실제로 포레스터 리서치에 따르면 독일, 프랑스, 영국이 서유럽에서 온라인 소매판매의 3분의 2 이상을 차지하고 있다(그림 15-2 참조). 최근에는 이탈리아와 스페인 소비자들이 온라인 쇼핑을 받아들이기 시작했고, 그 나라들의 빠른 성장에 기여하고 있다. 전반적으로 온라인 의류 구매는 다른 유형의 구매보다 2 대 1 비율로 앞서고 있다. 그러나 가전제품, 시계, 보석 등의 온라인 판매도 증가하고 있다.[22]

일반적으로 B2B 상거래는 인터넷 경제에서 가장 큰 비중을 차지하고 있으며 가까운 미래에도 계속 그렇게 될 것이다. 업계 전망에 따르면 2020년까지 전 세계 B2B 매출액이 6조 7,000억 달러에 달할 것으로 예상되는데, 이때 B2C는 3조 2,000억 달러로 예상된다.[23]

웹사이트는 목적별로 분류될 수 있다. **홍보 사이트**(promotion sites)는 회사의 제품과 서비스에 대한 마케팅 커뮤니케이션을 제공한다. **콘텐츠 사이트**(content sites)는 뉴스와 오락거리와 기업 홍보 활동을 노력을 지원한다. 그리고 **거래 사이트**(transaction sites)는 사이버 공간에서 고객이 제품과 서비스를 구매할 수 있게 온라인 소매활동을 제공한다. 대부분 웹사이트는 세 가지 기능을 갖는다.

웹사이트는 콘텐츠와 청중을 중심으로 분류된다. 예를 들어 여러분 대학의 외국유학생들은 본국에서의 유학준비생 시절에는 웹사이트의 목표 청중이었지만 현재 유학 중인 학교에 관한 정보는 인터넷으로 얻었을 것이다.

마찬가지로 온라인 음악 서비스회사 판도라는 미국 청취자들에게만 서비스를 제공하며, 프랑스의 온라인 음악 스트리밍 회사 디저는 160개국에서 운영되고 있다. 2015년 이전에는 미국에서 디저를 이용할 수 없었다. 왜 그럴까? 국제 저작권법이 노래에 대한 연주권 허가를 제한하기 때문이다. 그러나 2015년 디저는 하이파이 마케터 소노스, 보스와 파트너십을 맺고 디저 엘리트를 미국 소비자들에게 공개했다. 판도라의 전 사장 조 케네디는 최근 "인터넷이 글로벌이라는 것은 기쁜 소식이지만 저작권법이 국가별로 달리 적용된다는 것은 안 좋은 소식이다."고 지적했다.[24] 애플의 아이튠즈 스토어는 미국 유일의 소매상으로 시작했다. 최근 몇 년 동안 그 서비스는 수십 개국으로 팔려 나갔다. 온라인 영화 배급회사 넷플릭스는 비슷한 방법으로 국내시장에서 국제시장으로 진화하였다.

페덱스와 구찌 같은 회사는 사업의 범위가 글로벌하며 인터넷은 강력하고도 능률적인 소통의 저가 수단임을 이해하고 있다. 마찬가지로 유니레버의 인터랙티브 마케팅 직원들은 웹이 판촉수단으로는 대단히 중요한 저가 도구임을 이해하고 있다. 유니레버가 보유 중인 자사

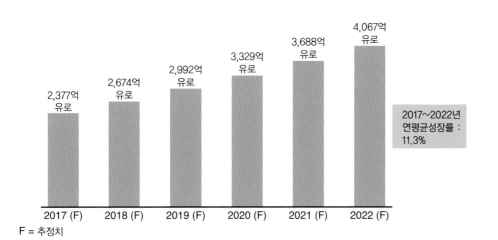

F = 추정치

그림 15-2 2017~2022년 서유럽 온라인 소매매출(10억 유로)

출처 : Michelle Beeson and Claudia Tajima, Online Retail Will Drive Overall European Retail Sales Growth Through 2022, Forrester Research (December 5, 2017), p. 2.

의 방대한 TV 광고물 자료는 디지털화되어 있다. 웹 서핑자들은 살롱 셀렉티브 샴푸 같은 제품 영상을 내려받아 언제든지 다시 볼 수 있다. 최근에 유니레버는 야후 푸드에 12주짜리 시리즈물 '진실한 식품을 찾아서'를 방영했다. 푸드 네트워크의 TV 배우 데이비드 리버만을 초대한 그 쇼는 헬만 마요네즈 광고 전후로 방영되었다. 오길비앤매더 광고 대행사의 엔터테인먼트 전무이사 더그 스코트는 "광대역의 콘텐츠는 TV 제작비보다 훨씬 싸기 때문에 훨씬 많은 청중에게 배급될 수 있다."고 설명한다.[25]

기업들은 또한 전 세계적으로 고객들과의 전자상거래를 추구할 수 있다. 아마존닷컴은 이 거래 비즈니스 모델의 가장 성공적인 사례다. 온라인 책 구매자들은 웹사이트에 있는 수백만 권의 책 중에서 선택할 수 있다. 많은 책이 할인된 가격으로 판매된다. 그리고 물론 오늘날 아마존은 광범위한 제품을 제공한다.

1990년대 중반, 온라인 판매의 지속성 관점에서 수많은 잠재상품을 평가한 후 창업자 제프 베이조스는 다음 두 가지 이유로 책을 선택하였다. 첫째는 재래식 소매상점용 명칭은 무수히 많다는 점, 둘째는 산업구조와 관련된 것으로 출판업은 고도로 세분화되어 미국에서만도 4,200개의 출판사가 있다는 점이다. 그것은 어느 한 출판사가 높은 공급능력을 갖기 어렵다는 뜻이다. 베이조스의 본능은 옳았다. 아마존닷컴의 웹사이트가 개설된 1995년 중반 이후 매출액은 폭발하였다. 1년 내에 수십 개국에서 주문이 쇄도하였다.

오늘날 아마존닷컴은 연간 수억 명의 방문객이 방문하는 세계에서 가장 큰 온라인 소매 사이트다. 이 회사의 12개 국제 사이트는 전체 매출의 40~50%를 차지하고 있으며 독일, 일본, 영국은 미국 이외의 아마존의 3대 시장이다. 이 회사는 50만 명 이상의 직원을 고용하고 있으며, 베이조스는 순자산이 1,000억 달러로 추정되는 세계에서 가장 부유한 사람이다.

미국의 온라인 소매는 해외주문을 포함하여 2017년에 4,000억 달러를 넘었으며 아베크롬비앤피치, 에어로포스테일, 제이크루, 메이시스, 팀버랜드, 삭스피프스에비뉴는 웹사이트에 국제 배송 서비스를 추가하여 해외 구매자를 대상으로 판매하는 미국 소매업체 중 일부에 불과하다. 유로화나 기타 통화로 결제하는 쇼핑객의 가격 상승으로 이어지는 달러의 강세는 더 많은 미국 소비자가 해외에서 주문하도록 유도했다. 배달 거대기업인 페덱스, UPS, DHL은 온라인 쇼핑객을 위한 원활한 주문 및 배송을 보장하기 위해 주요 인수 및 다른 회사와 제휴하고 있다.[26]

어떤 제품들은 본질적으로 인터넷을 통하여 판매하기에 부적절하다. 예를 들어 맥도날드는 웹사이트를 통해 햄버거를 팔지 않는다. 어떤 경우에 글로벌 마케터는 제품을 전자상거래를 통해 팔 수 있을지라도 거래기회를 제공하지 않고 웹상에 제품의 존재만을 알리는 전략적 결정을 한다. 오히려 그런 회사는 오프라인 소매유통 채널을 지원하기 위해 자사의 판촉 및 정보를 위한 웹 활동을 제한한다.

기업들은 몇 가지 이유로 이 전략을 추구할 수 있다. 첫째, 많은 회사는 개인 고객으로부터의 주문을 처리하기 위한 기반시설이 부족하다. 둘째, 회사가 완벽히 기능적인 전자상거래를 수립하기 위해서는 2,000~3,000만 달러의 비용이 들 수 있다. 여기에는 다른 제품 특성상의 이유가 있을 수 있다. 예를 들어 고딘 기타의 웹사이트는 많은 제품 정보와 기업의 전 세계 중간상 네트워크 목록을 제공한다. 그러나 회사 설립자 로버트 고딘은 기타를 사고자 하는 사람의 가장 좋은 방법은 한번 연주해 보는 것이고 따라서 음반 가게를 방문할 필요가 있다고 믿는다.

소비재의 거인 P&G에게 인터넷은 자사 브랜드 전략의 핵심부분인 글로벌 판촉 및 정보 경로를 대표한다. 예컨대 팸퍼스는 연간 글로벌 매출액이 100억 달러에 이르는 P&G사 최고의 브랜드이다. www.pampers.com에 나타난 팸퍼스의 온라인상의 존재는 그 브랜드의 새로운 존재가치를 의미한다. 과거에는 브랜드 관리자들이 팸퍼스의 일회용 기저귀가 유아를 행복하게 하는 한 방법으로 보았지만 지금은 그 브랜드를 유아발달 지원용으로 본다. '팸퍼스 빌리지' 홈페이지 방문객들은 팸퍼스 부모협회로부터의 조언과 어머니들로부터의 요령을 읽을 수 있다. 물론 할인쿠폰도 받을 수 있다.

P&G사는 www.thankyoumom.com을 개설하고 P&G를 '엄마의 자랑스러운 후원자'로 포지셔닝하였다. 2010년에 P&G는 어머니들이 가족과 재결합하는 것을 지원하고자 10만 달러짜리 여행증명서를 사이트를 통해 수여하였다. 또한 팬틴 샴푸, 팸퍼스 유아용품, 기타 소비재를 미국 소비자에게 팔기 위해 소매 웹사이트도 개설하였다. 이러한 온라인 전략의 변화는 P&G사로 하여금 월마트, 타깃, 기타 소매업체와의 직접적 경쟁을 초래하여 인터넷 판매뿐 아니라 재래식 소매업을 보완하게 만들었다.[27]

최근까지 명품 납품업자를 위한 웹사이트 방문객들은 구매기회가 없었다. 이유는 간단하다. 왜냐하면 최고의 디자인 회사들이 브랜드의 성과를 높이는 종합적 소매쇼핑 경험을 만들려고 하기 때문이다. 이 목표는 기본적으로 전자상거래업체와 싸우게 하는 것이다. 포레스터 리서치의 분석가인 수차리타 물푸루는 다음과 같이 설명한다. "온라인에서 브랜드 본질을 전달할 수 있는 방법이 없다고 믿었다."[28] 그러나 이러한 생각은 변하고 있다. 몇몇 명품 마케터들은 소비자들의 구매를 돕기 위해 스마트폰과 아이패드 앱을 개발하였다. 버버리, 샤넬, 코치, 구찌, 기타 여러 명품 브랜드가 페이스북에 공식 온라인 사이트를 개발 중이다. 사회적 매체 관리회사의 CEO인 레지 브라도드에 의하면 그들은 옳은 일을 하고 있다. 그는 "명품 브랜드는 '우리는 우리 브랜드와 소비자를 어떻게 연결하고 대화할 수 있는가'에 대해 생각해야 한다."고 지적한다.[29]

인터넷은 중요한 글로벌 커뮤니케이션 수단으로 발전되어 왔기 때문에 사실상 모든 조직의 의사결정자는 자신의 커뮤니케이션 계획에 새로운 미디어를 포함시켜야 한다는 것을 깨달았다. 많은 기업은 대중적인 웹사이트에 배너 광고란을 구매한다. 광고는 회사의 홈페이지, 제품 또는 브랜드 관련 사이트와 링크되어 있다. 광고주는 유저가 링크에 클릭할 때 대금을 지불한다. 비록 창의적인 가능성은 배너 광고에는 제한되어 있고 **클릭률**(click-through rates)(게재된 광고에 유저가 클릭하는 백분율)이 전형적으로 낮더라도 글로벌 광고에 대한 수단으로써 웹을 사용하려는 회사는 앞으로 몇 년 동안 급격히 증가할 것으로 예상된다.

디지털 혁명의 가장 흥미로운 부분 중에 하나는 와이어드 매거진의 편집자이자 롱테일(*The Long Tail*)의 저자인 크리스 앤더슨이 다음과 같이 말하는 부분이다. 책은 상대적으로 늦게 팔리는 많은 제품을 한곳으로 합치기 위해 온라인 판매의 효율적 경제의 사용을 언급한다. 롱테일은 이베이, 아마존닷컴, 넷플릭스, 아이튠즈 등의 성공을 설명하는 데 도움이 된다. 그 모든 사이트는 전통적 소매상보다 훨씬 더 많은 다양함과 선택을 제공한다. 앤더슨의 설명에 따르면 "롱테일의 이야기는 실질적으로 풍요의 경제에 대한 것이다. 즉, 우리 문화에서 수요와 공급 사이에 위치한 병목이 사라지기 시작할 때 모든 사람이 모든 것을 활용할 수 있게 되면 어떤 일이 벌어질까에 대한 것이다." 앤더슨은 '잘 알려지지 않은' 제품, 가령 무명의 책, 영화, 음악은 아마존닷컴, 넷플릭스, 아이튠즈와 같은 전자상거래 기업에 중요한 수입원이라고 언급한다. "이러한 수백만 달러의 변두리 판매는 효율적이며 비용 효과적인 사업이다. 역사상 처음으로 히트상품과 틈새상품의 경제적 기반이 같아졌다."고 말한다.[30]

▶ 15-5 웹사이트를 설계하고 구현
할 때 글로벌 기업이 직면하는 주
요 문제에 대해 설명한다.

(15-5) 웹사이트 디자인과 실행

인터넷의 잠재성을 충분히 이용하기 위해 기업 경영진은 쌍방향 미디어를 마케팅 믹스와 통합
해야 할 것이다.[31] 웹사이트는 내부로 성장할 수 있고, 또는 외부 기업체와는 효과적으로 계약
할 수 있다. 지난 수년 동안 인터랙티브 광고 대행사의 새로운 업종은 회사가 인터넷을 제공함
으로써 글로벌화하는 것을 돕고 있다(표 15-1 참조). 이러한 대행사의 몇몇은 독립적이고, 몇
몇은 다른 광고 대행사 브랜드와 모기업과 제휴되었다(제13장 참조). 웹의 발전은 내부 또는
외부 대행업체에 의해 다루어지든지, 글로벌 전자상거래를 개설할 때 몇 가지 문제를 나타내
는 것은 분명하다. 이러한 문제에는 도메인명을 선택하는 것, 지급을 처리하는 것, 사이트를
현지화하는 것, 사적 이슈를 나타내는 것, 유통 시스템을 개설하는 것 등이 있다.

중요한 첫 단계는 한 국가에 특정된 도메인명을 등록하는 것이다. 그래서 아마존닷컴은 각
국가에 활용 가능한 각각의 도메인명을 가지고 있다(표 15-2 참조). 비록 유럽 소비자가 미국
사이트 아마존닷컴을 둘러보는 것이 가능할지라도, 소비자는 자신의 도메인명 사이트와 직접
링크하는 것을 선호할 것이다. 마케팅과 소비자 관점으로부터 이것은 의미가 있다. 선택한 웹
사이트는 달러보다는 오히려 유로화로 가격을 책정할 것이고, 지역 흥미에 맞춘 제품을 제공
할 것이며, 지역의 유통센터를 통해 배송할 것이다. 그러나 앞에서 언급했듯 달러의 약세는 소
비자가 미국의 온라인 소매상으로부터 구매를 하는 데 많은 돈이 들지 않게 할 것이다.

표 15-1 2016년 인터랙티브 마케팅 수입에 의한 상위 5개 디지털 광고 대행사

대행사(모회사)	본사	고객
액센츄어 인터랙티브(액센츄어)	뉴욕	로레알, 스카이 케이블
IBM iX(IBM)	뉴욕 아몽크	애틀랜타 팔콘스, 크노르, 미그로스
딜로이트 디지털(딜로이트)	뉴욕	보다폰 몰타, 펩시코, 에스티로더
퍼블리시스 사피엔트(퍼블리시스)	보스턴	맥도날드
PwC 디지털 서비스(PwC)	뉴욕	하이어 히어로즈 USA

출처 : "Digital Networks: Worldwide," *Ad Age* (Mary 1, 2017), p. 17.

표 15-2 아마존닷컴 도메인명

도메인명	국가
amazon.com.br	브라질
amazon.ca	캐나다
amazon.cn	중국
amazon.fr	프랑스
amazon.de	독일
amazon.it	이탈리아
amazon.co.jp	일본
amazon.es	스페인
amazon.co.uk	영국

게다가 연구 결과 방문자가 자신의 언어로 제시된 사이트에서 더 많은 시간을 소비한다. 그들은 또한 더 많은 페이지를 보고 더 많이 구입하는 경향이 있다. 많은 사람들은 자국의 잘 알려진 검색엔진을 통해 현지 버전의 사이트 정보를 찾을 것이다. 예를 들어 프랑스에서 야후의 로컬 버전은 fr.Yahoo.com이다. 같은 원칙이 미국 온라인 소비자 시장을 타깃으로 하는 미국 이외의 기업에도 적용된다. 워터포드 웨지우드 PLC, 헤러즈, 조니 보덴 및 다른 유명한 회사는 미국 도메인명을 가지고 있고 달러로 표시된 가격 사이트를 운영한다.[32]

'.com' 도메인명을 등록하는 것은 상대적으로 미국에서 쉬운 절차이다. 요구사항은 나라에 따라 다를 수 있다. 예를 들어 어떤 나라에서 회사는 현지 도메인명을 갖는 사이트를 등록하기 전에 법적 요건을 충족해야 한다. **도메인 점거**(cybersquatting), 즉 도메인명을 정당하게 사용할 기업에 재판매를 목적으로 특정한 도메인명을 등록하는 행위 또한 문제이다. 에이본, 파나소닉, 스타벅스는 대표적인 도메인 점거의 희생자이다.

지불은 또 다른 문제일 수 있다. 중국을 포함한 어떤 국가에서는 신용카드 사용이 낮다. 그런 경우에 전자상거래 업체는 은행 수표 또는 우편환으로 지불을 해야 한다. 배송에 따른 현금 결제는 또한 옵션이다. 다른 문제점은 신용카드 사기이다. 인도네시아, 러시아, 크로아티아, 보스니아는 사기가 만연한 국가이다. 추가적인 신분 확인절차가 필요할지도 모른다. 즉, 구매자가 사용하고 있는 신용카드뿐만 아니라 사진이 있는 신분증을 요구할 수 있다.[33] 일본에서는 소비자는 편의점에서 온라인 구매에 따른 가격을 지불한다. 품목을 온라인에서 선정한 후에 구매자는 가까운 편의점(예 : 세븐일레븐)에 가서 물건에 대해 현금을 지불한다. 점원은 온라인 판매자 계좌에 돈을 이체한다. 그러나 외국인 회사는 편의점 체계에 참여할 수 없다. 이것은 외국 온라인 소매상이 현지기업과 연계장치를 설치해야 함을 의미한다.

이상적으로 각 국가 특정 사이트는 국가의 문화, 언어 사용, 관례 및 심미적인 특혜를 반영해야 한다. 로고와 다른 브랜드 정체성 요소가 사이트에 포함되어야 한다. 필요할 때 색깔 선호도와 의미 있는 차이에 대한 조정도 포함되어야 한다. 가령 쇼핑 카트 아이콘은 미국 및 많은 유럽국가에 있는 온라인 구매자에게 친밀하다. 그러나 온라인 회사는 그 아이콘이 모든 국가시장에서 적합한가를 결정해야 한다. 미묘하지만 중요한 언어 차이는 영어 사용 국가에서조차 생길 수 있다. figleaves.com과 figleaves.com/uk는 각각 영국에 기반을 둔 란제리 상인을 위한 미국과 영국의 웹사이트이다. 그러나 미국 사이트는 'panties'라고 쓰는 반면 영국 사이트는 'briefs'라고 쓴다. 2개 이상 다른 언어가 사용될 때 번역기를 사용하여 현재 언어 사용을 반영하는지 확인해야 한다. 또한 같은 용어를 여러 번 다시 번역함으로써 시간과 노력을 낭비하지 않도록 하는 것이 중요하다. 현지 번역가는 회사의 특정한 용어에 대해 선호된 번역을 포함하는 내부 사전에 접근해야 한다. 데이터베이스 시스템은 이미 번역된 내용을 확인할 수 있고 그 내용을 재사용할 수 있어야 한다.

야오밍이 2002년 휴스턴 로키츠에 입단 후 nba.com/china는 중국의 뛰어난 인터넷 포털 소후닷컴과 함께 시작되었다. 한사로만 표기된 이 사이트는 세계 최대 시장인 중국에서 농구의 인기를 높이기 위해 만들어졌다. NBA는 아프리카, 오스트레일리아, 캐나다, 인도, 뉴질랜드, 필리핀, 영국에 국가별 영어 사이트를 개설했다. 또한 독일어, 그리스어, 히브리어, 이탈리아어, 포르투갈어, 스페인어를 포함한 여러 다른 언어로 사이트들이 개발되었다.

NBA 중국 사이트에서 설명한 것처럼 웹사이트를 모국어에서 다른 언어로 번역하는 것은 간단한 문제가 아니다. 더욱이 또 다른 기본 단계는 웹사이트를 목표 국가의 언어와 비즈니스

사진 15-5 비비안 레딩은 정의, 기본 권리 및 시민권을 위한 유럽 위원이다. 레딩은 공식 자격으로 데이터 개인정보 보호문제에 대해 목소리를 높였다. 유럽연합의 한 가지 우려 사항은 허가 없이 소비자 데이터를 수집하고 사용하는 광범위한 기업 관행이다. 새로운 GDPR은 구글과 같은 회사가 요청시 사용자 데이터를 삭제하도록 요구함으로써 소비자가 "잊혀질 권리"를 갖도록 보장한다.
출처 : GEORGES GOBET/AFP/Getty Images.

명명법으로 현지화하는 것이다. 기술적 관점에서 웹사이트는 ASC II에서 최대 256 문자를 저장하는 라틴 알파벳을 사용하는 영어, 프랑스어, 독일어와 다른 언어를 지원하기 위해 디자인된다. 그렇기는 하지만 언어 특징적 요구가 있다. 이를테면 독일어 웹사이트는 독일어 카피는 더 많은 공간을 요구하기 때문에 영어의 용량 2배 이상을 차지한다.[34] 그러나 일본어와 중국어는 더블 ASC II을 지원하는 데이터베이스를 요구한다. 이런 이유 때문에 웹사이트 구조를 디자인할 때 더블 ASC II 플랫폼에서 시작하는 것이 현명하다. 웹사이트의 구조는 다른 날짜, 통화, 돈 형태를 허용하도록 유연해야 한다. 영국에 살고 있는 누군가에게 '7/10/16'은 '2016년 10월 7일'을 의미한다. 미국인에게 그것은 '2016년 7월 10일'을 의미한다.

다른 중요한 글로벌 전자상거래의 이슈는 사생활이다. EU의 규정은 세계적으로 가장 엄격한 규정 중에 하나이다. 회사는 수집될 수 있는 개인정보의 양을 제한받는다. 예를 들어 고객의 나이, 결혼 상태, 구매 패턴 등이다. 그리고 정보를 보유할 수 있는 기간도 제한받는다. 2012년에 EU 사법위원 비비안 레딩은 EU의 데이터 수집 규정에 관한 철저히 조사할 것을 발표했다(사진 15-5 참조). 이 규정은 EU 이외의 국가를 기반으로 하는 기업이 서비스를 EU 시민들에게 제공한다면 적용될 것이다(예 : 애플, 구글, 페이스북). EU에 살고 있는 고객들은 '잊혀져야 할 권리'를 가지고 있다. 그들은 자신의 개인정보를 삭제할 것을 요구할 수 있다. 더욱이 EU 시민들은 기업이 자신의 정보를 공유하기 전에 명확한 승인을 주어야 한다.[35] 비교컨대 사생활 보호에 대한 워싱턴의 미온적 자세는 수정헌법 제1조뿐만 아니라 2001 테러 공격으로부터 기인하는 국가안보의 관심 때문이다. 사생활 보호법을 따르기 위해 미국 회사는 사생활 담당관이라는 새로운 '최고' 수준의 직책을 만들었다.[36]

많은 이슈가 상품의 유통 결정과 연관되어 있다. 온라인 판매는 특정한 국가 또는 지역에서 증가하기 때문에 빠른 배달과 수송비 절감을 위해 지역창고시설을 설치할 필요가 있다. 미국에서 그런 단계는 세금 연관성을 갖는다. 마케터는 판매 세금을 수집해야 한다. 온라인에서 상품을 주문하는 소비자의 관심을 완화시키기 위해 회사는 배송비를 포기하거나 무료 반납과 환불가능 보증제도를 제공하기도 한다.

15-6 신제품과 서비스

디지털 혁명은 많은 다른 산업에 혁신을 촉발시킨다. 세계의 모든 부분에서 기업은 새로운 종류의 상품, 서비스, 기술을 개발하고 있다. 이들은 광대역 네트워크, 모바일 상거래, 무선 연락, 스마트폰을 포함한다. 예를 들어 '고대디'는 도메인 이름을 설정하고 웹사이트를 호스팅하는 데 도움이 필요한 많은 기업가가 사용한다(사진 15-6 참조).

◀ **15-6** 지난 10년간 소개된 것 중 가장 중요한 신제품과 서비스는 무엇인지 규명한다.

광대역

광대역(broadband) 통신 시스템은 다수의 목소리, 데이터 또는 비디오 채널을 동시에 옮기기에 충분한 기능이 있다. 대역폭(bandwidth)은 주어진 방송 채널을 통과할 수 있는 주파수 범위를 결정한다. 예를 들어 기존의 텔레폰 네트워크는 최신의 디지털 텔레폰 네트워크와 비교하여 대역폭에 상당한 제한을 둔다. 결과적으로 기존의 텔레폰은 '로파이'라 불린다. 대역폭은 초 단위 비트로 측정된다. 영어 문장의 한 페이지는 약 16,000비트이다. 예를 들어 재래식의 전화선과 연결된 56Kpbs 모뎀은 1초 동안 16,000비트를 전달할 수 있다. 반면에 오늘날의 광대역 인터넷 접속은 동축 케이블 또는 DSL(디지털 가입자 회선) 기술을 활용하면 초당 기가바이트 속도로 데이터를 전송할 수 있다.

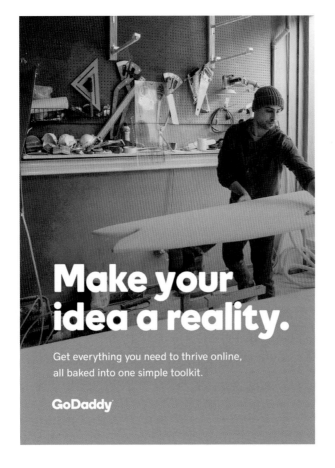

사진 15-6 고대디는 다양한 캠페인으로 웹 호스팅과 인터넷 등록 서비스에 대한 인지도를 높였다. 이 회사의 슈퍼볼 광고는 때때로 논란을 일으켰다. 최근의 인쇄광고는 훨씬 단순해졌다.
출처 : GoDaddy.

한국은 평균 인터넷 속도가 세계에서 가장 빠른 나라이다. 그러나 현재 진행 중인 기술 향상으로 훨씬 더 빠른 속도가 될 것이다. 한국 정부는 모든 가정이 1기가비트의 인터넷 속도가 가능하도록 할 계획이다. 이 프로젝트를 지휘하고 있는 기술자 최광기는 다음과 같이 설명한다. "많은 한국인이 얼리 어댑터입니다. 그래서 3DTV, 인터넷 프로토콜 TV, 고화질 멀티미디어, 게임과 화상회의, 초고화질 TV, 클라우드 컴퓨팅과 같은 제품을 준비할 필요가 있다고 생각했습니다."[38] 고객만 기술 향상의 유일한 수혜자는 아닐 것이다. 기업은 또한 초고화질 국제 화상회의와 다른 활용을 위해 기가비트 인터넷 연결망을 장착할 수 있다.

한국과 다른 국가들이 광대역 인프라 구축에 막대한 투자를 추진하여 앞서 나감에 따라 뒤처진 국가의 정치인과 노조간부는 이 문제에 관심을 보이고 있다. 최근의 연구에서 한국과 여러 국가는 인터넷 속도와 관련하여 '내일을 위한 준비'라고 언급한다. 두 번째 그룹의 국가들은 '오늘의 애플리케이션 한계 미만'이라는 범주에 해당한다. 미국, 독일, 홍콩이 이 범주에 해당한다.[39] 미국 대통령 버락 오바마는 2011년 이런 상황에서 미국의 광대역 통신망을 향상시키기 위해 수백억 달러를 투자할 것을 약속했다.

정책 입안자들은 왜 광대역 경쟁을 그토록 밀접하게 따라가고 있는가? 광대역 통신은 다양한 산업에서 몇 배의 마케팅 기회를 기업에 제공한다. 또한 광대역 통신은 인터넷 사용자에게 **스트리밍 오디오**(streaming audio), **스트리밍 비디오**(streaming video) 같은 **스트리밍 미디어**(streaming media)에 접속할 수 있게 해준다. 애플 뮤직, 판도라, 스포티파이, 타이달 같은 개인이 운영하는 라디오 서비스는 사용자에게 그들이 선호하는 음악가와 음악을 게재하도록 허용한다. 판도라는 뮤직 게놈 프로젝트라는 우월한 기술을 사용한다. 이것은 청취자의 현재 취향과 유사한 새로운 음악을 추천할 수 있게 한다. 스트리밍 미디어는 시청 옵션에 따라 영화와 TV쇼 다운로드와 스트리밍을 통해 제공하는 아마존닷컴, 아이튠즈, 넷플릭스, 유튜브와 다른 서비스와 함께 방송산업에 중요한 영향을 끼친다.

스트리밍 미디어는 비디오 게임산업에 거대한 시장기회를 제공한다. 그것은 전자회사(예 : 마이크로소프트, 소니), 게임 공급자(예 : 일렉트로닉 아츠), 인터넷 포털 사이트(예 : 구글)를 포함한다. 온라인 게임에 다른 나라뿐만 아니라 다른 지역에 게이머가 PC, 엑스박스, 플레이스테이션 콘솔을 사용하여 서로서로 경쟁한다. 때로 다중접속 온라인 역할수행 게임(MMOG)으로 알려져 있다. 가장 유명한 MMOG는 '월드 오브 워크래프트'이다. 마이크로소프트의 엑스박스 라이브 서비스는 전 세계적으로 4,800만 가입자를 끌어모았다. 온라인 게임에서 소비자는 마이크로소프트 엑스박스원과 소니의 플레이스테이션 4와 같은 강력한 다음 세대 게임 콘솔에 열광한다.

클라우드 컴퓨팅

이전 절에서 클라우드 컴퓨팅은 초광대역 속도의 하나의 드라이버로 언급되었다. 이 용어는 클라우드 내에서 수행할 수 있는 차세대 컴퓨팅을 일컫는다. 아이튠즈, MS 오피스와 같은 프로그램이 컴퓨터 하드 드라이브에서 인스톨되는 대신 웹브라우저를 통하여 전달될 것이다. 클라우드 컴퓨팅에서 음악과 영화 파일, 사진과 문서를 포함한 자료는 개인용 컴퓨터보다 거대한 원거리 서버와 데이터 센터에서 저장된다. 컴퓨터 파일은 인터넷을 통하여 어떤 장소, 어떤 컴퓨터에서든 원거리에서 접속할 수 있다.

구글의 크롬 운영 시스템은 '새로운 컴퓨팅 패러다임'으로 일컬어진다. 이것은 클라우드 컴퓨팅의 기회를 활용하도록 설계되어 있다. 아마존닷컴의 아마존 웹서비스(Amazon Web Services, AWS)는 클라우드 컴퓨팅 리소스를 기업들에게 제공한다. AWS는 제8장에서 언급된 아웃소싱 트렌드의 변형이다. 넷플릭스, 포스퀘어와 수천 개의 다른 기업은 자신의 데이터 센터를 운영하는 대신 서비스를 이용한다. 클라우드 컴퓨팅은 다음 몇 해 동안 매년 25%의 무서운 속도로 성장할 것으로 기대하고 있다.[40]

스마트폰

휴대전화는 디지털 혁명의 가장 큰 성공 스토리의 하나이다. 전 세계적으로 2017년에 15억 개의 휴대전화가 판매되었다. 휴대전화의 인기는 애플, 화웨이, 오포, 삼성과 같은 제조업체뿐만 아니라 AT&T, 도이치 텔레콤, US 셀룰러, 버라이즌과 다른 서비스 제공업체를 급부상시켰다. 새로운 특징과 기능이 소비자에게 정기적으로 자신의 휴대전화를 업그레이드시킬 이유를 제공한다. 기존의 휴대전화(때로 피처폰으로 불림)는 **단문 메시지 서비스**(short message service, SMS)를 통해 문자 메시지를 제공하고 전 세계적으로 알파벳 160문자까지 메시지를 보낼 수 있게 무선 표준이 받아들여졌다. SMS는 트위터의 마이크로블로깅 서비스를 기반으로 한 기술 플랫폼이다. 산업 전문가는 SMS와 양방향 디지털 TV, 인터넷, 이메일과 같은 디지털 채널을 경유한 커뮤니케이션이 통합되는 시장을 기대한다.

스마트폰(smartphones)은 컴퓨터의 몇 가지 성능을 갖춘 피처폰보다 더 훌륭한 기능을 탑재하고 있다. 주목사항 : 애플의 히트 상품 아이폰에는 애플의 iOS와 웹브라우저의 완전한 버전이 장착되어 있다. 전 세계적으로 스마트폰 판매량은 전체 휴대전화 판매의 약 4분의 1을 차지한다. 어떤 면에서 스마트폰의 인기는 인스타그램, 액션 무비 FX, 앵그리 버즈, 핀터레스트, 우버 같은 앱의 활용 때문이다. 2013년에 애플의 아이튠즈 스토어는 500억 번째 아이폰 앱을 팔았다. 애플은 이 획기적인 시점을 '500억 앱 다운로드 판촉행사'로 기념하였다. 500억 번째 앱을 다운로드한 행운의 사람은 아이튠즈에서 구매할 수 있는 10,000달러의 상품권을 받았다. 물론 애플의 많은 라이벌은 구글에서 만든 스마트폰 운영체제인 안드로이드를 사용한다.

모바일 광고와 모바일 상거래

모바일 광고(mobile advertising)와 **모바일 상거래**(mobile commerce)는 휴대전화를 광고 메시지의 전달과 상품과 서비스의 거래 채널로써 사용하는 것을 묘사한 용어이다. 대부분의 스마트폰 사용자는 **와이파이**(Wi-Fi)를 통하여 인터넷에 접속할 수 있다. 추가로 휴대전화 서비스 제공자는 3G 또는 4G 네트워크망을 통해 인터넷 접속을 할 수 있는 데이터를 제공한다. 또한 애플, AOL, 크리스프 미디어, 구글, 미디어렛, 모벡스트, 그 밖의 기업은 고객에게 모바일 광고 서비스를 제공한다. 예를 들어 유니레버, 닛산, 그리고 다른 기업은 아이폰과 아이패드 앱 내에 쌍방향 광고 서비스를 넣는 애플의 광고 서비스를 이용한다.[41]

모바일 광고에 대한 전 세계 총지출은 2007년 약 10억 달러에 불과했다. 이마케터에 따르면 이 수치는 2016년 말에 1,000억 달러를 넘어섰다. 이마케터는 2017년 모바일 광고 총액이 499억 달러에 달한다고 발표하면서 미국은 이와 같은 지출에서 다른 모든 국가를 앞서고 있다고 밝혔다.[42] 소비자가 데스크톱 컴퓨터에서 벗어나 모바일 장치에서 더 많은 시간을 보내면서 모바일 검색 및 모바일 디스플레이 광고의 중요성이 커지고 있다. 실제로 구글은 최근 작은 화면에서 읽을 수 있는 텍스트와 화면에 맞는 콘텐츠로 '모바일 친화적 사이트'를 위해 검색 알고

10억
페이스북이 2012년 인스타그램을 인수하기 위해 지불한 금액

8억
2017년 9월 기준 인스타그램의 이용자 수

75%
미국 외의 인스타그램 사용자율

→ 혁신, 기업가정신 그리고 글로벌 창업

리드 헤이스팅스의 넷플릭스

리드 헤이스팅스는 기업가이다. 그는 혁신적인 서비스를 개발했고 브랜드를 만들었으며 기업은 그것을 시장에 판매하기 시작하였다. 현대 마케팅의 기본 도구와 원칙을 적용함으로써 헤이스팅스는 괄목할 만한 성공을 이루었다.

오늘날 넷플릭스는 비디오 스트리밍 분야에서 세계적인 선두주자다. 캐나다는 넷플릭스의 첫 국제시장 진출로 2010년부터 운영되었다. 2011년에는 중남미 43개국이 추가되었고, 2012년에는 영국, 아일랜드, 덴마크, 핀란드, 노르웨이, 스웨덴도 온라인에 접속되었다.

이러한 글로벌 확장은 비용이 많이 들었다. 저작권법은 국가별로 콘텐츠 라이선스를 요구하며 마케팅 비용도 상당하다. 헤이스팅스의 목표 중 하나는 국가별 접근방식보다 더 나은 조건을 제공하는 전 세계 라이선스 계약을 협상하는 것이다. 또 다른 문제 : 중남미의 인터넷 인프라가 낙후되어 브라질 등지의 가입자 증가와 시청률은 저조했다. 문제를 해결하기 위해 넷플릭스는 커버리지를 보장하기 위해 로컬 웹 서버 네트워크를 설치하는 팀을 배치했다.

글로벌 시장의 또 다른 과제는 청구 문제이다. 예를 들어 브라질에서 많은 소비자들은 신용카드를 사용하지 않는다. 그런 사람들은 종종 회사 웹사이트에 신용카드 정보를 공개하는 것에 대해 불신한다. 넷플릭스는 신규 가입자들이 모바일 기기 서비스에 가입하기 시작하자 아이튠즈, 구글플레이 등 모바일 결제 옵션을 추가해 대응에 나섰다.

2016년 1월 추가로 130여 개 국제시장에 넷플릭스 서비스가 개시됐다. 위치에 관계없이 스트리밍 구독자는 미국 구독료에 해당하는 월 5~8달러를 지불한다. 넷플릭스 콘텐츠는 스마트폰, 태블릿은 물론 TV를 포함한 수백 가지 이상의 다양한 장치에서도 접근할 수 있다.

전 세계적으로 수신 범위가 확장됨에 따라 넷플릭스는 콘텐츠 추천을 강화하는 알고리즘을 조정하고 있다. 예를 들어 영국에서 처음 출시했을 때 알고리즘은 영국 시청자들의 선호만 반영하는 추천 코너를 생성했다. 이제 이 서비스는 추천할 때 세계 각지의 사용자들로부터의 데이터를 취합한다.

넷플릭스는 현지에서 제작된 일부 프로그래밍이 세계적인 인기를 끈다는 사실도 발견했다. '나르코스'는 콜롬비아의 악명 높은 마약 카르텔과 파블로 에스코바르에 관한 시리즈다. 이 시리즈는 프랑스 작품으로 콜롬비아에서 로케이션 촬영을 하고 브라질 배우 와그너 모라가 주연을 맡았다. 또 다른 오리지널 시리즈인 '3%'는 상파울루에서 촬영된 공상과학 쇼로 브라질의 텔레노벨라 스타 비앙카 콤파라투가 주연을 맡았다. 2016년 11월, 넷플릭스는 191개국에서 첫 8편을 출시했고, 이 프로그램은 대히트를 기록했다.

넷플릭스는 또한 소비자들의 모바일 시청으로의 전환에 맞추기 위해 노력하고 있다. 한 가지 과제 : 영화 및 TV 스타의 얼굴을 인식하기 어려울 수 있는 작은 화면에서 시청 권장 사항을 제시한다. 넷플릭스는 화면이 어수선하고 읽기 어려울 수 있는 작품을 축소하는 대신 화면마다 더 적은 선택 항목을 제공한다.

헤이스팅스는 "해외 구독자의 넷플릭스 하루 시청률이 75%를 차지할 것으로 예상한다."며 "세계에서 성공적인 글로벌 서비스가 되려면 할리우드 이상의 존재가 되어야 한다. 우리는 세계 각국의 이야기를 공유하는 기업이 될 것이다."고 말했다.

출처 : Lucas Shaw, "Building a World of Binge-Watchers [Cover story]," *Bloomberg Businessweek* (January 16, 2017), pp. 40 – 45; Shalini Ramachandran, "What's New on Netflix: A Big Push to Go Global," *The Wall Street Journal: Journal Report—CSuite Strategies* (October 3, 2016), p. R6; Resty Woro Yuniar, "Netflix Hits Hurdle in Indonesia," *The Wall Street Journal* (January 28, 2016) p. B4; Emily Steel, "Netflix Accelerates Ambitious Global Expansion as U.S. Growth Slows," *The New York Times* (January 21, 2015), p. B3; Sam Schechner, "Netflix Tries to Woo a Wary Europe," *The Wall Street Journal* (September 8, 2014), p. B1; Ashlee Vance, "The Man Who Ate the Internet [Cover story]," *Bloomberg Businessweek* (May 13, 2013), pp. 56 – 60; Amol Sharma and Nathalie Tadena, "Viewers Stream to Netflix," *The Wall Street Journal* (April 23, 2013), pp. B1, B4.

사진 15-7 하우스 오브 카드, 오렌지 이즈 더 뉴 블랙, 데어데블은 넷플릭스 오리지널 프로그램으로 시청자와 평론가 모두에게 호평을 받았다.
출처 : Ethan Miller/Getty Images.

리즘을 수정하고 있다고 발표했다. 모바일 사용에 최적화되지 않은 웹사이트는 검색 과정에서 배제된다.

스마트폰은 사용자에게 정확한 지리적 위치를 알려주는 **전지구 위치파악 시스템**(global positioning system, GPS) 기능을 장착하고 있다. 이러한 기능은 포스퀘어와 우버 같은 위치에 기반한 모바일 플랫폼에 대한 새로운 기회를 만들어 주었다. GPS가 장착된 모바일 장치의 활용은 위치에 기반한 광고에 가장 중요한 관심사이다. 예를 들어 프랑스 전기통신장비 생산업체, 알카텔-루슨트는 스마트폰 사용자가 점포, 호텔, 식당과 같은 특정한 장소에 가까이 있을 때 맞춤형 문자 메시지를 보내는 서비스를 시작하였다. 이 서비스는 샌프란시스코에 소재한 1020 플레이스캐스트에서 운영하는데, 사업과 관련된 주소와 전화번호를 제공하고 쿠폰 또는 다른 형태의 판촉물과 링크를 제공한다. 사용자는 광고 수신에 서명을 함으로써 참여한다.

나브텍 미디어 솔루션은 노키아에서 운영하는 디지털 지도 데이터 회사이다. 나브텍은 기업의 독창적 기술, 위치인식 광고(사진 15-8 참조)를 사용하여 위치에 기반한 광고 서비스를 제공한다. 나브텍의 글로벌 고객은 독일의 베스트 웨스턴, 인도의 도미노 피자, 핀란드의 맥도날드가 있다. 다양한 고객을 위한 최근의 모바일 캠페인은 마케터에게 중요한 매트릭스를 제공할 수 있다는 것을 보여주었다. 중요한 매트릭스는 투자자본수익률(ROI)을 계산하는 데 사용할 수 있다.

한 캠페인에서 핀란드 맥도날드 매장에서 반경 5마일 이내에 있는 모바일 사용자는 1유로에 치즈버거를 살 수 있다는 제안을 받는다. 그 결과 7%의 사용자 클릭률을 보였다. 다른 사용자 중에 39%가 걷거나 운전하는 방향에 있는 가장 가까운 맥도날드 매장을 요구하는 클릭투내비게이션 옵션을 사용하였다. 인도에서는 기존과 잠재적인 도미노 피자 고객에게 보내는 캠페인이 성공을 거두었다. 광고는 스마트폰 사용자에게 전달된다. 배너 광고들이 또한 노키아의 오비 서비스 포털에 올려져 있다. 그 결과는 인상적이다. 22.6%의 사용자가 지도에 클릭했고, 10.8%의 사용자도 배달 주문 옵션에 전화하기 위해 클릭했으며, 8%의 사용자가 도미노

사진 **15-8** 나브텍은 스마트폰 등 위치기반 기기에 디지털 지도 데이터를 제공한다 나브텍 데이터는 가민의 차량 내비게이션 장치에도 사용된다.
출처 : Krisztian Bocsi/Bloomberg via Getty Images.

피자 웹사이트에 접속하기 위해 광고를 클릭하였다.[43]

휴대전화 사용은 인도에서 폭발적이다. 뭄바이 소프트웨어 회사 피플 인포컴의 CEO 마노즈 다웨인은 다음과 같이 설명한다. "인도에서 휴대전화의 도입은 TV나 인터넷과 같은 다른 형태의 미디어와 비교해서 높게 나타납니다. 당신은 모바일 광고에서 인도보다 더 나은 곳을 찾을 수 없을 겁니다." 인도에서 모바일 광고가 촉진될 수 있는 한 가지 요인은 사용자들이 분당 2센트를 지불하는 낮은 요율 덕이다. 인구통계학도 중요한 역할을 차지한다. 인도 인구의 3분의 2가 TV 보급률과 신문구독률이 낮은 시골지역에 거주하고 있다. BPL 모바일과 같은 휴대전화 운영자는 인도 마을지역에 수만 개의 네트워크를 설치했다. BPL의 브랜드 커뮤니케이션 대표 아리프 알리는 사용자의 비용을 낮게 유지할 생각이다. "우리는 몇 가지의 이익을 전달하는 휴대전화를 통해 30초에서 60초의 상업적 광고를 제공할 것을 생각하고 있습니다."[44]

블루투스(bluetooth)는 와이파이보다 에너지를 덜 소비하는 장점이 있다.[45] 이것은 휴대전화 사용에 블루투스가 적합함을 말해 준다. 단점은 와이파이보다 짧은 거리에 걸쳐 작동한다는 것이다. 블루투스와 와이파이 기술은 모두 자동차와 냉장고, 조명 시스템, 전자레인지 등 가전제품에 접목되고 있다. 한마디로 '사물인터넷(IoT)'이 빠르게 등장하고 있다!

자율 이동성

자동차 제조업체들이 앞다퉈 자동차에 기술을 접목하면서 인터넷 커넥티드가 현실화되고 있다. 실제로 많은 운전자들은 자신의 자동차를 디지털 자아의 확장인 '궁극적인 모바일 장치'로 간주한다. 이제 앱을 통해 운전자는 새로운 방식으로 차량과 상호작용할 수 있다. 예를 들어 몇몇 자동차 제조업체는 운전자가 문이 잠겨 있고 창문이 열려 있는지 여부를 원격으로 확인할 수 있는 애플 워치 앱을 개발했다. 전기차 소유자도 차량 배터리가 완전히 충전됐는지 확인할 수 있다.

자율주행 '로보카', 전기자동차, 공유 이동성 서비스의 새로운 시대가 빠르게 다가옴에 따라 대부분의 글로벌 자동차 제조업체와 공급업제는 캘리포니아의 실리콘 밸리 기술 허브에 연구소를 설립했다. 2015년 테슬라는 오토스티어가 포함된 오토파일럿 기능을 출시하면서 업계 선두를 차지했다.

다임러 AG의 이사회 의장이자 메르세데스-벤츠의 대표인 디터 제체는 연결, 자율, 공유, 전기 등의 업계 동향을 요약할 때 'CASE'라는 약자를 사용한다(사진 15-9 참조). 최신 세대의 메르세데스-벤츠 차량에는 차량 대 인프라(V2X) 클라우드 기반 기능이 통합되어 있어 자동차가 주차할 수 있는 공간을 찾을 수 있다. 시스템의 한 가지 핵심 구성 요소는 고화질 매핑이다.

다른 자동차회사들도 빠르게 적응하고 있다. 포드 자동차의 전기차와 자율주행차 개발에 대한 투자자들의 우려로 마크 필즈 CEO는 2017년 중반에 일자리를 잃었다. BMW 직원들은 회사가 오랜 라이벌인 메르세데스-벤츠뿐만 아니라 진입자인 테슬라를 따라 간다는 경고를 받았다.[46] 개발 속도를 높이기 위해 BMW는 이스라엘의 모빌아이, 인텔, 델파이 등 여러 회사와 제휴해 자율주행차 소프트웨어를 개발했다.

모바일 음악

음악 파일의 불법 공유가 만연해지면서 음악회사는 새로운 수익원을 찾아야 했고 기술 융합 덕분에 이를 발견했다. 오늘날 차세대 스마트폰은 모바일 음악산업의 변화를 주도하고 있다.

사진 15-9 다임러 AG의 이사회 의장이자 메르세데스-벤츠의 대표 디터 제체는 라스베이거스에서 열린 2015년 국제전자제품박람회에서 기조 연설을 했다. 제체는 이날 발언에서 자율주행차량 기술과 기타 혁신의 미래에 대해 논의했다. 2017년 기준 700만 대의 메르세데스-벤츠 차량에는 운전자에게 도움이 될 데이터를 수집할 수 있는 센서가 장착되었다.
출처 : VanderWolf Images/ Shutterstock.

모바일 음악(mobile music)은 스마트폰이나 다른 모바일 기기에서 재생되는 음악이다.

10년 이상 동안 합법적인 유료 음악 다운로드 시장은 애플의 아이튠즈 스토어가 주도했다. 아이튠즈에서 구입한 음악은 컴퓨터와 애플 아이팟, 아이폰, 아이패드와 같은 모바일 장치에서 재생할 수 있다. 2006년, 아이튠즈는 10억 다운로드라는 대기록을 달성했다. 현재 애플은 누적 다운로드 횟수가 250억 건에 달하는 세계 1위의 음악 판매자다. (2013년 독일에서 250억 번째 노래를 다운로드했으며, 이 행운의 아이튠즈 고객은 10,000유로 애플 상품권을 받았다.) 애플의 경쟁자들은 아이팟/아이튠즈 조합에 필적할 만한 음악 플레이어를 개발하고 서비스를 다운로드하려고 노력했지만 큰 성공은 없었다.

소비자들이 스포티파이 및 판도라와 같은 스트리밍 서비스를 선택함에 따라 유료 다운로드 시장은 빠르게 성숙했다. 국제음반산업연맹(IFPI)이 집계한 수치에 따르면 2012년 연간 세계 다운로드 수입은 약 40억 달러로 정점을 찍었다. 2016년 스트리밍 수입은 총 39억 달러였으며 스트리밍이 강력한 성장세를 보이면서 전 세계 음반 수입은 157억 달러로 반등했다.

변화하는 시장에 대응하여 애플은 2015년에 새로운 구독 전용 서비스인 애플 뮤직을 출시했다. 일부 스트리밍 사이트(예 : 스포티파이)는 무료 계층과 유료 '프리미엄' 수준의 서비스를 제공한다. 차이점은 유료 계층은 광고가 없는 반면 무료 계층은 사용자가 모바일 광고를 청취해야 한다는 것이다. 애플 뮤직 경영진은 자사 서비스가 경쟁사보다 더 나은 개인화 기능과 뛰어난 아티스트 추천 기능을 제공할 수 있을 것으로 보고 있다.[48]

이 장의 앞부분에서 논의된 클라우드 컴퓨팅은 모바일 음악산업에 중대한 영향을 끼칠 것으로 기대했다. 클라우드를 기반으로 하는 음악 서비스는 사용자와 온라인 스토어 비즈니스 모델의 하이브리드로 여겨진다. 새로운 접근은 기존 방식의 결점 몇 가지를 다루고 있다. 예를 들어 아이팟 소유자는 자신의 아이팟과 자신의 컴퓨터 또는 다른 장치에 접속해야 한다. 또한 다양한 사용자 서비스에 대한 가격정책은 혼란스러울 수 있다. 반면 아이튠즈 매치, 구글 플레이, 아마존 클라우드 플레이어 등 클라우드 기반 음악 서비스는 이용자에게 뮤직 로커를 제공

"우리가 이동성에 대해 이야기할 때 나는 뮌헨이나 BMW를 바라보지 않는다. 우리는 중국(예 : 디디)과 우버 및 리프트를 바라본다. 우리는 구글이 웨이모를 가지고 무엇을 하고 있는지 살펴보고, 애플도 많은 것을 시도하고 있다. 이들은 새로운 경쟁자들이다."[47]
다임러 AG의 전략본부장, 윌코 스타크

하고, 로커는 '클라우드'에 있으며, 구입하거나 업로드한 음악 파일은 다양한 모바일 기기에서 재생할 수 있다.

모바일 게임

모바일 게임이 인기를 끌고 있는데, 모바일 게임산업 매출은 2010년 37억 7,000만 달러에서 2017년 1,000억 달러를 넘어설 것으로 예상되었다. 2016년 중반까지만 해도 '게임 오브 워 : 파이어 에이지'와 클래시 오브 클랜'은 모바일 게임 중 가장 널리 행해지는 게임이었다. 그러나 2016년 7월 6일, 닌텐도의 '포켓몬 고'는 모바일 게임 세계를 강타했다. 이 게임은 스마트 폰의 카메라와 GPS로 증강현실 기술을 통합하여 플레이어들이 '포켓 몬스터'를 사냥하고 포획하려고 한다. 기록적인 시간으로 이 게임("모두 잡아야 합니다!")은 오스트레일리아, 뉴질랜드, 미국의 애플과 안드로이드 앱 스토어에서 '가장 많이 다운로드된 앱' 순위 1위를 차지했다. 일주일 뒤 세계 최대 모바일 게임시장인 일본에서 포켓몬 고가 출시됐다.

아시아 태평양 지역은 세계 게임시장의 절반 이상을 차지하고 있다. 중국에는 연간 게임 관련 지출이 250억 달러를 초과하는 6억 명의 플레이어가 있다. 가장 인기 있는 모바일 게임은 중국의 거대 인터넷 기업 텐센트의 '펜타스톰(honor of kings)'이다. 위챗과 QQZone으로 페이스북과 왓츠앱이 차단된 시장에서 텐센트가 소셜 네트워크 공간을 장악하고 있다.[49]

포켓몬 고를 포함한 일부 게임은 무료로 플레이할 수 있다. '슈퍼마리오 런'과 같은 다른 게임은 평가판으로 무료로 사용할 수 있지만 전체 게임은 몇 달러에 이른다. 마케터는 무료 게임으로 어떻게 수익을 창출할 수 있을까? 적은 비용으로 무료 게임을 프리미엄 버전으로 업그레이드할 수 있다. 게다가 많은 게임에서 사용자들은 가상 상품을 인앱으로 구매할 수 있다. '게임 오브 워'는 모회사인 머신존의 수익으로 매일 백만 달러를 창출한다. 이와 유사하게 펜타스톰도 무료로 다운로드 받을 수 있지만 플레이어는 자유롭게 자신의 캐릭터를 맞춤 제작하는 데 돈을 쓴다. 실제로 '무료'라는 단어는 네트워크 운영자들이 일반적으로 게임을 다운로드하는 데 요금을 부과하기 때문에 오해의 소지가 있다.[50]

온라인 게임 및 e-스포츠

지난 몇 년 동안 온라인 게임은 관중 스포츠로 변했다. 실제로 **e-스포츠**(e-sports)라는 용어는 프로 게이머와 팀이 1,000만 달러에 달하는 상금을 놓고 경쟁하는 비디오 게임 대회를 설명하기 위해 만들어졌다. 예를 들면 2017년 11월 베이징의 버즈네스트 경기장에서 열린 리그 오브 레전드 월드 챔피언십(사진 15-10 참조)이 대표적이다.

미국에서는 시카고의 이그나이트 라운지, 로스앤젤레스의 스테이플스 센터, 캘리포니아 버뱅크 스튜디오의 새로운 블리자드 아레나 등의 장소에서 경기를 관람할 수 있다. 세계적인 지명도의 최고 선수로는 페이커(한국), 쿠로키(독일), 네오(폴란드) 등이 있다. 오버워치 같은 리그 멤버들은 6자리의 연봉을 받는다. e-스포츠 수익은 연간 7억 달러에 육박한다. 이 산업의 비즈니스 모델은 미디어 권리, 광고, 후원, 티켓 판매에서 나오는 자금이 포함된다.

e-스포츠 팬(그중 약 2억 명)은 매년 60억 시간의 시청 시간을 기록한다. 비디오 게임 팬들은 전문 e-스포츠뿐만 아니라 비디오 게임을 하는 일반인('변종 스트리머')의 스트림까지 비디오로 커버할 수 있는 모바일 스트리밍 사이트 트위치를 사용한다. 2014년 아마존은 9억 7,000만 달러를 주고 트위치를 인수해 구글을 앞질렀다. 스트리머들은 종종 시청자들과 교류한다. 어

떤 스트리머들은 실제로 트위치를 통해 운영되는 광고와 구독료로부터 수익을 공유함으로써 생계를 유지한다.[51]

모바일 결제

2014년 애플이 아이폰6와 연동해 애플페이를 출시하면서 모바일 결제, 즉 스마트폰을 통한 결제가 크게 늘었다. 이러한 결제를 하기 위해 사용자들은 우선 스마트폰을 은행계좌에 연결한다. **근거리 무선통신**(near-field communication, NFC)이라는 기술을 사용하면 사용자가 POS 단말기 근처에서 휴대전화를 '스와이프'하여 구매를 완료할 수 있다. 알파벳의 안드로이드페이도 모바일 결제 플랫폼으로 시장 수용 경쟁을 벌이고 있다.

중국에서는 모바일 결제가 폭발적으로 증가했으며, 사용자는 모바일 장치를 통해 구매하고 가족과 친구에게 돈을 이체한다. 알리바바의 알리페이와 텐센트의 텐페이 플랫폼이 장악한 시장에서 중국의 모바일 결제 규모가 9조 달러를 넘어섰다. 중국 시장이 성숙해짐에 따라 알리바바와 텐센트는 기존 신용카드 또는 애플페이 및 안드로이드페이와 같은 모바일 앱을 사용하여 결제를 처리할 수 있는 POS 시스템이 없는 신흥시장 판매자를 공략하고 있다. 알리바바는 페이티엠 모바일 결제 플랫폼을 위해 자금을 지원했고, 이는 인도 정부의 화폐개혁(제2장 참조)으로 큰 혜택을 받았다. 페이티엠은 QR 코드 기술을 사용하고 있다.[53]

스트리밍 비디오

광대역 인터넷 서비스의 글로벌 보급으로 유튜브와 같은 글로벌 디지털 비디오 서비스의 인기가 높아지고 있다. 이 영역에서 활동하는 다른 플레이어로는 페이스북, 인스타그램, 트위터, 글상자 '혁신, 기업가정신 그리고 글로벌 창업'에서 논의한 넷플릭스 등이 있다. 최근의 혁신 중 하나는 사용자들이 트위터 계정을 사용하여 라이브 비디오를 스트리밍할 수 있는 스트리밍 앱인 미어캣이다. 일부 업계 전문가들은 미어캣과 유사한 앱이 사람들이 스포츠와 같은 뉴스와 라이브 이벤트를 소비하는 방식에 큰 변화를 불러올 것이라고 예측한다.

"우리는 e-스포츠가 진정 전 세계적인 매력을 끌 수 있다고 생각한다. 한 지역에서 다른 지역보다 더 매력적으로 만들 수 있는 본질적으로 사회문화적인 것은 없다."[52]
라이엇 게임즈 리그 운영 책임자, 크리스 호퍼

13억 매일 유튜브를 보는 시청자 수
50억 매일 유튜브에서 본 동영상 수
300시간 매분 유튜브에 업로드되는 새로운 콘텐츠 시간

인터넷 전화 서비스

정보통신산업에서 인터넷 전화 서비스는 '다음으로 중요한 요인'이다. **인터넷 전화 음성패킷망** (VoIP) 기술은 인간의 목소리가 디지털화되고 인터넷을 통하여 전달될 수 있고 다시 정상적인 소리로 전환되는 데이터 패키지로 분해되는 것을 허용한다. 일반 전화기로 전화를 걸면 인터 넷에서 일반 전화 네트워크로 전환된다. 지역 전화회사는 일반적으로 거주자와 사업체의 라인 을 소유하고 있다. 그러나 전화가 같은 VoIP 제공자의 두 가입자 사이에서 이루어진다면 전통 적인 네트워크 단계를 뛰어넘는다. 의미하는 바는 분명하다. VoIP는 현재의 정보통신 인프라 (주로 구리와 광섬유로 묶인 케이블)를 무용지물로 만들 수 있는 잠재력이 있다.

현재 VoIP는 국제 전화의 몇 퍼센트만 차지하고 있지만 정보통신산업에서 힘의 균형을 무 너뜨릴 수 있는 파괴적인 혁신성을 가지고 있다. 세계 성장시장의 미래는 창업기업의 치솟는 주가로 기인한다. 유럽에서 카자 음악 파일 공유 서비스의 공동 창업자 니클라스 젠스트롬은 인터넷 전화 서비스를 제공하기 위해 스카이프를 시작했다. 수십만 명의 새로운 사용자(주로 중국, 인도, 스웨덴)가 매일 가입함에 따라 스카이프는 세계적인 현상이 되었다. 2005년에 이 베이는 스카이프를 26억 달러에 인수했다. 이베이는 커뮤니케이션 시스템과 회사의 주요 경매 사업 사이의 시너지를 창조하는 데 전력을 기울이고 있다. 2009년에 이베이는 독립법인으로 스카이프를 분사할 계획을 발표하였다. 2011년에 마이크로소프트사는 86억 달러에 스카이프 를 매입했다.

디지털 북과 전자서적 단말기

디지털 혁명은 신문과 잡지 같은 전통적 인쇄산업에 강력한 영향을 끼치고 있다. 출판업자는 사람들이 온라인에서 더 많은 시간을 보냄에 따라 독서에 대한 급격한 하락을 경험하고 있다. 같은 시간에 세계적 경기하강은 많은 기업이 인쇄광고를 줄이도록 강요하고 있다. 경제적 압 박에 못 이겨 잡지는 망하고 있고 신문사는 파산을 선언하고 있다. 그러나 아마존닷컴의 킨들 과 소니의 리더 디지털 북과 같은 전자서적 단말기는 가입자를 거꾸로 유혹하는 데 도움이 될 것이다.

아마존닷컴의 첫 번째 킨들은 359달러에 판매되었다. 최신 세대의 킨들 파이어 HD의 가격 은 99달러에서 시작한다(사진 15-11 참조). 아마존닷컴은 100개국 이상에서 사용할 수 있는 더 작고, 저렴한 버전의 킨들 글로벌에 착수하였다. 애플은 2010년 3월에 아이패드를 판매하 였다. 그해 말에 1,500만 대를 판매하였다. 2014년 중반까지 애플은 2억 대 이상의 기기를 판 매했다.

산업 관측통은 대학교가 전자서적 판독기의 인식을 만들고 채택을 지지하는 수단이 될 것 이라고 예측한다. 그 이유는 간단하다. 교과서의 전자 버전은 거대한 시장기회를 나타낸다. 예 를 들어 당신이 읽고 있는 이 책은 www.coursesmart.com에서 전자 가입 형태로 출판사로부터 직접 이용할 수 있다. 온라인 버전은 사용자에게 인터넷 접속을 요구한다. 책은 컴퓨터를 통해 무제한 접속할 수 있다. 구매자는 신청기간 만료 전까지 e-북에 180일 동안 접속할 수 있다. 가 격은 종이책의 새로운 복사본에 부과하는 비용의 대략 2분의 1이다. 대개 학생은 한 번에 10페 이지가량 인쇄할 수 있다. 컴퓨터에서 직접 오리고 붙이고 강조하고 필기 또한 가능하다.

음악과 영화의 경우에서처럼 디지털 사생활의 문제가 책의 전자 버전에도 발생할 수 있다.

수많은 웹사이트와 파일 공유 서비스는 대중적인 저작권물의 불법 복사본을 유통시킨다. 저자들은 그 문제를 어떻게 생각하는가? 어떤 이는 새로운 독자를 얻는 것으로 디지털 불법복제를 보고 있다. 또 어떤 이는 자신의 작품에 대한 정당한 보상을 받길 원한다. 세 번째 견해는 해적판을 추적하는 노력을 할 가치가 없다고 생각하는 작가를 포함한다. 베스트셀러 작가 스티븐 킹은 최근에 다음과 같이 말했다. "문제는 '내가 그들을 추적하기 위해 얼마나 많은 시간과 에너지를 쓰고 싶은가?'이고 '무엇을 위해?'이다. 내 생각에 그들은 대부분 과자와 할인 맥주를 마시며 지저분한 카펫이 깔린 지하에서 살고 있을 것이다."[54]

웨어러블

슈퍼 모델 캐롤리나 쿠르코바는 2016년 메트로폴리탄 미술관의 멧 갈라에 참석했을 때 주목할 만한 유형의 패션을 선보였다. 고급 여성복 브랜드 마르케사의 '인지적 드레스'는 IBM의 왓슨 슈퍼컴퓨터와 연결되었다. 갈라 행사에 참석한 사람들이 트윗을 올리자 그 드레스는 색깔이 바뀌었다! 관계자들은 피트니스 밴드, 애플 워치, 기타 제품 및 브랜드 등 웨어러블 기술이 패션성과 매출 성장면에서 티핑포인트에 도달한 순간이라고 언급했다. 기술조사기관 IDC는 이런 제품의 연간 판매량이 2013년 600만 대에서 2018년에는 1억 1,300만 대에 이를 것으로 전망했다.

마르케사와 IBM 간의 협업과 같은 새로운 전략적 파트너십이 이러한 꿈을 현실로 만들기 위한 열쇠라는 것은 아마 놀라운 일이 아닐 것이다. 예를 들어 구글은 스마트 데님 사이클 재킷을 만들기 위해 리바이스의 '유레카' 혁신 연구소와 제휴했다(사진 15-12 참조). 리바이스의 폴 딜링거 글로벌 제품혁신팀장은 "우리는 기술에 능숙하지 않으며, 구글은 의류에 능숙하지 않다."고 말했다.[55]

요약

디지털 혁명은 글로벌 전자시장을 만들었다. 이 혁명은 75년 이상에 걸쳐 추진력을 얻었으며, 그동안 디지털 메인 프레임 컴퓨터를 포함한 기술적 혁신이 이루어졌다. 트랜지스터, 집적회로(IC), 개인용 컴퓨터(PC), 스프레드시트, PC 운영체제, 인터넷은 DARPA의 이니셔티브로 시작되었다. 팀 버너스리의 세 가지 핵심 혁신(URL, HTTP, HTML)은 1990년대 초 월드와이드웹을 만들었다.

디지털 혁명은 융합이라고 알려진 과정을 낳았고, 이전에 분리된 산업과 시장은 하나로 합쳐졌다. 이런 환경에서 혁신자 딜레마는 회사 경영진이 현재의 기술에 투자할 것인가 새로운 기술을 개발할 것인가를 결정해야 한다는 것을 의미한다. 산업의 선도기업들이 대체로 제품 성능을 향상시키는 지속적 기술을 개발했지만 이 혁명은 또한 새로운 시장을 창출하고 산업과 가치 네트워크를 재편하는 혁신적 기술의 물결을 촉발한다.

전자상거래는 소비자와 생산재 시장 참여자에게 중요하게 여겨지고 있다. 일반적으로 상업적 웹사이트는 국내 또는 국제에 초점을 맞출 수 있다. 추가적으로 그들은 홍보 사이트, 콘텐츠 사이트, 거래 사이트로 구별할 수 있다. 글로벌 마케터는 웹사이트를 디자인할 때 주의를 기울여야 한다. 국가별 도메인명을 등록하고 현지 언어 사이트를 개발해야 한다. 콘텐츠는 기술과 기능뿐 아니라 지역의 문화, 전통, 심미적 선호를 반영해야 한다. 도메인 점거는 인터넷상에 기업명을 등록하려는 기업의 노력을 막을 수 있다.

인터넷은 광고주들에게 강력한 도구이다. 클릭률은 효과의 한 척도이다. 또 다른 트렌드는 유료 검색 광고이다. 디지털 혁명으로 탄생한 신제품과 서비스에는 인터넷을 통해 스트리밍 미디어 전송을 허용하는 광대역이 포함된다. Wi-Fi, 블루투스 및 기타 무선 연결로 가능한 모바일 상거래, 전지구 위치파악 시스템(GPS)과 단문 메시지 서비스(SMS)가 포함된다. 스마트폰은 모바일 음악 다운로드와 스트리밍 시장을 새로 만들고 있다. 이 장치들은 또한 VoIP를 사용하여 모바일 게임과 인터넷 전화 서비스를 위해 사용될 수 있다.

토론문제

15-1. 디지털 혁명이 축적된 주요 혁신에 대하여 짧게 서술하라. 혁명을 가능하게 하는 기본적인 기술적 과정은 무엇인가?

15-2. 융합이란 무엇인가? 융합은 소니, 코닥, 노키아에 어떻게 영향을 미쳤는가?

15-3. 혁신자 딜레마는 무엇인가? 지속적 기술과 혁신적 기술의 차이는 무엇인가? 크리스텐슨의 혁신적 기술의 다섯 가지 원칙을 짧게 서술하라.

15-4. 롱테일은 무엇인가? 이것이 시장 세분화에 어떤 의미를 주는가?

15-5. 디지털 혁명 동안 나타난 주요 제품과 서비스를 서술하라. 이 장에서 언급되지 않은 새로운 제품과 서비스는 무엇인가?

15-6. 대학 교재의 전자판을 구입할 수 있는 옵션이 있다. 이 옵션을 선택한 경험이 있는가? 또는 선택할 계획이 있는가?

15-7. 온라인으로 음악에 접근하는 방법 : 판도라? 스포티파이? 타이달? 3개 모두? 없음? 선택의 근거는 무엇인가?

사례 15-1 (계속)
어떤 현실을 좋아하십니까? 가상현실? 증강현실? 혼합현실?

V R 기술은 수십 년 전에 개발되었다. 실제로 컴퓨터 엔지니어이자 작가인 재런 러니어는 1987년에 '가상현실'이라는 용어를 만들었다. 러니어가 VR 고글을 제조·판매한 첫 회사인 VPL 리서치를 시작하기 위해 아타리를 떠난 지 2년 만이다.

VR을 사용한 초기 사용자 경험은 주요 소비자 제품에 만족스럽지 못했다. 사용자들은 종종 멀미와 메스꺼움을 경험했다. 그러나 이 문제들은 할리우드 영화제작자들에게는 상관이 없었다. SF 작가 필립 딕의 소설을 원작으로 한 톰 크루즈의 2002년 영화인 '마이너리티 리포트'는 미래에 대한 흥미진진한 일견을 제공했다(재런 러니어는 시나리오 작가의 고문으로 봉사함). 영화에서 크루즈는 손짓을 사용하여 대형 가상 비디오 화면과 인터페이스한다. 10여 년 후 스티븐 스필버그의 2018년 영화 '레디플레이어 원'은 오아시스라는 VR 세계가 궁지에 몰린 시민들에게 휴식을 제공하는 2045년의 디스토피아를 보여준다.

공상과학 공상가들이 그리는 미래는 아직 멀다. 그러나 오늘날 강력한 수요를 예상하고 소프트웨어 개발자는 하드웨어의 잠재력을 활용하기 위해 VR 애플리케이션 개발을 서두르고 있다. VRTIFY('세계 최초이자 최대 규모의 가상 및 혼합 현실 음악 플랫폼')는 록 콘서트를 전문으로 하는 소셜 네트워크. 주류 브랜드, 콘서트 홍보업체 라이브네이션, 아이하트미디어 등은 데드마우스, 듀란듀란, U2, 위켄드 등 아티스트와 손잡고 360도 콘서트 영상을 제작하는 회사 중 일부에 불과하다.

VR 기술의 일상적인 응용도 가능하다. 예를 들어 부동산 중개인은 고객에게 부동산 목록의 가상투어를 제공할 수 있다. 주택 개조 전문업체 로우스와 같은 소매업체는 VR을 사용하여 고객이 '미지에 대한 두려움'을 극복하도록 도울 수 있다. 문제 : 잠재적인 DIY 사용자는 주택 개조 결과를 시각화하는 데 어려움을 겪어 프로젝트를 시작하지 않는다. 프로젝트도 없고, 판매도 없다! 로우스는 이런 고객들에게 VR을 이용해 '집을 디자인해 달라'고 권유했다.

VR 사용이 증가하고 있음에도 불구하고 서던캘리포니아대학교의 드미트리 윌리엄스 교수와 같은 비평가들은 현재 세대의 헤드셋이 부피가 크고 비싸며 강력한 하드웨어 장치에 케이블 연결이 필요하며 사용자를 고립시킨다고 지적한다. 일반적으로 비방하는 사람들은 'VR 1.0'이 원활하고 마찰 없는 사용자 경험을 제공하지 않기 때문에 대중시장 소비자들의 선택을 받을 가능성이 작다고 말한다.

증강현실을 위한 공간 확보
밝혀진 바와 같이 증강현실(AR) 기술은 고립 문제를 해결한다. AR을 통해 사용자는 디지털 그래픽 레이어가 추가된 경량 헤드셋 또는 모바일 화면에서 주변의 실제세계를 볼 수 있다. 잘 알려진 응용 프로그램 중 하나는 '포켓몬 고'이다. 윈도우 홀로그래픽 소프트웨어를 실행하는 마이크로소프트의 홀로렌즈 헤드셋 역시 포함된다. 초기 AR 헤드셋은 무선 및 경량이며, 손과 음성 명령 모두에 응답한다. 한 가지 애플리케이션 : 의대생을 위한 해부학 실험실.

페이스북 CEO 마크 저커버그는 AR이 무수히 사용되는 미래를 예상하는 한 사람이다. 2014년 저커버그는 30억 달러를 들여 팔머 럭키라는 10대 청소년이 차고에서 시작한 VR 헤드셋 회사 오큘러스 인수에 나섰다. 저커버그는 이번 인수로 값비싼 내기를 했지만 VR보다 빠른 시일 내에 AR이 주류 통신기술이 될 것으로 확신하고 있다. 이유는 간단하다. VR과 관련된 장비 구입과 달리 AR 사용자는 이미 보유하고 있는 장비, 즉 스마트폰의 장점을 활용할 수 있다.

오늘날 대부분의 AR 애플리케이션은 영상 필터와 프레임을 포함하여 비교적 원시적이다. 그럼에도 불구하고 나이키+런 클럽 스마트폰 앱 등 일부는 기술의 잠재력을 보여준다. 저커버그는 편안하고 가벼운 안경테가 결국 착용자가 보고 있는 실제 세계의 모든 부분에 다양한 유형의 가상 콘텐츠와 정보를 오버레이하는 렌즈가 장착될 것이라고 예측한다.

중국 알리바바는 AR과 VR이 어떻게 소매업 변혁의 잠재력을 갖고 있는지 보여주고 있다. 2016년에 11월 11일 글로벌 쇼핑 페스티벌은 티몰과 타오바오 플랫폼에 많은 혁신을 통합했다. 예컨대 행사 시작 전 몇 주 동안 AR은 오프라인 소매업체로의 방문을 유도하는 데 사용되었다. KFC, 스타벅스 등 수만 개 유통업체가 참여한 'Catch the Tmall Cat' AR 게임도 눈길을 끌었다. VR 측면에서 소비자는 세계 여러 지역의 소매업체에서 품목을 '샘플링'하고 구매할 수 있었다. 알리바바는 특별한 Buy+ 쇼핑 채널을 만들었다. 참여 소매업체에는 타깃, 메이시스, 코스트코가 포함되었다.

한편 가정용 VR 장비와 관련된 비교적 높은 비용을 감안할 때 미디어와 기술회사들은 기본적인 신상품 마케팅 문제에 고심해 왔다. 우선 전통적인 TV와 인쇄광고는 VR 체험의 진수를 전달하는 좋은 수단이 아니다. 또한 마케터는 잠재고객이 구매하기 전에 시도할 수 있는 기회를 어떻게 제공할 수 있을까?

이런저런 문제들을 염두에 두고 기업들은 VR 체험을 쇼핑몰이나 영화관 등 가정 밖의 새로운 장소로 이전하고 있다. 즉석 아마존 다운로드, 동영상 스트리밍, 심야 배달, 쇼핑몰 방문에 대한 소비자 관심 감소 등의 시대에 방문객을 늘리고 있는 방안을 모색하고 있는 아이맥스 등 극장 사업자들에게는 희소식이 아닐 수 없다.

보이드, 드림스케이프 및 기타 창업기업은 극장 운영자와 협력하여 뉴욕 및 로스앤젤레스와 같은 일부 도시에 VR 센터를 개설하고 있다. 그곳에서는 고객들에게 전신 센서, 헤드셋, 그리고 컴퓨터가 제공된다. 그들은 가상공간에서 다른 사용자들과 교신할 수 있다. 그 기능은 가상 쇼핑몰을 연상시킨다. 2017년 프랑스 공상과학 소설 '발레리안 : 천 개 행성의 도시'의 가상 쇼핑몰 시퀀스를 연상시키며 VR의 기본적인 단점 중 하나인 고립감을 해결한다. 드림스케이프의 공동 설립자인 월터 파크스는 "우리는 사회적 동물이며 사회적으로 엔터테인먼트를 소비합니다. 가상공간에 고립되어 있다면 결코 주류 엔터테인먼트 형식이 되지 못할 겁니다."라고 말했다.

VR '아케이드' 경험은 일본에서 특히 인기가 있는 것으로 알려져 있다. 영국에서는 Other Worlds VR이라는 회사가 런던과 다른 도시에서 아케이드 팝업을 후원하고 있다. 아케이드는 HTC Vive 하드웨어가 장착되어 있다.

혼합현실은 어떨까?

VR 개척자들은 몰입형 경험을 유지하기 위해 사운드가 중요하다는 사실을 발견했다. 또한 최고 품질의 VR을 가져가고, 실제 세계를 거기에 접목시키는 것에 대한 상당한 흥분도 있다. 라이브 배우가 VR 사용자와 상호작용하는 TV 쇼를 기반으로 특별히 제작된 엔터테인먼트 사이트에 들어간다고 상상해 보자. 이 새로운 혼합현실(MR) 경험은 VR이 하는 현실을 '대체'하거나 이를 '증강(AR)'하는 대신 목적에 맞게 제작된 맞춤형 공간을 만든다.

최근 프로젝트 중 하나는 인기 있는 FX 네트워크 케이블 드라마 '리전'과 관련된다. 데이빗 할러(댄 스티븐슨)는 다른 사람들의 의식을 흡수할 수 있다.(스포일러 경고 : 데이빗은 엑스맨의 자비에 교수의 근거 없는 아들이다!) FX 네트워크는 마이크로소프트 홀로렌즈 및 MPC와 제휴하여 리전 기반 MR 경험을 만들었다.

이 행사는 샌디에이고에서 열린 2017 샌디에이고 코믹콘 인터내셔널에서 선보였다. 참가자들은 배우들이 아이패드에서 이벤트를 촉발하는 몰입감 넘치는 15분짜리 경험을 했다. 홀로렌즈 고글과 방향성 오디오 사운드 디자인 덕분에 참가자들은 마음으로 시간을 멈추고 물건을 공중 부양시킬 수 있다고 느꼈다. 즉, 그들은 데이빗 할러의 머릿속에 들어갔다는 것이다! VR 제작사 'Here Be Dragons'의 저스틴 덴튼이 '세션 : 리전 혼합현실 경험'의 감독을 맡았다. 덴튼은 "큐레이팅된 방식으로 한 번에 모든 감각을 자극하는 것"이 목표라고 언급했다.

토론문제

15-8. VR, AR, MR의 차이점은 무엇인가?

15-9. VR, AR, MR 중 어느 기술이 가장 먼저 대중적으로 시장 수용에 도달할 것으로 보이는가?

15-10. VR과 AR에서 어떤 경험을 하였는가?

출처 : Justin Denton, Tim Dillon, Lucas Matney, and Jacqueline Bosnjak, "The Next Phase of VR: Moving to MR," Panel Discussion, SXSW Interactive, Film and Music Conference (March 15, 2018); Tim Bradshaw and Peter Wells, "VR Returns to Malls and Movies for Mass Launch," *Financial Times* (September 28, 2017), p. 16; Jessica Guyunn, "Inside Mark Zuckerberg's Vision for Your Facebook Augmented Reality," *USA Today* (April 19, 2017), pp. 1B, 2B; Brooks Barnes, "Virtual Reality's Next Trick," *The New York Times* (February 20, 2017), pp. B1, B3; Gregory Schmidt, "Virtual Reality Waits for the Music to Catch Up," *The New York Times* (July 26, 2016), p. C3; Jack Nicas and Cat Zakrzewski, "Augmented Reality Beyond Pokémon," *The Wall Street Journal* (July 14, 2016), pp. B1, B4; Tim Bradshaw, "Virtual Reality in Search for Killer Gaming App," *Financial Times* (September 26–27, 2015), p. 14.

사례 15-2
아프리카 3.0

치 타 세대에 대해 들어 본 적이 있는가? 힌트를 하나 준다면 하마 세대의 반대말이다. 여러분이 추측한 대로 우리는 인구 10억 3,000만 명에 54개국으로 이루어진 대륙 아프리카를 얘기하고 있다. 가나의 경제학자 조지 아이티에 의하면 치타 세대는 부패를 배제하며 민주주의와 투명성을 신뢰하는 날렵한 시민들로 구성되어 있다. 휴대전화는 이들의 강력한 도구이며 케냐의 사파리콤의 설립자이자 전 CEO 마이클 조셉에 따르면 "휴대전화는 생활을 혁명시켰고 이곳 사회를 바꿔 놓았다."

전화통신 부문의 규제완화는 그러한 변화를 촉진하였고, 시장 자유화는 아프리카의 GDP 성장률이 평균 5~6%에 이른 배경을 설명하고 있다. 전체적으로 아프리카에는 6억 5,000만 대의 휴대전화 가입자가 있고, 2000~2011년 사이 휴대전화 사용은 연평균 41%씩 증가했다. 이러한 폭발적 성장은 휴대전화가 일상생활을 쉽게 만들기 때문임을 감안하면 이해하기가 쉽다. 수도와 전기가 없는 마을에서는 휴대전화가 개인의 가장 중요한 소유물이다(사진 15-13 참조). 개선된 통신은 경제활동의 증가를 가져왔으며 예컨대 소작농가가 수확물을 언제 어디에 내다 팔지를 결정하기 위해 곡물가격을 알아볼 수 있다. 아프리카가 이렇듯 휴대전화를 널리 수용하고 전화통신 부문이 폭발적으로 성장한 것은 글로벌 마케터 간의 오해, 즉 주민들이 너무 가난해서 그곳 사업이 위험하다고 하는 생각을 다시 하게 만든다. 즉, 사람들이 '너무 가난하고' 그곳에서 '사업을 하기에는 너무 위험하기' 때문에 아프리카의 시장기회가 제한되어 있다는 것이다.

아프리카에서 전기통신과 다른 부문에 대한 투자가 다양한 요인으로 촉진되고 있다. 여러 가지 인구통계적 트렌드는 분명하다. 예를 들어 인구의 거의 반은 15세 이하이다. 세계은행은 인구의 반이 하루 1.25달러로 생활하고 있다고 보고하고 있다. 그러나 아프리카개발은행의 연구에 따르면 아프리카의 중산층은 인구의 34%를 차지하고 약 3억 1,300만 명에 이른다. 이 보고서에서 '중산층'은 하루에 2달러에서 20달러 사이에서 소비하는 사람으로 정의한다. 더 좁은 정의에 따르면, 즉 4달러에서 20달러를 소비하는 사람은 1억 2,000만 명(21%)이다.

이 신흥 중산층의 수요가 통신회사들에게 호재로 작용해 왔다. 2006년과 2010년 사이에 이 부문의 복합 수익 증가는 평균 40%에 달했다. 케냐에는 총인구 4,000만 명 중 2,100만 명 이상의 활성 전화번호가 있다. 아프리카 대부분의 지역에서 모바일 네트워크는 서비스 중단을 겪고 있다. 결과적으로 많은 사람들은 2개 이상의 휴대전화를 사용하고 여러 개의 통신사를 이용한다.

주요 산업 주체로는 케냐의 대표적인 휴대전화 서비스 제공업체이자 동아프리카에서 가장 크고 수익성이 높은 회사인 사파리콤이 있다. 남아프리카공화국의 MTN 그룹은 가입자 면에서 이 대륙의 선도적인 모바일 제공업체다. MTN은 2010년 아프리카 기업 최초로 월드컵 축구 후원을 하면서 두각을 나타냈다. 글로바콤은 나이지리아의 주요 서비스 제공업체다.

가장 큰 아프리카인의 성공 스토리 중 하나는 수단의 사업가 모 이브라힘이 창업한 셀텔 인터내셔널 텔레콤이다. 2005년에 이브라힘은 그 회사를 쿠웨이트에 있는 자인에 34억 달러에 매각하였다. 2010년에 인도의 바티 에어텔은 자인의 아프리카 자산에 107억 달러를 지불했다. 자인은 말라위, 차드, 잠비아를 포함해 15개 아프리카 국가에서 운영되었다. 이 인수는 바티를 신흥시장에서만 운영하는 세계에서 가장 큰 모바

사진 15-13 아프리카 경제가 선진국 경제보다 글로벌 금융위기에서 더 빨리 회복했다. 특히 이러한 특징은 광범위한 휴대전화 사용이 모바일 뱅킹 네트워크와 기타 혁신을 일으킨 사하라 이남 아프리카 지역에서 나타났다.
출처 : Trevor Snapp/Bloomberg via Getty Images.

일 제공자(1억 6,500만 명의 이용자)로 만들었다.

당연히 시장기회는 다른 글로벌 전자통신 운영자로부터의 투자를 유인하고 있다. 프랑스 텔레콤은 아프리카와 중동의 22개국에 수천만 명의 사용자가 고객이다. 경영진의 목표는 오렌지 브랜드로 새롭고 저렴한 모바일 서비스의 영역을 확장함으로써 '시골 아프리카의 챔피언'이 되는 것이다. 예로 프랑스 텔레콤의 E-리차지 서비스는 사용자들이 문자 메시지를 통해 크레딧을 교환할 수 있게 해준다. 비수기 통화에 대한 99%까지의 가격할인은 매우 인기가 높다.

케냐는 서비스 제공자가 고객을 끌기 위해 가격을 낮춤으로써 주요 전쟁터가 되었다. 에어텔 케냐는 사파리콤, 오렌지 케냐와 다른 경쟁사에 대항하여 싸우고 있다. 에어텔은 최근 음성통화 시 분당 0.03달러, 문자 메시지 시 0.01달러로 요금을 50% 인하했다. 모기업인 바티 에어텔은 전에 이러한 전략을 인도에서 사용했다. 거기에서 고객은 휴대전화 사용시간이 덜 비싸기 때문에 더 오래 통화를 하였다. 이러한 경쟁에도 불구하고 사파리콤은 모바일 시장 점유율이 75%에 육박하는 케냐의 지배적 기업이다.

사파리콤 CEO인 로버트 콜리모어는 회사는 앞으로 데이터와 모바일 뱅킹 서비스에 주력할 것이라고 밝혔다. 콜리모어는 동서 양쪽으로 국경을 초월한 확장을 계획하고 있다. 인구 1억 명에 최대 경제규모(GDP 730억 달러)를 자랑하는 에티오피아는 매력적인 시장기회를 나타낸다. 사파리콤의 전자상거래 플랫폼인 마소코는 알리바바를 본떠 만든 것이다. 그것은 B2B와 B2C 거래의 전자상거래 허브 역할을 하기 위한 것이다.

아마도 아프리카에서 가장 큰 모바일 혁신은 'M-Pesa'(모바일의 M, Pesa는 '돈'에 대한 스와힐리어)일 것이다. 엠페사는 사파리콤 케냐와 보다폰이 개발할 모바일 전화를 기반으로 한 금융이체 서비스이다. 2014년 사파리콤은 케냐 최대 은행인 KCB와 제휴했다.

오늘날 엠페사는 지배적인 모바일 머니 플랫폼이며, 아프리카에서 통신회사들이 은행업을 변화시키는 방식에 대한 사례연구가 되고 있다. 사파리콤은 엠페사를 정기적으로 사용하는 1,900만 명의 케냐인들에 대한 자료를 보유하고 있으며, 이들의 하루 거래액은 수천만 달러에 달한다. 예를 들어 케냐 사람들은 엠페사를 사용하여 현금을 얻고 청구서, 수업료, 항공권 등을 지불한다. 사파리콤의 서비스는 10만 명 이상의 에이전트의 네트워크를 자랑한다. 대륙 전역의 경쟁자들이 모바일 결제 공간에 진입함에 따라 서비스 제공업체 간의 상호 운용성의 중요성이 증대될 것이다.

불과 10년 전만 해도 많은 주요 은행은 낮은 수입의 고객을 대상으로 사업하는 것이 실현 가능성이 없게 여겨졌다. 적은 수익률이 지점 네트워크를 개설하거나 ATM 설치를 정당화해 주지 못했다. 그 결과 도시의 직장인은 집에서 친척에게 돈을 전달하기 위해서는 친구 또는 버스기사에게 돈을 주어야 했다. 이에 당연히 고속도로 강도는 끊임없는 위협이었다.

오늘날 은행은 현금을 지급하거나 수급한 다음 고객의 휴대전화 계정에 입금 또는 인출하는 상점 주인들과 협력할 수 있다. 목표시장은 은행계좌가 없는 사람들이다. 케냐에서만 2006년의 5%에 불과했던 것에 비

해 오늘날 대다수의 성인들이 금융 서비스를 이용할 수 있다. 인구 1억 5,000만 명의 나이지리아에서는 인구의 20%만이 은행계좌를 갖고 있다. 나이지리아중앙은행(CBN)은 통신사들이 금융 서비스 제공을 위한 인프라를 제공하는 시스템을 만들어 은행계좌가 없는 사람들에게 다가가는 데 앞장서고 있다. 나이지리아에는 여러 주요 휴대전화 서비스 제공업체가 있기 때문에 이 접근방식이 필요하다.

가격은 대륙에서 사업하는 데 있어 도전 중에 하나이다. 아프리카는 세계은행의 '사업하기 쉬운' 순위에서 하위에 속해 있다. 만연한 부패는 문제 중 일부이다. 수단의 텔레콤 거물인 이브라힘은 다음과 같이 말한다. "아프리카에서 리더십과 통치는 역경에 있습니다. 우리는 그것을 직시해야 합니다. 이런 사람들은 수백만 명의 아이들이 저녁식사를 못하고 잠들고 있다는 것을 압니다. 이런 아이들의 피는 무기와 개인용 비행기에 돈을 쓰는 사람들 손에 달려 있습니다."

비정부조직인 '세계금융청렴성기구'에서 수집한 데이터는 이브라힘의 사업환경 평가를 뒷받침한다. 최근 보고서에 따르면 부패와 불법 거래의 결과로 3,500억 달러 이상이 아프리카에서 유출되었다.

토론문제

15-11. 미국과 중남미는 아프리카와 유럽 국가들에 비해 모바일 결제 기술을 채택하는 데 있어 훨씬 더 느렸다. 왜 그랬을까?

15-12. 일정 부분 아프리카에서 앞으로의 경제적 자유는 정부 리더가 외국기업이 아프리카를 이용하길 원한다는 의심을 극복하는 데 달려 있다. 얼마나 빨리 이루어질 것 같은가?

15-13. 마케터가 "지역적으로 생각하고 지역적으로 행동하라."고 한다면, 어떤 새로운 제품과 서비스가 앞으로 몇 년 안에 아프리카에서 일어날 것 같은가?

출처 : John Aglionby, "Safaricom Eyes the Prize of Cross-Border E-Commerce," *Financial Times* (September 6, 2017), p. 17; John Aglionby, "Visa Sets Sights on Safaricom's Mpesa in Battle for Kenya," *Financial Times* (September 15, 2016), p. 14; Katrina Manson and Jude Webber, "Simple Phone Technology Promises to Revolutionise Access to Finance," *Financial Times* (January 30, 2015), p. 14; Nichole Sobecki, "Making Change: Mobile Pay in Africa," *The Wall Street Journal* (January 2, 2015), p. B6; Chad Bray and Reuben Kyama, "Tap to Pay (Not So Much in the U.S.)," *The New York Times* (April 2, 2014), pp. F1, F8; Kevin J. O'Brien, "Microsoft and Huawei of China to Unite to Sell Low-Cost Windows Smartphones in Africa," *The New York Times* (February 5, 2013), p. B2; Peter Wonacott, "A New Class of Consumers Grows in Africa," *The Wall Street Journal* (May 2, 2011), p. A8; Sarah Childress, "Telecom Giants Battle for Kenya," *The Wall Street Journal* (January 14, 2011), pp. B1, B7; Ben Hall, "France Telecom Targets Rural Africa for Growth," *Financial Times* (November 10, 2010), p. 16; Parselelo Kantai, "Telecoms: Mobile May be the Future of Banking," *Financial Times* (September 29, 2010), p. 3; Gordon Brown, "To Combat Poverty, Get Africa's Children to School," *Financial Times* (September 20, 2010), p. 9; William Wallis and Tom Burgis, "Attitudes Change to Business in Region," *Financial Times* (June 4, 2010), p. 6; Wallis, "Outlook Brightens for Frontier Market," *Financial Times* (June 2, 2010), p. 7; Robb M. Stewart and Will Connors, "For Bharti, Africa Potential Outweighs Hurdles," *The Wall Street Journal* (February 17, 2010), pp. B1, B2; Jamie Anderson, Martin Kupp, and Ronan Moaligou, "Lessons from the Developing World," *The Wall Street Journal* (August 17, 2009), p. R6; Tom Burgis, "Case Study: Text Messages Give Shopkeepers the Power to Bulk Buy," *Financial Times Special Report: Digital Business* (May 29, 2009), p. 8; Cassell Bryan-Low, "New Frontiers for Cellphone Service," *The Wall Street Journal* (February 13, 2007), pp. B1, B5.

에세이 과제

15-14. 전자상거래에 임하는 글로벌 기업이 다루어야 할 주요 이슈는 무엇인가?

15-15. 글로벌 마케팅과 관련하여 웹디자인 이슈를 짧게 서술하라.

참고문헌

[1] Noyce founded Fairchild Semiconductor and, later, Intel. His Intel cofounder was Gordon Moore, who is famous for formulating "Moore's law," which states that computer power doubles every 18 months. Kilby was the founder of Texas Instruments. See Evan Ramstad, "At the End of an Era, Two Tech Pioneers Are Remembered," *The Wall Street Journal* (August 15, 2005), p. B1.

[2] John Markoff, "Innovator Who Helped Create PC, Internet and the Mouse," *The New York Times* (April 15, 2017), pp. A1, A14.

[3] For more on the development of VisiCalc, see Dan Bricklin, "Natural Born Entrepreneur," *Harvard Business Review* 79, no. 8 (September 2001), pp. 53–59.

[4] Stewart Brand, *The Media Lab: Inventing the Future at MIT* (New York, NY: Penguin Books, 1988), p. 253.

[5] Steve Case, "Pardon the Disruption: Steve Case on Entrepreneurs." Keynote address presented at SXSW Music, Film, and Interactive, March 14, 2015. See also Nick Summers, "Steve Case's Second Life," *Bloomberg Businessweek* (August 26, 2013), pp. 52–57.

[6] Hypertext is any text that contains links to other documents.

[7] John Markoff, "Control the Internet? A Futile Pursuit, Some Say," *The New York Times* (November 24, 2005), p. C4.

[8] Thomas L. Friedman, *The World Is Flat* (New York, NY: Farrar, Straus and Giroux, 2005), p. 58.

[9] Amir Efrati, "Google Pushes into Emerging Markets," *The Wall Street Journal* (May 25–26, 2013), pp. B1, B2.

[10] Christopher Rhoads, "EU, Developing Nations Challenge U.S. Control of Internet," *The Wall Street Journal* (October 25, 2005), pp. B1, B2. See also "A Free Internet," *Financial Times* (November 14, 2003), p. 15.

[11] Barney Thompson, "GDPR: Crackdowns and Conflict on Personal Privacy," *Financial Times: Tomorrow's Global Business, Part Five—Rule of Law* (November 16, 2017), pp. 2–3.

[12] Jon Pareles, "A World of Megabeats and Megabytes," *The New York Times* (January 3, 2010), p. AR1.

[13] Vanessa Friedman, "Ready for the Next Chapter in E-Tailing," *Financial Times* (April 5, 2010), p. 18.

[14] Kevin Maney, "Baby's Arrival Inspires Birth of Cell Phone Camera—and Societal Evolution," *USA Today* (January 24, 2007), p. 3B.

[15] Much of the material in this section is adapted from Clayton Christensen, *The Innovator's Dilemma* (New York, NY: HarperBusiness, 2003). See also Simon London, "Digital Discomfort: Companies Struggle to Deal with the 'Inevitable Surprise' of the Transition from Atoms to Bits," *Financial Times* (December 17, 2003), p. 17.

[16] Cited in Khadeeja Safdar, "J. Crew's Slip: Trusting in Design over Tech," *The Wall Street Journal* (May 25, 2017), p. A12.

[17] Simon London, "Why Disruption Can Be Good for Business," *Financial Times* (October 3, 2003), p. 8.

[18] Rosabeth Moss Kanter, John Kao, and Fred Wiersema, *Innovation: Breakthrough Thinking at 3M, DuPont, GE, Pfizer, and Rubbermaid* (New York, NY: HarperBusiness, 1997), p. 24.

[19] "Middle-Aged Blues," *The Economist* (June 11, 2011), p. 59.

[20] Elizabeth Weise, "No Checkout Line: Amazon Go Store Opens to Public," *USA Today* (January 22, 2018), p. 1B.

[21] Michelle Beeson and Claudia Tajima, *Online Retail Will Drive Overall European Retail Sales Growth Through 2022,* Forrester Research (December 5, 2017), p. 3.

[22] Michelle Beeson and Claudia Tajima, *Online Retail Will Drive Overall European Retail Sales Growth Through 2022,* Forrester Research (December 5, 2017), p. 3.

[23] Sarwant Singh, "B2B e-Commerce Market Worth $6.7 Trillion by 2020; Alibaba and China the Frontrunners," *Forbes* (November 6, 2014), p. 34.

[24] Joe Mullin, "Pandora CEO: The Complexity of International Copyright Law Is a Big Problem," PaidContent.org (March 30, 2011). Accessed June 1, 2011. https://gigaom.com/2011/03/30/419-pandora-ceo-international-copyright-law-is-intractable-problem/

[25] Susanne Vranica, "Hellmann's Targets Yahoo for Its Spread," *The Wall Street Journal* (June 27, 2007), p. B4.

[26] Laura Stevens, "Borders Matter Less and Less in E-Commerce," *The Wall Street Journal* (June 24, 2015), p. B8. See also Stephanie Clifford, "U.S. Stores Learn How to Ship to Foreign Shoppers," *The New York Times* (March 21, 2012), pp. B1, B7.

[27] Ellen Byron, "P&G Goes on the Defensive for Pampers," *The Wall Street Journal* (June 15, 2010), p. B5.

[28] David Gelles, "Innovation Brings a Touch of Class to Online Shopping," *Financial Times Special Report: Business of Luxury* (June 14, 2010), p. 7.

[29] David Gelles, "Social Media: Tarnish the Brand or Build an Aspirational Following?" *Financial Times* (June 14, 2010), p. 23. See also Gary Silverman, "How May I Help You?" *Financial Times* (February 4–5, 2006), p. W2.

[30] Chris Anderson, *The Long Tail: Why the Future of Business Is Selling Less of More* (New York, NY: Hyperion, 2006), p. 13.

[31] Much of the discussion in this section is adapted from Alexis D. Gutzman, *The E-Commerce Arsenal* (New York, NY: Amacom, 2001).

[32] Jessica Vascellaro, "Foreign Shopping Sites Cater to U.S. Customers," *The Wall Street Journal* (October 12, 2005), pp. D1, D14.

[33] Peter Loftus, "Internet Turns Firms into Overseas Businesses," *The Wall Street Journal* (December 16, 2003), p. B4. See also Matt Richtel, "Credit Card Theft Is Thriving Online as Global Market," *The New York Times* (May 13, 2002), p. A1.

[34] Patricia Riedman, "Think Globally, Act Globally," *Advertising Age* (June 19, 2000), p. 48.

[35] Frances Robinson, "EU Unveils Web-Privacy Rules," *The Wall Street Journal* (January 26, 2012), p. B9.

[36] David Scheer, "For Your Eyes Only: Europe's New High-Tech Role: Playing Privacy Cop to the World," *The Wall Street Journal* (October 10, 2003), p. A1.

[37] Andrew Ward, "Coke Taps into Brand New Internet Craze," *Financial Times* (August 8, 2006), p. 15.

[38] Mark McDonald, "Home Internet May Get Even Faster in South Korea," *The New York Times* (February 22, 2011), p. B3.

[39] Alan Cane, "Leaders Look to Future in Broadband Race," *Financial Times* (October 23, 2009).

[40] Steve Lohr, "Amazon's Trouble Raises Cloud Computing Doubts," *The New York Times* (April 23, 2011), p. B1.

[41] Yukari Iwatani Kane and Emily Steel, "Apple's iAd Helping Rivals," *The Wall Street Journal* (November 11, 2010), p. B4.

[42] Felicia Greiff, "Global Mobile Ad Spending Will Rise to $100 Billion in 2016," *Advertising Age* (April 2, 2015).

[43] Sara Silver and Emily Steel, "Alcatel Gets into Mobile Ads," *The Wall Street Journal* (May 21, 2009), p. B9; NAVTEQ, "Domino's," http://navteqmedia.com/mobile/case-studies/dominos (accessed May 24, 2011); NAVTEQ,

"McDonald's," http://navteqmedia.com/mobile/case-studies/mcdonalds (accessed May 24, 2011).

[44]Eric Bellman and Tariq Engineer, "India Appears Ripe for Cell Phone Ads," *The Wall Street Journal* (March 10, 2008), p. B3.

[45]*Bluetooth* is the Anglicized version of a Scandinavian epithet for Harald Blatand, a Danish Viking and king who lived in the tenth century.

[46]Elisabeth Behrman, "BMW to Staff: Be Afraid, Be Very Afraid," *Bloomberg Businessweek* (May 1, 2017), p. 25.

[47]Patrick McGee, "Is It the End of the Road for the Motor Car Marque?" *Financial Times* (June 27, 2017), p. 15.

[48]Tim Bradshaw and Matthew Garrahan, "Apple Streaming Service Leaves iTunes Behind," *Financial Times* (June 6/7, 2015), p. 10.

[49]Tom Hancock, Yingzhi Yang and Yuan Yang, "Tencent Rests Easy at Top of Biggest Gaming Market," *Financial Times* (October 4, 2017), p. 18.

[50]Daisuke Wakabayashi and Spencer E. Ante, "Mobile Game Fight Goes Global," *The Wall Street Journal* (June 14, 2012), p. B1.

[51]Seth Stevenson, "A Chat Star Is Born," *WSJ Magazine* (March 2016), p. 60.

[52]Leo Lewis and Tim Bradshaw, "Esports Move into Big League," *Financial Times Big Read: Entertainment* (November 6, 2017), p. 11.

[53]Newley Pernell, "Chinese Lead the Way in Mobile Payment," *The Wall Street Journal* (September 23–24, 2017), pp. B1, B2.

[54]Motoko Rich, "New Target for Digital Pirates: The Printed Word," *The New York Times* (May 12, 2009), p. A1.

[55]Hannah Kuchler, "The Race to Make Wearables Cool," *Financial Times* (September 24/25, 2016), p. 5.

16

경쟁우위의 전략적 요소

학습목표

16-1 산업에서의 경쟁을 유도하는 힘에 대해 정의하고, 특정한 회사나 산업의 사례를 통해 각 힘에 대해 설명한다.

16-2 경쟁우위를 정의하고, 전략적 계획 프로세스에서 의사결정에 도움을 주는 핵심 프레임워크를 알아본다.

16-3 어떻게 국가가 경쟁우위를 획득하는지 설명하고, 국가의 '다이아몬드'가 보유하고 있는 힘에 대해 명시한다.

16-4 초경쟁적 산업을 정의하고, 역동적 전략 상호작용이 발생하는 핵심 무대를 명시한다.

사례 16-1
이케아

2018년 초, 이케아 설립자 잉그바르 캄프라드가 91세의 나이로 세상을 떠나면서 세계는 소매업의 전설과 기업가정신의 아이콘을 잃었다. 이케아는 "전후 유럽 비즈니스 역사상 가장 놀라운 성공사례 중 하나"로 극찬을 받는다. 스웨덴 시골의 진취적인 10대였던 캄프라드는 연필과 기타 상품을 우편으로 판매했다. 그는 이후 버려진 공장을 사서 가구를 만들기 시작했다. 다음 단계는 알름훌트 마을에 쇼룸을 연 것이었다. 캄프라드가 사망할 무렵, 이케아는 우편주문사업의 초라한 시작에서 49개국에 400개 이상의 매장을 보유한 380억 달러 규모의 글로벌 가구 기업으로 변신해 있었다(사진 16-1 참조).

오늘날 이 회사의 빌리 책장, 엑토르프 소파, 헴네스 침실용 가구는 학생, 젊은 가족 및 기타 예산에 민감한 쇼핑객에게 인기 있는 베스트셀러이다. 본래 검소한 캄프라드는 여행할 때 이코노미 클래스를 타고 대중교통을 이용했다. 이케아의 성공은 대다수의 사람들이 구입할 수 있을 정도로 저렴한 가격에 세련되고 기능성을 갖춘 가정용 가구를 판매하려는 캄프라드의 '사회적 포부'를 반영한다.

캄프라드의 검소한 방식은 회사의 재정에도 적용되었다. 그는 세금 부담을 최소화하기 위해 회사를 두 부서로 나누었다. 인터 이케아는 브랜드와 콘셉트를 소유하고, 이케아 그룹은 소매업을 운영한다. 두 부서는 현재 세금이 더 높은 스웨덴이 아닌 네덜란드에 본사를 두고 있다. 이케아 그룹은 인터 이케아에게 브랜드 사용에 대한 로열티를 지불한다. 이 같은 다소 비정형적인 합의는 유럽연합위원회 세무당국의 관심을 끌었다.

마케팅 전략의 본질은 조직의 강점을 환경과 성공적으로 연결하는 것이다. 마케터들의 지평이 국내에서 지역 및 글로벌로 확장됨에 따라 경쟁업체의 지평도 넓어지고 있다. 글로벌 경쟁은 오늘날 거의 모든 산업에서 현실로 나타나고 있다. 조직은 산업분석 및 경쟁사 분석을 수행하고 산업 및 국가 수준에서 경쟁우위를 이해하기 위한 기술을 습득해야 한다는 압박을 점점 더 많이 받고 있다. 이 장에서는 이러한 주제를 자세히 다루고 있다. 이케아의 최고경영진이 업적을 달성하는 방법에 대한 자세한 내용은 이 장의 끝에 있는 사례 16-1(계속)을 참조하라.

사진 16-1　2018년 이케아는 중국 진출 20주년을 기념하였다. 이 스웨덴 회사는 중국 현지에 24개의 매장을 두고 있으며, 상하이 소재의 쉬후이 점포는 수입이 가장 높은 매장 중 하나이다.

출처 : WorldFoto/Alamy Stock Photo.

(16-1) 산업분석 : 경쟁에 영향을 주는 요인

◀ 16-1　산업에서의 경쟁을 유도하는 힘에 대해 정의하고, 특정한 회사나 산업의 사례를 통해 각 힘에 대해 설명한다.

경쟁자에 대한 통찰력을 얻는 유용한 방법은 산업분석을 이용한 방법이다. 실용적인 정의로서 산업은 서로를 대체할 수 있는 제품을 생산하는 기업의 집단으로서 정의될 수 있다. 어떤 산업이든지 경쟁은 투자된 자본의 회수비율을 경제학자가 소위 말하는 '완전 경쟁'산업의 회수율로 낮추는 역할을 한다. 특정 산업에서 소위 말하는 '경쟁적'인 수준의 자본회수율보다 자본회수율이 높을 경우 해당 산업에 대해, 신규 진출기업이나 경쟁기업에 의한 추가적인 투자에 의해 자본의 유입이 늘어나게 된다. 글로벌 스마트폰 산업은 이러한 사례이다. 아이폰을 통한 애플의 성공은 삼성과 다른 기업들이 시장에 진입하는 것을 촉진시켰다. 반대로 경쟁적인 수준의 자본회수율보다 자본의 회수율이 낮은 산업에서는 산업 전체에 대한 투자가 줄어들게 되고, 이에 따라 경쟁의 수준과 산업활동의 수준이 낮아지게 된다.

선도적인 경쟁전략 이론가인 하버드대학교의 마이클 포터는 산업에서의 경쟁을 설명하기 위해 **5요소 모형**(five forces model)을 개발했다. 경쟁에 영향을 주는 다섯 가지 요인은 신규 진입자에 의한 위협, 대체재나 서비스로부터 발생하는 위협, 구매자의 협상능력, 공급자의 협상능력, 기존 경쟁기업 간의 경쟁이다. 청량음료산업이나 제약산업, 화장품산업에서는 다섯 가지 요소의 우호적인 특성이 경쟁자에게 매력적으로 받아들여졌다. 그러나 이 다섯 가지 요소의 어느 부분에서든지 압력이 발생하면 수익성을 제한할 수 있다. 최근의 PC 산업과 반도체산업은 이러한 좋은 사례라고 할 수 있다. 다섯 가지 요소에 대한 구체적인 논의를 살펴보자.

신규 진입자에 의한 위협

산업에 새롭게 진입하는 업체들은 새로운 능력을 지니고 있고, 시장 점유율을 높이려고 안간 힘을 쓰며, 유리한 위치를 점하기 위해 노력하고, 종종 고객의 욕구를 충족시키기 위한 새로운 접근법을 시도한다. 한 산업에서 신규 진입업체가 되고자 하는 결정은 자원에 대한 중요한 결정을 수반한다. 시장에 새로운 업체가 등장한다는 것은 가격이 내려간다는 것을 의미하고 이윤도 줄어든다는 것을 의미한다. 장기적인 관점에서 보면 산업 전체의 수익성이 감소하는 결과를 가져온다. 포터는 시장에 대한 진입을 막는 8가지 중요한 사항을 열거했다. 이러한 요소의 유무가 산업에 신규 진입자가 진입할 위협의 수준을 결정한다.[1]

첫 번째 진입장벽은 **규모의 경제**(economies of scale)이다. 규모의 경제란 시간에 따른 절대생산량이 늘어남에 따라 제품의 단가가 떨어지는 것을 의미한다. 규모의 경제라는 개념이 생산과 관련이 있는 개념이긴 하지만 R&D, 일반적인 관리, 마케팅 등을 비롯한 경영 기능 전반에 걸쳐 적용이 될 수 있다. 예를 들어 혼다의 엔진 부문 R&D의 효율성은 혼다가 생산하는 가솔린 엔진 제품의 광범위함에서 발생했다고 할 수 있다. 한 산업 내부에 이미 존재하는 기업이 현저한 규모의 경제를 달성했을 경우 잠재적인 신규 진입업체는 경쟁력을 갖추기가 상당히 어려워진다.

두 번째 진입장벽은 **제품 차별화**이다. 제품의 차별화란 제품 자체가 일용품이냐 아니냐를 떠나서, 고객들이 인식하는 제품의 독특함을 의미한다. 차별화는 독특한 제품의 속성이나 효과적인 마케팅 커뮤니케이션 기술, 혹은 이 두 가지 요인 모두에 의해 달성된다. 제품 차별화와 브랜드 충성도는 시장에 신규 진입하려는 기업체에 대해 문턱을 높이는 역할을 함으로써 신규 업체들이 투자해야 하는 R&D 비용이나 마케팅비용을 높인다. 예로 인텔의 경우 차별화를 달성했고 결과적으로 마이크로프로세서 산업에서 진입장벽을 만들었다. '인텔 인사이드' 광고 캠페인과 로고는 거의 대부분의 개인용 컴퓨터 브랜드에서 찾아볼 수 있을 정도이다.

세 번째 진입장벽은 **소요자본**이다. 자본은 생산시설(고정비용)을 갖추는 데만 필요한 것이 아니라 R&D, 광고, 영업과 서비스, 신용판매나 재고관리와 같은 분야(운전자본)에도 필요하다. 제약산업, 메인프레임 컴퓨터, 화학, 광업과 같은 산업 분야에서 필요로 하는 거대한 소요자본은 어마어마한 진입장벽을 제공한다.

"30년 전 시장에 진출하기 위해서는 두 가지 진입장벽을 극복해야만 했다. 첫 번째는 대대적인 홍보비용 없이 제품을 알려야 했다는 것이고, 두 번째는 핵심 유통업체와의 관계를 형성해야 한다는 것이었다. 그러나 디지털 변화 덕분에 신규 진입자의 제품이 시장 출시가 더 빠르고 쉬워졌다."[2]

전통적인 소매 경로를 우회하기 위한 전자상거래의 소비자 사용에 대한 논평, 네슬레의 CEO 마크 슈나이더

네 번째 진입장벽은 공급자와 제품을 교체해야 할 필요성에 의해 발생하는 **전환비용**(switching-cost)이다. 전환비용에는 새로운 제품에 대한 재교육비, 부수적인 설비 도입비용, 새로운 자원에 대한 평가에 드는 비용과 같은 사항이 포함된다. 고객들이 인식하는 교체비용, 즉 새로운 경쟁사 제품으로 교체하는 데 소모되는 비용은 산업에 신규 진입하는 기업들이 성공을 거두는 것을 방해하는 넘기 힘든 장해물로 작용한다. 예를 들어 마이크로소프트의 PC 운영체제는 다른 업체들이 넘기 힘든 진입장벽으로 작용한다.

다섯 번째 진입장벽은 **유통 채널**에 대한 접근성이다. 만약 산업에 신규 진입하는 기업이 기존의 유통 채널을 사용할 수 없다면 신규 진입업체가 부담해야 하는 비용은 상당히 커지게 된다. 신규 진입하는 기업은 시간과 자본을 투자해서 기존에 존재하는 유통 채널에 대한 접근성을 갖추거나, 완전히 새로운 유통망을 갖춰야 하기 때문이다. 일부 서구기업은 일본에서 이러한 진입장벽에 가로막힌 적이 있다.

정부정책도 진입장벽으로 자주 작용한다. 어떤 경우에 정부가 경쟁자의 진입을 제한하기도

한다. 특히 미국 외의 다른 국가에서 특정 산업을 그들 국가의 '국가정책산업'으로 육성하는 경우도 있다. 일본의 전후 산업화 전략은 개발, 성숙단계의 자국산업을 육성하고 보호하는 정책에 기반을 두고 있었다. 결과적으로 일본 시장은 일본 기업이 아닌 기업이 진입하기 어려운 시장이 되었다. 클린턴 정부가 이러한 상황에 대해 일본을 공격한 적이 있었다. 여러 산업에 걸쳐 많은 경영자가 좀 더 많은 미국 기업에게 일본 시장을 개방하고 진입장벽을 낮추는 정부 협약을 촉구하고 있다.

기존의 기업은 규모의 경제와는 별개로 신규 진입기업의 시장 진출을 막을 만한 원가우위를 점하고 있다. 원자재의 확보, 낮은 노동비용, 유리한 입지조건, 정부보조금과 같은 요소가 이러한 요소이다.

마지막으로 기대되는 **경쟁자의 대응**이 중요한 진입장벽이 될 수 있다. 만약에 새로운 시장진출 기업이 기존의 경쟁자들이 다른 기업의 진입에 대해 강력하게 대응할 것을 예상한다면 이러한 상황은 시장에 진입함으로써 얻을 수 있는 대가를 예상하는 데 영향을 미칠 것이다. 잠재적인 경쟁자가 새로운 시장에 진입하거나 새로운 산업에 진출하는 것이 좋지 않은 경험으로 끝나게 될 것이라고 믿는다면, 이러한 인식이 강력한 진입장벽으로 작용할 것이다. 보스턴 컨설팅 그룹(BCG)의 전 회장인 브루스 핸더슨은 경쟁기업의 시장진입을 막기 위한 효과적인 접근법을 설명하는 데 위험정책(brinkmanship: 벼랑 끝 전술)이라는 용어를 사용하였다. 위험정책은 산업 지도자들이 잠재적인 경쟁자에게 어떠한 시장진입 노력도 강력하고 불쾌한 반응에 직면하게 될 것이라고 확신시킬 때 나타난다. 이러한 접근법은 마이크로소프트가 컴퓨터 운영체계에서의 시장 우월적 지위를 유지하기 위해 많이 사용한 방법이다.

포터가 5요소 모형을 발표한 지 30년이 지난 이후 일어난 디지털 혁명은 많은 산업에서 진입장벽을 바꾸어 놓았다. 첫째 가장 중요한 점은 기술이 신규 진입비용을 낮추었다는 점이다. 예를 들어 반스앤노블은 갑자기 등장한 사업체인 아마존닷컴이 전통적인 오프라인 도서 판매업자들을 보호하던 장벽을 허물어 버리는 것을 지켜봤다. 아마존닷컴의 창립자인 제프 베이조스는 도서 유통과정에서 존재하는 명백한 비효율성을 밝혀냈고 이를 활용했다. 서점은 팔리지 않은 책을 출판업자에게 되돌려 보냈고, 이 책은 펄프로 재활용되었다. 아마존닷컴의 중앙 집중화된 운영방식과 개인 고객을 상대로 하는 서비스는 고객들이 수백만 권의 책 가운데서 원하는 책을 할인된 가격에 살 수 있게 했고, 고객들이 선택한 책들을 수일 내에 집 앞까지 배달해 주었다. 증가하는 도서 구매 고객들 덕분에 아마존닷컴은 겨우 수천 권의 책을 전시해 놓고 고객들에게 커피를 제공하던 지역 서점들을 뛰어넘게 됐다.

반스앤노블은 전통적인 오프라인 사업에서 계속해서 수익을 낼 수 있음에도 불구하고 온라인 도서시장 자체에 진입함으로써 아마존닷컴이 제기한 위협에 대응하였다. 한편 베이조스는 아마존닷컴을 전자제품과 일반 상품을 판매하는 인터넷 슈퍼스토어로 재배치하였다. 베이조스가 1995년에 아마존닷컴을 설립한 이후 연간 매출은 1,000억 달러 이상으로 증가했고, 아마존닷컴은 CD나 DVD, 스트리밍 영화, 음악, 전자책, 에코 스마트 스피커와 같은 새로운 제품 라인으로까지 사세를 확장했다. 또한 진출 분야를 넓혀 클라우드 컴퓨팅 유닛인 아마존 웹 서비스를 통해 상당한 수익을 벌어들였다. 오늘날 아마존닷컴은 160여 개국, 수억 명의 고객들을 상대로 영업을 하고 있다.

대체재에 의한 위협

산업 내부의 경쟁에 영향을 주는 두 번째 요소는 대체재에 의한 위협이다. 대체상품이 존재하는 경우 산업에서 우월적 지위를 누리고 있는 기업이 제품에 부과할 수 있는 요금에 한계가 생긴다. 높은 가격은 소비자로 하여금 다른 제품을 선택하도록 하기 때문이다.

앞서 언급했듯이 디지털 혁명은 산업의 구조를 바꾸어 놓았다. 진입장벽을 낮추었을 뿐 아니라 디지털 시대에는 특정한 형태의 상품이 디지털화되어 유통될 수 있다. 예를 들어 음악 팬들 사이에서 성행하는 P2P 방식의 파일 교환은 MP3 파일의 발전으로 인한 것이다. 냅스터를 비롯한 다른 온라인 음악 서비스 제공자는 15달러 정도를 주고 CD를 구매해야 했던 소비자들에게 대체재를 제공한다. 미국 법원이 냅스터의 행위를 현저하게 줄였음에도 불구하고, 미국 밖에 서버를 둔 업체를 비롯해서 많은 서비스 업체들이 온라인상에서 범람하고 있다. 소니 뮤직, 워너 뮤직, 유니버설 뮤직 그룹을 비롯한 음악산업의 중요 업체들은 이러한 변화에 상당히 놀랐고, 그들은 지금도 변화하는 사업 환경에 대응하는 새로운 전략을 개발하기 위해 노력하고 있다.

구매자의 협상능력

포터의 모델에서 '구매자'는 소비자를 의미하는 것이 아니라 GM과 같은 거대 생산업체나 월마트와 같은 유통업체를 의미한다. 이러한 구매자의 최종적인 목표는 그들이 필요로 하는 제품이나 서비스를 획득하기 위해 가능한 한 최저가격을 지불하는 것이다. 그렇기 때문에 구매자는 가능하다면 공급자의 산업 수익성을 낮추게 된다. 이러한 목적을 성취하기 위해 구매자는 판매자로부터 주도권을 가지고 있어야만 한다.

이를 이루기 위한 하나의 방법은 공급자가 구매자의 사업에 대한 의존도를 높이기 위해 대량 구매하는 방법이다. 예를 들어 아마존은 배달기업에 대해 엄청난 협상력을 가지고 있다. 이유는 간단하다. 미국에서만 아마존은 전체 인터넷 소매업의 약 44%를 차지하고 있다. 두 번째는 공급자의 제품이 일상품인 경우에, 다시 말해 공급자의 제품이 표준화된 제품이거나, 다른 공급자의 제품과 차이점이 없는 경우에 구매자는 더 강하게 낮은 가격으로 흥정하려 한다. 왜냐하면 구매자의 이런 요구를 수용할 수 있는 다른 기업이 많기 때문이다. 구매자는 공급자로부터 공급받는 제품이나 서비스가 자신의 기업이 지출하는 비용에서 많은 비중을 차지하는 경우에도 강력하게 흥정하려 한다. 구매자의 협상능력의 네 번째 요소는 구매자가 후방통합을 달성할 수 있는 의지와 능력을 가지고 있는가의 여부이다.

월마트는 재판매를 위해 어마어마한 양의 제품을 구매하기 때문에 월마트의 거대한 유통망을 통해 자신의 제품을 유통시키고 싶어 하는 어떤 공급자와의 거래에서 거래조건을 정하는 데 우월적인 지위를 누리고 있다. 월마트의 영향력은 음악산업에까지 확장된다. 월마트는 폭력적인 이미지와 노골적인 가사로 인해 '부모의 조언이 필요함'이라는 경고 스티커를 받은 CD를 판매하는 것을 거부했다. CD를 월마트에서 판매하기를 원하는 음반제작자는 가사와 노래 제목을 수정하거나, 문제가 되는 트랙을 삭제하는 수밖에 없다. 이와 유사하게 제작자는 때때로 월마트가 해롭다고 판단하는 경우 앨범의 표지를 교체하도록 요청받는다. 예를 들어 소매업체는 부모의 조언 스티커가 부착되지 않기를 희망했지만 밴드가 일부 가사 변경을 거부하여, 2009년 그린데이의 '21st Centry Breakdown' CD를 판매하지 않았다(사진 16-2 참조). 2017년 그린데이는 음조를 바꿔 팬들이 월마트에서 구매할 수 있도록 '¡Uno! ¡Dos! ¡Tres!'

사진 16-2　월마트는 정치적 성향이 짙은 그린데이의 정규 음반 '21st Century Breakdown' 유통을 거부했다. 최근에 이 밴드는 월마트의 요구사항을 받아들여서 월마트에 자신들의 앨범을 유통할 수 있게 되었다. 또한 그래미상을 받은 아이오와주 디모인 출신의 메탈 밴드 슬립낫 또한 월마트 관련 비슷한 경험을 겪었다.
출처 : Hector Acevedo/ZUMAPRESS.com/Alamy Stock Photo.

3부작을 '클린' 버전으로 출시했다.[3]

공급자의 협상능력

특정 산업에서 공급자의 협상능력은 구매자의 협상능력과 반대의 개념이다. 만약에 공급자가 해당 산업의 구매기업들에 대해서 충분한 교섭능력을 갖추고 있다면, 공급자는 그들의 기업고객의 수익성에 상당히 영향을 줄 수 있을 만큼 가격을 올릴 수 있다. 몇 가지 요소가 공급업자들이 구매자들에 대해서 갖는 교섭능력을 결정한다. 첫째, 공급자들이 대규모이며 상대적으로 공급자의 수가 별로 없는 경우에 공급자는 이점을 갖는다. 둘째, 공급자의 제품 혹은 서비스가 사용자 기업의 경영활동에 중요한 요소인 경우 혹은 공급자의 제품이나 서비스가 굉장히 차별화되어 있는 경우, 전환비용이 높은 경우 공급자는 구매자에 대해서 상당한 교섭능력을 갖게 된다. 셋째, 공급자는 공급자가 판매하는 제품에 대해 대체재가 없는 경우에도 협상능력을 갖는다. 넷째, 공급자가 협상능력을 갖게 되는 요소는 공급자가 그들이 원하는 조건이나 사양에 맞는 제품을 구하지 못하는 경우, 공급자 스스로 자신의 제품이나 브랜드를 개발할 수 있는 의지와 능력이 있는가의 여부이다.

　기술시장에서 마이크로소프트와 인텔은 상당한 공급자 지위를 누리고 있는 훌륭한 사례라고 할 수 있다. 전 세계의 10억 대 이상의 개인용 컴퓨터 중 90%가 마이크로소프트의 운영체제를 사용하고, 80%가 인텔의 마이크로프로세서를 사용하기 때문에 이 두 기업은 델과 HP를 비롯해 많은 컴퓨터 제조업체에 대해서 큰 영향력을 행사하고 있다. 마이크로소프트의 경우 너무 강력한 시장 우월적 지위를 누리고 있기 때문에 미국 정부와 EU에서는 별개의 반독점 조사를 실시했다. 오늘날 스마트폰, 넷북, 태블릿과 같은 새로운 전자장치로 변화가 일어나고 있다. 많은 새로운 제품은 윈도우 대신 애플, 안드로이드 또는 리눅스 운영체제를 쓰고 있다. 칩은 퀄컴, 텍사스 인스트루먼트와 같은 경쟁사에서 만들어진 것을 사용한다. 이러한 추세 때문

"월마트는 800파운드의 고릴라이다. 당신은 월마트가 성장하는 만큼 빠르게 성장하는 고객을 위해 더 많은 것을 하기를 원할 것이다."[4]

메르디앙 컨설팅 그룹, 테드 태프트

에 마이크로소프트나 인텔의 공급자 지위는 점점 약해지고 있다.[5]

기존 경쟁기업 간의 경쟁

기업 간의 경쟁은 산업 내부에서 개개의 기업이 더 나은 지위를 확보하기 위해서 또는 다른 기업에 비해 유리한 고지를 점하기 위해 행하는 모든 행위를 의미한다. 경쟁은 가격경쟁, 광고경쟁, 제품 포지셔닝, 차별화 시도 등의 형태로 전개된다. 기업 간 경쟁은 기업이 비용을 합리화하게 만든다는 점은 긍정적이다. 경쟁이 가격을 낮추고 수익성을 감소시키며, 산업의 불안정성을 야기한다는 점은 부정적이다.

 몇 가지 요소가 심한 경쟁을 유발할 수 있다. 산업이 성숙기에 접어들면 기업은 시장 점유율에 초점을 맞추게 되고, 어떻게 하면 상대방의 점유율을 빼앗아 올 수 있을까를 고민한다. 둘째, 고정비용이 높은 산업의 경우 고정비용에 대한 지출을 회수하기 위해 항상 최대한으로 생산시설을 가동하도록 압력을 받는다. 산업 전반에서 과도하게 생산을 하게 되면 그 생산분을 처분해야 하는 압력 때문에 가격이 하락하게 된다. 경쟁에 영향을 주는 세 번째 요소는 희박한 차별성과 교체비용의 부재이다. 이러한 상황에서 구매자는 제품이나 서비스를 일용품 정도로 여기게 되고 최적의 가격조건을 제시하는 기업으로부터 구매하게 된다. 이렇게 되면 역시 가격이 낮아지게 되고 기업의 수익도 낮아지게 된다. 네 번째 요소로 특정 산업에서의 성공 여부에 많은 기업의 전략적 이해관계가 얽혀 있는 경우 경쟁이 치열하다. 왜냐하면 기업들이 시장 점유율을 확보하거나, 기존의 지위를 유지하거나, 확장하기 위해 평균 이하의 수익을 받아들이기도 하기 때문이다.

 경쟁우위

경쟁우위(competitive advantage)는 기업의 차별적인 수행능력과 해당 산업에서 성공을 위해 핵심적인 요소 사이의 조화가 이루어질 때 존재한다. 기업의 수행능력과 고객의 요구 사이의 뛰어난 조화는 해당 기업이 다른 경쟁자보다 우수한 성과를 내도록 한다. 경쟁우위를 달성하기 위한 두 가지 기본적인 방법이 있다. 첫 번째 방법은 원가를 낮춰 경쟁기업보다 저렴한 가격에 제품을 공급하는 방법이다. 두 번째 방법은 제품을 차별화함으로써 고객이 독특한 효용을 느끼게 하는 방법이다. 두 번째 방법에는 보통 가격 프리미엄이 수반된다. 이 두 가지 전략은 같은 효과를 낸다. 두 전략은 모두 기업의 전반적인 가치명제에 이바지한다. 마이클 포터는 이러한 이슈들을 두 권의 획기적인 저서 **마이클 포터의 경쟁전략**(*Competitive Strategy*)과 **마이클 포터의 경쟁우위**(*Competitive Advantage*)를 통해 살펴본 바 있다. 이 중 마이클 포터의 경쟁우위는 가장 영향력 있는 경영학 서적으로 널리 받아들여지고 있다.

 궁극적으로 고객 인식이 기업 전략의 질을 결정한다. 판매나 이윤과 같은 운영 결과는 고객을 위해 만들어진 심리적 가치 수준에 의해 결정되는 척도라고 할 수 있다. 인식되는 고객가치가 클수록 더 나은 전략이다. 기업이 더 좋은 쥐덫을 시장에 내놓을 수 있지만, 궁극적인 제품의 성공은 그 제품을 구매할지 하지 않을지에 대한 소비자의 결정에 달려 있다. 가치는 아름다움과도 같은 것이다. 보는 사람의 시각에 따라 달라진다. 다시 말하자면 경쟁자가 달성할 수 있는 것보다 더 큰 가치를 만드는 것이 경쟁우위를 달성할 수 있게 해주고, 고객들의 인식이 가치를 정의하는 것이다.

"지속적인 경쟁우위를 얻는 유일한 방법은 전 세계에 걸친 회사의 역량을 활용하여 회사 전체가 각 부분의 합보다 커지도록 만드는 것이다. 국제적인 판매활동을 하고, 세계적인 브랜드를 소유하고 있거나 각국에서 사업을 실시하고 있는 범세계적 기업일수록 이런 점이 부족하다."[6]

월풀의 전 CEO, 데이비드 위트웸

▶ 16-2 경쟁우위를 정의하고, 전략적 계획 프로세스에서 의사결정에 도움을 주는 핵심 프레임워크를 알아본다.

경쟁우위에 관한 두 가지 상이한 모델이 최근에 관심을 받아 왔다. 첫 번째는 '본원적 전략'을 제공한다. 이 전략은 기업이 뛰어난 가치를 제공하고 경쟁우위를 달성하기 위해 선택하는 네 가지 경로를 제공한다. 두 번째 모델에 의하면 본원적 전략만으로는 일본 기업이 거둔 1980년대와 1990년대의 눈부신 성과를 설명하지 못한다. '전략적 의도'에 기반을 둔 더 최근의 모델인 두 번째 모델은 경쟁우위의 네 가지 근원을 제시한다. 두 가지 모델에 대해서 좀 더 알아보도록 하자.

경쟁우위를 창조하기 위한 본원적 전략

산업 내의 경쟁에 대한 5요소 모형에 더해 포터는 앞에서 언급한 두 가지 형태의 경쟁우위의 근원에 기반을 둔 본원적 경영전략이라는 이론적 틀을 개발했다. 두 가지 형태의 근원은 원가우위와 차별화이다. 이 두 가지 요소와 표적시장의 범위 혹은 제품 믹스의 범위에 의해 네 가지 **본원적 전략**(generic strategies)이 만들어진다. 네 가지 본원적 전략은 원가우위, 제품 차별화, 원가 집중화, 집중화된 차별화이다.

경쟁우위를 달성하거나 우수한 마케팅 전략을 달성하기 위한 본원적 전략은 기업이 선택을 해야 한다. 이 선택은 기업이 얻고자 하는 경쟁우위 유형과 경쟁우위가 획득될 시장의 범위, 제품 믹스의 넓이와 관계가 있다.[7] 경쟁우위의 형태와 시장 범위 사이에서 선택의 본질은 일종의 도박이다. 모든 도박이 그러하듯 이러한 선택에는 언제나 위험이 존재한다. 주어진 본원적 전략 중 하나를 선택할 때 기업은 항상 잘못된 결정을 내린 것일 수 있다는 위험을 수반하게 된다.

넓은 범위의 시장전략 : 원가우위와 차별화 원가우위(cost leadership) 전략은 넓게 정의된 시장에서 해당 산업에서 낮은 가격으로 제품을 생산할 수 있거나, 다양한 제품에 걸쳐 낮은 가격으로 생산할 수 있는 기업이 이러한 기업의 지위를 바탕으로 한 전략이다. 이러한 전략은 최근에 경험곡선 개념의 대중화와 더불어 널리 사용되고 있다. 일반적으로 원가우위에 기반을 둔 경쟁우위를 누리고 있는 기업은 규모와 기술 측면에서 가장 효율적인 시설을 갖추어야만 하고, 해당 산업 내에서 생산 단가를 가장 낮게 낮출 수 있을 만큼 높은 시장 점유율을 확보해야 한다. 이러한 경쟁우위는 제품을 생산하는 경험 측면에서 생산자에게 다른 기업에 비해 유리한 지위를 제공한다. 이러한 경험은 추가적인 원가 절감을 할 수 있는데 생산, 유통, 서비스의 전체 프로세스를 세분화함으로써 가능하다.

비용을 줄일 수 있는 근본적인 이유가 무엇이든지 간에, 원가우위는 후에 제품의 수명주기에서 더 경쟁이 치열한 단계에 이르러 고객에게 낮은 가격 혹은 더 높은 가치를 제공할 수 있는 기반이 된다. 일본에서는 사진 및 인쇄산업, 소비재 가전제품, 엔터테인먼트 기기, 모터사이클, 자동차산업과 같은 분야에서 전 세계적인 원가우위를 달성했다.

그러나 원가우위는 경쟁자가 같은 수준의 낮은 가격으로 생산하는 것을 막는 진입장벽이 존재하는 경우에만 지속적인 경쟁우위로 작용할 수 있다. 증가하는 기술 발전의 시대에 제조업자는 지속적으로 다른 제조업자를 뛰어넘고 있다. IBM은 한때 프린터 생산 분야에서 원가우위의 경쟁우위를 누렸다. 그런데 일본 기업이 같은 기술을 개발했고, 후에 생산비용을 줄이며, 제품의 신뢰성을 발전시키면서 원가우위의 경쟁우위를 차지했다. IBM은 이러한 시장상황에 대응하기 위해 노스캐롤라이나에 자동화된 프린터 생산공장을 갖추었다. 프린터에 들어가

"우리는 지금 매우 양극화된 세계에 살고 있다. 당신은 절대적 가격 리더(라이언에어, 사우스웨스트 에어라인, 월마트)이거나 아니면 매우 효율적이고, 가격이나 원가에 관여하지 않을 것이다. 또는 당신은 구찌와 프라다와 같이 시장의 품질을 뛰어넘었거나 아니면 품질 리더일 것이다."[6]

버진 애틀랜틱 항공의 CEO, 스티브 리지웨이

사진 16-3 뮌헨에 있는 지멘스 AG 는 여러 가지 엔지니어링 분야의 핵심 글로벌 기업이다. 전 세계적으로 에너지 관련 문제가 중요한 이슈로 부각되고 있다. 2011년 이 회사의 미국 사업부는 캔자스주 허친슨에 풍력터빈용 부품 제조공장을 세웠다.

출처 : Siemens AG.

는 부품의 50% 정도의 효율성을 강화하고, 거의 대부분은 로봇이 부품을 조립하는 공장을 지었음에도 불구하고, IBM은 시장에서 사업을 철수하기로 결정했다.

기업의 제품이 시장에서 실질적인 독특함을 가지고 있거나, 혹은 고객의 인식 속에서 독특하게 인식되고 있을 때, 그 기업은 **차별화**(differentiation)를 통한 경쟁우위를 달성했다고 말할 수 있다. 이러한 전략은 시장에서의 지위를 지키는 데 특히 효과적이고, 평균 이상의 재무적 회수율을 달성하는 데도 효과적이다. 독특한 제품은 가격 프리미엄이 발생하는 경우가 많기 때문이다(사진 16-3 참조). 성공적인 차별화 전략을 실행한 사례로는 가정용 전자제품업체인 메이텍, 건설장비업체인 캐터필러 등이 있으며, 거의 대부분의 성공적인 소비재 제품 브랜드도 이와 유사한 사례라고 할 수 있다. IBM은 전통적으로 강력한 영업, 서비스 조직과 급속하게 노후화되는 시장에서 IBM 표준의 보안을 통해 차별화를 지키고 있다. 운동화 제조업체 나이키는 다양한 제품라인에서 독특한 제품 특성을 통해 업계의 기술적 선두주자로 자리매김해 오고 있다.

좁은 범위의 목표전략 : 원가 집중화와 집중화된 차별화 앞서 언급했던 원가우위와 차별화는 넓은 시장에서의 영향력만을 고려했었다. 이와 대조적으로 세분화된 범위의 시장이나 고객에 초점을 맞춘 집중화된 경쟁우위를 달성하는 전략도 있다. 이러한 경쟁우위는 좀 더 높은 고객가치를 창출하는 능력이나 세분화된 표적시장, 고객들의 필요와 욕구에 대한 더 깊은 이해를 바탕으로 하고 있다. 세분화된 범위에 초점을 맞춘 전략은 원가우위나 차별화된 경쟁우위 전략의 조합이 될 수 있다. 다시 말해서 원가 집중화는 세분화된 표적시장에 낮은 가격을 제공하는 것을 의미하고, 집중화된 차별화는 좁게 정의된 세분시장에 대해 제품의 독특함과 프리미엄 가격으로 포지션하는 전략을 의미한다.

독일의 미텔슈탄트(독일 경제의 핵심 축을 이루고 있는 중견기업을 지칭하는 말—역주) 기업들은 강력한 수출 노력에 의해 뒷받침된 **집중화된 차별화**(focused differentiation) 전략을 아주 성공적으로 실행해 왔다. '최고급' 오디오 제품시장의 사례는 또 다른 집중화된 차별화 전략의 사례를 보여준다. 수백 개의 소규모 기업이 1개에 수천 달러씩 하는 스피커와 앰프, 고성능 음악재생장치를 생산한다. 오디오부품 산업시장의 규모가 전 세계적으로 210억 달러 정도 되지만, 최고급 시장의 연간 판매액은 11억 달러에 불과하다. 오디오 리서치, 콘래드 존슨, 크렐, 마크 레빈슨, 마틴 로건, 틸을 비롯해 연간 판매량이 1,000만 달러 미만의 소규모 기업을 포함하는 미국 기업이 이 시장을 주도하고 있다(사진 16-4 참조). 이러한 기업들이 제공하는 최첨단의 장비는 장비 자체의 뛰어난 성능과 제조업체의 뛰어난 장인정신에 의해 여타의 제품과 구별되며, 아시아 지역, 특히 일본과 홍콩 지역과 유럽 지역의 오디오 애호가에 매우 선호된다. 그럼에도 불구하고 기술 발전으로 인해 저렴한 장비 제조업체가 향상된 음질을 제공할 수 있게 되면서, 최근 몇 년 동안 시장 성장이 둔화되었다. 또한 많은 오디오 애호가들은 평면 스크린 TV 및 멀티 룸 스피커 시스템과 같은 다른 구성요소로 관심을 돌리고 있다.

　마지막 전략은 **원가 집중화**(cost focus) 전략이다. 이 전략은 기업이 낮은 원가를 통해 세분화된 표적시장에 경쟁자보다 낮은 가격을 제공할 수 있는 위치에 있을 때 가능한 전략이다(사진 16-5 참조). 조선업계를 예로 들면 중국과 폴란드의 조선소는 간단하고 표준화된 배를, 낮은 생산원가를 반영해 낮은 가격에 시장에 판매한다.[9] 여러 나라에서 사업을 벌이고 있는, 거품을

사진 16-4 세타 디지털의 프로메테우스 모노블록 파워 앰프는 고급 오디오 장비의 미학을 유지하면서도 고전적이고 극도로 단순화한 디자인의 전형이다. 이 아름다운 한 쌍(스테레오 채널당 하나씩)의 가격은 12,000달러이다.

출처 : Mr. Buzz Delano/Theta Digital.

뺀 '대폭할인마켓' 업체인 독일의 알디는 제한된 몇 가지 가정용품을 아주 싼 가격에 판매한다. 1976년에 알디는 남동 아이오와에 첫 미국 점포를 오픈했다. 매년 소수의 점포를 오픈하면서 천천히 확장하였다. 자체생산 제품은 최근 좋지 않은 경제상황에도 불구하고 핵심 미국 시장에서 알디를 확장할 수 있게 해줌으로써 비용을 유지하고 가격을 감소시키는 데 도움이 되었다. 최근에 알디는 뉴욕시에 첫 번째 점포를 오픈했다.[10]

스웨덴 가구업체인 이케아는 집중화된 차별화 전략과 원가 집중화 전략의 조합을 통해 성공적인 글로벌 기업으로 성장했다(사례 16-1 참조). 플로리다의 가구업체인 레비츠의 회장인 조지 브래들리가 언급했듯 "이케아는 시장에 정말 큰 파급효과를 일으켰다. 그들은 매번 진출하는 도시마다 틈새시장을 확보했다." 그러한 전략은 위험할 수 있다. 이러한 위험성에 대해 브래들리는 지적했다. "이케아의 시장은 굉장히 한정적이다. 왜냐하면 시장 자체가 너무 협소하기 때문이다. 만약에 당신이 최신식의 분해식 가구를 원하지 않는다면, 이케아는 당신에게 맞지 않는다. 그렇기 때문에 이케아를 구매하는 고객은 일부이다. 그리고 기억할 것은 유행은 변한다는 것이다."[11]

지속성이 이 전략 개념의 핵심이다. 앞서 언급했듯이 원가우위 전략은 경쟁자가 같은 수준의 낮은 가격으로 생산하는 것을 막는 진입장벽이 존재하는 경우에만 지속적인 경쟁우위로 작용할 수 있다. 지속적인 차별화는 인식되는 가치의 지속성과 경쟁자들에 의한 모조품의 부재에 달려 있다.[12] 몇 가지 요소가 집중화된 경쟁우위가 지속적일 수 있을지 없을지를 결정한다. 첫째로 원가 집중화 전략은 경쟁기업이 그들의 표적시장을 더 넓게 정의하는 경우에 지속 가능하다. 한 세분시장에 초점을 맞추고 있는 기업은 모든 시장의 모든 사람을 고객으로 삼으려 하지 않는다. 경쟁자는 더 넓은 세분시장 고객의 욕구를 충족시키기 위해 그들의 경쟁우위를 줄일 수도 있다. 두 번째로, 기업의 집중화된 차별화에 의한 경쟁우위는 경쟁자가 더 좁은 시장을 정의하지 못하는 경우에 지속 가능하다. 또한 집중화는 경쟁자가 집중화된 전략의 모방을 불가능하게 하는 진입장벽을 넘지 못하는 경우에 지속 가능하다. 또 표적시장의 소비자가 다른 시장으로 이동하지 않을 때도 집중화 전략은 지속 가능성이 있다.

전략적 의도를 통한 경쟁우위의 창출

경쟁우위를 이해하기 위한 대안적인 이론적 틀은 경쟁력을 기업이 새로운 경쟁우위를 조직 깊숙이 주입시키는 단계의 기능으로서 초점을 맞추고 있다. 이 프레임워크는 야망과 승리에 대한 관념으로부터 비롯되는 **전략적 의도**(strategic intent)를 경쟁우위를 달성하는 수단으로서 밝히고 있다. 하버드 비즈니스 리뷰에서 게리 하멜과 C. K. 프라할라드는 다음과 같이 밝히고 있다.

> 소수의 경쟁우위만이 오랜 기간 지속된다. 기존의 경쟁우위를 지속시키는 것은 새로운 경쟁우위를 만드는 것과는 다르다. 전략의 핵심은 오늘 당신이 가지고 있는 경쟁우위를 모방하려는 경쟁자보다 더 빨리 내일의 경쟁우위를 창조하는 것이다. 존재하는 기술을 발전시킬 수 있는 조직의 능력과 새로운 기술을 배우는 능력이 가장 지키기 쉬운 경쟁우위이다.[13]

이러한 접근법은 기업들은 경쟁의 한복판에서 승자가 되기 위해서 끊임없이 진보하기 위해 노력해야 한다는 점을 강조한 에드워즈 데밍의 이론에 기반을 둔 것이다. 오랜 기간 데밍의 메시지는 미국의 귀머거리 같은 기업에게 공허하게 전해졌지만, 일본인들은 그의 메시지에 주의 깊게 귀를 기울였고, 이로 인해 엄청난 이득을 보았다. 일본의 품질경영대상은 그의 이름을 따지었다(데밍 어워드). 결국 미국 자동차 제조업체들이 이에 대응했고, 디트로이트의 재기는 자동차 제조업체들이 많은 발전을 이루었다는 증거이다.

하멜과 프라할라드의 이론적 틀은 캐터필러와 고마쓰를 비교해 보면 더욱 분명해진다. 앞서 언급했듯이 캐터필러는 제품 차별화의 고전적 사례이다. 캐터필러는 품질과 서비스에 열중한 덕분에 세계에서 가장 큰 건설 중장비 제조업체가 되었다. 글로벌 기업으로서 캐터필러의 성공은 캐터필러사가 전 세계 건설 중장비 시장의 40%를 점하는 것을 가능케 했다. 판매량의 절반 이상이 개발도상국으로 팔려 나갔다. 차별화된 경쟁우위는 제품의 내구성과 전 세계의 모든 지역에 대해 대체 부품을 조달해 주는 서비스, 충성심이 강한 판매망 등을 통해 달성되었다. 캐터필러는 전 세계 모든 지역에 대해 수리부품을 48시간 이내에 배달해 준다는 것을 보증했다.

캐터필러는 지난 수십 년간 굉장히 강력한 환경적 요인의 도전에 직면했다. 1980년대 초반에 많은 캐터필러의 공장이 지속적인 파업으로 문을 닫았다. 동시에 세계적인 경제불황이 건설산업의 침체를 유발했다. 이러한 상황은 캐터필러의 주요 고객 기업들을 곤란하게 했다. 그뿐만 아니라 달러화의 강세는 외국의 경쟁기업이 가격 경쟁력을 갖도록 했다.

캐터필러가 직면하고 있던 이러한 문제에 일본에서 시작된 새로운 경쟁기업의 위협이 더해졌다. 고마쓰는 세계 2위의 건설 중장비 제조업체였고, 오랜 기간 일본 시장에서 캐터필러와 경쟁해 왔다. 고마쓰의 제품은 일반적으로 낮은 품질의 제품이라고 인식되어 왔다. 그러나 고마쓰가 캐터필러를 포위한다는 의미를 품고 있는 'Maru-c' 슬로건을 전개하면서 상황은 변하기 시작했다. 품질을 중시하면서 낮은 노동비용의 이점과 달러화의 강세를 활용하면서 고마쓰는 일본에서 캐터필러를 앞지르고 건설 중장비업계의 선두주자가 되었다. 이 여세를 몰아 고마쓰는 미국을 비롯한 세계시장으로 진출하였다. 고마쓰는 세계 수준의 품질을 갖춘 뒤에도 새로운 차원의 경쟁우위의 원천을 개발하는 행보를 멈추지 않았다. 신제품 개발주기가 짧아졌고, 제조과정은 합리화되었다. 캐터필러는 자사의 경쟁우위를 지키기 위해 많은 애를 써야 했다. 많은 고객이 고마쓰의 품질과 내구성, 낮은 가격에 큰 매력을 느꼈기 때문이다. 경기침체와 엔화의 강세가 고마쓰에게 새로운 압력을 가하고 있음에도 불구하고, 고마쓰는 전동공구와 로봇 분야로 사업을 다양화하면서 새로운 시장기회를 엿보고 있다.[14]

고마쓰와 캐터필러 사이의 일련의 이야기는 어떻게 본원적 전략의 수행이 글로벌 경쟁을 촉발할 수 있는지를 보여주는 하나의 사례에 불과하다. 많은 기업들이 '경쟁적인 혁신'을 통해 경쟁사에게 불리한 상황을 조성하고 이를 통해 경쟁우위를 확보해 왔다. 하멜과 프라할라드는 경쟁적 혁신을 '경쟁적 위험을 관리 가능한 만큼 수용하는 기술'이라고 정의했고, 일본 기업들에 의해 실행됐던 네 가지 성공적인 접근법을 제시한다. 이러한 네 가지 접근법은 **층층의 경쟁우위, 느슨한 벽돌, 규칙의 변화, 협업**이다.

층층의 경쟁우위　기업이 경쟁자와 대면했을 때 다양한 종류의 경쟁우위를 가지고 있으면 위험의 수준이 낮아진다. 성공적인 기업은 하나의 경쟁우위 아래에 여러 겹의 다양한 종류의 경쟁우위를 만들어 왔다. 고마쓰는 이러한 접근법의 아주 훌륭한 사례라고 할 수 있다. 또 다른 사례는 일본의 TV 산업에서 찾아볼 수 있다. 1970년대까지 일본은 세계에서 가장 큰 흑백 TV 생산자였을 뿐 아니라 컬러 TV의 생산에서도 수위를 점해 가고 있었다. 당시에 마쓰시타와 같은 기업의 가장 주된 경쟁우위는 낮은 노동비용이었다.

그들은 자신들의 낮은 원가에서 오는 경쟁우위가 한시적인 것임을 깨닫고, 세계시장을 공략할 수 있을 만큼 충분히 큰 공장을 증설함으로써 **품질**과 **신뢰성**이라는 또 하나의 추가적인 경쟁우위를 갖추었다. 이렇게 생산된 제품의 상당수가 제조업체의 브랜드로 판매되지는 않았다. 예를 들어 마쓰시타 전기는 RCA와 같은 다른 기업들에게 자신들의 제품을 판매했는데, RCA와 같은 기업은 자신의 브랜드를 붙여 TV를 판매했다. 마쓰시타는 복잡하게 생각하지 않았다. "팔린 제품은 그게 어떤 브랜드가 붙어 있든지 팔린 제품이다."라고 생각했다.[15]

다른 층의 경쟁우위를 달성하기 위해 일본인은 마케팅 채널에 대해 투자하고, 일본 브랜드를 알리는 데 1970년대를 보냈다. 이러한 전략은 또 다른 경쟁우위를 더했다. 세계적인 브랜드 사업의 확보를 가져다준 것이다. 1970년대 후반까지 유통 채널과 브랜드 인지도가 글로벌 마케팅을 통해 이익을 볼 수 있는 신제품의 출시를 뒷받침해 줄 만큼 충분히 확립되었다. VCR과 사진 인화 기계들이 좋은 예다. 마지막으로 많은 기업이 **지역** 생산시설에 투자해 왔다. 이를 통해 제품은 차별화될 수 있었고, 개별 시장의 소비자들의 욕구에 더 잘 부응할 수 있었다.

경쟁우위의 층을 만드는 과정은 기업이 경쟁우위를 강화하기 위해 어떻게 가치사슬을 따라 움직일 수 있는지를 잘 보여준다. 일본 기업은 생산단계(가치사슬의 위 단계)에서부터 시작해서 마케팅(가치사슬의 아래 단계)으로 옮겨 왔다. 그리고 다시 기본적인 R&D 과정으로 거슬러 올라갔다. 이러한 모든 경쟁우위의 근원들은 서로 시간이 지나면서 쌓이는 경쟁우위의 층을 강화한다.

느슨한 벽돌　두 번째 접근법은 세분시장에 좁게 초점이 맞춰져 있거나 다른 지역을 배제하고 일부 지역에만 초점을 맞추고 있는 경쟁자의 방어벽에 남겨져 있는 '느슨한 벽돌'의 이점을 취하는 것이다. 고마쓰가 동유럽 시장에 처음 진출할 때 캐터필러의 관심은 전혀 다른 곳에 있었다. 이와 유사하게 타이완의 에이서는 창업주인 스탠 신의 전략을 따라 번영했다. 그의 전략은 세계의 컴퓨터 시장의 주변부부터 접근하는 것이었다. 신의 아이디어는 아시아의 보드게임인 '고'에서 비롯되었는데, 이 게임은 경쟁자의 주변을 성공적으로 둘러싸는 사람이 이기는 게임이다. 신은 경험을 축적했고, IBM과 컴팩과 같은 경쟁자들이 간과하는 시장에서 점유율을 높여 갔다. 미국 시장을 본격적으로 공략할 준비가 되었을 때, 에이서는 라틴아메리카와 동남아시아, 중동지역과 같은 세계의 주요 시장에서 이미 최고의 PC 브랜드로 자리매김한 후였다.

인텔의 느슨한 벽돌은 복잡한 PC용 마이크로프로세서에만 너무 좁게 초점을 맞춘 것이었다. 매출 면에서 세계 최대의 칩 제조업체인 인텔은 현재 PC 프로세서 시장의 약 80%를 점유하고 있다. 그러나 핵심 사업을 구축하면서 PC가 아닌 소비자 가전제품에 대한 수요가 폭발적으로 증가하기 시작했다. TV용 셋톱박스나 디지털 카메라, 스마트폰, 태블릿과 같은 새로운 제품에도 인텔에서 생산되는 것보다 훨씬 저렴한 칩이 필요했다. LSI 로직이나 암 홀딩스와 같은 경쟁자는 중요한 새로운 시장에서 인텔을 물리칠 기회를 포착했다. 인텔은 현재 디자인처럼 절반의 전력을 사용하는 3D 기술을 포함한 새로운 칩을 개발함으로써 대응했다.[16]

규칙의 변화 세 번째 접근법은 이른바 **개입의 원칙 개정**(changing the rules of engagement)과 산업을 지배하는 기업들이 정해 놓은 규칙으로 기업을 운영하기를 거부하는 것을 포함한다. 예컨대 복사기 시장에서 IBM과 코닥은 시장 선도기업인 제록스의 마케팅 전략을 흉내 냈다. 그동안 일본의 도전자인 캐논은 새로운 규칙을 썼다.

제록스가 다양한 종류의 복사기를 갖추고 있던 반면에, 캐논은 표준화된 제품과 부품을 생산했고, 생산단가를 낮췄다. 제록스는 거대한 직영 판매망을 운영했지만, 캐논은 사무용 제품을 판매하는 판매인을 이용해 제품을 유통시키기로 결정했다. 또한 캐논은 내구성과 동시에 서비스 가용성을 제품에 추가했다. 이를 통해 전국적인 서비스 네트워크를 만드는 비용을 발생시키지 않고 판매자를 통한 서비스가 가능하도록 했다. 한 걸음 더 나아가 캐논은 리스방식으로 기계를 임대하지 않고 판매하기로 했다. 이를 통해 기업의 임대보증금의 부담을 덜어 주었다. 또 다른 중요한 차이점으로 캐논은 복사기의 주요 고객을 복사부서의 책임자보다는 비서와 부서장으로 설정했다.[17]

캐논은 최초의 완전 컬러복사기를 출시했고, 비디오 캠코더와 컴퓨터에 연결해 출력이 가능한 최초의 복사기를 출시했다. 캐논의 사례는 제품과 가격, 유통, 판매에 대한 새로운 접근을 통한 혁신적인 마케팅 전략이 어떻게 시장에서 전반적인 경쟁우위를 이끌어 내는지를 잘 보여준 사례라고 할 수 있다. 그러나 캐논이라고 해서 약점이 없는 것은 아니었다. 1991년에 미국 기업인 텍트로닉스가 훨씬 더 싼 가격에 더욱 선명한 복사를 제공하는 무광택 용지용 컬러복사기를 시장에 출시해서 컬러복사기 분야에서 캐논을 넘어섰다.[18]

협업 경쟁우위를 달성하기 위한 마지막 원천은 다른 기업이 개발한 노하우를 사용하는 것이다. 그러한 협업은 사용권 계약, 합작투자 또는 동업의 형태를 띤다. 일본 기업은 산업에서 선두주자가 되기 위해 이러한 협업전략을 사용하는 데 매우 뛰어났다. 현대 비즈니스 역사에서 길이길이 남을 역사적인 사용권 계약은 1950년대에 소니가 AT&T 벨 연구소의 자회사와 25,000달러에 맺은 트랜지스터 사용계약이다. 이 계약은 소니에게 트랜지스터 사용에 대한 접근권을 주었고, 소니가 세계의 선두기업으로 성장할 수 있도록 해주었다. 이동식 라디오의 제조와 마케팅을 통해 거둔 초기의 성공을 바탕으로 소니는 세계 굴지의 기업으로 성장했고, 소니의 이름은 고품질의 소비재 가전제품의 상징이 되었다.

좀 더 최근의 일본 기업의 협업 사례는 항공기산업에서 찾아볼 수 있다. 오늘날 미쓰비시 중공업을 비롯한 일본 기업들이 미국 기업의 허가하에 항공기를 생산하고 항공기 부품과 시스템의 하부 계약업체로 일한다. 많은 전문가들이 미국 항공기산업의 미래가 일본 기업이 기술적 경험을 축적하면서 위태롭게 되지 않을지 걱정한다. 이 장의 다음 부분에서는 '협업을 통한 경쟁우위'의 다양한 사례가 논의된다.[19]

 16-3 어떻게 국가가 경쟁우위를 획득하는지 설명하고, 국가의 '다이아몬드'가 보유하고 있는 힘에 대해 명시한다.

(16-3) 글로벌 경쟁과 국가의 경쟁우위

글로벌 마케팅 행위의 확장으로 인한 피할 수 없는 결과는 국제적인 경쟁의 심화이다.[20] 모든 산업에서 **글로벌 경쟁**(global competition)은 성공에 영향을 주는 핵심적인 요소이다. 요시노와 랑간이 설명한 바와 같이 글로벌 경쟁은 기업이 국가에 기반을 두고 운영될 때보다는 경쟁에 대한 세계적 관점을 취할 때 나타나고, 세계시장을 기반으로 이윤의 극대화를 추구할 때 나타난다. 한 기업이 해외로 사업을 확장할 때 그 기업은 모든 시장에서 경쟁업체와 마주치게 되고, 이런 과정을 통해 글로벌 경쟁에 참여하게 된다.[21] 어떤 산업에서는 글로벌 기업들이 실제로 그들의 시장에서 모든 다른 기업을 물리치는 경우가 있다. 세제산업이 좋은 사례가 될 수 있다. 콜게이트, 유니레버, P&G는 라틴아메리카와 환태평양 지역의 시장을 주도하고 있다. 많은 기업이 품질 좋은 세제를 만들 수 있지만, 세 업체가 갖고 있는 브랜드 네임의 위력과 고도의 포장기술이 거의 모든 시장에서 그 지역의 경쟁업체를 압도하고 있다.[22]

자동차산업 또한 전 세계적으로 산업 내의 경쟁이 격화되고 있다. 미국 시장에서 해외 자동차 제조업체의 초기 성공의 원인은 부분적으로 미국 기업이 품질 좋고 값싼 소형 자동차를 만드는 데 회의적이었거나, 그럴 능력이 없었던 데서 기인한다. 미국 제조업체의 저항은 큰 차가 더 비싼 가격을 받는다는 미국식 자동차 생산 경제학에 기반을 두고 있었다. 이러한 법칙에 따르면 작은 차는 더 적은 이윤을 의미했다. 따라서 미국 제조업체는 미국 시장에서 작은 차에 대한 선호가 증가하는 것에 저항했다. 이러한 행태는 본국시장 중심주의와 근시안적 경영의 고전적인 사례이다. 유럽과 일본 제조업체의 생산라인에는 언제나 미국 자동차보다 작은 자동차가 포함되어 있었다. 유럽과 일본에서 시장상황은 아주 달랐는데, 엔진 배기량에 따른 높은 세금, 연료에 대한 높은 세금, 비좁은 도로, 기능적 디자인과 기술적 혁신에 대한 시장의 높은 관심이 미국 시장과 매우 달랐다.

먼저 폭스바겐, 그 뒤를 이어 닛산과 토요타 같은 일본 기업이 미국 시장에서 그들의 차에 대한 수요가 증가하는 것을 발견했다. 지난 20년 동안 토요타 캠리는 북미에서 가장 많이 팔린 자동차였다. 아이러니하게도 캠리 공장은 켄터키와 인디애나에 위치해 있고, Cars.com은 'American-Made Index'에서 캠리를 '최고의 미국 차'로 꼽았다. 그러나 경쟁 환경은 지속적으로 변화하였다. 오늘날 한국의 현대와 기아는 세계적인 수준의 자동차 제조사로 꼽힌다. 한편 한국의 자동차언론협회는 2013년 캠리를 '이 해의 한국 차'로 명명했다. 그러나 이 한국형 캠리는 미국 공장에서 만든것이다. 매우 아이러니했다. 그리고 사례 13-1에 언급된 바와 같이 세계적인 최고 자동차 제조사가 되기 위한 폭스바겐의 추진력은 배출가스 조작 스캔들 앞에서 흔들렸다.

글로벌 경쟁의 효과는 세계의 소비자에게는 매우 유익한 일이다. 앞서 언급한 두 가지 사례인 세제와 자동차산업에서도 소비자는 이익을 받는다. 중앙아메리카에서 세제가격은 글로벌 경쟁으로 인해 떨어졌다. 미국에서 외국 자동차업체는 소비자가 원하는 자동차 제품과 성능,

가격 구성을 제공한다. 만약에 더 작고, 낮은 가격의 수입차가 미국 시장에 들어오지 않았다면, 미국 자동차업체가 외국기업의 자동차에 상응하는 제품을 이렇게 빨리 내놓지 않았을 것이다. 미국 자동차 시장에 적용됐던 이 원리는 세계의 모든 제품군에도 통하는 원리이다. 글로벌 경쟁이 제품의 범위를 확장했고, 소비자가 원하는 것을 얻을 수 있는 가능성을 높여주었다.

글로벌 경쟁으로 인한 폐해는 제품과 서비스의 생산자에게 영향을 끼친다. 글로벌 경쟁이 고객을 위한 가치를 창조하긴 하지만, 동시에 잠재적으로 일자리를 없애거나 이윤을 줄일 수 있는 가능성도 있다. 예를 들어 토요타와 같은 회사가 다른 국가에 있는 소비자에게 더 나은 제품을 더 낮은 가격에 제공한다면, 이 회사는 GM과 같은 그 국가의 기업으로부터 고객들을 빼앗아 갈 것이다. 그 국가의 기업이 새로운 가치를 창조하고 새로운 고객을 찾지 못한다면, 그 기업에 고용된 사람들의 일자리와 생존권은 위협을 받게 될 것이다.

이번 절에서는 다음과 같은 이슈를 다룰 것이다. 왜 특정 국가가 특정 산업에서 좋은 본거지가 되는가? 예를 들어 왜 미국은 태블릿과 스마트폰, 소프트웨어, 신용카드, 영화산업의 선두 기업의 본거지가 되었는가? 왜 독일은 그렇게 많은 인쇄기와 화학제품, 고급 자동차의 본거지가 되었는가? 왜 그렇게 많은 제약업체와 초콜릿업체, 과자업체, 무역회사가 스위스에 위치해 있는가? 모, 니트, 패션에서 이탈리아의 성공을 어떻게 설명할 수 있는가?

하버드대학교 교수인 마이클 포터는 자신의 기념비적인 1990년의 저서 **마이클 포터의 국가 경쟁우위**(*The Competitive Advantage of Nations*)에서 이러한 이슈를 다루고 있다. 많은 사람들이 그의 책을 경쟁력에 대한 국가의 정책을 다듬는 데 대한 획기적인 안내서로 일컫는다. 포터에 의하면 핵심적 경쟁력과 경쟁우위를 창출할 수 있는 개별 기업의 능력뿐 아니라 개별 국가에 존재하거나 부재하는 특정한 속성이 산업의 발전에 영향을 준다.[23] 포터는 이러한 속성을 국가의 경쟁우위를 창조하는 국가의 '다이아몬드'라고 묘사하였다. 이러한 속성으로는 1루 수요 조건, 2루 기업전략 · 구조 · 경쟁, 3루 요소 조건, 마지막으로 본루는 관련 및 지원 산업이다. 이 다이아몬드 형태의 그림은 기업이 경쟁하는 환경을 형상화한다. 다이아몬드의 어느 한 꼭 짓점의 행위도 다른 모든 상대방에게 영향을 준다.

요소 조건

요소 조건(factor conditions)이란 자원에 대한 국가가 가지고 있는 자원을 의미한다. 요소 자원은 만들어질 수도 있고, 애초에 주어지는 것일 수도 있다. 기본적 요소는 큰 어려움 없이 주어지거나 만들어질 수 있다. 이러한 기본적 요소는 다른 국가에서 쉽게 복제될 수 있기 때문에 이것은 국가 경쟁우위의 지속 가능한 원천이 아니다. 이와 달리 특화된 요소는 좀 더 발달해 있고 좀 더 **국가 경쟁력**(national advantage)에 대한 지속 가능한 원천을 제공한다. 포터는 요소 조건을 다섯 가지 분야로 나누어 설명한다. 인적 자원, 물리적 자원, 지식 자원, 자본 자원, 기반시설 자원이 그것이다.

인적 자원 가용한 노동자의 수와 이 노동자가 보유하고 있는 기술, 임금 수준, 노동자들의 전반적인 업무 윤리 등이 모두 국가의 인적 자원 요소를 구성한다. 저임금 노동자의 공급이 충분한 국가들은 노동 집약적 제품의 생산에서 확실한 경쟁우위를 지니고 있다. 그렇지만 한편으로는 그러한 국가는 광범위한 감시 없이 일하는 것이 가능한 고도로 숙련된 노동자를 필요로 하는 복잡한 제품의 생산에서는 불리한 점이 있을 수도 있다.

물리적 자원 토지, 수자원, 광물자원 등을 비롯한 천연자원의 확보 가능성, 물량, 이러한 자원의 질, 가격 등이 국가의 물리적 자원을 구성한다. 마이클 포터의 국가 경쟁우위에서 포터가 논의했듯이 수출국으로서의 이탈리아의 강점은 부분적으로 섬유, 의류, 도자기, 석재 제품 등 성공적인 산업 클러스터에 기인한다(사진 16-6 참조). 국가의 크기와 위치도 이러한 범주에 해당한다. 시장과 공급원에 대한 접근성과 운송비용 등도 모두 전략적 고려사항이기 때문이다. 이러한 요소가 국가의 자원에 의존하는 산업에 대한 중요한 경쟁우위이거나 불리한 점이다. 브라질은 이러한 예라고 할 수 있다. 광대한 토지, 온화한 기후, 그리고 충분한 물 공급과 함께 브라질은 커피, 콩, 설탕을 포함한 농업 작물의 선두 생산지이다.

지식 자원 국가 내에서 과학적 지식이나 기술, 시장과 관련된 지식을 가지고 있는 사람을 구할 수 있는지의 여부가 국가가 지식 자원을 보유하고 있는가를 결정짓는다. 이러한 요소의 존재는 국가 내에서 운영되는 수많은 연구기관과 대학교의 기능에 의해 좌우된다. 이러한 요소는 복잡한 제품과 서비스의 성공에 중요하며, 복잡한 시장에서 사업을 하는 데도 중요하다. 이러한 요소는 화학 분야에서 독일이 보여주는 우수성과 직결된다. 오늘날 BASF는 세계 최대의 화학물질 생산기업이다. 약 200년간 독일은 화학 분야에서 최고인 대학의 본거지였으며, 과학 실습 프로그램과 발달된 과학학회지의 본거지였다.

자본 자원 국가의 산업에서 가용한 자본 자원의 형태와 가용한 금액, 비용은 국가별로 모두 다르다. 국가의 저축률, 이자율, 세금법, 정부 적자 등이 이러한 자본 자원요소의 가용 가능성에 영향을 준다. 낮은 자본비용으로 인해 경쟁우위를 누리고 있는 국가의 산업과 상대적으로 높은 자본비용을 지닌 국가의 산업 대결은 때때로 결정적인 증거가 된다. 높은 자본비용을 지불하는 기업은 낮은 자본비용을 지닌 국가의 경쟁업체가 진입하는 시장에서 계속 사업하는 것이 불가능하다. 낮은 자본비용을 가진 기업은 가격을 지속적으로 낮게 유지할 수 있고, 높은 자본비용을 지불하는 기업에게 낮은 투자회수율을 감수하거나 시장에서 떠날 것을 강요한다.

혁신, 기업가정신 그리고 글로벌 창업

패션과 기능을 결합한 이탈리아 사업가, 1부 : 레오나르도 델 베치오의 룩소티카

'마이클 포터의 국가 경쟁우위'에서 포터는 다음과 같이 언급했다.

> 이탈리아에서는 기업가정신이 번성하여 기존 산업과 치열한 경쟁을 벌이고 클러스터를 형성한다. 이탈리아인들은 모험가이다. 많은 이탈리아인들은 개인주의적이고 독립을 바란다. 그들은 그들 소유의 회사를 갖는 것에 열망한다. 그들은 어떤 계층의 부분으로서가 아니라 자신이 잘 아는 사람, 다시 말해 가족 안에서 일하기를 좋아한다. 최근에 사업가들은 이탈리아에서 축하를 받았다. 그리고 많은 비즈니스 잡지에는 성공적인 기업가들의 프로필로 가득했다. (p. 447)

레오나르도 델 베치오는 기업가이다. 그는 현존하는 생산품에 혁신적인 접근을 발전시켰다. 그리고 1961년도에 제품을 제조하고 시장에서 거래하는 회사를 설립했다. 현대 마케팅의 기본 도구와 원칙을 적용함으로써 델 베치오는 괄목할 만한 성공을 거두었다.

고아원에서 자랐지만 오늘날 그는 유럽에서 가장 부자 중의 한 명이 되었다. 그의 통찰력에 따르면 안경은 시각에 중요하다는 인식에 더해 착용자의 개성을 반영한다. 제품으로서 안경테는 두 가지 목적이 있다. 하나는 기능적인 면이고 다른 하나는 미적인 면이다. 그 통찰력은 델 베치오의 회사, 룩소티카가 세계 최고의 안경테 생산기업으로 성장하는 동력이 되었다.

룩소티카는 전 세계적으로 78,000명의 직원들이 있고 수직적으로 통합형이다. 자체 공장에서 프레임을 설계하고 제조하며 선글래스 헛, 렌즈크래프터스, 펄비전과 같은 완전 소유 체인을 통해 유통에도 관여하고 있다(사진 16-7 참조). 오클리, 레이밴, 보그 등 톱 안경 브랜드를 소유하고 있다. 이 회사는 또한 버버리, 돌체앤가바나, 도나 캐런, 프라다, 랄프로렌, 베르사체 등의 명품 브랜드와의 라이선스하에 프레임을 생산한다. 레이밴은 룩소티카의 가장 많이 팔리는 브랜드로, 매년 20억 유로(22억 달러) 이상의 매출을 올리고 있다.

2016년까지 룩소티카는 900억 달러 규모의 글로벌 안경시장에서 약 14%를 점유하였다. 그러나 인구통계적 추세와 신산업 진입자들은 상당한 기회와 도전을 제시하고 있다. 오랫동안 CEO로 지냈던 안드레아 구에라가 떠난 뒤 델 베치오는 80세의 나이로 자신이 설립한 회사로 돌아왔다.

2017년 델 베치오는 룩소티카가 프랑스에 본사를 둔 렌즈 제조업체인 에실로와 합병한다고 발표하였다. 새로운 회사인 에실로 룩소티카는 연간 150억 유로(약 175억 달러)의 매출과 150개국의 시장 제품을 갖게 된다. 델 베치오는 이에 대해 "우리는 브랜드를 갖고 있다. 놓친 것은 렌즈의 품질이었다."라고 말했으며, 에실로는 커넥티드 글래스에 대한 몇 가지 특허를 받았다. 신제품 마이아이는 카메라와 이어폰이 장착된 프레임으로 구성되어 사용자가 다른 작업을 하면서 스캔한 텍스트를 들을 수 있다.

한편 다른 기업가적 스타트업들은 안경 분야에서 새로운 기회를 인식했다. 이탈리아 인디펜던트는 페라리를 소유한 가문의 억만장자 상속자인 라포 엘칸이 만든 브랜드이다. 엘칸의 회사는 'mass cool' 세그먼트를 만들었으며, 이탈리아 인디펜던트는 프레임에 있는 탄소 섬유와 같이 혁신적인 재료를 사용하는 것으로 알려져 있다. 이 브랜드는 특히 밀레니얼 세대에게 인기가 있다.

출처 : Rachel Sanderson, "The Far-Sighted Dealmaker of Milan," *Financial Times* (January 21–22, 2017), p. 7; Michael Stothard and Rachel Sanderson, "Luxottica and Essilor Set out Their €50bn Growth Vision," *Financial Times* (January 17, 2017), p. 15; Rachel Sanderson, "Let's Launch in . . . Milan, Italy," *Financial Times* (June 29, 2016), p. 12; Rachel Sanderson, "Designers Open Eyes to Latest Fashion Spectacle," *Financial Times* (April 9–10, 2016), p. 12; Bill Emmott, *Good Italy, Bad Italy: Why Italy Must Conquer Its Demons to Face the Future* (New Haven, CT: Yale University Press, 2012), Chapter 7; Christina Passariello, "Fitting Shades for Chinese," *The Wall Street Journal* (April 21, 2011), p. B5; Rachel Sanderson, "The Real Value of Being 'Made in Italy,'" *Financial Times* (January 19, 2011); Emanuela Scarpellini, *Material Nation: A Consumer's History of Modern Italy* (New York, NY: Oxford University Press, 2011); David Segal, "Is Italy Too Italian?" The New York Times (August 1, 2010), p. B1; Michael E. Porter, *The Competitive Advantage of Nations* (New York, NY: Free Press, 1990), Chapter 8.

사진 16-7 안경테 제조사로서 세계를 리드하는 제조업체 룩소티카는 글로벌 시장의 여러 나라에 소매유통체인을 운영하고 있다. 일반적으로 미국 소비자들은 가능성을 중요시하며(예 : 레이밴, 오클리), 다소 보수적이고 전통적인 취향을 보여준다. 반면 유럽과 아시아 소비자들은 구매하고자 하는 제품(안경테를 포함하여)과 감정적 공감을 추구한다. 이 회사는 브라질, 인도, 터키 및 중국에 진출하기 위해 박차를 가하고 있다.
출처 : Kris Tripplaar/SIPA/Newscom.

기반시설 자원　기반시설에는 국가의 은행 시스템, 의료보험 시스템, 교통 시스템, 통신 시스템이 포함되며, 이러한 시스템에 대한 접근 가능성과 비용도 포함된다. 좀 더 복잡한 산업일수록 성공을 위해 발전된 기반시설에 대한 의존도가 높다.

　　만약에 산업에 가용한 요소들의 조합이 낮은 원가의 생산, 혹은 매우 차별화된 제품이나 서비스의 생산을 통해 본원적 전략의 실행을 조장한다면 경쟁우위는 국가의 산업에 자연스럽게 따라온다. 특정한 요소에 대해 불리한 점을 가지고 있는 국가도 간접적으로 경쟁우위를 창조해 낼 수 있다. 예를 들어 적합한 노동력의 부재는 기업에게 기계화나 자동화의 형태를 개발해내도록 할 수 있는데, 이것이 그 국가의 경쟁우위가 될 수도 있다. 높은 운송비용은 기업으로 하여금 운송비가 적게 드는 새로운 재료를 개발하도록 독려할 수도 있다.

수요 조건

기업이나 산업의 제품과 서비스에 대한 자국의 수요 조건의 속성은 중요하다. 왜냐하면 이러한 속성이 국가의 기업에 의한 혁신과 진보의 속도와 속성을 결정짓기 때문이다. **수요 조건**(demand conditions)은 충분히 준비하지 않으면 글로벌 시장에서 실패할 만한 자국기업들을 세계 수준의 경쟁을 위해 교육시키는 요소이다. 자국 수요의 네 가지 특성은 경쟁우위의 창출에 특히 중요하다. 자국 수요의 구성, 자국 수요의 규모와 성장 패턴, 빠른 자국시장의 성장, 자국의 제품과 서비스가 외국시장으로 진출하게 하는 수단이 그러한 특성이다.

자국 수요의 구성　이 수요 요소는 어떻게 기업이 고객의 요구에 대응하고, 해석하고 인식하느냐를 결정한다. 경쟁우위는 자국 수요가 품질의 기준을 설정하고 지역기업에 고객의 요구를 외국의 경쟁기업보다 앞선 시점에 좀 더 정확히 전달해 줄 때 달성될 수 있다. 이러한 경쟁우위는 자국 구매자가 자국의 기업에게 빨리 자주 혁신을 하도록 압력을 가할 때 향상된다. 경쟁우위의 기본은 기업이 자국 수요에 대해 더 민감하고 더 책임감 있을 때, 그리고 자국의 수요가 세계의 수요를 반영하거나 앞서서 예측할 때 해당 국가의 기업이 시장 선도적 지위를 유지할 수 있다는 것이다.

자국 수요의 규모와 성장 패턴　이러한 요소는 자국시장의 구성이 복잡하고 외국의 수요를 예측하는 경우에 중요하다. 큰 자국시장은 기업에게 규모의 경제를 달성할 수 있는 기회를 제공하고, 익숙하고 편안한 시장과의 거래를 통해 학습을 가능케 한다. 자국시장의 규모가 기업이 지출하는 대규모 생산설비에 대한 투자와 연구개발비 등으로 인해 발생하는 생산량의 증가를 수용할 수 있을 만큼 충분히 크다면 대규모 투자와 연구개발에 대한 손실의 우려가 적다. 만약에 자국시장의 수요가 해외의 수요를 정확하게 반영하거나 예측하는 경우, 또 기업들이 자국시장만을 충족시키는 것에 만족하지 않는 경우, 대규모 생산시설과 프로그램의 존재는 글로벌 경쟁에서 경쟁우위로 작용할 것이다.

빠른 자국시장의 성장　이 요소는 투자나 새로운 기술을 더 빨리 받아들이는 것, 크고 효율적인 생산시설을 짓는 것에 대한 또 다른 동기 유인이다. 이것을 가장 잘 보여주는 사례는 일본이라고 할 수 있다. 자국시장의 빠른 성장이 일본 기업에게 현대화된 자동화 생산시설에 대한 많은 투자를 유발했다. 앞선 **자국 수요**는 특히 자국 수요가 국제적 수요를 예측하는 경우, 그 국가의 기업에게 외국의 경쟁기업보다 더 빨리 산업을 확립하게 하는 경쟁우위를 제공한다. 마찬가지로 중요한 것이 기업에게 국제시장으로의 진출과 혁신을 종용하는 **빠른 시장 포화**이다. 시장포화는 특히 빠른 외국시장의 성장과 동시에 나타나는 경우에 중요하다.

자국의 제품과 서비스가 외국시장으로 진출하게 하는 수단 이 이슈는 한 국가의 사람들과 기업들이 해외로 나가서 현지에서 자국의 제품과 서비스를 필요로 하는 경우에 발생한다. 예를 들어 미국의 자동차업체가 외국에서 사업을 시작하면, 자동차 부품산업도 그 뒤를 따르게 된다. 같은 원리가 일본 자동차산업에도 적용된다. 이와 유사하게 미국의 엔지니어링 회사의 서비스에 대한 해외의 수요가 제2차 세계대전 이후 급증했다. 이 엔지니어링 기업은 미국의 건설 중장비 업체에 대한 수요를 만들었다. 이러한 상황이 캐터필러가 해외로 사업을 확장하게 만든 추진력이었다.

관련된 이슈로 국민들이 여행이나 연수, 사업, 연구 목적으로 해외에 가는 경우가 있다. 이 사람들이 자국으로 돌아온 후 그들은 해외에 있던 동안 익숙해졌던 제품과 서비스를 요구할 가능성이 크다. 유사한 효과가 국가 간의 전문적, 과학적, 정치적 관계에 의해서도 나타날 수 있다. 관계에 수반하는 이러한 요소는 시장 선도기업의 제품과 서비스에 대한 수요를 불러일으킨다.

경쟁우위를 창출하는 것은 수요 조건의 상호작용이다. 특히 중요한 요소는 초기의 투자와 혁신을 유발하고 지속하게 하는 요소와 점점 더 복잡해지는 시장에서 경쟁을 계속하게 만드는 조건이다.

관련 및 지원 산업

어느 국가가 한 산업 분야에서 세계적으로 경쟁력 있는 기업의 모국일 때 그 **관련 및 지원 산업** (related and supporting industries)에 있어 경쟁우위를 지닌다. 세계적으로 경쟁력을 갖춘 공급자 산업은 하위산업에 대해 조언을 제공한다. 결과적으로 하위산업은 가격이나 품질 면에서 국제적으로 경쟁력을 갖출 가능성이 커지고 이러한 상황으로부터 경쟁우위를 획득할 수 있게 된다. 하위산업은 이러한 조언들에 대한 쉬운 접근을 할 수 있고, 하위산업을 가능케 하는 기술에 대해서도 접근할 수 있으며, 그들을 경쟁력 있게 만들어 준 상위산업의 관리구조나 조직 구조도 배울 수 있을 것이다. 물리적 거리와 문화적 유사성의 측면 모두에 있어 가까움은 접근성의 기능으로 작용한다. 단순히 그들에게 이익이 되는 직접적인 조언만이 아니다. 이러한 접근성은 공급자와의 **접촉과 협력**, 공급자와의 연결을 최적화할 수 있도록 가치사슬을 구조화할 수 있는 기회를 의미한다. 이러한 기회들은 외국기업에게는 불가능한 것일 수도 있다.

국제적으로 경쟁력이 있고 관련 산업들이 국가에 존재하는 경우 이와 유사한 경쟁우위가 존재한다. 기회는 가치사슬의 행위를 공유하고 협동하면서 얻을 수 있다. 컴퓨터 하드웨어 제조업체와 소프트웨어 개발자의 관계에서 공유되는 기회를 생각해 보라. 예를 들어 HP, 레노버, 델, 에이서를 비롯한 컴퓨터업체들의 미국 외 지역에서의 PC 판매는 마이크로소프트를 비롯한 다른 미국 기업의 수요를 끌어올렸다. 포터는 스위스의 제약산업의 발달은 부분적으로 스위스의 대규모 합성염료산업에서 기인한다고 밝힌 바 있다. 염료가 가지고 있는 치료효과의 발견이 제약회사의 발달을 이끌었다는 것이다.[24]

기업전략, 구조, 경쟁

기업전략, 구조, 경쟁의 속성(nature of firm strategy, structure, and rivalry)은 국가의 다이아몬드 모델을 구성하는 마지막 요소이다. 한 국가시장 내의 지역적 경쟁은 경쟁우위에 매우 강력한 영향력을 갖는다. 미국의 PC 산업은 어떻게 강력한 지역 경쟁이 산업을 역동적으로 만들고, 진보와 혁신에 대한 지속적인 압력을 만드는지를 보여주는 아주 좋은 예가 될 것이다. 델과 HP, 애플 등을 비롯한 여러 업체 간의 경쟁은 모든 기업에게 신제품을 개발하고, 기존의 제품을 개선시키며, 원가와 가격을 낮추고, 새로운 기술을 개발하며, 고객들을 만족시키기 위해 지속적으로 품질과 서비스를 발전시키도록 압력을 가한다. 외국기업 간의 경쟁은 이러한 긴장감이 없을 수도 있다. 지역 라이벌들은 시장 점유율만을 위해서 경쟁하는 것이 아니라 종업원의 자질, R&D 발전, 자국시장에서의 명성을 위해서도 경쟁해야만 한다. 일본의 사례가 잘 보여주는 것처럼, 결국에 강력한 지역경쟁은 기업들이 생산 규모와 R&D 투자의 확대를 뒷받침해줄 수 있는 해외시장을 찾도록 만들 것이다. 지역업체 간의 경쟁의 부재는 자국기업이 현재 상태에 안주하게 만들고, 결국에 세계시장에서 경쟁력이 없게 만든다.

중요한 것은 지역 경쟁업체의 숫자가 아니다. 숫자보다는 경쟁의 강도와 차별점을 만드는 경쟁자의 수준이 중요하다. 새로운 경쟁자를 생성하기 위해 새로운 기업이 형성되는 비율이 적절히 높아야 하는 것도 중요하다. 또한 기존에 존재하던 오래된 기업이 그들의 시장 지위와 제품, 서비스에 안주하는 것을 막는 장치도 필요하다. 앞서 5요소 모형에서 언급한 바와 같이 산업에 신규 진입하는 기업은 해당 산업에 새로운 시각과 새로운 방법을 가지고 들어온다. 그들은 자주 기존의 기업이 인식하지 못하던 새로운 세분시장을 개척하고 그 시장의 요구를 충족시킨다.

경영방식과 조직결성 능력의 차이, 전략적 시각의 차이는 또한 기업이 다른 유형의 상업과 경쟁하는 데 있어서, 국내경쟁의 강도의 차이를 유발한다는 점에서 이익과 불이익을 가르는 요소가 될 수 있다. 한 가지 예로 독일에서는 기업의 구조와 경영방식이 계층구조를 따른다. 매니저는 기술적인 배경을 가지려는 경향이 있다는 점에서 화학이나 정밀기계와 같은 고도로 훈련된 구조의 산업을 다룰 때 가장 큰 성과를 낼 수 있다. 반면 이탈리아의 기업은 표준화된 제품의 고객맞춤화에 집중한다거나 틈새시장, 시장의 수요를 맞추기 위해 큰 유연성이 필요한 분야에 알맞은 듯하다.

자국에서 잘 알려져 있고 높은 평가를 받고 있는 인도의 타타 그룹은 중형차, 자동차, 백화점, 차(tea)를 포함한 다양한 산업에 참여하고 있다. 타타 그룹의 경영진은 국제적인 전략이 구현됨에 따라 브랜드 이미지를 유지하기를 바라고 있다. 역사적으로 타타 그룹의 경쟁우위는 원자재나 숙련된 노동력 등 최저 비용, 최고 품질의 생산 투입물을 찾기 위해 전 세계를 샅샅이 뒤진 다음 상당한 이익을 내고 글로벌 시장에서 판매하는 데 기초했다. 그러나 모든 거래가 계획대로 되는 것은 아니다. 예를 들어 2006년 그룹의 자회사 타지 호텔 리조트 팰리스는 보스턴에 있는 리츠칼튼 호텔을 1억 7,000만 달러에 인수하여 타지 보스턴으로 개칭하였다. 그로부터 10년 후인 2016년, 현지 부동산 투자그룹 뉴잉글랜드 개발이 타지 보스턴을 인수하기로 합의했다. 보고된 가격은 1억 2,500만 달러이다.

국가의 경쟁우위를 평가하는 데 관련이 있는 외적 요소 중 마지막 두 가지 요소가 있다. 기회와 정부이다.

기회

기회적 사건은 경쟁 환경을 조성하는 역할을 한다. 기회적 사건은 기업이나, 산업, 또는 대개 정부의 통제 범위 밖에서 일어난다. 이 범주에 속하는 일로 전쟁과 그로 인한 여파, 중요한 기술적 혁신, 갑작스러운 요소의 변동 혹은 석유 파동과 같은 비용의 변화, 급작스러운 환율의 변동 등이 있을 수 있다.

기회적 사건은 중요하다. 왜냐하면 이러한 기회적 사건이 기술의 단절을 유발하여, 기존의 경쟁자를 넘어설 만큼 경쟁적이지 않았던 국가나 기업이 바뀐 산업에서 경쟁적이거나 혹은 시장 선도적 기업이 될 수 있도록 할 수 있기 때문이다. 예를 들어 마이크로 전자공학의 발달은 많은 일본 기업이 전통적으로 미국과 독일 기업에 의해 움직였던 전기기계기술의 기반이 됐던 산업에서 미국과 독일의 기업을 밀어낼 수 있게 했다.

시스템 관점에서 보면 기회적 사건의 역할은 이러한 사건들이 다이아몬드 안의 조건들을 변화시킨다는 사실이다. 가장 우호적인 '다이아몬드'를 가진 국가가 이러한 기회적 사건의 이점을 취할 가능성이 이러한 이점을 경쟁우위로 바꿀 가능성 또한 크다. 캐나다 연구자가 최초로 인슐린을 분리하는 데 성공했지만 그들은 이러한 발전을 세계적으로 경쟁력 있는 제품으로 바꿔 놓지 못했다. 미국과 덴마크의 기업은 그들 각각의 국가 '다이아몬드' 상황 덕분에 이런 기술을 제품화할 수 있었다.

정부

정부가 국가 경쟁우위를 결정하는 주요한 요소인가에 대한 논란이 있지만, 정부 그 자체는 결정 요소라기보다는 결정 요소에 영향을 주는 요소라고 할 수 있다. 정부는 제품과 서비스의 구매자로서의 역할을 통해 결정 요소에 영향을 주며 노동, 교육, 자본형성, 천연자원, 제품기준과 관련된 정책의 입안자로서 영향력을 행사한다. 또한 상업거래의 조정자로서의 역할을 통해 결정 요소에 영향을 끼친다. 예를 들어 정부는 은행과 전화회사에 어떤 행위는 할 수 있고, 어떤 행위는 할 수 없다고 정하는 것만으로도 영향을 끼칠 수 있다.

국가가 경쟁우위를 가지고 있는 산업에서 경쟁우위를 결정짓는 결정 요소를 강화함으로써 정부는 기업들의 경쟁력 있는 지위를 발전시킨다. 정부는 관세와 비관세장벽의 수단과 현지조달과 현지노동을 필요로 하게 하는 법을 통해 경쟁우위에 영향을 주는 법률 시스템을 고안한다. 미국을 예로 들면 지난 몇십 년간 지속된 달러화의 약세는 부분적으로 미국의 수출을 장려하고 수입을 감소시키기 위한 계획적인 정책에서 유발된 것이다. 다시 말하자면 정부는 경쟁우위를 발전시킬 수도 있고 줄일 수도 있다. 그러나 애초에 없는 경쟁우위를 정부가 만들어 낼 수는 없다.

(16-4) 경쟁우위의 최근 이슈

◀ 16-4 초경쟁적 산업을 정의하고, 역동적 전략 상호작용이 발생하는 핵심 무대를 명시한다.

국가의 경쟁우위에 관한 포터의 업적은 향후 연구에 커다란 자극을 주었다. 제네바에 있는 세계경제포럼은 매년 각 국가의 경쟁력 순위를 나타내는 보고서를 발행한다. 스위스 로잔에 본사를 둔 국제경영개발원(IMD)도 비슷한 순위를 집계한다. IMD의 최근 연구에서 미국은 아마존, 애플, 페이스북, 구글, 넷플릭스 등 거대 기술기업들 덕분에 1위를 차지하였다(표 16-1 참조). 고급 스위스 시계, 노바티스 및 기타 제약회사, 네슬레는 2위 자리에서 스위스의 경쟁력

혁신, 기업가정신 그리고 글로벌 창업

패션과 기능을 결합한 이탈리아 사업가, 2부 : 디에고 델라 발레의 토즈, 마리오 모레티 폴래가토의 제옥스

디에고 델라 발레는 기업가이다. 그는 현존하는 생산품에 혁신적인 접근을 발전시킴으로써 가족사업에 영향을 끼쳤다. 현대 마케팅의 기본 도구와 원칙을 적용함으로써 델라와 그의 가족은 괄목할 만한 성공을 거두었다.

많은 기업가들이 그렇듯이 델라 발레의 생각은 "더 나은 방법이 있을 수 있다."라는 그의 인식에 바탕을 두고 있다. 어릴 때 미국에 방문하는 동안 그는 "포르투갈에서 만들어진 구두들은 매우 형편없다. 이것들은 이상하다."라는 것을 알아차렸다. 포르투갈 신발은 운전용품으로서 판매되었다. 그는 이탈리아에 한 짝의 구두를 가져갔고 아버지인 도리노에게 보여주었다. 도리노는 그것들이 '끔찍하다고' 생각했고, 아들에게 버리라고 하였다. 도리노 델라 발레는 그때 다시 생각했다. 델라 발레는 "아버지는 구두에 대한 우리의 생각을 바꾸었습니다. 과거에는 비싼 구두들이 단단했고 무거웠죠. 그래서 그는 장갑처럼 들어맞게, 최고의 가죽을 사용하여 구두를 부드럽게 만들 생각을 했습니다."라고 회상한다.

1920년에 시작된 가족사업 토즈는 드라이빙 슈즈의 상징으로 인정된다. 고미노라고 불리는 각 쌍은 35개의 가죽과 100단계를 거쳐서 제작된다. 신발 앞면의 장식 밴드인 레오 클램프가 디자인의 핵심이다. 가격은 한 켤레에 약 350달러부터 시작한다. 회사의 전략적 초점은 핸드백으로 확장되었다. 연간 판매는 10억 달러였다. CEO인 디에고 델라 발레는 "우리는 고객에게 최고의 제품을 제공하고 있다는 것을 보장하고 싶습니다. 순수한 이탈리아 스타일은 세계 어디에서나 알아볼 수 있습니다. 센트럴 파크를 걸을 때 나는 이탈리아인들을 알아맞힐 수 있습니다. 이탈리아인은 심지어 조깅을 할 때도 옷을 완벽하게 갖추어 입거든요."라고 말한다.

이 회사의 가장 최근 노력 중 하나는 예술과 건축을 배경으로 하는 5명의 젊은 디자이너와의 협업이었다. 각 디자이너는 고미노의 한정판 버전을 만들었다. 'Looking at Tod's Leo'라고 불리는 이 프로젝트는 이탈리아 건축가 줄리오 카펠리니가 맡았다. 한 그룹은 대리석처럼 보이도록 처리된 가죽으로 신발을 만들었고, 다른 팀은 도자기와 나무를 포함한 특이한 재료를 사용하였다.

토즈는 품질 이미지를 유지하기 위해 6개의 봉제공장을 포함한 모든 생산이 이탈리아에서 이루어지도록 고집하고 있다. 분석가 다비데 비메르카티는 "토즈는 브랜드를 지속적으로 관리하고 수년에 걸쳐 브랜드 자산을 구축하며 어려운 시기에도 수요가 여전히 강한 단계에 도달한다는 증거"라고 지적했다.

델라 발레는 명품 패션의 세계가 디지털 혁명의 영향을 받고 있음을 잘 알고 있다. 많은 소비자, 특히 젊은 소비자에게 브랜드 충성도는 온라인에서 '차세대 제품'을 구매하려는 충동으로 대체되고 있다. 토즈가 고전적인 디자인을 채택하고 있음에도 불구하고 델라 발레는 소셜 미디어를 활용하고 있다. 캣워크 쇼의 스트리밍은 수백만 명의 시청자를 끌어들였다.

또 다른 이탈리아 기업인 마리오 모레티 폴래가토는 신발시장의 매우 다른 측면인 대중적인 시장을 겨냥하고 있다. 폴래가토의 전략적인 통찰력은 간단했다. 기존의 고무밑창이 달린 신발은 발에 좋지 않다! 라스베이거스로 출장을 가 있는 동안 폴래가토는 네바다 사막을 달렸다. 호텔로 돌아왔을 때 그의 발은 멍들고 땀에 젖어 있었다. 발바닥에 구멍이 있으면 발이 숨을 쉴 수 있다는 생각이 들었다. 폴래가토는 "이탈리아 전역의 스포츠 숍에서 통기성 있는 밑창을 찾아다녔는데 찾을 수 없었다. '아직 아무도 이런 생각을 하지 않았을 가능성이 있을까?'라고 생각했는데 아무도 그런 생각을 하지 않았다."며 그때를 회상했다.

물론 신발에 구멍을 내고 돌아다니는 것은 흙과 물이 들어오기 때문에 말이 안 된다. 그래서 폴래가토는 밑창에 구멍이 뚫린 방수 신발을 만드는 방법이라는 기술적인 도전에 직면했다. 폴래가토는 끈기 있게 버텼고, 오늘날 제옥스 브랜드의 대표 제품은 발바닥이 뚫린 중저가 캐주얼 신발로 발바닥이 '숨쉬기'를 할 수 있는 제품이다. 어떻게? 일본 기술을 기반으로 한 특수막은 각 신발을 방수 처리하지만 땀이 증발할 수 있도록 한다(사진 16-8 참조). 한마디로 '숨쉬는 신발!'이다. 가격 경쟁력을 유지하기 위해 생산의 상당 부분을 루마니아와 같은 저임금국가로 아웃소싱하고 있다. 폴래가토는 분명히 성공적인 전략을 세웠다. 오늘날 전 세계적으로 3만 명이 넘는 제옥스 직원이 있으며 1,000개 이상의 매장이 있다.

출처 : Rachel Sanderson, "Tod's Owner Diego Della Valle: 'Millennials Are Not for Everyone,'" *Financial Times* (February 15, 2018), p. 23; Stephen Doig, "If the Shoe Fits: Tod's at Salone de Mobile," *The Telegraph* (April 15, 2016), p. 9; Rachel Sanderson, "'Move over, We Will Do It,'" *Financial Times* (September 23, 2015), p. 10; Liz Alderman, "A Shoemaker That Walks But Never Runs," *The New York Times* (October 10, 2010), p. B1; Vincent Boland, "Italy's Entrepreneur with Sole," *Financial Times* (April 22, 2009), p. 17; "Employment, Italian Style," *The Wall Street Journal* (June 26, 2012), p. A14.

사진 16-8 제옥스의 경쟁우위는 신발 밑창의 '통기성' 특허 기술 덕분이다. '숨쉬는 신발?'

출처 : george photo cm/Shutterstock.

표 16-1 세계에서 가장 경쟁력 있는 국가

순위	국가
1.	미국
2.	스위스
3.	홍콩
4.	스웨덴
5.	싱가포르
6.	노르웨이
7.	캐나다
8.	아랍에미리트
9.	독일
10.	카타르

을 보여주는 몇 가지 원천이다.[25]

초경쟁산업

1990년대 중반에 출판된 책에서 다트머스대학교의 교수인 리처드 드아베니는 포터의 전략 모델은 1990년대와 새천년의 역동성과 경쟁성을 충분히 반영하지 못했다고 언급했다. 드아베니는 포터와 다른 접근법을 취했다.[26] 그는 짧은 제품수명주기, 짧은 제품디자인주기, 새로운 기술, 세계화로 대변되는 오늘날의 비즈니스 환경은 시장의 지속성을 저해한다고 밝혔다. 결과적으로 경쟁의 증가와 가속화를 초래하게 됐다.

이러한 변화의 측면에서 드아베니는 전략의 목표가 경쟁우위를 떠받치는 데서 경쟁우위를 분쇄하는 것으로 바뀌었다고 믿는다. 드아베니가 지적한 포터 모델의 한계점은 포터의 모델이 지나치게 정적이라는 점이다. 다시 말해 포터의 모델은 흐르는 시간 속에서 한순간의 스냅 사진처럼 단적인 모습만을 보여준다는 것이다. 하멜과 프라할라드가 지적한 것처럼 지속 가능한 경쟁우위가 거의 없다는 점을 인식하고, 드아베니는 '경쟁우위의 창조와 분쇄를 위한 역동적인 접근법'을 만들어 보고자 했다. 드아베니는 어떠한 행위나 경쟁우위도 오랜 시간 경쟁력을 갖지 못하는 역동적인 경쟁의 세계를 묘사하기 위해 **초경쟁**(hypercompetition)이라는 용어를 사용하였다. 드아베니는 그러한 환경에서는 "모든 것이 변한다."라고 주장했는데, 이러한 변화는 마이크로소프트와 질레트 같은 초경쟁적인 기업의 역동적인 움직임과 전략적인 상호작용 때문이다.

드아베니의 모델에 따르면 경쟁은 네 분야에 걸쳐서 일련의 역동적인 상호작용의 형태로 전개된다. 가격과 품질, 타이밍과 노하우, 진입장벽, 자금력 네 가지 분야이다. 이러한 각각의 분야는 "초경쟁적 기업의 역동적인 움직임에 의해 지속적으로 붕괴되고 다시 만들어진다." 드아베니에 의하면 지속적인 경쟁우위의 유일한 근원은 각각의 네 가지 분야에서 기업의 상대적인 지위를 유지하게 하는 빈번한 움직임을 통해 발생하는 경쟁자와의 역동적인 전략적 상호작용을 관리할 수 있는 기업의 능력이다(표 16-2 참조).

가격과 품질 첫 번째 분야인 가격과 품질 분야에서의 경쟁은 7가지 역동적인 전략적 상호작용

표 16-2	초경쟁기업 간의 역동적 전략 상호작용
분야	역동적 전략 상호작용
1. 가격과 품질	1. 가격전쟁
	2. 품질과 가격 포지셔닝
	3. 중도
	4. 틈새시장의 커버
	5. 틈새시장 공략과 경쟁기업의 허 찌르기
	6. 최고의 가치를 지닌 시장으로의 이동
	7. 순환주기의 재시작을 통한 최고의 가치를 지닌 시장에서의 탈피
2. 타이밍과 노하우	1. 선발주자 이익의 포착
	2. 후발자에 의한 모방과 발전
	3. 모방의 방지
	4. 모방의 극복
	5. 변형 또는 추월
	6. 하위 부분의 수직적 통합
3. 진입장벽	1. 진입장벽의 생성과 강화를 통한 지형적 요새의 구축
	2. 타국 경쟁자의 제품시장 요새 목표
	3. 게릴라 공격을 위한 단기적인 맞대응
	4. 새로운 장애물 생성으로 인한 전략적 반응으로 침입자에게 효과적으로 대응
	5. 경쟁자가 새로운 장애물에 반응하게 하는 것
	6. 공격적이거나 방어적인 움직임을 통한 장기적인 맞대응
	7. 현재 존재하거나 들어오려고 하는 경쟁자의 추방
	8. 경쟁자의 확인에 대해 변하지 않는 교착 상태
4. 자금력	1. 창출
	2. 자금원을 빼내기 위하여 법원 또는 국회를 이용하는 경생사의 수를 줄이는 것
	3. 거대기업에 대한 반독점 소송
	4. 소규모기업의 자금원 무효화
	5. 대항력의 증진

을 통해 일어난다. 그 7가지는 (1) 가격전쟁, (2) 품질과 가격 포지셔닝, (3) 중도, (4) 틈새시장의 커버, (5) 틈새시장 공략과 경쟁기업의 허 찌르기, (6) 최고의 가치를 지닌 시장으로의 이동, (7) 순환주기의 재시작을 통한 최고의 가치를 지닌 시장에서의 탈피이다. 드아베니는 전 세계적인 시계산업을 가격과 품질 분야에서 이루어진 초경쟁적 행위의 예로 들었다. 1970년대에 일본 기업이 석영진동자를 이용한 값싸고 품질 좋은 시계를 만들어 내면서 산업의 중심이 스위스에서 일본으로 이동했다. 1980년대 초반, 스타일리시한 플라스틱 케이스에 석영진동자를 조립할 수 있는 고도로 자동화된 생산 혁신에 이어 두 스위스 기업이 하나(SMH)로 합병되었다. 이러한 혁신과 스와치 브랜드를 지원하기 위한 강력한 마케팅 노력 덕분에 산업의 중심이 다시 스위스로 돌아왔다. 2013년, 스와치는 회사 창립 30주년을 맞이하여 완전 자동화로 제작된 세계 최초의 시계인 시스템51을 발표하였다. 시스템51 라인은 현재 하루에 4,000개의 시계를 생산하고 있다.[28]

"애플, 페이스북, 구글 같은 디지털 거대기업이 최근 넷플릭스와 아마존이 뒤흔들어 놓은 할리우드의 TV 산업에 관심을 내비치고 있다. 이 기업들의 진출은 이미 과열화된 경쟁양상을 더욱더 심화시킬 것으로 보인다."[27]

뉴욕 타임스 저널리스트, 존 콜빈

사진 16-9 스와치 그룹은 베니스 비엔날레 세계아트전시회의 공식적인 파트너로 오랫동안 같이해 왔다. 스와치는 유명한 아티스트들에게 수수료를 주고 새로운 스타일의 디자인 작업을 의뢰했다. 스와치 창립자의 아들인 니콜라스 헤이야크는 현재 기업의 CEO이며, 여동생 네일라는 회장을 맡고 있다. 스와치는 최근 '시스템51'이라는 새로운 기계식 시계를 선보였으며, 이 제품은 30초에 한 개씩 자동화 기계로 제조되고 있다.

출처 : Fabrice Coffrini/AFP/Getty Images.

오늘날 스와치 그룹은 세계에서 두 번째로 큰 시계 제조업체이다(사진 16-9 참조). 시계산업은 지속적으로 고도세분화되고 있다. 고급 브랜드는 명성과 희소성을 두고 경쟁하고 있다. 다른 많은 고가의 제품이 그러하듯 더 높은 가격이 더 가치 있다는 인식과 연결된다. 낮은 가격대의 시장에서는 브랜드가 가격과 가치를 두고 경쟁하고 있다.

타이밍과 노하우 초경쟁이 일어나는 두 번째 분야는 타이밍과 노하우로부터 유발되는 조직적 경쟁우위에 기반을 두고 있다. 드아베니가 설명한 것처럼 시장에 선발주자가 될 기술을 가지고 있고 시장에 처음 진출하는 기업이 **타이밍 경쟁우위**를 획득해 왔다. **노하우 경쟁우위**는 기업이 새로운 제품이나 시장을 창조하는 것을 가능케 하는 기술적 지식이나 사업을 하는 새로운 방법에 대한 지식을 의미한다.[29]

드아베니는 이 분야에서 경쟁을 유발하는 6가지 역동적인 전략적 상호작용을 밝혔다. 그것은 (1) 선발주자 이익의 포착, (2) 후발주자에 의한 모방과 발전, (3) 모방의 방지, (4) 모방의 극복, (5) 변형 또는 추월, (6) 하위 부분의 수직적 통합이다. 소비자 가전제품산업이 세계화되면서 소니와 그 경쟁자들이 이 두 번째 분야에서 초경쟁적 행동을 보여 왔다. 소니는 오디오 기술 분야의 노하우를 바탕으로 한 선발주자의 성과를 거둔 역사가 있다. 최초의 포켓사이즈 라디오, 최초의 소비자용 VCR, 최초의 개인 휴대용 스테레오, 최초의 CD 플레이어 등이 소니가 개발한 제품이다.

이러한 각각의 혁신적 제품들은 실제로 완전히 새로운 시장을 창조해 냈지만 소니는 선발주자가 되어야 하는 위험을 감수했다. 두 번째 역동적인 전략적 상호작용인 '후발주자에 의한 모방과 발전'은 소니가 베타맥스를 시장에 출시한 몇 달 후에 JVC와 마쓰시타가 가정용 VCR 시장에 진입하기 위해 벌인 성공적인 노력에서 찾아볼 수 있다. VHS 기술은 더 긴 녹화시간을 가능케 했고, DVD 시대가 도래하기 전까지 세계적으로 가장 많이 애용되던 형식이었다.

소니와 소니의 모방자가 보인 수년간의 변화와 움직임 이후에 소니는 하위 수직적 통합을 발달시켰다. 1988년에 CBS 레코드를 20억 달러에 사들였고, 나중에 컬럼비아 픽처스도 매입했다. 여섯 번째 전략적 상호작용으로 대변되는 이러한 획득은 소니의 핵심사업인 '하드웨어' 산업(TV, VCR, 고품질 오디오 장치)을 '소프트웨어' 산업(비디오, CD 등)으로 보완하기 위한 것이었다. 그러나 마쓰시타 역시 60억 달러를 들여 MCA를 매수함으로써 소니의 전략을 모방했다. 초기에는 소니와 마쓰시타 모두 매수한 기업을 운영하는 데 성공적이지 못했다. 좀 더 최근에 소니는 '스파이더맨'과 제임스 본드의 최신 시리즈인 '스카이폴'의 흥행으로 큰 성공을 누리고 있다.

또한 소니는 핵심전자사업에서 좀 더 근본적인 변화에 직면해 있다. 디지털 혁명은 소니의 핵심 경쟁력인 아날로그 오디오 기술을 구식으로 만들어 버렸다. 소니가 정보화 시대에도 선두주자의 역할을 유지하려면, 소니의 경영자는 새로운 노하우의 원천을 개발해야만 한다고 강조하였다. 소니는 애플의 아이팟이 현재 세계시장에서 최고의 휴대용 음악기기가 되었다는 사실에서 그들의 기술적인 발전을 이루기가 한층 더 어려워졌음을 깨달았다. 소니는 또한 평면 패널 TV 기술에서 소비자를 수용하는 속도가 느리며 홈 엔터테인먼트와 음향사업은 매년 손해를 보고 있다. 사실 헷지 펀드 매니저는 이윤을 신장시키기 위해 엔터테인먼트 사업의 비중을 분리해야 한다고 주장한다.[30]

초경쟁(hypercompetition)은 다른 방면으로도 나타나고 있다. 예를 들어 20년 후 소니의 핸디캠 캠코더의 매출은 감소할 것이다. 반면에 순수한 디지털 기술로부터 유래한 값싼 장치인 플립은 2006년 출시된 이후 매우 빠른 시간 내에 세계 최고의 상품으로 자리 잡았다. 늦었지만 소니는 인터넷이 지원되는 캠코더 '웨비'를 출시하였다. 제품개발이 이루어지는 동안 미국 지부의 디자인팀 마케팅 담당자는 본사에 캠코더의 색상을 오렌지색이나 보라색으로 하는 것에 대한 허가를 요청하였다.[31] 물론 오늘날 대부분의 소비자들은 스마트폰을 사용하여 비디오 이미지를 캡처하고 공유하므로 독립형 캠코더 장치가 불필요하다.

진입장벽 신규 진입기업에 대한 진입장벽이 세워져 있는 산업이 초경쟁적 행위가 나타나는 세 번째 분야이다. 이 장의 초반에 언급한 것처럼 이러한 장벽에는 규모의 경제, 제품 차별화, 자본 투자, 전환비용, 유통 채널에 대한 접근성, 규모의 경제를 제외한 원가의 이점, 정부정책 등이 포함된다. 드아베니는 공격적인 경쟁자가 어떻게 8가지 전략적 상호작용을 통해 이러한 전통적인 진입장벽을 약화시키는지를 설명했다. 예를 들어 PC 산업에서 델의 세계적인 성공의 초석은 딜러와 다른 유통 채널을 뛰어넘은 직접판매방식이었다.

첫 번째 역동적인 전략적 상호작용은 기업이 진입장벽을 만들고 강화하면서 지역적인 본거지를 확립하면서 시작된다. 시장을 확고히 한 후에는(특히 자국시장) 경쟁자들이 본거지의 밖에 있는 시장부터 취하려고 노력한다. 따라서 두 번째 전략적 상호작용은 기업이 다른 국가에서 경쟁자의 시장 본거지 제품을 타깃으로 할 때 나타난다. 혼다가 모터사이클과 자동차를 가지고 게릴라 전략을 활용한 단계적 시장 진출법을 사용해 일본 외부로 지역적인 확장을 한 것이 좋은 사례가 될 것이다. 세 번째 역동적인 전략적 상호작용은 현재 시장을 점유하고 있는 기업이 이러한 게릴라 전략에 대해 단기적인 맞대응을 하는 경우에 나타난다. 강력한 현재 점유자는 침입자를 물리치기 위해 가격전쟁, 공장 투자, 신제품 출시와 같은 방법을 사용할 수도 있다. 또는 본격적인 대응에 앞서 사태를 관망하는 태도를 취할 수도 있다. 할리 데이비슨과 미국 자동차산업의 경우 경영진은 최초에 혼다를 비롯한 일본 기업의 위협이 지닌 잠재성을 과소평가하고 합리화했다. 자신들의 기업이 약한 점유자임을 깨달은 할리 데이비슨의 경영진은 정부의 보호를 요청하는 수밖에 없었다. 결과적으로 생긴 일련의 조치 덕분에 할리 데이비슨은 자신의 기업을 정돈할 수 있었다. 이와 마찬가지로 미국 정부는 일본 자동차의 수입제한과 관세부과에 대한 미국 자동차 기업들의 간청을 귀 기울여 들었다. 이러한 정부 조치는 미국 자동차 시장의 BIG3(GM, 포드, 크라이슬러)에게 더 품질 좋고 연비가 좋은 모델을 미국 소비자에게 제공할 시간을 허락했다.

네 번째 역동적인 전략적 상호작용은 현재 시장의 점유자가 자신들이 반드시 새로운 장벽을 만드는 전략적 대응을 통해 신규 진입자에 대해서 최선을 다해 대응해야만 한다는 것을 깨달았을 때 나타난다. 미국의 자동차 제조업체는 미국 소비자를 대상으로 '미국제품 구매' 캠페인을 실시했다. 다섯 번째 역동적인 전략적 상호작용은 경쟁자가 이러한 새로운 장벽에 맞대응할 때 나타난다. 수입제한과 '미국산 우선 구매' 캠페인을 피하기 위한 노력의 일환으로 일본 기업은 미국에 생산공장을 건립했다. 여섯 번째 역동적인 전략적 상호작용은 경쟁자의 시장 공략에 대해 수비적 움직임이나 공격적 움직임을 통해 장기적인 맞대응을 하는 것으로 구성된다. GM이 1990년에 새턴이라는 모델을 출시한 것은 잘 만들어지고, 잘 실행된 수비적 움직임의 좋은 사례이다. 21세기 초반에 GM은 또 다른 수비적 움직임을 계속 이어갔다. 캐딜락의 명성을 렉서스와 어큐라, 인피니티로부터 지켜내기 위해 GM은 캐딜락을 위한 글로벌 전략을 개발 중이다.

진입장벽이라는 세 번째 분야에서 경쟁은 나날이 격화되고 있다. 일곱 번째 역동적인 전략적 상호작용은 현재 시장 점유자와 신규 진입자 간의 경쟁이 신규 진입자의 자국시장으로 확대되는 것이다. 1995년에 있었던 클린턴 대통령의 일본 자동차업체에 대한 무역제재 조치는 일본이 자동차시장을 개방해야 할 필요가 있다는 메시지를 전달하기 위한 것이었다. 1997년에 GM은 새턴의 출시를 통해 일본 시장 공략을 강화했다. 여덟 번째이자 마지막인 역동적인 전략적 상호작용은 경쟁자 간의 불안정한 교착상태의 구성이다. 시간이 지나면서 진입장벽이 극복되면서 본거지는 약화되고, 경쟁자들은 네 번째 분야인 자금력의 분야로 옮겨가게 된다.

앞의 논의들이 보여주는 것처럼 초경쟁 모델의 모순점과 역설은 지속적인 경쟁우위를 획득하기 위해, 기업은 일련의 비지속적인 경쟁우위를 추구해야만 한다는 점이다. 드아베니의 의견은 오랜 기간 마케팅의 역할은 혁신과 새로운 시장의 창출이라고 조언해 온 피터 드러커의 의견과 맥을 같이한다. 혁신은 구시대적인 것과 퇴보한 것들을 버리는 것으로부터 시작된다. 수만트라 고샬과 크리스토퍼 바틀렛도 저서인 *The Individualized Coporation*에서 이와 유사한 이야기를 하고 있다.

> 경영자는 그들의 관심을 새롭게 초점에 맞추도록 강요받는다. 자신의 기업이 이미 선점하고 있던 한정적이고 수세적인 제품-시장 포지션으로부터 빠르게 변하는 시장에서 이러한 변화를 느끼고 대응하는 조직의 능력을 어떻게 개발할 것인가와 같이 새롭게 일깨워진 분야에 관심을 가져야 한다. 세계의 경영자는 미래에 대한 예측과 기획에 덜 힘을 들이는 반면에, 최근에 생겨나는 변화에 민감해지고자 더 많은 노력을 기울인다. 그들의 광범한 목적은 적합한 대응에 대한 실험을 지속적으로 하고, 획득한 정보와 지식을 신속히 확산시키며, 이를 통해 전체 조직의 능력을 배가시킬 수 있는 조직을 만드는 것이다. 전략적 기획의 시대는 조직 학습의 시대로 빠르게 진화하고 있다.[32]

이와 유사하게 드아베니는 경영자들이 그동안 믿어 왔던 오래된 전략적 도구와 격언을 다시 생각해 보고 재평가해 볼 것을 촉구한다. 그는 주어진 전략이나 행동방침에 얽매이는 것을 경고한다. 유연하고 예측하기 어려운 기업이 고정적이고 얽매여 있는 기업에 대해 경쟁우위를 가질 수 있을 것이다. 드아베니는 초경쟁 시대에는 본원적 전략의 수행은 잘해 봐야 단기적인 경쟁우위만을 창출할 것이라고 주장했다. 승리하는 기업은 증가하는 경쟁의 사다리에서 성공적으로 위로 올라가는 기업이지, 고정된 위치에서 머물러 있는 기업이 아니다. 드아베니는 5요소 모형에 대해서도 비판적이다. 그는 최고의 진입장벽은 새로운 기업을 배척하기 위한 방어벽을 구축하는 것이 아니라 독창성을 유지해 선발주자가 되는 것을 유지하는 것이라고 주장했다.

플래그십 기업 : 5개의 파트너와의 사업 네트워크

앨런 러그먼과 조셉 디크루즈 교수에 의하면 포터의 모델은 오늘날의 글로벌 환경의 복잡성에 비해 지나치게 단순화되어 있다.[33] 러그먼과 디크루즈는 **플래그십 모델**(flagship model)이라고 이름 붙인 사업 네트워크에 기반을 둔 대안적인 이론적 틀을 고안해 냈다. 러그먼과 디크루즈는 일본의 수직적인 게이레츠나, 한국의 재벌이 사업 시스템 내부에서 서로를 강화시키는 전략을 받아들이고, 파트너 가운데 집단적인 장기적 예측을 촉진함으로써 성공을 거두어 왔다고 주장한다. 덧붙여 저자들은 "글로벌 산업에서 장기적인 경쟁력은 개별 기업 간의 경쟁이라기보다는 비즈니스 시스템 사이의 경쟁의 문제"라고 주장한다.

그들의 모델과 포터의 모델의 차이점은 포터의 모델이 기업 개별주의와 개별 기업의 거래 개념에 기반을 두고 있다는 점이다. 예를 들어 전에 언급했던 마이크로소프트의 거대한 공급자 협상능력은 마이크로소프트가 그들이 공급하는 운영체제라는 제품을 통해 컴퓨터 제조업체를 좌지우지할 수 있도록 한다. 플래그십 모델은 포드와 폭스바겐을 비롯한 기타 세계적인 자동차업체의 전략에서 찾아볼 수 있다. 스웨덴의 이케아와 이탈리아의 베네통도 추가적인 사례가 될 것이다.

사진 16-10 베네통 그룹은 이탈리아 북부 베네토 지역에서 번창하는 혁신가적 기업의 자질을 잘 보여준다.
출처 : Agence Opale/Alamy Stock Photo.

루치아노 베네통은 가족의 이름을 딴 이탈리아 패션회사를 설립한 4남매 중 한 명이다. 루치아노는 최근 베네통 그룹의 회장직에서 물러났으며, 회사의 지배권을 아들 알레산드로에게 넘겼다. 이러한 변화는 베네통이 스웨덴의 H&M과 스페인의 자라와 같은 전 세계 라이벌과의 경쟁 심화에 직면하면서 발생했다. 일부 업계 관측통은 지역 판매 대리점과의 파트너십을 포함하는 베네통의 비즈니스 모델이 중국 및 인도와 같은 주요 신흥시장의 비즈니스 환경을 반영하도록 조정할 필요가 있다고 지적한다(사진 16-10 참조).

러그먼과 디크루즈가 개발한 모델에서 플

래그십 기업은 5개의 구성원 가운데 중심에 위치해 있다. 5개의 구성요소가 함께 모여, 2개의 관계로 이루어진 비즈니스 시스템을 구성한다. 플래그십 기업은 리더십을 행사하고, 비전을 제시하며, 네트워크(전체 기업집단) 전체가 성공적인 글로벌 전략을 세울 수 있도록 자원을 제공한다. 핵심 공급자는 플래그십 기업보다 더 나은 핵심적인 부품을 생산하는 것과 같은 가치 창조적 행위를 수행한다. 이런 관계는 전략과 자원을 공유하며, 네트워크(전체 기업집단)의 성공에 대한 책임을 함께 나눈다. 기타 공급자는 '객관적인 거리'를 유지한다.

이와 마찬가지로 플래그십 기업은 핵심 고객과 네트워크 관계를 맺는다. 또한 동시에 핵심 소비자와 전통적인 일방향의 관계를 맺는다. 폭스바겐의 경우를 예로 들면 자동차 판매상은 핵심 고객이 되는 반면에, 일반 개인 소비자는 핵심 소비자가 된다. 즉 엄밀히 말하면 폭스바겐은 자동차 판매상에게 판매하고 자동차 판매상은 일반 개인 소비자에게 판매한다. 이와 유사하게 베네통의 핵심 고객은 베네통의 유통 대리점이고, 개인적으로 의류를 구매하는 소비자는 핵심 소비자가 된다.

핵심 경쟁자들은 제9장 말미에 언급되었던 것과 같은 동맹관계를 플래그십 기업과 갖는 기업이다. 다섯 번째 파트너는 지적재산권이나 기술 등과 같은 무형적인 자원을 통해 네트워크(전체 기업집단)를 도와주는 대학교, 정부, 무역협회 등과 같은 존재로 구성된 비사업적 기반(nonbusiness infrastructure, NBI)이다. 플래그십 모델에서 플래그십 기업은 국가의 산업정책의 개발에서 중요한 역할을 하기도 한다.

글로벌 패션산업에서 베네통의 성공은 플래그십 모델의 사례를 잘 보여준다. 베네통은 세계에서 가장 큰 양모 구매자이고, 중앙집중화된 구매는 베네통에게 규모의 경제를 통한 이익을 얻을 수 있게 한다. 재단과 염색과 같은 핵심적인 일은 계속 기업 내부에서 이루어지고, 베네통은 컴퓨터에 의한 디자인과 생산을 위해 상당한 투자를 해왔다. 베네통은 대략 400여 개의 하도급 의류제조업체와 독점적 공급관계로 연결되어 있다. 또한 투자자를 발굴하고, 관리자를 교육하며, 판매 촉진을 돕는 80개의 에이전트 네트워크가 6,000여 개의 베네통 유통 대리점을 연결한다. 러그먼과 디크루즈가 언급했듯 "베네통은 협력과 관계의 수립을 위해 조직되었고, 기업의 구조는 장기적 관계의 효용을 활용하기 위해 만들어졌다."

블루 오션 전략

가장 중요한 최근의 전략 프레임워크 중 하나는 르네 마보안 교수와 김 위찬 교수가 제안하였다. '블루 오션 전략'에 관한 책과 기사에서 저자들은 경쟁 공간의 두 가지 범주인 레드 오션과 블루 오션을 정의한다. 본질적으로 레드 오션은 모든 플레이어가 '규칙'을 이해하는 잘 정의된 경계를 가진 기존 시장이나 산업을 말한다. 이와는 대조적으로 블루 오션은 현재 존재하지 않는 시장이나 산업을 말한다.[34]

마보완과 김은 회사 간부들에게 비용절감과 모방이라는 '레드 오션'에서 피를 흘리는 일은 피하라고 충고한다. 그들은 회사가 새로운 공간, 즉 초경쟁적인 힘이 작용하지 않는 '경쟁하지 않는 시장 공간'의 블루 오션을 만드는 것이 훨씬 더 나은 선택이라고 주장한다. 저자들은 이베이를 하나의 예로 들었다. 창업자 피에르 오미다이어는 완전히 새로운 산업을 창조했다. '태양의 서커스'는 또 다른 예이다. 이 경우 창업자 기 랄리베르테는 기존 산업인 서커스의 경계 내에서 혁신을 이루었다. 마찬가지로 소니와 마이크로소프트는 플레이스테이션과 엑스박스 게임 시스템으로 속도와 성능을 높이고 있었고, 닌텐도는 저가형 위(wii) 콘솔과 가족용 게임으로 블루 오션을 만들었다. 2006년 출시된 위는 처리 능력보다는 '재미, 마술, 기쁨'을 강조했다.[35]

경쟁우위에 대한 추가적인 연구

연구자들은 모국이 기업의 핵심경쟁력과 혁신의 주된 원천이라고 한 포터의 이론에 반대하는 의견을 개진했다. 인디애나대학교의 앨런 러그먼 교수는 캐나다와 뉴질랜드 같이 작은 경제 규모의 국가에 위치한 기업의 성공은 모국뿐 아니라 모국과 이와 관련된 국가들의 조합에서 찾아볼 수 있는 '다이아몬드'로부터 비롯된다고 주장한다. 예를 들어 EU 국가에 위치한 기업은 27개의 다른 EU 국가의 '다이아몬드'에 의존하고 있을 수도 있다. 이와 마찬가지로 NAFTA가 캐나다 기업에게 미치는 영향력은 미국의 '다이아몬드'를 기업의 경쟁력 창출과 연결시킨다는 점이다. 러그먼은 이러한 경우에 모국과 다른 국가의 구별은 희미해진다고 주장한다. 캐나다 기업의 경영진들은 기업 전략을 수립할 때 미국과 캐나다의 2개의 '다이아몬드'를 살펴봐야만 하고, 미국과 캐나다 양국의 속성을 잘 분석해야만 한다고 제안한다. 다시 말해서 조그만 국가일수록 전략을 수립하는 데 있어 국가 그 자체만이 관련 있는 분석의 단위가 아니라는 것이다. 그보다는 기업의 전략가는 국가의 경계를 넘어, 지역 단위 혹은 밀접하게 연결된 국가의 조합을 살펴보아야만 한다는 것이다.

다른 비평가들은 포터가 국가 차원의 거래에서 생기는 복잡한 산업 수준의 경쟁을 미국의 사례로부터 부적절하게 일반화했다고 주장해 왔다. *Journal of Management Studies*에서 하워드 데이비스와 폴 엘리스는 국가는 혁신적인 요소 없이도 지속적인 번영을 누릴 수 있다고 주장했다. 저자들은 많은 글로벌 산업에서 강력한 '다이아몬드'가 없는 국가가 많다는 점을 지적했다.[37]

기업전략과 경쟁우위에 대한 마이클 포터의 관점은 지난 30년간 발전해 왔다. 1997년 파이낸셜 타임스의 인터뷰에서 그는 경영 효율성과 전략 사이의 차이점을 강조했다. 포터의 관점에 의하면 전자는 시간에 기반을 둔 경쟁이나 총체적 품질관리를 통한 발진에 관심을 갖는다. 후자는 선택을 수반한다. 포터는 "선택은 경쟁자들과 일을 다르게 처리하는 것으로부터 발생한다. 그리고 전략은 어떤 것을 할 것인지 하지 않을 것인지 사이의 일종의 거래이다. 전략은 어떤 고객에게 대응하지 말아야 하는지 혹은 어떤 고객 욕구에 대응해야 하는지에 대한 신중한 선택이다."라고 설명한다. 포터는 핵심 경쟁력과 초경쟁성에 기반한 경쟁우위 모델의 타당성에 대해서 확신하지 못한다. 대신 그는 관련 산업을 지원하는 비즈니스 부문에서 세계적으로 경쟁력 있는 기업이 속한 국가가 우위를 차지한다고 제안한다.

2008년에 포터는 하버드 비즈니스 리뷰에 실린 자신의 5요소 모형을 다시 언급했다. 글로벌 금융위기에 의한 변화와 도전에도 불구하고, 포터는 그의 모형이 적절하고, 견고하다고 믿었다. 그는 2011년 파이낸셜 타임스에서 5요소 모형에 대해 다음과 같이 말했다.

> 이러한 왜곡들을 무디게 하거나 완화할 수 있는 많은 장벽과 왜곡, 전략 및 경쟁우위에 대한 필요성이 사라졌기 때문에 점점 더 근본적으로 중요하고 가시적이다.

포터에 의하면 이 요소는 이것이 글로벌화되고, 정보의 교환을 증가시키고, 무역장벽을 감소시키는 데 기여했다.[38]

요약

이번 장에서 우리는 산업과 국가가 경쟁우위를 달성하도록 도와주는 요소에 대해 중점적으로 살펴보았다. 포터의 5요소 모형에 따르면 산업의 경쟁은 신규 진입자에 의한 위협, 대체 가능한 제품에 의한 위협, 공급자와 소비자의 협상능력, 존재하는 경쟁자 사이의 경쟁에 의해 발생한다. 관리자들은 경쟁우위를 위해 가용한 자원을 개념화하기 위해 포터의 본원적 전략 모델을 사용할 수 있다. 기업은 원가우위 전략과 **차별화** 전략과 같은 광범위한 시장전략을 수행할 수 있다. 또는 좀 더 세분화된 접근법인 원가 **집중화**와 **집중화된 차별화** 전략을 사용할 수도 있다. 러그먼과 디크루즈는 어떻게 네트워크화된 비즈니스 시스템이 세계산업시장에서 성공할 수 있는지를 설명하기 위해 플래그십 모델을 개발했다. 하멜과 프라할라드는 기업의 전략적 의도와 경쟁적 혁신의 사용에서 비롯되는 경쟁우위를 설명하는 대안적 모델을 제시했다. 기업은 경쟁우위의 층을 만들 수 있고, 경쟁자의 방어막에 존재하는 느슨한 **벽돌**을 찾아볼 수도 있다. 그리고 개입의 원칙 개정, 경쟁기업과의 **협업**을 통해 그들의 기술과 노하우를 활용할 수도 있다.

오늘날 많은 기업들이 산업경쟁이 기존의 지역적 상황에서 **글로벌** 경쟁으로 변화하고 있다는 것을 깨달아 가고 있다. 따라서 경쟁에 대한 분석은 전 세계를 대상으로 실시되어야만 한다. 글로벌 마케터들은 또한 경쟁우위에 대한 국가 차원의 원천은 무엇인가에 대한 이해도 갖추어야 한다. 포터는 국가의 경쟁우위를 결정하는 네 가지 요소를 밝혔다. 요소 조건에는 인적 자원, 물리적 자원, 지식 자원, 자본 자원, 기반시설 등이 포함된다. 수요 조건에는 자국 수요의 구성, 규모, 성장 패턴이 포함된다. 자국시장의 성장 비율과 자국제품을 해외시장으로 끌어내는 방법 등도 수요 조건에 영향을 준다. 다른 두 가지 결정 요소는 관련 및 지원 산업과 기업전략, 구조, 경쟁의 속성이다. 포터는 기회적 사건과 정부 역시 국가의 경쟁우위에 영향을 준다고 밝히고 있다. 포터의 연구는 전략 이슈의 연구에 대한 촉매제 역할을 해왔다. 초경쟁에 관한 드아베니의 연구와 국가의 경쟁우위에 대한 최근의 러그먼의 더블 다이아몬드 마보완과 김의 블루오션 이론 등이 포터의 연구에 의해 촉발된 연구라고 할 수 있다.

토론문제

16-1. 포터의 산업경쟁의 5요소 모형을 서술하라. 시장진입에 있어서의 장벽들이 글로벌 마케팅에 미치는 영향은 무엇인가?

16-2. 러그먼과 드아베니에 의해 발전된 플래그십 모델은 포터의 5요소 모형과 어떻게 다른가?

16-3. 하멜과 프라할라드의 경쟁우위를 위한 프레임워크를 간단히 묘사하라.

16-4. 어떻게 하나의 국가가 경쟁우위를 달성하는가?

16-5. 경쟁우위에서 현재 연구에 따르면 포터 모형의 결점은 무엇인가?

16-6. 만약 있다고 한다면 국가의 경쟁우위와 기업의 경쟁우위 사이의 연결고리는 무엇인가?

사례 16-1 (계속)
이케아

이케아의 비즈니스 모델

이케아 매장의 외관은 스웨덴의 국가 상징색인 밝은 파란색과 노란색으로 칠해져 있다. 가구를 구매하려고 방문한 고객들은 커다란 전시장에 정리된 다수의 현실적인 가구 배치들을 구경한다. 이케아에서 쇼핑은 스스로를 즐겁게 하는 활동이다. 매장 배치는 고객들이 각 쇼룸을 둘러보고 원하는 품목을 적으면서 그들의 99달러짜리 파란색 프락타 쇼핑백에 물건을 집어넣을 수 있는 충분한 기회를 제공한다.

전형적인 이케아 매장의 아래층에는 식당, 가정용품 매장, 스웨드숍이라는 잡화점, 어린이들을 위한 놀이방, 아기 돌보는 방 등이 마련되어 있다. 마지막으로 쇼핑객은 저렴하게 구매한 물품비용을 지불한 후에 가구를 집어 들고 차를 몰고 떠난다.

대부분의 가구는 '플랫 팩' 키트 형태로 되어 있다. 이케아의 저가 전략 중 하나는 고객이 구입한 것을 직접 그들의 차에 실어서 집으로 가져가고, 가구를 스스로 조립하는 것이다. 캄프라드는 오리지널 엘름홀트 매장의 직원이 유닛을 더 쉽게 운반할 수 있도록 테이블 다리를 떼어내어 상판 아래에 집어넣는 것을 보고 결정적인 통찰력을 얻었다.

수년에 걸쳐 이케아는 글로벌 소비자 문화에 통합되었다. 조립식 가구 판매의 이점에 대한 캄프라드의 통찰은 '이케아 효과'라는 것을 낳았다. 연구팀은 소비자심리학 저널에 기고한 글에서 이케아 가구 조립과 같은 과제를 성공적으로 완수하면 소비자가 높은 가치를 인식하게 된다는 사실을 보여주었다. 프랑스 패션 하우스 발렌시아가는 프락타 쇼핑백을 명품으로 재현하여 이케아에게 찬사를 보냈다. 발렌시아가의 파란색 '아레나 엑스트라-라지 쇼퍼'의 가격은 2,145달러이다.

이케아의 가구산업에 대한 틀에 박히지 않은 접근은 그로 하여금 전반적인 매출이 징체되어 있던 상황에서 급속한 성장을 가능하게 하였다. 55개국의 1,600개 이상의 공급사로 이루어진 네트워크로부터 이루어지는 가구의 대외구매는 기업으로 하여금 낮은 가격과 높은 품질을 제공할 수 있게 만든다. 1990년대, 이케아는 중부와 동부유럽 쪽으로 시장을 확장했는데 이는 이 지역의 소비자가 상대적으로 낮은 구매력을 지니고 있었기 때문이었다. 이 지역 매장들의 상품은 매우 제한적이었는데, 일부 가구들은 이전 구소련 시대 지역의 비좁은 공간에서의 라이프스타일에 맞게 제작되어 있었다.

유럽

유럽 전반에 걸쳐서 이케아는 스웨덴이 고품질의 제품과 효율적인 서비스를 제공한다는 관념에서 많은 이익을 얻었다. 현재 독일과 영국은 이케아에 있어서 상위 2개의 시장이다. 독일은 50개의 매장을 가진 이케아의 최대 시장이며, 영국은 이케아에서 가장 빠르게 성장하는 시장을 대표한다. 비록 영국이 처음에는 이케아를 차갑고, '지나치게 스칸디나비아적'으로 보았지만 결국 시장에서 성공을 거두었다. 이케아는 최근까지 영국에 18개의 매장을 창설하였고 앞으로 10년 동안 더 많은 매장을 설립할 계획을 세우고 있다. 런던의 세인트 루크 광고회사의 크리에이티브 디렉터 앨런 영은 "이케아는 비관습적이다. 누구도 하지 않은 것을 시도한다. 그것은 이케아의 광고에서 알 수 있듯 '전통으로부터의 독립'이라고 할 수 있다."라고 언급했다.

일본

2005년, 이케아는 도쿄 근처에 2개의 매장을 개설하고 아시아 시장에 더 많은 점포를 개설할 것이라는 계획을 세웠다. 이케아의 일본 시장 진출에 대한 첫 번째 시도는 1970년대 중반의 실패로부터 이루어졌다. 왜 그랬는가? 이케아 일본 지사의 전 사장인 토미 쿨베르그는 말한다. "1974년, 일본 시장은 소매 관점에서 폐쇄되어 있었습니다. 또한 일본인의 시각으로 보았을 때는 이케아가 일본 시장에 진출할 준비가 안 되어 있었다고 생각합니다. 우리는 우리가 하던 방식대로 소비자에게 포장된 제품을 제공하고, 이를 어떻게 조립해야 할지 말하는 식이었습니다." 하지만 인구통계와 경제적인 조류는 현재 매우 달라졌다. 경기침체 후 몇 년 동안, 소비자는 고품질의 제품에 대하여 높은 가격을 지불할 대안을 찾고 있었다. 또한 이케아의 핵심 소비층은 베이비붐 세대 이후 태어난 30대 연령층으로 2000년과 2010년 사이에 전체의 10%를 차지할 정도로 성장하였다. 일본 시장에서 이케아는 제품 배달 서비스와 조립 서비스를 제공하였다.

인도와 중국

인도는 이케아에게 특별한 도전을 제시한다. 2012년 법은 소매업에 대한 외국인 지분을 100% 허용하지만, 이 규정은 또한 외국 소매 판매 수익의 약 3분의 1이 현지에서 조달된 품목에서 발생해야 한다고 규정하고 있다. 이 목표는 회사가 첫 매장을 개점한 후 5년 이내에 달성되어야 한다. 현지에서 만든 제품을 찾는 것은 어려운 작업임이 입증되었다. 이케아의 조달팀은 테이블 상판에서 디너 플레이트에 이르기까지 다양한 가정용품에서 화학 오염물질을 발견했다.

까르푸와 월마트를 포함한 일부 글로벌 기업은 인도에서 소매점을 운영하려는 계획을 포기했다. 이케아는 2018년 첫 매장을 열었는데, 이는 이케아가 2023년까지 소싱 규정을 준수해야 한다는 것을 의미한다. 이케아의 경영진들은 많은 고객을 유치하기 위해 인도에서 쇼핑객에게 상품 가격을 더 낮게 제공할 수 있는 방법을 찾아야 한다는 것을 알고 있다. 인도 출시가 성공하면 사하라 사막 이남 아프리카 등 저소득 지역에 추가 매장 오픈의 발판을 마련할 수도 있다.

이케아의 표준화된 글로벌 소매 콘셉트에 따라 중국 매장은 넓고 깨끗하다. 모든 매장에는 스웨덴 미트볼과 기타 음식을 즐길 수 있는 식당이 있다. 경우에 따라 식당은 연로한 중국인이 사교활동을 할 수 있도록 해주는 데이트 클럽의 단골 만남의 장소가 되기도 한다.

> "이상적인 이케아의 리더는 화려한 성격의 소유자가 아니라 현실적인 이케아의 겸손한 문화에 적합한 리더이다."[39]
>
> 이케아 전 임원, 스틴 칸터

리더십 도전과 지속 가능성을 위한 추진

21세기의 처음 20년은 이케아에게 어려운 시기였다. 유로화의 강세는 중앙유럽의 경제위기와 마찬가지로 재무적 성과를 위축시켰다. 이케아는 하이퍼마켓, 로우스 및 위키스와 같은 DIY 가구 유통업체, 가정용 가구로 사업 영역을 확대하는 슈퍼마켓으로 인해 증가하는 경쟁에 직면했다. 전자상거래의 인기가 높아지는 것도 또 다른 위협이다. 다양한 소매부문에서 소비자 행동도 변화하고 있다.

안데르스 달빅은 1999년부터 2009년까지 이케아 CEO로 재임하면서 제품 구색, 고객 서비스, 제품 가용성의 세 가지 분야에서의 발전을 강조했다. 2009년 미카엘 올손은 이케아의 CEO에 임명될 때까지 캐나다에서 회사를 운영하면서 몇 년을 보냈다. 그때 회사 직원들이 고객의 집에 들러 가구와 비품들이 생활에 어떻게 부합하는지 보는 '가정방문' 아이디어를 개척했다. 올손은 또한 방글라데시와 다른 지역의 공장에서 지속 가능성과 안전한 작업 조건을 강조한다.

한 가지 중요한 것은 직접 제품 확장전략이 경제적이지만 항상 효과가 있는 것은 아니라는 사실이다. 예를 들어 올손은 이케아의 시트와 매트리스가 북미 지역의 침대와 맞지 않는다는 것을 알아차렸다. 마찬가지로 유럽식 유리컵들은 너무 작은 것으로 여겨졌다. 쇼핑객들은 대신 꽃병을 사서 유리컵으로 사용했다! 이러한 이유로 오늘날 이케아 제품의 20~30%는 현지시장 선호도에 맞게 조정되고 있다.

2013년부터 2017년까지 이케아의 최고경영자인 페테르 앙네피엘은 연간 25개의 신규 매장을 개설하겠다는 전임자의 목표에서 물러났다. 그는 소비자에게 부엌 임대 가능성을 포함한 회사의 지속 가능한 계획을 유지하기 위해 노력했다. 최고지속가능책임자인 스티브 하워드는 "우리는 스마트한 소비를 원한다. 그리고 아마도 사람들은 소유에 대해 중요하게 생각하는 인식이 적어질 것이다."라고 말한다. 경영진은 2020년까지 500억 유로의 매출 목표를 설정했다. 그 목표를 달성하는 것이 새로운 CEO인 예스페르 브로딘의 핵심 목표가 될 것이다.

브로딘의 한 가지 도전은 도시에 거주하는 잠재고객이 일반적으로 도심에서 멀리 떨어져 있는 이케아 매장으로 차를 몰고 가도록 유도하는 것이다. 또한 자동차가 없는 밀레니얼과 Z세대 고객들의 추세에도 대처해야 한다. 시험적으로 이케아는 스톡홀름 중심부에 주방만 있는 팝업 스토어를 열었다. 고객은 디자인 상담을 위해 예약할 수 있다. 소비자의 반응은 매우 긍정적이었으며, 이 프로그램은 마드리드의 침실 팝업을 포함하도록 확장되었다.

일부 관계자들은 이케아의 지속 가능한 진실성에 대해 의문을 품는다. 저가의 가구는 '갖다 버려'라는 정신에 기여할 수도 있다고 언급한다. 비평가들은 또한 고객에게 매장을 오가는 장거리 운전을 요구하는 것이 환경오염에 기여할 수 있다고 지적한다. 하워드는 "사람들은 소파, 부엌에 대한 니즈를 가지고 있다. 가장 중요한 것은 지속 가능한 방법으로 그 니즈를 충족시키는 것이다."라고 언급하며 그러한 비판에 대응한다. 프랑스의 한 공장에서는 나무의 절반가량을 재활용 이케아의 제품에서 활용하고 책장, 테이블, 그리고 다른 신제품으로 재활용한다.

토론문제

16-7. 제1장의 세계적인, 초국적인 기업의 특징을 살펴보라. 이제 사례에서 언급한 이케아는 세계적 기업인지 초국적 기업인지 서술하라.

16-8. 제11장의 끝부분에서 이케아 매장의 운영자는 가격을 매김에 있어 신중해야 한다고 하였다. 본국시장중심/현지시장중심/지역시장중심/세계시장중심(EPRG) 프레임워크의 관점에서 이케아는 어떤 방침으로 운영되는가?

16-9. 포터의 본원적 전략에서 이케아는 '원가 집중화'에서 어떤 전략을 추구하는가?

출처 : Richard Milne, "What Will Ikea Build Next?" [Cover story], *Financial Times Magazine* (February 3 – 4, 2018), pp. 12 – 15+; Preetika Rana, "Ikea's India Bet Hits Thicket of Rules," *The Wall Street Journal* (February 24, 2016), pp. A1, A14; Richard Milne, "Ikea Store Planners Think outside the Big Box," *Financial Times* (December 5 – 6, 2015), p. 14; Richard Milne, "Ikea Looks to Be Sitting Comfortably Again," *Financial Times* (September 11, 2015), p. 14; Richard Milne, "Against the Grain," *Financial Times* (November 14, 2012), p. 7; Richard Milne, "IKEA Eyes Kitchen Recycling in Green Push," *Financial Times* (October 23, 2012), p. 19; Mei Fong, "IKEA Hits Home in China," *The Wall Street Journal* (March 3, 2006), pp. B1, B4; Richard Tomkins, "How IKEA Has Managed to Treat Us Mean and Keep Us Keen," *Financial Times* (January 14 – 15, 2006), p. 7; Kerry Capell, "IKEA: How the Swedish Retailer Became a Global Cult Brand," *Business-Week* (November 14, 2005), pp. 96 – 106; Theresa Howard, "IKEA Builds on Furnishings Success," *USA Today* (December 29, 2004), p. 3B; Mariko Sanchanta, "IKEA's Second Try at Japan's Flat–Pack Fans," *Financial Times* (March 4, 2004), p. 11; Paula M. Miller, "IKEA with Chinese Characteristics," *The China Business Review* (July – August, 2004), pp. 36 – 38; Christopher Brown–Humes, "An Empire Built on a Flat Pack," *Financial Times* (November 24, 2003), p. 8.

사례 16-2
레고, '모든 게 굉장하고, 모든 게 끝내준다!"

2017년 1월 요르겐 비 크누드스토프가 레고 CEO에서 물러났을 때, 그는 세계 최고의 기업 리더 중 한 명으로 널리 인정받았다. 2004년 CEO가 된 후 크누드스토프는 상징적인 어린이 놀이 블록을 만드는 회사의 운명을 바꾸기 위해 빠르게 움직였다.

레고는 변변치 않은 연결 플라스틱 장난감 블록으로 세워진 50억 달러 규모의 글로벌 기업이다. 가족 소유의 기업인 레고는 덴마크를 기반으로 전 세계적으로 놀이공원을 포함하여 의류, 컴퓨터로 조종되는 장난감의 영역에까지 그 영향력을 확대하였다. 레고는 매년 작은 사람 인형이 사는 마을과 어린이의 상상력으로부터 나오는 기계장치뿐만 아니라 150억 개에 달하는 플라스틱 블록을 생산한다(사진 16-11 참조). 레고제품은 특히 소년에게 인기가 있고 130여 개 이상의 나라에서 구입할 수 있다. 중요 시장인 북미에서 레고의 조립장난감 시장에서의 전반적인 점유율은 85%에 달한다.

최고 주주면서 창업주의 손자인 켈 키르크 크리스티안센은 지난 1979년부터 2004년까지 CEO 위치에 있었다. 크리스티안센은 레고제품은 '기쁨, 자발성, 자기표현, 타인에 대한 배려, 혁신' 등을 상징한다고 말한다. (기업의 이름은 '잘 노는'이란 말을 표현하는 덴마크 말인 'leg godt'에서 유래한다.) 또한 크리스티안센은 기업의 성공은 부모들의 브랜드 인식에서 비롯하였다고 평가하였다. 그는 "학부모들은 레고를 단순히 장난감이 아닌, 학습을 도와주고 새로운 능력을 키우는 데 도움이 되는 제품이라 생각한다."라고 말했다.

레고는 항상 혁신가였다. 예를 들어 마이봇은 빛과 소리를 낼 수 있는 컴퓨터 칩이 내장된 블록을 포함하는 70달러 토이 세트이다. 200달러의 마인드스톰 로보틱스 인벤션 시스템은 사용자가 컴퓨터로 통제할 수 있는 창조물을 만들 수 있도록 하였다. 더 나아가 기업은 유명한 스타워즈 시리즈의 제작사인 월트 디즈니 및 루카스필름과 제휴를 맺었다. 그 후 몇 년 동안 '해리 포터'나 '스타워즈' 등의 영화와 관계된 라이선스 제품들이 불티나게 팔렸다.

레고가 항상 끊임없는 성공을 누린 것은 아니다. 2003년 크리스마스 시즌의 실망스러운 매출 이후 레고는 수백 달러 상당의 재고를 쌓아놓게 되었다. 덴마크 크로네에 대한 달러의 약세는 소매시장의 불황으로 이어졌고, 레고는 2003년 1억 6,600만 달러의 손실을 기록하게 되었다. 레고는 수익성 회복을 목표로 한 새로운 제품라인을 공개하였다. 신제품인 콰트로 라인은 미취학 아동시장을 노린 크고 부드러운 블록이다. 클리킷 라인은 보석을 만들기를 원하는 소녀를 위한 파스텔 색상의 블록이다.

2004년 몇 년간의 적자 상태가 지속된 후 요르겐 비 크누드스토프가 최고경영자의 지위를 승계받았다. 크누드스토프는 회사의 운영과 비즈니스 모델을 검토하기 위해서 회사의 간부와 외부 컨설턴트로 이루어진 태스크 포스를 소집했다. 태스크 포스는 레고의 경쟁우위 원천인 창의력, 혁신 그리고 고품질과 약점을 발견했다. 레고는 12,500SKU(재고관리 코드), 100가지 다른 블록 색상 팔레트, 11,000개의 공급업체로 지나치게 복잡해졌다.

놀이공원, 아동복, 게임 소프트웨어에 대한 기업의 수익창출전략이 잘못되었음을 인정하면서, 크누드스토프는 '공유된 비전'으로 알려진 재구조 계획을 발표했다. 몇 달 내에 교차기능팀은 6,500에 이르는 재고관리코드를 줄이기 위해 협력했다. 색상 선택의 수가 50%까지 감소되었다. 제품의 생산은 멕시코와 체코에 생산시설을 둔 싱가포르 기업에 아웃소싱을 위탁하였고, 그 결과 2,000명이 넘는 사원이 정리 해고되었다. 놀이공원과 컴퓨터 게임사업은 매각되었다.

크누드스토프는 또한 토이저러스, 메트로, 카슈타트, 그리고 갤러리아를 포함한 회사의 유통 고객을 집중화하기로 결정했다. 이러한 고객을 설문조사한 결과, 크누드스토프와 태스크 포스는 고객들이 빠른 제품 배달을 요구하지 않는다는 것을 알게 되었다. 이러한 이해는 주문의 주 1회 배달로 변화를 시도하게 하였다. 그 결과 고객 서비스가 향상되고, 비용이 줄어들었다. 2005년부터 2008년 3년 동안, 적시 배달은 62%에서 92%로 증가하였다. 레고는 또한 패키지 품질과 수량과 같은 다른 핵심 성과 지표에서도 개선을 이루어 냈다. 2008년 레고는 '물류와 이행' 부문에서 유럽 공급체인 우수상을 수상하였다.

경쟁우위에 대해 크누드스토프는 '벽돌 한 통'이 핵심 중의 핵심이라고 말하면서 성공한 "글로벌 기업이 되기를 원할수록 플라스틱 벽돌을 더 쌓아야 한다."라고 덧붙였다. 회사의 매력의 증거는 소녀들을 타깃으로 한 새로운 테마인 레고 프렌즈의 성공적인 판매를 통해 알 수 있다. 새로운 라인의 한 가지 장점은 자체 개발했기 때문에 레고는 라이선스 수수료를 지불할 필요가 없다는 것이다.

또한 레고 배트맨 2와 같은 비디오 게임, '레고 아이디어 북'과 같은 어린이 도서, 그리고 카툰 네트워크에서 TV 시리즈에 대한 회사의 시도도 성공적이었음이 증명되었다. 2014년에 개봉한 레고 영화는 티켓 판매량이 거의 5억 달러에 달하는 글로벌 블록버스터였다.

2015년까지 크누드스토프의 유능한 리더십 아래 레고는 업계 거물인 마텔과 해즈브로를 앞지르는 세계 1위 장난감 제조업체로 선정되었다. 10년도 채 되지 않아 레고의 수익은 3배 증가했고, 순이익도 급증하였다. 크누드스토프는 자신의 수습 유치원 교사로서의 짧은 경력이 리더

사진 16-11
출처 : Amy Sancetta/Associated Press.

십 기술을 연마하는 데 도움이 되었음을 인정한다. 신임 CEO로서 한 가지 중요한 결정은 소방차와 경찰서 같은 '기본으로 돌아가는' 장난감에 초점을 맞추도록 옹호한 마케팅 임원의 말을 들은 것이다.

2015년, 크누드스토프는 3년간의 개발 과정을 거쳐 레고 디멘션을 출시하였다. 이 제품은 '토이 투 라이프'라는 게임 카테고리를 공략하려는 레고의 첫 번째 시도이다. 100달러의 게임 키트는 소니 플레이스테이션, 마이크로소프트 엑스박스 또는 닌텐도 위 콘솔과 함께 사용할 수 있다. 이 게임은 또한 컨트롤러를 만들기 위한 수백 개의 조각과 배트맨, 간달프, 와일드스타일을 제공하며 닥터 후, 백 투 더 퓨처, 기타 다양한 인기 TV 및 영화 브랜드도 포함한다.

앞으로 크누드스토프는 레고의 회장이 되어 새로운 법인인 레고 브랜드 그룹을 이끌 것이다. 크누드스토프에 따르면 "레고 브랜드 그룹은 오늘날에는 행해지고 있지 않은 부가적인 것들에 초점을 맞출 것"이다. 새로운 CEO인 발리 파다가 직면한 한 가지 도전은 전임자가 달성한 매출과 수익 성장의 폭발적인 속도를 유지하는 것이다.

토론문제

16-10. 2004년에 요르겐 비 크누드스토프가 CEO로 취임하였다. 아웃소싱과 놀이공원 사업의 매각을 포함한 핵심적인 전략 결정에 대하여 알아보라.

16-11. 해리포터, 반지의 제왕, 스파이더맨과 같은 유명한 영화 사업권

에 대한 레고의 영화 테마 제품은 세밀한 구성 계획을 포함한다. 이러한 전략이 옳다고 생각하는가?

16-12. 포터의 본원적 전략 구조를 이용하여 기업의 경쟁우위 추구에 있어서 레고를 평가해 보라.

16-13. 비디오 게임과 TV와 같은 멀티미디어에 대한 레고의 이동으로 인해 발생할 수 있는 위험은 무엇이 있을까?

출처 : Richard Milne, "LEGO Quick off the Blocks to Avoid Stock Shortfalls," *Financial Times* (December 23, 2016), p. 19; Richard Milne, "LEGO Builds New Dimension with Digital Vision," *Financial Times* (September 28, 2015), p. 12; Richard Milne, "LEGO's Saviour Builds on Success," *Financial Times* (September 6–7, 2015), p. 7; Clemens Bomsdorf, "Lego Building up Its Mexico Plant," *The Wall Street Journal* (June 21–22, 2014), p. B4; Jens Hansegard, "What It Takes to Build a Lego Hobbit (and Gollum and More)," *The Wall Street Journal* (December 20, 2012), p. D1; Matt Richtel and Jesse McKinley, "Has Lego Sold Out?" *The New York Times* (December 23, 2012), p. SR4; Carlos Cordon, Ralf Seifert, and Edwin Wellian, "Case Study: LEGO," *Financial Times* (November 24, 2010), p. 10; Kim Hjelmgaard, "Lego, Refocusing on Bricks, Builds an Image," *The Wall Street Journal* (December 24, 2009), p. B1; David Robertson and Per Hjuler, "Innovating a Turnaround at LEGO," *Harvard Business Review* (September 2009), pp. 20–27; John Tagliabue, "Taking Their Blocks and Playing Toymaker Elsewhere," *The New York Times* (November 20, 2006), p. A4; Lauren Foster and David Ibison, "Spike the Robot Helps LEGO Rebuild Strategy," *Financial Times* (June 22, 2006), p. 18; Ian Austen, "Building a Legal Case, Block by Block," *The New York Times* (February 2, 2005), p. C6; Joseph Pereira and Christopher J. Chipello, "Battle of the Block Makers," *The Wall Street Journal* (February 4, 2004), pp. B1, B4; Clare MacCarthy, "Deputy Chief Sacked as LEGO Tries to Rebuild," *Financial Times* (January 9, 2004), p. 19; Majken Schultz and Mary Jo Hatch, "The Cycles of Corporate Branding: The Case of the LEGO Company," *California Management Review* 46, no. 1 (Fall 2003), pp. 6–26; Meg Carter, "Building Blocks of Success," *Financial Times* (October 30, 2003), p. 8.

에세이 과제

16-14. 기업은 어떻게 경쟁우위를 측정할 수 있는가? 또한 경쟁우위를 얻고 있는지, 잃고 있는지를 어떻게 알 수 있는가? 글로벌 기업과 경쟁우위 원천에 대하여 알아보라.

16-15. 경쟁우위를 달성하기 위해 선택하는 네 가지 전략, 즉 원가우위 전략, 원가 집중화 전략, 차별화 전략, 집중화된 차별화 전략 각각을 보여주는 기업 사례를 들어 보라.

참고문헌

[1]Michael E. Porter, *Competitive Strategy* (New York, NY: Free Press, 1980), pp. 7–33.

[2]Anna Nicolaou and Scheherazade Deneshkkhu, "FT Big Read: Consumer Goods," *Financial Times* (October 14–15, 2017), p. 9.

[3]Melissa Webster, "Green Day Changes Its Stance on Walmart and Censorship," *Huffington Post* (December 6, 2017). Accessed April 1, 2018. https://www.huffingtonpost.com/melissa-webster/green-day-walmart-censorship_b_1844276.html.

[4]Melanie Warner, "Its Wish, Their Command," *The New York Times* (March 3, 2006), p. C1.

[5]Olga Kharif, Peter Burrows, and Cliff Edwards, "Windows and Intel's Digital Divide," *BusinessWeek* (February 23, 2009), p. 58.

[6]Regina Fazio Maruca, "The Right Way to Go Global: An Interview with Whirlpool CEO David Whitwam," *Harvard Business Review* 72, no. 2 (March–April 1994), p. 135.

[7]Michael E. Porter, *Competitive Advantage: Creating and Sustaining Superior Performance* (New York, NY: Free Press, 1985), p. 12.

[8]Daniel Michaels, "No, the CEO Isn't Sir Richard Branson," *The Wall Street Journal* (July 30, 2007), pp. B1, B3.

[9]Michael E. Porter, *The Competitive Advantage of Nations* (New York, NY: Free Press, 1990), p. 39.

[10]Cecilie Rohwedder and David Kesmodel, "Aldi Looks to U.S. for Growth," *The Wall Street Journal* (January 13, 2009), p. B1. For an excellent discussion of Aldi's corporate history, see Michael J. Silverstein, *Treasure Hunt: Inside the Mind of the New Consumer* (New York, NY: Portfolio, 2006), pp. 66–75.

[11]Jeffrey A. Trachtenberg, "Home Economics: IKEA Furniture Chain Pleases with Its Prices, Not with Its Service," *The Wall Street Journal* (September 17, 1991), pp. A1, A5.

[12]Michael E. Porter, *Competitive Advantage: Creating and Sustaining Superior Performance* (New York, NY: Free Press, 1985), p. 158.

[13]Gary Hamel and C. K. Prahalad, "Strategic Intent," *Harvard Business Review* 67, no. 3 (May–June 1989), pp. 63–76. See also Hamel and Prahalad, "The Core Competence of the Corporation," *Harvard Business Review* 68, no. 3 (May–June 1990), pp. 79–93.

[14]Robert L. Rose and Masayoshi Kanabayashi, "Komatsu Throttles Back on Construction Equipment," *The Wall Street Journal* (May 13, 1992), p. B4.

[15]James Lardner, *Fast Forward: Hollywood, the Japanese, and the VCR Wars* (New York, NY: New American Library, 1987), p. 135.

[16]Chris Nuttal, Robin Kwong, and Maija Palmer, "Intel Wants to Get a Grip on Mobile Market," *Financial Times* (May 6, 2011), p. 17.

[17]Gary Hamel and C. K. Prahalad, "Strategic Intent," *Harvard Business Review* 67, no. 3 (May–June 1989), p. 69.

[18]G. Pascal Zachary, "Color Printer Gives Tektronix Jump on Canon," *The Wall Street Journal* (June 14, 1991), p. B1.

[19]Hamel and Prahalad have continued to refine and develop the concept of strategic intent since it was first introduced in their groundbreaking 1989 article. During the 1990s, the authors outlined five broad categories of resource leverage that managers can use to achieve their aspirations: concentrating resources on strategic goals via convergence and focus; accumulating resources more efficiently via extracting and borrowing; complementing one resource with another by blending and balancing; conserving resources by recycling, co-opting, and shielding; and rapid recovery of resources in the marketplace. Gary Hamel and C. K. Prahalad, "Strategy as Stretch and Leverage," *Harvard Business Review* 71, no. 2 (March–April 1993), pp. 75–84.

[20]This section draws heavily on Chapter 3, "Determinants of National Competitive Advantage," and Chapter 4, "The Dynamics of National Advantage," in Porter, *The Competitive Advantage of Nations*, 1990. For an extended country analysis based on Porter's framework, see Michael Enright, Antonio Francés, and Edith Scott Assavedra, *Venezuela: The Challenge of Competitiveness* (New York, NY: St. Martin's Press, 1996).

[21]Michael Y. Yoshino and U. Srinivasa Rangan, *Strategic Alliances: An Entrepreneurial Approach to Globalization* (Boston, MA: Harvard Business School Press, 1995), p. 56.

[22]See Joseph Kahn, "Cleaning up: P&G Viewed China as a National Market and Is Conquering It," *The Wall Street Journal* (September 12, 1995), pp. A1, A6.

[23]Michael E. Porter, *The Competitive Advantage of Nations* (New York, NY: Free Press, 1990).

[24]Michael E. Porter, *The Competitive Advantage of Nations* (New York, NY: Free Press, 1990), p. 324.

[25]Susan Adams, "The World's Most Competitive Countries," *Forbes* (May 30, 2013), p. 18.

[26]Richard D'Aveni, *Hypercompetition: Managing the Dynamics of Strategic Maneuvering* (New York, NY: Free Press, 1994), p. 71.

[27]John Koblin, "Tech Firms Make Push toward TV," *The New York Times* (August 21, 2017), p. B1.

[28]Robin Swithinbank, "Manufactured, Assembled and Decorated—in 28.5 Seconds," *Financial Times Special Report—Watches and Jewellery* (June 5, 2015), p. 8.

[29]Richard D'Aveni, *Hypercompetition: Managing the Dynamics of Strategic Maneuvering* (New York, NY: Free Press, 1994), p. 71.

[30]Hiroko Tabuchi, "Investor's Next Target Is Sony," *The New York Times* (May 15, 2013), p. B1.

[31]Daisuke Wakabayashi and Christopher Lawton, "At Sony, Culture Shift Yields a Low-Cost Video Camera," *The Wall Street Journal* (April 16, 2009), p. B1.

[32]Sumantra Ghoshal and Christopher Bartlett, *The Individualized Corporation* (New York, NY: HarperBusiness, 1997), p. 71.

[33]The following discussion is adapted from Alan M. Rugman and Joseph R. D'Cruz, *Multinationals as Flagship Firms* (Oxford, UK: Oxford University Press, 2000).

[34]Renée Mauborgne and Kim Chan, "Blue Ocean Strategy," *Harvard Business Review* 82, no. 10 (October 2004), pp. 76–84.

[35]John Gapper, "Nintendo's Wizards Put the Magic into Video Games," *Financial Times* (July 16, 2015), p. 9.

[36]Alan M. Rugman and Lain Verbeke, "Foreign Subsidiaries and Multinational Strategic Management: An Extension and Correction of Porter's Single Diamond Framework," *Management International Review* 3, no. 2 (1993), pp. 71–84.

[37]Howard Davies and Paul Ellis, "Porter's Competitive Advantage of Nations: Time for the Final Judgment?" *Journal of Management Studies* 37, no. 8 (December 2000), pp. 1189–1213.

[38]Andrew Hill, "An Academic Who Shares His Values," *Financial Times* (September 25, 2011), p. 14.

[39]Marina Strauss, "What IKEA CEO Mikael Ohlsson Learned From Canada," *The Globe and Mail* (May 31, 2013), p. 13.

17 리더십, 조직, 기업의 사회적 책임

학습목표

17-1 본문에서 언급한 5개 글로벌 기업의 CEO 이름과 국적을 확인한다.

17-2 기업이 전 세계적으로 성장하고 확장함에 따라 채택할 수 있는 다양한 조직구조를 설명한다.

17-3 린 생산방식의 특성에 대해 논의하고, 이 조직 형태의 선구자였던 일부 기업을 파악한다.

17-4 글로벌 마케터들이 글로벌 익스체인지와 함께한 스타벅스의 경험에서 얻을 수 있는 기업의 사회적 책임에 관한 교훈을 알아본다.

사례 17-1
유니레버의 경계의 변화

글로벌 식품과 소비재에서 선도적인 기업인 유니레버는 액스, 벤앤제리, 도브, 헬만, 립톤, 매그넘 등과 같이 잘 알려진 브랜드 포트폴리오로 이루어져 있다. 이 회사는 약 167,000명의 직원을 고용하고 있고, 2016년 매출은 527억 유로(약 600억 달러)에 달한다. 유니레버의 근간은 머시강 북쪽에 있는 선라이트항에서 찾아볼 수 있다. 이곳에서 1888년 레버 브라더스의 설립자 윌리엄 헤스케스 레버는 직원들의 복지를 위해 정원 마을을 만들었다.

은퇴하기 전인 2008년 말, 유니레버 그룹의 CEO인 패트릭 세스코는 기업의 지속가능성에 대한 전통(유산)과 환경에 대한 관심으로 회사가 다시 연결되기를 원했다. 이러한 가치관은 '선행을 통해 성장한다'는 유니레버의 철학을 반영한 것이다. 한 가지 예로 이 기업의 도브 브랜드 관리자들에 의해 운영된 '진정한 아름다움을 위한 캠페인'을 들 수 있다. 도브 팀원은 경영진에게 첫 프레젠테이션을 준비하기 위하여 특정 외모나 몸매를 유지하기 위해 부담감을 느끼는 소녀들과의 인터뷰를 녹화했다. 인터뷰 대상자에는 세스코의 딸을 비롯해 유니레버 임원들의 딸도 포함되었다.

이후 CEO는 그 인터뷰에서 본 것을 떠올리며 "갑자기 개인적인 일이 되었습니다. 당신은 당신의 아이들이 뷰티산업으로 인해 많은 영향을 받고 있으며, 매일 실체 없는 아름다움에 대한 이미지로 인해 얼마나 스트레스를 받는지 알아야 합니다."라고 설명하였다. 도브팀은 이러한 통찰력을 기반으로 하여 새로운 광고 캠페인을 시작하는 데 청신호를 알렸다. 이후 몇 년 동안 도브는 긍정적인 신체 이미지를 다룬 캠페인으로 수많은 표창과 찬사를 받았다.

세스코의 목표인 '선행을 통해 성장한다'는 여타 다른 방식으로 나타내고 있다. 예를 들어 그는 회사의 세제 사업을 운영하는 데 있어 화학물질 사용을 줄이고, 물이나 플라스틱, 포장재를 줄이는 방향으로 추진하였다. 또한 그는 오늘날 '양심적인 소비자'가 어떤 브랜드를 구매할지 결정할 때 기업의 평판을 고려한다는 사실을 인지했다.

세스코의 후임인 파울 폴만은 전 CEO의 또 다른 우선순위였던 인도나 중국 등의 신흥시장으로의 사업 기회 확대를 주도했다(사진 17-1 참조). 최근 폴만은 세계적인 경기침체에도 불구하고 최고의 성과를 이룩했다. 그는 2019년 은퇴했다. 유니레버의 글로벌 사회적 책임에 대한 노력과 폴만의 후임자가 직면하고 있는 도전들에 대해 더 자세히 알아보려면 이 장의 마지막에 있는 사례 17-1(계속)을 찾아보면 된다.

이 장은 글로벌 마케팅 환경에서의 기회와 위협을 해결하는 전체 계획에 마케팅 믹스의 각 요소를 통합하는 데 중점을 둔다. 유니레버 회장인 패트릭 세스코의 업적은 21세기 비즈니스 리더가 직면한 몇 가지 도전들을 보여준다. 그들은 글로벌 효율성, 현지 대응력 그리고 영향력을 통합하는 일관된 글로벌 비전과 전략을 명확하게 표현할 수 있어야 한다. 또한 리더는 기업 전략에 적합한 조직의 설계자이기도 하다. ABB, GE, 코닝클레이커, 테스코, 토요타 및 유니레버와 같은 글로벌 대기업의 경우 리더는 대응 시간을 늦추고 혁신을 제한하는 걸림돌이 아니라 규모와 스케일 면에서 활용 가능한 자산이 될 수 있도록 해야 한다. 마지막으로 리더는 그 조직이 기업의 사회적 책임(CSR)에 대해 적극적인 접근방식을 취하도록 해야 한다.

17-1 리더십

◀ 17-1 본문에서 언급한 5개 글로벌 기업의 CEO 이름과 국적을 확인한다.

글로벌 마케팅에는 탁월한 리더십이 필요하다. 이 책에서 언급했던 바와 같이 글로벌 기업들의 특징은 전 세계로부터 학습한 사항을 극대화시키고, 현지의 필요와 요구에 대해 완벽하게 대응하며, 모든 조직 구성원의 재능과 열정을 이끌어 낼 수 있는 글로벌 전략을 수립하고 실행할 수 있는 능력을 갖추고 있다는 점이다. 이 어려운 임무는 글로벌 비전과 현지의 수요에 대한 민감성을 필요로 한다. 종합적으로 리더의 과제는 회사 내 인적자원을 조직의 자원을 최대한 활용하여 글로벌 노력으로 향하게 하도록 노력과 창의성을 발휘할 수 있게 하는 것이다. HP의 전 CEO 칼리 피오리나는 2002년도 MIT 학위 수여식에서 다음과 같이 언급했다.

리더십은 계급이나 직위, 혹은 지위를 의미하는 것이 아니라 영향력에 관한 것이고 변화의 주역이 되는 것이다. 리더십은 권한을 뽐내는 것도 아니고, 전투에 관한 것도 아니며, 부를 축적하는 것도 아니다. 리더십은 다양한 계층과 연결되며 소통하는 것이다. 리더십은 도전적인 정신이며, 마음을 사로잡는 것이다. 새로운 세대의 리더십은 다른 이들에게 그들 스스로 무언가를 결정하도록 권한을 부여하는 것이다. 리더십은 조직 구성원 각자가 지닌 잠재력을 최대한 발휘할 수 있도록 권한을 부여하는 것이다. 리더는 더 이상 전략과 그 실행을 추상적인 개념으로 볼 수는 없지만, 이 두 요소는 궁극적으로 사람에 관한 것임을 깨달아야만 한다.[1]

리더십의 중요한 과업은 기업 활동의 신념과 가치, 정책, 의도한 지리적 범위를 분명히 표현하는 것이다. 기업의 사명 선언문이나 이와 유사한 문서를 참고하거나 지침으로 사용하면서, 각각의 운영 단위에서 근무하는 조직원이 그들의 즉각적인 책임을 인식하고, 동시에 각기 다른 지역의 기능, 제품, 국가 전문가의 협력을 이끌어 내야만 한다. 물론 비전을 제시하는 것과 조직 전체에 그 비전을 통한 헌신을 확보하는 것은 전적으로 다른 개념이다. 제1장에서 언급한 바와 같이 글로벌 마케팅은 자국시장 밖의 국가에서 중요한 사업 활동에 참여하는 것을 수반하며, 이는 다른 언어와 문화에 노출됨을 의미한다. 그뿐만 아니라 글로벌 마케팅은 특정 개념, 통찰력, 전략을 능숙하게 적용하는 과정이 포함된다. 그러한 노력들은 특히 자국시장에만 중심을 맞춰 온 오랜 전통을 가지고 있는 미국 기업에게는 상당한 변화를 나타낼 수 있다. '세계로 진출'이라는 계획에 회의적인 반응을 보일 때 CEO는 직원들을 준비시키고 동기를 부여하는 변화의 주체가 되어야 한다.

월풀의 전 CEO인 데이비드 위트웸이 로열 필립스 일렉트로닉스의 유럽 가전부문 인수를 승인한 후 1990년대 초 이와 관련하여 자신이 했던 노력을 설명한 바 있다.

> 우리가 필립스의 가전부문 인수를 발표했을 때, 나는 우리 기업의 전 부서를 돌아다니면서 사람들과 이야기하고, 왜 인수가 중요한지 설명하고 다녔다. 대다수의 사람은 인수에 대해 부정적이었다. 그들은 "지난 10년간 적자를 내온 회사를 인수하는 데 10억 달러를 쓴다고? 이 산업이 글로벌 산업으로 성장할 것이니 우리가 여기서 바로 사용할 수 있는 자원들을 대서양 너머로 실어 보내야 한다고? 도대체 이게 무슨 말이야?"라고 말하곤 했다.[2]

잭 웰치 역시 GE의 최고경영자였을 때 비슷한 저항에 부딪힌 적이 있다. "조직에서 계급이 낮을수록 글로벌화가 굉장히 좋은 아이디어라는 것을 확신하지 못한다."라고 말했다. GE의 전 부사장인 파올로 프레스코는 다음과 같이 설명했다.

> 일부 사람들에게 글로벌화는 보상이 없는 위협이다. 밀워키에 있는 엑스레이 엔지니어의 경우 글로벌화로 인해 직장을 잃을 위험을 감수해야 하고, 자신의 권위를 잃을 것을 걱정해야 한다. 그는 자신의 상급자가 모국어를 말할 줄도 모르는 사람이라는 것을 깨달을 수도 있다.[3]

비전을 전파하는 것 외에도 보잉, 코카콜라, GE, 유니레버, 월풀, 타타 그룹 등 최고경영진들은 우수한 기업 지배 구조를 강조하고 창의성과 민첩성을 보상하는 조직 문화를 구축하고 유지해야 하는 거대한 과제에 직면하고 있다.

예를 들어 전 코카콜라 CEO인 무타르 켄트는 코카콜라의 주력인 코카콜라 판매에 있어 더 많은 '피즈(탄산음료를 열 때 나는 소리)'를 투입할 생각이었다. 하지만 이와 대조적으로 신임 CEO인 제임스 퀸시는 주스, 차, 단백질 셰이크 등 기타 건강한 재료로 된 음료에 초점을 맞추고 있다. 일부 전문가들은 퀸시가 최고마케팅책임자(CMO)의 포지션을 없애기로 한 결정을 무례한 처사라고 비난했다. 하지만 퀸시는 콜라의 광고 모델이 디지털 시대에 충분히 빠르게 적응하지 못하고 있다고 지적하면서 이러한 움직임을 옹호했다. 퀸시는 CMO 대신 최고경영진(C-level) 직책인 최고성장책임자(CGO)를 신설했다.[4]

코카콜라 사례는 세계 모든 지역의 기업 지도자들이 빠르게 변화하는 소비자 행동의 변화를 다루는 것을 포함한 도전에 직면하고 있다는 사실을 강조한다. 더 최신의 트렌드, 자극적인 브랜드를 선호하고 오래된 브랜드가 거부되는 것은 한 예일 뿐이다. 여기에 더해 시장의 분열 증대와 이전에 방어할 수 있었던 산업 진입장벽의 해체까지 더해져 오늘날의 기업 총수들은 밤에도 깨어 있을 수밖에 없다!

최고경영자의 국적

글로벌 마인드를 가진 다수의 기업들은 최고경영자의 직무나 이사진의 직위에 가장 적합한 사람이 반드시 본국에서 태어난 사람일 필요는 없다는 점을 깨닫고 있다. 코카콜라의 제임스 퀸시가 대표적인 사례이다. 그는 영국인이다. 미국 기업에 대해 하버드 경영대학원의 크리스토퍼 바틀렛은 다음과 같이 언급했다.

> 기업들은 전 세계적으로 인적자원 포트폴리오를 보유하고 있으며, 뛰어난 기술 인력은 독일 출신이거나 최고의 재정전문가는 영국 출신일 수도 있다. 기업들은 전 세계로부터 인적자원을 활용하기 시작했다. 이러한 움직임으로 인해 기업 중 미국인이 아닌 사람이 최고경영자 자리에 오르는 것을 보는 것은 놀라운 일이 아니다.[5]

외국어 구사 능력은 미국에서 태어나고 자란 경영자와 미국이 아닌 다른 나라에서 태어나고 성장한 경영자와의 차이점이다. 예를 들어 미국의 교육부에서는 최근 2억 명에 달하는 중국 어린이가 영어를 공부하고 있다고 보고했다. 반면 미국 어린이는 24,000명만이 중국어를 공부하고 있다. 영어에 대한 유창함은 본사가 있는 나라의 언어에 개의치 않고, 여러 글로벌 조직에서 경영 성공을 위한 필수조건이다. 10년 전 LG 전자의 CEO 남용은 회사 전체에 영어가 필요하다고 규정했다. 그는 이렇게 설명했다.

> 영어는 필수이다. 세계에서 경쟁하기 위해 필요한 혁신의 속도는 원활한 의사소통을 필요로 한다. 우리는 전 세계의 모든 커뮤니케이션의 열쇠를 쥐고 있는 소수의 사람들에게만 의존할 수 없다. 그것은 정보공유와 의사결정에 큰 장애물이 된다. 나는 소수가 아닌 모든 이들의 지혜를 원한다.[6]

퀘이커 케미컬 코퍼레이션의 전직 사장 겸 CEO 지그문트 루브센은 오늘날의 세계를 무대로 하는 CEO의 좋은 예라고 할 수 있다. 그는 네덜란드에서 태어났고, 뉴욕과 로테르담에서 교육을 받았으며 네덜란드어와 영어, 프랑스어, 독일어를 구사한다. 그는 "나는 어느 방향이든지 한 시간만 차로 가면 다른 언어를 사용하는 나라에 도달할 수 있는 지리적으로 굉장히 유리한 곳에서 태어났다. 이러한 유리한 지리적 조건이 이질적인 문화가 있는 곳을 여행하는 것에 대해 거부감 없게 만들었다."라고 말했다.[7] 펩시콜라의 경영자 인드라 누이도 다양한 언어를 구사할 수 있다(사진 17-2 참조). 표 17-1은 본사 국가 출신이 아닌 다른 국가 출신의 최고경영자 목록이다.

사진 17-2 펩시콜라의 회장 겸 CEO 인드라 누이는 원자재가격이 상승하고 미국 시장에서 탄산음료에 대한 수요가 낮아진 상황에 직면했다. 이러한 위협에도 불구하고 누이는 스낵 및 음료수 부문의 전략이 궤도에 올랐다고 믿었다. 최근 분기에서 가장 강력한 성과는 빠르게 성장하는 펩시콜라의 국제 사업부에서 나왔다. 스낵 매출은 멕시코와 러시아에서 특히 강세를 보인다. 음료 브랜드의 해외 매출액은 특히 중동, 아르헨티나, 중국, 브라질에서 증가하고 있다.

출처 : Manish Swarup/Associated Press.

일반적으로 일본 기업들은 일본인이 아닌 사람들을 최고 자리에 앉히는 것을 꺼려 왔다. 몇 년 동안 오직 소니, 마쓰다, 미쓰비시만이 외국인들을 이사회에 포함시켰다. 최근 일부 일본 기업들은 최고경영진의 다양성을 높이기 위한 채용 및 승진이 이루어지고 있다. 예를 들어 디디에 르로이는 최근 토요타에서 최고위급 비일본인 출신 임원이 되었다. 미국인 줄리 햄프는 토요타의 첫 외국인 여성 고위 간부가 되었다.[8]

마찬가지로 르노 SA가 1999년 닛산 자동차 지분의 36.8%를 매입하면서 프랑스 회사인 르노는 카를로스 곤을 닛산의 사장으로 임명했다. 곤 사장은 브라질에서 태어나 레바논에서 자랐고 프랑스에서 교육을 받았으며, 일본 기업에서 외국인 지위를 유지하면서 적극적으로 비용을 절감하고 획기적으로 조직 구조를 개편했다. 그는 또한 닛산 회사의 사전에 속도와 헌신이라는

표 17-1   2017년 누가 경영직을 맡고 있는가?

기업(본사가 위치한 국가)	경영자(국적)	지위
3M(미국)	잉게 툴린(스웨덴)	CEO
ABB(스위스)	울리히 스리스피어스호퍼(독일)	CEO
아디다스(독일)	카스퍼 로스테드(덴마크)	CEO
크라이슬러(미국)	세르지오 마르치오네(이탈리아)	CEO
코카콜라(미국)	제임스 퀸시(영국-잉글랜드)	CEO
마이크로소프트(미국)	사티아 나델라(인도)	CEO
몬산토(미국)	휴 그랜트(영국-스코틀랜드)	회장, CEO 겸 사장
닛산 자동차(일본)	카를로스 곤(브라질)	회장 겸 사장 겸 CEO
펩시코(미국)	인드라 누이(인도)	CEO
레킷벤키저(영국)	라케쉬 카푸르(인도)	CEO
태피스트리(미국)	빅토르 루이스(포르투갈)	CEO
볼터스 쿨루버 NV(네델란드)	낸시 맥킨스트리(미국)	회장 겸 CEO

2개의 새로운 단어를 도입했다. 이러한 곤 사장의 전환 노력은 일본 샐러리맨들에게 인기 있는 만화 빅 코믹 스토리에 그의 인생 스토리와 위업이 실릴 정도로 성공적이었다. 현재 곤은 르노 그룹의 사장 겸 CEO로 닛산 자동차와 미쓰비시 자동차의 사장직을 겸임하고 있다.[9] 이 회사들이 모두 합쳐져 르노-닛산-미쓰비시 연합으로 알려진 글로벌 전략적 파트너십을 형성하고 있다.

리더십과 핵심역량

1980년대 많은 기업의 경영자들은 기업을 재개편하는 능력에 대해 평가받았다. 1990년대에 글로벌 전략 전문가인 C. K. 프라할라드와 게리 하멜은 경영자는 기업의 성장을 가능케 하는 핵심역량을 발견하고, 육성하며, 개발하는 능력으로 평가받아야 한다고 주장했다. 간단히 말해서 **핵심역량**(core competence)이란 한 조직이 경쟁사보다 더 잘할 수 있는 것을 의미한다. 프라할라드와 하멜은 핵심역량으로 다음과 같은 세 가지 특성을 밝혔다.

- 다양한 시장에 대한 잠재적인 접근을 제공한다.
- 지각된 소비자의 효용에 상당한 기여를 한다.
- 경쟁자가 모방하기 어렵다.

소수의 기업만이 대여섯 개 이상의 기본적인 역량에서 세계적인 우위를 확보한다. 장기적으로 기업조직은 경쟁자보다 더 빨리 고품질의 저비용 제품을 시장에 출시할 수 있는 능력으로부터 글로벌 경쟁력을 얻는다. 이 목표를 달성하기 위해 기업은 비즈니스 포트폴리오의 측면보다는 역량 포트폴리오의 측면에서 이해되어야 한다. 어떤 경우에는 기업이 이러한 역량을 창출하기 위한 기술적인 자원을 가지고 있지만 핵심적인 경영진이 이에 대한 비전이 없는 경우도 있다.

2000년대 초에 핀란드의 노키아 회장이었던 요르마 올릴라는 다음과 같이 이야기했다. "디자인은 노키아 브랜드의 기본 구성요소이다. 이는 우리 제품 생산의 중심이며 전체 회사에 녹아들어 있는 핵심역량이다."[10] 10년 전만 해도 올릴라 회장의 말은 맞았다. 디자인은 노키아가 전 세계에서 핸드셋 판매 리더가 될 수 있게 도와주었다. 하지만 2007년 애플이 획기적인 아이폰을 출시하면서 노키아를 당황하게 만들었다. 노키아는 구글의 안드로이드 운영체제를 실행하는 스마트폰의 인기가 폭발적으로 증가함에도 불구하고 독점적인 심비안 운영체제를 고수했다. 노키아는 중저가 스마트폰 모델을 내며 즉각 대응했고, 새 CEO인 스티븐 엘롭은 윈도우 OS를 사용하여 새 휴대전화를 개발하기 위해 마이크로소프트와 제휴를 발표하였다. 하지만 이러한 노력에도 불구하고 2011년 초까지 노키아는 실적경고를 발표했다. 2014년 마이크로소프트는 노키아의 핸드셋 사업부를 인수했고 엘롭은 새로 결성된 디바이스 그룹의 부사장으로 선임됐다. 2016년 마이크로소프트가 노키아 브랜드를 HMD라는 새로운 벤처기업에 매각하면서 핀란드 소유로 되돌아갔다

애플과 구글이 도입한 혁신의 여파로 역전된 노키아의 운명은 만약 오늘날의 경영자가 핵심역량의 개념을 활용하기 원한다면 기업의 개념에 대해 다시 생각해 봐야 한다는 사실을 알려 주는 사례라고 할 것이다. 그뿐만 아니라 경영 업무는 여러 사업체에 분산된 자원을 조합하기 위한 역량과 행정적 수단을 모두 구축하는 것으로 보아야 한다.[11] 표 17-2는 몇몇 기업에서

표 17-2 글로벌 마케팅의 책임자

기업(본사가 위치한 국가)	경영진	직위/직함
암웨이(미국)	배수정	최고마케팅책임자
애플(미국)	필립 실러	전 세계 마케팅 수석부사장
코카콜라(미국)	프란시스코 크레스포	최고성장책임자
페이스북(미국)	레베카 반 다이크	증강현실/가상현실의 최고마케팅책임자
포드(미국)	쿠마르 갈로트라	최고마케팅책임자
제너럴모터스(미국)	데보라 왈	글로벌 최고마케팅책임자
리바이스(미국)	제니퍼 세이	글로벌 최고마케팅책임자
로레알(프랑스)	그레첸 세그플레밍	최고마케팅책임자
맥도날드(미국)	모건 플래틀리	글로벌 최고브랜드책임자
P&G(미국)	마크 프리차드	글로벌 마케팅책임자
스타벅스(미국)	샤론 로드스타인	글로벌 최고마케팅책임자

글로벌 마케팅을 담당하고 있는 사람들의 목록이다.

▶ **17-2** 기업이 전 세계적으로 성장하고 확장함에 따라 채택할 수 있는 다양한 조직구조를 설명한다.

 글로벌 마케팅을 위한 조직화

글로벌 마케팅을 위한 조직화(organizing for global marketing) 목적은 기업이 관련된 시장환경의 차이에 대응할 수 있는 구조를 찾는 동시에 각 개별국가 시장에서 획득된 기업의 지식과 경험을 전체 기업 시스템으로 확산시키는 것이다. 집중화된 지식 및 협조의 가치와 현지 상황에 대응하기 위한 개별적 대응의 필요성 사이에서의 어려움은 글로벌 마케팅 조직에서 지속적인 긴장을 유발한다. 모든 글로벌 조직의 핵심이슈는 자율성과 통합성의 균형을 어떻게 이룰 것인가 하는 것이다. 자회사는 현지 환경에 적응하기 위해 자율성이 필요하지만 글로벌 전략을 수행하기 위해서는 비즈니스 전체가 통합되어야 한다.[12]

국내기업의 경영진이 해외 진출을 결정하면 바로 조직화의 문제가 발생한다. 이러한 사업의 확장에 대해 누가 책임을 져야 하는가? 제품부서는 독립적으로 운영되어야 하는가, 아니면 국제사업부를 설립해야 하는가? 각 개별국가의 자회사가 기업의 회장에게 직접 보고를 해야 할 것인가, 아니면 국제 활동에 대한 상근 책임을 맡기기 위한 특별 기업 임원을 임명해야 하는가?

기업이 초기에 국제 운영을 어떻게 조직할 것인가에 대한 결정이 이루어진 이후에, 기업이 성장함에 따라 기업의 국제사업 활동을 개발하는 동안 여러 재평가 지점에 직면하게 된다. 기업이 국제사업부의 활동을 그만두어야 하는가? 만약에 그렇다면 어떤 대안적 구조를 선택해야 하는가? 기업은 지역본부를 설립해야 하는가? 본사, 지역본부, 자회사의 직원 간부 간의 관계는 어떠해야 하는가? 구체적으로 기업의 마케팅 기능은 어떻게 구성해야 하는가? 지역본부나 본사의 마케팅 임원은 어느 정도까지 자회사 마케팅 관리에 참여해야 하는가?

전 세계를 무대로 수년간 활동해 온 경험이 있는 기업조차도 환경의 변화에 대응해서 조직의 구조를 변화시켜야 할 필요가 있다는 것을 깨닫고 있다. 지그문트 루브센이 퀘이커 케미컬의 회장을 역임하는 동안 국내외적 접근법보다 조직설계에 대한 글로벌 접근법을 선호했다는 것은 그다지 놀라운 일이 아니다. 루브센은 그의 전임 CEO인 피터 베놀리엘에게 네덜란드와 프랑스, 이탈리아, 스페인과 영국에 사업부를 두게 하고 유럽의 지역 부사장에게 보고하도록 조언했다. 루브센은 "모든 유럽의 사업부를 하나의 공통분모 아래에 두는 것이 그다지 큰 문제가 아니라는 것을 알았다."고 회상했다.[13]

시장이 점점 더 글로벌화되고, 일본이 해외경쟁을 위해 자체시장을 개방함에 따라 더 많은 일본 기업이 전통적인 조직구조에서 탈피할 가능성이 크다. 이 책에서 논의된 많은 일본 기업은 세계시장을 대상으로 서비스를 제공하거나 조달하거나 아니면 모두 다 수행하고 있기 때문에 글로벌 기업이나 초국적 기업의 자격이 있다. 일반적으로 지식은 이들 기업의 일본 본사에서 생성된 후 다른 나라 단위로 이전된다. 예를 들어 캐논은 버블젯 잉크 프린터와 레이저 프린터와 같은 세계적인 수준의 혁신적인 이미징 제품회사로 명성이 높다. 지난 20년간 캐논 경영진은 더 많은 통제권을 자회사로 전환하고 더 많은 비일본인 직원과 관련 인력을 고용했으며, 일본에서 개발되지 않은 혁신적인 기술을 받아들였다. 예를 들어 1996년 소프트웨어의 R&D에 대한 책임은 도쿄에서 미국으로, 통신제품의 책임은 프랑스로, 컴퓨터 언어의 번역 책임은 영국으로 옮겨 갔다. 캐논의 사장인 후지오 미타라이는 "도쿄의 본사가 모든 것을 다 알 수는 없다. 본사의 임무는 저비용의 자본을 제공하고, 지역 간 최고경영진을 이동시키고, 투자계획을 마련하는 것이어야 한다. 이를 넘어 현지 자회사는 관리에 대한 모든 책임을 져야 한다고 생각해야 한다. 우리는 아직 그 단계까지 이르지는 못했다. 그러나 우리는 그러한 방향으로 차츰 발전해 가고 있다."고 말했다. R&D 책임자인 토루 다카하시가 이러한 시각과 일치하는 이야기를 했다. 그는 "우리는 연구개발 분야를 일본에 두어야 한다고 생각했다. 하지만 이러한 생각은 변화했다."라고 언급했다. 이러한 변화에도 불구하고 캐논의 이사진은 일본 국적을 가진 사람으로만 구성되어 있다.[14]

글로벌 마케팅을 위한 올바른 조직구조라는 것은 없다. 하나의 특정한 산업 안에서도 세계적인 기업은 그들이 직면하는 환경의 변화에 대해 다양한 전략 및 조직적 대응방안을 개발한다.[15] 그럼에도 불구하고 여전히 몇 가지 일반화를 구성하는 것은 가능하다. 시장을 선도하는 글로벌 경쟁자는 한 가지 중요한 조직구조 특성을 공유한다. 이러한 기업들의 구조는 크거나 복잡하지 않고, 수평적이고 단순한 구조를 지닌다. 이를 통해 알 수 있는 교훈은 명료하다. 세상은 이미 충분히 복잡하기 때문에 복잡한 내부구조를 더해서 혼란을 가중시킬 필요가 없다는 것이다. 단순한 구조는 일의 처리 속도를 높이고 의사소통의 명료성을 증가시키며, 조직의 에너지와 가치 있는 자원을 통제, 감시, 보고하기보다는 학습에 집중할 수 있도록 한다.[16] 월풀의 전 CEO인 데이비드 위트웸은 다음과 같이 이야기했다. "국경을 초월한 아이디어, 프로세스, 시스템을 교환하는 데 능숙해야 하고, 자신이 최고라는 생각으로 외부의 것을 수용하지 못하는 성향(NIH) 증후군에서 자유로운 사람으로 이루어진 조직이어야 하고, 최고의 글로벌 기회와 조직이 당면하고 있는 커다란 글로벌 문제를 찾아낼 수 있도록 지속적으로 협력하여 일할 수 있는 사람으로 이루어진 조직이어야 한다."[17]

지리적으로 분산되어 있는 기업은 제품과 기능, 자국시장에 대한 지식을 한정할 수 없다. 대신 기업 직원은 각각의 국제시장에 존재하는 복잡한 사회적, 정치적, 경제적, 제도적 조합의 지식을 습득해야만 한다. 많은 기업은 모든 외국 자회사가 지정된 부회장이나 회장에게 직접 보고하도록 하는 한시적인 조치에서 출발한다. 이러한 기업은 결국 지리적으로 분산된 새로운 사업부를 관장할 국제사업부를 설립한다. 그러나 다양한 제품을 생산하는 기업의 국제사업부는 불안정적인 조직구조이다. 기업이 성장함에 따라 이러한 초기의 조직구조는 다양한 대안적 구조로 발전한다.

빠르게 변화하는 21세기의 경쟁적인 글로벌 환경에서 기업들은 새롭고 더 창의적인 조직 구성 방법을 찾아내야만 할 것이다. 세계화되고 있는 시장의 수요에 대응하기 위해서는 유연성과 효율성, 대응성을 갖춘 새로운 형태의 조직이 필요하다. 특히 오늘날의 글로벌 현실은 비용 효율적이고, 고객 주도적이며, 최상의 품질을 제공하고, 그 품질을 신속하게 제공할 필요가 있다.

지난 25년 동안 몇몇 저자는 오늘날의 경쟁 환경에 대한 대응을 표현하는 새로운 조직구조를 설명했다. 이러한 조직구조들은 좀 더 대응력이 있고 유연한 구조를 찾아야 하는 필요성으로 더 수평적인 구조와 팀제 도입에 대한 필요성을 역설한다. 네트워크를 개발하고, 참여자 간의 유대관계를 강화하고, 기술을 활용해야 할 필요성도 인식하고 있다. 새로운 조직구조는 조직적인 효율성에 대한 접근법의 진화를 반영한다. 20세기 초에 프레드릭 테일러는 모든 관리자는 같은 방식으로 세상을 봐야 한다고 주장했다. 이후에 효율적인 조직구조는 그 조직이 처한 상황에 맞게 스스로 설계해야 한다고 말하는 상황결정론자들이 등장했다. 이러한 두 가지 기본적인 이론은 오늘날의 가장 대표적인 조직관리 논문에 반영되어 있다. 헨리 민츠버그는 "마이클 포터에게 효율성은 전략 안에 존재하고 있지만, 톰 피터에게 효율성은 어떠한 전략이라도 탁월하게 실행하는 것이 중요하다."라고 말한다.[18]

겐이치 오마에는 조직설계에 대한 세계화의 의미에 대해서 광범위한 연구를 했다. 그는 전 세계를 단일한 개체로 보는 시각을 제공하는 최상위 수준인 '글로벌 상위 조직구조'의 형태를 제안했다. 이 수준의 직원은 최상의 수준에서 작업을 수행하고 국경을 넘어 정보와 제품의 효율적인 이동을 조정할 책임을 진다. 이 수준 이하에서는 서비스의 경제 원리와 정보에 있어서의 규모의 경제 원리에 의해 지배되는 지역에 할당된 조직단위가 배분되도록 구상했다. 오마에의 세계관에 의하면 전 세계에는 500만~2,000만 명의 인구로 구성된 30여 개의 지역이 있나. 이를테면 중국은 몇 개의 구분된 지역으로 간주된다. 미국도 마찬가지이다. 이러한 조직에서 CEO의 첫 번째 임무는 마치 우주비행사가 우주에서 지구를 내려다보는 것처럼 경계가 없는 사업 영역인 단일 단위를 지향하는 것이다. 그런 다음 확대하여 CEO는 각 세분 지역의 차이점을 밝혀내는 것이다. 오마에는 다음과 같이 설명했다.

> CEO는 세계의 경제 전반을 살펴본 뒤 매력적인 지역 중 가장 큰 시장 점유율을 차지할 수 있는 곳에 회사의 자원을 투입해야 한다. 아마도 우주에서 더 가까이 내려오면 태평양 북서쪽 푸켓 사운드 인근의 활기차고 번창하는 지역을 볼 수 있을 것이다. 뉴잉글랜드 일부 지역에서는 건강관리 및 생명공학의 강력한 중심지인 지역을 찾을 수 있을 것이다. CEO로서는 여기에 자원을 투입하고 주력을 옮겨와야 한다.[19]

성공적인 기업, 진정한 글로벌 승자들은 좋은 전략과 좋은 실행력 모두를 가지고 있어야 한다고 믿는다.

국제적인 조직 개발의 형태

조직은 대상 글로벌 시장의 규모와 잠재력, 다른 국가시장의 현지 관리 역량에 따라 다르다.

> **문화탐구**

새로운 리더는 21세기에 '1980년대의 애플'인 소니를 재창조할 수 있을까?

소니는 글로벌 전자제품산업에서 전설적인 회사이다. 혁신과 기술력에 대한 명성은 다른 경쟁자들의 부러움을 샀다. 수십 년 동안 품질을 중시하는 소비자는 소니의 트리니트론 컬러 TV에 프리미엄 가격을 기꺼이 지불했다. 1979년 소니는 상징적인 워크맨으로 개인 스테레오 시장을 창출하였다.

그러나 2000년대에 들어 소니의 자랑스러웠던 혁신과 마케팅 방법은 흔들리기 시작했다. 소니는 평면 패널, 와이드스크린 TV 세트에 대한 소비자의 빠른 수용을 예측하지 못했고, 워크맨은 애플의 아이팟 및 아이튠즈 스토어에 밀리기 시작하였다. 2005년 주가 폭락으로 노부유키 이데이 회장이 사임했다. 2000년에 기사 작위를 받은 웰시 태생의 미국인 하워드 스트링거 경이 이데이의 후임자로 지명되었다.

스트링거 경의 첫 번째 우선순위는 음반, 게임, 그리고 영화를 포함하는 미디어 사업과 하드웨어 사업 간의 격차를 해소하는 것이었다. 스트링거 경은 "우리는 콘텐츠와 장비 사이의 관계를 원활하게 관리해야 합니다."고 선언하였다.

경영학 관련 책을 쓰는 사람들은 종종 부서 이기주의(silo), 부서 간 협력이 어려운 연통조직 또는 굴뚝조직 등의 용어를, 독자적인 의사를 가지고 최소한의 상호 의존 관계를 맺는 자주적인 비즈니스 개체의 조직으로 묘사한다. 이것이 소니의 상황이었다. 즉, PC, 워크맨 부서 등 다른 기술사업부 간에 내부적 경쟁의식이 기업문화에 뿌리 깊이 박혀 있고, 이런 것이 좋은 문화라고 여겨져 왔다. 소니에 관한 여러 책을 집필한 오사무 가타야마는 "각기 다른 사업부의 관리자들은 함께 일하는 대신 그들의 독립성을 유지하려고 노력하였다."라고 기술했다.

소니의 소비자 제품사업이 역사적으로 회사 전체 매출에서 상당 부분을 차지하고 있었기 때문에 홈 엔터테인먼트 사업과 모바일 제품 사업에 새 생명을 불어넣는 일이 중요했다. 이를 위해 스트링거 경은 구조조정 계획을 발표하였다. 그는 2만 8천 명을 해고하고, 제조 현장인력을 줄였으며, 일부 수익성 없는 제품은 제거하였다.

비용 절감은 이 이야기의 일부분에 불과하다. 신제품으로 인한 매출의 증가는 소니의 회생에 매우 중요한 부분이었다. 스트링거 경은 새로운 브라비아 HDTV 라인으로 인하여 부분적으로는 곧 회복될 것

이라고 확신하고 있었다. 하지만 결과적으로 TV 사업은 계속해서 손실을 입었다. 또한 2006년 소니는 전자책 리더기와 플레이스테이션 3(PS3) 게임 콘솔을 출시했다.

7년이 지난 후에도 스트링거 경의 노력은 여전히 진행 중이었다. 그는 스웨덴의 에릭슨과 스마트폰 파트너십을 성공적으로 이끌어 냈다. 그는 TV 사업을 재편하였고, 삼성과 맺었던 고가의 LCD 파트너십을 종료하였다. 소니의 블루레이 DVD 형식은 여러 기업이 폭넓게 사용하였지만, 소니를 비롯 샤프, 파나소닉과 다른 일본의 제조기업들은 기존의 전자제품에서 매출의 하락을 경험하게 되었다. 한편 애플과 삼성은 한때 일본이 지배했던 경쟁 환경에서 두각을 드러냈다.

2012년에 스트링거 경은 가즈오 히라이에게 CEO직을 넘겨주었다(사진 17-3 참조). 앞으로 소니 회사가 직면하게 될 첫 번째 문제는 삼성에게 평면 TV 기술의 우위를 빼앗겼다는 것이다. 게다가 애플의 아이팟/아이튠즈 조합의 잇따른 공격은 소니의 워크맨 개인용 스테레오 브랜드의 관심을 잃게 만들었다. 이처럼 소니가 시장에서 뒤처질 수밖에 없었던 이유는 소니의 다양한 사업부(예 : 홈 엔터테인먼트, 사운드, 모바일 제품 및 통신, 엔터테인먼트)가 제대로 작동하지 않았기 때문이다. 2013년에 히라이는 엑스페리아 Z 스마트폰 출시를 주도했다. 2018년 신임 CEO인 켄이치로 요시다는 직원들에게 기업가 정신을 불어넣고 관료주의를 없애고 의사결정 속도를 높여, 회사의 수익성을 회복하는 임무를 맡았다.

출처 : Eric Pfanner and Takashi Mochizuki, "Sony Pares down before Rebuilding," *The Wall Street Journal* (November 17, 2014), pp. B1, B4; Daisuke Wakabayashi, "Japan's Electronics under Siege," *The Wall Street Journal* (May 15, 2013), pp. B1, B4; Andrew Edgecliffe-Johnson and Jonathan Soble, "Channels to Choose," *Financial Times* (February 28, 2012), p. 9; Jonathan Soble, "Sony Chief Looks to Secure Legacy," *Financial Times* (May 23, 2011), p. 11; Yukari Iwatani Kane, "Sony Expects to Trim PS3 Losses, Plans More Games, Online Features," *The Wall Street Journal* (May 18, 2007), p. B4; Phred Dvorak, "Sony Aims to Cut Costs, Workers to Revive Its Electronics Business," *The Wall Street Journal* (September 23, 2005), p. A5; Dvorak, "Out of Tune: At Sony, Rivalries Were Encouraged; Then Came iPod," *The Wall Street Journal* (June 29, 2005), pp. A1, A6; Lorne Manly and Andrew Ross Sorkin, "Choice of Stringer Aims to Prevent Further Setbacks," *The New York Times* (March 8, 2005), pp. C1, C8.

사진 17-3 2012년, 소니의 사장 겸 CEO로 가즈오 히라이(오른쪽)가 임명되었다. 한때 세계 우위였던 일본의 전자산업이 급변하는 기술 세계에서 뒤처졌기 때문에 신임 사장은 많은 도전에 직면하게 되었다. 2018년에는 켄이치로 요시다가 사장 겸 CEO가 되었다.
출처 : Agencja Fotograficzna Caro/Alamy Stock Photo.

제품, 기술적 지식(마케팅, 재무, 운영에 대한 기능적 전문성), 지역과 그 국가에 대한 지식에 대한 수요는 상충되는 압력을 유발한다. 조직을 형성하는 압력의 유형이 절대 같을 수 없기 때문에 두 조직이 정확히 동일한 방식으로 조직 단계를 거치거나 정확히 동일한 조직 패턴에 도달하는 경우는 없다. 그럼에도 불구하고 일반적인 패턴은 존재한다.

제한적인 수출 활동에 참여하고 있는 기업은 종종 별도의 기능 영역으로 작은 사내 수출부서를 두고 있다. 대부분의 국내기업들은 회사 사장 또는 지정된 임원진에게 직접 보고하는 해외영업 사무소나 자회사를 통해 초기의 해외 확장을 시도한다. 이런 단계에서 해외에서 일하는 사람은 본사 직원의 도움 없이 임무를 수행한다. 별도의 부서를 만들지 않고 국제적으로 시장을 확장하고자 하는 기업에게는 다양한 설계 대안이 존재한다. 예로 아이오와주의 주도인 디모인에 기반을 둔 메레디스 코퍼레이션은 코퍼레이트 개발그룹이 개발하고 관리하는 라이선스 계약을 통해 국제시장에 참여하고 회사 내 다양한 운영부서의 지원을 받고 있다(사진 17-4 참조).

사진 17-4 미국 700만 명 이상의 구독자를 보유한 베터홈앤가든스는 아이오와에 본사를 둔 메레디스 코퍼레이션(디모인 소재)의 대표 간행물이다. 메레디스사는 유럽, 중동, 아시아를 포함한 수많은 국제시장에서 BH&G 및 출판물에 라이선스 계약을 체결했다. 여기 보이는 것은 SEEC 미디어의 라이선스하에 발행된 중국어판이다.

출처 : November 2012 *Better Homes and Gardens*® Magazine China edition. Photo courtesy of Meredith Corporation ⓒ 2017. All rights reserved.

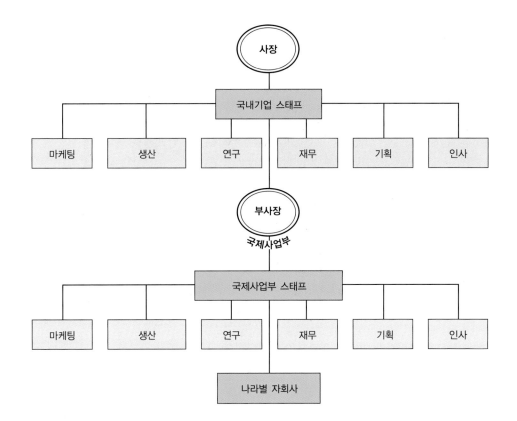

그림 17-1 기능별 조직구조, 국내기업 스태프, 국제사업부 스태프

국제사업부 구조 기업의 국제 비즈니스가 성장할수록 이러한 활동을 조정하고 지시하는 복잡성의 수준은 한 사람이 처리할 수 있는 범위를 넘어서게 된다. 증가하는 조직의 국제적인 활동에 대한 조정과 지시에 대한 책임을 지게 될 직원을 구성해야 하는 압박을 받는다. 결국 이러한 압박은 그림 17-1과 같은 국제사업부의 창설로 이어지게 된다. 베스트바이, 허쉬, 리바이스, 언더아머, 월마트, 월트 디즈니와 같은 기업은 조직구조에 국제사업부를 두고 있는 기업들이다.

2005년 허쉬가 국제사업부를 설립할 것을 공표하면서 허쉬의 수석부사장인 J. P. 빌브레이는 더 이상 미국에서 생산된 초콜릿 제품을 해외로 수출하는 확장전략을 수행하지 않을 것임을 밝혔다. 대신 이 회사는 제품을 현지시장에 맞게 수정하고, 해당 지역에서 생산할 것이라고 밝혔다. 이러한 전략의 변화에 대해 빌브레이는 "아시아 지역에서 우리의 비즈니스 모델을 바꾸고 있다. 우리 제품은 그동안 현지에 적합하지 않았고, 매력적이지도 않은 가격으로 시장에 출시됐다."라고 설명했다.[20] 최근 들어 해외 판매는 허쉬사의 매출 중 15%에 불과하다. 이 회사의 전략적 목표는 가까운 장래에 이를 25%까지 끌어올리려는 데 있다.

중국은 세계에서 가장 빠르게 성장하는 캔디류 판매시장이다. 따라서 허쉬사가 중화 시장을 공략하기 위해 노력하고 있는 것은 놀랄 일이 아니다. 최근까지 허쉬사는 중국 초콜릿 시장에서 2.2%의 시장 점유율밖에 차지하지 못했다. 반대로 마스사는 M&M 제품과 도브 브랜드로 중국에서 43%의 시장 점유율을 보이고 있다. 2013년 허쉬사는 중국의 프리미엄 캔디시장을 겨냥한 새로운 연유 캔디 라인을 출시했다. '랭커스터'(펜실베이니아의 랭커스터로, 허쉬사의 본거지)는 영어 이름이지만, 중국에서 브랜드명은 '요-멍'이다(사진 17-5 참조). 허쉬사는 상하이에 두 번째로 큰 R&D 시설인 '아시아 이노베이션 센터'를 개소하였다.[21]

몇 가지 요소가 국제사업부의 설립에 영향을 미친다. 첫째, 글로벌 운영에 대한 최고경영진

사진 17-5 허쉬는 중국에서 랭커스터 브랜드를 출시했다. 맛은 오리지널 퓨어나이베이, 리치나이베이로 채워진 퓨어나이베이, 딸기를 넣은 퓨어나이베이 등이 있다. '나이베이'는 수입우유를 이용해 천천히 조리하는 과정을 말한다.

허쉬의 120년 역사에서 랭커스터는 미국 이외 지역에서 출시된 최초의 새로운 브랜드이다. 랭커스터 브랜드는 최근 미국에도 소개되었다.

출처 : Daniel Acker/Bloomberg via GettyImages.

의 헌신은 고위 관리자가 이끄는 조직단위를 정당화할 만큼 충분히 증가하고 있다. 둘째, 국제 업무 운영의 복잡성으로 인해 어떤 시장진입전략을 채택할 것인지와 같은 중요한 문제에 대해서 자체 결정을 내릴 수 있는 충분한 권한을 가진 단일의 조직단위가 필요하다. 셋째, 국제사업부는 기업이 글로벌 운영의 특별한 요구를 해결하기 위해 내부 전문가의 필요성을 인식했을 때 형성된다. 넷째, 기회가 생겨나는 즉시 임시로 대응하는 것이 아니라 전략적으로 기회에 대해 전 세계적 시야로 살피고 이를 회사 자원과 맞추는 것이 중요하다는 경영진의 인식이 필요하다.

지역경영총괄본부 경제, 사회, 지리, 정치적 조건이 유사한 단일지역에서 사업을 수행할 때 지역경영총괄본부에 대한 정당성과 필요성이 있어야 한다. 따라서 조직 진화의 또 다른 단계는 국가 조직과 국제사업 본부 사이의 관리계층으로 지역본부가 생겨난다.

예를 들어 지역시장으로서 EU의 중요성이 커지면서 많은 기업들이 EU에 그들의 지역본부를 위치시키도록 조직구조를 바꾸었다. 1990년대 중반에 퀘이커 오츠사는 브뤼셀에 지역본부를 설립했다. 스웨덴의 가전제품업체인 일렉트로룩스도 유럽 지역에서 기업 경영의 중요성에 대해 인식했다.[22] 20년 후 P&G는 글로벌 스킨, 화장품, 개인위생 제품부서를 신시내티에서 싱가포르로 이전하기 시작했다. 아시아 태평양 국가들은 전 세계 스킨케어 시장에서 1,000억 달러로 약 절반을 차지하고 있다.[23]

지역총괄본부는 일반적으로 가격, 조달, 기타 문제에 대한 결정을 조정한다. 지역본부 경영자는 기업의 지역을 기반으로 하는 기업 지식을 적용하고, 지역을 기반으로 하는 기업 자원을 해당 지역의 상황에 최적화시켜 활용하고, 각 개별국가의 운영 계획과 통제에 참여한다. 이러한 조직설계는 그림 17-2에 표현되어 있다.

지역총괄본부 경영진은 기업에게 몇 가지 유익한 점을 제공한다. 첫째, 많은 지역본부 경영진은 조정된 범지역적 의사결정이 실제로 필요한 경우 현장지역 관리단위가 합리적이라는 데에 동의한다. 각 개별국가 사업부가 독립된 운영단위로서 서로 간의 관련성을 잃어감에 따라 조정된 지역 계획과 통제가 더 필요해지고 있다. 지역경영총괄본부 구조는 기업의 목표를 효과적으로 수행하는 데 필요한 지리적 요소, 제품 요소, 기능적 고려사항 사이에 최상의 균형을

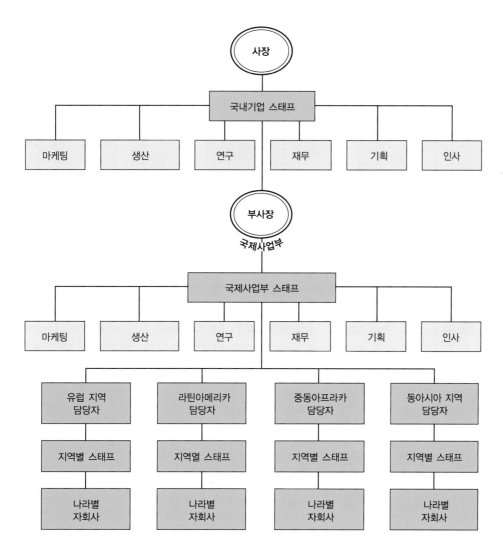

그림 17-2 기능별 조직구조, 국내기업 스태프, 국제사업부 및 지역별 사업부 스태프

달성할 수 있다. 기업의 운영과 의사결정을 지역총괄본부로 이동함으로써 기업은 내부이익을 더 잘 유지할 수 있다.[24]

물론 지역총괄본부의 가장 큰 단점은 비용이다. 2인 사무실을 꾸리는 데 드는 비용은 연간 50만 달러에 달한다. 지역총괄본부의 규모는 지역에서 운영되는 사업의 규모에 비례해야 한다. 지역본부가 관리하는 사업의 규모가 관리계층의 비용을 충당하기에 부족한 경우에 지역본부는 부적합하다. 지역총괄본부와 관련한 기본적인 이슈는 "지역총괄본부의 유지비용과 관리계층의 복잡성을 정당화할 만큼 지역총괄본부가 조직의 효율성 측면에서 충분히 기여하는가?"이다.

지역별 · 제품별 사업부 구조 기업이 점차 더 글로벌화되면서 경영진은 지역별로 조직을 구성할 것인지, 아니면 제품별로 조직을 구성할 것인지에 대한 딜레마에 종종 빠지게 된다. 지리적 조건에 맞춘 조직구조는 그 지역의 지리적 특성에 따라 관리자에게 운영 책임을 부여한다. 본사가 전 세계를 아우르는 계획과 통제에 대한 책임을 진다면, 각 지역조직은 홈 또는 기본 시장을 포함하여 동일하게 운영된다. 프랑스 회사를 예로 들어 보자. 프랑스는 이러한 지역별 지리적 중심으로 조직체계가 갖춰진 시장이다. 이러한 구조는 최종 소비시장(end-use markets)에서 판매되는 제품라인을 가지고 있는 기업에서 가장 일반적이다. 예를 들어 주요 국제 정유사는

그림 17-3   지역적 기업 구
조, 세계기업 스태프 및 전 세
계 지역별 사업부

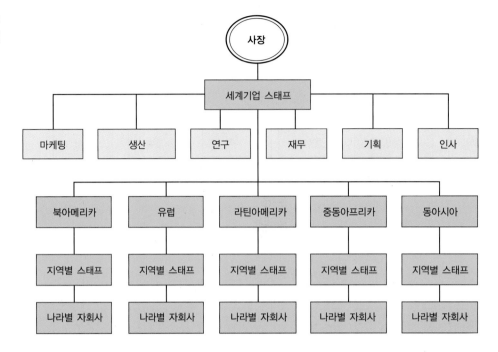

그림 17-3에 나와 있는 것처럼 지역별 조직을 활용하고 있다. 맥도날드의 조직설계는 국제사업부와 지역별 구조를 통합한 형태이다. 맥도날드 US는 3개의 지역별 사업부 구조가 있고, 맥도날드 인터내셔널은 국제사업부 3개가 있다.

한 조직이 지역이나 전 세계에 제품을 할당할 때 생산의 표준화는 상당한 경제적 효과를 달성할 수 있다. 예를 들어 월풀은 최근 자사의 유럽 운영을 개별국가 중심 혹은 지역 중심 조직구조에서 제품라인을 기반으로 둔 조직 운영 형태로 전환했다. 제품별 조직구조의 잠재적인 단점은 제품이 현지시장에 충분히 맞춤화되지 않아 각 개별국가 경영자로부터 나온 현지 정보가 무시될 수 있다는 것이다. 1995년에 시작된 포드 2000 재편의 핵심은 북미 조직과 유럽 조직을 통합하는 것이다. 포드사는 3년에 걸쳐 개발비용을 50억 달러 절감하였다. 그러나 2000년까지 포드의 유럽 시장 점유율은 5%가량 감소하였다. 기존의 지역별 모델로 돌아가는 과정에서 CEO인 자크 나세르는 지역 경영자가 상실했던 권한의 일부를 다시 부여하였다.[25]

글로벌 매출 향상을 위해 가장 적절한 조직을 설계하는 과제는 P&G의 야심찬 'Organization 2005' 계획 사례에서 찾아볼 수 있다. 1999년 CEO인 더크 야거에 의해 시작된 이 조직 개편은 종이제품, 여성용품과 같은 주요 제품군에 대해 별도의 국가별 조직을 5개의 글로벌 사업부로 교체하는 것을 골자로 두었다. 유럽에서만 1,000명의 인력이 스위스 제네바로 재배치되었다. 이러한 인사이동은 전 세계적으로 15,000명의 직원을 감축할 의도를 가지고 있다고 여겨 화가 난 많은 관리자들은 회사를 그만두었고, 이로 인해 야거는 CEO 자리를 내놓아야 했다. 중간급 관리자들을 달래기 위해 새로운 CEO인 A. G. 래플리는 이전의 지역별 중심정책의 일부를 복원하였다.[26]

매트릭스 구조   선진화된 거대 규모의 글로벌 기업은 전 세계의 마케팅 목표로 제품 또는 비즈니스, 기능, 지역, 고객 노하우에 집중한다. 이러한 조직의 모든 역량은 **매트릭스 조직**(matrix organization)의 기초가 된다. 매트릭스 조직에서 경영자의 임무는 조직의 목표를 달성하기 위해 서로 다른 관점과 기술을 결합하여 조직 균형을 달성하는 것이다.

1998년 질레트와 에릭슨은 매트릭스 구조로 재편할 계획을 발표하였다. 에릭슨의 매트릭스 구조는 3개의 고객 세분화에 초점을 둔다. 네트워크 운영자, 개인 소비자, 기업 고객이 그것이다.[28] 질레트의 새로운 구조는 제품라인 관리와 지리적 판매 및 마케팅 책임을 구분한다.[29] 마찬가지로 보잉은 자사의 상업용 운송기 디자인과 제조 엔지니어를 매트릭스 조직으로 재편하여 5개의 플랫폼 또는 항공기 모델별 그룹으로 구축했다. 과거 보잉은 기능별 라인에 따라 조직되었다. 새로운 디자인은 비용을 절감하고 업데이트 및 문제해결을 가속화할 것으로 예상되었다. 또한 보잉은 자사의 상업용 운송기 공장 및 부품 생산공장에 필수적인 디자인, 엔지니어링, 제조 프로세스를 통합하여 제품 일관성을 강화하려고 했다.[30]

왜 여러 기업의 경영진은 매트릭스 구조로 운영하려고 하는 것일까? 매트릭스 형태의 조직은 기능 및 지리적 부서를 동일하게 강조하는 다중 명령 구조를 수립하는 데 사용될 수 있기 때문에 글로벌 기업에 잘 들어맞는다.

런던대학교 경영대학원의 존 헌트 교수는 매트릭스 구조에 관해 네 가지 고려사항을 제시하였다. 첫째, 매트릭스는 시장이 까다롭고 역동적일 때 적합하다. 둘째, 직원들은 높은 수준의 모호성을 받아들여야 하고 정책 매뉴얼이 모든 우발적 상황을 커버할 수 없다는 사실을 이해해야 한다. 셋째, 명령 및 통제 형태가 지속되는 국가시장에서는 단지 일부의 근로자에게만 매트릭스 조직을 구축하는 것이 최선이다. 마지막으로 경영진은 관료제를 만들지 않고도 매트릭스의 각 축이 무엇을 할 수 있고, 무엇을 할 수 없는지를 명확히 기술해야 한다.[31]

매트릭스 구조가 적절하다는 것을 확인한 경영자는 매트릭스가 전 세계적으로 네 가지 기본적인 역량을 통합할 수 있을 것으로 기대한다.

1. **지역에 대한 지식** : 한 국가에 대한 기본적인 경제적, 사회적, 문화적, 정치적 이해와 시장 및 국가의 경쟁적인 차원에 대한 이해가 필수적이다. 현지 자회사는 기업이 지역에 대한 지식을 습득할 수 있도록 오늘날 사용되는 주요한 구조적 도구이다.
2. **제품 지식과 노하우** : 전 세계 시장에 대한 책임을 지는 제품 관리자는 글로벌 기반에서 제품 지식과 노하우에 대한 역량을 확보해야 한다. 글로벌 제품 역량을 확보하는 방법은 국내 및 국제사업부의 제품관리 조직을 복제하여 두 조직단위 내에서 높은 수준의 역량을 달성하는 것이다.
3. **재무, 생산 특히 마케팅 분야에서의 기능적 역량** : 전 세계적으로 책임을 지는 기업의 기능별 직원은 글로벌을 기반으로 하는 기능적 역량 개발에 기여할 수 있다. 일부 기업은 글로벌 기반의 기능적 개발을 책임지는 기능별 관리자가 현지 자회사의 기능별 관리자 임명을 검토한다.
4. **고객 또는 산업 및 이들의 요구에 대한 지식** : 거대하고 정교한 글로벌 기업은 특정 고객 시장을 뚫기 위한 노력에서 국가 조직의 라인 관리자를 지원하기 위해 글로벌을 기반으로 서비스를 제공할 책임 있는 직원을 두고 있다.

이러한 배치 아래에서는 국가별 조직이나 제품별 부서를 수익센터로 설계하는 대신 두 조직 모두 수익성에 대한 책임을 진다. 현지 조직은 국가별 이익에 책임을 지고 제품부문은 국가 및 전 세계적인 제품 이익에 책임을 진다.

그림 17-4는 매트릭스 조직을 보여준다. 이러한 조직 차트는 단일국가 책임 수준을 대표하

그림 17-4　매트릭스 구조

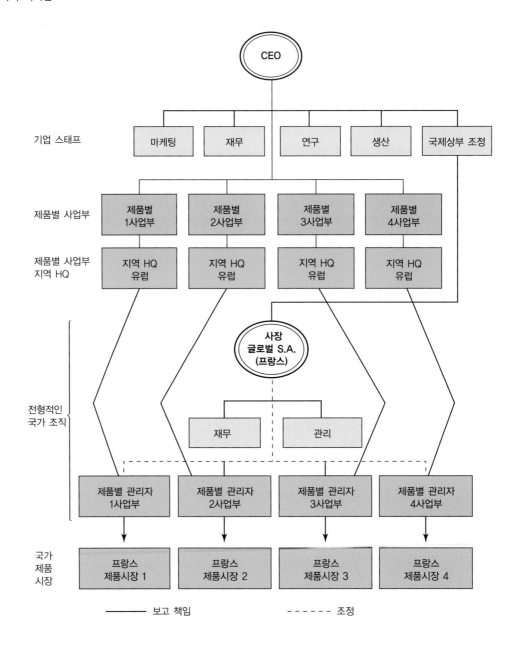

는 하부 단계로부터 시작하여 지역 또는 국제적 수준을 대표하는 것으로 이동하며 마지막으로 전 세계적으로 책임을 지는 제품부문, 본사 스태프, 최상층 조직의 경영진까지 이동한다.

　월풀의 북미 조직은 매트릭스 구조이다. 운영, 마케팅, 재무와 같은 기존의 기능별 관리자는 또한 식기세척기 또는 오븐과 같은 특정 제품에 투입되어 팀으로 일한다. 상호 의존성과 통합을 촉진하기 위하여 교차기능팀들은 월풀 또는 캔모어의 브랜드 담당자와 같은 '브랜드 차르'의 지휘를 받는다. 위트웸이 설명한 바와 같이 "월풀 브랜드 차르는 여전히 월풀이라는 이름에 관해 걱정한다. 그러나 그는 또한 우리가 만드는 모든 냉장고 브랜드에 대해서도 고민을 한다. 왜냐하면 그는 냉장고 제품팀을 이끌고 있기 때문이다. 두 가지 일을 동시에 하는 데에는 서로 다른 사고방식이 필요하다."[32]

　성공적인 매트릭스 관리의 핵심은 경영자가 갈등을 해소할 수 있고, 조직의 프로그램과 계획의 통합을 달성할 수 있게 하는 것이다. 단순히 매트릭스 설계나 구조만 도입한다고 해서 진정한 매트릭스 조직이 창조되는 것은 아니다. 매트릭스 조직은 관리 행위와 조직문화 그리고 기술적 시스템에서 근본적인 변화를 요구한다. 매트릭스 조직에서 영향력은 공식적인 권위가 아니라 기술적인 역량과 대인관계의 민감성을 기반으로 한다. 매트릭스 문화에서 관리자는 가장 낮은 수준에서 이슈와 선택을 해결할 절대적인 필요성을 인식하고 의사결정을 위해 더 높은 권한에 의존하지 않는다.

그러나 매트릭스 구조가 항상 적절한 것은 아니다. 실제 일부 기업은 변화하는 경쟁 환경에 대응하여 매트릭스 조직으로부터 탈피하고 있는 중이다. 하이네켄과 EMI가 이에 해당한다. 또 다른 사례로 ABB를 들 수 있다.[33] 거의 10년 동안 ABB는 지역별 라인을 따라 구성된 매트릭스로 조직되었다. 예를 들어 모터 또는 발전기를 만드는 공장과 같은 지역사업부는 국가 관리자와 전 세계 전략을 수립하는 사업부문 관리자 모두에게 보고를 했다. 이러한 구조를 통해 ABB는 현지시장에서 지속적으로 번성하면서 글로벌 전략을 수행할 수 있었다. 그러나 1998년 새로운 회장인 고란 린달은 매트릭스 조직을 해체하였다. 그는 언론에서 다음과 같이 설명했다. "이것은 조직을 더 집중화하면서 수평적으로 만듦으로써 더 빠른 속도와 효율성을 목표로 하는 진취적인 움직임이다. 이러한 단계는 현재 전 세계 모든 국내시장 및 글로벌 시장에서 우리의 강력하고, 분산된 존재감 덕분에 가능하다."

2001년 1월, 린달은 자리에서 물러났고, 그의 후임자인 요르겐 센터만은 조직구조 변화를 다시 한 번 단행하였다. 이러한 새로운 변화는 대규모 기업 고객과 산업시장에 대한 집중력을 강화하려는 의도이다. 센터만은 ABB의 모든 제품이 동일한 시스템 기준에 맞게 설계되기를 원하였다. 그러나 2002년 자산매각 압력에 시달리던 최고경영자와 ABB의 이사진은 센터만을 위르겐 도만으로 교체하였다. 도만은 2005년에 그만두었고 프레드 킨들이 그 뒤를 이었다. 비록 그의 리더십 아래 ABB사는 수익성을 회복하였지만 3년 만에 회사를 떠났다. 공식적인 이유는 좁힐 수 없는 회사 운영에 대한 견해 차이 때문이었다. 이후 ABB의 최고재무책임자(CFO)인 마이클 디마레가 임시 CEO로 임명되었다.

이후 2008년 가을 조 호건이 새로운 CEO로 임명되었다. 미국인인 호건은 최근까지 GE의

사진 17-6 ABB의 유미 같은 산업용 로봇은 중국 및 다른 지역의 공장에서 점점 더 중요한 역할을 하고 있다.

출처 : CTK/Alamy Stock Photo.

헬스케어 부문을 맡았던 23년 경력의 베테랑이었다. ABB 이사회는 호건의 미국 대기업에서의 성과를 높이 샀는데, 그 이유는 GE 헬스케어 부문에서 8년간 재임하는 동안 그 부문의 매출액은 70억 달러에서 180억 달러로 두 배가 넘게 성장하였기 때문이다. 이러한 성과는 부분적으로는 호건이 주도한 대규모 인수에 의한 것이었다.[34] 2013년 호건이 ABB의 CEO에서 물러날 때까지 그는 여러 번의 인수를 통하여 이 회사를 산업 자동화 분야의 리더로 올려놓았다(사진 17-6 참조).

21세기 최고경영진의 중요한 임무는 의사결정에서 1차원적인 접근법을 제거하고, 다양한 경영관점과 복잡하고 급변하는 세계를 인지하고 대응하는 조직의 발전을 장려하는 것이다. 앞서 논의되었던 소니의 당면한 과제가 적절한 사례일 것이다. 구조 설계의 변화보다는 행동 변화의 관점에서 생각함으로써 기업의 경영진은 구조적 차트의 한계로부터 벗어나 대신 가용자원으로 이룰 수 있는 최상의 결과를 획득하는 데 초점을 두어야 한다.

▶ **17-3** 린 생산방식의 특성에 대해 논의하고, 이 조직 형태의 선구자였던 일부 기업을 파악한다.

(17-3) 린 생산방식 : 일본식 조직화

자동차산업에서 초기 수공업 생산과정 및 대량생산과 현대의 린(lean) 생산방식을 비교하는 것은 21세기에 새로운 조직구조의 효과성에 대한 흥미로운 사례가 될 수 있다.[35] 20세기 초반에는 수공업생산과 대량생산 사이에 급격한 생산성의 차이가 존재했다. 대량생산업체들, 특히 포드 자동차는 그들 각각의 근로자가 수공업 생산자보다 훨씬 많은 일을 매일 할 수 있도록 가치사슬을 변형시킴으로써 상당한 우위를 확보하였다. 이러한 작업의 흐름을 지원한 혁신은 이동 조립라인이었고, 제작과정을 완전히 새로운 방식으로 개념화하도록 작업자에게 요구하였다. 또한 조립라인은 인력, 생산설비, 투입물을 조직화하는 데 새로운 접근법도 필요했다. 가치사슬 활동을 재배치함으로써 대량생산업체들은 수공업생산업체에 비하여 상당한 노력을 감축시킬 수 있었다. 이러한 생산성 향상은 확연한 경쟁우위를 제공해 주었다.

대량생산기업의 장점은 일본의 자동차 기업이 가치사슬을 더 검토하여 **린 생산방식**(lean production)을 창조할 때까지 지속되었고, 과거 수공업 생산업체에 비해 얻은 극적인 경쟁우위를 스스로 확보할 수 있게 되었다. 예를 들어 일본 기업의 생산방식으로 알려진 토요타 생산 시스템(TPS)은 전형적인 대량생산 시스템에 비하여 약 50% 정도 높은 효율성을 달성한다. TPS는 두 가지 개념을 기반으로 한다. 첫 번째로 잠재적인 문제를 시각화하는 **지도카**(자동화)이다. 지도카는 제조 과정에서 품질이 회사 차량에 내재된다는 의미도 있다. TPS의 두 번째 개념인 JIT(적기공급생산)는 토요타가 필요할 때 필요한 만큼만 생산한다는 뜻이다. 토요타의 훈련 프로그램은 전 직원이 토요타 웨이를 확실히 이해하도록 가르친다. 일본 토요타시에 소재한 토요타 기술 아카데미에는 미래의 공장 노동자들이 참여하고 있다. 임원 연수는 토요타 연구소에서 한다.

조립시간이 단축되었음에도 불구하고 린 생산방식을 통하여 생산된 자동차는 대량생산된 자동차보다 불량률이 현저히 낮았다. 또한 린 생산방식을 도입한 기업은 약 40% 정도 공장 공간을 절약하였고, 대량생산업체에 비하여 더 적은 양의 재고를 유지할 수 있었다. 다시 말하지만 이러한 결과로 인한 경쟁우위는 명확하였다. 차별화 전략이든 저원가 전략이든 상관없이 린 생산방식은 우위를 점하고 있었다.

토요타에서 이러한 이점을 획득하기 위하여 생산 분야의 대가인 다이이치 오노와 신고 시게오는 자동차 생산과 관련된 몇 가지 전통적인 가정을 반박하였다. 그들은 생산설비의 가동 준비시간 단축과 같은 자동차회사 내부의 운영에 변화를 주었다. 이러한 변화는 또한 공급업체 내의 운영뿐 아니라 토요타와 공급기업 간의 인터페이스 그리고 유통업체 및 딜러와의 인터페이스에도 적용되었다. 오노와 신고의 혁신은 산업 내에 폭넓게 수용되어 왔으며, 그 결과 개별적인 생산업체의 가치사슬이 수정되었고 생산업체와 공급업체 사이의 인터페이스가 최적화되어 보다 효과적이고 효율적인 가치사슬 시스템을 구축하게 되었다.

조립업자의 가치사슬

직원의 능력은 린 생산환경에서 강조된다. 토요타에서 일자리를 원하는 사람들은 고용되기 전에 데이 오브 워크라는 12시간짜리 평가 테스트에 참여하여, 누가 적절한 육체적 재능, 팀 활동에 맞는 태도, 문제해결 능력을 갖추고 있는지 판단한다. 일단 고용이 된다면 근로자들은 조립라인, 공장 업무지역의 어느 곳에 배치되더라도 작업을 수행할 수 있도록 상당한 훈련을 받고, 모든 구성원이 팀 내의 다른 모든 구성원의 기능을 수행할 수 있는 팀에 배치된다. 또한 근로자는 의견을 제시하고, 품질과 생산성 향상을 위한 조치를 취할 수 있는 권한을 위임받는다. 품질관리는 카이젠(개선)을 통해 달성되는데, 이는 모든 결함이 식별되고, 자세히 검사되어 궁극적인 원인을 밝혀내고 수정될 수 있도록 지속적인 향상을 이루어 내는 헌신을 의미한다.

기계화 특히 유연한 기계화는 린 생산의 특징이다. 예를 들어 켄터키의 조지타운에 있는 동일한 조립라인에서 토요타의 캠리 세단을 생산하면서 시에나 미니밴도 생산할 수 있다. 시에나와 캠리는 동일한 기본 섀시와 부품의 50%를 공유한다. 조립라인에는 300개의 다른 지점이 있고 미니밴을 조립하기 위해서는 단지 26개의 지점에서만 다른 부품을 필요로 한다. 마찬가지로 혼다는 자사의 미국 내 공장에 유연한 생산기술을 도입하기 위해 수억 달러를 투자하였다. 휘발유가격 급등과 환율변동이 극심한 상황에서 생산의 유연성은 경쟁우위의 원천이 되었다. 예를 들어 달러 약세로 인해 미국 내 수입 자동차들의 마진이 떨어지던 상황에서 혼다는 자사의 CR-V 크로스오버 생산을 영국의 오하이오에 있는 공장으로 이동시켰다. 혼다는 시장상황이나 수요조건에 따라 시빅 콤팩트 생산을 CR-V 크로스오버 생산으로 전환할 수 있었다.[36]

린 생산방식업체와는 달리 미국의 대량생산업체는 전형적으로 직접적 노동 투입량이 많고, 기계화가 적으며, 훨씬 덜 유연한 기계화를 유지하고 있다. 또한 이러한 기업들은 자사의 종업원을 중복되지 않는 다수의 개별 전문 분야로 나눈다. 종업원의 자발성과 팀워크는 장려되지 않는다. 품질관리는 자동차 1대당 허용 가능한 수준의 불량품으로 표시된다.

비교 대상이 산업평균에 근거할 때 일본의 린 생산업체는 상당한 생산성과 품질면에서의 장점을 지속적으로 누리고 있다. 즉, 이런 장점은 린 생산방식을 채택한 기업이 저원가 전략 혹은 차별화 전략을 추구함에 있어 더 나은 포지션을 제공할 수 있다는 것이다. 이 기업은 근로자와 설비로부터 더 나은 생산성을 얻어내고, 공장 내 공간을 더 잘 활용한다. 수리할 면적이 비교적 작다는 것은 생산품의 품질이 높다는 것을 반영한다. '직원 1명당 제안 건수'가 많은 것은 왜 린 생산방식을 채택한 기업이 대량생산방식을 채택한 기업보다 성과면에서 우수한지에 대한 통찰력을 제공한다. 우선 린 생산을 채택한 기업은 근로자 훈련에 훨씬 더 많은 투자를 한다. 또한 해당 팀이 책임지고 있는 모든 업무에 모든 근로자를 순환 근무시킨다. 마지막으로 모든 근로자는 적극적으로 제안을 할 수 있으며, 경영진은 이러한 제안에 따라 조치를 취한다. 가치사슬에 대한 이러한 변화는 린 생산업체의 가치를 크게 향상시키는 것으로 해석된다.

전 세계 자동차회사들 중 많은 기업이 린 생산방식을 연구하고, 이를 전 세계에 있는 자사의 기존 공장과 새로운 공장에 도입하고 있는 것은 놀라운 일이 아니다. 예를 들면 1999년 GM은 독일에 있는 아담 오펠 공장을 정비하는 데 약 5억 달러를 지출할 계획이라고 발표하였다. 변화에 대한 압력은 다양한 원천에서 발생한다. 예를 들면 유럽 자동차 시장에서의 치열해지는 경쟁, 전 세계적 과잉 생산설비, 그리고 유로존 내의 가격 투명성이 가격 하락 압력으로 작용하는 것이 현실화되는 것 등이다. GM의 목표는 인력을 40% 정도 감축시켜 생산공장을 최첨단 린 생산시설로 변모시키는 것이다. GM 유럽의 대표인 마이클 번즈는 당시 "오늘날 가격책정이 더 어렵다. 생산비용, 구조적 비용 등 모든 것을 다루어야 한다."라고 언급하였다.[37] 20년 가까이 새 모델과 새롭고 깨끗한 엔진에 투자하였음에도 불구하고 GM의 유럽 사업은 손실을 입었다. 결국 GM은 2017년 푸조에 오펠 사업을 매각했다.

후방 가치사슬

린 생산업체와 미국의 대량생산업체 간에 개별 딜러, 유통업체, 소비자를 대하는 방식의 차이는 공급업체를 다루는 방식만큼이나 차이가 있다. 미국의 대량생산업체는 기본적인 산업모델을 따르고 종종 협력이 부족하고 때로는 적대적이기까지 한 '3자 거래' 관계를 유지한다. 이러한 관계에서는 정보공유에 대한 인센티브가 없기 때문에 정보공유가 이루어지지 않는 경우가 많다. 제조업체는 가끔 딜러들이 판매가 안 될 것으로 생각하는 모델을 딜러에게 강요하려 한다. 반대로 딜러는 종종 소비자에게 소비자가 원하지 않는 모델을 사도록 압력을 넣으려 한다. 모든 당사자는 그들이 파트너에게 자신이 진정으로 원하는 정보를 숨기려고 한다. 이러한 행동은 기업이 시장의 요구에 반응하도록 하는 데 도움이 되지 않는다.

문제는 종종 오류가 발생하는 시장조사로부터 시작된다. 잘못된 연구는 실제 고객의 요구에 대한 딜러의 피드백 부족으로 더욱 악화된다. 제품기획부서가 마케팅부서 또는 딜러와 상의 없이 모델을 변경하면 상황은 지속적으로 나빠진다. 이러한 과정은 인기가 없거나 판매가 거의 불가능한 제품의 생산으로 귀결된다. 그런 다음 제조업체는 딜러가 인기 없는 모델을 받아들이도록 인센티브나 다른 책략을 사용한다. 예를 들면 잘 팔리는 모델 5개를 주문할 때마다 1개의 비인기 모델을 받아들이도록 하는 것이다. 그러면 딜러는 소비자가 인기 없는 모델을 구입하도록 권유해야 하는 문제를 떠안게 된다.

대량조립업체의 가치사슬 내에서 마케팅 구성요소와 제품 계획 사이의 관계는 단절되었다. 그리고 판매부서와 딜러 사이의 외부 연계도 해체되었다. 또한 딜러가 소비자를 찾는 동안 막대한 비용을 발생시키면서 딜러의 창고에 보관될 수천 대의 안 팔리는 모델 생산에 의존하고 있다는 점에서 가치사슬의 생산 프로세스 부분도 파괴되었다고 볼 수 있다. 대리점 내에서는 더 큰 문제가 존재한다. 영업사원과 소비자 사이의 관계는 가격에 대해서 서로 상대방을 능가하려고 하면서 실랑이를 벌인다. 영업사원이 우위를 점할 때 소비자는 지고 만다. 이러한 관계는 딜러와 제조업체 사이의 관계와도 매우 유사하다. 각각은 상대방을 능가하기 위해 상대방에게 정보를 숨긴다. 영업사원은 소비자의 진정한 필요를 탐색하고, 이러한 필요를 채워 주는 최고의 제품을 찾기 위해 노력하지 않는다. 오히려 거래를 성사시키는 데 필요한 정도의 정보만을 제공한다. 일단 판매가 종결되면 영업사원은 본질적으로 소비자와 더 이상의 접촉은 하지 않는다. 딜러와 제조업체 사이의 관계 또는 딜러와 소비자 사이의 관계를 최적화하려는 어떠한 시도도 이루어지지 않는다.

린 생산방식을 채택한 기업과 대조하면 매우 다른 모습이다. 일본에서 딜러는 진정한 제품 전문가이다. 그들은 판매하는 제품을 잘 알고 금융, 서비스, 유지보수, 보험, 등록, 검사, 배달 등 제품의 모든 측면을 다룬다. 매장 내에서 한 명의 영업사원이 한 고객을 응대하며 이 영업 사원은 초기 접촉에서부터 최종 보상판매 및 교체, 그리고 그 사이의 모든 문제를 담당한다. 또한 딜러의 대표자는 제조업체의 제품개발팀에 포함되어 소비자의 요구에 대해 지속적인 정 보를 제공한다. 딜러, 마케팅부서, 제품개발팀 사이의 관계는 완전히 최적화된다.

대량의 완성차 재고로 인한 스트레스도 존재하지 않는다. 소비자가 주문할 때까지 자동차 는 제작되지 않는다. 각 딜러는 전시용 모델 정도만을 재고로 둔다. 소비자가 원하는 자동차를 결정하고 나면 그 주문은 공장으로 전송되고, 몇 주 안에 영업사원은 해당 자동차를 소비자의 집으로 배달해 준다.

일본의 한 대리점이 소비자를 확보하면 그 대리점은 평생 소비자와 밀접한 관계를 유지하 려고 한다. 또한 해당 소비자의 모든 가족구성원을 소비자로 확보하려고 한다. 일본인들 사이 에 회자되는 농담 중에 "자동차를 판매한 영업사원으로부터 벗어나는 유일한 방법은 일본을 떠나는 것뿐이다."라는 말이 있을 정도다. 일본의 딜러는 실제 소비자와 잠재적인 소비자에 관한 방대한 데이터베이스를 확보하고 있다. 이러한 데이터베이스는 인구통계학적인 데이터 및 선호도에 대한 데이터를 담고 있다. 소비자는 데이터베이스를 업데이트하는 데 참여하도록 독려되며, 그들은 여기에 협조한다.

이러한 정교한 데이터베이스 수집은 시장조사의 필수불가결한 부분이 되며 소비자의 요구 에 부합하는지 확인하는 데 도움을 준다. 모든 자동차는 소비자별로 맞춤 주문되기 때문에 인 기 없는 모델의 재고는 존재하지 않는다. 소비자의 필요와 요구에 관한 딜러의 정교한 데이터 가 결합된 요소는 고객과 딜러 간의 상호작용의 전체적인 성격을 변화시킨다. 소비자는 자신 이 원하고 감당할 수 있는 자동차를 결정하고 기업은 주문할 자동차를 제작한다. 영업사원과 소비자는 서로를 이기려고 노력할 필요가 없다.

미국의 대량생산업체와 일본의 린 생산방식업체 사이의 차이는 비즈니스 목표에 있어서 근 본적인 차이를 반영한다. 미국의 생산업체는 단기수익과 투자수익률에 초점을 둔다. 오늘의 판매는 가치사슬상의 전방활동과는 연결되지 않고 내일의 활동에도 가치를 두지 않는 독립적 인 일일 뿐이다. 또한 영업활동의 비용을 낮추기 위한 노력이 집중된다. 이와는 대조적으로 일 본자동차업체는 이 과정을 장기적인 관점에서 보고 있다. 판매과정에는 두 가지 주요한 목적 이 있다. 하나는 오랜 기간에 걸쳐 개별 소비자로부터의 수익 흐름을 최대화하는 것이다. 두 번째는 생산과정과의 연계를 통해 생산 및 재고비용을 감소시키고, 품질을 극대화하여 차별화 하는 것이다.

(17-4) 글로벌 시대에서 윤리, 기업의 사회적 책임 그리고 사회적 반응

◀ **17-4** 글로벌 마케터들이 글로벌 익스체인지와 함께한 스타벅스의 경험에서 얻을 수 있는 기업의 사 회적 책임에 관한 교훈을 알아본다.

오늘날 최고경영진은 자신이 이끌고 있는 기업의 평판에 대해 적극적으로 대처해야 한다. 여 기에는 부분적으로 다양한 이해관계자의 관심과 득실을 이해하고 이에 대응하는 것을 수반한 다. **이해관계자**(stakeholder)는 한 조직에서 채택한 정책과 관행에 대해 영향을 받거나 지분을 가지고 있는 개인 또는 집단을 말한다.[38] 최고경영진, 직원, 고객, 회사 주식을 소유한 개인 또 는 기관, 공급업자는 기업의 1차 이해관계자를 구성한다. 2차 이해관계자에는 미디어, 일반 비

즈니스 커뮤니티, 지역 커뮤니티, **비정부기구**(nongovernmental organizations, NGO) 등이 포함된다. NGO는 인권, 정치적 정의, 환경문제에 초점을 두며, 글로벌 익스체인지(생산자에게 정당한 대가를 지불하자는 캠페인), 그린피스, 옥스팜 등이 있다. **이해관계자 분석**(stakeholder analysis)은 모든 이해관계자가 윈-윈할 수 있는 결과를 만들어 내는 과정이다.[39]

U2 가수 보노와 바비 슈라이버는 아프리카에서 질병 퇴치를 위한 기금을 모으기 위해 유명 글로벌 기업들과 파트너십을 맺은 'Product(RED)'의 공동 창립자이다. 애플, 아메리칸 익스프레스, 엠포리오 아르마니, 컨버스, 갭, 모토로라는 모두 (RED) 테마 상품과 서비스를 소비자에게 제공한다. 파트너들은 수익의 일정 부분을 에이즈, 결핵, 말라리아 퇴치를 위해 글로벌 펀드에 기부하겠다고 약속함으로써 기업의 사회적 책임에 대한 의지를 보여준다. (RED) 라인을 출시하기 위해 갭의 광고 캠페인은 유명인과 '-red'로 끝나는 동사들로 구성된 단어들로 헤드라인을 사용했다(사진 17-7 참조). 예를 들어 한 광고에는 'Product(RED)' 가죽 재킷을 입은 스티븐 스필버그 감독의 사진 위에 'INSPI(RED)'라는 단어가 겹쳐지도록 만들었다.

글로벌 기업의 리더는 **기업의 사회적 책임**(corporate social responsibility, CSR)을 실천해야 한다. 이것은 사회의 이해에 가장 잘 들어맞는 목표와 정책을 추구해야 할 기업의 의무로 정의될 수 있다. CSR을 고민하는 기업의 핵심쟁점은 누구의 이해관계가 우선시되어야 하느냐이다. 즉, 기업은 경쟁적 관점 사이에서 올바른 균형을 어떻게 찾을 수 있을까? 네슬레의 전 회장겸 CEO인 피터 브라벡은 위와 같은 상황을 "비즈니스의 고유한 역할은 우리가 사업을 운영하는 국가의 사회적, 경제적, 환경적 가치를 창출하는 것이다."라고 요약하였다.[40]

조직은 CSR에 대한 의지를 코즈 마케팅 노력이나 지속가능성에 대한 헌신 등 다양한 방법으로 입증할 수 있다. 일본 후지중공업의 계열사인 스바루는 북미 지역에서 크로스트렉 해치백과 포레스터 SUV에 대한 수요가 높다. 스바루의 인디애나 공장은 현재 연간 40만 대의 차량을 생산하고 있다. 이 브랜드의 매력은 친환경과 가족 친화적인 가치에 대한 평판이다. 이 기업은 제조에 대한 제로 매립 방식을 유지하고 있다(사진 17-8 참조).

일부 기업에서는 이러한 정책이 1차 이해관계자, 특히 Y세대의 직원들에게 중요한 내부적

역할을 한다. 유니레버의 식음료 부문 사장 캐빈 헤브락은 다음과 같이 언급했다.

> 우리는 특히 새로운 세대의 젊은 비즈니스맨과 젊은 마케터들이 그들 자신의 가치관에 부합하는 기업에만 관심이 있다는 것을 알게 되었다. 그리고 새로운 세대의 가치관은 기업이 지구 환경에 대하여 적극적이고 글로벌한 시각을 가져야 한다는 것이다. 도브와 같은 브랜드에 대해 우리가 취하는 윤리적인 포지션, 즉 어떤 브랜드에도 마른 모델을 쓰지 않는 것, 지역사회에 이익을 환원하는 포지션 등 이러한 것들은 모두 마케터들에게 매력적인 제안을 뒷받침하는 것이다.[41]

마찬가지로 스타벅스의 창업자이며 CEO인 하워드 슐츠는 발전된 인적자원정책을 통해 기업의 성공에 핵심적 역할을 담당했다. 주당 20시간 이상을 근무하는 직원은 파트너로 인식되며, 의료보험을 제공 받는다. 또한 파트너는 '빈 스톡(Bean Stock)'으로 알려진 종업원 스톡옵션을 활용할 수 있다. 기업의 웹사이트에 다음과 같이 언급되어 있다.

> 소비자는 그들이 선호하는 브랜드로부터 단순한 제품, 그 이상을 원한다. 직원은 가치관이 확고한 기업에서 일하는 것을 선택한다. 주주는 뛰어난 기업 평판을 가지고 있는 기업에 투자하는 경향이 높다. 아주 단순하게 말해서 사회적 책임을 지는 것은 단순히 옳은 일을 하는 것뿐 아니라 기업을 산업 내 주변 경쟁자로부터 차별화시킬 수 있다.

슐츠는 기회가 있을 때마다 자신의 메시지를 반복하였다. 인터뷰에서는 항상 CSR이 핵심주제였다. 파이낸셜 타임스와의 2005년 인터뷰는 그 대표적인 예이다.

> 아마도 우리는 다른 유형의 글로벌 기업, 즉 다른 비즈니스 모델을 만드는 글로벌 브랜드, 수익을 창출하면서 동시에 사회적 양심을 발휘해 현지시장에 환원하는 기업이 될 수 있을 것이다.[42]

제1장에서 언급한 바와 같이 글로벌 비즈니스와 글로벌 마케팅의 성장을 억제하는 하나의 요소는 글로벌화에 대한 저항이다. 사회운동가들이 한 기업의 정책과 관행을 표적으로 삼으면 기업 평판은 금방 훼손될 수 있다. 세계화 반대 운동은 글로벌 기업에게 중요한 2차 이해관계자가 된다. 이러한 운동은 다양한 형태를 띠고 다양한 방식으로 표출된다. 선진국에서 이러한 운동의 주요 관심 의제는 문화 제국주의(예 : 맥도날드에 대한 프랑스의 반대운동), 기업부문의 해외이전과 해외조달로 인한 일자리 감소(예 : 미국의 가구산업), 그리고 글로벌 기관에 대한 불신(예 : 세계화 반대 시위) 등이다. 개발도상국에서 글로벌회의 반대론자들은 기업들이 현지문화를 훼손하고, 인권보다 지적재산권을 더 중시하며, 건강에 해로운 식품을 홍보하고, 안전하지 않은 식품기술을 촉진하고, 지속 불가능한 소비를 추구한다고 비난한다.[44] 또한 환경 파괴와 노동 착취가 핵심 반대론자에게는 중요한 이슈이다(사진 17-9 참조).

사회적으로 책임감 있는 기업에 소속된 직원은 윤리적인 비즈니스를 실행한다. 즉, 그들은 옳고 그름을 구별할 수 있는 도덕적인 원칙에 의해 행동한다. 수많은 기업들이 내어놓는 공식적인 성명서 또는 윤리강령은 핵심이념, 기업 가치관, 기대관을 요약해서 보여준다. GE, 보잉 및 유나이티드 테크놀로지스는 윤리 문제를 특별히 강조하는 교육 프로그램을 제공하는 미국 기업 중 일부이다. GE의 전 CEO였던 잭 웰치는 몇 년 동안 종업원에게 비공식적인 '거울 테스트'를 받도록 요구하였다. 이것은 "매일 거울을 보면서 자신이 하고 있는 행동을 자랑스럽게 여길 수 있는 있는가?"라고 질문하는 것이었다.[45] 오늘날 GE는 기업윤리와 규정준수에 있어 보다 공식적 접근방법을 사용한다. 예컨대 교육용 영상을 제작하고 온라인 교육 프로그램을 마련하며, 직원들에게 '영혼과 편지'라는 주제로 윤리적 행동지침을 제공하고 있다. 이 문서는 잠재적으로 불법적인 거래 보안 및 위기관리, 그리고 기타 이슈에 대한 지침을 제공한다.

존슨앤드존슨의 경우에는 윤리강령 '우리의 신조'가 있다. 1943년에 처음 소개된 우리의 신조는 전 세계의 존슨앤드존슨 직원에게 수십 개의 언어로 번역되었다(그림 17-5와 부록 참

"코카콜라는 나이키와 맥도날드가 몇 년 동안 그래 왔던 것처럼 세계화의 희생양이 되었다."[43]

베브마크 사장, 톰 피코

Our Credo

We believe our first responsibility is to the doctors, nurses and patients,
to mothers and fathers and all others who use our products and services.
In meeting their needs everything we do must be of high quality.
We must constantly strive to reduce our costs
in order to maintain reasonable prices.
Customers' orders must be serviced promptly and accurately.
Our suppliers and distributors must have an opportunity
to make a fair profit.

We are responsible to our employees,
the men and women who work with us throughout the world.
Everyone must be considered as an individual.
We must respect their dignity and recognize their merit.
They must have a sense of security in their jobs.
Compensation must be fair and adequate,
and working conditions clean, orderly and safe.
We must be mindful of ways to help our employees fulfill
their family responsibilities.
Employees must feel free to make suggestions and complaints.
There must be equal opportunity for employment, development
and advancement for those qualified.
We must provide competent management,
and their actions must be just and ethical.

We are responsible to the communities in which we live and work
and to the world community as well.
We must be good citizens – support good works and charities
and bear our fair share of taxes.
We must encourage civic improvements and better health and education.
We must maintain in good order
the property we are privileged to use,
protecting the environment and natural resources.

Our final responsibility is to our stockholders.
Business must make a sound profit.
We must experiment with new ideas.
Research must be carried on, innovative programs developed
and mistakes paid for.
New equipment must be purchased, new facilities provided
and new products launched.
Reserves must be created to provide for adverse times.
When we operate according to these principles,
the stockholders should realize a fair return.

Johnson & Johnson

그림 17-5
존슨앤드존슨의 신조
존슨앤드존슨의 신조는 회사의 조직구조, 계획, 의사결정 프로세스의 구조에 얽혀 있다. 신조는 위기관리 가이드 역할도 담당한다.
출처 : Johnson & Johnson

조). 경영 전문가인 짐 콜린스가 성공하는 기업들의 8가지 습관(*Bulit to Last*)이라는 책에서 언급한 것처럼 존슨앤드존슨의 신조는 경영 활동을 안내하는 '고정화된 이념'이다. 존슨앤드존슨은 신조를 조직구조, 계획, 의사결정 과정 등 다양한 방식에서 활용한다. 또한 신조는 위기관리 가이드 역할도 담당한다. 예를 들어 1980년대 초 타이레놀 위기를 겪을 때도 존슨앤드존슨은 신조를 고수함으로써 비즈니스에 치명적인 타격을 줄 수 있는 것에 대해서 신속하고 단호하며 투명한 대응을 할 수 있었다.

앞서 살펴본 바와 같이 다양한 시장에서 영업을 하는 글로벌 기업의 경우 기업의 사회적 책임 문제가 복잡해진다. 선진국의 글로벌 기업 최고경영자나 정부정책 입안자들이 '사회의 최선의 이익'을 위해 행동하려고 할 때 다음과 같은 의문이 생긴다. 어느 사회? 본국 시장? 다른 선진국? 개발도상국?(사진 17-10 참조) 예를 들어 1990년대 후반 미성년의 노동 문제를 해결하기 위해 미국 정부는 방글라데시 의류산업에 대해 무역 제재를 단행하였다. 이로 인해 수천 명의 아동 근로자들이 직장을 잃었고, 상황은 더욱 악화되었다. 이 사건으로 인해 누가 이익을 보았는가? 또한 제1장에서 언급했듯이 세계적으로 활동하는 기업은 진화의 단계가 서로 다를 수 있다. 따라서 다국적 기업은 CSR 문제를 임시로 해결하기 위해 개별국가의 경영자에 의존하는 반면 글로벌 기업이나 초국적 기업은 본사에서 정책을 개발하거나 창출한다.

다음 내용을 고려해 보자.

사진 17-9 디자이너 스텔라 매카트니는 패션업계에서 최초의 사회적 의식이 있는 고급 브랜드를 만들었다. 그녀는 자신의 컬렉션에서 모피나 가죽을 사용하지 않는다. 또한 에너지 사용을 줄이고 낭비를 최소화하는 '순환 경제'를 옹호한다.
출처 : Victor VIRGILE/Gamma-Rapho via Getty Images.

사진 17-10 뉴발란스 운동화는 미국에서 유일하게 자국시장에서 운동화를 생산하는 주요 신발회사. 경영진은 본국에서 일자리를 창출하는 것이 기업인으로서의 중요한 책무라고 믿는다. 기업 대변인이 지적한 바와 같이 이익 극대화가 유일한 목표였다면 저임금국가에서 신발을 조달하는 것이 더 유리할 것이다. 이 기업의 인쇄광고는 다른 미국 기업들이 뉴발란스의 예를 따르도록 권장한다.
출처 : New Balance Athletic, Inc.

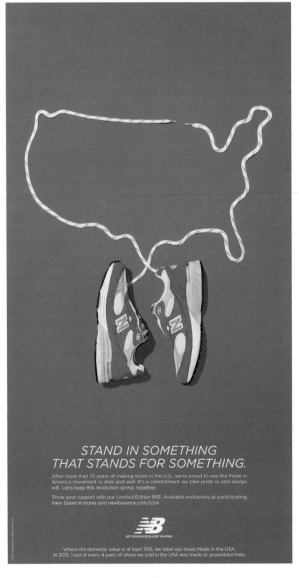

- 유명 브랜드 옷을 만드는 공장에서 열악한 근무환경이 만연해 있다고 주장하는 비평가들의 비난이 패션업계에 쏟아지고 있다.
- 월마트는 다양한 이유로 비난의 대상이 되었다. 특히 비평가들은 회사를 표적으로 삼아 경영진에게 시급제 직원들의 임금 인상 지불을 촉구하였다. 월마트 CEO 더그 맥밀론은 직원들의 최저임금을 인상하고 여러 친환경 사업을 추진하기 시작했다.
- 미국의 CEO 급여는 평균 급여보다 빠르게 상승하고 인플레이션보다 더 빨리 오르고 있다. 경제정책연구소 연구에 따르면 2016년 CEO의 급여는 평균 근로자보다 271배 더 많은 것으로 나타났다.[46]

글로벌 기업이 이러한 문제에 대응하는 최선의 방법은 무엇인가? 표 17-3에 몇 개 기업을 예로 들었다. 사례연구로 폴 아젠티는 스타벅스 사례를 통해 글로벌 기업이 NGO와 협력하여 '윈-윈' 결과에 도달하는 방법에 대해 설명하고 있다. 앞서 언급한 바와 같이 스타벅스 CEO 슐츠는 직원들을 유도하고 초심을 잃지 않도록 새로운 보상과 복리후생 패키지를 활용하였다. 이러한 스타벅스의 선도적 경영이 널리 인정받고 있었음에도 불구하고 글로벌 익스체인지, 즉 스타벅스는 공정무역 커피를 판매해야 한다는 사회적 책임에 대한 이행을 더욱 강화해야 한다는 압박을 받게 되었다. 슐츠 사장은 세 가지 선택안에 직면하였다. 글로벌 익스체인지의 요구를 무시하거나, 맞서거나, 아니면 항복하는 것이었다. 결국 슐츠 사장은 절충안을 택하여, 스타벅스가 소유하는 미국 내 매장에서는 공정무역 커피를 판매하는 데 동의했다. 또한 공급업체들과 장기적이고 직접적인 관계 구축을 위한 몇 가지 선도적 대안을 내놓았다. 아젠티가 스타벅스 사례연구에서 제시한 7가지 교훈은 다음과 같다.[47]

- 사회적으로 책임 있는 기업이 대상일 가능성이 크지만 매력적인 협업 후보라는 사실을 인식하라.
- 협업을 위해서는 어떤 위기라도 기다리지 마라(나서서 적극 대처하라).
- NGO와의 관계를 전략적으로 생각하라.
- 협업이란 어느 정도의 타협이 수반된다는 점을 인식하라.
- NGO의 독립성의 가치를 판단하라.
- NGO와의 관계 구축에는 시간과 노력이 소요됨을 이해하라.
- 의사소통을 전략적으로 사용함으로써 NGO처럼 생각하라.

비즈니스 에틱스 쿼터리에 게재된 최근 논문에서 아르토데이는 국제적, 다국적, 글로벌, 초국적 기업의 사회적 행동을 분석하고자 3차원의 분석틀을 제시한 바 있다.[48] 이러한 다양한 개발단계가 첫 번째 차원을 구성한다. 두 번째 차원은 CSR의 다음 세 가지 내용, 즉 인권, 노동, 환경을 포함한다. 이것은 UN의 글로벌 콤팩트에 의해 인정받은 글로벌 기업의 보편적인 관심사항이다. 아르토데이가 제시하는 틀의 세 번째 차원은 세 가지 관점으로 구성되는데, 먼저 CSR의 **이념적 차원**은 기업의 경영진이 반드시 수행해야 할 것으로 믿는 일과 관련된다. **사회적 차원**은 기업의 외부 이해관계자의 기대로 구성되며 **운영적 차원**은 기업이 실제 수행하는 다양한 행동이나 활동이 포함된다. 차원 간의 상호작용으로 여러 가지 갈등 시나리오가 발생할 수 있다. 기업 경영진이 해야 한다고 생각하는 것과 이해관계자의 기대 사이에 불일치가 있을 경우 갈

표 17-3 글로벌 마케팅과 기업의 사회적 책임

기업(본사가 위치한 국가)	CSR 이니셔티브 특성
이케아(스웨덴)	인도에 있는 이케아의 1차 카펫 공급업체는 하청업체들이 미성년 아이들을 고용하는지 여부를 확인하기 위해 모니터링을 시행한다. 또한 이케아는 낮은 카스트 인도 여성들에게 대출기관으로부터 빌린 부채를 줄이는 데 도움을 준다. 인도 마을에 어린이 친화적인 환경을 조성하기 위한 노력의 일환으로 '연계 학교'를 후원하여 문맹률을 낮추고 소녀들과 불가촉천민을 포함한 젊은이들이 정규 학교에 등록할 수 있도록 도움을 준다
에이본(미국)	에이본사의 '유방암 퇴치 운동'은 암 연구를 위해 수억 달러를 모금했다. 그 돈으로 50개국에서 연구가 이루어지고 있다.
스바루(일본)	인디애나에 있는 스바루의 조립공장은 미국 최초의 '매립지 제로' 자동차 공장이다. 수거된 포장의 99% 이상이 재활용된다. 또한 스바루는 친환경적인 'Leave No Trace Center for Outdoor Ethics'와 해양친화적인 의류 브랜드인 'United By Blue'와 같은 주요 기관과 파트너십을 맺고 있다.

*Edward Luce, "IKEA's Grown-up Plan to Tackle Child Labor," Financial Times (September 15, 2004), p. 7.

등이 발생할 수 있다. 기업의 리더가 해야 한다고 믿는 것과 실제로 하고 있는 것 사이에 불일치가 있을 때 갈등도 일어날 수 있다. 마지막으로 사회의 기대와 실제 기업 관행과 활동 사이의 불일치로 인해 갈등이 발생할 수 있다.

요약

글로벌 마케팅 환경의 기회와 위협에 대응하고자 경영진은 글로벌 비전과 전략을 개발해야 한다. 또한 리더는 조직 전체에 비전을 전달하고 전 세계적으로 **핵심역량**을 구축해야 한다. 글로벌 기업은 고위경영진에 적합한 인물은 반드시 본국 국민일 필요가 없다는 사실을 점차 인식해 가고 있다.

글로벌 마케팅 노력을 조직화하는 목표는 기업이 국제시장 환경의 현저한 차이에 대해 대응하고 가치 있는 기업지식을 확장할 수 있는 구조를 만드는 것이다. 대안적 조직으로 국제사업부, 지역경영총괄본부, 지리적 구조, 지역 또는 전 세계 제품별 사업부, 매트릭스 조직 등이 있다. 이 가운데 어떤 형식이 채택되더라도 자율성과 통합 간의 균형은 반드시 유지되어야 한다. 일본의 자동차회사가 개척했던 린 생산방식이라는 조직원리를 많은 기업이 채택하고 있다.

많은 글로벌 기업이 기업의 사회적 책임(CSR)이라는 이슈에 관심을 보이고 있다. 기업의 이해관계자에는 비정부기구(NGO)가 포함될 수 있다. 이해관계자 분석은 기타 조직의 규명에 도움이 된다. 전 세계적으로 소비자들은 자신이 사용하는 브랜드와 제품이 윤리적이고 사회적으로 책임 있는 방법으로 수행하는 기업에서 판매하기를 기대한다. 사회적 의식이 있는 기업은 그들의 어젠다(의제) 속에 인권, 노동, 환경과 관련된 문제를 포함시킨다. 그러한 가치는 윤리강령 속에 자세히 설명되어 있다. 이념적, 사회적, 조직상의 관점은 모두 CSR에 적용시킬 수 있다.

토론문제

17-1. 글로벌 기업의 최고경영진은 본국 국민일까?

17-2. 글로벌 마케팅에 관여하는 기업에서 어떤 활동은 본사에 집중하고, 어떤 활동은 국내 또는 현지 자회사에 위임해야 하는 것은 무엇인가?

17-3. "매트릭스 조직은 전 세계적으로 네 가지 역량을 통합하는 것이다." 이 말을 설명하라.

17-4. 자동차산업에서 '린 생산방식'과 전통적 조립라인 방식은 어떻게 다른가?

17-5. 이 책에서 글로벌 기업이 CSR 활동을 보여주는 몇 가지 방법을 규명하라.

사례 17-1 (계속)
유니레버

세스코 사장이 최고경영자로 승진한 뒤 유니레버 이사회는 경영진 규모를 축소 조정하였다. 이제는 한 명의 최고경영자만이 있다. 이전에는 로테르담에 1명, 런던에 1명, 모두 두 명이었다. 1인 사장 체제에서 세스코 사장은 의사결정 관점에서 합의 방식의 필요성이 의사결정의 속도로 대체되었다. 앞서 언급했듯이 이러한 결정 중 많은 부분은 '선행'에 관한 것이었다. 그러나 일부 전문가들은 책임감 있는 비즈니스 철학을 운영하려는 세스코의 결의에 회의적이었다. 세스코는 "회사는 잘 운영되지 않았다. 형편없는 실적을 변명하기 위해 사회적 책임의 깃발을 들고 스스로를 자만하고 있다는 신문기사가 있었다. 나는 그것에 대단히 분노했다."고 회고했다.

세스코 사장의 언급은 그의 임기 마지막 회인 2008년에 시험대에 올랐다. 그린피스는 유니레버의 인도네시아산 팜유 구매가 열대우림의 파괴를 지속시킨다는 광고 캠페인을 올렸다. 도브 비누, 매그넘 아이스크림바, 바셀린 로션의 핵심성분인 팜유는 인도네시아와 말레이시아에서 자라는 야자나무에서 추출된다. 유니레버는 세계 최대의 야자유 고객으로 해마다 약 140만 톤을 구매한다. 야자유의 국제시장 가격인상은 인도네시아 농민으로 하여금 오래된 열대우림을 베어 내고 속성야자수를 심도록 하였다. 특히 그린피스는 인도네시아의 팜유 공급업체인 시나마스가 삼림 황폐화를 초래했다고 지적했다.

그린피스 캠페인의 미디어 전략은 런던의 신문광고와 유튜브에서의 영상광고를 포함한 것이었다. 인쇄광고는 유니레버의 'Real Beauty' 캠페인을 풍자적으로 묘사했다. 예컨대 '화려한 것인가, 아니면 사라져 버릴 것인가?'라는 제목과 함께 나란히 배치한 오랑우탄의 모습을 소개한 것이다. 그린피스 전무이사 존 사우븐은 왜 자신들의 조직이 유니레버를 표적으로 하고 있는가를 다음과 같이 설명했다. "모두가 이 브랜드에 대해 잘 알고 있다. 이 브랜드는 그 회사의 대중적 얼굴이다."(사진 17-11 참조).

세스코는 인도네시아 원유 생산업자의 열대우림 파괴에 대한 생산중지를 요구했다. 또한 유니레버 사장은 원유 생산 시 열대우림을 파괴하지 않았음을 입증하는 생산자에게서만 팜유를 구매하겠다고 서약하였다. 이러한 움직임은 팜유 생산업자의 인증기관인 지속가능팜오일 산업협의체(RSPO)와 제휴하기에 이르렀다. 또한 유니레버사의 대변인은 유니레버의 팜유 공급전략에 대한 제안된 변경안이 수개월 동안 진행되고 있다고 밝혔다. 그럼에도 불구하고 그린피스를 비롯한 기타 NGO들은 자신들이 승리했다고 주장했다.

유니레버는 "여러분이 슈퍼마켓에서 구매한 것이 세상을 바꿀 수 있습니다."라고 머리글을 쓴 광고 캠페인을 대중 앞에 선보였다. 광고의 본문에는 "2015년까지 우리의 모든 팜유는 지속 가능한 곳에서 나올 것입니다."라는 유니레버의 약속이 적혀 있었다. 그 광고는 "작은 행동이 큰 차이를 낳습니다."라는 태그라인으로 끝을 맺는다. 그러나 2011년까지 유니레버 팜유 구매의 약 2%만이 추적 가능한 출처에서 나오고 있었다. 그럼에도 불구하고 조달 책임이사 마크 엔젤은 "그러한 개입을 누가 했는지 나는 모르며 더구나 우리 회사의 규모에 대해서는 더욱 모릅니다."라고 말했다. 목표를 달성하기 위해 유니레버는 RSPO의 인증을 받은 재배자가 판매하는 그린팜 인증을 받은 팜유를 구매하기 시작했다.

'잘하고 있다'는 것 또한 유니레버에서는 리더십 방정식의 일부분이다. 세스코는 유니레버의 수익성 개선이 중요하다는 것을 잘 알고 있었다. 이러한 목표 달성을 위해 그는 전임 사장이자 공동회장이었던 니얼 피츠제럴드가 선도하였던 구조조정을 계속 추진하였다. 여러 관리계층을 제거함으로써 유니레버의 관료주의를 줄여나가는 등 구체적 활동이 전개되었다. 세스코는 또한 최고경영진의 구성원을 25명에서 7명으로 줄이고 경영진과 마케팅부서 간의 수직적 거리를 좁혔다. 그뿐만 아니라 유니레버사는 브랜드 수백 개를 버리고 프랑스, 독일 기타 여러 곳에 있는 수십 개의 공장을 폐쇄하였다. 세스코가 판단하기에 새롭고도 간결한 조직구조는 시장추세의 변화와 소비자 기호에 보다 신속하게 대응할 뿐 아니라 신제품의 신속한 출시를 더욱 빠르게 보장한다.

세스코는 매출액을 획기적으로 향상시키기 위해 신흥시장에 집중적으로 투자하였다. 소득 증대는 곧 많은 소비자가 처음으로 소비재를 구매한다는 의미이다. 예를 들면 개도국 소비자들이 처음으로 세탁기를 사는 구매량이 늘어나면 세탁세제 구매량도 늘 것이라는 점을 예상하는 것이다. 그러한 추세를 구체화하고자 세스코 사장은 유럽과 같은 성숙기 시장에 대해서는 예산을 줄이고 그 대신 인도나 다른 신흥시장에서의 시장조사를 지원하는 데 집중하였다. 브랜드 경영자들은 신흥시장에서의 신제품 개발전략으로 '새로운 시작'을 통한 혁신을 교육하고 있다. 탈취제 브랜드의 포장 담당이사인 스테프 카터는 최근 "전통적으로 우리는 기존 제품을 가져와서 개발도상국에 적용하는 방법을 알아내려고 했다. 하지만 생각이 바뀌었다."고 피력했다.

폴만 시대가 시작되다

파울 폴만이 2009년 1월 CEO에 임명되었다. 네슬레사의 임원 출신이자 유니레버의 80년 역사상 외부인사가 사장이 되기는 처음이었다. CEO가 된 후 첫 달에 그는 유니레버 핵심전략의 변화를 선도하였다. 과거에 유니레버는 제품가격을 인상하는 방법으로 매출신장을 이루었다. 그러나 이 방법이 불황기에는 잘못된 전략이라는 점에 주목하면서 폴만은 매출액을 늘리는 새로운 전략을 내놓았다. 이러한 변화는 약간의 위험을 수반하였다. 유니레버의 제품 포트폴리오 중에 핵심요소인 농산품의 원가가 오를 경우 자사제품의 가격을 동결시키게 되면 마진에 대한 압박이 될 수 있다.

또한 폴만은 가격에 민감한 많은 소비자들이 유명 브랜드 제품 대신 자체개발상품을 선택한다는 사실을 잘 알고 있었다. 폴만은 제품 품질을 개선하고 마케팅과 광고 예산의 증액을 약속했다. 이러한 투자를 지원하고자 그는 전임자들이 추진했던 몇 가지 비용절감 조치에 박차를 가했다. 예를 들어 공장폐쇄와 고용감축에 대한 일정을 앞당기고 임원 급여를 동결하며 상여금 정책도 바꿔 버렸다. 또한 매출이 저조한 브랜드 관리자를 위한 30일 실천계획을 수립하였다. 그는 최고마케팅책임자(CMO)를 포함하여 유니레버의 상위 100명의 임원 중 거의 3분의 1을 교체했다.

소비자에 대한 유니레버의 약속을 입증하고자 폴만은 직원들에게 분

사진 17-11 유니레버는 지속 가능성 이슈를 우려하는 행동주의 단체들의 표적이 되었다. 예를 들어 팜유는 유니레버의 몇몇 브랜드의 핵심 성분이지만 인도네시아의 오랑우탄 서식지는 야자나무 농장을 위한 공간을 마련하기 위해 사라지게 되었다. 그린피스와 다른 NGO들은 시위를 벌여 왔다. 여기 오랑우탄 복장을 하고 있는 한 사회운동가가 런던의 유니레버 하우스 밖에 앉아 있다. 유니레버는 2020년까지 모든 팜유는 지속 가능한 자원으로부터 나올 것이라고 약속했다.
출처 : Stephen Hird/Reuters.

명한 의지를 표현했다. 유럽은 물론 남미와 아시아 시장을 정기적으로 방문하는 등 해당 지역에서 전체 시간의 50%를 보냈다. 최근의 인터뷰에서 그는 방문한 모든 국가의 소비자를 만날 것이라고 말했다.

이러한 열정은 폴만이 기획한 수많은 마케팅 활동 속에서 뚜렷이 드러난다. 이 중 하나는 특히 신흥시장에서 신제품 출시가 빠른 속도로 이루어졌다는 것이다. 유니레버의 홈케어 부서는 최초로 중국에서 액체세제를 시장에 선보였다. 터키 시장에는 식기세척기용 액체세제를 30일 이내에 출시하였다. 여기에 서프 세탁세제 등 기존 브랜드가 아프리카 시장에서 업그레이드되면서 혁신은 유니레버 브랜드의 가치를 뒷받침하는 핵심요소가 됐다.

개인위생용품의 성장을 이끄는 것도 폴만의 또 다른 우선 과제였다. 글로벌 탈취제 부문 시장의 연간 매출액은 그 자체로 170억 달러로 추정된다. 이러한 시장에 진출하기 위해 도브 브랜드를 남성용 제품으로 확장시켰다. 남성용 도브가 수십 개국 시장에 출시되었다.

한편 도브의 제품 담당이사는 여성들이 탈취제 브랜드를 바꾸도록 설득하기 위한 새 전략을 내놓았다. 도브의 'Ultimate Go Sleeveless'는 겨드랑이에 대한 소비자의 생각을 알아보기 위해 설계된 기업 연구의 결과였다. 연구자들은 93%의 여성들이 겨드랑이가 매력이 없다고 생각한다는 사실을 알게 되었다. 이 상품은 보습용으로 제조되어 며칠만 사용해도 겨드랑이가 더 멋져 보일 것이라고 회사 측은 주장하고 있다.

아이스크림과 음료부문도 변화 중이다. 유니레버의 매그넘 브랜드 고급 아이스크림바는 세계시장에서 가장 많이 팔리는 명품 아이스크림이다. 매그넘이 유럽 시장에서 대단한 인기를 누리지만 2011년까지는 미국 시장에 소개되지 않았었다. 하겐다즈와 마스는 이미 시장에 정착했지만 매그넘 마케팅팀은 자사브랜드인 매그넘이 두각을 보일 것이라고 확신하고 있었다. 한 관리자는 누군가가 매그넘 초콜릿의 두꺼운 껍질을 깨물었을 때 들리는 커다란 파열음 소리가 매그넘 브랜드 자산의 중요한 부분이라고 설명하였다. 미국 시장에 진출한 첫해 매그넘은 1억 달러의 매출을 올렸다.

폴만은 2015~2017년까지 야심찬 인수합병 일정을 추진하였다. 18건

의 인수 중 다수는 급성장하는 틈새 사업으로 비교적 적은 투자였다. 해당 사례로 유니레버는 질레트가 지배해 왔던 조용한 소비자를 붕괴시킨 개인위생용품을 제공하는 신생 전자상거래 회사인 달러 쉐이브 클럽에 10억 달러를 투자했다. 카버 코리아와 같은 다른 투자들은 유니레버를 전 세계의 현지 및 지역 시장에 진출시키고 있다.

한편 유니레버 자체가 인수합병 대상이 됐다. 폴만은 유니레버의 자산을 '아주 저평가'했다는 이유로 크래프트하인즈가 제안한 1,150억 파운드(1,430억 달러)를 거절했다. 분석가들은 유니레버의 신임 CEO가 콜게이트 팜올리브 또는 에스티로더와 같은 대규모 인수를 모색할 것인지에 대해서도 궁금해했다.

또한 브렉시트 논의가 계속되자 유니레버는 기업구조 간소화와 관련한 결정을 연기했다. 몇 년 동안 이 회사는 흔히 '영국-네덜란드 소비재 거대기업'으로서 런던과 로테르담 양쪽에 2개의 모기업과 본사를 두고 있었다. 게다가 유니레버 주식은 2개의 별도 유럽 거래소에 상장되었다. 이러한 이중 구조는 부분적으로 영국과 네덜란드의 투자자 배당금과 관련한 과세에 있어 서로 다른 규제 때문이다. 2017년까지 네덜란드 정부가 더 많은 외국인 투자를 유치하기 위해 세제 개혁에 착수하면서 유니레버의 최고경영진은 한 나라에만 본사를 둔 통일 구조로 전환할 준비를 했다. 질문은 다음과 같았다. 그렇다면 어디에?

지속 가능성의 약속을 다시 강조하다

폴만은 마케팅 활동을 비롯한 여러 가지를 관리하면서도 전임 CEO 세스코가 했던 그룹의 사회적 책임의 약속은 유지되어야 한다고 확신했다. 폴만은 지속 가능성과 환경 영향에 관한 자신의 견해를 요약하면서 다음과 같이 말했다.

> 행복으로 향하는 길은 소비의 감소를 통해서가 아니다. 보다 책임감 있는 소비를 통해서 완성되어야 한다. (중략) 그것이 지속 가능한 팜유의 세계로 가고자 하는 캠페인을 택하는 이유이다. 그렇기

때문에 지금 당장 충분한 영향을 섭취하지 못하는 사람들이 보다 나은 삶을 누릴 수 있도록 소규모 농민들과 협력해야 한다.

2012년 유니레버는 인도네시아의 팜유 가공공장에 대한 1억 달러 투자 계획을 발표하였다. 공급원 근처에 회사가 관리하는 공장이 있으면 지속 가능한 공급원에 대한 팜유 추적 작업이 더 쉬워진다. 현재까지 처리공장에서는 지속 가능 여부와 상관없이 서로 다른 공급원의 나무에서 나온 오일을 동일한 통에 혼합하여 가공하는 것이 일반적인 관행이었다. 따라서 이 방법은 개별 오일의 기원을 추적하기 어렵게 한다.

최고공급망책임자(CSCO) 마크 엔젤은 팜유 가공과 휘발유 제조에 사용되는 원유 가공을 비유하여 설명한다. 그는 "실제 자신의 승용차 안의 휘발유가 어디에서 어떤 유전에서 나온 것인지를 알아내는 것은 대단히 어렵다."고 말한다. 투자금을 보호하기 위해 유니레버는 해조류에서 오일을 생산하는 캘리포니아의 솔라자임에도 투자하고 있다. 이 기술은 어떤 잠재력을 갖고 있는가? 솔라자임의 CEO이자 공동창업자 조나단 울프슨은 말한다. "우리는 모든 종류의 식품을 만들어 왔습니다. 우리는 그 기름을 튀김용으로 쓰고 있습니다. 우리는 마요네즈와 아이스크림을 만들어 왔습니다. 그 제품들은 현재 잘나가고 있으며 맛도 좋고 기능적입니다."

토론문제

17-6. 유니레버 같은 회사가 좋은 기업 시민이 되는 것과 이윤을 창출

하는 것 사이에서 균형을 유지해야 한다면 어느 쪽을 더 우선시 하여야 하는가?

17-7. 그린피스의 팜유 항의에 대한 세스코 사장의 반응을 평가하라. 그 반응은 적절한가? 유니레버는 앞으로 그린피스와 기타 NGO들과의 관계를 어떻게 조성해 나가야 할 것인가?

17-8. 간소화된 경영구조와 신흥시장 및 틈새시장 인수에 중점을 두는 것이 유니레버와 같은 대기업이 매출을 높이는 데 도움이 된다고 생각하는가, 아니면 훨씬 더 큰 인수가 필요한가?

17-9. 이 글을 읽고 나서 유니레버가 본부 국가를 어디로 결정했는지 알아냈는가? 만약 그렇다면 어느 곳이고, 그 이유는 무엇인가?

출처 : Saabira Chaudhuri, "Nipped by Upstarts, Unilever Decides to Imitate Them," *The Wall Street Journal* (January 3, 2018), pp. A1, A8; Scheherazade Daneshkhu, "Unilever Uses Deals Strategy to Enter Niche Markets," *Financial Times* (December 1, 2017), p. 18; Michael Skapinker and Scheherazade Daneshkhu, "Man on a Mission," *Financial Times* (October 1–2, 2016), p. 20; Paul Sonne, "Unilever Takes Palm Oil in Hand," *The Wall Street Journal* (April 24, 2012), p. B3; Louise Lucas, "Growing Issue for Palm Oil Producers," *Financial Times* (May 23, 2011), p. 22; Ellen Byron, "Unilever Takes on the Ugly Underarm," *The Wall Street Journal* (March 30, 2011), p. B1; Paul Sonne, "To Wash Hands of Palm Oil, Unilever Embraces Algae," *The Wall Street Journal* (September 7, 2010), p. B1; Louise Lucas, "Investors Skeptical as Unilever Pursues Bold Growth Plan," *Financial Times* (November 16, 2010), p. 20; Stefan Stern, "The Outsider in a Hurry to Shake up His Company," *Financial Times* (April 5, 2010), p. 4; Jenny Wiggins, "Unilever Vows to Focus on Cheaper Products," *Financial Times* (August 7, 2009), p. 17; Jenny Wiggins, "Unilever's New Chief Prepares to Brew up Changes," *Financial Times* (February 6, 2009), p. 15; Michael Skapinker, "Taking a Hard Line on Soft Soap," *Financial Times* (July 7, 2008), p. 12; Aaron O. Patrick, "After Protests, Unilever Does an About-Face on Palm Oil," *The Wall Street Journal* (May 2, 2008), p. B1.

에세이 과제

17-10. 조직이 글로벌 비즈니스 활동을 확대함에 따라 국제사업부를 설립히도록 민드는 몇 가지 요인을 알아보라.

17-11. CSR에 대해 서로 다른 관점을 제공하는 3차원을 파악해 설명해 보라.

부록

존슨앤드존슨의 신조 : 브라질, 러시아, 인도, 중국판

Nosso Credo

Cremos que nossa primeira responsabilidade é para com os médicos, enfermeiras e pacientes,
para com as mães, pais e todos os demais que usam nossos produtos e serviços.
Para atender suas necessidades, tudo o que fizermos deve ser de alta qualidade.
Devemos constantemente nos esforçar para reduzir nossos custos,
a fim de manter preços razoáveis.
Os pedidos de nossos clientes devem ser pronta e corretamente atendidos.
Nossos fornecedores e distribuidores devem ter a oportunidade
de auferir um lucro justo.

Somos responsáveis por nossos empregados,
homens e mulheres que conosco trabalham em todo o mundo.
Todos devem ser considerados em sua individualidade.
Devemos respeitar sua dignidade e reconhecer o seu mérito.
Eles devem se sentir seguros em seus empregos.
A remuneração pelo seu trabalho deve ser justa e adequada
e o ambiente de trabalho limpo, ordenado e seguro.
Devemos ter em mente maneiras de ajudar nossos empregados
a atender as suas responsabilidades familiares.
Os empregados devem se sentir livres para fazer sugestões e reclamações.
Deve haver igual oportunidade de emprego, desenvolvimento
e progresso para os qualificados.
Devemos ter uma administração competente,
e suas ações devem ser justas e éticas.

Somos responsáveis perante as comunidades nas quais vivemos e trabalhamos,
bem como perante a comunidade mundial.
Devemos ser bons cidadãos – apoiar boas obras sociais e de caridade
e pagar corretamente os tributos.
Devemos encorajar o desenvolvimento do civismo e a melhoria da saúde e da educação.
Devemos conservar em boa ordem
as propriedades que temos o privilégio de usar,
protegendo o meio ambiente e os recursos naturais.

Nossa responsabilidade final é para com os acionistas.
Os negócios devem proporcionar lucros adequados.
Devemos experimentar novas idéias.
Pesquisas devem ser levadas avante. Programas inovadores desenvolvidos
e os erros corrigidos.
Novos equipamentos devem ser adquiridos, novas fábricas construídas
e novos produtos lançados.
Reservas devem ser criadas para enfrentar tempos adversos.
Ao operarmos de acordo com esses princípios,
nossos acionistas devem
receber justa recompensa.

Johnson & Johnson

Наше Кредо

Наша основная ответственность – перед врачами и медицинскими сестрами,
перед пациентами, перед отцами и матерями, перед всеми,
кто пользуется нашей продукцией и услугами. В соответствии с их
потребностями мы должны обеспечивать высокие стандарты качества во всем,
что мы делаем. Мы должны постоянно стремиться к снижению затрат,
чтобы поддерживать приемлемый уровень цен. Заказы клиентов должны
выполняться точно и в срок. Наши поставщики и дистрибьюторы
должны иметь возможность получать достойную прибыль.

Мы несем ответственность перед нашими сотрудниками,
мужчинами и женщинами, которые работают у нас по всему миру.
Мы должны ценить индивидуальность в каждом из них.
Мы должны уважать их достоинство и признавать их заслуги;
нам важно поддерживать в них чувство уверенности в завтрашнем дне.
В вознаграждение должно быть справедливым и соразмерным,
а условия труда обеспечивать чистоту, порядок и безопасность.
Нам важно, чтобы сотрудники имели возможность заботиться о семье.
Сотрудники должны чувствовать, что они могут свободно
выступать с предложениями и замечаниями.
У всех квалифицированных специалистов должны быть
равные возможности для получения работы, развития и продвижения.
Мы должны обеспечивать компетентное управление,
действия руководителей должны быть справедливыми и этичными.

Мы несем ответственность перед обществом,
в котором живем и работаем, а также перед мировым сообществом.
Мы должны выполнять свой гражданский долг:
поддерживать добрые начинания и благотворительные акции,
честно платить налоги. Мы должны содействовать улучшениям
в социальной сфере, здравоохранении и образовании.
Мы должны бережно относиться к вверенной нам собственности,
сохраняя природные ресурсы и защищая окружающую среду.

И, наконец, мы несем ответственность перед нашими акционерами.
Бизнес должен приносить существенную прибыль.
Мы должны экспериментировать с новыми идеями,
вести научно-исследовательскую работу,
внедрять инновации, учиться на своих ошибках.
Мы должны приобретать новое оборудование, обеспечивать современные
условия работы и выводить на рынок новую продукцию.
Мы должны быть готовы к сложным ситуациям и иметь резервы
для их решения. Придерживаясь этих принципов,
мы обеспечим нашим акционерам достойный доход.

हमारी नीति

हम यह मानते हैं कि हमारी पहली जिम्मेदारी डाक्टरों, नर्सों, रोगियों, माताओं, पिताओं तथा
उन सभी लोगों के प्रति है जो हमारे उत्पादों और सेवाओं का उपयोग करते हैं।
उनकी आवश्यकताओं की पूर्ति के लिए जो कुछ भी हम करें, वह उत्तम दर्जे का हो।
हमें अपने उत्पादनों की कीमत घटाने की लगातार कोशिश करनी चाहिए
ताकि वे उचित कीमतों में उपलब्ध हों।
ग्राहकों की माँगें सही तौर पर तथा तत्परता से पूरी की जानी चाहिए।
हमारे विक्रेताओं और वितरकों को उचित लाभ मिलने का अवसर मिले।

हम अपने उन स्त्री और पुरुष कर्मचारियों के प्रति
जिम्मेदार हैं जो हमारे साथ संसार के हर देश में काम करते हैं।
हर व्यक्ति को व्यक्तिगत रूप से देखा जाय।
हमें उनकी प्रतिभा और योग्यता का आदर करना चाहिए।
उन्हें अपनी नौकरी की सुरक्षा का विश्वास रहे।
उनका वेतन उचित और पर्याप्त हो।
काम करने का वातावरण स्वच्छ, सुव्यवस्थित और सुरक्षित हो।
पारिवारिक जिम्मेदारियाँ निभानेके लिए हमें अपने कर्मचारियोंको दक्षतापूर्वक मार्ग दिखाना चाहिए।
कर्मचारियों को उनके सुझाव और शिकायतें उचित ढंग से प्रस्तुत करने की स्वतंत्रता हो।
योग्य लोगों को सेवा, प्रगति और विकास के समान अवसर मिले।
हमारा व्यवस्थापन निपुण हो और प्रबंधकों की कृति उचित और न्यायपूर्ण हो।

हम जिस समाज में रहते और काम करते हैं और जिस विश्व समाज के हम भाग हैं
उस समाज के प्रति हमारी जिम्मेदारी है।
हमें अच्छा नागरिक होना चाहिए - दान, धर्म और दूसरे अच्छे कार्यों में
भाग लेना चाहिए तथा आयने हिस्से के कर बराबर देते रहना चाहिए।
हम नगर-सुधार, स्वास्थ्य और शिक्षा को प्रोत्साहित करें।
वातावरण और नैसर्गिक उपलब्धियों को सुरक्षित रखते हुए, जिस संपत्ति का उपयोग
करने का हमें सुअवसर मिला है इसे हम अच्छी तरह संभाल कर रखें।

हमारी आखरी जिम्मेदारी भागधारकों के प्रति है।
व्यवसाय में पर्याप्त लाभ होना चाहिए।
हमें नये-नये विचारों को अमल में लाना चाहिए।
अनुसंधान किए जाएं, आधुनिक योजनाओं का विकास किया जाए और
भूलों से हुई हानि का मूल्य चुकाया जाए।
नये यंत्र खरीदे जाएं, नई सुविधाएँ उपलब्ध हों और नये उत्पादनों का
निर्माण किया जाए ताकि बुरे दिनों के लिए प्रबंध हो।
यदि हम उन सिद्धांतों के अनुसार कार्य करते हैं तो
भागधारकों को पर्याप्त लाभ मिल सकता है।

जॉन्सन ऍण्ड जॉन्सन

我们的信条

我们相信我们的责任首先是对医生、护士和病人、
对父母亲以及所有使用我们的产品和接受我们服务的人负责。
为了满足他们的需求，我们所做的一切都必须是高质量的。
我们必须不断地致力于降低成本，以便保持合理的价格。
客户的订货必须迅速而准确地供应。
我们的供应商和经销商应该有机会获得合理的利润。

我们要对世界各地和我们一起共事的男女同仁负责。
每一位同仁都应视为独立的个体。
我们必须维护他们的尊严，赞赏他们的优点。
要使他们对其工作有一种安全感。
薪酬必须公平合理。
工作环境必须清洁，整齐和安全。
我们必须设法帮助员工履行他们对家庭的责任。
必须让员工在提出建议和申诉时畅所欲言。
对于合格的人必须给予平等的雇用、发展和升迁的机会。
我们必须具备称职的管理人员。
他们的行为必须公正并符合道德。

我们要对我们所生活和工作的社会，对整个世界负责。
我们必须做好公民 - 支持对社会有益的活动和慈善事业，
缴纳我们应付的税款。
我们必须鼓励全民进步。但进健康和教育事业，
我们必须很好地维护我们所使用的财产，
保护环境和自然资源。

最后，我们要对全体股东负责。
企业经营必须获取可靠的利润。
我们必须尝试新的构想。
必须进行研究工作，开发革新项目，
承担错误的代价并加以纠正。
必须购置新设备，提供新设施，推出新产品。
必须设立储备金，以备不时之需。
如果我们按照这些原则进行经营
股东们就会获得合理的回报。

Johnson & Johnson

출처 : Courtesy of Johnson & Johnson.

참고문헌

[1]Carleton "Carly" S. Fiorina, Commencement Address, Massachusetts Institute of Technology, Cambridge, MA, June 2, 2002. See also Carly S. Fiorina, "It's Death If You Stop Trying New Things," *Financial Times* (November 20, 2003), p. 8.

[2]William C. Taylor and Alan M. Webber, *Going Global: Four Entrepreneurs Map the New World Marketplace* (New York: Penguin Books USA, 1996), p. 12.

[3]Noel M. Tichy and Stratford Sherman, *Control Your Destiny or Someone Else Will* (New York: HarperBusiness, 1994), p. 227.

[4]John Arlidge, "Coke's Brit Boss: I May Turn out to Be a 'Cretin,' We'll Find Out," *The Sunday Times* (November 26, 2017), p. 6.

[5]Kerry Peckter, "The Foreigners Are Coming," *International Business* (September 1993), p. 53.

[6]Evan Ramstad, "CEO Broadens Vistas at LG," *The Wall Street Journal* (May 21, 2008), pp. B1, B2.

[7]Kerry Peckter, "The Foreigners Are Coming," *International Business* (September 1993), p. 58.

[8]Kana Inagaki, "Rise of Leroy Signals Toyota's Global Goals," *Financial Times* (June 19, 2015), p. 17.

[9]Monte Reel, Kae Inoue, Jihn Lippert, Jie Ma, and Ania Nussbaum, "Globalism Is Alive and Well," *Bloomberg Businessweek* (July 24, 2017), pp. 50–55.

[10]Neil McCartney, "Squaring up to Usability at Nokia," *Financial Times—IT Review Telecom World* (October 13, 2003), p. 4.

[11]C. K. Prahalad and Gary Hamel, "The Core Competence of the Corporation," *Harvard Business Review* 68, no. 3 (May–June 1990), pp. 79–86.

[12]George S. Yip, *Total Global Strategy* (Upper Saddle River, NJ: Prentice Hall, 1992), p. 179.

[13]Kerry Peckter, "The Foreigners Are Coming," *International Business* (September 1993), p. 58.

[14]William Dawkins, "Time to Pull Back the Screen," *Financial Times* (November 18, 1996), p. 12. See also Sumantra Ghoshal and Christopher A. Bartlett, *The Individualized Corporation* (New York, NY: Harper Perennial, 1999), pp. 179–181.

[15]Christopher Bartlett and Sumantra Ghoshal, *Managing across Borders: The Transnational Solution* (Boston, MA: Harvard Business School Press, 1989), p. 3.

[16]Vladimir Pucik, "Globalization and Human Resource Management," in V. Pucik, N. Tichy, and C. Barnett (eds.), *Globalizing Management: Creating and Leading the Competitive Organization* (New York, NY: John Wiley & Sons, 1992), p. 70.

[17]Regina Fazio Maruca, "The Right Way to Go Global: An Interview with Whirlpool CEO David Whitwam," *Harvard Business Review* 72, no. 2 (March–April 1994), p. 137.

[18]Henry Mintzberg, "The Effective Organization: Forces and Forms," *Sloan Management Review* 32, no. 2 (Winter 1991), pp. 54–55.

[19]William C. Taylor and Alan M. Webber, *Going Global: Four Entrepreneurs Map the New World Marketplace* (New York, NY: Penguin, 1996), pp. 48–58.

[20]Jeremy Grant, "Hershey Chews over Growth Strategy," *Financial Times* (December 14, 2005), p. 23.

[21]Colum Murphy and Laurie Burkitt, "Hershey Launches New Brand in China," *The Wall Street Journal* (May 21, 2013), p. B8.

[22]". . . And Other Ways to Peel the Onion," *The Economist* (January 7, 1995), pp. 52–53.

[23]Emily Glazer, "P&G Unit Bids Goodbye to Cincinnati, Hello to Asia," *The Wall Street Journal* (May 11, 2012), p. B1.

[24]Allen J. Morrison, David A. Ricks, and Kendall Roth, "Globalization versus Regionalization: Which Way for the Multinational?", *Organizational Dynamics* (Winter 1991), pp. 17–29.

[25]Joann S. Lublin, "Division Problem: Place vs. Product: It's Tough to Choose a Management Model," *The Wall Street Journal* (June 27, 2001), pp. A1, A4.

[26]Emily Nelson, "Rallying the Troops at P&G: New CEO Lafley Aims to End Upheaval by Revamping Program of Globalization," *The Wall Street Journal* (August 31, 2000), pp. B1, B4.

[27]Claudia Deutsch, "At Home in the World," *The New York Times* (February 14, 2008), p. C1.

[28]"Ericsson to Simplify Business Structure," *Financial Times* (September 29, 1998), p. 21.

[29]Mark Maremont, "Gillette to Shut 14 of Its Plants, Lay off 4,700," *The Wall Street Journal* (September 29, 1998), pp. A3, A15.

[30]Paul Proctor, "Boeing Shifts to 'Platform Teams,'" *Aviation Week & Space Technology* (May 17, 1999), pp. 63–64.

[31]John W. Hunt, "Is Matrix Management a Recipe for Chaos?" *Financial Times* (January 12, 1998), p. 10.

[32]William C. Taylor and Alan M. Webber, *Going Global: Four Entrepreneurs Map the New World Marketplace* (New York, NY: Penguin USA, 1996), p. 25.

[33]Andrew Edgecliffe-Johnson, "Case Study: EMI," *Financial Times* (September 23, 2011), p. 4.

[34]Haig Simonian, "The GE Man Who Generated a Buzz," *Financial Times* (June 8, 2009), p. 17.

[35]This section is adapted from the following sources: James P. Womack, Daniel T. Jones, and Daniel Roos, *The Machine That Changed the World: The Story of Lean Production* (New York, NY: HarperCollins, 1990); Ranganath Nayak and John M. Ketteringham, *Breakthroughs!* (San Diego, CA: Pfeiffer, 1994), Chapter 9; and Michael Williams, "Back to the Past: Some Plants Tear out Long Assembly Lines, Switch to Craft Work," *The Wall Street Journal* (October 24, 1994), pp. A1, A4.

[36]Kate Linebaugh, "Honda's Flexible Plants Provide Edge," *The Wall Street Journal* (September 23, 2008), p. B1.

[37]Joseph B. White, "GM Plans to Invest $445 Million, Cut Staff," *The Wall Street Journal* (May 27, 1999), p. A23.

[38]The English term *stakeholder* is sometimes hard to convey in different languages, especially in developing countries. See Neil King, Jr., and Jason Dean, "Untranslatable Word in U.S. Aide's Speech Leaves Beijing Baffled," *The Wall Street Journal* (December 7, 2005), pp. A1, A8.

[39]Archie B. Carroll and Ann K. Buchholtz, *Business and Society: Ethics and Stakeholder Management*, 5th ed. (Cincinnati, OH: South-Western, 2003).

[40]Haig Simonian, "Nestlé Charts Low-Income Territory," *Financial Times* (July 14, 2006), p. 15.

[41]Jack Neff, "Unilever, P&G War Over Which Is Most Ethical," *Advertising Age* (March 3, 2008), p. 67.

[42]John Murray Brown and Jenny Wiggins, "Coffee Empire Expands Reach by Pressing Its Luck in Ireland," *Financial Times* (December 15, 2005), p. 21.

[43]Andrew Ward, "Coke Struggles to Defend Positive Reputation," *Financial Times* (January 6, 2006), p. 15.

[44]Terrence H. Witkowski, "Antiglobal Challenges to Marketing in Developing Countries: Exploring the Ideological Divide," *Journal of Public Policy and Marketing* 24, no. 1 (Spring 2005), pp. 7–23.

[45]Stratford Sherman and Noel Tichy, *Control Your Destiny or Someone Else Will* (New York: HarperBusiness, 2001), Chapter 9, "The Mirror Test."

[46]Jena McGregor, "Major Company CEOs Made 271 Times the Typical U.S. Worker in 2016," *The Washington Post* (July 20, 2017), p. 4.

[47]Paul A. Argenti, "Collaborating with Activists: How Starbucks Works with NGOs," *California Management Review* 47, no. 1 (Summer 2004), pp. 91–116.

[48]Marne Arthaud-Day, "Transnational Corporate Social Responsibility: A Tri-dimensional Approach to International CSR Research," *Business Ethics Quarterly* 15, no. 1 (January 2005), pp. 1–22.

용어해설

가격 담합(price fixing) 가격을 결정하는 둘 이상의 기업대표 간의 비밀협약. (11)

가격 투명성(price transparency) 소비자와 기관 구매자로 하여금 전 유럽의 시장에서 가격과 품질을 비교할 수 있도록 해주는 상품이나 서비스의 유로화 표시 가격. (11)

가치관(values) 문화적 측면에서 특정 행동방식이 다른 행동 방식보다 개인적으로나 사회적으로 선호되는 지속적 신념 이나 감정. (4)

가치 네트워크(value network) 특정 산업에서 이윤을 달성하 기 위해 요구되는 한계를 가리키는 특정 산업에서 비용구 조. 넓은 의미로 정의된 산업(예 : 컴퓨터)은 각자 자체적 인 가치 척도를 가지고 유사한 가치 네트워크를 가짐. (15)

가치방정식(value equation) V=B/P, 여기에서 V는 '지각된 가치', B는 '제품, 가격과 유통', P는 '가격'을 의미한다. (1)

가치사슬(value chain) 소비자 가치창출을 위해 기업이 수행 하는 다양한 활동(예 : 연구와 개발, 제조, 마케팅, 물류와 로지스틱스). (1)

간접광고(product placement) 하나 이상의 제품과 상표 이름 이 TV 인기 프로그램, 영화, 기타 여러 형태의 공연에서 노출되도록 기업이 비용을 지불하는 마케팅 커뮤니케이션 도구. (14)

개발도상국(developing countries) 저소득 국가, 중하위 소득 국 가 또는 중상위 소득 국가의 상위 순위에 속하는 국가. (2)

개인용 컴퓨터(personal computer, PC) 디지털 혁명의 하나의 전환국면으로 기록되는 아담한 크기에 적절한 가격의 전 산장치. (15)

개인주의 문화(individualist culture) 홉스테드의 사회적 가치 유형론에서 사회 각 구성원이 자신과 그 직계가족의 흥미 에만 관심을 갖는 사회. (4)

개입의 원칙 개정(changing rules of engagement) 산업계의 강 자가 정한 규정을 위반하거나 규정 준수를 거부하여 경쟁 우위를 창출하는 전략. (16)

거래 사이트(transaction site) 고객으로 하여금 재화, 용역의 구매를 가능케 하는 가상공간의 소매활동. (15)

걸프협력회의(Gulf Cooperation Council, GCC) 산유국의 연 합으로 바레인, 쿠웨이트, 오만, 카타르, 사우디아라비아 와 아랍에미리트(UAE)가 여기에 속한다. (3)

견적송장(pro forma invoice) 진행 중인 수출/수입 거래를 결 정하는 서류이다. 견적서류는 수출업자가 받기 원하는 금 액과 수단을 명시하며, 거래될 상품을 함께 지정. (8)

결합 브랜딩(combination branding) 기업의 이름이 제품 브랜 드 이름과 결합되는 전략. 계층적 또는 우산 브랜딩이라고 도 한다. (10)

경상계정(current account) 국가 간 상품 및 서비스 무역에서 발생하는 거래는 물론 사은품, 공공의 원조 거래까지 망라 하는 모든 거래의 기록. (2)

경영정보시스템(management information system, MIS) 기업 경영에 대한 정보의 지속적인 흐름을 경영자/의사결정자 들에게 제공하는 하나의 시스템. (6)

경쟁우위(competitive advantage) 기업의 고유한 역량과 산업 에서 뛰어난 고객가치를 창출하는 데 중요한 요소 간의 매 칭한 결과물. (1, 16)

경제동맹(economic union) 관세와 수입할당 감소를 포함하는 고도로 발전된 형태의 국경 간 경제 통합. 공통역외관세, 노동과 자본 이동에 대한 제한의 배제, 중앙은행처럼 통일 된 경제정책 및 기관을 창출. (3)

경제협력개발기구(Organization for Economic Cooperation and Development, OECD) 시장 자본주의와 다원주의적 민주 주의에 기초한 경제체계의 개발을 지원하기 위해서 협력 하는 34개국으로 구성된 그룹. (2)

계약생산방식(contract manufacturing) 글로벌 기업이 하청기 업이나 현지제조업자에게 기술 설명서를 제공하는 라이선 싱 계약. (9)

계층적 브랜딩(tiered branding) 제품 브랜드 이름과 연결된 회사 이름을 사용하는 전략. 결합 브랜딩 또는 우산 브랜 딩이라고도 함. (10)

고객관계관리(customer relationship management, CRM) 기업 의 우수 고객을 파악하고 고객의 니즈를 최대한 능률적으 로, 효과적으로 그리고 수익률 높게 충족시키고자 고객의 접점으로부터 수집된 자료를 분석하고 보관하는 과정. (6)

고객전략(customer strategy) 개별 고객이나 잠재고객의 욕구에 관한 정보를 수집, 분석하기 위한 판매대리점의 계획. (14)

고등방위연구계획국(Defense Advanced Research Projects Agency, DARPA) 전시에 통신선 유지를 보장하는 전산망

을 구축한 전담기관. (15)

고배경 문화(high-context culture) 커뮤니케이션, 배경, 관계, 기본적 가치를 포함하는 의사소통의 배경(맥락)에서 엄청난 정보와 의미를 포용하는 문화. (4)

고소득 국가(high-income country) 1인당 국민생산량이 12,236달러 이상인 국가. (2)

공급사슬(supply chain) 원자재를 생산하여 부품 또는 완제품으로 전환하여 구매자가 이용할 수 있도록 하는 지원활동을 수행하는 기업 집단. (12)

공동농업정책(Common Agricultural Policy, CAP) 농촌의 이익을 보호하고 지원하고자 제2차 세계대전 이후 유럽국가들이 채택한 입법. (8)

공동 브랜딩(co-branding) 둘 이상의 다른 회사명 또는 브랜드가 제품포장이나 광고에 현저히 나타나는 결합 브랜딩의 변형. (10)

공동시장(common market) 자유무역지역과 관세동맹으로 경제통합이 형성되면 그 후 구축되는 특혜무역협정을 의미한다. (3)

관계전략(relationship strategy) 대인 판매에서 잠재고객 및 현재고객과 긴밀한 관계를 구축하고 유지하기 위한 영업부서의 사업 계획. 전략/자문판매 모형에서 두 번째 단계. (14)

관련 및 지원 산업(related and supporting industries) 마이클 포터의 국가 경쟁우위에 대한 프레임워크에서 국가 경쟁력 모델인 '다이아몬드'의 네 가지 결정 요소 중 하나. (16)

관세(duties) 요금부과계획으로서 정부가 승인하지 않는 것을 선택하는 사람들에게 징계하는 세금/벌금으로 간주되기도 한다. (8)

관세(tariffs) 수입품에 영향을 미치는 규정, 관세율표와 법규. (8)

관세동맹(customs union) 자유무역협정에 의한 경제통합보다 더 광범위한 경제통합의 추구에 동의하는 회원국을 갖는 특혜무역블럭이다. 관세동맹은 관세와 수입할당제를 줄이는 것은 물론 공동역외관세(CET)를 특징으로 한다. (3)

관세 및 무역에 관한 일반협정(General Agreement on Tariffs and Trade, GATT) 제2차 세계대전 말 자유무역을 촉진하기 위해 창설된 조직으로 회원국들이 서명한 조약. (3)

관세지급 인도조건(delivered duty paid, DDP) 수입상이 지정하는 장소에 상품을 인도하되 관세를 포함한 모든 비용을 수출상이 지불하는 조건의 계약 형태. (11)

관습법 국가(common-law country) 분쟁해결을 위한 법률체계가 과거의 사법적 판결에 따라 결정되는 국가. (5)

관찰(observation) 현재 및 장래 고객들의 행동을 주시/기록

할 훈련된 조사원을 이용하는 1차 자료수집 방법. (6)

광고(advertising) 비대면 채널을 통해 의사소통되는 모든 스폰서와 유료 메시지. 광고는 4P 중 하나로 프로모션 믹스에 해당. (13)

광고 대행사 조직(advertising organization) 하나 이상의 '핵심' 광고 대행사와 다이렉트 마케팅, 마케팅 서비스, 홍보, 리서치 전문 부서가 포함된 기업 혹은 지주회사. (13)

광고 소구(advertising appeal) 목표 청중의 동기와 관련된 커뮤니케이션 접근방식. (13)

국가 경쟁력(national advantage) 국가 수준을 분석하기 위한 전략의 거장 마이클 포터의 경쟁우위 프레임워크. 하나의 국가가 경쟁우위를 발전시키는 정도는 네 가지 요소에 좌우된다. 요소 조건, 수요 조건, 관련 및 지원 산업, 기업전략의 본질. (16)

국가 다각화와 시장 집중화(country diversification and market concentration) 하나의 제품에 대해 세계시장을 추구하는 시장확장전략. (9)

국가와 시장 다각화(country and market diversification) 글로벌 멀티비즈니스 기업이 수행하는 시장확장전략. (9)

국가와 시장 집중화(country and market concentration) 소수의 국가에서 제한된 고객 세분시장을 목표로 하는 시장확장전략. (9)

국가원산지효과(country-of-origin effect) 원산지 또는 제조국가를 기준으로 제품 또는 브랜드에 대해 갖는 인식 및 태도. (10)

국가 집중화와 시장 다각화(country concentration and market diversification) 소수 몇몇 국내의 많은 시장에서 활동하는 시장확장전략. (9)

국내총생산(gross domestic product, GDP) 한 국가 내의 경제활동의 결과 생산총량으로서 소비자 총소비(C), 투자소비(I), 정부구매(G), 순수출(NX)을 포함한 개념이다. (2)

국민총생산(gross national income, GNI) GDP 외에도 비거주자(해외거주 자국민)의 원천에서 발생한 소득을 포함한 개념이다. (2)

국유화(nationalization) 민간부문에서 정부로 특정 국가의 산업 경영과 소유권이 광범위하게 이전하는 현상. (5)

국제무역기구(World Trade Organization, WTO) 관세 및 무역에 관한 일반협정(GATT)을 계승한 기구. (3)

국제법(international law) 국가 간 비상업적 분쟁에 관련된 국제법 기구. (5)

국제수지(balance of payment) 한 나라와 다른 나라 사이에서 이루어진 모든 경제거래의 기록. (2)

국제적 브랜드(international brand) 세계 지역의 도처에서 통용 가능한 상표. 국제적 제품이라고도 함. (10)

군집분석(cluster analysis) 시장조사에서 그룹 내 유사성과 이질성을 극대화하는 군집으로 변수를 모으는 정량적 데이터의 분석기법. 심리통계적 시장 세분화에 사용한다. (6)

권력거리(power distance) 홉스테드의 사회적 가치 유형체계에서 하나의 사회에서 권력이 불평등하게 분포된 것을 수용하는 정도를 나타내는 문화적 차원. (4)

규모의 경제(economies of scale) 단위시간당 절대생산량이 증가함에 따라 단위당 생산비가 줄어드는 현상. (15)

규제 환경(regulatory environment) 기업활동에 대한 지침을 설정하거나 법을 집행하는 정부와 비정부기관 및 조직. (5)

그린필드 투자(greenfield investment) 목표시장에 공장, 소매 아웃렛 또는 새로운 형태의 신규 사업장에 대한 해외직접투자를 수반하는 시장진입전략. 그린필드 작업이라고도 부름. (9)

근거리 무선통신(near-field communication, NFC) 스마트폰이나 기타 전자기기가 판매 시점 단말기와 통신 연결을 설정할 수 있도록 하는 애플페이 및 기타 모바일 결제 플랫폼의 기본 통신 프로토콜 세트. (15)

글로벌 경쟁(global competition) 기업이 경쟁에 관한 글로벌 시각을 유지하면서 국가별 기준보다는 세계적 관점에서 이윤극대화를 추진하는 성공전략. (15)

글로벌 광고(global advertising) 기업, 카피, 헤드라인, 사진, 태그라인 등 기타 요소들이 세계적 적합성에 맞게 개발되는 광고 메시지. (13)

글로벌 마케팅(global marketing) 글로벌 시장기회를 추구하면서 조직의 자원을 투입하고, 글로벌 시장에서 환경적인 위협에 대응하는 과정. (1)

글로벌 마케팅을 위한 조직화(organizing for global marketing) 기업의 글로벌 전략이 실행될 수 있도록 부서, 사업부, 보고 라인 및 조정 시스템을 만드는 관리 프로세스. (17)

글로벌 마케팅 전략(global marketing strategy, GMS) 다음의 네 가지 문제를 제시한 글로벌 시장기회를 추구하기 위한 회사의 청사진. ① 표준화 접근법과 현지화 접근법 사용 여부 ② 핵심 마케팅 활동을 소수 국가들에 집중할 것인지 또는 전 세계적으로 폭넓게 분산할 것인지의 선택 ③ 전 세계에 걸쳐서 마케팅 활동을 조정하기 위한 지침, ④ 글로벌 시장 참여의 범위. (1)

글로벌 브랜드(global brand) 전 세계적으로 같은 명칭, 유사한 이미지와 포지셔닝을 하는 브랜드. (10)

글로벌 브랜드 리더십(global brand leadership) 글로벌 시너지를 창출하고 글로벌하게 브랜드 구축자원을 할당하고 하나의 글로벌 브랜드 전략을 개발하기 위한 국가 브랜드 전략을 조정하고 활용하는 활동. (10)

글로벌 산업(global industry) 세계적 규모의 운영을 통합하고 활용함으로써 경쟁우위를 달성하는 산업. (1)

글로벌 소매(global retailing) 글로벌 시장에서 소매업을 운영하거나 소유하는 것.(12)

글로벌 소비문화 포지셔닝(global consumer culture positioning, GCCP) 글로벌 문화나 글로벌 시장 세분화의 한 상징으로서 제품, 브랜드, 기업 자체를 차별화시키려는 포지셔닝 전략. (4, 7)

글로벌 시장 세분화(global market segmentation) 거주하는 국가와 상관없이 유사한 구매행위를 나타내기 쉬운 동질적 속성을 가진 잠재적 소비자들의 특정 세분시장을 규명하는 과정. (7)

글로벌 시장조사(global market research) 전 세계 기준으로 또는 본국 밖의 1개 이상의 시장에서 프로젝트 특유의 자료 수집과 분석. (6)

글로벌 엘리트(global elite) 특권 또는 명품과 고급스러운 이미지의 브랜드에 많은 비용을 지불하는 부유하고 여행을 자주하는 소비자로 구성된 글로벌 세분시장. (7)

글로벌 전략적 파트너십(global strategic partnerships, GSP) 글로벌 시장에 제공할 목적으로 하나 이상의 동업자와 제휴를 통해 수행하는 정교한 시장진입전략. (9)

글로벌 제품(global product) 세계의 모든 지역에서 구매자의 욕구와 필요를 충족시켜 주는 제품. (10)

글로벌 10대(global teens) 구매행동을 형성하는 패션, 음악, 젊은 생활방식에 관한 관심사를 공유하는 12~19세의 10대로 구성된 글로벌 세분시장. (7)

기업 광고(corporate advertising) 특정 제품의 수요를 직접 자극하기보다 이미지 광고 및 옹호 광고처럼 간접적으로 그룹을 홍보하기 위해 설계된 광고. (13)

기업의 사회적 책임(corporate social responsibility, CSR) 사회의 최고 관심사에 부합하는 목표와 정책을 추구하는 기업의 의무와 약속. (17)

기업인수(acquisition) 본국이 아닌 곳에 자산을 투자하는 시장진입전략. (12)

기업전략, 구조, 경쟁의 속성(nature of firm strategy, structure, and rivalry) 국가경쟁우위에 관한 마이클 포터의 프레임워크에서 한 국가의 '다이아몬드'의 네 번째 결정요인. (16)

남미공동시장(Common Market of the South, Mercosur) 아르헨티나, 브라질, 파라과이, 우루과이로 구성된 관세동맹. (3)

남성성 문화권(masculinity) 홉스테드의 사회적 가치 틀에서 한 문화의 남성들이 적극적이고, 경쟁적이며, 물질적 성공에 관심을 가지며, 여성들이 양육자의 역할을 수행하고 아동의 복지와 같은 문제에 관심을 가지는 사회. (4)

남아프리카 개발공동체(Southern African Development Community, SADC) 앙골라, 보츠와나, 콩고민주공화국, 레소토, 말라위, 모리셔스, 모잠비크, 나미비아, 세이셸, 남아프리카공화국, 스와질란드, 탄자니아, 잠비아, 짐바브웨가 결성한 경제공동체. (3)

내부적 분석(emic analysis) 한 국가의 지역적 의미와 가치체계를 분석하는 글로벌 시장조사. (8)

뇌물수수(bribery) 국경을 넘나들며 협상할 때 특정 유형의 대가(일반적으로 현금 지불)를 요구하거나 제공하는 부패한 비즈니스 관행 (5)

능률적 소비자 반응(efficient consumer response, ECR) 소매상이 공급업체와 더욱 긴밀하게 협업하여 원활하게 재고관리를 진행할 수 있도록 지원하는 MIS 도구. (6)

다이렉트 마케팅(direct marketing) 주문, 추가 정보의 요구 및 점포 방문 또는 사업장 방문 요청의 응답을 생성하도록 설계된 소비자 또는 사업가 응답자와의 의사소통. (14)

다이렉트 메일(direct mail) 마케팅 담당자가 목표로 하는 잠재고객에게 오퍼를 전달하기 위한 수단으로 우편 서비스를 사용하는 다이렉팅 마케팅 기법. (14)

다중시장 세분화 전략(multisegment targeting) 여러 마케팅 믹스 요소를 통해 둘 이상의 분명한 세분시장을 공략하는 마케팅 전략. (7)

다차원 척도법(multidimensional scaling, MDS) 시장조사에서 인식지도를 만드는 데 사용할 수 있는 계량적 자료분석기술. MDS는 다수의 제품과 브랜드가 출시될 때 마케터가 소비자 인식을 할 수 있는 통찰력을 얻게 한다. (6)

단기 지향성(short-term orientation) 홉스테드의 사회적 가치 유형의 차원 중 하나로 장기 지향성과 대비됨. (4)

단문 메시지 서비스(short message service, SMS) 160글자까지의 글자와 숫자를 쓴 메시지를 전송할 수 있는 전 세계적으로 인증된 무선 표준방식. (15)

단일관세(single-column tariff) 동일한 기준으로 모든 나라로부터 수입된 물품에 적용하는 관세율표. 관세의 가장 단순한 형태. (8)

대리인(agent) 둘 이상의 당사자 간 거래를 협상하지만 구매 또는 판매 중인 상품에 대한 권리는 행사하지 않는 중개인(중재자). (12)

대외공통관세(common external tariff, CET) 특혜무역블럭회원국들이 동의한 관세. CET의 이행은 자유무역지역에서 관세동맹으로 전환을 의미. (3)

대응구매(counterpurchase) 원래 거래에서 수익을 실현하기 위해 판매자가 판매해야 하는 동등한 가치에 해당하는 제품을 구매하기로 동의하는 화폐화된 대응무역 거래. (11)

대응무역(countertrade) 구매자(수입상)에게 한 방향으로 흐르던 판매가 재화/서비스의 분리된 흐름, 특히 반대방향으로 흐르게 되는 수출거래. (11)

대인판매(personal selling) 프로모션 믹스의 네 가지 변수 중의 하나. 예비 구매자와 판매대리인 간의 대면 커뮤니케이션. (14)

대인판매 철학(personal selling philosophy) 마케팅 개념에 대한 영업 사원의 노력과 고객을 돕는 문제 해결사 또는 파트너의 역할을 기꺼이 맡겠다는 의지로서 전략적 판매 모형의 첫 단계. (14)

대중홍보(publicity) 회사가 지불하지 않은 것에 대하여 회사나 제품에 대한 커뮤니케이션. (13)

덤핑(dumping) 수출 시 국내시장이나 원산지에서 정상적으로 부과되는 수준보다 낮은 가격으로 수출하는 것. (8, 11)

데이터 웨어하우스(data warehouse) 기업의 MIS의 일부인 데이터베이스로서 경영의사결정을 지원하는 데 사용된다. (6)

도메인 점거(cybersquatting) 특정 도메인명을 정당한 사용을 해야 하는 회사에 재판매하기 위하여 특정 도메인명을 선점하여 등록하는 관행. (15)

동남아시아국가연합(Association of Southeast Asian Nations, ASEAN) 브루나이, 캄보디아, 인도네시아, 말레이시아, 라오스, 미얀마, 필리핀, 싱가포르, 태국, 베트남 등 10개국으로 구성된 교역체제. (3)

동태적인 연속적 혁신(dynamically continuous innovation) 다소간 혁신적인 기술(참신성)을 가진 중간적 종류로서 소비자 입장에서는 중간 정도의 학습량을 필요로 한다. (10)

디지털 혁명(digital revolution) 정보, 음향, 이미지 등의 아날로그 원천을 디지털화(예 : 2진법으로의 전환)시키는 기술적 진부를 가능케 했던 패러다임의 변화. (17)

라이선싱(licensing) 한 회사가 로열티나 다른 형태의 보상금과의 교환으로 다른 회사에 자산을 이용 가능하도록 하는 계약형태의 시장진입전략. (9, 12)

레버리지(leverage) 기업이 다국가 시장에서의 경험을 축적함으로써 누리는 이점으로 예를 들면 경험 이전, 노하우, 규모의 경제 등이 있다. (1)

로지스틱스 관리(logistics management) 회사의 공급망을 통해서 상품의 경제적 흐름을 보장하기 위해 여러 공급업자 및

유통중개인들의 활동을 통합하는 관리과정. (12)

린 생산방식(lean production) 토요타 생산 시스템처럼 매우 효율적이고 효과적이며 간결한 제조 시스템. (17)

마드리드 의정서(Madrid Protocol) 한 번의 신청과 비용으로 여러 국가에서 지식재산권의 등록을 허용하는 상표권 보호 시스템. (5)

마스트리흐트 조약(Maastricht Treaty) 1991년에 발효된 조약으로 유럽통화체제에서 유럽경제 및 통화연맹으로 전환하기 위한 발판을 마련함. (3)

마케팅(marketing) 고객, 클라이언트, 파트너, 사회를 위한 가치를 지닌 제품을 만들고, 전달하고, 교환하기 위한 활동, 기관 및 프로세스. (1)

마케팅 모델 변수(marketing model driver) 잠재적인 표적시장으로서의 국가를 평가할 때 고려해야 하는 핵심 요소나 변수. (7)

마케팅 믹스(marketing mix) 제품(product), 가격(price), 유통(place), 판촉(promotion)으로 구성된 4P. (1)

마케팅 조사(marketing research) 탐색조사 단계에서 프로젝트 특유의 체계적 자료수집. (6)

매슬로의 욕구단계(Maslow's needs hierarchy) 인간의 동기가 욕구와 어떻게 연결되는가에 대한 고전적 이해체계. (10)

매트릭스 조직(matrix organization) 경영자의 과업은 조직의 목표를 달성하기 위해 다양한 관점과 기술을 통합하여 조직의 균형을 달성하는 것으로 설계된 조직 유형. (17)

명시된 보증(express warranty) 구매자로 하여금 상품을 확실히 납품받거나 상품의 성능이 기대 이하일 경우 상환청구의 제공을 서면으로 보장하는 과정. (10)

모바일 광고(mobile advertising) 스마트폰이나 기타 휴대용 기기를 채널로 사용하는 정보통신. (15)

모바일 상거래(mobile commerce, m-commerce) 스마트폰, 태블릿 등 무선 휴대용 기기를 이용한 상거래 행위. (15)

모바일 음악(mobile music) 스마트폰이나 테블릿을 통해서 연주, 구매하는 음악. (15)

목표시장(targeting) 세분시장을 평가하고 국가나 지역, 집단의 모임에 마케팅 노력을 집중하는 과정. (7)

몰수(confiscation) 어떠한 보상도 지불하지 않고 이루어지는 기업의 자산에 대한 정부 압류 (5)

무역박람회(trade show) 하나의 제품, 제품군, 산업이나 기타 활동으로 회사 직원이 새로운 시장이나 경쟁자에 대해서 배울 수 있는 것을 한데 모아서 조직하는, 본국 밖에서 국가나 주 정부가 지원하는 전시회. (8)

무역사절단(trade mission) 회사직원들이 유망 고객과 만날 뿐 아니라 경쟁자 정보를 수집할 수 있는 제품, 제품군 또는 산업을 아우르도록 조직된 회사 대표들의 모임. (8)

무역적자(trade deficit) 국제수지표상에서 한 국가의 수입품 가치가 수출품 가치를 초과하는 것을 보여주는 음수. (2)

무역판매촉진(trade sales promotion) 유통 채널에서 제품의 가용성을 증진시키기 위해 설계된 촉진활동. (14)

무역흑자(trade surplus) 국제수지표상에서 한 국가의 수출품 가치가 수입품 가치를 초과하는 것을 보여주는 양수. (2)

문화(culture) 사회의 생활양식은 한 세대에서 다른 세대로 전달된다. 문화의 구체화는 태도, 신념, 가치, 미학(심미안), 식사관습, 언어 등에 나타난다. (4)

물물교환(barter) 두 당사자 간 재화 또는 서비스의 직접적 교환으로 이루어지는 비화폐적 대응무역으로서 가장 덜 복잡하고 오래된 거래 형태. (11)

미국 통합관세율표(harmonized tariff system, HTS) 수입업자나 수출업자가 국경을 넘을 해당 제품이나 서비스에 대해 정확한 분류번호를 정해야 하는 하나의 시스템. (8)

미학(aesthetics) 무엇이 아름답고 무엇이 추한가, 무엇이 맛있고, 무엇이 맛이 없는가 등에 관한 한 문화권 내에서의 공유되어 있는 감각. (4)

반덤핑관세(antidumping duties) 정부 관리자 입장에서 가격이 너무 낮다고 판단되는 상품에 부과되는 관세. (8)

백화점(department store) 한 건물 안에서 다양한 분야나 업종이 소매 경영하는 형태이며 제한된 수의 스태프로 구성. (12)

버드 수정법(Byrd Amendment) 시장가격보다 낮게 판매되는 수입품으로 인해 손해를 입는 미국 기업에게 반덤핑 수익의 지불을 요구하는 반덤핑을 위한 미연방법안. (11)

변동수입 부과금(variable import levies) 수입 농산품의 특정 종류에 적용된 추가 부담금 체계. (8)

병행수입(parallel importing) 상표권 소유자의 허가 없이 한 나라에서 다른 나라로 제품을 수입하는 행위로서 국가시장 간에 가격 차이를 이용해서 이루어진다. (11)

보상무역(compensation trading, buyback) 일반적으로 판매자나 기술 공여자가 약정 동안 장비나 기술을 사용하여 생산된 제품형식으로 지불하는 데 동의하는 대응무역으로 플랜트 시설이나 기술제휴를 포함하는 경우가 많다. (11)

보조금(subsidies) 생산자에게 이익을 주는 직간접적인 재정적 기여금 또는 인센티브. (8)

복합운송(intermodal transportation) 육상과 해상운송 사이에 선적 컨테이너 운송을 포함한 물류 현상. (12)

본국시장중심 가격전략(ethnocentric pricing) 제품의 본국 가격을 해외 모든 시장으로 확장하는 관행으로 확장 가격전

략이라고도 한다. (1)

본국시장중심 지향성(ethnocentric orientation) EPRG 프레임워크의 첫 번째 단계로서 본국이 우월하다는 의식적 또는 무의식적 믿음. (1)

본선 인도조건(free on board, FOB) 매도자의 책임과 의무는 상품이 본선에 실제로 적재된 뒤에 비로소 끝난다고 하는 인코텀스 조건. (11)

본원적 전략(generic strategy) 경쟁우위를 달성하기 위한 네 가지 서로 다른 대안을 설명하는 마이클 포터의 모델. 즉 원가우위, 차별화, 원가 집중화, 집중화된 차별화. (15)

북미자유무역협정(North American Free Trade Agreement, NAFTA) 캐나다, 미국, 멕시코를 아우르는 자유무역지역. 2018년 USMCA(미국-멕시코-캐나다) 협정으로 대체. (3)

불연속적 혁신(discontinuous innovation) 널리 채택되면 새로운 시장, 새로운 소비 패턴을 창출하는 신제품. (10)

불확실성 회피성향(uncertainty avoidance) 홉스테드의 사회가치체계에서 불분명하거나, 애매하거나, 체계가 없기 때문에 문화의 구성원들이 불편함을 느끼는 정도. (4)

브랜드(brand) 특정 제품에 대한 특정 회사가 제시하는 하나의 약속으로서 고객의 마음속에 자리잡은 복잡한 이미지와 경험의 묶음. (10)

브랜드 이미지(brand image) 유형적 제품과 이 제품의 제조회사에 대한 단일한 이미지이지만 복잡한 정신적 이미지이기도 하다. (10)

브랜드 자산(brand equity) 하나의 무형자산으로서 기업에 대한 브랜드 가치를 반영한 것. (10)

브랜드 확장(brand extensions) 새로운 사업으로 진출하거나 회사에 새로운 카테고리를 나타내는 신제품 라인을 개발할 때 기존에 확립된 브랜드 이름을 사용하는 우산효과를 전략으로 활용. (10)

브로드밴드(broadband) 복합적 음성, 데이터 또는 비디오 채널을 동시에 전송할 수 있는 충분한 용량을 갖춘 디지털 통신 시스템. (15)

블루투스(Bluetooth) 사용자가 핫스폿 범위 내에 있을 때 휴대전화로 인터넷에 접속할 수 있도록 하는 기술. (17)

비관세장벽(nontariff barrier, NTB) 국경을 통과하는 제품의 흐름을 제한하거나 막는 조세 이외의 제한조치로 회사들이 개별국가와 지역시장에 접근하기 어렵게 만드는 '국산품 구매' 운동부터 관료주의적인 장애물까지 다양함. (1, 8)

비정부기구(nongovernmental organization, NGO) 인권, 정치적 정의, 환경문제에 초점을 맞추는 2차 이해관계자. (17)

빅데이터(big data) 패턴과 트렌드를 나타내기 위해 컴퓨터 분석을 수행할 수 있는 초대형 데이터 세트. (6)

빅 아이디어(big idea) 오래 기억되면서도 효과적인 광고 문안을 만드는 기준으로 쓸 수 있는 콘셉트. (13)

사법권(jurisdiction) 국경 밖에서 발생하는 특정 형태의 분쟁을 판결할수 있는 법원의 권한을 다루는 국가의 법률적 환경/현상. (5)

사용 빈도(usage rate) 행동특성에 따른 시장 세분화에서 개인이 사용하는 제품이나 서비스의 범위를 평가하는 것. (7)

사용자 상태(user status) 행동특성에 따른 시장 세분화에서 사용자 개인이 현재 사용자, 잠재적 사용자, 비사용자, 과거의 사용자, 또는 기타 사용자 인지를 평가하는 과정. (7)

사후송금(open account) 수출업자에게 가장 큰 거래 위험을 주는 유형. (8)

상계관세(countervailing duties, CVD) 수출국 내에서 부여된 보조금을 상쇄하기 위해 부과되는 추가 관세. (8)

상표권(trademark) 다른 제조업자가 생산한 제품과 구별하기 위해 제조업자가 특정 제품이나 포장에 부착하는 독특한 부호, 모토, 장치나 문장. (5)

상품무역(merchandise trade) 국제수지의 통계에서 제조 상품에 관련된 항목. (2)

샘플(sampling) 잠재적 고객에게 제품이나 서비스를 무료로 사용해 보는 기회를 제공하는 판매 촉진 기법. (14)

서비스무역(services trade) 무형이고 경험에 근거한 경제적 산출물의 매매. (2)

서아프리카 경제공동체(Economic Community of West African States, ECOWAS) 베냉, 부르키나파소, 카보베르데, 잠비아, 가나, 기니, 기니비사우, 코트디부아르, 리베리아, 말리, 모리타니, 니제르, 나이지리아, 세네갈, 시에라리온, 토고 등 16개국 경제연합. (3)

선물시장(forward market) 미래 시점에 인도해 주는 조건으로 미리 결정된 가격으로 통화를 매도하는 메커니즘. (2)

선발진입자 이점(first-mover advantage) 하나의 국가시장에 제일 먼저 진입하는 기업이 그 시장의 리더가 되는 최선의 기회를 갖는다는 사실을 시사하는 정통 마케팅의 지혜. (7)

선진국(developed counties) 고소득 국가로 분류되는 나라. (2)

선측 인도조건(free alongside ship, FAS) 판매자가 본선의 선측이나 다른 운송수단과 함께 또는 그 밖의 운송수단에 물품을 배치하고 그 시점까지의 모든 요금을 지불하도록 요구하는 인코텀스 조건. (11).

선택구매(cherry picking : 좋은 것만 고르는 행위) 유통 과정에서 채널 중개인이 이미 수요가 많은 제품 및 브랜드 업체에게만 신규 라인을 받아들이는 상황. (12)

설문조사(survey research) 양적/질적 응답이나 두 가지 모두를 만들어 내도록 설계된 설문지 기반 연구를 통한 1차 자료수집. (6)

성문법 국가(civil-law country) 법체계가 6세기 로마제국의 구조적 개념과 원칙을 반영한 나라. (5)

세계무역기구(World Trade Organization, WTO) GATT의 후계 조직. (3)

세계시장중심 가격전략(geocentric pricing) 다양한 국가시장에서 확장과 적응(수정) 가격정책을 병행하는 관행. (11)

세계시장중심 지향성(geocnetric orientation) EPRG 프레임워크의 네 번째 단계. 기업은 전 세계적으로 시장기회를 추구해야 하며 경쟁자나 국가시장이 유사성과 이질성 두 가지로 특징지어진다는 사실을 인식하고 이해해야 함. (1)

소구(appeal) 광고에서 표적 청중의 관심을 끌기 위해 사용되는 창의적 접근법. 이성적 소구와 정서적 소구 두 가지 접근법으로 나뉜다. (13)

소비자판매 촉진(consumer sales promotions) 소비자에게는 신상품을 알리고 비사용자에게는 기존 상품을 사용하도록 자극하고 나아가 전반적인 소비자 수요를 늘리기 위해 설계된 프로모션. (14)

소비자 패널(consumer panel) 시간의 경과에 따라 그 행동을 추적하는 소비자 또는 가계의 표본을 사용한 1차 자료수집으로 TV 시청률 측정에 자주 사용된다. (6)

쇼핑몰(shopping mall) 한 장소에 모여 있는 점포 집단으로 무료주차와 손쉬운 접근 그리고 중심지로서의 하나 또는 그 이상의 대형백화점과 함께 위치함. (12)

수량할당(quota) 수입될 수 있는 특정 제품이나 제품군의 전체 가치 또는 단위의 수량에 대하여 정부가 부과하는 한도나 제한. (8)

수렴(convergence) 이전과는 차별화된 산업 또는 제품 범주를 병합, 중복 또는 결합하여 나타나는 디지털 혁명 현상. (17)

수요 조건(demand conditions) 마이클 포터의 국가경쟁력 모델에 대한 프레임워크에서 국내기업의 개선 속도와 특성을 결정하는 조건. (15)

수용(expropriation) 일반적으로 시장가치보다 낮은 가격의 보상을 대가로 회사의 자산을 정부가 압류하는 행위. (5)

수출가격 상승(export price escalation) 운송비, 환율변동 등과 관련된 비용 때문에 수입상품의 가격이 상승하는 현상. (11)

수출관리회사(export management company, EMC) 둘 이상의 제조업체가 수출부서로 활동하는 독립적인 수출기업. (8)

수출 마케팅(export marketing) 본국시장에 출시된 제품을 활용하여 수출하다가 필요에 따라서는 제품을 수정하여 국제적 목표시장의 선호도를 충족시키는 활동. (8)

수출상인(export merchants) 해외시장에서 다양한 욕구를 추구하는 상인으로서 전 세계 시장에서 구매활동을 수행. (8)

수출위탁대리인(export commission representative) 제조업자에 의해 해외시장 전체 또는 일부를 담당하는 대리인. (8)

수출유통업자(export distributor) 제조업자의 제품에 대해 원산국 밖의 모든 혹은 일부 시장에 대한 독점판매권을 갖는 개인 또는 조직. (8)

수출조합(cooperative exporter) 해외시장에서 자사제품을 수출하고자 독립적인 제조업체가 주도하는 제조회사의 수출부서/조직. (8)

수출중개상(export broker) 수출상과 해외바이어(수입상)를 연결/알선하고 그 대가로 수수료를 받는 중개업자. (8)

수출판매(export selling) 개별국가 요구에 맞추어 제품, 가격, 홍보자료를 그 어떤 것도 수정하지 않고 수출하는 것. (8)

슈퍼마켓(supermarket) 셀프 서비스를 기초로 다양한 식품과 비식품 상품을 제공하는 각 부문으로 나누어지고, 단층 소매건물이 특징인 소매업의 한 종류. (12)

슈퍼센터(supercenter) 대형 슈퍼마켓의 절반 규모의 공간에서 할인매장과 슈퍼마켓의 요소를 결합한 소매업 형태. (12)

슈퍼스토어(superstore) 특정 단일 제품군을 광범위한 구색을 갖추고 저가의 대량판매에 특화된 점포. (12)

스마트폰(smartphone) 웹 브라우저와 같이 컴퓨터의 일부 기능을 제공하는 전화. (15)

스위치무역(switch trading) 거래에서 인정된 모든 제품을 당사자 중의 일방이 인수하려고 하지 않을 경우 전문적인 전환 무역업자, 전환 무역회사 또는 은행이 단순 대응무역 거래나 기타 대응무역협정을 시작하는 거래. (11)

스키밍 가격전략(market skimming pricing strategy) 특정 브랜드나 특별한 제품에 대하여 프리미엄 가격을 지불할 의향이 있는 고객에게 맞추어 설계된 가격전략. (11)

스트리밍 미디어(streaming media) 광역 네트워크를 통해 오디오/비디오의 결합된 내용물을 전송하는 과정. (15)

스트리밍 비디오(streaming video) 인터넷과 컴퓨터 화면에 표시되는 형태로 압축되어 전송되는 동영상 연속화면. (15)

스트리밍 오디오(streaming audio) 사용자에게 인터넷 라디오 방송의 청취를 허용하는 트랜스미션. (15)

스폰서십(sponsorship) 특정 이벤트, 팀, 체육협회나 스포츠 시설과 관련된 회사의 이름을 가진 조직이 비용을 지불하는 마케팅 의사소통의 한 형식. (14)

스프레드시트(spreadsheet) 행이나 열에 숫자를 집어넣어 생겨난 변화를 자동적으로 재계산하는 전자식 표의 형태를

갖는 응용 소프트웨어. (15)

시간 효용성(time utility) 고객이 원하는 시간에 제품, 서비스를 납품할 가능성. (12)

시장기반 이전가격(market-based transfer price) 기업 간 거래에 대한 가격을 글로벌 시장에서 경쟁력 있는 수준으로 설정하는 이전가격정책. (11)

시장보유 전략(market holding strategy) 시장 점유율을 유지하기 위해서 경영자에게 허용되는 가격전략. 가격은 경쟁조건이나 경제적 조건의 변화에 따라 상하로 조정된다. (11)

시장 사회주의(market socialism) 전체적으로 국가 소유의 환경 및 제한된 시장자원 분배로 특징지어진 경제체제. (2)

시장 자본주의(market capitalism) 사적 자원 소유와 자원의 시장 분배로 특징지어진 경제 시스템. (2)

시장침투 가격전략(market penetration pricing strategy) 시장 점유율을 신속히 구축하기 위해 충분히 낮은 가격 수준으로 설정하는 가격전략. (11)

시장확장전략(market expansion strategy) 경영자가 기업경영을 본사국 밖으로 확장할 때 선택하는 제품–시장과 지리적 대안의 특별한 조합. (9)

신념(belief) 문화에 있어서 한 개인이 세상에 대해 진실이라고 믿고 있는 조직화된 지식 패턴. (4)

신용장(letter of credit) 은행이 수출/수입 과정에서 자사의 신용으로 수입업자의 신용을 대체하는 지급수단. (8)

신흥공업경제국(newly industrializing economies, NIE) 경제 성장률이 높은 중상위 소득 국가군. (2)

실현 가능케 하는 요건(enabling conditions) 마케팅 모델의 성공 여부가 결정되는 시장구조상의 여러 가지 특징. (7)

심리통계적 시장 세분화(psychographic segmentation) 사람들의 태도와 관심, 의견과 라이프스타일에 기초하여 세분시장에 사람들을 배치하는 과정. (7)

아웃렛 몰(outlet mall) 특정 상품 전문매장의 집합체. (12)

아웃렛 상점(outlet store) 유명 소비자 브랜드의 마케터로 하여금 초과재고, 이월 상품이나 공장 하자품을 처리하거나 처분하도록 허용하는 소매점의 일종. (12)

아웃소싱(outsourcing) 비용을 절감하기 위해서 업무나 작업 배치를 다른 회사로 옮기는 것으로서 작업이 인도나 중국처럼 해외의 저임금국가로 이동했을 때, 오프쇼어링(업무 위탁)이란 용어가 때때로 사용된다. (8)

아트 디렉션(art direction) 광고의 시각적 표현. (13)

아트 디렉터(art director) 광고에 대한 전반적 책임을 맡는 광고 대행사. 아트 디렉터는 그래픽, 영상, 스타일, 기타 시각적 요소를 선택한다. (13)

안데스 공동체(Andean Community) 볼리비아, 콜롬비아, 에콰도르, 페루로 구성된 관세동맹. (3)

양방향 TV(interactive television, ITV) TV 시청자가 보고 있는 프로그램 콘텐츠와 상호작용할 수 있게 함. (14)

여성성 문화권(nurturing) 성별이 뚜렷하게 나뉘거나 경쟁적인 행동을 보이지 않는, 남녀의 사회적 역할이 하나의 문화권 내에서 겹치거나 중복되는 정도. (4)

연속적 혁신(continuous innovation) 다소 혁신적이고 적당한 양의 학습이 필요한 중간 수준의 새로운 범주. (10)

옵션(option) 외환거래에 있어서 특정금액의 통화를 고정가격으로 매매하는 권리를 확인하는 계약. (2)

옹호 광고(advocacy advertising) 회사가 특정 이슈에 대하여 자사의 입장을 제시하는 기업광고의 한 형태 (13)

와이파이(wireless fidelity, Wi-Fi) 사용자가 기지국 범위 내에 있을 때(무선인터넷 접속가능 지역), 랩톱 컴퓨터나 PDA로 인터넷에 접속하게 하는 저압 라디오 신호에 기반한 기술. (15)

완전 소유권(full ownership) 한 기업을 100% 지배할 목적으로 외국인 직접투자에 참여하는 시장진입전략. (9)

외국 소비자 문화에 따른 포지셔닝(foreign consumer culture posi-tioning, FCCP) 자사의 제품, 브랜드, 회사 자체를 원산지나 원래의 문화와 연관시켜 차별화시키려는 포지셔닝 전략. (7)

외부적 분석(etic analysis) 한 국가를 분석할 때 외부 시각에서 분석하는 글로벌 시장조사. (6)

요소 조건(factor conditions) 한 나라의 자원 부존량. (15)

요인분석(factor analysis) 시장조사에서 데이터의 정리를 수행하는 데 사용하는 전산화된 계량자료 분석기법, 제품의 편익과 관련된 여러 항목을 포함하는 설문지의 응답이 입력자료로 활용되며 컴퓨터는 지각지도를 작성하는 자료로서의 요인적재값(factor loading)을 생성한다. (6)

운송인 인도조건(free carrier, FCA) 상품이 특정 목적지에서 특정 운송업자에게 인도될 때 판매자로부터 구매자로의 이전이 적용되는 인코텀스 조건. (11)

운영 시스템(operating system) 컴퓨터에 기본적인 지시사항을 제공하는 소프트웨어 코드. (15)

운임료포함 인도조건(cost and freight, CFR) 판매자는 공장 밖의 어디서든 위험이나 손해에 대해서 면책인 인코텀스 조건. (11)

운임, 보험료포함 인도조건(cost, insurance, freight, CIF) 판매자가 화물이 본선의 난간을 통과할 때까지 책임과 의무를 부과하는 인코텀스 조건. (11)

원가기반 가격정책(cost-based pricing) 내부비용(재료, 인건비 등) 및 외부비용 분석에 기초한 가격책정. (11)

원가기반 이전가격(cost-based transfer pricing) 기업 내부 이전에서 가격을 책정하기 위한 기준으로 원가를 사용하는 이전가격정책. (11)

원가우위(cost leadership) 산업 내 저원가 경쟁자로서의 기업 지위에 기초한 경쟁우위. (16)

원가 집중화(cost focus) 마이클 포터의 본원적 전략의 프레임 워크에서 경쟁우위를 형성하는 네 가지 대안 중 하나이다. 소규모 틈새시장에서 경쟁사보다 더 저렴한 원가구조를 유지한다면 그 회사는 그 산업 내에서 고객에게 가장 저렴한 가격을 제시할 수 있다. (15)

원산지 결정기준(rules of origin) 상품 선적의 원산국을 증명하는 인증체계. (3)

월드와이드웹(World Wide Web, WWW) 교재, 그래픽스, 연결 오디오/비디오 원천 등을 포함하는 인터넷 사이트와 연결된 글로벌 컴퓨터 네트워크. (15)

위조(counterfeiting) 제품의 무단 복사 및 생산. (5)

유로존(euro zone) 유로화가 통용되는 오스트리아, 벨기에, 사이프러스, 에스토니아, 핀란드, 아일랜드, 네덜란드, 프랑스, 독일, 그리스, 이탈리아, 라트비아, 리투아니아, 룩셈부르크, 몰타, 포르투갈, 슬로바키아, 슬로베니아, 스페인 등 19개국. (3)

유통업자(distributor) 때로는 도매상인 채널 중개업자로, 제조업체로부터 제품을 취합하여 소매 채널업자에게 전달. (12)

유통 채널(distribution channels) 새로운 채널을 만들고 구축해야 하는 필요성으로 인해 생겨난 산업으로의 진입을 가로막는 장벽 (12)

윤리강령(code of ethics) 기업의 핵심이념, 기업의 가치와 기대를 요약해 놓은 공식적 성명서. (17)

이미지 광고(image advertising) 명칭 변경, 합병 등 주요한 행사에 대하여 일반 대중에 알리는 기업 광고의 형태. (13)

이성적 소구(rational appeal) 광고에서 표적 청중의 논리와 지성에 대해 호소하는 것. (13)

이슬람법(Islamic law) 중동에서 사용되며 샤리아(sharia, 이슬람 법률)로 알려진 포괄적인 규정에 기초한 법률체계. (5)

이전가격(transfer pricing) 다른 사법 관할구역에서 계열사와 거래하는 기업의 한 부서나 단위가 매매하는 상품, 서비스, 무형자산에 대해 가격을 결정하는 과정(정책). (11)

이중관세(two-column tariff) 다른 국가와의 관세협약에 의해서 결정된 할인 세율을 의미하는 특별관세와 함께 일반관세를 포함. (8)

이해관계자(stakeholder) 한 조직이 채택한 정책 및 실무에 의해 영향을 받는, 또는 이해관계를 갖는 개인이나 집단. (17)

이해관계자 분석(stakeholder analysis) 모든 이해관계자에게 '윈-윈'의 결과를 형성하는 과정. (17)

인구통계적 시장 세분화(demographic segmentation) 국가, 소득, 인구, 연령, 직업, 종교 등의 측정 가능한 특징을 기준으로 시장을 세분하는 과정. (7)

인코텀스(Incoterms) 다양한 가격결정에 영향을 미치는 국제적으로 승인된 무역조건. (2)

인터넷(internet) 이메일 및 디지털 파일이 전송될 수 있는 컴퓨터 네트워크 중의 한 종류. (15)

인터넷 데이터 통신규약(hypertext transfer protocol, HTTP) 인터넷을 통해 하이퍼텍스트 파일을 전송할 수 있는 프로토콜. (15)

인터넷 전화 음성패킷망(Voice over Internet Protocol, VoIP) 사람의 목소리를 디지털화해 인터넷을 통해 전송한 뒤 다시 정상 음성으로 변환할 수 있는 데이터 패킷으로 분해할 수 있는 기술. (15)

인트라넷(intranet) 공인된 직원이나 외부인에게 전자적으로 안전하게 정보를 공유하도록 허용하면서도 인쇄되는 양을 절감할 수 있는 전자 시스템. (6)

인포모셜(infomercial) 화면에 표시된 무료 번호로 전화하는 시청자들에게 특정 상품을 시연하고, 설명하고, 판매 제안하는 유료 TV 프로그램의 형식. (14)

일대일 마케팅(one-to-one marketing) 고객의 과거 구매기록이나 회사와의 과거 상호작용에 기초해서 차별화된 방식으로 개별 소비자를 배려할 것을 요구하는 다이렉트 마케팅의 개선된 프레임워크. (14)

일물일가의 법칙(law of one price) 모든 고객이 최고의 제품을 최상의 가격으로 접근하는 이상적 시장. (11)

자기준거 기준(self-reference criterion, SRC) 자기 자신만의 문화적인 경험과 가치만으로 세계를 해석하려는 인간의 무의식적인 성향. (4)

자본계정(capital account) 한 나라의 국제수지에서 모든 장기 직접투자, 포트폴리오 투자 및 기타 장단기 자본 흐름을 망라한 기록. (2)

자원위치지정자(uniform resource locator, URL) 월드와이드웹상의 인터넷 사이트 주소. (15)

자유무역지대(free trade zone, FTZ) 제조시설과 창고를 포함한 지리적 활동 주체. (8)

자유무역지역(free trade area) 관세와 수입할당제의 감면을 수반하는 자유무역협정에 서명한 회원국으로 구성된 특혜무

역블럭. (3)

자유무역협정(free trade agreement, FTA) 자유무역지역의 창설을 선도하는 협정으로서 상대적으로 낮은 수준의 경제통합을 의미한다. (3)

자체 성장(organic growth) 글로벌 소매업에서 신규시장에 점포를 개설하거나 다른 회사로부터 하나 또는 그 이상의 기존 소매시설을 획득하거나 입점하기 위해 자사의 자원을 사용하는 시장확장전략. (12)

잠재시장(latent market) 적당한 제품이 공급된다면 제품에 대한 수요가 구체화되지만 당장은 드러나지 않는 세분시장. (6)

잠정적 추징금(temporary surcharge) 자국산업에 대한 추가적인 보호와 특히 국제수지적자에 대응할 필요가 있을 때 도입되는 추가요금 제도. (8)

장기 지향성(long-term orientation, LTO) 홉스테드의 사회적 가치체계에서 다섯 번째 요소인 LTO는 즉각적인 만족감 대 장기적인 인내심/절약이냐와 관련된 사회적 관심이 반영된 것. (4)

장소 효용성(place utility) 편리한 장소에서 잠재고객에게 제품이나 서비스를 제공할 수 있는 가능성. (12)

저개발국(least-developed countries, LDC) 1인당 국민총생산(GNP)이 가장 낮은 순위의 50개 국가를 지칭하기 위해서 UN이 채택한 용어. (2)

저배경 문화(low-context culture) 메시지와 지식이 보다 명확하고 의사소통에 있어서 말이 대부분의 정보를 전달하는 문화. (4)

저소득 국가(low-income country) 1인당 국민소득(GNI)이 1,005달러 이하인 국가. (2)

저작권(copyright) 문서화 또는 녹음되거나 공연되거나 또는 필름으로 만들어진 창작물의 소유권. (5)

전략/자문판매 모형(strategic/consultative selling model) 인적판매 업무에 접근하기 위한 다섯 단계의 틀. 개인판매의 철학, 관계전략, 제품전략, 고객전략, 홍보전략. (14)

전략적 국제제휴(strategic international alliances) 전 세계적으로 사업을 하는 두 개 이상의 회사 간의 상호 유익한 협업의 한 형태. 상호 보완적인 자원과 역량을 활용하여 경쟁우위를 확보하는 것이 목표. (9)

전략적 의도(strategic intent) 전략 전문가인 게리 하멜과 C. K. 프라할라드가 개발한 경쟁우위 프레임워크. (16)

전략적 제휴(strategic alliance) 시장에서의 레버리지는 최대화하는 반면 위험을 최소화하기 위해서 둘 이상의 기업 간에 맺은 파트너십. (9)

전문점(specialty retailer) 백화점보다 집약적이며 특정 표적시장을 목표하는 상대적으로 좁은 제품믹스를 제공하는 소매업의 한 종류. (12)

전자상거래(e-commerce) 인터넷이나 유사한 온라인 네트워크를 마케팅 채널로 사용하여 재화 및 서비스를 종합적으로 교환하는 상거래. (15)

전자자료교환(electroic data interchange, EDI) 회사의 사업부에서 주문서를 제출하고 송장을 발행하고 타사의 사업 단위/외부 기업들과 전자상거래를 가능케 하는 MIS 도구. (6)

전자판매시점(electronic point of sale, EPOS) 소매업자로 하여금 상품판매의 패턴을 규명하고 소비자 기호가 지리적 위치에 따라 변하는 정도를 규명하는 데 도움이 되는 스캐너로 수집되는 구매자료. (6)

전지구 위치파악 시스템(global positioning system, GPS) 이동장치의 지리적 위치를 결정하기 위해서 위성공급장치를 이용하는 디지털 통신 시스템. (15)

절충교역(offset) 대응무역 거래는 정부가 수출업자의 협조를 구해서 경화비용 지출을 보충하며 제품 수입이나 기술 이전이 포함된다. (11)

정보기술(information technology, IT) 정보의 생산, 저장, 교환, 이용과 관리를 위한 조직체의 다양한 과정. (6)

정보 효용성(information utility) 제품의 유익한 특징과 편익에 관한 일반적 커뮤니케이션과 질문에 대한 응답으로서의 활용 가능성. (12)

정상교역관계(normal trade relations, NTR) 한 국가에 낮은 관세율 부과의 자격을 부여하는 WTO 규정하의 무역지위. (8)

정서적 소구(emotional appeal) 광고문구에서 지적 반응과는 반대로 구매행동을 자극하는 정서적 반응을 불러일으키는 것. (13)

정치적 위험(political risk) 기업의 효과적이고 수익성 있는 경영능력에 부정적인 영향을 미칠 수 있는 정치 환경이나 정부정책의 변화 위험성. (5)

정치 환경(political environment) 전 세계 각국 국민의 표현인 조직, 정당, 정부기관 등의 집합. (5)

제조업체의 수출대리인(manufacturer's export agent, MEA) 수출중간상 또는 수출위탁대리인으로 활동하는 자연인 또는 법인. (8)

제품(product) 마케팅 믹스인 4P의 하나로서 구매자나 사용자에게 가치를 창출하는 유형 또는 무형의 속성을 가진 상품, 서비스 또는 아이디어. (10)

제품개발(product invention) 글로벌 마케팅에서 세계시장을

염두에 두고 신제품을 개발하는 것. (10)

제품라인 연장(line extension) 새로운 특징이나 설계처럼 기존의 상품을 변형하는 제품전략. (10)

제품 수정-커뮤니케이션 확장(product adaptation-communication extension strategy) 현지 사용이나 선호 조건을 제품에 적용하는 반면 기본적인 본국시장의 커뮤니케이션 전략에는 변화가 없는, 일종의 확장전략. (10)

제품전략(product strategy) 대인 판매에서 소비자의 욕구를 충족시킬 제품을 선택하고 포지셔닝하는 판매 대리인의 계획. 전략/자문판매 모형에서 세 번째 단계. (14)

제품전환(product transformation) 제품 확장-커뮤니케이션 수정전략을 통해서 글로벌 시장에 소개될 제품이 본래 의도되었던 것과는 다른 기능이나 용도를 제공할 때 나타나는 현상. (10)

제품 포화수준(product saturation level) 특정 국가시장에서 제품을 소유한 소비자나 가정의 비율. (2)

제품 확장-커뮤니케이션 수정(product extension-communication adaptation) 마케팅 커뮤니케이션 프로그램을 수정해서 동일 제품을 마케팅하는 글로벌 전략. (10)

제품-커뮤니케이션 수정(product-communication adaptation) 여러 가지 마케팅 조건의 조합을 이용한 이중수정전략. (10)

제품-커뮤니케이션 확장(product-communication extension) 제품이나 광고 메시지의 변경 없이 본국시장 밖에서 여러 기회를 추구하는 글로벌 마케팅 전략. (10)

제한적인 행정 및 기술 규정(restrictive administrative and technical regulations) 무역장벽을 형성할 수 있는 다양한 제한조치, 반덤핑, 규격 또는 안전과 건강 규정의 형태를 취함. (8)

조달 결정(sourcing decision) 회사가 제품을 자체적으로 생산할 것인지 아니면 다른 제조회사들로부터 제품을 구매할 것인지 아니면 어디에서 만들거나 구매할지를 결정하는 전략적 의사결정. (8)

종가세(ad valorem duty) 상품가치의 백분율로 나타내는 관세. (8)

주권(sovereignty) 한 국가의 최고의 독립된 정치적 권한. (5)

주문시 지급(cash with order, CWO) 수출업자에게 가장 최소한의 거래 위험을 제공하는 무역금융의 한 형태. (8)

주문처리(order processing) 주문입력, 주문처리, 주문운송을 포함한 물류현상/관리. (12)

주식지분(equity stake) 해외 현지에서 사업의 부분적 소유권을 확립하기 위해 외국인 직접투자를 포함한 시장진입전

략이다. (9)

중상위 소득 국가(upper-middle-income country) 1인당 국민총생산이 3,956~12,235달러 사이인 국가. (2)

중앙계획 사회주의(centrally planned socialism) 국가의 자원분배와 국가의 자원 소유를 특징으로 하는 경제 시스템. (2)

중앙계획 자본주의(centrally planned capitalism) 국가의 자원분배와 개인의 자원 소유를 특징으로 하는 경제 시스템. (2)

중앙아메리카 통합체제(Central American Integration System, CAIS) 엘살바도르, 온두라스, 과테말라, 니카라과, 코스타리카, 파나마의 6개국이 결성한 관세동맹. (3)

중재(arbitration) 둘 이상의 당사자가 법정 밖에서 분쟁을 해소하고자 협상하는 과정. (5)

중하위 소득 국가(Lower-middle-income country) 1인당 국민총생산이 1,006~3,955달러인 국가. (2)

지속적 기술(sustaining technologies) 제품의 성과를 개선시키는 점진적, 급진적 혁신. (15)

지역 소비자 문화에 따른 포지셔닝(local consumer culture positioning, LCCP) 현지 문화, 현지 생산 또는 현지 소비와 연계되어 자사의 제품, 브랜드, 회사의 차별화를 모색하는 포지셔닝 전략. (7)

지역시장중심 지향성(regiocentric orientation) EPRG 프레임워크의 세 번째 단계로서 유사성뿐만 아니라 차이점들이 세계의 특정 지역을 특징짓는다는 관점. 글로벌 마케팅에서 한 기업이 특정 지리적 지역에 대한 통합전략을 개발할 때 지역시장중심 지향성이 뚜렷해짐. (1)

지역적 브랜드(local brand) 단일 국가시장에서만 활용 가능한 브랜드. (10)

집단주의 문화(collectivist culture) 홉스테드의 사회적 가치 유형론에 있어서 집단의 응집력과 조화가 강조된 문화. 사회의 전체 구성원의 복지에 대한 공동 관심도 명확. (4)

집적회로(integrated circuit, IC) 디지털 혁명에서 이정표가 되고 트랜지스터에 현대적 형태를 제공한 실리콘칩. (15)

집중화(focus) 핵심사업이나 핵심역량에 자원을 집중하는 현상. (1)

집중화된 차별화(focused differentiation) 마이클 포터의 본원적 전략 프레임워크에 의하면 경쟁우위를 구축하기 위한 네 가지 대안 가운데 하나로서 기업이 작은 틈새시장을 형성하여 자사제품이 독특한 것으로 인식되면 그 기업은 프리미엄 가격을 부과할 수 있게 된다. (16)

차별적 조달정책(discriminatory procurement policies) 중앙정부의 법률과 관리적 규제형식을 취하는 제반 정책뿐만 아니라 해외의 공급업자에 대해 차별하는 공식/비공식 기업

정책. (8)

차별화(differentiation) 마이클 포터의 본원적 전략 가운데 경쟁우위를 형성하는 네 가지 대안 가운데 하나. 차별화 우위는 기업이 광범위한 시장에서 활동하고 그 제품이 독특한 것으로 인식이 될 때 비로소 달성된다. 이를 통해 기업은 경쟁사와 비교하여 높은 가격의 책정을 정당화한다. (15)

차별화된 글로벌 마케팅(differentiated global marketing) 둘 이상의 독특한 세분시장에 다중 마케팅 믹스 제품의 표적화를 요구하는 전략. (7)

채택 과정(adoption process) 에버렛 로저스가 개발한 모델로서 채택 또는 구매결정을 설명하는 과정으로 인식, 관심, 평가, 시험적 사용(시도), 채택까지 5단계로 구성된다. (4)

채택자 범주(adopter categories) 에버렛 로저스가 개발한 채택 과정으로서 '채택' 또는 제품수명주기에 있어 다른 단계에 있는 구매자의 유형을 뜻한다. 이 카테고리는 혁신가, 초기수용자, 초기 다수자, 후기 다수자, 지체자로 나뉜다. (4)

초경쟁(hypercompetition) 리처드 드아베니가 개발한 전략 프레임워크로 한 산업 내에서 기업의 동태적 기동과 전략적 상호작용의 관점에서 경쟁우위에 대한 경쟁과 요청을 조망하는 전략체계. (16)

초기시장(incipient market) 특별한 경제적, 정치적, 사회문화적 추세가 계속되면 수요가 실현되는 시장. (6)

초저가 매장(hard discounter) 초저가로 대단히 좁고 특수한 분야의 상품을 판매하는 소매점으로서 대체로 PB 제품에 집중되어 있다. (12)

출하지 인도조건(ex-works, EXW) 공장 인도조건, 계약에 명시된 시점에 판매자가 구매자의 처분에 따라 상품을 놓아두는 인코텀스 조건. (11)

취소불능신용장(irrevocable letter of credit) 신용장 발행은행이 수입업자 및 수출업자 모두의 승인 없이 신용장의 조건을 취소하거나 수정할 수 없는 일반적인 형태의 무역 금융. (8)

카르텔(cartel) 이윤 극대화를 위해 담합하여 가격을 결정하거나 생산량을 통제하고 이익을 극대화하기 위한 기타 행동을 취하는 개별 기업집단이나 국가들로 구성된 그룹. (5)

카탈로그(catalog) 회사의 제품과 관련된 사진, 삽화 그리고 광범위한 정보를 수록한 잡지 형식의 홍보물. (14)

카테고리 킬러(category killer) 특정 상품군을 전문적으로 취급하면서도 다양한 상품을 저가에 판매하는 매장. (12)

카피(copy) 광고에서 구두 또는 서면 커뮤니케이션 요소가 되는 여러 단어. (13)

카피라이터(copywriters) 인쇄광고에 사용되는 헤드라인, 부제목, 본문 등을 개발하고, 방송광고에서 대변인, 배우, 성우가 전달하는 단어가 포함된 대본을 만들어 내는 언어 전문가. (13)

컨조인트 분석(conjoint analysis) 시장조사에 있어서 잠재적 구매자에게 매력 있는 제품의 특징 가운데 어떤 통찰력을 얻고자 사용되는 계량적 데이터 분석기법. (6)

컨테이너 수송(containerization) 물적 유통에서 대형화물트럭이나 대양항해화물을 20피트, 40피트 또는 그 이상의 철제(컨테이너) 박스에 적재하는 작업. (12)

콘텐츠 사이트(content site) 뉴스와 엔터테인먼트를 제공하고 기업의 홍보 노력을 지원하는 웹사이트. (15)

콜센터(call center) 전 세계적으로 산재한 고객으로부터 걸려오는 전화상담에 고객지원과 서비스를 제공하는 정교한 전화 운영. 또한 텔레마케팅과 같은 아웃소싱 서비스를 제공. (8)

콜옵션(call option) 옵션 만기일까지 일정 금액의 외화를 고정된 가격에 구매할 수 있는 권리. (2)

쿠폰(coupon) 특정 상품이나 서비스를 구매할 때 소지자로 하여금 가격할인이나 기타 얼마간의 가치 제고 배려를 보장하는 인쇄된 증명서로서 판촉수단의 일종이다. (14)

크리에이티브(creative) 광고 대행사의 업무 가운데 적절한 광고 문안을 개발하고 판매하며 광고업무를 기획하는 전문가. (13)

크리에이티브 연출(creative execution) 광고에서 소구나 판매제안을 제시하는 방법으로 크리에이티브 연출은 '어떻게'에 초점을 두며, 크리에이티브 전략은 '무엇'에 초점을 둔다. (13)

크리에이티브 전략(creative strategy) 특별한 광고 메시지나 캠페인이 나타내고자 하는 표현이나 철학. (13)

클릭률(click-through rate) 컴퓨터 화면에 나타난 광고 링크에 접속하는 인터넷 사이트 방문객의 비율. (15)

태도(attitude) 문화에 있어서 어떤 주어진 사물이나 실체에 대해 일관된 방법으로 반응하는 학습된 경향. (4)

텔레쇼핑(teleshopping) 제품의 전시, 판매에 독점적으로 기여하는 24시간 프로그래밍. (14)

통관절차(customs procedures) 규정에 순종하는 것을 어렵고 비싸게 만드는 방식으로 관리한다면 구속적/제한적일 것으로 간주되는 절차이다. (8)

통합적 마케팅 커뮤니케이션(integrated marketing communications, IMC) 기업의 마케팅 의사소통 전략 가운데 조정과 통합을 중시하는 마케팅 믹스 중 촉진 요소에 대한 접

근방법. (13)

통합화(harmonization) 마케팅 믹스에 영향을 미치는 다양한 기준과 규정을 통합하여 조화시키는 과정. (3)

투명성(transparency) 이해와 의사결정을 위한 방법을 명확히 하기 위해 비밀이나 기타 장애물을 제거하는 것이 목적이 되는 비즈니스 거래, 재무 공시, 가격결정 또는 기타 상황의 개방성. (3)

트랜지스터(transistor) 전자제품으로 진공관을 대체한 '견고한 증폭기'. 트랜지스터는 디지털 혁명의 이정표였다. (15)

특별경제구역(special economic zone, SEZ) 독립된 지역 안에서 제조기업에게 단순한 통관절차, 운영의 융통성, 완화된 규정 등의 일반 환경을 제공. (8)

특허(patent) 특정 기간 발명품을 만들고 이용하고 판매하는 예외적인 권리를 발명자에게 부여하는 공식 법률 서류. (5)

특혜관세(preferential tariff) 수입 물품에 적용되는 할인 관세율. (8)

특혜무역협정(preferential trade agreement, PTA) 주로 같은 지역이나 소구역 단위로 맺어지며 상대적으로 소수의 서명 국가 사이의 무역협정. 서로 다른 수준의 경제적 통합은 이러한 특혜무역협정을 특징으로 함. (3)

틈새(niche) 글로벌 시장 가운데 단일 세분시장을 의미한다. (7)

판매대리점/대리인(sales agent) 전임 직원이라기보다는 계약직 대리인. (14)

판매 제안(selling proposition) 광고에서 제품을 구매하는 이유나 제품 보유가 제공하는 혜택을 보증하는 약속이나 요구사항. (13)

판매 촉진(sales promotion) 프로모션 믹스의 네 가지 요소 중의 하나로서 제품이나 브랜드에 직접적 가치를 추가하는 유료 단기 의사소통 프로그램. (14)

판촉 사이트(promotion site) 한 기업의 재화 또는 서비스에 관한 마케팅 소통을 제공하는 웹사이트. (15)

패턴 광고(pattern advertising) 개별 국가시장의 수요에 따라 수정되는 원고, 예술작품 등에 대하여 기본적으로 지역 개념이냐 글로벌 개념이냐를 결정하도록 요구하는 커뮤니케이션 전략. (13)

편의점(convenience stores) 슈퍼마켓과 동일한 일부 상품을 제공하지만 상품 믹스는 회전율을 높이는 편의품으로 제한되는 소매유통 형태. (12)

평가절상(revaluation) 자국 통화의 강화. (2)

평가절하(devaluation) 타국 통화에 비해 자국 통화의 가치가 하락한 현상. (2)

포지셔닝(positioning) 경쟁사 제품이나 브랜드와 비교하여 기존고객 혹은 잠재고객들의 마음속에 제품이나 상표를 차별화시키는 행위. (7)

포커스 그룹(focus group) 특수장비를 갖춘 연구시설에서 집단구성원 간의 토론을 촉진하는 숙달된 조정자를 포함하는 1차 자료수집 방법. (6)

표준화된 글로벌 마케팅(standardized global marketing) 잠재적 구매자가 많은 거대시장을 목표로 동일한 마케팅 믹스를 만들도록 요구하는 표적시장 전략. (7)

표준화 접근(standardized approach) 다른 나라 시장에서 최소한의 마케팅 믹스 변형의 연장전략을 사용함으로써 글로벌 시장기회를 추구하는 전략. (1)

풋옵션(put option) 옵션 만기일까지 고정된 가격에 외국 통화의 정해진 수량을 팔 권리. (2)

프랜차이징(franchising) 모회사인 빌려주는 자(franchisor)와 빌려오는 자(franchisee) 간의 계약으로서 빌려주는 자가 개발한 사업을 수행하도록 허용받고 그 대가는 수수료 외에도 빌려주는 자의 정책과 관행를 준수할 의무가 있다. 이는 진입장벽이 낮으면서도 소비자 행동이나 소매 구조에서 문화적으로 거리가 먼 상황에서 적절한 진입전략이다. (9, 12)

프레젠테이션 계획(presentation plan) 대인 판매에서 홍보전략의 핵심이며, 홍보계획은 6개의 단계를 거치는데, 접근, 니즈 발견, 프레젠테이션, 협상, 마무리, 판매 서비스이다. (14)

프레젠테이션 전략(presentation strategy) 개별 거래 요청에 대한 목표를 설정하고, 그러한 목표에 부합하는 프레젠테이션 계획을 수립하는 과정. (14)

플래그십 모델(flagship model) 앨런 러그먼과 조셉 디크루즈가 개발한 경쟁우위 모델로서 네트워크가 강한 기업 시스템이 글로벌 산업에서 경쟁우위를 창출할 수 있음을 설명. (16)

플랫폼(platform) 다양한 국가시장에 대해 빠르고 저렴하게 수정할 수 있는 핵심제품 설계요소나 구성요소. (10)

피플미터(peoplemeter) 닐슨 같은 마케팅 조사기업이 전국적인 TV 시청자료를 수집하기 위해 사용하는 전자 디바이스. (6)

하위문화(subculture) 하나의 문화 속에서 자기들끼리 공유하는 태도, 신념과 가치관을 갖는 사람들의 작은 집단. (4)

하이퍼마켓(hypermarket) 할인점, 슈퍼마켓과 창고형 할인매장 등으로 구성된 초대형 규모의 시설로 특징되는 소매업

분야. (12)

하이퍼텍스트 마크업 언어(hypertext markup language, HTML) 웹페이지의 모양을 작성하는 생성언어. (15)

할인소매점(discount retailers) 저가 상품을 강조하는 소매업의 범주. (12)

합작투자(joint venture) 신규 사업체의 지분을 두 회사가 공유하는 시장진입전략. (9, 12)

해외구매대리인(foreign purchasing agents) 해외 고객을 대신하여 운영하고 대가를 받는 구매 대행업자 (8)

해외부패방지법(Foreign Corrupt Practices Act, FCPA) 미국기업이 외국 정부나 외국 정당의 간부에게 뇌물을 주고 사업을 취득하거나 보유하는 행위를 불법으로 규정하고 있는 법규. (5)

해외주재원(expatriate) 본국에서 해외근무를 위해 파견된 직원. (14)

해외직접투자(foreign direct investment, FDI) 기업이 본국 밖의 공장, 시설, 기타 자산에 투자하거나 취득하는 시장진입전략. (9)

해외판매법인제도(foreign sales corporation, FSC) 미국 조세법상의 한 조항으로서 미국의 수출업자로 하여금 신고된 소득에서의 국제 판매액의 15%의 공제를 허용하고 있다. (8)

핵심역량(core competence) 한 조직이 경쟁사보다 더 잘할 수 있는 것. (17)

행동특성에 따른 시장 세분화(behavior segmentation) 사용자의 지위, 사용비율 또는 다른 소비 측정치를 활용하여 시장 세분화를 형성하는 프로세스. (7)

헤징(hedging) 통화의 환율 변동으로 인해 발생하는 금융 손실을 보호하기 위한 투자. (2)

혁신(innovation) 가치창조를 위한 새로운 역량에 여러 가지 자원을 투입하는 과정. (10)

혁신의 특성(characteristics of innovations) 에버렛 로저스의 혁신의 확산 프레임워크의 한 요소. 프레임워크의 다른 요소는 혁신의 5단계 채택 과정과 혁신의 채택자 범주이다. (4)

혁신의 확산(diffusion of innovations) 에버렛 로저스가 신제품이 하나의 문화권에 의해 채택되는 방법을 설명하고자 개발한 프레임워크. 이 프레임워크에는 5단계의 혁신 채택 과정, 혁신의 특징, 혁신 채택자 범주 등이 포함되어 있다. (4)

혁신자 딜레마(innovator's dilemma) 현재의 수익성 있는 기술에 너무 전념하게 되어 위험성에 높은 신기술에 대한 투자에는 적절한 수준의 투자를 제공하지 못하는 경영진. (15)

혁신적 기술(disruptive technology) 상품이나 산업의 성과를 재정의함으로써 새로운 시장의 등장을 가능하게 하는 기술. (15)

현지시장중심 가격전략(polycentric pricing) 다른 국가시장에서 특정 제품에 대해 서로 다른 가격 수준을 설정하는 가격전략으로 수정 가격전략이라고도 한다. (11)

현지시장중심 지향성(polycentric orientation) EPRG 체계에서 두 번째 단계로서 회사가 사업을 수행하는 각 국가는 독특하고 유일무이하다는 관점. 글로벌 마케팅에서 이러한 성향은 높은 수준의 마케팅 믹스 수정을 초래하며, 개별 국가시장에서 종종 자율적인 현지 경영자들에 의해 집행됨. (1)

현지화 전략(adaptation strategy) 특정 국가시장의 요구 또는 상황에 대응하여 설계, 기능 또는 포장의 요소를 변경하는 글로벌 시장 접근방식. (10)

현지화 접근(localization approach 또는 수정/적응 접근) 서로 다른 국가에서 중대한 마케팅 믹스 변형의 현지화 전략을 사용하는 글로벌 시장기회의 지향전략. (1)

협상된 이전가격(negotiated transfer price) 조직의 계열사에 기초하여 기업 간 거래에 대한 가격을 설정하는 이전가격 정책. (11)

형태 효용성(form utility) 적절한 조건, 사용 준비가 된 상태에서 가공 처리된 제품의 효용성. (12)

홍보(public relations, PR) 프로모션 믹스의 네 가지 변수 중의 하나. 조직 내에서 회사와 제품 및 상표에 대한 공공의 의견과 태도에 대한 평가를 책임지는 부서나 기능을 뜻한다. 홍보 직원들은 회사의 다양한 구성원과 여론 가운데 선의와 이해 그리고 수용을 조성할 책임을 진다. (13)

화물운송업자(freight forwarders) 운송 활동, 통관, 선적비용과 일정 등에 관한 전문가. (8)

화환추심어음(documentary collection) 사후송금보다 위험성은 낮지만 신용장보다는 부담이 적은 무역금융 형태. (8)

확인된 취소불능신용장(confirmed irrevocable letter of credit) 수입업자의 은행이 지불을 이행할 수 없을 경우 수출업자의 은행이 대금을 지불하도록 규정해 금융 보호를 강화한 신용장. (8)

확장전략(extension strategy) 본국 이외의 시장에서도 사실상의 불변인(본국시장 제품을 그대로 연장하여) 제품을 출시하는 글로벌 전략. (10)

환경 감수성(environmental sensitivity) 다른 국가시장의 문화별 요구에 맞춰서 제품을 현지화해야 하는 정도를 나타내는 척도. 일반적으로 소비재는 산업재보다 환경 감수성이 높다. (4)

회색시장 상품(gray market goods) 상표등록권자로부터 승인을 받지 않고 한 나라에서 다른 나라로 수출된 제품. (11)

효용 추구에 따른 시장 세분화(benefit segmentation) 구매자가 추구하는 여러 가지 편익을 기준으로 시장을 세분하는 과정. (7)

1차 자료(primary data) 시장조사에서 특정 문제 및 의사결정이나 현안 연구를 통해서 수집된 데이터. (6)

2차 자료(secondary data) 개인 파일, 발표된 자료 또는 데이터베이스상에 존재하는 자료. (6)

5요소 모형(five forces model) 포터가 개발한 모델로 한 산업 내에서의 경쟁을 설명. 신규진입자의 위협, 대체재 혹은 서비스의 위협, 구매자 협상력, 공급자 협상력, 현재의 산업구성원 간의 경쟁. (16)

80/20 법칙(80/20 rule) 행동특성에 따른 시장 세분화 과정에서 한 기업의 제품 또는 고객의 20%가 수익이나 이윤의 80%를 차지한다는 법칙. (7)

B2B 마케팅(B2B marketing) 제품과 서비스를 다른 기업과 조직에 마케팅하는 과정. B2C 마케팅과 대조. (12)

B2C 마케팅(business-to-consumer marketing) 기업이 직접 소비자에게 제품, 서비스를 마케팅하는 과정. B2B 마케팅과 대조 (12)

e-스포츠(e-sports) 멀티플레이어 비디오 게임 경기. 종종 생방송으로 청중 앞에서 선보임. (15)

G-7(Group of Seven) 글로벌 경제문제를 다루기 위해서 정기적으로 만나는 7국으로 미국, 일본, 독일, 프랑스, 영국, 캐나다, 이탈리아가 이에 속한다. (2)

G-8(Group of Eight) 경제 관련 글로벌 쟁점에 대해 정기적으로 모여 토의하는 8국으로 미국, 일본, 독일, 프랑스, 영국, 캐나다, 이탈리아, 러시아. 러시아는 2014년 참가 자격이 정지됐으며 2017년 탈퇴. (2)

G-20(Group of Twenty) 정상급들이 세계경제와 금융 문제를 논의하기 위해 정기적으로 만나는 20개국. 목표는 세계경제 성장 회복과 글로벌 금융 시스템 강화이다. (2)

NIH 증후군['not invented here' (NIH) syndrome] 자회사나 협력회사의 의사결정을 무시함으로써 어떤 전략의 선택 과정에 발생한 실수. (10)

P2P 마케팅(peer-to-peer marketing) 개별 소비자가 제품을 다른 개인에게 매매하는 마케팅 모델. (12)

USMCA(US-Mexico-Canada Agreement) 2018년 NAFTA를 대체한 협상. (3)

찾아보기

지은이 |

Mark C. Green

미국 아이오와에 있는 심슨대학교에서 경영학 및 마케팅을 강의하고 있다. 또한 아이오와대학교 티피경영대학의 현직 방문교수이다. 로렌스대학교에서 러시아 문학사를 받았고, 코넬대학교에서 러시아 언어학 석·박사학위를 받았다. 또한 시러큐스대학교에서 마케팅 전공으로 경영학 석사학위를 받았다.

　Global Marketing(제5판)을 Keegan 박사와 공저하였으며 *Advertising Principles and Practices*(제4판)(공저), *Behavior in Organizations*(제6판)(공저), *Business*(제4판)(공저), *Principles of Marketing*(공저) 등을 저술하였다. 그는 Des Moines Register를 비롯한 신문에 기술 및 글로벌 경영과 관련해서도 많은 글을 싣고 있다.

Warren J. Keegan

미국 뉴욕에 있는 페이스대학교의 Lubin School of Business에 있는 Institute of Global Business Strategy의 사장 겸 마케팅/국제경영 전공 명예교수이다. 또한 Warren Keegan Associations Inc.를 창설했으며, 이곳은 글로벌 전략경영 전문가의 자문 컨소시엄이다. 그는 소송 지원을 전문으로 하는 법률 기업인 Keegan & Company LLP를 창업하여 대표로 재직 중이다.

　그는 많은 책을 저술하였다. *Global Marketing Management*(제7판)(Prentice Hall, 2002)은 전 세계적으로 MBA 과정의 글로벌 마케팅 교재 가운데 선도적 위치를 차지한다. 이외에도 *Global Marketing*(제4판)(공저), *Offensive Marketing : An Action Guide to Gaining the Offensive in Business*(공저), *Marketing Plans that Work*(제2판)(공저), *Marketing*(제2판)(공저), *Marketing Sans Frontieres*(공저), *Advertising Worldwide*(공저), *Judgements, Choices and Decisions* 등이 유명하다. 그뿐만 아니라 *Havard Business Review, Journal of Marketing, Journal of International Business Studies, Administrative Science Quarterly, Columbia Journal of World Business* 등 경영 관련 학술지에 꾸준히 논문을 게재해 왔다.

옮긴이 |

김보영

한양대학교 경영대학 경영학부 교수
캐나다 앨버타대학교 이학사
미국 뉴욕대학교 경영전문대학원 MBA
캐나다 앨버타대학교 대학원 경제학 박사

저서 및 역서 글로벌 경제질서 재편과 G20 정상회의(공저), *Secret Formula: How Brilliant Marketing and Socially Responsible Management Maded 100 Years Old' Whal Myung Su', The Oldest and Best Known Product in Korea*(공저)

박설우

제주대학교 경상대학 경영학과 조교수
한국외국어대학교 경영학사, 이학사
연세대학교 대학원 경영학 석 · 박사(마케팅)

변선영

동아대학교 경영대학 국제무역학과 조교수
일본 와세다대학교 Graduate School of Commerce 교환 연구원
부산대학교 대학원 국제무역학부 경제학 박사

양오석

강원대학교 경영회계학부 부교수
한국외국어대학교 문학사
영국 리즈대학교 경영대학 MBA
영국 워릭대학교 정치학 박사(국제정치경제)
서울대학교 경영대학 경영학 박사

저서 및 역서 글로벌 기업재무(공역), 첫눈에 반한 Stata(저), R-플렉스 통계학의 기초와 활용(저)